“十一五”国家重点图书出版规划项目

·经/济/科/学/译/丛·

Essentials of Economics

(Third Edition)

经济学精要

（第三版）

[美] R·格伦·哈伯德（R. Glenn Hubbard）
安东尼·帕特里克·奥布赖恩（Anthony Patrick O'Brien） 著

卢远瞩 闫 硕 张安平 译

中国人民大学出版社
·北京·

《经济科学译丛》编辑委员会

总　序

中国是一个文明古国，有着几千年的辉煌历史。近百年来，中国由盛而衰，一度成为世界上最贫穷、落后的国家之一。1949 年中国共产党领导的革命，把中国从饥饿、贫困、被欺侮、被奴役的境地中解放出来。1978 年以来的改革开放，使中国真正走上了通向繁荣富强的道路。

中国改革开放的目标是建立一个有效的社会主义市场经济体制，加速发展经济，提高人民生活水平。但是，要完成这一历史使命绝非易事，我们不仅需要从自己的实践中总结教训，也要从别人的实践中获取经验，还要用理论来指导我们的改革。市场经济虽然对我们这个共和国来说是全新的，但市场经济的运行在发达国家已有几百年的历史，市场经济的理论亦在不断发展完善，并形成了一个现代经济学理论体系。虽然许多经济学名著出自西方学者之手，研究的是西方国家的经济问题，但他们归纳出来的许多经济学理论反映的是人类社会的普遍行为，这些理论是全人类的共同财富。要想迅速稳定地改革和发展我国的经济，我们必须学习和借鉴世界各国包括西方国家在内的先进经济学的理论与知识。

本着这一目的，我们组织翻译了这套经济学教科书系列。这套译丛的特点是：第一，全面系统。除了经济学、宏观经济学、微观经济学等基本原理之外，这套译丛还包括了产业组织理论、国际经济学、发展经济学、货币金融学、公共财政、劳动经济学、计量经济学等重要领域。第二，简明通俗。与经济学的经典名著不同，这套丛书都是国外大学通用的经济学教科书，大部分都已发行了几版或十几版。作者尽可能地用简明通俗的语言来阐述深奥的经济学原理，并附有案例与习题，对于初学者来说，更容易理解与掌握。

经济学是一门社会科学，许多基本原理的应用受各种不同的社会、政治或经济体制的影响，许多经济学理论是建立在一定的假设条件上的，假设条件不同，结论也就不一定成立。因此，正确理解掌握经济分析的方法而不是生搬硬套某些不同条件下产生的结论，才是我们学习当代经济学的正确方法。

本套译丛于 1995 年春由中国人民大学出版社发起筹备并成立了由许多经济学专家学者组织的编辑委员会。中国留美经济学会的许多学者参与了原著的推荐工作。中国人民大学出版社向所有原著的出版社购买了翻译版权。北京大学、中国人民大学、复旦大学以及中国社会科学院的许多专家教授参与了翻译工作。前任策划编辑梁晶女士为本套译丛的出版作出了重要贡献，在此表示衷心的感谢。在中国经济体制转轨的历史时期，我们把这套译丛献给读者，希望为中国经济的深入改革与发展作出贡献。

《经济科学译丛》编辑委员会

序 言

当乔治·卢卡斯被问起为什么拍摄电影《星球大战》（*Star Wars*）时，他回答说："它是我想看的那种类型的电影，但看起来没有人拍摄这种电影。于是我决定拍一部。"我们意识到没有人在写我们想在课堂上使用的那种教材。因此，在多年来使用报纸、杂志、网站和专业期刊上的鲜活的、真实的例子对我们所用的教材进行补充后，我们决定写一本运用许多真实的商业例子来全面讲授经济学的教材。我们的目标是让我们的课堂不再需要其他辅助的东西。

第三版新在何处

由美国房地产泡沫破灭引起的、始于 2007 年的严重经济下滑在 2012 年仍在影响经济。失业率上升到了几十年内没有出现过的水平，在 9%以上的水平维持了超过两年半的时间。金融体系的这次危机是 20 世纪 30 年代大萧条以来最严重的。随着国会通过并由巴拉克·奥巴马总统颁布《2009 年美国复苏和再投资法案》（这是历史上最大的增加支出和削减税收计划），政策争论加剧了。美联储发展了一些新政策工具来应对这次史无前例的金融风暴，这让它开始涉足一些不熟悉的业务。综合性的卫生保健法律、迫在眉睫的社会保障和 Medicare 成本增加、巨额长期预算赤字、环境问题、收入不平等以及税收体系的变化等都受到经济学家、政策制定者和公众的注意，其他长期存在的政策争论也在继续。

在这一新版本中，我们帮助学生理解近来的经济事件以及对这些经济事件的政策反应。与前几版一样，我们把应用置于讨论的重心。我们相信，当学生看到那些应用于与他们有关的现实问题的经济分析时，他们会对经济学学习更加感兴趣，也更容易掌握经济学知识。

下面是关于第三版中变化的一个总结。这些变化的细节随后予以详述。

● 第 5 章“卫生保健经济学”是新增的一章。本章涉及的内容包括世界各地的卫生保健、卫生保健市场中的信息问题和外部性以及关于奥巴马总统提出的《患者保护与平价医疗法案》的争论。

● 新增了对经济从 2007—2009 年的衰退和金融危机中缓慢复苏的叙述。

● 新增了对包括量化宽松和“扭曲操作”在内的联储新举措的叙述。

● 新增了一些对财政政策的叙述，如对财政刺激以及政府支出乘数和税收乘数大小的争论所做的分析。

● 开篇案例中的所有公司，要么换成了新公司，要么根据最新信息进行了更新。

● 每一章都包括一篇新的“业内观察”报刊文章及其分析，以帮助学生将经济思维应用于当前的事件和政策争论。

● 有 22 个新的“建立联系”专栏，以帮助学生建立经济概念和当前事件和政策议题之间的联系。

● 图形和表格都利用最新的可得数据进行了更新。

● 许多习题都更换或更新了。

在这一新版本中，我们利用这次机会对全书做了大量修订，但主要集中于下面描述的关键方面。

包括卫生保健、贸易和污染等在内的政策争论

卫生保健部门的工作岗位数量在继续增加。在第 1 章“经济学：基础和模型”中，我们运用关于公共政策是否导致医生不再私人执业的争论向学生介绍了实证分析和规范分析。在第 19 章“比较优势、国际贸易和汇率”中，我们探讨了 2009 年经济刺激计划的“购买美国货”条款。

当本书付梓出版时，关于 2010 年颁布的美国卫生保健体系大改革（即《患者保护与平价医疗法案》）的后果的争论仍在继续。在第 2 章“权衡、比较优势和市场体系”中，我们讨论了卫生保健支出和 Medicare 以及 Medicaid 项目所涉及的权衡。我们在第 5 章“卫生保健经济学”重新回到卫生保健这一主题，讨论了对卫生保健支出的预测以及美国政府在卫生保健体系中的作用。

2007—2009 年的衰退和金融危机及其后果

今天的学生感受到了从 20 世纪 30 年代大萧条以来最严重的经济危机中缓慢复苏的影响。美国和欧元区金融体系的问题已经证明，对学习微观经济学和宏观经济学课程的学生来说，理解金融市场如何运行以及政府在金融监管中的作用是很重要的。在第 6 章“企业、股票市场和公司治理”中，我们介绍了股票和债券市场的基本原理，讨论了股票价格波动的原因，考察了委托—代理问题在 2007—2009 年金融危机中的作用。第 15 章“总需求和总供给分析”介绍了这次衰退的起源，并新增了关于经济回到潜在 GDP 水平需要多长时间的讨论。第 16 章“货币、银行和联邦储备体系”和第 17 章“货币政策”讨论了房地产泡沫的破灭和次债危机。

联储的新举措

2008 年，联储打破陈规，设定了许多新的贷款工具，参与了诸如 J. P. 摩根大通购买贝尔斯登等行动。在这一新版本中，我们向学生简单介绍了投资银行和证券化过程、抵押贷款担保证券市场（包括房利美和房地美的作用）以及经济学家对联储的两轮量化宽松和“扭曲操作”的争论。

真实的公司实例和报刊文章

与之前的版本一样，我们在每一章都以一个公司案例开篇，以使学习有一个真实的背景并激发学生对经济学的兴趣。在一些章里我们选择了新公司，在其他章里则对以前版本中原有的公司信息进行了更新。与之前的版本一样，每一章都以一个“业内观察”专栏结束，这一专栏向学生显示了如何应用每一章的概念来分析新闻文章。我们在本版中更换了所有的“业内观察”专栏。下面是其中一些改动的简况：

● 第 3 章“价格来自何处：需求和供给的相互作用”的开篇案例讨论了 iPad 和平板电脑革命。这一章的“业内观察”专栏呈现了一篇关于显示屏的短缺如何影响平板电脑的销售量的文章及对该文所做的分析。

● 第 5 章“卫生保健经济学”的开篇案例讨论了小企业不断上升的卫生保健成本。这一章的“业内观察”专栏呈现了一篇关于卫生保健支出和 2010 年《患者保护与平价医疗法案》的文章及对该文所做的分析。

● 第 6 章“企业、股票市场和公司治理”的开篇案例讨论了私有公司 Facebook 的快速成功以及该公司的部分股票可以怎样在私人市场上买卖。这一章的“业内观察”专栏的主角是允许合格投资者购买公司股票的私有互联网公司。

● 第 7 章“消费者选择和弹性”的开篇案例讨论了年龄很大的摇滚明星奥兹·奥斯本和十几岁的歌坛人气新星贾斯汀·比伯如何为百思买（Best Buy）的新电子产品项目代言。这一章的“业内观察”专栏呈现了一篇关于从珍妮弗·洛佩兹到查理·辛等众多名人的代言对品牌有益还是有害的文章及对该文所做的分析。

● 第 12 章“GDP：衡量总产出与总收入”的开篇案例讨论了福特汽车公司在 2007—2009 年衰退后的表现。这一章的“业内观察”专栏对 2011 年和 2012 年不确定的经济状况如何使汽车需求低于初始的估计销售量进行了分析。

● 第 17 章“货币政策”的开篇案例讨论了房地产开发商托尔兄弟公司（Toll Brothers）。这一章的“业内观察”专栏对“扭曲操作”（美联储在 2011 年末通过刺激疲软的房地产市场来推动经济发展所做的努力）的影响进行了分析。

□ 第三版的其他变动

下面是第三版的其他变动：

● 这一版提供了许多新的“建立联系”专栏，它们有助于学生建立经济概念和当前事件及政策议题之间的联系。此外，还更新了部分章节、图形和表格。

1. 第 1 章的开篇案例讨论了在私人诊所执业的医生，这一章还有两个新的“建立联系”专栏：“医疗保险给了人们变胖的激励吗?”和“医学院应该免费吗?”。

2. 第 2 章有一个新的“建立联系”专栏：“一个关于市场体系运行的实例：iPad 是如何生产出来的?”。

3. 第 3 章的开篇案例讨论了平板电脑行业，这一章还有三个新的“建立联系”专栏：“‘婴儿潮’一代的老龄化”，“预测 iPad 的需求”和“Quiznos 三明治是正常品而 Subway

三明治是劣等品?”。

4. 第 4 章中关于政府税收和补贴的经济影响的图形做了修改，以帮助学生更好地理解这个有时候很困难的问题。这一章还有两个新的“建立联系”专栏：“政府应该对香烟和汽水征税吗?”和“总量控制和交易体系能够减缓全球变暖吗?”。

5. 第 5 章是本版新增的一章，讨论了世界各地的卫生保健、卫生保健市场中的信息问题和外部性以及美国的《患者保护与平价医疗法案》。本章包括三个“建立联系”专栏：“政府应该经营卫生保健体系吗?”，“核磁共振成像扫描多少钱?”和“医疗保险交易所、小企业以及不断上升的医疗成本”。

6. 第 6 章有一节关于 2007—2009 年金融危机的新内容，还有两个新的“建立联系”专栏：“评级游戏：美国财政部可能对其债券违约吗?”和“Facebook 股票的买者所做的交易是公平的吗?”。

7. 第 7 章的开篇案例讨论了奥兹·奥斯本和贾斯汀·比伯为百思买的新电子产品项目代言。这一章还有两个新的“建立联系”专栏：“为什么企业付钱给汤姆·布兰迪代言它们的产品?”和“‘燃油附加费’是怎么回事?”。

8. 第 8 章有一个新例题“利用长期平均成本曲线理解商业战略”。

9. 第 9 章有一个新例题“何时停拍电影?”。

10. 第 10 章有一个新的“建立联系”专栏：“AT&T 和 T-Mobile 之间的兼并本来应该被允许吗?”。

11. 第 13 章的开篇案例讨论了 2011 年美国银行宣布裁员 3 万名员工。这一章还有两个新的“建立联系”专栏：“2007—2009 年衰退后的失业情况有何不寻常?”和“美国银行的失业属于什么类型?”。

12. 第 15 章有两个新的“建立联系”专栏：“2007—2009 年衰退期间总需求的哪些组成部分变化最大?”和“回到潜在 GDP 水平需要多长时间? 2007—2009 年衰退后的经济预测”。

13. 第 17 章有两个新的“建立联系”专栏：“零还不够低：美联储尝试‘量化宽松’和‘扭曲操作’”和“努力击中移动目标：根据‘实时数据’制定政策”。

14. 第 18 章的开篇案例讨论了政府在创造就业中的作用。这一章还有一小节新的内容“财政政策实践：2009 年财政刺激计划起作用了吗?”，一个显示关于政府支出乘数和税收乘数各种来源的估计值的表格，以及一个新的“建立联系”专栏：“为什么 2007—2009 年的衰退这么严重?”。

15. 第 19 章有两个新的“建立联系”专栏：“离开纽约市? 对金融企业来说是一种冒险”和“挽救制造衣架的工作岗位……同时就会减少干洗业的岗位”。

- 图形和表格都采用最新的可得数据进行了更新。
- 许多章后习题都进行了更换或更新。
- 最后，我们逐行逐字仔细检查了整本教材，精简了讨论，重写了不够清晰的地方，还做了许多其他小的改动。我们很感激许多对之前的版本提出了改进建议的教师和学生。我们已经尽可能地吸收了所有的建议。

基础：情景式学习和先进的架构

我们相信，如果学生能够在个人和商业情景中运用所学到的东西并且获得了理解媒体文章的分析技能，一门课程就成功了。这正是我们运用开篇案例中许多真实企业案例和应用、图表、“建立联系”专栏、“业内观察”专栏以及章后习题来解释经济概念的原因。这一方法有助于商科和文科学生变成有教养的消费者、选民和公民。除了我们采用的这种无须其他辅助材料的方法外，我们这本书还有着先进的架构，在本书靠前的部分讨论了一些有意思的政策主题以激发学生的兴趣。

我们深信，如果学生在熟悉的情景中学习经济学原理，那么这对他们学会应用经济学原理是最好的。无论他们是开设美术工作室、从事社会工作、在华尔街进行交易、为政府工作还是经营酒吧，学生都能从理解工作背后的经济力量中获益。尽管商科学生在以后的多门课程上还有许多机会看到经济学原理的应用，但是文科学生可能没有这样的机会了。因此，我们运用许多各式各样的企业和政策实例来阐释经济概念。下面是我们采用的方法中一些最值得强调的方面：

● 强大的入门章节。入门章节为学生掌握经济学基本原理提供了牢固的基础。我们强调了边际分析和经济效率的重要思想。在第 4 章“市场效率和市场失灵”中，我们用消费者剩余和生产者剩余的概念来衡量价格上限和价格下限（它们与学生所熟悉的物业出租和最低工资相关）的经济影响。（我们在第 19 章“比较优势、国际贸易和汇率”讨论外包和影响贸易的政府政策及第 10 章“垄断和反托拉斯政策”考察市场势力对经济效率的影响时再次用到了消费者剩余和生产者剩余的概念。）在第 6 章“企业、股票市场和公司治理”中，我们给学生提供了对企业如何组织、如何筹集资金和如何给投资者提供信息的基本理解。我们还阐释了市场体系中企业家如何满足消费者需要和有效地组织生产。

● 很早涵盖政策议题。为了让学生在课程早期就对政策议题有些认识，我们在第 1 章“经济学：基础和模型”中讨论了卫生保健；在第 4 章“市场效率和市场失灵”中讨论了租金控制、最低工资、污染和全球变暖；在第 5 章“卫生保健经济学”中讨论了卫生保健政策。*

● 一种介绍宏观经济学的先进且基于现实生活的方法。学生来学习宏观经济学时对理解经济中的事件和新情况抱有强烈的兴趣。我们在本教材中努力抓住这一兴趣，培养学生的经济学直觉和理解。我们介绍宏观经济学的方法既是先进的，又是基于现实生活中的企业和经济政策的。我们相信我们做到了这一点，同时又没有使分析的难度加大。我们回避了用简化版的中级模型这一新近的趋势，简化版的终极模型往往比学生理解基本的宏观经济问题所需的模型更为详细和复杂。相反，我们采用了人们熟悉的总需求和总供给模型的一个更为现实的版本来分析短期波动以及货币政策和财政政策。我们也回避了讲授原理层次的宏观经济学常常采用的“百花齐放”的方法。我们强调了大部分经济学家都同意的许

* 原书提及在第 7 章中“消费者选择和弹性”中讨论了针对非法药物的政府政策，但实际上没有，故应删去。——译者注

多宏观经济学领域。为了培养学生的直觉，我们通篇在真实的企业和政策情景中讲述宏观经济学。

● 对宏观统计量的广泛讨论。许多学生或多或少都会关注金融新闻，知道联邦政府机构对统计量的发布能够引起股票和债券价格的变动。对宏观经济统计量的背景进行介绍有助于阐述后面章节中碰到的政策议题。在第 12 章“GDP：衡量总产出与总收入”和第 13 章“失业与通货膨胀”中，我们向学生介绍了重要宏观经济统计量的用法和潜在的缺点，但又没有纠缠于如何构造这些统计量的细节。举例来说，我们讨论了为了解劳动市场状况所进行的工资名单调查（或称机构调查）和家庭调查之间的重要区别。我们揭示了为什么金融市场对从工资名单调查得到的消息会有很强烈的反应。本版还新增了对就业人口比的讨论，有些经济学家认为这是一个衡量劳动市场表现的重要统计量。第 17 章“货币政策”讨论了为什么美联储偏好采用个人消费支出价格指数而非消费者价格指数来衡量通货膨胀。

● 涵盖长期主题。在第 14 章“经济增长、金融体系和经济周期”中，我们在长期背景中讨论了重要的宏观经济问题。我们相信，如果学生要想理解经济周期（这也是解释经济事件的需要），那么，这些内容是很重要的；在其他教科书中，这些内容往往只得到了简单的讨论甚至完全被省略了。我们知道许多教师在宏观经济学的教学中偏好短期导向，高度重视宏观经济政策。

● 动态的总需求和总供给模型。我们对标准的总需求和总供给（*AD-AS*）模型采用了一种新颖的方法。我们意识到，在解释价格水平和实际 GDP 的时候没有既好又简单的方法可以代替 *AD-AS* 模型。但是，我们知道，对 *AD-AS* 模型不满意的教师比对宏观经济学原理课程任何其他方面不满意的都要多。当然，关键问题是 *AD-AS* 模型是一个静态模型，但却试图解释实际 GDP 和价格水平的动态变化。我们的方法保留了 *AD-AS* 模型的基本内容，但通过使其更具动态性从而使其更为准确和有用。我们强调了两点：首先，（向上倾斜的）短期总供给曲线的位置的变动主要取决于通货膨胀率预期的状况。第二，经济增长的存在意味着（垂直的）长期总供给曲线每年都向右移动。这一“动态的”*AD-AS* 模型让学生对实际 GDP 和价格水平的波动的起因和后果了解得更为准确。第 15 章“总需求和总供给分析”包括一幅 *AD-AS* 图形（图 15.8“动态总需求与总供给模型”）。我们绘制这幅图形的目的有二，其一是帮助学生理解这幅图形是如何一步一步绘制的，其二是帮助教师更容易地讲解。这幅图形对那些想在课堂上使用 *AD-AS* 模型但认为这一模型需要更仔细地建立的教师会有帮助。我们在第 15 章引入了这个模型，在第 17 章“货币政策”和第 18 章“财政政策”中使用这个模型讨论了货币政策和财政政策。教师可以省略关于动态 *AD-AS* 模型的那几节而不会损害宏观经济理论和政策讨论的连续性。

● 大量涵盖货币政策。由于货币政策在经济中以及在学生对商业和金融新闻的好奇心中起着中心作用，我们在第 17 章“货币政策”整章讨论这一主题。我们强调了美联储的货币政策目标中涉及的议题，介绍了泰勒规则。本版还涵盖了美联储旨在处理房地产危机的新政策及其对金融市场的影响。

● 涵盖财政政策对需求方和供给方双方的影响。我们在第 18 章“财政政策”中对财政政策的讨论仔细区分了自动稳定器和相机抉择的财政政策。我们还大量涵盖了财政政策对供给方的影响。

特别的特征：一种基于现实的、亲自实践的学习经济学的方法

□ 企业案例和“业内观察”新闻文章

每一章的开篇案例为学生的学习提供了一个真实的情景，激发了学生对经济学的兴趣，并帮助将整章统一起来。每一章的开篇案例描述了一家面对一个真实局面的真实公司。该公司在整章的文字、图表以及教学专栏中反复出现。许多开篇案例聚焦于企业家在开发新产品和将新产品推向市场中的作用。例如，第 3 章涉及微软的比尔·盖茨和苹果的史蒂夫·乔布斯，第 6 章涉及 Facebook 的马克·扎克伯格，第 15 章涉及联邦快递（FedEx）的弗雷德·史密斯。以下是我们在第三版的开篇案例中探讨的公司的几个例子：苹果（第 3 章）、Facebook（第 6 章）、联邦快递（第 15 章）。

每一章的“业内观察”专栏向学生演示如何将本章的概念应用于新闻文章的分析。文章的来源是《华尔街日报》（*Wall Street Journal*）、《经济学家》（*Economist*）、《商业周刊》（*Business Week*）等。“业内观察”专栏呈现了一篇文章的摘录、对文章的分析、图形和供深入思考的问题。

以下是“业内观察”专栏的几个例子：《猜猜有什么能够阻止平板电脑革命?》，摘自《彭博商业周刊》（*Bloomberg Businessweek*）（第 3 章），《在 Facebook 上市之前如何购买 Facebook 的股份》，摘自 *Kiplinger*（第 6 章），《联储的新政策会振兴房地产市场吗?》，摘自《大西洋月刊》（*Atlantic*）（第 17 章），《基础设施项目能解决美国的就业问题吗?》，摘自《美国新闻与世界报道》（*U. S. News & World Report*）（第 18 章）。

□ 生活中的经济学

在关于真实企业的开篇案例后，我们给开篇案例增加了一个个人维度，称为“生活中的经济学”专栏。该专栏要求学生思考经济学如何影响他们个人的生活，它能够激发学生的兴趣，强调他们所学的知识和个人经验之间的联系。

在每章章末，我们利用各章概念来回答各章开头提出的问题。

以下是我们在“生活中的经济学”专栏讨论的主题的一些例子：“你会买苹果 iPad 还是三星 Galaxy Tab?”（第 3 章），“公司经理会以符合股东的最佳利益的方式行事吗?”（第 6 章），“衰退期间雇主会减少你的薪水吗?”（第 15 章）。

□ 例题

许多学生觉得求解应用型经济学问题很困难。通过讲解例题，我们帮助学生克服这一障碍。本书每一章都有两三个例题，这些例题与每一章开头提出的一些学习目标相联系。我们的目的是使学生把注意力放在每一章的主要思想上，给学生一个一步一步求解经济学问题的模式。每章章末的“问题与应用”都有与例题相关的练习题。

□ 不要犯这样的错误！

根据许多年的教学经验，我们知道哪些概念对学生来说是最难的。每一章都有一个“不要犯这样的错误!”专栏，它提醒学生注意本章内容中最常见的错误。每章章末的“问题与应用”都有与此相关的练习题。

□ 建立联系

每一章都包括 2～4 个“建立联系”专栏，该专栏用实际的案例强化了各章的关键概念，帮助学生学习如何解释他们在网上和报纸上读到的东西。大部分“建立联系”专栏使用的是聚焦于企业和政策议题的新闻故事，这些新闻故事不但重要，而且能够激发学生的兴趣。本版有 1/3 的“建立联系”专栏是新的，其他大部分都得到了更新。有几个“建立联系”专栏讨论了卫生保健这一仍旧紧迫的政策议题。每个“建立联系”专栏都至少有一个相关的章后习题，这使得学生能够检验他们对所讨论主题的理解。以下是一些新的“建立联系”专栏：“一个关于市场体系运行的实例：iPad 是如何生产出来的?”（第 2 章），“‘婴儿潮’一代的老龄化”（第 3 章），“在苹果 iPhone 应用程序商店，轻易进入使得长期的时间长度相当短暂”（第 9 章），“美国银行的失业属于什么类型?”（第 13 章），“经济繁荣和健康之间的联系”（第 14 章），“回到潜在 GDP 水平需要多长时间？2007—2009 年衰退后的经济预测”（第 15 章），“为什么 2007—2009 年的衰退这么严重?”（第 18 章）。

□ 图形和总结性表格

图形是经济学原理课程必不可少的部分，但也是许多学生的一块主要的绊脚石。除第 1 章外，每一章都包括有要求学生画图、读图和解释图形的章后习题。我们用四个工具帮助学生阅读和理解图形：1. 详细的标题，2. 图形中的文字说明，3. 彩色标记的曲线*，4. 包含图形的总结性表格。

□ 按学习目标对复习题和问题与应用进行分组

所有的章后材料——总结、复习题、问题与应用——都是按学习目标分组的。这么组织的目的有二：其一是使教师根据学习目标布置习题更为容易，其二是帮助学生在遇到困难时有效地复习相应内容。如果学生在某一特定学习目标上有困难，教师可以很容易地确定哪些章后习题是支持该目标的，从而把这些习题作为作业布置给学生或者在课堂上讨论。此外，按学习目标对总结和习题进行分组使得学生能够将注意力集中于那些最具挑战性的章节，这可以提高学生的学习效率。每一章的主要章节都至少有两道复习题和三道“问题与应用”习题。

与之前的版本一样，对于每一章的例题、“建立联系”、“不要犯这样的错误!”等特别专栏，至少有一个相关的章后习题，以检验学生对这些专栏涉及内容的理解。教师可以在课堂上讲授专栏，而把相应的习题作为作业留给学生。

* 原版书确实如此。——译者注

目　录

第1篇

导论

第1章 经济学：基础和模型

本章概览和学习目标

1.1　三个重要的经济思想

解释这三个重要的经济思想：人们是理性的，人们对经济激励做出反应，最优决策基于边际分析。

1.2　每个社会都必须解决的经济问题

讨论一个经济体如何回答这些问题：生产什么商品和服务？如何生产这些商品和服务？谁将获得这些商品和服务？

1.3　经济模型

理解模型在经济分析中的作用。

1.4　微观经济学和宏观经济学

区分微观经济学和宏观经济学。

1.5　重要经济术语预览

定义重要的经济术语。

附录：运用图形和公式

用图形和公式学习经济学。

开篇案例

为什么一些医生不再私人执业？

当你去一家私人诊所时，你很可能不会把它看成是一家小型企业，但它的确是。和其他商人一样，医生雇用工人——护士、医师助理和导医，购买或租赁机器和设备。医生的收入代表了其从诊所得到的利润，即从病人及其医疗保险计划收到的收益与医生支出的工资、租金、贷款和保险的成本。许多年来，医生通常独自经营其诊所或者与其他医生合伙。但是，近来，越来越多的医生放弃了他们的诊所，变成了领薪水的医院雇员。尽管在2002年医生拥有的医疗业务数量为医院拥有的医疗业务数量的3倍以上，但是，到2008年，医院拥有的医疗业务数量已经超过医生拥有的医疗业务数量。

许多医生从经营他们自己的企业转而成为医院的领薪水的雇员是由于美国卫生保健体系内部发生的变革。不断攀高的卫生保健成本导致许多私人医疗保险公司以及联邦和州政府减少了它们对治疗病人的医生的支付。巴拉克·奥巴马总统提议的医疗改革方案，有时候被称为《奥巴马医改方案》(Obamacare)，于2010年被国会通过，并将在2014年之前逐步推行。该方案将导致一些人得到医疗保险和医生得到偿付等的方式发生重大变化。政策制定者也在考虑针对Medicare（联邦医疗保险）——为65岁以上老人提供卫生保健的联邦政府项目——的改革，因为这一项目的成本一直在非常迅速地上升。随着时间的推移，这些改革增加了医生为得到其治疗病人而应该得到的报酬所需完成的文书工作的数量。这些文书工作增加了医生经营私人诊所的成本，这使得成为医院的领薪水的雇员变得更有吸引力。

在整本书中，我们将会看到，包括美国医疗体系的改革在内的许多政策议题都涉及经济学。实际上，经济学的知识能够帮助你更好地理解和分析许多政策议题。

本章末的“业内观察”讨论了医疗专业人士出于对其财务状况的担心可能正在推迟退休。

资料来源：Robert Kocher, M. D., and Nikhil R. Sahni, “Hospital's Race to Employ Physicians—The Logic Behind a Money-Losing Proposition”, *New England Journal of Medicine*, May 12, 2011; and Uwe E. Reinhardt, “Producing More Primary-Care Doctors”, *New York Times*, June 10, 2011。

生活中的经济学

卫生保健行业将会有很多工作岗位吗？

美国卫生资源和服务管理局（U.S. Health Resources and Services Administration, HRSA）预测，美国的医生数量将从2010年的大约808 000名增加到2020年的866 400名。但是，HRSA也预测，提供病人护理所需的医生数量将从2010年的大约805 000名增加到2020年的922 000名。换句话说，该联邦政府机构预测，2020年将会存在大约56 000名医生的短缺。美国劳工统计局预测，未来10年发展最快的6种职业中医疗领域占了4席。看起来接下来几年里应该有很多卫生保健方面的工作岗位。但是这些工作岗位的可得性取决于这些预测的可靠性。关于卫生保健方面的工作岗位可得性的预测的依据是什么呢？这些预测的可靠性有多高呢？在阅读本章的过程中，看看你是否能够回答这个问题。对照我们在本章末尾提供的答案，你可以检验你的答案。

在本书中，我们使用经济学来回答如下问题：

- 商品和服务的价格是如何决定的？
- 污染如何影响经济？政府政策应该如何应对这些影响？
- 为什么企业要参与国际贸易？政府政策如何影响国际贸易？
- 为什么政府管制某些商品和服务的价格？这些管制的影响有哪些？

经济学家并不总能就每个问题的答案达成一致。实际上，正如我们将会看到的，经济学家对一些问题的争论非常热烈。此外，新的问题不断涌现。因此，经济学家总是忙于发展新方法来分析经济问题。

我们在本书中讨论的所有议题都反映了一个基本的生活事实：人们在努力实现自己目标的同时，必须做出选择。我们之所以必须做出选择是因为我们生活在一个具有**稀缺性**（scarcity）的世界中，这意味着虽然我们的欲望是无限的，但是可用于实现这些欲望的资源是有限的。也许你想拥有一辆宝马和每个夏天都去欧洲的五星酒店度假，但是，除非比尔·盖茨是你的近亲且很大方，否则你很可能没有足够的钱来实现这些梦想。每天你在将你有限的收入用于购买许多可供选择的商品和服务时，你都在做选择。你拥有的有限数量的时间也限制了你实现目标的能力。如果你花一小时准备经济学期中考试，那么你准备历史期中考试的时间就少了一小时。企业和政府也有着同样的处境：它们也必须用有限的资源来实现它们的目标。**经济学**（Economics）就是对消费者、企业管理者和政府官员在稀缺资源给定条件下为达到目标而做出的选择的研究。

在本章中，我们首先讨论在本书中会经常提到的三个重要的经济思想：人们是理性的，人们对激励做出反应，最优决策基于边际分析。然后我们考虑每个经济体必须回答的三个基本问题：生产什么商品和服务？如何生产这些商品和服务？谁将获得这些商品和服务？接下来我们考虑经济模型在分析经济问题中的作用。**经济模型**（economic model）是现实的简化版本，用于分析现实经济状况。我们将讨论为什么经济学家要使用模型以及他们是如何构建模型的。最后，我们将讨论微观经济学和宏观经济学的区别，并预览一些重要的经济术语。

1.1 三个重要的经济思想

当你努力实现自己的目标时，无论该目标是购买一台新电脑还是找到一份兼职工作，你都要在市场中与其他人相互作用。**市场**（market）是一种商品或服务的一群买者和卖者以及将他们聚合在一起交易的制度或安排。大部分经济学都涉及对市场中所发生的事情的分析。在整本书中，当我们学习人们如何做出选择和在市场中相互作用时，我们都将回到三个重要的经济思想：

1. 人们是理性的。
2. 人们对经济激励做出反应。
3. 最优决策基于边际分析。

□ 人们是理性的

经济学家一般假设人们是理性的。这一假设并不意味着经济学家认为人人都无所不知或者总是做出"最佳"决策。它只是意味着经济学家假设消费者和企业在为实现自身目标而采取行动时将使用所有可获得的信息。理性人会考虑每一行动的效益和成本，只有当效益大于成本时他们才会选择行动。例如，如果微软公司将 Windows 操作系统定价为 239 美元，经济学家假设微软公司的经理已经估计 239 美元的价格将为微软公司带来最大利润。微软公司的经理可能是错误的；也许 265 美元的价格能带来更多利润，但是经济学家假设微软公司的经理已经理性地根据他们可获得的信息做出了定价决策。当然，并不是每个人每时每刻都在理性地采取行动。但理性行为的假设仍然非常有用，可以解释人们做出的大多数选择。

□ 人们对经济激励做出反应

人类的行为动机各种各样，包括宗教信仰、嫉妒、同情等。经济学家强调，消费者和企业始终如一地对经济激励做出反应。这一事实看起来是显然的，但是却往往被忽略。例如，根据《华尔街日报》曾刊载过的一篇文章，FBI（美国联邦调查局）无法理解为什么银行在抢劫与日俱增的情况下不采取措施提高安全性："FBI 官员建议在银行大门外配备穿制服的、携带武器的保安，而且在出纳窗口前安装被称为'防盗板'的防弹塑胶"。但是，令 FBI 官员吃惊的是，很少有银行采纳他们的建议。不过，该文还报道，安装防弹塑胶的成本为 1 万～2 万美元，一个训练有素的银行保安的薪水和福利为每年 5 万美元，而一次银行抢劫的平均损失仅为大约 1 200 美元。对银行的经济激励是很清楚的：忍受银行抢劫的风险比采取额外的安保措施成本要低。银行对抢劫威胁的反应可能会令 FBI 感到吃惊，但是对经济学家则不然。

在本书的每一章，"建立联系"专栏讨论了一个与该章内容相关的新闻故事或一个其他的应用。阅读下面的"建立联系"专栏，它讨论了人们哪怕是在决定吃多少和做多少锻炼这样的问题上是否也会对经济激励做出反应。

建立联系☞

医疗保险给了人们变胖的激励吗?

在美国，肥胖是一个日益严重的问题。美国疾病控制中心（Centers for Disease Control，CDC）对成年人肥胖的定义是：身体质量指数（body mass index，BMI）为 30 或以上。身体质量指数衡量一个人的体重相对于其身高的值。（确切的公式是：BMI＝（以磅计的体重数/以英寸计的身高数）^{2}×703。）对于一个身高为 5 英尺 4 英寸的人来说，如果他的身体质量指数值为 30，那他的体重就过重了，为 30 磅。肥胖与多种疾病有关，包括心脏病、中风、糖尿病和高血压。

下页的两张地图显示了 1994—2009 年这 15 年里肥胖率的显著上升。在 1994

年，美国多数州的人口肥胖率介于10%～14%，没有一个州超过20%。到2009年，只有科罗拉多州的人口肥胖率低于20%，大约2/3的州人口肥胖率达到或超过25%，其中有9个州甚至超过30%。

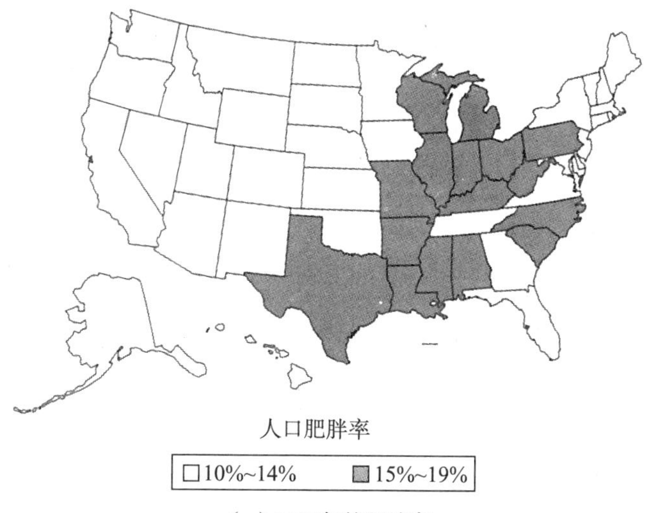

人口肥胖率

□10%~14%　■15%~19%

（a）1994年的肥胖率

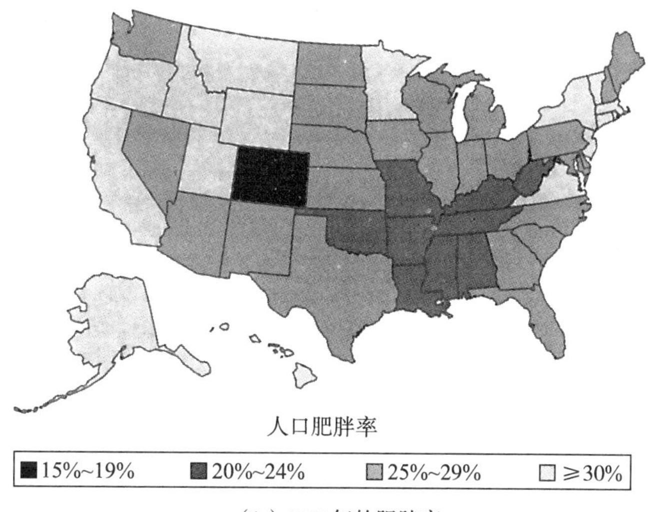

人口肥胖率

■15%~19%　■20%~24%　■25%~29%　□≥30%

（b）2009年的肥胖率

资料来源：Centers for Disease Control and Prevention,"Behavior Risk Factor Surveillance System"。

许多深受肥胖之苦的人都有潜在的疾病问题。对于这些人来说，肥胖是他们无法控制的一个不幸的健康问题。但是，肥胖率在上升这一事实表明，对有些人来说，肥胖是饮食和生活方式选择的结果。对肥胖率增加的可能解释包括摄入的高卡路里快餐增加、锻炼不够多以及许多工作岗位的身体活动减少。美国疾病控制中心建议十几岁的年轻人每天最少做60分钟的有氧运动，在2011年只有15%的高中生达到这一标准。在1960年，美国50%的工作岗位要求有至少适度的身体活动。而到了2010年，这一比例下降到只有20%。结果，普通工人每个工作日消耗的卡路里数少了大约130。

除了吃得更多和锻炼不够多之外，医

疗保险是否可能是肥胖的原因之一呢？肥胖者往往比体重正常的人遭受更多的健康问题，因此招致更高的医疗成本。那些享有的医疗保险只会返还部分医疗费用或者没有医疗保险的肥胖者必须自己支付这些更高医疗成本的一部分或全部。而那些享有的医疗保险会覆盖大部分医疗费用的肥胖者因肥胖而承担的货币成本就没有这么多。换句话说，通过减少部分肥胖成本，医疗保险可以给人们变胖的经济激励。乍一看来，这样的说法可能不合情理。有些人遭受着可能让身体活动变得困难或者哪怕是适度饮食也会引起增肥的疾病问题，因此，他们无论是否享有医疗保险都会变得过重。有些人的肥胖是源于不恰当的饮食习惯，在决定是否再吃一块巧克力蛋糕或看电视而不是去体育馆锻炼时，他们很可能不会考虑医疗保险。但是，如果经济学家对经济激励的重要性的看法是正确的，那么，我们可以预期，在保持所有其他个人体征——如年龄、性别和收入——不变的条件下，享有医疗保险的人比没有医疗保险的人更有可能过重。

斯坦福大学的杰伊·巴特查亚（Jay Bhattacharya）和凯特·布尔多芙（Kate Bundorf）、伦敦大学的诺埃米·佩斯（Noemi Pace）以及兰德公司（一个研究中心）的尼雷杰·苏德（Neeraj Sood）分析了医疗保险对体重的影响。利用一个在1989—2004年间跟踪调查了近8万人的样本，他们发现，在控制了收入、教育、种族、性别、年龄和其他因素之后，享有医疗保险的人比没有医疗保险的人变肥胖的可能性显著要高。拥有私人医疗保险使BMI增加了1.3个点，拥有公共医疗保险（如Medicaid，即联邦医疗补助，这是一个规定政府给低收入者提供卫生保健的项目）使BMI增加了2.3个点。这些发现表明，人们甚至在做关于吃多少和锻炼多少这样的决策时也会对经济激励做出反应。

资料来源：Centers for Disease Control and Prevention，“Obesity Trends Among U. S. Adults Between 1985 and 2009”，www.cdc.gov；Katherine M. Flegal，Margaret D. Caroll，Cynthia L. Ogden，and Lester R. Curtin，“Prevalence and Trends in Obesity Among U. S. Adults，1999－2008”，*Journal of the American Medical Association*，Vol. 303，No. 3，January 20，2010，pp. 235－41；Jay Bhattacharya，Kate Bundorf，Noemi Pace，and Neeraj Sood，“Does Health Insurance Make You Fat” in Michael Grossman and Naci H. Mocan，eds.，*Economic Aspects of Obesity*，（Chicago：University of Chicago Press，2011）；and Tara Parker-Pope，“Less Active at Work，Americans Have Packed on Pounds”，*New York Times*，May 25，2011。

轮到你了：做本章末与本专栏相关的问题与应用1.5和1.6，看看你理解得如何。

□ 最优决策基于边际分析

有些决策是非此即彼的：例如，当一个企业家决定是否开一家新餐馆时，她要么开，要么不开。当你决定是读研还是工作时，你要么读研，要么不读。但是生活中大多数决策并不是非此即彼的，而是涉及多做一些还是少做一些。如果你要努力减少开支和增加储蓄，你要做的决策不是要么省下所赚的每一块钱，要么全部花光。相反，你要做许多小的选择，比如是每天在星巴克买一杯摩卡咖啡，还是每周买三次。

经济学家使用“边际”（marginal）一词来表示“额外的”或“追加的”。你应该多看一个小时电视还是将这一小时用于学习？收看更多电视的**边际效益**（marginal benefit，用

MB 表示）是你得到的额外享受，而**边际成本**（marginal cost，以 *MC* 表示）则是你因学习时间减少而得到的更低分数。苹果公司应该再多生产 30 万台 iPhone 吗？企业通过销售商品获得**收益**（revenue）。苹果公司的边际效益就是多销售 30 万台 iPhone 得到的额外收益。公司的边际成本就是多生产 30 万台 iPhone 的额外成本，包括工资、零配件购置成本等等。经济学家推理得到的结论是：最优决策是将任何活动持续到使边际效益等于边际成本（用符号表示就是 $MB=MC$）的点。我们常常无须有意识地思考就会应用这一规则。通常不假思索你就会知道看一个小时电视节目得到的额外享受是否抵得上不把那一个小时用于学习的额外成本。但是，在商业场上，企业常常不得不进行仔细的计算才能比较边际效益和边际成本，例如，提高产量得到的额外收益是大于还是小于额外的生产成本。经济学家将涉及比较边际效益和边际成本的分析称为**边际分析**（marginal analysis）。

在本书的每一章，你将会看到特别专栏“例题”。通过向你展示解决一个应用的经济问题的详细步骤，这一专栏将增加你对所学内容的理解。在看了例题之后，你可以通过做每章末以及与本书配套的学习指南* 中的相关题目来测试你的理解。你也可以做 www. myeconlab. com 上的例题，得到针对性的辅导。

例题 1.1　医生基于边际分析进行决策

一个医生正在考虑将其诊所每天营业 9 小时而不是 8 小时。该医生诊所的经理认为：“诊所多营业 1 小时是一个好主意，因为诊所每天营业 9 小时会使诊所的总利润达到每年 30 万美元。”你同意经理的推理吗？你还需要哪些额外信息（如果有的话）才能判断医生是否应该每天多营业 1 小时？

解：

第 1 步：复习本章内容。这一问题是关于如何做决策的，所以你可能需要复习一下 1.1.3 节“最优决策基于边际分析”。

第 2 步：说明你是否同意那位经理的推理。我们已经看到，任何活动都应当持续进行到使边际效益等于边际成本的那一点。应用到本例中，医生应该将诊所营业时间设定为使她多营业 1 小时给更多病人看病得到的额外收益等于边际成本的那一点。诊所的经理没有做边际分析，因此你不应该同意她的推理。关于将诊所营业 9 小时得到的总利润的说法与是否应多营业 1 小时的决策无关。

第 3 步：说明你还需要哪些信息。你需要额外的信息才能做出正确决策。你需要知道诊所多营业 1 小时的边际效益和边际成本。边际效益取决于医生在额外 1 小时里能看多少病人。边际成本将包括需要支付给诊所职员的额外工资，需要用到的额外医疗用品，以及额外的水电等费用。医生还需要考虑多工作 1 小时而不是把时间用于陪伴家人和朋友或其他闲暇活动的非货币成本。

轮到你了：要想做更多的练习，请做本章末的问题与应用 1.7、1.8 和 1.9。

---

* 中国人民大学出版社并未购买该学习指南的版权。——出版者注

1.2 每个社会都必须解决的经济问题

由于我们生活在一个稀缺的世界中，任何社会都面临着这样一个经济问题：它只拥有有限数量的经济资源，如工人、机器和原材料，因此只能生产有限数量的商品和服务。因而，每个社会都面临着**权衡**（trade-off）：生产更多的一种商品或服务意味着生产更少的另一种商品或服务。实际上，衡量生产一种商品或服务的成本的最佳方式是为了生产它而不得不放弃的东西的价值。任何活动——如生产一种商品或服务——的**机会成本**（opportunity cost）是从事该项活动必须放弃的价值最高的其他用途。机会成本的概念在经济学中非常重要，它既适用于个体，同样也适用于企业或作为一个整体的社会。考虑这样一个例子：一个医生如果作为一家医院的雇员可以拿到 10 万美元的年薪，但他决定开办自己的私人诊所。在这个例子中，他给自己的诊所提供的医疗服务的机会成本就是他所放弃的为医院工作本该拿到的 10 万美元，哪怕看起来他并没有给自己付工资。

在回答下面三个根本问题的时候，权衡迫使社会做出选择：

1. 生产什么商品和服务？
2. 如何生产这些商品和服务？
3. 谁将获得这些商品和服务？

在整本书中，我们将多次回到这些问题。现在，我们简单地介绍每个问题。

□ 生产什么商品和服务？

社会如何决定是生产更多的经济学教科书还是更多的蓝光播放器？建更多的托儿所还是橄榄球场？当然，“社会”并不做决策；只有个体才做决策。生产什么这个问题的答案由消费者、企业和政府所做的选择共同决定。每一天，当你选择购买一部 iPhone 而非黑莓手机（Blackberry），或者摩卡咖啡而非印度奶茶时，你都在帮助决定企业将生产哪些商品和服务。类似地，苹果公司必须做出选择，是将其稀缺的资源用于生产更多的 iPhone 还是更多的 iPad 平板电脑。联邦政府也必须做出选择，是将其有限的预算更多地用在乳腺癌研究上还是用在维护高速公路上。在每个例子中，通过用一种商品或服务来换取另一种商品或服务，消费者、企业和政府都面临稀缺问题。每种选择的做出都伴随着用所放弃的最佳其他用途的价值来衡量的机会成本。

□ 如何生产这些商品和服务？

企业选择如何生产它们所销售的商品和服务。在许多情况下，企业面临着使用更多工人还是使用更多机器之间的权衡。例如，一家本地的服务站必须选择使用更多的诊断电脑和更少的汽车技工来提供汽车修理服务，还是使用更多的汽车技工和更少的诊断电脑。类似地，电影工作室必须选择利用技能高超的动画师通过手工绘制动画的方式来制作动画片，还是使用更少的动画师和更多的电脑。在决定是否将生产转移到中国时，美国的企业可能要在两种生产方式之间进行选择：一种是在美国使用更少的工人和更多的机器进行生产，另一种是在中国使用更多的工人和更少的机器进行生产。

□ 谁将获得这些商品和服务？

在美国，谁将获得所生产的商品和服务在很大程度上取决于收入是如何分配的。收入最高的人有能力购买最多的商品和服务。人们常常愿意放弃部分收入——从而放弃他们购买商品和服务的部分能力，捐赠给慈善机构来增加较穷的人的收入。美国人每年向慈善机构捐赠约 3 000 亿美元，即该国每个家庭平均捐款 2 650 美元。然而，一个重要的政策问题是：政府是否应该干预以使收入分配更加平等？在美国，这样的干预已经发生了，因为收入更高的人所缴纳的税收占其收入的比重更大，而且政府还向低收入者进行了转移支付。对于当前收入再分配的努力是否足够或者是否应该有更多或更少的再分配，现在还存有分歧。

□ 中央计划经济与市场经济

为了回答上述的什么、如何和谁这三个问题，社会主要以两种方式组织其经济。社会可以实行**中央计划经济**（centrally planned economy），在这样的经济中，由政府决定经济资源如何配置。或者，社会也可以实行**市场经济**（market economy），在这样的经济中，经济资源的配置由在市场中相互作用的家庭和企业的决策来决定。

从 1917 年到 1991 年，世界上最重要的中央计划经济是苏联的经济。1917 年，弗拉基米尔·列宁和共产党发动了革命并接管了俄国，建立了苏联。在苏联，由政府决定生产什么商品、如何生产以及谁将获得这些商品。政府雇员管理着工厂和商店，这些管理人员的目标是遵从政府的指令而不是满足消费者的需要。像苏联这样的中央计划经济未能成功地生产低成本和高质量的商品和服务。结果，中央计划经济中人们的平均生活水平往往低下。今天，只有几个小国，如古巴和朝鲜，还在实行完全的中央计划经济。

所有高收入国家，如美国、加拿大、日本以及西欧各国，都是市场经济。市场经济主要依靠私有企业来生产商品和服务，并决定如何生产。市场而不是政府决定了谁将获得所生产的商品和服务。在市场经济中，企业必须生产满足消费者需要的商品和服务，否则这些企业就会破产。在这种意义上，最终是消费者决定了生产什么商品和服务。因为市场经济中的企业相互竞争，以最低廉的价格提供最高质量的产品，所以它们有很大的市场压力，必须使用成本最低的生产方法。例如，在过去的 10 年里，有些美国企业，特别是电子和家具行业中的企业，有着很大的降低成本的压力，以便能够与中国企业竞争。

在市场经济中，个人的收入由他出售自己拥有的东西所获得的报酬决定。如果他是一位土木工程师，而企业愿意向有着与他相当的训练和技能的工程师支付 8.5 万美元的年薪，那么他可以用来购买商品和服务的收入就是这么多。如果该工程师还拥有一栋租出去的住房，那么他的收入就会更高。市场的有吸引力的特点之一就是它奖励勤奋工作的人。一般地，一个人获得的训练越多、工作时间越长，收入就会越高。当然，运气（包括好的和坏的）在这里也会起作用，就像在生活中其他方面起作用一样。我们可以得出结论，市场经济对“谁将获得所生产的商品和服务”这个问题的回答是：“那些最愿意和最有能力购买它们的人”。

□ 现代的“混合”经济

在 19 世纪和 20 世纪初期，美国政府对商品和服务市场的管制相对很少。从 20 世纪中期开始，在美国和其他市场经济国家，政府对经济的干预显著增加了。这一增加主要是由于 20 世纪 30 年代大萧条期间的高失业率和公司破产率所导致的。有些政府干预也是意图增加老年人、病人以及技能有限者的收入。例如，在 20 世纪 30 年代，美国建立起了社会保障体系和最低工资法，前者向退休和伤残的工人提供政府补助，后者对许多职业中雇主可以支付给工人的工资规定了一个下限。在更近的年份，政府对经济的干预还扩展到实现环境保护、促进人权以及向低收入者和老年人提供医疗保健等目标。

有些经济学家认为，政府干预的程度如此广泛，这使得将美国、加拿大、日本和西欧的经济称为市场经济已经不再准确。它们应该被称为“混合经济”。在**混合经济**（mixed economy）中，大部分经济决策都是市场中买者和卖者相互作用的结果。但是，政府在资源的配置中扮演着重要角色。正如我们在后面的章节中将会看到的，经济学家对政府在市场经济中应该扮演的角色还在争论不休。

近些年国际经济中最为重要的新情况之一是中国从中央计划经济转变为更加混合的经济。在 1949 年，毛泽东和共产党建立了新中国之后，中国经济遭受了几十年的经济停滞。尽管中国仍然在政治上实行独裁，但是，大部分商品和服务的生产现在是由市场而不是由政府决定的。结果，中国出现了快速的经济增长，在不久的将来，中国的商品和服务的总产量很可能会超过美国。

□ 效率与公平

市场经济往往比中央计划经济更有效率。存在两种类型的效率：生产效率和配置效率。**生产效率**（productive efficiency）是指商品或服务以可能的最低成本生产。**配置效率**（allocative efficiency）是指生产与消费者偏好相一致。由于市场促进了竞争和自愿交换，市场往往是有效的。通过**自愿交换**（voluntary exchange），产品的买方和卖方的境况都因交易而变好了。我们知道买方和卖方的境况都变好了，这是因为，不然的话，买方不会同意去购买产品，或者卖方不会同意出售。当市场上企业之间的竞争迫使企业以最低的成本来生产商品和服务时，就实现了生产效率。当企业之间的竞争以及企业和消费者之间的自愿交换这两者合力促使企业生产消费者最偏好的商品和服务的组合时，就实现了配置效率。只要消费者获得的额外效益大于生产的额外成本，竞争就会迫使企业继续生产并销售商品和服务。通过这种方式，所生产的商品和服务的组合就会与消费者的偏好相一致。

尽管市场促进了效率，但它们并不能确保效率。无效率的产生有各种来源。首先，实现有效率的结果可能需要一些时间。例如，当蓝光播放器刚推出时，企业并没有即刻就实现了生产效率。企业找到生产该商品的成本最低的方法花了好几年的时间。正如我们将在第 4 章讨论的，有时政府对市场上自愿交换的干预会降低效率。例如，许多政府限制从外国进口某些商品。这样的限制阻止了产品以最低的成本生产出来，所以降低了效率。不过，某些商品的生产损害了环境。在这种情况下，政府干预可以提高效率，因为如果没有这种干预，企业会忽略环境损害的成本，因而不能以可能的最低成本来生产这些商品。

经济上有效的结果并不一定是合意的。许多人偏好他们认为是公正或公平的经济结果，哪怕这些结果不那么有效率。**公平**（equity）比效率更难以定义，但公平通常涉及经济利益的公正分配。对有些人来说，公平意味着使经济利益的分配要比单纯强调效率所导致的分配更加平等。例如，有些人支持对高收入者增加税收来为资助穷人的项目提供资金。尽管政府通过降低高收入者的收入和提高穷人的收入可以增进公平，但效率可能会降低。如果政府把人们从工作或储蓄中所获得的收入中的相当一部分拿走，那么人们开设新公司、供给劳动和进行储蓄的激励就会降低。结果，生产的商品和服务减少了，储蓄也会降低。正如这个例子所说明的，效率和公平之间常常存在着权衡。政府的政策制定者常常面临着这一权衡。

1.3 经济模型

经济学家依赖于经济理论或模型（“理论”和“模型”这两个词交替使用）来分析现实问题，例如卫生保健所涉及的问题。正如前面提到的，经济模型是现实的简化版本。并不只有经济学家依赖模型：工程师会利用桥梁的电脑模型来帮助测试桥梁能否抵御大风，生物学家会建立核酸的物理模型以更好地理解它的性质。经济模型的目的之一是让经济思想足够明白和具体以便个人、企业或政府可以用它们来做决策。例如，我们将在第3章中看到，供给—需求模型就是产品价格如何由市场中买卖双方之间的相互作用所决定的一个简化版本。

经济学家运用经济模型来回答问题。例如，美国在2020年会有足够数量的医生吗?对于这样的复杂问题，经济学家常常用几个模型来考察问题的不同方面。例如，美国劳工统计局的经济学家建立模型，用来预测不同职业未来的雇佣水平。这些模型使劳工统计局能够预测未来某一日期可能有多少医生。经济学家可以利用不同的模型来预测对医疗服务的需求。这些模型可以被共同用于决定2020年是否会有足够数量的医生。正如前面提到的，美国卫生资源和服务管理局的经济学家已经利用模型预测2020年将会存在大约56 000名医生的短缺。

有时经济学家利用现有的模型来分析问题，但在其他情况下，他们必须建立新的模型。为了建立新的模型，经济学家通常采取下面的步骤：

1. 决定建立模型要用到的假设。
2. 形成可检验的假说。
3. 利用经济数据对假说进行检验。
4. 如果模型未能很好地解释经济数据，则对模型进行修正。
5. 保留修正后的模型，用于在未来帮助回答类似的经济问题。

□ 假设在经济模型中的作用

任何模型都建立在提出假设的基础之上，因为模型必须简化才有用。除非我们降低了经济问题的复杂性，否则我们无法对它进行分析。例如，经济模型对消费者和企业的动机提出了行为性假设。经济学家假设消费者会购买那些最大化其福利或满意度的商品和服务。类似地，经济学家假设企业会采取行动以最大化其利润。这些假设都是简化，因为它们并没有描述每个消费者和每个企业的动机。我们如何才能知道模型中的假设是太过简化还是有太多限制性呢？当我们基于这些假设形成假说并运用现实世界的信息来检验这些假说时，我们就有答案了。

□ 形成并检验经济模型中的假说

经济变量（economic variable）是可以取不同值的可测度的东西，如医生的收入。经济模型中的假说是关于经济变量的一个可能正确也可能不正确的陈述。如下陈述是经济模型中的假说的一个例子：初级护理医生（常常被称为“家庭医生”）所赚的收入下降会导致美国2020年选择进入初级护理的医生数量下降。经济假说通常都是关于因果关系的；在这个例子中，该假说声称收入下降引起或导致了进入初级护理的医生减少。

在接受假说之前，我们必须对它进行检验。为了检验假说，我们分析相关经济变量的统计数据。在我们的初级护理医生的例子中，我们要收集关于初级护理医生的收入和初级护理医生数量的统计数据，可能还有关于其他变量的统计数据。对假说进行检验可能会很棘手。例如，如果你证明初级护理医生的数量在其平均收入下降时减少了，这并不足以证明是收入的下降引起了初级护理医生数量的减少。仅仅因为两件事相关——也就是它们同时发生——并不意味着一件事引起了另一件事。例如，一个医生从业前在一家教学医院做其所学科别的住院医师。教学医院决定它们在某一特定科别提供的住院医师数量。假定教学医院在初级护理医生的收入下降的同时减少了初级护理科别住院医师的数量。在这种情况下，引起初级护理医生数量下降的很可能是住院医师数量的减少，而不是初级护理医生收入的下降。在一段时间内，许多经济变量都在发生变化，这使得对假说的检验变得复杂了。实际上，当经济学家对某个假说（如收入下降对初级护理医生的供给的影响）存在分歧时，常常是因为他们对解释用于检验假说的统计分析存在着分歧。

请注意，假说必须是在原则上可以被证伪的陈述。诸如“增加初级护理医生的数量是好的”或“增加初级护理医生的数量是不好的”这样的陈述是价值判断而不是假说，因为它们不可能被证伪。

如果经济模型导致的假说被统计分析证实了，那么经济学家就会接受并采用这个经济模型。但是，在许多情况下，接受是试探性的，有待新数据的收集或进一步的统计分析。实际上，经济学家常常说统计分析“没有拒绝”某一个假说，而不是说假说“被接受”。但如果统计分析明确拒绝某个假说又应当如何呢？例如，如果一个模型导致了如下假说：“初级护理医生的收入下降导致这些医生的数量下降”，但是数据拒绝了这一假说，那应当如何呢？在这种情况下，必须对这个模型予以重新考虑。有可能是模型中使用的假设太过简化或有太多限制了。例如，可能是模型忽略了“初级护理医生从私人执业转而成为医院领薪水的雇员”（成为医院雇员的医生可以从经营自己的诊所所涉及的责任中摆脱出来）这一事实。初级护理医生被雇用的方式的改变有可能能够解释数据为什么拒绝前面提到的假说。

2010年，美国劳工统计局分析了它在1996年做出的对2006年雇佣水平的预测的精确性。有些预测相当精确，而另一些则不然。例如，劳工统计局曾经预测在2006年会有677 917名内外科医生被雇用，但实际雇佣数仅为633 292名，比预测至少少了大约7%。对医师助理的预测的误差要大得多，2006年医师助理的雇佣水平预测值为93 485，但实际只有65 628，比预期低了大约30%。分析这些预测的错误有助于劳工统计局改进它用于预测职业雇佣水平的模型。

建立模型、检验假说和修正模型的过程不仅发生在经济学中，而且也发生在像物理、化学和生物学这样的学科。这一过程常常被称为**科学方法**（scientific method）。由于经济学将科学方法应用于对人们之间相互作用的研究，所以它是一门社会科学。

□ 规范分析与实证分析

在本书中，当我们建立经济模型并用它们来回答问题时，我们要谨记实证分析与规范分析之间的区别。**实证分析**（positive analysis）关注是什么，而**规范分析**（normative analysis）关注应该是什么。经济学是关于实证分析的，它衡量不同行动方式的成本和效益。

我们可以用美国联邦政府的最低工资法来比较实证分析和规范分析。在2012年，根据这部法律，雇主以低于每小时7.25美元的工资雇用工人是非法的。如果没有最低工资法，有些企业和有些工人会在一个更低的工资水平自愿达成一致。由于有了最低工资法，有些工人难以找到工作，而有些企业最终支付的劳动成本比没有这部法律的情况下要高。对联邦最低工资法所进行的实证分析会用一个经济模型来估计有多少工人因为这部法律而丢了工作，这部法律对企业的成本和利润的影响，以及拿最低工资的工人所获得的好处。在经济学家完成这一实证分析后，判断最低工资法是个好主意还是坏主意则是一个规范性的问题，取决于人们如何评价所涉及的权衡。这部法律的支持者认为，雇主以及因为这部法律而失业的工人的损失低于与没有这部法律的情况下相比得到更高工资的工人所获得的好处。这部法律的反对者则认为损失大于好处。任何个人的评价都部分地取决于他的价值判断和政治观点。经济学家提供的实证分析在规范分析中会起作用，但单靠实证分析无法做出判断。

在每一章，你都会看到“不要犯这样的错误！”专栏，接下来就有一个。这些专栏提醒你注意在思考经济思想中常见的错误。在阅读了该专栏后，做本章末的相关习题以此测试你理解得如何。

不要犯这样的错误！ ☞

不要混淆实证分析和规范分析

“经济分析显示，因为最低工资法引起失业，所以它是个坏主意。”这个说法准确吗？在2012年，联邦最低工资法禁止雇主以低于每小时7.25美元的工资雇用工人。这个工资水平比有些雇主愿意向某些工人支付的工资要高。如果没有最低工资法，有些现在无法找到愿意按每小时7.25美元的工资雇用他们的企业的工人就能够找到工资低一些的工作。所以，实证经济分析表明，最低工资法引起了失业（尽管经济学家对最低工资引起了多少失业存在分歧）。但是，一些有工作的工人却从最低工资法中获益，因为他们得到的工资比没有这部法律的情况下要高。换句话说，最低工资法既造就了输家（由此而失业的工人和不得不支付更高工资的企业），也造就了赢家（获得更高工资的工人）。

我们应该对赢家获得的好处比对输家的损失更加看重吗？对这个问题的回答涉及规范分析。实证经济分析可以显示某一特定政策的后果，但它无法告诉我们这个政策是“好”还是“坏”。所以，本专栏一开始时的说法是不准确的。

轮到你了：做本章末的问题与应用3.9，看看你理解得如何。

□ 作为一门社会科学的经济学

由于经济学研究个体的行为，所以它是一门社会科学，也因此与心理学、政治学和社会学等其他社会科学学科类似。作为一门社会科学，经济学考虑每种情境下的人类行为（特别地，决策行为），而不只是商业情境下的行为。经济学家已经研究了诸如家庭如何决定要几个孩子、为什么人们难以减肥或实现其他合意目的、为什么人们在做决策时常常忽略相关信息等问题。经济学对政府政策问题贡献也很大。正如我们在整本书中都会看到的，经济学家在环境、卫生保健和贫困等领域的政府政策制定中起着重要作用。

建立联系☞

医学院应该免费吗?

美国人口在持续增加，仅是这一现实就会增加对医疗服务的需求。另外，人口的平均年龄在上升，老年人比年轻人需要更多的医疗保健。因此，随着时间的推移，医生的数量需要增加。正如本章开头提到的，美国卫生资源和服务管理局预测，提供病人护理所需的医生数量将从2010年的大约805 000名增加到2020年的922 000名。

我们可以确信在2020年这些额外需要的医生能够得到吗？事实上，美国卫生资源和服务管理局预测在2020年会存在56 000名医生的短缺。大部分短缺可能会是初级保健医生，即家庭医生。正如我们在后面的章节里会讨论的，通常我们预期，当消费者想要更多的某种产品时，更高的工资和工作机会会吸引工人到该行业工作。例如，在2005年前后的几年里美国房地产繁荣的时期，建筑业工人（木工、水管工、屋顶工等）的数量迅速增加。但是，培养更多的医生是一个长期过程。在完成本科学习之后，医生要在医学院学习4年，然后去教学医院花上3～5年的时间做某一特定医学科别的住院医师。显然，医院说服了国会使其相信如果医院得不到帮助的话就不能训练足够的医生，于是，国会每年向教学医院总计提供100亿美元，根据它们训练的住院医生的数量予以补贴。

近来，斯隆凯特林癌症中心（Sloan-Kettering Cancer Center）的彼得·巴赫（Peter Bach）和布鲁金斯研究所的罗伯特·科歇尔（Robert Kocher）提议医学院应该不收学费。他们提出的理由是，几乎所有从医学院毕业的学生都欠了学生贷款，平均每个学生欠的贷款超过15万美元。我们也许会预期，尽管这些债务很大，但却不会成为学生申请进入医学院就读的障碍，因为2011年医生的平均年收入在25万美元以上。但是，巴赫和科歇尔指出，医学院的高成本有两个坏结果：其一，一些好学生不会申请，要么是因为他们不想承担这么大的债务，要么是因为他们无法借到足够的钱；其二，许多学生不愿选择初级护理（平均收入只有19万美元）而偏爱整形或麻醉学之类的专业科别（平均收入达32.5万美元）。教学医院支付给住院医师的工资是每年大约5万美元。巴赫和科歇尔提议医院继续给初级护理的住院医师付工资，但不再给专业科别的住院医师付工资。医院由此节省下来的钱将支付给医学院，有了这些资金，医学院就给予免收学费了。该方案将增加学生选择初级护理而非专业科别的激励。对巴赫和科歇尔的提议持批评意见的人质疑是否有许多有能力进入医学院就读的学生真的因为医学院的学费而未能如愿。他们还质疑是否有许多本打算选择专业科别的住院医师会转而选择初级护理，就算选择专业科别意味着他们不得不借钱来支付日常开支而没有医院付给的工资。

和许多其他政策争论一样，对于医学院如何得到支付的方式是否应该做出改变的争论有着实证性和规范性的双重元素。通过收集数据和使用经济模型，我们有可能对争论的每一方所做的部分定量的主张进行评价：学费在学生是否进入医学院就读的决策中起着什么作用？学费增加对医学院的申请人数的影响是大还是小？预期未来收入的变化如何影响医学院学生选择哪个专业科别的决策？这些都是实证性问题，因此确切阐述定量的答案是有可能的。但是，不幸的是，这一争论最终还有一个规范性元素。例如，有些医生、经济学家和政策制定者认为让低收入或农村地区的人有更好的卫生保健条件很重要，因此他们愿意支持那些将医学院学生从专业科别导向初级护理的政策。其他医生、经济学家和政策制定者则相信，进入专业科别的医学院学生比进入初级护理的学生对社会的贡献要大。这种类型的分歧不可能通过建立模型和分析数据而得到解决，因为所涉及的问题本质上是规范性的。

在 2010 年，奥巴马总统和国会颁布了《患者保护与平价医疗法案》，该法案对美国卫生保健体系做出了重大改变。这些改变将在 2014 年前逐步推行。随着政策制定者竭力解决急剧上升的卫生保健成本问题，更多的改变是有可能的。国会和奥巴马总统是否会颁布意在增加初级保健医生数量的政策仍有待观察。

资料来源：Suzanne Sataline and Shirley S. Wang，“Medical Schools Can't Keep Up”，*Wall Street Journal*，April 12，2010；Uwe E. Reinhardt，“Producing More Primary-Care Doctors”，*New York Times*，June 10，2011；and Peter B. Bach and Robert Kocher，“Why Medical School Should Be Free”，*New York Times*，May 28，2011。

轮到你了：做本章末与本专栏相关的问题与应用 3.7，看看你理解得如何。

1.4 微观经济学和宏观经济学

经济模型可以用于分析许多领域的决策。我们把有些这样的领域归入微观经济学中，而把其他领域归入宏观经济学中。**微观经济学**（Microeconomics）是对家庭和企业如何做出选择、它们在市场中如何相互作用以及政府如何试图影响它们的选择的研究。微观经济学问题包括解释消费者如何对产品价格的变化做出反应以及企业如何决定对它们出售的产品收取什么价格。微观经济学还涉及政策问题，如分析减少未成年人吸烟的最有效的方法，分析批准销售一种新处方药的成本和效益，以及分析降低空气污染的最有效的方法。

宏观经济学（Macroeconomics）是把经济视为一个整体而进行的研究，包括通货膨胀、失业和经济增长等主题。宏观经济学问题包括解释为什么经济会经历衰退和失业不断增加的时期，以及为什么在长期内有些经济体比其他经济体增长得快得多。宏观经济学也涉及政策问题，如政府干预是否能够降低衰退的严重性。

微观经济学和宏观经济学之间的区分并不是一成不变的。许多经济情境既有微观经济也有宏观经济的方面。例如，企业在新机器和设备上的总投资水平有助于确定经济增长得有多快，这是一个宏观经济问题。但要了解企业决定购买多少新机器和设备，我们不得不分析单个企业所面临的激励，而这是一个微观经济问题。

1.5 重要经济术语预览

在以下各章中，你会反复碰到某些重要的术语。熟悉这些术语是学习经济学的一个必要步骤。在此我们对部分这些术语进行简要介绍。我们将在后面的章中对所有术语进行更深入的讨论。

企业家。

企业家是经营企业的人。在市场体系中，企业家决定生产什么商品和服务以及如何生产它们。开办新企业的企业家把自己的资金置于风险之中。如果企业家对消费者需要什么或生产商品和服务的最佳方式等方面的见解错了，那么，企业家的资金就会遭受损失。这并非罕见：在美国，约有一半的新企业在四年内倒闭。如果没有愿意承担开办和经营企业的风险的企业家，那么，市场体系中就不可能有经济进步。

创新。

发明和创新之间是有区别的。发明是新商品或生产商品的新工艺的开发。创新是发明的实际应用。（创新也可以更广泛地用来指商品或商品生产方法上的重大改进。）在新主意出现与开发到广泛应用之间的时间常常很漫长。例如，莱特兄弟1913年就在北卡罗来纳州的基蒂霍克首次实现了自推式飞行，但是莱特兄弟的飞机很粗糙，而直到道格拉斯飞机公司在1936年开发出DC-3型飞机后，定期安排的城际航班才在美国成为平常之事。类似地，首台数字式电子计算机ENIAC是在1945年开发出来的，但直到1981年第一台IBM个人计算机才开发出来，而直到20世纪90年代，计算机的广泛运用才对美国企业的生产率产生了显著影响。

技术。

一家企业的技术是它用来生产商品和服务的工序。在经济意义上，企业的技术取决于许多因素，如其管理人员的技能、其工人所受到的培训，以及其机器和设备的速度和效率。

企业或公司。

企业是生产商品或服务的组织。大部分企业生产商品或服务以赚取利润，但也有非营利企业，如大学和部分医院。经济学家交替使用“企业”和“公司”这两个词。

商品。

商品是有形的货物，如书籍、计算机或蓝光播放器。

服务。

服务是为他人所做的活动，如给人理发或提供投资建议。

收益。

企业的收益是出售商品或服务所获得的全部金额。其计算方式是单价乘以售出的数量。

利润。

企业的利润是其收益和成本之差。经济学家区分会计利润和经济利润。在计算会计利润时，我们没有考虑企业并不明确支付报酬的某些经济资源的成本。在计算经济利润时，我们包括了企业所使用的所有资源的机会成本。本书提到利润时，我们是指经济利润。不要将利润和收益相混淆，这很重要。

家庭。

家庭由同居一家的所有人组成。家庭是企业生产商品和服务所使用的生产要素——尤其是劳动——的供给者，也是企业和政府生产的商品和服务的需求者。

生产要素或经济资源。

企业利用生产要素生产商品和服务。主要的生产要素有劳动、资本、人力资本、自然资源（包括土地）以及企业家才能。家庭通过向企业供给生产要素获得收入。

资本。

“资本”一词可以指“金融资本”或“实物资本”。金融资本包括企业发行的股票和债券、银行账户和持有的货币。但在经济学中，资本是指实物资本，它包括用于生产其他商品和服务的制成品。实物资本的例子有计算机、工厂建筑物、机床、仓库和卡车。一国可以使用的实物资本的总量被称为这个国家的资本存量。

人力资本。

人力资本指工人所拥有的累计培训和技能。例如，受过大学教育的工人一般比只有高中学历的工人拥有更多的技能，生产率也更高。

接第 4 页

生活中的经济学

卫生保健行业将会有很多工作岗位吗?

在本章一开头，我们提出了一个问题：“关于卫生保健方面的工作岗位可得性的预测的依据是什么呢？这些预测的可靠性有多高呢?”随着美国人口的增加以及人口平均年龄的上升，看起来医生、护士、医师助理和其他卫生保健工人的数量有可能会增加。美国劳工统计局发布了使用最广泛的职业预测。该机构的经济学家基于经济模型来做这些预测。可是，这些预测可能是不准确的。例如，在 1996 年，该机构预测 2006 年将会有 93 485 名医师助理被雇用，但实际只有 65 628 名。劳工统计局分析这样的错误，以尝试改进它的预测。因此，随着时间的推移，该机构的预测可能变得更加准确，但是，如果你预期这些预测确切无误，那你就错了。

1.6 结论

经济学是关于人们如何做选择的一组有用的思想。通过建立经济模型，经济学家把这些思想付诸实践。消费者、企业管理者以及政府政策制定者每天都运用这些模型来帮助他们做选择。在本书中，我们探讨许多重要的经济模型，并给出如何在现实世界中应用这些模型的例子。

对了解时下商业环境和学习如何将经济概念应用于各种真实事件来说，阅读报纸和其他期刊是一个重要的部分。在每章末，你都会看到一个专栏“业内观察”。这一专栏首先包括一篇与该章开篇介绍的公司或经济问题以及该章讨论的概念相关的文章的节选，接下来的文章要点、深入分析以及辅助图形强调了该文中的重要经济点。阅读下面的“业内观察”以探究为什么卫生保健工人正在推迟退休。回答“深入思考”问题，看看你理解得如何。

业内观察 《医生流动减少了，退休推迟了》

《纽约时报》

《医生流动减少，一个职业审慎的信号》

根据一份对253 000家诊所的调查，与前三年相比，去年变更地址的医生比率减少了。

a 每年，SK&A，赛捷集团（Cegedim）旗下一家总部位于加州尔湾、专门收集卫生保健营销信息的公司汇编了664 000名在诊所工作的医生的数据库。从2008年起，该公司出版了一份关于“流动率”的报告，这一比率表明有多少医生由于流动、退休或死亡而不再在原来的诊所了。

基于2010年3月和2011年3月的调查，在最近的一份报告中，该公司计算得到的流动率为11.3%，表明流动率又一年出现下降。根据该公司的数据，流动率在2008年、2009年和2010年这三年分别为18.2%、15%和12.4%。

专家认为，虽然流动率并不是一个科学的指标，但它反映了我们的经济正以多种方式在阻止医生更换工作或退休，包括财务上的压力、医疗责任环境以及执照法律。

医生“看起来并没有受到过去那些引发他们流动愿望的因素的驱动，包括更多的病例数、其他地方更高的工资，或有着更好设施的更好社区”。SK&A公司的发言人杰克·谢姆伯（Jack Schember）如是说。

b SK&A出版其数据是为了造福于医药企业和医疗设备企业，这些企业要向医生出售其产品。但是，透过SK&A的数据也可以了解经济对医生业务的影响。

华盛顿大学卫生人力资源研究中心主任、医学博士、公共卫生科学硕士马克·德舍尔（Mark Doescher）认为，对面临医生和其他卫生专业人士数量下降的地区（主要是大城市以外）来说，更稳定的人力可能是好事。

“我确实认为经济不景气实际上已经引起了人力的稳定，这对许多农村地区是好事，”他说，“但是，当人们退休时，我们就会看到手头很紧。”

c 位于爱伯克奇的新墨西哥大学儿童医院的儿科心脏病专家、医学博士迪恩·瓦尔德曼（Deane Waldman），在卫生保健体系方面著作颇丰，则提出警告，SK&A计算的流动率并非一个衡量医生流动或退休的科学指标。

不过，他认为，给定医生面临的许多压力，现在医生不大可能更换工作或退休，这样的说法是有道理的。医生面临的压力包括：卫生体系改革的不确定性，由于报销比例下降引起的收入下降，持续多变的医疗责任环境，使迁移变得困难的执照规制，以及医生短缺使得找到他人接收诊所变得困难。“把所有的不确定性、财务损失、法律的变化累加在一起，你会发现人们害怕做出任何改变，这毫不令人奇怪。”瓦尔德曼博士如是说。

对于那些找到了一个可以去的地方的人来说，卖掉住房有可能招致财务损失，要想在没有财务损失的条件下离开是很困难的，甚至是不可能的。

美国经济咨商局（the Conference Board）研究团队于5月19日发布的一个报告印证了许多卫生保健工人在达到退休年龄时面临的困难。根据对各行业延迟退休所做的分析，卫生行业在2004—2007年和2009—2010年这两个调查时期之间出现了最大的退休率下降。在2009—2010年调查时期里，在12个月之内，55～64岁的全职卫生保健工作者退休率只有1.55%，而这一比率在2004—2007年调查时期里是3.95%。卫生保健部门的退休率最低，显著低于所研究的其他行业。

SK&A的调查发现，某些医学科别的医生比其他科别退休或流动的可能性大得多。航空航天医学的医生流动率最高，达27.9%，整容学的最低，只有6.3%。家庭医生的流动率为11.4%。

资料来源：“Family Physician Can't Give Away Solo Practice”, by Gardiner Harris. *The New York Times*, April 22, 2011.

文章要点

文章讨论了在过去3年里变更工作或退休的医生数量的持续下降。这一下降的可能原因包括2007—2009年的经济衰退，从衰退中的缓慢复苏，保险报销比例的下降，以及卫生保健体系改革的结果不确定性。美国经济咨商局研究团队2011年5月的报告显示，在2004—2007年和2009—2010年这两个调查时期之间卫生保健行业的退休率下降，在所调查的所有行业中，该行业的退休率最低。退休率的这一下降表明，卫生保健行业的变化使许多卫生专业人士担忧他们到达退休年龄时的财务状况。

新闻分析

a 卫生保健营销公司SK&A汇编的数据表明，医生变更工作或退休的比率（流动率）连续四年下降，从数据收集的第一年即2008年高达18.2%下降到2011年低达11.3%。根据本章的开篇案例，医生曾经一般都经营自己的诊所或者与其他医生合伙，这样的状况维持了很多年，但是，在过去的几年里，越来越多的医生放弃了私人执业，转而成为了领薪水的医院雇员。到2008年，医院拥有的医疗业务已经超过医生自己拥有的业务。下图给出了有关的数据。不断上升的成本和财务不确定性被认为是越来越多的

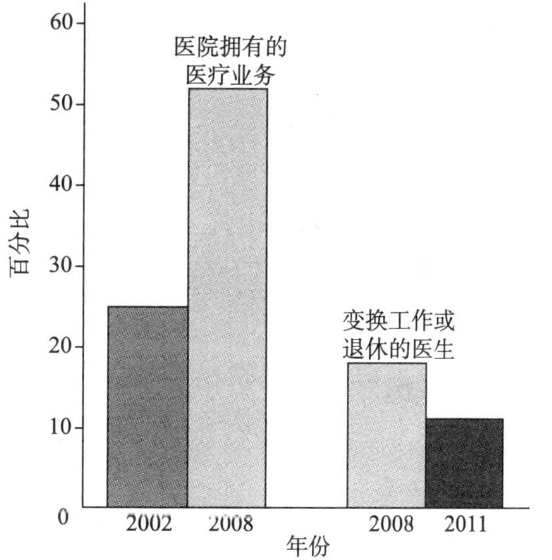

医疗业务拥有情况的变动和医生流动率的变动。

资料来源：Robert Kocher, M. D., and Nikhil R. Sahni, “Hospital's Race to Employ Physicians—The Logic Behind a Money-Losing Proposition”, *New England Journal of Medicine*, May 12, 2011; and Uwe E. Reinhardt, “Producing More Primary-Care Doctors”, *New York Times*, June 10, 2011, and Emily Berry, “Fewer physicians move, a sign of career caution”, June 6, 2011, amednews.com。

医生放弃私人执业转而接受医院雇用的主要原因之一，“流动率”看起来表明越来越多的这些医生留在他们所在的医院工作，而放弃了重新私人执业或退休。

b 在1991年的影片《好莱坞医生》(*Doc Hollyowood*) 中，迈克尔·J·福克斯（Michael J. Fox）扮演比弗利山庄的一个外科医生，在一个农村社区引起了一场交通事故之后，被判决到当地医院义务服务。故事背后的前提反映了农村社区越来越难以吸引医疗专业人士来行医这样一个目前的趋势。工作更换和退休的减少这一事实的好的一面可能是医疗领域中人力的稳定性更高了，特别是在这些农村地区。经济不稳定性阻止了许多这些专业人士退休或迁移，因此对这些地区的人口是有利的。但是，这一好的一面可能是临时的，原因如下：与典型的好莱坞式快乐结局——大城市的医生爱上小镇——不同，迁移到农村地区的医生数量持续下降，因此，当这些农村地区的医生最终退休时，医生短缺就可能会继续存在。

c 经济不确定性、卫生保健法律的变动和对财务状况的担忧已经被认为既要部分地对越来越多的医生放弃私人执业转而成为医院领薪水的雇员负责，也要部分地对越来越少的医生更换新工作或从诊所退休负责。这一趋势看起来表明，许多那些仍在迁移的医生是向医院流动而非流动到新的或不同的私人诊所。只要经济中和卫生保健改革中的不确定性仍然存在，毫不奇怪，医生就会继续对他们的职业和财务前景感到担忧，并担心这样的趋势会继续下去。

深入思考

1. 一个重要的经济思想是人们是理性的。解释这一思想如何与过去三年里医生的“流动率”下降相关。
2. 这篇文章说，在2009—2010年，卫生保健行业的退休率在所调查的所有行业中是最低的。假定你想建立一个经济模型来分析医生退休率和保险报销比例的变化之间的关系。利用本文中的信息解释你建立模型会采取的几个步骤。

本章总结和习题

□ 关键术语

配置效率	公平	微观经济学	生产效率
中央计划经济	宏观经济学	混合经济	稀缺性
经济模型	边际分析	规范分析	权衡
经济变量	市场	机会成本	资源交换
经济学	市场经济	实证分析	

□ 1.1 三个重要的经济思想

总结

经济学是对消费者、企业管理者和政府官员在稀缺资源给定条件下为达到目标而做出的选择的研究。由于存在稀缺性，即尽管我们的欲望是无限的，但可用于实现这些欲望的资源却是有限的，我们必须做出选择。经济学家假设人们在如下意义上是理性的：消费者和企业在为实现自身目标而采取行动时将使用所有可获得的信息。理性人比较每项行动的效益和成本，只有在某项行动的效益超过成本时才会采取该行动。尽管人们的行动有各种各样的动机，但是，有充足的证据表明他们会对经济激励做出反应。经济学家使用“边际”一词来表示“额外的”或“追加的”。最优决策是将任何活动持续到使边际效益等于边际成本的点。

复习题

1.1 简单讨论下面的每一个经济思想：人们是理性的，人们对经济激励做出反应，最优决策基于边际分析。

1.2 什么是稀缺性？为什么稀缺性对经济学的研究至关重要？

问题与应用

1.3 银行抢劫案在新泽西州不断增加。根据FBI的观点，这一增加与经济下滑几乎没什么关系。FBI宣称，正是因为银行拒绝安装被称为“防盗板”的透明丙烯酸塑料隔板将银行柜员与公众隔离开来，才使得银行成为容易受攻击的目标。2008年新泽西州被抢劫的193家银行中，只有23家安装了这样的防盗板；2009年头10周被抢劫的40家银行中，只有1家安装了防盗板。FBI的一位特工说：“防盗板是很好的屏障。我们与银行劫犯交谈得知，只要他们看见银行有防盗板，就会去找另一家银行。”尽管存在这样一个发现，许多银行还是不愿意安装这些防盗板。银行没有很强的激励安装防盗板以阻止抢劫吗？那么，为什么如此多银行没有这么做呢？

资料来源：Richard Cowen，“FBI：Banks Are to Blame for Rise in Robberies”，*NorthJersey.com*，March 10，2009。

1.4 评分体系是教师的强有力的资源。芭芭拉·沃尔弗德（Barbara Walvoord）和弗吉尼亚·安德森（Virginia Anderson）在他们的著作《有效评分：学习和评估的工具》（*Effective Grading：A Tool for Learning and Assessment*）中这样说道：“教师必须控制评分体系的功效和复杂性”，“教师在对课程进行初次考虑时就必须考虑评分体系”。

a. 教师采用的评分体系会如何影响学生学习该课程内容的激励？

b. 如果教师在评分标准中对课程的某一部分（如课外读物的阅读）赋予的权重过少，学生可能会如何做出反应？

c. 教师常常希望学生来上课之前已经做好了准备，预习了将要讲授的内容。教师如何能够设计评分体系以激励学生课前预习？

资料来源：Barbara E. Walvoord and Virginia Johnson Anderson，*Effective Grading：A Tool for Learning and Assessment*，Jossey-Bass：San Francisco，1998，pp. xvii-xviii。

1.5 ［与1.1节中的“建立联系”专栏有关］许多大学和公司提供健康养生计划，帮助雇员提高或维持他们的健康状况并为此获得（相对少量的）报酬。这样的项目差别很大，但一般都会包括如下几个部分：雇员先完成健康评估，然后拿到一份健康生活的方案，并要监督他们每个月的健康活动。为什么公司和大学付钱给雇员要他们自我照顾？医疗保险如何影响雇员提高或维持他们的健康状况的激励？健康养生计划如何影响雇主代表雇员支出的医疗保险保费？

1.6 ［与1.1节中的“建立联系”专栏有关］斯坦福大学的杰伊·巴特查亚和凯特·布尔多芙发现的证据表明，在雇主提供医疗保险的公司工作的肥胖者比在同样的公司工作的非肥胖者工资要低。而在雇主不提供医疗保险的公司，肥胖者收到的工资并不比非肥胖者低。

a. 提供医疗保险的公司支付给肥胖者的工资低于非肥胖者，可能的原因是什么？

b. 巴特查亚和布尔多芙的发现与医疗保险是否给人们提供了变肥的激励这样一个问题相关吗？简要解释。

资料来源：Jay Bhattacharya and M. Kate Bundorf，“The Incidence of the Health Care Costs of Obesity”，*Journal of Health Economics*，Vol. 28，No. 3，May 2009，pp. 649-58。

1.7 ［与例题1.1有关］在2009年，电影工作室开始发行大量3D电影。为了放映这种格式的电影，影院所有者必须为每台放映机配备成本为75 000美元的3D设备。通常来说，影院所有者收取的3D电影的电影票每张比传统2D电影的电影票高大约3美元。如果你拥有一家影院，为了决定是否投资于3D设备，讨论你会如何着手。3D电影的总票房所占比例自2009年以来相对平稳，这一信息会如何影响你的分析？

资料来源：Lauren A. E. Schuker，“Can 3-D Save Hollywood?” *Wall Street Journal*，March 20，2009；and “3D Films Struggle”，*The Economist*，July 23-29，2011。

1.8 ［与例题 1.1 有关］两个学生在讨论例题 1.1：

Joe："我认为，在决定医生应该每天将诊所营业 9 小时还是 8 小时时，你需要知道的关键额外信息是她现在营业 8 小时所赚的利润数量。然后她可以比较营业 9 小时和 8 小时两种情况下的利润。这一信息比多营业 1 小时的额外收益和额外成本要更加重要。"

Jill："Joe，实际上，知道诊所多营业 1 小时的利润变化情况与知道额外收益和额外成本完全是一回事。"

简要评价他们的观点。

1.9 ［与例题 1.1 有关］在学期末，一位朋友告诉你："我本想退掉心理学课程以便能集中精力于其他课程，但我已经在这门课上花了那么多时间，以至于我决定还是不退掉它。"你怎么看你朋友的推理？如果你朋友必须在某个时候通过心理学课程才能毕业，你的答案会有区别吗？简要解释。

1.10 在本特利学院（Bentley College）的经济学家帕特里夏・M・弗林（Patricia M. Flynn）和迈克尔・A・奎因（Michael A. Quinn）所写的一篇论文中，作者写道：

> 我们发现的证据表明，对那些有志成为首席执行官（CEO）的人来说，经济学是一个很好的专业选择。在对毕业生规模进行调整后，那些本科专业为经济学的人比本科专业为任何其他专业的人更有可能成为标准普尔 500 公司的 CEO。

玛丽埃塔学院（Marietta College）发布的一份经济学专业毕业的著名人士清单包括：商界领袖沃伦・巴菲特、唐纳德・特朗普、泰德・特纳、黛安・冯・芙丝汀宝和山姆・沃尔顿，以及前总统乔治・W・布什、杰拉德・福特和罗纳德・里根。为什么学习经济学对成为公司高管或政府领导人是特别好的准备？

资料来源：Patricia M. Flynn and Michael A. Quinn, "Economics: A Good Choice of Major for Future CEOs", *Social Science Research Network*, November 28, 2006; and *Famous Economics Majors*, Marietta College, Marietta, Ohio, May 22, 2010。

□ 1.2 每个社会都必须解决的经济问题

总结

社会面临着权衡：生产更多的一种商品或服务意味着生产更少的另一种商品或服务。任何活动——如生产一种商品或服务——的机会成本是从事该项活动必须放弃的价值最高的其他用途。消费者、企业和政府的选择决定了什么商品和服务会被生产出来。企业选择如何生产它们出售的商品和服务。在美国，谁收到商品和服务主要取决于市场上收入如何分配。在中央计划经济中，大部分经济决策是由政府做出的。在市场经济中，大部分经济决策是由消费者和企业做出的。包括美国经济在内的大部分经济都是混合经济，在这样的经济中，大部分经济决策是由消费者和企业做出的，但是，政府也扮演着重要角色。存在两种类型的效率：生产效率和配置效率。生产效率是指商品或服务以可能的最低成本生产。配置效率是指生产与消费者偏好相一致。当产品的买方和卖方的境况都因交易而变好时，自愿交换就会在市场上发生。公平比效率更难以定义，但公平通常涉及经济利益的公正分配。政府的政策制定者常常面临着效率和公平之间的权衡。

复习题

2.1 为什么稀缺性意味着每个社会和每个个体都面临着权衡？

2.2 每个社会都必须回答哪三个经济问题？简要讨论中央计划经济、市场经济和混合经济对三个问题的回答的区别。

2.3 生产效率和配置效率之间有什么区别？

2.4 效率与公平之间有什么区别？为什么政府政策制定者常常面临着这两者之间的权衡？

问题与应用

2.5 比尔・盖茨是世界上最富裕的人之一，他面临着稀缺问题吗？每个人都面临着稀缺问题吗？有没有例外？

2.6 在市场经济中，为什么企业有很强的激励做到生产上有效和配置上有效？如果企业在生产上和配置上有效，那么企业赚取了什么？如果它没有做到，那又会发生什么？

2.7 你预期新的、更好的机器和设备在市场经济中还是在中央计划经济中会得到更快的采用？简要解释。

2.8 中央计划经济的效率低于市场经济。

a. 这一效率上的差别是偶然的，还是有着某种深层次原因？

b. 如果市场经济在经济上比中央计划经济更有效，那么，有没有什么原因使得人们更倾向于中央计划经济而不是市场经济？

2.9 相对于市场经济而言，你预期中央计划经济在生产效率或配置效率上是否表现更好？简要解释。

2.10 密歇根州立大学的哲学教授伦纳德·弗莱克（Leonard Fleck）曾经写道：

> 谈到美国的卫生保健，我们的卫生保健需要是无限的，但拥有的资源却是有限的。随着年龄的增长，我们想要当代医疗技术可以提供的、能够延长寿命或提高生活质量的所有东西。但是，作为目前健康的纳税人，我们希望费用得到控制。

为什么所有经济体系都有必要限制卫生保健等服务？市场体系如何防止人们获得他们想要多少就要多少的商品和服务？

资料来源：Leonard Fleck，*Just Caring：Health Care Rationing and Democratic Deliberation*，New York：Oxford University Press，2009。

2.11 假定你当地的警察局在一次扫毒行动中查获了 100 张某大型 NASCAR 赛车比赛的门票。警局决定把这些门票分发给居民，宣布周一上午 10 点在市政厅发放。

a. 哪些群体的人最有可能去领取门票？想一些具体的例子，然后进行归纳。

b. 以这种方式分发门票的机会成本是什么？

c. 生产效率是指商品或服务（如门票分发）以可能的最低成本生产。这是一种有效率的分发门票的方式吗？如果可能，提议一种更有效的分发门票的方式。

d. 这是一种公平的分发门票的方式吗？请解释。

□ 1.3 经济模型

总结

经济变量是可以取不同值的可测度的东西，如软件编程员的工资。经济学家在将经济思想应用于现实问题时依赖于经济模型。经济模型是现实的简化版本，用于分析现实经济状况。如果经济模型导致的假说被统计分析证实了，那么经济学家就会接受并采用这个经济模型。但是，在许多情况下，接受是试探性的，有待新数据的收集或进一步的统计分析。由于经济学将科学方法应用于对人们之间相互作用的研究，所以它是一门社会科学。经济学关注实证分析而非规范分析。实证分析关注是什么，而规范分析关注应该是什么。由于经济学研究个体的行为，所以它是一门社会科学。作为一门社会科学，经济学考虑每种决策情境下的人类行为，而不只是商业情境下的行为。

复习题

3.1 为什么经济学家使用模型？经济数据如何被用于检验模型？

3.2 描述经济学家建立一个有用的经济模型所采取的 5 个步骤。

3.3 规范分析和实证分析之间有什么区别？经济学主要关注规范分析还是实证分析？简要解释。

问题与应用

3.4 你同意下面的说法吗？经济学存在的问题在于它假设消费者和企业总是做出正确的决策。但是我们知道是人就会犯错误。

3.5 假定一个经济学家建立了一个经济模型，发现“它在理论上很有用，但在实践中不起作用”。这个经济学下一步应该做什么？

3.6 奇爱博士（Dr. Strangelove）的理论是：蘑菇的价格是由存在于与我们的宇宙平行的另一个宇宙的亚原子微粒的活动决定的。当亚原子微粒被大量释放时，蘑菇的价格就高；当亚原子微粒的释放量少时，蘑菇的价格就低。你如何着手检验奇爱博士的理论？讨论该理论是否有用。

3.7 ［与 1.3 节中的“建立联系”专栏有关］1.3 节中的“建立联系”专栏解释了对于医学院是否应该收取学费和医院是否应该继续向选择初级保健的住院医师支付工资而不向专业科别的住院医师支付工资的争论既有实证性元素，又有规范性元素。什么经济统计量对评估这一争论的实证性元素最有用？假设这些统计量可以获得或者能够收集，它们可能解决这一争论的规范性问题吗？

3.8 ［与开篇案例有关］近些年来，许多医生决定放弃像经营小公司一样经营自己的诊所，转而成为了医院领薪水的雇员。

a. 医生的诊所和餐馆、五金商店等其他小公司之间存在什么重要区别？

b. 近些年来私人执业相对于变成医院的领薪水的雇员的经济激励发生了什么样的变化？

3.9 ［与 1.3 节中的“不要犯这样的错误！”专栏有关］解释下面哪些陈述属于实证分析，哪些属于规范分析。

a. 对每包香烟征收 50 美分的税收将使未成年

人的吸烟量下降12%；

b. 联邦政府应该增加在艾滋病研究上的支出；

c. 纸张价格的上升将提高教科书价格；

d. 星巴克的咖啡价格太高了。

3.10　在美国，为了获得行医执照，医生必须在医院完成住院医师培训。未经住院医师审核委员会（Residency Review Committee，RRC）批准，医院不能随意扩大它们在某一特定医学专业科别的住院医师培训的规模。住院医师审核委员会由该医学专业科别的医生组成。不接受住院医师审核委员会的裁决的医院有可能失去研究生医学教育认证委员会（Accreditation Council for Graduate Medical Education，ACGME）的认证。住院医师审核委员会和研究生医学教育认证委员会认为，这一体系有可能确保住院医师培训的规模不会扩张得太大以致无法给住院医师提供高质量的训练。

a. 这一体系如何能够保护消费者？

b. 这一体系对医生的财务利益提供的保护如何可能超过对消费者福利的保护？

c. 简单讨论你是否认为这一体系是一个好的体系。

资料来源：Brian Palmer，"We Need More Doctors，Stat!" *Slate*，June 27，2011；and Sean Nicholson，"*Barriers to Entering Medical Specialties*"，Wharton School，September 2003。

□ 1.4　微观经济学和宏观经济学

总结

微观经济学是对家庭和企业如何做出选择、他们在市场中如何相互作用以及政府如何试图影响他们的选择的研究。宏观经济学是把经济视为一个整体而进行的研究，包括通货膨胀、失业和经济增长等主题。

复习题

4.1　简要讨论微观经济学和宏观经济学之间的区别。

问题与应用

4.2　简要讨论下面每个问题主要是微观经济学还是宏观经济学问题。

a. 更高的香烟税收对香烟销售数量的影响；

b. 更高的收入税对消费者支出总量的影响；

c. 东亚国家的经济比撒哈拉以南非洲国家的经济增长更快的原因；

d. 航空业利润率低的原因。

4.3　简要解释你是否同意下面的说法：

> 微观经济学关注在某一特定地方发生的事情，如某个城市的失业率。相反，宏观经济学关注影响整个国家的事情，如美国未成年人吸烟率会如何受到香烟税上升的影响。

□ 1.5　重要经济术语预览

总结

熟悉重要的术语是学习经济学的一个必要步骤。这些重要的经济术语包括：资本，企业家，生产要素，企业，商品，家庭，人力资本，创新，利润，收益，服务和技术。

附录：运用图形和公式

图形被用于说明重要的经济思想。不只是经济学教材使用图形，讨论商业和经济事件的网站和报刊杂志上的文章也使用图形。为什么图形得到大量的使用呢？因为它们可以服务于两个有用的目的：(1) 它们简化了经济思想；(2) 它们令经济思想更加具体从而能应用于现实问题。经济和商业问题可能很复杂，但图形有助于破解复杂问题，对为理解这些问题所需要的重要关系进行强调。在这种意义上，图形就像街道地图一样。

例如，假定你乘坐巴士去纽约城游览帝国大厦（Empire State Building）。到了港务局巴士总站（Port Authority Bus Terminal）后，你很可能会用一张（与下面所示的地图相似的）地图来找到通往帝国大厦的路线。

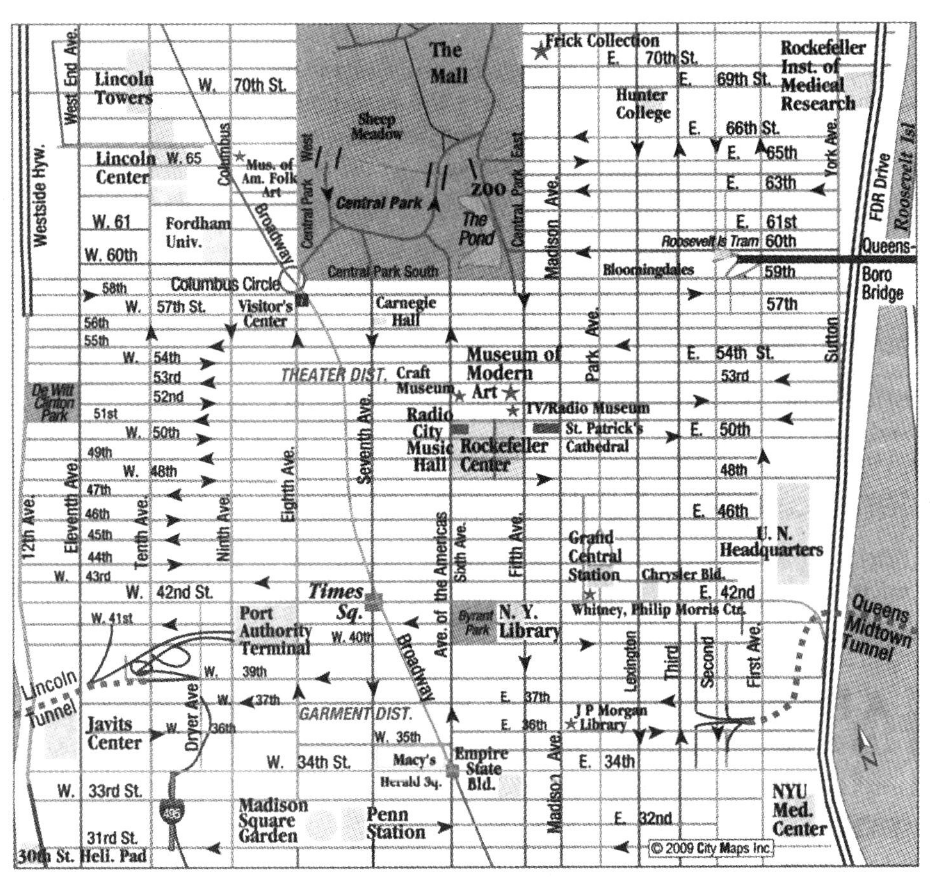

几乎每个人都很熟悉地图，因此我们通常并不认为地图是现实的简化版本，但它们的确是。这张地图表示了纽约城这一部分的街道和一些最重要的建筑，除此以外并没有表示出太多其他东西。生活和工作在这一区域的人的名字、地址和电话号码没有标出。这些人生活和工作所在的商店和建筑也几乎没有标出。这张地图没有表明哪些街道的路边允许停车而哪些不允许。事实上，这张地图对纽约城这一部分的生活复杂性几乎没有涉及，除了这些街道如何布局之外。而街道的布局正是你从港务局巴士总站到帝国大厦所需要知道的基本信息。

考虑有这么一个人，他说："我知道如何在这个城市里转悠，但我就是不懂得如何看地图。"不借助地图就能找到目的地当然是可能的，但有地图就容易多了。在经济学中运用图形也是如此。不运用图形得到一个对经济和商业现实问题的答案是有可能的，但如果运用图形的话通常就容易得多。

学生运用图形和公式的困难常常在于不熟悉。只要你多练习，你就会熟悉本书中所有的图形和公式。一旦你熟悉了它们，你就能够用它们来分析那些若不利用图形和公式就看起来很难的问题。接下来是对如何运用图形和公式的一个简单回顾。

□ 1A.1 一个变量的图形

运用两张常见类型的图形，图 1A.1 显示了美国汽车市场的市场份额值。市场份额表示不同企业占有的行业销售量的百分比。在这个例子中，这一信息是针对不同群体的企业而言的："三巨头"（福特、通用汽车和克莱斯勒），日本企业，欧洲企业，以及韩国企业。图（a）用柱形图的形式显示了市场份额信息，每个群体的企业的市场份额用柱的高度来代表。图（b）用饼图的形式显示了同一信息，每个群体的企业的市场份额用扇形区的面积来代表。

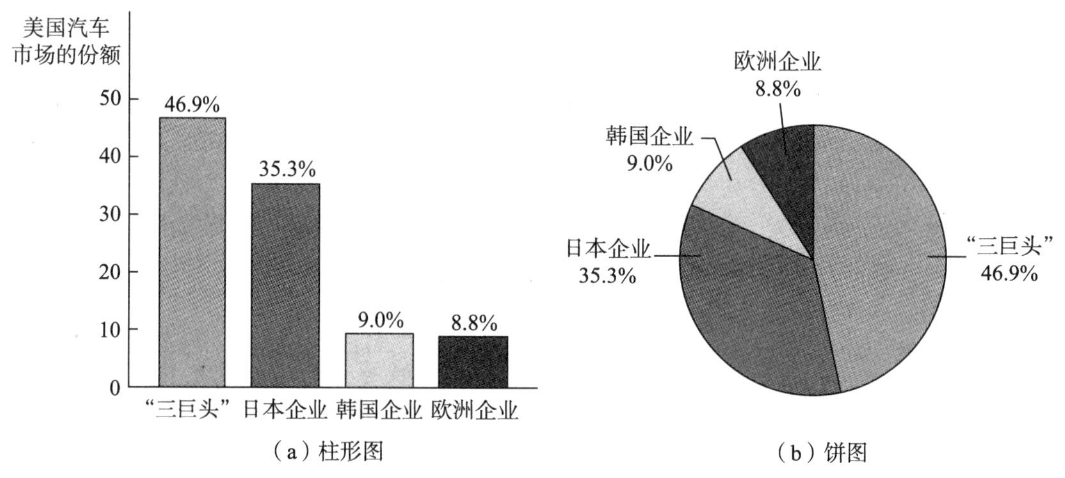

图 1A.1 柱形图和饼图

一个经济变量的值常常用柱形图或饼图来表示。在这个例子中，图（a）用柱形图的形式显示了美国汽车行业的市场份额数据，每个群体的企业的市场份额用柱的高度来代表。图（b）用饼图的形式显示了同一信息，每个群体的企业的市场份额用扇形区的面积来代表。

资料来源："Auto Sales"，*Wall Street Journal*，July 1，2011。

经济变量的信息也常常用时间序列图形来显示。时间序列图形表示在坐标网格上。在一个坐标网格中，我们用纵轴（y 轴）衡量一个变量的值，用横轴（x 轴）衡量另一个变量的值。纵轴与横轴的交点称为原点。在原点，两个变量的值都为零。坐标网格上的点代表两个变量的值。在图 1A.2 中，我们用纵轴衡量福特公司在世界范围内销售的汽车和卡车数量，用横轴衡量时间。在时间序列图形中，每一日期的线段的高度表示纵轴所衡量的变量的值。图 1A.2 的两部分都表示了 2001—2010 年间每年福特公司在世界范围内的销售量。图（a）和图（b）的差别说明了时间序列图形所使用的刻度的重要性。在图（a）中，纵轴的刻度被截短了，这意味着它不是从零开始的。靠近纵轴底部的两条斜线（//）表明刻度被截短了。在图（b）中，刻度没有被截短。福特公司在 2008 年和 2009 年销售量的下降在图（b）中看起来比在图（a）中要小。（从技术上来说，横轴也被截短了，因为我们是从 2001 年开始而不是从 0 年开始。）

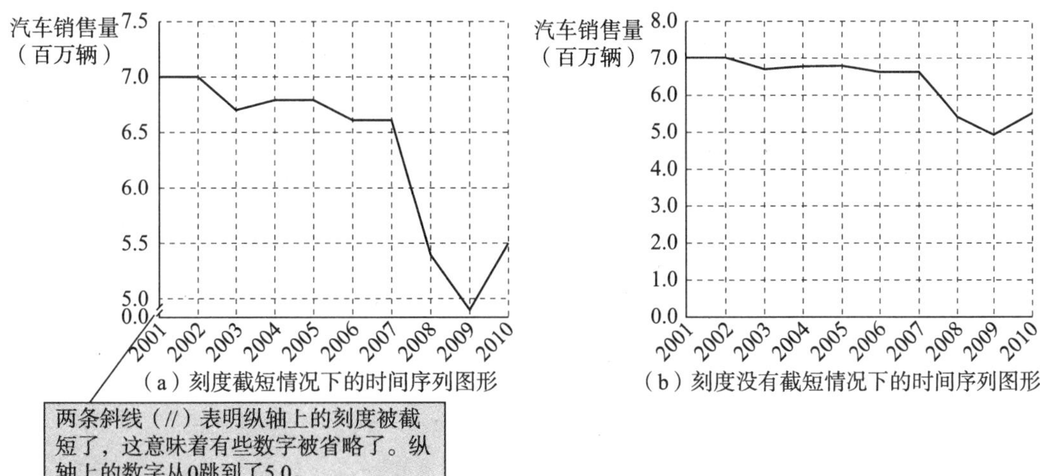

图 1A.2　时间序列图形

两幅图都是 2001—2010 年间每年福特公司在世界范围内的销售量的时间序列图形。图（a）中纵轴的刻度被截短了，而图（b）中刻度没有被截短。结果，福特公司销售量的波动在图（b）中看起来比在图（a）中要小。

资料来源：Ford Motor Company，*Annual Report*，various years。

□ 1A.2　两个变量的图形

我们常常使用图形来表示两个变量之间的关系。例如，假定你对得克萨斯州布莱恩小镇辣香肠比萨饼的价格和它每周的销售量之间的关系感兴趣。表示一种商品的价格和在每一价格水平该商品需求量之间关系的图形称为需求曲线。（正如我们后面将要讨论的，在作图表示一种商品的需求曲线时，我们必须把可能影响消费者购买该商品意愿的价格以外的任何变量视为给定。）图 1A.3 显示了所收集到的价格和数量的数据。该图表示出了一个二维的网格，我们在 y 轴衡量比萨的价格，在 x 轴衡量每周比萨的销售量。网格上的每个点代表表格中所列的一个价格与数量的组合。我们可以连接这些点，得到得克萨斯州布莱恩小镇的比萨需求曲线。注意，图形中两个轴上的刻度都被截短了。在这个例子中，通过排除低的价格和数量，截短刻度使图形更加清楚地说明了价格和数量之间的关系。

1A.2.1　直线的斜率

一旦你在图 1A.3 中绘出了这些数据，你可能会对比萨的销售量在其价格下降时会上升多少感兴趣。直线的斜率告诉了我们，当我们用 x 轴衡量的变量变化时，用 y 轴衡量的变量变化多少。我们可以用希腊字母 Δ 来代表一个变量的变化。斜率有时被称为垂直距离与水平距离之比。所以，我们有几种方式表达斜率：

价格（美元/比萨）	数量（比萨数/周）	点
15	50	A
14	55	B
13	60	C
12	65	D
11	70	E

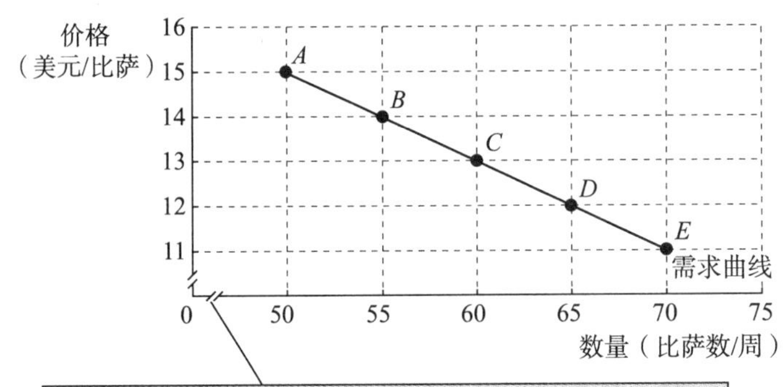

图 1A.3　在图形中绘出价格和数量组合的点

该图表示出了一个二维的网格，我们在纵轴（y 轴）衡量比萨的价格，在横轴（x 轴）衡量每周比萨的销售量。网格上的每个点代表表格中所列的一个价格与数量的组合。通过用一条线连接这些点，我们可以更好地说明这两个变量之间的关系。

$$\text{斜率}=\frac{\text{纵轴上值的变化}}{\text{横轴上值的变化}}=\frac{\Delta y}{\Delta x}=\frac{\text{垂直距离}}{\text{水平距离}}$$

图 1A.4 复制了图 1A.3。由于直线的斜率在任何一点的值都相等，我们可以用图中任意两点来计算直线的斜率。例如，当比萨价格从 14 美元下降到 12 美元时，比萨销售量从每周 55 个上升到 65 个。因此，斜率为：

$$\begin{aligned}\text{斜率}&=\frac{\text{比萨价格的变化}}{\text{比萨销售量的变化}}\\&=(12-14)/(65-55)\\&=(-2)/10=-0.2\end{aligned}$$

这条直线的斜率让我们对得克萨斯州布莱恩小镇的消费者对比萨价格的变化如何做出反应有所了解。斜率的值越大（忽略负号），直线就越陡峭，这表明当价格下降时额外销售出去的比萨并不是很多。斜率的值越小，直线就越平缓，这表明当价格下降时比萨的销售量增加得更多。

1A.2.2　在图形中考虑两个以上的变量

图 1A.4 中的需求曲线图形显示了比萨价格和比萨销售量之间的关系，但是，我们知道，任意商品的需求量不只是取决于自身的价格。例如，在某一给定的一周，得克萨斯州

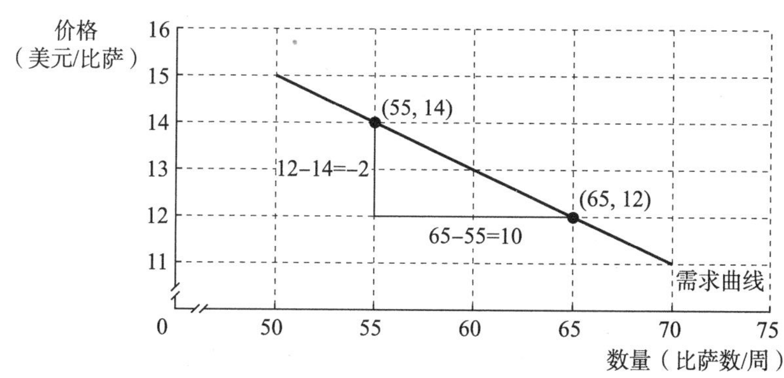

图 1A.4　计算直线的斜率

我们可以这样来计算一条直线的斜率：用 y 轴上变量值的变化除以 x 轴上变量值的变化。由于直线的斜率为常数，我们可以用图中任意两点来计算直线的斜率。例如，当比萨价格从 14 美元下降到 12 美元时，比萨需求量从每周 55 个上升到 65 个。因此，这条直线的斜率为－2/10，即－0.2。

布莱恩小镇的比萨需求量可能受到其他变量的影响，如汉堡的价格、当地比萨店是否在该周开始进行广告活动，等等。任何其他变量的值发生变化都会引起图中需求曲线的位置发生变化。

例如，假定图 1A.4 中的需求曲线是在汉堡价格固定在 1.5 美元时绘出的。如果汉堡价格上升到 2 美元，有些消费者会不再购买汉堡转而购买比萨，在每个价格水平，比萨的需求量都会增加。反映在图形上的结果就是，代表需求曲线的直线向右移动。类似地，如果汉堡价格下降到 1 美元，有些消费者会不再购买比萨转而购买汉堡，在每个价格水平，比萨的需求量都会下降。反映在图形上的结果就是，代表需求曲线的直线向左移动。

图 1A.5 中的表格显示了汉堡价格的变化对比萨需求量的影响。例如，假定我们一开始位于需求曲线 D_1 上。如果比萨的价格为 14 美元（A 点），汉堡的价格从 1.5 美元上升到 2 美元会使比萨的需求量从每周 55 上升到 60（B 点），需求曲线移动到 D_2。或者，如果我们一开始位于需求曲线 D_1 上，比萨的价格为 12 美元（C 点），汉堡的价格从 1.5 美元下降到 1 美元会使比萨的需求量从每周 65 下降到 60（D 点），需求曲线移动到 D_3。通过需求曲线的移动，我们考虑了第三个变量（汉堡的价格）变化的影响。在本书中我们将多次采用这种移动曲线的方法来考虑额外变量的影响。

1A.2.3　正相关和负相关关系

我们可以用图形表示任意两个变量之间的关系。有时候变量之间的关系是负相关的，意思是随着一个变量的值增加，另一个变量的值下降。比萨价格和需求量之间的关系就是如此。两个变量之间的关系也可以为正相关，意思是两个变量的值同时增加或下降。例如，当美国的家庭收到的总收入——或个人可支配收入——水平增加时，总消费支出——家庭在商品和服务上的支出——的水平也增加。图 1A.6 中的表格显示了 2007—2010 年的收入和消费支出的值（单位：10 亿美元）。图 1A.6 中的图形绘出了表格中的数据，横轴衡量个人可支配收入，纵轴衡量消费支出。注意图中的四个点并非正好都位于图中的直线上。现实中的数据常常都是这样。为了考察两个数据之间的关系，经济学家常常使用与数据拟合得最好的直线。

价格（美元/比萨）	当汉堡价格为1美元时	当汉堡价格为1.5美元时	当汉堡价格为2美元时
15	45	50	55
14	50	55	60
13	55	60	65
12	60	65	70
11	65	70	75

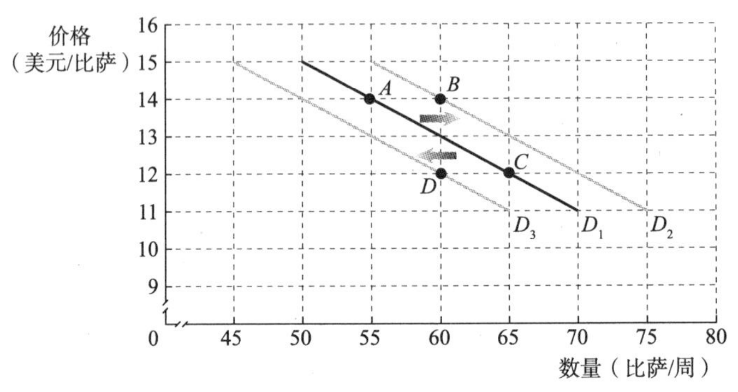

图 1A.5　在一张图中表示三个变量

比萨的需求曲线表示在可能影响消费者购买比萨意愿的其他因素保持不变的条件下比萨价格和它的需求量之间的关系。如果比萨的价格为14美元（*A*点），汉堡的价格从1.5美元上升到2美元会使比萨的需求量从每周55上升到60（*B*点），需求曲线移动到D_2。或者，如果我们一开始位于需求曲线D_1上，比萨的价格为12美元（*C*点），汉堡的价格从1.5美元下降到1美元会使比萨的需求量从每周65下降到60（*D*点），需求曲线移动到D_3。

年	个人可支配收入（10亿美元）	消费支出（10亿美元）
2007	10 424	9 806
2008	10 953	10 105
2009	11 035	10 001
2010	11 375	10 349

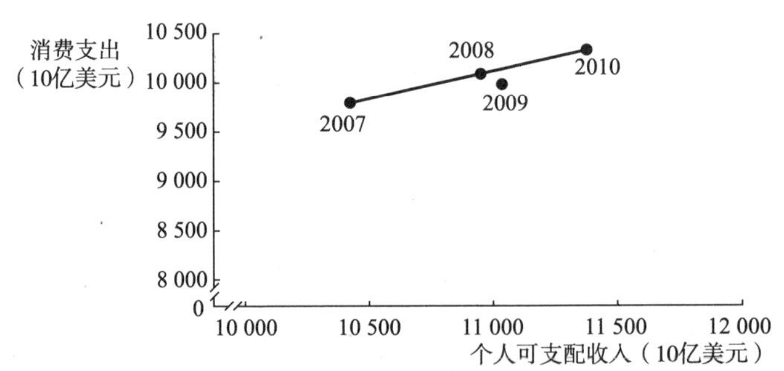

图 1A.6　绘图表示收入和消费之间的正相关关系

两个变量之间的关系为正相关的意思是当一个变量增加时另一个变量也增加。该图表示了个人可支配收入和消费支出之间的正相关关系。当美国的个人可支配收入增加时，消费支出也增加。

资料来源：U.S. Department of Commerce，Bureau of Economic Analysis。

1A.2.4 确定原因与结果

当我们作图表示两个变量之间的关系时，我们常常对一个变量的变化是否引起另一个变量的变化下结论。可是，这样做有可能导致不正确的结论。例如，假定你作图表示如下两个变量之间的关系：某一街坊壁炉里燃着火的家庭的数量，该街坊里树上树叶的数量。你会得到如图 1A.7（a）所示那样的关系：街坊里燃着火的壁炉越多，树上的树叶越少。我们可以根据这张图得出结论“对壁炉的使用引起树叶掉落”吗？当然，我们知道这样一个结论是不正确的。在春天和夏天，壁炉的使用数量相对少，此时的树上正好满是树叶。在秋天，树叶开始掉落，壁炉使用得更加频繁了。在冬天，许多壁炉正在使用，许多树的树叶全都掉落了。图 1A.7 的图形在因果关系方面具有误导性的原因是，该分析中明显遗漏了一个变量——一年的季节。遗漏变量会影响其他变量，它的遗漏可能导致关于因果关系的错误结论。

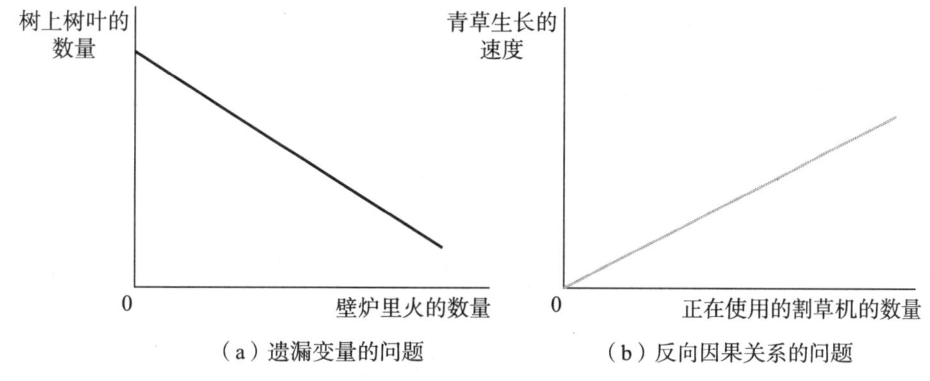

图 1A.7 确定原因与结果

利用图形来对因果关系下结论可能是有危险的。在图（a）中，我们看到，当街坊的许多家庭的壁炉里燃着火时，树上的树叶要少一些。我们不能据此得出结论说火引起树叶掉落，因为我们遗漏了一个变量——一年的季节。在图（b）中，我们看到，当青草长得快时，街坊里有更多的割草机在使用，而当青草长得慢时，有更少的割草机在使用。如果据此得出结论说割草机的使用引起青草长得更快，那就犯了反向因果关系的错误。

尽管在我们的例子中遗漏变量是显而易见的，但是，在许多关于因果关系的争论中，遗漏变量的存在并不是那么清楚。例如，吸烟者患肺癌的几率高于不吸烟者，这一点为人所知已经很多年了。有一段时间，烟草公司和一些科学家认为，有一个遗漏变量——可能是缺乏锻炼或营养不良——使得有些人更有可能吸烟和更有可能患肺癌。如果这个遗漏变量存在，那么，吸烟者更有可能患肺癌这样一个发现就不能作为吸烟引起肺癌的证据。可是，在这个例子中，几乎所有科学家最终都断定（1）遗漏变量并不存在，和（2）事实上，吸烟的确引起肺癌。

在决定原因与结果中的一个相关问题被称为反向因果关系。当我们得出结论说变量 X 的变化引起变量 Y 的变化，而事实上是变量 Y 的变化引起变量 X 的变化时，就犯了反向因果关系的错误。例如，图 1A.7（b）绘出了某街坊正在使用的割草机数量和该街坊草地上所长的青草的数量之间的关系。我们也许会根据这张图得出结论说割草机的使用引起青草长得更快。可是，我们知道，事实上，因果关系正好是反过来的：在春天和夏天，青草长得快，引起了割草机使用的增加；而在秋天和冬天或者降雨量少的时期，青草长得慢，这减少了割草机的使用。

再一次地，在我们的例子中，反向因果关系这一潜在的错误是显而易见的。然而，在许多经济争论中，因果关系的确定要更加困难。例如，货币供给——经济中的货币总量——的变动往往与经济中人们赚得的收入总量的变动同时发生。关于是货币供给的变动引起了总收入的变动还是总收入的变动引起了货币供给的变动的争论是经济学中一个著名的争论。争论的每一方都指责对方犯了反向因果关系的错误。

1A.2.5 表示经济关系的图形总是直线吗？

到目前为止我们所画出的表示两个经济变量之间的关系的图形都是直线。当两个变量之间的关系可以被一条直线代表时，那么，它们之间的关系是线性的。实际上，线性的经济关系是很少的。例如，如果在影响一种产品的需求量的其他变量保持不变的条件下，我们仔细地把该产品的价格和每一价格水平下的需求量的数据绘制成图形，那么，通常我们会得到一种曲线（非线性）关系而非线性关系。然而，在实践中，将非线性关系近似表示为线性关系常常是有用的。如果非线性关系接近线性，那么，这种近似对分析没有大的影响。此外，计算直线的斜率要容易得多，计算直线下的面积也要容易得多。因此，在本书中，我们常常假设两个经济变量之间的关系是线性的，哪怕我们知道这一假设并不完全正确。

1A.2.6 非线性曲线的斜率

在某些情况下，我们需要考虑一种经济关系的非线性属性。例如，图 1A.8（a）表示了假设的苹果公司生产 iPhone 的总成本和产量之间的关系。这一关系是曲线的而非线性的。在这个例子中，生产成本以递增的速率在增加，这在制造业中很常见。换句话说，当我们沿着曲线向上移动时，它的斜率变大。（直线的斜率为常数。）为了看出这种效应，首

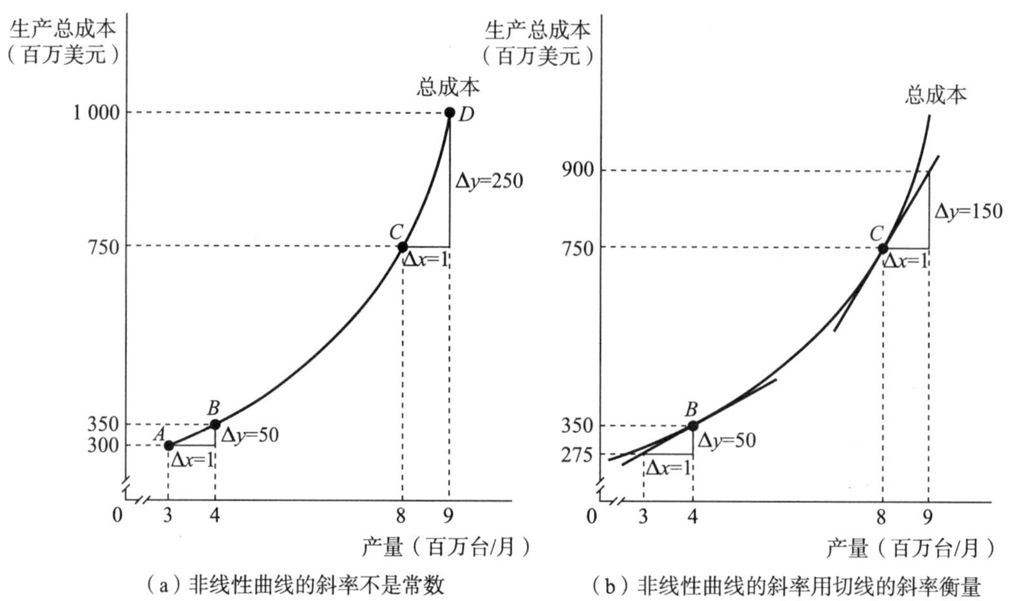

（a）非线性曲线的斜率不是常数

（b）非线性曲线的斜率用切线的斜率衡量

图 1A.8 非线性曲线的斜率

iPhone 的产量和生产总成本之间的关系是曲线的而非线性的。在图（a）中，从 A 点移动到 B 点时，iPhone 的产量增加了 100 万台，而生产的总成本增加了 5 000 万美元。在曲线的更远处，当我们从 C 点移动到 D 点时，产量增加了相同的数量即 100 万台，但是，现在，生产的总成本增加得多得多，为 2.5 亿美元。

由于 y 轴上变量的变化增加了，而 x 轴上变量的变化保持不变，因此我们知道斜率增大了。在图（b）中，我们用切线的斜率衡量曲线在某一特定点的斜率。在 B 点的切线的斜率为 75，在 C 点的切线的斜率为 150。

先回忆我们计算曲线的斜率的方法是用 y 轴上变量的变化除以 x 轴上变量的变化。当我们从 A 点移动到 B 点时，iPhone 的产量增加了 100 万台，而生产的总成本增加了 5 000 万美元。在曲线的更远处，当我们从 C 点移动到 D 点时，iPhone 的产量增加了相同的数量即 100 万台，但是，现在，生产的总成本增加得多得多，为 2.5 亿美元。由于 y 轴上变量的变化增加了，而 x 轴上变量的变化保持不变，因此我们知道斜率增大了。

为了衡量非线性曲线在某一特定点的斜率，我们必须衡量在该点曲线的切线的斜率。在该点的切线与曲线只在该点相交。我们可以衡量切线的斜率，就像我们衡量任何其他直线的斜率一样。在图 1A.8（b）中，在 B 点的切线的斜率等于

$$\frac{\Delta \text{成本}}{\Delta \text{产量}}=\frac{75}{1}=75$$

在 C 点的切线的斜率等于

$$\frac{\Delta \text{成本}}{\Delta \text{产量}}=\frac{150}{1}=150$$

再一次地，我们看到，在 C 点曲线的斜率大于在 B 点曲线的斜率。

□ 1A.3 公式

我们刚刚看到图形是一个重要的经济学工具。在这一节中，我们将回顾几个有用的公式，说明如何用这些公式来总结数据和计算重要的关系。

1A.3.1 百分比变化的计算公式

一个重要的公式是百分比变化。百分比变化是用百分比表示的某个经济变量的变化，通常是从一个时期到下一时期的变化。实际国内生产总值（实际 GDP）是一个重要的宏观经济指标。GDP 是一年中一国生产的所有最终商品和服务的价值。实际 GDP 是对通货膨胀的影响进行校正后的 GDP。当经济学家说美国经济 2010 年增长了 3%时，他们是指 2010 年的实际 GDP 比 2009 年高 3%。进行这一计算的公式是：

$$\frac{GDP_{2010}-GDP_{2009}}{GDP_{2009}}\times 100\%$$

或者，更一般地，对任意两个时期，

$$\text{百分比变化}=\frac{\text{第二个时期的值}-\text{第一个时期的值}}{\text{第一个时期的值}}\times 100\%$$

在这个例子中，2009 年和 2010 年的实际 GDP 分别为 127 030 亿美元和 130 880 亿美元。因此，美国经济在 2010 年的增长率为：

$$\frac{130\ 880-127\ 030}{127\ 030}\times 100\%=2.8\%$$

注意，在使用上面的公式时，我们忽略了 GDP 用亿美元为单位来测度的事实，这并不重要。实际上，当计算百分比时，单位不重要。从 127 030 亿美元到 130 880 亿美元的百分比增加与从 127 030 美元到 130 880 美元的百分比增加完全相同。

1A.3.2 矩形和三角形面积的计算公式

图形中的矩形和三角形的面积可能有重要的经济意义。例如，图 1A.9 表示百事可乐的需求曲线。假定当前价格为 2 美元，在此价格水平销售了 125 000 瓶百事可乐。企业的总收益等于它从销售产品中收到的金额，其计算方法为销售量乘以价格。在这个例子中，

总收益等于 125 000 瓶乘以每瓶 2 美元，即 250 000 美元。

矩形面积的计算公式为

矩形面积＝底×高

图 1A.9 中灰色阴影标记的矩形也代表了企业的总收益，因为它的面积等于 125 000 瓶（底）乘以每瓶 2 美元的价格（高）。

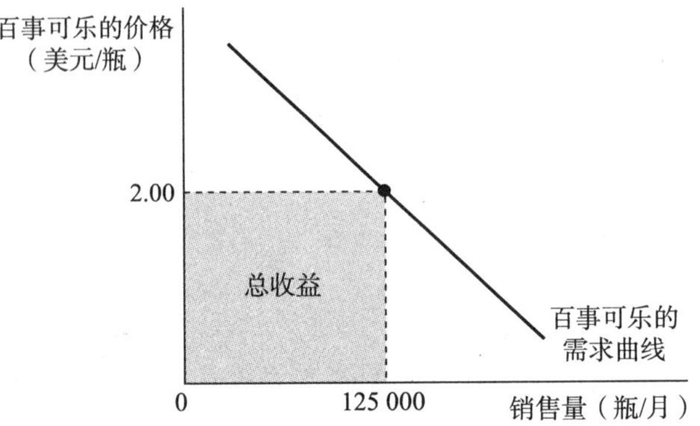

图 1A.9　在图形上表示企业的总收益

矩形的面积等于它的底乘以高。总收益等于销售量乘以价格。在这里，总收益等于 125 000 瓶的销售量乘以每瓶 2 美元的价格，即 250 000 美元。灰色阴影标记的矩形表示了企业的总收益。

在后面的章节中，我们将会看到，三角形的面积也可能有重要的经济意义。三角形面积的计算公式是

三角形面积＝1/2×底×高

图 1A.10 中灰色阴影标记的部分是一个三角形。它的底等于 150 000－125 000＝25 000，高等于 2－1.5＝0.5。因此，它的面积等于 1/2×25 000×0.5＝6 250。注意，只有在需求曲线为直线（即线性）时，灰色区域才是一个三角形。并非所有的需求曲线都是线性的。但是，即使需求曲线不是线性的，三角形面积的计算公式通常也会给出一个很好的近似。

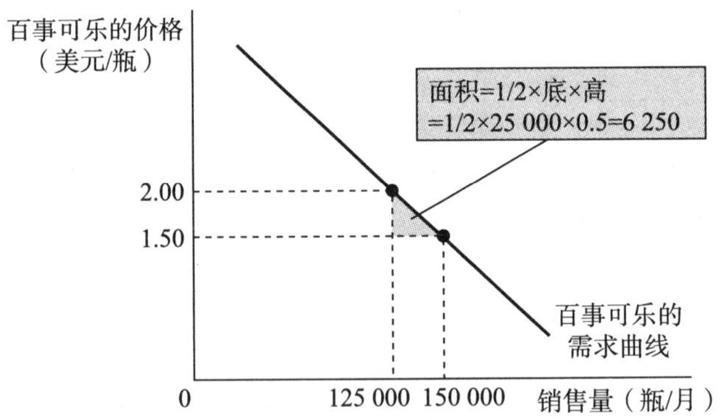

图 1A.10　三角形的面积

三角形的面积等于 1/2 乘以它的底再乘以高。灰色区域的三角形的底等于 150 000－125 000＝25 000，高等于 2－1.5＝0.5。因此，它的面积等于 1/2×25 000×0.5＝6 250。

1A.3.3 使用公式总结

在本书中你将会碰到几个其他公式。在你必须使用公式的任何时候，你都应该遵循下面这些步骤：

1. 确保你理解公式代表的经济概念。
2. 确保你使用的公式对于你正在解决的问题是正确的。
3. 确保你用公式计算的数字在经济上是合理的。例如，如果你用公式计算企业的收益而你的答案是负数，那你就知道你在某处出错了。

问题与应用

1A.1 下表显示了蛋奶馅饼的价格和 Jacob 每周购买的蛋奶馅饼的数量。

价格（美元）	馅饼数量	周
3	6	7 月 2 日
2	7	7 月 9 日
5	4	7 月 16 日
6	3	7 月 23 日
1	8	7 月 30 日
4	5	8 月 6 日

a. 馅饼价格和 Jacob 购买的馅饼数量之间的关系是正相关还是负相关关系？

b. 根据上表作出一张与图 1A.3 相似的图。画出与这些点拟合得最好的直线。

c. 计算该直线的斜率。

1A.2 下表给出了晴天和阴天柠檬水的需求量。

价格（美元/杯）	数量（杯/天）	天气
0.8	30	晴
0.8	10	阴
0.7	40	晴
0.7	20	阴
0.6	50	晴
0.6	30	阴
0.5	60	晴
0.5	40	阴

根据上表作出一张与图 1A.5 相似的图。画出代表两条需求曲线的直线：一条是晴天的，一条是阴天的。

1A.3 利用图 1A.2 的信息，计算汽车销售量从一年到下一年的百分比变化。哪两年之间销售量下降得最快？

1A.4 2008 年的实际 GDP 为 131 620 亿美元，2009 年为 127 030 亿美元。从 2008 年到 2009 年实际 GDP 的百分比变化是多少？经济学家把一年到下一年实际 GDP 的百分比变化称作什么？

1A.5 假设百事可乐的需求曲线经过下面两点：

价格（美元/瓶）	需求量（瓶）
2.5	100 000
1.25	200 000

a. 作图表示经过这两点的线性需求曲线。

b. 在图形上标出代表每个价格下的总收益的区域。给出每个价格下总收益的值。

1A.6 下图中灰色区域的三角形面积是多少？

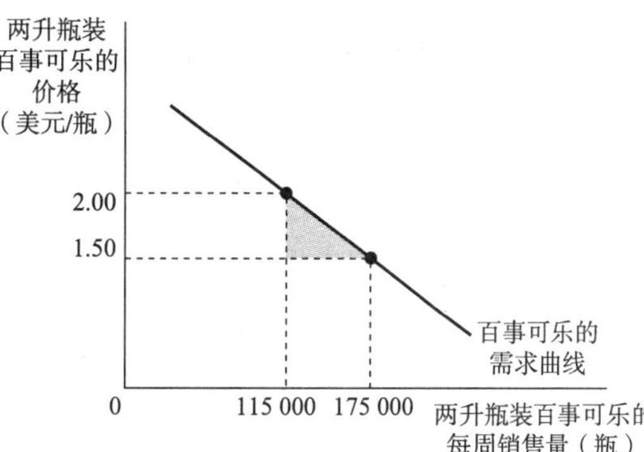

1A.7 计算下图中总成本曲线在 A 点和 B 点的斜率。

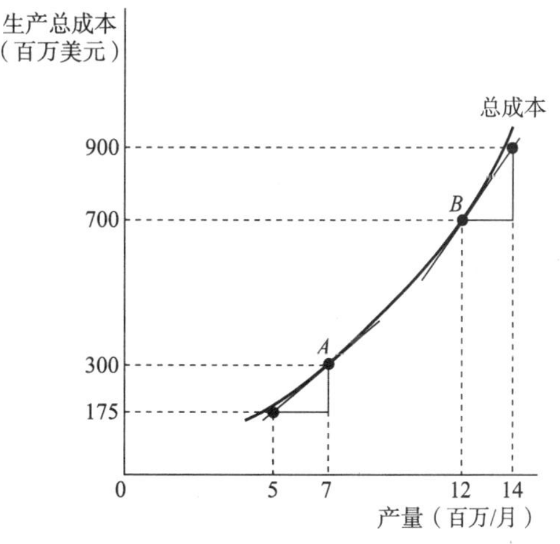

第 2 章

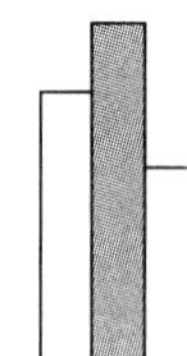

权衡、比较优势和市场体系

本章概览和学习目标

2.1 生产可能性前沿和机会成本

利用生产可能性前沿来分析机会成本和权衡。

2.2 比较优势和交易

理解比较优势，解释为何它是贸易的基础。

2.3 市场体系

解释市场如何运行的基本思想。

开篇案例

宝马公司的经理人作决策

当你想起集做工精美、性能高、风格前卫等特征于一身的汽车时，你可能会想起宝马。宝马公司于1916年创立于德国，今天在15个国家拥有23家工厂，在全世界的销售量超过150万辆。

为了在汽车市场中竞争，宝马公司的经理人必须进行许多战略决策，如是否引入新的车型。宝马公司已经开始销售氢动力的7系列轿车，还在研制燃料电池动力的轿车。宝马公司经理人面临的另一个战略决策是在哪里做广告。尽管宝马公司的有些经理人曾经不相信公司能在中国销售轿车，但宝马公司还是决定在那里大量做广告。公司的广告取得了成功：中国已经成为公司的第三大市场，仅次于德国和美国，销售量仅在2010年就增加了85%以上。

宝马公司的经理人还面临着是将生产集中在德国的工厂还是在海外市场建新工厂的战略决策。如果在德国生产，宝马公司的经理人监督生产和雇用德国工人要容易一些（德国工人一般有高水平的专门技术训练）。如果在其他国家建厂，宝马就能从支付更低的工资中获益，销售在同一国家生产的汽车也能减少政治摩擦。宝马公司在中国东北的沈阳市和印度的钦奈市都开设了一家工厂。它还在美国南卡来罗纳州的斯帕坦堡开设了一家工厂，该工厂现在生产X3、X5和X6型号的轿车，既在美国销售，也在世界其他地方销售。

经理人还面临着规模更小的——或者说战术的——商业决策。例如，在宝马公司位于斯帕坦堡的工厂的生产安排中，经理人每个月必须决定X3、X5和X6型号轿车的生产数量。和经理人的其他决策一样，这一决策也涉及权衡：在三种车型中，生产更多的某种车型就意味着生产更少的其他车型。

本章末的“业内观察”讨论了通用汽车在决定如何配置资源为它的两种电动车——雪佛兰Volt和凯迪拉克Converj——生产动力传动系统时面临的权衡。

资料来源：Christoph Rauwald，“BMW's Quarterly Profit Soars”，*The Wall Street Journal*，May 4，2011；and BMW，*Annual Report*，2010。

生活中的经济学

购买汽车时面临的权衡

当你购买汽车时，你很可能会考虑安全性和燃料效率等因素。为了提高燃料效率，汽车制造商生产小而轻的汽车。发生事故时，大车吸收的撞击比小车要多。结果，通常来讲，人们驾驶大车比小车要安全。从关于安全性和燃料效率之间关系的这些事实中，我们能得到什么结论呢？在什么情况下，汽车制造商可以生产更安全和更有燃料效率的汽车呢？在阅读本章的过程中，看看你是否能够回答这些问题。对照我们在本章末尾提供的答案，你可以检验你的答案。

在市场体系中，大多数企业的经理人都必须做与宝马公司的经理人类似的决策。经理人面临的决策反映了经济生活中一个重要的事实：稀缺性要求人们进行权衡。**稀缺性**（scarcity）的存在是因为我们的欲望是无限的，但可用于实现这些欲望的资源却是有限的。商品和服务是稀缺的。经济资源同样如此。经济资源也就是用于生产商品和服务的生产要素，包括工人、资本、自然资源以及企业家才能。你的时间是稀缺的，这意味着你面临着权衡：如果你花一个小时准备经济学考试，那你准备心理学考试或者去看电影的时间就少了一小时。如果你的大学决定用其部分（稀缺的）预算去微电脑实验室购买新电脑，那些资金就不能用于为图书馆购置新图书或者给学生停车场重新铺设路面。如果宝马公司决定把它位于斯帕坦堡的装配工厂里的部分（稀缺的）工人和机器用于生产更多的 X6 混合动力车，那些资源就不能用于生产更多的 X5 多功能越野车（SUV）。

家庭和企业的决策有许多是在市场中做出的。交易是发生在市场中的一种重要活动。交易涉及遍布全世界的千千万万家庭和企业的决策。通过参与交易，人们能够提高他们的生活水平。在本章，我们概述市场体系如何协调这些千千万万的家庭和企业的独立决策。我们对稀缺性的经济后果以及市场体系运行的分析从引入一个重要的经济模型——生产可能性前沿——开始。

2.1 生产可能性前沿和机会成本

正如我们在本章开篇案例中看到的，宝马公司在南卡来罗纳州的斯帕坦堡经营着一家汽车工厂，在那里装配几种型号的汽车。由于该公司的资源——工人、机器、材料和企业家才能——是有限的，公司面临着权衡：用于生产一种车型的资源就不能用于生产其他车型。第 1 章解释了经济模型在许多问题的分析中很有用。我们可以利用一个称为生产可能性前沿的简单模型来分析宝马公司在其位于斯帕坦堡的工厂所面临的权衡。**生产可能性前沿**（production possibilities frontier，*PPF*）是表示利用可用资源和现有技术可以生产的两种产品可达到的最高组合的曲线。在宝马的例子中，我们做一个简化处理：假设公司在其位于斯帕坦堡的工厂利用工人、材料、机器人和其他机器设备只生产 X6 混合动力车和 X5 多功能越野车。

□ 2.1.1 画出生产可能性前沿

图 2.1 利用生产可能性前沿来说明宝马面临的权衡。根据表中的数字，我们绘制出图形。图形中的直线是宝马的生产可能性前沿。如果宝马把它的所有资源用于生产混合动力车，那么它每天能生产 800 辆，这样我们得到生产可能性前沿的一个端点 *A* 点。如果宝马把它的所有资源用于生产多功能越野车，那么它每天能生产 800 辆，这样我们得到生产可能性前沿的另一个端点 *E* 点。如果宝马把资源用于生产这两种轿车，那么它可能位于 *B* 点这样的点，在 *B* 点，公司生产出 600 辆混合动力车和 200 辆多功能越野车。

生产可能性前沿上的所有组合（如 *A*、*B*、*C*、*D* 和 *E* 点）和前沿内部的所有组合（如 *F* 点）都是利用可以获得的资源能够达到的。前沿上的组合是有效率的，因为所有可获得的资源都得到了充分利用，生产给定数量的产出所用到的资源已经尽可能地少了。前沿内部的组合（如 *F* 点）是无效率的，因为利用可以获得的资源没有达到最高产出，这也许是因为装配线没有满负荷运行。宝马也许想超出前沿，如图中的 G 点，在该点它将生产600 辆混合动力车和 500 辆多功能越野车，但是，给定公司现有的资源，超出生产可能性前沿的点是达不到的。为了生产出 G 点的组合，宝马需要更多的机器或更多的工人。

宝马位于斯帕坦堡的工厂的生产选择

选择	混合动力车的数量	多功能越野车的数量
A	800	0
B	600	200
C	400	400
D	200	600
E	0	800

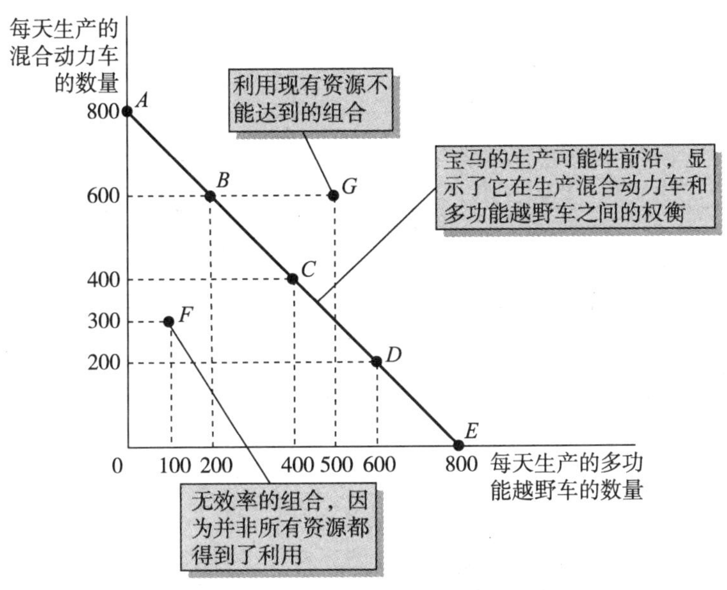

图 2.1　宝马的生产可能性前沿

宝马面临着权衡：要多生产一辆混合动力车，它就必须少生产一辆多功能越野车。生产可能性前沿说明了宝马面临的权衡。生产可能性前沿上的组合（如 *A*、*B*、*C*、*D* 和 *E* 点）是技术上有效率的，因为利用可获得的资源已经达到了最高产出。前沿内部的组合（如 *F* 点）是无效率的，因为有些资源没有得到利用。前沿外的组合（如 *G* 点）是利用现有资源达不到的。

注意，如果宝马的生产有效率，处于生产可能性前沿上，那么，多生产某种轿车的唯一方式是少生产另一种轿车。回忆第 1 章讲过，任何活动的**机会成本**（opportunity cost）是从事该项活动必须放弃的价值最高的其他用途。对于宝马来说，多生产一辆多功能越野车的机会成本是公司因为将原本用于生产混合动力车的资源转移到生产多功能越野车所少生产的混合动力车的数量。例如，若从 B 点移动到 C 点，每天多生产 200 辆多功能越野车的机会成本是少生产的 200 辆混合动力车。

生产可能性前沿上的哪个点是最佳的呢？如果没有更多的信息，我们不得而知。如果消费者对多功能越野车的需求大于对混合动力车的需求，那么，公司可能选择接近 E 点的某个点。如果对混合动力车的需求大于对多功能越野车的需求，那么，公司可能选择接近 A 点的某个点。

例题 2.1　画出罗西的波士顿面包店的生产可能性前沿

罗西的波士顿面包店专营蛋糕和派。罗西每天有 5 个小时用于烘焙。她每小时可以烘制 2 个派或 1 个蛋糕。

a. 利用上述信息完成下表。

	烘制所花小时数		烘制的数量	
选择	蛋糕	派	蛋糕	派
A	5	0		
B	4	1		
C	3	2		
D	2	3		
E	1	4		
F	0	5		

b. 利用表中数据画出生产可能性前沿来说明罗西在烘制蛋糕和派之间的权衡。用纵轴表示烘制的蛋糕数量，横轴表示烘制的派的数量。标出罗西的生产可能性前沿与纵轴和横轴的交点的数值。

c. 标出代表选择 D 和 E 的点。如果罗西选择了 D，她烘制更多派的机会成本是什么？

解：

第 1 步：复习本章内容。这一问题是关于利用生产可能性前沿来分析权衡的，所以你可能需要复习一下 2.1.1 节“画出生产可能性前沿”。

第 2 步：填充表格，回答（a）部分。如果罗西 1 个小时能烘制 1 个蛋糕，那么，选择 A 就能烘制 5 个蛋糕和 0 个派。由于她 1 小时能烘制 2 个派，因此，选择 B 就能烘制 4 个蛋糕和 2 个派。利用相同的推理，我们可以填充该表其余部分，结果如下所示：

	烘制所花小时数		烘制的数量	
选择	蛋糕	派	蛋糕	派
A	5	0	5	0
B	4	1	4	2
C	3	2	3	4
D	2	3	2	6
E	1	4	1	8
F	0	5	0	10

第 3 步：画出生产可能性前沿，回答（b）部分。利用第 2 步得到的表格的数据，你

应该画出下图这样的图形：

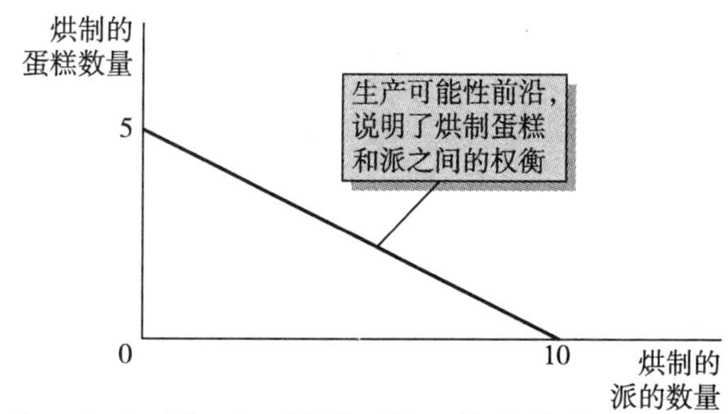

如果罗西把所有的5个小时都用于烘制蛋糕，她将烘制5个蛋糕。因此，她的生产可能性前沿与纵轴的交点的值为5。如果罗西把所有的5个小时都用于烘制派，她将烘制10个派。因此，她的生产可能性前沿与横轴的交点的值为10。

第4步：在图中表示出选择D和选择E，回答（c）部分。利用表中的信息，代表选择D和选择E的点可以表示成下图：

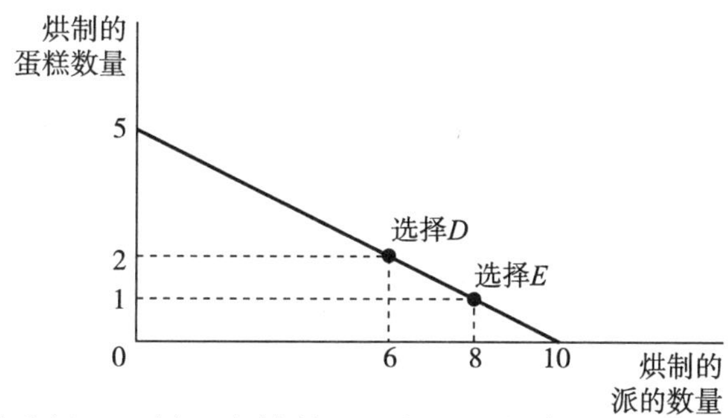

从选择D移动到选择E，罗西多烘制了2个派，但少烘制了1个蛋糕。因此，她多烘制2个派的机会成本是少烘制1个蛋糕。

轮到你了：要想做更多的练习，请做本章末的问题与应用1.9。

建立联系☞

卫生保健支出中面临的权衡

家庭拥有的收入有限。如果卫生保健的价格上升了，家庭就不得不选择是购买更少的卫生保健还是减少在其他商品和服务上的支出。联邦政府在卫生保健上的支出也是如此。政府通过Medicare项目给65岁以上的人提供医疗保险，通过Medicaid项目给低收入者提供医疗保险，这两个项目覆盖了大约30%的人口。如果卫生保健的价格上升，政府不得不削减通过Medicare和Medicaid项目提供的服务或者削减政府预算其他部分上的支出。（当然，家庭和政府都可以借款来支付部分支出，但是最终他们能借到的资金是有限的。）

大约54%的人口有私人医疗保险，这常常是由雇主提供的。当医生收取的费用、处方药的费用以及住院费上升时，雇主提供医疗保险的成本就增加了。结果，雇主通常会增加他们从雇员工资里扣款的数量来支付保险。有些雇主——特别是小企业主——甚至会停止给雇员提供医疗保险。在任何一种情况下，雇员为卫生保健支付的价格都将上升。人们如何对卫生保健成本的上升做出反应呢？卫生保健不是一种无论其价格上升多少人们都继续消费相同数量的必需品吗？实际上，研究表明，卫生保健成本的上升导致了人们削减在医疗服务上的支出，就像人们在其他商品和服务的价格上升时会削减相应的支出一样。一项学术研究表明，雇主向雇员收取的保险费用每上升1%，就会有164 000人不再投保。当然，没有医疗保险的人还是可以看医生和拿到处方，但是他们不得不比有保险的人支付更高的价格。尽管未投保的后果可能很严重（特别是人们得了重病时），但是，医疗保险的价格提高导致了人们购买的医疗保险减少，经济学家对此并不感到意外：在收入有限的条件下，人们不得不在他们购买的商品和服务中进行选择。

国会预算办公室估计，随着美国人口的老龄化和医疗成本的继续上升，联邦政府在Medicare项目上的支出在未来十年将增加1倍以上。许多政策制定者担心Medicare支出的这种迅速增长将迫使政府减少其他项目的支出。海斯丁生命伦理学中心（Hastings Center for Bioethics）的研究员丹尼尔·卡拉汉（Daniel Callahan）主张政策制定者应该考虑采取某些大胆举措，例如，让Medicare项目停止为80岁以上老人的心内直视手术和其他昂贵的治疗进行支付。卡拉汉认为，为特别年长的老人进行心内直视手术和类似治疗的成本超过效益，如果这些资金用于对更年轻的病人进行治疗，由于效益超过成本，那么这些资金就用得更有价值。为了节约资源用于其他目的而减少为延长特别年长者的寿命的支出是一个很痛苦的权衡。但是，在一个存在稀缺性的世界里，某些种类的权衡是不可避免的。

资料来源：Daniel Callahan，"The Economic Woes of Medicare"，*The New York Times*，November 13，2008；Ezekiel J. Emanuel，"The Cost-Coverage Trade-off"，*Journal of the American Medical Association*，Vol. 299，No. 8，February 27，2008，pp. 947-949；and Congressional Budget Office，*A Preliminary Analysis of the President's Budget and an Update of CBO's Budget and Economic Outlook*，March，2009。

轮到你了：做本章末与本专栏相关的问题与应用1.10、1.11、1.12和1.13，看看你理解得如何。

□ 2.1.2 边际机会成本递增

我们可以用生产可能性前沿来探讨关系到经济整体的问题。例如，假定我们将经济中生产的所有商品和服务划分成只有两种类型：军用品和民用品。在图2.2中，我们用坦克代表军用品，用汽车代表民用品。如果某国的所有资源都用于生产军用品，一年可以生产400辆坦克。如果该国的所有资源都用于生产民用品，一年可以生产500辆汽车。若资源用于生产两种商品，经济就会处于生产可能性前沿的其他点。

注意这一生产可能性前沿是向外弯曲的，而非一条直线。由于曲线向外弯曲，用坦克表示的汽车的机会成本取决于经济当前处于生产可能性前沿上的什么位置。例如，为了将汽车的产量从 0 增加到 200，即从 A 点移动到 B 点，经济不得不放弃的坦克数量只有 50 辆。但是，为了再增加 200 辆汽车，即从 B 点移动到 C 点，经济不得不放弃的坦克数量就达 150 辆。

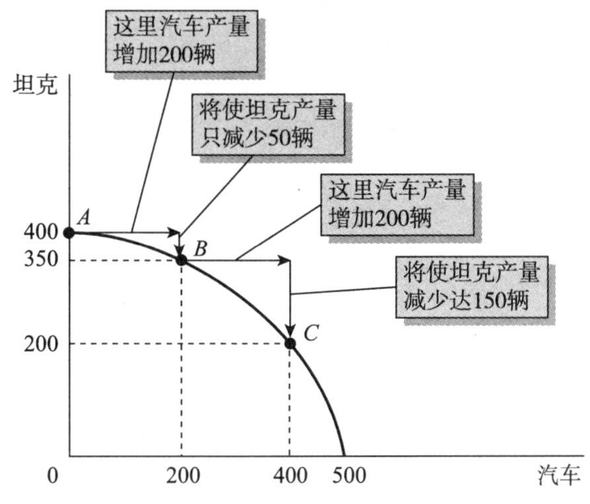

图 2.2 边际机会成本递增

随着经济沿着生产可能性前沿向下移动，它表现出边际机会成本递增的特征，这是因为汽车产量增加一个给定的数量要求坦克减少的产量越来越大。例如，为了将汽车的产量从 0 增加到 200，即从 A 点移动到 B 点，经济不得不放弃的坦克数量只有 50 辆。但是，为了再增加 200 辆汽车，即从 B 点移动到 C 点，经济不得不放弃的坦克数量就达 150 辆。

随着经济沿着生产可能性前沿向下移动，它表现出边际机会成本递增的特征，这是因为汽车产量增加一个给定的数量要求坦克减少的产量越来越大。边际机会成本递增之所以会发生，原因是有些工人、机器和其他资源更适于其中的一种用途。在 A 点，一些很适于生产汽车的资源被迫生产坦克。当从 A 点移动到 B 点时，这些资源转移到生产汽车，这使汽车产量大幅增加，而坦克产量减少得很少。但是，随着经济沿着生产可能性前沿继续向下移动，越来越多更适合生产坦克的资源被转移到汽车生产上来。结果，汽车产量的增加变得越来越小，而坦克产量的减少变得越来越大。在大多数情况下，我们将预期生产可能性前沿会向外弯曲而不是像在前面讨论的宝马公司的例子中那样是线性的。

边际机会成本递增的思想说明了一个重要的经济学概念：已经用于一项活动的资源越多，用于该项活动的额外资源的回报越小。例如，你已经用于学习经济学的时间越多，那你所花的每一个额外小时带来的考试成绩的提高就越少，以那种方式花掉的时间的机会成本就越高。一家企业在某一给定年份里用于研发的资金越多，它从额外的每一美元上获得的有用知识的数量就越少，以那种方式花掉的资金的机会成本就越高。联邦政府在某一给定年份里用于清洁环境的资金越多，额外每一美元带来的污染减少量就越少，再一次地，以那种方式花掉的资金的机会成本就越高。

□ 2.1.3 经济增长

在任何给定的时点，任何经济可以获得的总资源都是固定的。因此，如果美国生产了更多的汽车，它生产的某种其他商品（在我们的例子中为坦克）必定更少了。但是，随着时间的推移，任何经济可以获得的总资源可能会增加。例如，劳动力和资本存量（一国可以获得的实物资本的数量）都可能增加。可以获得的劳动力和资本存量的增加使美国经济的生产可能性前沿向外移动，使其有可能生产出更多的汽车和更多的坦克。图 2.3（a）表示经济可能从 A 点移动到 B 点，这样生产的坦克和汽车就都更多了。

类似地，技术变革使得用同样多数量的工人和机器生产出更多的商品成为可能，这也使生产可能性前沿向外移动。技术变革不一定同样地影响所有部门。图 2.3（b）表示了汽车行业某一技术变革的结果，该技术变革增加了工人每年能够生产的汽车数量，但能够生产的坦克数量保持不变。

生产可能性前沿的移动代表了**经济增长**（economic growth），因为它们的移动使得经济中商品和服务的产量增加了，这最终提高了生活水平。在美国和其他高收入国家，市场体系推动了经济增长过程，在过去的 200 年里，经济增长极大地提高了人们的平均福利水平。

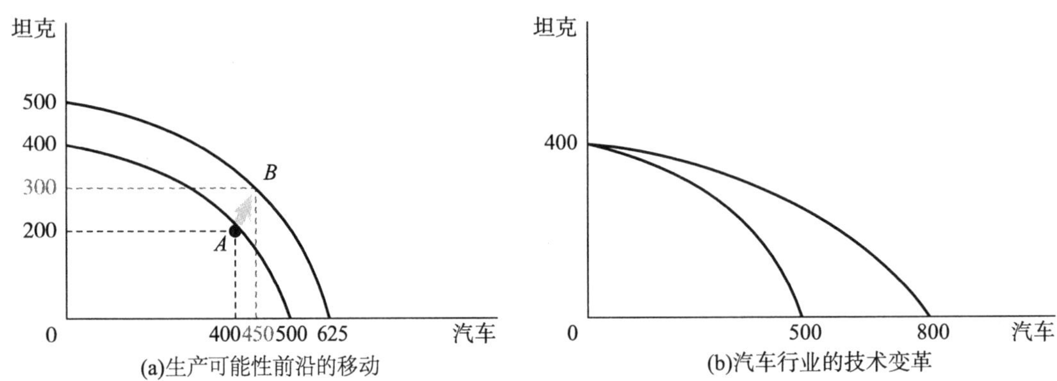

图 2.3　经济增长

图（a）部分表明，随着更多的资源变得可得且技术变革发生，经济将从 A 点移动到 B 点，生产更多的坦克和汽车。图（b）部分表明，汽车行业技术进步的结果是在坦克生产的最大产量保持不变的前提下，汽车工人每年能生产的汽车数量更多了。生产可能性前沿的移动代表了经济增长。

2.2　比较优势和交易

我们可以用生产可能性前沿和机会成本的思想来理解基本的经济活动——交易。市场从根本上来说就是**交易**（trade），即买卖行为。有时候我们直接交易，例如小孩用一张棒球卡交换另一张棒球卡。但是我们常常间接交易：我们出卖自己作为会计师、销售员或护士的劳动服务得到钱，然后用这些钱去购买商品和服务。尽管在这些情况下，贸易的发生是间接的，但是，最终的结果是会计师、销售员或护士用自己的服务交换了食品、衣服与其他商品和服务。交易的一大好处就是，通过提高人们的生产和消费，它使人们的境况都能得到改善。

□ 2.2.1 专业化和交易收益

考虑下面的情形：你和你的邻居在各自的土地上都种植了果树。起初，假定你只种植了苹果树，邻居只种植了樱桃树。在这种情况下，如果你们俩都既喜欢苹果又喜欢樱桃，那么显然存在你们俩都从交易中获益的机会：你用你的部分苹果交换邻居的部分樱桃，这将使你们俩的境况都得到改善。但是，如果你们俩的土地上都既种植了苹果树又种植了樱桃树，那又将如何呢？在那种情况下，你们俩还是可以从交易中获益。例如，邻居可能很擅长采摘苹果，而你可能很擅长采摘樱桃。那么，邻居集中于采摘苹果而你集中于采摘樱桃就是合情合理的。那么，你就可以用你采摘的部分樱桃交换邻居采摘的部分苹果。但是，如果邻居实际上比你更擅长采摘苹果和樱桃，那又将如何呢？

我们可以用生产可能性前沿（*PPF*）来说明邻居如何能从与你的交易中获益，即使她比你更擅长采摘这两种水果。（为了简单起见，并且由于这一假设对我们得到的结论没有任何影响，我们将假设这个例子中的生产可能性前沿是直线。）图 2.4 中的表格表明了你和邻居一周可以采摘多少苹果和樱桃。图中的图形利用表中的数据构建了生产可能性前沿。图（a）表示了你的生产可能性前沿。如果你把所有时间都用于采摘苹果，你每周可以采摘 20 磅。如果你把所有时间都用于采摘樱桃，你每周可以采摘 20 磅。图（b）表示了邻居的生产可能性前沿。如果她把所有时间都用于采摘苹果，她每周可以采摘 30 磅。如果她把所有时间都用于采摘樱桃，她每周可以采摘 60 磅。

	你		邻居	
	苹果（磅）	樱桃（磅）	苹果（磅）	樱桃（磅）
所有时间都用于采摘苹果	20	0	30	0
所有时间都用于采摘樱桃	0	20	0	60

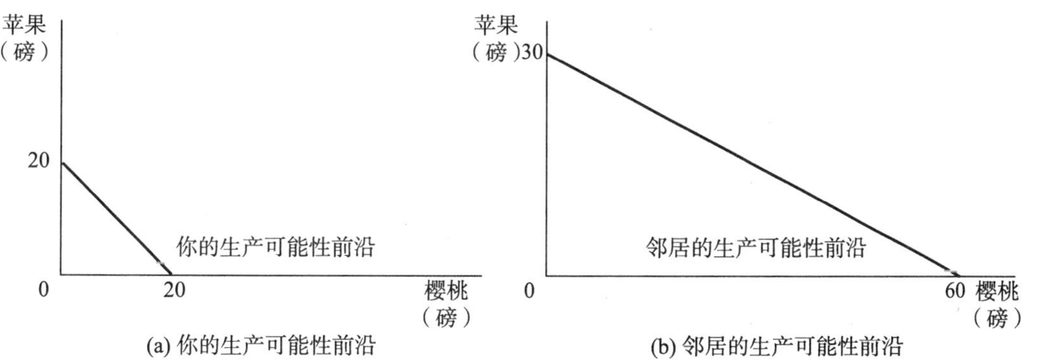

(a) 你的生产可能性前沿　(b) 邻居的生产可能性前沿

图 2.4　没有交易的情况下你和你邻居的生产可能性前沿

该图的表格表明了你和邻居一周可以采摘多少苹果和樱桃。该图的图形利用表中的数据构建了你和你邻居的生产可能性前沿。图（a）表示了你的生产可能性前沿。如果你把所有时间都用于采摘苹果，你每周可以采摘 20 磅。如果你把所有时间都用于采摘樱桃，你每周可以采摘 20 磅。图（b）表示了邻居的生产可能性前沿。如果她把所有时间都用于采摘苹果，她每周可以采摘 30 磅。如果她把所有时间都用于采摘樱桃，她每周可以采摘 60 磅。

图 2.4 中的生产可能性前沿说明了在不进行交易的情况下你和邻居能够消费的苹果和

樱桃数量。假定当你不和邻居进行交易时，你每周采摘并消费 8 磅苹果和 12 磅樱桃。图 2.5（a）中的 A 点表示了苹果和樱桃的这一组合。当邻居不和你进行交易时，她每周采摘并消费 9 磅苹果和 42 磅樱桃。图 2.5（b）中的 C 点表示了苹果和樱桃的这一组合。

就这样你们俩采摘和消费各自的苹果和樱桃。这样的日子过了多年以后，假定有一天邻居来找你，向你提出了如下提议：她下周将用她的 15 磅樱桃来交换你的 10 磅苹果。你应该接受她的提议吗？你应该接受，因为这样的话你最终会有更多的苹果和更多的樱桃可以消费。为了利用她的提议，你应该把时间专门用于采摘苹果，而不是既采摘苹果又采摘樱桃。我们知道这样的话你能采摘到 20 磅苹果。你可以拿其中的 10 磅去交换邻居的 15 磅樱桃。其结果是你就能够消费 10 磅苹果和 15 磅樱桃（图 2.5（a）中的 B 点）。作为与邻居交易的结果，你的境况明显改善了：与你不进行交易的情况下的消费量相比，你现在可以多消费 2 磅苹果和 3 磅樱桃。你已经超出你的生产可能性前沿了！

邻居也从交易中获益。通过专门采摘樱桃，她可以采摘到 60 磅。她拿 15 磅樱桃来交换你的 10 磅苹果，其结果是她可以消费 10 磅苹果和 45 磅樱桃（图 2.5（b）中的 D 点）。与她在和你交易之前的消费量相比，多了 1 磅苹果和 3 磅樱桃。她也超出了她的生产可能性前沿。表 2.1 总结了由你和邻居的交易所导致的生产和消费的变化。（在这个例子中，我们选择了樱桃和苹果的一个具体交换比率——15 磅樱桃交换 10 磅苹果。但是，存在许多其他的交换比率能使你和邻居的境况都得到改善。）

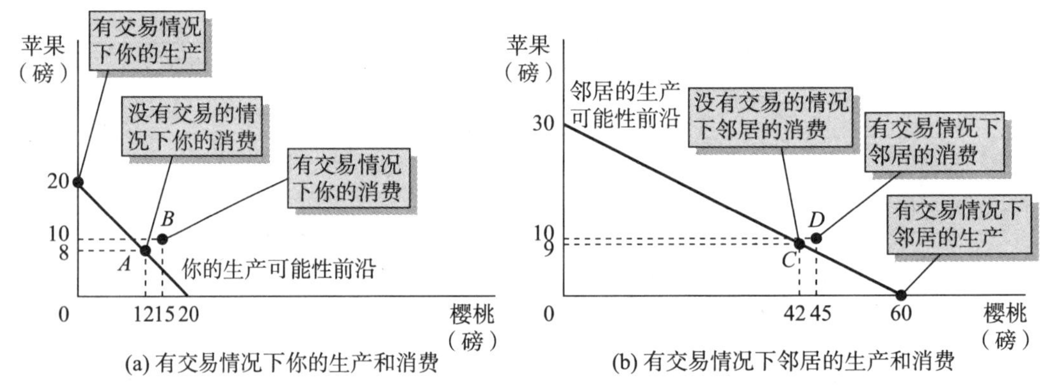

图 2.5　交易收益

当你不和邻居进行交易时，你每周采摘并消费 8 磅苹果和 12 磅樱桃——图（a）中的 A 点。当邻居不和你进行交易时，她每周采摘并消费 9 磅苹果和 42 磅樱桃——图（b）中的 C 点。如果你专门采摘苹果，你能采摘到 20 磅。如果邻居专门采摘樱桃，她可以采摘到 60 磅。如果你用 10 磅苹果去交换邻居的 15 磅樱桃，那么，你就能够消费 10 磅苹果和 15 磅樱桃——图（a）中的 B 点。邻居可以消费 10 磅苹果和 45 磅樱桃——图（b）中的 D 点。由于有了交易，你和邻居的境况都得到了改善。

表 2.1　　交易收益的总结

	你		邻居	
	苹果（磅）	樱桃（磅）	苹果（磅）	樱桃（磅）
没有交易的情况下的生产和消费	8	12	9	42
有交易情况下的生产	20	0	0	60
有交易情况下的消费	10	15	10	45
交易收益（增加的消费）	2	3	1	3

□ 2.2.2 绝对优势和比较优势

也许上例中最引人注目的方面是，即使邻居在采摘苹果和采摘樱桃上都比你更擅长，她仍能从与你的交易中获益。**绝对优势**（absolute advantage）是指个人、企业或国家利用相同数量的资源比竞争对手生产出更多的商品或服务的能力。因为邻居在相同的时间里能够比你采摘到更多的苹果和更多的樱桃，所以相对于你来说，她在每种水果的生产上都具有绝对优势。尽管看似邻居应该自己采摘苹果和樱桃，但是，我们已经看到，如果她专门采摘樱桃而你专门采摘苹果，她的境况就会得到改善。

我们可以进一步考虑为什么你和邻居都可以从专门采摘一种水果中获益。首先，考虑你们每个人采摘两种水果的机会成本。我们从图 2.4 中的生产可能性前沿看到，如果你将全部时间都用于采摘苹果，你每周能够摘 20 磅苹果。当你沿着生产可能性前沿向下移动，把采摘苹果的部分时间转移到采摘樱桃上时，你每采摘 1 磅樱桃都不得不放弃 1 磅苹果。（你的生产可能性前沿的斜率是－1。要复习如何计算斜率，请参看第 1 章的附录。）所以，你采摘 1 磅樱桃的机会成本是 1 磅苹果。同理，你采摘 1 磅苹果的机会成本是 1 磅樱桃。邻居的生产可能性前沿有着不同的斜率，因此她面临着不同的权衡：当她把采摘苹果的时间转到采摘樱桃上时，她每采摘 1 磅樱桃就不得不放弃 0.5 磅苹果（邻居的生产可能性前沿的斜率是－0.5）。当她把采摘樱桃的时间转到采摘苹果时，她每采摘 1 磅苹果要放弃 2 磅樱桃。因此，她采摘 1 磅苹果的机会成本是 2 磅樱桃，采摘 1 磅樱桃的机会成本是 0.5 磅苹果。

表 2.2 总结了你和邻居采摘苹果和樱桃的机会成本。注意，尽管你的邻居每周可以比你采摘更多的苹果，但她采摘苹果的机会成本比你高，原因是当她采摘苹果时她放弃的樱桃比你要多。因此，即使她在采摘苹果上相对于你有绝对优势，但她采摘苹果的代价比你要高。表 2.2 还显示，她采摘樱桃的机会成本比你采摘樱桃的机会成本要低。**比较优势**（comparative advantage）是指个人、企业或国家以比竞争对手更低的机会成本生产一种商品或服务的能力。在苹果采摘上，你的邻居相对于你有绝对优势，但你相对于她有比较优势。在樱桃采摘上，你的邻居相对于你既有绝对优势又有比较优势。正如我们已经看到的，你专门采摘苹果会改善你的境况，你的邻居专门采摘樱桃会改善她的境况。

表 2.2 **采摘苹果和樱桃的机会成本**

	采摘 1 磅苹果的机会成本	采摘 1 磅樱桃的机会成本
你	1 磅樱桃	1 磅苹果
你的邻居	2 磅樱桃	0.5 磅苹果

□ 2.2.3 比较优势和来自交易的收益

我们刚刚推导出了一个重要的经济学原理：交易的基础是比较优势而非绝对优势。采摘苹果最快的人并不一定要采摘很多苹果，如果他们在某种其他活动——采摘樱桃、打职业联盟棒球或者做工业工程师——上有比较优势，那么，他们专门从事这种活动会改善他们的境况。如果个人、企业和国家专门生产他们具有比较优势的商品和服务并通过交易获得他们所需要的其他商品和服务，那么，他们的境况会得到改善。我们将在第 19 章回到比较优势这个重要的概念，该章致力于讨论国际贸易这一主题。

不要犯这样的错误！☞

不要混淆绝对优势和比较优势

首先，确保你知道它们各自的定义：

绝对优势：个人、企业或国家利用相同数量的资源比竞争对手生产出更多的商品或服务的能力。在我们的例子中，你的邻居在采摘苹果和采摘樱桃上相对于你都有绝对优势。

比较优势：个人、企业或国家以比竞争对手更低的机会成本生产一种商品或服务的能力。在我们的例子中，你的邻居在采摘樱桃上有比较优势，而你在采摘苹果上有比较优势。

记住如下两个关键点：

1. 有可能在生产某种商品或服务上有绝对优势而没有比较优势。你的邻居在采摘苹果上就是如此。

2. 有可能在生产某种商品或服务上有比较优势而没有绝对优势。你在采摘苹果上就是如此。

轮到你了：做本章末的问题与应用 2.5，看看你理解得如何。

例题 2.2 比较优势和交易收益

假定加拿大和美国都生产枫糖浆和蜂蜜，两种商品在两国卖相同的价格。以下是每个国家利用相同数量的资本和劳动一天能生产的两种商品的组合：

加拿大		美国	
蜂蜜（吨）	枫糖浆（吨）	蜂蜜（吨）	枫糖浆（吨）
0	60	0	50
10	45	10	40
20	30	20	30
30	15	30	20
40	0	40	10
		50	0

a. 哪国在生产枫糖浆上有比较优势？哪国在生产蜂蜜上有比较优势？

b. 假定加拿大目前生产 30 吨蜂蜜和 15 吨枫糖浆，美国目前生产 10 吨蜂蜜和 40 吨枫糖浆。证明：如果加拿大和美国分别专门从事一种商品的生产然后进行交易，两国的境况都能得到改善。

c. 通过画出美国和加拿大两国各自的生产可能性前沿来说明你对问题（b）的回答。在你画出的生产可能性前沿上，标出交易前和交易后每个国家所生产和消费的蜂蜜和枫糖浆的组合。

解：

第 1 步：复习本章内容。这一问题是关于比较优势的，所以你可能需要复习一下 2.2.2 节“绝对优势和比较优势”。

第 2 步：计算在每种活动上哪国有比较优势，回答（a）部分。前面讲过，如果一国能够以最低的机会成本生产某种商品，那么它在生产这种商品上就具有比较优势。当加拿大多生产 1 吨蜂蜜时，它就少生产 1.5 吨枫糖浆。当美国多生产 1 吨蜂蜜时，它就少生产 1 吨枫糖浆。所以，美国生产蜂蜜的机会成本（1 吨枫糖浆）比加拿大生产蜂蜜的机会成本（1.5 吨枫糖浆）要低。当加拿大多生产 1 吨枫糖浆时，它就少生产 2/3 吨蜂蜜。当美国多生产 1 吨枫糖浆时，它就少生产 1 吨蜂蜜。所以，加拿大生产枫糖浆的机会成本（2/3 吨蜂蜜）比美国生产枫糖浆的机会成本（1 吨蜂蜜）要低。我们可以得出结论：美国在生产蜂蜜上有比较优势，而加拿大在生产枫糖浆上有比较优势。

第 3 步：说明专业化使加拿大和美国的境况都得到改善，回答（b）部分。我们知道加拿大和美国应该分别专门生产它们具有比较优势的产品。如果两个国家都专业化生产，加拿大将生产 60 吨枫糖浆和 0 吨蜂蜜，美国将生产 0 吨枫糖浆和 50 吨蜂蜜。在这两个国家进行专业化生产后，美国可以用 30 吨蜂蜜去交换加拿大的 40 吨枫糖浆。（其他互利的交易也有可能。）我们可以用下表总结上述结果：

	交易前		交易后	
	蜂蜜（吨）	枫糖浆（吨）	蜂蜜（吨）	枫糖浆（吨）
加拿大	30	15	30	20
美国	10	40	20	40

美国的境况在交易之后得到了改善，这是因为它可以消费相同数量的枫糖浆且多消费 10 吨蜂蜜。加拿大的境况在交易之后也得到了改善，这是因为它可以消费相同数量的蜂蜜且多消费 5 吨枫糖浆。

第 4 步：画出生产可能性前沿，回答（c）部分。

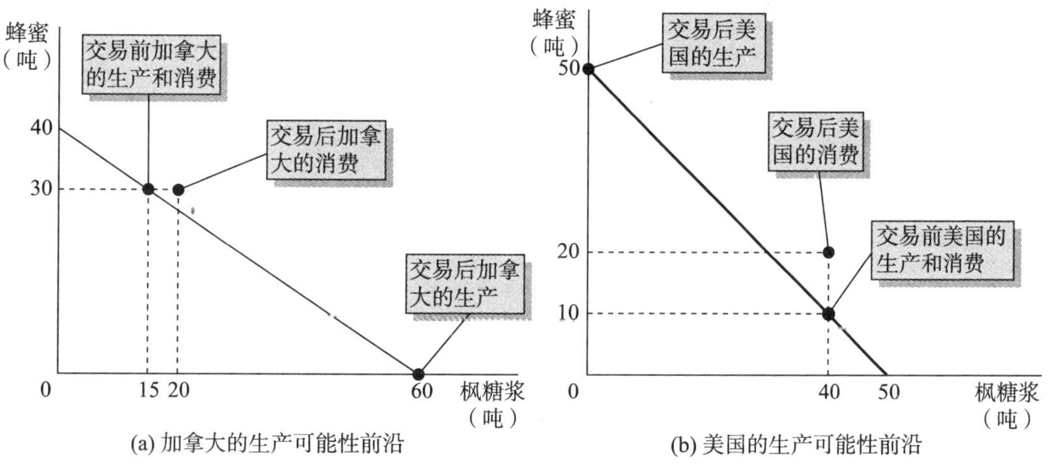

(a) 加拿大的生产可能性前沿

(b) 美国的生产可能性前沿

轮到你了： 要想做更多的练习，请做本章末的问题与应用 2.6 和 2.7。

2.3 市场体系

我们已经看到，由于资源的稀缺性，家庭、企业和政府面临着取舍并且蒙受机会成本。我们还看到，交易使得人们能够根据它们的比较优势进行专业化生产。当然，现代世界里的交易比我们到目前为止考虑的例子要复杂得多。今天，交易涉及全世界数以百万计的人的决策。但是，一个经济如何让交易成为可能，以及这数以百万计的人的决策如何相互协调呢？在美国和大多数其他国家，交易是在市场进行的。市场也决定了第 1 章讨论的三个基本问题的答案：生产什么商品和服务？如何生产这些商品和服务？谁将获得这些商品和服务？

回忆前面讲过的**市场**（market）的定义：市场是一种商品或服务的一群买者和卖者以及将他们聚合在一起交易的制度或安排。市场有许多形式：可能是实物场所，如本地的比萨店或纽约证券交易所，也可能是虚拟场所，如 eBay。在一个市场上，买者是商品或服务的需求方，卖者是商品或服务的供给方。家庭和企业在两种类型的市场——产品市场和要素市场——相互作用。**产品市场**（product market）是商品（如电脑）或服务（如医疗）的市场。在产品市场，家庭是需求方，企业是供给方。**要素市场**（factor market）是生产要素的市场。**生产要素**（factor of production）是用于生产商品和服务的投入，被分成以下四种大类：

劳动：包括所有类型的工作，从在麦当劳工作的青少年的兼职劳动到大公司高级经理人的工作都包括在内。

资本：指用于生产其他商品的实物资本，如电脑和机床。

自然资源：包括用于生产商品的土地、水、石油、铁矿石以及其他原材料（或“大自然的恩赐”）。

企业家：经营企业的人。企业家才能是把其他生产要素集合在一起成功地生产和销售商品和服务的能力。

2.3.1 收入的循环流动图

市场中有两个关键的参与群体：

家庭：由一户人家的所有个人组成。家庭是企业为生产商品和服务而雇用的生产要素——特别是劳动——的供给者。家庭用他们出卖生产要素而得到的收入来购买企业供给的商品和服务。对于家庭是劳动的供给者这一点我们很熟悉，因为大多数人通过工作赚取他们的大部分收入，这意味着他们在劳动市场出卖他们的劳动服务。但是，通过对那些拥有其他生产要素的企业的所有权，家庭也直接或间接地拥有其他生产要素。所有的企业都由家庭拥有。邻家餐馆那样的小企业可能是由某个人所有。微软或宝马那样的大企业则是由数以百万计的拥有这些公司股份的家庭所有。（我们将在第 6 章讨论股票市场。）当企业向企业的所有者支付利润时，企业是在为使用那些所有者提供的资本和自然资源支付报酬。因此，我们可以这样概括：在要素市场，家庭是供给者，企业是需求者。

企业：商品和服务的供给者。企业用它们销售商品和服务得到的资金购买生产这些商品和服务所需要的生产要素。

我们可以用一个称为**循环流动图**（circular-flow diagram）的模型来理解市场中的参与人是如何相互联系的。图 2.6 显示，在要素市场，家庭供给劳动和其他生产要素，作为交换，家庭从企业那里获得工资和其他报酬。在产品市场，家庭用他们在要素市场赚取的这些报酬购买企业供给的商品和服务。企业用家庭供给的生产要素来生产这些商品和服务。在图中，灰色箭头显示了生产要素通过要素市场从家庭向企业的流动。白色箭头显示了商品和服务通过产品市场从企业向家庭的流动。黑色箭头显示了资金通过要素市场从企业向家庭的流动和支出通过产品市场从家庭向企业的流动。

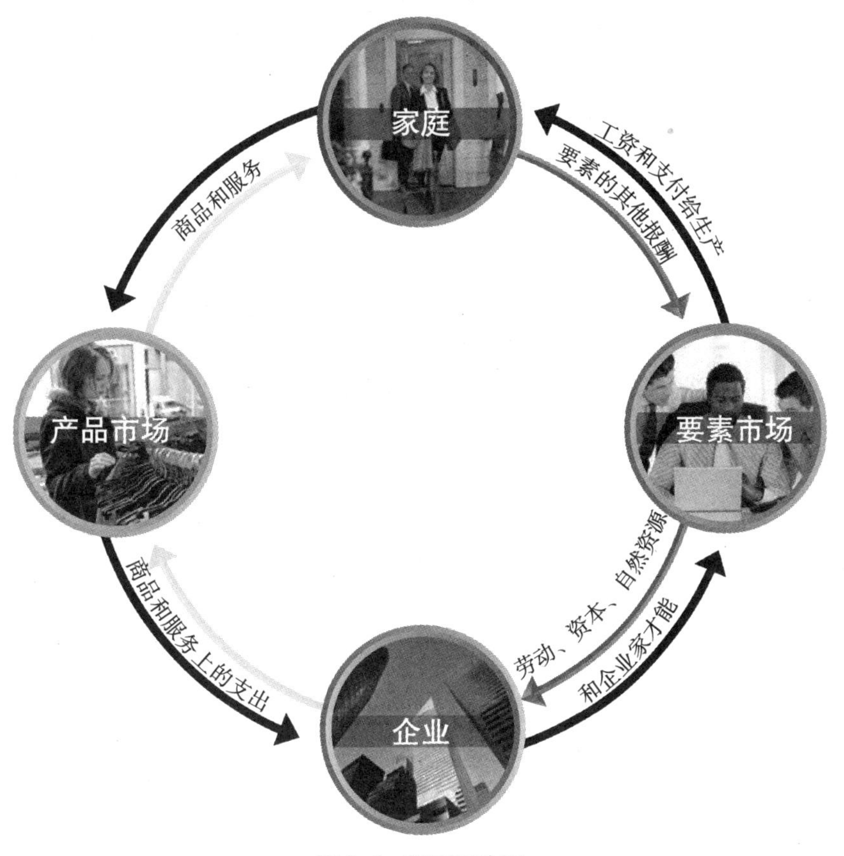

图 2.6　循环流动图

家庭和企业在生产、收入和支出的循环流动图中相互联系在一起。灰色箭头显示了生产要素的流动。在要素市场，家庭向企业供给劳动、企业家才能和其他生产要素。企业用这些生产要素生产它们在产品市场上供应给家庭的商品和服务。白色箭头显示了商品和服务通过产品市场从企业向家庭的流动。黑色箭头显示了资金的流动。在要素市场，作为供给生产要素的交换，家庭从企业那里获得工资和其他报酬。在产品市场，家庭用这些工资和其他报酬从企业那里购买商品和服务。企业在产品市场向家庭出售商品和服务，在要素市场，企业用出售商品和服务得到的资金从家庭那里购买生产要素。

和所有的经济模型一样，循环流动图是现实的简化版本。例如，图 2.6 忽略了政府在从企业手中购买商品和向家庭进行支付（如社会保障或失业保险救济金）中所起的重要作用。该图还忽略了银行、股票和债券市场以及金融体系的其他部分在促进资金从出借人到借款人的流动中所起的作用。最后，该图没有显示国内家庭购买的一些商品和服务是在外国生产的以及国内企业生产的一些商品和服务卖给了外国家庭。(我们将在后面的章节中进一步探讨政府、金融体系和国际贸易。)尽管有这些简化,图 2.6 所示的循环流动图仍然有助于理解产品市场、要素市场以及这些市场的参与者是如何相互联系的。市场体系的奇迹之一就是它成功地协调了如此众多的家庭和企业的独立活动。

□ 2.3.2 得自市场的收益

当政府对商品或服务如何生产或销售或生产要素如何雇佣施加的限制很少时,市场就是一个**自由市场**(free market)。所有现代经济体的政府对市场的干预都超过了与完全自由市场相一致的程度。在该种意义上,我们可以把自由市场看作判断实际经济体的一个基准。美国、加拿大、西欧各国、中国香港、新加坡和爱沙尼亚等国家和地区对经济活动的政府限制相对很少。而在古巴和朝鲜这样的国家,自由市场体系被抛弃,政府实行了中央计划经济,对产品和要素市场施加了广泛的控制。在提高人们的生活水平方面,与自由市场基准最接近的国家比实行中央计划经济的国家要成功。

苏格兰哲学家亚当·斯密被认为是"现代经济学之父",因为他于 1776 年出版的著作《国民财富的性质和原因的研究》(也称《国富论》)较早地对自由市场体系做出了非常有影响力的论证。在斯密写作该书的年代,政府对市场的广泛限制仍然非常普遍。行会制度在欧洲的许多地方仍然盛行。根据这个制度,政府赋予行会(即生产者成立的组织)控制商品生产的权力。例如,制鞋者行会控制了允许谁生产鞋、它们可以生产多少双鞋以及它们可以收取什么样的价格。在法国,纺织行会甚至规定了织布时纱线的数量。

斯密认为,这些限制限定了商品的产量,从而减少了国家及其人民的收入或财富。当时有些人支持行会制度的限制,因为这样做符合他们自身的财务利益。如果你是行会的成员,这些限制起到了减少你所面临的竞争的作用。但是另外一些人真诚地相信,如果不实行行会制度,将会出现经济混乱。斯密认为这些人都错了,如果企业可以免受行会限制,一个国家可以享有平稳运行的经济体系。

□ 2.3.3 市场机制

在斯密所处的时代,行会制度的拥护者担心,比如说,如果制鞋者行会不控制鞋的产量,那么生产出来的鞋子要么过多、要么过少。斯密指出,价格在协调买方和卖方的活动上会比行会做得更好。理解斯密观点的一个关键是"个人通常以理性的、自利的方式行事"这个假设。特别地,个人会采取那些最有可能改善他们自己的财务状况的行动。理性、自利的行为这个假设是几乎所有经济分析的基础。实际上,经济学正是因其对自利行为这个假设的强调而区别于其他研究人类行为的学科——如社会学和心理学。和今天的经济学家一样,亚当·斯密知道人的动机可能是复杂的。但在分析人们的买卖行为上,财务回报这个动机通常为人们所采取的行动提供了最好的解释。

例如,假定相当数量的消费者从购买普通的汽油动力车转而购买汽油—电力混合动力车(如丰田普锐斯),就像过去十年里美国实际发生的那样。企业会发现它们可以对混合动力车收取比普通的汽油动力车更高的价格。这些企业的私利将导致它们通过生产更多的混合动力车和更少的汽油动力车来对消费者的愿望做出反应。或者,假定消费者决定他们要少吃面包、意大利面以及其他高碳水化合物含量的食物,就像艾金斯瘦身法和迈阿密饮食瘦身法日益流行后许多人所做的那样。那么企业对面包和意大利面所能收取的价格将会下降。企业的私利会导致它们少生产面包和意大利面，这正是实际上所发生的。

注意：要使市场机制通过对消费者需要的变化做出反应来起作用，价格必须具有灵活性。相对价格——即一种商品或服务相对于其他商品或服务的价格——的变化向消费者和企业提供了信息或者说信号。例如，在 2010 年，世界范围内的消费者增加了他们对黄牛肉和家禽肉的需求。由于饲养黄牛和家禽需要玉米，玉米相对于其他庄稼的价格迅速上升。美国的许多农场主收到了这个价格信号，他们对此做出的反应是，增加他们种植的玉米的数量并减少黄豆和小麦的数量。堪萨斯州的一个农场主说道："在我看来种植玉米比种植豆类每亩能多赚 100～150 美元。那就是许多人用到的数学。"类似地，在 20 世纪头十年里，DVD 或音乐 CD 的价格下降这一信号导致电影工作室和唱片公司减少用于这些产品的资源和增加用于制作网络在线能够获得的电影与音乐的资源。在今天的美国，联邦、州和地方等各级政府只设定或管制了大约 10%～20%的商品和服务的价格。当消费者的需要变化和生产成本变化时，其他商品和服务的价格可以自由变化。

在消费者想要更多或更少的某种产品的情况下，市场体系都会做出反应，无须行会或政府对生产多少或收取什么价格发号施令。斯密在他的一句名言中说，市场这只"看不见的手"将引导企业给消费者提供他们所需要的产品。企业通过单独做出决策对价格的变化做出反应，而它们单独做出的决策最终共同地满足了消费者的需要。

建立联系☞

一个关于市场体系运行的实例：iPad 是如何生产出来的？

苹果公司生产 iPad 2。由于苹果公司的总部在加利福尼亚州的库比蒂诺，看似可以合理地假设 iPad 也是在加州生产的。实际上，尽管苹果公司的工程师设计了 iPad，但公司并不生产 iPad 的任何部件，也没有把部件装配成成品。iPad 的生产远非一个公司在一个地方完成，而是要求世界各地数以千计的工人和数十家企业的协调活动才得以完成。

总部位于台湾的富士康公司（Foxconn）在位于中国深圳和成都的工厂里装配 iPad，然后将它们运到美国的苹果公司供其销售。富士康公司已经宣布了 2012 年前在巴西的一家新工厂开始装配部分 iPad 的计划。尽管富士康公司进行最终的装配，但是它并不生产任何部件，实际上，它装配一台 iPad 只收不到 15 美元。

下表列出的仅仅是 iPad 2 部件的众多供应商中的一部分。

企业	企业所在位置	企业提供的 iPad 部件
ARM	英国	处理器设计
博通（Broadcom）	美国（加利福尼亚州）	触摸屏控制器
英飞凌科技公司（Infineon Technologies）	德国	半导体
LG 电子（LG Electronics）	韩国	屏幕
三星（Samsumg）	韩国	快闪存储器和处理器
得州仪器（Texas Instruments）	美国（得克萨斯州）	触摸屏控制器

这些供应商都依赖各自的供应商。例如，博通设计 iPad 的触摸屏控制器并供应给苹果公司，但是它并不制造控制器的部件或进行装配。为了制造部件，博通依赖总部在马来西亚的矽佳公司（SilTerra）、总部在中国大陆的中芯国际（SMIC），以及总部在中国台湾的台湾半导体制造公司（TSMC）和联华电子公司（UMC）。台湾半导体制造公司的工厂大部分不在台湾而在中国大陆和东欧。为了装配这些部件，博通需要用到几家公司，包括总部在美国亚利桑那州钱德勒市的安靠技术公司（Amkor Technology）和总部在新加坡的星科金朋公司（STATA ChipPAC）。

一台 iPad 总计包含数以百计的部件，设计、制造和装配这些部件的企业遍布世界各地。这些企业中有许多甚至都不知道其他哪些企业也在为 iPad 生产部件。这些企业的经理人彼此之间碰面的寥寥无几，相互之间也很少分享有关它们各自特定的部件如何生产的知识。实际上，没有哪一个人，包括苹果公司的首席执行官蒂姆·库克（Tim Cook）在内，掌握了装配一台 iPad 所需的所有部件的生产方法。相反，是市场这只“看不见的手”指引着这些企业将它们的知识和资源贡献到 iPad 生产的过程中来，这一过程最终使得美国的商店里有 iPad 可供销售。苹果公司对 iPad 的生产过程的组织是如此有效率，以至你可以订购一部带有个性化刻字的定制 iPad 并要求三天之内从一家在中国的工厂配送到你在美国的家门口。

资料来源：Andrew Rassweiler，“iPad 2 Carries Bill of Materials of ＄326.60，HIS iSuppli Teardown Analysis Shows”，iSuppli.com，March 13，2011；Arik Hesseldahl，“Apple iPad Components Cost At Least ＄259”，*Bloomberg Businessweek*，April 7，2010；and Chinmei Sung，“Foxconn Faces Limited Impact from Chendu Fire，Analysts Say”，*Bloomberg Businessweek*，May 22，2011。

轮到你了：做本章末与本专栏相关的问题与应用 3.8 和 3.9，看看你理解得如何。

□ 2.3.4 企业家的作用

企业家对于市场体系的运转起着中心作用。**企业家**（entrepreneur）是经营企业的人。他们必须首先确定他们认为消费者需要什么商品和服务，然后他们必须决定如何利用可以获得的生产要素——劳动、资本和自然资源——来生产那些商品和服务以获得最大的利润。成功的企业家能够找到提供新商品和服务的机会。这些机会常常是由新技术创造出来的。消费者和现有企业往往一开始没有意识到新技术使得新产品具有了可行性。例如，甚至在内燃机的发明使得汽车具有可行性之后，亨利·福特（Henry Ford）这样评论道：“要是我问我的顾客想要什么，他们会说要一匹跑得更快的马。”由于消费者常常不能在一种新产品出现之前对它进行评估，有些最成功的企业家，如已故的苹果公司的史蒂夫·乔布斯，极少使用“焦点小组”访谈（focus group）的方法，即与消费者会面并询问顾客想看到什么样的新产品。相反，企业家想出消费者甚至都没意识到他们需要的产品，如乔布斯这个例子中的 MP3 播放器（iPod）或平板电脑（iPad）。

企业家对经济非常重要，这是因为他们常常能够发明出消费者广泛使用的新产品，就像亨利·福特发明出汽车和史蒂夫·乔布斯发明出 iPod。表 2.3 列出了 20 世纪小企业的企业家引入市场的部分重要产品。

表 2.3　　小企业的企业家引入市场的部分重要产品

产品	发明人
空调	威廉·哈维兰·开利（William Haviland Carrier）
飞机	奥维尔·莱特和威尔伯·莱特（Orville and Wilber Wright）
生物磁感应成像	雷蒙德·达马迪安（Raymond Damadian）
合成胰岛素	赫伯特·博耶（Herbert Boyer）
DNA 指纹识别	亚历克·杰弗里斯（Alec Jeffries）
调频收音机	埃德温·霍华德·阿姆斯特朗（Edwin Howard Armstrong）
直升机	伊戈尔·西科尔斯基（Igor Sikorsky）
高分辨率 CAT 扫描仪	罗伯特·莱德利（Robert Ledley）
液压制动器	马尔科姆·洛克希德（Malcolm Lockheed）
集成电路	杰克·基尔比（Jack Kilby）
微处理器	特德·霍夫（Ted Hoff）
光学扫描仪	埃弗雷特·富兰克林·林德基斯特（Everett Franklin Lindquist）
口服避孕药	卡尔·杰拉西（Carl Djerassi）
隔夜快递服务	弗雷德·史密斯（Fred Smith）
个人电脑	史蒂夫·乔布斯（Steve Jobs）和斯蒂文·沃兹尼亚克（Steve Wozniak）
速冻食品	克拉伦斯·伯宰（Clarence Birdseye）
安全剃须刀	金·吉列（King Gillette）
软性隐形眼镜	凯文·托赫（Kevin Tuohy）
固体燃料火箭发动机	罗伯特·戈达德（Robert Goddard）
超级计算机	西摩·克雷（Seymour Cray）
真空管	斐洛·法恩斯沃思（Philo Farnsworth）
拉链	吉德昂·逊德巴克（Gideon Sundback）

注：到底是谁首先在商业上开发出某种特定产品，有时候在历史学家之中是存在争议的。

资料来源：William J. Baumol，*The Microtheory of Innovative Entrepreneurship*，(Princeton，NJ：Princeton University Press，2010）和多种来源。

企业家开办新企业时，他们把自己的资金置于风险之中。如果企业家对消费者需要什么或生产商品和服务的最佳方式等方面的见解错了，那么，企业家的资金就会遭受损失。实际上，最终取得巨大成功的企业家在一开始经历公司倒闭破产的情况并非罕见。例如，亨利·福特和丰田喜一郎（Sakichi Toyoda，最终创建了丰田汽车公司），最早开办的公司都很快倒闭了。哈佛大学的理查德·弗里曼（Richard Freeman）所做的研究表明，通常来说，企业家所赚的钱比具有相同的教育水平和其他特征但在大型企业作为雇员工作的人要少。亨利·福特、史蒂夫·乔布斯和比尔·盖茨这些获得巨额财富的企业家只是极少数。

通过在对消费者需求做出反应和新产品的引入等方面的作用，企业家对经济增长做出了重要贡献。因此，鼓励企业家精神的政府政策也可能增加经济增长和提高生活水平。在下一小节，我们来考虑企业家在其中能够取得成功的成功市场所要求的法律框架。

□ 2.3.5 成功市场体系的法律基础

在一个自由市场，政府不限制企业如何生产和销售商品和服务，也不限制它们如何雇用生产要素。但是，要使市场体系良好运转，并非没有政府干预就够了。政府不得不采取积极措施，提供能够让市场体系成功的法律环境。

私人财产的保护。

要使市场体系良好运转，个人就必须愿意承担风险。有 25 万美元的人可能会很谨慎，把钱存在银行里，如果他不信任银行，他甚至会以现金形式持有。但是，除非有相当数量的人愿意承担风险，把他们的资金投资于企业，否则市场体系就不会起作用。在任何国家，投资于企业都是有风险的。在美国和其他高收入国家，每年都有大量企业破产倒闭。但在高收入国家里，开办新企业或者投资于已有企业的人不用担心政府、军队或犯罪团伙可能会没收企业，或者威胁要破坏企业来索要钱财。不幸的是，在许多穷国中，企业的所有者没有得到很好的保护，他们的企业可能会被政府没收，或者他们的利润可能会被罪犯抢走。在存在这些问题的地方，开办企业的风险可能极高。现金可以很容易地藏起来，但要藏匿或者转移一家企业是很困难的。

产权（property rights）是个人或企业对其财产拥有的排他性使用权，包括买卖的权利。财产可以是有形的、实物形式的财产，如商店或工厂；也可以是无形的，如对某个想法的权利。美国宪法的两个修正案保障了产权：第 5 修正案规定联邦政府不应剥夺任何人的“生命、自由或财产，除非经过了适当的法律程序。”第 14 修正案将这一保障拓展到州政府的行动：“任何州［……］都不应剥夺任何人的生命、自由或财产，除非经过了适当的法律程序。”类似的保障在每个高收入国家都存在。不幸的是，在许多发展中国家，这样的保障并不存在，或者没有得到很好的执行。

在任何现代经济中，知识产权都非常重要。知识产权包括书籍、影片、软件以及新产品的想法或生产产品的新方法。为了保护知识产权，联邦政府授予专利，专利给予发明者（常常是企业）从专利在政府归档日起 20 年内生产和销售一种新产品的排他性权利。例如，因为微软公司获得了 Windows 操作系统的专利，其他企业就不能销售各自版本的 Windows 操作系统。政府授予专利的目的是鼓励企业投资于创造新产品所需的研发。如果其他公司可以自由地拷贝 Windows 操作系统，微软公司就根本不会投入开发它所需的资金了。就像新产品或者生产产品的新方法会获得专利保护一样，书籍、影片和软件会获得版权保护。根据美国法律，书籍、影片或音乐作品的创作者拥有在其一生的时间里使用其创作的作品的排他性权利；创作者的继承人在创作者去世后 50 年时间里保留有这一排他性权利。

合同和产权的执行。

商业活动常常涉及某个人同意在将来采取某项行动。例如，通过签订贷款合同，你可以借 2 万美元买辆车并向银行承诺在未来 5 年里偿还这笔钱。或者，微软公司可能与一家小型科技公司签订许可协议，同意支付一笔费用以换取在几年时间里使用这家公司的技术的权利。通常这些协议都采取法律合同的形式。要使市场体系起作用，企业和个人都不得不依赖于这些合同的履行。如果法律合同的一方不履行它的义务（也许这家小公司承诺授权微软独家使用它的技术但后来又开始授权给其他公司），另一方能够上法庭要求强制执行合同。类似地，如果美国的财产所有者认为联邦或州政府侵犯了第 5 或第 14 修正案赋予他们的权利，他们就能够上法庭要求强制执行他们的权利。

但是，只有在司法系统独立且法官能够以法律为依据做出公正判决的条件下，上法庭要求强制执行合同或私人产权才会成功。在美国和其他高收入国家，司法系统对于政府的其他部门有着充分的独立性，对于免受外部力量（例如犯罪团伙）的胁迫也有着充分的保护，所以他们能够根据法律做出他们的判决。在许多发展中国家，司法系统缺乏这样的独立性，如果政府侵犯私人产权或者有着很强的政治关系的人违反商业合同时，司法系统不会对此进行纠正。

如果产权没有得到很好的执行，生产出来的商品和服务就会更少。这降低了经济效率，使经济处于其生产可能性前沿以内。

接第 39 页

生活中的经济学

购买汽车时面临的权衡

在本章一开头，我们要求你思考两个问题：从关于安全性和燃料效率之间关系的这些事实中，我们能得到什么结论呢？在什么情况下，汽车制造商可以生产更安全和更有燃料效率的汽车呢？为了回答这些问题，你不得不认识到安全性和燃料效率之间存在权衡。在任何特定时点技术给定的条件下，汽车制造商都可以通过生产更小和更轻的汽车来提高燃料效率。但是，驾驶一辆更轻的汽车增加了在事故中受伤的可能性。安全性和燃料效率之间的权衡与图 2.1 所示的关系很相似。为了增加安全性并同时增加每加仑汽油的行车里程，汽车制造商不得不开发能够同时使车更轻和更安全的新技术。这样的新技术将使得图 2.1 中 *G* 点那样的点能够达到。

2.4 结论

我们已经看到，通过市场上的交易，人们能够进行专业化生产和追求各自的比较优势。基于比较优势的交易让交易的所有参与者的境况都得以改善。市场的关键作用是为交易提供便利。事实上，市场体系是一个协调数以百万计的消费者、工人和企业的决策的非常有效的工具。消费者是市场体系的中心。为了取得成功，企业必须对消费者的需要做出反应。消费者的这些需要通过价格传递给企业。为了探讨市场是如何起作用的，我们必须研究消费者和企业的行为。我们将在第 3 章建立需求和供给模型，继续对市场进行探讨。

在进入第 3 章之前，阅读接下来的“业内观察”，该专栏讨论了通用汽车在生产它的两种电动车——雪佛兰 Volt 和凯迪拉克 Converj——时面临的权衡。

业内观察　通用汽车的经理人批准插电式凯迪拉克车型的生产

《绿色汽车报告》

《据报道，凯迪拉克将考虑推出以雪佛兰 Volt 为基础的汽车》

有时，就像拉撒路（Lazarus）一样，死车又复活了。

我们从通用汽车一个熟悉该项目的内部人士了解到，电动凯迪拉克 Converj 豪华轿跑车现在回到了通用汽车的产品计划。

通用汽车的产品总监最近批准了凯迪拉克 Converj 的生产。它可能会在 2013 年作为 2014 年的一款车型推出，不过它最终可能会被冠以一个凯迪拉克式的三个字母的型号名称。

我们的消息人士说，这一量产版将以 1.5 代雪佛兰 Voltec 动力传动系统为特征。

那将是 2011 款雪佛兰 Volt 增程型电动动力传动系统的升级版，可能具有更好的加速性能以符合凯迪拉克的形象，但不是全面改进的第 2 代，第 2 代将在 2015 年投产。

a　在 2009 年红极一时

凯迪拉克 Converj 概念车首次亮相于 2009 年 1 月的底特律车展。光滑润泽的双门跑车获得的好评如潮，并在 2009 年被批准生产。2010 年 1 月，时任产品总监鲍勃·卢茨（Bob Lutz）说，它已得到管理层的批准。

两个月后，它被取消了，凯迪拉克发言人大卫·考德威尔（David Caldwell）说，Converj 项目没有达到“在任何情况下都认真考虑其开发的程度。”

在近 18 个月前结束该项目的原因有两个：首先，计划生产的这款 Converj 产量低，在该产量水平，通用汽车无法盈利。

现在，Volt 基本上已经销售一空，通用汽车试图尽可能快地提高产量，也许 Converj 的产量可以提高，这意味着每辆车的成本可能更低。

其次，产品规划者担心，更大的重量和凯迪拉克增加的豪华特征将会削减其电动续航里程和性能，这会降低其吸引力，就像丰田的豪华车型雷克萨斯 HS 250h 的销量就比预期的要低一样。

b　全是为了利润

显然，这两个忧虑都已经得到了解决。据消息人士透露，重启 Converj 项目的一个原因是 CEO 丹·埃克森（Dan Akerson）所说的“全是为了利润”。2012 款 Volt 的平均报价为 39 990 美元，最高报价（在经销商加成之前）低于 5 万美元。

如果一些 Voltec 车能够以（比如说）6 万美元而不是 4.5 万美元的价格销售，那或许能够使通用汽车在第一代 Voltec 车型上赚钱。或者，或许更切实际地说，在成本更低的第二代车型推出之前，在这一技术上能够少损失一些钱。

如果凯迪拉克真的希望跟奔驰、宝马和奥迪等类似品牌展开竞争，那它就需要拥有一款或更多款插电式车型。

所有这些公司都计划生产多款插电式车，例如奔驰 S 级插电式混合动力车、奥迪 e-tron 电动超级跑车、奔驰 A 级 E-Cell 电动车、微型奥迪城市概念双座车。

c　凯雷德混合动力车：很难说是一款光环车型

但是，尽管作为2013年车型将于明年春季上市销售的XTS全尺寸级轿车有插电式混合动力概念，以及一直有关于插电式混合动力SRX交叉车型的传言，但这些产品都没有得到批准生产。

由于原本为另一种更轻的轿车设计的电池组的续航里程不够长，SRX插电式混合动力车的项目被取消了。因此，凯迪拉克的唯一的电力车仍旧是2011款凯雷德混合动力全尺寸级运动型多用途车，这很难说是一款能够吸引消费者参观经销商商店的光环车型，而雪佛兰的Volt车型就能做到这一点。

Converj车型并不是过去三年时间里通用汽车的产品计划中唯一出现反复的例子。但是，由于现在公司已经决定要在2025年前把公司的平均燃油经济性标准提高到54.5英里/加仑，公司内部人士希望通用汽车的产品计划能够确定下来。

为了达到这些目标，随着时间的推移，插电式混合动力车明显将在通用汽车公司产品阵容中占到一个更大的比例。

资料来源："Cadillac Reportedly to Build Chevy Volt-Based Car", by John Voelcker from Green Car Reports, August 11, 2011. Copyright © High Gear Media. Reprinted by permission from greencar reports. com。

文章要点

文章讨论了通用汽车公司利用现用于雪佛兰Volt插件式车型的动力传动系统技术的升级技术来为其凯迪拉克品牌生产一款电力车型的计划。通用汽车公司于2009年引入这款凯迪拉克车型的概念车，在得到正面的评价后批准了该车型的生产。但是，仅仅过了两个月，出于对其盈利能力和性能的忧虑，这一车型的生产就被取消了。对Volt车的高需求和Voltec动力传动系统的改进减轻了盈利能力和性能方面的忧虑，通用汽车公司再次批准了该凯迪拉克车型的生产，计划在2013年推出市场。通用汽车公司认为插电式电力车型对凯迪拉克品牌与其他计划推出插电式车型的奢侈汽车品牌进行竞争是很必要的。

新闻分析

a　基于市场对2009年凯迪拉克Converj概念车的积极反应，通用汽车公司的管理层批准了该车型的生产，但是，包括据估计其初始产量很有限在内的一些忧虑导致通用汽车公司改弦易辙，取消了这一计划。后来，对Volt车的高需求导致通用汽车公司增加了Voltec动力传动系统的产量。该动力传动系统的产量增加导致通用汽车增加了它对凯迪拉克Converj车型的初始产量估计，这样每辆车的成本可能会更低，这使得该车型又复活了。如果我们假设2009年通用汽车公司可用于生产Voltec动力传动系统的资源是固定的，可以生产出1万套，那么，通用汽车公司必须决定如何配置资源为雪佛兰和凯迪拉克两种轿车生产动力传动系统。在下页图中，我们用生产可能性前沿说明了通用汽车公司面临的权衡。我们将假设通用汽车公司在2009年位于A点，为已经批准的Volt车型生产8 000套动力传动系统，而只为新批准的Converj车型生产2 000套动力传动系统。在A点，通用汽车公司判断，可用于Converj车型的动力传动系统数量太少，不足以实现盈利目标，把所有动力传动系统全部用于Volt车型更加有利，从而公司的生产从A点移动到B点。

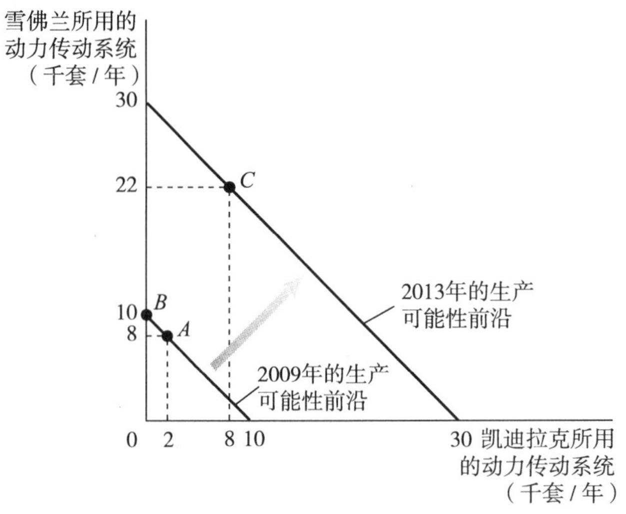

在生产雪佛兰 Volt 和凯迪拉克 Converj 之间进行选择。

b 当通用汽车公司宣布在2013年生产Converj车型时，公司判断，Voltec动力传动系统的产量增加以及对Voltec汽车定更高售价的可能性能够提高这些汽车的盈利能力。到2013年公司预期开始销售Converj车型时，公司用于Voltec动力传动系统的生产的资源会更多，技术也已经得到改进，这将使公司提高Voltec动力传动系统的产量。假设在2013年公司能够生产3万套Voltec动力传动系统。这在图中用生产可能性前沿的向外移动来代表，它使得公司能够为Volt和Converj两种车型都生产出更多的动力传动系统。在图中，我们假设公司移动到*C*点，为Volt和Converj车型生产的动力传动系统分别为22 000套和8 000套。

c 通用汽车公司对批准凯迪拉克品牌的额外电力车型仍持保留态度，这是出于对这些重量更重的汽车的性能的忧虑。如果公司选择将更多的资源用于解决这些忧虑，那么它用于当前生产的资源就会更少。每个公司都可以比较将有限的资源用于不同产品的生产的机会成本，这有助于公司决定资源如何配置。

深入思考

1. 假定从2009年到2013年通用汽车公司用于生产Voltec动力传动系统的资源保持不变，但技术的改进使得公司在2013年能够生产更多供凯迪拉克Converj车型使用的动力传动系统，但不能生产更多供雪佛兰Volt车型使用的动力传动系统。作图表示这种技术变革，在图中表示出2009年和2013年的生产可能性前沿。在2009年生产一套供Volt车型使用的动力传动系统的机会成本是什么？在2013年呢？
2. 假设本专栏中的图形精确代表了通用汽车公司2009年和2013年的生产可能性前沿，且在2013年它收到的客户订单为25 000辆Volt和10 000辆Converj。解释公司是否能满足所有这些订单。

本章总结和习题

关键术语

绝对优势	要素市场	产品市场	稀缺性
循环流动图	生产要素	生产可能性前沿	交易
比较优势	自由市场	经济增长	市场
产权	企业家	机会成本	

2.1 生产可能性前沿和机会成本

总结

生产可能性前沿是表示利用可用资源和现有技术可以生产的两种产品可达到的最高组合的曲线。生产可能性前沿用来说明由稀缺性产生的权衡。前沿上的点是技术上有效率的。前沿内部的点是无效率的，前沿外部的点是达不到的。任何活动的机会成本是从事该项活动必须放弃的价值最高的其他用途。由于边际机会成本递增，生产可能性前沿通常是向外弯曲的，而非直线。这说明了如下重要的经济学概念：已经用于一项活动的资源越多，用于该项活动的额外资源的回报就越小。生产可能性前沿的向外移动代表了经济增长。

复习题

1.1 经济学家所说的稀缺性是什么意思？根据它的定义，你能想到什么东西不是稀缺的吗？

1.2 生产可能性前沿是什么？我们在生产可能性前沿上怎样表示经济效率？怎样表示无效率？是什么引起生产可能性前沿向外移动？

1.3 边际机会成本递增是什么意思？这一思想对生产可能性前沿的形状有什么启示？

问题与应用

1.4 画出一条生产可能性前沿来表示棉花和大豆的生产之间的权衡。

a. 表示出长期干旱对初始生产可能性前沿的影响。

b. 假定基因改良使得大豆可以抵御虫害，这使其产量翻倍。表示出这一技术变革对初始生产可能性前沿的影响。

1.5 ［与开篇案例有关］宝马公司面临的权衡之一是安全性和每加仑汽油行车里程之间的权衡。例如，在汽车中增加钢铁用量会使汽车更安全，但也会更重，而更重就会导致每加仑汽油行车里程减少。画出一条假想的生产可能性前沿来表示宝马的工程师所面临的这一权衡。

1.6 假定你赢得了免费电影票且可以在电影院的小吃店任意免费消费。你去看电影有成本吗？请解释。

1.7 假定我们可以把一个经济生产的所有商品分成两种类型：消费品和资本品。资本品是用于生产其他商品的商品，如机器、设备和电脑。

a. 利用生产可能性前沿的图形来说明一个经济在生产消费品和资本品之间的权衡。在这种情况下生产可能性前沿可能是一条直线（像图 2.1 那样）还是向外弯曲的（像图 2.2 那样）？请简要解释。

b. 假定某种技术变革发生了，这对资本品的生产有积极效应但对消费品的生产没有。表示该技术变革对生产可能性前沿的影响。

c. 假定 A 国和 B 国现在的生产可能性前沿相同，但是 A 国在接下来的 10 年里每年只将 5%的资源用于生产资本品，而 B 国的这一比例是 30%。哪国在未来可能会有更快的经济增长？用生产可能性前沿的图形说明你的答案。你所绘制的图形应该包括 A 国和 B 国现在以及 10 年后的生产可能性前沿。

1.8 下图是一国的生产可能性前沿，据此回答问题。

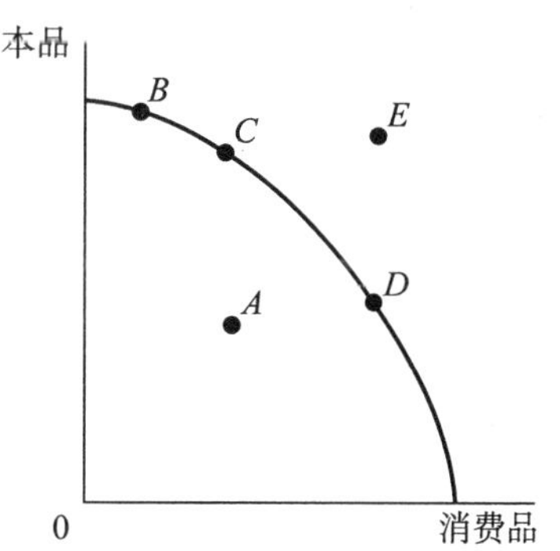

a. 哪个或哪些点是达不到的？请简要解释。

b. 哪个或哪些点是有效率的？请简要解释。

c. 哪个或哪些点是无效率的？请简要解释。

d. 在哪个点该国未来的增长率可能是最高的？请简要解释。

1.9 ［与例题 2.1 有关］你马上要参加经济学和化学课程的期中考试，还有 5 个小时学习时间。下表显示了你在每门课上如何分配学习时间所面临的权衡：

选择	学习时间		期中成绩	
	经济学	化学	经济学	化学
A	5	0	95	70
B	4	1	93	78
C	3	2	90	84
D	2	3	86	88
E	1	4	81	90
F	0	5	75	91

a. 利用表中的数据画出生产可能性前沿图形。纵轴表示“经济学成绩”，横轴表示“化学成绩”。确保标出生产可能性前沿与纵轴和横轴交点的数值。

b. 标出代表选择 *C* 和 *D* 的点。如果你选择 *C*，你提高化学成绩的机会成本是什么？

c. 在什么情况下选择 *A* 是一个合理的选择？

1.10 ［与 2.1 节中的“建立联系”专栏有关］假定美国总统正要就联邦政府是否应该在旨在寻找心脏病疗法的研究上花更多的钱做决策。你是总统的经济顾问之一。他要求你准备一份报告，在报告中讨论他应该考虑的相关因素。利用机会成本和权衡的概念，讨论你在报告中要涉及的一些主要问题。

1.11 ［与 2.1 节中的“建立联系”专栏有关］普林斯顿大学的一个著名经济学家乌韦·莱因哈特（Uwe Reinhardt）在《纽约时报》的一个专栏上这样写道：

> 成本效益分析了寻求确定能够达到某一给定治疗目标的几个可选战略中哪一个是成本最低的。在一个卫生保健日益上升的成本令人震惊的国家里，这看起来是一种明智的探讨形式。……成本效益分析的支持者包括那些真诚地认为健康和生命“无价”的人们。

健康和生命真的是无价的吗？你在日常生活中所做的决策有没有表明你认为健康和生命是或不是无价的？

资料来源：Uwe Reinhardt，“ ‘Cost-Effectiveness Analysis’ and U. S. Health Care”，*The New York Times*，March 13，2009。

1.12 ［与 2.1 节中的“建立联系”专栏有关］假定联邦政府正在就它允许 Medicare 为如下两种癌症治疗方案之中的哪一种进行支付做决策（假设资金只能够支付其中一种治疗方案）：方案 A 将为接受该种治疗的病人延长 24 个月的寿命，为每个病人花费750 000美元；方案 B 将为接受该种治疗的病人延长 20 个月的寿命，为每个病人花费 25 000 美元。联邦政府在决策时应该考虑哪些因素？

1.13 ［与 2.1 节中的“建立联系”专栏有关］劳伦斯·萨默斯（Lawrence Summers）在1999—2001 年间担任克林顿政府的财政部长，2009—2010 年间任奥巴马政府的国家经济委员会主任。他对用经济学方法分析问题进行了如下的道德辩护：

> 下面的说法没有任何道德上的问题：我们需要分析在卫生保健上的哪种支出方式将产生更多效益，哪种更少，我们要尽可能有效率地花钱。我认为寻求以尽可能最低的成本追求环境效益没有任何不道德之处。

不计成本地降低污染和考虑成本相比较，哪种更加合乎道德？

资料来源：“Precepts from Professor Summers”，*The Wall Street Journal*，October 17，2002。

1.14 在《奥兹国历险记》（*The Wizard of Oz*，又译《绿野仙踪》）和他撰写的其他关于奥兹的著作中，L·弗兰克·鲍姆（L. Frank Baum）认为，如果人们的欲望是足够有限的，那么大多数商品就并不稀缺。根据鲍姆的描述，在奥兹的情况就是这样：

> 在奥兹国没有穷人，因为这里不存在钱这样的东西。……每个人想要用的东西都可以从邻居那里免费得到，且能得到想要的合理数量。有些人耕种田地和收获粮食，粮食会在所有人口中平均分配，以便每个人都有充足的粮食。也有许多裁缝和制鞋匠之类的人，他们缝制衣服和鞋供那些想穿的人使用。同样地，也有宝石匠制作能够愉悦和美化人们的装饰品供

人们使用，任何想要这些装饰品的人都可以免费得到。每个男人和女人，无论他/她为整个社区的利益生产什么东西，邻居都会给他/她提供食物、衣服、房子、家具、装饰品和野味。如果偶然出现供给不足的情况，就会从国王的大仓库里拿出更多来；而后，当供给超过人们的需要时，就会把多余的再补充到国王的仓库里……

基于到目前为止我所描述的，你会知道奥兹是一个不同凡响的国家。我不认为这样的安排适用于我们。

鲍姆认为奥兹的经济体系在当代的美国不会起作用，你同意他的观点吗？请简要解释。

资料来源：*The Emerald City of Oz* by L. Frank Baum，pp. 30-31。1990年首次出版。

□ 2.2　比较优势和交易

总结

市场从根本上来说就是交易，即买卖行为。人们交易的基础是比较优势。如果个人、企业或国家能够以最低的机会成本生产某种商品或服务，那就在该种商品和服务的生产上具有比较优势。通过专门从事有比较优势的活动并进行交易得到需要的其他商品和服务，人们的境况通常会得到改善。不要混淆比较优势和绝对优势，这一点很重要。如果个人、企业或国家利用相同数量的资源能够生产出更多的某种商品或服务，那就在该种商品和服务的生产上具有绝对优势。有可能在生产某种商品或服务上有绝对优势而没有比较优势。

复习题

2.1　什么是绝对优势？什么是比较优势？有可能在生产某种商品上有比较优势而没有绝对优势吗？请简要解释。

2.2　交易的基础是什么：绝对优势还是比较优势？个人或一国如何能够从专业化和交易中获益？

问题与应用

2.3　参考图2.4。选择一个能够使你和你的邻居都从苹果和樱桃的交易中获益的交换比率，但要不同于正文中使用的交换比率（15磅樱桃交换10磅苹果）。绘制一张类似于表2.1的表来说明你的答案。

2.4　利用相同数量的资源，美国和加拿大都能生产伐木工衬衫和伐木工长筒靴，如下面的生产可能性前沿所示：

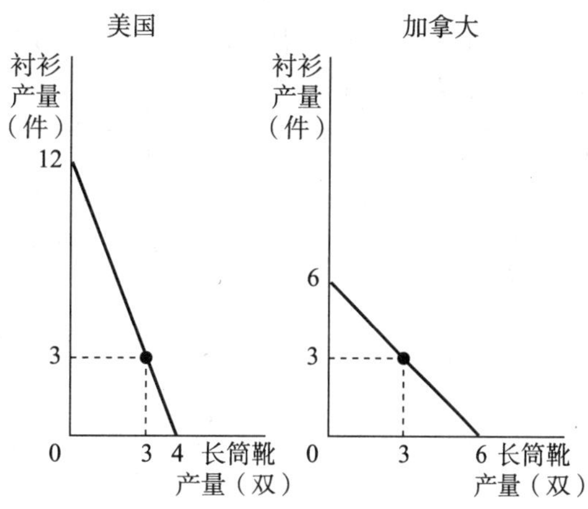

a. 哪个国家在生产伐木工长筒靴上有比较优势？哪个国家在生产伐木工衬衫上有比较优势？解释你的推理。

b. 是否有哪个国家在生产这两种产品上都有绝对优势？请解释。

c. 假定这两个国家目前都生产三双长筒靴和三件衬衫。说明如果它们专门生产一种产品然后进行交易，它们的境况都可以得到改善。

2.5　［与2.2节中的“不要犯这样的错误！”专栏有关］在20世纪50年代，经济学家贝拉·巴拉萨（Bela Balassa）比较了美国和英国的28个制造行业。巴拉萨发现，美国在这28个制造行业中都有绝对优势。在这种情况下，美国从英国进口任何这些产品还会获益吗？请解释。

2.6　［与例题2.2有关］假定伊朗和伊拉克都生产石油和橄榄油，且在两国的售价相同。下表显示了利用相同数量的资本和劳动每个国家每天可以生产的这两种商品的各种组合（单位：千桶）：

伊拉克		伊朗	
石油	橄榄油	石油	橄榄油
0	8	0	4
2	6	1	3
4	4	2	2
6	2	3	1
8	0	4	0

a. 哪个国家在生产石油上有比较优势？请解释。

b. 这两个国家可以从石油和橄榄油的交易中获益吗？请解释。

2.7 ［与例题 2.2 有关］假定法国和德国都生产炸肉排和葡萄酒。下表显示了每个国家每天可以生产的这两种商品的各种组合：

法国		德国	
炸肉排（磅）	葡萄酒（瓶）	炸肉排（磅）	葡萄酒（瓶）
0	8	0	15
1	6	1	12
2	4	2	9
3	2	3	6
4	0	4	3
		5	0

a. 哪个国家在生产葡萄酒上有比较优势？哪个国家在生产炸肉排上有比较优势？

b. 假定法国目前生产 1 瓶葡萄酒和 6 磅炸肉排，德国目前生产 3 瓶葡萄酒和 6 磅炸肉排。说明如果法国和德国都专门生产一种商品然后进行交易，它们的境况都可以得到改善。

2.8 个人或一国的生产可以超出其生产可能性前沿吗？个人或一国的消费可以超出其生产可能性前沿吗？请解释。

2.9 如果 A 国利用相同数量的资源能够生产的咖啡是 B 国的两倍，解释 B 国如何才能在生产咖啡上有比较优势。

2.10 想象印第安纳波利斯小马队和新英格兰爱国者队下一次在印第安纳波利斯的卢卡斯石油体育场比赛，小马队的明星四分卫佩顿・曼宁（Peyton Manning）暂时性地出现了缺乏判断力的情况，他计划在比赛中出售小马队的纪念品，原因是他意识到他比任何其他球员能多卖出五倍的小马队产品。类似地，想象你是一个有创造力和高效的管理者，你告诉你的雇员你计划在接下来的 6 个月里清扫办公室，原因是你清扫的干净程度比清洁工高五倍。佩顿和你犯了什么样的判断错误？为什么你不应该做你比任何其他人都做得更好的事情？

2.11 个人之间和国家之间的专业化和贸易更多地与有工作有关还是与获得更高的生活水平有关？就你个人而言，如果你从不与其他人进行交易的状况（你自己生产每样东西）变化到与其他人交易的状况，你还会有工作吗？你的生活水平提高了吗？类似地，如果一国从不与其他国家进行交易的状况变化到与其他国家交易的状况，该国还会有工作吗？该国的生活水平提高了吗？

2.12 在殖民地时代的美国，人口稀疏地分布在广阔的土地上，由于陆路长途运送产品很困难，所以交通成本非常高。结果，大多数自由人口生活在小农场里，在那里他们不但自己种植食物，通常还自己制衣，用货币买卖东西非常罕见。解释为什么这些农民的收入可能会随着交通成本下降而上升。回答时运用比较优势的概念。

2.13 在 1928 年的总统竞选期间，民主党候选人赫伯特・胡佛（Herbert Hoover）主张美国应该只进口本国不能生产的产品。你认为这是一项好政策吗？请解释。

□ 2.3 市场体系

总结

市场是一种商品或服务的一群买者和卖者以及将他们聚合在一起交易的制度或安排。产品市场是商品和服务（如电脑和医疗）的市场。要素市场是生产要素（如劳动、资本、自然资源和企业家才能）的市场。循环流动图说明了产品市场和要素市场中的参与人是如何相互联系的。亚当・斯密在他 1776 年出版的《国富论》一书中认为，在政府不控制商品和服务的生产的自由市场，价格的变化引导企业生产消费者最想要的商品和服务。如果消费者对某种商品的需求增加，其价格就会上升。企业对价格上升的反应是增加生产。如果消费者对某种商品的需求减少，其价格就会下降。企业对价格下降的反应是减少生产。企业家是经营企业的人。在市场体系中，企业家负责组织商品和服务的生产。只有存在对产权——个人和企业使用其财产的排他性权利——的保护的条件下，市场体系才会起作用。

复习题

3.1 什么是循环流动图？它显示了什么？

3.2 市场参与者有哪两种主要类型？哪一类参与者对于决定生产什么商品和服务最重要？

3.3 什么是自由市场？自由市场经济与中央计划经济在哪些方面不同？

3.4 什么是企业家？为什么企业家在市场体系中起到了关键的作用？

3.5 在什么情况下企业有可能会生产更多的某种商品或服务？在什么情况下企业有可能会生产

更少的某种商品或服务？

3.6 什么是私人产权？它们在市场体系的运行中起什么作用？为什么说独立的司法系统对经济的良好运行很重要？

问题与应用

3.7 指出下面的每项交易是发生在要素市场还是在产品市场，家庭或企业是供给还是需求该种商品或服务：

a. 乔治购买宝马 X6 混合动力车。

b. 宝马公司增加其位于斯帕坦堡的工厂的雇员数。

c. 乔治每周在麦当劳工作 20 小时。

d. 乔治把他所拥有的土地卖给了麦当劳以便它可以建一家新餐馆。

3.8 [与 2.3 节中的“建立联系”专栏有关] 在《国富论》中，亚当·斯密这样写道（第一卷第二章）：“我们期望得到晚餐，这不是寄希望于屠户、酿酒师或面包师的善心，而是他们对自身利益的关心。”简要讨论他这么说的意思是什么。

3.9 [与 2.3 节中的“建立联系”专栏有关] 根据《华尔街日报》的一篇文章，黑莓 Torch 智能手机包含的零部件包括美国的得州仪器公司生产的电源管理芯片、韩国的三星公司生产的内存芯片、英国的剑桥硅无线公司（CSR）生产的 GPS 接收器、德国的 Dialog 半导体公司生产的射频收发器、日本的瑞萨公司（Renesas）生产的射频收发器、美国的 Marvell 公司生产的应用和通信处理器、瑞士的 STMicroelectronics 公司生产的视频图像处理器，以及几家中国企业生产的塑料和金属冲压零件。墨西哥的一家企业负责装配 Torch 智能手机，然后运送给黑莓公司在美国和其他国家销售。所有这些企业的管理者有必要知道 Torch 智能手机的零部件是如何制造的以及这些零部件是如何装配成一部智能手机的吗？黑莓公司的首席执行官有必要知道这些信息吗？请简要解释。

3.10 在 18 世纪 70 年代中期欧洲的许多地方，政府赋予行会（即生产者成立的组织）对以下诸方面进行控制：允许谁生产某种商品、生产的该商品的数量以及该商品收取的价格。你预期生产者之间的竞争在行会体系中更多还是在市场体系中更多？处于行会体系中心的是消费者还是生产者？在市场体系中心呢？随着时间的推移，在新产品和技术的创新方面，这两种体系比较起来孰优孰劣？

3.11 联储主席本·伯南克在纽约大学法学院的一次演讲中这样说道：

> 亚当·斯密在 18 世纪所撰写的著作中将自由市场体系比喻成一只利用人们对私人利益的追求来促进公共利益的“看不见的手”。尽管自工业革命以来经济的复杂性大幅增加，但是，斯密的思想在今天仍然很重要。

解释“看不见的手”这个思想。该思想的重要性表现在哪里？

资料来源：Ben S. Bernanke，“Financial Regulation and the Invisible Hand”，speech made at the New York University Law School，New York，April 11，2007。

3.12 评价下面的说法：“亚当·斯密的分析的基础从根本上说是错误的，他假设人们的动机是自利。但这是不对的。我不是一个自私的人，而且我所认识的大部分人也不自私。”

3.13 在《纽约时报》的一篇文章中，迈克尔·刘易斯（Michael Lewis）说：“市场经济的前提是一个为鼓励自利这个不光彩的人类特征而设计的激励体系。”你同意自利是“不光彩的人类特征”吗？市场体系为鼓励自利提供了什么样的激励？

资料来源：Michael Lewis，“In Defense of the Boom”，*The New York Times*，October 27，2002。

3.14 一些经济学家对如下的事实感到困惑：尽管企业家在创办新企业的过程中承担了失去时间和金钱的风险，但是，平均而言，他们的收入低于那些有着相似特征但去了大型企业工作的人。经济学家威廉·鲍莫尔（William Baumol）认为，对这一困惑的部分解释可能是企业家就像那些买彩票的人。平均而言，不买彩票的人拥有的钱比买彩票的人要多，这是因为彩票的销售收入超过分发的奖金。鲍莫尔认为，“如果购买彩票的人收到了另一种货币——精神奖励——形式的足够报酬，那么他们并非不理性的。”

a. 什么是“精神奖励”？

b. 企业家可能收到的精神奖励是什么？

c. 你同意鲍莫尔所说的“企业家就像那些买彩票的人”这个观点吗？请简要解释。

资料来源：William J. Baumol，*The Microtheory of Innovative Entrepreneurship*，(Princeton，NJ：Princeton University Press，2010)。

3.15 2009 年国际产权指数的研究这样说道：

> 数据显示，保护人们的实物财产和知识产

权的国家的人均收入比那些产权保护排名最低的国家高出将近9倍。本研究……比较了115个国家的实物财产和知识产权保护以及经济稳定性。

产权的创造可能会如何影响产权保护排名最低的那些国家的公民可以获得的经济机会?

资料来源：Kelsey Zahourek，"Report：Property Rights Linked to Economic Security"，*International Property Rights Index 2009 Report*。

第3章 价格来自何处：需求和供给的相互作用

本章概览和学习目标

3.1 市场的需求方

讨论影响需求的变量。

3.2 市场的供给方

讨论影响供给的变量。

3.3 市场均衡：结合需求和供给

用图形来说明市场均衡。

3.4 需求和供给的移动对均衡的影响

用需求和供给图形来预测价格和数量的变化。

开篇案例

平板电脑革命

2001 年，微软公司的时任主席比尔·盖茨做了一个著名的但却是错误的预测。在一次计算机行业贸易展上，他预测平板电脑在五年内将占到个人电脑销售量的大部分份额。微软开发了能够让人们用手写笔在笔记本电脑屏上写字的新软件，盖茨希望消费者对小巧轻便的电脑做出反应。但是，许多消费者发现这些电脑用起来很笨拙，并认为其价格——2 000 美元甚至更高——太高了。结果，平板电脑在 2006 年的电脑销售量中非但没有占到主体，反而只占到 1%的市场份额。

快进到 2010 年：苹果公司的首席执行官史蒂夫·乔布斯此前说了好几年他的公司不会进入上网本——比笔记本电脑更小的轻便电脑——的市场，这一年的 4 月，他推出了 iPad。iPad 迅速取得了成功，到年底销售量接近 1 500 万台。2011 年初推出的 iPad 2的销售量也迅速取得了成功。

iPad 与几年前未能赢得消费者青睐的平板电脑有很大的不同。iPad 用于文字处理或电子表格任务时显得更加笨拙，但是它比以前的平板电脑更轻便，它的无线连接和轻便性使得它更适于上网、查收电邮、收发短信和观看视频。

尽管一开始新型平板电脑市场主要由苹果公司占有，但是，竞争者迅速出现了。东芝、三星、戴尔、LG、摩托罗拉、联想、亚马逊和中兴通讯都推出了在谷歌安卓操作系统上运行的平板电脑。行动研究公司(Research in Motion，RIM) 推出了基于其自己的操作系统的黑莓平板电脑 (Playbook)。

销售新平板电脑的企业之间的激烈竞争是市场如何对消费者喜好变化做出应对的一个引人注目的例子。当许多消费者表明他们将购买小型平板电脑时，企业竞相满足消费者对这种新产品的需求。尽管激烈竞争对努力销售产品的企业并非总是好消息，但是，它却是消费者的福音，因为激烈竞争增加了可供选择的产品种类，降低了消费者为这些产品支付的价格。

本章末的“业内观察”讨论了许多平板电脑生产企业是如何关心组件短缺的。

资料来源：Matt Berger and James Niccolai，“Gates Unveils Portable Table PC”，*PC World*，November 12，2001；Wolfgang Gruener，“240 Million Tablets：The Gazillion-Dollar Forecast Game”，www.fool.com，February 6，2011；David Pogue，“Pretty Tablet，Though Late for the Ball”，*New York Times*，June 29，2011；and Stu Woo and Yukai Iwatani Kane，“Amazon to Battle Apple iPad with Tablet”，*Wall Street Journal*，July 14，2011。

生活中的经济学

你会买苹果 iPad 还是三星 Galaxy Tab?

假定你在考虑购买一台平板电脑，你正在苹果 iPad 和三星 Galaxy Tab 之间进行选择。苹果公司在 2010 年 4 月推出了 iPad，三星公司则在 2010 年 11 月推出了 Galaxy Tab；7 个月在高科技小玩意的世界里是一段很长的时间。苹果的产品已经很流行了，如果你买一台 iPad，你能够使用的应用程序就会多得多，这些应用程序能够增加你的平板电脑的享用性和生产率。为了克服因苹果的这些优势而产生的困难，三星能够使用的一个战略是在价格和价值上进行竞争。如果三星 Galaxy Tab 的价格低于苹果 iPad，你会买它吗？如果你的收入提高了，你购买哪种平板电脑的决策会受到影响吗？在阅读本章的过程中，看看你是否能够回答这些问题。对照我们在本章末尾提供的答案，你可以检验你的答案。

在第 1 章中，我们探讨了经济学家如何运用模型来预测人类行为。在第 2 章中，我们运用生产可能性前沿这个模型分析了稀缺性和权衡。在本章和下一章，我们将探究经济学中最强大的工具：需求和供给模型，并用它来解释价格是如何决定的。

回顾第 1 章，由于经济模型依赖于假设，所以模型是现实的简化。在有些情况下，模型的假设可能看似没有确切地描述所要分析的经济状况。例如，需求和供给模型假设我们正在分析的是一个完全竞争市场。在一个**完全竞争市场**（perfectly competitive market）中，有许多买者和卖者，所有产品都是相同的，新企业进入市场没有壁垒。这些假设非常具有限制性，只能确切地应用于少数市场，如小麦和其他农产品市场。可是，经验已经表明，需求和供给模型对于分析卖者之间的竞争很激烈的市场很有用，哪怕卖者的数量相对很少且所销售的产品并不相同。事实上，在近来的研究中，需求和供给模型已经成功地分析了少到只有 4 个买者和 4 个卖者的市场。最后，模型的有用性取决于它对一个市场的结果预测得有多准确。正如我们在本章将要看到的，这一模型在预测许多市场数量和价格的变化上常常是很有用的。

我们对需求和供给模型的分析从讨论消费者和市场的需求方开始，然后转入企业和供给方。在整本书中，我们将运用这个模型来理解企业、经济和经济政策。

3.1 市场的需求方

本书第 2 章揭示了在市场体系中是消费者最终决定了生产哪些商品和服务。最成功的企业是那些对消费者需求做出最佳反应的企业。但什么决定了消费者对一种产品的需求呢？当然，许多因素会影响消费者购买某种特定产品的意愿。例如，一个正在考虑购买平板电脑（如苹果 iPad 或三星 Galaxy Tab）的消费者将基于以下因素做出决策：可供支出的收入、销售平板电脑的公司的广告宣传的有效性以及其他一些因素。不过，大多数消费者决策的主要因素是产品的价格。所以，在分析消费者购买某种产品的决策时，从价格开始是有道理的。注意在讨论需求时，我们所考虑的不是消费者想要买什么，而是消费者愿意且有能力买什么，这一点很重要。

3.1.1 需求表和需求曲线

表示一种产品的价格和该产品需求量之间关系的表格被称为**需求表**（demand schedule）。图 3.1 中的表格表示了消费者在五个不同的价格下每个月*愿意购买的平板电脑数

* 原书为每天，参见图 3.1 可知应为每月。——译者注

量。在给定价格下消费者愿意和能够购买的某种商品或服务的数量被称为**需求量**（quantity demanded）。图 3.1 中的图形根据该表的数字画出了**需求曲线**（demand curve），它是表示一种产品的价格和该产品需求量之间关系的曲线。（注意：为了方便，我们在图 3.1 中把需求曲线画成直线。没有理由认为所有需求曲线都一定是直线。）图 3.1 中的需求曲线表示了**市场需求**（market demand），即所有消费者对一种给定商品或服务的需求。只在本地出售的一种产品（如餐馆用餐）的市场包括一个城市或一个相对小的区域的所有消费者。在国际上出售的一种产品（如平板电脑）的市场包括全世界所有的消费者。

图 3.1 中的需求曲线向下倾斜，这是因为随着价格下降，消费者将购买更多的平板电脑。当平板电脑的价格为 700 美元时，消费者每月购买 300 万台平板电脑。如果价格下降到 600 美元，消费者购买 400 万台。随着一种产品的价格下降，买者对该产品的需求量增加，这是因为该产品相对于其他产品变得便宜了，且买者在更低的价格下能够买得起更多。

需求表	
价格 （美元/台平板电脑）	数量 （百万台平板电脑/月）
700	**3**
600	**4**
500	5
400	6
300	7

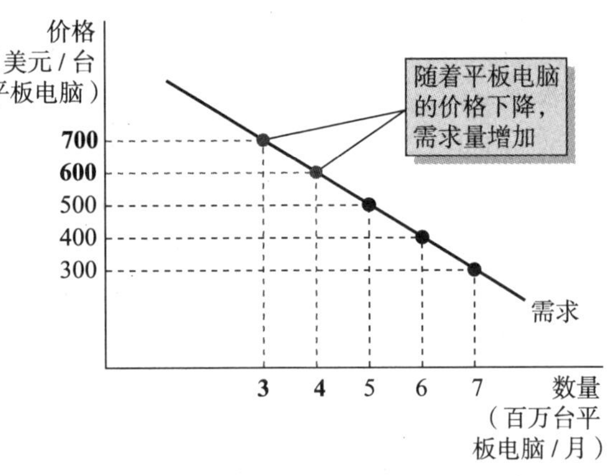

图 3.1　需求表与需求曲线

当价格变化时，消费者愿意购买的平板电脑数量也发生变化。我们可以把这种关系表示成需求表或需求曲线。需求表和需求曲线都说明，随着平板电脑的价格下降，需求量增加。当平板电脑的价格为 700 美元时，消费者每月购买 300 万台平板电脑。当价格下降到 600 美元时，消费者购买 400 万台。因此，平板电脑的需求曲线向下倾斜。

□ 3.1.2　需求定律

一种产品的价格和需求量之间的反向关系被称为**需求定律**（law of demand）：在保持其他变量不变的条件下，当一种产品的价格下降时，该产品的需求量将增加；当该产品的价格上升时，其需求量将减少。需求定律对几乎任何市场需求曲线都成立。经济学家只发现了很少的几个例外。

□ 3.1.3　什么解释了需求定律？

当某种商品的价格下降时消费者会购买更多该商品，而在价格上升时则会购买更少，这是有道理的。但是，让我们更深入地看看为什么会这样。当平板电脑的价格下降时，消费者购买的数量更多，其原因在于替代效应和收入效应。

替代效应。

替代效应（substitution effect）是指一种商品的价格变动使得它相对于作为替代品的

其他商品更加昂贵或更加便宜而引起的该商品需求量的变动。当平板电脑的价格下降时，消费者将用购买平板电脑来代替购买笔记本电脑、上网本电脑、智能手机等其他商品。

收入效应。

收入效应（income effect）是指由于一种商品的价格变动对消费者购买力的影响而导致的该商品需求量的变动。购买力是消费者用固定数量的收入能够购买的商品的数量。当一种商品的价格下降时，消费者收入的购买力会增加，这通常会导致他们购买更多数量的这种商品。当一种商品的价格上升时，消费者收入的购买力会减少，这通常会导致他们购买更少数量的这种商品。

注意，虽然我们可以分开来分析这两种效应，但是，无论价格什么时候发生变动，这两种效应都是同时发生的。因此，平板电脑价格的下降引起消费者购买更多的平板电脑，这既是因为平板电脑现在相对于替代品更加便宜了，又是因为消费者收入的购买力增加了。

□ 3.1.4 保持其他一切不变：其他变量都相同的条件

注意：需求定律的定义包含了“在保持其他变量不变的条件下”这个短语。在构建平板电脑的市场需求曲线时，我们只关注平板电脑的价格变化将会对消费者愿意且有能力购买的平板电脑数量的影响。我们将可能影响消费者购买平板电脑意愿的其他变量保持不变。经济学家将构建需求曲线时将价格以外的所有变量保持不变的必要性称为**其他变量都相同的条件**（*ceteris paribus* condition）；*ceteris paribus* 是含义为“其他一切相同”的拉丁语表述。

如果我们允许一个价格以外的、可能影响消费者购买平板电脑意愿的变量发生改变，那会发生什么呢？消费者会改变他们在每个价格下的需求量。我们可以通过移动市场需求曲线来表示这种影响。需求曲线的移动是需求的增加或减少。沿着需求曲线的运动是需求量的增加或减少。正如图 3.2 所示，如果消费者决定在每个价格下都购买更多的某种商品，我们向右移动需求曲线，而如果消费者决定在每个价格下都少买，我们向左移动需求曲线。

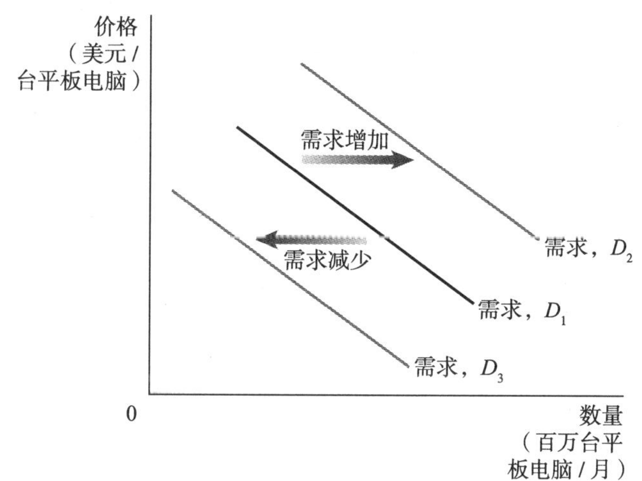

图 3.2 移动需求曲线

当消费者增加他们在某一给定价格下想购买的产品数量时，市场需求曲线从 D_1 向右移动到 D_2。当消费者减少他们在某一给定价格下想购买的产品数量时，市场需求曲线从 D_1 向左移动到 D_3。

□ 3.1.5 使市场需求移动的变量

除价格外，许多变量都会影响市场需求。下面的五个变量是最重要的：

- 收入；
- 相关商品的价格；
- 喜好；
- 人口数量及人口统计学；
- 预期的未来价格。

接下来我们讨论这些变量之中每一个变量的变化如何影响市场需求曲线。

收入。

消费者可用于支出的收入影响他们购买一种商品的意愿和能力。假定图 3.1 中的市场需求曲线代表了在平均家庭收入为 50 000 美元时消费者购买平板电脑的意愿和能力。如果家庭收入提高到 52 000 美元，平板电脑的需求将增加，我们通过向右移动需求曲线来表示。当收入上升时需求增加和收入下降时需求减少的商品是**正常品**（normal good）。大部分商品都是正常品，但有些商品的需求在收入上升时减少、在收入下降时增加。例如，随着你的收入的上升，你购买的金枪鱼罐头或热狗可能会减少，而购买的虾或肋排可能会增加。当收入上升时需求减少和收入下降时需求增加的商品是**劣等品**（inferior good）。所以，对你来说，金枪鱼罐头和热狗是劣等品的例子，这不是因为它们的质量低，而是因为随着你的收入的增加你会购买得更少。

建立联系☞

Quiznos 三明治是正常品而 Subway 三明治是劣等品?

近年来，随着美国家庭疲于应付繁忙的工作安排，他们日益依赖在外就餐而不是在家做饭。根据 *Restaurants and Institutions* 这份杂志所做的一个调查，成年人每周在外就餐的次数平均接近 4 次。近 1/3的消费者经常在外吃午饭，在工作日有 15%以上的人经常在外吃晚饭，而在周末这一比例上升到 35%以上。

这样的行为在衰退期间有改变吗？我们也许会预期有变化，因为衰退使人们的收入下降，原因是有些人丢掉了工作，而其他人不得不工作更少时间或接受降薪。在外就餐比在家做饭更贵，因此在衰退期间节约的一种方式是削减在外就餐的支出。实际上，在 2007—2009 年衰退期间，许多餐馆的日子都不好过。受打击特别大的是提供桌台点菜和中等价位食物的“休闲餐饮”类餐馆。许多餐馆的需求都下降了，包括 Ruby Tuesday、Oliver Garden、Red Lobster 和 LongHorn Steakhouse，而 Bennigan's 和 Steak and Ale 甚至破产了。

然而，衰退对所有餐馆的打击并不相同。麦当劳的销售量在 2008—2009 年间出现了增加。在快餐三明治市场，Subway 的销售量增加了，而价格更高的 Quiznos 则出现了下降。因此，巨无霸汉堡和 Subway 三明治看起来满足劣等品的经济学定义，因为需求随收入下降而增加；而 Quiznos 三明治则符合正常品的定义。但是，记住劣等品并不一定质量低，它们仅仅是消费者需求随收入下降而增加的商品。

资料来源：Julie Jargon and Mike Spector，"LBO，Recession Singe Quiznos"，*Wall Street Journal*，July 21，2011；Melodie Warner，"McDonald's Profit Rises 15%"，*Wall Street Journal*，July 22，2011；and "The New American Diner"，*Restaurants and Institutions*，January 1，2008。

轮到你了：做本章末与本专栏相关的问题与应用 1.11，看看你理解得如何。

相关商品的价格。

其他商品的价格也会影响消费者对一种产品的需求。可以被用于同一目的的商品和服务，如平板电脑和笔记本电脑，互为**替代品**（substitutes）。当两种商品互为替代品时，其中一种你买得越多，另一种就会买得越少。替代品价格的下降会导致商品的需求曲线向左移动，替代品价格的上升会导致商品的需求曲线向右移动。

假定图 3.1 中的市场需求曲线代表消费者在笔记本电脑的平均价格为每台 800 美元时购买笔记本电脑的意愿和能力。如果笔记本电脑的平均价格降至每台 700 美元，平板电脑的市场需求会如何变化呢？在每一价格水平下消费者将购买更少的平板电脑。我们用平板电脑的需求曲线的向左移动来表示。

一起使用的商品和服务，如热狗和热狗面包，互为**互补品**（complements）。当两种商品互为互补品时，其中一种消费者买得越多，另一种也会买得越多。互补品价格的下降会导致商品的需求曲线向右移动。互补品价格的上升会导致商品的需求曲线向左移动。

许多人在平板电脑上使用应用程序。因此，平板电脑和应用程序是互补品。假定图 3.1 中的市场需求曲线代表消费者在每个应用程序的平均价格为 2.99 美元时购买平板电脑的意愿和能力。如果每个应用程序的平均价格降至 0.99 美元，消费者将购买更多的应用程序和更多的平板电脑：平板电脑的需求曲线向右移动。

喜好。

消费者可能会受到某种产品的广告宣传的影响。如果苹果、三星、亚马逊和其他生产平板电脑的企业开始在网上大量做广告，在每一价格水平下，消费者更有可能购买平板电脑，需求曲线将向右移动。经济学家会说广告宣传影响了消费者对平板电脑的喜好。喜好是一个包罗万象的类别，它是指能够进入消费者购买一种产品的决策考虑的许多主观因素。消费者对一种产品的喜好可能会因为许多原因而改变。有时候潮流起到了相当大的作用。例如，低碳饮食的流行导致某些商品（如面包和油炸面圈）的需求下降，而牛肉的需求上升。一般来说，当消费者对某种产品的喜好增加时，这种产品的需求曲线将向右移动；而当消费者对某种产品的喜好下降时，需求曲线将向左移动。

人口数量及人口统计学。

人口数量及人口统计学因素会影响一种产品的需求。随着美国人口数量的增加，消费者的数量也会增加，大部分产品的需求就会增加。**人口统计学**（demographics）指人口在年龄、种族和性别等方面的特征。随着一个国家或地区人口统计学发生变化，特定商品的需求将会增加或减少，原因是不同类别的人往往对那些商品有着不同的偏好。例如，拉美裔美国人占美国人口的百分比预计会从 2010 年的 16%增加到 2050 年的 29%。这一增加将引起西班牙语书籍和有线电视频道以及其他商品和服务的需求增加。

建立联系

"婴儿潮"一代的老龄化

美国人口的平均年龄正在增加。1945年二战结束后，美国出现了一波"婴儿潮"，出生率上升并且直到20世纪60年代都保持在高位。1965年后出生率的下降意味着"婴儿潮"一代的人数比它之前和之后的一代都要多。利用美国调查统计局的预测，下图说明了随着"婴儿潮"一代的成长，美国人口中65岁以上人口所占比例在增加。

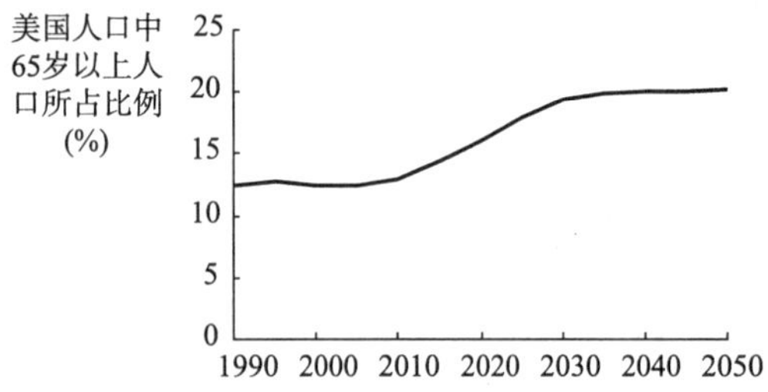

"婴儿潮"一代的老龄化将会对经济产生什么影响呢？年长者对医疗服务的需求比年轻人要高。因此，在接下来的年份里，对医生、护士和医院设备的需求应该都会增加。对卫生保健日益增加的需求是如此旺盛，以至在2007—2009年衰退开始到2011年6月之间的时期里卫生保健领域新增了100万个工作岗位，而与此同时，美国的总就业减少了700万个工作岗位。正如我们在第2章所提到的，医疗保健的需求增加也抬高了美国联邦政府在Medicare项目上的支出，该项目为65岁及以上年龄的人口支付部分医疗费用。

"婴儿潮"一代的老龄化对住房市场也将产生影响。年长者常常会缩减他们的住房，即从单个家庭的大房子（这样的住房维护困难且昂贵）搬到更小的住房、公寓或套间。因此，在接下来的年份里，对大住房的需求可能减少，而对更小住房和公寓的需求可能增加。与年轻人相比，年长者开车的频率往往更低且开车的行程更短。因此，他们的车磨损得更慢，从而需要更换的频率更低，这会降低对汽车的需求。

资料来源：U. S. Bureau of Labor Statistics，"Employment，Hours，and Earnings from the Current Employment Statistics Survey"，July 2011；Liam Denning，"Car Makers Hit the Age Speed Bump"，*Wall Street Journal*，September 18，2010；Kendra Marr，"The Economy's Steady Pulse—Health-Care Sector Is Poised to Keep Expanding，but So Are Its Costs"，*Washington Post*，June 13，2008；and Peter Francese，"The Changing Face of the U. S. Consumer"，*Advertising Age*，July7，2008。

轮到你了：做本章末与本专栏相关的问题与应用1.12和1.13，看看你理解得如何。

预期的未来价格。

消费者不仅选择购买什么产品，而且选择什么时候购买这些产品。例如，如果有足够多的消费者确信三个月后的住房售价要比现在低，那么对住房的需求现在会减少，因为有些消费者会推迟购买，等待预期的降价来临。或者，如果有足够多的消费者确信三个月后的住房价格要比现在高，那么对住房的需求现在会增加，因为有些消费者会提前购买，避开预期的涨价。

表3.1总结了导致市场需求曲线移动的最重要的变量。注意，该表显示了每个变量增

加所导致的需求曲线的移动。这些变量的减少将导致需求曲线向相反的方向移动。

表 3.1 **使市场需求曲线移动的变量**

变量的增加	使需求曲线移动	原因是
收入（商品为正常品）	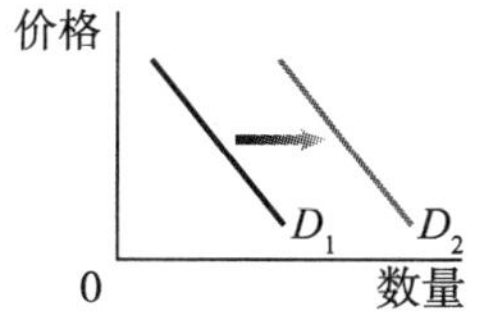 价格 D_1 D_2 0 数量	消费者收入增加后在该商品上的支出增加。
收入（商品为劣等品）	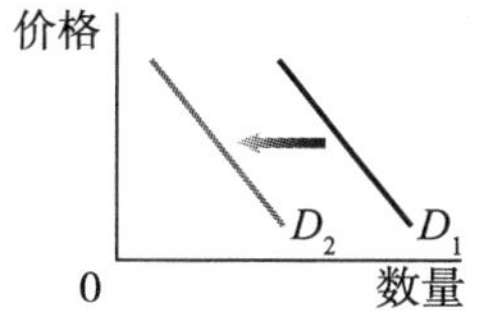 价格 D_2 D_1 0 数量	消费者收入增加后在该商品上的支出减少。
替代品的价格	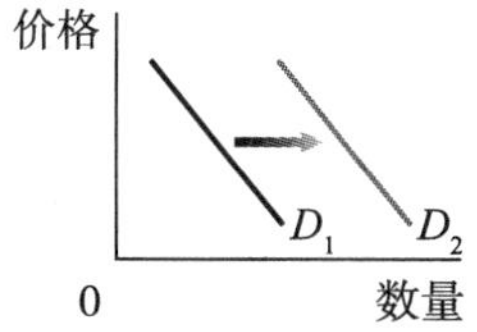 价格 D_1 D_2 0 数量	消费者购买更少的替代品，增加对该商品的购买。
互补品的价格	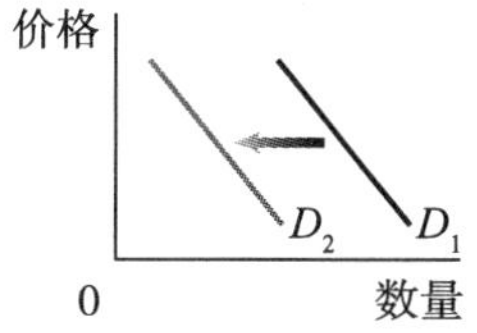 价格 D_2 D_1 0 数量	消费者购买更少的互补品，并减少对该商品的购买。
对该商品的喜好	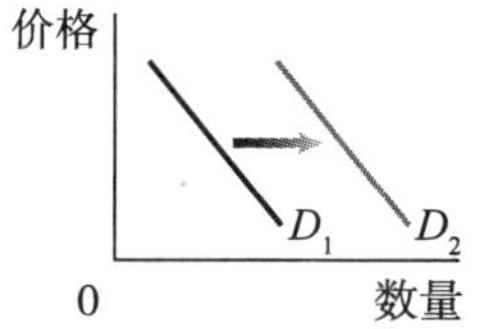 价格 D_1 D_2 0 数量	在每一价格水平下消费者愿意购买更多的该商品。
人口	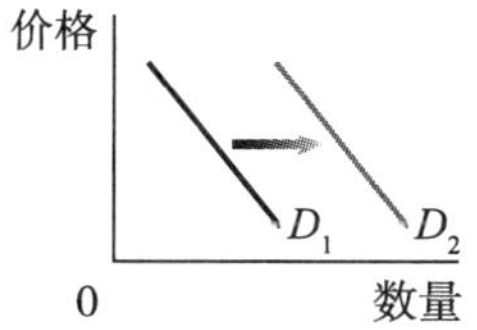 价格 D_1 D_2 0 数量	额外的消费者导致每一价格水平下需求量的增加。
该商品的预期未来价格	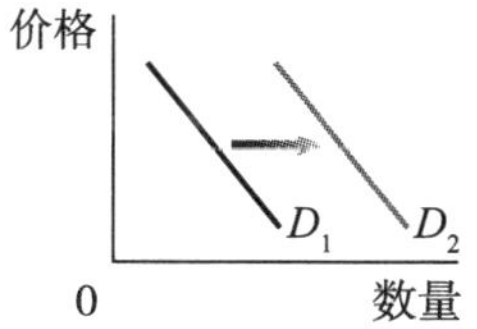 价格 D_1 D_2 0 数量	消费者今天购买更多该商品，以避免未来的更高价格。

□ 3.1.6 需求的变化和需求量的变化

理解需求的变化和需求量的变化之间的区别是很重要的。需求的变化是指需求曲线的移动。如果除了某种产品的价格外影响消费者购买该产品的意愿的变量中有一个发生了变化，那么，需求曲线的移动就会发生。需求量的变化是指由于产品价格的变化而引起的沿着需求曲线的运动。图 3.3 说明了这一重要的区别。如果每台平板电脑的价格从 700 美元下降到 600 美元，结果将是沿着需求曲线从 *A* 点到 *B* 点的运动——需求量从 300 万台增加到 400 万台。如果消费者的收入增加了，或者如果另一个因素发生了促使消费者在每一价格水平下都想购买更多这种产品的变化，那么，需求曲线将向右移动——这是需求的增加。在这个例子中，需求从 D_1 增加到 D_2 引起平板电脑在价格为 700 美元时的需求量从在 *A* 点的 300 万台增加到在 *C* 点的 500 万台。

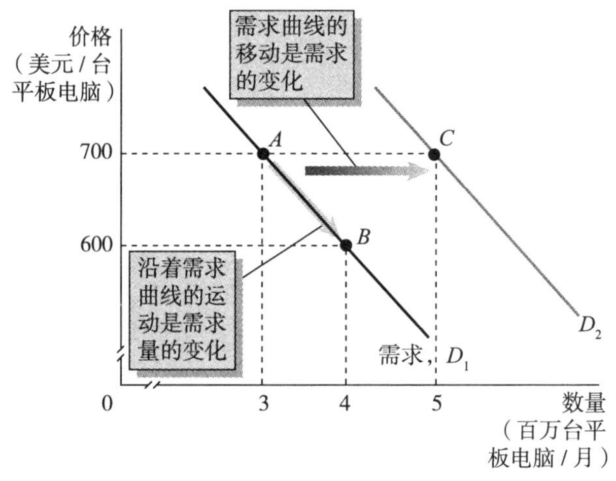

图 3.3　需求的变化和需求量的变化

如果每台平板电脑的价格从 700 美元下降到 600 美元，结果将是沿着需求曲线从 *A* 点到 *B* 点的运动——需求量从 300 万台增加到 400 万台。如果消费者的收入增加了，或者如果另一个因素发生了变化使消费者在每一价格水平下都想购买更多这种产品，那么，需求曲线将向右移动——这是需求的增加。在这个例子中，需求从 D_1 增加到 D_2 引起平板电脑在价格为 700 美元时的需求量从在 *A* 点的 300 万台增加到在 *C* 点的 500 万台。

建立联系☞

预测 iPad 的需求

开发何种新产品是任何大型企业的经理人面临的最重大决策之一。一家企业必须投入人力、时间和金钱用于设计新产品、与供应商谈判、策划营销活动以及许多其他任务。但是任何企业拥有的资源都有限，因此面临着权衡：用于开发某一新产品的资源将不能用于开发其他产品。最终，一家企业选择开发的新产品将是企业认为最赚钱的那些产品。因此，为了决定开发哪种新产品，企业需要预测对那些产品的需求。

我们在本章开头看到，在 2001 年，比尔·盖茨预测平板电脑在 5 年内将占到个人电脑销售量的大部分份额。如果盖茨对电脑市场的变化方式的预测是正确的，那么，任何没有开发平板电脑的计算机企业都将有落后于市场的风险。在苹果公司工作了20年并最终成为了公司的全美销售总监的戴维·索伯塔（David Sobotta）描述了2002年苹果公司关于是否开发平板电脑的讨论。根据索伯塔的描述，联邦政府的国家卫生研究院的代表敦促苹果公司开发平板电脑，认为平板电脑对医生、护士和医院将会特别有用。可是，苹果的经理人决定不开发苹果电脑，原因是他们认为当时可用的技术对普通电脑用户太复杂了，他们还认为来自医生和护士的需求将很少。正如我们在本章开篇案例看到的，苹果的预测是正确的。尽管比尔·盖茨的预测很乐观，但是，在2006年，平板电脑只占电脑市场的1%。根据索伯塔的描述，“苹果公司的执行官们有这么一个理论：通向成功之路不是通过销售成千上万个单位的相对昂贵的东西，而是通过销售数以百万计的像iPod这样的不那么昂贵的东西。”

但是，苹果公司继续为开发平板电脑而努力，它们开发了消除键盘转而采用触摸屏显示器的技术。苹果公司的时任首席执行官史蒂夫·乔布斯没有立即选择生产平板电脑，而是意识到可以用一种不同的方式来使用这一技术：“我想‘哎呀！我们可以用这一技术来生产手机。’”在这一技术成功地应用于iPhone后，苹果公司和乔布斯转而回到了平板电脑的开发上来。结果就有了2010年4月首次推向市场的iPad。iPad迅速取得了成功，到2010年底就卖出了接近1 500万台，这导致其他企业推出了竞争性的产品。但是，对平板电脑的需求的增长会有多快呢？

预测对任何新产品的需求都是一个挑战，因为很难估计有多少消费者会发现新产品有用。例如，消费者会把平板电脑看作笔记本电脑的一个好的替代品吗？如果是这样，对平板电脑的需求或许很大。或者，消费者会把平板电脑看作更加类似于亚马逊Kindle的电子阅览器吗？在那种情况下，需求可能会小得多。在2011年中，对2012年全世界会卖出多少台平板电脑的预测介于5 480万台～1.2亿台之间。给定这样的不确定性，企业面临着艰难的选择：如果它们在扩大生产能力或购买新产品所需的部件上太小心谨慎了，那么，其他企业可能占领大的市场份额。但是，如果它们太乐观了，它们就得冒花费巨资扩大生产能力但生产能力超过实际能够销售的数量的风险，这一结果可能会使本来有的潜在利润变成亏损。例如，2011年，苹果公司预测它这一年将销售4 000万台iPad。相应地，公司花了几十亿美元从Wintek、Sharp和TPK等制造商那里购买了大量的触摸屏面板。如果预测的需求准确，这笔钱将花得很有价值。时间将会告诉我们，对平板电脑的未来需求是否会像苹果公司和其他企业2011年所预测的那么大。

资料来源：Wolfgang Gruener，“240 Million Tablets：The Gazillion-Dollar Forecast Game”，www.fool.com，February 6，2011；“Apple Conference Call on Q1 2011 Financial Results”，www.apple.com，January 18，2011；David Sobotta，“What Jobs Told Me on the iPhone”，*The Guardian*（London），January 3，2007，p.1；“Jobs Says iPad Idea Came Before iPhone”，*Associated Press*，January 2，2010；and Laura June，“The Apple Tablet：A Complete History，Supposedly”，endgadget.com，January 26，2010。

轮到你了：做本章末与本专栏相关的问题与应用1.16，看看你理解得如何。

3.2 市场的供给方

就像有许多变量影响消费者购买某一特定商品或服务的意愿和能力一样，也有许多变量会影响企业出售某种商品或服务的意愿和能力。这些变量中最重要的是价格。在给定价格下企业愿意和能够供给的某种商品或服务的数量称为**供给量**（quantity supplied）。在保持其他变量不变的条件下，当一种商品的价格上升时，生产这种商品就更加有利可图，供给量就会增加。当一种商品的价格下降时，生产这种产品的盈利性就降低了，供给量就会减少。此外，正如我们在第 2 章看到的，把越来越多的资源用于某种商品的生产会导致边际成本递增。例如，如果苹果、东芝、三星、LG 和其他企业在某一给定时期增加平板电脑的生产，它们可能会发现，当它们的供应商的现有工厂延长工作时间、支付更高的零部件价格和更高的工人工资时，生产额外的平板电脑的成本在增加。由于边际成本更高了，企业只有在价格更高时才会供给更大的数量。

3.2.1 供给表和供给曲线

表示一种产品的价格和该产品供给量之间关系的表格被称为**供给表**（supply schedule)。图 3.4 中的表格是一个供给表，它表示了企业在不同的价格下每个月愿意供给的平板电脑数量。图 3.4 中的图形根据供给表中的数字画出了**供给曲线**（supply curve)，它表示了一种产品的价格和该产品供给量之间的关系。供给表和供给曲线都说明，随着平板电脑的价格上升，企业将增加它们供给的数量。当平板电脑的价格为 600 美元时，企业每个月将供给 600 万台平板电脑；在价格上升到 700 美元时，企业将供给 700 万台。（再一次地，为了方便，我们假设供给曲线是一条直线。尽管实际上并非所有供给曲线都是直线。）

供给表	
价格 （美元/台平板电脑）	数量 （百万台平板电脑/月）
700	**7**
600	**6**
500	5
400	4
300	3

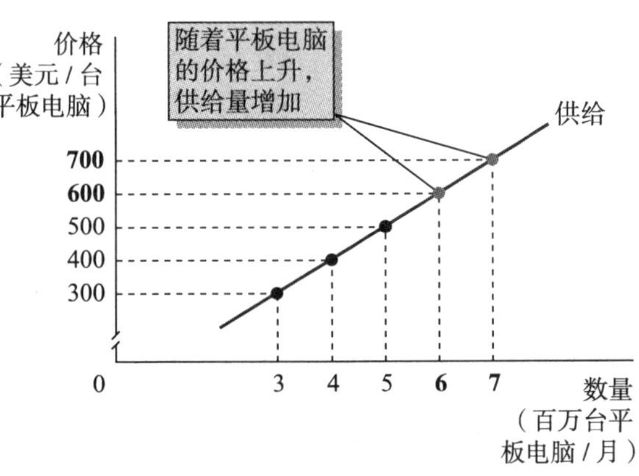

图 3.4 供给表与供给曲线

当价格变化时，苹果、东芝、三星、LG 和其他生产平板电脑的企业会改变它们愿意供给的数量。我们可以把这种关系表示成供给表或供给曲线。供给表和供给曲线都说明，随着平板电脑的价格上升，企业将增加它们供给的数量。当平板电脑的价格为 600 美元时，企业每个月将供给 600 万台平板电脑；在价格上升到 700 美元时，企业将供给 700 万台。

□ 3.2.2 供给定律

图 3.4 中的市场供给曲线向上倾斜。根据**供给定律**（law of supply），我们预期大部分供给曲线都是向上倾斜的。供给定律认为，在保持其他变量不变的条件下，价格的上升将引起供给量增加，价格的下降将引起供给量减少。注意，和需求定律的定义一样，供给定律的定义包含了“在保持其他变量不变的条件下”这一短语。如果只是产品的价格变化，那么，就会有沿着供给曲线的运动，这是供给量的增加或减少。如图 3.5 所示，如果任何其他影响企业供给某种商品的意愿的变量发生变化，那么，供给曲线将会移动，这是供给的增加或减少。当企业增加它们在某一给定价格下想出售的产品数量时，供给曲线向右移动。从 S_1 到 S_3 的移动代表供给的增加。当企业减少它们在某一给定价格下想出售的产品数量时，供给曲线向左移动。从 S_1 到 S_2 的移动代表供给的减少。

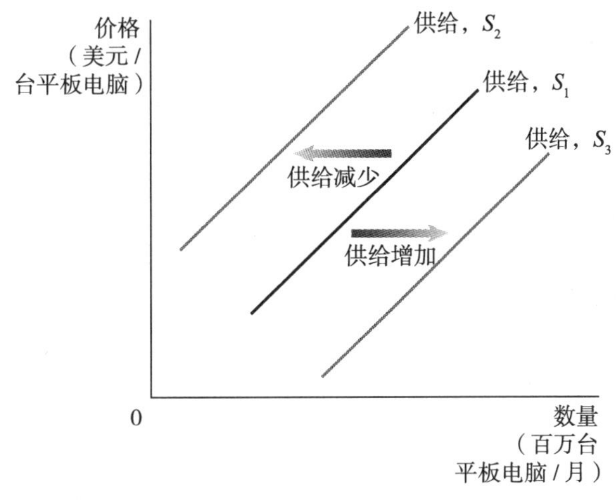

图 3.5 移动供给曲线

当企业增加它们在某一给定价格下想出售的产品数量时，供给曲线向右移动。从 S_1 到 S_3 的移动代表供给的增加。当企业减少它们在某一给定价格下想出售的产品数量时，供给曲线向左移动。从 S_1 到 S_2 的移动代表供给的减少。

□ 3.2.3 使市场供给移动的变量

以下是使市场供给移动的最重要的变量：

- 投入品的价格；
- 技术变革；
- 生产上的替代品的价格；
- 市场中企业的数量；
- 预期的未来价格。

接下来我们讨论这些变量中的每一个是如何影响市场供给曲线的。

投入品的价格。

最有可能导致产品的供给曲线发生移动的因素是投入品的价格变化。投入品是任何用于生产商品或服务的东西。例如，如果平板电脑的部件——如快闪存储器——的价格上升了，那么，生产平板电脑的成本就会增加，在每一价格水平下平板电脑的盈利性就降低了。平板电脑的供给将会减少，其市场供给曲线将向左移动。类似地，如果投入品的价格下降，平板电脑的供给将会增加，其供给曲线将向右移动。

技术变革。

引起供给变化的第二个因素是技术变革。**技术变革**（technological change）是企业用给定数量的投入生产一定的产出水平的能力的正向或负向变动。只要企业使用相同数量的投入能够生产出更多产出，正向的技术变革就出现了。当工人或机器的生产率提高时，这种技术变革就会发生。如果企业用相同数量的投入能够生产更多的产出，它的成本就会降低，在任何给定的价格下，企业生产的商品将会更加有利可图。其结果是，当正向的技术变革发生时，企业在每一价格水平下都将增加供给量，它的供给曲线将向右移动。正常来说，我们预期正向的技术变革对企业供给产品的意愿会产生积极影响。

负向的技术变革相对罕见，尽管地震或其他自然灾害或战争可能导致这种技术变革，这会削弱企业用给定数量的投入供给同样多的产出的能力。负向的技术变革将增加企业的成本，产品的盈利性将会下降。因此，负向的技术变革将导致市场供给曲线向左移动。

生产上的替代品的价格。

企业常常会选择它们要生产什么商品或服务。企业可以生产的替代性产品称为生产上的替代品。到现在为止，我们考虑的平板电脑市场包含各种类型的平板电脑。平板电脑的一个关键特征是它们是只能通过 Wi-Fi 还是既可以通过 Wi-Fi 又可以通过蜂窝网络来连接网络。假定我们把只能通过 Wi-Fi 上网的平板电脑和既可以通过 Wi-Fi 又可以通过蜂窝网络来上网的平板电脑作为分开的市场来考虑。如果既可以通过 Wi-Fi 又可以通过蜂窝网络来上网的平板电脑价格上升了，那么，这些平板电脑将比只能通过 Wi-Fi 上网的平板电脑更加有利可图，苹果、东芝和其他生产平板电脑的企业将把部分原来用于生产只能通过 Wi-Fi 上网的平板电脑的生产能力转到生产还能通过蜂窝网络上网的平板电脑上来。在每一价格水平下，这些企业供给的只能通过 Wi-Fi 上网的平板电脑会减少，因此，这些平板电脑的供给曲线将向左移动。

市场中企业的数量。

市场中企业的数量变化会改变供给。当新企业进入市场时，供给曲线向右移动；当现有企业离开或者退出市场时，供给曲线向左移动。例如，当东芝公司于 2011 年 7 月通过推出 Thrive 而进入平板电脑市场时，平板电脑的市场供给曲线就向右移动了。

预期的未来价格。

如果企业预期其产品的未来价格会高于现在的价格，它就有激励减少现在的供给而增加未来的供给。例如，如果苹果公司认为平板电脑的价格目前暂时性地处于低位（可能是由于经济衰退），那么，它可能会把现在的一部分产量储存起来而在它预期价格更高的以后再出售。

表 3.2 总结了导致市场供给曲线移动的最重要的变量。注意，该表显示了每个变量增加所导致的供给曲线的移动。这些变量的减少将导致供给曲线向相反的方向移动。

表 3.2　　使市场供给曲线移动的变量

变量的增加	使供给曲线移动	原因是
投入品的价格	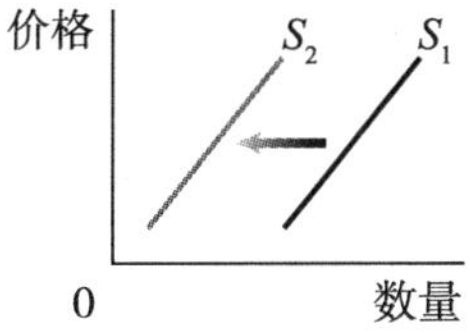 价格；S_2 ← S_1；0；数量	生产该商品的成本上升。
生产率	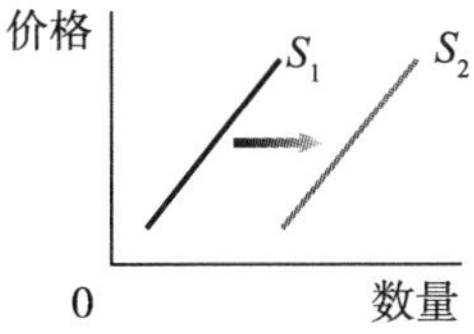 价格；S_1 → S_2；0；数量	生产该商品的成本下降。
生产上的替代品的价格	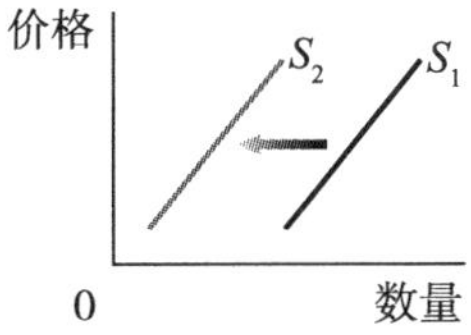 价格；S_2 ← S_1；0；数量	企业生产更多生产上的替代品，减少该商品的生产。
市场中企业的数量	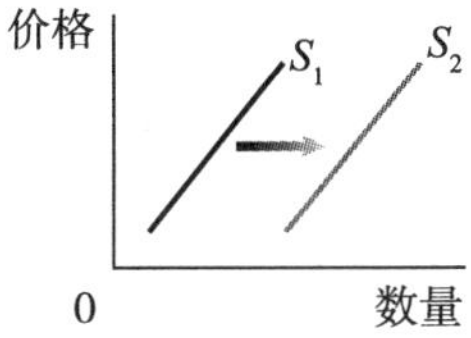 价格；S_1 → S_2；0；数量	额外的企业导致每一价格水平下供给量的增加。
该产品的预期未来价格	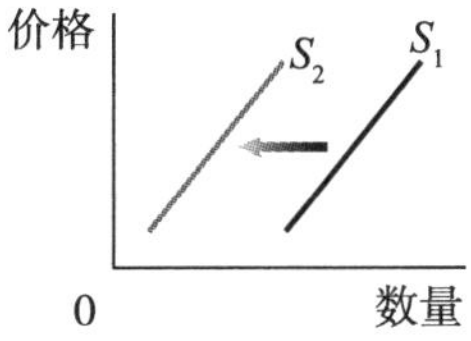 价格；S_2 ← S_1；0；数量	今天供销售的该商品减少了，留到未来价格更高时销售。

□ 3.2.4　供给的变化和供给量的变化

我们在前面曾经指出了需求的变化与需求量的变化之间的重要区别。供给的变化和供给量的变化之间的区别与此相似。供给的变化是指供给曲线的移动。当除了某种产品的价格外影响供给者销售该产品的意愿的变量中有一个发生了变化，那么，供给曲线就会移动。供给量的变化是指由于产品价格的变化而引起的沿着供给曲线的运动。图 3.6 说明了这一重要的区别。如果每台平板电脑的价格从 500 美元上升到 600 美元，结果将是沿着供给曲线从 A 点到 B 点的运动——供给量从 500 万台增加到 600 万台。如果投入品的价格下降了，或者如果另一个因素发生了促使卖者在每一价格水平下供给更多这种产品的变化，那么，供给曲线将向右移动——这是供给的增加。在这个例子中，供给从

S_1增加到 S_2引起平板电脑在价格为 600 美元时的供给量从在 B 点的 600 万台增加到在 C 点的 800 万台。

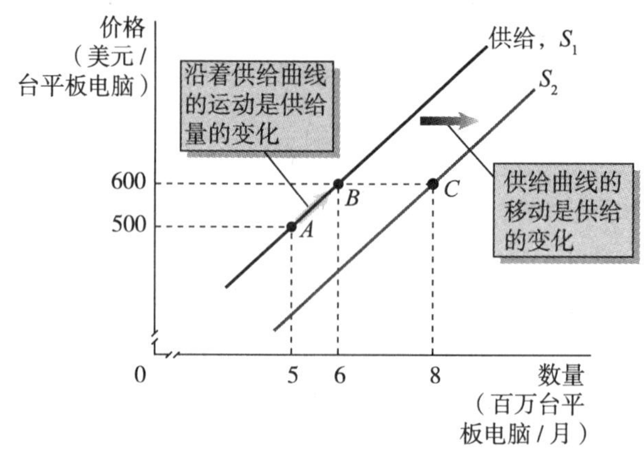

图 3.6 供给的变化和供给量的变化

如果每台平板电脑的价格从 500 美元上升到 600 美元，结果将是沿着供给曲线从 A 点到 B 点的运动——苹果、东芝、三星和其他企业供给的数量从 500 万台增加到 600 万台。如果投入品的价格下降了，或者如果另一个因素发生了促使卖者在每一价格水平下供给更多这种产品的变化，那么，供给曲线将向右移动——这是供给的增加。在这个例子中，供给从 S_1增加到 S_2引起平板电脑在价格为 600 美元时的供给量从在 B 点的 600 万台增加到在 C 点的 800 万台。

3.3 市场均衡：结合需求和供给

市场的目的是把买者和卖者聚合在一起。正如我们在第 2 章中所看到的，市场中买卖双方的相互作用非但没有造成混乱和无序，反而最终导致企业被引导到生产消费者最想要的那些商品和服务。为了理解这个过程是如何发生的，我们首先需要看一看市场是如何协调买卖双方的计划的。

在图 3.7 中，我们把平板电脑的市场需求曲线和市场供给曲线放在一起。注意，需求曲线和供给曲线只有一个交点。在该点，价格为每台 500 美元，数量为每月 500 万台平板电脑。只有在这个点，消费者愿意和能够购买的平板电脑数量才等于企业愿意和能够出售的平板电脑数量。这个点是**市场均衡**（market equilibrium）。只有在市场均衡处，需求量才会等于供给量。在这个例子中，均衡价格是每台 500 美元，均衡数量是 500 万台。正如我们在本章开头指出的，拥有许多买者和许多卖者的市场是竞争市场，这些市场里的均衡是**竞争市场均衡**（competitive market equilibrium）。在平板电脑的市场中，存在许多买者，但只有大约 20 个卖者。对于我们的需求和供给模型能否应用于这个市场，20 个卖者是否足够是一个判断问题。在本章，我们假设平板电脑的市场有足够的卖者从而是竞争性的。

3.3.1 市场如何消除过剩和短缺

不处于均衡状态的市场将朝着均衡运动。一旦市场处于均衡状态，它就会继续处于均衡。为了理解其中的原因，考虑如果市场不处于均衡会发生什么。例如，假定平板电脑市

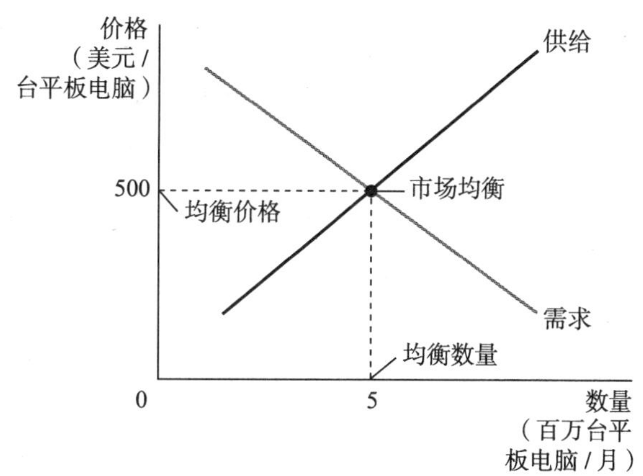

图 3.7　市场均衡

需求曲线和供给曲线的交点决定了市场均衡。在这个例子中，在平板电脑的需求曲线和供给曲线的交点，价格为每台 500 美元，数量为 500 万台平板电脑。只有在这个点，消费者愿意购买的平板电脑数量才等于苹果、亚马逊、三星和其他企业愿意出售的平板电脑数量：需求量等于供给量。

场上的价格是每台 600 美元，而不是均衡价格每台 500 美元。正如图 3.8 所示，在价格为 600 美元时，平板电脑的供给量将是 600 万台，而平板电脑的需求量将是 400 万台。当供给量超过需求量时，市场上存在着**过剩**（surplus）。在这个例子中，过剩量等于 200（＝600－400)万台平板电脑。存在过剩时，企业未售出的产品就会堆积起来，这给了它们通过削价来增加其销售量的激励。降价会同时增加需求量和减少供给量。这种调整会减少过剩量，但是，只要价格超过每台 500 美元，市场上就总会有过剩，对价格的向下的压力就会继续存在。只有在价格下降到每台 500 美元时，市场才会处于均衡。

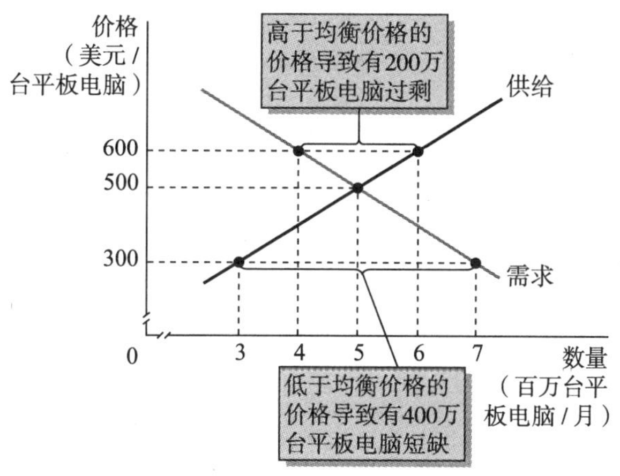

图 3.8　过剩和短缺对市场价格的影响

当市场价格高于均衡价格时，市场上就会出现过剩。在图中，平板电脑价格为每台 600 美元时，供给量为 600 万台而需求量为 400 万台，或者说有 200 万台过剩。随着苹果、东芝、戴尔和其他企业削价以处理过剩的产品，价格将下降到均衡水平，即 500 美元。当市场价格低于均衡价格时，市场上就会出现短缺。当平板电脑价格为每台 300 美元时，需求量为 700 万台，但供给量只有 300 万台，或者说有 400 万台短缺。随着企业发现那些不能以现有价格买到平板电脑的消费者愿意支付更高的价格，价格将上升到均衡水平，即 500 美元。

然而，如果价格是每台 300 美元，那么需求量将是 700 万台，供给量将是 300 万台，如图 3.8 所示。当需求量超过供给量时，市场上存在着**短缺**（shortage）。在这个例子中，短缺量等于 400（=700−300）万台平板电脑。在出现短缺时，有些消费者就不能在现有价格下买到平板电脑。在这种情况下，企业将意识到它们可以提高价格而不必担心销售量会减少。更高的价格会同时增加供给量和减少需求量。这种调整会降低短缺量，但是，只要价格低于每台 500 美元，市场上就总会有短缺，对价格的向上的压力就会继续存在。只有在价格上升到每台 500 美元时，市场才会处于均衡。

在竞争市场均衡，所有愿意支付市场价格的消费者都能买到他们想要购买的任何数量的产品，所有愿意接受市场价格的企业都能卖出它们想要卖出的任何数量的产品。结果，除非需求曲线或供给曲线移动，价格就没有理由变化。

□ 3.3.2 需求和供给都重要

记住：需求和供给之间的相互作用决定了均衡价格。消费者和企业都不能控制均衡价格。除非企业可以找到愿意买的买者，否则没有任何企业能以任何价格卖出任何东西；除非消费者可以找到愿意卖的卖者，否则没有任何消费者能以任何价格买到任何东西。

例题 3.3　需求和供给都重要：两封信的故事

哪封信有可能会更值钱：一封是亚伯拉罕·林肯（Abraham Lincoln）写的，而另一封是刺杀他的人约翰·维尔基斯·布斯（John Wilkes Booth）所写的？林肯是最伟大的总统之一，许多人收集他写的任何东西。对林肯写的信的需求看起来肯定要比对布斯写的信的需求大得多。然而当 R. M. 史密斯公司在同一天拍卖一封林肯写的信和一封布斯写的信时，布斯的信售价是 31 050 美元，而林肯的信售价只有 21 850 美元。运用需求和供给图形解释为何布斯的信比林肯的信的市场价要高，尽管对林肯写的信的需求大于对布斯写的信的需求。

解：

第 1 步：复习本章内容。这一问题是关于市场均衡价格决定的，所以你可能需要复习一下 3.3 节“市场均衡：结合需求和供给”。

第 2 步：画出显示对林肯的信需求更大的需求曲线。先画出两条需求曲线，把其中一条标记为“对林肯的信的需求”，把另一条标记为“对布斯的信的需求”。确保对林肯的信的需求曲线比对布斯的信的需求曲线要靠右很多。

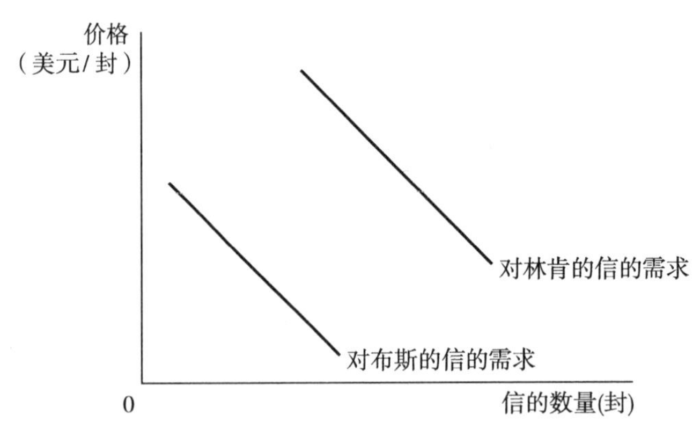

第 3 步：画出显示布斯的信的均衡价格高于林肯的信的均衡价格的供给曲线。根据你刚画出的需求曲线，思考林肯的信的市场价格低于布斯的信的市场价格的可能原因。这种情况的唯一原因是林肯的信的供给远远大于布斯的信的供给。在图形上画出林肯的信的供给曲线和布斯的信的供给曲线，确保它们会导致布斯的信的均衡价格是 31 050 美元，而林肯的信的均衡价格是 21 850 美元。到此为止，你就解答了本题。

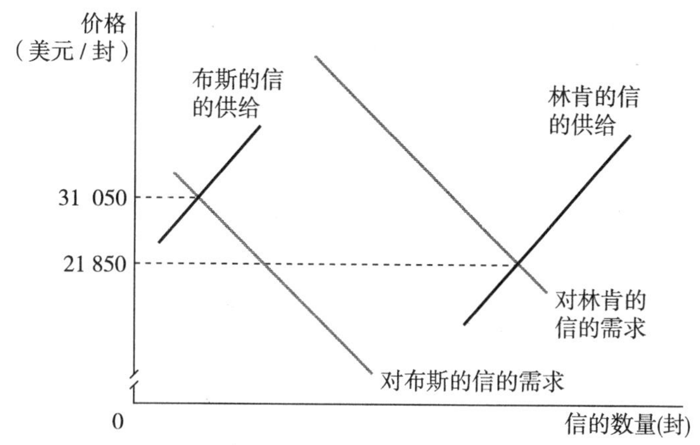

附注：对这一谜题的解释是，在确定市场价格时，需求和供给都重要。对林肯的信的需求要远超过对布斯的信的需求，但是布斯的信的供给非常少。历史学家认为现在尚存于世的由布斯写的信仅有 8 封。（注意：布斯和林肯写的信的供给曲线是向上倾斜的，尽管这两种类型的信现存的数量是固定的，而且很显然，也不可能再增加了。供给曲线向上倾斜的原因是，价格越高，目前拥有这些信的人会拿出越多数量的这些信供出售。）

轮到你了：要想做更多的练习，请做本章末的问题与应用 3.5 和 3.6。

3.4 需求和供给的移动对均衡的影响

我们已经看到市场中需求和供给的相互作用决定了一种商品的产量及其出售的价格。我们也已经看到有几个变量导致需求曲线发生移动，而另几个变量导致供给曲线发生移动。结果，大部分市场中的需求曲线和供给曲线总是在移动，代表均衡的价格和数量也总是在变化。在本节，我们考察需求曲线和供给曲线的移动是如何影响均衡价格和数量的。

3.4.1 供给的移动对均衡的影响

当东芝公司通过推出 Thrive 而进入平板电脑市场时，平板电脑的市场供给曲线向右移动。图 3.9 显示了供给曲线从 S_1 到 S_2 的移动。当供给曲线向右移动时，在原来的均衡价格（P_1）水平下就会出现过剩。随着均衡价格下降到 P_2 和均衡数量从 Q_1 上升到 Q_2，过剩得以消除。如果现有企业退出平板电脑市场，那么，供给曲线将向左移动，导致均衡价格上升和均衡数量下降。

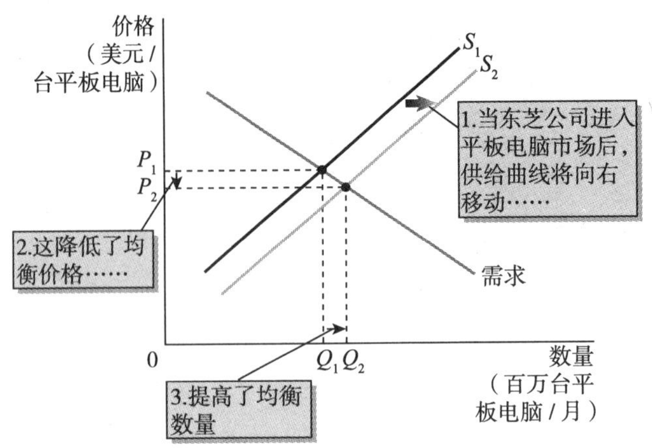

图 3.9　供给增加对均衡的影响

如果一家企业进入一个市场，就像东芝公司通过推出 Thrive 而进入平板电脑市场，均衡价格将下降，均衡数量将上升。

1. 当东芝公司进入平板电脑市场时，在每一价格水平下平板电脑的供给量都更多了，因此，市场供给曲线从 S_1 向右移动到 S_2，这导致在原来的价格（P_1）水平下出现平板电脑过剩。

2. 均衡价格从 P_1 下降到 P_2。

3. 均衡数量从 Q_1 上升到 Q_2。

建立联系

蓝光播放器价格的下降

播放预先录制的电影的技术在过去 30 年里迅速发展。磁带录像机（video cassette recorder，VCR）于 1976 年在日本被推出，1977 年在美国推出。作为录制电视节目或播放预先录制的电影的第一种方式，VHS 播放器非常流行。但是，1997 年，数字影碟（digital video disc，DVD）播放器在美国出现了。DVD 比在 VCR 上播放的 VHS 磁带能够存储更多的信息，画面更加清晰。在几年的时间内，DVD 播放器的销售量就超过了 VCR 的销售量，到 2006 年电影工作室已经停止发行存储在 VHS 磁带上的电影。在 2006 年，蓝光播放器被推出。由于蓝光磁盘能够存储 25G 的数据，而通常的 DVD 只能存储不到 5G 的数据，因此，蓝光播放器能够复制 DVD 播放器无法复制的高清图像。

当企业最初开始销售 VCR、DVD 播放器和蓝光播放器时，它们起初收取很高的价格，但价格在几年内就迅速下降。正如下页图所示，蓝光播放器的平均价格在 2006 年 5 月大约为 800 美元，但在 2010 年 12 月已经下降到了大约 120 美元。蓝光播放器的销售量从 2006 年的大约 42.5 万台上升到 2010 年的 1 125 万台。该图说明价格和数量的下降是供给曲线大幅向右移动的结果。2010 年的供给曲线比 2006 年的要靠右很多，这有两个原因。其一，在三星公司率先推出蓝光播放器（价格为 999 美元）后，其他企业进入了这个行业，从而在每一价格水平下的供给量都增加了。其二，制造蓝光播放器所使用的零部件的价格，特别是激光部件的价格急剧下降。随着制造播放器的成本下降，在每一价格水平下的供给量增加了。

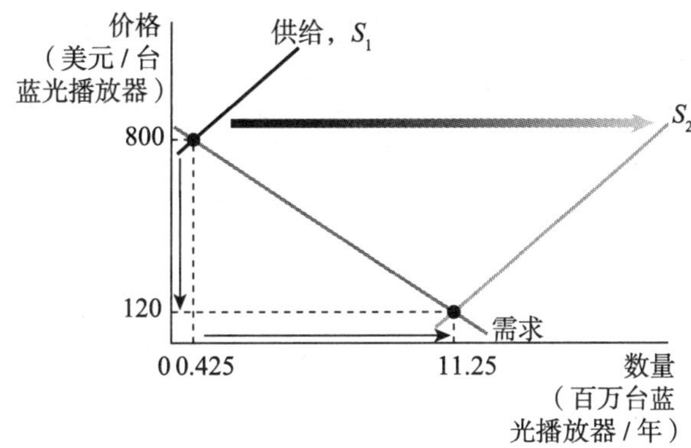

资料来源：Sarah McBride，"New DVD Players Resolve Battle of Formats"，*Wall Street Journal*，January 4，2007；Yukari Iwatani Kane and Miguel Bustillo，"Dreaming of a Blu Christmas"，*Wall Street Journal*，December 23，2009；and "DEG 2010 Year-End Home Entertainment Report"，www.degonline.com。

轮到你了：做本章末与本专栏相关的问题与应用 4.6，看看你理解得如何。

□ 3.4.2 需求的移动对均衡的影响

由于平板电脑是正常品，当收入增加时，平板电脑的市场需求曲线将向右移动。图 3.10 显示了需求曲线从 D_1 到 D_2 的移动的影响。这一移动导致在原来的均衡价格（P_1）水平下出现短缺。为了消除这一短缺，均衡价格上升到 P_2，均衡数量从 Q_1 上升到 Q_2。相反，如果某种替代品（如笔记本电脑）的价格下降了，那么，对平板电脑的需求将下降，使需求曲线向左移动。当需求曲线向左移动时，均衡价格和均衡数量都下降了。

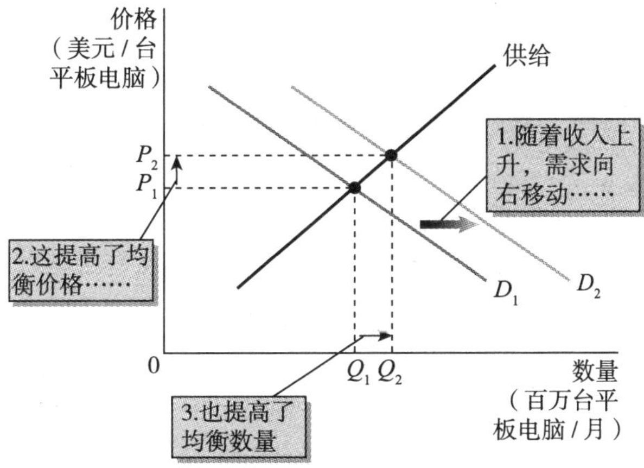

图 3.10 需求增加对均衡的影响

收入的增加将导致均衡价格和均衡数量上升。

1. 由于平板电脑是正常品，随着收入上升，在每一价格水平下需求量都增加了，因此，市场需求曲线从 D_1 向右移动到 D_2，这导致在原来的价格（P_1）水平下出现平板电脑短缺。

2. 均衡价格从 P_1 上升到 P_2。

3. 均衡数量从 Q_1 上升到 Q_2。

□ 3.4.3　随着时间的推移，需求和供给移动的影响

当只有需求或供给移动时，我们可以很容易地预测其对均衡价格和数量的影响。但是，如果两条曲线都移动的话，会发生什么呢？例如，在许多市场中，随着人口和收入的增加，随着时间的推移，需求曲线向右移动。随着新企业进入市场以及发生正向的技术变革，供给曲线也常常向右移动。随着时间的推移，市场的均衡价格是上升还是下降，取决于需求是否比供给向右移动得更多。图 3.11（a）说明，当需求比供给向右移动得更多时，均衡价格上升。但是，正如图 3.11（b）所说明的，当供给比需求向右移动得更多时，均衡价格下降。

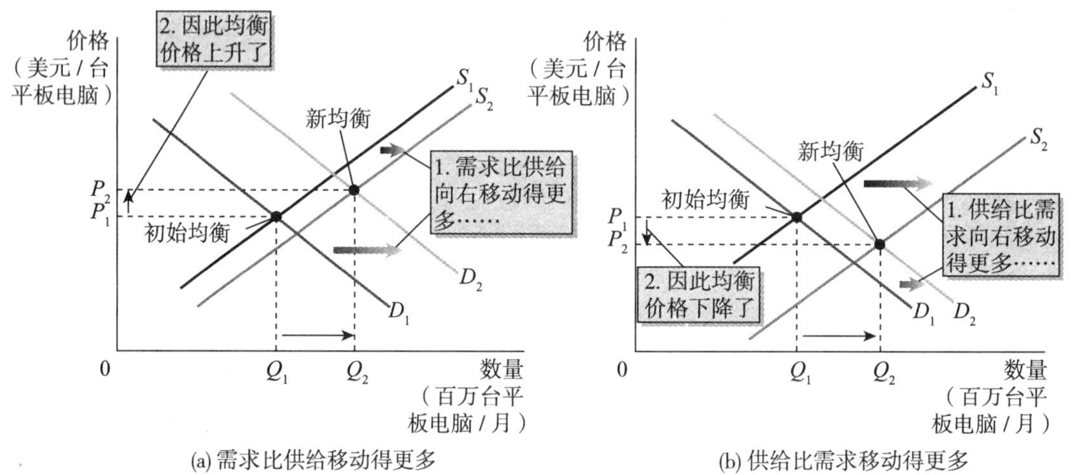

图 3.11　随着时间的推移，需求和供给的移动

随着时间的推移，一种产品的价格是上升还是下降取决于需求是否比供给向右移动得更多。

在图（a）中，需求比供给向右移动得更多，均衡价格上升：

1. 需求比供给向右移动得更多。
2. 均衡价格从 P_1 上升到 P_2。

在图（b）中，供给比需求向右移动得更多，均衡价格下降：

1. 供给比需求向右移动得更多。
2. 均衡价格从 P_1 下降到 P_2。

表 3.3 总结了随着时间的推移，需求和供给的移动的所有可能的组合及其对均衡价格（P）和数量（Q）的影响。例如，表中铺灰的条目说明，如果需求曲线和供给曲线都向右移动，均衡数量将增加而均衡价格可能上升、下降或保持不变。为了确保你理解表格中每一条目，画出需求和供给图形，看看你能否得出所预期的均衡价格和数量的变化。如果表格中的条目所说的是均衡价格或数量的预期变化可能增加也可能减少，那么，画出与图 3.11（a）和（b）类似的两幅图，一幅说明均衡价格或数量增加，另一幅说明它减少。还要注意，对于价格或数量可能增加也可能减少这种模棱两可的情况，价格或数量也可能保持不变。你需要确保你理解为什么会这样。

表 3.3　需求和供给的移动如何影响均衡价格（P）和数量（Q）

	供给曲线不变	供给曲线向右移动	供给曲线向左移动
需求曲线不变	Q 不变	Q 增加	Q 减少
	P 不变	P 减少	P 增加
需求曲线向右移动	Q 增加	Q 增加	Q 增加或减少
	P 增加	P 增加或减少	P 增加
需求曲线向左移动	Q 减少	Q 增加或减少	Q 减少
	P 减少	P 减少	P 增加或减少

例题 3.4　龙虾市场上的高需求和低价格？

在龙虾需求相对低的春季，缅因州捕龙虾的渔民通常以每磅约 6 美元的价格卖出他们所捕获的龙虾。在龙虾需求高得多的夏季，缅因州捕龙虾的渔民只能够以每磅约 3 美元的价格卖出他们所捕获的龙虾。在近来某一年的 7 月，一个捕虾船船长这样说道："现在每磅龙虾的价格比热狗还低。"需求低时比需求高时的市场价格要高，这可能看起来很奇怪。借助需求和供给图形，解释这个矛盾。

解：

第 1 步：复习本章内容。这一问题是关于需求和供给曲线的移动如何影响均衡价格的，所以你可能需要复习一下 3.4.3 节"随着时间的推移，需求和供给移动的影响"。

第 2 步：画出需求和供给图形。画出需求和供给图形，表示出春季的市场均衡。把其均衡价格标为 6 美元。把需求和供给曲线都标出"春季的"。

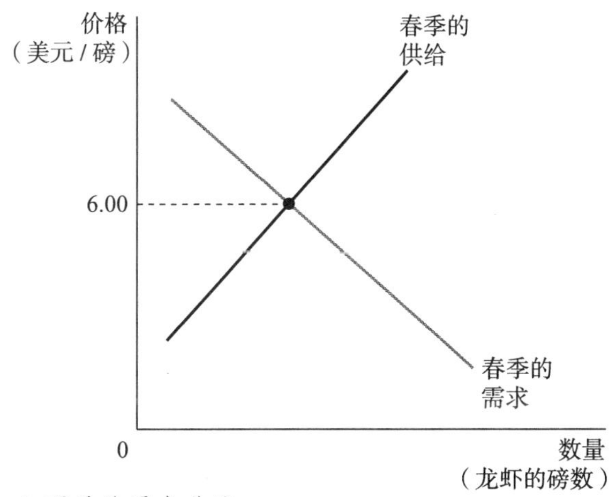

第 3 步：在图上加入夏季的需求曲线。

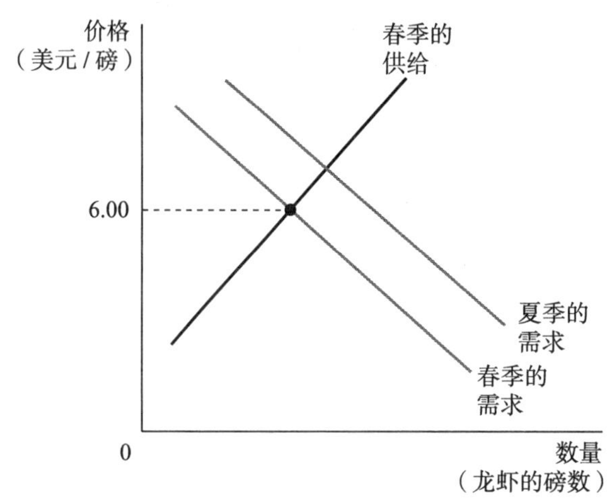

第 4 步：解释图形。在研究过这幅图后，我们有可能明白为何在需求增加的情况下均衡价格却从每磅 6 美元下降到每磅 3 美元：必然是供给曲线向右移动得足够多，从而使均衡价格下降到每磅 3 美元。画出这条新的供给曲线，标出“夏季的”，并且标出新的均衡价格 3 美元。夏季对龙虾的需求确实比春季增加了。但是，夏季龙虾相对于春季的供给比需求增加得更多。所以，均衡价格下降了。

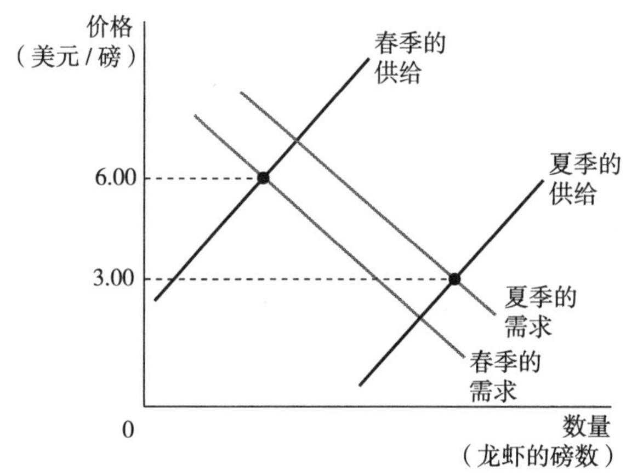

资料来源：Beth D'Addono，“With Prices Falling，Lobster Is No Longer a Splurge”，*Philadelphia Daily News*，June 16，2011；and John Birger，“Looking for a Bargain Dinner：Try Lobster”，cnnmoney.com，July 18，2009。

轮到你了：要想做更多的练习，请做本章末的问题与应用 4.7 和 4.8。

不要犯这样的错误！

记住：商品价格的变化不会导致需求曲线或供给曲线移动

假定一名学生被要求画一幅需求和供给图形来说明在其他变量不变的条件下橘子价格的上升会如何影响苹果市场。他画出了下页的左图，并做出如下解释：“因为苹果和橘子互为替代品，橘子价格的上升会导致苹果的需求曲线一开始从 D_1 向右移动到 D_2。然而，因为苹果的需求曲线的这一初始移动会导致苹果价格上升到 P_2，消费者将发现苹果的合意性下降，从而需求曲线将从 D_2 向左移动到 D_3，这导致最终的均衡价格为 P_3。”你是否同意这名学生的分析？

你应该不同意。这名学生正确地理解了橘子价格的上升会导致苹果的需求曲线向右移动。但这名学生所描述的需求曲线的第二次移动，即从 D_2 移动到 D_3，是不会发生的。产品价格的变化不会导致它的需求曲线移动。产品价格的变化只会导致沿着需求曲线的运动。

下面的右图显示了正确的分析。橘子价格的上升导致苹果的需求曲线从 D_1 增加到 D_2。在原来的价格 P_1，需求的增加一开始导致苹果出现数量为 Q_3-Q_1 的短缺。但是，正如我们已经看到的那样，短缺引起价格上升，直到短缺被消除为止。在这个例子中，价格将上升到 P_2，此时需求量和供给量都为 Q_2。注意到价格的上升引起需求量从 Q_3 减少到 Q_2，但没有引起需求的减少。

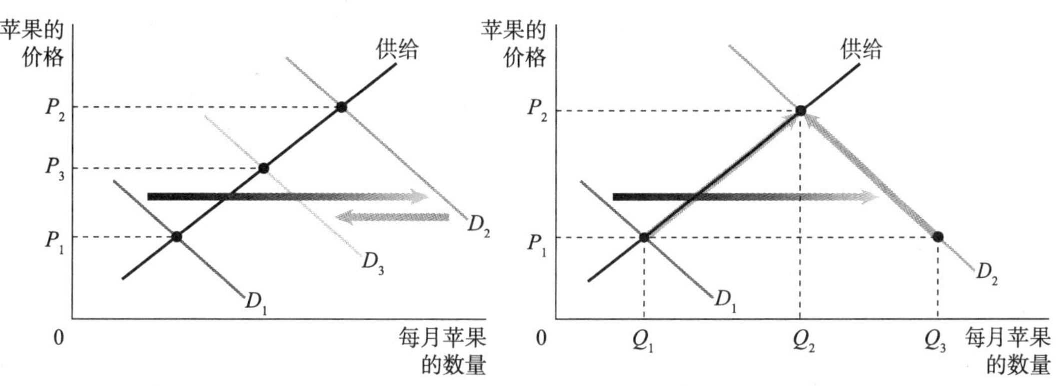

轮到你了：做本章末的问题与应用 4.13 和 4.14，看看你理解得如何。

□ 3.4.4 曲线的移动和沿着曲线的运动

在运用需求和供给曲线分析市场时，记住如下这一点是很重要的：当需求曲线或供给曲线的移动导致均衡价格改变时，价格的改变不会导致需求或供给曲线的进一步移动。例如，假定供给的增加导致了某种商品价格的下降，而影响消费者购买该商品的意愿的所有其他因素都不变。结果将是需求量的增加，而不是需求的增加。若要需求增加，整条曲线必须移动。这一点对供给也同样适用：如果某种商品的价格下降了，但影响卖者供给该商品的所有其他因素都不变，那么，供给量减少，而不是供给减少。若要供给减少，整条曲线必须移动。

接第 70 页

生活中的经济学

你会买苹果 iPad 还是三星 Galaxy Tab?

在本章一开头，我们要求你思考两个问题：如果三星 Galaxy Tab 平板电脑的价格低于苹果 iPad，你会买它吗？如果你的收入提高了，你购买哪种平板电脑的决策会受到影响吗？为了回答第一个问题，你不得不认识到 iPad 和 Galaxy Tab 是替代品。如果你认为这两种平板电脑是非常接近的替代品，那么，你可能会买价格便宜的那一种。在市场中，如果消费者一般认为这两种平板电脑是很接近的替代品，那么，iPad 的价格下降将增加 iPad 的需求量和减少 Galaxy Tab 的需求量。假定由于 Galaxy Tab 的价格低于 iPad，你目前倾向于购买 Galaxy Tab。如果你的收入的增加会导致你改变决策转而购买 iPad，那么，对于你来说，Galaxy Tab 就是一种劣等品。

3.5 结论

需求和供给之间的相互作用决定了市场均衡。对于预测消费者和企业的行动的变化将如何引起均衡价格和数量的变化来说，需求和供给模型是一个强大的工具。正如我们在本章看到的，我们可以运用这一模型来分析不满足完全竞争所有要求的市场。只要卖者之间存在激烈的竞争，需求和供给模型就常常能成功地预测价格和数量的变化。在下一章中，我们将运用这一模型来分析经济效率以及政府施加的价格下限和价格上限的结果。

在进入第 4 章之前，阅读接下来的“业内观察”，该专栏讨论了液晶显示屏的潜在短缺如何能够影响苹果 iPad 等平板电脑市场。

业内观察 显示屏的短缺将影响平板电脑的销售量吗？

《彭博商业周刊》

《猜猜有什么能够阻止平板电脑革命?》

由于 2011 年有望成为平板电脑之年，平板电脑的需求将会很大。获取平板电脑的显示部件可能是决定成功与否的一个关键因素。去年我们看到，iPad 的快速启动导致苹果公司的供应商 LG 出现了液晶(LCD) 显示屏的短缺。LG 公司说它很难追上需求的步伐。现在，由于苹果公司去年第四季度销售了 730 万台 iPad，iPad 2 即将推出，参加国际消费电子展（CES）的每个制造商都准备进入平板电脑市场，显示屏部件的短缺可能会限制平板电脑的生产，从而损害到一些没有做好准备的制造商。

a 当苹果公司上周在财报电话会议中称公司正在投资 39 亿美元以从 3 个供应商那里获得库存部件时，苹果公司所指的可能正是显示部件。Macrumors（一个专门发布谣言和新闻的资讯网站）推测，这笔钱的目的是巩固苹果公司的显示屏进货渠道，特别是在推出 iPad 2 之前。去年 12 月，有报道称苹果公司同东芝和夏普达成了两项生产显示部件的协议，尽管夏普否认了该报道。据 Digitimes 报道，苹果公司还在通过 LG、三星和奇美电子（Chimei Innolux）获取 6 500 万个 iPad 显示面板。这个 iPad 数量真是超级庞大，如果说苹果公司为了确保 iPad 的成功故事能够延续而锁定必需的部件，那就很合理。

平板电脑市场的竞争者可能会仿效苹果公司的做法。上个月，璨圆光电（Formosa Epitaxy）——台湾的一家主要的 LED 制造商——的主席张智锋（Frank Chien）预测，随着在整个行业平板电脑的生产不断加速，LCD 显示屏所用的高端 LED 芯片的需求从下个月开始可能超过供给。本月早些时候，iSuppli 说，全球平板电脑出货量预计将达到 5 760 万台，而 2010 年仅为1 710万台。然而，iSuppli 还说，对一种相对新产品的全面需求还正在形成。新生市场的不可预测性可能会给显示部件的制造商带来很多压力，当这些制造商力图猜测平板电脑市场如何运行时，它们可能面临短缺或有可能过度供给。

内部技术

b 对那些生产平板电脑的企业来说，挑战可能是要确保它们有足够的显示面板来满足需求。最好的公司也许是那些自身就拥有显示屏技术的企业，如三星、LG 和夏普。而在显示屏生产企业中，处于最佳位置的制造商将是那些内部掌握 LED 芯片技术的制造商，iSuppli 的 LCD 研究部门的资深主任斯威塔·达什（Sweta Dash）在去年的 LED Magazine 的一个报道中如是说。

达什说："到今年（2010 年）下半年，掌握和不掌握 LED 芯片技术的面板供应商之间将会出现清晰的区别。那些公司内部能够制造 LED 的面板生产企业在 2010 年会有充足的供应，而那些内部不能制造 LED 的面板生产企业将会遇到约束。"

c 平板电脑并非引起显示屏短缺的唯一因素。LED 背光的 LCD 显示屏在电视机和电脑中的全面流行也使得显示部件的供给趋紧。iSuppli 上周说，2011 年全世界船运的大型 LCD 面板超过 2/3 将采用 LED 背光，而这一比例在 2010 年只有不到 1/2。今年，LED 在电视机和显示器面板中的采用将达到接近 50%，去年这一比例仅为 20%，而笔记本和上网本电脑预计将全部采用 LED 背光。

在这一年有如此多的竞争的情况下，我们可能不会看到任何其他平板电脑对组件供应链有像 iPad 那么大的需求。但是，如果平板电脑市场像许多人正在预测的那样发展，那么，抢购显示组件的竞争将会迅速来临。苹果公司正在为平板革命做准备，在这么做的同时，苹果公司已经令电子器件供应链的重要性凸显出来。

资料来源："Guess What Could Stop the Tablet Revolution?", by Ryan Kim from *Bloomberg Businessweek*, January 24, 2011.

文章要点

iPad 在 2010 年的巨大成功导致显示屏的主要供应商 LG 出现了显示屏短缺。在 2011 年，苹果和其他几家供应商达成了为 iPad 提供显示屏的协议。平板电脑日益流行以及越来越多的企业推出平板电脑使得许多企业担心显示屏的短缺，这又导致企业争相抢购显示屏。iSuppli，一家专门从事电子器件行业市场研究的企业预测，全球平板电脑出货量将从 2010 年的1 710万台增加到 2011 年的5 700万台以上。

新闻分析

a 苹果公司是平板电脑生产和销售的行业领导企业。为了保证它能满足需求，苹果已经和几家制造商签订了为 iPad 供应显示部件的协议。除了据说的与东芝和夏普之间供应显示屏的协议之外，还有报道称苹果已经从 3 家其他制造商那里获得了6 500万个显示屏。平板电脑市场去年取得了极大的增长，消费者对该产品的喜好增加刺激了需求的增加。图 1 显示，消费者对平板电脑的喜好增加将提高对它们的需求，使需求曲线向右移动。在其他条件相同的情况下，需求的增加提高了平板电脑的均衡价格和均衡数量。

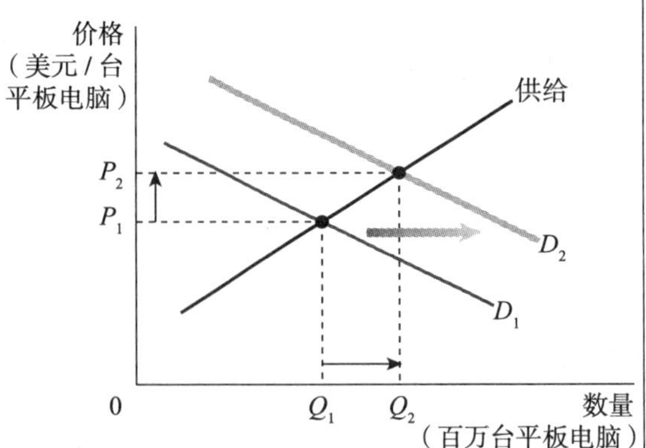

图 1

平板电脑需求的增加使需求曲线向右移动。

b 生产平板电脑的企业中有几家也生产显示屏部件，由于它们能够自己生产显示屏，这些公司可能在满足需求方面有显著优势。假设这些企业在向其他企业供给显示屏之前会先为自己的平板电脑提供显示屏，那么其他企业可能会发现面临显示屏短缺的问题。消除市场中短缺的方法是提高产品的售价。显示屏制造商可能选择提高显示屏部件的价格以减少短缺，但是这种投入的价格增加将导致平板电脑供给的减少。图 2 显示，投入的供给减少导致平板电脑的供给曲线向左移动。在其他条件不变的情况下，供给的减少提高了平板电脑的均衡价格，降低了平板电脑的均衡数量。

c 除了平板电脑以外，LCD 显示屏的生产中使用的 LED 背光部件正在用于越来越多的电视机、笔记本电脑和上网本电脑中。显示屏部件的这些其他用途可能进一步加剧平板电脑中要使用的显示屏的短缺。除非制造商能够增加生产，否则那些既生产平板电脑又生产需要使用显示屏部件的其他产品的企业可能无法满足预计到的对它们的产品的需求增加。

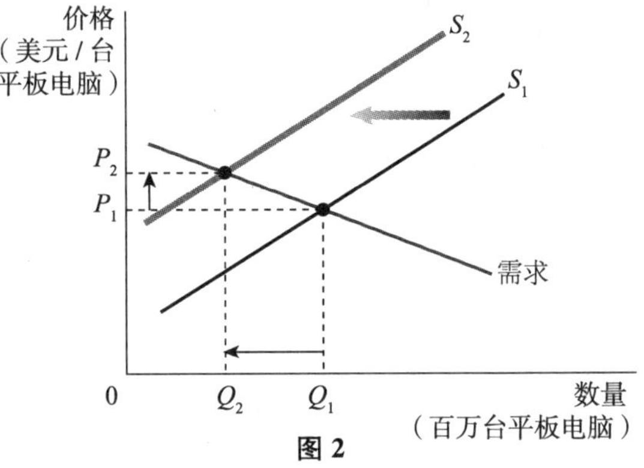

图 2

平板电脑的制造中使用的某种投入
（如显示屏）的价格上升导致供给曲线向左移动。

深入思考

1. 本文讨论了由于生产中要使用的显示屏的数量不足而可能导致的平板电脑的短缺。简要解释平板电脑市场中任何潜在的短缺将会如何被消除。
2. 假定平板电脑的需求继续增加，显示屏供应商不能生产足够的部件来满足日益增加的需求从而提高了每个显示屏的价格。画出一幅需求和供给图形说明发生在平板电脑市场中的这两种状况。解释图中发生的事情以及这些事件将会对均衡价格和均衡数量产生的影响。

本章总结和习题

□ 关键术语

其他变量都相同的条件	人口统计学	市场均衡	替代品
收入效应	正常品	替代效应	竞争市场均衡

劣等品	完全竞争市场	供给曲线	需求定律
供给表	互补品	供给定律	需求量
过剩	需求曲线	市场需求	供给量
技术变革	需求表	短缺	

□ 3.1 市场的需求方

总结

需求和供给模型是经济学中最强大的工具。该模型只对完全竞争市场才完全适用。在完全竞争市场中，有许多的买者和卖者，所有出售的产品都是相同的，新企业进入市场没有壁垒。但是，该模型也可以用于分析不满足所有这些要求的市场。需求量是在给定价格下消费者愿意和能够购买的某种商品或服务的数量。需求表是表示一种产品的价格和该产品需求量之间关系的表格。需求曲线是表示一种产品的价格和该产品需求量之间关系的曲线。市场需求是所有消费者对一种给定商品或服务的需求。需求定律是在保持其他变量不变的条件下，一种产品的需求量在其价格下降时增加，在其价格上升时减少。需求曲线向下倾斜是因为替代效应和收入效应；替代效应是指一种商品的价格变动使得它相对于另一种商品更加昂贵或更加便宜而引起的该商品需求量的变动，收入效应是指由于一种商品的价格变动对消费者购买力的影响而导致的该商品需求量的变动。收入、相关商品的价格、喜好、人口数量及人口统计学、预期的未来价格等的变化都会引起需求曲线移动。替代品是可以被用于同一目的的商品。互补品是一起使用的商品。正常品是指当收入上升时需求增加的商品。劣等品是指当收入上升时需求减少的商品。人口统计学是指人口在年龄、种族和性别等方面的特征。需求的变化是指需求曲线的移动。需求量的变化是指由于产品价格变化而引起的沿着需求曲线的移动。

复习题

1.1 什么是需求表？什么是需求曲线？

1.2 当经济学家使用拉丁语词句“*ceteris paribus*”时是指代什么意思？

1.3 需求的变化和需求量的变化之间的区别是什么？

1.4 什么是需求定律？用替代效应和收入效应解释为什么一种产品的价格增加会导致需求量的下降？

1.5 引起需求曲线移动的主要变量有哪些？对每一个变量都举一个例子。

问题与应用

1.6 对于以下每一组产品，指出它们是互为互补品、替代品还是不相关的产品。

a. 汽油和电车电池；

b. 房屋和家用电器；

c. UGG 雪地靴和 Kindle 电子阅读器；

d. iPad 和 Kindle 电子阅读器。

1.7 ［与开篇案例有关］当基于安卓操作系统的平板电脑一开始被推出时，可供它们使用的应用程序很少。现在，可供基于安卓操作系统的平板电脑使用的应用程序要多得多。这些应用程序和平板电脑互为替代品还是互补品？可供基于安卓操作系统的平板电脑使用的应用程序的增加对苹果 iPad 的需求产生了什么影响？请简要解释。

1.8 指出下列每个事件将导致沿着麦当劳巨无霸汉堡需求曲线的运动还是需求曲线的移动。如果需求曲线移动，指出它是左移还是右移，并作图表示它的移动。

a. 汉堡王的 Whopper 汉堡价格下降。

b. 麦当劳分发优惠券，凭券每购买一个巨无霸汉堡优惠 1 美元。

c. 由于土豆短缺，炸薯条的价格上升。

d. 快餐餐馆张贴了营养警告的标签。

e. 美国经济进入收入快速增长时期。

1.9 想象下表表示了 UGG 雪地靴 2012 年和 2013 年在五个不同的价格水平下的需求量：

价格（美元）	需求量	
	2012	2013
160	5 000	4 000
170	4 500	3 500
180	4 000	3 000
190	3 500	2 500
200	3 000	2 000

列举两个不同的可能引起上表所表明的从 2012

年到 2013 年 UGG 雪地靴的需求量变化的变量。

1.10 假定下图中的曲线代表了牛排餐的两条需求曲线。什么会引起 D_1 上从 A 点到 B 点的运动？列举两个会引起从 A 点到 C 点的运动的变量。

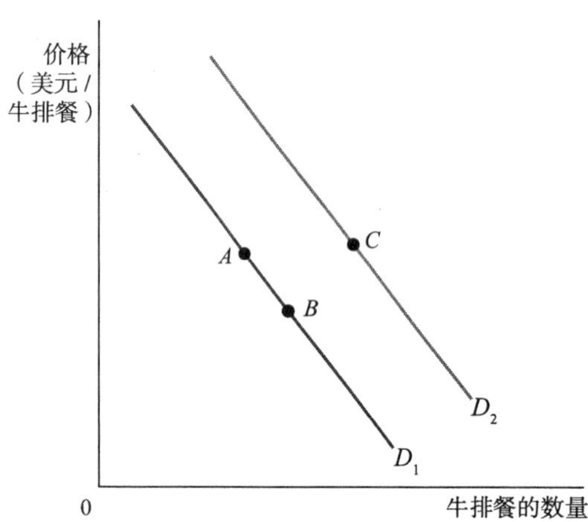

1.11 [与 3.1 节中第 1 个"建立联系"专栏有关] 一个学生做了如下论述：

> 本章说，对于作为一个群体的消费者来说，Quiznos 三明治是正常品，Subway 三明治是劣等品。但是，相较于 Quiznos 三明治的口味，我更喜欢 Subway 三明治的口味。因此，对我来说，Quiznos 三明治是劣等品，而 Subway 三明治是正常品。

你同意这个学生的推理吗？请简要解释。

1.12 [与 3.1 节中第 2 个"建立联系"专栏有关] 列举三种满足如下要求的产品：在以下群体的人口比人口整体增加的速度更快时，产品的需求可能迅速增加。

a. 青少年；

b. 5 岁以下的儿童；

c. 近来的移民。

1.13 [与 3.1 节中第 2 个"建立联系"专栏有关] 1979 年以来，中国实施了计划生育政策，一对夫妇只允许生一个孩子。这一政策引起了中国人口统计学上的变化。从 2000 年到 2010 年 4 岁以下人口的比例从 23%下降到 17%，而且，由于父母想办法保证唯一的孩子是儿子，新生男孩相对于新生女孩的数量增加了。计划生育政策如何改变了在中国对商品和服务的相对需求？

资料来源："China's Family Planning: Illegal Children Will Be Confiscated" and "China's Population: Only and Lonely", *The Economist*, July 21, 2011。

1.14 假定下表表示了三年时间里丰田普锐斯混合动力车基础车型的价格及其销售量。这些数据表明普锐斯的需求曲线是向上倾斜的吗？请解释。

年	价格（美元）	数量
2010	24 880	35 265
2011	24 550	33 250
2012	25 250	36 466

1.15 理查德·波斯纳（Richard Posner）是联邦法院的法官，他也撰写关于经济主题的文章。一个报纸记者总结了波斯纳关于网上书店和电子书对书籍需求的影响的观点：

> 波斯纳的观点是书店的消失值得庆祝而非令人痛心，部分地是因为电子书和网上书店将降低书籍的成本，从而使书籍的需求上升。

你同意记者所描述的波斯纳的观点吗？请简要解释。

资料来源：Christopher Shea, "Judge Posner Hails the Demise of Bookstores", *Wall Street Journal*, January 13, 2011。

1.16 [与 3.1 节中第 3 个"建立联系"专栏有关] 2011 年初，金融新闻记者沃尔夫冈·格吕纳（Wolfgang Gruener）对有关平板电脑的未来需求的预测做出了如下评论：

> 结论只可能是：市场太年轻而不能支持一个可信赖的短期、中期或长期预测。如果你信任现在的任何数字，那祝你好运。现在，只有傻瓜才会就对于平板电脑市场的任何预测打赌。

为什么预测一种新产品的需求可能是特别困难的？哪些问题可能使预测平板电脑的需求特别困难？

资料来源：Wolfgang Gruener, "240 Million Tablets: The Gazllion-Dollar Forecast Game", ConceivablyTech. com, February 6, 2011。

□ 3.2 市场的供给方

总结

供给量是在给定价格下企业愿意和能够供给的某种商品或服务的数量。供给表是表示一种产品的价格和该产品供给量之间关系的表格。供给曲线是表示一种产品的价格和该产品供给量之间关系的图形。当一种产品的价格上升时，生产该产品变得更加有利可图，更多的数量会被提供。供给定律是在保持其他变量不变的条件下，供给量在价格上升时增加，在价格下降时减少。投入品的价格、技术变革、生产上的替代品的价格、预期的未来价格、市场中企业的数量等的变化都会引起供给曲线移动。技术变革是企业用给定数量的投入生产一定的产出水平的能力的正向或负向变动。供给的变化是指供给曲线的移动。供给量的变化是指由于产品价格的变化引起的沿着供给曲线的运动。

复习题

2.1 什么是供给表？什么是供给曲线？

2.2 供给的变化和供给量的变化之间的区别是什么？

2.3 什么是供给定律？引起供给曲线移动的主要变量有哪些？对每一个变量举例说明。

问题与应用

2.4 简要解释以下每句陈述描述了供给的变化还是供给量的变化：

a. 由于多雪冬季中雪铲的价格高，亚历山大铁铲公司决定提高产量。

b. 苹果 iPad 的成功导致更多企业开始生产平板电脑。

c. 在 2011 年日本地震和海啸后的 6 个月，日本的汽车产量下降了 20%。

2.5 假定下图中的曲线代表牛排餐的两条供给曲线。什么会引起从 S_1 上 A 点到 B 点的运动？列举两个会引起从 A 点到 C 点的运动的变量。

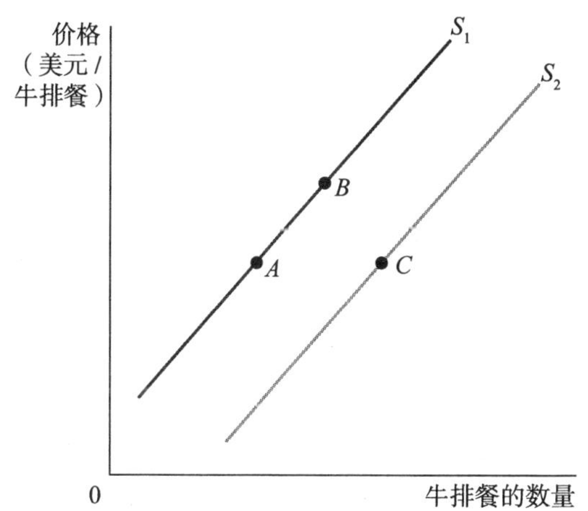

2.6 假定下表表示了 2012 年和 2013 年 UGG 雪地靴在五种不同价格水平下的供给量：

价格（美元）	供给量	
	2012	2013
160	300 000	200 000
170	350 000	250 000
180	400 000	300 000
190	450 000	350 000
200	500 000	400 000

列举两个不同的会引起表中所表明的从 2012 年到 2013 年雪地靴供给量变化的变量。

2.7 平板电脑行业中每家企业在每一价格水平下供给的数量都相同吗？哪些因素可能导致不同企业在同一特定价格下供给的平板电脑数量不同？

2.8 如果一种商品的价格上升，所考虑的时期越长，该商品供给量的增加可能会越大还是越小？请简要解释。

□ 3.3 市场均衡：结合需求和供给

总结

在需求曲线和供给曲线的交点就出现了市场均衡。竞争市场均衡是具有许多买者和许多卖者的市场均衡。只有在这一点，需求量才等于供给量。高于均衡价格的价格会导致过剩，即供给量超过需求量。过剩将导致价格下降。低于均衡价格的价格会导致短缺，即需求量超过供给量。短缺将导致价格上升。

复习题

3.1 经济学家所说的市场均衡是什么意思？

3.2 经济学家所说的短缺和过剩分别是什么意思？

3.3 如果当前的价格高于均衡价格，市场上会发生什么？如果当前的价格低于均衡价格呢？

问题与应用

3.4 简要解释你是否同意下面的说法："当一种商品存在短缺时，消费者最终会放弃购买它，因此，该商品的需求下降，价格下降直到市场最终达到均衡。"

3.5 ［与例题 3.3 有关］在《国富论》中，亚当·斯密讨论了后来被称为"钻石与水悖论"的问题：

> 没有什么比水更有用了，但用它几乎买不到任何东西；用它也几乎交换不到任何东西。相反，钻石几乎没有任何使用价值；但用它经常可以交换到非常多的其他物品。

画图表示钻石的市场和水的市场。说明为何尽管对水的需求远大于对钻石的需求，但水的价格却低于钻石的价格。

资料来源：Adam Smith，*An Inquiry into the Nature and Causes of the Wealth of Nations*，Vol. I（Oxford，UK：Oxford University Press，1976 original edition，1776）。

3.6 ［与例题 3.3 有关］有一篇文章讨论了 20 世纪 50—60 年代纽约扬基队中场巨星米基·曼特尔（Mickey Mantle）的签名的市场："不论是玩牌、打高尔夫，还是慈善晚宴上，曼特尔先生总是一遍又一遍地签名。"文中引用一个在运动员签名上颇有研究的专家的话说："他的签名真的很棒……但并不稀缺。"然而，该文还引用了另一个专家的话说："曼特尔先生的签名是排名第 3 的最受欢迎的签名，仅次于贝比·鲁斯（Babe Ruth）和穆罕默德·阿里（Muhammad Ali）。"一个有曼特尔签名的棒球可能卖到 250～400美元的高价。相反，曼特尔在扬基队的队友怀提·福特（Whitey Ford）签名的棒球通常卖价不到 150 美元。用一幅图形表示怀提·福特的签名的需求和供给以及米基·曼特尔的签名的需求和供给。说明为何尽管曼特尔的签名的供给大于福特的签名的供给但曼特尔的签名的价格却高于福特的签名的价格。

资料来源：Beth DeCarbo，"Mantle Autographs Not Rare，but Collectors Don't Care"，*Wall Street Journal*，August 4，2008。

3.7 如果一个市场处于均衡，所有买者和卖者必定都对市场价格感到满意吗？请简要解释。

3.8 在 2011 年夏季，通用汽车很难卖出小货车。《今日美国》(*USA Today*）的一篇文章这样说道：

> 通用汽车经销商 6 月份的 Chevrolet Silverado 和 GMC Sierra 小货车达到了 122 天的量，这比被认为是最佳存货高出了 50%以上……存货堆积的背后是：今年年初的经济很强劲，制造商开足马力生产。后来经济下滑的速度超过了制造商削减产量的速度。

a. 存货堆积对通用汽车小货车的需求量与供给量之间的关系意味着什么？

b. 在 2011 年夏季，通用汽车小货车的价格预期将上升还是下降？

c. 为什么经济的下滑起到了导致小货车供过于求的作用？

资料来源：Chris Woodyard，"Pickup Truck Glut Brings Hot Deals This Summer"，*USA Today*，July 11，2011。

□ 3.4 需求和供给的移动对均衡的影响

总结

在大多数市场上，需求和供给曲线频繁移动，这引起均衡价格和数量的变化。随着时间的推移，如果需求增加超过供给增加，那么均衡价格将上升。如果供给增加超过需求增加，那么均衡价格将下降。

复习题

4.1 画一幅需求和供给图形表示以下两种情况对市场均衡价格的影响：

a. 需求曲线向右移动。

b. 供给曲线向左移动。

4.2 如果随着时间的推移，某种产品的需求曲线比供给曲线向右移动得更多，均衡价格会发生什么变化？如果供给曲线比需求曲线向右移动得更多，均衡价格会发生什么变化？对于每种情况，画一幅需求和供给图形来说明你的答案。

问题与应用

4.3 下面一段话摘自《华尔街日报》的一篇文章：

> 夏天的燃油价格往往上升，这有很多原因，从天气暖和时更加昂贵的燃油添加剂的使用到炼油厂停产检修从而使供给趋紧。传统上，夏天的汽油需求也上升，原因是更多的人开车去长途旅行。

画一幅汽油市场的需求和供给图形来分析上文所描述的状况。一定要标明夏季初汽油的均衡价格、夏季期间汽油的均衡价格以及汽油的需求和供给曲线的任何移动。

资料来源："Is $4 per Gallon the New 'Normal' for Gas?" by Jonathan Welsh from *The Wall Street Journal*，June 11，2011。

4.4 根据《华尔街日报》一篇关于玉米需求增加的影响的文章："农场主可能减少一些庄稼（如大豆和稻谷）的种植，以便能够种植更多的玉米。"用一幅需求和供给图形来分析玉米需求增加所导致的对大豆均衡价格的影响。

资料来源：Scott Kilman，"Corn Planting to Surge as Farmers Chase High Prices"，*Wall Street Journal*，March 31，2011。

4.5 随着 2006 年石油价格的上涨，对其他燃料的需求增加了。乙醇是一种其他燃料，它是用玉米提炼的。根据《华尔街日报》的一篇文章，同样用玉米作为原料的玉米饼的价格在2006年也上升了："玉米饼的价格上涨部分地是乙醇需求增加的连锁反应。"

a. 画一幅玉米市场的需求和供给图形，用它来说明乙醇需求增加对玉米市场的影响。一定要标明乙醇需求增加前后玉米的均衡价格和数量。

b. 画一幅玉米饼市场的需求和供给图形，用它来说明玉米价格上升对玉米饼市场的影响。再次地，一定要标明乙醇需求增加前后玉米饼的均衡价格和数量。

c. 2009年，汽油需求已经下降，这降低了它的价格。乙醇需求也下降了。但是，乙醇的生产者却要求环境保护局（EPA）将乙醇在汽油混合燃料中的允许用量从10%提高到15%。如果EPA同意这一要求，这对玉米饼价格可能有什么影响？

资料来源：Stephen Power，"Industry Seeks to Raise Ethanol Levels in Fuel"，*Wall Street Journal*，March 7，2009；and Mark Gongloff，"Tortilla Soup"，*Wall Street Journal*，January，2007。

4.6 ［与3.4节中的"建立联系"专栏有关］2009年，LCD电视机的需求看起来正在下降。同时，有些行业观察员预期几家小型的电视机生产企业可能退出这一市场。用一幅需求和供给图形来分析这些因素对LCD电视机均衡价格和数量的影响。在图中清楚地标明原来的和新的均衡价格及数量。你能确定地说新均衡价格比原来的均衡价格高还是低吗？请简要解释。

4.7 ［与例题3.4有关］对西瓜的需求在夏季最高，在冬季最低。然而，正常情况下，夏季西瓜的价格低于冬季。用一幅需求和供给图形来说明为何会这样。一定要在图形中清楚地标明各条曲线以及西瓜在夏季和冬季的均衡价格。

4.8 ［与例题3.4有关］根据一位龙虾市场的观察者的说法，"劳动节后，当度假的人都已经回到家里时，捕龙虾的渔民通常有一个月或更长时间的良好的捕获条件，偶尔出现飓风的情况除外。"用一幅需求和供给图形来解释龙虾价格在秋季的价格比在夏季高还是低。

资料来源：Jay Harlow，"Lobster：An Affordable Luxury"，Sallybernstein. com。

4.9 几年前，一个苹果生产者主张美国应该对香蕉的进口征收关税。他的推理是，"美国进口的数量庞大的便宜香蕉往往降低了美国国内对本国所生产的新鲜水果的消费。"

a. 该苹果生产者假设苹果和香蕉互为替代品还是互补品？请简要解释。

b. 如果对香蕉征收的关税所起的作用是增加了在美国供给香蕉的成本，用两幅需求和供给图形来说明该苹果生产者的提议的影响。一幅图说明对美国的香蕉市场的影响，另一幅说明对美国的苹果市场的影响。一定要标出每一市场中均衡价格和数量的变化以及需求和供给曲线的任何移动。

资料来源：Douglas A. Irwin，*Peddling Protectionism：Smoot-Hawley and the Great Depression*（Princeton，NJ：Princeton University Press，2011），p. 22。

4.10 《华尔街日报》的一篇文章指出，在接受广告的互联网网站数量增加的同时，对互联网广告的需求在下降。在阅读了这篇文章后，一个学生说："根据这一信息，我们知道互联网广告的价格应该下降，但是，我们不知道互联网广告的总量将增加还是减少。"该学生的分析正确吗？用一幅需求和供给图形说明你的答案。

资料来源：Martin Peers，"Future Shock for Internet Ads?"*Wall Street Journal*，February 17，2009。

4.11 从历史上来看，很多易变质的食品（如奶制品）的生产是高度季节性的。因此，随着这些产品的供给发生波动，价格在一年内也往往大幅波动，通常波动幅度为25%～50%甚至更高。机械制冷在19世纪最后十年被大规模地商业化了，它的影响之一是供给者能够将易变质食品从一个季节储存到下一个季节。经济学家估计，由于有了冷冻储藏，易变质食品的批发价格在供给旺季上升了约10%，而在淡季下降了大约相同的幅度。对旺季和淡季分别用一幅需求和供给图形说明制冷如何影响了易变质食品的市场。

资料来源：Lee A. Craig，Barry Goodwin，and Thomas Grennes，"The Effect of Mechanical Refrigeration on Nutrition in the U. S."，*Social Science History*，Vol. 28，No. 2，Summer 2004，pp. 327-328。

4.12 简要解释以下每一种说法是否正确。

a. 如果一种产品的需求和供给都增加了，这种产品的均衡数量一定也增加。

b. 如果一种产品的需求和供给都增加了，这种产品的均衡价格一定也上升。

c. 如果一种产品的需求减少而供给增加，这种产品的均衡价格既可能上升也可能下降，这取决于是供给还是需求移动得更多。

4.13 ［与3.4节中的“不要犯这样的错误!”专栏有关］一个学生这样写道：“扩大生产导致价格降低，价格降低又增加了需求。”你同意他的推理吗？请简要解释。

4.14 ［与3.4节中的“不要犯这样的错误!”专栏有关］一个学生被要求画一幅需求和供给图形来说明在其他条件不变的情况下平板电脑所使用的显示屏价格的下降对平板电脑市场的影响。她画出了下图，并做出了如下解释：

> 显示屏是平板电脑的一种投入，所以显示屏价格的下降会导致平板电脑的供给曲线向右移动（从S_1移动到S_2）。因为供给曲线的这一移动导致了一个更低的价格（P_2），所以消费者将想要购买更多的平板电脑，从而需求曲线将向右移动（从D_1移动到D_2）。我们知道平板电脑的销售量将会增加，但我们无法确定平板电脑的价格将会上升还是下降。这取决于供给曲线还是需求曲线向右移动得更多。我假设对供给的影响大于对需求的影响，所以我在图中表明的是最终的均衡价格（P_3）小于初始的均衡价格（P_1）。

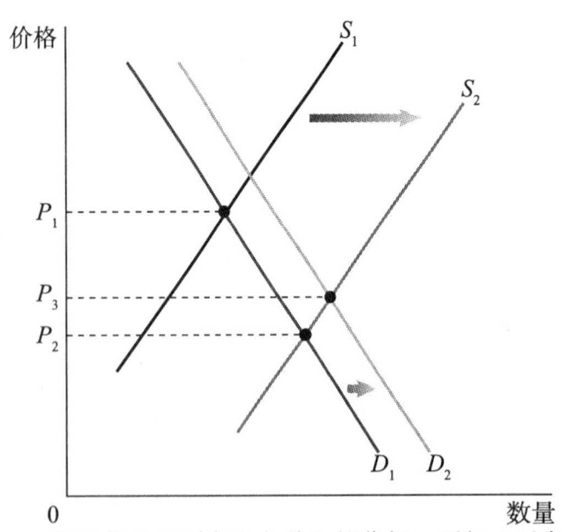

解释你是否同意这个学生的分析。要细心地解释你认为她的分析到底错在哪里（如果有错误的话）。

4.15 以下是四幅图和四种市场情形，每种市场情形要么导致沿着百事可乐供给曲线的运动，要么导致供给曲线的移动。把每种情形和对应的图形匹配起来。

a. 可口乐的供给减少；

b. 美国家庭平均收入从52 000美元下降到50 000美元；

c. 软饮料装瓶技术的提高；

d. 糖和高果糖玉米糖浆的价格上升。

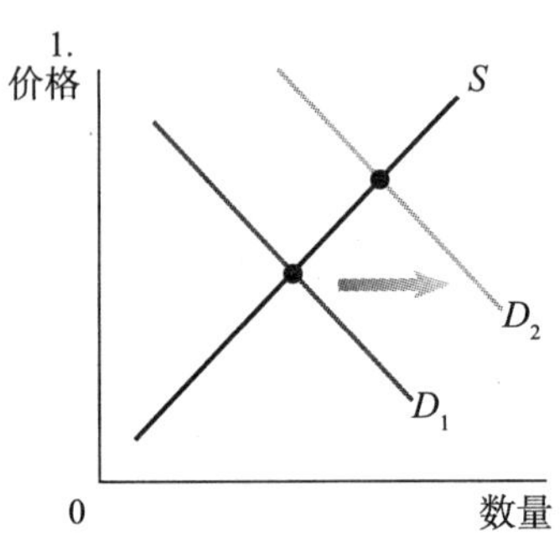

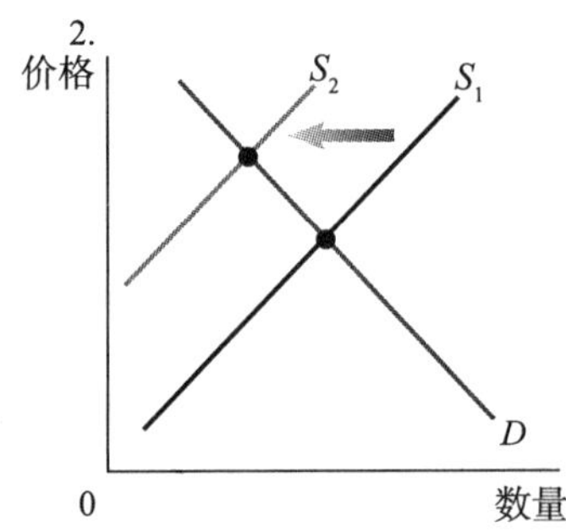

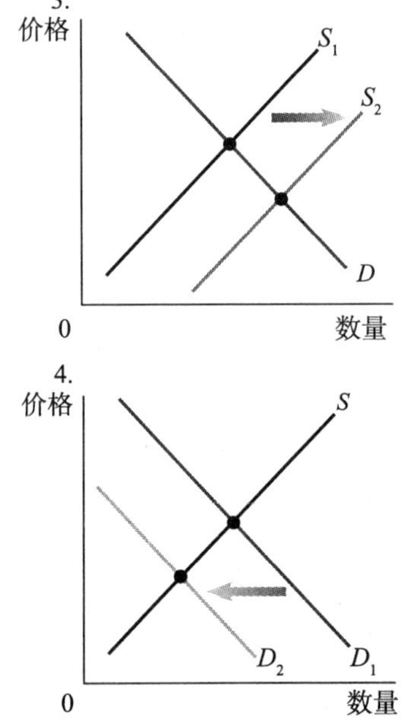

4.16　有些旨在增加政府对提供幼托服务的企业的监管的提议已经被提了出来，如规定从事幼托服务的工作人员的受教育程度。假定这些监管措施提高了幼托服务的质量，导致对幼托服务的需求增加。与此同时，假设遵守这些新的政府监管规定增加了提供幼托服务的企业的成本。画一幅需求和供给图形说明这些变化对幼托服务市场的影响。简要解释幼托服务的总购买量将因为监管而增加还是减少。

4.17　下面两幅图表示了两个市场的供给和需求函数。一个是宝马汽车的市场，另一个是一种癌症治疗药物（没有这种药物的话，肺癌患者就会死去）的市场。简要解释哪一幅图最有可能代表哪一个市场。

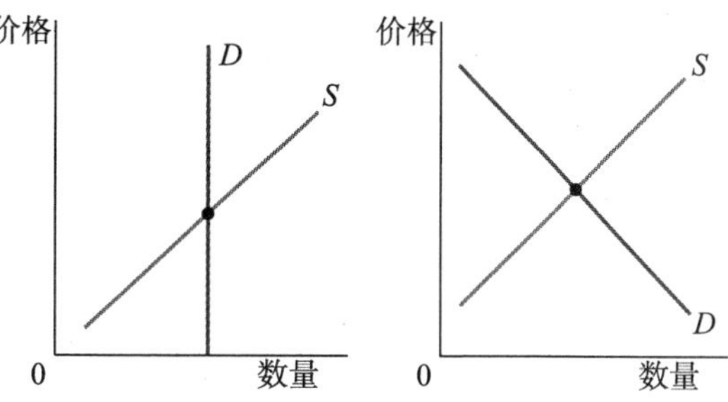

第2篇

市场运行：政策与应用

第 4 章

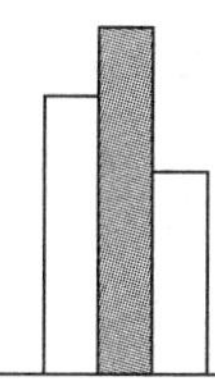

市场效率和市场失灵

本章概览和学习目标

4.1　消费者剩余和生产者剩余

区分消费者剩余和生产者剩余的概念。

4.2　竞争市场的效率

理解经济效率的概念。

4.3　市场中的政府干预：价格下限和价格上限

解释政府施加的价格下限和价格上限的经济影响。

4.4　外部性和经济效率

理解正外部性和负外部性的例子，用图形说明外部性如何影响经济效率。

4.5　处理外部性的政府政策

分析在存在外部性的市场中旨在实现经济效率的政府政策。

开篇案例

政府应该控制公寓房房租吗？

罗伯特·F·摩斯拥有位于纽约市的一栋公寓。与大部分其他企业所有者不同，他不能自由地为他所提供的服务定价。在纽约、旧金山和洛杉矶以及近200个规模稍小一些的城市里，公寓房的房租受到当地政府的控制。租金控制对房东可以收取的公寓房租金规定了法定上限。

纽约市有200万套公寓房，其中约有一半受到租金控制。剩下的100万套的租金由公寓房市场的需求和供给所决定。摩斯先生的公寓楼中，有些公寓房受到租金控制，有些不受租金控制。由市场所决定的房租通常要远远超过受到控制的房租。决定摩斯先生对那些租金受控的公寓房能够收取多少租金的政府管制非常复杂。以下是摩斯先生的描述：

> 当一套公寓房空出来时，州政府的租金法律授权房东以三种主要方式提高房租：对新承租人的两年合同可以提高20%（若是一年的合同则可提高的幅度稍低一点）；每月房租可增加房屋修缮成本的1/40，以及对长期出租（给同一承租人）所给予的“长租红利（其计算方法为：0.6%乘以原承租人的法定房租再乘以原承租人的居住年数，但这一红利仅适用于原承租人居住年数超过8年的情形）……每月租金为2 000美元的公寓房如果空出来，那么就自动解除管制。房租达到每月2 000美元的有承租人居住的公寓房，如果承租人的收入在过去两年里达到175 000美元或以上，那么也可以解除管制。

正如以上描述所说明的，靠出租位于纽约市的公寓房赚取收入的人比拥有一家（比如说）麦当劳餐馆的人要应付的政府价格管制复杂得多。

纽约市那些租金受控的公寓房的承租人不愿意看到租金控制取消，因为那些公寓房的租金比未受控制的公寓房的租金低得多。尽管租金控制法律的本意是让低收入的人能够负担得起住房，但是，高收入的人也可能从中受益。

本章末的“业内观察”讨论了奥斯卡影后费·唐纳薇（Faye Dunaway）和她承租的租金受控的纽约市公寓房房东之间的官司。

租金控制是政府干预经济的一种方式。当存在市场失灵时（市场失灵是市场未能生产出有效的产出水平这样一种状况），就会出现一些政府干预。例如，政府的环境政策的意图就是补救污染引起的市场失灵。

资料来源：Robert F. Moss, “A Landlord’s Lot Is Sometimes Not an Easy One”, *New York Times*, August 3, 2003。

生活中的经济学

租金控制会使你更容易找到一套负担得起的公寓房吗？

假定你有两个城市的工作机会。决定接受哪个工作的因素之一是你是否能找到负担得起的公寓。如果一个城市有租金控制，你更可能在该城市找到一套负担得起的公寓房吗？还是在没有租金控制的城市里寻一套找公寓房会使你的境况更好？在阅读本章的过程中，看看你是否能够回答这个问题。对照我们在本章末尾提供的答案，你可以检验你的答案。

我们在第3章中看到，在一个竞争市场中，价格会进行调整以保证需求量等于供给量。换句话说，在均衡处，每个愿意支付市场价格的消费者都能够买到他想要的任意多数量的产品，每个愿意接受市场价格的企业都能够出售它想要卖出的任意数量。尽管这样，消费者很自然地喜欢支付一个更低的价格，卖者也偏好于收到一个更高的价格。正常情况下，消费者和企业如果想参与到市场中来，他们没有选择，只能接受均衡价格。可是，消费者偶尔成功地让政府施加**价格上限**（price ceiling），即卖者可以收取的法定最高价。租金控制就是价格上限的一个例子。企业有时候也成功地让政府施加**价格下限**（price floor），即卖者可以收取的法定最低价。在牛奶等农产品的市场，从20世纪30年代以来，政府一直设定了高于均衡市场价格的价格下限。

当存在外部性时，政府有时候也会干预市场。**外部性**（externality）是影响在商品或服务的生产或消费中未直接涉及的某人的效益或成本。空气污染就是外部性的一个例子。在空气污染的例子中存在负外部性，因为即使那些患有哮喘病的人没有卷入导致污染的电的购买或出售中，他们也要承担成本。正外部性也可能存在。例如，医学研究会产生正外部性，因为那些没有直接参与到医学研究或为医学研究出资的人也从中获益。竞争市场通常能够保证所生产的商品和服务的数量在经济上有效率。但是，如果市场上存在外部性，情况可能就不是这样了。当存在负外部性时，市场可能生产出高于有效数量的产量。当存在正外部性时，市场可能生产出低于有效数量的产量。

任何时候只要政府施加价格上限或价格下限，或者实施解决外部性问题的政策，都会有可预见的经济后果。政府的政策制定者和选民要理解这些政策的经济后果，这一点很重要。经济学家建立了消费者剩余、生产者剩余和经济剩余这些概念来分析价格上限、价格下限和解决外部性问题的政府政策的影响。

4.1 消费者剩余和生产者剩余

消费者剩余衡量了消费者从在某一特定市场购买商品或服务中得到的货币效益。生产者剩余衡量企业从在某一特定市场销售商品或服务中得到的货币效益。一个市场的经济剩余是消费者剩余和生产者剩余之和。正如我们将要看到的，当政府施加了价格上限或价格下限时，市场的经济剩余减少了；换句话说，价格上限和价格下限减少了消费者和企业从市场中的买卖中得到的总效益。要理解其中的原因，我们需要了解消费者剩余和生产者剩余是如何决定的。

□ 4.1.1 消费者剩余

消费者剩余（consumer surplus）是消费者为一种商品或服务愿意支付的最高价格和实际支付的价格之差。例如，假定你在沃尔玛看到货架上有《哈利波特与死亡圣器（下）》的DVD。包装上没有标明价格，因此你拿着它到服务台去查看价格。在你走向服务台时，你在想你愿意出的最高价是 18 美元。在服务台，你发现实际上价格是 12 美元，因此你买下这张 DVD。在这个例子中，你的消费者剩余是 6 美元：你愿意支付的 18 美元和实际支付的 12 美元之差。

我们可以用需求曲线来衡量一个市场中的总消费者剩余。需求曲线表示消费者在不同价格水平下购买一种产品的意愿。消费者愿意购买一种产品直到消费该产品的边际效益等于其价格为止。**边际效益**（marginal benefit）是消费者消费额外一单位商品或服务得到的额外效益。作为一个简单的例子，假定印度奶茶市场只有 4 个消费者：Theresa、Tom、Terri 和 Tim。由于这四个消费者对奶茶的喜好各不相同，收入也不相同，因此，每个人从消费一杯奶茶中得到的边际效益将会不同。在图 4.1 中，表格中的信息被用于构建奶茶的需求曲线。当每杯奶茶的价格超过 6 美元时，奶茶卖不出去，因为这些消费者愿意支付的最高价格只有 6 美元。价格为 5 美元/杯时，Theresa 和 Tom 都愿意买一杯，因此卖出去两杯奶茶。价格为 3 美元/杯或以下时，所有这四个消费者都愿意购买奶茶，因此卖出去四杯。

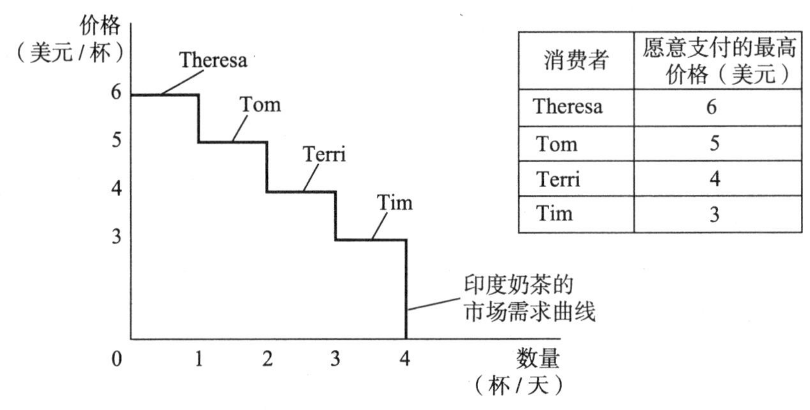

消费者	愿意支付的最高价格（美元）
Theresa	6
Tom	5
Terri	4
Tim	3

图 4.1　推导印度奶茶的需求曲线

当印度奶茶市场的消费者为 4 个时，需求曲线由每个消费者愿意支付的最高价格决定。当每杯奶茶的价格超过 6 美元时，奶茶卖不出去，因为这些消费者愿意支付的最高价格只有 6 美元。价格为 3 美元/杯或以下时，这四个消费者中每一个都愿意购买一杯奶茶。

假定印度奶茶的市场价格为每杯 3.5 美元。正如图 4.2 所示，需求曲线让我们能够计算这个市场中的总消费者剩余。在图 4.2（a）中，我们可以看到，Theresa 愿意支付的最高价格为 6 美元但她只支付了 3.5 美元，因此她的消费者剩余为 2.5 美元（表示为图中矩形 *A* 的面积）。类似地，Tom 的消费者剩余为 1.5 美元（矩形 *B*），Terri 的消费者剩余为 0.5 美元（矩形 *C*）。Tim 不愿意以 3.5 美元/杯的价格购买奶茶，因此他不参与这个市场，消费者剩余为零。在这个简单的例子中，总消费者剩余等于 2.5＋1.5＋0.5＋0＝4.5 美元（即矩形 *A*、*B*、*C* 的面积之和）。图 4.2（b）显示，更低的价格将增加消费者剩余。如果奶茶的价格从每杯 3.5 美元下降到 3 美元，Theresa、Tom 和 Terri 每个人得到的消费者剩余都会多出 0.5 美元（用图中深色阴影部分表示），因此市场中的总消费者剩余增加到 6 美元。现在，Tim 购买一杯奶茶，但并没有得到消费者剩余，原因是价格正好等于他愿意支付的最高价格。实际上，Tim 是否购买奶茶是无差异的，两种情况下他的福利是相同的。

图 4.1 和图 4.2 所示的市场需求曲线看起来不像我们在第 3 章看到的平滑曲线。这是因为这个例子中消费者的数量很少，每个消费者只消费 1 杯奶茶。如果有许多消费者，奶茶的市场需求曲线将会有图 4.3 所示的正常的平滑形状。在该图中，价格为 2 美元时的需求量是每天 15 000 杯。我们可以用与计算图 4.1 和图 4.2 中总消费者剩余相同的方式来计算图 4.3 中的总消费者剩余：加总所购买的每个单位的消费者剩余。再一次，我们可以得出一个重要结论：一个市场中消费者剩余的总量等于需求曲线以下和市场价格以上的面积。在图 4.3 中消费者剩余用阴影区域来表示，它代表了消费者得到的效益中超过他们购买产品（在本例中为印度奶茶）所支付的价格的部分。

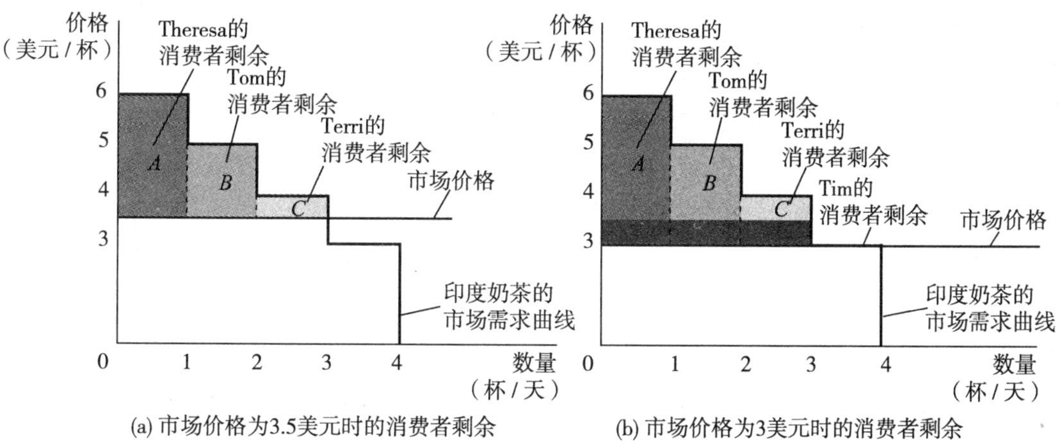

图 4.2　衡量消费者剩余

图（a）表示了市场价格为每杯 3.5 美元时 Theresa、Tom 和 Terri 的消费者剩余。Theresa 的消费者剩余等于矩形 A 的面积，是她愿意支付的最高价格（6 美元）和市场价格（3.5 美元）之差。Tom 的消费者剩余等于矩形 B 的面积，Terri 的消费者剩余等于矩形 C 的面积。这个市场中总消费者剩余等于矩形 A、B、C 的面积之和，即需求曲线以下和市场价格以上的总面积。在图（b）中，随着价格从 3.5 美元/杯下降到 3 美元/杯，消费者剩余增加了深色阴影部分所表示的数量。

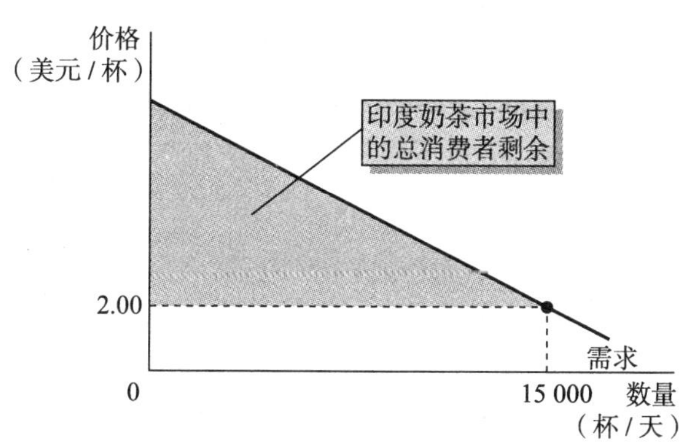

图 4.3　印度奶茶市场中的总消费者剩余

需求曲线告诉我们印度奶茶的大部分买者愿意支付的价格超过市场价格（2 美元/杯）。对每个买者来说，消费者剩余等于他/她愿意支付的最高价格和实际支付的市场价格之差。因此，印度奶茶市场中消费者剩余的总量等于需求曲线以下和市场价格以上的面积。消费者剩余代表了消费者得到的效益中超过他们购买产品所支付的价格的部分。

建立联系☞

从宽带互联网服务中获得的消费者剩余

消费者剩余让我们能够衡量消费者得到的效益中超过他们购买产品所支付的价格的部分。最近，西北大学的经济学家谢恩·格林斯坦（Shane Greenstein）和瑞安·麦克德维特（Ryan McDevitt）估计了家庭从订购宽带互联网服务中所获得的消费者剩余。为此，他们估计出了宽带互联网服务的需求曲线，然后计算了下图所示的阴影部分的面积。

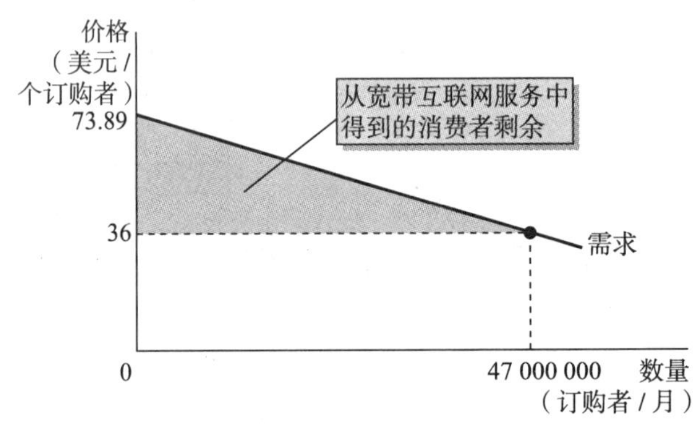

在2006年，4 700万消费者支付了平均每月36美元的价格来订购宽带互联网服务。需求曲线表示了消费者从订购宽带互联网服务（而非拨号上网或不上网）中所得到的边际效益。需求曲线以下和价格（36美元）以上的面积代表了消费者愿意支付的价格和实际支付的价格之差。图中阴影部分的面积代表了宽带互联网服务市场中的总消费者剩余。格林斯坦和麦克德维特估计，这一面积的数值为8.905亿美元。这是订购宽带互联网服务的所有消费者每个月所获得的效益。

资料来源：Shane Greenstein and Ryan C. McDevitt, "The Broadband Bonus: Accounting for Broadband Internet's Impact on U.S. GDP", National Bureau of Economic Research Working Paper 14758, February 2009。

轮到你了：做本章末与本专栏相关的问题与应用1.9，看看你理解得如何。

□ 4.1.2　生产者剩余

正如需求曲线表示了消费者在不同价格水平下购买一种产品的意愿，供给曲线表示了企业在不同价格水平下供给一种产品的意愿。供给一种产品的意愿取决于该产品的生产成本。企业供给额外一单位产品的条件是它们收到的价格等于生产该单位的额外成本。企业生产额外一单位商品或服务的额外成本称为**边际成本**（marginal cost）。考虑一家名为Heavenly Tea的企业生产额外一杯奶茶的边际成本：在这个例子中，边际成本包括泡这杯奶茶所用的原料和支付给泡这杯奶茶的工人的工资。在某一给定时期，生产一种商品的边际成本常常随着这种商品生产数量的增加而增加。这是供给曲线向上倾斜（正如我们在第3章中看到的）的关键原因。

图4.4（a）表示了Heavenly Tea的生产者剩余。为了简单起见，我们假设Heavenly

Tea 只生产少量的奶茶。该图表明 Heavenly Tea 生产第一杯奶茶的边际成本是 1.25 美元，生产第二杯奶茶的边际成本是 1.5 美元，等等。每杯奶茶的边际成本是 Heavenly Tea 供给那杯奶茶所愿意接受的最低价格，从而供给曲线就是边际成本曲线。假定奶茶的市场价格为每杯 2 美元。对于第一杯奶茶，这一价格比 Heavenly Tea 愿意接受的最低价格高出 0.75 美元。**生产者剩余**（producer surplus）是指企业出售一种商品或服务愿意接受的最低价格和实际收到的价格之差。因此，Heavenly Tea 在第一杯奶茶上的生产者剩余是 0.75 美元（表示为图中矩形 *A* 的面积）。它在第二杯奶茶上的生产者剩余为 0.5 美元（矩形 *B* 的面积），在第三杯奶茶上的生产者剩余为 0.25 美元（矩形 *C* 的面积）。Heavenly Tea 不愿意供给第四杯奶茶，因为这杯奶茶的边际成本超过市场价格。Heavenly Tea 的总生产者剩余等于 0.75＋0.5＋0.25＝1.50 美元（即矩形 *A*、*B*、*C* 的面积之和）。更高的价格将增加生产者剩余。例如，如果印度奶茶的市场价格从 2 美元/杯上升到 2.5 美元/杯，Heavenly Tea 的生产者剩余将从 1.5 美元增加到 2.25 美元。（请确保你理解这一新的生产者剩余是怎样计算出来的。）

图 4.4（a）所示的供给曲线看起来不像我们在第 3 章看到的平滑曲线，这是因为这个例子中只有一个生产少量奶茶的企业。如果有许多企业，印度奶茶的市场供给曲线将会有如图 4.4（b）所示的正常的平滑形状。在图 4.4（b）中，价格为 2 美元/杯时的供给量是每天 15 000 杯。我们可以用与计算图 4.4（a）中总生产者剩余相同的方式来计算图 4.4（b）中的总生产者剩余：加总所出售的每杯奶茶上的生产者剩余。因此，一个市场中生产者剩余的总量等于市场供给曲线以上和市场价格以下的面积。印度奶茶销售者从销售印度奶茶中获得的总生产者剩余在图 4.4（b）中用阴影区域表示。

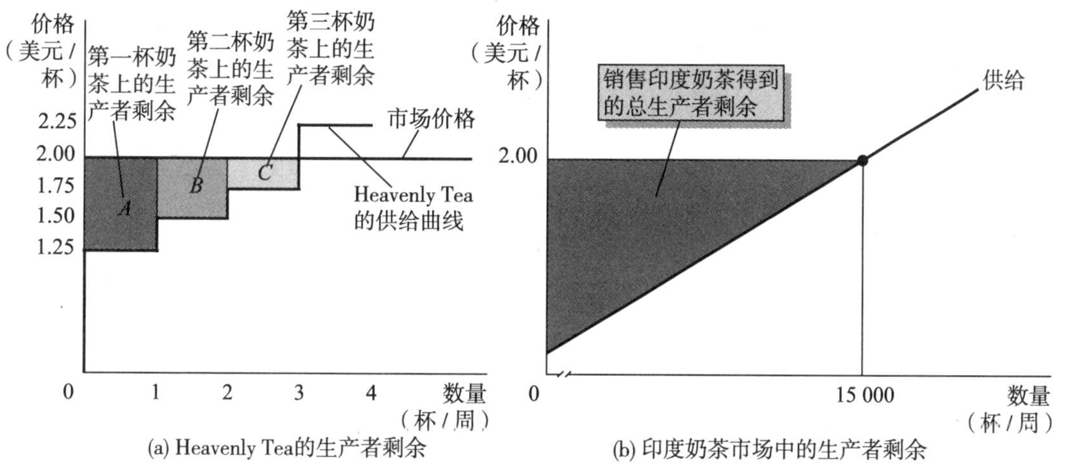

图 4.4　衡量生产者剩余

图（a）表示了 Heavenly Tea 的生产者剩余。生产者剩余是指企业愿意接受的最低价格和实际收到的价格之差。Heavenly Tea 为供给一杯奶茶所愿意接受的最低价格等于该杯奶茶的边际成本。当市场价格为 2 美元/杯时，Heavenly Tea 在第一杯奶茶上的生产者剩余是 0.75 美元（矩形 *A* 的面积），在第二杯奶茶上的生产者剩余为 0.5 美元（矩形 *B* 的面积），在第三杯奶茶上的生产者剩余为 0.25 美元（矩形 *C* 的面积）。在图（b）中，印度奶茶销售者从销售印度奶茶中获得的总生产者剩余可以通过加总整个市场所出售的每杯奶茶上的生产者剩余来得到。在图中，总生产者剩余等于市场供给曲线以上和市场价格以下的面积，用阴影区域表示。

□ 4.1.3 消费者剩余和生产者剩余衡量什么?

我们已经看到，消费者剩余衡量消费者从参与市场中所获得的效益，而生产者剩余衡量生产者从参与市场中所获得的效益。不过，重要的是要弄清楚消费者剩余和生产者剩余是什么意思。在某种意义上，消费者衡量了消费者从参与市场中所获得的净效益，而不是总效益。也就是说，如果产品的价格为零，那么市场中的消费者剩余就会是需求曲线以下的所有面积；当价格不为零时，消费者剩余是需求曲线以下和市场价格以上的面积。所以，市场中的消费者剩余等于消费者获得的总效益减去他们为购买该商品或服务所必须支付的总金额。

类似地，生产者剩余衡量生产者从参与市场中所获得的净效益。如果生产者能以零成本供给某种商品或服务，那么市场中的生产者剩余就会是市场价格以下的所有面积。当成本不为零时，生产者剩余是市场价格以下和供给曲线以上的面积。所以，市场中的生产者剩余等于企业从消费者那里获得的总金额减去生产该商品或服务的成本。

4.2 竞争市场的效率

在第 3 章中，我们把竞争性市场定义为有许多买者和卖者的市场。市场体系的一个重要优点是它产生有效率的经济结果。但是我们所说的经济效率是什么意思呢？到目前为止，我们在本章中建立的概念给我们提供了思考竞争市场的经济效率的两种方式。我们可以从边际效益和边际成本的角度来思考，也可以从消费者剩余和生产者剩余的角度来思考。正如我们将要看到的，这两种方法得到了相同的结果，但是用两种方法思考会加强我们对经济效率的理解。

□ 4.2.1 在竞争均衡处边际效益等于边际成本

图 4.5 再次显示了印度奶茶市场。从前面的讨论中我们知道，需求曲线显示了消费者所获得的边际效益，供给曲线显示了生产的边际成本。为了实现这个市场的经济效率，从所出售的最后一个单位中获得的边际效益应该等于生产的边际成本。该图显示，在竞争均衡处，两者相等，此时印度奶茶每天的产量为 15 000 杯，边际效益和边际成本都等于 2 美元/杯。为什么这个结果在经济上是有效率的呢？这是因为给买者带来的边际效益大于或等于生产者的边际成本的每一杯印度奶茶都已经生产出来了。

理解为什么竞争均衡时的产出水平是有效率的另一种方式是，考虑如果产出为一个不同的水平时将会是什么状况。例如，假定印度奶茶的产出是每天 14 000 杯。图 4.5 表明，在这个产出水平，所出售的最后一杯印度奶茶带来的边际效益是 2.2 美元，而边际成本只有 1.8 美元。这个产出水平是没有效率的，这是因为还可以多生产 1 000 杯印度奶茶，且每一杯奶茶给消费者带来的额外效益都大于生产的额外成本。消费者会愿意购买这 1 000 杯印度奶茶，而印度奶茶的卖者会愿意供给，这使得消费者和卖者双方的境况都得到改善。类似地，如果印度奶茶的产出是每天 16 000 杯，第 16 000 杯的边际成本是 2.2 美元，而边际效益只有 1.8 美元。奶茶的卖者只有在价格为 2.2 美元时才愿意供给这杯印度奶茶，而这个价格比消费者愿意支付的价格高 0.4 美元。实际上，对于超过第 15 000 杯的任何一杯印度奶茶，消费者都不愿意支付奶茶的卖者所需要收取的价格。

总结起来，我们可以这样说：竞争市场中的均衡产生了在经济上有效率的产出水平，在这个产出水平，边际效益等于边际成本。

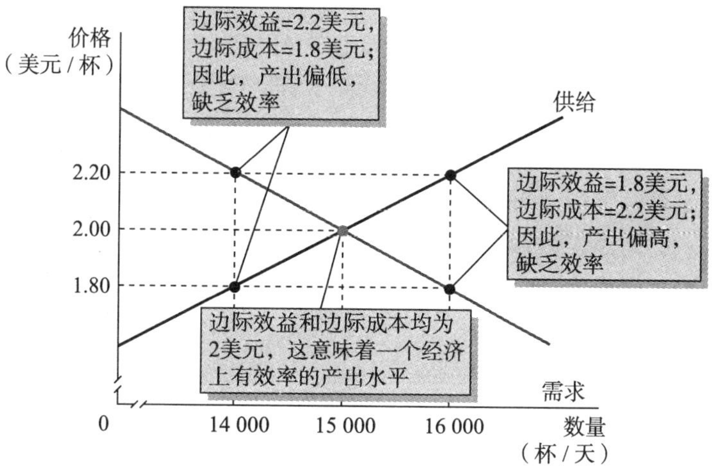

图 4.5　只有在竞争均衡处，边际效益才等于边际成本

在竞争性市场上，印度奶茶每天的均衡产量为 15 000 杯，均衡价格为每杯 2 美元，此时边际效益等于边际成本。这是一个在经济上有效率的产出水平，因为给买者带来的边际效益大于或等于生产者的边际成本的每一杯印度奶茶都已经生产出来了。

□ 4.2.2　经济剩余

市场中的**经济剩余**（economic surplus）是消费者剩余和生产者剩余之和。在一个竞争性市场上，存在大量买者和卖者，在没有政府限制的情况下，经济剩余在市场处于均衡时达到最大。为了理解这一点，让我们再次考察如图 4.6 所示的印度奶茶市场。这个市场中的消费者剩余是需求曲线以下和表明均衡价格为 2 美元的直线以上的浅灰色阴影区域。生产者剩余是供给曲线以上和价格直线以下的深灰色阴影区域。

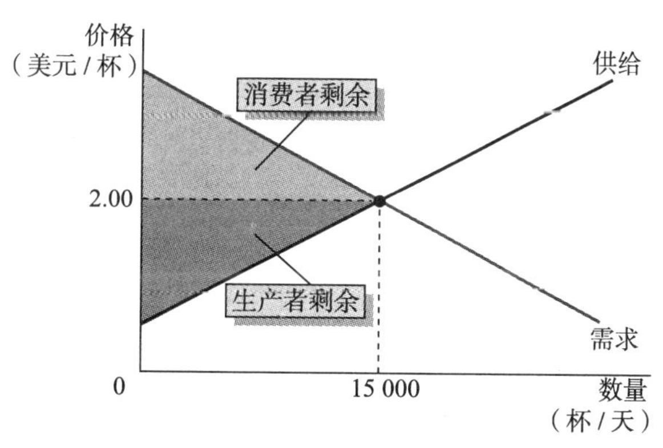

图 4.6　经济剩余等于消费者剩余和生产者剩余之和

一个市场中的经济剩余是代表消费者剩余的浅灰色阴影区域和代表生产者剩余的深灰色阴影区域之和。

□ 4.2.3 无谓损失

为了说明经济剩余在均衡时达到最大，考虑如图 4.7 所示的印度奶茶价格高于均衡价格的情况。在价格为每杯 2.2 美元时，消费者每天愿意购买的奶茶从 15 000 杯下降到 14 000杯。在竞争均衡处，消费者剩余等于区域 A、B 和 C 之和。在价格为每杯 2.2 美元时，由于价格水平更高且奶茶的销售量更少，所以消费者剩余减少到仅仅为区域 A。在竞争均衡处，生产者剩余等于区域 D 和 E 之和。在价格为每杯 2.2 美元时，生产者剩余变成区域 B 和 D 之和。经济剩余，即消费者剩余和生产者剩余之和，减少到区域 A、B 和 D 之和。注意，这与原来的经济剩余相比减少了区域 C 和 E。经济剩余之所以减少，是因为在价格为每杯 2.2 美元时，第 14 000 杯和第 15 000 杯之间这 1 000 杯奶茶没有被生产出来，而在竞争均衡时却会被生产出来。这 1 000 杯"消失的"奶茶没有提供任何消费者剩余或生产者剩余，所以经济剩余减少了。由于市场不处于竞争均衡而导致的经济剩余的减少称为**无谓损失**（deadweight loss）。在图形中，它等于浅灰色阴影区域 C 和 E 之和。

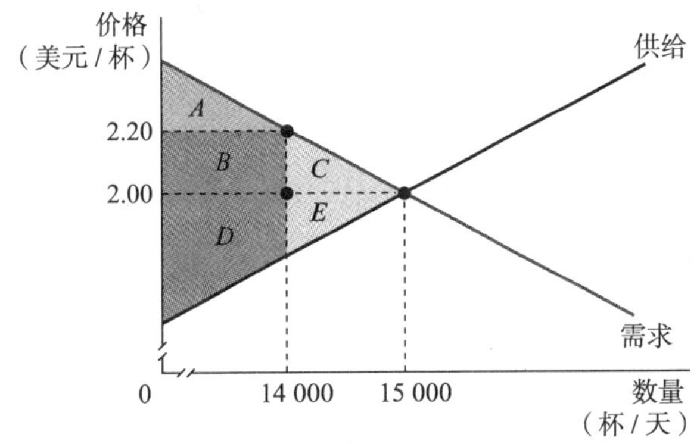

	在竞争均衡处	价格为 2.2 美元/杯时
消费者剩余	$A+B+C$	A
生产者剩余	$D+E$	$B+D$
无谓损失	无	$C+E$

图 4.7　当市场不处于均衡时，存在无谓损失

当市场处于竞争均衡时，经济剩余达到最大。当市场不处于均衡时，存在无谓损失。在价格为每杯 2.2 美元而非 2 美元时，消费者剩余从等于区域 A、B 和 C 之和减少到仅仅为区域 A。生产者剩余从等于区域 D 和 E 之和增加到区域 B 和 D 之和。在竞争均衡处，不存在无谓损失。在价格为每杯 2.2 美元时，无谓损失等于区域 C 和 E 之和。

□ 4.2.4 经济剩余和经济效率

消费者剩余衡量消费者从购买某种特定产品（如印度奶茶）中所获得的效益。生产者剩余衡量企业从出售某种特定产品中所获得的效益。因此，经济剩余，即企业获得的效益和消费者获得的效益之和，是对社会从生产某种特定商品或服务中获得的效益的最佳衡量。这给我们提供了另一种刻画竞争市场的经济效率的方法：竞争市场的均衡导致生产某种商品或服务所带来的经济剩余，即社会获得的总的净效益，达到最大。导致某一商品或服务市场不处于竞争均衡的任何因素都会减少社会从生产该商品或服务中获得的总效益。

现在我们可以根据上面介绍的这两种方法来给经济效率下一个更为一般的定义：**经济效率**（economic efficiency）是生产的最后一个单位对消费者的边际效益等于其生产的边际成本且消费者剩余和生产者剩余之和达到最大这样一个市场结果。

4.3 市场中的政府干预：价格下限和价格上限

请注意，我们并没有下结论说，如果市场处于竞争均衡，每个人的境况都得到改善。我们只得到这样的结论：经济剩余，或者说社会得到的总的净效益，在竞争均衡处是最大的。任何单个的生产者都宁愿收取更高的价格，任何单个的消费者都宁愿支付更低的价格，但通常来说，只有在竞争均衡价格，生产者才会出售，消费者才会购买。

对竞争均衡价格不满意的生产者或消费者可以游说政府，从法律上要求收取一个不同的价格。在美国，政府只是偶尔通过设定价格来推翻市场结果。当政府真的干预市场时，它可以通过规定高于均衡的价格（价格下限）来试图帮助卖者，也可以通过规定低于均衡的价格（价格上限）来试图帮助买者。若要影响市场结果，政府规定的价格下限必须高于均衡价格，价格上限必须低于均衡价格。否则，价格上限或价格下限对买者和卖者就不具有约束力。上一节证明了偏离竞争均衡将会降低经济效率。我们可以运用消费者剩余、生产者剩余和无谓损失这些概念来更清楚地理解价格下限和价格上限的经济低效率。

□ 4.3.1 价格下限：农业市场中的政府政策

20 世纪 30 年代的大萧条是美国历史上最严重的经济灾难，它影响了美国经济的各个部门。许多农民无法卖出他们的产品，或者只能以很低的价格卖出。农民们成功地说服了联邦政府为许多农产品设置价格下限。从此，农业中的政府干预（常常称为“农场项目”）就延续了下来。为了理解农业市场中的价格下限是如何起作用的，假定小麦市场中的均衡价格是每蒲式耳 3 美元，但是政府决定设定一个每蒲式耳 3.5 美元的价格下限。正如图 4.8 所示，小麦的价格从每蒲式耳 3 美元上升到 3.5 美元，小麦的销售量从每年 20 亿蒲式耳下降到 18 亿蒲式耳。起初，假定小麦的产量也下降到 18 亿蒲式耳。

正如我们在前面的印度奶茶市场例子中所看到的（如图 4.7 所示），小麦种植者所得到的生产者剩余增加了等于矩形 A 的面积的数量，减少了等于三角形 C 的面积的数量。矩形 A 这个区域代表了从消费者剩余向生产者剩余的转移。消费者剩余总的下降等于矩形 A 的面积加上三角形 B 的面积。小麦种植者从这个项目中获益，但消费者遭受了损失。此外，还有等于 B 和 C 这两个三角形的面积的无谓损失，它代表由价格下限导致的经济效率的降低。有无谓损失的原因是，价格下限减少了小麦市场中的经济剩余的数量。或者，换一种方式来看，价格下限导致最后一蒲式耳小麦的边际效益大于生产它的边际成本。我们可以得出结论：价格下限降低了经济效率。

我们前面假设起初小麦种植者将小麦产量减少到消费者愿意购买的数量。事实上，正如图 4.8 所示，价格下限会导致种植者想要供给的小麦数量从 20 亿蒲式耳增加到 22 亿蒲式耳。由于更高的价格也减少了消费者想要购买的小麦数量，结果是存在 4 亿蒲式耳小麦的过剩（22 亿蒲式耳的供给量减去 18 亿蒲式耳的需求量）。

联邦政府的农场项目常常导致小麦和其他农产品的大量过剩。作为对此的反应，政府通常要么买下过剩的粮食，要么付钱给农民通过荒弃部分土地的方法来限制供给。由于这两种做法代价都很高，美国国会于 1996 年通过了《农业自由化法案》（the Freedom to

Farm Act)。该法案的意图是逐步放弃价格下限和政府对过剩农产品的购买，促使向自由的农业市场的回归。为了让农民有时间做出调整，联邦政府开始根据所耕种的土地面积向农民支付补贴（或现金支付）。尽管按照原来的计划补贴是要逐步取消的，但是国会通过了另外的农业法案，这些法案使得对农民的补贴仍在继续。

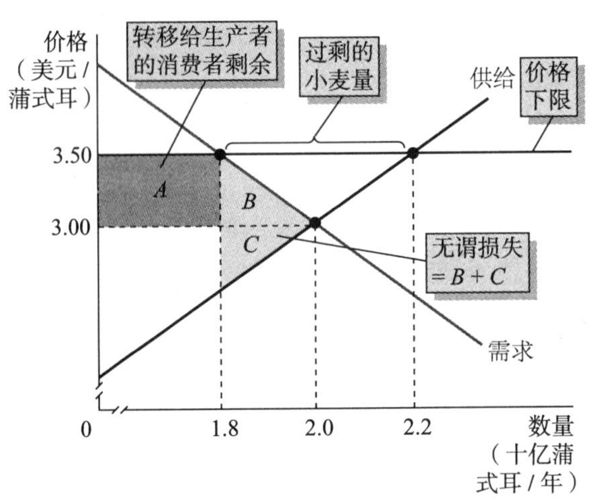

图 4.8　小麦市场中价格下限的经济影响

如果小麦种植者成功地说服政府施加一个每蒲式耳 3.5 美元的价格下限，小麦的销售量将从每年 20 亿蒲式耳下降到 18 亿蒲式耳。如果我们假设小麦种植者生产 18 亿蒲式耳小麦，那么，生产者剩余将增加矩形 *A*——它是从消费者剩余转移来的，并减少三角形 *C*。消费者剩余下降了矩形 *A* 和三角形 *B*。存在等于 *B* 和 *C* 这两个三角形面积的无谓损失，它代表由价格下限导致的经济效率的降低。在现实中，每蒲式耳 3.5 美元的价格下限会导致种植者将产量从 20 亿蒲式耳增加到 22 亿蒲式耳，导致小麦过剩。

建立联系

劳动市场中的价格下限：关于最低工资政策的争论

最低工资可能是最具争议性的“价格下限”了。支持者把最低工资看作提高低技能者收入的一种方式。反对者认为它导致了工作岗位的减少并给小企业带来了很高的成本。

从 2009 年 7 月起，美国国会对大部分职业设定了每小时 7.25 美元的全国最低工资。在那些职业中，雇主支付低于这一水平的工资是违法的。对大部分工人来说，最低工资和他们无关，因为它远远低于雇主自愿支付给他们的工资。但对于低技能工人（如在快餐店工作的工人）来说，最低工资超过了他们在没有这一政策情况下所能拿到的工资。下页图显示了最低工资对低技能劳动市场的就业的影响。

如果没有最低工资制，均衡工资将是 W_1，就业的工人数量将是 L_1。在设定的最低工资高于均衡工资的情况下，雇主对工人的需求量从 L_1 减少到 L_2，劳动供给量增加到 L_3，导致数量为 L_3-L_2 的工人过剩，他们无法找到工作。劳动供给量增加是因为更高的工资吸引了更多人工作。例如，有些青少年可能认为，在每小时 7.25 美元的最低工资水平，放学后去工作是划算的，但若工资更低就不值得了。

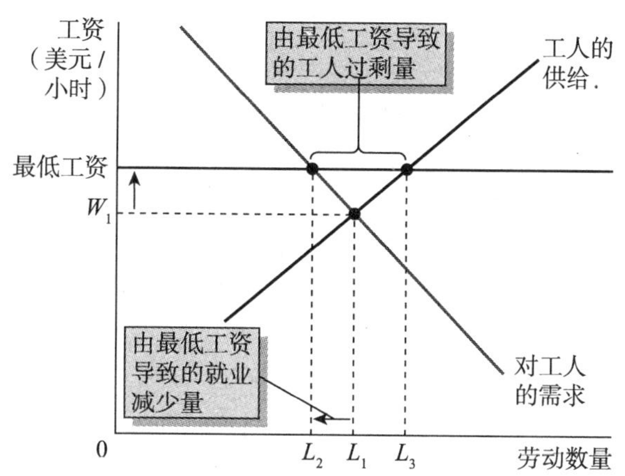

这个分析与我们在图 4.8 中对小麦市场的分析很类似。正如小麦市场中的价格下限导致小麦的消费量减少一样，劳动市场中的价格下限应该导致工人就业量的减少。然而，对于最低工资造成的就业量的减少有多大，经济学家之间的观点迥异。例如，加州大学伯克利分校的戴维·卡德（David Card）和普林斯顿大学的艾伦·克鲁格（Alan Krueger，于 2011 年被奥巴马总统任命为经济顾问委员会主席）进行了一项对新泽西州和宾夕法尼亚州的快餐店的研究。他们的研究表明，最低工资的增加对就业量的影响很小。不过，这项研究有很大的争议性。其他经济学家考察了类似的数据，却得到了不同的结论：最低工资导致了就业量的显著减少。

无论最低工资造成的就业量损失有多大，因为它是一个价格下限，它会带来无谓损失，就像小麦市场中的价格下限一样。因此，许多经济学家偏爱其他政策来达到提高低技能工人的收入的目标。许多经济学家支持的一项政策是劳动收入所得税扣除。劳动收入所得税扣除减少了低工资收入者向联邦政府缴纳的税收。那些收入非常低、无须支付任何税收的工人从政府那里获得支付。与最低工资相比，工资收入所得税扣除能够增加低技能工人的收入而不会减少就业量。劳动收入所得税扣除给那些雇用大量低技能工人的小企业造成的负担更轻，它可能带来的经济效率损失也更小。

资料来源：David Card and Alan B. Krueger，*Myth and Measurement*：*The New Economics of the Minimum Wage*（Princeton，NJ：Princeton University Press，1995）；David Neumark and William Wascher，“Minimum Wages and Employment：A Case Study of the Fast-Food Industry in New Hersey and Pennsylvania：Comment”，*American Economic Review*，Vol. 90，No. 5，December 2000，pp. 1362-1396；and David Card and Alan B. Krueger，“Minimum Wages and Employment：A Case Study of the Fast-Food Industry in New Hersey and Pennsylvania：Reply”，*American Economic Review*，Vol. 90，No. 5，December 2000，pp. 1397-1420。

轮到你了：做本章末与本专栏相关的问题与应用 3.11，看看你理解得如何。

□ 4.3.2 价格上限：住房市场中的政府租金控制政策

对政府设定价格下限的支持通常来自卖者，而对政府设定价格上限的支持通常来自消费者。例如，当汽油价格急剧上升时，常常会有提议让政府对汽油市场施加一个价格上限。正如我们在本章开篇案例中看到的，纽约是施加了租金控制的城市之一，租金控制对公寓房房东可以收取的最高房租设置了一个上限。图 4.9 显示了存在租金控制的城市中的公寓房市场。

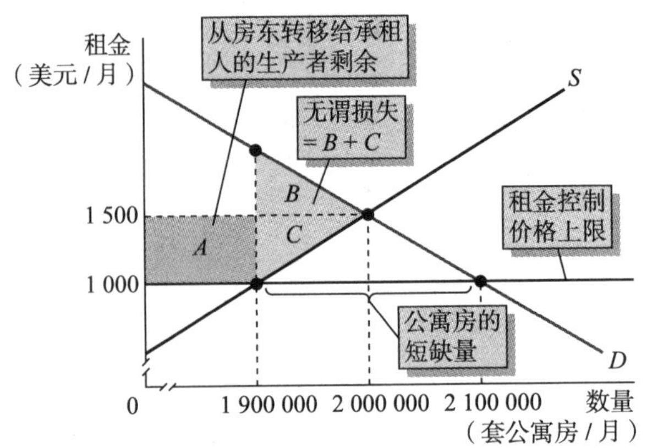

图 4.9 租金上限的经济影响

如果没有租金控制，均衡租金是每月 1 500 美元，有 200 万套公寓房租出去了。如果政府施加了 1 000 美元的租金上限，公寓房的供给量下降到 190 万套，而公寓房的需求量上升到 210 万套，这导致 20 万套公寓房的短缺。矩形 A 这部分生产者剩余从房东那里转移给了消费者，存在等于三角形 B 和 C 的无谓损失。

如果没有租金控制，均衡租金将是每月 1 500 美元，租出去的公寓房有 200 万套。在最高法定租金为每月 1 000 美元的情况下，房东将公寓房的供给量减少到 190 万套。公寓房供给量的减少可能是由于房东将有些公寓房改造成写字楼，或者卖给个人，或者将一些小型公寓楼改成独户式住宅。随着时间的推移，房东甚至有可能放弃一些公寓楼。在纽约市，租金控制曾经导致整个街区都被房东放弃，因为政府允许他们收取的房租还不够弥补他们的成本。在伦敦，当租金控制应用到房东自己家里的房间和公寓房时，这些公寓房的供给量下降了 75%。

在图 4.9 中，当租金上限为 1 000 美元时，公寓房的需求量上升到 210 万套。存在 20 万套公寓房的短缺。消费者剩余增加了矩形 A，减少了三角形 B。如果没有租金控制的话，矩形 A 本来是生产者剩余的一部分。租金控制导致房东所获得的生产者剩余减少了矩形 A 和三角形 C。三角形 B 和 C 代表了无谓损失。有无谓损失的原因是，租金控制减少了公寓房市场中经济剩余的数量。租金控制导致最后一套出租的公寓房的边际效益大于供给它的边际成本。我们可以得出结论：像租金控制这样的价格上限降低了经济效率。

所有承租人作为一个整体从租金控制中获益——总的消费者剩余增加了，但房东遭受了损失。由于有无谓损失，房东的总损失超过租房者获得的收益。另外，还要注意，尽管所有承租人作为一个整体获益了，但租到住房的承租人数量减少了，所以租金控制使有些承租人的境况变差了，原因是在法定的租金水平他们租不到公寓房。

不要犯这样的错误！ ☞

不要将“稀缺”和“短缺”混淆

乍一看来，下面的说法似乎是正确的：“每种稀缺的商品都存在短缺。”在日常交谈中，如果我们很难发现某种商品，我们就说它是“稀缺的”。例如，如果你打算给孩子买一件礼物，你愿意按标价购买最新的热门玩具，但在网上或者任何商店里都买不到，你也许会说这样的热门玩具是“稀缺的”。但是，回忆一下在第2章曾经说过，经济学家对稀缺的定义很宽泛。在经济意义上，几乎所有的东西（垃圾等不合意的东西除外）都是稀缺的。只有在现有价格水平下需求量超过供给量的时候，商品的短缺才会发生。因此，前面的说法——“每种稀缺的商品都存在短缺”——是不正确的。事实上，大部分稀缺的产品都不存在短缺。

轮到你了：做本章末的问题与应用3.14，看看你理解得如何。

□ 4.3.3 黑市

到目前为止，我们对租金控制的分析还是不完整的。在实践中，承租人的境况可能比图4.9所表示的要差一些，而房东的境况则要好一些。我们一直假设承租人和房东事实上都遵守价格上限，但有时他们并不遵守。因为租金控制导致了公寓房的短缺，所以在遵守租金上限的情况下租不到房屋的承租人有激励向房东提供超过法定最高租金的租金。当政府力图通过设定价格上限或价格下限来控制价格时，买卖双方常常会找到规避控制的方法。结果就会出现**黑市**（black market），即以违反政府价格管制的价格进行买卖。

在有租金控制的住房市场，如果公寓房以超过法定价格上限的价格出租，承租人得到的消费者剩余的总量可能会减少，而房东所得到的生产者剩余的总量可能会增加。

租金控制还可能会导致种族和其他类型的歧视增加。在有租金控制的情况下，求租公寓房的承租人比可供出租的公寓房要多。房东可以拒绝出租给他们不喜欢的人，他们的偏见得以大行其道。在没有租金控制的城市里，房东面临更多的竞争，这使得以不相关的特征（如种族）为由拒绝承租人更为困难。

例题4.3　公寓房黑市有什么经济影响?

在许多有租金控制的城市里，实际支付的租金可能比法定的最高租金高得多。因为租金控制引起了公寓房的短缺，所以急切想租到住房的承租人常常愿意向房东支付高于法律所允许的租金，其方式可能是通过开一张法律所允许的租金金额的支票，再额外付一些现金（见图4.9）。假定承租人之间的竞争导致黑市租金上升到每月2 000美元。在这个租金水平，承租人对公寓房的需求量是190万套。作图表示公寓房市场，并与图4.9所示的情形进行比较。要求指出消费者剩余、生产者剩余和无谓损失上的任何差别。

解：

第1步：复习本章内容。这一问题是关于公寓房市场中的价格控制的，所以你可能需要复习一下4.3.2节“价格上限：住房市场中的政府租金控制政策”。

第2步：画出与图4.9类似的图，加上黑市价格。

第3步：分析与图4.9相比的变化。黑市租金现在是2 000美元，甚至比图4.9所示的原始竞争均衡租金还高。所以消费者剩余的减少量等于矩形A加上矩形E。剩下的消费者剩余是三角形D。注意矩形A原本是在没有租金控制的情况下消费者剩余的一部分，它代表从承租人向房东的转移。与图4.9所示的情形相比较，生产者剩余增加了矩形A和矩形E，消费者剩

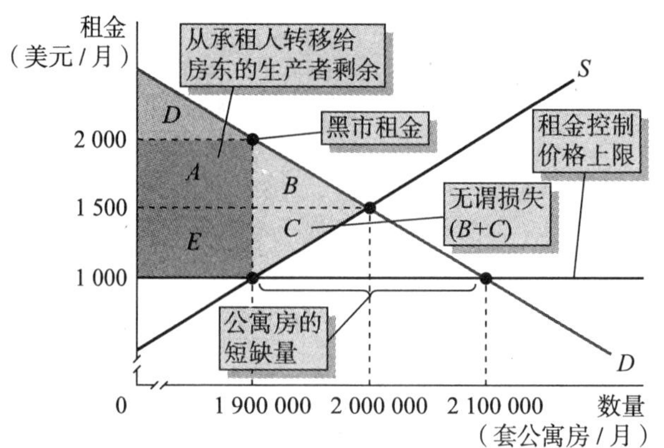

余减少了同样的数量。无谓损失等于 B 和 C 这两个三角形，与图 4.9 中相同。

附注：这一分析导致了令人惊讶的结果：如果存在活跃的公寓房黑市，租金控制可能会使所有承租人作为一个整体的境况比不存在租金控制时更差：消费者剩余减少。不过，还有一种可能性需要考虑。如果有足够多的房东确信他们能够收取高于法定上限的租金而不会被政府发现，那么，公寓房的供给量将会增加。最终，市场甚至可能达到竞争均衡，均衡租金为 1 500 美元，均衡公寓房数量为 200 万套。在这种情况下，租金控制价格上限变得没有约束力了，这不是因为这个上限低于均衡价格，而是因为它在法律上没有被执行。

轮到你了：要想做更多的练习，请做本章末的问题与应用 3.13。

□ 4.3.4　政府价格控制的结果：赢家、输家和无效率

当政府施加价格下限或价格上限时，会出现三个重要的结果：

- 有些人成为赢家；
- 有些人成为输家；
- 存在经济效率的损失。

租金控制的赢家是那些因为住在租金受控的公寓房里而支付更少租金的人。如果房东违反法律，对他们拥有的租金受控的公寓房收取超过法定最高租金的租金，只要那些非法的租金高于竞争均衡租金，房东也能够从租金控制中获益。租金控制的输家是那些拥有租金受控的公寓房且遵守法律的房东以及无法以受到控制的租金租到公寓房的承租人。因为存在租金控制时租出的公寓房比在竞争市场要少，所以租金控制降低了经济效率（再次参见图 4.9）。由此造成的无谓损失衡量了经济效率的下降。

□ 4.3.5　价格上限和价格下限的实证和规范分析

租金控制、政府的农场项目以及其他的价格上限和价格下限是坏政策吗？正如我们在第 1 章中所看到的，这类问题的答案没有对错之分。经济学家们通常对政府干预竞争市场均衡的措施表示怀疑。经济学家们知道竞争市场在提高人们的平均生活水平上所起到的作用。他们还知道，过多的政府干预有可能降低市场体系在将来类似地提高生活水平的能力。

但是，回忆第 1 章中讲到的实证分析和规范分析之间的差别。实证分析关注是什么，

而规范分析关注应该是什么。我们在本章中对租金控制和联邦政府的农场项目所进行的分析是实证分析。我们讨论了这些项目的经济结果。这些项目是否合意是一个规范性的问题。赢家获得的效益是否足以抵消输家的损失和经济效率的下降，这是一个价值判断问题，而非严格意义上的经济问题。价格上限和价格下限仍继续存在，部分地是因为那些了解这些政策的缺点的人仍然认为它们是好政策从而支持这些政策，部分地也是因为许多支持这些政策的人并不理解本章的经济分析从而不理解这些政策的缺点。

4.4 外部性和经济效率

当你消费巨无霸汉堡时，只有你本人获益，但是，当你接受大学教育时，其他人也能获益。接受过大学教育的人犯罪的可能性更低，而且，作为知识更渊博的选民，他们更有可能对更好的政府政策做出贡献。因此，尽管你得到了你接受大学教育的大部分效益，但你并没有获得全部。

当你购买巨无霸汉堡时，你所支付的价格包含了麦当劳生产该汉堡的所有成本。当你从电力公司买电时，由于该公司发电要烧煤并产生酸雨，你为电所支付的价格并没有包含酸雨引起的损害的成本。

因此，大学教育存在正外部性，这是因为没有为大学教育支出的人也能从中获益。发电存在负外部性，这是因为（举例来说，）酸雨导致湖里的鱼类和野生动物消失了，这给居住在湖边的人带来了成本，哪怕他们没有从制造污染的电力公司买电。

4.4.1 外部性的影响

外部性妨碍市场均衡的经济效率。我们已经看到，竞争均衡通过最大化消费者剩余和生产者剩余之和实现了经济效率。但是，这一结论只在生产或消费不存在外部性的条件下才成立。外部性导致生产的私人成本和社会成本之间存在差别，或者消费的私人效益和社会效益之间存在差别。**私人成本**（private cost）是指商品或服务的生产者承担的成本。**社会成本**（social cost）是指生产商品或服务的成本，它等于私人成本加上所有外部成本（如污染的成本）。如果没有外部性，私人成本和社会成本就相等。**私人效益**（private benefit）是指消费者从商品或服务的消费中得到的效益。**社会效益**（social benefit）是指从商品或服务的消费中得到的总效益，它等于私人效益加上所有外部效益（如你接受大学教育给别人带来的效益）。如果没有外部性，私人效益和社会效益就相等。

生产中的负外部性如何降低经济效率？

考虑生产中的负外部性如何影响经济效率。在第3章中，我们假设商品或服务的生产者必须承担生产的所有成本。现在我们知道这一说法并不总是对的。在电的生产中，私人成本由电力公司承担，但某些外部的污染成本是由该电力公司的客户以外的人承担的。生产电的社会成本是私人成本和外部成本之和。图4.10显示了生产中的负外部性对电力市场的影响。

S_1是市场供给曲线，它仅仅代表了电力公司在电的生产中必须承担的私人成本。企业只有在它们收到的价格等于生产额外一单位商品或服务的成本时才会供给额外一单位，因此供给曲线代表了生产一种商品或服务的边际成本。如果电力公司不得不承担污染的成本，那么供给曲线就会是 S_2，这代表了发电的真实边际社会成本。价格为 $P_{有效}$ 和产量为 $Q_{有效}$ 的均衡是有效的，而价格为 $P_{市场}$ 和产量为 $Q_{市场}$ 的均衡是无效的。为了理解其中的原因，回忆一下均衡在经济上有效的条件是经济剩余（消费者剩余和生产者剩余之和）达到最大。当经济剩余达到最大时，社会从商品和服务的生产中得到的净效益达到了最大。在均衡数量为 $Q_{有效}$ 时，经济剩余达到最大，因此这一均衡是有效的。但是，在均衡数量为 $Q_{市场}$ 时，经济剩余减少了图 4.10 中阴影三角形所表示的无谓损失那么多，因此这一均衡是无效的。无谓损失产生的原因是，对于在 $Q_{有效}$ 到 $Q_{市场}$ 之间的那些单位的电的生产，供给曲线在需求曲线之上。也就是说，生产这些单位的额外成本——包括外部成本在内——超过了需求曲线所代表的给消费者带来的边际效益。换句话说，由于污染成本的存在，如果少生产一些电，经济效率会提高。

我们可以得出如下结论：当一种商品或服务的生产中存在负外部性时，在市场均衡处所生产的该商品或服务过多。

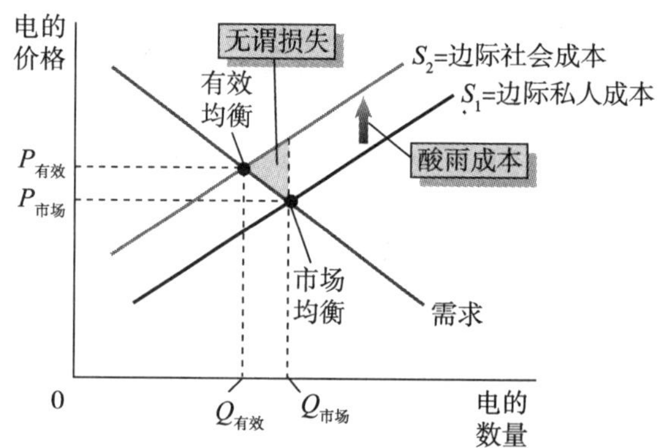

图 4.10　污染对经济效率的影响

由于电力公司不承担酸雨成本，它们生产的电超过经济上有效率的水平。供给曲线 S_1 仅仅代表了电力公司必须承担的边际私人成本。供给曲线 S_2 代表了边际社会成本，它包括酸雨成本。该图显示，如果供给曲线是 S_2 而非 S_1，市场均衡将会是价格为 $P_{有效}$ 和产量为 $Q_{有效}$，这一产量水平是经济上有效的水平。但是，当供给曲线是 S_1 时，市场均衡将会是价格为 $P_{市场}$ 和产量为 $Q_{市场}$，存在等于阴影三角形面积的无谓损失。由于存在无谓损失，因此这一均衡是无效的。

消费中的正外部性如何降低经济效率?

我们已经看到，负外部性妨碍经济效率的实现。正外部性也是如此。在第 3 章中，我们假设需求曲线代表了来自消费一种商品的所有效益。但是，我们已经看到，大学教育产生了未被接受教育的学生本人获得的效益，因此未被包括在对大学教育的市场需求曲线中。图 4.11 显示了消费中的正外部性对大学教育市场的影响。

如果接受大学教育的学生能够获得所有的效益，那么，需求曲线将是 D_2，它代表了边际社会效益。然而，实际的需求曲线是 D_1，它仅仅代表了学生获得的边际私人效益。有效的均衡将会是价格为 $P_{有效}$ 和产量为 $Q_{有效}$。在这个均衡处，经济剩余达到了最大。市场均衡是价格为 $P_{市场}$ 和产量为 $Q_{市场}$，它是无效的，因为对于在 $Q_{市场}$ 到 $Q_{有效}$ 之间的那些单位的生产，需求曲线在供给曲线之上。也就是说，生产这些单位的边际效益——包括外部效益在内——超过了边际成本。结果，存在等于阴影三角形面积的无谓损失。由于正外部性的存在，如果更多的大学教育被生产出来，经济效率会提高。我们可以得出如下结论：当一种商品或服务的消费中存在正外部性时，在市场均衡所生产的该商品或服务过少。

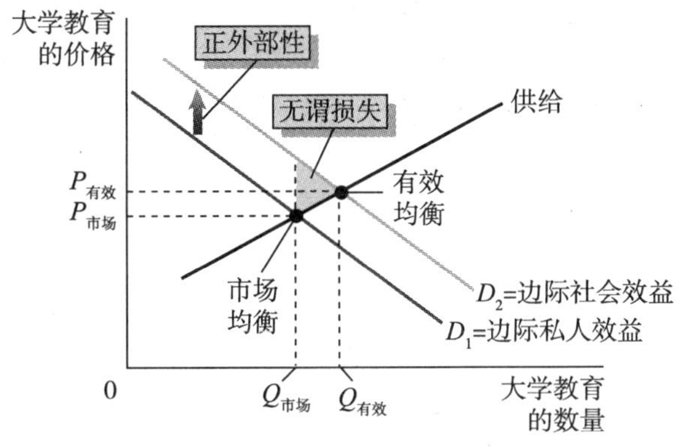

图 4.11　正外部性对经济效率的影响

不消费大学教育的人也能从大学教育中获益。结果，大学教育的边际社会效益大于学生获得的边际私人效益。由于市场需求曲线 D_1 仅仅代表了边际私人效益，大学教育的产量 $Q_{市场}$ 太低了。如果市场需求曲线是 D_2 而非 D_1，大学教育的产量将会为 $Q_{有效}$，这一产量水平是有效的。在市场均衡处，存在等于阴影三角形面积的无谓损失。

□ 4.4.2　外部性和市场失灵

我们已经看到，由于外部性的存在，在电力市场和大学教育市场，有效的产出水平可能都不会达到。这些都是市场失灵的例子。**市场失灵**（market failure）是指市场未能生产出有效的产出水平这样一种状况。稍后我们将讨论外部性问题的可能解决方案。但我们先要思考外部性为什么会出现。

□ 4.4.3　什么引起了外部性?

我们在第 2 章中看到，为了使市场体系良好运行，政府需要保障产权。**产权**（property rights）是指个人或企业对其财产拥有的排他性使用权，包括买卖的权利。财产可能是有形的实物财产，如商店或工厂。财产也可能是无形的，如对某个主意的权利。在大部分时间里，美国政府和其他高收入国家的政府在执行产权上都做得很好，但是，在某些情形下，产权根本不存在或者无法在法律上得到执行。

考虑如下情形：Lee 拥有一片土地，包括一个湖在内。一个纸业公司想租 Lee 的部分土地来建一个纸厂。纸厂将向 Lee 的湖里排放污染物。由于 Lee 是湖的所有者，他可以向纸业公司收取清理污染物的成本。结果，污染的成本就是纸业公司的私人成本，会被包括在它生产的纸的售价中。在这种情形下，不存在外部性，纸的产量是有效水平，不存在市场失灵。

现在假定该纸业公司在自己私有的土地上建了一个纸厂，而公司自有土地在政府拥有的一个湖的岸边。在没有任何政府管制的情况下，公司将随意向湖里排放污染物。污染的成本对公司来说是外部的，因为它不必支付清理成本。这时，纸的产量将超过经济上有效的水平，市场失灵将会发生。或者，假定 Lee 拥有这个湖，但是污染是由数百英里以外的一个发电厂产生的酸雨导致的。法律不允许 Lee 对由酸雨导致的损失向发电厂索取赔偿。即使有人损害了 Lee 的财产，在这种情况下，法律也不允许他执行他的产权。再一次地，这时存在外部性，市场失灵会导致发电量过高。

类似地，如果你买一栋房子，政府将捍卫你排他性地使用该住房的权利。任何其他人未经你允许都不能使用该住房。由于你对房子拥有产权，你从房子中得到的私人效益和社会效益是相等的。可是，当你接受大学教育时，其他人实际上也能从你的大学教育中获益。你没有产权能让你阻止别人从中获益或者对他们获得的效益收取费用。结果，存在正外部性，且市场失灵将导致大学教育的供给过少。

我们可以得出如下结论：外部性和市场失灵的产生是源于不完全的产权或者在某些情形下产权执行存在困难。

4.5 处理外部性的政府政策

当外部性的私人解决方案不可行时，政府应该如何干预呢？最早系统地分析市场失灵的是剑桥大学的一个英国经济学家 A. C. 庇古（A. C. Pigou）。庇古主张，为了处理生产中的负外部性，政府应该征收等于外部性成本的税。这样一种税收的影响表示在图 4.12 中，该图复制了图 4.10 所示的来自酸雨的负外部性。

通过对电的生产征收等于酸雨成本的税，政府将促使发电厂内部化外部性。结果，酸雨成本将变成由发电厂承担的私人成本，电的供给曲线将从 S_1 移动到 S_2。结果将是电的均衡产出从 $Q_{市场}$ 减少到有效水平 $Q_{有效}$。消费者为电支付的价格将从 $P_{市场}$ 上升到 $P_{有效}$，前者没有包括酸雨成本，而后者则包括了。生产者收到的价格将为 P，它等于 $P_{有效}$ 减去税收的数量。

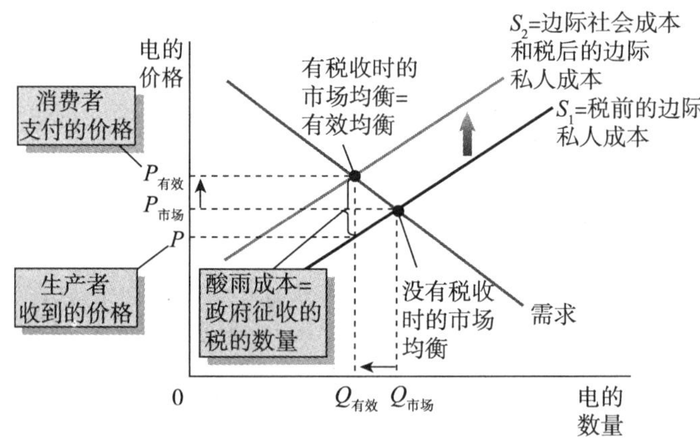

图 4.12　当存在负外部性时，税收可以导致有效率的产出水平

由于发电厂不承担酸雨成本，它们生产的电量超过了经济上有效的水平。如果政府征收等于酸雨成本的税收，发电厂将内部化外部性。结果，供给曲线将从 S_1 向上移动到 S_2。市场均衡产量从 $Q_{市场}$ 减少到 $Q_{有效}$，前一产量水平偏高，缺乏效率，后者则是经济上有效的产量。电的价格将从 $P_{市场}$ 上升到 $P_{有效}$，前者没有包括酸雨成本，而后者则包括酸雨成本。消费者支付的价格是 $P_{有效}$，而生产者收到的价格是 P，它等于 $P_{有效}$ 减去税收的数量。

例题 4.5　用税收来处理负外部性

生产卫生纸的公司对纸进行漂白来使纸变白。有些纸厂将漂白剂排放到河里和湖里，引起了严重的环境破坏。假定下图说明了卫生纸市场的情况。解释联邦政府如何能够利用对卫生纸征税来实现有效的生产水平。税收的数值应该是多少？

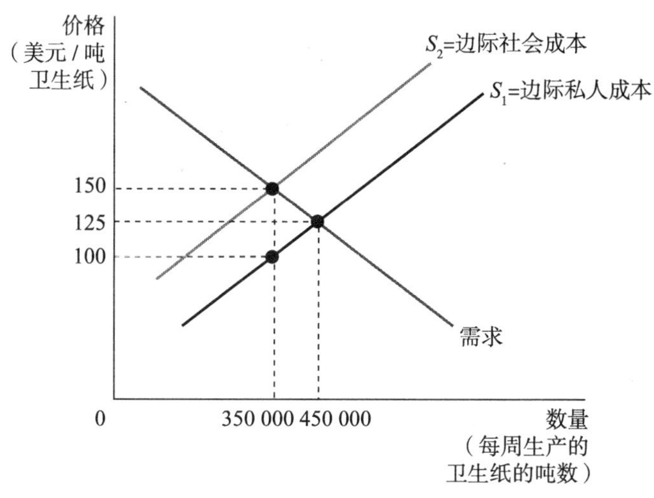

解：

第 1 步：复习本章内容。这一问题是关于政府利用税收处理生产中的负外部性的，所以你可能需要复习一下 4.5 节“处理外部性的政府政策”。

第 2 步：利用图中的信息来决定必要的税收是多少。当需求曲线代表的从消费卫生纸中得到的边际社会效益等于生产卫生纸的边际社会成本时，卫生纸的产量达到有效水平。该图表明，这时价格为每吨 150 美元，产量为 350 000 吨。在没有政府干预时，价格将为每吨 125 美元，产量为 450 000 吨。你可能会认为政府可以通过对每吨卫生纸征收等于产量为最优水平时的价格和当前市场价格之差的税收来实现有效的产量水平，这种想法是有吸引力的，但却是不对的。这样计算的话税收只有 25 美元。但是，该图显示，在最优的产量水平，边际私人成本和边际社会成本之差为 50 美元。因此，要使供给曲线从 S_1 移动到 S_2 所需的税收为每吨 50 美元。

轮到你了：要想做更多的练习，请做本章末的问题与应用 5.8。

庇古还主张政府可以通过给消费者补贴或支付的方式来处理正外部性，补贴或支付的大小为外部性的数值。这类补贴的影响表示在图 4.13 中，该图复制了图 4.11 所示的大学教育的正外部性。

通过支付给大学生一个等于大学教育的外部效益的补贴，政府将促使学生内部化外部性。也就是说，大学教育的外部效益将成为大学生收到的私人效益，对大学教育的需求曲线将从 D_1 移动到 D_2。大学教育的均衡供给量将从 $Q_{市场}$ 增加到有效水平 $Q_{有效}$。生产者收到的价格为 $P_{有效}$，而消费者支付的价格为 P，即 $P_{有效}$ 减去补贴的数量。实际上，政府确实大量补贴大学教育。所有的州都有公立大学，这些大学收取的学费远远低于提供教育的成本。州政府和联邦政府还给学生提供资助和低息贷款来补贴大学教育。这些项目的经济理由正是大学教育对社会有外部效益。

由于庇古是第一个提议利用政府税收和补贴来处理外部性的经济学家，这样的政府税收和补贴有时被称为**庇古税和补贴**（Pigouvian taxes and subsidies）。注意，庇古税消除了无谓损失并提高了经济效率。这种情况与大部分税收会降低消费者剩余和生产者剩余并导致无谓损失的情况相反。实际上，经济学家支持利用庇古税来处理负外部性的原因之一就是，政府可以利用庇古税所产生的税收收益来降低其他会导致经济效率下降的税收。例如，加拿大的不列颠哥伦比亚省实行了针对二氧化碳排放的庇古税并利用该税收收益来降低个人收入税。

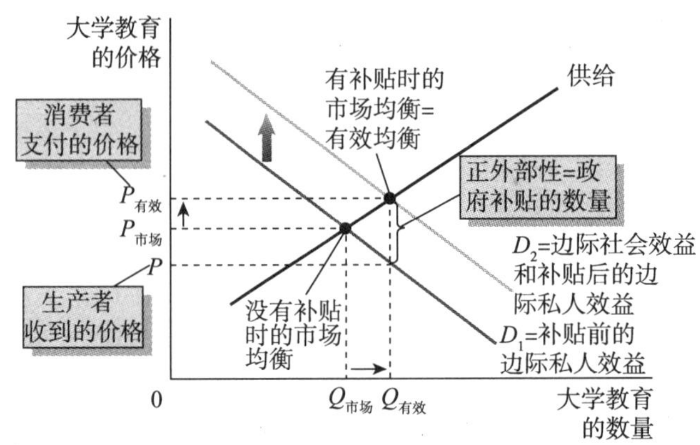

图 4.13　当存在正外部性时，补贴能导致有效的产出水平

不消费大学教育的人也能从大学教育中获益。结果，大学教育的社会效益大于学生获得的私人效益。如果政府给学生支付数量等于外部效益的补贴，那么，学生将内部化外部性。补贴将导致需求曲线从 D_1 向上移动到 D_2。结果，市场均衡数量从 $Q_{市场}$ 增加到 $Q_{有效}$，前一数量水平偏低，缺乏效率，后者则是经济上有效的数量。生产者收到的价格是 $P_{有效}$，而消费者支付的价格是 P，它等于 $P_{有效}$ 减去补贴的数量。

建立联系

政府应该对香烟和汽水征税吗?

政府通常用庇古税来处理生产中的负外部性。政府还对香烟和酒等产品征税，有时被称为“罪孽税”。有些政策制定者认为，这些产品产生了消费中的负外部性，因此对其征税可以提高经济效率。近来，有几个城市已经考虑对汽水征税，其依据是这些汽水通过提高医疗成本而引起了负外部性。正如政府能够通过给消费者补贴来处理消费中的正外部性一样，它们也能通过征税来处理负外部性。对汽水征税的影响表示在下页图中。通过对汽水征税，政府将促使消费者内部化外部性。也就是说，喝汽水的外部成本将变成消费者支付的私人成本。由于现在消费者不得不支付汽水税，在每一数量水平，他们愿意支付的价格都比没有税收的情况下要低，于是对汽水的需求曲线将从 D_1 向下移动到 D_2，移动的幅度等于税收的数量。汽水的均衡数量将从 $Q_{市场}$ 减少到有效水平 $Q_{有效}$。

但是，吸烟和喝汽水的人真的造成了负外部性吗？看起来或许并非如此，因为吸烟和喝汽水的消费者承担了他们所遭受的任何健康问题的成本。但是，事实上，治疗吸烟或肥胖并发症所花费的更高的医疗支出并非全部由烟民或喝汽水者本人支付。通过雇主享有医疗保险的烟民可能会增加医疗保险的成本，而这些成本是由企业的所有工人支付的。类似地，联邦政府的 Medicare 项目覆盖的 65 岁以上的人的卫生保健部分地是由纳税人支付的。不由烟民或喝汽水者本人承担的医疗保健成本看起来代表了一种负外部性。

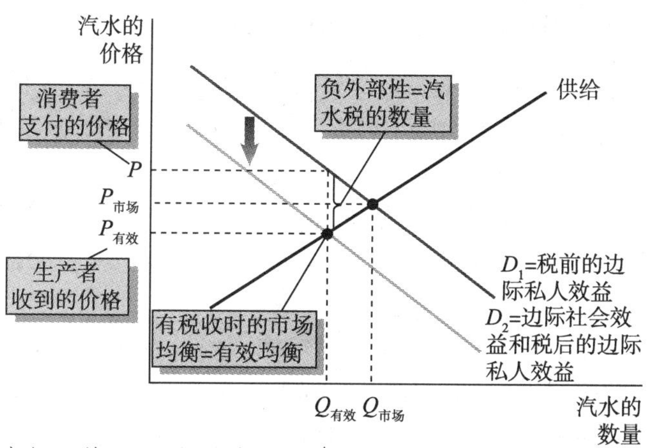

然而，要得到这一结论还有其复杂性：烟民和肥胖者往往寿命不长。这一悲剧结果意味着烟民和肥胖者可能一直在缴税以帮助支付社会保障和 Medicare 救济金，而他们本人由于过早离世而无法享受这些福利。他们也可能支付了款项到公司和公共雇员养老金计划并购买了长期健康险，但是，他们可能活不到那么长而没有收到养老金或住进护理院。因此，存在抵消的效应：活着的时候，烟民和肥胖者可能给那些承担了他们更高的医疗支出费用的人带来了成本，但是，由于他们可能过早离世，他们为社会保障、Medicare、公司和公共雇员养老金计划等的领受人和长期健康险的购买人提供了财务收益。范德比尔特大学的 W·基普·维斯库西(W. Kip Viscusi) 研究了吸烟的例子，他的结论是：外部成本和效益大致相互抵消了，这意味着吸烟看起来并没有明显的负外部性。关于肥胖的研究得到的结果多少有些冲突：一项利用挪威的数据进行的关于肥胖的研究发现，由于过早离世而产生的成本节约抵消了肥胖者一生的额外医疗成本。但是，另一项利用美国的数据进行的研究发现，即使考虑到肥胖者平均而言寿命更短，肥胖的确还是导致了一生医疗成本的净增加。

除了额外的医疗成本之外，吸烟和肥胖可能还有其他成本。由于二手烟的危害或者由于怀孕期间吸烟可能导致新生婴儿体重偏轻和其他健康问题，烟民可能给其他人带来了成本。航空公司已经注意到，由于乘客体重的增加，公司的燃料成本在增加。

最后，经济学家和政策制定者仍在继续争论政府是否应该利用税收处理消费中的负外部性。

资料来源：David Leonhardt，“The Battle Over Taxing Soda”，*New York Times*，May 18，2010；W. Kip Viscusi，“Cigarette Taxation and the Social Consequences of Smoking”，in James Poterba，ed.，*Tax Policy and the Economy*，Vol. 9，Cambridge：MIT Press，1995；Pieter H. M. van Baal，et al.，“Lifetime Medical Costs of Obesity：Prevention No Cure for Increasing Health Expenditure”，*PLoS Medicine*，Vol. 5，No. 2，February 2008，pp. 242-249；Pierre-Carl Michaud，“Understanding the Economic Consequences of Shifting Trends in Population Health”，National Bureau of Economic Research Working Paper 15231，August 2009；and “Feds Say Obesity Epidemic Hurts Airlines by Increasing Fuel Costs”，*Associated Press*，November 5，2004。

轮到你了： 做本章末与本专栏相关的问题与应用 5.9，看看你理解得如何。

□ 4.5.1 “命令和控制”方法与基于市场的方法

尽管联邦政府有时候运用税收和补贴来对付外部性，但是，传统上它利用“命令和控制”方法来处理企业排放污染的问题。为减少污染所采用的**“命令和控制”方法**（command-and-control approach）是指政府对企业允许排放的污染数量施加数量限制或者要求企业安装具体的污染控制设备这样一种方法。例如，在 20 世纪 80 年代，联邦政府要求福特和通用汽车等汽车制造商在所有新汽车上安装旨在减少汽车排放物的催化式排气净化器。

国会本来可以利用直接的污染控制来处理酸雨问题。为了实现在 2010 年前每年减少 850 万吨二氧化硫排放物的目标，国会本来可以要求每个发电厂减少相同的某一具体数量的二氧化硫排放物。可是，这一方法将不会是解决这一问题的经济上有效的方法，原因是发电厂减少二氧化硫排放物的成本可能有很大的差异。有些已经使用了低硫煤的发电厂只有以很高的成本才能进一步减少二氧化硫排放物。其他的发电厂，特别是中西部的发电厂，能够以更低的成本减少二氧化硫排放物。

国会决定采用基于市场的方法来减少二氧化硫排放物，其方式是建立一个可交易的排污许可的总量控制和交易体系（cap-and-trade system）。联邦政府给发电厂的许可等于可允许的二氧化硫排放物的总量。然后，发电厂可以自由买卖排污许可。在芝加哥商品交易所有排污许可买卖的市场。能够以低成本减少排放物的发电厂卖掉了它们的排污许可，而只能以高成本减少排放物的发电厂则买入了排放许可。利用可交易的排污许可来减少酸雨已经取得了巨大的成功，使得发电厂能够以远低于预期的成本来实现国会的减排目标。就在国会 1990 年实行排污许可项目之前，爱迪生电力研究所（Edison Electric Institute）估计，在 2010 年前执行该项目的发电厂的成本将达到 74 亿美元。到 1994 年，联邦政府的总会计署（General Accounting Office）估计，成本将会低于 20 亿美元。在实践中，成本看起来可能比最初的估计低约 90%，或者说仅大约 8.7 亿美元。

□ 4.5.2 可交易的排污许可是污染的通行证吗？

有些环境保护论者批评可交易的排污许可，给它们贴上“污染的通行证”的标签。他们主张，就像政府不给银行抢劫或醉驾发放许可一样，政府也不应该给污染发放许可。但是这一批评忽略了经济学的一个中心启示：资源是稀缺的，权衡无处不在。用于减少一种类型的污染的资源就不能用于减少其他类型的污染或其他用途。由于利用可交易的排污许可减少酸雨花费了发电厂 8.7 亿美元而不是最初估计的 74 亿美元，社会节约了超过 65 亿美元。

在运用需求和供给曲线分析市场时，记住如下这一点是很重要的：当需求曲线或供给曲线的移动导致均衡价格改变时，价格的改变不会导致需求或供给曲线的进一步移动。例如，假定供给的增加导致了某种商品价格的下降，而影响消费者购买该商品的意愿的所有其他因素都不变。结果将是需求量的增加，而不是需求的增加。若要使需求增加，整条曲线都必须移动。这一点对供给也同样适用：如果某种商品的价格下降了，但影响卖者供给该商品的所有其他因素都不变，那么，供给量减少，而不是供给减少。若要使供给减少，整条曲线都必须移动。

总量控制和交易体系能够减缓全球变暖吗?

在过去的35年里,地球表面温度比1951—1980年这一时期的平均温度上升了大约0.75华氏度(0.4摄氏度)。下图显示了1880年以来的温度变化。

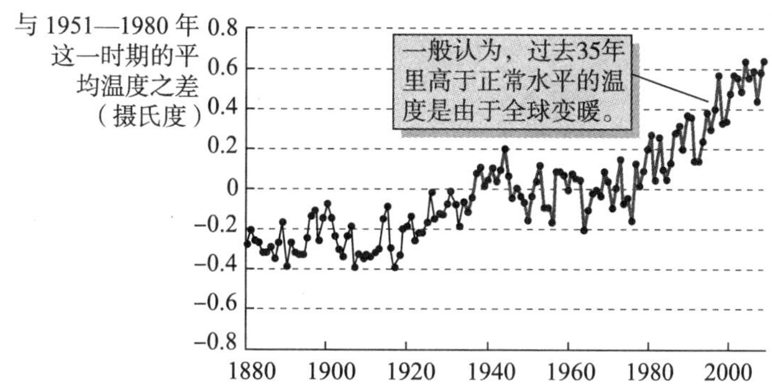

资料来源:NASA,Goddard Institute for Space Studies,http://data.giss.nasa.gov/gistemp/graphs/。

数百年来,地球温度已经经历过许多长时期的变暖和变冷。但是,许多科学家确信,近来的变暖趋势并非温度自然波动而是由煤、天然气和石油等化石燃料的燃烧所致。燃烧这些燃料释放了二氧化碳,二氧化碳在大气中累积,形成温室气体。温室气体导致地球释放的部分热量被反射回来,这使得温度上升。二氧化碳每年的排放量已经从1850年的大约5 000万吨增加到1950年的16亿吨再到2008年的接近85亿吨。

根据某些研究的估计,如果温室气体继续在大气中累积,那么,在未来100年里全球温度可能上升3华氏度甚至更多。温度的这一增加可能导致气候出现重大变化,而这或许会导致飓风和其他恶劣天气状况增加,影响世界上很多地区的农业种植,导致海平面上升,而海平面的上升可能导致沿海地区被淹。

尽管大部分经济学家和政策制定者都认为排放二氧化碳产生了重要的负外部性,但是,关于应该采取什么政策的激烈争论已经持续很长时间了。部分的争论是源于对全球变暖可能发生的速度有多快以及其经济成本有多高的认识存在分歧。此外,二氧化碳排放是一个全球问题;例如,仅仅在美国和欧洲大量减少二氧化碳排放不足以消除全球变暖的趋势。但是,事实已经证明,国家间的政策协调是很困难的。最后,政策制定者和经济学家对不同政策的相对效果也存在争论。

有好几种减少二氧化碳排放的方法已经在采用了。正如前面提到过的,加拿大的不列颠哥伦比亚省引入了针对二氧化碳排放的庇古税。与美国所成功采用的减少二氧化硫排放的总量控制和交易政策类似的政策也已经得到了试用。2005年,欧盟的24个国家建立了一个称为欧盟排放交易计划的总量控制和交易体系。按照这一计划,每个国家发放排污许可,这些排污许可可以在一段时间内自由交易。尽管在这一计划实施的头几年里二氧化碳排污量略有上升,但是,随着时间的推移和排污许可数量的减少,排放量应该减少。2009年,奥巴马总统提议在美国实行针对二氧化化碳排放的总量控制和交易体系，这一体系将在 2020 年前逐步将二氧化碳排放量减少到 1990 年的水平，在 2050 年前减少到 1990 年水平的 80%以下。然而，国会未能批准该计划。2005 年，东北部的几个州建立了一个总量控制和交易项目，目标是在 2018 年前将发电厂的二氧化碳排放量减少 10%。从 2008 年开始，参与这一项目的州的发电厂被要求购买排污许可，这使该项目成为了美国第一个限制温室气体排放的项目。评论家质疑仅限于某些地区的计划的效果，事实上，2011 年，新泽西州州长克里斯蒂（Christie）宣布该州推出该项目。联邦政府打算由环境保护局的新源性能标准（New Source Performance Standards）管制温室气体的排放。

关于用何种政策降低二氧化碳排放的争论可能还会持续很多年。

资料来源：Gabriel Nelson，"Wrapped Up in Politics，Granddaddy of Cap-And-Trade Plans Has an Uncertain Future"，*New York Times*，July 19，2011；Juliet Eilperin，"New Jersey Gov. Chris Christie Pulls Out of Greenhouse Gas Effort"，*Washington Post*，May 26，2011；"Cap-and-Trade's Last Hurrah"，*Economist*，May 18，2010；and Tom Boden，Gregg Marland，and Bob Andres，"Global Carbon Dioxide Emissions from Fossil-Fuel Burning，Cement Manufacture，and Gas Flaring：1751-2008"，Carbon Dioxide Information Analysis Center，Oak Ridge National Laboratory，June 10，2011。

轮到你了：做本章末与本专栏相关的问题与应用 5.14，看看你理解得如何。

接第 108 页

生活中的经济学

租金控制会使你更容易找到一套负担得起的公寓房吗？

在本章一开头，我们提出了如下问题：如果你有两个城市的工作机会，一个城市有租金控制而另一个没有，你更可能在有租金控制的城市找到一套负担得起的公寓房吗？在回答这一问题的过程中，本章已经表明，尽管租金控制能够使租金保持在比没有租金控制时更低的水平，但它也导致了公寓房的永久性短缺。你可能不得不花很长的时间才能找到合适的公寓房，房东甚至可能会向你索取贿赂，这会使你实际支付的租金高于受到控制的租金。在没有租金控制的城市找到一套公寓应该容易得多，尽管租金可能更高一些。

4.6 结论

第 3 章介绍的需求和供给模型证明，没有政府干预的市场能够消除过剩和短缺，对消费者的需要做出了很好的反应。在这一章我们已经看到，消费者和企业有时候都力图利用政府来使市场结果做出对他们有利的改变。消费者剩余和生产剩余以及无谓损失的概念使我们能够衡量消费者和生产者从竞争市场均衡处收到的效益。这些概念还使我们能够衡量政府制定的价格下限和价格上限的影响以及税收的经济影响。

在本章，我们还已经看到，当定义良好且可执行的产权的缺失阻止市场有效运行时，政府就成为经济中不可或缺的角色。例如，由于没有人拥有清洁空气的产权，在缺乏政府干预时，企业所生产的那些能够产生空气污染的产品数量就过多。

阅读接下来的"业内观察"，该专栏提供了一个如何从纽约市的租金控制法律中获得财务收益的例子，承租公寓房的是奥斯卡影后费·唐纳薇和她的儿子。

业内观察 演员费·唐纳薇承租了租金受控的公寓房！

《纽约时报》

《费·唐纳薇在房屋法庭中的现实角色》

她是电影《雌雄大盗》(*Bonnie and Clyde*)中厚颜无耻的银行抢劫犯，《唐人街》(*Chinatown*)中神秘的伊芙琳·穆瑞(Evelyn Mulwray)，《电视台风云》(*Network*)中富于心计的电视制作人，凭借在《电视台风云》中的出色表演，她获得了奥斯卡影后。

现在，费·唐纳薇是曼哈顿房屋法庭 76667/11 号官司的被告，又一个住在租金受控的公寓房里面临被驱逐的承租人。

a 在周二立案的诉讼中，唐纳薇女士的房东声称，唐纳薇女士所租的是位于东 78 街一栋有着百年历史的公寓楼中一套一居室的无电梯公寓房，她每月支付的房租为 1 048.72 美元，但她实际上并不住在那里，而是住在加州。这一诉讼还把她的儿子利亚姆·唐纳薇·奥尼尔(Liam Dunaway O'Neill，他的父亲是摄影师 Terry O'Neill)列为该公寓房的次承租人。

作为证据，房东(法庭文件中没有透露其姓名)说，唐纳薇女士拥有一套位于西好莱坞的住房，该住房是其选民登记和汽车登记所在地。该诉讼还提到了她在 2009 年 5 月—2010 年 12 月期间在加州的三次违章行驶。

租金稳定规则要求承租人把所租的公寓房作为首要住所，而不是次要住所。现年 70 岁的唐纳薇女士看上去过得并不奢华。根据该诉讼的描述，她在加州的住所很美，但并非富丽堂皇，而且现在还欠着抵押贷款。她的车是 2007 年款的丰田花冠。

唐纳薇女士是多年来竭力保持位于纽约的租金受管制的公寓房的众多名人之一。但是，唐纳薇女士现在所租的公寓房与她职业生涯早期在埃尔拉多所居住的 20 层公寓楼也有天壤之别。

b 如果唐纳薇女士搬走，房东可能收取高得多的租金。根据经纪公司 Citi Habitata 跟踪的租金数据，纽约上东区的一居室无电梯公寓房当前的平均租金为每月 2 318 美元。

唐纳薇女士于 1994 年 8 月 1 日承租了位于上东区的该公寓房，这栋公寓楼是一栋六层楼黄砖建筑，前面有用于火灾时逃生的太平梯。户外蜂鸣器下方写着名字"费·唐纳薇"。

这栋建筑物的走廊地板是绿色的油毡饰面。米色的墙面已经剥落，粉色的大理石阶梯通到她所租的位于三层的单元。她的前门漆成碧绿色，门上黑色门铃旁写着名字"Dunaway/O'Neill"(唐纳薇/奥尼尔)和"PT Bascom"。门外有简单的带黑色镶边的褐色门垫。周二下午没有人应门。

c 唐纳薇女士过去就和其房东有过冲突，房东曾经在2009年因拖欠租金要求曼哈顿民事法庭向她发出过通告。该官司看起来已经解决了，唐纳薇女士于2009年4月将公寓房续租到2011年7月31日。

法庭的文件显示，房东今年早些时候经过调查确定了唐纳薇女士的实际住处，并与她取得联系告知了他所了解的情况。房东要求她在租约到期日（7月31日）搬走。

邻居们说，虽然他们过去看到过唐纳薇女士，但近来没怎么见过。唐纳薇女士所租的公寓房附近的Orwasher面包店（Orwasher's Bakery）老板基斯·科恩（Keith Cohen）说，他2007年来的时候员工曾经告诉过他说唐纳薇女士住在附近，但他本人从没见过她。

附近的Tiny Doll House商店的经理罗赞·弗朗哥（Rosane Franco）说，过去两年里她看见过唐纳薇女士几次，但上一次已经是“多个月以前了”。

一位不愿透露姓名的隔壁公寓房的租户没有开门，她透过门说：“我从没见过她。”

唐纳薇女士的推特没有提到她最近在纽约。她儿子奥尼尔先生在推特上说：“我住在洛杉矶”。

按照安排，唐纳薇女士应于8月11日下午2点出席民事法庭的一场听证会。

如果她搬走，这对她承租的公寓房所处的位于第一大道和第二大道之间的冷清街区不会有多少影响。

弗朗哥女士说：“她并非我们在电影里看到的那样光彩照人，我们当初对她住在这里都感到吃惊。”

资料来源：“For Faye Dunaway，Real-Life Role in Housing Court”，by Christine Haughney，*The New York Times*，August 2，2011.

文章要点

2011年7月，奥斯卡影后费·唐纳薇发现自己卷入了一桩法律官司，她在纽约所承租的租金受控的公寓房房东将她告上了法庭。根据该诉讼，唐纳薇面临的将是被从公寓房驱逐出来，原因是房东声称她违反了纽约的租金稳定规则，这一规则要求承租人把所承租的住房作为主要住所。唐纳薇最早于1994年搬进该公寓房，最近一次续租是在2009年，续租到2011年7月。房东在经过调查之后得出结论说，唐纳薇的主要住所实际上是在洛杉矶，基于这些发现，房东要求她在租约于7月31日到期时搬离公寓房。唐纳薇拒绝搬走，这促使房东在租约到期后向曼哈顿房屋法庭提起诉讼。

新闻分析

a 根据房东的说法，唐纳薇所承租的租金受控的公寓房每月租金为1 048.72美元。租金受控的公寓房的租金通常低于政府不对租金进行控制的情况下的市场均衡水平。租金控制不但减少了房东在市场不受管制的情况下本来可以获得的收益，而且导致了公寓房的短缺。

b 在唐纳薇公寓房的官司中，受到控制的租金明显远远低于不受管制的市场中可以收取的数量。租金数据显示，在同一邻里，类似大小和布局的公寓房平均租金为每月2 318美元，这比唐纳薇所付的多了一倍以上。下页图表示了纽约城公寓房市场的租金控制的一个例子，图中用2 318美元的平均租金作为均衡价格。在受控租金1 048.72

美元的价格水平，存在公寓房的短缺，用Q_1和Q_2之间的距离代表。这一短缺表明，想以受控租金租公寓房的人比可供租赁的公寓房要多。因此，唐纳薇的房东想利用纽约市租金稳定规则中的主要住所限制这一条将唐纳薇驱逐出公寓是可以理解的。正如本章的开篇案例所描述的，纽约现行的租金控制法律很复杂，但是房东可以提高目前空置的公寓房的租金，每月租金为 2 000 美元的公寓房如果空出来，那么就自动解除管制。根据这些法律，房东把这套公寓房出租给新承租人每月能得到的收益无疑会增加。

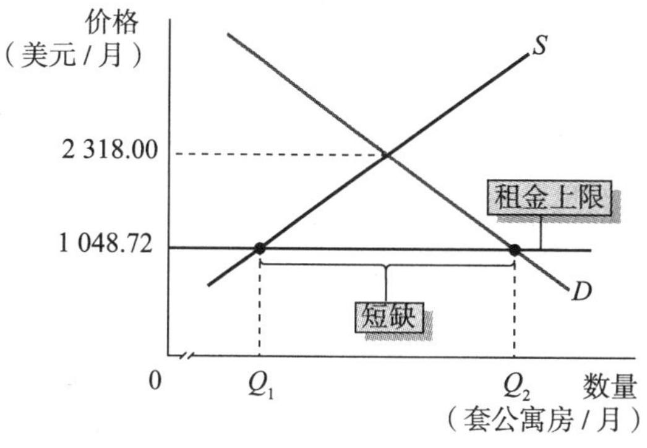

租金控制法律对负担得起的公寓房供给的影响。

c 唐纳薇的房东在 2009 年以拖欠租金为由向法院申请了对她的法律通告，因此，这并非双方第一次产生法律纠纷。拖欠房租的问题显然已经得到了解决，但是，看起来这次的情形不同，房东无疑想要唐纳薇搬出去，他利用了住所限制作为工具。邻近的居民都说他们近来没怎么看到过唐纳薇，这支持了房东关于位于纽约的公寓房不是唐纳薇的主要住所的说法。不管房东采取什么方法来收回租金受控的公寓房，如果他们的努力成功了，那么，只要对这些公寓房的需求仍然强劲，他们就能够增加收益。

深入思考

1. 租金控制的后果之一是公寓房的短缺，如本专栏中的图所示。假定租金控制还导致负担得起的公寓房供给的减少。利用本专栏中的图说明供给减少的影响，解释公寓房短缺会怎么变化。
2. 有些经济学家批评租金控制法律的原因之一是这些法律导致了无谓损失。利用本专栏中的图，标出代表无谓损失的区域。什么引起了无谓损失？什么样的供给曲线会使无谓损失为零？

本章总结和习题

□ 关键术语

黑市	经济效率	市场失灵	私人成本
“命令和控制”方法	经济剩余	庇古税和补贴	生产者剩余
外部性	价格上限	产权	消费者剩余
边际效益	价格下限	社会效益	无谓损失
边际成本	社会成本		

□ 4.1 消费者剩余和生产者剩余

总结

尽管大多数价格是由市场中的需求和供给决定的，但是，政府有时候施加价格上限和价格下限。价格上限是卖者可以收取的法定最高价。价格下限是卖者可以收取的法定最低价。经济学家用消费者剩余和生产者剩余来分析价格上限和价格下限的影响。边际效益是消费者消费额外一单位商品或服务得到的额外效益。需求曲线也是边际效益曲线。消费者剩余是消费者为一种商品或服务愿意支付的最高价格和实际支付的价格之差。一个市场中消费者剩余的总量等于需求曲线以下和市场价格以上的面积。边际成本是企业生产额外一单位商品或服务的额外成本。供给曲线也是边际成本曲线。生产者剩余是企业出售一种商品或服务愿意接受的最低价格和实际收到的价格之差。一个市场中生产者剩余的总量等于市场供给曲线以上和市场价格以下的面积。

复习题

1.1 什么是边际效益？为什么需求曲线也被称为边际效益曲线？

1.2 什么是边际成本？为什么供给曲线也被称为边际成本曲线？

1.3 什么是消费者剩余？当一种商品的均衡价格上升或下降时消费者剩余怎么变化？

1.4 什么是生产者剩余？当一种商品的均衡价格上升或下降时生产者剩余怎么变化？

问题与应用

1.5 假定佛罗里达的一场霜冻减少了橘子的产量，这使橘子的供给曲线向左移动。简要解释消费者剩余和生产者剩余分别增加还是减少。运用需求和供给图形来说明你的答案。

1.6 一个学生做出了如下论述：“当市场处于均衡时，没有消费者剩余。原因是处，在均衡处，市场价格等于消费者愿意为商品支付的价格。”简要解释你是否同意该学生的论述。

1.7 消费者剩余与消费者从购买产品中得到的总效益有什么区别？类似地，生产者剩余与企业从销售产品中得到的总收益有什么区别？在何种特例下消费者剩余等于消费者从消费产品中得到的总效益？在何种特例下生产者剩余等于企业从销售产品中得到的总效益？

1.8 右图表示一种治疗乳腺癌的药品的市场，如果没有这种药，乳腺癌患者就无法生存。这一市场中的消费者剩余是多少？这与你到目前为止所见到的消费者剩余有何区别？

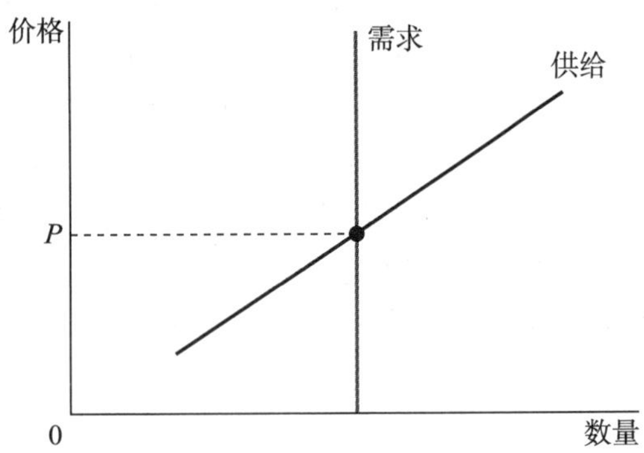

1.9 ［与4.1节中的“建立联系”专栏有关］本专栏说，代表从宽带互联网服务市场获得的消费者剩余的面积的数值为8.905亿美元：利用本专栏图中的信息说明这一数值是如何计算的。（关于如何计算三角形的面积，参考第1章附录。）

1.10 下图表示了将在本地某剧院举行的音乐会门票的市场，该剧院能够容纳的观众为15 000人。这一市场中生产者剩余是多少？这与你到目前为止所见到的生产者剩余有何区别？

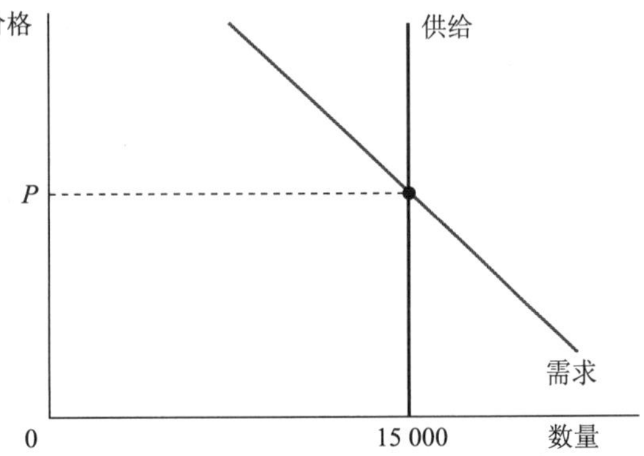

1.11 一项研究估计，最近某一年人们参与eBay的拍卖获得的总消费者剩余是70亿美元。通过拍卖购买这些商品的总消费者剩余比消费者在零售店以固定价格购买这些商品本来可以获得的总消费者剩余更高还是更低？

资料来源：Ravi Bapna，Wolfgang Jank，and Galit Shmuneli，“Consumer Surplus in Online Auctions”，*Information Systems Research*，Vol. 19，No. 4，December 2008，pp. 400-416。

1.12 电影、歌曲和图书都受版权保护，版权使得这些作品的创作者能够阻止别人在未经许可的条件下复制。但是，许多人通过文件共享服务（该服务使得人们能够以零价格下载歌曲和电影的拷贝）的方式违反版权法。

a. 文件共享增加了从消费已有歌曲和电影中获得的消费者剩余吗？画出需求曲线来说明你的答案。图形中应该标出当文件共享不存在时的价格、文件共享存在时的零价格以及文件共享存在和不存在两种情形下的消费者剩余。

b. 在长期，文件共享可能有什么影响？在长期，文件共享可能增加从消费歌曲和电影中获得的总消费者剩余吗？请简要解释。

资料来源：Joel Waldfogel，"Bye，Bye，Miss American Pie? The Supply of New Recorded Music Since Napster"，National Bureau of Economic Research Working Paper 16882，March 2011。

4.2 竞争市场的效率

总结

竞争市场的均衡是经济上有效的。经济剩余是消费者剩余和生产者剩余之和。经济效率是生产的最后一个单位对消费者的边际效益等于其生产的边际成本且消费者剩余和生产者剩余之和达到最大这样一个市场结果。当市场价格高于或低于均衡价格时，经济剩余减少。由于市场不处于竞争均衡而导致的经济剩余的减少称为无谓损失。

复习题

2.1 定义经济剩余和无谓损失。

2.2 什么是经济效率？为什么经济学家以这种方式定义效率？

问题与应用

2.3 简要解释你是否同意如下说法："市场价格下降总是增加该市场的经济效率。"

2.4 简要解释你是否同意如下说法："如果在当前数量水平边际效益大于边际成本，那么，市场中将存在无谓损失。可是，当边际成本大于边际效益时就不存在无谓损失。"

2.5 利用需求和供给图形说明并简要解释低于均衡水平的价格对消费者剩余和生产者剩余的影响。在图形中标出无谓损失。

2.6 简要解释你是否同意如下说法："如果一个市场中的消费者剩余增加，生产者剩余必然减少。"

2.7 一个市场的经济剩余增加总是意味着该市场的经济效率增加吗？请简要解释。

2.8 利用下页图解释为什么产量为 Q_1 或 Q_3 时的经济剩余低于产量为 Q_2 时的。

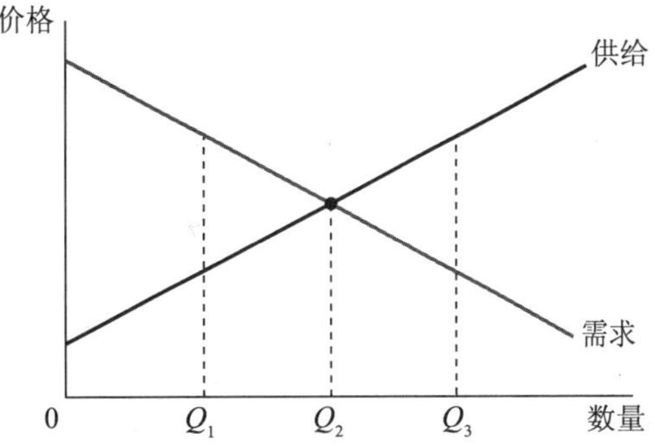

4.3 市场中的政府干预：价格下限和价格上限

总结

对市场结果不满意的生产者或消费者可以说服政府施加价格下限或价格上限。价格下限通常增加生产者剩余，减少消费者剩余，导致无谓损失。价格上限通常增加消费者剩余，减少生产者剩余，导致无谓损失。政府施加价格上限和价格下限的结果是有些人成为赢家，有些人成为输家，存在经济效率的损失。价格上限和价格下限可能导致黑市，即以违反政府价格管制的价格进行买卖。实证分析关注是什么，而规范分析关注应该是什么。实证分析表明价格上限和价格下限导致无谓损失。但这些政策是否合意则是一个规范范畴的问题。

复习题

3.1 为什么有些消费者倾向于赞成价格控制而另一些则反对？

3.2 生产者倾向于赞成价格下限还是价格上限？为什么？

3.3 什么是黑市？在什么情况下黑市会产生？

3.4 经济分析对政府是否应该通过施加价格上限和价格下限的方式干预市场这一问题能够提供最终的答案吗？请简要解释。

问题与应用

3.5 下页图表示了苹果市场。假设政府施加了每箱 10 美元的价格下限。

a. 施加价格下限以后，有多少箱苹果能够卖出去？

b. 存在短缺还是过剩？如果存在短缺或过剩，规模有多大？

c. 苹果生产者会从价格下限中获益吗？如果

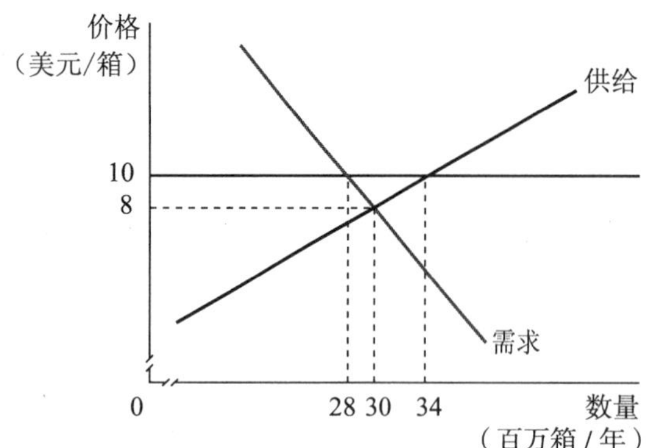

会，解释它们如何能够获益。

3.6 利用下表给出的关于金橘市场的信息，回答如下问题：

价格 （美元/箱）	需求量 （百万箱/年）	供给量 （百万箱/年）
10	120	20
15	110	60
20	100	100
25	90	140
30	80	180
35	70	220

a. 均衡价格和数量分别是多少？当市场处于均衡时，金橘生产者获得多少收益？画图说明市场均衡和代表金橘生产者获得的收益的区域。

b. 假定政府决定施加每箱 30 美元的价格下限。消费者现在购买多少箱金橘？金橘生产者的收益是多少？假设政府不购买任何过剩的金橘。在你回答（a）部分绘制的图形中，表示价格下限以及价格下限施加后金橘购买量和金橘生产者收益的变化。

c. 假定政府施加每箱 30 美元的价格下限并从生产者那里购买所有过剩的金橘。现在，金橘生产者的收益将是多少？政府为购买过剩金橘将花掉多少钱？在你回答（a）部分绘制的图形中，表示代表政府为购买过剩金橘所花的钱的区域。

3.7 假定政府为牛奶设定了高于竞争均衡价格的价格下限。

a. 画图说明这种状况。确保在图形中标出竞争均衡价格、价格下限、在竞争均衡时能够销售的数量、有价格下限时能够销售的数量。

b. 比较存在和不存在价格下限时该市场的经济剩余。

3.8 某报纸头条这样写道："州政府官员实行价格管制，竭力为奶农提供更高的和可靠的收入。"为奶农提供可靠收入是政府官员的一个好的政策目标吗？政府官员如何能够利用价格管制来竭力实现这一目标？政府官员应该利用管制来竭力为本国每个行业提供可靠收入吗？

资料来源：Tim Darragh, "Thirsty for More Milk", *Morning Call* (Allentown, PA), July 12, 2010。

3.9 2007 年间，委内瑞拉政府只允许消费者购买有限数量的糖。政府还对糖的价格施加了一个上限。结果，糖的消费数量和市场价格都低于竞争均衡水平。画图说明这种状况。确保在图中标出代表消费者剩余、生产者剩余和无谓损失的区域。

3.10 参考上题。下面一段话摘自《纽约时报》的一篇文章（乌戈·查韦斯（Hugo Chávez）是委内瑞拉的总统）：

> 政府的海关税务总署（称为 Seniat）署长 José Vielma Mora 本月监督查抄了某一仓库，在该仓库官员们查抄了约 165 吨糖。Vielma 先生说，这次查抄曝光了不愿以官方价格销售糖的商贩对糖的囤积。他和查韦斯先生的政府中的其他官员已经因糖的短缺多次谴责生产者、中间商和食品商。

你同意"委内瑞拉的糖的市场所出现的短缺是'生产者、中间商和食品商'的过错"这种说法吗？请简要解释。

资料来源：Simon Romero, "Chávez Threatens to Jail Price Control Violators", *New York Times*, February 17, 2007。

3.11 ［与 4.3 节中的"建立联系"专栏有关］有些研究最低工资法的影响的经济学家发现，最低工资法往往减少了黑人青少年相对于白人青少年的就业。本专栏中的图形有助于你理解为什么黑人青少年可能受到了最低工资法的不成比例的影响吗？请简要解释。

3.12 ［与开篇案例有关］在刊于《纽约时报》的一篇文章中，经济学家保罗·克鲁格曼（Paul Krugman）对他读过的一篇关于人们在圣弗朗西斯科搜寻公寓房的尝试的文章进行评论。克鲁格曼讲述了该篇文章中求租者的故事："求租者挤满人行道，许多渴望租到房子的申请人来到一套新近空置出来的公寓房，力图用他们的各种资料给房东留下好印象。"他评论道："可是，故事的描述中还缺少某些东西。有两个字，我知道必定会是故事的一部分。”你认为故事中缺少的是哪两个字？

资料来源：Paul Krugman，“Reckonings：A Rent Affair”，*New York Times*，June 7，2000。

3.13 ［与例题 4.3 有关］运用下表关于贝城的公寓房市场的信息回答如下问题：

租金（美元/套）	需求量（套）	供给量（套）
500	375 000	225 000
600	350 000	250 000
700	325 000	275 000
800	300 000	300 000
900	275 000	325 000
1 000	250 000	350 000

a. 没有租金控制时，均衡租金是多少？租出去的均衡公寓房数量是多少？画一幅公寓房市场的需求和供给图形说明你的答案。在均衡处，是否存在不能租到公寓房的求租者或租不出去公寓房的房东？

b. 假定政府设定了每月 600 美元的租金上限。公寓房的需求量和供给量分别是多少？

c. 假设所有的房东都遵守法律。利用一幅需求和供给图形来说明这一价格上限对公寓房市场的影响。确保在图形中标明以下各项：(i) 代表施加价格上限后的生产者剩余的区域，(ii) 代表施加价格上限后的消费者剩余的区域，(iii) 代表施加价格上限后的无谓损失的区域。

d. 假设公寓房的供给量等于你在 (b) 部分确定的数量。但是现在假设房东无视法律，把这一数量的公寓房以可能的最高租金出租。简要解释这一租金将会是多少。

3.14 ［与 4.3 节中的“不要犯这样的错误！”专栏有关］简要解释你是否同意如下说法：“如果某种商品存在短缺，那么，这种商品必然是稀缺的，但并非每种稀缺的商品都会出现短缺。”

3.15 一个学生做出了如下论述：“价格下限减少了消费者购买的某种产品的数量，原因是它使得价格保持在竞争市场均衡水平之上。相反，价格上限增加了消费者购买的某种产品的数量，原因是它使得价格保持在竞争市场均衡水平之下。”你是否同意该学生的推理？运用一幅需求和供给图形来说明你的答案。

3.16 有大型橄榄球项目的大学城在主场橄榄球比赛周末都会碰到宾馆房间需求增加的情况。宾馆的管理层对需求增加的反应是提高房间的价格。对价格上涨的谴责和“哄抬价格”的指控总会定期出现。

a. 画一幅需求和供给图形表示在有主场橄榄球比赛的周末 Boostertwon 的宾馆房间市场，再画一幅需求和供给图形表示在没有主场橄榄球比赛的周末 Boostertwon 的宾馆房间市场。如果 Boostertown 城市议会通过法律规定宾馆价格不允许涨价，那么，在有主场橄榄球比赛的周末宾馆房间市场将会发生什么？在图中表示你的答案。

b. 如果宾馆房间的价格不允许上涨，这对非 Boostertwon 本地的球迷有什么影响？

c. 随着时间的推移，城市议会的法律可能如何影响宾馆房间的供给？请简要解释。

d. 大学城并非唯一面临旺季和淡季之分的地方。你能想到在一年的特定时间面临宾馆房间需求大量增加的其他地方吗？为什么我们通常不会看到限制宾馆在旺季所收取的价格的法律？

3.17 ［与开篇案例有关］Peabody 和 Woburn 两个城市相距 5 英里。Woburn 市实行了租金控制法律，该法律对租金规定了一个低于竞争市场水平的上限。预测这一法律对没有租金控制法律的 Peabody 市的竞争均衡租金的影响。用一幅需求和供给图形说明你的答案。

3.18 ［与开篇案例有关］Lowell 城的竞争均衡租金目前为每月 1 000 美元。政府决定实行租金控制，确定每月 750 美元的价格上限。简要解释租金控制是否可能使以下每类人境况改善或恶化：

a. 当前在 Lowell 城承租了公寓房的人；

b. 下一年将搬到 Lowell、打算租一套公寓房的人；

c. 打算遵守租金控制法律的房东；

d. 打算忽视法律和非法地收取尽可能最高的租金的房东。

3.19 ［与开篇案例有关］如下的报刊文章描述了一位大约 30 年前租公寓房的新闻记者的经历：

> 一位律师建议我不交房租，原因是我的房东总是不给我提供足够的暖气，而且整栋建筑有老鼠和蟑螂骚扰。当房东以不付房租把我告上法庭时……我得到了补偿，免除了 6 个月的

房租。

> 我并没有意识到，让房东把我告上房屋法庭将令我几乎不再可能在美国任何地方租到别的公寓房。

在有租金控制的城市还是在没有租金控制的城市承租人更有可能被列入黑名单？请简要解释。

资料来源：Susan Lippman，"Blacklist Blues：Landlords Use Dodgy Database to Fend Off Feisty Tenants"，*The Independent*，December 12，2008。

3.20 假定汽油市场起初处于均衡状态，均衡价格为每加仑3美元，均衡数量为每月4 500万加仑汽油。然后，中东的一场战争扰乱了美国的石油进口，这使汽油的供给曲线从S_1移动到S_2。汽油的价格开始上升，消费者提出了抗议。联邦政府作出了反应，设定了每加仑3美元的价格上限。利用下图回答如下问题：

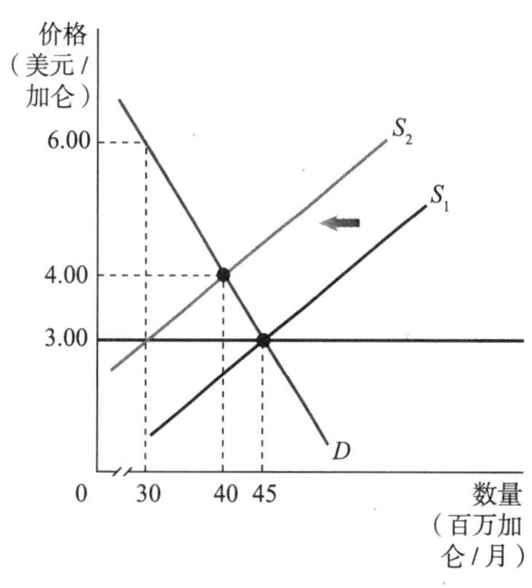

a. 如果没有价格上限，汽油的均衡价格、汽油需求量和供给量将分别是多少？现在假设施加了价格上限且不存在汽油黑市。汽油价格、需求量和供给量将分别是多少？汽油的短缺量将有多大？

b. 假设施加了价格上限且不存在汽油黑市。在图形上标出代表消费者剩余、生产者剩余和无谓损失的区域。

c. 现在假设存在黑市，汽油价格上升到消费者为生产者在每加仑3美元时所供给的数量愿意支付的最高价格。在图形上标出代表生产者剩余、消费者剩余和无谓损失的面积。

d. 与没有价格上限时相比，有价格上限时消费者的境况得到改善了吗？请简要解释。

3.21 《经济学家》杂志的一篇社论讨论了一个事实：在包括美国在内的大多数国家，个人买卖肾等人体器官是非法的。

a. 画一幅肾脏市场的需求和供给图形。在图形上标出法定最高价0以及在该价格下肾脏的供给量。（提示：由于我们知道有些肾脏是捐助的，供给量不会是0。）

b. 该社论主张肾脏买卖应该合法化：

> 在有合适管制的条件下，肾脏市场将是对糟糕现状的重大改善。可以对卖者进行检查看看是否有疾病和服用毒品，卖者在手术后还可以得到照顾……买者将得到更好的肾脏，而且更快。卖者和买者的境况都可以比在非法市场中更好，在非法市场中很多钱都进了中间人的腰包。

你同意这一论述吗？政府应该像对待其他商品一样对待肾脏并允许市场决定价格吗？

资料来源："Psst，Wanna Buy a Kidney"，*The Economist*，November 18，2006，p.15。

□ 4.4 外部性和经济效率

总结

外部性是对在交易中未直接涉及的人的效益或成本。污染和生产中的其他外部性造成了某种商品或服务的生产者承担的私人成本和包括污染成本等所有外部成本在内的社会成本之间的差别。消费中的外部性造成了消费者收到的私人效益和包括所有外部效益在内的社会效益之间的差别。如果存在生产或消费中的外部性，市场所生产出的商品或服务的数量将不会是最优水平。这一结果被称作市场失灵。当产权不存在或不能依法执行时，外部性就会产生。产权是指个人或企业对其财产拥有的排他性使用权，包括买卖的权利。

复习题

4.1 什么是外部性？各举一个正外部性和负外部性的例子。

4.2 生产一种商品的私人成本什么时候会不同于社会成本？消费一种商品的私人效益什么时候会不同于社会效益？各举一个例子。

4.3 什么是经济效率？外部性如何影响市场均衡的经济效率？

4.4 什么是市场失灵？什么时候市场失灵可能产生？

4.5 简要解释产权和外部性的存在之间的

关系。

问题与应用

4.6 本章说你消费巨无霸汉堡不会产生外部性。但是假定你午餐时间到达你最喜欢的麦当劳餐馆，加入到一个长队。你到达柜台时，身后有10个人。由于你决定购买一个巨无霸汉堡而非（比如说）比萨作为午餐，你身后的10个人必须多等2分钟。你消费巨无霸汉堡不会产生外部性这种说法还正确吗？在这种情况下，政府介入巨无霸汉堡市场可能有合理性吗？请简要解释。

4.7 邻居家的狗叫可能有正外部性也可能有负外部性。什么情况下有正外部性？什么情况下有负外部性？

4.8 黄石国家公园里有很多熊。在黄石国家公园的网站上，国家公园服务中心对在该公园露营和远足做了如下规定：

> 不要让装有食物的包裹处于无人看管的状态，哪怕仅仅是几分钟。让一只熊得到人类的食物，哪怕只有一次，常常导致这只熊以后在得到人类食物方面变得具有攻击性。具有攻击性的熊对人类安全是一个威胁，最终必须被杀掉或从公园移走。请遵守这一规定，不要让熊或其他野生动物得到人类的食物。

得到人类的食物对熊有什么负外部性？熊得到人类食物对未来的露营者和远足者有什么负外部性？

资料来源：National Park Service，Yellowstone National Park，"Backcountry Camping and Hiking"，http://www.nps.gov/yell/planyourvisit/backcountryhiking.htm，August 9，2011。

4.9 约翰·凯西迪（John Cassidy）是《纽约人》（*New Yorker*）杂志的一个作家，他写了一篇博客文章，反对纽约市划设自行车道。凯西迪抱怨说，自行车道减少了某些街道上的交通车道以及某些街边停车位。《经济学家》杂志的一个作者不同意凯西迪的说法，他写道："我很不情愿老是说这一点，但是，事实表明，开车有很多负外部性。"开车有什么外部性？这些外部性会如何影响关于大城市是否应该划设更多自行车道的争论？

资料来源：John Cassidy，"Battle of the Bike Lanes"，*New Yorker*，March 8，2011；and "The World Is His Parking Spot"，*Economist*，March 9，2011。

4.10 在某大型州立大学的一项研究中，学生被随机分配到宿舍。研究人员发现，平均而言，与进大学前那一年喝酒的男生做室友的男生的GPA要比与进大学前那一年不喝酒的男生做室友的男生低0.25。而那些上大学前经常喝酒的男生，如果与上大学前同样经常喝酒的男生做室友，那么他们的GPA会低2/3。画图表示酒价格和大学校园里酒的消费量。图形要包括对酒的需求以及喝酒的私人成本和社会成本。标出这一市场上的无谓损失。

资料来源：Michael Kremer and Dan M. Levy，"Peer Effects and Alcohol Use Among College Students"，*Journal of Economic Perspectives*，Vol. 22，No. 3，Summer 2008，pp. 189-206。

4.11 Tom和Jacob是大学生。他们以后很可能都会结婚并生2～3个孩子。每人都知道，在大学里多学习与不学习相比，以后会有一个更好的工作和赚到更多的钱。赚钱更多将使他们以后有更多钱可供家庭支出，如畸齿矫正、漂亮的衣服、昂贵的大学教育、旅行等等。在决定学习努力程度时，Tom考虑对他未来小孩的潜在效益，而Jacob不考虑。

a. 学习会产生哪种类型的外部性？

b. 画图表示这一外部性，比较Tom和Jacob的反应。谁学得更多？谁的行为更有效率？为什么？

c. 如果一种产品的需求减少而供给增加，这种产品的均衡价格既可能上升也可能下降，这取决于是供给还是需求移动得更多。

4.12 以下关于有线电视的信息来自联邦通信委员会（FCC）网站：

> 一般来说，有线电视运营商有权选择其有线电视系统中可供选择的频道和服务。除了联邦法律要求包括在内的某些频道（如本地广播电视频道）以外，运营商有广泛的自主权选择什么频道可供用户选择以及这些频道如何组合和营销。除了被要求包括在基本层面内的节目以外，有线电视运营商和拥有频道或节目服务的实体就有线电视系统传输条件进行谈判。条件可能包括该频道或服务是和其他节目组合在一起提供还是以单个频道的方式或按观看次数收费的方式来提供。

假定你是*The Colbert Report*和Jon Stewart主持的*The Daily Show*这两个节目的粉丝，它们都在中央喜剧（Comedy Central）有线频道播出，但是你从本地有线电视提供商那里得到中央喜剧频道的唯一方式是订一个包括 30 个其他频道的节目包。这里面有外部性吗？如果有，是生产还是消费中的外部性？正的还是负的？如果有外部性，讨论可能的解决方案。

资料来源：Consumer and Government Affairs Bureau，“Choosing Cable Channels”，www.fcc.gov/cgb/consumerfacts/cablechannels.html，November 6，2008。

4.13 在农业杂志《选择》（*Choices*）的一篇文章里，俄勒冈州立大学的经济学家吴俊杰（JunJie Wu）对农田转化为城市开发用地做出了如下评论：

> 土地的使用提供了许多经济和社会效益，但常常伴随着高昂的环境成本。尽管大多数经济成本都被纳入到土地使用决策中，但是，大部分对环境的外部性却没有。这些对环境的外部性导致某些土地的私人成本和社会成本之间存在区别，从而导致无效率的土地配置。例如，开发商可能没有承担它们的项目所产生的所有环境和基础设施成本。这样的市场失灵为私人保护的努力和公共土地使用规划及管制提供了依据。

作者所说的“市场失灵”和“无效率的土地配置”是什么意思？解释为什么作者将无效率的土地配置描述成市场失灵。用一幅表示城市开发用地市场的图形来说明你的答案。

资料来源：Junjie Wu，“Land Use Changes：Economic，Social，and Environmental Impacts”，*Choices*，Vol.23，No.4，Fourth Quarter 2008，pp.6-10。

□ 4.5 处理外部性的政府政策

总结

当外部性的私人解决方案不起作用时，政府有时候会进行干预。处理生产中的负外部性的一种方法是征收等于外部性成本的税收。税收引起商品的生产者将外部性内部化。政府可以通过给消费者补贴或支付的方式来处理正外部性，补贴或支付的大小为外部性的数值。旨在在存在外部性时实现有效的产出水平的政府税收和补贴被称为庇古税和补贴。尽管联邦政府有时候用补贴和税收来处理外部性，但是，在处理污染问题时，它更常用的是“命令和控制”方法。这种方法涉及政府对企业允许排放的污染数量施加数量限制或者要求企业安装具体的污染控制设备。然而，这种类型的直接污染控制在经济上不是有效率的。结果，国会决定采用可交换的排污许可体系来减少二氧化硫排放量。

复习题

5.1 什么是庇古税？为了实现效率，庇古税必须被设定在什么水平？

5.2 生产者或消费者内部化外部性是什么意思？什么会导致生产者或消费者内部化外部性？

5.3 对于处理污染问题，为什么经济学家偏好可交易的排放污许可胜过“命令和控制”方法？

问题与应用

5.4 联邦政府的营养指南敦促成年人每天最少吃 5 份水果和蔬菜。消费水果和蔬菜有正外部性吗？政府应该补贴水果和蔬菜的消费吗？请简要解释。

5.5 许多以前能够有效消除感染的抗生素现在不再有效了，原因是病菌经过进化后产生了抗体。有些病菌现在只对一两种现有的抗生素没有产生抗体。有些政策制定者主张制药公司应该得到补贴来开发新抗生素。一篇报纸文章这样说道：

> 尽管直接补贴制药公司的提法任何时候在政治上可能都不受欢迎，但是，支持者说，填补新抗生素对社会的高价值和它们给制药公司提供的低回报之间的缺口是有必要的。

抗生素的生产有正外部性吗？对社会的价值和给生产企业带来的利润之间有缺口的所有商品的生产企业都要收到补贴吗？请简要解释。

资料来源：Andrew Pollack，“Antibiotics Research Subsidies Weighed by U.S.”，*New York Times*，November 5，2010。

5.6 画一幅图表示生产中的负外部性所产生的无谓损失，说明庇古税是怎样消除无谓损失的。再画一幅图表示消费中的正外部性所产生的无谓损失，说明庇古补贴是怎样消除无谓损失的。简要解释庇古税和补贴是怎样消除无谓损失的。

5.7 迈克尔·刘易斯（Michael Lewis）在《纽约时报》的一篇文章里这样写道：“好的新技术有些像好的新公路。它们的社会效益远远超过发明这些新技术的个人或公司能得到的回报。”这一评论为政府补贴新技术的发明提供了依据吗？如果是，政府可能会怎么做？

资料来源：Michael Lewis，“In Defense of the Boom”，*New York Times*，October 27，2002。

5.8　[与例题 4.5 有关] 干洗剂所产生的烟雾会污染空气。假定下图说明了干洗市场的状况：

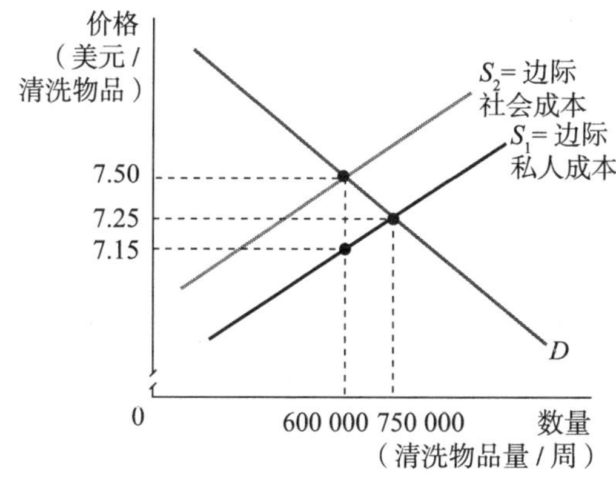

a. 解释政府怎样用针对干洗的税收来实现有效的产量水平。税收的量应该是多少？

b. 根据图形中的信息，过度干洗所产生的无谓损失（用美元表示）有多大？

5.9　[与 4.5 节中第 1 个"建立联系"专栏有关] 画一幅图来表示汽水市场，假设汽水的消费通过提高医疗成本而产生了负外部性。画出代表边际私人效益的实际需求曲线和代表边际社会效益的需求曲线。表示出这一负外部性引起的无谓损失。

a. 如果汽水的消费通过提高医疗成本而产生了负外部性，那么，政府应该禁止汽水的消费吗？

b. 政府如何能够让喝汽水的人把他们通过提高医疗成本而施加的成本纳入自己的消费决策？

5.10　2007 年，马萨诸塞州州长德瓦尔·帕特里克（Deval Patrick）提议，罪犯必须向政府支付"安全费"。安全费的多少要以罪行的严重程度为依据（也就是说，罪行越严重，安全费就越高）。

a. 存在经济上有效率的犯罪数量吗？请简要解释。

b. 简要解释安全费是否属于本章讨论的庇古税。

资料来源：Michael Levenson，"Patrick Proposes New Fee on Criminals"，*Boston Globe*，January 14，2007。

5.11　在一篇为关于国际气候协议的哈佛项目撰写的论文中，作者们说，尽管大多数发达国家为了缓解气候变暖在实行重要的管制，但是，"通常发展中国家更优先考虑经济发展而非环境保护，虽然它们也容易受到持续变暖潜在的负面影响。"回忆第 3 章中给出的正常品的定义。环境保护是正常品吗？如果是，这一事实和上面提到的作者的评论之间有任何联系吗？请简要解释。环境保护的边际成本和边际效益随着经济发展会如何变化？

资料来源：Daniel S. Hall，Michael A. Levi，William A. Pizer，and Takahiro Ueno，"Policies for Developing Country Engagement"，Discussion Paper 08-15，Harvard Project on International Climate Agreements，Belfer Center for Science and International Affairs，Harvard Kennedy School，October 2008。

5.12　下图说明了干洗市场的状况。与 5.8 题不同，随着每周清洗的物品数量增加，污染的边际社会成本上升。此外，有两条需求曲线，D_S是较小城市的，D_L是较大城市的。

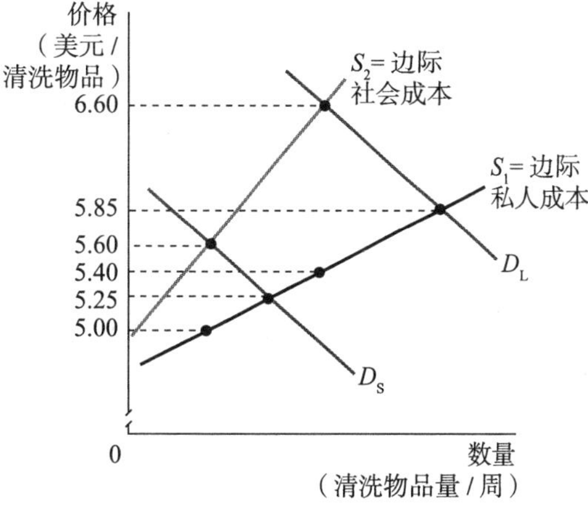

a. 解释为什么边际社会成本曲线的斜率不同于边际私人成本曲线。

b. 在较小的城市，对每件清洗的物品征多少税就能实现经济效率？在较大的城市呢？解释为什么有效的税收在两个城市不相同。

5.13　根据一篇关于发电厂的经理对环境保护局提议的新空气质量管制所持意见的文章，"有些经理愿意接受比环境保护所确定的还要严格的空气污染限制，只要让他们知道确切的截止日期并且能够免除更麻烦的'命令和控制'方法。"

a. 什么是"命令和控制"方法？为什么发电厂的经理认为它们很麻烦？

b. 发电厂的经理可能会赞成除"命令和控制"方法以外的其他什么政策？请简要解释。

资料来源：Gabriel Nelson，"Wrapped Up in Politics，Granddaddy of Cap-And-Trade Plans Has an Uncertain Future"，*New York Times*，July 19，2011。

5.14　[与 4.5 节中第 2 个"建立联系"专栏有关] 正如本章所讨论的，可交易的许可系统在有效减少美国的二氧化硫排放量这个问题上取得了很大的成功。为什么有些经济学家提议了一个类似的可交易的许可系统来减少二氧化碳排放量？简要讨论减少二氧化硫排放量和减少二氧化碳排放量这两个问题之间的相似之处和区别。

第 5 章 卫生保健经济学

本章概览和学习目标

5.1 美国人不断改善的健康状况

讨论美国人健康状况随时间的变化趋势。

5.2 世界各地的卫生保健

比较美国和其他国家的卫生保健体系和卫生保健结果。

5.3 卫生保健市场中的信息问题和外部性

讨论信息问题和外部性如何影响卫生保健市场。

5.4 关于美国的卫生保健政策的争论

解释关于美国的卫生保健政策的争论所涉及的主要议题。

开篇案例

小企业难以支付不断增加的卫生保健成本

伊丽莎白·考威尔和她的丈夫罗伯特·威尔逊拥有两家位于纽约市布鲁克林的古玩店。和其他小企业的所有者一样，当他们与所在地区的许多类似商店竞争时，他们面临各种挑战。但是，在2011年，伊丽莎白和罗伯特最忧虑的是为自己的家庭和雇员向Empire Blue Cross公司支付医疗保险费。在2010年，保险费——企业或个人为购买医疗保险支付的费用——增加了20%；在2011年，保费增加了25%。伊丽莎白说："那是我的企业中唯一不可控的成本……如果你的企业有某项成本一年增加20%~25%，那么，企业就难以为继。"

伊丽莎白和罗伯特并不是唯一为不断增加的卫生保健成本感到忧虑的人。几十年来，卫生保健支出占美国国内生产总值(GDP，经济生产的商品和服务的总价值)的比例一直在稳步增加。卫生保健支出从1960年占GDP的5.2%增加到了2011年占GDP的17.5%，预计这一上升的趋势仍会持续。联邦政府通过Medicare项目向65岁及以上的人提供医疗保险，联邦政府和州政府通过Medicaid项目向低收入者提供医疗保险。美国国会预算办公室估计，Medicare和Medicaid项目的支出将从2011年占GDP的5.6%增加到2050年占GDP的接近12%。如果政府不减少在这些项目上的支出，那么，它们将不得不大幅增加税收或减少在其他项目上的支出。

在2010年，奥巴马总统和国会颁布了《患者保护与平价医疗法案》(the Patient Protection and Affordable Care Act)，该法案对美国卫生保健体系做出了重大改变。这些改变将在2014年前逐步推行。该法案中包含了这样一个条款：各州建立医疗保险交易所，允许小企业和个人进入一个保险池(在这个保险池中，身体健康者和疾病患者都享用同样的保险计划和支付相同的保费)，以使医疗保险不再那么昂贵。在2011年，经济学家和政策制定者对医疗保险交易所在降低小企业和个人的卫生保健费用上是否能取得成功展开了争论。

本章末的"业内观察"讨论了政府对未来的卫生保健成本的预测。

资料来源：Judith Messina, "Small Business Wary on Health Insurance Exchange", www.crainsnewyork.com, June 12, 2011; Celia Barbour, "The Ultimate Recyclers", *New York Times*, October 21, 2007; "Antique and Gift Store Owner Sold on Affordable Care Act", www.smallbusinessmajority.org; U.S. Center for Medicare and Medicaid Studies, "National Health Expenditure Data"; and U.S. Congressional Budget Office, "CBO's 2011 Long-Term Budget Outlook", June 2011.

生活中的经济学

为什么重病患者难以买到医疗保险?

如果你病了且没有医疗保险，那么，你可能难以支付大额的医疗费用。哪怕是在医院住院很短的时间，也可能会产生数千美元的费用。你也许会下结论说，重病患者最有可能购买医疗保险以帮助他们减少医疗费用。但是，如果你患了重病且现在没有医疗保险，那么，你就很难买到医疗保险。通常，对一种服务有需求的人可以轻易找到该服务的供给者。因此，重病患者难以购买医疗保险是什么原因呢？在阅读本章的过程中，看看你是否能够回答这个问题。对照我们在本章末尾提供的答案，你可以检验你的答案。

卫生保健（health care）是指意在维持或改善人的健康的商品和服务，如处方药和看医生。卫生保健的改善是美国和其他高收入国家在过去100年间实现的生活水平大幅提高的重要组成部分。卫生保健实现的快速技术变革体现在：新产品（如核磁共振成像设备和其他诊断设备），治疗癌症、高血压和艾滋病的处方药，脑膜炎疫苗接种，新手术技术（如心脏病治疗的心导管检查）。

卫生保健是通过市场提供的，就像汉堡或理发等大多数其他商品和服务一样。因此，我们可以将我们在前面几章所使用的经济分析工具应用于卫生保健。但是，卫生保健市场具有使它有别于其他市场的有趣特征。在美国，提供大部分卫生保健的医生和医院是私有企业，但是，政府也通过退伍军人卫生署（Veterans Health Administration，美国退伍军人事务部（U. S. Department of Veterans Affairs）的一部分）直接提供部分卫生保健服务。政府还通过Medicare和Medicaid项目间接提供卫生保健。除了政府扮演着很重要的角色外，卫生保健市场与大部分市场还在其他方面存在差别。最重要的是，卫生保健的典型消费者不支付其全部价格。大部分人要么有私人的医疗保险（最常见的情形是由雇主提供的），要么享有Medicare或Medicaid项目提供的保障。拥有保险的消费者所做的关于希望消费多少卫生保健的决策不同于需要为所消费的服务支付全部成本的情况下所做出的决策。正如我们将要看到的，为了分析卫生保健市场，我们将需要使用前面几章没有介绍的经济工具。我们先概述世界各地的卫生保健，以此来开始对卫生保健的分析。

5.1 美国人不断改善的健康状况

200年前，若以现代标准来衡量，整个世界非常贫穷。今天，高收入国家的普通民众的生活水平远远超过过去最富裕国家的人梦寐以求的水平。更高的生活水平的一个方面是普通民众的健康状况改善了。例如，在18世纪末，英国的人均收入居于世界首位。但是，当时英国的普通民众的寿命短，深受霍乱、黄热病、痢疾、天花等疾病之苦，而这些疾病在今天的高收入国家已经消失了。当时英国人出生时的预期寿命平均只有38岁，30%的人口活不到30岁。平均来说，那些活到20岁的人预期只能再多活34年。在2011年，英国和其他高收入国家的人们出生时的平均预期寿命在80岁左右。按照现代的标准来衡量，18世纪的英国人个子也矮。成年男性平均身高为5英尺5英寸，而今天则为5英尺9英寸。

在本节，我们讨论美国普通民众的健康状况。在5.2节，我们讨论其他国家的人们的健康状况。

□ 5.1.1 美国人健康状况随时间的变化趋势

当经济学家衡量一国生活水平随时间的变化时，他们通常先看人均收入的增加。但是，普通人健康状况的变化也是福利变化，从而也是生活水平变化的一个重要指标。在美国，普通人的健康状况在 19 世纪和 20 世纪明显改善了，而且，大体来说，今天还在继续改善。

表 5.1 比较了 1850 年和 2011 年美国人健康状况的一些指标。与 150 年前相比，今天的美国人更高，寿命长得多，出生后前几个月死亡的可能性低得多。

表 5.1　　1850 年和 2011 年美国人的健康状况

变量	1850 年	2011 年
出生时预期寿命	38.3 岁	78.4 岁
平均身高（成年男性）	5 英尺 7 英寸	5 英尺 9 英寸
婴儿死亡率（出生后一年内死亡）	每 1 000 个活胎婴儿中 228.9 个	每 1 000 个活胎婴儿中 6.1 个

注：表中 1850 年的身高数据只包括土著白人和黑人公民，2011 年的身高数据是 *2003—2006* 年采集的。

资料来源：Susan B. Carter, et al., eds., *Historical Statistics of the United States: Millennium Edition*; U. S. National Center for Health Statistics, *Anthropometric Reference Data for Children and Adults: United States, 2003-2006*, October 22, 2008; U. S. Central Intelligence Agency, World Factbook。

□ 5.1.2 美国人身高的变化

人的身高部分地依靠基因（也就是说，较高的父母往往有较高的子女），但也取决于其营养状况。一个人的营养状况取决于他所摄入的食物相对于他必须完成的工作的量、在寒冷的天气里能否保持温暖以及他所患的疾病。随着时间的推移，高收入国家的人平均而言变得更高，就像现在高收入国家的人们比低收入国家的人们更高一样。从而，当缺乏其他直接衡量健康和福利的指标时，身高可以作为一个衡量健康和福利的指标。

以美国为例，图 5.1 显示了 1710—1970 年期间某些给定年份出生的美国成年男性的平均身高，单位为厘米。趋势是向上的，但 1830—1890 年这段时期除外，在这段时期里，成年男性身高下降了大约 2 英寸。这段时期身高下降的原因不是收入下降从而人们不得不减少食物购买。情况正好相反：1890 年美国人的平均收入比 1830 年高了大约 3 倍。真正的原因是，当人们从农村移居到城市时，人们的平均营养状况变差了。当时，由于没有冰箱，城市里的肉和奶制品很难配送，因此许多人没有消费足够的蛋白质。更重要的是，19 世纪末美国的城市很不卫生。大部分城市缺乏基本的卫生设施，包括下水道、清洁的饮用水和定期的垃圾清除。人们常常把垃圾倒在街道上任其腐烂。毫不奇怪，城里人经常出现霍乱、痢疾、猩红热、白喉和黄热病等疾病疫情，而这些疾病在现代美国基本上都消失了。疾病是由细菌导致的，这是在 19 世纪末被广泛接受的看法。这一看法导致了 19 世纪末和 20 世纪初的公共卫生运动，这一运动最终使美国所有的城市都有了下水道、清洁的饮用水和定期的垃圾清除。城市里卫生状况的改善和食物配送的改善使得从 1890 年左右身高开始增加。因此，美国人平均身高随着时间的变化让我们对健康和福利有了一些仅看收入无法获得的见解。

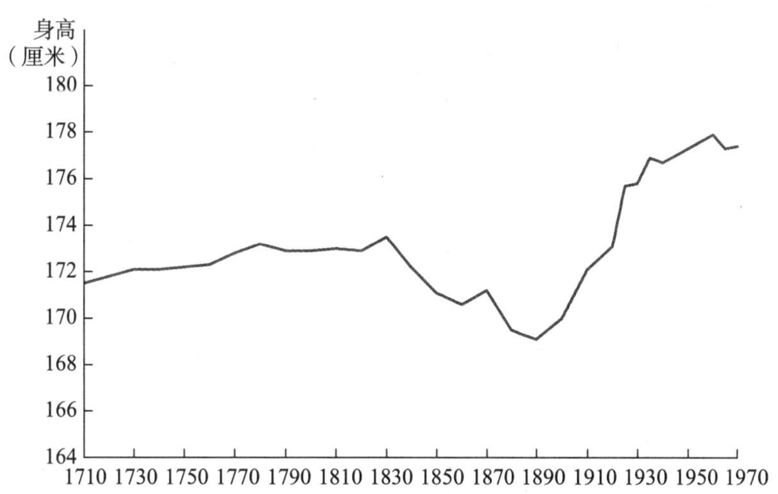

图 5.1　美国 1710—1970 年间成年男性的平均身高

在美国，成年男性的平均身高随着时间的推移增加了，但 1830—1890 年这段时期除外，在这段时期里出生的成年男性平均身高下降了大约 2 英寸，部分原因是城市里有限的食物配送（特别是蛋白质）和恶劣的卫生状况。

注：数据是土著成年男性的平均身高。

资料来源："The Average Height of Adult Males in the United States，1710－1970" from *Historical Statistics of the United States：Millennium Edition*，Series Bd653 (Cambridge University Press，2003)；and Centers for Disease Control and Prevention。

□ 5.1.3　美国人健康状况长期改善的原因

除了 19 世纪中期的短暂倒退外，美国人的健康状况稳步改善了，身高和预期寿命增加了，死亡率则下降了。图 5.2 (a) 显示了 1900—2009 年预期寿命的增加和死亡率（用每 10 万人中死亡数量来衡量）的下降。注意，这里的死亡率已经进行了年龄调整，这意味着它不会受到人口年龄结构变化的影响。美国人出生时的预期寿命从 1900 年的 47.3 岁增加到了 2009 年的 78.2 岁。图 5.2 (b) 显示了近些年美国人口综合死亡率的变化以及进行了年龄调整的几种疾病的死亡率（用每 10 万人中死亡数量来衡量）。从 1981 年到 2009 年，综合死亡率下降了 25%以上。在同一时期，癌症、心血管病（如心脏病发作和中风）、肝脏疾病等导致的死亡都大幅下降。在此期间，糖尿病和肾脏疾病导致的死亡则略有上升，这主要是由于肥胖率上升造成的。1981 年以来美国综合死亡率的下降是由于生活方式的变化（特别是吸烟的减少）及新诊断设备、新处方药和新手术技术等的出现。

是什么解释了预期寿命的长期增加和死亡率的下降呢？我们已经看到，19 世纪末和 20 世纪初卫生状况的改善和食物配送的改善导致了这一时期更好的健康状况。芝加哥大学的诺贝尔经济学奖得主罗伯特·福格尔（Robert Fogel）和格雷沙姆学院（Gresham College）的罗德里克·弗拉德（Roderick Floud）及其合作者描述了这么一个过程，根据这个过程，更好的健康状况使得人们在变得更高、更强壮和对疾病抵抗能力更强时可能更加努力地工作。更加努力地工作提高了一国的总收入，使得该国可能提供更好的卫生状况、更多的食物和更好的食物配送系统。实际上，健康状况的改善使一国的生产可能性前沿发生了外移。更高的收入还使该国将更多资源用于研究和开发，其中也包括医学研究。

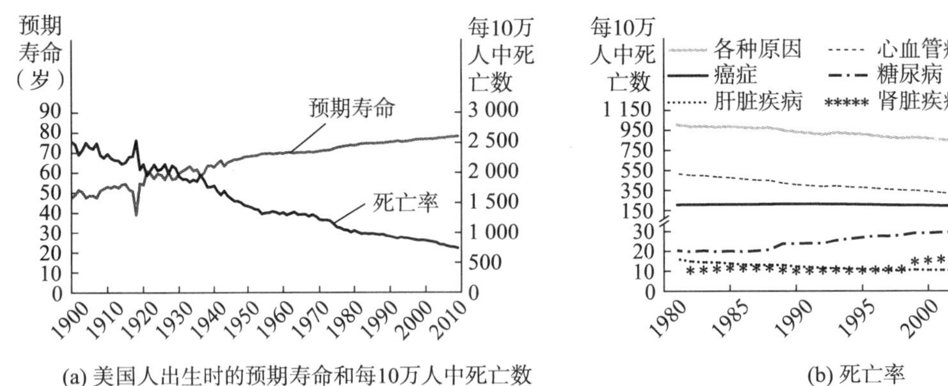

(a) 美国人出生时的预期寿命和每10万人中死亡数

(b) 死亡率

图 5.2　美国人口健康状况的改善

1900 年以来，美国人的预期寿命增加了，死亡率则下降了。1981 年以来，癌症、心血管病和肝脏疾病等导致的死亡都大幅下降了。糖尿病和肾脏疾病导致的死亡则略有上升，这是由于肥胖率上升造成的。注意，在图（a）中，1918 年出现的死亡率的增加和预期寿命的下降是由于那一年出现了严重的流感疫情。

资料来源：[图（a）] Susan B. Carter et al., eds., *Historical Statistics of the United States: Millennium Edition*, Series Ab644; and Centers for Disease Control and Prevention, National Vital Statistics Reports, various issues; [图（b）] "Age-Adjusted Mortality per 100000 by Underlying and Multiple Cause, Ages 181: US, 1981－2009", Centers for Disease Control and Prevention, National Center for Health Statistics, "VitalStats: Mortality", www.cdc.gov/nchs/vitalstats.htm。

5.2　世界各地的卫生保健

在美国，大部分卫生保健是由私人企业通过医生诊所或医院提供的。主要的例外是政府通过由联邦政府退伍军人卫生署经营的医院网络提供的护理，但有些城市也拥有和经营医院。美国以外的大部分国家的政府在支付卫生保健费用或提供卫生保健上起着更加重要的直接作用。政策制定者和经济学家对政府更多地参与卫生保健体系对预期寿命、婴儿死亡率和疾病的成功治疗等健康结果的影响这一问题上存在争论。

□ 5.2.1　美国的卫生保健体系

不同国家的卫生保健体系之间的一个重要区别是人们如何对他们消费的卫生保健付费。美国的大部分人有医疗保险，它帮助人们支付医疗费用。**医疗保险**（health insurance）是一个合同，根据该合同，买者同意支付保险费以获取合同提供方同意支付买者的部分或全部医疗费用。图 5.3 显示了美国 2009 年医疗保险的来源。大约 54%的人拥有私人医疗保险。大部分私人医疗保险拥有者是通过雇主得到的。在 2010 年，大约 99%的雇用 200 个工人以上的企业和大约 68%的雇用 3～199 个工人的企业向雇员提供医疗保险，作为一项附加福利（即非工资形式的报酬）。私人医疗保险公司要么是非营利性企业（如某些 Blue Cross and Blue Shield 组织），要么是营利性企业（如 Aetna 和 John Hancock），后者一般还销售其他类型的保险。私人医疗保险公司既向雇主销售覆盖所有雇员的团体保险计划，也直接向公众出售个人保险计划。有些医疗保险计划基于按服务计费

(fee-for-service）向医生和医院进行偿付，这意味着医生和医院因其提供的每项服务收到单独的支付。其他医疗保险计划则按健康维护组织（health maintenance organizations，HMOs）的形式进行组织，它们通常主要按每个病人一笔固定费用的方式向医生进行偿付，而不是按诊治病人或提供的其他服务的数量向医生进行偿付。

在 2009 年，29％的人通过 Medicaid、退伍军人卫生署或其他某个政府项目得到医疗保险，17％的人没有任何医疗保险。许多人没有医疗保险的原因是，他们的收入低且相信他们买不起私人医疗保险。一些低收入者要么不满足 Medicaid 的条件，要么选择不参加该项目。大约 2/3 的没有保险的人所在的家庭中至少有一个人有工作。这些人要么是雇主没有给他们提供医疗保险，要么是选择不购买医疗保险。有些年轻人选择退出雇主提供的医疗保险，因为他们身体健康且认为雇主收取的保险费的成本超过了拥有医疗保险带来的好处。在 2009 年，57％的没有保险的人不到 34 岁。尽管 99％的雇用 200 个工人以上的企业向雇员提供医疗保险，但只有大约 63％的雇员选择接受医疗保险。余下的雇员要么受到配偶的保单的保障，要么因为他们不想付保险费而决定不要保险。没有保险的人必须自掏腰包支付他们自己的医疗费（就像支付其他费用一样），或者接受医生或医院的免费护理或低于正常价格的护理。正如我们将要看到的，解决无保险者的问题是联邦政府 2010 年颁布的卫生保健法律的动机之一。

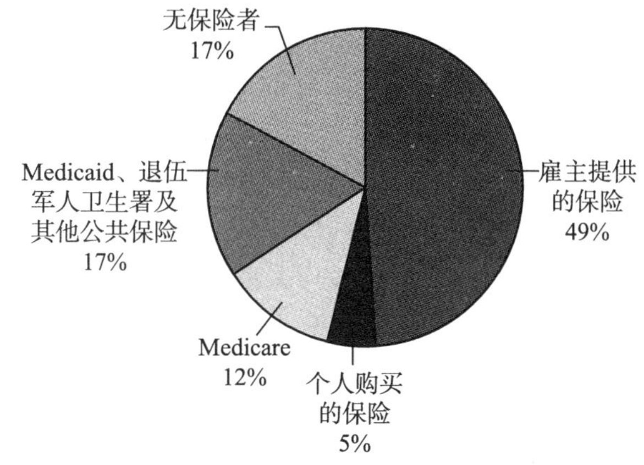

图 5.3　美国 2009 年医疗保险的来源

资料来源：Kaiser Commission on Medicaid and the Uninsured; the Urban Institute; and the U.S. Bureau of the Census。

在美国，大部分人所在家庭有私人医疗保险（雇主提供或自己直接购买）。政府项目为 29％的人口提供保险。

□ 5.2.2　加拿大、日本和英国的卫生保健体系

在许多国家，如加拿大、日本和英国，政府要么通过经营医院并雇用医生和护士来直接提供卫生保健，要么支付大部分卫生保健费用，即使医院并非为政府所有，医生也非政府雇员。在本节，我们简单介绍几个国家的卫生保健体系。

加拿大。

加拿大的卫生保健体系是**单一付款人卫生保健体系**（single-payer health care system），政府向加拿大所有居民提供国民医疗保险。加拿大的 10 个省都有各自的体系，

尽管每个体系都必须满足联邦政府提出的必须全部覆盖所有必要的医疗程序这一要求。个人不必支付看医生或住院的任何费用；他们通过向省政府和联邦政府缴税来间接为医疗保健进行支付。与美国一样，大部分医生和医院都是私有企业；但与美国不同的是，医生和医院都被要求接受政府设定的收费标准。与美国一样的还有，医生和医院通常都是基于按服务计费得到偿付。

日本。

日本有一个全民医疗保险的体系，该体系要求该国每个居民要么（a）参加由行业或职业组织的众多非营利性医疗保险协会之中的一个，要么（b）参加国民政府提供的医疗保险项目。这个体系的资金来源是雇员和企业支付的保险费以及与美国的 Medicare 项目资金来源类似的工资税。与加拿大的体系不同，日本的体系要求大幅的共同支付，病人支付 30％的医疗费用，而医疗保险支付剩余的部分。日本的医疗保险不对大部分预防性护理（如年度体检）进行支付，也不对与怀孕相关的医疗支出进行支付，除非出现并发症。美国和加拿大的医疗保险通常覆盖这些支出。与在美国一样，日本的大部分医生不是为政府工作，有许多私人所有的医院。但是，政府经营的医院数量多于美国。

英国。

在英国，通过国民卫生服务体系（National Health Service，NHS），政府拥有所有的医院，直接雇用几乎所有的医生。这与美国、加拿大和日本不同，在这些国家，政府雇用的医生相对很少，拥有的医院也相对很少。由于英国的私人保险和私人医院体系很小，它的卫生保健体系常被称为**公费医疗**（socialized medicine）。NHS 有 170 万雇员，是全世界最大的由政府经营的卫生保健体系。除了处方药存在小幅的共同支付外，NHS 向病人提供免费的卫生保健服务，其资金来源是收入税。NHS 集中于预防性护理和严重情况的护理。可选择性护理（如髋关节置换术和乳房切除术后的整形外科手术等）的优先程度则要低一些。NHS 的目标导致可选择性护理的候诊名单可能很长，病人有时候需要等待 1 年或更长的时间，而这样的护理在美国只需要等几周或更短的时间。为了避免候诊时间过长，超过 10％的人口也有私人医疗保险，这常常是由雇主提供的，投保人用私人医疗保险来偿付可选择性护理的费用。实质上，NHS 是在更广泛的覆盖范围（从而导致更长的等待时间）和做更少的手术（特别是非急诊手术）之间进行权衡。

□ 5.2.3 卫生保健结果的国际比较

我们已经看到，各国的卫生保健体系的组织方式差别很大。卫生保健结果和各国在卫生保健上的支出数量也有很大的差别。正如图 5.4 所示，通常来说，一国人均收入水平越高，人均卫生保健支出水平也越高。这并不令人奇怪，因为卫生保健是一种正常品。正如我们在第 3 章看到的，随着收入增加，正常品上的支出也增加。图中的直线表示了人均收入和人均卫生保健支出之间的平均关系。每点代表一个国家，大部分点都相当接近这条直线，但是，注意到代表美国的点远高于该直线。处在远高于该直线的位置表明，即使考虑到美国相对高的收入水平，美国的人均卫生保健支出仍然高于其他国家。我们将在本章后面的部分讨论对美国卫生保健支出水平高的解释。

美国远远高于图中表示人均收入和人均卫生保健支出之间的平均关系的直线，这表明，即使考虑到美国相对高的收入水平，美国的人均卫生保健支出仍然高于其他国家。

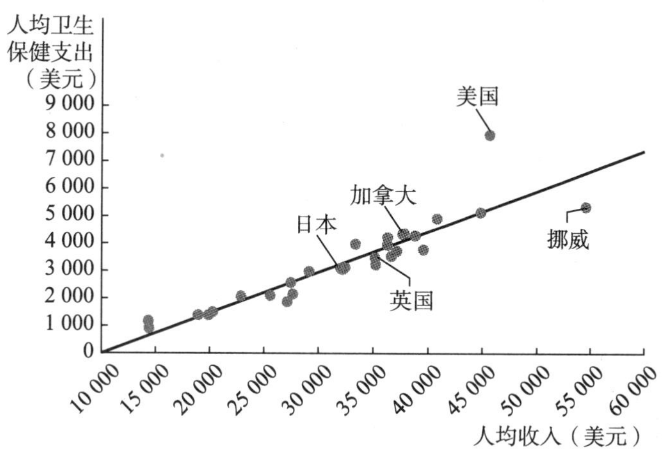

图 5.4　2009 年的人均收入水平和人均卫生保健支出

注：人均收入用人均实际 GDP 衡量。

资料来源：The Organization for Economic Cooperation and Development，*OECD Health Data 2011*，June 2011。

美国的高卫生保健支出水平导致了更好的健康结果吗？美国人更健康吗？他们的医疗问题得到处理的速度比其他国家的人更快吗？表 5.2 比较了经济合作与发展组织（OECD，由 34 个高收入国家组成）成员国的几个方面的卫生保健结果。该表显示，美国在出生时的预期寿命和婴儿死亡率这两个数据上表现不佳，而在 65 岁男性和女性的预期寿命这个数据上居于平均水平。与其他国家的人相比，美国人得糖尿病的并发症和肥胖的可能性更高，尽管这些数据是来自询问人们是否肥胖的调查而非对肥胖的直接衡量。能够得到肥胖率数据的国家也相对少一些。

美国在可用于诊断和治疗疾病的医疗设备的可得性这个数据上的表现很好。表 5.2 显示，美国拥有的核磁共振成像设备和 CT 扫描仪是 OECD 国家的平均水平的两倍以上。美国在癌症治疗上也做得更好。美国人因癌症而死亡的比率以及在 75 岁前因癌症而死亡的概率都低于大部分 OECD 国家，但高于日本。美国的癌症死亡率也相对较低。这一死亡率衡量的是因癌症而死亡的比率相对于被诊断患有癌症的比率的大小。低癌症死亡率表明，美国的卫生保健体系在降低被诊断为癌症患者的死亡率这方面做得相对较好。

表 5.2　　高收入国家的健康结果

卫生保健结果	美国	加拿大	日本	英国	OECD 平均值
预期寿命					
出生时的预期寿命（年）	78.2	80.7	83.0	80.4	79.3
65 岁男性的预期寿命（年）	17.3	18.1	18.2	18.1	17.1
65 岁女性的预期寿命（年）	20.0	21.3	24.0	20.8	20.4
婴儿死亡率（每 1 000 个活胎婴儿中死亡数）	6.5	5.1	2.6	4.7	4.7
健康问题					
肥胖率（自己报告为肥胖者的百分比，%）	27.7	16.5	n/a	n/a	15.5
每 10 万人中糖尿病患者入院治疗数	57	23	n/a	32	21

第 5 章　卫生保健经济学

续前表

卫生保健结果	美国	加拿大	日本	英国	OECD 平均值
诊断设备					
每 100 万人拥有的核磁共振成像设备和 CT 扫描仪	60.2	19.4	n/a	n/a	27.3
癌症					
每 10 万人中因癌症而死亡数	104.1	113.3	94.8	115.8	114.7
在 75 岁前因癌症而死亡的概率（%）	11.2	11.8	9.7	11.9	12.0
癌症死亡率（%）	39.5	40.4	52.3	47.6	48.1

注：前 6 行数据是最新可得到的数据，一般是 2009 年。关于癌症的数据是 2008 年的，最后一列是欧盟 27 个国家的数据而非 OECD 国家的数据。癌症死亡率对年龄做了调整，这意味着它们不会受到不同国家年龄结构差别的影响。n/a 表示数据无法获得。

资料来源：The Organization for Economic Cooperation and Development，*OECD Health Data 2011*；J. Ferlay，H. R. Shin，F. Bray，D. Forman，C. Mathers，and D. M. Parkin，*Globocan 2008* v1.2，Cancer Incidence and Mortality Worldwide：IRAC CancerBase No. 10，Lyon，France：International Agency for Research on Cancer，2010，http://globocan.iarc.fr；and Mark Pearson，"Why Does the United States Spend So Much More Than Other Countries?" Written Statement of Mark Pearson，Head，Health Division，OECD，to Senate Special Committee on Aging，September 30，2009。

卫生保健结果的跨国比较对衡量不同卫生保健体系的效果的用处有多大呢？卫生经济学家和其他研究人员对这个问题的答案分歧很大。我们可以考虑进行卫生保健结果的跨国比较的一些困难：

● 数据问题。国家并不总是以同样的方式收集关于疾病和其他健康问题的数据。因此，无法获得足够的一致性数据来比较几种以上疾病的卫生保健结果。

● 衡量卫生保健服务提供的问题。最容易衡量的结果是由于某一具体事件的发生引起的死亡数。因此，各国的预期寿命、婴儿死亡率、癌症等某些疾病的死亡率等的指标都可获得。但是，许多卫生保健涉及伤病护理、简单的外科手术、开处方和结果难以衡量的其他活动。例如，尽管英国在表 5.2 中的许多指标上都做得很好，但是，英国的病人要想得到可选择的手术需要等待很长的时间，而这些手术在包括美国在内的一些其他国家可以得到快得多的安排。而这些等待时间对病人的成本却难以衡量。

● 区分卫生保健效果和生活方式选择的问题。卫生保健结果部分地取决于医生和医院提供医疗服务的效果。但是，它们也取决于个人的选择。因此，例如，美国的高肥胖率和糖尿病（可能是肥胖症的并发症）入院治疗数可能更多地是由个人的饮食和锻炼决策所引起的，与美国的卫生保健体系的效果的关系可能要小一些。

● 确定消费者偏好的问题。在大多数市场中，我们可以假设我们观察到的数量和价格反映了消费者偏好（需求）与生产商品和服务的企业的成本（供给）之间的相互作用。给定消费者的收入和偏好，消费者在做出购买决策时比较不同商品和服务的价格。企业收取的价格代表了生产该商品或服务的成本。但是，在卫生保健市场，与美国不同，大部分国家的政府在供给这项服务中扮演着主导角色，因此，这项服务的成本没有完全由价格代表，在有些国家其价格为零。甚至在那些消费者必须支付医疗服务费用的国家里，他们支付的价格通常也没有代表提供这项服务的成本。例如，在美国，拥有私人医疗保险的消费者通常只支付卫生保健服务的价格的10%～20%（即前面提到的共同支付的方式）。由于这些原因，确定一些国家在提供成本和效果与消费者偏好相一致的卫生保健服务上是否比其他国家做得更好是很困难的。

5.3 卫生保健市场中的信息问题和外部性

卫生保健市场受到不对称信息问题的严重影响。**不对称信息**（asymmetric information）问题发生在经济交易的一方拥有的信息比另一方少的时候。理解不对称信息的概念有助于我们分析卫生保健与卫生保健保险的买者和卖者的行动以及卫生保健市场中的政府行动。如果我们首先考虑不对称信息对二手车市场的影响，那么，不对称信息的后果可能更易于理解。二手车市场正是经济学家最初开始仔细研究不对称信息问题时所考察的市场。

5.3.1 逆向选择和次品市场

加州大学伯克利分校的诺贝尔经济学奖得主乔治·阿克洛夫（George Akerlof）指出，二手车的卖主对二手车的真实状况所掌握的信息总是比潜在的买者掌握的要多。甚至训练有素的技工也难以发现保养不善（例如，没有定期加油）对车造成的损害。

如果二手车的潜在买者知道他们难以区分好的二手车和坏的二手车（称为次品），那么，他们在确定愿意支付的价格时就会把这一点考虑进去。考虑如下的简单例子：假定二手车市场上一半的2010年款大众捷达车得到了很好的保养，从而是可靠的好二手车，而另一半的保养不善，从而是不可靠的次品车。假定2010年款捷达车的潜在买者为一辆可靠的二手车愿意支付10 000美元，但为一辆不可靠的二手车只愿意支付5 000美元。卖者知道他们对自己的车的保养情况以及是否可靠，但买者没有这些信息从而无法区分可靠的和不可靠的二手车。

在这种情况下，买者通常出的价将介于他们为一辆好车愿意支付的价格和为一辆次品车愿意支付的价格之间。在这个例子中，由于买到一辆好车和一辆次品车的概率各为50%，买者也许会出价7 500美元，即如果他们知道是一辆好车愿意出的价格和如果知道是一辆次品车愿意出的价格的平均值。

对二手车的买者来说不幸的是，这里会产生一个大问题。从买者的角度来看，在他们不知道任何一辆特定的供出售的二手车是好是坏的条件下，出价7 500美元是合理的。但是，卖者确实知道他们要卖的车是好车还是次品车。对好车的卖者来说，7 500美元的价格比车的真实价值低2 500美元，卖者不愿意卖掉。但是，对次品车的卖者来说，7 500美元的价格比车的真实价值高2 500美元，卖者乐于卖掉。当次品车的卖者利用他们比买者知道更多关于车的实际情况的信息优势时，二手车市场就成为了**逆向选择**（adverse selection）的牺牲品：大部分供出售的二手车是次品车。换句话说，由于不对称信息，市场逆向地选择了供出售的二手车。另外，我们也注意到，由于供出售的好车很少，逆向选择问题减少了二手车市场上的总交易量。

□ 5.3.2 医疗保险市场中的不对称信息

不对称信息问题在所有类型的保险市场中尤其严重，这也包括医疗保险市场。为了理解这一点，首先考虑保险如何起作用。保险公司向家庭销售保单时，它们提供了风险共担服务。例如，如果你拥有价值 15 万美元的住房但没有购买火灾保单，那么，一场毁灭你的住房的火灾对你来说就是一场财务灾难。但是，通过向你和其他成千上万的房屋业主销售火灾保单，保险公司可以汇聚你们的房屋被烧毁的风险。房屋业主愿意支付由保险费代表的确定性成本以消除一旦房屋被烧毁的不确定的（但可能很大的）成本。注意，保险公司若要足以弥补其所有成本，它收到的保险费总额就必须比它为保险客户理赔时付出的总额要高。为了能够存活，保险公司必须精确预测它们可能付给保险客户的金额。例如，如果一家保险公司预测一年内只有 2%的保险客户的房子会烧毁，但实际比例达到 5%，那么，该公司就会遭受损失。相反，如果一家保险公司预测一年内有 8%的保险客户的房子会烧毁，但实际比例只有 5%，那么，该公司收取的保险费就太高了。如果一家公司收取的保险费过高，那么，客户就会流失到其他公司，这样的公司最终可能会被行业淘汰。

医疗保险市场中的逆向选择。

医疗保险公司精确预测保险客户索取赔付数量的一个障碍是，医疗保险保单的买者对他们的健康状况知道得总是比保险公司更多，从而，对他们提交医疗账单要求赔付的可能性也了解得更多。换句话说，保险公司面临着一个逆向选择问题，原因是身体有病的人比健康的人更有可能需要医疗保险。如果保险公司难以确定谁的身体有病和谁的身体健康，那么，它们最终设定的保险费就太低，就无法弥补成本。发现所收取的保险费过低而无法弥补保险客户索赔成本的保险公司面临着一个问题。公司也许会试着增加它收取的保险费，但是这么做的风险是使逆向选择问题更加严重。如果保险费上升，那么，那些很少看医生或住院的更年轻和更健康的人对此做出的反应可能是不再买保险。接下来，保险公司将会发现它面临的逆向选择问题更加严重了，原因是它的保险客户的平均健康状况比保险费提高之前更差了。这一局面与二手车买主面临的局面相似。二手车买主知道二手车市场中存在逆向选择问题，于是决定通过降低他愿意支付的价格来应对此问题。但是，更低的价格将减少愿意卖车给他的好二手车卖者的数量，从而使逆向选择问题更加严重了。

处理逆向选择问题的一种具有争议的方法是要求个人购买医疗保险。大部分州要求司机购买汽车保险，从而高风险和低风险的司机都参保。2010 年通过的《患者保护与平价医疗法案》要求，从 2014 年开始，美国居民必须参保，否则将被罚款。这一法律条款被称为个人强制参保。我们将在本章后面进一步对此进行讨论。

医疗保险市场中的道德风险?

保险市场还遭受着不对称信息的另一个后果。**道德风险**（moral hazard）是指人们在进入交易后采取的使交易的另一方境况变差的行动。当人们拥有保险后改变他们的行为时，保险市场中的道德风险就发生了。例如，一旦一家企业为其仓库购买了火灾保险，它也许就不愿意安装昂贵的自动喷水灭火系统。类似地，拥有医疗保险的人可能会因为感冒或其他小疾病去看医生，而在没有医疗保险时却不会去。或者，拥有医疗保险的人也许会从事那些没有保险时会避免的高风险的活动，如骑摩托车。

思考与保险有关的基本的道德风险问题的一种方式是注意到正常情况下一笔经济交易存在买者和卖者两方。保险公司成了医疗服务购买的第三方，因为保险公司而非病人支付了这项服务的部分或全部成本。由于这个原因，经济学家把传统的医疗保险称为一种第三方支付体系。第三方支付体系意味着卫生保健的消费者支付的价格没有反映提供这项服务的全部成本。消费者支付的价格较低，这导致消费者使用的卫生保健超过了倘若需要支付全部价格情况下的数量。

第三方支付的医疗保险还能导致另一个被称为委托—代理问题的道德风险后果，这是由于医生可能采取不一定符合病人最佳利益的行动，如开处方需要病人做一些不必要的检查或其他治疗。**委托—代理问题**（principal-agent problem）的产生是因为代理人（在这个例子中是医生）追求他们自己的利益而不是雇用他们的委托人（在这个例子中是病人）的利益。如果病人不得不支付实验室检查、核磁共振成像扫描和其他治疗的全部价格，那么，他们就会更有可能质疑这些治疗是否真有必要。由于医疗保险支付了这些治疗的大部分费用，病人更有可能接受这些治疗。注意，大部分医疗保险的按服务计费的特点可能使委托—代理问题更加严重，原因是医生和医院是按每次提供的服务得到偿付的，而不论服务是否有效果。许多医生认为，医疗程序数量的增加并不是第三方支付的医疗保险的结果。相反，这一增加反映了医疗程序在诊断疾病上效果的提高以及某些医生采取“防御性治疗”的倾向（因为他们担心如果未能诊断出疾病，病人可能会对他们提起医疗事故诉讼）。

不要犯这样的错误！

不要混淆逆向选择和道德风险

不对称信息的两个重要后果是逆向选择和道德风险。这两个概念很容易混淆。区分这两个概念的一种方式是记住逆向选择是指进入交易时发生的事情。一个例子是，由于保险公司缺乏关于个人健康状况的信息，某保险公司向一个患了绝症的人销售了一份寿险。道德风险是指进入交易后发生的事情。例如，一个不吸烟的人买了一份寿险后开始每天吸 4 盒香烟。（下面这种记法可能有用，在字母表中，字母 a 出现在 m 之前，正如逆向选择（英文为 adverse selection）出现在道德风险（英文为 moral hazard）之前那样。）

轮到你了：做本章末的问题与应用 3.9，看看你理解得如何。

保险公司如何应对逆向选择和道德风险？

保险公司可以采取措施来减少逆向选择和道德风险问题。例如，保险公司可以用免赔额和共同保险来减少道德风险。免赔额要求保险客户支付索赔额的某一数量。而共同保险则是指保险公司只支付索赔额的一个百分比。假定你的医疗保险保单规定有 200 美元的免赔额和 20%的共同保险，你的医疗账单是 1 000 美元。那么，你必须付前 200 美元和剩余 800 美元的 20%。免赔额和共同保险使得保单对想要提出很多次索赔的人来说吸引力下降了，从而减少了逆向选择问题。免赔额和共同保险还给保险客户提供了避免提出索赔的激励，从而减少了逆向选择问题。但是，注意，免赔额和共同保险减少了但并没有消除逆向选择和道德风险。预期会有很多医疗费用的人还是比健康的人有更大的激励购买保险，拥有医疗保险的人还是比没有医疗保险的人更有可能提出索赔。

为了减少逆向选择问题，保险公司通常要求申请购买个人医疗保险保单的人提交其医疗记录。保险公司通常还对购买保险者进行体检。公司常常对既有病症只做有限的覆盖，所谓既有病症是指买者在购买保险之前就有的健康问题，如心脏病或癌症。医疗保险公司对既有病症所设的限制通常持续一或两年，偶尔是永久的。对既有病症的限制在个人的医疗保险保单中一直是很常见的，但有时也包括在团体保险（如保险公司卖给企业、企业提供给雇员的保险）中。排除和限制对既有病症的覆盖是存在争议的。批评者认为，通过排除对既有病症的覆盖，保险公司迫使那些患有严重疾病的人不得不全额支付那些金额可能很大的医疗费用或者无法得到治疗。有些患有慢性疾病或绝症的人发现不可能购买到个人的医疗保险。保险公司认为，如果它们不排除对既有病症的覆盖，那么，逆向选择问题或许会使提供任何医疗保险变得困难或者或许迫使公司收取太高的保险费，而收取太高的保险费会使相对健康的人不再购买保险从而使逆向选择问题更加严重。在一定程度上，关于对既有病症的覆盖的争论是一个规范性争论。通常，在市场体系中，买不起某种商品或服务的人必须在没有这种商品或服务的条件下生活。但是，许多人不愿意看到人们因为买不起医疗保险而享受不到医疗保险的好处。正如我们在下一节将讨论的那样，2010 年国会通过的《患者保护与平价医疗法案》显著约束了保险公司对既有病症的覆盖进行限制的能力。

例题 5.3　应对逆向选择

包含免赔额和共同支付条款的私人医疗保险可能要求病人做很多文书工作：保险公司给病人发送标明它们该给医生多少钱的结算单，医生发送要求付款的账单，以及关于何种治疗在保险范围内的分歧。在 2011 年，一家名为 Off Your Desk 的公司给消费者提供一项服务，它处理医疗保险涉及的所有文书工作，收费为每月 65 美元。关于这项服务的一篇报纸文章这样评论道："这项服务还是有一个逆向选择问题……"

a. 这家企业面临什么逆向选择问题？在你的答案中定义逆向选择。

b. 这家企业可能会如何尝试应对这一逆向选择问题？

解：

第 1 步：复习本章内容。这一问题是关于逆向选择的，所以你可能需要复习一下 5.3.2 节"医疗保险市场中的逆向选择"和"保险公司如何应对逆向选择和道德风险?"。

第 2 步：定义逆向选择，解释这一概念在本例中如何应用，以此来回答（a）部分。逆向选择是交易的一方利用他比交易的另一方知道得更多的信息优势的情况。在这个例子中，Off Your Desk 公司面临的风险是，在公司吸引到的客户中，那些有很多文书工作、处理起来每月需要花费公司 65 美元以上的客户的数量会不成比例地高。

第 3 步：解释公司可能会如何来尝试应对这一逆向选择问题，以此来回答（b）部分。这家企业可能采取的战略有：(1) 它可以把它的服务限制为只包括客户在与公司签约后收到的账单。这一战略限制了公司的这项服务对那些已经有复杂的账单问题需要得到帮助、从而处理起来可能每月需要花费公司 65 美元以上的客户的吸引力。这一战略类似于排除对病人既有病症的覆盖的保险公司计划。(2) 它还可以对每月收费 65 美元时处理的账单数量设定上限。这一战略将避免吸引那些预期自己有许多账单的客户。事实上，Off Your Desk 公司使用了上述两种战略：它排除了客户在签约之前收到的账单，只处理 3 个月内 10 次医疗索赔所涉及的文书工作。

资料来源：Jennifer Saranow Schultz, "Outsourcing Insurance Paperwork", *New York Times*, January 19, 2011。

轮到你了：要想做更多的练习，请做本章末的问题与应用 3.11。

□ 5.3.3 卫生保健市场中的外部性

对于大部分商品和服务来说，我们假设消费者收到消费该商品或服务的所有效益且生产该商品或服务的企业承担所有的生产成本。但是，有些商品或服务涉及外部性，外部性是指影响在商品或服务的生产或消费中未直接涉及的某人的效益或成本。例如，如果一家公用事业公司烧煤来发电，那么就会产生空气污染，这引起了一种负外部性，原因是那些有哮喘病或其他呼吸问题的人可能承担了成本，尽管他们并未卷入引起该污染的电的买卖中。大学教育可能产生一种正外部性，原因是受过大学教育的人犯罪的可能性更低，而且他们作为了解情况更多的选民，更有可能对更好的政府政策做出贡献。因此，尽管你收到了你的大学教育的大部分效益，但其他人也收到了部分效益。

外部性干扰了市场均衡的经济效率。我们在第 4 章中看到，竞争市场通过最大化消费者剩余与生产者剩余之和实现了经济效率。但是，当生产中存在负外部性时，如空气污染，市场生产的数量就超过有效数量；当消费中存在正外部性时，市场生产的数量就低于有效数量。

医疗和卫生保健中存在外部性吗？许多经济学家相信卫生保健的几个方面涉及外部性。例如，任何接种了传染病疫苗的人不但保护了自己，还减少了没有接种疫苗的人染上这种疾病的可能性。关于肥胖可能涉及负外部性，也存在着争论。肥胖的人更可能患心脏病、糖尿病或其他健康问题。肥胖可能涉及外部性，原因是非肥胖者可能承担了肥胖者花费的部分卫生保健成本。

经济学家和政策制定者对外部性的存在是否要求政府大量参与到卫生保健中存在着争论。

建立联系☞

政府应该经营卫生保健体系吗？

在 2009 年和 2010 年关于巴拉克·奥巴马总统提出的卫生保健计划的辩论中，一些国会议员提议扩大联邦政府在卫生保健中的作用，其方式是采用一种与加拿大所使用的单一付款人卫生保健体系类似的体系，在这种体系下，政府将给所有美国居民提供卫生保健。联邦政府应该在卫生保健中扮演什么角色，这仍然是一个备受争议的公共政策议题。

经济学家基于商品是否具有竞争性和排他性对商品进行分类。当一个人消费一单位商品意味着其他人消费不了这一单位时，竞争性就出现了。例如，如果你消费一个玉米饼，那么别人谁都消费不了这个玉米饼。排他性意味着不为某个商品付费的人都不能消费该商品。例如，如果你不为玉米饼付费，那么，玉米饼店 Taco Bell 就可以阻止你消费玉米饼。公共产品既没有竞争性也没有排他性。公共产品常常是（尽管并非总是）由政府而非由私人企业提供的。公共产品的经典例子是国防。你对国防的消费不会干扰你邻居的消费，因此消费是没有竞争性的。无论你是否为国防付费，没有人能阻止你消费。由于每个人无须付费就能消费国防，因此，没有一家私人企业愿意供给国防。

卫生保健是一种政府应该供给——或者至少为之付费——的公共产品吗？或者，它是像家具、衣服或计算机一样的私人商品从而私人企业应该供给、消费者应该付费而无须政府援助吗？又或者，私人企业应该在受到某些政府监管的条件下供给大部分卫生保健吗？经济学家对这些问题的回答各异，原因是卫生保健的提供涉及许多复杂的议题，但是我们只能简单考虑一些最重要的问题。由于公共产品既没有竞争性也没有排他性，按照这一通常的定义，卫生保健并不属于公共产品。例如，不可能有多人可以同时消费同一外科手术。医院和医生可以不给不为手术付费的人做手术。（大部分州要求医院给那些因为太穷而无法支付治疗费用的病人治疗，许多医生会以优惠价格为穷人提供治疗。但是，由于卫生保健本身并没有哪一项属性使那些不为之付费的人不能被阻止消费，因此，卫生保健不符合公共产品的定义。）

但是，卫生保健的提供有一些方面让某些经济学家确信政府干预是合理的。例如，消费某些类型的卫生保健会产生正外部性。接种流感或脑膜炎等传染病疫苗不但降低了接种疫苗者本人染上这种病的可能性，而且减少了这种疾病疫情发生的可能性。因此，除非接种疫苗受到政府补贴，否则，市场供给的疫苗数量可能低于有效数量。

信息问题在私人医疗保险市场中也可能很重要。作为医疗保险买者的消费者对自身健康状况的了解常常比那些销售医疗保险的公司多得多。当被保险人的数量过少时，这一信息问题可能会提高保险公司的成本，使得保险公司不愿意给那些公司怀疑有可能索赔太多的消费者提供医疗保险。对于信息问题在卫生保健市场中有多重要以及为了减少卫生保健市场中的信息问题是否要求政府干预，经济学家争论不休。

许多经济学家相信，基于市场的解决方案是改善卫生保健体系的最佳方法。正如我们在表 5.2 中看到的，美国在卫生保健结果上的表现有的好有的差。然而，美国在医疗技术和处方药的创新上引领世界。以市场为导向的卫生保健改革方法的目标是，改善美国的卫生保健结果，同时保持美国企业继续在医疗扫描设备、外科手术和处方药等方面进行创新的激励。目前，市场给消费者传递的信号是不准确的，原因是，与购买大部分其他商品和服务时不同，消费者在购买卫生保健时支付的价格远低于提供这一服务的真实成本。在现行税法下，个人不必为他们从雇主那里收到的医疗保险福利纳税，这鼓励了个人要求医疗保险有着更加全面的覆盖范围，而更加全面的覆盖范围又降低了控制成本的激励。正如我们将在本章后面讨论的，基于市场的卫生保健改革方法尝试解决这些问题。

美国的卫生保健体系是继续向政府干预更多的方向演化还是实行基于市场的改革，这仍然是一个悬而未决的问题。大部分其他国家采用的方法是增加政府干预。由于卫生保健对消费者是如此重要，且卫生保健支出在美国经济中处于如此突出的位置，政府在卫生保健体系中的角色可能是未来一段时间内激烈争论的一个主题。

轮到你了：做本章末与本专栏相关的问题与应用 3.13 和 3.14，看看你理解得如何。

5.4 关于美国的卫生保健政策的争论

2009 年 1 月入主白宫后不久，巴拉克·奥巴马总统就提出了对美国的卫生保健体系进行意义深远的改革。结果就有了 2010 年 3 月国会通过的《患者保护与平价医疗法案》。这一法案是有争议的，国会的每个共和党议员和 34 个民主党议员投了反对票。经济学家对这一法案对卫生保健和经济的可能后果展开了激烈的争论。在下一节，我们将探究不断上升的卫生保健成本这一问题，它在卫生保健的争论中起着重要作用，然后我们将讨论《患者保护与平价医疗法案》的细节以及关于这一法案的影响的争论。

□ 5.4.1 不断上升的卫生保健成本

图 5.5 说明了关于美国的卫生保健政策的争论背后的一个关键事实：卫生保健占国内生产总值（经济生产的产出的总价值）的份额在递增。图 5.5（a）显示，卫生保健支出占 GDP 的百分比从 1965 年的不到 6%上升到 2011 年的大约 17.5%，并且据预测，到 2019 年将上升到大约 19.5%。换句话说，卫生保健对美国的总产值的贡献在增加。图 5.5（b）显示了美国和其他 10 个高收入国家的人均卫生保健支出的增加。美国卫生保健支出增长的速度要快于其他国家。

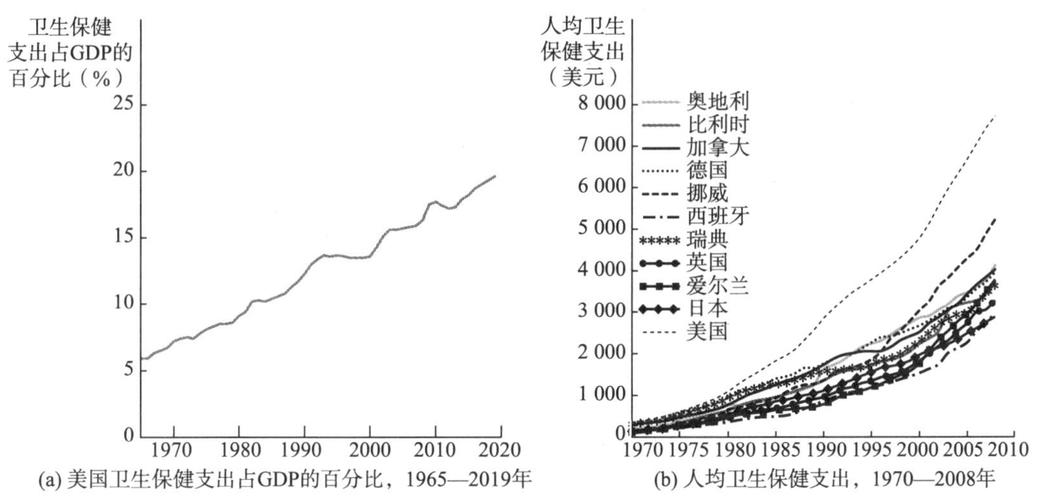

(a) 美国卫生保健支出占GDP的百分比，1965—2019年

(b) 人均卫生保健支出，1970—2008年

图 5.5 世界各国的卫生保健支出

图（a）显示，在美国，卫生保健支出占 GDP 的百分比在上升。卫生保健支出占 GDP 的百分比从 1965 年的不到 6%上升到 2011 年的大约 17.5%，并且据预测到 2019 年将上升到大约 19.5%。图（b）显示，美国的人均卫生保健支出增长的速度要快于其他高收入国家。

资料来源：[图（a）] U. S. Department of Health and Human Services，Centers for Medicare and Medicaid Services；[图（b）] Organization for Economic Cooperation and Development，*OECD Health Data 2011*，June 2011。

卫生保健支出占美国经济的总支出和总产出的比例在上升，这个事实重要吗？不同产品占总支出的份额变化得很频繁。例如，在美国，2012 年在手机或 LCD 电视机上的支出所占的份额要远高于 2000 年。食品支出占总支出的份额在过去几十年里一直在下降。经济学家对这些变化的解释是认为它们反映了消费者偏好：消费者选择把相对更多的收入用于手机支出，把相对更少的收入用于食品支出。但是，正如我们看到的，大多数人依赖第三方——如雇主提供的医疗保险或政府提供的 Medicare 或 Medicaid 项目——支付卫生保健的费用。用于卫生保健的自掏腰包的支出，即消费者用自己的收入而非通过医疗保险付费的卫生保健支出，一直在下降。

图 5.6 显示，自 1965 年以来，自掏腰包的卫生保健支出占总的卫生保健支出的百分比在稳步下降。在 1965 年，总的卫生保健支出中有 45%是自掏腰包的，而在 2011 年这一比例只有 11%。结果，近些年里，卫生保健的消费者直接支付的价格只是提供卫生保健的真实成本的一个小的比例，第三方支付者支付了剩下的部分。随着平均收入上升，或许我们预期消费者会将更大份额的收入用于卫生保健支出。但是，由于消费者并没有支付卫生保健支出增加的全部成本，如果他们必须支付全部的价格，那么，他们愿意购买的卫生保健可能不会有目前所消费的那么多。

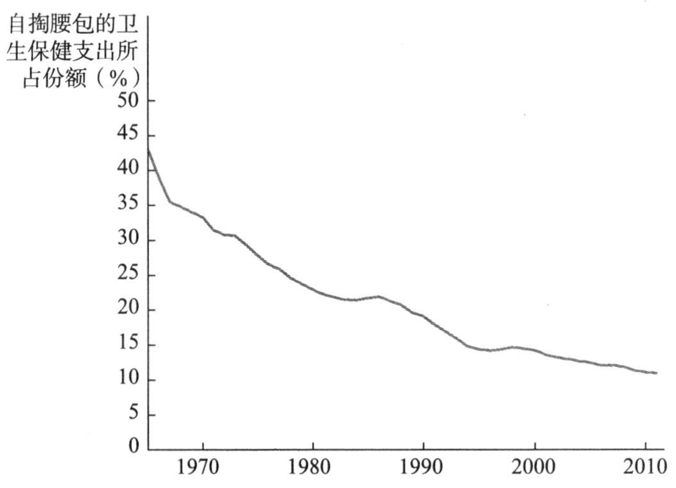

图 5.6　自掏腰包的卫生保健支出所占的份额下降

自掏腰包的卫生保健支出占所有卫生保健支出的份额一直在急剧下降。

资料来源：U. S. Department of Health and Human Services，Centers for Medicare and Medicaid Services。

由于美国的联邦政府和州政府通过 Medicare、Medicaid 和其他项目支付了刚刚超过一半的卫生保健支出，卫生保健支出的增加可能引起政府预算上的问题。Medicare 和 Medicaid 项目始于 1965 年。到 2010 年，这些项目上的支出已经增长到了 GDP 的 5.5%。如果卫生保健成本增长的速度不下降，那么，这个百分比预期在未来 40 年内会变成现有水平的两倍以上。2011 年，联邦政府一直在苦苦寻找在不削减其他联邦支出或大幅提高税收的条件下如何为预计会出现的 Medicare 和 Medicaid 支出增加埋单的方法。

□ 5.4.2　对卫生保健支出快速增加的解释

在本节，我们简要讨论经济学家认为美国的卫生保健支出一直在迅速增加的一些原因。我们先回顾有时候由政策制定者和新闻记者提供的解释，但是这些因素却不大可能解释卫生保健成本的大部分增加。

不能解释卫生保健支出持续增加的因素。

图 5.5 显示，至少在过去几十年里，卫生保健支出一直比经济整体增长得更快。解释卫生保健支出的快速增加要求确定那些不止有一次性影响的因素。例如，由于美国卫生保健体系依赖许多独立的医院、医疗诊所和保险公司，有些观察家认为，这个体系比其他国家的体系产生了更多的文书工作、重复和浪费。就算这个评论是正确的，它也不能解释卫生保健在 GDP 中份额的增加，除非文书工作和浪费是年复一年地增加，而这看起来是不可能的。

与在大部分国家不同，在美国，因医疗事故而受到伤害的病人就此起诉医生和医院相对容易。但是，国会预算办公室估计，为解决医疗事故诉讼所支付的款项加上医生支付的医疗事故保险费只占卫生保健成本的不到 1%。其他经济学家认为，国会预算办公室的估计太低了，医疗事故诉讼的成本，包括医生为了避免被起诉而要求病人做的不必要的检查和治疗的成本，占到了总的卫生保健成本的 7%。但是，这些成本仍然没有随着时间的推移大幅增加。

介于 1%～4%之间的某个比例的卫生保健成本是由于没有保险的病人在医院的急诊室接受的治疗，而这些治疗原本可以在诊室以更低的成本提供。但是，再一次地，这一成本增长的速度并没有快到可以解释卫生保健占 GDP 比例的大部分增加。

卫生保健部门的"成本病"。

有些经济学家认为，卫生保健遭受着服务行业经常碰到的一个问题。在经济的某些部门，特别是制造业和商品生产部门，生产率（即每个工人在给定时间内能生产的产出数量）稳步增长。生产率增长的原因是，随着时间的推移，企业给工人提供了更多的用于工作的机器和设备（包括电脑），而且技术进步导致了机器和设备以及生产过程中的其他部分的改善。但是，在生产服务的行业，增加工人人均产出则更加困难。例如，在教育行业，电脑和互联网很有用，但是，大部分教育过程仍然要求教师站在教室的讲台为学生授课。年复一年地增加每个教师教的学生人数是不可能的。同样的情况也出现在医疗行业。核磁共振成像设备、CT 扫描仪和其他医疗技术改善了诊断和治疗，但是大部分医疗仍然要求医生面对面地诊治病人。随着那些生产率快速增长的行业中工资的上升，生产率增长得没那么快的服务行业必须匹配工资的上升，否则就会失去工人。由于工资的上升并没有被服务行业中的生产率上升抵消，提供服务的企业的成本增加了。

纽约大学的威廉·鲍莫尔把服务行业中的低生产率导致这些行业中的成本上升的趋势称为"服务部门的成本病"（the cost disease of the service sector）。有很好的理由认为卫生保健遭受着这种"成本病"，因为卫生保健中劳动生产率的增长比经济整体中的劳动生产率增长要慢一半以上。生产率的低增长有助于解释为什么卫生保健的成本一直以来上升得如此之快，从而增加了卫生保健占总支出和总产出的份额。

人口老龄化和医疗技术的进展。

随着人们变老，他们增加了卫生保健支出。企业继续开发新处方药和新医疗设备，而这些新药和新设备通常比它们替代的药和设备成本更高。美国人口的老龄化及更高成本的药和医疗设备的引入共同推高了联邦政府的 Medicare 项目支出以及总体的卫生保健支出。许多新引入的药和诊断工具得到了 65 岁以上老人不成比例的经常使用。部分地由于这个原因，65 岁以上老人的卫生保健支出比 18～24 岁的人高 6 倍，比 25～44 岁的人高 4 倍。

在 2010 年，有 470 万人接受 Medicare，而这一数字到 2030 年预计将增长到 800 万。正如我们看到的，即使没有新药和其他医疗技术的开发，卫生保健部门生产率的低增长率也会推高成本。事实上，正如图 5.7 所说明的那样，国会预算办公室估计，联邦政府在 Medicare 和 Medicaid 项目上的支出的部分增加是由于提供卫生保健的成本的增加，而不是由于人口的老龄化。在图中，“成本过度增长的影响”是指人均卫生保健成本比人均 GDP 增长更快的程度。因此，人口老龄化和提供卫生保健成本增加的联合作用是卫生保健占 GDP 的比例增长的一个重要原因。

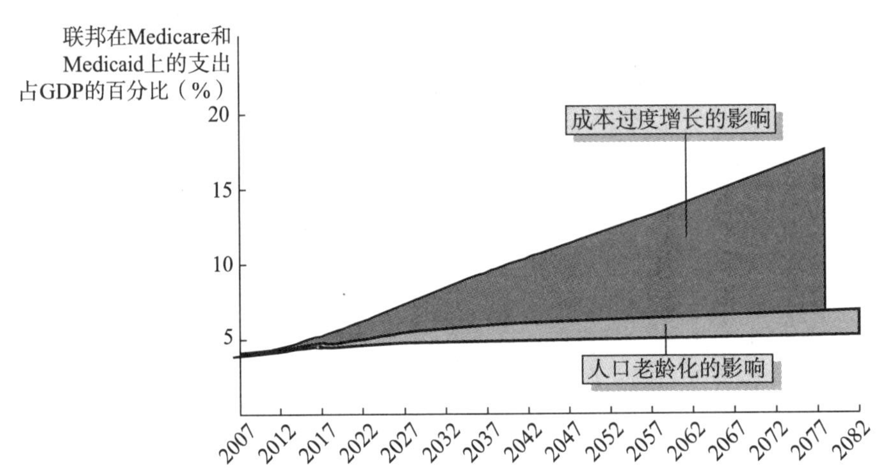

图 5.7　联邦政府在 Medicare 和 Medicaid 上的支出增长的原因

尽管美国人口的老龄化将增加联邦政府在 Medicare 和 Medicaid 项目上的支出，但提供卫生保健的成本的增加对这些项目上的政府支出有更大的影响。

资料来源：U. S. Congressional Budget Office，*Long-Term Outlook for Health Care Spending*，Washington，DC：U. S. Government Printing Office，November 2007。

被扭曲的经济激励。

正如我们前面指出的，图 5.5 所示的卫生保健支出增长的有些部分代表了消费者在收入上升时选择将更多的收入配置于卫生保健。但是，正如我们也已经看到的，消费者通常支付的价格低于治疗的真实成本，原因是第三方——通常是保险公司或政府——常常支付了大部分医疗费用。例如，拥有由雇主提供的医疗保险的消费者通常只为看一次医生支付很少的数量——也许是 20 美元，而医生给他看病的真实成本或许达到 80 或 90 美元。结果，消费者对卫生保健服务的需求量比他们支付的价格能更好地代表提供该服务的成本的情况下要多。医生和其他卫生保健提供者控制成本的激励也更低，原因是他们知道保险公司会支付大部分费用。

卫生保健与其他类型的保险在一些重要的方面存在差别。正如我们前面讨论的，保险的基本思想是，许多购买保险的消费者的不可预期的、高成本的事件（如房屋火灾或严重车祸）的风险被汇聚在一起。但是，医疗保险通常还覆盖许多计划性支出，如常规体检、年度体检、接种疫苗和其他低成本事件（如小病的治疗）。通过隐藏这些常规支出的真实成本，医疗保险鼓励了对卫生保健服务的过度使用。

我们在下一节将进一步讨论经济激励在卫生保健中的作用。

□ 5.4.3 关于卫生保健政策的争论

正如我们看到的，在高收入国家中，美国在为多数人提供卫生保健保险上对私人医疗保险有着非同寻常的依赖（主要是来自企业为雇员提供医疗保险时对私人医疗保险的依赖）。大多数其他高收入国家要么通过政府拥有的医院和政府雇用的医生直接提供卫生保健（如英国），要么给所有居民提供医疗保险而不直接雇用医生或拥有医院（如加拿大）。历史上有过几次重新组织美国的卫生保健体系的尝试，目的是使其与其他国家的体系更相似。1945 年，哈里·杜鲁门（Harry Truman）总统提议了一个国民医疗保险的计划，按照这个计划，任何人都可以从联邦政府购买医疗保险。医疗保险将覆盖同意参加这个体系的医生和医院提供的所有治疗。但国会拒绝颁布这个计划。1993 年，比尔·克林顿（Bill Clinton）总统提议了一个旨在提供全民保险的卫生保健计划。尽管这个计划有些复杂，但它的基础是要求大部分企业向雇员提供医疗保险并成立新的、政府资助的卫生联盟以保证那些没有其他方式得到医疗保险的人能得到保险。在经过长时间的政治辩论后，国会选择不颁布克林顿总统的计划。

《患者保护与平价医疗法案》(PPACA)。

关于卫生保健的争论在 2008 年总统选举中起着重要的作用。巴拉克·奥巴马总统 2009 年提议的卫生保健议案在经过了许多的辩论和重大的修改后于 2010 年 3 月被签署成为法律，即《患者保护与平价医疗法案》。这个法案很长、很复杂，超过20 000页，触及了美国卫生保健的几乎每个方面。下面仅仅是这个法案主要条款的总结：

- 个人强制参保。这个法案要求，除了一些有限的例外情况，美国的每个居民都必须拥有满足某些基本要求的医疗保险。从 2014 年开始，没有健康保健的个人将被罚款。罚款会随着时间的推移而上升，到 2018 年时将达到每人 895 美元或收入的 2.5%，取两者之中较大的那一个。

- 州医疗保险交易所。从 2014 年开始，每个州将建立一个平价保险交易所。针对个人的和针对少于 50 个雇员的小企业的交易所将分别设立。这些交易所将由州政府机构或非营利性企业经营，将提供满足某些特定要求的医疗保险。其意图是，私人保险公司在交易所相互竞争，向个人和小企业提供保单。低收入的个人和只有不超过 25 个雇员的小企业可以得到税收减免来抵消购买医疗保险的成本。

- 雇主强制参保。从 2014 年开始，每家雇员数超过 200 人的企业必须向雇员提供医疗保险，必须自动将雇员纳入该计划。雇员数超过 50 人的企业必须提供医疗保险，或者向联邦政府缴纳每个雇员 3 000 美元的费用，而雇员则通过某个州的医疗保险交易所获得医疗保险，购买医疗保险的费用可以从联邦政府得到税收减免。

- 对医疗保险的管制。保险公司被要求参加一个高风险池，这个高风险池对有既有病症且过去至少 6 个月内无法买到医疗保险的个人提供保险。所有的个人和团体保单都必须覆盖 26 岁或以下的受抚养子女。从 2014 年开始，保险的终生理赔金额禁止设置上限。免赔额和保险生效前的等待时期也设置了上限。

- Medicare 和 Medicaid。Medicaid 的享受资格放宽到收入不超过联邦贫困线的 4 倍的人；在 2011 年，联邦贫困线是个人年收入 10 890 美元。为了控制卫生保健成本的增加，成立了独立支付顾问委员会（Independent Payment Advisory Board，IPAB），该委员会有权力在 Medicare 支出超过某些水平时减少 Medicare 对处方药与诊断设备和其他技术的使用的支付。Medicare 对医院和医生的某些支付也减少了。

● 税收。有几项新税收来帮助为这一项目筹措资金。从 2013 年开始，收入超过 20 万美元的工人为 Medicare 缴付的工资税从收入的 1.45%增加到 2.35%，收入超过 20 万美元的投资者获得的投资收入要缴纳一项 3.8%的新税收。从 2018 年开始，对雇主提供的对个人价值在 10 200 美元以上或对家庭价值在 27 500 美元的医疗保险计划征收一项税收。制药企业、医疗保险公司以及生产医疗设备的企业也将支付新税收。

按照时间表，到 2019 年 PPACA 将全面实施，届时，拥有卫生保健保险的个人预计将增加 3 000 万以上。国会预算办公室估计，这一法律将使联邦政府的支出在 10 年里增加大约 9 380 亿美元。国会预算办公室还估计，这一法律规定的新税收和收费将增加 1 万亿美元以上，这足以为这个计划埋单，而且还将使联邦政府的预算赤字在 10 年里减少 1 000 亿美元以上。许多经济学家对国会预算办公室的估计持有异议，认为这一法律导致的新支出将增加联邦政府赤字。

关于 PPACA 的争论。

任何像 PPACA 这样意义深远和复杂的法律都注定会招致批评。正如本章前面指出的，国会对这一法律的辩论是具有高度倾向性的，最终，每个共和党国会议员都投了反对票，而所有的民主党国会议员中只有 34 个众议员投了赞成票，每个民主党参议员和其他民主党众议员都投了赞成票。对这一法案的批评人士可以被分成两大派：一派认为卫生保健改革应该更大步地迈向一个与欧洲、加拿大和日本的体系类似的体系，一派认为卫生保健改革应该包括更多基于市场的变化。

正如我们在 5.3 节中的建立联系专栏“政府应该经营卫生保健体系吗?”中讨论的，一些经济学家和政策制定者相信，卫生保健市场中的信息问题和外部性是如此之大，以致政府应该要么通过政府拥有的医院和政府雇用的医生直接提供卫生保健，要么通过国民医疗保险（有时候被称为单一付款人体系）为卫生保健付费。尽管 PPACA 大幅提高了联邦政府在卫生保健体系中的参与度，但是，它离加拿大、日本和欧洲的卫生保健体系中现有的政府参与度还有距离。支持政府更多地参与这一改革方向的批评人士通常认为，这样做将减少现有体系或按照 PPACA 所建立的体系引起的文书工作和浪费。他们认为，现有的 Medicare 体系——本质上是一个针对 65 岁以上老人的单一付款人体系——已经被证明比私人卫生保险公司有着更低的管理成本。支持政府更多地参与卫生保健体系的人还认为，与美国的体系相比，加拿大和欧洲的体系有着更低的人均卫生保健支出水平，卫生保健总支出的增长率也更低，但却提供了很好的卫生保健结果。

对卫生保健的**基于市场的改革**（market-based reforms）涉及改革卫生保健市场使其与其他商品和服务的市场更类似。那样一来，与在其他市场中一样，消费者支付的价格和供给者收到的价格将更好地传达关于消费者需求和供给者成本的信息。从而可以预期，医生、医院、制药公司以及卫生保健的其他提供者之间竞争程度的增加将降低成本和提高经济效率。认为基于市场的改革是改善卫生保健体系的最佳方法的经济学家对 PAACA 没有采纳这种方法感到失望。目前，市场给消费者传递的信号是不准确的，原因是，与购买大部分其他商品和服务时不同，消费者在购买卫生保健时支付的价格远低于提供这一服务的真实成本。

核磁共振成像扫描多少钱？

核磁共振成像设备在现代医学中起着很重要的作用。自它于20世纪80年代被推出以来，核磁共振成像设备使医生能够看见人体软组织内部，从而能够发现肿瘤、肌肉撕裂以及其他医学问题。正如我们在前面指出的那样，核磁共振成像设备在美国比在其他国家使用得更加广泛。正常情况下，我们预计，当一种产品得到广泛使用时，企业之间的竞争会导致该产品在各处的价格几乎相同。如果一本畅销书在Amazon.com的价格比在BarnesandNoble.com贵50%，那么，顾客就不会从前者那里购买。

那么，竞争使医疗服务的价格相等了吗？下表中的数据表明，腹部核磁共振扫描的价格差别很大。在美国的大多数城市，最昂贵的核磁共振扫描比最便宜的贵了一倍以上。有两个记者考察了在佛罗里达州的彭萨科拉城的肩部核磁共振成像扫描的价格，结果发现，Sacred Heart Hospital收取的价格为800美元，而相距不到一英里的一家私立医院Pensacola Open MRI & Imaging收取的价格只有450美元。实际上，后者使用的核磁共振成像设备更新，所成的像分辨率更高，因此，该医院提供的服务更好但收取的价格却更低。

城市	最高价格（美元）	最低价格（美元）	差价（美元）
纽约州纽约市	9 300	2 400	6 900
佛罗里达州俄勒冈市	6 800	2 250	4 550
得克萨斯达拉斯市	6 500	2 100	4 400
加州旧金山市	7 200	2 850	4 350
伊利诺伊州芝加哥市	6 100	2 100	4 000
内布拉斯加州奥马哈市	5 700	2 000	3 700
路易斯安那州巴吞鲁日市	5 600	2 025	3 575
佐治亚州亚特兰大市	5 500	2 100	3 400
肯塔基州列克星敦市	5 100	2 000	3 100
北卡罗来纳州夏洛特市	4 500	2 100	2 400

有些医疗服务的提供者收取的价格比竞争对手高数百或数千美元却仍能继续经营，这怎么可能呢？答案是，由于大部分病人并不为医疗服务付费或者支付其价格的一部分，因此，他们不关心价格。病人通常依赖医生告诉他们去做核磁共振成像扫描或者其他治疗，他们自己很少去努力或者根本不去努力确定医疗服务收取的价格。对卫生保健体系的基于市场的改革的目标就是给病人更多地关心医疗服务价格的激励。

资料来源：Caitlin Kenney，"Shopping for an MRI"，npr.org，November 6，2009；核磁共振成像扫描的价格来自newchoicehealth.com，August 21，2011。

轮到你了：做本章末与本专栏相关的问题与应用4.10，看看你理解得如何。

支持基于市场的改革的人指出，雇员必须为雇主支付给他们的工资缴纳联邦收入税和工资税，但是，在大多数情况下，他们却不必为雇主给他们提供的医疗保险的价值缴纳税收。税法的这一特征鼓励雇员要求医疗保险有非常全面的覆盖范围；事实上，如果提供两个选择：一个是加薪 1 000 美元，另一个是价值 1 000 美元的医疗保险的额外覆盖范围，由于后者是免税的，许多人会选择后者（尽管有些健康的且预计不会有医疗费用的年轻人很可能仍然会选择加薪）。这一税收减免的规模相当大，在 2011 年高达 2 500 亿美元以上。但是，个人在购买个人医疗保险保单或者自掏腰包支付卫生保健费用时，通常是享受不到税收减免的。① 有些经济学家提议在税收上同样对待雇主提供的医疗保险与个人购买的医疗保险和自掏腰包的卫生保健支出。他们认为，这一改变可能明显降低卫生保健支出且不会降低所收到的卫生保健的效果。这样的税法变化将会使雇主提供的医疗保险更有可能侧重于大额医疗账单（如住院引起的医疗账单），而消费者所付的价格更加接近提供常规医疗保健的成本。胡佛研究所的约翰·科根（John Cogan）、哥伦比亚大学的 R·格伦·哈伯德（R. Glenn Hubbard）以及斯坦福大学的丹尼尔·凯斯勒（Daniel Kessler）估计，废止对雇主提供的医疗保险的税收优惠将使这些项目的参加者的卫生保健支出降低 33%。

目前，美国的卫生保健体系在医疗技术和处方药方面居于世界领先地位。大约 2/3 的药品专利被授予给了美国的企业，大约 2/3 的新药研究是在美国进行的。基于市场的改革的目标之一确保美国企业继续在医疗扫描设备、外科手术和处方药等方面进行创新。美国制药企业的执行官们已经表达了对 PPACA 规定的改革是否会影响他们从向市场推出新处方药中获利的能力。特别地，这些企业的经理们担心新成立的独立支付顾问委员会或许会减少 Medicare 对新处方药的支付。

对 PPACA 的这两派批评人士，即主张政府更多地参与卫生保健的人士和主张市场改革的人士，都对该法案的个人强制参保规定提出了质疑。个人强制参保要求每个美国居民都拥有医疗保险。这一强制性规定被认为是有必要的，原因是，如果不这样的话，健康的人或许会等到病了才购买保险。由于保险公司将既有病症排除在保险范围的做法将会被禁止，因此，保险公司到头来就得为那些在身体健康时不曾为支持卫生保健体系而支付保险费的人支付大额医疗费用。但是，关于购买医疗保险的要求的可执行性也存在问题。尽管按照该法案的规定，不购买保险的人会面临罚款，但是，并没有建立什么机制可以在人们拒绝自愿缴纳罚款时征收罚款。

建立联系

医疗保险交易所、小企业以及不断上升的医疗成本

我们在本章开头看到，对于许多小企业而言，向雇员提供医疗保险的成本已经成为一个沉重的负担。PPACA 有一个关键条款试图解决这个问题。正如前面指出的，到 2014 年，每个州都必须建立一个平价保险交易所。每个交易所必须运行一个小企业健康选择项目（Small Business Health Options Program，SHOP），在这个项目里，私人保险公司将提供医疗保险计划供小企业为它们的雇员购买。只有不超过 100 个雇员的小企业将有资格通过所在州的 SHOP 购买医疗保险。此外，只有不超过 25 个雇员的小企业可以得到税收减免来抵消最多不超过 50%的为工人提供医疗保险的成本。

① 个人的医疗费用只有在医疗费用超过收入的 7.5%时才能在联邦收入税中扣除。只有相对很少的人的医疗费用高到可以扣除的程度。PPACA 将这一门槛提高到了 10%。

这个计划的意图是克服小企业在购买医疗保险时面临的一个关键劣势：风险汇聚有限。当一家保险公司卖医疗保险给一家大企业时，疾病和大额医疗费用的风险在许多工人间分散开了。当某个保健计划覆盖了很多工人时，逆向选择问题也减少了。当一家企业只雇用了少数工人时，例如我们在本章开篇案例中讨论的纽约古玩店的情形就是这样，一次重大疾病就会导致一家保险公司的支付远远超过它从该企业收到的保险费。然后，这家保险公司通常会大幅提高该企业需要缴付的保险费。就算是一家企业没有一个雇员生病，担心逆向选择问题的保险公司也可能随着时间的推移大幅提高保险费。开篇案例中提到的这家古玩店的老板不得不支付每年增加超过20%的保险费。按照SHOP计划，一家小企业的雇员将和其他小企业的雇员汇聚在一起，各企业缴纳的保险费之间的差别只能是由于雇员年龄和是否吸烟导致的而不能有其他差别。在交易所的设计方面，联邦政府给各州赋予了很大的灵活性。

SHOP会为小企业在为雇员提供医疗保险中遇到的困难提供一个解决方案吗？起初，前面提到的这家纽约古玩店老板很乐观："在短期，税收减免无疑让我有了更多钱可以雇用更多雇员……我对在长期看到其他好处感到乐观，特别是通过医疗保险交易所能够节约提供医疗保险的成本。"可是，由于这些交易所要到2014年才开始运营，并且许多州到2011年还没有宣布它们的医疗保险交易所的运营规则，要判断这些交易所有多大的效果是很困难的。加利福尼亚州在1993—2006年期间运营的一个医疗保险交易所的失败表明了一个潜在的问题。有着相对健康的工人的那些企业发现，它们在交易所外能够买到更加便宜的医疗保险。随着这样的企业离开交易所，由于剩下来的公司的员工健康状况较差，保险公司需要提高保险费。更高的保险费导致更多的企业退出，最终交易所倒闭了。这个过程有时候被称为逆向选择死亡螺旋。为了获得成功，新的医疗保险交易所需要避免这个螺旋。

联邦政府希望，通过要求保险公司满足联邦政府提出的关于保险公司提供的各种类型的保险和它们给小企业提供的信息的指引，医疗保险交易所将改善小企业购买医疗保险的选择。支持交易所的人士还希望，交易所将降低管理成本，而管理成本的降低将使保险公司以更低的保险费提供保险计划。然而，有些经济学家和政策制定者认为，通过增加医疗保险覆盖的人的数量，交易所可能提高对医疗服务的需求，进一步推高交易所的成本。如果由此导致卫生保健成本上升，那么，交易所将不得不以更高的保险费的方式把这些成本转嫁给各企业。

截至2011年，医疗保险交易所以及PPACA的其他方面还受到了某些宣称这一法案违反了美国宪法的州的指控。一些国会议员也在打算在这一法案于2014年全面生效前对它进行修正。这些政治争论的结果可能会改变这些医疗保险交易所的运营方式。

资料来源："Affordable Insurance Exchanges：Choices，Competition and Clout for Small Businesses"，healthcare.gov，July 11，2011；Judith Messina，"Health Care Reform for Small Businesses：This Is Going to Hurt"，*Crain's New York Business*，2010；Kaiser Family Foundation，"Establishing Health Insurance Exchanges：An Update on State Efforts"，July 2011；"Antique and Gift Store Owner Sold on Affordable Care Act"，www.smallbusinessmajority.org；and Michael Sanerino，"California Offers Lessons on Insurance Exchanges"，*Wall Street Journal*，August 3，2009。

轮到你了：做本章末与本专栏相关的问题与应用4.12，看看你理解得如何。

接第 146 页

生活中的经济学

为什么重病患者难以买到医疗保险？

在本章一开头，我们问了这么一个问题：为什么重病患者难以买到医疗保险？重病患者可能会面临可怕的大额医疗费用。很自然，这样的人想购买医疗保险以帮助他们支付那些费用。不幸的是，当保险涉及将面临不确定的和高成本的事件（如房屋烧毁或诊断出癌症）的人的风险汇聚在一起时，保险才运转得最好。很自然地，保险公司不愿意给已经患有重病的人提供保险，因为它们从这样的人那里收到的保险费肯定低于这样的人的医疗费用，而保险公司将不得不支付这些医疗费用。为了能够经营下去，保险公司要么不对患有既有病症的人提供保险，要么要求过了可能好几年的等待期才给他们提供保险。在 2010 年立法的《患者保护与平价医疗法案》（PPACA）试图让患有既有病症的人更容易买到医疗保险。根据这个法案，每个州都将运营一个医疗保险交易所，交易所将给那些由于既有病症被交易所外的保险险公司排除在外的个人提供医疗保险保单，个人在交易所购买医疗保险的保险费只能根据购买者的年龄和是否吸烟而变动。经济学家和政策制定者对这一法案是否有效果存在争议。

5.5 结论

在本章，我们已经看到，经济分析能够对卫生保健市场提供重要的见解。但是，与许多其他政策议题一样，经济分析可能有助于引发争论，但却无法解决争论。由于卫生保健对消费者如此重要并且卫生保健支出在美国经济中处于如此突出的位置，政府在卫生保健体系中的作用在接下来的几年中可能都是一个争论激烈的主题。

在进入第 6 章之前，阅读接下来的“业内观察”，该专栏讨论了卫生保健支出和《患者保护与平价医疗法案》。

业内观察 卫生保健支出预计在 2020 年前将增加 70%

美联社

《美国 2020 年的卫生保健总支出将达到 4.6 万亿美元》

政府的统计人员在周四发布的一份报告中估计，美国的卫生保健总支出预计在 2020 年将达到 4.6 万亿美元，这意味着经济中每 5 美元就有大约 1 美元用于卫生保健。

a 那是多少？包括政府和私人支出在内，2020 年的卫生保健支出将达到人均 13 710美元，Medicare 的精算部如是说。

作为对比，美国今年的卫生保健支出预计将达到 2.7 万亿美元，人均大约 8 650美元，即经济中总支出的大约 1/6。

大部分卫生保健支出用于病得最严重的人的护理。

来自 Medicare 的经济学家和统计人员的这份报告反映了卫生保健支出快速增长的趋势。许多专家说这一趋势是不可持续的，但还没看到减速的迹象。国家债务和赤字之间的政治妥协或许会成功地阻止卫生保健支出的快速增长，但分化的国会议员们还未能达成协议。

b 这一报告的分析发现，虽然巴拉克·奥巴马总统的卫生保健改革将使原本没有保险的 3 000 万人得到保险，但是，这一改革对卫生保健成本的快速增长只有温和的贡献。

卫生保健支出的增长速度继续快于经济增长的主要原因是医疗创新的高成本和社会的人口老龄化，人口老龄化使得社会消费的卫生保健服务水平不断增加。

按照《患者保护与平价医疗法案》的规定而新参保的许多人比现有参保的人更年轻、也更健康。结果，可以预计，他们会更多地看医生和使用处方药，但会更少地使用昂贵的医院护理。2014 年，PPACA 将开始生效，卫生保健预计将增加 8%。但是，在 Medicare 的精算部所做的估计涵盖的 2010—2020 年这一时期，卫生保健支出平均每年的增长率比没有奥巴马总统的改革的情况下将只高 0.1 个百分点。

这一乐观预测的部分原因是，这一卫生保健法律所规定的成本削减和控制在这 10 年的后期开始产生影响。可是，做出周四这份报告中的估计的、没有倾向性的这些 Medicare 的专家曾经质疑，如果医院和其他卫生保健提供者因为 PPACA 的削减卫生保健支付的规定而开始破产，这样的规定在政治上是否还能持续？精算部负责长远的成本估计。

这一报告发现，2010 年的卫生保健支出增长率仅为 3.9%，这是历史上的低位，部分原因是经济不景气。随着经济摆脱衰退的影响，情况将会改变。

c 由于 Medicare 和 Medicaid 这两个项目本来就已经在卫生保健市场中占据主导地位的政府将变得更加重要。到 2020 年，联邦、州和地方政府的卫生保健支出占卫生保健总支出的百分比将从目前的 45%增加到接近 50%。随着 PPACA 的覆盖范围增加开始生效，该报告称：“卫生保健的融资预计将进一步转向政府。”

按照前些年的估计值所做出的预测，政府所占份额应该已经到了 50%。但是，精算部改变了进行这些复杂计算的方法。以往的方法曾经把诸如职工赔偿保险等一些私人支付计入政府的卫生保健支出。参与估计工作的一个名叫斯蒂芬·赫菲勒（Stephen Heffler）的专家说，政府卫生保健支出所占份额的变化背后的原因是技术上的精确性而非政治压力。

此外，另一项新的报告发现，美国在卫生保健上的支出仍然远远高于其他经济发达国家。联邦基金（Commonwealth Fund）所做的这项研究发现，美国 2008 年的人均卫生保健支出超过了其他主要经济体中位数的两倍。虽然某些种类的癌症患者的生存率在美国更高，但是，该报告发现，美国的护理质量在整体上并没有明显比其他主要经济体更好。

资料来源：“U. S. health care tab to hit $4.6T in 2020”, Associated Press, July 28, 2011.

文章要点

政府的分析师预测，2020 年的卫生保健成本将达到 4.6 万亿美元，人均 13 710 美元。2011 年的卫生保健支出预计将达到 2.7 万亿美元，人均大约 8 650 美元。据称，医疗创新的高成本和人口老龄化是卫生保健成本快速增加的主要原因。卫生保健改革的实施预计对这一增加只有温和的贡献。虽然政府卫生保健支出占卫生保健总支出的份额将从 45%增加到接近 50%，但是，这一增加的大部分是源于 Medicare 和 Medicaid 的支付，卫生保健改革预计对这一增加只有 0.1%的贡献。许多分析师相信，卫生保健成本的持续增加对经济来说是不可持续的。

新闻分析

a 美国的卫生保健支出在快速增长，预计到 2020 年将大约占 GDP 的 20%。这意味着美国经济总收入的 1/5 将用于卫生保健，而 20 世纪 60 年代中期这一比例只有 1/12。尽管卫生保健支出占 GDP 的百分比在稳步增加，但是，消费者直接支付的部分占卫生保健总支出的百分比一直在稳步下降。下图显示了美国 1965 年以来卫生保健支出占 GDP 的百分比和消费者自掏腰包的卫生保健支出占卫生保健总支出的百分比。这些数据显示，尽管越来越多的收入被用于卫生保健，但是，消费者直接支付的百分比却越来越小。自掏腰包支出的百分比的减少以及第三方支付的百分比的增加，常常被看作是卫生保健支出全面增加的原因之一。

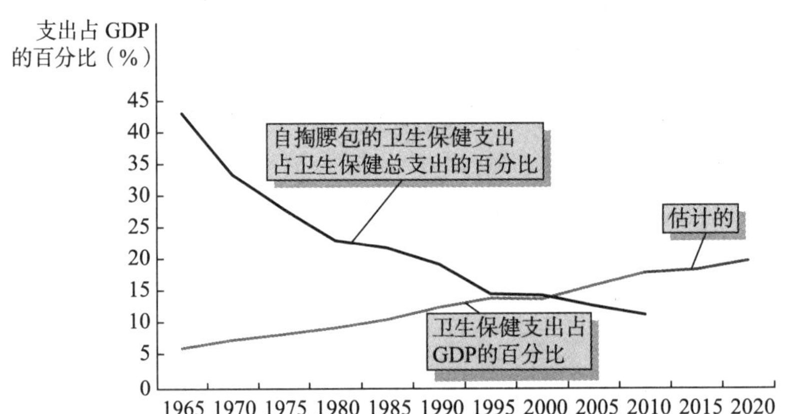

1965 年以来，美国的卫生保健支出占 GDP 的百分比一直在增加，
但消费者自掏腰包的卫生保健支出占卫生保健总支出的百分比却在下降。

b 许多人认为，如果不增加税收或者不减少其他方面的支出，那么，卫生保健支出的快速增加是不可持续的。2009 年，奥巴马总统提议对美国的卫生保健体系进行全面改革；2010 年，他签署了《患者保护与平价医疗法案》，使之成为法律。关于这一卫生保健改革方案会增加还是减少卫生保健总支出存在许多争论，但是，Medicare 职员所做的一项分析宣称，PPACA 只会使未来十年里每年的卫生保健支出增加 0.1%。如果这一预测是精确的，那么，PPACA 对卫生保健的继续增加就不会有显著的贡献。

c 关于美国的卫生保健支出增加的最大忧虑之一是政府支出所占份额越来越大。主要是由于 Medicare 和 Medicaid 项目的支出，联邦、州和地方政府的卫生保健支出已经占到了全国每年卫生保健支出的 45%，随着 PPACA 的通过，这一份额预计到 2020 年将上升到接近 50%。如果卫生保健支出目前的增长率真的无法持续且政府卫生保健支出所占份额越来越大，那么，政府支出或税收就得做出重大改变，这样才能控制卫生保健成本。在接下来几年里，这无疑会继续成为华盛顿激烈辩论的一个主题。

深入思考

1. 根据《患者保护与平价医疗法案》，每个美国居民都必须拥有医疗保险，因此，多达 3 000 万原本没有保险的人将会纳入保险覆盖范围。解释被保险人的增加对医疗保险市场中的逆向选择问题和道德风险问题可能产生的影响。这一变化可能会如何影响卫生保健总支出？
2. 分析师和政策制定者认为卫生保健支出的快速增加对经济来说是不可持续的。在什么意义上这些增加是不可持续的？

本章总结和习题

关键术语

逆向选择	医疗保险	《患者保护与平价医疗法案》	单一付款人卫生保健体系
不对称信息	基于市场的改革	按服务计费	道德风险
委托—代理问题	公费医疗	卫生保健	

5.1 美国人不断改善的健康状况

总结

卫生保健是指意在维持或改善人的健康的商品和服务，如处方药和看医生。随着时间的推移，大部分国家人们的健康状况改善了。在美国，作为健康状况改善的结果，预期寿命提高了，死亡率降低了，婴儿死亡率降低了，平均而言人们变得更高了。

复习题

1.1 简要讨论卫生保健市场与其他商品和服务的市场有何区别，又有何相似之处。

1.2 简要描述美国一般民众的健康状况随时间如何变化。

1.3 一国民众的平均身高随时间的变化为何可以作为该国生活水平的一个衡量指标？

1.4 健康状况的改善如何会增加一国的总收入？一国总收入的增加如何会改善健康状况？

问题与应用

1.5 考虑下面的说法："对某些经济学家来说，营养状况——例如用身高来衡量——作为一个衡量生活水平的指标是不成功的，原因是身高通常不被认为是可以买得到的东西。"

a. "营养状况"是什么意思？

b. 人均收入是衡量生活水平的唯一好指标吗？请简要解释。

c. 为什么营养状况可能被作为一个衡量生活水平的指标？无法买到更高的身高这一点重要吗？请简要解释。

资料来源：Roderick Floud，et al.，*The Changing Body：Health，Nutrition，and Human Development in the Western World Service Since 1700*（Cambridge：Cambridge University Press，2011），p. 13。

1.6 在何种意义上美国普通民众的健康状况的改善引起了美国的生产可能性前沿向外移动？图 5.2（a）表明，美国的预期寿命在 1916—1918 年间下降了。预期寿命的下降对美国的生产可能性前沿可能有什么影响？请简要解释。

1.7 在 *The Elusive Quest for Growth* 一书中，威廉·伊斯特利（William Easterly）将马拉维最贫穷的人描述成"发育不良的穷人，身材瘦矮……经常生病，严重缺乏食物"。他还写道："在布隆迪、马达加斯加和乌干达等最贫穷的国家，将近一半 3 岁以下的小孩都由于缺乏营养而异常矮。"

a. 为什么"严重缺乏食物"和"缺乏营养"与

成年人身材矮以及小孩异常矮有关?

b. 伊斯特利写道:“贫穷并不只是表现为低GDP,它还表现为婴儿死亡、小孩挨饿……”人均GDP的增加为何会减少婴儿死亡的数量?

资料来源:William Easterly, et al., *The Elusive Quest for Growth: Economists' Adventures and Misadventures in the Tropics* (Cambridge: The MIT Press, 2001), p. 11 and 14-15。

1.8 对于美国的生产可能性前沿来说,19世纪末和20世纪初美国的公共卫生运动为何就像是一次技术进步?

□ 5.2 世界各地的卫生保健

总结

医疗保险是一个合同,根据该合同,买者同意支付保险费以获取合同提供方同意支付买者的部分或全部医疗费用。在美国,大部分人所在家庭拥有私人医疗保险,这通常是通过雇主获得的。其他人通过政府的 Medicare 和 Medicaid 项目拥有医疗保险。2009年,在美国有大约17%的人没有医疗保险。许多医疗保险计划基于按服务计费进行运作,医生和医院因其提供的每项服务收到偿付。在美国以外的大部分国家,卫生保健体系中的政府参与度都更高。加拿大的卫生保健体系是单一付款人卫生保健体系,政府向加拿大所有居民提供国民医疗保险。在英国,政府拥有大部分医院,雇用大部分医生,其卫生保健体系被称为公费医疗。与其他高收入国家相比,美国的人均卫生保健支出更高,但预期寿命更低,婴儿死亡率更高,肥胖率也更高,不过,美国人均拥有的医疗设备更多,癌症患者的死亡率更低。多种多样的问题使得卫生保健结果的跨国比较很困难。

复习题

2.1 定义以下术语:a. 医疗保险,b. 按服务收费,c. 单一付款人卫生保健体系,d. 公费医疗。

2.2 在美国,医疗保险的主要来源是什么?

2.3 将加拿大、日本和英国的卫生保健体系与美国的卫生保健系进行简要比较。

2.4 “卫生保健结果”这一短语是什么意思?美国的卫生保健结果与其他高收入国家相比怎么样?当尝试比较各国之间的卫生保健结果时,会产生什么问题?

问题与应用

2.5 如果卫生保健是一种正常品,那么,我们预期卫生保健支出随时间增加还是减少?请简要解释。

2.6 为什么卫生保健结果的跨国比较常常集中在预期寿命和婴儿死亡率等指标上?卫生保健体系的质量有其他衡量指标吗?请简要解释。

2.7 两个卫生保健分析师认为,在美国,“我们已经到了一个在战胜各种疾病上很难取得进展的时刻。相反,我们今天的主要成就是想方设法稍微延长重病患者的寿命。”

a. “稍微延长重病患者的寿命”应该成为卫生保健体系的一个重要目标吗?哪些其他目标应该更重要?(注:这个问题基本上是一个规范性问题,它没有肯定正确或不正确的答案。你要回答的是认为卫生保健体系的目标应该是什么。)

b. 有可能衡量不同国家的卫生保健体系在延长重病患者的寿命上有多成功吗?如果有可能,那要怎么衡量?

资料来源:David Brooks, “Death and Budgets”, *New York Times*, July 14, 2011。

□ 5.3 卫生保健市场中的信息问题和外部性

总结

卫生保健市场受到不对称信息问题的影响。不对称信息问题发生在经济交易的一方拥有的信息比另一方少的时候。逆向选择是指交易的一方利用所知道的信息比交易的另一方多的优势这样一种状况。对于销售医疗保险保单的企业来说,逆向选择是一个问题,原因是它导致健康状况更差的人比健康状况更好的人更有可能购买保险。道德风险是指人们在进入交易后采取的使交易的另一方境况变差的行动。对保险公司来说,道德风险也是一个问题,原因是,一旦人们拥有医疗保险,他们可能更多地去看医生,并以其他方式增加对医疗服务的使用。道德风险也可能涉及委托—代理问题。医生可能要求拥有医疗保险的病人做更多实验室检查、核磁共振成像扫描和其他治疗。保险公司使用免赔额、共同支付以及对既有病症患者的保险覆盖范围施加限制等方法来减少逆向选择和道德风险问题。医疗和卫生保健中可能存在外部性,原因是,举例来说,接种了流感或其他传染病疫苗的人可能没有收到接种疫苗带来的所有好处,肥胖者可能没有承担肥胖的所有成本。

复习题

3.1 定义以下术语：a. 不对称信息，b. 逆向选择，c. 道德风险，d. 委托—代理问题。

3.2 卫生保健市场中的不对称信息问题是指什么？

3.3 医疗保险公司如何处理不对称信息问题？

3.4 什么是外部性？卫生保健市场中存在外部性吗？请简要解释。

问题与应用

3.5 假定你在校园报纸上看到一个卖二手车的广告，一辆2006款大众捷达GLS涡轮增压轿车卖价10 000美元。如果你知道这辆车质量可靠，那么你愿意付12 000美元。如果你知道它的质量不可靠，那么，你就只愿意付8 000美元。在什么情况下你应该买这辆车？

3.6 什么是“次品问题”？医疗保险中存在次品问题吗？请简要解释。

3.7 政治专栏作家迈克尔·金斯利（Michael Kinsley）这么评论道：“保险的思想是分摊坏结果的风险。”在何种意义上保险涉及分摊风险？逆向选择问题如何影响保险提供分摊风险这一好处的能力？

资料来源：Michael Kinsley，“Congress on Drugs”，*Slate*，August 1，2002。

3.8 根据社会保障退休体系，联邦政府对大部分人的工资收入征税，给超过某一年龄且在该体系保障范围内的退休工人发退休工资。（收到全额社会保证退休金的年龄随着工人出生年份而变化。）社会保障退休体系有时候被认为是一个社会保险项目。社会保障在与公司提供给雇员的医疗保险保单相同的意义上来说是一个保险项目吗？请简要解释。

3.9 ［与5.3节中的“不要犯这样的错误!”专栏有关］简要解释你是否同意如下说法：“对保险公司来说，健康又年轻的成年人对购买保险的不情愿产生了一个道德风险问题。”

3.10 某一报纸社论这么写道：

> 医生抱怨大额医疗事故赔偿推高了他们的保险费，他们被迫采取“防御性治疗”，要求病人做一些不必要的检查和治疗以防止可能的法律诉讼。

对于医生要求病人做不必要的检查和其他治疗，还有其他经济学上的解释吗？请简要解释。

资料来源：“Medicaid and the N. Y. Budget：A Bad Deal on Malpractice”，*New York Times*，March 12，2011。

3.11 ［与例题5.3有关］《经济学家》杂志的一篇文章认为，医疗保险真正的问题是：

> 身体健康的人出于理性的私利考虑决定不购买保险，结果他们的决定是正确的。通过不购买保险，那些身体健康的人（大部分是年轻人）就没有补贴那些保险为之服务的人：那些最终生病了的人。

a. 为什么身体健康的人不购买保险是理性的？

b. 你同意医疗保险是为那些最终生病了的人服务的吗？

c. 为什么这段话所描述的状况对医疗保险体系来说是一个问题？如果它是一个问题，提出可能的解决方案。

资料来源：“Romney on Health Care：To Boldly Go Where He Had Already Been Before”，*Economists*，May 13，2011。

3.12 《经济学家》杂志的一篇文章包含了对“经典的逆向选择螺旋”的如下描述：“由于［医疗保险］保险费提高，身体健康的人购买保险的可能性变得更低，这进一步推高了保险费，如此下去，直到整件事情结束……”逆向选择螺旋为什么会产生？保险公司可以采取什么措施来避免它？

资料来源：“Romney on Health Care：To Boldly Go Where He Had Already Been Before”，*Economists*，May 13，2011。

3.13 ［与5.3节中的“建立联系”专栏有关］卫生保健是一种公共产品吗？请简要解释。为什么在英国等一些国家里政府直接提供卫生保健，而在另一些国家中不是这样？

3.14 ［与5.3节中的“建立联系”专栏有关］解释你是否同意如下说法：

> 卫生保健的提供显然是一种公共产品。如果一个人生病了而得不到治疗，那么，他可能传染给其他人。如果许多人生病了，那么，经济的产出将受到负向的影响。因此，卫生保健的提供是一种应该由政府提供的公共产品。

□ 5.4 关于美国的卫生保健政策的争论

总结

2010年3月，国会通过了《患者保护与平价医疗法案》（PPACA）。该法案极大地重组了美国的卫生保健体系。美国的卫生保健支出占GDP的百分比一直在快速增加，人均卫生保健支出的增长比其他高收入国家更快。第三方支付者（如雇主提供的医疗保险以及 Medicare 和 Medicaid 项目）所支付的卫生保健支出所占比例越来越大，而自掏腰包的支出占卫生保健总支出的比例急剧下降。对美国卫生保健支出快速增加的解释已经有了好几种：卫生保健中劳动生产率的低增长率可能推高了成本，美国人口在老龄化，医疗技术和新处方药的成本更高了，税收体系和对第三方支付者的依赖扭曲了卫生保健的消费者和供给者的经济激励。PPACA 有几个重要的条款：(1) 个人强制参保，它要求美国的每个居民都必须拥有医疗保险，否则将被罚款；(2) 建立由州政府经营的医疗保险交易所，它将为个人和小企业提供购买医疗保险的一个途径；(3) 雇主强制参保，它要求每家雇员数超过 200 人的企业必须向雇员提供医疗保险；(4) 增加对医疗保险公司的管制；(5) 放宽 Medicaid 的享受资格，成立独立支付顾问委员会，该委员会有权力在 Medicare 支出超过某些水平时减少 Medicare 对处方药与诊断设备和其他技术的使用的支付；(6) 增加收入超过 20 万美元的工人应缴纳的税收。PPACA 的一些批评人士认为，在增加政府对卫生保健体系的参与程度方面该法案的步子迈得还不够大，而另一些批评人士则认为，卫生保健改革应该更多地依赖基于市场的改革，这涉及改革卫生保健市场使其与其他商品和服务的市场更类似。

复习题

4.1 什么是《患者保护与平价医疗法案》(PPACA)？简要列举它的主要条款。

4.2 在美国，卫生保健支出占 GDP 的百分比有什么样的趋势？将美国与其他高收入国家人均卫生保健支出的增加进行比较。卫生保健支出现在的趋势对美国联邦政府支出的增长有什么启示？

4.3 简要讨论经济学家如何解释卫生保健支出的快速增加。

4.4 认为政府在卫生保健体系中应该扮演更重要角色的经济学家和政策制定者是如何批评 PPACA 的？

4.5 认为基于市场的改革是改善卫生保健体系的关键的经济学家和政策制定者是如何批评 PPACA 的？

问题与应用

4.6 图 5.7 显示，国会预算办公室预测，Medicaid 支出占 GDP 的百分比与 PPACA 相关的增加约 10%是由于人口的老龄化。什么因素解释了其他 90%的增加？

4.7 一些经济学家和政策制定者主张，控制联邦政府在 Medicaid 上的支出的一种方法是成立一个专家委员会来决定新的医疗技术与其更高的成本相比是否值得。如果专家委员会认为不值得，那么，Medicare 就不为这些新医疗技术付款。其他经济学家和政策制定者主张，受益人支付的成本应该更加真实地代表提供医疗服务的成本。这一结果或许可以通过提高保险费、免赔额以及共同支付或者通过“个人收入调查”（这将限制高收入者收到的 Medicare 补贴）来达到。政治专栏作家戴维·布鲁克（David Brook）这么总结这两种限制 Medicare 支出增长的方法：“从高层来说，政府可以授权一个专家委员会进行配给决策……或者，从底层来说，成本可以转移给受益人，但同时向这些人提供保险费支持以帮助他们解决看病的负担。”

a. 什么是“配给决策”？这些决策会如何限制 Medicare 支出的增长？

b. 把 Medicare 的成本转移给受益人会如何限制 Medicare 支出的增长？布鲁克所说的“保险费支持”是指什么？

c. 国会和总统应该关心 Medicare 支出的增长吗？如果是，他们应该采取这两种方法中的哪一种，或者存在可能更好的第三种方法？（注：最后一个问题是规范性的，没有确定的答案。它的意图是引导你思考实施 Medicare 项目的可能方法。）

资料来源：David Brooks, “The Missing Fifth”, *New York Times*, May 9, 2011。

4.8 政治专栏作家罗斯·杜萨特（Ross Douthat）对 Medicare 项目做出了如下评论：

> 当然，告诉老年人为自己购买全部的卫生保健在政治上（和道德上）完全不可行。但是，告诉老年人为自己的卫生保健的更多比例支付费用则是可行的——嗯，很难看出我们可以对用别的什么办法减少 Medicare 的财政负担寄予希望。

a. 杜萨特（Douthat）所说的 Medicare 的“财政负担”是什么意思？

b. 政府可以如何对 Medicare 项目进行改革以使老年人为自己的卫生保健的更多比例支付费用？这一变化会如何限制 Medicare 支出的增长？这一变

化对收入非常低的老年人有何影响？

资料来源：Ross Douthat，“We're All Rationers”，*New York Times*，May 19，2011。

4.9　芝加哥大学的诺贝尔经济学奖得主罗伯特·福格尔这样说道：“卫生保健支出是由需求驱动的，而需求则受到收入和那些使卫生干预越来越有效的生物技术进展的推动”。

a. 如果福格尔的观点是正确的，那么，政策制定者应该对卫生保健支出占 GDP 的百分比的预计增加担心吗？

b. 一些经济学家对福格尔关于卫生保健支出增加的驱动因素的分析提出了什么反对意见？

资料来源：Robert Fogel，“Forecasting the Cost of U. S. Healthcare”，*The American*，September 3，2009。

4.10　［与 5.4 节中第 1 个“建立联系”专栏有关］有些医疗服务的提供者收取的价格比竞争对手高数百或数千美元却仍能继续经营，这怎么可能呢？为什么病人不去那些对同一医疗服务收取价格更低的提供者那里购买呢？

4.11　［与开篇案例有关］为什么风险汇聚对购买保险的小企业是比对大企业更大的一个问题呢？

4.12　［与 5.4 节中第 2 个“建立联系”专栏有关］运行有小企业健康选择项目（SHOP）的州医疗保险交易所打算如何帮助小企业解决为雇员购买医疗保险时风险汇聚有限这个问题？什么是导致 1993—2006 年间加利福尼亚州经营的医疗保险交易所失败的逆向选择死亡螺旋？

第3篇

微观经济基础：消费者和企业

第6章 企业、股票市场和公司治理

本章概览和学习目标

6.1 企业的类型

刻画美国主要的企业类型。

6.2 公司的结构和委托—代理问题

描述公司的典型管理结构和理解所有权与控制权分离以及委托—代理问题的概念。

6.3 企业如何融资

解释企业如何筹集它们经营和扩张所需的资金。

6.4 利用财务报表评估公司

理解公司财务报表中提供的信息。

6.5 公司治理政策和2007—2009年金融危机

讨论公司治理问题在2007—2009年金融危机中可能扮演的角色。

开篇案例

你怎样才能购买 Facebook 的股份？

当马克·扎克伯格（Mark Zuckerberg）于 2004 年创立 Facebook 时，他还是一个大学二年级学生。仅仅 5 年后，Facebook 就有了 1.5 亿用户。作为对比，手机公司花了 15 年时间才达到 1.5 亿用户，苹果的 iPod 用了 7 年时间。扎克伯格创立 Facebook 的原因是，他相信人们对找到与已有朋友保持联系的更好方法比对在网上结识新朋友（这正是其他一些网站创立所基于的假设）更感兴趣。在 Facebook，页面通常只有已经与用户有关联的人（或者说已经与用户成为好友的人）才可以看到，这帮助减少了困扰其他网站的假身份问题。

任何经历了 Facebook 这种快速成功的企业都很快有了为扩张业务筹集资金的需要。有些企业通过从银行借钱来筹集资金。现在的 Facebook 这样的大企业有能力在金融市场向投资者出售股票和债券。通过出售股票，企业用部分的所有权换取其增长和扩张所需的资金。出售股票且股票在纽约证券交易所这样的金融市场交易的企业称为公共企业（public firms），而不出售股票的企业称为私有企业（private firms）。

2011 年底，Facebook 仍然是一家私有企业。可是，它有很少数量的股份在私人市场出售，但不在公共金融市场出售。Facebook 这样的公司常常向它们的创始人、部分雇员和一些私人投资者发行股份。在联邦政府的监管下，这些股份的持有人可以在某些条件下出售股份。在 2011 年年中，Facebook 的股票售价大约为每股 35 美元，这使得企业的总价值达到大约 800 亿美元。

由于 Facebook 股票的买卖不是在公共金融市场进行的，Facebook 不受那些适用于公共企业的常见联邦监管规定的限制。一些经济学家和政策制定者认为，这样的结果使投资者受到的保护要少一些。正如我们在本章将要看到的，金融市场对经济的健康是至关重要的，金融市场应该如何被监管是一个重要的政策议题。

本章末的“业内观察”讨论了两个新的互联网公司如何允许合格投资者购买私人公司的股票。

资料来源：Shayndi Raice，“Is Facebook Worth ＄100 Billion”，*Wall Street Journal*，July 14，2011；Sarah Morgan，“How to Buy Shares of Facebook”，*Wall Street Journal*，January 5，2011；Jessi Hempel，“How Facebook Is Taking Over Our Lives”，*Fortune*，March 11，2009。

生活中的经济学

公司经理会以符合股东的最佳利益的方式行事吗？

尽管股东在法律上是公司的所有者，但经理常常有很大的自由度决定公司如何经营。结果，经理可能做出一些符合自身利益但不符合股东利益的决策，如花钱建规模庞大的公司总部或用昂贵的名画装饰办公室。如果经理做一些浪费钱并降低企业利润的决策，那么，该企业的股价就会下降，这损害了持有股票的投资者。假定你拥有一家公司的股票。为什么很难让经理按照符合你的利益而不是他们自己的利益的方式行事呢？给定这个问题的存在，你应该冒险购买股票吗？在阅读本章的过程中，看看你是否能够回答这些问题。对照我们在本章末尾提供的答案，你可以检验你的答案。

在本章，我们考察企业：它们是如何组织的，如何筹集资金，以及它们给投资者提供的信息。正如我们在前面几章中已经讨论的，市场体系中的企业负责组织生产要素来生产商品和服务。企业是企业家用来赚取利润的工具。为了获得成功，企业家必须满足消费者的需要，其方式是生产新的或更好的商品和服务或者通过找到以更低成本生产从而可以以更低价格出售已有的商品和服务。企业家还需要有获得足够资金的渠道，他们必须能够有效地组织生产。由于许多行业中的典型企业在过去100年里规模已经变得更大了，有效组织生产的任务也变得更加困难。在本章的最后一节，我们考察近些年来出现的公司治理问题。我们还将考察企业和政府为避免类似的问题将来继续出现而采取的措施。

6.1 企业的类型

在研究市场经济时，理解企业如何运行的基本原理是很重要的。在美国，法律上有三种企业类型：独资企业、合伙制企业和公司。**独资企业**（sole proprietorship）是由单一个体拥有的企业。尽管大部分独资企业都很小，但是，有些独资企业雇用了许多工人，赚取的利润也很高。**合伙制企业**（partnership）是由两个或多个人（有时是许多人）共同拥有的企业。大多数律师事务所和会计师事务所都是合伙制企业。一些合伙制企业规模很大。例如，总部在芝加哥的Baker&McKenzie律师事务所在2011年有1 350个合伙人。但是，大部分大企业都是以公司形式组织的。**公司**（corporation）是企业的一种合法形式，它给企业的所有者提供了保护，使他们在企业破产时最多只损失掉他们的投资。

6.1.1 谁来承担责任？有限责任和无限责任

三种类型的企业之间的一个关键区别是独资企业和合伙制企业的所有者有无限责任。无限责任意味着在法律上不对企业所有者的个人资产和企业的资产进行区分。**资产**（asset）是指个人或企业拥有的任何有价值的东西。如果一家独资企业或一家合伙制企业欠了企业的供货商或雇员许多钱，那么，其供货商和雇员具有起诉该企业要求偿付的合法权利，哪怕这要求企业的所有者出售部分个人资产，如股票或债券。换句话说，独资企业和合伙制企业的所有者与这些所有者拥有的企业在法律上不做区分。

企业所有者要对企业的债务负责，这可能是仅仅看起来公平。但是，在19世纪初，许多州的立法机构已经清楚地知道，无限责任对任何想从很多投资者手里筹集资金的企业都成了一个重大问题。投资者对在一家企业做一点小投资可能会感兴趣，但是，他可能不愿意成为该企业的合伙人，原因是担心这样做会使他的所有个人资产在企业破产时都置于风险之中。为了解决这个问题，州立法机构开始通过一些关于普通社团的法律，允许企业组织成公司的形式。按照公司制企业的规定，企业的所有者具有**有限责任**（limited liability），这意味着，一旦企业破产了，公司的所有者最多只损失掉他们的投资额。企业所有者的个人资产不会受到企业破产的影响。事实上，在法律看来，公司是一个不同于其所有者的法人。有限责任使得公司通过向很多投资者发行股份来筹集资金成为可能。例如，如果你买一股谷歌的股票，你就成了这家企业的部分所有者，但是，哪怕谷歌破产了，你个人不必为谷歌的任何债务负责。因此，你的损失不会超过你购买股票所支付的金额。

将企业组织成公司的形式也有一些劣势。在美国，公司利润被课税两次，一次是在公司层面上，另一次是在投资者收到公司利润分红的时候。一般来说，公司的规模比独资企业和合伙制企业要大，因此也更难以组织和经营。表 6.1 回顾了不同形式的企业组织的优势和劣势。

表 6.1　　企业组织形式的区别

	独资企业	合伙制企业	公司
优势	● 由所有者控制 ● 没有管理层级	● 分摊工作的能力 ● 分担风险的能力	● 有限的个人责任 ● 融资能力更强
劣势	● 无限的个人责任 ● 融资能力有限	● 无限的个人责任 ● 融资能力有限	● 组织和经营成本高 ● 收入可能会被双重征税

□ 6.1.2　公司赚取了大部分收益和利润

图 6.1 给出了三种类型的企业组织的基本统计量。图 6.1（a）显示，接近 3/4 的企业是独资企业。图 6.1（b）和图 6.1（c）显示，尽管只有 18%的企业是公司形式，在所有企业赚取的收益和利润中，公司赚取的占到了大部分。利润是企业销售商品和服务获得的收益和生产它们的成本之差。

美国的公司数量超过 580 万家，但是，年收益超过 5 000 万美元的只有 35 000 家。我们可以认为这 35 000 家企业——包括微软、麦当劳和谷歌——代表了“大企业”。这些大企业赚取了美国所有公司总利润的 84%。

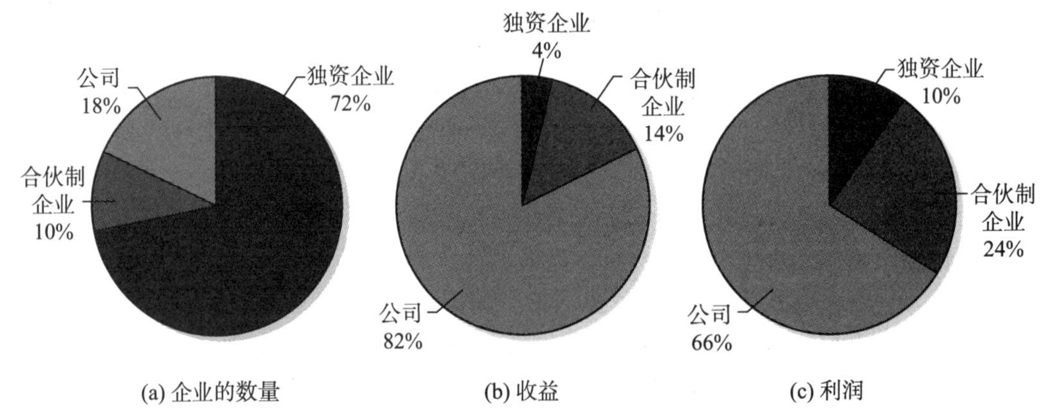

图 6.1　企业组织：独资企业、合伙制企业和公司

美国有三种类型的企业：独资企业、合伙制企业和公司。图（a）显示，只有 18%的企业是公司。但是，正如图（b）和图（c）所显示的，在所有企业赚取的收益和利润中，公司赚取的占到了大部分。

小企业对美国经济有多重要?

我们已经看到，尽管大部分企业是独资企业，但是，独资企业所赚取的总收益和利润只占所有企业的总收益和利润的一个很小的比例。尽管雇用的工人少于20人的企业占到了所有企业的85%，但是，这些企业雇用的工人还不到所有工人的20%。这意味着小企业对美国经济不重要吗?

情况恰恰相反，大部分经济学家会说，小企业对美国的经济健康很重要。小企业的创建给企业家提供了向市场推出一种新产品或新工艺的工具。但是，由于新企业缺乏盈利运营的记录，银行和其他贷款机构担心新企业不能偿还所借款项，为创建一家小企业筹集资金常常是很困难的。结果，超过80%的小企业创建所用的资金来源于创始人和他们的家庭、信用卡，或者以创始人的住房价值做抵押得到的贷款。任何创建新企业的人都希望成功甚至可能希望致富，与此同时，创建一家企业这种行为常常还能够给工人提供就业机会，给消费者提供新的商品和服务。在一个典型的年份，美国有超过60万家新企业开张，其中95%以上的企业雇用的工人不到20人。在一个典型的年份，新的小企业创造了330万个工作岗位；所有新工作岗位中，有40%是由小企业创造的，某些年份里甚至超过一半。令人吃惊的是，新企业创造的所有新工作中，超过85%是由小企业创造的。

尽管平均而言，与大企业的工作相比，小企业的工作工资更低，提供医疗保险和退休账户等额外福利的可能性也更低，但是，在小企业工作的工人往往更年轻，实际上，许多工人的第一份工作常常是在小企业。在经济衰退期间，小企业解雇工人的可能性也低于大企业。

创建小企业的企业家是消费者可以获得的许多最重要的新商品和服务的来源。尽管大企业花费在研究与开发上的支出比小企业多得多，但这一点仍然是事实。有些经济学家认为，尽管大企业在研究与开发上的支出常常导致现有产品的重要改进，但是，创新性新产品常常是由小企业引入的。例如，在19世纪末和20世纪初，托马斯·爱迪生、亨利·福特、莱特兄弟都在创建了最初很小的企业之后很快就推出了重要的产品。在更近些年里，比尔·盖茨、史蒂夫·乔布斯、迈克尔·戴尔、马克·扎克伯格都认为发展他们的想法的最佳方式是通过创建微软、苹果、戴尔电脑和Facebook，而不是去大公司工作。这些企业在成立之初中无一不是只有少数雇员，它们开发的重要产品和工艺也都是在发展成现在的大企业很久之前就开发出来了。

资料来源：David Neumark, Brandon Wall, and Junfu Zhang, "Do Small Businesses Create More Jobs? New Evidence for the United States from the National Establishment Time Series", *Review of Economics and Statistics*, Vol. 93, No. 1, February 2011, pp. 16-29; Conor Dougherty and Pui-Wing Tam, "Start-Ups Cash as Funds Trickle Back", *Wall Street Journal*, April 1, 2010; Amar Bhide, *The Origins and Evolution of New Businesses*, New York: Oxford University Press, 2003; Giuseppe Moscarini and Fabien Postel-Vinay, "Large Employers Are More Cyclically Sensitive", National Bureau of Economic Research, Working Paper 14740, February 2009; 数据来自 the 2009 Statistical Abstract of the United States, the U. S. Small Business Administration, and the U. S. Bureau of Labor Statistics, National Bureau of Economic Research Working Paper 13818, February 2008。

轮到你了：做本章末与本专栏相关的问题与应用1.8，看看你理解得如何。

6.2 公司的结构和委托—代理问题

由于大公司占据了经济中的大部分销售额和利润，了解它们的经营管理是很重要的。大部分大公司都有类似的管理结构。公司的组织方式以及组织结构对公司行为的影响称为**公司治理**（corporate governance）。

□ 6.2.1 公司结构和公司治理

公司在法律上由它们的股东——公司股票的持有者——所有。与独资企业不同，公司的股东尽管是企业的所有者，但并不直接管理企业，而是选举一个董事会代表他们的利益行事。董事会任命一个**首席执行官**（chief executive officer，CEO）来管理公司的日常运营。有时候董事会还任命其他高管成员，如**首席财务官**（chief financial officer，CFO）。其他时候，CEO 任命其他高管成员。包括 CEO 和 CFO 在内的高管成员常常供职于董事会。供职于董事会的管理层成员被称为**内部董事**（inside directors）。不直接在企业管理层任职的董事会成员被称为**外部董事**（outside directors）。外部董事的作用意在审核高管的决策，但是外部董事和内部董事的区别并非总是清楚的。例如，向一家大公司出售商品或服务的企业的 CEO 可能供职于该大公司的董事会。尽管从技术上来说这个 CEO 是一个外部董事，但是，他可能不愿意反对该大公司的高管，原因是这些高管有权停止从这家企业购买它的商品或服务。在有些情况下，公司高管有效地控制着本企业的董事会。

与家族企业或 Facebook 等私有企业的所有者不同，大公司的高管层通常并不拥有企业的很多股份，因此大公司存在**所有权与控制权分离**（separation of ownership from control）。尽管企业实际上由股东拥有，但高管层控制着企业的日常运营。由于高管并不拥有整家企业，他们可能花钱购买私人飞机或在奢侈的旅游胜地安排管理层会议，这样会减少企业的利润。经济学家把股东的利益和高管层的利益之间的冲突称为**委托—代理问题**（principal-agent problem）。[①] 当代理人（在这个例子中是指企业的高管层）追求他们自己的利益而不是雇用他们的委托人（在这个例子中是指公司的股东）的利益时，这一问题就产生了。为了降低委托—代理问题的影响，20 世纪 90 年代很多董事会开始把高管的薪酬与企业的利润或企业的股价挂钩。他们希望这将激励高管为企业赚取尽可能多的利润，从而使股东受益。但是，有时候，高管采取的措施虽然增加了企业的短期利润——从而增加了高管的薪酬和奖金，但实际上降低了企业的长期利润。

例题 6.2　委托—代理问题适用于经理和雇员之间的关系吗?

简要解释你是否同意下面的说法：

> 委托—代理问题不仅适用于股东和高管之间的关系，它还适用于经理和雇员之间的关系。就像股东难以监督高管是否赚取了尽可能多的利润一样，经理也难以监督雇

① 我们在第 5 章中看到，委托—代理问题的产生源于不对称信息引起的道德风险。在这个例子中，不对称信息涉及高管对企业实际如何运营了解得比企业股东要多。

员是否尽可能努力工作。

解：

第1步：复习本章内容。这一问题是关于委托—代理问题的，所以你可能需要复习一下6.2.1节"公司结构和公司治理"。

第2步：评价这一说法。你应该同意这一说法。公司的股东难以监督高管的活动。在实践中，他们试图通过公司的董事会间接这么做。但是，企业的高管可能影响甚至控制企业的董事会。即使高管没有控制董事会，董事会也可能难以了解高管层所采取的行动——如在巴黎设立分支机构——将会提高企业的盈利能力还是仅仅增加了高管的享受。

为了回答本例题中的问题，我们必须将这一分析延伸到经理和工人之间的关系上：经理想要雇员尽可能努力工作。雇员常常宁愿不努力工作，特别是在他们看不到这么做有直接的财务回报的时候。经理可能难以监督雇员是在努力工作还是在偷懒。（在工作间专注地盯着电脑屏幕的雇员是在认真写一份报告还是在网上看体育比赛的比分直播或者更新他的Facebook页面呢？）因此，委托—代理问题确实适用于经理和雇员之间的关系。

附注：通过为高管设计从财务上激励他们增加利润的薪酬政策，董事会努力减少委托—代理问题。类似地，通过设计激励工人更努力工作的薪酬政策，经理努力减少委托—代理问题。例如，有些制造商给工厂里的工人的报酬是基于他们生产了多少而不是基于他们工作了多少时间。

轮到你了：要想做更多的练习，请做本章末的问题与应用2.7和2.8。

6.3 企业如何融资

企业的所有者和经理努力赚取利润。为了赚取利润，企业必须融资来维持企业的运营，包括付工资给雇员以及购买或租赁电脑与其他机器设备。确实，任何经营企业的人——无论是独资企业老板还是大公司的高管——面临的中心挑战都是筹集运营和扩张企业所需的资金。假定你决定用你存在银行的10万美元建一个在线社交网络的网站。你用这10万美元为你的企业租办公场所、购买电脑、支付其他启动费用。你的企业取得了极大的成功，你决定扩大规模，于是你搬到一个更大的办公场所，并购买更多的电脑。作为一家小企业的所有者，你可以用如下三种方式为企业扩张融资：

1. 如果你现在有利润，你可以把利润再投资于你的企业。用于企业再投资而不是从企业拿走并分配给企业所有者的利润称为留存收益（retained earnings）。

2. 你可以通过招募更多的所有者来投资于你的企业而筹集资金。这种安排将增加企业的金融资本。

3. 最后，你可以从亲戚、朋友或银行借款。

正如我们在下一节将要看到的那样，大的公共企业的经理有一些其他融资方式。

6.3.1 外部资金的来源

除非企业依赖留存收益，否则，它们必须从有可用资金投资的其他人那里筹集它们所需的外部资金。将资金从储蓄者手里转移到借款人手里——无论是直接通过金融市场还是间接通过银行等金融中介——正是经济的金融体系的作用。

大部分企业以两种方式筹集外部资金。第一种方式依赖银行等金融中介，称为**间接融资**（indirect finance）。如果你存 1 000 美元到支票账户或储蓄账户户头，或者如果你购买 1 000 美元的定期存单，银行就会把大部分这些资金贷给借款人。银行将把你的资金和其他存款人的资金集结在一起，然后（比如说）向本地一家企业发放 10 万美元的贷款。小企业高度依赖银行贷款，以此作为它们的主要外部资金来源。

企业获得外部资金的第二种方式是通过金融市场。在这些市场（如纽约华尔街的纽约证券交易所）融资被称为**直接融资**（direct finance）。直接融资通常采用的形式是借款人出售金融证券给贷款人。金融证券是一个规定资金在什么样的条款下从证券的购买者（资金借出方）转移给借款人的文件，这样的文件有时候是电子形式的。债券和股票是两种主要的金融证券类型。通常只有大公司才能在金融市场出售债券和股票。投资者通常不愿意购买小企业和中等规模企业发行的债券，原因是投资者缺乏足够的有关更小规模企业财务健康状况的信息。

债券。

债券（bond）是代表偿付固定数量的资金这样一个承诺的金融证券。当通用电气（GE）出售债券来融资时，它承诺在债券存续期每年向债券买者支付利息，在存续期结束时（到期日）支付一笔等于贷款金额的款项，即本金。GE 可能需要筹集数百万美元来建一个工厂，但是，每份债券的本金或面值只有 1 000 美元，这是每份债券的购买者借给 GE 的金额。因此，GE 必须出售许多份债券才能筹集到它所需的所有资金。假定 GE 承诺它将向每份债券的购买者每年支付 60 美元的利息。债券的利息支付被称为**息票支付**（coupon payment）。借款的成本称为**利率**（interest rate），通常表示为所借数量的百分比。如果我们把息票表示为债券面值的百分比，那么，我们就得到债券的利率，称为息票率。在这个例子中，利率为

$$\frac{60}{1\ 000}=0.06，或 6\%$$

公司发行的许多债券的期限（或称到期时间）都为 30 年。在这个例子中，如果你从 GE 购买一份债券，GE 将在 30 年里每年付给你 60 美元，在第 30 年末再偿还给你 1 000 美元本金。

出售债券的借款人必须支付的利率取决于购买者（即投资人）认为债券卖者违约（即不支付所承诺的息票和本金）的可能性有多大。债券的违约风险越高，利率就越高。例如，投资者认为联邦政府的债券几乎不可能出现违约，因此联邦政府债券的利率比 GE 等企业债券低。反过来，GE 支付的债券利率比投资者认为进行债券支付的可能性更低的公司要低。

建立联系

评级游戏：美国财政部可能对其债券违约吗？

联邦监管要求，企业和政府必须先请一家信用评级机构对其债券评级然后才能向投资者出售其债券。穆迪投资者服务公司、标准普尔公司和惠誉评级公司是最大

的三家评级机构。这三家私有企业对债券评级的方式是用字母等级反映发行债券的企业或政府能够兑现债券所承诺的支付的概率，如 AAA 或 Aaa 是最高等级。下表显示了各种评级等级：

	穆迪	标准普尔	惠誉	评级的含义
投资评级债券	Aaa	AAA	AAA	最高信用质量
	Aa	AA	AA	很高信用质量
	A	A	A	高信用质量
	Baa	BBB	BBB	好信用质量
非投资评级债券	Ba	BB	BB	投机
	B	B	B	高度投机
	Caa	CCC	CCC	相当大的违约风险
	Ca	CC	CC	很高的违约风险
	C	C	C	极高的违约风险
	—	D	D	违约

注："评级的含义"这一列中的各项是从惠誉所使用的略做修改后得到的。另两家评级机构的描述类似。对于从 Aa 到 Caa 的每种评级，穆迪增加了一个数字调节符 1、2 或 3。Aa1 评级高于 Aa2，Aa2 高于 Aa3。类似地，标准普尔和惠誉评级增加了＋号或－号。评级 AA＋高于 AA，AA 高于 AA－。

资料来源：*Money*，*Banking*，*and the Financial System* 1st edition by R. Glenn Hubbard and Anthony P. O'Brien, Copyright © 2012 by Pearson Education Inc.。

投资者可以用这些评级决定他们在购买债券时愿意承受多高的风险。一般来说，评级越低，投资者收到的利率就越高，债券发行者违约的风险也越高。

评级机构向发行债券的企业和政府收取评级服务费，而不是向投资者收取评级服务费。这种安排引发了评级机构是否面临利益冲突的问题。由于发行债券的企业可以选择雇用哪家评级机构来为它们的债券评级，所以，评级机构可能有激励为了保住企业的业务而给出高于实际水平的评级。在 21 世纪头十年的中期，有些金融企业发行了抵押贷款担保债券。这些债券类似于常规公司债券，区别在于利息支付来自人们为了购买房子而借的抵押贷款。来自那些抵押贷款还款的钱被转移给购买了抵押贷款担保债券的投资者。评级机构给了许多这样的债券 AAA 评级，尽管房价在 2006 年开始下跌时许多这些债券的发行者违约了。有些经济学家和政策制定者相信，评级机构提供高评级的目的主要是为了确保发行抵押贷款担保债券的企业会继续雇用它们。

2011 年 8 月，标准普尔公司卷入了另一场争议，它把美国国库券的评级从 AAA 下调到了 AA＋。这是评级机构开始对美国国库券评级以来首次给美国国库券以低于 AAA 的评级。评级下调的原因是联邦政府预算赤字的状态。任何时候只要联邦政府有预算赤字，财政部就必须通过发行债券借到等于赤字额的钱。2011 年，联邦政府的支出远远超过它收到的税收，从而导致了大额预算赤字。预算赤字反映了 2007—2009 年经济衰退导致的税收收入减少和政府支出增加。但是，美国国会预算办公室的预测表明，甚至在衰退的影响消失以后，大额预算赤字仍将存在，原因是社会保障、Medicare、Medicaid 和其他政府项目的支出预计会比税收收入增长得更快。当巴拉克·奥巴马总统和国会之间经过长时间的谈判后预算赤字问题的解决仍然未能取得重大突破时，标准普尔公司宣布这一评级下调。

这么来看，美国财政部有可能对其债券违约吗？标准普尔公司认为，尽管违约仍旧不大可能，但是，持续的大额赤字增加了有那么一天财政部或许不支付其债券利息的可能性。就像查尔斯·狄更斯的小说《圣诞颂歌》（*A Christmas Carol*）中圣诞精灵中的未来之灵一样，标准普尔所警告的是某种或许会出现的情况而不是必然会出现的情况。

资料来源：Tom Lauricella，Matt Phillips and Serena Ng，"Markets Brace for Downgrade's Toll"，*Wall Street Journal*，August 8，2011；Andrew Ross Sorkin，"S. E. C. Urges Changes to Ratings-Agency Rules"，*New York Times*，August 29，2011。

轮到你了：做本章末与本专栏相关的问题与应用 3.8，看看你理解得如何。

股票。

当你从一家企业购买新发行的债券时，你在借钱给那家企业。当你购买一家企业发行的**股票**（stock）时，你实际上是购买该企业的部分所有权。当一家公司卖出股票时，它与小企业的所有者吸纳合伙人时做的是相同的事：企业正在通过吸纳额外的所有者增加金融资本。任何单个股东通常只拥有公司发行的总股份的一小部分。

股东有权得到公司利润（如果有的话）的份额。公司通常保留部分利润用于未来的扩张，这一部分利润称为留存收益。其余利润作为**红利**（dividends）支付给股东。投资者希望一家企业用其留存收益扩张以赚取经济利润，从而引起企业股价上升，为投资者提供资本收益。如果一家公司不能赚取利润，通常就不会派发红利。根据法律，公司在向其所有者进行支付前必须先进行债务支付。也就是说，公司在向股东派发红利之前必须先向债券持有人进行约定支付。此外，当企业卖出股票时，它们从投资者那里得到了没有期限的资金承诺。与债券不同，股票没有到期日，因此，企业没有在任何特定日期归还投资者资金的义务。

□ 6.3.2 股票和债券市场提供了资本和信息

股票和债券最初的购买者可以把股票和债券转售给其他投资者。事实上，每天发生的股票和债券的大多数买卖都涉及投资者相互之间转售现有的股票和债券，而不是公司向投资者出售新股票和债券。股票和债券的买者和卖者共同组成了股票和债券市场。股票和债券的买卖并不集中于一个单一的地方。有些股票和债券交易在被称为交易所的建筑物中进行，如纽约证券交易所或东京证券交易所。在美国，最大的一些公司的股票和债券在纽约证券交易所交易。电脑技术的发展使股票和债券的交易扩展到交易所外通过电脑联结的证券交易商。这些交易商组成了场外交易市场。许多电脑企业和其他高科技企业——包括苹果、谷歌和微软——的股票的交易发生在最重要的场外交易市场——纳斯达克系统，即全美证券交易商协会自动报价系统，英文首字母缩写为 NASDAQ。

股份代表对股票发行企业的利润的索取权。因此，随着企业财富的变化和所赚取利润的变化，企业发行的股票的价格也应该变化。类似地，债券代表了收到息票支付和最后的本金支付的权利。因此，过去发行的某一特定债券的价格可能上升或下降，这取决于新发行债券提供的息票支付比已有债券高还是低。如果你持有的债券每年息票为 40 美元，新发行的债券每年息票为 50 美元，那么，由于你的债券对投资者的吸引力更低，所以，它的价格就会下降。债券的价格还会受到违约风险或投资者对债券发行企业进行息票支付的能力的认知的影响。例如，如果投资者开始相信一家企业可能很快要破产和停止向其债券持有人进行息票支付，那么，该企业债券的价格就会下降到很低的水平。

企业股票和债券价值的变化为企业经理和投资人提供了重要的信息。股票价格的上升意味着投资者对企业的利润前景更加乐观了，结果，企业的经理可能想扩大企业规模。相反，企业股票价格的下降表明投资者对企业的利润前景更加悲观了，因此管理层可能想要缩小企业规模。类似地，企业债券价值的变化意味着为企业的研发或新工厂投资而融资的外部资金成本变化了。债券价格上升表明新外部资金的成本更低，债券价格下降表明新外部资金的成本更高。

不要犯这样的错误！

当谷歌股票换手时，谷歌没有得到那些钱

谷歌是深受投资喜欢的投资对象，当投资者对公司价值的看法改变时常常进行股票买卖。这对谷歌是好事，对吗？想象一下，当谷歌的股票换手和股价上升时，所有那些钱都流入谷歌的保险箱里。错了！谷歌在一级市场融资，但是股票换手是在二级市场进行的。那些交易的钱并没有流入谷歌手里，但是确实向该企业的经理提供了重要的信息。让我们看看是什么原因。

一级市场是指发行者将新发行索取权出售给初始购买者的市场。企业在一级金融市场有两种融资方式——通过借款（卖出债券）或者通过出售股份，这两种方式导致了对借款企业未来收入不同类型的索取权。尽管你可能在每天的最新新闻中听到许多关于股票市场波动的新闻，但是，实际上借款者通过债券筹集到的资金更多。在美国，债券的总价值通常大约为股票价值的两倍。

在二级市场，已经发行的股票和债券在投资者之间转手。如果谷歌向公众出售股份，那么，它是在一级市场筹集新资金。一旦谷歌股票已经发行，投资者就在二级市场进行股票交易。当谷歌股票在二级市场交易时，谷歌并没有收到任何新的资金。股票或债券的初始卖者仅仅在一级市场从贷款人那里筹集资金。通过确定股票和债券的价格，二级市场向企业的经理和投资者传递了信息。例如，如果谷歌股票价格大幅上升，那么，这说明市场觉得谷歌的经营状况很好，谷歌可能会决定筹集资金来进行扩张。因此，二级市场对考虑融资的公司来说是有价值的信息来源。

一级市场和二级市场都很重要，但是它们所起的作用不同。作为投资者，你主要在二级市场交易股票和债券。作为公司经理，一级市场和二级市场有助于你决定如何为扩张企业融资。

轮到你了：做本章末的问题与应用 3.12，看看你理解得如何。

□ 6.3.3 为什么股票价格波动这么大?

美国股票市场的表现常常用股票市场指数来衡量。股票市场指数是股票价格的平均值，指数在被称为基年（base year）的某一特定年份的值被设定为等于100。由于股票指数表示价格从一年到下一年的运动，因此，基年的选择是无关紧要的。图6.2显示了三种最受关注的股票指数1995年1月—2011年9月的运动：

● 道琼斯工业平均指数，它是关于美国30家大公司股票价格的一种指数。

● 标准普尔500指数，它是由标准普尔公司计算的一种指数，包括500家美国大企业的股票价格。

● 纳斯达克（NASDAQ）综合指数，它包括股票在纳斯达克股票市场交易的超过4 000家企业的股票价格。纳斯达克是一个场外交易市场，即纳斯达克市场的买卖是在通过电脑联结在一起的交易商之间进行的。在纳斯达克上市的公司主要是苹果、微软和谷歌等高科技企业。

正如我们已经看到的那样，对某企业股票的所有权代表了对该企业利润的索取权。因此，企业的利润越高，其股票价格也会越高。当整体经济扩张时，收入、就业和支出都会增加，企业利润也会增加。当经济处于衰退时，收入、就业和支出都会减少，企业利润也会减少。我们预计股票价格在经济扩张时上升、在经济衰退时下降。我们看到，这一模式在图6.2的三种股票价格指数中都得到了反映。所有这三种指数都遵循一个基本类似的模式：20世纪90年代后期经济扩张期间股票价格上升，2000年互联网泡沫破灭和2001年衰退期间股票价格下降，从2001年底到2007年底股票价格上升，随着美国经济在2007年底进入衰退股票价格又下降，然后从2009年初起又开始上升。

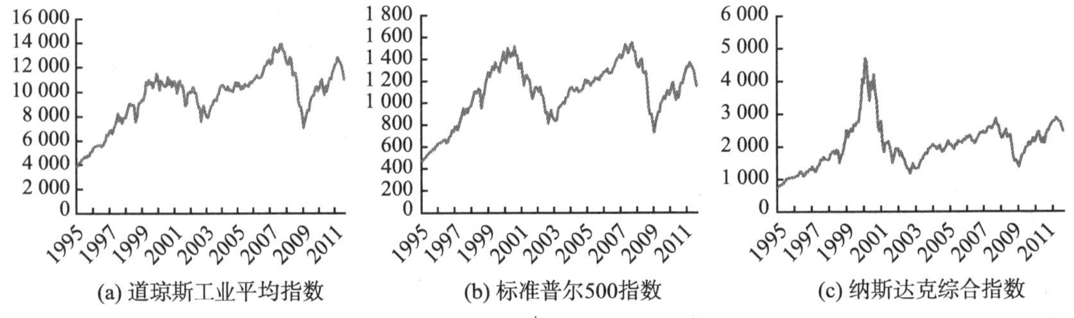

图 6.2 股票市场指数的运动：1995年1月—2011年9月

美国股票市场的表现常常用股票市场指数——股票价格的平均值——来衡量。三种最受关注的股票指数是道琼斯工业平均指数、标准普尔500指数和纳斯达克综合指数。在1995—2011年期间，这三种指数都遵循类似的模式：当美国经济扩张时上升，经济衰退时下降。

由于一些分析师对在线零售的增长速度做出了非常乐观的预测，许多早期的互联网公司的股价在20世纪90年代后期暴涨。事实证明他们的预测过度乐观了。在2000年，当投资者逐渐意识到许多互联网公司将永远不会盈利时，它们的股票价格崩盘了。由于在纳斯达克上市的主要是高科技企业，在20世纪90年代后期和21世纪头十年的初期互联网经济大起大落的期间，纳斯达克指数的波动比另两种指数要大。所有这三种指数从2007年底都开始大幅下跌，这反映了从该年12月开始的衰退的严重性。正如我们将在本章后面讨论的那样，这场严重的衰退的产生部分地是由于金融企业的问题。

建立联系☞

在财经版面上跟踪 Abercrombie & Fitch 公司的股票价格

如果你访问《华尔街日报》的网站或其他网站上的在线股票牌价表，那么，你将会注意到，虽然牌价表所占的版面很小，但它包含了关于头一天股票交易的许多信息。本专栏末尾的图复制了 2011 年 8 月 9 日《华尔街日报》上关于在纽约证券交易所上市股票的牌价表的一小部分。它包含了前一天 5 家上市公司股票买卖的信息。让我们将注意力集中于 Abercrombie & Fitch 服装公司，考察每一列包含的信息：

- 第一列给出了公司名称。
- 第二列给出了公司股票代码（ANF），你可能在有线电视财经新闻频道底部滚动条已经看到过。
- 第三列（开盘价）给出了交易开始时刻（在纽约证券交易所是上午 9:30）的股票价格（单位为美元）。Abercrombie & Fitch 的开盘交易价格为 67.85 美元。
- 第四列（最高价）和第五列（最低价）给出了该日股票的最高和最低卖出价。
- 第六列（收盘价）给出了交易结束前交易最后一刻（在纽约证券交易所是下午 4：00）的卖出价，在本例中为 61.05 美元。
- 第七列（涨跌）给出了该日收盘价与此前一天收盘价之差。在本例中，Abercrombie & Fitch 的股价与此前一天收盘价相比每股下跌了 9.25 美元。Abercrombie & Fitch 股价的变化向该公司的经理提供了它们可能想扩大或缩小公司经营规模的信号。
- 第八列（涨跌幅）给出了股价变化的百分比表示而非美元表示。
- 第九列（成交量）给出了前一天交易的股份数量。
- 第十列（52 周最高价）和第十一列（52 周最低价）给出了此前一年期间股票的最高卖价和最低卖价。这些数字说明了股票价格具有多大的波动性，也就是股票价格在过去一年间的波动有多大。在本例中，Abercrombie & Fitch 的股票波动性很大，最高上涨到 78.25 美元，最低下跌到 33.97 美元。这些大幅价格波动表明投资于股票市场可能有多大的风险。
- 第十二列（红利）给出了用美元表示的红利。在本例中，0.70 表示 Abercrombie & Fitch 支付了每股 0.70 美元的红利。
- 第十三列（收益率）给出了红利收益率，它是用红利除以股票收盘价（即 Abercrombie & Fitch 股票在前一天交易结束时的卖出价）计算得到的。
- 第十四列（市盈率）给出了价格—收益比率，它是用公司股价除以公司每股收益计算得到的。（记住，由于企业留存部分收益，所以每股收益并不一定等于每股红利。）Abercrombie & Fitch 的市盈率为 37，这意味着它的每股价格是每股收益的 37 倍。因此，你为购买 Abercrombie & Fitch 的 1 美元收益需要支付 37 美元。
- 最后一列（年初至今涨跌幅）给出了公司股票价格从年初到前一天的百分比变化。在本例中，Abercrombie & Fitch 股票的价格从 2011 年初以来下跌了 5.9%。

	股票代码	开盘价	最高价	最低价	收盘价	涨跌	涨跌幅	成交量	52周最高价	52周最低价	红利	收益率	市盈率	年初至今涨跌幅
ABB ADS	ABB	20.60	20.89	19.59	19.59	-2.00	-9.26	7 134 463	27.58	18.53	0.64	3.3	16	-12.7
ABBOTT LABORATORIES	ABT	49.30	50.13	47.56	48.06	-2.17	-4.32	18 398 789	54.24	45.07	1.92	4.0	17	0.3
ABERCROMBIE & FITCH CO.	ANF	67.85	68.93	58.84	61.05	-9.25	-13.16	6 891 113	78.25	33.97	0.70	1.15	37	-5.9
ABITIBIBOWATER	ABH	16.11	16.18	15.58	15.72	-0.96	-5.76	1 703 003	30.54	15.58	…	…	…	-33.6
ABM INDUSTRIES	ABM	19.79	20.72	17.29	17.29	-3.34	-16.19	1,762,427	27.14	17.29	0.56	3.2	16	-34.26

资料来源：“Abercrombie & Fitch Stock History” from *The Wall Street Journal*。

轮到你了： 做本章末与本专栏相关的问题与应用 3.13 和 3.14，看看你理解得如何。

6.4 利用财务报表评估公司

为了融资，企业的经理必须说服银行或其股票或债券买者相信公司将会盈利。在企业获准发行新股票或债券前，它必须先向投资者和金融监管机构提供关于其财务状况的信息。为了从银行或其他金融中介借款，企业也必须向贷款人披露财务信息。

在大多数高收入国家，政府机构要求企业获准在金融市场出售股票或债券等证券之前向公众披露具体的财务信息。在美国，证券交易委员会要求公共企业在用标准的会计方法（常常被称为通用会计准则）编制的财务报表中报告企业的业绩。这样的披露减少了信息成本，但是由于两个原因它并没有消除信息成本。第一，有些企业成立时间太短，没有很多信息供潜在投资者评估。第二，经理可能试图从看起来最好的角度呈现所要求披露的信息，从而使投资者高估企业证券的价值。

私有企业也收集关于借款企业的信息，然后把这些信息卖给贷款人和投资者。如果信息收集企业的工作做得好，那么，购买这些信息的贷款人和投资者就能更好地评价借款企业的质量。专业收集信息的企业——包括穆迪投资者服务公司、标准普尔公司、价值线公司（Value Line）和邓白氏公司（Dun & Bradstreet）——收集企业的信息并把它卖给订户。信息购买者包括单个投资者、图书馆和金融中介。你可以在你所在大学图书馆或者通过网络在线信息服务找到一些这样的出版物。

投资者和企业经理需要什么样的信息？企业必须回答三个基本问题：生产什么？如何生产？收取什么价格？为了回答这些问题，企业经理需要两方面的信息：第一是企业的收益和成本，第二是企业拥有的财产和其他资产的价值以及企业的债务或企业欠别人和其他企业的其他**负债**（liabilities）。企业的投资者也需要这些信息来决定是否购买该企业的股票或债券。这些信息包含在该企业的财务报表中，主要是在我们下面讨论的损益表和资产负债表中。

□ 6.4.1 损益表

企业的**损益表**（income statement）汇总了企业一段时期内的收益、成本和利润。公司发布年度损益表，不过，为了更好地代表企业业务的季节模式，年度损益表所覆盖的12个月的财年可能不同于日历年。

如何得到会计利润？

损益表显示了企业一个财年的收益、成本和利润。为了确定企业的盈利能力，损益表先列出企业的收益，然后减去其经营支出和所缴纳的税收。所得余数即为净收入，它是企业的**会计利润**（accounting profit）。

如何得到经济利润？

会计利润提供了关于企业当前净收入的信息，这一净收入是根据通用会计准则衡量的。但是，由于会计利润忽略了企业的部分成本，所以，它不是一个衡量企业利润的理想指标。通过考虑所有的成本，经济利润比会计利润更好地反映了企业成功的程度。赚取经济利润的企业会继续经营，甚至可能会扩张。蒙受经济亏损的企业不可能长期继续经营。为了理解经济利润是如何计算的，记住经济学家总是用机会成本来衡量成本。任何活动的**机会成本**（opportunity cost）是从事该项活动必须放弃的价值最高的其他用途。成本要么是显性的，要么是隐性的。当企业花钱时，就产生了**显性成本**（explicit cost）。当企业的机会成本是非货币的时，就产生了**隐性成本**（implicit cost）。例如，当企业支付工资给雇员时，企业就产生了显性劳动成本。企业还有许多其他显性成本，如用于办公照明的电力成本或广告及保险成本。

但是有些成本是隐性的。投资者最重要的隐性成本是投资于企业的资金的机会成本。经济学家用术语“正常回报率”来指投资者投资于企业的资金必须赚取的最低回报，表示为投资额的百分比。如果企业给投资者提供的回报率低于正常回报率，那么，它就不能长期继续经营，原因是投资者不会继续将资金投资于该企业。例如，伯利恒钢铁公司（Bethlehem Steel）曾经是美国第二大钢铁生产企业，盈利状况非常好，股价达到每股50美元以上。到2002年，投资者确信，该企业的劳动成本在世界市场上缺乏竞争力将会使该企业不再能为投资者提供正常回报率。许多投资者预计该企业最终将不得不宣布破产，结果，该公司的股票价格急跌至每股1美元。不久后，该公司宣布破产，所剩资产变卖给了它的一个竞争对手。投资者为继续投资于一家企业所要求的回报（用货币表示而非百分比表示）是企业的一项真实成本，在计算利润时应该从企业的收益中将其减去。

投资者为了继续投资于一家企业而必须收到的正常回报率在各企业间是各不相同的。如果投资风险很高（如投资于一家刚创办的生物科技企业），那么，投资者可能要求很高的回报率以补偿其承担的风险。投资于确定性更高的行业（如电力公用事业）的投资者要求的回报率可能低一些。投资者投资于任意一家特定企业所要求的确切回报率是难以计算的，这使得会计师难以把投资者要求的回报当作一项成本包括在损益表中。除了投资者要求的回报之外，企业可能还有也难以计算的其他隐性成本。结果，通用会计准则通常要求企业的财务记录中只包括显性成本。经济成本既包括显性成本也包括隐性成本。**经济利润**

(economic profit) 等于企业的收益减去其经济成本。由于会计利润排除了一些隐性成本，它比经济利润要高。

□ 6.4.2 资产负债表

企业的**资产负债表**(balance sheet) 汇总了企业在特定的某一天(通常是季度末或年末)的财务状况。回忆前面讲过，资产是企业拥有的任何有价值的东西，负债是企业所欠的债务。将企业的资产值减去其债务值就得到了企业的净值。我们可以把企业净值看作是当企业破产时资产被卖掉且负债被清偿后留给企业所有者的价值。投资者可以通过检查企业的资产负债表来确定企业的净值。

6.5 公司治理政策和 2007—2009 年金融危机

企业的财务报表提供了关于企业为投资者和经济创造价值的能力的重要信息。准确且易于理解的财务报表是企业经理和投资者决策的重要依据。确实，会计报表中的信息有助于指引经济中的资源配置。

企业在提交给联邦政府的定期报告和提交给股东的年度报告中披露财务报表。如果一家企业的损益表显示有很多税后利润且资产负债表显示有很大的净值，那么，投资者更有可能购买该企业的股票。企业的高层至少有两个原因要吸引投资者和使企业股价维持在高水平。首先，更高的股价增加了企业出售给定数量股票能够筹集到的资金数量。第二，为了减少委托—代理问题，董事会常常将高管的薪酬与企业的股价或企业的盈利能力挂钩。

显然，高管有激励最大化损益表中报告的利润和资产负债表中报告的净值。如果高管做出了好决策，企业的利润就会高，企业的资产相对于负债而言也会大。可是，21 世纪头十年初期出现的问题显示，有些高管夸大了利润，隐藏了本该在资产负债表中列出的负债。在其他企业，经理所采取的经营活动的风险比披露给投资者的要高。通过讨论 21 世纪头十年初期的会计丑闻和许多金融企业在 2007—2009 年金融危机中遇到的问题，我们将探究公司治理近些年来出现的问题以及政府对这些问题做出的反应。

□ 6.5.1 21 世纪头十年初期的会计丑闻

在 21 世纪头十年初期，证据表明，包括安然公司(一家能源交易企业)和世通公司(一家通信企业)在内的几家知名大企业的高管曾经为误导投资者相信企业盈利状况良好而篡改了财务报表。几名高管被判处了长期徒刑，其中包括安然在内的有些企业破产了。

安然和世通这样的公司怎么有可能在财务报表上作假呢？联邦政府对财务报表的编制方法有规定，但是这种监管本身不能保证报表的准确性。所有向公众发行股票的企业都会聘请注册会计师审计它们的财务报表。不幸的是，正如安然和世通的丑闻所揭示的那样，下定决心要在企业的真实财务状况上欺骗投资者的高管也可以欺骗外部审计人员。

为了防止类似的丑闻继续发生，2002 年颁布了新的联邦法律。2002 年通过的《萨班斯-奥克斯利法案》(Sarbanse-Oxley Act) 是具有里程碑意义的法律，它要求 CEO 个人保证财务报表的准确性，并要求财务分析师和审计师披露是否存在限制他们评估企业财务状况独立性的任何利益冲突。总的说来，大多数观察家都承认《萨班斯-奥克斯利法案》增加了人们对美国公司治理体系的信心。但是，正如我们将在下一节讨论的那样，2007—2009 年金融危机期间金融企业出现的问题再次提出了公司是否准确地向投资者披露了信息的问题。

□ 6.5.2　2007—2009 年金融危机

从 2007 年开始一直持续到 2009 年，美国经济遭受了 20 世纪 30 年代大萧条以来最严重的金融危机。这次危机的中心问题是住房抵押市场的问题。当人们购买住房时，他们通常从银行或其他金融机构获取住房抵押贷款。他们正在购买的住房正是贷款的抵押品，这意味着，如果借款人违约而不能还贷，那么银行就可以接管住房并将它卖掉。

过去许多年里，银行或其他发放住房抵押贷款的金融机构会保留贷款，直到借款人清偿完毕。但是，从 20 世纪 70 年代开始，金融机构开始将部分住房抵押贷款证券化，意思是许多住房抵押贷款被打包在一起并卖给投资者。这些抵押贷款担保证券与债券相似，购买了抵押贷款担保证券的投资者定期获得利息收入，利息收入来源于最初的住房抵押贷款的还款。起初，证券化过程是由房利美（Federal National Mortgage Association，Fannie Mae）和房地美（Federal Home Loan Mortgage Corporation，Freddie Mac）进行的。这两家公司是国会为了帮助增加住房抵押贷款市场上的贷款数量而成立的，它们购买银行和其他金融机构发放给信用良好的借款人的住房抵押贷款，并将这些住房抵押贷款打包成证券然后卖给投资者。

从 20 世纪 90 年代开始，私有金融企业（主要是投资银行）开始经营住房抵押贷款证券化业务。到 21 世纪头十年初期，银行和其他金融机构向次级借款人和次优借款人发放了许多住房抵押贷款。次级借款人是指那些信用历史中有过不偿还贷款记录的借款人，次优借款人是指那些未能提供文件证明他们的收入高到足以还房贷的借款人。次级借款人和次优借款人都比传统借款人更有可能对他们所借的贷款违约。在更容易获得抵押贷款的推动下，美国的住房价格在 2006 年年中急跌之前出现了飙升。到 2007 年，许多借款人——特别是那些次级和次优借款人——开始违约。这对那些持有抵押贷款担保证券的人来说是坏消息，原因是这些证券的价值依赖于住房抵押贷款的稳定还贷。随着这些证券价格的大跌，许多金融机构蒙受了重大损失，一些最大的金融机构由于获得了联邦政府的救助才得以继续经营。

在这次金融危机期间，许多投资者抱怨他们不知道金融企业资产负债表上某些资产——特别是抵押贷款担保证券——的风险性。一些评论员认为，许多金融企业的经理在这些资产的风险性上故意误导投资者。其他评论员则认为，这些经理自己都不知道这些资产的风险有多高。2008 年秋，房利美和房地美被政府直接控制了。随着危机的结束，国会在 2010 年 7 月通过了《华尔街改革和消费者保护法案》（Wall Street Reform and Consumer Protection Act，也被称为《多德-弗兰克法案》），对金融体系的监管进行彻底改革。根据这一法案的有关条款，政府成立了消费者金融保护局（Consumer Financial Protection Bureau，该局设立在美联储）来制定旨在保护投资者的借款和投资活动的规则。该法案还创立了金融稳定监督委员会（Financial Stability Oversight Council），该委员会包括来自包括美国证监会和联储在内的所有主要的联邦金融监管机构的代表。该委员会的目的是确定金融体系的风险并据此采取相应行动。对于《多德-弗兰克法案》是否会大幅降低未来金融危机的可能性，经济学家的意见不一。

□ 6.5.3 委托—代理问题推动了金融危机的产生吗？

正如我们已经看到的那样，住房抵押贷款证券化过程在2007—2009年金融危机中扮演了重要角色。私有投资银行从20世纪90年代开始经营住房抵押贷款证券化业务。与主要活动为接受存款和发放贷款的商业银行不同，投资银行的业务在传统上集中于为公司提供关于出售新股票和债券的建议以及通过向出售股票和债券的企业承诺一个价格来承销股票和债券的发行。由于投资银行可能在承销上遭受重大损失，因此，投资银行业务被认为比商业银行业务有更高的风险。为了解决这一更高的风险，国会于1933年通过了《格拉斯-斯蒂格尔法案》(Glass-Steagall Act)。该法案禁止金融企业同时成为商业银行和投资银行。

有些经济学家和政策制定者认为，《格拉斯-斯蒂格尔法案》通过禁止商业银行提供投资银行服务减少了投资银行服务的竞争。国会在1999年废除了《格拉斯-斯蒂格尔法案》，此后一些商业银行开始从事投资银行业务。许多最大的、最负盛名的投资银行，如雷曼兄弟、贝尔斯登、高盛、美林和摩根士丹利，仍然只从事投资银行业务而不从事商业银行业务。这些投资银行打包发行的抵押贷款担保证券大部分被卖给了投资者，但也有一些被这些企业留在手里当作了投资。结果，当这些证券的价格从2007年开始下跌时，这些投资银行遭受了重大损失。雷曼兄弟被迫宣告破产，美林和贝尔斯登在美国政府安排的交易中被卖给了商业银行，高盛和摩根士丹利变成了银行控股公司，这使得它们能够从事商业银行业务。在发生了这些事情之后，大华尔街投资银行的时代结束了。

为什么投资银行会冒这么大的风险去发行由有很高可能性违约的借款人的住房抵押贷款担保的证券呢？曾经在华尔街做债券销售员的财经记者迈克尔·刘易斯认为，一个关键原因是投资银行组织方式的变化。传统上，华尔街的投资银行是采取合伙制方式组织的，但是，到了2000年，它们都变成了上市公司。正如我们已经看到的那样，在合伙制企业中，数量相对少的所有者的资金被直接置于风险之中，由于基本没有所有权与控制权相分离的问题，所以委托—代理问题被减少了。但是，成了上市公司之后，委托—代理问题可能变得很严重。刘易斯认为：

> 任何由雇员拥有的投资银行都不会……购买并持有价值500亿美元（的奇异的抵押贷款担保证券）……或者甚至根本就不允许发行并把这些证券卖给客户。希望得到的短期收益并不能保证长期的成功。

显然，公司治理问题将会受到经济学家、政策制定者和投资者的持续关注。

建立联系

Facebook股票的买者所做的交易是公平的吗？

包括Facebook在内的许多科技企业向风险资本企业融资。风险资本企业从投资者手里筹集资金，然后用这些资金在小的新创办企业投资。风险资本企业常常在新创办企业中拥有很大的所有权，常常将自己的雇员派到新创办企业的董事会任职，甚至让派到董事会的雇员担任经理。由于这些措施增加了风险资本企业密切监督经理的能力，所以，它们能够减少委托—代理问题。新创办企业很可能会关心大投资者的愿望，原因在于，如果大投资者将在企业的股份卖掉，就会使企业难以从新投资者手里筹集资金。

包括 Accel Partners 在内的几家风险资本基金公司都投资于 Facebook。如果一家新创办企业成功了，那么，它通常将会通过发行股票成为一家公共企业。企业首次发行股票被称为首次公开发行（initial public offering，IPO）。IPO 使得风险投资企业很容易将它拥有的新创办企业的股权卖给其他投资者。但是，在 Facebook 这个例子中，它的 CEO 马克·扎克伯格不愿意让企业进行 IPO，原因在于他希望 Facebook 保持其私有企业的类型而不是吸收更多的投资者从而有可能削弱他对这家企业的控制。不能 IPO 意味着 Accel Partners 和其他风险资本企业以及持有股票的 Facebook 雇员不能轻易地通过出售股份来套现。不过，正如我们在本章开头看到的，私有企业出售有限数量的股票是可能的。这些销售不是在纽约证券交易所或纳斯达克发生，而是由 SharesPost 和 SecondMarket等企业安排，这些企业将私有企业股份的卖者和买者匹配在一起。这些销售有时候被称为私募（private placement），私有企业股份的市场有时候被称为影子市场（shadow market），区别于公共企业股份交易的股票市场。私有企业股份的交易一直在快速增加，从 2009 年到 2010 年翻倍了，2011 年预计增长 50%。

只有被称为授信投资者的人才有资格购买私有企业的股份。如果一个投资者在至少前两年里有至少 20 万美元的年收入或者有 100 万美元的资产净值，那么这样的投资者就是授信投资者。私人企业的个人股东不能超过 499 个。由于美国证券交易委员会（SEC）假设授信投资者是有经验的和老练的，因此，私有企业股份的市场没有受到严密监管。特别地，私有企业不必像公共企业那样披露它们的损益表和资产负债表等财务报表。但是，有些经济学家和政策制定者担心私有企业股份的卖者有可能占买者的便宜，原因是出售股份的内部人拥有关于该企业财务报表的信息，而投资者却没有这些信息。例如，在 2011 年年中，Facebook 的股票卖价为每股大约 35 美元，这使该企业的总价值达到大约 800 亿美元。Facebook 真的值那么多钱吗？由于该企业不必公布其收益或利润，因此很难判断。

当 SEC 考虑对私有企业股份销售的监管进行改革时，它面临相互冲突的压力。有些经济学家和政策制定者希望 SEC 要求私有企业向潜在的投资者披露更多的信息。其他经济学家和政策制定者则认为 SEC 应该放松部分现有的监管，以便新创办企业能够在不必满足成为上市公司的所有要求的条件下更容易融资。在 2011 年末，SEC 将向哪个方向改革还不明晰，尽管看起来它倾向于提高私有企业股东允许人数上限的这一提议。

资料来源：Shayndi Raice，“Is Facebook Worth ＄100 Billion”，*Wall Street Journal*，July 14，2011；Pui-Wing Tam，“As Web IPOs Hit，Few Share the Spoils”，*Wall Street Journal*，July 8，2011；Miguel Helft，“Facebook Deal Offers Freedom From Scrutiny”，*New York Times*，January 3，2011；Jean Eaglesham，“U. S. Eyes New Stock Rules”，*Wall Street Journal*，April 8，2011；and Michael Hickins，“Investor Criticizes ‘Shadow Market’ ”，*Wall Street Journal*，March 17，2011。

轮到你了：做本章末与本专栏相关的问题与应用 5.7，看看你理解得如何。

接第 182 页

生活中的经济学

公司经理会以符合股东的最佳利益的方式行事吗?

在本章一开头，我们要求你思考两个问题：为什么很难要经理按照符合你的利益而不是他们自己的利益的方式行事呢？给定这个问题的存在，你应该冒险购买股票吗？经理可能不按符合股东利益的方式行事的原因是，在大企业存在所有权与控制权的分离：股东拥有企业，但高管实际上控制着企业。所有权与控制权的分离导致了本章讨论的委托—代理问题。委托—代理问题显然增加了你购买股票而不是用钱做一些安全的事情（如存入银行）时面临的风险。但是，持有股票的回报也可能很大，在长期的回报有可能远远高于银行账户。购买谷歌等著名公司的股票有助于减少委托—代理问题，原因是这些著名公司受到了华尔街投资分析师的密切跟踪。由于这些公司的经理的行动难以掩饰，因此，他们采取明显不符合股东最佳利益的行动的可能性要低一些。不过，毫无疑问，购买著名大公司的股票并不能完全消除委托—代理问题的风险。安然、世通和一些卷入本章讨论的会计丑闻的其他企业都是著名公司，也都受到华尔街分析师的密切跟踪，2007—2009 年金融危机期间陷入困境的大金融企业也是如此，但是，结果表明，它们的股票都是很糟糕的投资。

6.6 结论

在市场体系中，企业独立做出关于生产什么商品和服务、如何生产以及收取什么价格的决策。在美国等现代高收入国家中，大公司占到了所有企业赚取的销售额和利润的大部分。一般来说，在提供消费者需要的商品和服务的同时，这些大公司的经理很好地代表了股东的利益。但是，正如 21 世纪头十年初期的会计丑闻和 2007—2009 年金融危机中暴露出来的金融企业的问题所说明的那样，委托—代理问题有时候可能变得很严重。经济学家对为处理这些问题而提出的管制措施的成本和效益存在争论。

接下来的“业内观察”专栏讨论了 SecondMarket 和 SharesPost 这两个网站如何帮助合格投资者购买私有企业的股份。

业内观察　合格投资者可以购买私有企业的股份！

KIPLINGER

《在 Facebook 上市之前如何购买 Facebook 的股份》

1 月初，当高盛宣布它将投资 4.5 亿美元于 Facebook 时，引起了轰动。但是，更新奇的是另一个消息：高盛将成立一个基金，它的客户可以通过这个基金购买 Face-

book 这家快速增长的私有社交网络公司的价值 15 亿美元的股份。

a 但是，你并不是非得是高盛的富有客户才能在 Facebook 或其他热门的私有公司上市之前买到这些公司的股份。SharesPost. com 和 SecondMarket. com 这两个网站提供了使合格投资者能够从那些想在公司上市之前套现的公司内部人士和雇员那里购买股份。

通过为投资者提供一种途径进入以前只对华尔街精英开放的领域，“我们使投资于私有公司股票的机会大众化了。”SharesPost 的首席执行官大卫·威尔（David Weir）如是说。

b 从 2004 年开始，注册经纪商 SecondMarket 一直在提供一个另类投资（如资产担保证券、抵押贷款担保证券和有限合伙人权益）的市场。去年，SecondMarket 成交了价值 4 亿美元的交易，而 2009 年的交易价值只有 1 亿美元。现在，有 40 家私有公司发行的股票在这个平台进行交易，其中最活跃的是 Facebook、Twitter 和 LinkedIn 这几家公司的股票。

成立于 2009 年 6 月的 SharesPost 不是一个经纪商，而是和经纪商合作来完成交易。现在，在这个平台进行交易的有 150 家私有公司发行的股票，可获得的买卖订单总量（并非实际交易量）价值达到约 4 亿美元。

为什么你想要投资于非上市公司呢？你可以在企业上市之前成为一个内部人，而企业上市时的股价可能远远高于你购买股份时所支付的价格。Facebook 处于人们关注的中心，原因是公司的超常增长以及人们认为它的首次公开发行可能会像谷歌一样成功。Facebook 还没有宣布 IPO 的计划，但是，许多市场观察家预计 Palo Alto，Cal. 公司明年将上市……

c 注册二级市场服务与注册加入 Facebook 一样容易；实际进行交易则是另一回事。高盛向其客户销售 Facebook 的股份时规定客户要支付至少 200 万美元并持有股份至 2013 年，SecondMarket 和 SharesPost 这两个网站都没有这样的要求。但是，这两家公司都要求客户必须是授信投资者。根据美国证券交易委员会的规定，这意味着投资者必须有足够的知识和经验来评估一笔投资的风险并能够承担风险，他们还必须有至少 100 万美元的资产净值或者前两年里有至少 20 万美元的年收入。公司核实了你的信息（这个过程通常需要 48 小时）后，你就可以做交易了。此外，一旦你进行了购买，SharesPost 和 SecondMarket 都要求你持有股份至少一年。

私有公司股份的交易并不迅速，甚至不是每天都进行。通常卖者会设定一个价格，但买者和卖者可以也确实进行讨价还价。就价格达成一致并不意味着交易实际上就能被批准。马克·墨菲（Mark Murphy，SecondMarket 的发言人之一）说，公司有权利先拒绝交易。因此，即使卖者接受了交易，他/她的公司有 30 天时间核查你的资料以判断它们是否愿意要你做股东。如果它们不愿意，那么，公司就能否决这笔交易，并从卖者手里购买他/她所要出售的股份。如果一笔交易被批准了，那么，你预计要支付相当于交易金额 2%～5%的佣金。墨菲说，通常 SecondMarket 的每笔交易大约为 200 万美元。SharesPost 说，它的每笔交易从 1 万美元到数百万美元不等。

资料来源：“How to Buy Into Facebook Before It Goes Public”, by Lawrence Carrell, *Kiplinger's Personal Finance*, January 13, 2011.

文章要点

当高盛在 2011 年投资于 Facebook 时，它也给一些最优质客户提供了购买这家公司股份的机会。除了高盛等公司之外，还有两家相对新的公司——SecondMarket 和 SharesPost 给合格投资者提供了从想要出售个人股份的公司内部人和雇员那里购买私有公司股票的机会。这两家新企业给了投资者一个在私有公司上市之前购买其股票的机会。在 SecondMarket 和 SharesPost 注册是一个相对很快的过程，但是，两家公司都要求客户满足美国证券交易委员会（SEC）所定义的授信投资者的资格。

新闻分析

a 有些公司是公开上市交易的，其他公司则是私人拥有的。大部分大公司都由股东拥有，股东通过董事会拥有雇用和解雇公司高管的权利。公开上市交易的公司通过出售股票来融资。有些大公司，如 Facebook，则是私人拥有的。私有公司的高管对公司的控制比上市公司情形下要多，但是，这样的公司必须寻求吸纳私人投资者等其他方法来筹集资金。在 2011 年，Facebook 求助于投资银行高盛，高盛向这家社交网络公司注资了 4.5 亿美元。然后，高盛还给它的一些最优质客户提供了购买 Facebook 股份的机会。给高端客户提供的私人发售是投资者购买私有公司股份的几种方式之一。可是，有两个网站现在给投资者提供了从公司内部人和雇员那里购买私有公司股份的机会，这使得投资于私有企业的机会略有增加。

b SecondMarket 和 SharesPost 是两个销售私有公司股份的网站。现在这两个网站供销售的私有公司股份总计只有 190 家公司的股份，但包括 Facebook 和 Twitter 等一些著名公司。下图表明，相对于纽约证券交易所、纳斯达克和在其他场外交易市场交易的股票所代表的大约 15 000 家上市公司而言，这一数字（190）是非常小的。本章讨论了委托—代理问题，这一问题通常在私有公司不会发生，原因是这些公司的经营者通常就是公司的创始人和大股东。管理层和所有者是同一批人，因此他们没有利益冲突。当私有公司吸纳投资者时，所有者的利益开始不同于管理层的利益，委托—代理问题就可能成为现实。随着私有公司的股份现在可供出售给更多的投资者，委托—代理问题有可能变得更加明显。

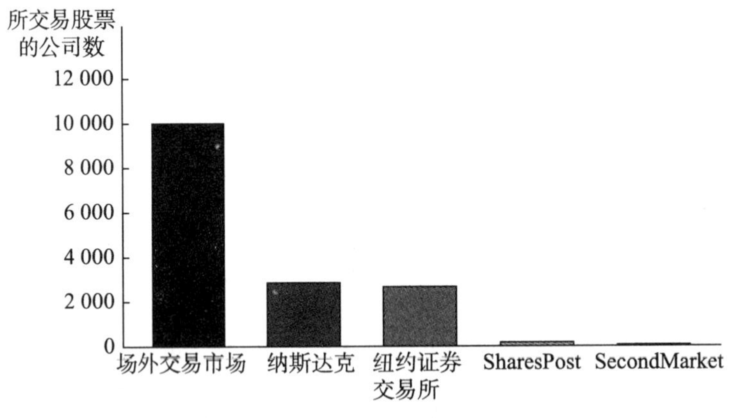

SecondMarket 和 SharesPost 提供销售的股份所涉及的私有公司总计为 190 家，这个数字与上市公司的数量相比是一个很小的数。

c 由于私有公司在法律上没有发布财务报表的要求，这些投资的风险可能很高。SecondMarket 和 SharesPost 都遵守 SEC 所提出的授信投资者指导准则，要求投资者要满足授信投资者资格，这包括有评估投资风险的经验以及有至少 100 万美元的资产净值或过去两年的年收入至少达到 20 万美元。两家公司还要求所有购买的股份要持有至少一年，因此，这些机会是为那些严肃的、知识丰富的投资者而不是为那些随意的投资者设计的。

深入思考

1. 解释为什么对投资者来说购买 Facebook 等私有公司的股份可能比购买上市公司股份有大得多的风险。

2. 2011 年 1 月，高盛宣布它将投资 4.5 亿美元于 Facebook。知道这一交易将在何时宣布的 Facebook 高管可以通过购买高盛的股票然后在几天后以更高价卖出来迅速获利。（高盛的股价在这一投资前后的 7 天时间里每股涨了将近 7 美元。）但是，这样的“内幕交易”是非法的。你认为内幕交易应该是非法的吗？内幕交易对其他投资者或对整个经济有什么好处吗？内幕交易有什么问题？

本章总结和习题

□关键术语

会计利润	直接融资	利率	所有权与控制权分离
资产	红利	负债	资产负债表
经济利润	有限责任	独资企业	债券
显性成本	机会成本	股票	公司治理
隐性成本	合伙制企业	《华尔街改革和消费者保护法案》（《多德-弗兰克法案》）	
公司	损益表	委托—代理问题	息票支付
间接融资			

□ 6.1 企业的类型

总结

有三种类型的企业：独资企业是由单一个体拥有、不以公司的形式组织的企业。合伙制企业是由两个或多个人共同拥有、不以公司的形式组织企业。公司是为所有者提供有限责任保护的一种法律形式的企业。资产是指个人或企业拥有的任何有价值的东西。独资企业和合伙制企业的所有者具有无限责任，这意味着这些企业所有者的个人资产与企业的资产在法律上不做区分。公司的所有者具有有限责任，这意味着他们最多只损失掉他们的投资额。尽管只有大约 20%的企业是公司制的，但是，公司占到了所有企业的收益和利润的大部分。

复习题

1.1 美国有哪三种主要的企业类型？简要讨论每种类型最重要的特征。

1.2 什么是有限责任？为什么政府会准许公司所有者只有有限责任？

1.3 为什么有限责任对力图从许多投资者手里融资的企业比对从少数投资者手里融资的企业更重要？

问题与应用

1.4 假定你在大学结束后不久决定自己办企业。你可能把你的企业组织成独资企业、合伙制企业还是公司？解释你的推理。

1.5 公司所有者有限责任的确立随着时间的推移会如何影响一个国家的生产可能性前沿？

1.6 评估如下说法：

我想投资于股票市场，但是我认为购买公

司的股票风险太高了。假定我买了价值 10 000 美元的通用电气的股票，公司最终破产了。由于作为股东我是公司的部分所有者，我或许要对偿还公司几十万美元的债务负责。

1.7　根据《经济学家》杂志的一篇文章，历史学家戴维·福尔（David Faure）认为，中国经济在 19 世纪未能快速增长的原因是“家族企业……不能筹集到足够的资本来利用与蒸汽机的兴起相联系的大规模机会，尤其是铁路、（除少数例外情况的）全球航运、自动化生产。”美国是如何解决企业运营铁路和其他大规模业务所需资金的？

1.8　［与 6.1 节中的“建立联系”专栏有关］为什么现有的大企业更可能把注意力放在改进现有商品和服务上而不是引入新的商品和服务？为什么小的新企业可能采取相反的做法？

□ 6.2　公司的结构和委托—代理问题

总结

公司治理是指公司的组织方式以及组织结构对公司行为的影响。大多数公司有着类似的管理结构：股东选举董事会，董事会任命首席执行官等公司高管。由于高管层通常并不拥有企业的很多股份，因此大公司存在所有权与控制权分离。由于高管增加公司利润的激励低于提高他们自己的工资和享受的激励，公司可能遭受委托—代理问题之苦。当委托人（在这个例子中是指公司的股东）难以要求代理人（在这个例子中是指企业的高管层）按照他们的愿望行事时，这一问题就产生了。

复习题

2.1　大企业中存在所有权与控制权分离，这么说的意思是什么？

2.2　所有权与控制权分离与委托—代理问题是如何相互联系的？

2.3　董事会中要有外部董事而不是只有内部董事，为什么这很重要？

问题与应用

2.4　委托—代理问题在商业世界中几乎随处可见，在日常生活中也会出现。讨论大学教室中存在的委托—代理问题。谁是委托人？谁是代理人？委托人和代理人的目标之间可能有什么冲突？

2.5　公共企业中所有与高管层之间的委托—代理问题都源于不对称信息。什么样的信息，如果已知的话，会防止这一委托—代理问题？

2.6　无论是销售寿险、汽车还是杂志订阅的销售人员通常都会获得佣金作为报酬，而不是简单的小时工资。支付佣金这一做法如何有助于解决企业所有者和销售队伍之间的委托—代理问题？

2.7　［与例题 6.2 有关］简要解释你是否同意如下说法：“大公司中的所有权与控制权分离以及委托—代理问题意味着高管人员可以上短班、休长假，或者磨洋工。”

2.8　［与例题 6.2 有关］许多公司的董事会成员每年都要由公司股东重新选举。但是，有些公司则对董事会实行交错选举，每年只改选一半或 1/3 的董事会成员。根据《经济学家》杂志上的一篇文章，研究发现对董事会实行交错选举的企业的盈利能力低于每年都选举所有董事会成员的类似企业。请对这一发现提供一种可能的解释。

资料来源：“A Different Class”，*Economist*，February 18，2011。

2.9　《商业周刊》上的一篇文章说，董事会成员认为，总体而言，CEO 的薪酬太高了。可是，大部分董事会成员认为本企业的 CEO 薪酬是合适的。这篇文章下结论说：“给定这些发现以及董事会成员为 CEO 工作这一事实，董事会继续支持 CEO 的高薪酬也就不足为奇了。”这一说法与委托—代理问题有什么关系？

资料来源：“Fixing Executive Compensation Excesses” by Edward E. Lawler from *Business Week*，February 5，2009。

□ 6.3　企业如何融资

总结

企业的经营和扩张所需资金有赖于保留收益或者使用家庭储蓄（即外部资金）。当投资者在金融市场购买股票和债券时，家庭的储蓄直接流向企业，这种方式是直接融资。当家庭存款到银行的储蓄和支票账户然后银行把资金贷给企业时，家庭储蓄间接流向企业，这种方式是间接融资。联邦、州和地方政府也在金融市场出售债券，家庭也从银行借款。当企业出售债券时，它就是在从债券的买者那里借钱。企业向债券的买者进行息票支付。利率是借款的成本，通常表示为所借数量的百分比。当企业出售股票时，它就是在向债券的买者出售企业的部分所有权。企业向股东进行的支付称为红利。

股票和债券的最初买者可以在股票和债券市场（如纽约证券交易所）转售。美国股票市场的表现常常用股票市场指数来衡量。三种最受关注的股票指数是道琼斯工业平均指数、标准普尔500指数和纳斯达克综合指数。

复习题

3.1　直接融资和间接融资有何区别？如果你从银行借款购买新汽车，你是在使用直接融资还是间接融资？

3.2　为什么一份债券被认为是一笔贷款而股票不是？为什么公司既发行债券又发行股票？

3.3　股票和债券市场如何向企业提供信息？为什么股票和债券价格随着时间而变化？

问题与应用

3.4　假定你投资的一家企业在亏钱。你愿意持有该企业的股票还是债券？请解释。

3.5　假定你起初投资了一家规模小且没有盈利的企业。现在这家企业已经成长为一家大企业且盈利了。你起初投资时买该企业的股票和买债券两种情况中，哪种情况对你更好？请解释。

3.6　如果你在银行的储蓄账户存入2万美元，你每年可能赚取1%的利息。从银行借入2万美元买一辆新车的人可能得为这笔贷款每年支付6%的利息。在知道这些事实的情况下，你为什么不直接把钱借给买车的人而跳过银行？

3.7　［与开篇案例有关］Facebook的所有者有几个机会可以把这家公司卖给更大的企业或者通过出售股票让其变成上市公司。2009年，Facebook的价值估计介于20亿～50亿美元之间。因此，卖掉Facebook或者让其上市将使马克·扎克伯格和公司其他所有者变成大富豪。在这样的情况下，为什么Facebook这样的企业可能选择继续保持其私有企业的类型呢？

资料来源：Felix Salmon，“Facebook Eyes Additional Funding”，Reuters. com，April 30，2009。

3.8　［与6.3节中第1个“建立联系”专栏有关］下面这段话摘自《华尔街日报》的一篇文章：

> 穆迪投资者服务公司……说，它把日本政府的债券评级从Aa3下调到了Aa2，原因是“大额政府赤字以及2009年全球衰退以来日本政府债务的积累”。

a. 穆迪把日本政府债务的评级从Aa3下调到了Aa2。穆迪的最高债券评级是什么？

b. 为什么“大额政府赤字以及2009年全球衰退以来日本政府债务的积累”是下调日本债务评级的原因？

资料来源：“Moody's Downgrades Japan Debt，But Offers A Stable Outlook”，by William Sposato from *Wall Street Journal*，August 24，2011。

3.9　下述事件对谷歌股价可能有什么影响？

a. 某一竞争对手推出了一个与谷歌一样好的搜索引擎。

b. 公司收入税被废止。

c. 谷歌的董事会变成由高管的亲戚朋友主导。

d. 无线互联网链接的价格出人意料地下降，因此越来越多的人使用互联网。

e. 谷歌宣布赚取了10亿美元的巨额利润，但每个人此前都预期公司会赚取10亿美元的巨额利润。

3.10　法国政府发行了50年期的债券。这样的债券是否只有预计在债券到期时还活着的现在还很年轻的投资者购买？请简要解释。

3.11　下面这段话来自《华尔街日报》上一篇关于高收入（或发达）国家（即美国和欧洲国家）和新兴市场国家（即拉丁美洲和亚洲国家）的债券市场的文章：

> “在发达市场，过去一直在分析经济周期，而在新兴市场，过去一直在分析偿付能力，”Loomis Sayles全球债券基金的联合经理David Rolley如是说，“现在不是这样了。对这两种市场你都要分析这两者。”……最终，这可能意味着包括美国在内的发达经济体可能会因为它们可能不会偿还债务这种可察觉到的（哪怕是轻微的）风险而面临额外的惩罚。

a. “在新兴市场，过去一直在分析偿付能力”，这么说是什么意思？

b. 发达经济体可能会因为可察觉到的风险增加而面临的“额外的惩罚”是什么？

资料来源：Matthieu Wirz and Matt Phillips，“Sea Change in Map of Global Risk”，*Wall Street Journal*，August 1，2011。

3.12　［与6.3节中的“不要犯这样的错误！”专栏有关］简要解释你是否同意如下说法：“上周在纳斯达克交易的微软股票的总价值为2.5亿美元，因此，微软从股票销售中收到的收益实际上比从软件销售中得到的还多。”

3.13 ［与 6.3 节中第 2 个“建立联系”专栏有关］由于大部分企业的规模太小而无法通过发行股票或债券从金融市场借款，所以，从银行得到的贷款是企业最重要的外部资金来源。大部分投资者不愿意购买小企业的股票或债券，原因是难以收集关于这些企业的财务状况和盈利能力的信息。但是，几乎每个新闻节目都包括关于股票市场的新闻，这样的新闻也常常是大多数报纸商业版面的头条新闻。这里存在矛盾吗？为什么电视新闻或报纸的普通读者对股票市场上的价格波动感兴趣？

3.14 ［与 6.3 节中第 2 个“建立联系”专栏有关］下表来自 2011 年 8 月 26 日的报纸，它显示了关于星巴克公司股价的信息：

股票代码	开盘价	最高价	最低价	收盘价	涨跌	成交量	52 周最高价	52 周最低价	红利

a. 星巴克的股价相比此前一天交易期间的波动有多大？

c. 星巴克股价在过去 52 周的波动有多大？

d. 星巴克的股票前一天（指 8 月 25 日）成交了多少股？

□ 6.4 利用财务报表评估公司

总结

企业的损益表汇总了企业一段时期内的收益、成本和利润。企业的资产负债表汇总了企业在特定的某天（通常是季度末或年末）的财务状况。资产负债表记录了企业的资产和负债。负债是指个人或企业所欠的任何东西。企业在它们的损益表中报告会计利润。会计利润并非总是包括了企业的所有机会成本。显性成本是涉及花钱的成本。隐性成本是非货币的机会成本。由于会计利润排除了部分隐性成本，它比经济利润要高。

复习题

4.1 企业的资产和负债有什么区别？各举一个资产和负债的例子。

4.2 企业的资产负债表和损益表有什么区别？

4.3 区分企业的显性成本和隐性成本，区分企业的会计利润和经济利润。

4.4 如果某企业赚取的会计利润为正，但经济利润为负，你预计这家企业在长期会存活吗？请解释。

问题与应用

4.5 Paolo 现在有 10 万美元的债券投资，每年赚到的利率为 10%。他想开一家比萨店，正在考虑要么卖掉债券然后用这 10 万美元开店，要么从银行借 10 万美元，银行收取的年利率为 7%。他最终决定卖掉债券而不从银行贷款。他的推理是这样的：“由于我已经有这 10 万美元的债券投资，卖掉后我不必付任何钱就可以用这些钱。如果我从银行贷款，我就得支付利息，因此我制作比萨的成本就比卖掉债券的情况下更高。”你怎么看 Paolo 的推理？

4.6 Paolo 和 Alfredo 是双胞胎，两个人都想开比萨店。他们的父母总是最喜欢 Alfredo，父母买了两个比萨烤箱并全都给了 Alfredo。不幸的是，Paolo 必须自己买比萨烤箱。由于 Alfredo 的比萨烤箱是父母赠与的而 Paolo 得自己买，那么，Alfredo 制作比萨的成本比 Paolo 低吗？请简要解释。

4.7 Dane 决定放弃年薪 10 万美元的公司法律顾问的工作而且把他拥有的双层公寓套房改建成一个 UFO 博物馆。（此前他出租双层公寓套房每年可以收取租金 2 万美元。）他的直接支出包括付给助理的每年 5 万美元以及水电气等公用事业费每年 1 万美元。UFO 迷涌向他的博物馆参观他收集的外星人用品，这些收藏可以很容易地在 eBay 卖到 100 万美元。博物馆这一年给他带来的收益为 10 万美元。

a. Dane 这一年的会计利润是多少？

b. Dane 在赚取经济利润吗？请解释。

4.8 美国证券交易委员会要求每家想发行股票和债券的企业必须公开其资产负债表和损益表。简要解释对投资者有用的信息可以如何从这些财务报表中找到。

□ 6.5 公司治理政策和 2007—2009 年金融危机

总结

由于公司高管的薪酬常常随着公司盈利能力的增加而上升，他们有激励夸大在公司损益表中报告的利润。在 21 世纪头十年初期，尽管故意篡改财务报表是非法的，但是有证据清楚地表明几家大公司的高管这么做过。2002 年通过的《萨班斯-奥克斯利法案》采取了几个措施，旨在增加财务报表的准确性和加大对篡改财务报表的惩罚。2007—2009年金融危机显示，许多金融企业持有的资产的风险远比投资者所意识到的高。为了解决这次金融危机提出的部分问题，国会于2010年通过了《华尔街改革和消费者保护法案》。

复习题

5.1 什么是《萨班斯-奥克斯利法案》？为什么它获得了通过？

5.2 许多企业在2007—2009年金融危机期间遇到的问题的源头是什么？

问题与应用

5.3 Advanced Micro Devices公司的董事会发布了《公司高管和董事会成员持股指南》，从2008年2月7日开始生效。这一指南详细规定了公司高管和董事会成员应该持有的公司普通股股份的数量。下表显示了这些细节：

职位层级	持股指南（股份数）
主席和CEO	312 500
总裁和COO	125 000
执行副总裁	78 125
高级副总裁	35 000
董事会	
董事会成员	15 000

董事会要求公司高管持有公司股份的理由是什么？为什么董事会把他们自己也包括在这些持股要求内？潜在的投资者会认为这些持股要求对他们有利吗？

资料来源：Stock Ownership Guidelines，Advanced Micro Devices Board of Directors，2008。

5.4 下面一段话摘自《今日美国》的一篇文章：

> 在所谓的全球公司治理运动中，股东在推动更严格的公司治理法律，与来自不同国家的投资者合作，并与公司进行幕后谈判。

什么是公司治理？为什么股东要推动更严格的公司治理法律？

资料来源：Edward Iwata，“Corporate governance gets more transparent worldwide”，*USA Today*，February 17，2008。

5.5 《商业周刊》的一篇文章说，Allstate Corporation这家大型保险公司将在选举董事会的年度会议之间对增选和免除董事会成员的事项只要求股东简单多数而不是2/3多数投票通过。这篇文章还说，Allstate Corporation公司股价在上述消息宣布之后上涨了。简要讨论Allstate Corporation公司治理的这些变化和公司股价上涨之间是否可能有什么联系。

资料来源：“Allstate Announces Changes to Governance”，*Business Week*，February 20，2007。

5.6 根据2007年的一项调查，在作出回应的公司执行官中，有78%的认为遵守《萨班斯-奥克斯利法案》的成本超过了效益。遵守这一法案的总成本大约为平均每家公司292万美元。对遵守这一法案的收益有可能进行货币度量吗？以下哪个群体有可能从这一法案中获得了最多的效益：投资者、公司还是某个其他群体？

资料来源：Kara Scannell，“Costs to Comply with Sarbanes-Oxley Decline Again”，*Wall Street Journal*，May 16，2007，p. C7。

5.7 ［与6.5节中的“建立联系”专栏有关］根据《华尔街日报》的一篇文章，“当前，如果公司的股东少于500人，那么，公司可以私下发行股份而不必承担麻烦的报告义务。美国证券交易委员会正在考虑提高上述规定中股东人数的上限，尽管还不清楚会提高到多少。”这篇文章还说，“有些投资者说，美国证券交易委员会应该阻止公司绕过这一规则，这一规则仍然是一个必要的保障。”谁受到了现在这个规则的保障？保障了他们的利益免受谁的损害？

资料来源：Jean Eaglesham，“U. S. Eyes New Stock Rules”，*Wall Street Journal*，April 8，2011。

第 7 章

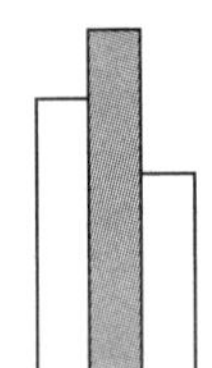

消费者选择和弹性

本章概览和学习目标

7.1 效用和消费者决策

定义效用，解释消费者如何选择商品和服务来最大化他们的效用。

7.2 需求曲线来自何处

利用效用的概念来解释需求定律。

7.3 社会因素对决策的影响

解释社会因素如何能够影响消费选择。

7.4 行为经济学：人们理性地做选择吗?

描述理解决策的行为经济学方法。

7.5 需求的价格弹性及其衡量

定义需求的价格弹性，理解如何衡量它。

7.6 需求的价格弹性的决定因素

理解需求的价格弹性的决定因素。

7.7 需求的价格弹性和总收益之间的关系

理解需求的价格弹性和总收益之间的关系。

开篇案例

贾斯汀·比伯和奥兹·奥斯本能促使你去百思买购物吗？

百思买（Best Buy）的经理人有一个主意：公司将从顾客手里回购卖出时间在两年以内的任何手机或其他电子产品，允许顾客升级到一个更新的型号。他们相信人们会喜欢这个主意。为了宣告这个回购项目，公司在 2011 年超级碗比赛期间了制作一个新的广告，超级碗比赛是一个收视观众高达 1.1 亿以上的电视节目。这个广告的主演是两个看上去不搭的明星：一个是年龄很大的摇滚明星奥兹·奥斯本（Ozzy Osbourne），另一个是只有十几岁的歌坛人气新星贾斯汀·比伯（Justin Bieber）。尽管许多百思买的顾客年龄大到足以做 16 岁的比伯的父母，但是，对手机和相关技术产品的需求的增长超过了对电视机和音响的需求，而后者曾经推动了百思买的成长。公司迫切想改变它的形象。营销总监 Drew Panayiotou 解释说："贾斯汀·比伯是当前最耀眼的明星……他代表了一些重要的品牌信息。"

2011 年，在《福布斯》杂志发布的 2010 年全球最有影响力娱乐界名人榜上，贾斯汀·比伯排名第三，仅次于 Lady Gaga 和奥普拉·温弗瑞（Oprah Winfrey），领先于泰勒·斯威夫特（Taylor Swift）、西蒙·考威尔（Simon Cowell）和勒布朗·詹姆斯（LeBron James）。名人代言会影响消费者行为吗？许多消费者在问卷调查中被问到时都声称名人代言不会影响他们的购买决策。

营销战略的权威之一 Marc Babej 认为，消费者在问卷调查中的反应是不可靠的，原因是广告同时唤醒了潜意识和显意识。Babej 相信，为了获得成功，名人代言必须与所代言的产品相关。

贾斯汀·比伯的代言广告会增加百思买的手机销售量吗？在本章，我们将考察消费者如何做出购买哪种产品的决策。为了判断什么战略对销售产品可能是最有效的，企业必须理解消费者行为。

当企业分析消费者需求时，它们研究的一个关键因素是产品价格的变化如何影响消费者购买该产品的数量。在本章，我们还将介绍如何衡量一种产品需求量对自身价格变化的响应程度。

本章末的"业内观察"讨论了从珍妮弗·洛佩兹（Jennifer Lopez）到查理·辛（Charlie Sheen）等名人的广告对品牌有益还是有害。

资料来源：Marc E. Babej，"Poll: Celebrity Endorsements Don't Work… Don't Tell Angelina"，*Forbes*，June 14，2011；Amanda Massa，"Justin Bieber Leads List of Celebrity 100 Newcomers"，forbes. com，May 18，2011；and Bruce Horovitz，"Justin Bieber … and Ozzy? … to Star in Best Buy Super Bowl Ad"，*USA Today*，January 27，2011。

生活中的经济学

你会理性决策吗？

经济学家通常假设人们以理性和一致的方式做决策。但是人们真的像经济学家假设的那样理性吗？考虑如下情况：你花了 75 美元买了一张音乐会门票，75 美元是你愿意出的最高价格。在你排队进入音乐厅时，有人出价 90 美元来买你的票。你会卖掉你的票吗？经济学家会认为卖掉票是理性的吗？在阅读本章的过程中，看看你是否能够回答这些问题。对照我们在本章末尾提供的答案，你可以检验你的答案。

本章我们先探究消费者如何做决策。我们在第 1 章中看到，经济学家通常假设人们以一种理性的、自利的方式采取行动。在解释消费者行为时，这意味着经济学家相信，在消费者的喜好、收入以及可获得的商品和服务的价格给定的条件下，消费者所做的选择将会使他们尽可能满意。我们将会看到，我们在第 3 章和第 4 章中碰到的向下倾斜的需求曲线是消费者行为的经济模型的结果。我们还将探究为何在某些情况下确定最优决策是何种决策可能是很困难的。在这些情况下，经济推理为消费者改善他们的决策提供了强大的工具。最后，我们将会看到，实验经济学已经表明，社会压力等因素和公平等观念能够影响消费者行为。我们将讨论企业在设定价格时如何将这些因素考虑在内。

无论你是管理一家出版公司还是书店或是咖啡店，你都需要知道你的产品价格上升或下降会如何影响消费者愿意购买的数量。我们在第 3 章看到，削减某种商品的价格增加了该商品的需求量而提高价格则减少了需求量。但是，关键的问题是：随着价格上升或下降，需求量会变化多少？经济学家使用**弹性**（elasticity）的概念来衡量一个经济变量（如需求量）对另一个经济变量（如价格）的变动做出多大的反应。例如，一种商品的需求量对自身价格的变化的响应程度称为需求的价格弹性。了解价格弹性让你能够计算价格变化对需求量的影响。

7.1 效用和消费者决策

我们在第 3 章看到，需求和供给模型是分析价格和数量如何决定的一个强大工具。我们还看到，根据需求定律，在某种商品的价格下降的任何时候，需求量都增加。在本节，我们将证明正是消费者行为的经济模型导致了需求定律。

□ 7.1.1 一个简单的消费者行为的经济模型

想象你在逛一家商场，想确定如何花费你买衣服的预算。如果你的预算没有限制，那么你的决策就很容易：只要是你想买的东西，想买多少就买多少。然而，在预算有限的条件下，你要怎么做呢？经济学家假设消费者采取行动的目的是使自己的境况尽可能好。因此，你应该从你能买得起的衣服的所有组合中选择使你的境况尽可能好的一个组合。更一般地说，消费者行为的经济模型预测，消费者会从他们的预算允许他们购买的所有组合中选择使他们的境况尽可能好的组合。

这一预测看起来可能是显而易见的，可能显得不是特别有用。但是，随着我们探究这一预测的启示，我们将看到这一预测导致了有用且并非显而易见的结论。

□7.1.2 效用

从消费某一特定组合的商品和服务中你得到多大的满足取决于你的喜好或偏好。有一句古老的谚语："人的喜好无法解释"，经济学家也并不想去解释。如果你买一罐红牛饮料而不是"怪物"能量饮料（Monster Energy），那么，即使后者价格更低，你必定从喝红牛饮料中得到更多的享受或满足。经济学家把人们从消费商品和服务中所获得的享受或满足称为**效用**（utility）。因此我们可以说，消费者的目标是花费可用的收入以最大化效用。但是，效用是一个难以衡量的概念，原因是没有办法确切知道人们从消费一种产品得到的享受或满足有多大。类似地，比较不同消费者的效用是不可能的。没有办法确切地知道吉尔从喝一罐红牛饮料中得到的满足比杰克高还是低。

两百多年以前，经济学家曾经希望用"尤特尔"（util）为单位来衡量效用。尤特尔应该是一个客观的测度，就像温度那样：如果纽约和洛杉矶的温度都为 70 华氏度，那么两个城市就同样地暖和。这些经济学家想说，如果杰克喝一罐红牛饮料的效用是 10 尤特尔而吉尔的效用是 5 尤特尔，那么，杰克喝一罐红牛得到的满足就正好是吉尔的两倍。事实上，在不同人之间衡量效用是不可能的。后来人们发现，消费者行为的经济模型得到的重要结论都不依赖于效用的直接衡量。但是，如果我们假设效用像温度那样是可以直接衡量的东西，那么，理解消费者行为的经济模型就更为容易。

□7.1.3 边际效用递减原理

为了让消费者选择模型更加具体，让我们看看消费者在只有两种产品——辣香肠比萨饼和可口可乐——的情形下怎么做决策。首先，考虑你消费一种商品得到的效用如何随着你消费的该商品的数量变化而变化。例如，假定你刚刚到达一个超级碗派对，主人提供辣香肠比萨饼，你很饿。在这种情况下，你从消费第一片比萨中得到的享受或效用可能很高。假定这种满足是可以衡量的，等于 20 单位的效用，即 20 尤特尔。在吃了第一片比萨后，你决定再来一片。由于你不再那么饿了，你吃第二片比萨得到的满足低于吃第一片比萨得到的满足。消费第二片比萨使你的效用只增加了 16 尤特尔，这将你吃两片比萨的总效用增加到 36 尤特尔。如果你继续吃比萨，每片额外的比萨给你带来的满足越来越少。

图 7.1 中的表格显示了你观看超级碗比赛时消费的比萨片数和得到的效用之间的关系。表格的第 2 列显示了你吃某一特定数量的比萨得到的总效用。第 3 列显示了你消费额外一片比萨得到的额外效用，即**边际效用**（marginal utility，*MU*）。（记住，在经济学中，"边际"的意思是"额外"。）例如，当你的消费量从 2 块增加到 3 块时，你的总效用从 36 增加到 46，因此，你消费第 3 块比萨得到的边际效用是 10 尤特尔。正如该表所示，你那天晚上吃到的第 5 片比萨的边际效用已经低到只有 2 尤特尔了。如果你吃第 6 块，你就会有点恶心了，你的边际效用实际上就变成−3 尤特尔了。

图 7.1 还根据表格中的数据画出了图形。图 7.1（a）显示了你吃前 5 片比萨时总效用上升，吃第 6 片比萨时总效用下降。图 7.1（b）显示了每一片额外的比萨的边际效用下降以及最后吃第 6 片时变成负的。图 7.1（b）中在比萨的每一数量水平下边际效用线的高度代表了消费该片额外的比萨引起的效用变化。例如，消费 4 片比萨相比消费 3 片比萨时的效用变化了 6 尤特尔，因此，在图 7.1（b）中边际效用线的高度为 6 尤特尔。

图 7.1 所说明的在某一时期消费额外单位的产品与消费每一额外单位带来的边际效用之间的关系称为**边际效用递减定律**（law of diminishing marginal utility）。对几乎所有的商品或服务来说，你在某一时期消费得越多，消费的每一额外单位给你带来的总满意度增加量越少。

片数	吃比萨得到的总效用	吃最后一片比萨得到的边际效用
0	0	—
1	20	20
2	36	16
3	46	10
4	52	6
5	54	2
6	51	−3

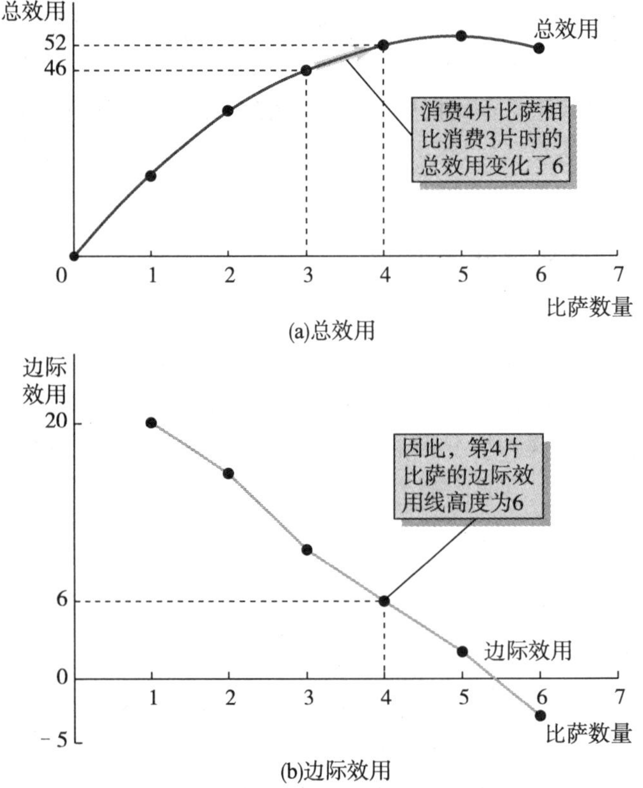

图 7.1　在超级碗周日派对上吃比萨得到的总效用和边际效用

该表显示，对于前 5 片比萨，你吃得越多，总满意度或效用越高。如果你吃第 6 片，因为吃太多了，你开始觉得恶心，你的总效用下降。每片额外的比萨使你的效用增加值都低于前一片，因此，每片比萨的边际效用低于前一片。图（a）显示了你吃前 5 片比萨时总效用上升然后吃第 6 片时下降。图（b）显示了每一片额外比萨的边际效用下降以及最后吃第 6 片时变成负的。图（b）中在比萨的每一数量水平下边际效用线的高度代表了消费该片额外的比萨引起的效用变化。例如，消费 4 片比萨相比消费 3 片时的效用变化了 6 尤特尔，因此，在图（b）中边际效用线的高度为 6 尤特尔。

□7.1.4 支出的每一美元等边际效用规则

消费者的重大任务是决定如何在他们想买的所有产品之间配置他们有限的收入。每个消费者不得不进行权衡：如果你一个月有 100 美元可用于娱乐，那么，你购买的在线电影越多，你在影院能看的电影就越少。经济学家把消费者可用于花费在商品和服务上的有限数量的收入称为**预算约束**（budget constraint）。边际效用递减原理有助于我们理解消费者如何能最佳地把有限的收入用于可供购买的产品。

假定你在一家餐馆参加一个超级碗派对，你有 10 美元可用于茶点。每片比萨的售价是 2 美元，每杯可口可乐售价 1 美元。表 7.1 显示了你吃的比萨数量、喝的可乐数量与你获得的满意度或效用的数量。比萨的总效用和边际效用和图 7.1 表格中的一样。可乐的效用也遵循边际效用递减原理。

如果你想最大化你的效用，你会买多少片比萨和多少杯可乐呢？如果你没有预算约束，你会买 5 片比萨和 5 杯可乐，因为那会使你的总效用达到 107（=54+53），这是你能获得的最大效用。在派对的那一晚上再多吃比萨或多喝可乐都会降低你的效用。不幸的是，你确实有一个预算约束。你只有 10 美元可供花费。为了买 5 片比萨（每片 2 美元）和 5 杯可乐（每杯 1 美元），你需要 15 美元。

表 7.1　　吃比萨和喝可乐得到的总效用和边际效用

比萨片数	吃比萨得到的总效用	吃最后一片比萨得到的边际效用	可乐杯数	喝可乐得到的总效用	喝最后一杯可乐得到的边际效用
0	0	—	0	0	—
1	20	20	1	20	20
2	36	16	2	35	15
3	46	10	3	45	10
4	52	6	4	50	5
5	54	2	5	53	3
6	51	−3	6	52	−1

为了选出花费 10 美元的最佳方式，记住这一关键经济原理：最优决策基于边际分析。也就是说，在大部分时间里，经济决策者——消费者、企业和政府——面临着关于一件事多做一点还是另一件事多做一点的决策。在这个例子中，你在选择多消费一点比萨还是多消费一点可乐。宝马选择在它位于南卡罗来纳州的工厂里生产更多多混合动力车还是生产更多多功能越野车。国会和总统选择将更多支出用于心脏病研究还是用于乳腺癌研究。每个人都面临预算约束，每个人都面临着权衡。

做出最佳消费决策的关键是通过遵循支出的每一美元等边际效用规则来最大化效用。当你决定如何花费你的收入时，你应该购买比萨和可乐，直到你购买的最后一片比萨和最后一杯可乐所花的每一美元给你带来的效用增加值相等。这样做会使你最大化你的总效用。

为了遵循这一规则，你必须让支出的每一美元的边际效用相等而非每种商品的边际效用相等。记住这一点是很重要的。购买你最喜欢的 NFL（美国橄榄球大联盟）球队或交响乐的套票或购买一辆宝马车给你的满足可能比喝一杯可乐要多得多，但是，NFL 套票上支出的每一美元给你的满足可能还低一些。为了决定购买多少片比萨和多少杯可乐，你必须把表 7.1 中的边际效用数值转化为每一美元的边际效用。为此，你把边际效用除以每种商品的价格，结果如表 7.2 所示。

表 7.2　　把边际效用转化为每一美元的边际效用

比萨片数	边际效用（$MU_{比萨}$）	每一美元的边际效用（$MU_{比萨}/P_{比萨}$）	可乐杯数	边际效用（$MU_{可乐}$）	每一美元的边际效用（$MU_{可乐}/P_{可乐}$）
1	20	10	1	20	20
2	16	8	2	15	15
3	10	5	3	10	10
4	6	3	4	5	5
5	2	1	5	3	3
6	−3	−1.5	6	−1	−1

在第 3 列，我们计算支出的每一美元的边际效用。由于比萨的价格是每片 2 美元，吃 1 片比萨所花的每一美元的边际效用等于 20 除以 2，即每一美元 10 尤特尔。类似地，我们在第 6 列表示出喝 1 杯可乐所花的每一美元的边际效用等于 20 除以 1，即每一美元 20 尤特尔，这是因为可乐的价格是每杯 1 美元。为了最大化你得到的总效用，你必须确保最后一片比萨每一美元的效用等于最后一杯可乐每一美元的效用。表 7.2 表明，有 3 个比萨和可乐的组合满足每一美元边际效用相等这一条件。表 7.3 列出了这些组合、购买每个组合需要的总金额以及消费每个组合得到的总效用。

表 7.3　　使支出的每一美元的边际效用相等

每一美元边际效用相等的比萨和可乐的组合	每一美元的边际效用（MU/P）	总支出（美元）	总效用
1 片比萨和 3 杯可乐	10	2+3=5	20+45=64
3 片比萨和 4 杯可乐	5	6+4=10	46+50=96
4 片比萨和 5 杯可乐	3	8+5=13	52+53=105

如果你购买 4 片比萨，最后 1 片带给你的效用是每一美元 3 尤特尔。如果你购买 5 杯可乐，最后 1 杯带给你的效用也是每一美元 3 尤特尔，因此你已经使每一美元的边际效用相等了。不幸的是，正如表格第 3 列所示，买 4 片比萨和 5 杯可乐需要 13 美元，而你只有 10 美元。你购买 1 片比萨和 3 杯可乐也可以使每一美元的边际效用相等，但是那个组合只要 5 美元，你还剩余 5 美元。只有在购买 3 片比萨和 4 杯可乐时，你既使每一美元的边际效用相等了，又正好花光了可用的 10 美元。

我们可以把效用最大化的两个条件总结如下：

1. $MU_{比萨}/P_{比萨}=MU_{可乐}/P_{可乐}$。
2. 在比萨上的支出+在可乐上的支出=可供支出的总金额。

第一个条件表示，购买两种商品的每一美元的边际效用必须相等。第二个条件是预算约束，它是说，在两种商品上的总支出必须等于可供支出的总金额。当然，效用最大化的这两个条件不但适用于比萨和可乐，也适用于任意两种商品。

例题 7.1 找出最优消费水平

下表显示了 Lee 从消费冰激凌和汽水中得到的效用：

冰激凌个数	消费冰激凌得到的效用	消费最后一个冰激凌得到的边际效用	汽水听数	消费汽水得到的效用	喝最后一听汽水得到的边际效用
0	0	—	0	0	—
1	30	30	1	40	40
2	55	25	2	75	32
3	75	20	3	101	26
4	90	15	4	119	18
5	100	10	5	134	45
6	105	5	6	141	7

a. Ed 仔细看了上表后得出结论："Lee 的最优选择将是消费 4 个冰激凌和 5 听汽水，这是因为这个组合使得他消费冰激凌得到的边际效用等于消费汽水得到的边际效用。"你同意 Ed 的推理吗？请简要解释。

b. 假定 Lee 购买冰激凌和汽水的预算是无限制的。在这种情况下，他将消费多少个冰激凌和多少听汽水？(假设 Lee 消费的冰激凌不能超过 6 个，消费的汽水不能超过 6 听。)

c. 假定 Lee 每周只有 7 美元用于购买冰激凌和汽水。一个冰激凌的价格是 2 美元，一听汽水的价格是 1 美元。如果 Lee 想最大化他的效用，他应该购买多少个冰激凌和多少听汽水？

解：

第 1 步：复习本章内容。这一问题是关于找出两种商品的最优消费量的，所以你可能需要复习一下 7.1.4 节"支出的每一美元等边际效用规则"。

第 2 步：分析 Ed 的推理，回答 (a) 部分。Ed 的推理是不正确的。为了最大化效用，Lee 需要使两种商品的每一美元边际效用相等。

第 3 步：确定 Lee 在预算无限制的情况下如何最大化效用，回答 (b) 部分。在预算无限制的情况下，只要效用在增加，消费者就会继续购买每种商品以最大化效用。在这个例子中，给定我们假设 Lee 购买的每种商品不能超过 6 单位，他将购买 6 个冰激凌和 6 听汽水来最大化效用。

第 4 步：确定 Lee 的最优组合所包含的冰激凌和汽水数量，回答 (c) 部分。如果 Lee 每周花 7 美元，他的效用最大化条件为冰激凌的边际效用除以其价格等于汽水的边际效用除以其价格。我们可以用下页表来解答问题的这一部分：

数量	冰激凌		汽水	
	MU	$\frac{MU}{P}$	MU	$\frac{MU}{P}$
1	30	15	40	40
2	25	12.5	35	35
3	20	10	26	26
4	15	7.5	18	18
5	10	5	15	15
6	5	2.5	7	7

Lee 将购买 1 个冰激凌和 5 听汽水以最大化效用。在这一组合，每种商品的边际效用和价格的比值为 15。他也花光了 7 美元。

轮到你了： 要想做更多的练习，请做本章末的问题与应用 1.8 和 1.9。

□ 7.1.5 支出的每一美元等边际效用规则不满足又将如何？

通过让你购买的所有商品的边际效用和价格的比值相等来最大化效用的这个想法可能难以理解，因此有必要换一种方式思考。假定你不是购买 3 片比萨和 4 杯可乐，而是购买了 4 片比萨和 2 杯可乐。这个组合需要 10 美元，因此你花光了可用的钱，满足预算约束。但是你得到了最高的效用了吗？没有。根据表 7.1 中的信息，我们可以列出你消费 4 片比萨和 2 杯可乐时最后一单位的比萨和可乐的每一美元边际效用与你得到的总效用：

第 4 片比萨的每一美元的边际效用＝3 尤特尔/美元

第 2 杯可乐的每一美元的边际效用＝15 尤特尔/美元

消费 4 片比萨和 2 杯可乐的总效用＝87 尤特尔

显然，每一美元的边际效用不相等。最后一杯可乐所花的每一美元给你带来的满足感远远超过最后一片比萨。你可以通过少买比萨和多买可乐来增加你的总效用。少买 1 片比萨省下的 2 美元可以让你多买 2 杯可乐。少吃 1 片比萨使你的效用减少了 6 尤特尔，但是多喝 2 杯可乐使你的效用提高了 15 尤特尔（确保你能看得出来），从而你的效用净增加了 9 尤特尔。这样做还使得两种商品每一美元的边际效用相等（最后一片比萨和最后一杯可乐每一美元的边际效用均为 5 尤特尔），你的总效用也从 87 尤特尔提高到 96 尤特尔。

不要犯这样的错误！ ☞

使每一美元的边际效用相等

考虑下页表中的信息，该表给出了哈里购买 CD 和 DVD 得到的效用：

哈里购买 CD 和 DVD 得到的效用

CD 的数量	从 CD 得到的总效用	最后一张 CD 的边际效用	DVD 的数量	从 DVD 得到的总效用	最后一张 DVD 的边际效用
0	0	—	0	0	—
1	50	50	1	60	60
2	85	35	2	105	45
3	110	25	3	145	40
4	130	20	4	175	30
5	140	10	5	195	20
6	145	5	6	210	15

根据上表的信息，你能确定对哈里而言的 CD 和 DVD 的最优组合吗？你很可能会说，哈里应该买 4 张 CD 和 5 张 DVD，原因是这一组合使得 CD 和 DVD 的边际效用相等。事实上，我们不能确定这是最佳组合，原因在于我们缺乏某些关键信息：哈里的预算约束（即他有多少钱可用于购买 CD 和 DVD）以及 CD 和 DVD 的价格。

假设哈里这个月有 100 美元可用于购买 CD 和 DVD，一张 CD 和 DVD 的价格分别为 10 美元和 20 美元。利用上表的信息，我们现在能够计算哈里用于这种商品的支出的每一美元的边际效用，结果如下表所示：

哈里购买 CD 和 DVD 得到的边际效用和每一美元的边际效用

CD 的数量	最后一张 CD 的边际效用（MU_{CD}）	每一美元的边际效用（MU_{CD}/P_{CD}）	DVD 的数量	最后一张 DVD 的边际效用（MU_{DVD}）	每一美元的边际效用（MU_{DVD}/P_{DVD}）
1	50	5	1	60	3
2	35	3.5	2	45	2.25
3	25	2.5	3	40	2
4	20	2	4	30	1.5
5	10	1	5	20	1
6	5	0.5	6	15	0.75

对于下表所示的两个 CD 和 DVD 的组合，哈里的每一美元的边际效用相等：

哈里购买 CD 和 DVD 得到的边际效用和每一美元的边际效用

每一美元边际效用相等的 CD 和 DVD 的组合	每一美元的边际效用（MU/P）	总支出（美元）	总效用
5 张 CD 和 5 张 DVD	1	50+100=150	140+195=335
4 张 CD 和 3 张 DVD	2	40+60=100	130+145=275

不幸的是，5 张 CD 和 5 张 DVD 将花费 150 美元，而哈里只有 100 美元。哈里的最佳选择是购买 4 张 CD 和 3 张 DVD。给定他的预算约束，这一组合给他提供了能达到的最高效用。

正如我们在例题 7.1 中也看到的那样，关键在于：当消费者使他们购买的每种商品每一美元的边际效用相等而非每种商品的边际效用相等时，消费者的效用达到了最大。

轮到你了：做本章末的问题与应用 1.11，看看你理解得如何。

7.2 需求曲线来自何处

我们在第 3 章看到，根据需求定律，任何时候只要产品价格下降，需求量就会上升。由于我们已经介绍过总效用、边际效用和预算约束的概念，我们可以更深入地考察为什么需求定律成立。

在我们关于超级碗派对上比萨和可乐的最优消费的例子中，我们发现：

比萨的价格＝2 美元/片⇒比萨的需求量＝3 片

比萨的价格＝1.5 美元/片⇒比萨的需求量＝4 片

在图 7.2（a）中，我们标出了表示你在每个价格水平下选择消费的最优比萨数量的两个点。在图 7.2（b）中，我们画出了联结这两个点的直线。这条向下倾斜的直线代表着你对比萨的需求曲线。通过改变比萨的价格和利用表 7.2 中的信息找到在每一价格水平下你需要的新的最优比萨数量，你可以找到更多位于该直线上的点。

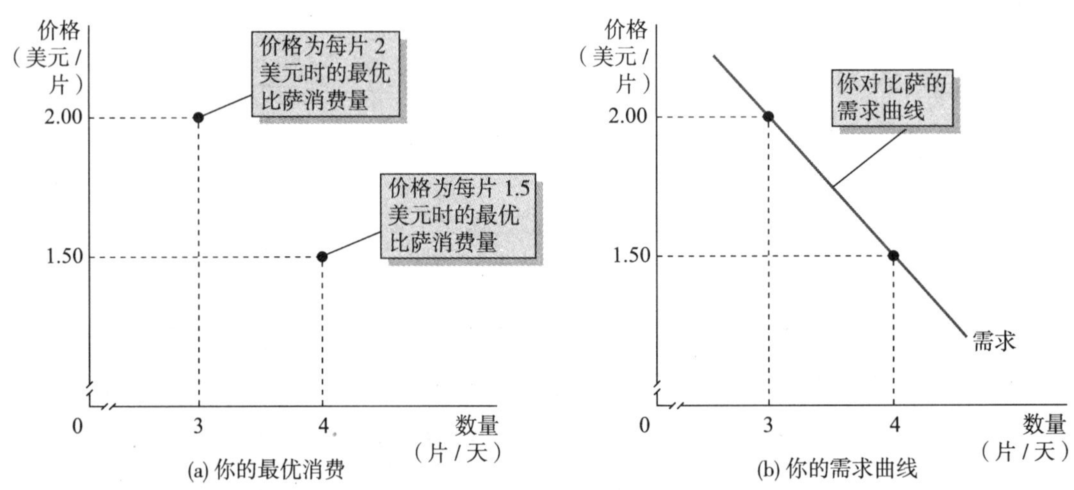

图 7.2 推导比萨的需求曲线

当一种产品的价格下降时，消费者通过消费更多该产品来做出最优反应。在图（a）中，比萨的价格从每片 2 美元下降到 1.5 美元，最优消费量从 3 片增加到 4 片。当我们在图（b）中作图绘出这一结果时，我们就得到了该消费者的需求曲线。

在本章，到此为止，我们一直在考察个人的需求曲线。然而，正如我们在第 3 章看到的，经济学家感兴趣的通常是市场需求曲线。我们可以从市场中所有消费者的个人需求曲线构建市场需求曲线。为了问题的简单起见，我们假设比萨市场中只有 3 个消费者：你、大卫和洛里。图 7.3 中的表格显示了这 3 个消费者的个人需求表。由于消费者的收入和对产品的偏好各不相同，我们不会预期每个消费者在每一价格水平下对某一给定产品的需求量相同。最后一列给出了市场需求，它就是每个消费者在每一价格水平下需求量的简单加总。例如，在价格为每片 1.5 美元时，你的需求量是 4 片，大卫的需求量是 6 片，洛里的需求量是 5 片。因此，在价格为 1.5 美元时，整个市场的需求量是 15 片。图 7.3 中的图形表示，我们可以通过水平加总个人需求曲线来得到市场需求曲线。

价格（美元/片）	数量（片/天）			
	你	大卫	洛里	市场
2.50	2	4	1	7
2.00	3	5	3	11
1.50	4	6	5	15
1.00	5	7	7	19
0.50	6	8	9	23

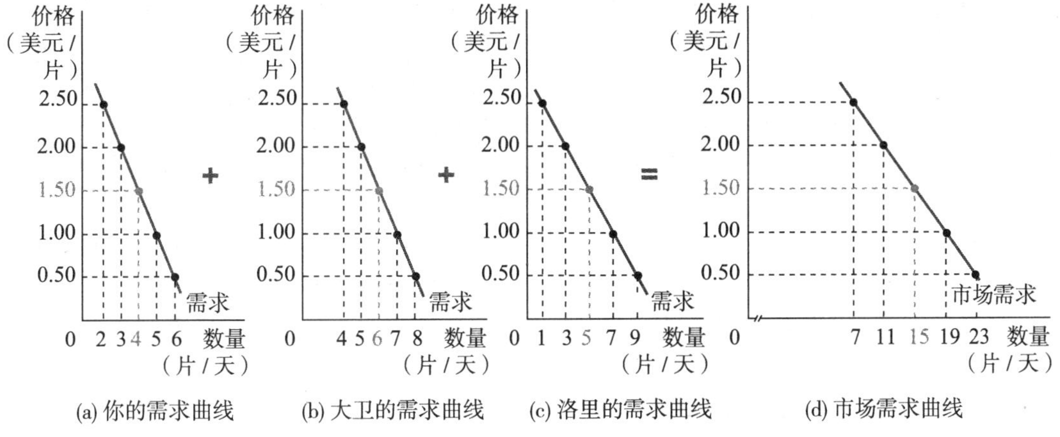

图 7.3　从个人需求曲线推导市场需求曲线

表格显示，市场的总需求量是每个买者的需求量之和。我们可以通过水平加总图（a）、图（b）和图（c）中的个人需求曲线来得到市场需求曲线。例如，在价格为每片 1.5 美元时，你的需求量是 4 片，大卫的需求量是 6 片，洛里的需求量是 5 片。因此，图（d）显示，价格为 1.5 美元和需求量为 15 片的点位于市场需求曲线上。

记住，根据需求定律，市场需求曲线总是向下倾斜。现在我们知道了其中的原因：价格下降的**收入效应**（income effect）和**替代效应**（substitution effect）导致消费者增加他们对商品的需求量。（回忆第 3 章曾经介绍过，替代效应是指一种商品的价格变动使得它相对于作为替代品的其他商品更加昂贵或更加便宜而引起的该商品需求量的变动。收入效应是指由于一种商品的价格变动对消费者购买力的影响而导致的该商品需求量的变动。购买力是消费者用固定数量的收入能够购买的商品的数量。）然而，还存在一种使问题变得复杂的因素。正如我们前面讨论过的，只有正常品的收入效应才会使消费者在一种商品的价格下降时增加他们对该商品的需求量。如果该商品是劣等品，收入效应会导致消费者减少他们的需求量。相反，无论是正常品还是劣等品，替代效应都导致消费者在价格下降时增加需求量。因此，当一种劣等品的价格下降时，收入效应和替代效应的方向相反：收入效应导致消费者减少他们的需求量，而替代效应导致消费者增加他们的需求量。那么：当一种商品的价格下降时，消费者实际上购买的数量有没有反而会更少呢？如果这样的情形发生，那么，需求曲线将向上倾斜。

建立联系☞

现实世界中存在向上倾斜的需求曲线吗？

需求曲线要向上倾斜，该商品就得是一种劣等品，收入效应就得大于替代效应。从19世纪90年代英国经济学家阿尔弗雷德·马歇尔（Alfred Marshall）最早讨论向上倾斜的需求曲线的可能性以来，经济学家就知道了这种需求曲线存在的条件。马歇尔在他的著作中提到，他的朋友罗伯特·吉芬（Robert Giffen）爵士告诉过他，当面包的价格上升时，英国城市里那些非常贫穷的人购买的面包实际上会更多而非更少。从那时起，有着向上倾斜的需求曲线的商品一直被称为吉芬品。

在一个多世纪的时间里，找到吉芬品的实例已经被证明是不可能的。对数据进行更加仔细的考察后发现，吉芬爵士弄错了，英国城市里的穷人在价格上升时购买的面包更少，因此他们的需求曲线是向下倾斜的。吉芬品的其他候选也被发现实际上有着向下倾斜的需求曲线。最后，2006年，布朗大学的罗伯特·詹森（Robert Jensen）和哈佛大学的诺兰·米勒（Nolan Miller）发现了两种吉芬品。詹森和米勒的推理是：一种商品要是吉芬品，收入效应要大于替代效应，该商品必须是劣等品且在消费者的预算中占一个很大的比例。詹森和米勒知道，在中国湖南省，非常贫穷的人把大部分收入用于购买大米，而在甘肃省，非常贫穷的人将大部分收入用于购买小麦制成的食物，如馒头和面条。在这两个地方，穷人在收入允许时会吃肉。尽管肉提供的热量并没有用相同的钱能买的大米或小麦能提供的那么多，但是，穷人还是喜欢肉的味道。

詹森和米勒做了如下实验：在湖南省，在五个月的时间里，他们挑选了一定数量的贫困家庭，给他们提供能够以更低的价格购买大米的优惠券，这些优惠券没有其他任何用途。在甘肃省，詹森和米勒也挑选了一定数量的贫困家庭，给他们提供能够以更低的价格购买小麦的优惠券。然后，詹森和米勒观察了这些家庭在收到优惠券的期间和在紧接下来的没有优惠券期间的购买情况。在湖南，这些家庭在收到优惠券的月份里购买了更少的大米和更多的肉；在甘肃，这些家庭在收到优惠券的月份里购买了更少的小麦和更多的肉。由于在湖南的这些家庭在价格更低时购买了更少的大米，所以他们对大米的需求曲线是向上倾斜的。类似地，在甘肃，这些家庭在价格更低时购买了更少的小麦，所以他们对小麦的需求曲线是向上倾斜的。在经过一个多世纪的搜寻之后，经济学家终于找到了吉芬品的例子。

资料来源：Robert T. Jensen and Nolan H. Miller，“Giffen Behavior and Subsistence Consumption”，*American Economic Review*，Vol. 98，No. 4，September 2008，pp. 1553-1577。

轮到你了：做本章末与本专栏相关的问题与应用2.9，看看你理解得如何。

7.3 社会因素对决策的影响

社会学家和人类学家认为，文化、习俗和宗教等社会因素对于解释消费者做出的选择很重要。传统上，经济学家就算把这些因素考虑在内也会把这些因素看成是相对不重要的。然而，近来一些经济学家已经开始研究社会因素如何影响消费者选择。

例如，人们看起来从消费他们认为流行的商品中得到了更多的效用。正如经济学家加里·贝克（Gary Becker）和凯文·墨菲（Kevin Murphy）所描述的那样：

> 从毒品、犯罪、打保龄球、拥有一块劳力士手表、给民主党人投票、穿休闲服上班或保持草坪整洁等中得到的效用取决于朋友和邻居是否吸毒、犯罪、打保龄球、拥有劳力士手表、给民主党人投票、随意穿戴或保持草坪整洁等。

这一推理有助于解释为什么有的餐馆爆满而另一些提供本质上相同的食物且装饰相似的餐馆的顾客要少得多。消费者决定去哪家餐馆除了部分地取决于食物和装饰之外，还取决于餐馆的人气。人们从被别人看到在一家受欢迎的餐馆吃饭中得到效用，因为他们认为这会使他们看起来有见识和时尚。在任何公共场合的消费，许多消费者的购买决策是基于其他消费者在买什么。公共场合消费的例子有：在餐馆吃饭，参加体育活动，穿衣服或戴首饰，开车等。在所有这些例子中，购买某种产品的决策部分地取决于这种产品的特征以及有多少其他人在购买这种产品。

7.3.1 名人广告的影响

在许多情况下，不只是使用某种产品的人数使得该产品成为一种合意产品，还有使用该产品的人的类型。如果消费者相信媒体明星或职业运动员使用某种产品，那么，对该产品的需求常常会增加。部分原因可能是消费者相信公众人物对产品有特别的了解："贾斯汀·比伯对手机和其他电子产品的了解很可能比我多，他在百思买买这些产品，因此我也会在那里买。"但是，许多消费者还会因为所使用的产品与名人所使用的相同而感觉更时尚和与名人的距离更近。这些考虑因素有助于解释为什么百思买等公司愿意付数以百万计的美元来请名人代言它们的产品。有些公司，如可口可乐，数十年来都在请名人代言。

建立联系

为什么企业付钱给汤姆·布兰迪代言它们的产品？

汤姆·布兰迪（Tom Brady）是美国橄榄球大联盟（NFL）最耀眼的明星之一。作为新英格兰爱国者队的四分卫，他带领他的球队在2001—2010年期间获得过三次超级碗冠军，两次荣膺NFL最有价值球员。从电视收视率和新闻报道来看，NFL是美国最受欢迎的体育联盟，因此，毫不奇怪，邀请布兰迪代言产品的公司排起了长队。他代言的产品包括酷乐仕智能水（Glaceau Smartwater）、斯蒂森古龙水（Stetson cologne）、摩凡陀手表（Movado watches）、UGG男士雪地靴、奥迪轿车等。体育运动装备品牌Under Armour是如此渴望邀请布兰迪为它们的体育装备代言以至公司以部分所有权作为代言的报酬。布兰迪代言广告收入每年至少为 400 万美元。

汤姆·布兰迪是一个伟大的橄榄球运动员，但是，消费者应该关心他使用什么产品吗？消费者的确关心布兰迪使用什么产品，这一点看起来没有多少疑问，但是为什么消费者会关心呢？有可能是他们相信布兰迪对他代言的产品了解得比他们要多。普通的橄榄球球迷可能相信，如果布兰迪代言 Under Armour 的体育装备，也许 Under Armour 的体育装备会更好。但是，看起来更有可能的是，人们购买汤姆·布兰迪或其他名人代言的产品是因为使用这些产品令他们感觉与代言名人更为接近或因为使用这些产品令他们看起来更为时尚。

资料来源：Steve Schaefer, "Tom Brady, Under Armour Shareholder", forbes.com, November 11, 2010。

轮到你了： 做本章末与本专栏相关的问题与应用 3.10，看看你理解得如何。

□ 7.3.2 网络外部性

技术在解释消费者为什么购买许多其他人正在购买的产品时也可以起作用。如果一种产品的有用性随着使用该产品的消费者数量的增加而增加，那么，这种产品的消费就具有**网络外部性**（network externalities）。例如，如果全世界只有你有手机，那么它就没什么用处。手机的有用性随着拥有手机的人数增加而增加。类似地，你购买苹果 iPad 的意愿部分地取决于拥有 iPad 的其他人的数量。拥有 iPad 的人越多，其他企业为 iPad 开发的应用程序就会越多，出版商提供的可供下载到 iPad 的小说、教材、报纸和杂志就会越多，从而，iPad 对你就越有用。

有些经济学家认为，网络外部性可能有重大的负面效应，因为它们也许会导致消费者购买包含低档技术的产品。这一结果有可能发生，原因是网络外部性会产生与变换产品相关的转换成本：当一种产品已经被认可时，消费者可能会发现转换到一种包含更好的技术的新产品有着很高的代价。产品的选择可能是路径依赖的。这意味着，由于转换成本的存在，最先被采用的技术可能比后来开发的更好的技术有优势。换句话说，过去经济发展的路径是很重要的。

路径依赖和低档技术的使用的一个例子是大多数电脑键盘最上面一行字母的 QWERTY 排序。当 19 世纪末手工打字机诞生时，这一顺序得到了广泛的采用。如果使用者打字太快，那么，手工打字机上的金属键就会粘在一起，QWERTY 键盘的设计正是为了降低打字员打字的速度和最大程度地减少键盘粘在一起的问题。使用计算机的时候，设计 QWERTY 键盘来解决的问题不再存在了，因此，键盘的顺序本来可以改变以使字母的布局更有效率。但是，由于绝大多数人已经学会了使用采用 QWERTTY 布局的键盘，他们若要转而采用其他布局的键盘就可能有很大的成本，哪怕新的布局最终会使他们打字更快。

被认为体现了低档技术的其他产品还有 VHS 视频录像机和 Windows 计算机操作系统，前者被认为不如 Sony Betamax 录像机，后者被认为不如 Macintosh 操作系统。有些经济学家已经论证，由于路径依赖和转换成本，网络外部性导致了市场失灵。正如我们在第 4 章中看到的，市场失灵是指市场未能生产出有效的产出水平这样一种状况。如果网络外部性导致了市场失灵，那么，这些市场中的政府干预或许可以提高经济效率。然而，许多经济学家怀疑网络外部性真的导致消费者被具有低档技术的产品锁定了。特别地，得克萨斯大学达拉斯分校的经济学家斯坦·列伯维茨（Stan Leibowitz）和北卡罗来纳州立大学的经济学家斯蒂芬·马戈利斯（Stephen Margolis）论证说，在实践中，使用更优良技术的收益超过了转换成本造成的损失。在仔细研究了 QWERTY 键盘、VHS 视频录像机和 Windows 计算机操作系统等案例后，他们得出结论：没有有力的证据表明替代技术真的更优良。经济学家之间对网络外部性对经济效率的启示仍然充满争议。

□ 7.3.3 公平重要吗?

如果人们感兴趣的只是使自己在物质层面上境况尽可能好，那么，他们就不会关心公平。然而，有非常多的证据表明人们喜欢受到公平的对待且人们通常试图公平地对待别人，哪怕这么做会损害他们的财务利益。给餐馆的服务员小费就是一个例子。在美国，餐馆就餐者给服务员的小费通常达到账单的 15%～20%。给小费并非一种要求，但是大部分人认为不给小费是不公平的，除非服务员提供的服务确实非常差。你可能会认为，人们给小费并不是出于公平的考虑，而是因为他们担心不给小费就会导致下次再去该餐馆就餐时会得到很差的服务。然而，研究表明，大部分人哪怕是度假时或者在其他不大可能再去同一家餐馆的情况下也会支付小费。

有许多其他的例子表明人们会自愿放弃金钱，这并非人们被要求这么做，也并非放弃金钱能收到物质上的回报。最明显的例子是向慈善机构捐款。显然，捐款给慈善机构或给再也不会光顾的餐馆小费带给人们的效用比把钱留给自己使用所能带来的效用要高。

经济学实验室中对公平的测试。

经济学家已经采用实验来增加他们对公平在消费者决策中的作用的理解。实验经济学在过去 20 年里得到了广泛的运用，美国和欧洲有许多实验经济学实验室。实验使得聚焦于消费者行为的单个方面有了可能性。最先由马克斯-普朗克经济学研究所（Max Planck Institute of Economics）的维尔纳·古斯（Werner Güth）推广的“最后通牒游戏”（ultimatum game）是一个测试公平在消费者决策中是否重要的实验。不同的经济学家在略有不同的条件下做了最后通牒游戏这个实验，但是结果却大体相同。在这个游戏中，一组志愿者（常常是大学生）被分开组成对。每对的一个成员是“配置者”，另一个是“接收者”。

实验组织者给每对志愿者一定数量的钱，比如说 20 美元。配置者决定每个成员将得到多少钱。因此，对配置者如何分钱没有任何限制。他/她可以全部留给自己，或者全部分给接收者，或者是介于两者之间的任何其他分法。然后接收者必须决定是接受还是拒绝这一配置。如果接收者决定接受，那么，每个成员就得到他/她的份额。如果接收者决定拒绝，两个成员什么都得不到。

如果配置者和接收者都不关心公平，最后通牒游戏中最优的做法就很简单：配置者应该提议这么来分，自己拿 19.99 美元，而接收者拿 0.01 美元。这样配置者就最大化了自己的收益。接收者应该接受这一划分，因为另一个选择是拒绝从而什么也得不到：1 美分总比什么都没有好。

事实上，当进行最后通牒游戏这个实验时，配置者和接收者的行为都显示公平是很重要的。通常配置者提议分给接收者的金钱份额至少有40%，而接收者几乎总是拒绝低于10%的提议。为什么配置者提议分给接收者的数量并非小到可以忽略不计呢？有可能是因为配置者不关心公平，但担心接收者关心公平从而会拒绝他们认为不公平的提议。这种可能性在一个被称为“独裁者游戏”（dictator game）的实验中进行了测试。这个游戏是由丹尼尔·卡纳曼（Daniel Kahneman，心理学家，2002年诺贝尔经济学奖得主之一）、杰克·尼奇（Jack Knetsch）和理查德·塞勒（Richard Thaler）进行的，他们邀请了康奈尔大学的学生来做这个实验。在这个实验中，配置者对20美元只有两种可能的分法：要么给自己18美元，给接收者2美元；要么平均分配，每人10美元。这个游戏与最后通牒游戏的一个重要区别是不允许接收者拒绝配置者的分法。在参与实验的161个配置者中，122个选择了平均分配。由于给自己18美元和给接收者2美元的这种分法不可能被拒绝，配置者选择平均分配的原因必然是因为他们对行为公平很看重。

在最后通牒游戏里，尽管很少钱好于一分钱都没有，但接收者为什么会拒绝只分给他们很少钱的提议呢？显然，大部分人对公平足够看重，这使他们拒绝参与他们认为不公平的交易，哪怕这样做会损害他们的财务利益。

经济学实验的结果可靠吗？

由于经济学家在不同国家用不同群体的人做了很多次最后通牒游戏和独裁者游戏，大部分经济学家相信，游戏的结果提供了强有力的证据，证明了人们是看重公平的。然而，近来有些经济学家开始质疑这一结论。首先，实验的情景是实验者设计的，因此，从实验得到的结果可能在现实世界中并不能经受住检验。尽管独裁者游戏中的配置者把钱分给不明身份的另一个游戏参与者，但是，在现实世界中，人们极少简单地给陌生人钱。因此，有可能在实验中观察到的公平是人们想避免被认为自私的结果而非人们看重公平的结果。例如，在最后通牒游戏中，给自己留19.99美元而只给另一个人0.01美元的人也许担心这样做给做实验的经济学家留下自私的印象。特别地，由于实验中涉及的金额很小，想取悦做实验的人可能是实验参与者所做选择背后的主要动机。

芝加哥大学的约翰·李斯特（John List）做了一些独裁者游戏的变种实验。当他给每个参与者5美元然后遵循通常的程序让一半参与者作为独裁者来分配这5美元时，他发现了通常的结果：71%的独裁者给另一个参与者分了部分钱。但是，当他给独裁者的选择是要么分钱给另一个参与者，要么从另一个参与者那里拿钱（最多5美元）时，只有10%的独裁者分钱给另一个参与者，而一半以上的独裁者从另一个参与者那里拿钱。当李斯特要求游戏参与者在玩游戏之前花30分钟完成一个简单的任务来赚取那5美元时，2/3的独裁者既不分钱给另一个参与者也不从另一个参与者那里拿钱。最后一个结果可能表明，待配置的钱的来源很重要。

李斯特的结果没有完全推翻对最后通牒游戏和独裁者游戏的结果的通常解释。然而，这些结果确实说明，那些游戏的结果并非像许多经济学家原来认为的那样清晰。这些结果还说明，经济实验的细节可能对结果有重要的影响。

公平对企业的启示。

如果消费者看重公平，那么，这会如何影响企业呢？一个后果是，哪怕对产品和服务的需求大幅增长，企业有时候也不会提高价格，原因是它们担心顾客会认为涨价是不公平的从而有可能去别的地方购买。

考虑几个看起来企业能够通过涨价来增加利润的例子。2011 年 4 月，舞蹈摇滚乐队 LCD 在纽约麦迪逊广场花园开了一场音乐会。票价是每张 50 美元。然而，对音乐会门票的需求是如此之高，以至网上转手的票卖到了每张 2 500 美元。为什么乐队或音乐会主办者不收取更高的票价呢？每年，想以美国橄榄球大联盟定的票价买票观看超级碗比赛的人比可供购买的票要多得多。为什么美国橄榄球大联盟不提高票价呢？餐馆 Next 于 2011 年在芝加哥开业了。该餐馆没有使用正常的定价方式，而是售票给购买者，买到票的人可以来吃一次正餐，饮料和小费都包括在票价内。该餐馆的票价在 45～75 美元之间，取决于所订的正餐时间。在网上转手的票卖到了 500～3 000 美元。为什么 Next 不提高票价呢？

在以上每个例子中，看起来企业都可以通过提价来增加利润。卖者可以以更高的价格卖出同样的数量——音乐会的座位或橄榄球场的座位或餐馆的膳食数量，因此利润应该增加。经济学家对企业有时候在这些情况下不提高价格提供了两种解释。诺贝尔经济学奖得主加里·贝克认为，以上所涉及的产品——音乐会、橄榄球比赛或餐馆膳食——都是买者和其他买者一起消费的产品。在那些情况下，消费者希望购买的数量可能与其他人正在消费的产品数量有关。人们喜欢消费和被别人看见消费流行的产品。如果摇滚乐队、NFL 和受欢迎的餐馆把价格提高得足够多以使需求量等于供给量，那么，它们可能会发现其人气也被消除了。

丹尼尔·卡纳曼、杰克·尼奇和理查德·塞勒对为什么企业在提价看起来将增加利润时却不总是会提价提供了另一种解释。在对消费者进行的调查中，这些研究人员发现，大部分人认为企业在成本增加后提高价格是公平的，但是在需求增加后提高价格是不合理的。例如，卡纳曼、尼奇和塞勒做了一个调查，询问人们对如下情况的意见："一家五金店一直以 15 美元的价格销售雪铲。在一场大雪过后的早晨，该商店把价格提高到了 20 美元。"82%的受调查者认为五金店的做法是不合理的。卡纳曼、尼奇和塞勒得出结论：企业在产品的需求量超过供给量时有时候可能不会提高价格，原因是它们担心在长期会失去那些认为涨价不公平的顾客。

在分析超级碗票价的定价时，普林斯顿大学的经济学家阿兰·克鲁格为卡纳曼、尼奇和塞勒对公司在需求量超过供给量时为何不总是提价的解释提供了一些支持。2011 年，NFL 对最好的座位收取的价格是 1 200 美元，大部分其他座位的价格是 600 美元。这些票中有许多在网上转手，价格达到每张 5 000 美元。克鲁格决定对那些现场观看超级碗比赛的橄榄球球迷进行问卷调查，目的是看看他们的观点是否有助于解释为什么 NFL 不提高票价。当被问到是否同意"如果 1 500 美元仍然低于大部分人愿意支付的票价，那么 NFL 把价格提高到 1 500 美元是公平的"这一说法时，在受调查的球迷中，高达 92%的人的答案是"不"。那些实际上支付的价格超过 1 500 美元的球迷中也有 83%的人的答案是"不"。克鲁格得出结论：NFL 或许在短期能从提高票价中获益，但在长期会因疏远球迷而造成损失。

对企业为什么不总是把价格提高到使需求量等于供给量的水平的这些解释有一个共同的基本思想：有时候，为了博取顾客的欢心和增加长期利润，企业会放弃短期的部分利润。

“燃油附加费”是怎么回事？

通常，当企业把账单拿给顾客时，它们不会逐项列出生产该产品或服务的成本：餐馆不会在菜单上列出沙拉所使用的生菜和土豆的成本，汽车公司不会在车窗上的价格标签上列出它们付给传动系统或轮胎供应商的价格。然而，随着 2008 年石油价格开始上升，许多公司开始在账单上增加一行——“燃油附加费”。例如，美国最大的废物清除企业　废物管理公司（Waste Management）在账单上列出燃油附加费，但并不列出任何其他成本。FedEx 和 UPS 也是如此。这么做的还有大部分大航空公司。例如，2011 年中，每家航空公司从纽约到伦敦的航班都包括了 362 美元的燃油附加费。

《华尔街日报》的一篇文章指出，尽管航空公司在 2011 年上半年四次提高了燃油附加费，但是，当石油价格在 4—8 月之间下降了 20%时，它们并没有削减燃油附加费。机票价格没有随石油价格下降而下降之谜可以通过考虑为什么航空公司一开始会列出燃油附加费来解释。正如丹尼尔·卡纳曼、杰克·尼奇和理查德·塞勒的研究所表明的，消费者认为企业在成本增加后提高价格是公平的。通过明确在价格中包括燃油附加费，航空公司——以及仿效这种做法的其他企业——能够在不被消费者认为提价不公平的条件下提高价格。

但是，我们从第 3 章知道，航空公司与其他商品和服务的票价是由需求和供给的相互作用决定的。石油价格的下降降低了航空公司的成本，从而机票的供给曲线向右移动。随着美国经济继续从 2007—2009 年的衰退中复苏，对机票的需求在 2011 年夏季增加了，这使需求曲线向右移动。结果，大部分机票的价格并没有随着石油价格下降而下降。下图通过表示虽然需求曲线和供给曲线发生移动但机票价格仍然在 P_1 说明了这一点。事实上，某些航线的机票价格在这些月份还略有增加。

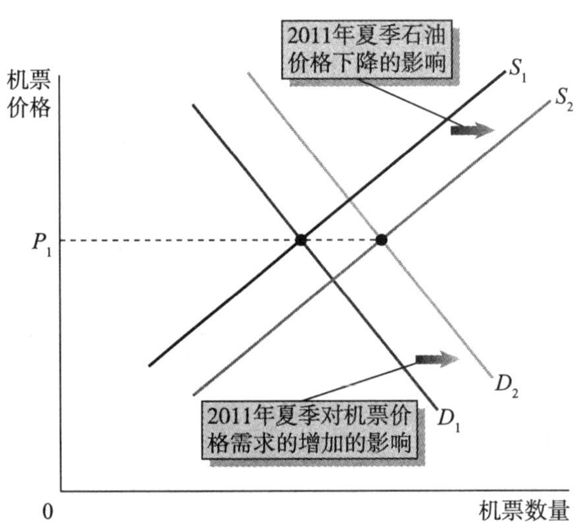

价格是由所有影响需求和供给的因素决定的。航空公司和其他企业开始在价格

中单列出燃油成本，仅仅是因为它们知道这么做将使消费者相信价格上升是公平的。

资料来源：Timothy W. Martin and Jennifer Levitz，"Oil Falls，but Surcharges Stay Aloft"，*Wall Street Journal*，August 11，2011；and Daniel Kahneman，Jack Knetsch，and Richard Thaler，"Fairness as a Constraint on Profit Seeking：Entitlements in the Market"，*American Economic Review*，Vol. 76，No. 4，September 1986，pp. 728-741。

轮到你了： 做本章末与本专栏相关的问题与应用 3.12 和 3.13，看看你理解得如何。

7.4 行为经济学：人们理性地做选择吗？

当经济学家说消费者和企业在理性行事时，他们的意思是，给定所有可获得的信息，消费者和企业采取对实现自身目标合适的行动。近些年里，有些经济学家开始研究人们所做的选择看上去在经济上不理性的状况。这一新的经济学领域被称为**行为经济学**（behavioral economics）。为什么消费者或企业有可能不理性地行动呢？最显然的原因将是他们没有意识到他们的行动和目标不一致。正如我们在第 1 章所讨论的，经济学的目标之一就是提出能够做出更佳决策的方法。在本节，我们讨论消费者通过避免一些常见的错误来改善决策的方法。

消费者在决策时的常见错误有如下三个：

1. 他们考虑货币成本但忽视非货币机会成本。
2. 他们未能忽视沉没成本。
3. 他们对未来的行为有着不切实际的期望。

□ 7.4.1 忽视非货币机会成本

回忆第 1 章*讲到，**机会成本**（opportunity cost）是从事某项活动必须放弃的价值最高的其他用途。例如，如果你拥有可以出售的某样东西，那么，你自己使用就涉及机会成本。人们常常难以在这样的意义上考虑机会成本。

考虑如下例子：超级碗比赛中的一些球迷参加了美国橄榄球大联盟举办的抽奖活动，获奖者可以以票面价格来购买门票。视座位在体育馆的位置而定，票面价格为 325 美元或 400 美元。阿兰·克鲁格对抽奖活动的获奖者进行了问卷调查，询问了他们两个问题：

问题 1：如果你没有赢得抽奖，你愿意花 3 000 美元买票吗？

问题 2：如果在你赢得门票后（且在到达佛罗里达观看超级碗比赛前），某人出 3 000 美元购买你的门票，你愿意卖给他吗？

94%的人对问题 1 的回答是：如果他们没有赢得抽奖，他们不会花 3 000 美元购买门

---

* 原书为第 2 章，宜改成第 1 章。——译者注

票。92%的人对问题 2 的回答是：他们不会以 3 000 美元的价格卖掉门票。但是这些答案是相互矛盾的！如果有人出价 3 000 美元买你的门票，那么，自己使用门票而不卖掉的机会成本就是 3 000 美元。使用门票真的有 3 000 美元的成本，尽管你并没有付 3 000 美元的现金。这两种情形——支付 3 000 美元或没有收到 3 000 美元——其实是同一回事。

如果门票对你不值 3 000 美元，你应该卖掉。如果值 3 000 美元，你应该愿意花 3 000 美元现金购买。不愿意以 3 000 美元的价格卖掉你已经拥有的门票，与此同时在不拥有门票时却不愿意花 3 000 美元购买门票，这两者是不一致的。不一致性产生的原因是你未能考虑非货币机会成本。行为经济学家相信，这种不一致是由禀赋效应导致的。**禀赋效应**（endowment effect）是指这样一种倾向：对于已经拥有的商品，即使人们收到的价格高于他们在没有拥有该商品时为购买该商品而愿意支付的价格，人们仍不愿意出售。

未能考虑机会成本是决策中的一个非常常见的错误。例如，假定一个朋友急于打扫房间（今天是周五，父母在周末要来），他支付 50 美元请你打扫。你拒绝了，而将时间用于打扫你自己的房间，尽管你知道只要花 20 美元大厅里就有人愿意为你打扫房间。撇开使问题复杂化的细节不说（请你打扫房间的朋友是个十足的懒汉，或者你不愿意让那个愿意为 20 美元来为你打扫房间的人翻你的东西），你应该理解我们想说明的要点。打扫你自己的房间的机会成本是 50 美元，即你朋友为了请你打扫他的房间而愿意出的金额。一方面，你拒绝花 20 美元请别人打扫你的房间；另一方面，你自己打扫房间的机会成本是 50 美元，这样的行为是不一致的。这里的要点是：非货币机会成本和货币成本同样是真实的，在决策时应该被考虑在内。

□ 7.4.2 未能忽视沉没成本

沉没成本（sunk cost）是已经支付且不能回收的成本。一旦你已经付了钱且拿不回来了，在后面的决策中你应该忽略那些钱。考虑如下两种情形：

情形 1：你花 75 美元买了一张戏票。这张票不能退，必须在周二晚上使用，因为该戏剧只在那天晚上上演。在周一，你的一个朋友打电话邀请你去本地的一个喜剧俱乐部看一个你们俩都喜欢的喜剧演员的表演，该喜剧演员只在周二晚上表演。你的朋友答应支付你去俱乐部的开支。

情形 2：现在是周一晚上。你打算去买情形 1 所述的周二晚上上演的同一戏剧的门票。你正要出发去买票时，你的朋友打电话邀请你去喜剧俱乐部。

你去剧院看戏剧还是去喜剧俱乐部看喜剧演员的表演的决定在情形 1 和情形 2 中相同吗？大部分人会说，在情形 1 中，他们将去看戏剧，因为否则他们就会损失买票所花的 75 美元。但是，事实上，无论你怎么做，那 75 美元已经失去了，因为票是不能退的。对你的决策唯一重要的是你是偏好去看喜剧还是偏好和你朋友一起去喜剧俱乐部。如果你偏好去喜剧俱乐部，那么，你已经花了 75 美元买票这一事实就不重要了。你在两种情形下的决策应该相同。

心理学家丹尼尔·卡纳曼和阿莫斯·特沃斯基（Amos Tversky）通过询问两个样本的人群如下问题，探究了消费者不忽视沉没成本的倾向：

问题 1：一个样本的人群被问到的问题是："想象你已经决定看一场戏剧且已经花 10 美元买了票。当你进入剧院时，你发现你的票丢了。座位没有标记，票也找不到了。你会花 10 美元再买一张票吗?”46%的人回答“会”，54%的人回答“不会”。

问题 2：另一个样本的人群被问到的问题是：“想象你已经决定看一场戏剧，戏票需要 10 美元。当你进入剧院时，你发现你丢了 10 美元钱。你还会花 10 美元买一张戏票吗?”88%的人回答“会”，12%的人回答“不会”。

上面两个问题所描述的情况实际上是相同的，对这两个问题回答“会”或“不会”的人所占的比例应该相同。但是，许多人难以理解在问题 1 中决定是否看戏剧时应该忽视已经支出的 10 美元购票费用，因为它是沉没成本。

建立联系

一个懂得忽视沉没成本重要性的博主

近些年来，许多人开始写博客，或称“网络日志”。他们在博客中记录自己对政治、体育、癖好或令他们感兴趣的任何事物的想法。有些博主每天花好几个小时写下他们最新的想法和提供网络上相关材料的链接。有些博客是如此成功以至吸引了付费广告，博主因此赚到了不菲的收入。阿诺德·金（Arnold Kim）于 2000 年开始撰写关于苹果公司产品的日志，当时他还是医学院的四年级学生。在接下来的八年里，他在他的站点 MacRumors. com 上持续撰写日志，同时作为一名肾科大夫（治疗肾脏问题的大夫）从事医生这个职业的工作。

到 2008 年，Kim 的站点已经非常成功，每个月吸引的访客人数达到 440 万人，而页面访问量超过 4 000 万。Kim 从付费广告中每年赚的收入超过 10 万美元，在他的站点做广告的公司包括 Verizon、Audible. com 和 CDW。但是，汇编关于苹果公司新产品的传言、更新苹果产品购买指南以及监控站点上多个论坛等任务已经不是他兼职能够应付的了。Kim 享受在网络站点上的工作，并且相信网络站点最终能够让他赚到超过作为医生能赚到的收入。然而，他对放弃医生这个职业很犹豫，因为他在教育上花掉了近 20 万美元。

但是，那 20 万美元以及他在医学院学习、完成内科住院医师培训和取得肾科医生资格所花掉的那几年时间都是沉没成本。Kim 意识到为了就是继续医生职业生涯还是成为一个全职博主做一个理性决策，他需要忽视这些沉没成本。经过计算发现他从其站点能够赚到超过作为医生能赚到的收入并且考虑到他在家工作使得他能够有更多时间陪伴他的女儿之后，他决定全职写博客。他这样说道：“理论上，这是一个简单的决定。”到 2011 年中，MacRumores. com 每个月的访客超过了 900 万人，Kim 的收入已经上升到超过了作为医生本来可以赚取的收入。

懂得忽视沉没成本是理性的，这对生活中的重大决策可能是很重要的。

资料来源：Brian X. Chen，“Arnold Kim Celebrates 10 Years as Apple Rumor King”，wired. com，February 23，2010；Brian Stelter，“My Son，the Blogger：An M. D. Trades Medicine for Apple Rumors”，*New York Times*，July 21，2008；Dan Frommer，“Nephrologist to Mac Blogger：The Unlikely Career Path of MacRumors' Arnold Kim”，businessinsider. com，July 23，2008；and “Macrumors Traffic”，quantcast. com，August 23，2011。

轮到你了：做本章末与本专栏相关的问题与应用 4.7、4.8 和 4.9，看看你理解得如何。

□ 7.4.3 对未来的行为有着不切实际的期望

研究显示，美国大多数成年人都超重。为什么许多人过量饮食呢？一个可能性是他们从过量饮食中得到的效用超过从身材苗条中得到的效用。然而，更有可能的解释是，由于他们期望明天可以少吃一些，所以许多人今天吃很多。但是他们从来不会少吃，因此最终就变胖了。（当然，有些人肥胖是某些健康问题导致的。）类似地，有些人今天继续吸烟是因为他们期望未来某个时候可以戒掉。不幸的是，对许多人来说，那个时候永远不会到来，他们深受着长期吸烟的后果所引起的痛苦。在这些例子中，人们高估了当前选择——吃巧克力蛋糕或吸烟——所带来的效用，而低估了未来从身材苗条或避免得肺癌中得到的效用。

研究这个问题的经济学家认为，许多人的偏好具有时间不一致性。在长期，你希望身材苗条或戒烟或达到其他某个目标，但是，你每天做的决策（如过量饮食或吸烟）与这一长期目标是不一致的。如果你对你未来的行为有着不切实际的期望，那么，你就低估了你今天所做的选择（如过量饮食或吸烟）的成本。避免这一问题的重要方式是对未来的行为要有切合实际的期望。

建立联系☞

为什么学生不更努力学习呢?

政府的统计数据表明，平均而言，在大学期间学习好的学生比未能毕业或者以差的学习成绩毕业的学生每年多赚至少1万美元。因此，在40年或更长时间的职业生涯里，在大学期间学习好的学生将比未能毕业或者以差的学习成绩毕业的学生多赚至少40万美元。大部分大学建议学生课外学习时间至少达到课堂时间的两倍。调查表明学生常常忽视这个建议。

如果不努力学习的机会成本如此之高，那为什么许多学生选择不那么努力地学习呢？有些学生是因为工作或家庭责任限制了他们学习的时间。但是，许多其他的学生则是因为他们对未来的行为有着不切实际的期望。在任何一个晚上，学生必须在学习和看起来在短期提供了更高效用的其他活动（如看电视、看电影或聚会）之间进行选择。许多学生选择了这些活动之中的某一种而不是学习，原因是他们期望明天再学习，但是，到了明天他们又面临着同样的选择并做出了相同的决策。结果，他们学习的时间不足以实现以优异成绩毕业的长期目标。如果他们对未来的行为有着切合实际的期望，那么，他们就不会错误地高估从看电视或聚会等活动中得到的效用，因为他们会意识到那些活动会危害他们以优异成绩毕业的长期目标。

轮到你了： 做本章末与本专栏相关的问题与应用4.10和4.11，看看你理解得如何。

考虑非货币机会成本、忽视沉没成本以及对未来有切合实际的期望是消费者能够改善他们的决策的三种方式。

7.5 需求的价格弹性及其衡量

根据需求定律我们知道，当一种产品的价格下降时，该产品的需求量上升。但是，需求定律仅仅告诉企业，它们的产品的需求曲线是向下倾斜的。更有用的是衡量需求量对价格变化的响应程度。这一衡量被称为**需求的价格弹性**（price elasticity of demand）。

7.5.1 衡量需求的价格弹性

我们或许想用需求曲线的斜率来衡量需求的价格弹性，因为需求曲线的斜率告诉我们当价格变化时需求量变化了多少。然而，用需求曲线的斜率衡量价格弹性有一个缺陷：斜率的衡量对数量和价格的单位很敏感。例如，假定每加仑汽油价格下降 1 美元导致需求量从每天 10.1 百万加仑上升到 10.2 百万加仑。数量的变化是 0.1 百万加仑，价格的变化是 −1 美元，因此斜率为 0.1/（−1）＝−0.1。但是，如果我们用美分而不是美元来衡量价格，那么，斜率为 0.1/（−100）＝−0.001。如果我们用美元衡量价格，用千加仑而不是百万加仑作为数量单位，那么，斜率为 100/（−1）＝−100。显然，视我们使用的数量和价格的单位而定，我们计算得到的斜率数值可以发生急剧变化。

为了避免单位引起的混乱，经济学家在衡量需求的价格弹性时采用百分比变化。百分比变化与度量单位无关。（关于如何计算百分比变化，参见第 1 章附录。）无论我们用什么单位来衡量汽油数量，多 10%的汽油就是多 10%的汽油。因此，需求的价格弹性用需求量的百分比变化除以价格的百分比变化来衡量。即

$$\text{需求的价格弹性}=\frac{\text{需求量的百分比变化}}{\text{价格的百分比变化}}$$

需求的价格弹性不同于需求曲线的斜率，记住这一点很重要。

如果我们计算价格下降时需求的价格弹性，价格的百分比变化将为负，需求量的百分比变化将为正。类似地，如果我们计算价格上升时需求的价格弹性，价格的百分比变化将为正，需求量的百分比变化将为负。因此，需求的价格弹性总是为负。但是，在比较弹性时，我们通常感兴趣的是它们的相对大小。因此，我们常常去掉负号，比较它们的绝对值。换句话说，尽管−3 实际上是一个小于−2 的数，但是，值为−3 的价格弹性大于值为−2 的价格弹性。

7.5.2 弹性需求和无弹性需求

如果需求量对价格变化的响应很大，那么，需求量的百分比变化将大于价格的百分比变化，需求的价格弹性绝对值将大于 1。在这种情况下，需求是**有弹性的**（elastic）。例如，如果百吉饼的价格下降 10%导致其需求量上升 20%，那么：

$$\text{需求的价格弹性}=\frac{20\%}{-10\%}=-2$$

我们可以下结论说百吉饼的需求是有弹性的。

然而，当需求量对价格变化的响应不是很大时，那么，需求量的百分比变化将小于价

格的百分比变化，需求的价格弹性绝对值将小于 1。在这种情况下，需求是**无弹性的**（inelastic）。例如，如果小麦的价格下降 10%导致其需求量上升 5%，那么：

$$需求的价格弹性=\frac{5\%}{-10\%}=-0.5$$

我们可以下结论说小麦的需求是无弹性的。

对于需求量的百分比变化等于价格的百分比变化的特殊情形，需求的价格弹性等于−1（绝对值为 1）。在这种情况下，需求是**单位弹性的**（unit elastic）。

□ 7.5.3 计算价格弹性的一个例子

假定你拥有一个加油站，你正要决定是否降低汽油价格。你现在处于图 7.4 中的 *A* 点：以每加仑 4 美元的价格每天卖出 1 000 加仑。把价格降到 3.7 美元能多卖出多少加仑汽油取决于对你的加油站里的汽油的需求价格弹性。让我们考虑两种可能性：如果你的加油站的汽油需求曲线是 D_1，那么，你的销售量将增加到每天 1 200 加仑，即 *B* 点。但是，如果你的加油站的汽油需求曲线是 D_2，那么，你的销售量将只增加到每天 1 050 加仑，即 *C* 点。我们也许会预期（正如我们将看到的，这一预期是正确的），在这些点之间，需求曲线 D_1 是有弹性的，需求曲线 D_2 是无弹性的。

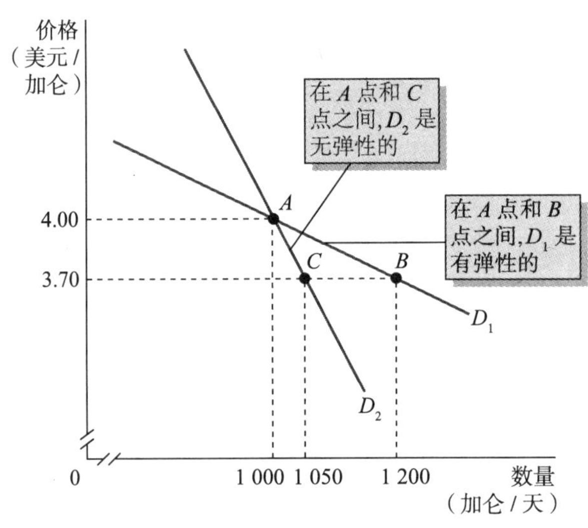

图 7.4 弹性需求和无弹性需求

沿着需求曲线 D_1，价格从 4 美元下降到 3.7 美元使汽油的销售量从每天 1 000 加仑增加到 1 200 加仑，因此，在 *A* 点和 *B* 点之间 D_1 是有弹性的。沿着需求曲线 D_2，价格从 4 美元下降到 3.7 美元使汽油的销售量从每天 1 000 加仑只增加到 1 050 加仑，因此，在 *A* 点和 *C* 点之间 D_2 是无弹性的。

为了确认需求曲线 D_1 在 *A* 点和 *B* 点之间是有弹性的，需求曲线 D_2 在 *A* 点和 *C* 点之间是无弹性的，我们需要计算每条曲线的需求价格弹性。但是，在计算一条需求曲线上两点之间的价格弹性时，我们遇到了一个问题，因为对于同样的两点，在价格上升时计算出的弹性不同于在价格下降时计算出的弹性。例如，假定我们计算价格从 4 美元下降到 3.7 美元时 D_1 的价格弹性。价格下降了 7.5%，需求量从 1 000 加仑上升到 1 200 加仑，或上升了 20%。因此，在 *A* 点和 *B* 点之间的需求价格弹性为 20/（−7.5）＝−2.7。现在让我们计算当价格从 3.7 美元上升到 4 美元时 D_1 的价格弹性。价格上升了 8.1%，需求量从 1 200加仑下降到1 000加仑，或下降了 16.7%。因此，现在我们算出的 A 点和 B 点之间的需求价格弹性为（−16.7）/8.1=−2.1。同一需求曲线上相同两点之间的需求价格弹性可以有不同的数值，这一点让人有些困惑。正如我们在下一节将要看到的，为了避免这种困惑，经济学家在计算弹性时常常使用一个特定的公式。

□ 7.5.4 中点公式

我们可以用中点公式保证一条需求曲线上相同两点之间的需求价格弹性只有一个值。中点公式利用起点和终点数量和价格的平均值来计算需求的价格弹性。如果起点的数量和价格分别为 Q_1 和 P_1，终点的数量和价格分别为 Q_2 和 P_2，那么，中点公式为：

$$\text{需求的价格弹性}=\frac{(Q_2-Q_1)}{\frac{Q_1+Q_2}{2}}\div\frac{(P_2-P_1)}{\frac{P_1+P_2}{2}}$$

中点公式乍看起来很复杂，但是，分子只不过是数量的变化除以起点和终点数量的平均值，分母只不过是价格的变化除以起点和终点价格的平均值。

让我们运用这个公式来计算图 7.4 中在 A 点和 B 点之间 D_1 的价格弹性。在这两点之间，数量的变化是 200，两个数量的平均值是 1 100，因此，数量的百分比变化是 18.2%。价格的变化是 −0.3 美元，两个价格的平均值是 3.85，因此，价格的百分比变化是 −7.8%。从而，需求的价格弹性为 18.2/（−7.8）= −2.3。注意利用中点公式计算需求的价格弹性得到的如下三个结果：(1) 正如我们考察图 7.4 后所猜测的那样，在 A 点和 B 点之间需求曲线 D_1 是有弹性的；(2) 我们用中点公式得到的价格弹性的值介于我们前面计算得到的两个值之间；(3) 无论我们是考虑价格下降还是价格上升，中点公式计算得到的价格弹性是同一个值。

我们也可以用中点公式计算在 A 点和 C 点之间 D_2 的价格弹性。在这个例子中，数量的百分比变化是 4.9%，价格的百分比变化是 −7.8%。从而，需求的价格弹性为 4.9−7.8=−0.6。再一次地，如同我们猜测的那样，在 A 点和 C 点之间需求曲线 D_2 是无弹性的。

例题 7.5　计算需求的价格弹性

假定你拥有一个加油站，你现在以每加仑 3.5 美元的价格销售汽油。在这一价格水平，你每天能卖出 2 000 加仑。你正在考虑将价格下降到 3.3 美元以吸引一直在其他加油站加油的司机。下页图显示了降价引起的销售量增加的两种可能性。根据下页图的信息，利用中点公式计算每条需求曲线上这两个价格之间的价格弹性。指出每条需求曲线在这两个价格之间是有弹性的还是无弹性的。

解：

第 1 步：复习本章内容。这一问题是关于计算价格弹性的，所以你可能需要复习一下 7.5.4 节“中点公式”。

第 2 步：为了利用中点公式，计算需求曲线 D_1 上两个数量和价格的平均值。

平均数量=（2 000+2 500)/2=2 250（加仑）

平均价格=（3.5+3.3)/2=3.4（美元/加仑）

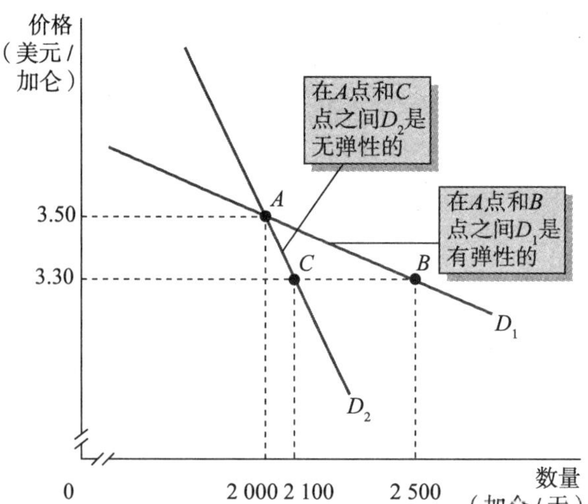

第 3 步：现在计算需求曲线 D_1 上两点间需求量和价格的百分比变化。

需求量的百分比变化＝（2 500－2 000)/2 250×100%＝22.2%

价格的百分比变化＝（3.5－3.3)/3.4×100%＝－5.9%

第 4 步：用需求量的百分比变化除以价格的百分比变化得到需求曲线 D_1 上两点间的需求的价格弹性。

需求的价格弹性＝22.2%/（－5.9%）＝－3.8

由于弹性的绝对值大于 1，所以，在这两点之间 D_1 是有价格弹性的。

第 5 步：计算需求曲线 D_2 上这两点间的需求的价格弹性。

需求量的百分比变化＝（2 100－2 000)/2 050×100%＝4.9%

价格的百分比变化＝（3.5－3.3)/3.4×100%＝－5.9%

需求的价格弹性＝4.9%/（－5.9%）＝－0.8

由于弹性的绝对值小于 1，所以，在这两点之间 D_2 是无价格弹性的。

轮到你了：要想做更多的练习，请做本章末的问题与应用 5.7。

□ 7.5.5 当需求曲线相交时，越平坦的曲线越有弹性

记住，弹性与斜率不是一回事。斜率是用数量和价格的变化计算的，而弹性是用数量和价格的百分比变化计算的。但是，如果两条需求曲线相交，那么，斜率更小（绝对值）的也就是更平坦的那一条弹性更大，斜率更大（绝对值）的也就是更陡峭的那一条弹性更小。在图 7.4 中，对于给定的价格变化，需求曲线 D_1 比 D_2 更有弹性。

□ 7.5.6 完全弹性和完全无弹性需求的极端情况

尽管价格弹性的极端情况不经常出现，但你应该对此有所了解。如果一条需求曲线是垂直线，那么，它就是**完全无弹性的**（perfectly inelastic）。在这种情况下，需求量对价格完全没有反应，需求的价格弹性为零。无论价格上升或下降多少，需求量都保持不变。只有很少的产品的需求量对价格完全没有反应，从而需求曲线是垂直线。药物胰岛素就是一个例子。有些糖尿病患者每天必须打一定数量的胰岛素。如果胰岛素的价格下降，所要求的剂量不会受到影响，从而不会增加需求量。类似地，价格上升也不会影响所要求的剂

量，从而不会减少需求量。（当然，价格更高时，有些需要胰岛素的糖尿病患者买不起胰岛素。如果是这样，那么，甚至在这个例子中，需求曲线可能也不是完全垂直的，从而不是完全无弹性的。）

如果一条需求曲线是水平直线，那么，它就是**完全弹性的**（perfectly elastic）。在这种情况下，需求量对价格的反应无限大，需求的价格弹性为无穷。如果一条需求曲线是完全弹性的，那么，价格上升会引起需求量下降到零。再一次地，完全弹性的需求曲线是很罕见的，重要的是不要混淆弹性和完全弹性。表 7.4 总结了不同的需求的价格弹性。

表 7.4 **需求的价格弹性总结**

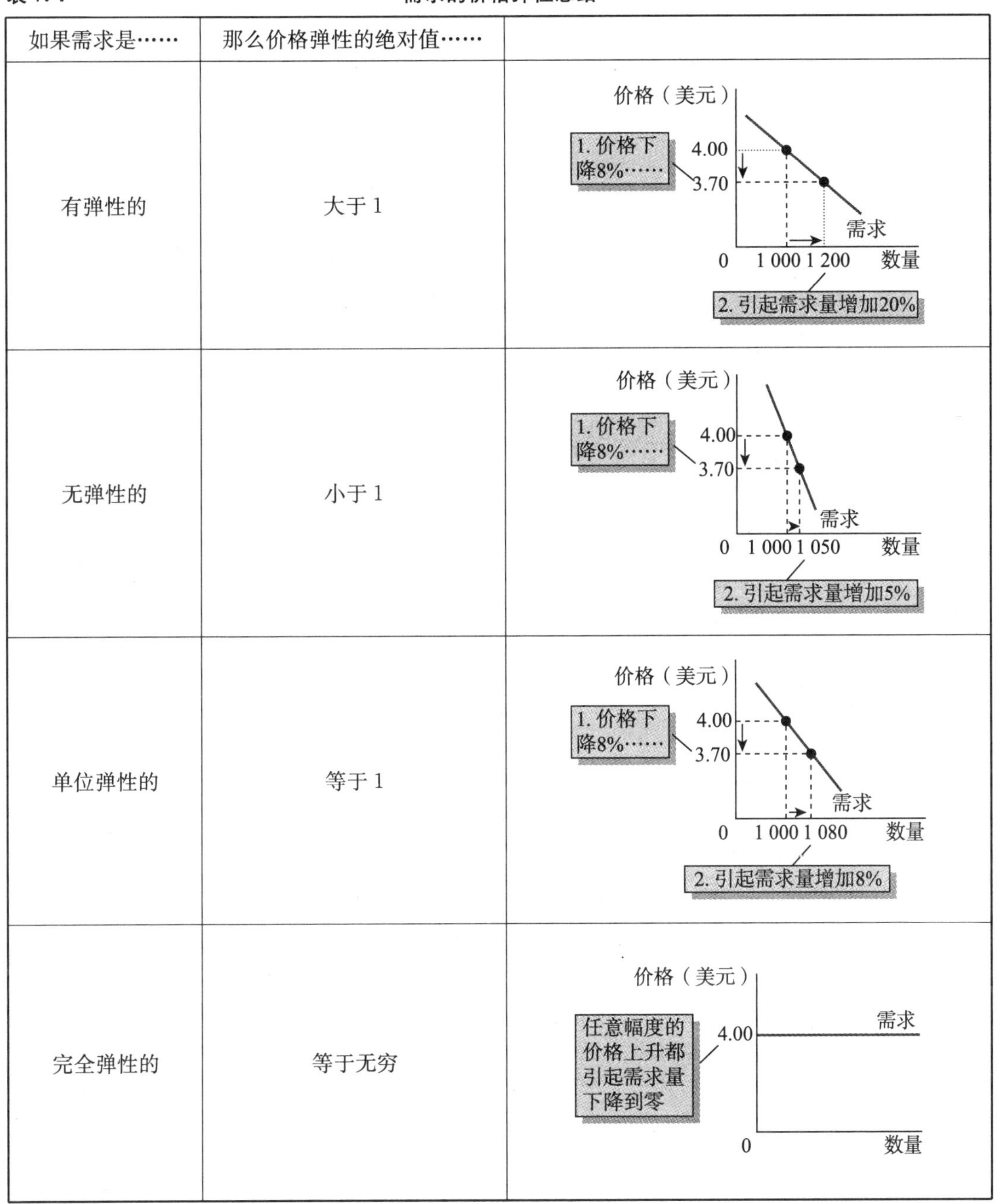

如果需求是……	那么价格弹性的绝对值……	
有弹性的	大于 1	价格（美元） 1. 价格下降8%…… 4.00 3.70 需求 0 1 000 1 200 数量 2. 引起需求量增加20%
无弹性的	小于 1	价格（美元） 1. 价格下降8%…… 4.00 3.70 需求 0 1 000 1 050 数量 2. 引起需求量增加5%
单位弹性的	等于 1	价格（美元） 1. 价格下降8%…… 4.00 3.70 需求 0 1 000 1 080 数量 2. 引起需求量增加8%
完全弹性的	等于无穷	价格（美元） 任意幅度的价格上升都引起需求量下降到零 4.00 需求 0 数量

续前表

如果需求是……	那么价格弹性的绝对值……	
完全无弹性的	等于零	价格（美元） 需求 4.30 4.00 3.70 1. 价格上升或下降…… 0 1 000 数量 2. 都不改变需求量

注：表中所提及的百分比变化是用中点公式计算的，四舍五入到最接近的整数。

不要犯这样的错误！

不要混淆无弹性和完全无弹性

你可能很想假设任何被描述成无弹性的需求曲线都是完全无弹性的，以此来简化弹性的概念。你永远都不应该这么假设，原因是完全无弹性的需求曲线是很罕见的。例如，考虑如下问题："利用需求和供给图形说明供给的减少如何影响汽油的均衡数量。假设汽油的需求是无弹性的。"下图就不是一个正确的答案。

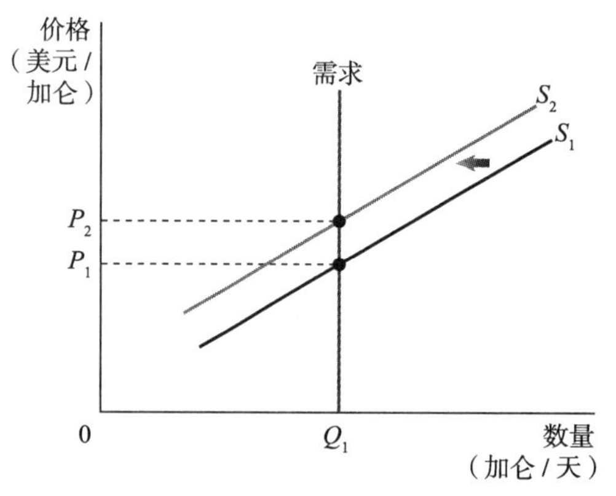

汽油的需求是无弹性的，但并非完全无弹性。当汽油价格上升时，需求量下降。因此，正确回答上述问题的图形应该把需求曲线画成向下倾斜的而非一条垂直线。

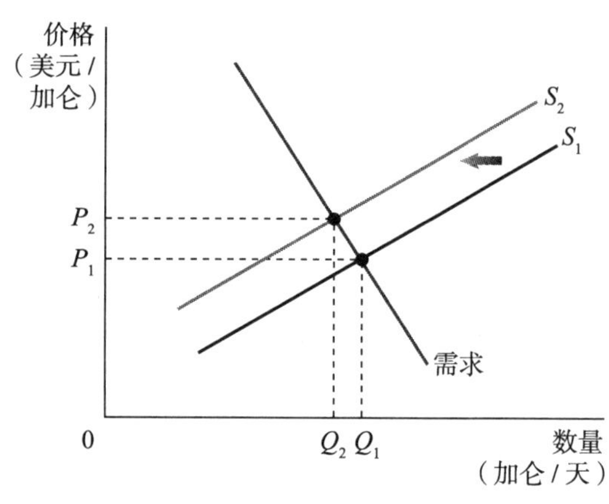

轮到你了： 做本章末的问题与应用 5.10，看看你理解得如何。

7.6 需求的价格弹性的决定因素

我们已经看到，某些产品的需求可能是有弹性的，而另一些产品的需求可能是无弹性的。在本节，我们考察为什么各种产品之间的价格弹性会有差异。需求的价格弹性的重要决定因素有如下几个：

- 接近替代品的可得性；
- 时间跨度；
- 奢侈品还是必需品；
- 市场的定义；
- 商品在消费者预算中的份额。

7.6.1 接近替代品的可得性

替代品的可得性是需求价格弹性最重要的决定因素，原因是消费者如何对某种产品的价格做出反应取决于他们有什么替代品可买。当汽油价格上升时，消费者几乎没有其他替代品，因此需求量只下降一点点。但是，如果比萨的价格上升，那么，消费者可以吃的其他替代性食物很多，因此，需求量可能大幅下降。事实上，企业定价策略的一个关键约束就是其产品有多少种接近替代品存在。一般来说，如果一种产品有越多的替代品可以获得，那么，它的需求弹性就越大。如果一种产品有越少的替代品可以获得，那么，它的需求弹性就越小。

7.6.2 时间跨度

当价格变化时消费者通常需要一些时间来调整购买习惯。例如，如果鸡肉的价格下降，过一段时间后消费者才会决定将每周正餐吃鸡肉的次数从一次调整为两次。如果汽油的价格上升，过一段时间后消费者才决定开始乘坐公共交通工具、购买更省油的轿车，或者找到离家更近的工作。时间跨度越长，一种产品的需求就越有弹性。

7.6.3 奢侈品还是必需品

奢侈品的需求曲线通常比必需品的需求曲线更有弹性。例如，由于面包是一种必需品，人们购买的数量受价格的影响不大，因此，对面包的需求无弹性。音乐会的门票是一种奢侈品，因此，对音乐会门票的需求比对面包的需求有弹性得多。奢侈品的需求曲线比必需品的需求曲线更有弹性。

7.6.4 市场的定义

在一个定义得很窄的市场，消费者可以获得的替代品更多。例如，如果你拥有一个加油站，当你提高汽油价格时，你的许多客户就会转而去其他加油站加油。因此，对某一特定加油站的汽油的需求可能是有弹性的。但是，对作为一种产品的汽油的需求是无弹性的，因为消费者（在短期）没有多少替代产品可买。我们对市场的定义越窄，需求就越有弹性。

□ 7.6.5 商品在消费者预算中的份额

在消费者预算中只占很小份额的商品往往比占很大份额的商品缺乏弹性。例如，大多数人不频繁买食盐，买的数量也很少。花在食盐上的支出在普通消费者的预算中占的份额很小。结果，就算食盐的价格翻倍，食盐需求量也可能只有很小的下降。大件物品，如住房、轿车和家具，在普通消费者的预算中占的份额更大。这些商品的价格上升可能导致需求量大幅下降。一般来说，一种商品在普通消费者预算中的份额越大，对该商品的需求就越有弹性。

□ 7.6.6 一些需求价格弹性的估计值

表 7.5 显示了一些短期需求价格弹性的估计值。记住下面这一点很重要：不同商品的价格弹性的估计值可能会有很大的差异，这取决于所采用的数据和对什么时期的需求价格弹性进行估计。表中给出的结果与我们对价格弹性决定因素的讨论是一致的。替代品很少的商品，如香烟、汽油和医疗保险，是无价格弹性的；定义宽泛的商品，如面包和啤酒，也是无价格弹性的。特定品牌的产品，如可口可乐、汰渍（Tide）或 Post 提子麦片（Post Raisin Bran），是有价格弹性的。（这一点将在接下来的关于早餐谷物类食品的价格弹性的“建立联系”专栏中进一步讨论。）

表 7.5　　现实生活中需求价格弹性的估计值

产品	弹性估计值	产品	弹性估计值
图书（Barnes & Noble）	−4.00	面包	−0.40
图书（亚马逊）	−0.60	水（家用）	−0.38
DVD（亚马逊）	−3.10	鸡肉	−0.37
Post 提子麦片	−2.60	可卡因	−0.28
汽车	−1.95	香烟	−0.25
汰渍（液体洗涤剂）	−3.92	啤酒	−0.23
可口可乐	−1.22	家用天然气	−0.09
葡萄	−1.18	汽油	−0.06
餐馆膳食	−0.67	牛奶	−0.04
医疗保险（低收入家庭）	−0.65	糖	−0.04

资料来源：Kelly D. Brownell and Thomas R. Frieden，“Ounces of Prevention—The Public Policy Case for Taxes on Sugared Beverages”，*New England Journal of Medicine*，April 30，2009；Sheila M. Olmstead and Robert N. Stavins，“Comparing Price and Non-Price Approaches to Urban Water Conservation”，Resources for the Future，Discussion paper 08-22，June 2008；Jonathan E. Hughes，Christopher R. Knittel，and Daniel Sperling，“Evidence of a Shift in the Short-Run Price Elasticity of Gasoline Demand”，Research Report UCD-ITS-RR-06-16（University of California，Davis：Institute of Transportation Studies，2006）；Robert P. Trost，Frederick Joutz，David Shin，and Bruce McDonwell，“Using Shrinkage Estimators to Obtain Regional Short-Run and Long-Run Price Elasticities of Residential Natural Gas Demand in the U. S." George Washington University Working Paper, March 13, 2009; Lesley Chiou, "Empirical Analysis of Competition between Wal-Mart and Other Retail Channels", *Journal of Economics and Management Strategy*, forthcoming; Judith Chevalier, and Austan Goolsbee, "Price Competition Online: Amazon versus Barnes and Noble", *Quantitative Marketing and Economics*, Vol. 1, No. 2, June 2003; Henry Saffer and Frank Chaloupka, "The Demand for Illicit Drugs", *Economic Inquiry*, Vol. 37, No. 3, July 1999; "Response to Increase in Cigarette Prices by Race/Ethnicity, Income, and Age Groups—United States, 1976-1993", *Morbidity and Mortality Weekly Report*, June 31, 1998; James Wetzel and George Hoffer, "Consumer Demand for Automobiles: A Disaggregated Market Approach", *Journal of Consumer Research*, Vol. 9, No. 2, September 1982; Jerry A. Hausman, "The Price Elasticity of Demand for Breakfast Cereal", in Timothy F. Bresnahan and Robert J. Gordon, eds., *The Economics of New Goods*, Chicago: University of Chicago Press, 1997; X. M. Gao, Eric J. Wailes, and Gail L. Cramer, "A Microeconometric Model Analysis of U. S. Consumer Demand for Alcoholic Beverages", *Applied Economics*, January 1995; and U. S. Department of Agriculture, Economic Research Service。

表7.5显示，对从某一特定零售商购买的图书或DVD的需求通常是具有价格弹性的。但是，注意，对亚马逊的图书的需求无弹性，这表明消费者不认为从其他网站订购是从亚马逊订购的好的替代品。

葡萄价格的上升将导致有些消费者购买其他水果，因此，对葡萄的需求是有价格弹性的。类似地，新汽车的价格上升将导致有些消费者购买二手车或者继续驾驶现有的汽车，因此，汽车需求也是有价格弹性的。对天然气和水等必需品的需求也是有价格弹性的。

建立联系

早餐谷物类食品的需求的价格弹性

MIT的经济学家杰里·霍斯曼（Jerry Hausman）估计了早餐谷物类食品的需求价格弹性。他把早餐谷物类食品分成三种类型：儿童类，如Trix和Froot Loops；成人类，如Special K和Grape-Nuts；家庭类，如Corn Flakes和提子麦片（Raisin Bran）。下表给出了他估计的部分结果：

谷物类食品	需求的价格弹性
Post提子麦片	−2.5
所有家庭类早餐谷物类食品	−1.8
所有类型的早餐谷物类食品	−0.9

正如我们预期到的那样，某一特定品牌的提子麦片的价格弹性（绝对值）大于所有家庭类早餐谷物类食品作为一个整体的价格弹性，而后者又大于所有类型的早餐谷物类食品作为一个整体的价格弹性。如果Post将其提子麦片的价格提高10%，那么，销售量将下降25%，因为许多消费者会转而购买其他品牌的提子麦片。如果所有家庭类早餐谷物类食品的价格上涨10%，那么，销售量将下降18%，因为消费者会转而购买儿童类或成人类谷物类食品。在这两种情况下，需求是有弹性的。但是，如果所有类型的早餐谷物类食品价格上升10%，那么，销售量将只下降9%。所有早餐谷物类食品作为一个整体的需求是无弹性的。

资料来源：Jerry A. Hausman, "Valuation of New Goods under Perfect and Imperfect Competition", in Timothy F. Bresnahan and Robert J. Gordon, eds., *The Economics of New Goods* (Chicago: University of Chicago Press, 1997)。

轮到你了：做本章末与本专栏相关的问题与应用6.4，看看你理解得如何。

7.7 需求的价格弹性和总收益之间的关系

企业对价格弹性感兴趣的原因是价格弹性让企业能够计算价格变化会如何影响其**总收益**（total revenue），即企业从销售其产品或服务中收到的资金总量，其计算方法是单价乘以销售数量。当需求无弹性时，价格和总收益同方向变化：价格上升将提高总收益，价格下降则降低总收益。当需求有弹性时，价格和总收益反方向变化：价格上升将降低总收益，价格下降则提高总收益。

为了理解价格弹性和总收益之间的关系，考虑图 7.5。图 7.5（a）显示了一条汽油的需求曲线（同图 7.4 中的 D_2）。这条需求曲线在 A 点和 B 点之间是无弹性的。加油站所有者在 A 点收到的总收益等于价格（每加仑 4 美元）乘以汽油销售量（1 000 加仑），即 4 000美元。这一数量等于图中矩形 C 和 D 的面积之和，因为这两个矩形加在一起的高为 4 美元，底为 1 000 加仑。由于这条需求曲线在 A 点和 B 点之间是无弹性的，将价格下降到 3.7 美元（B 点）减少了总收益。新的总收益表示为图中矩形 D 和 E 的面积之和，等于每加仑 3.7 美元乘以 1 050 加仑，即 3 885 美元。总收益减少的原因是，需求量的增加不足以弥补价格的下降。结果，价格下降导致的收益增加部分——185 美元（矩形 E）——小于收益减少部分——300 美元（矩形 C）。

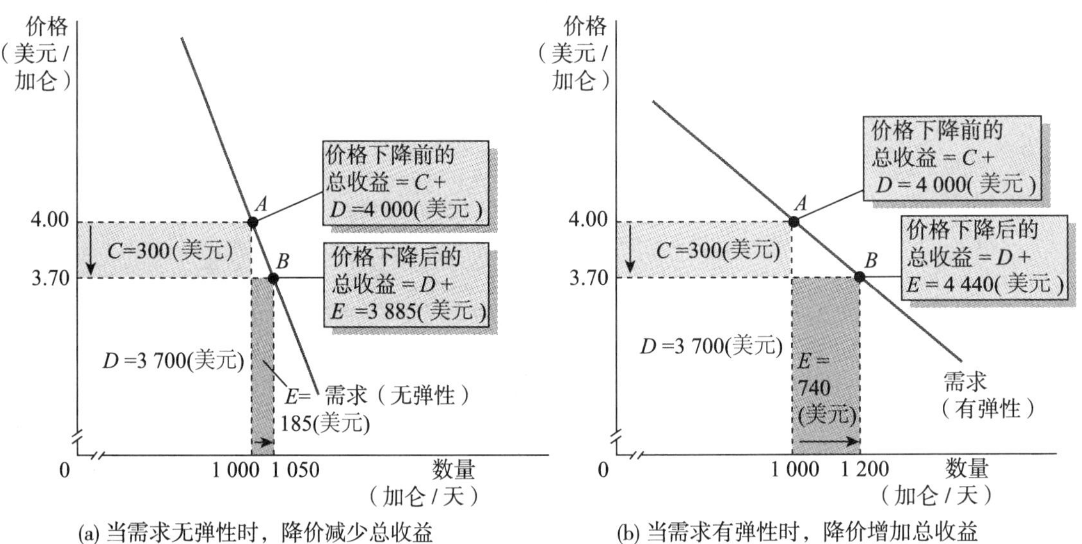

图 7.5 价格弹性和总收益之间的关系

当需求无弹性时，降价将减少总收益。在图（a）中，在 A 点，价格为每加仑 4 美元，汽油销售量为 1 000 加仑，加油站收到的总收益等于 4×1 000=4 000 美元。在 B 点，价格下降到 3.7 美元使需求量增加到 1 050 加仑，但是，需求量的增加不足以抵消价格的下降。结果，收益下降到 3.7×1 050=3 885 美元。当需求有弹性时，降价将增加总收益。在图（b）中，在 A 点，矩形 C 和 D 的面积之和仍然等于 4 000 美元，但是，在 B 点，矩形 D 和 E 的面积之和等于 3.7×1 200=4 440 美元。在这种情况下，需求量的增加足以抵消价格的下降，因此总收益增加。

图 7.5（b）显示了另一条汽油的需求曲线，它在 A 点和 B 点之间是有弹性的（同图 7.4 中的 D_1）。在这种情况下，降价增加了总收益。在 A 点，矩形 C 和 D 的面积之和仍然等于 4 000 美元，但是，在 B 点，矩形 D 和 E 的面积之和等于每加仑 3.7 美元乘以 1 200加仑，即 4 440 美元。在这里，总收益增加的原因是，需求量的增加足以抵消价格的下降。结果，价格下降导致的收益增加部分——740 美元（矩形 E）——小于收益减少部分——300 美元（矩形 C）。

第三种可能性是单位弹性，这种情况不常见。在这种情况下，价格的下降正好被需求量同比例的增加抵消，从而收益不受影响。因此，当需求是单位弹性时，价格的下降和上升都不影响收益。表 7.6 总结了价格弹性和收益之间的关系。

表 7.6　　价格弹性和收益之间的关系

如果需求是	那么	原因是
有弹性的	价格上升将减少总收益	需求量下降的比例大于价格上升的比例
有弹性的	价格下降将增加总收益	需求量上升的比例大于价格下降的比例
无弹性的	价格上升将增加总收益	需求量下降的比例小于价格上升的比例
无弹性的	价格下降将减少总收益	需求量上升的比例小于价格下降的比例
单位弹性的	价格上升不影响总收益	需求量下降的比例等于价格上升的比例
单位弹性的	价格下降不影响总收益	需求量上升的比例等于价格下降的比例

□ 7.7.1　线性需求曲线情形的弹性和收益

大部分需求曲线上各点的弹性不相同。例如，图 7.6 中的表格显示了不同价格水平下的汽油需求量和总收益，根据表格中的数据可以画出两张图：图 7.6（a）和图 7.6（b）。图 7.6（a）是汽油的需求曲线，它是一条直线，或者称为线性需求曲线。（为简单起见，所使用的数量都很小。）该需求曲线表明，当每加仑汽油的价格下降 1 美元时，消费者总是每天多买 2 加仑。当价格高、需求量低时，需求是有弹性的。同样是价格下降 1 美元和需求量增加 2 加仑，在价格高时这 1 美元的下降量是较小的百分比变化，在需求量低时这 2 加仑的增加量是较大的百分比变化。运用类似的推理可知，我们可以理解为什么当价格低、需求量高时需求是无弹性的。

图 7.6（a）显示，当价格在 8 美元和 4 美元之间、需求量在 0 加仑和 8 加仑之间时，需求是有弹性的。图 7.6（b）显示，在同样的区间，总收益随价格下降而增加。例如，在图 7.6（a）中，随着价格从 7 美元下降到 6 美元，需求量从 2 增加到 4；在图 7.6（b）中，总收益从 14 增加到 24。类似地，当价格在 4 美元和 0 美元之间、需求量在 8 加仑和 16 加仑之间时，需求是无弹性的。在同样的区间，总收益随价格下降而减少。例如，随着价格从 3 美元下降到 2 美元，需求量从 10 增加到 12，总收益从 30 减少到 24。

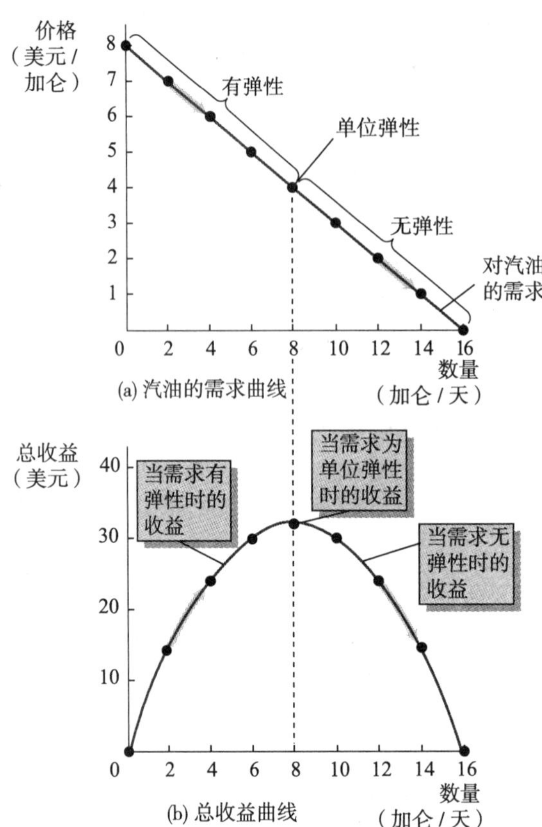

价格（美元）	需求量	总收益（美元）
8	0	0
7	2	14
6	4	24
5	6	30
4	8	32
3	10	30
2	12	24
1	14	14
0	16	0

图 7.6　线性需求曲线上各点的弹性不相同

图形是根据表格中的数据作出来的。图（a）表明，当我们沿着汽油的需求曲线向下移动时，需求的价格弹性下降。换句话说，在较高的价格水平，需求是有弹性的；而在较低的价格水平，需求是无弹性的。图（b）显示，随着所购买的汽油量从零开始增加，收益将增加，直到购买量为 8 加仑时收益达到最大值 32 美元。随着购买量超过 8 加仑，由于在需求曲线的这一部分需求是无弹性的，收益逐渐减少。

例题 7.7　价格和收益不总是同方向变动

简要解释你是否同意如下说法："增加从销售一种产品中获得的收益的唯一方式是提高产品的价格。"

解：

第 1 步：复习本章内容。这一问题是关于价格变化对企业收益的影响的，所以你可能需要复习一下 7.7 节"需求的价格弹性和总收益之间的关系"。

第 2 步：分析题目中的说法。我们已经看到，只有在需求无弹性时，价格上升才会提高收益。例如，在图 7.6 中，汽油价格从每加仑 1 美元上升到 2 美元时，收益从 14 美元增加到 24 美元，原因在于在需求曲线的这一部分需求是无弹性的。但是，汽油价格从每加仑 5 美元上升到 6 美元时，收益从 30 美元减少到 24 美元，原因在于在需求曲线的这一部分需求是有弹性的。如果现在的价格是每加仑 5 美元，要增加收益就得降价而不是涨价。正如这个例子所说明的，题中的说法是错误的，你不应该同意该说法。

轮到你了：要想做更多的练习，请做本章末的问题与应用 7.7 和 7.8。

□7.7.2 估计需求的价格弹性

为了估计需求的价格弹性，企业需要知道其产品的需求曲线。对于老产品，经济学家可以使用历史数据从统计上来估计需求曲线。为了计算新产品的需求价格弹性，企业常常依赖市场实验。通过市场实验，企业尝试不同的价格，观察由此导致的需求量的变化。

例如，苹果公司在2007年6月推出了第一代iPhone，定价599美元。但是，iPhone的需求比苹果公司原来预期的更有弹性；当销售量没有达到苹果公司的预测时，仅仅两个月之后，公司就将价格降到了399美元。类似地，当3D电视机于2010年初在美国市场推出时，索尼和其他生产厂商相信，尽管3D电视机比其他高端超薄电视机要贵几百美元，销售量还是会很强劲。但是，再一次地，事实证明需求比预期的更有弹性；为了增加收益，这些企业在12月前就将价格降低了40%或以上。

由于在亚马逊推出Kindle电子阅读器后电子书变得很流行，为了确定相关的价格弹性，企业用不同的价格进行实验。亚马逊最初将大部分最畅销的书籍定价为9.99美元，但是，当苹果公司在2010年推出iPad时，苹果公司与出版商就合同进行谈判，提高了电子书的价格。亚马逊和Barnes & Noble最终签署了类似的合同，畅销电子书的价格从9.99美元提高到了12.99美元或14.99美元。出版商希望，电子书的低需求价格弹性将会导致收益随价格上升而增加。然而，许多购买者宣称，他们不愿意付更高的价格而是准备回归到阅读纸质书。宾夕法尼亚大学的经济学家乔尔·沃德弗格（Joel Waldfogel）提出了这样一种可能性：更高的价格可能导致有些读者非法下载盗版电子书，这会侵犯出版商的版权。尽管音乐和电影一直都存在盗版问题，但是，图书还不曾面临盗版问题。沃德弗格这样说道："我很害怕盗版文化生根。我不会去随便涨价。"电子书需求是有弹性还是无弹性可能取决于有多少读者认为印刷书或盗版电子书是合法下载的电子书的接近替代品。

接第209页

生活中的经济学

你会理性决策吗？

在本章一开头，我们要求你考虑这么一种情况：你花了75美元买了一张音乐会门票，75美元是你愿意出的最高价格。就在你排队进入音乐厅时，有人出价90美元来买你的票。我们提出了两个问题：你会卖掉你的票吗？经济学家会认为卖掉票是理性的吗？如果你的答案是你会卖掉，那么，按照经济学家所使用的理性概念，你的答案是理性的。去看音乐会的成本是你为这张票不得不放弃的东西。起初，成本只是75美元，即票的价格。这一金额也是你愿意支付的最大值。然而，一旦有人出价90美元买你的票，去看音乐会的成本上升到90美元。音乐会的成本现在是90美元的原因是，一旦你拒绝了90美元的出价，你自己使用这张票就产生了90美元的非货币机会成本。禀赋效应揭示了为什么有些人不会卖掉他的音乐会门票。看起来相对于没拥有的东西，人们更加看重他们拥有的东西。因此，你已经拥有的音乐会门票可能比你尚未购买的音乐会门票更有价值。行为经济学家就是研究类似这样的、人们所做的选择看上去在经济上不理性的状况。

7.8 结论

在一个市场体系中，消费者处于驱动者的位置。只有消费者想要的商品才会被生产出来。因此，消费者如何做决策是经济学家研究的重要领域。经济学家预期，消费者花费他们的收入以便花在每种商品上的最后一美元有着相等的额外满意程度或者说相等的边际效用。在实践中，社会因素对消费者决策有着重要的影响，特别是当商品或服务是在公共场合消费的时候。公平看起来对大多数消费者而言也是一个重要的考虑因素。最后，如果考虑非货币机会成本和忽视沉没成本，那么许多消费者能够改善他们的决策。

在本章，我们还探究了弹性这一重要的概念。计算弹性在经济学中是很重要的，原因是弹性使我们能够衡量一个变量如何随另一个变量的变动而变动。例如，通过计算产品的需求价格弹性，企业能够对价格变化对它收到的总收益的影响进行数值估计。

本章研究了消费者的选择。在接下来的几章，我们将研究企业的选择。在学习下一章之前，阅读接下来的“业内观察”，该专栏讨论了名人代言如何影响产品的需求，包括正面的和负面的影响。

业内观察　关于名人代言的效果的证据是混合的

雅虎！广告博客

《名人代言对品牌有益还是有害?》

在名人泛滥的年代里，名人代言会增强广告的效果吗？一些近来的研究给出了混合的但大部分是正面的结论。

a 尼尔森公司（Nielsen Co.）本月发布的一份报告考察了观众对2月27日奥斯卡颁奖典礼电视直播中播出的广告的反应，该报告发现，名人代言的产品在品牌回忆榜前十名占了四个。在这四个中，排名最靠前的是百思买，而为百思买代言的不是一个而是两个名人：奥兹·奥斯本和贾斯汀·比伯。

紧接百思买之后的是Gillette's Venus剃刀，为其代言的是珍妮弗·洛佩兹和她的腿。位列尼尔森发布的品牌回忆榜前十名的还有席琳·迪翁（Celine Dion）代言的美国癌症协会和阿德里安·布罗迪（Adrien Brody）代言的比利时时代啤酒（Stella Artois）。

尼尔森公司在其报告中指出，百思买和时代啤酒在奥斯卡之夜的排名比在今年超级碗电视直播首次亮相之夜的排名要好得多，这或许表明，（在奥斯卡之夜这样的场合）本来就已经热衷于关注名人的观众对名人的接受程度比对出现在插播广告中的名人的接受程度要高。

更多的证据

在上个月GfK MRI旗下的Starch广告研究发布的一项研究中，名人代言也得到了好评。该项研究发现，有名人代言的印刷广告得到了读者更高的评价。“平均来说，有名人代言的广告比没有名人的广告得到的读者人数多 9.4%。”Starch 的报告中如是说。

另一方面

b 尽管 Starch 和 Nielsen 的研究发现消费者对名人代言广告的反应是正面的，但是，Ace Metrix 在 1 月发布的报告对电视广告给出了不一样的评价。（Ace 擅长评价电视广告的效果。）Ace 对 2010 年 9—12 月播出的 2 600 个广告得到的观众反应进行了分析，发现名人代言的广告平均来说“根本没有比没有名人的广告表现得更好，在有些案例中甚至表现得要差得多……我们的分析一次又一次地说明，名人广告的表现要么低于平均水平，要么仅仅是相当于平均水平。”

部分问题是名人“常常导致分化”。报告援引莎拉·杰西卡·帕克（Sarah Jessica Parker）代言的化妆品广告作为例子：“有些女人认为莎拉·杰西卡·帕克很漂亮，其他人则不这么认为，这是一个仁者见仁的问题。”

无论你是否喜欢，由于社会传媒的缘故，在今天这个时代，名人代言更加无处不在。一个名为 Ad.ly 的公司开发了一项通过 Twitter、最近还通过 Facebook 发布名人代言广告的业务。

c 无论名人代言出现在何种媒体，名人行为的变幻莫测对那些邀请名人代言的品牌都是一种风险。正如 Starch 在其对结果的分析中指出的那样，由于名人的丑闻，“请名人代言的不利之处在过去几年中已经凸显出来。”（在这方面，报告提到了泰格·伍兹（Tiger Woods）、布雷特·法夫尔（Brett Favre）、查理·辛（Charlie Sheen）等人的丑闻。）

但是，消费者会因为名人偏离正道而对他们代言的产品怀有敌意吗？Adweek-Media/Harris 去年做的一项民意调查考察了这一问题，发现只有相对很少的人持有这种连坐观点。

该项调查 74%的受访者说，名人卷入丑闻并不影响他们对名人代言的品牌的看法；22%的受访者说他们对品牌的看法会变差。不要忘记，有些人对丑闻很感兴趣。这可能解释了为什么有 6%的男人和 3%的女人在代言名人卷入丑闻时对品牌的“看法会变好”。在 18～34 岁这个年龄段的受访者中，“看法会变好”者所占的比例上升到两位数，达 11%。

资料来源：“Do Celebrity Endorsements Help or Hurt a Brand? Are companies ‘winning’ when they hire celebs to shill, and what happens when their spokesperson goes off the deep end?” by Mark Dolliver, *Yahoo! Advertising Blog*, March 10, 2011. Reprinted with permission。

文章要点

2011 年 2 月，尼尔森公司对观众进行了问卷调查，以确定他们记住了奥斯卡颁奖典礼电视直播中播出的哪些广告。该项调查发现，在品牌回忆榜前十名中有四个使用了名人代言。在 2011 年 2 月* 的一项研究中，名人代言也被发现在印刷广告中是有效果的，有名人代言的广告比没有名人的广告得到的读者人数平均多 9.4%。Ace Metrix 对 2010 年 9—12 月播出的电视广告得到的观众反应进行了分析，得到了不同的结果。该报告发现，与没有名人代言的广告相比，名人代言的广告没有表现得更好，甚至常常更差。如果代言名人因卷入丑闻而不受公众欢

* 原书为 5 月，但似应为 2 月，前文“更多的证据”中说的是上个月，而该文是 2011 年 3 月发表在雅虎！广告博客的。——译者注

迎，那么名人代言还可能给公司带来风险。但是，AdweekMedia/Harris 做的一项民意调查发现，近 3/4 的受访者不会因为代言名人卷入丑闻而对其代言的品牌有不同的看法。

新闻分析

a 尼尔森的研究发现，在奥斯卡颁奖典礼电视直播中，名人代言的产品表现不错，在消费者回忆榜上占据了前十名中的四席。其中一个是珍妮弗·洛佩兹代言的 Gillette's Venus 剃刀。具有洛佩兹般曼妙身材的名人能够要求巨额的产品代言费，因此，Gillette 一定相信消费者对其 Venus 剃刀的喜好将会因为洛佩兹的代言而大幅增加。

我们在第 3 章看到，当消费者对一种产品的喜好增加时，需求曲线向右移动。下图显示，如果珍妮弗·洛佩兹的代言取得了成功，那么，对 Venus 剃刀的需求曲线将从 D_1 移动到 D_2。需求的增加使得 Gillette 在每一价格水平下都能销售更多 Venus 剃刀。例如，在价格为 P_1 时，在没有洛佩兹代言的情况下它能卖出 Q_1 这么多数量，在有洛佩兹代言的情况下则能卖出 Q_2 这么多。

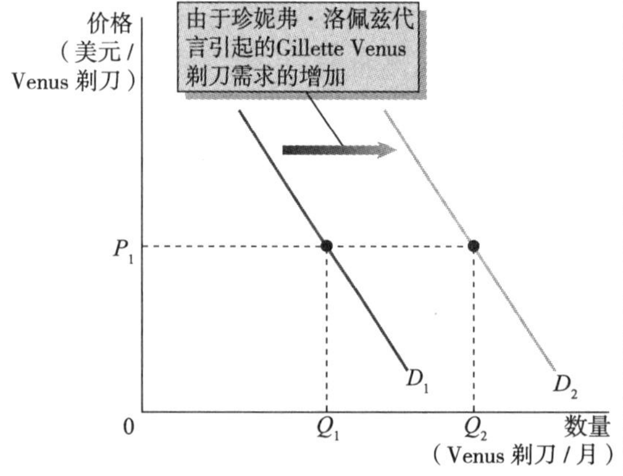

某种产品的名人代言取得成功时，该产品的需求曲线将从 D_1 向右移动到 D_2。

b 尽管尼尔森和 Starch 的报告表明消费者对名人代言的产品有正面反应，但是，Ace Metrix 的一项研究发现，与没有名人代言的广告相比，名人代言的电视广告并没有表现得更好，有时甚至更差。本章指出了名人代言吸引顾客的两个原因：消费者认为名人对其代言的产品了解得特别多，有些消费者会因使用与名人相同的产品而觉得时尚和与名人的距离更近。这些考虑因素有助于解释为什么有些企业愿意付可观的金钱来请名人代言它们的产品，但是，Ace Metrix 的研究表明这些大笔支出可能并没有取得预期的效益。

c 如果代言的名人卷入丑闻，名人代言可能会适得其反。尽管 AdweekMedia/Harris 做的一项民意调查发现只有 22% 的受访者对名人代言的品牌的看法会因为代言人卷入丑闻而变差，而 74% 的受访者的看法不会改变，但是，由于名人代言费高达数百万美元，可以理解公司可能会精心选择代言人。

深入思考

1. 名人代言可能对企业是有回报的，但是也有可能是有风险的。通过雇用珍妮弗·洛佩兹代言 Venus 剃刀，Gillette 把剃刀在公众心目中的形象和洛佩兹的形象紧密联系在一起。你认为如果珍妮弗·洛佩兹卷入一桩令人尴尬的丑闻会如何影响 Venus 剃刀的需求曲线？
2. Gillette 可能付给了珍妮弗·洛佩兹很大一笔钱作为代言 Venus 剃刀的酬金。如果一家企业的代言人刚刚被捕，那么，公司关于是否取消其广告宣传的决策应该基于它在制作广告上已经花费的金额吗？请简要解释。

本章总结和习题

关键术语

行为经济学	收入效应	网络外部性	替代效应
预算约束	无弹性需求	机会成本	沉没成本
弹性需求	边际效用递减定律	完全弹性的需求	总收益
弹性	完全无弹性的需求	单位弹性需求	
禀赋效应	边际效用	需求的价格弹性效用	

7.1 效用和消费者决策

总结

效用是人们从消费商品和服务中所获得的享受或满足。消费者的目标是花费可用的收入以最大化效用。边际效用是一个人从消费额外一单位商品或服务中得到的总效用的变动。边际效用递减定律是说，随着消费者在某一给定时期消费越来越多的某种商品或服务，他们获得的额外满意度递减。消费者可用于花费在商品和服务上的有限数量的收入称为预算约束。为了最大化效用，消费者应该确保他们的收入花费满足"在每种产品上花费的最后一美元的边际效用相等"这样一个性质。收入效应是指由于一种商品的价格变动对消费者购买力的影响而导致的该商品需求量的变动。替代效应是指在保持价格变动对消费者购买力的影响不变的条件下，一种商品的价格变动使得它相对于作为替代品的其他商品更加昂贵或更加便宜而引起的该商品需求量的变动。

复习题

1.1 经济学上对效用的定义是什么？效用是可以衡量的吗？

1.2 边际效用的定义是什么？什么是边际效用递减定律？为什么在消费者决策中边际效用比总效用更加有用？

1.3 消费者的预算约束是什么意思？什么是支出的每一美元等边际效用规则？

1.4 一种产品的价格变动如何引起替代效应和收入效应？

问题与应用

1.5 边际效用递减定律在每种情况下都成立吗？你能想出什么产品至少在刚开始消费时边际效用是递增的吗？

1.6 如果消费者对收入的花费应该使得花在每种商品上的最后一美元给他们带来相同数量的额外效用，那么，他们应该如何决定收入中用于储蓄的数量？

1.7 你有 6 个小时可用于为明天的两门考试做准备。下表显示了学习时间和考试成绩之间的关系：

经济学		心理学	
小时数	成绩	小时数	成绩
0	54	0	54
1	62	1	60
2	69	2	65
3	75	3	69
4	80	4	72
5	84	5	74
6	87	6	75

a. 把考试成绩中的每 1 分看作 1 单位的效用，假设你认为经济学考试成绩的每 1 分和心理学考试成绩的每 1 分有相同的价值。利用决定最优购买量的规则决定你应该在每门课上花多少时间。

b. 现在假定你是心理学专业的学生，你认为心理学考试成绩的每 1 分的价值是经济学考试成绩的每 1 分的 3 倍。现在你每门课上花多少时间准备？

1.8 ［与例题 7.1 有关］乔有 16 美元可用于购买奶油夹心蛋糕和奶油夹心饼干。每盒奶油夹心蛋糕和奶油夹心饼干的价格分别为 1 美元和 2 美元。利用下图的信息确定乔为最大化效用应该购买的奶油夹心蛋糕和奶油夹心饼干的盒数。

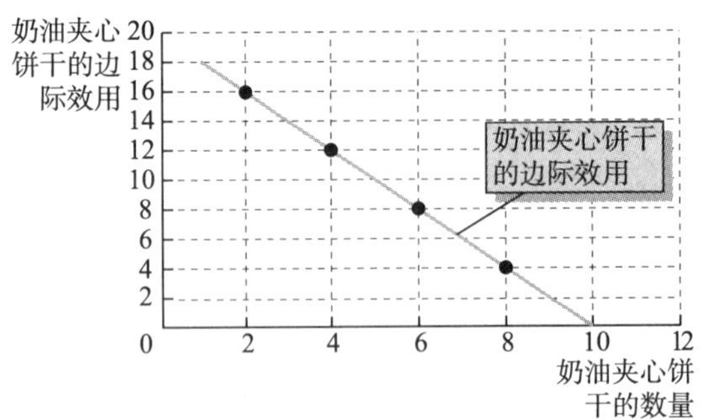

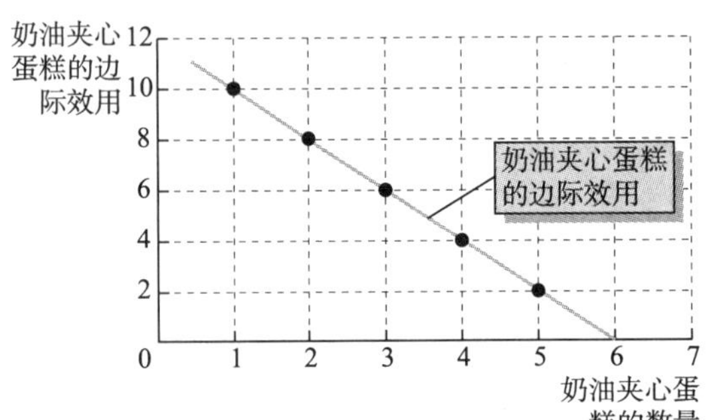

1.9 ［与例题 7.1 有关］乔有 55 美元可用于购买苹果和橙子。给定下表中的信息，乔在最大化效用吗？请简要解释。

	价格（美元）	数量	总效用	最后一单位的边际效用
苹果	0.50	50	1 000	20
橙子	0.75	41	500	30

1.10 假定 Frito 牌玉米片的价格从每袋 0.69 美元下降到 0.59 美元。收入效应和替代效应中哪一个有可能更大？请简要解释。

1.11 ［与 7.1 节中的“不要犯这样的错误!”专栏有关］玛丽正在购买玉米片和汽水。她的购物车里有 4 袋玉米片和 5 瓶汽水。第 4 袋玉米片的边际效用是 10，第 5 瓶汽水的边际效用也是 10。玛丽在最大化效用吗？请简要解释。

□7.2 需求曲线来自何处

总结

当一种商品的价格下降时，边际效用与价格的比值上升。这导致消费者购买更多的该商品。结果，无论一种产品的价格何时下降，需求量都增加。我们在第 1 章看到，这被称为需求定律。市场需求曲线可以从市场中所有消费者的个人需求曲线构建出来。

复习题

2.1 解释消费者因价格的变化而对他们的消费选择进行的调整是如何产生向下倾斜的需求曲线的。

2.2 如何从消费者的个人需求曲线得到市场需求曲线？

2.3 需求曲线若要向上倾斜需要满足什么条件？

问题与应用

2.4 只考虑收入效应，如果劣等品的价格下降，消费者想购买该商品的数量是增加还是减少？这意味着劣等品的需求曲线应该向上倾斜吗？请简要解释。

2.5 本章说道：“当劣等品的价格下降时，收入效应和替代效应的方向相反”。解释这句话的意思。

2.6 假定冰激凌市场只有三个消费者：Josh、Jon 和 Tim。利用下表中的信息构建冰激凌的市场需求曲线。用表格和图形分别表示出来。

价格（美元/个）	Josh	Jon	Tim
	需求量（个/周）	需求量（个/周）	需求量（个/周）
1.75	2	1	0
1.50	4	3	2
1.25	6	4	3
1.00	7	6	4
0.75	9	7	5

2.7 假定你的工资翻倍。你关于选择工作多少个小时的决策涉及收入效应和替代效应吗？如果涉及，是用什么来替代什么？

2.8 假设有两种商品：比萨和可口可乐。沿着某个个人对比萨的需求曲线，当比萨的价格下降时，花在比萨上的每一美元的边际效用总是等于花在可口可乐上的每一美元的边际效用吗？换句话说，当比萨的价格变化（从而你沿着需求曲线运动）时，所支出的每一美元等边际效用的规则成立吗？在比萨价格沿着需求曲线变化的情况下，这一规则如何成立？如果需要帮助，你可以回顾一下对图 7.2 的讨论。

2.9 [与7.2节中的“建立联系”专栏有关] 在对中国一些非常贫穷家庭的消费进行的研究中，罗伯特·詹森和诺兰·米勒发现，在湖南省和甘肃省，“吉芬行为最有可能在某种范围的贫困（不是太穷或太富）家庭中观察到”。

a. 詹森和米勒所说的“吉芬行为”是什么意思？

b. 为什么最贫穷的家庭表现出这种行为的可能性比收入稍高的家庭要小？

c. 为什么一种商品要是吉芬品就得在消费者的预算中占很大的比例？

资料来源：Robert T. Jensen and Nolan H. Miller，“Giffen Behavior and Subsistence Consumption”，*American Economic Review*，Vol. 98，No. 4，September 2008，p. 1569。

□7.3 社会因素对决策的影响

总结

社会因素对消费也能产生影响。例如，人们从消费一种商品中得到的效用量常常取决于他们知道有多少其他人也在消费这种商品。如果一种产品的有用性随使用该产品的消费者数量增加而增加，那么，这种产品的消费就具有网络外部性。也有证据表明，人们喜欢受到公平的对待且人们通常试图公平地对待别人，哪怕这么做会损害他们的财务利益。这一结果已经在实验室的实验（如最后通牒游戏）中得到证实。当企业设定价格时，它们考虑消费者对公平的偏好。例如，五金店常常不会因为暴雪过后雪铲需求临时增加而提高雪铲的价格。

复习题

3.1 在以下哪种情形下社会因素对消费者决策的影响可能更大：选择去哪家餐馆吃饭或选择某种品牌的牙膏？请简要解释。

3.2 为什么消费者会关注名人代言广告？

3.3 什么是网络外部性？网络外部性对什么类型的产品可能很重要？什么是路径依赖？

3.4 什么是最后通牒游戏？这一游戏对消费者决策提供了什么见解？

3.5 消费者明显看重公平这一事实如何影响企业的定价决策？

问题与应用

3.6 下面哪种产品最有可能具有重要的网络外部性？请解释。

a. 平板电脑；

b. 狗粮；

c. 棋盘游戏；

d. LCD电视机；

e. 3D电视机。

3.7 丹尼尔·哈默迈什（Daniel Hamermesh）在《纽约时报》谈到最近到瑞士的一次旅行时作出了这样的评论：

> 浪费时间！下午7点到达我们在瑞士的酒店后，我和我的妻子都希望用电脑工作，但是我们无法这么做。尽管我们已经买了通用插头适配器（它可以把美国的插头转换成欧洲、澳大利亚和英国的插头），但是，事实证明瑞士使用了一种独有的三脚插头。为什么？这种插头适配器并没有和标准适配器一起出售。为什么瑞士使用了标准220伏的电却放弃了伴随着使用标准欧洲插头的网络外部性呢？

通过不使用标准欧洲插头，瑞士如何放弃了网络外部性？

资料来源：“If Switzerland Would Only Change Its Plugs” by Daniel Hamermesh，from the *Freakonomics Blog*，September 23，2008。

3.8 [与开篇案例有关] 2011年对1 500人进行的一项调查发现，动漫形象Snoopy是最吸引人的代言人。连载漫画作品《花生漫画》（*Peanuts*）中的这只猎兔犬出现在了保险公司大都会（MetLife）的广告中。用Snoopy而不是真实的人来代言一种产品有什么优势和劣势？

资料来源：Jeff Bercovici，“America's Most Loved Spokespersons”，*Forbes*，March 14，2011。

3.9 [与开篇案例有关] 大部分问卷调查的受访者宣称，名人代言不会影响他们的购买决策。营销战略家Marc Babej认为，消费者在问卷调查中的反应是不可靠的，原因是广告同时唤醒了潜意识和显意识。解释Babej这么说的意思。

资料来源：Marc E. Babej，“Poll：Celebrity Endorsements Don't Work... Don't Tell Angelina”，*Forbes*，June 14，2011。

3.10 [与7.3节中第1个“建立联系”专栏有关] 汤姆·布兰迪是美国橄榄球大联盟的明星四分卫，他对橄榄球及相关产品的了解比大多数消费者多。可是，他对斯蒂森古龙水、摩凡陀手表和奥迪轿车等的了解并不一定比消费者多。考虑本章描述的效用最大化行为模型。斯蒂森公司雇用汤姆·布兰迪作为代言人这一行为若要在经济上合理，布兰迪的代言必须如何影响至少部分消费者从使用斯蒂森古龙水中得到的边际效用？这对古龙水的需求曲线有什么影响？

3.11 拉斯韦加斯是美国最受欢迎的旅游目的地之一。2008年11月，拉斯韦加斯的Rio酒店和赌场把本地人消费早餐自助餐的价格降到了5.99美元，而外地人消费早餐自助餐的价格维持在14.99美元不变。当设定一顿饭的价格时，为什么顾客是否为本地居民对餐馆很重要？

资料来源：*Las Vegas Advisor*，November，2008。

3.12 ［与7.3节中第2个"建立联系"专栏有关］假定Lady Gaga在麦迪逊广场花园的音乐会门票定价为每张85美元时可以销售一空。Lady Gaga的经纪人估计，若将价格定为150美元也能全部卖掉门票。为什么Lady Gaga和她的经纪人要将价格保持在每张85美元？

3.13 ［与7.3节中第2个"建立联系"专栏有关］假定电影《超凡蜘蛛侠》（*The Amazing Spider-Man*）开始上映，数以百计的人抵达影院，发现电影票已经销售一空了。同时，影院正在放映另一部已经上线三周的乏味的电影，观影厅里观者寥寥。一部电影的门票需求量远远超过供给量而另一部电影的门票需求量远远低于供给量，为什么影院对两部电影收取的门票价格同为7.5美元呢？

□7.4 行为经济学：人们理性地做选择吗？

总结

行为经济学是对人们的行事方式看起来在经济上不理性这样的状况的研究。机会成本是从事某项活动必须放弃的价值最高的其他用途。如果人们考虑非货币机会成本，那么他们将改善他们的决策。有时候人们忽视非货币机会成本，原因在于禀赋效应——对于已经拥有的商品，即使人们收到的价格高于他们在没有拥有该商品时为购买该商品而愿意支付的价格，人们仍不愿意出售的倾向。如果人们忽视沉没成本，那么他们也将改善他们的决策。沉没成本是已经支付且不能回收的成本。最后，如果人们对未来行为的期望更切合实际，那么他们也将改善他们的决策。

复习题

4.1 什么是经济上的理性？

4.2 定义行为经济学。消费者常犯的三个错误是什么？各举一个例子。

问题与应用

4.3 假定你弟弟周二告诉你说他的一个朋友出价80美元买他的Albert Pujols新秀棒球卡，但是你弟弟决定不卖。周三，你弟弟丢失了那张棒球卡。你父母为他感到难过，给他80美元以弥补他的损失。你弟弟并没有用这些钱去买另一张Albert Pujols新秀棒球卡（我们将假设他本来可以买到），而是买了一个iPod shuffle。用本章的概念解释你弟弟的行为。

4.4 芝加哥大学的经济学家理查德·塞勒是最先使用术语"禀赋效应"的人。他用这个术语来描述相对于现在不拥有的东西人们对已经拥有的东西更加看重这一倾向。根据《经济学家》杂志的一篇文章：

> 塞勒博士有一些很贵的酒近来被偷了，他对此这么评述："我现在所面临的情况正是我自己所做过的实验之一：那些酒我没有计划要卖掉，现在我会从保险公司得到一张支票，大部分被偷的那些种类的酒我都不会再买。作为一个经济学家，我知道这里有一点不一致性。"

基于塞勒的陈述，他那些被偷的酒如何说明了禀赋效应？为什么他会说："作为一个经济学家，我知道这里有一点不一致性"？

资料来源："It's mine，I tell you"，*The Economist*，June 19，2008。

4.5 假定你是哈利·波特系列书籍的忠实粉丝。你很想要一本该系列第一本书的初版，但是，不幸的是，你在5 000美元以下的价格买不到。你最多愿意付200美元，但是，以这样的价格你一直买不到，直到有一天你在一个二手书店看到有这么一本书，售价只有10美元，你毫不犹豫就买下来了。如果你保留这本书而不出售，这样的做法是非理性的吗？

4.6 一栋连排别墅的主人给一位房地产建议专栏作家写信，询问他是应该卖掉他的连排别墅还是等到他希望价格会更高的将来再出售。该专栏作家这么回复道："问你自己：你今天会买下这栋连排别墅作为一项投资吗？因为无论是哪一天，只要你不卖掉，就相当于在买入。"你同意这个专栏作家的说法吗？在何种意义上，你不卖掉就相当于在买入？连排别墅的主人关于是否出售的决策应该取决于他当初是以多少钱买入的吗？

资料来源：Edith Lane，"Contract Exclusion OK?"(Allentown，PA) *Morning Call*，May 22，2011。

4.7 [与7.4节中第1个"建立联系"专栏有关] Rob Neyer是sbnation.com网站的一个棒球记者。他这样描述在炎热而潮湿的一天在波士顿的Fenway公园坐在一个直接被太阳晒到的座位上观看一场Red Sox队的比赛："诚然，我本可以换到一个舒适、凉快、背阴的座位上观看今天的比赛。但是，当你花了45美元买了一张第4排的票时，换到后面第24排的座位是很困难的决定。"评论Neyer的推理。

资料来源：Rob Neyer，*Feeding the Green Monster* (NEW York：IPublish.com，2001)，p.50。

4.8 [与7.4节中第1个"建立联系"专栏有关] 一辆二手车用了两年后，你发现它有些问题。你开到修理店，修理工告诉你说修好需要4 000美元。在关于是修车还是将车报废然后再买一辆的决策中，你会考虑什么因素？你买车时所花的钱是其中的一个因素吗？请简要解释。

4.9 [与7.4节中第1个"建立联系"专栏有关] 下面的一段话摘自发送给一个财务建议专栏作家的信："我和我的妻子有一笔25万美元的意外收获，正要决定如何投资。她想偿还11.4万美元的住房抵押贷款，但我不想那么做，原因是我们9个月前才刚刚贷款，支付了3 000美元的各项费用。"简要讨论这3 000美元的再融资成本对这对夫妇的投资决策应该有什么影响。

资料来源：Liz Pulliam，*Los Angeles Times* advice column，March 24，2004。

4.10 [与7.4节中第2个"建立联系"专栏有关] J.D.Roth在msn.com上发布的一篇博客中回忆了他想拥有更健康的身体的愿望：

> 我付了大约100美元（不能退款、不能转手）报名参加波特兰马拉松……然而，5月底我受伤了。最后我决定，也许我可以走完马拉松。我已经为此付了100美元，我不能浪费这笔钱。

Roth的推理有问题吗？

资料来源："The Sunk-Cost Fallacy Revisited" by J. D. Roth，November 3，2008。From www.getrichslowly.org。

4.11 [与7.4节中第2个"建立联系"专栏有关] 简要解释你是否同意如下说法："如果人们对未来的行为的预期更加切合实际，那么，薯片的需求曲线将向左移动。"

4.12 在《经济学季刊》(*Quarterly Journal of Economics*)的一篇论文中，Ted O'Donoghue和Matthew Rabin做出了如下评论："人们有由于以一种'长期自我'不欣赏的方式追求即时满足的倾向所导致的自我控制问题。"他们所说的人的"长期自我"是什么意思？举两个例子说明人们追求不为他们的长期自我所欣赏的即时满足。

资料来源：Ted O' Donoghue and Matthew Rabin，"Choice and Procrastination"，*Quarterly Journal of Economics*，February 2001，pp.125-126。

4.13 来自健康俱乐部的数据显示，选择包月合同的成员平均每月来俱乐部4.8次，包月费超过70美元。他们平均每次的价格超过14美元，尽管他们其实可以选择按次交费——每次10美元。显然包月合同对这些消费者不划算，那为什么他们选择包月合同？

□ 7.5 需求的价格弹性及其衡量

总结

弹性衡量一个经济变量对另一个经济变量的变动做出多大的反应。需求的价格弹性衡量需求量对价格变化的响应程度。需求的价格弹性等于需求量的百分比变化除以价格的百分比变化。如果需求量的百分比变化大于价格的百分比变化，那么，需求的价格弹性绝对值大于1，需求是有弹性的。如果需求量的百分比变化小于价格的百分比变化，那么，需求的价格弹性绝对值小于1，需求是无弹性的。如果需求量的百分比变化等于价格的百分比变化，那么，需求的价格弹性绝对值等于1，需求是单位弹性的。完全无弹性的需求曲线是垂直线，完全弹性的需求曲线是水平直线。具有完全弹性或完全无弹性的需求曲线的产品相对很少。

复习题

5.1 写出需求的价格弹性的公式。为什么弹性不能用需求曲线的斜率来衡量？

5.2 如果麦片价格上涨10%引起麦片需求量下降25%，那么，麦片的需求价格弹性是多少？麦片的需求是有弹性的还是无弹性的？

5.3 什么是计算需求的价格弹性的中点法？除此之外还可以怎么计算需求的价格弹性？中点法的优势是什么？

5.4 画一幅图表示完全无弹性的需求曲线。

举出一种具有完全无弹性需求曲线的产品。解释为什么这种产品的需求是完全无弹性的。

问题与应用

5.5 在2010年的度假季节，斯蒂文·理查德森（Steve Richardson）决定降低手工木制拼图的价格以增加销售量。根据报纸的报道："斯蒂芬拼图公司的订单数量的增加不足以弥补价格的下降。"这些拼图的需求是有弹性的还是无弹性的？请简要解释。

资料来源：Emily Maltby，"In Season of Big Discounts，Small Shops Suffer"，*Wall Street Journal*，November 24，2010。

5.6 下表给出了2010年和2011年黑麦的价格及其销售量：

年	价格（美元/蒲式耳）	数量（百万蒲式耳）
2010	3.00	8
2011	2.00	12

a. 计算黑麦需求量的变化除以价格的变化。用蒲式耳为单位衡量黑麦的数量。

b. 计算黑麦需求量的变化除以价格的变化，这次用百万蒲式耳为单位衡量黑麦的数量。将结果与上一小问的答案进行比较。

c. 假设黑麦的需求曲线在2010年和2011年之间没有移动，利用表中的信息用中点公式计算黑麦的需求的价格弹性。比较需求价格弹性的值和前两问计算得到的值。

5.7 ［与例题7.5有关］你有一个热狗摊位，每天午饭时间摆在学生会外面。目前，你每个热狗的售价为3美元，每天卖出30个。你在考虑把价格降到2美元。右图显示了价格下降引起的需求量增加的两种可能性。利用图中的信息用中点公式计算每条需求曲线上这两点之间的价格弹性。

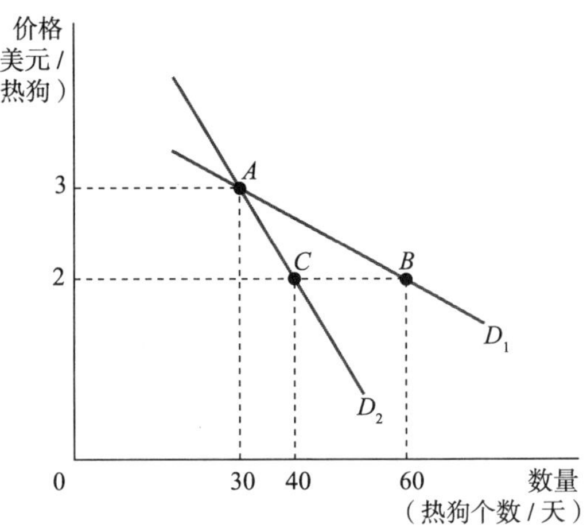

5.8 在2006年秋季，纽约的佩斯大学将每年的学费从24 751美元提高到了29 454美元。新生入学人数从2005年秋季的1 469人减少到2006年秋季的1 131人。假设佩斯大学的新生入学资格的需求曲线在2005年和2006年之间没有移动，利用上面的信息用中点公式计算需求的价格弹性。佩斯大学新生入学资格的需求是有弹性的还是无弹性的？与2005年秋季相比，2006年秋季佩斯大学从新生班级收到的总学费增加了还是减少了？

资料来源：Karen W. Arenson，"At Universities，Plum Post at Top Is Now Shaky"，*New York Times*，January 9，2007。

5.9 在1916年，福特汽车公司以440美元的单价卖出了50万辆福特T型车。亨利·福特认为，价格每下降1美元就能多卖出1 000辆T型车。利用这一信息用中点公式计算福特T型车的需求价格弹性。

5.10 ［与7.5节中的"不要犯这样的错误！"专栏有关］某杂志的出版商向员工介绍了以下信息。

当前价格	每期2美元
当前销售量	每期15万本
当前总成本	每月45万美元

他告诉员工："现在，我们每月的成本比收益高出15万美元。我提议通过把每期杂志的价格提高到3美元来消除这个问题。这将使得我们的收益正好等于成本。"你同意出版商的分析吗？请解释。（提示：记住企业的收益等于产品价格乘以销售量。）

□ 7.6 需求的价格弹性的决定因素

总结

一种产品的需求价格弹性的主要决定因素有：接近替代品的可得性，时间跨度，奢侈品还是必需品，市场的定义，以及商品在消费者预算中的份额。

复习题

6.1 大部分农产品的需求是有弹性的还是无

弹性的？为什么？

6.2　一种产品的需求价格弹性有哪些关键决定因素？哪一个是最重要的？

问题与应用

6.3　简要解释下面每种产品的需求可能是有弹性的还是无弹性的。

a. 牛奶；

b. 冷冻芝士比萨；

c. 可乐；

d. 处方药。

6.4　［与7.6节中的“建立联系”专栏有关］一项研究发现，汽水的需求价格弹性是－0.78，而可口可乐的需求价格弹性是－1.22。可口可乐是汽水的一种类型，为什么它的价格弹性与作为一种产品的汽水的价格弹性不相同？

资料来源：Kelly D. Brownell and Thomas R. Frieden，“Ounces of Prevention—The Public Policy Case for Taxes on Sugared Beverages”，*New England Journal of Medicine*，April 30，2009，pp. 1805-1808。

6.5　在美国，原油的需求价格弹性的估计值为：短期－0.061，长期－0.453。为什么原油的需求在长期比在短期更有弹性？

资料来源：John C. B. Cooper，“Price Elasticity of Demand for Crude Oil：Estimates for 23 Countries”，*OPEC Review*，March，2003，pp. 1-8。

6.6　根据《华尔街日报》上的一篇文章，在1999年，当每加仑汽油的平均价格为1.19美元时，平均每个家庭在汽油上的支出占收入的4%。在2008年，当每加仑汽油的平均价格上升到4.06美元时，平均每个家庭在汽油上的支出占收入的11.5%。汽油的价格弹性在哪一年可能更高一些？请简要解释。

资料来源：WJS Staff，“Income vs. Gas Prices，an Update”，*Wall Street Journal*，August 4，2008。

□7.7　需求的价格弹性和总收益之间的关系

总结

总收益是产品或服务的卖者收到的资金总量。当需求无弹性时，价格下降将降低总收益，价格上升则提高总收益。当需求有弹性时，价格下降将提高总收益，价格上升则降低总收益。当需求具有单位弹性时，价格上升或下降都不会改变总收益。

复习题

7.1　如果橙汁的需求是无弹性的，那么，橙汁价格的上升会增加还是减少橙汁卖者的收益？

7.2　有机苹果的价格在下降，苹果种植者发现他们的收益在增加。有机苹果的需求是有弹性的还是无弹性的？

问题与应用

7.3　经济学家所估计的价格弹性可能有些差异，这取决于估计所采用的价格和数量等数据是在什么时期和什么市场收集的。《纽约时报》上的一篇文章刊登了疾病控制和预防中心的如下说法：“香烟价格上升10%会使香烟消费量减少3%～5%。”给定这一信息，计算香烟需求的价格弹性区间。解释香烟需求是有弹性的、无弹性的还是单位弹性的。如果香烟生产厂家提高价格，它们的收益会增加还是减少？请简要解释。

资料来源：Shaila Dewan，“States Look at Tobacco to Balance the Budget”，*New York Times*，March 20，2009。

7.4　根据《纽约时报》上的一篇文章，在2011年，纽约和新泽西的港口管理局计划把横跨哈得孙河的桥梁和隧道的通行费提高50%。根据该文章，“更高的通行费……将使港口管理局的收益额外增加7.2亿美元……”港口管理局假设对横跨哈得孙河的桥梁和隧道使用的需求是有弹性的还是无弹性的？为什么港口管理局有信心这么假设？

资料来源：Michael M. Grynbaum，“Port Authority Seeks Big Tool Increases”，*New York Times*，August 5，2011。

7.5　下图是Yolanda冷冻酸乳酪摊位的需求曲线，根据该图回答问题。

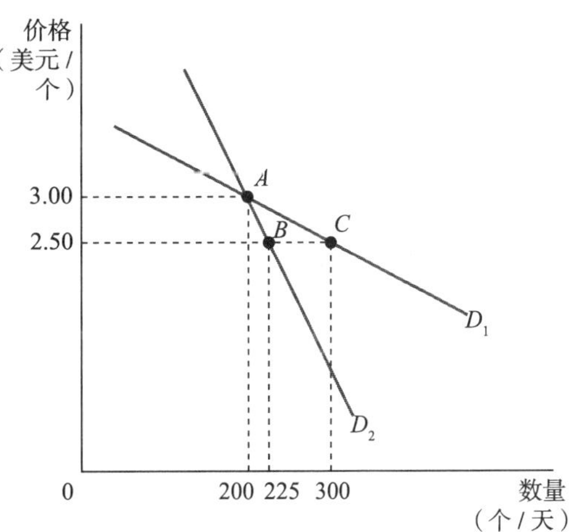

a. 利用中点公式计算需求曲线 D_1 上 A 点和 C

点之间的价格弹性以及需求曲线 D_2 上 A 点和 B 点之间的价格弹性。哪条需求曲线更有弹性？请简要解释。

b. 假定 Yolanda 一开始以 3 美元的单价每天销售 200 个冷冻酸乳酪。如果她把价格降到每个 2.5 美元，其需求曲线为 D_1，那么，她的收益变化多少？如果需求曲线为 D_2 呢？

7.6 一个体育记者做出了如下评论："扬基队削减了某些票的票价……只有扬基队确切地知道这会损失多少钱，但是，它们在努力减少本垒区的空座位，这是有道理的。"该体育记者关于扬基队降低票价将会导致损失的说法正确吗？请简要解释。

资料来源：Buster Olney，"Steroids Talk Kept Alive By More Than Just Media"，Espn. com，April 29，2009。

7.7 ［与例题 7.7 有关］简要解释你是否同意经理 2 的推理。

经理 1："我们增加冷冻比萨的销售收益的唯一方式是降价。"

经理 2："降价永远不会增加你获得的收益。如果我们要增加收益，我们就不得不涨价。"

7.8 ［与例题 7.7 有关］如果一家企业提高其产品的价格的同时其收益也增加了，进一步提高价格必然导致总收益进一步增加吗？请简要解释。

7.9 考虑以下关于学术图书出版商定价决策的描述：

> 出版商可能在几年前成本和图书价格都较低时发行了一本专著，定价为 19.95 美元。这本书现在还卖得很好，就算定价为 29.95 美元也会卖得好。那么，为什么不提高价格呢？唯一的危险是计算错误：提高价格可能使销售量下降得足够多，以致虽然每本卖价更高但总的收益会更少。

假设最后一句话所描述的情形发生了。这告诉了我们关于这本书的需求价格弹性的什么信息？请简要解释。

资料来源：Beth Luey，*Handbook for Academic Authors*，Fifth Edition (Cambridge，UK：Cambridge University Press，2010)，p. 220。

7.10 在 2008 年 11 月，底特律都会机场的 Big Blue Deck 停车费大幅上升了。根据当地报纸的一篇文章，"在 12 月，……在停车费从 10 美元跳升到 16 美元后……使用 Big Blue Deck 的车比去年少了……但是，这个北航空站停车场的提价行为却使得停车费收益比去年 12 月增加了大约61 000美元。"利用下表的信息用中点公式计算 Big Blue Deck 停车位的需求的价格弹性。假设 2007 年 12 月和 2008 年 12 月之间没有发生使停车位需求曲线移动的事情。指出需求是有弹性的还是无弹性的。

月份	停车费（美元）	收益（美元）
2007 年 12 月	10	1 387 000
2008 年 12 月	16	1 448 000

资料来源：Mary Francis Masson，"Metro Airport Parking Rate Hikes Worry Employees"，*Detroit Free Press*，February 14，2009；and Tanveer Ali，"Parking Dips；Revenue Soars"，*Detroit News*，February 13，2009。

7.11 特拉华河联合收费大桥委员会将 22 号线桥以及从新泽西州到宾夕法尼亚州的州际公路桥的过桥费从 0.5 美元增加到 1 美元。利用下表的信息回答问题。（假设除了过桥费有变化外，两个月份之间没有发生任何影响消费者需求的事情。）

月份	过桥费（美元）	过桥的车辆数	
		22 号线桥	78 号州际公路桥
11 月	0.50	519 337	728 022
12 月	1.00	433 691	656 257

a. 利用中点公式计算对每座桥的需求的价格弹性。

b. 委员会 11 月从这两座桥共收到多少过桥费？12 月收到多少？将答案与问题 a 的答案联系起来。

资料来源：Garrett Therolf，"Frugal Drivers Flood Free Bridge"，*The Morning Call*，January 20，2003。

7.12 据说，某出版商对电子书的定价做过如下表述："我们可以先以 14.95 美元的价格推出电子书，然后当我们推出平装版时把电子书的价格降到 9.99 美元。我猜测你要经过相当数量的实验。"为什么发行平装版的书会影响出版商对电子书的定价？为什么出版商要对电子书的价格进行实验？

资料来源：Motoko Rich and Brad Stone，"Cost of an e-Book Will Be Going Up"，*New York Times*，February 11，2010。

第 8 章

技术、生产和成本

本章概览和学习目标

8.1　技术：经济学上的定义

定义技术并举出技术变革的例子。

8.2　经济学上的短期和长期

区分经济学上的短期和长期。

8.3　劳动的边际产量和平均产量

理解劳动的边际产量和平均产量之间的关系。

8.4　短期产量和短期成本之间的关系

解释和说明边际成本和平均总成本之间的关系。

8.5　图示成本曲线

作图表示平均总成本、平均可变成本、平均固定成本和边际成本。

8.6　长期成本

理解企业在制定计划时如何使用长期平均成本。

开篇案例

索尼用成本曲线确定收音机的价格

技术变革导致新产品的出现和更低的生产成本。随着企业的成本变化，企业如何调整它收取的价格？这是一个我们将在接下来几章里探究的问题，它也是日本的电子业巨头索尼公司每天必须回答的问题。索尼生产电脑、电视机、游戏机以及其他产品。

索尼早期的成功源于两个年轻的企业家——盛田昭夫（Akio Morita）和井深大（Masaru Ibuka）——的见识和投入。1953年，索尼购买了美国贝尔实验室开发的晶体管技术的使用许可。索尼使用这一技术开发了比当时所有同类产品都小得多的晶体管收音机。1955年，盛田昭夫去了纽约，希望能说服一家美国百货连锁店经销索尼的收音机。

盛田昭夫以29.95美元的单价给一家百货连锁店供应了5 000台收音机。如果该连锁店想要的数量超过5 000台，价格就会变化。正如数年后盛田昭夫所描述的那样：

> 我坐下来，画了一条看起来像不平衡的字母U的曲线。收音机数量为5 000台时的价格将是我们的正常价格。那将是曲线的开始。收音机数量为10 000台时有一个折扣，那将是曲线的底。收音机数量为30 000台时，价格将开始上升。收音机数量为50 000台时，价格将比数量为5 000台时更高。收音机数量为100 000台时，价格将比数量为5 000台时高得多。

盛田昭夫提供的价格曲线是一条U形曲线，原因在于索尼生产收音机的单位成本，或称平均成本，也具有相同的形状。表示产出水平和单位成本之间关系的曲线被称为平均总成本曲线。平均总成本曲线通常具有盛田昭夫所绘曲线那样的U形形状。随着我们本章对生产和成本之间关系的探究，我们将理解为什么平均总成本曲线具有这种形状。

本章末的“业内观察”讨论了美国能源部为一家生产太阳能电池板的公司所做的贷款担保。

资料来源：Akio Morita, with Edwin M. Reingold and Mitsuko Shimomura, *Made in Japan: Akio Morita and Sony* (New York: Signet Books, 1986), p. 94。

生活中的经济学

在你自己的企业中使用成本概念

假定你有机会开一家销售躺椅的商店。你了解到你可以从制造商那里以300美元的单价购买躺椅。鲍勃的Big Chairs是现有的一家商店，其规模与你的新店相同。鲍勃的商店所卖的躺椅与你计划卖的相同，从制造商那里进货的单价也是300美元。你计划以每把500美元的价格出售。在研究了鲍勃的商店的经营方式后，你发现鲍勃的商店现在每个月卖的躺椅数比你预期自己能卖的要多，其售价为450美元。你不知道鲍勃的商店为何能在更低价格水平下获得利润。有没有理由可以预期正因为鲍勃的商店每个月卖的躺椅多从而成本比你的商店要低呢？在阅读本章的过程中，看看你是否能够回答这个问题。对照我们在本章末尾提供的答案，你可以检验你的答案。

在第 7 章中，我们探讨了需求曲线背后的原理以更好地理解消费者决策。在本章，我们将探讨供给曲线背后的原理以更好地理解企业决策。前面几章显示，供给曲线是向上倾斜的，原因在于边际成本随着企业供给量的增加而增加。在本章，我们将更加深入地考察为什么会这样。一旦我们很好地理解了生产和成本，我们就能学习接下来的几章，以求理解企业如何决定生产多少产量和收取什么价格。

8.1 技术：经济学上的定义

企业的基本活动是利用工人、机器和自然资源等投入生产商品和服务产出。例如，比萨饼店用比萨面团、比萨酱、厨师和烤箱等投入生产比萨。**技术**（technology）是企业将投入转化成商品和服务产出所使用的工序。注意经济学上对技术的这一定义比日常的定义要广泛。当我们在日常语言中使用“技术”这个词时，我们通常只用来指代新产品的开发。在经济学的意义上，企业的技术取决于许多因素，如经理的技能、工人的培训、机器和设备的速度与效率。例如，比萨生产的技术不仅包括比萨烤箱的容量及其烤比萨的速度，还包括在放进烤箱前厨师准备比萨的速度、经理激励员工的效果，以及经理安排设备以便厨师能够迅速地准备比萨然后放进烤箱的效率。

在企业经历正向的**技术变革**（technological change）的任何时候，企业用相同数量的投入能够生产更多的产出或者用更少的投入能够生产同样多的产出。正向的技术变革有许多来源。企业的经理可以重新安排工厂布局或零售商店的布局以提高产量和销售量。企业的工人可以参加培训。企业可以安装更快或更可靠的机器或设备。当然，企业也可能经历负向的技术变革。如果企业雇用技能较低的工人或者如果飓风损坏了企业的设备，企业用给定数量的投入能够生产的产出数量就可能减少。

建立联系☞

沃尔玛改进存货控制

存货是指已经生产出来但尚未销售的商品。对于沃尔玛这样的零售商来说，任一时点的存货包括货架上和仓库里的商品。存货是一种投入，而沃尔玛卖给消费者的商品则是产出。持有存货的成本很高，因此企业有激励通过保证商品不会长时间待在货架上以便持有尽可能少的存货和尽可能快地周转存货。然而，持有的存货太少就会导致脱销，即由于货架上没有消费者想买的商品而损失销售量。

存货控制的改进使得企业能够用更少的投入生产同样多的产出，因此它符合经济学对正向的技术变革的定义。近些年来，许多企业采取了即时存货系统，在该系统下，企业在需要进货前尽可能短的时间内才从供应商处进货。丰田公司是采用即时系统的先驱，该公司利用这一系统减少了汽车装配工厂中零部件的存货。沃尔玛则是在其各商店使用类似存货控制系统的先驱。

沃尔玛对从所销售的商品的制造商延伸到沃尔玛的零售商店的供应链进行积极管理。沃尔玛的创始人山姆·沃尔顿

(Sam Walton) 在全国各地建立了一系列的配送中心，对各零售商店供应商品。当商品在零售商店出售时，销售点的信息以电子的方式发送到公司的配送中心，以帮助经理人确定哪些商品应该运送到每家商店。视商店相对于配送中心的位置而定，经理人可以用沃尔玛的卡车隔夜运送商品。这一配送系统使得沃尔玛能够最小化其存货持有量而不会有发生许多脱销情况的风险。由于沃尔玛销售的牙膏、一次性尿布、狗粮和许多其他产品占到全美国的15%～25%，所以它能够与其供应链中的许多制造商密切合作。例如，世界上最大的牙膏、洗涤剂、卫生纸和其他产品的制造商宝洁公司以电子的方式接收沃尔玛的销售店和存货信息。这一信息有助于宝洁公司确定生产安排及其应该运送到沃尔玛配送中心的商品数量。

技术变革是沃尔玛成为世界上最大的企业之一的关键，公司在 2011 年拥有 210 万雇员，收益接近 4 200 亿美元。

轮到你了： 做本章末与本专栏相关的问题与应用 1.5，看看你理解得如何。

8.2 经济学上的短期和长期

当企业分析产量水平和成本之间的关系时，它们区分短期和长期。在**短期**（short run），企业的投入至少有一种是固定的。特别地，在短期，企业的技术和实物厂房（工厂、商店或办公室）都是固定的，而企业雇用的工人数量是可变动的。在**长期**（long run），企业能改变其所有投入、采用新技术和增大或减小厂房规模。当然，短期的实际时间长度对不同的企业各不相同。比萨饼店也许只要几周就能通过增加一个比萨烤箱和一些桌椅来增大厂房规模。相反，宝马公司可能要一年以上的时间才能通过安装新设备来增加某一汽车装配厂房的生产能力。

8.2.1 固定成本和可变成本之间的区别

总成本（total cost）是企业生产中使用的所有投入的成本。我们刚才已经看到，在短期，有些投入是固定的而其他投入是可变的。固定投入的成本是固定成本，可变投入的成本是可变成本。我们可以把**可变成本**（variable costs）看作是随产出变化而变化的成本。类似地，**固定成本**（fixed costs）是当产出变动时保持不变的成本。一家典型企业的可变成本包括其劳动成本、原材料成本以及电和其他公用事业（水、煤气等）的成本。典型的固定成本包括工厂或零售场地的租金、火灾保险费以及报纸和电视广告费。企业的所有成本要么是固定的要么是可变的，因此我们可以写出如下等式：

总成本＝固定成本＋可变成本

或者，用符号写成：

$$TC=FC+VC$$

建立联系☞

出版业的固定成本

剑桥大学出版社的一位编辑对中等规模的学术图书出版商每年的固定成本做出了如下估计：

成本	金额（美元）
工资与福利	625 000
租金	75 000
水电费等公用事业费	20 000
日用品	6 000
邮费	5 000
差旅费	9 000
订阅费等	5 000
其他	5 000
总计	750 000

学术图书出版商雇用编辑、设计师以及对图书出版的准备提供帮助的生产和营销经理。由于这些雇员同时忙于几本书的出版工作，公司雇用的人数不会随着某一特定年份公司出版书籍的数量而增减。因此，出版公司把这些工作种类的雇员的工资与福利看作固定成本。

相反，对印刷厂来说，工人数量随着图书印刷数量而变化。因此，举例来说，操作印刷机的工人的工资与福利将是可变成本。

左侧表列出的其他成本在许多企业都是典型的固定成本。

资料来源：*Handbook for Academic Authors*，5th edition by Beth Lucy，2010，Cambridge University Press。

轮到你了：做本章末与本专栏相关的问题与应用 2.6、2.7 和 2.8，看看你理解得如何。

□ 8.2.2 隐性成本和显性成本

经济学家总是用机会成本来衡量成本，记住这一点很重要。任何活动的**机会成本**（opportunity cost）是从事该项活动必须放弃的价值最高的其他用途。正如我们在第 6 章看到的，成本要么是显性的，要么是隐性的。当企业花钱时，就产生了**显性成本**（explicit cost）。当企业的机会成本是非货币的时，就产生了**隐性成本**（implicit cost）。

例如，假定吉尔·约翰逊拥有一家比萨餐馆。在经营这家餐馆时，吉尔有显性成本，如她付给工人的工资、租金和电费等。但是，吉尔的一些最重要的成本是隐性的。在经营自己的餐馆之前，吉尔为别人管理一家餐馆每年赚到 3 万美元的工资。为了开始经营自己的餐馆，吉尔辞掉了工作，从银行账户取了 5 万美元——这些钱每年本来可以赚到的利息为 3 000 美元，用这些钱购置了桌椅、收银机和其他设备。为了经营自己的餐馆，吉尔不得不放弃这 3 万美元工资和 3 000 美元利息。这 33 000 美元是隐性成本，因为吉尔并不需要支付这些成本。但是，每年放弃的这 33 000 美元对吉尔来说是一笔实实在在的成本。此外，在这一年中，吉尔的餐馆里价值 5 万美元的桌椅和其他实物资本会减值，部分地是由于磨损，或者由于更好的家具、收银机等变得可以获得。经济折旧是吉尔在这一年年初为她的资本所支出的金额与在年末若卖掉资本能回收的金额之差。如果吉尔年末能以 4 万美元的价格卖掉她的资本，那么，1 万美元的经济折旧代表了另一部分隐性成本。（注意，她在资本上的那 5 万美元支出并不算成本，原因是她在年末仍然拥有这些设备，尽管现在这些设备的价值只有 4 万美元。）

表 8.1 列出了吉尔的成本。前五项是显性成本，接下来三项是隐性成本。正如我们在第 6 章看到的，会计规则通常要求，为了保持企业财务记录和纳税的目的，只有显性成本才入账。因此，显性成本有时候被称为会计成本。经济成本则既包括会计成本，又包括隐性成本。

表 8.1 **吉尔·约翰逊比萨餐馆每年的成本** 单位：美元

比萨面团、番茄酱和其他配料	20 000
工资	48 000
为购买比萨烤箱所贷款的利息支出	10 000
电费	6 000
店面租金	24 000
损失的工资	30 000
损失的利息	3 000
经济折旧	10 000
总计	151 000

□ 8.2.3 生产函数

下面我们考察一下吉尔·约翰逊比萨餐馆短期的产量和成本之间的关系。为了使情况比表 8.1 所示的更现实的情形简单一些，让我们假设吉尔只使用劳动（工人）和一种类型的资本（比萨烤箱）来生产唯一的商品：比萨。许多企业使用两种以上的投入生产一种以上的商品，但是，通过把注意力集中于使用两种投入来生产一种商品的情形，我们理解产出和成本之间的关系就更为容易。在短期，吉尔没有时间建一个更大规模的餐馆、安装额外的比萨烤箱，或者重新设计餐馆的布局。因此，在短期，她只能通过增加或减少雇用的工人数量来增加或减少她所生产的比萨数量。

表 8.2 的前三列显示了吉尔每周所用的工人和烤箱数量与她能生产的比萨数量之间的关系。一家企业使用的投入和它用这些投入能生产的最高产出之间的关系被称为该企业的**生产函数**（production function）。由于企业的技术是它将投入转化成产出所使用的工序，生产函数代表了这家企业的技术。由于我们假设时期太短从而吉尔不能增加或减少她所使用的烤箱数量，因此，表 8.2 显示了吉尔的短期生产函数。

表 8.2　　吉尔·约翰逊比萨餐馆的短期产量和成本

工人数量	比萨烤箱数量	每周的比萨数量	比萨烤箱成本（固定成本，美元）	工人成本（可变成本，美元）	每周比萨的总成本（美元）	每个比萨的成本（平均总成本，美元）
0	2	0	800	0	800	—
1	2	200	800	650	1 450	7.25
2	2	450	800	1 300	2 100	4.57
3	2	550	800	1 950	2 750	4.00
4	2	600	800	2 600	3 400	5.67
5	2	625	800	3 250	4 050	6.48
6	2	640	800	3 900	4 700	7.34

□ 8.2.4　产量与成本之间的关系初探

表 8.2 显示了吉尔·约翰逊比萨餐馆的成本。如果我们知道生产某一给定数量的比萨需要多少工人和烤箱以及吉尔必须为这些工人和烤箱支出多少钱，那么，我们就可以确定生产这一数量的比萨的总成本。假定吉尔从银行贷款购买了两个比萨烤箱。这笔贷款的成本是每周 800 美元。因此，她的固定成本是每周 800 美元。如果吉尔每周给每个工人付 650 美元，她的可变成本取决于她雇用多少工人。在短期，吉尔可以通过雇用更多工人来增加她生产的比萨数量。表 8.2 显示，如果她雇用 1 个工人，她每周能生产 200 个比萨；如果雇用 2 个工人，每周能生产 450 个比萨；等等。对于某一特定周来说，吉尔生产比萨的总成本等于她为购买烤箱所贷款项支出的 800 美元加上她付给工人的报酬。如果吉尔决定雇用 4 个工人和生产 600 个比萨，那么，她的总成本就是 3 400 美元：租赁烤箱的 800 美元加上雇用工人的 2 600 美元。每个比萨的成本等于生产比萨的总成本除以所生产的比萨数量。如果她以 3 400 美元的总成本生产了 600 个比萨，那么，每个比萨的成本，即平均总成本，就是 3 400/600=5.67 美元。企业的**平均总成本**（average total cost）总是等于总成本除以生产的产出数量。

图 8.1（a）使用表 8.2 倒数第 2 列的数字画出了吉尔的总成本。图 8.1（b）使用表 8.2 最后一列的数字画出了她的平均总成本。注意，在图 8.1（b）中，吉尔的平均成本曲线的形状大致为 U 形，与我们在本章开篇案例中看到的盛田昭夫所描述的索尼晶体管收音机的平均成本曲线形状相同。随着产量从低水平开始增加，平均总成本下降。然后，在上升到更高的产量水平之前，平均总成本变得相当平坦。为了理解为什么平均总成本具有这种 U 形形状，我们需要先更深入地考察生产比萨的技术，即吉尔的比萨餐馆的生产函数。然后我们需要考察这一技术如何决定了产量和成本之间的关系。

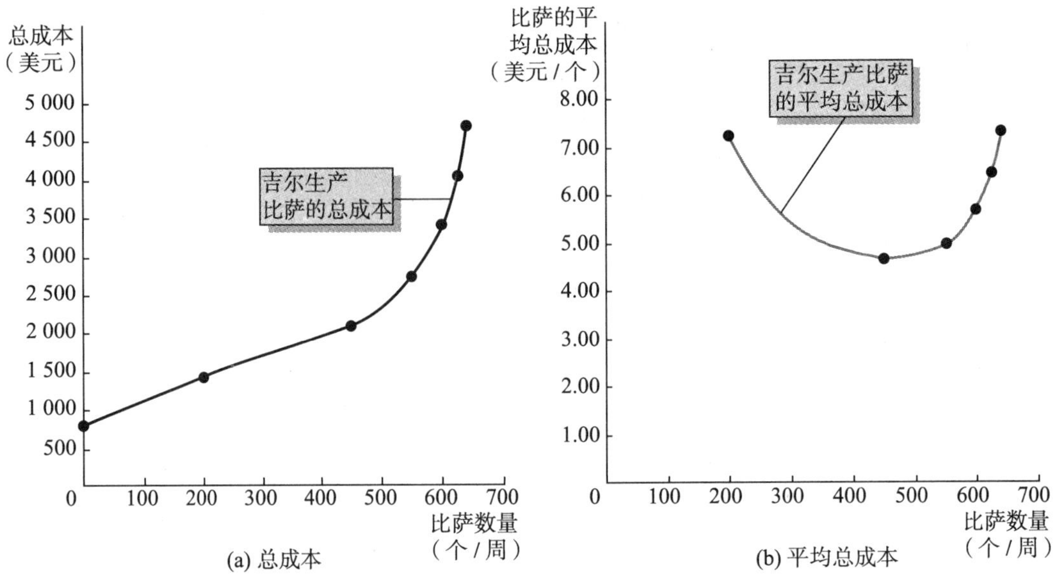

图 8.1　吉尔的餐馆的总成本和平均总成本的图形表示

我们可以利用表 8.2 中的信息画出吉尔生产的比萨数量和她的总成本以及平均总成本之间的关系。图（a）显示，总成本随着产量水平的增加而增加。在图（b）中，我们看到，平均总成本曲线的形状大致为 U 形：随着产量从低水平开始增加，在上升到更高的产量水平之前，平均总成本下降。为了理解为什么平均总成本具有这种 U 形形状，我们需要更深入地考察生产比萨的技术，即生产函数。

8.3　劳动的边际产量和平均产量

为了更好地理解吉尔面临的选择，给定她能获得的技术，首先考虑如果她只雇用一个工人会发生什么。唯一的那个工人将不得不从事几种不同的活动，包括接受顾客点餐、烘制比萨、把比萨送到顾客的餐桌、在收银台记账。如果吉尔雇用两个工人，那么，这些活动就可以在两人之间进行分工：一个工人可以接受顾客点餐和在收银台记账，另一个工人可以烘制比萨。在这样分工的情况下，吉尔会发现雇用两个工人实际上能够生产的比萨数量会超过只雇用一个工人情况下的两倍。

企业多雇用一个工人所生产的额外产出被称为**劳动的边际产量**（marginal product of labor）。我们可以通过确定随着每多雇用一个工人总产出增加多少来计算劳动的边际产量。在表 8.3 中我们计算了吉尔的餐馆的劳动的边际产量。

表 8.3　吉尔·约翰逊比萨餐馆的劳动的边际产量

工人数量	比萨烤箱数量	比萨数量	劳动的边际产量
0	2	0	—
1	2	200	200
2	2	450	250

续前表

工人数量	比萨烤箱数量	比萨数量	劳动的边际产量
3	2	550	100
4	2	600	50
5	2	625	25
6	2	640	15

当吉尔只雇用一个工人时，她每周生产 200 个比萨。当她雇用两个工人时，她每周生产 450 个比萨。雇用第二个工人使每周的产量增加了 250 个比萨。因此，第一个工人的边际产量是 200 个比萨，而第二个工人的边际产量上升到 250 个比萨。边际产量的增加源于劳动分工和专业化。通过对要做的任务进行划分——劳动分工，吉尔减少了工人从一项活动转换到另一项活动所损失的时间。她也使得工人更加专业地从事他们各自的任务。例如，专门烘制比萨的工人将会变得技术娴熟，能够迅速而有效率地烘制比萨。

□ 8.3.1 边际报酬递减定律

在短期，吉尔租的比萨烤箱数量是固定的，因此，随着她雇用的工人增加，劳动的边际产量最终开始递减。这之所以会发生，原因是在某点，吉尔用完了来自劳动分工和专业化的所有好处，开始受到边际报酬递减定律的影响。**边际报酬递减定律**（law of diminishing marginal returns）是指如下原理：增加更多的可变投入（如劳动）于相同数量的固定投入（如资本）最终将引起可变投入的边际产量下降。对吉尔来说，当她雇用第三个工人时，劳动的边际产量开始递减。雇用三个工人将她生产的比萨数量从每周 450 个增加到了 550 个。但是，比萨数量仅增加 100 个，这低于当她雇用第二个工人时增加的数量（250 个）。

如果吉尔继续增加工人数量，而比萨烤箱数量保持不变，最终工人将因为过于拥挤而使劳动的边际产量实际上变成负的。当边际产量为负时，总产出水平下降。实际上，没有一个企业会雇用这么多工人，以致劳动的边际产量为负且总产量下降。

□ 8.3.2 生产的图形表示

利用表 8.3 中的数字，图 8.2（a）显示了吉尔雇用的工人数量和比萨总产出之间的关系。图 8.2（b）显示了劳动的边际产量。在图 8.2（a）中，产出随着雇用的工人增加而增加，但产出增加的速度并不为常数。由于专业化和劳动分工，产出一开始以递增的速度增加，每个额外雇用的工人引起的产量增加量都超过前一个工人引起的产量增加量。但是，在已经雇用第二个工人后，雇用更多的工人而不增加烤箱数量导致了报酬递减。当达到报酬递减的点时，产量以递减的速度增加。在第二个工人之后每个额外雇用的工人引起的产量增加量都少于前一个工人引起的产量增加量。在图 8.2（b）中，由于专业化和劳动分工的影响，劳动的边际产量曲线一开始上升，然后由于报酬递减的影响开始下降。

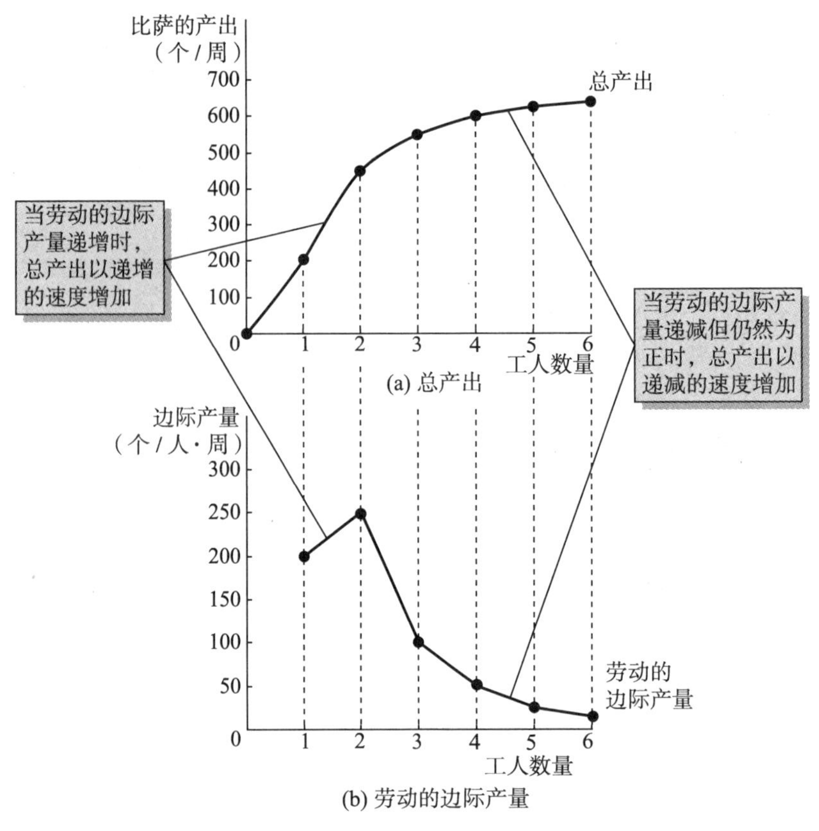

图 8.2　总产出和劳动的边际产量

在图（a）中，产出随着雇用的工人增加而增加，但产出增加的速度并不为常数。由于专业化和劳动分工，产出一开始以递增的速度增加，每个额外雇用的工人引起的产量增加量都超过前一个工人引起的产量增加量。在已经雇用第二个工人后*，雇用更多的工人而不增加烤箱数量导致了报酬递减。当达到报酬递减的点时，产量以递减的速度增加。在第二个工人之后每个额外雇用的工人引起的产量增加量都少于前一个工人引起的产量增加量。在图（b）中，劳动的边际产量是多雇用一个工人生产的额外产出。由于专业化和劳动分工的影响，劳动的边际产量一开始上升，然后由于报酬递减的影响开始下降。

建立联系☞

亚当·斯密对别针厂劳动分工的著名叙述

在《国富论》中，亚当·斯密以别针厂的生产为例说明劳动分工导致产出增加。下面这段话摘自他对别针生产如何被分成一系列任务的叙述：

> 一个人把金属丝拉长，另一个人把它拉直，第三个人把它切断，第四个人把它削尖，第五个人把顶部磨光以备安装针头；为了制作针头需要两三项不同的程序：把针头安上是一项；把针漆成白色是一项；甚至用纸把针包起来也是一项；生产别针这一重要的任务就以这种方式被分成了十八项不同的程序。

由于别针生产的劳动进行了这种方式

* 原书为第三个，应为第二个。——译者注

的分工，平均每个工人每天能够生产大约4 800枚别针。斯密猜测，如果一个工人利用别针生产机器独自生产别针，他每天只能生产大约20枚。225年以前得到的这一启示表明了来自劳动分工和专业化的巨大收益，这一启示现在对大多数经营活动仍然很重要。

资料来源：Adam Smith，*An Inquiry into the Nature and Causes of the Wealth of Nations*，Vol. I (UK：Oxford University Press，1976. Original edition，1776)，pp. 14-15。

轮到你了：做本章末与本专栏相关的问题与应用3.7，看看你理解得如何。

□ 8.3.3 边际产量和平均产量之间的关系

劳动的边际产量告诉我们当雇用的工人数量变化时总产出变化多少。我们也可以计算工人平均生产多少比萨。**劳动的平均产量**（average product of labor）等于一家企业生产的总产出除以工人的数量。例如，利用表8.3中的数字，如果吉尔雇用4个工人生产600个比萨，劳动的平均产量为600/4=150。

我们可以这么来表述劳动的边际产量和平均产量之间的关系：劳动的平均产量等于劳动的边际产量的平均值。例如，表8.3中的数字显示，吉尔雇用的第一个工人的边际产量为200，第二个工人的边际产量为250，第三个工人的边际产量为100。因此，这三个工人的平均产量为183.3：

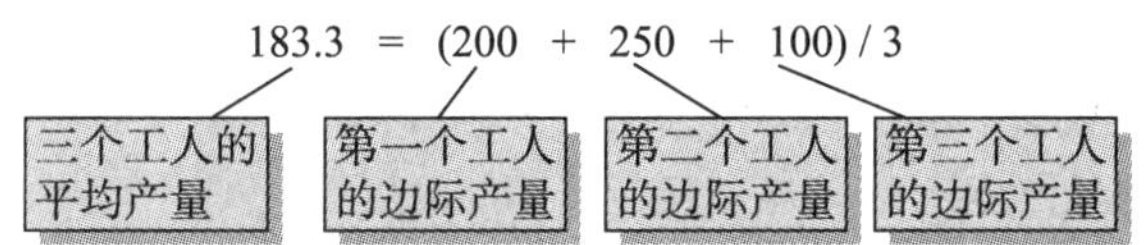

通过对前三个工人的边际产量取平均值，我们得到了这三个工人的平均产量。

只要劳动的边际产量大于劳动的平均产量，劳动的平均产量必然在增加。这个结论成立的原因与下面的例子相同：某房间里的人平均身高为5英尺9英寸，如果一个身高6英尺2英寸的人进入该房间，他就使房间里的人的平均身高上升了。只要劳动的边际产量小于劳动的平均产量，劳动的平均产量必然减少。在劳动的平均产量达到最大时，劳动的边际产量等于劳动的平均产量。

□ 8.3.4 边际值和平均值的一个例子：大学绩点

劳动的边际产量和平均产量之间的关系与任何变量的边际值和平均值之间的关系相同。为了理解得更清楚，考虑大家所熟悉的学生单个学期的学分绩点（GPA）和综合（累积）绩点之间的关系。图8.3中的表格显示了保罗从2012年秋季学期开始每个学期的大学绩点。图8.3中的图形是根据表格中的数字绘制的。就像每多雇用一个工人增加了企业的总产量一样，每个额外的学期增加了保罗的总学分绩点。我们可以计算每多雇用一个工人增加了多少总产量（边际产量）以及雇用的工人的平均产量。

类似地，我们可以计算保罗在某一特定学期的GPA（边际GPA）以及他在已完成的所有学期的累积GPA（平均GPA）。正如该表所显示的，保罗在第一年的秋季学期起步不佳，GPA仅为1.50。在此之后直到大三秋季学期的每个学期，他的GPA都比前一学期

	学期 GPA（边际 GPA）	累积 GPA（平均 GPA）
大一		
秋季学期	1.50	1.50
春季学期	2.00	1.75
大二		
秋季学期	2.20	1.90
春季学期	3.00	2.18
大三		
秋季学期	3.20	2.38
春季学期	3.00	2.48
大四		
秋季学期	2.40	2.47
春季学期	2.00	2.41

尽管边际 GPA 下降，但平均 GPA 继续上升

当边际 GPA 低于平均 GPA 时，平均 GPA 下降

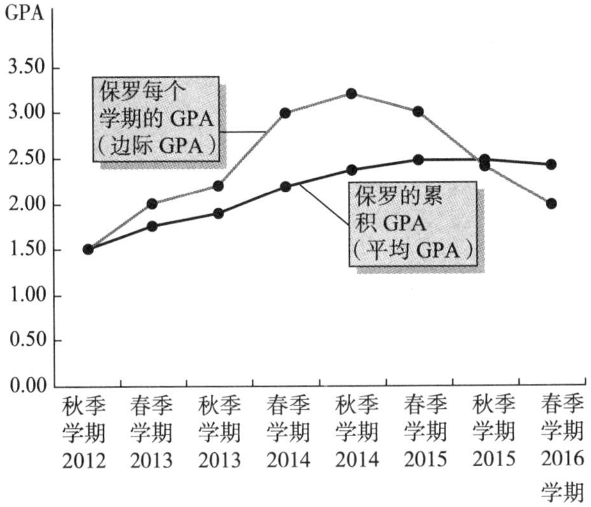

图 8.3　边际 GPA 和平均 GPA

一个变量的边际值和平均值之间的关系可以用 GPA 来说明。我们可以计算保罗在某一特定学期的 GPA（边际 GPA）以及他在已完成的所有学期的累积 GPA（平均 GPA）。保罗在第一年秋季学期的 GPA 仅为 1.50。在此之后直到大三秋季学期的每个学期，他的学期 GPA 都在上升，这使他的累积 GPA 上升。尽管保罗大三春季学期的 GPA 下降了，但他的累积 GPA 仍在上升。只有在大四的秋季学期，他那个学期的 GPA 降到了累积 GPA 以下，他的累积 GPA 才下降。

高，这使他的累积 GPA 上升。然而，正如图形所示的那样，他的累积 GPA 并没有像每个学期的 GPA 上升得那么快，原因是他的累积 GPA 被头几个学期的低 GPA 拖了后腿。注意，尽管保罗大三春季学期的 GPA 下降了，但他的累积 GPA 仍在上升。只有在大四的秋季学期，他那个学期的 GPA 降到了累积 GPA 以下，他的累积 GPA 才下降。

8.4　短期产量和短期成本之间的关系

我们已经看到，技术决定了劳动的边际产量和平均产量。反过来，劳动的边际产量和

平均产量影响企业的成本。记住，我们正在讨论的关系是短期关系。我们正在假设所考虑的时期很短，以至于企业无法改变其技术或厂房的规模。

在本章一开头，我们看到了盛田昭夫如何利用平均总成本曲线确定收音机的价格。盛田昭夫所使用的平均总成本曲线和图 8.1（b）所示的吉尔·约翰逊比萨餐馆的平均总成本曲线都具有 U 形形状。正如我们很快就要看到的那样，平均总成本曲线的 U 形形状是由表示边际成本和产量水平之间关系的曲线的形状决定的。

□ 8.4.1 边际成本

正如我们在第 1 章看到的，经济学的关键思想之一就是最优决策基于边际分析。消费者、企业和政府官员通常所做的决策涉及多做还是少做一点。当吉尔·约翰逊考虑是否雇用额外的工人来生产额外的比萨时，她需要考虑生产那些额外的比萨会使总成本增加多少。**边际成本**（marginal cost）是企业生产额外一单位商品或服务的额外成本。我们可以通过将总成本的变化除以产出的变化来得到某一特定产出增加的边际成本，这在数学上可以表示为（希腊字母 Δ 代表变量的变化）：

$$MC=\frac{\Delta TC}{\Delta Q}$$

在图 8.4 的表格中，我们用这一方程来计算吉尔生产比萨的边际成本。表格中的其他数值来自表 8.2 和表 8.3。

□ 8.4.2 为什么边际成本曲线和平均成本曲线是 U 形形状的?

注意到图 8.4 的图形中吉尔生产比萨的边际成本先下降后上升，从而边际成本曲线具有 U 形形状。图 8.4 中的表格也显示了劳动的边际产量。该表有助于我们理解劳动的边际产量和边际生产成本之间的重要关系：对前两个工人来说，劳动的边际产量在上升，但这些工人生产的比萨的边际成本在下降。对后四个工人来说，劳动的边际产量在下降，但这些工人生产的比萨的边际成本在上升。总结起来就是：当劳动的边际产量在上升时，产出的边际成本在下降；当劳动的边际产量在下降时，产出的边际成本在上升。

理解上述结论为什么成立的一种方式是注意到吉尔生产更多比萨所产生的成本是她雇用更多工人所支付的工资。她每周支付给每个新工人的工资都是同样的 650 美元。因此，每个工人制作的额外的比萨的边际成本取决于该工人的额外产出即边际产量。只要每个新工人生产的额外产出在上升，那些产出的边际成本就在下降。当每个新工人生产的额外产出下降时，那些产出的边际成本就在上升。我们可以得出结论：边际生产成本先下降后上升——形成 U 形形状——的原因是劳动的边际产量先上升后下降。

边际成本和平均总成本之间的关系与通常的边际值和平均值之间的关系相同。只要边际成本低于平均总成本，平均总成本就下降。当边际成本高于平均总成本时，平均总成本上升。当平均总成本处于最低点时，边际成本等于平均总成本。因此，由于边际成本曲线具有 U 形形状，平均总成本曲线也具有 U 形形状。

工人数量	比萨数量	劳动的边际产量	比萨的总成本（美元）	比萨的边际成本（美元）	比萨的平均总成本（美元）
0	0	—	800	—	—
1	200	200	1 450	325	7.25
2	450	250	2 100	2.60	4.67
3	550	100	2 750	6.50	5.00
4	600	50	3 400	13.00	5.67
6	640	15	4 700	43.33	7.34

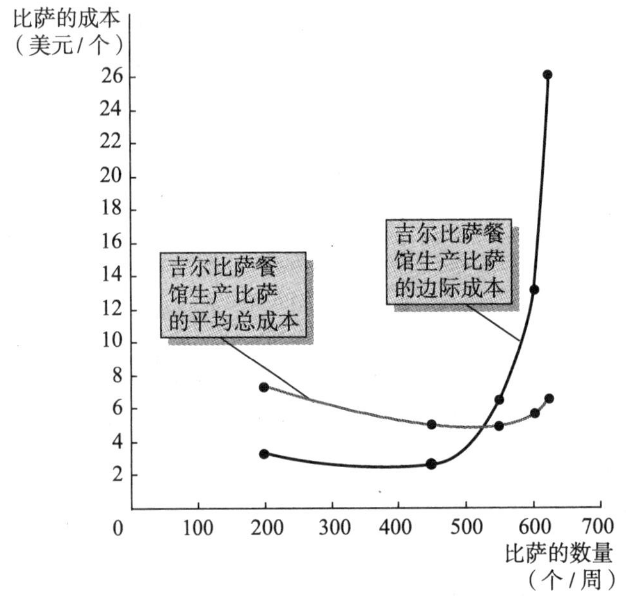

图 8.4　吉尔·约翰逊比萨餐馆生产比萨的边际成本和平均总成本

我们可以利用表格中的信息来计算吉尔比萨餐馆生产比萨的边际成本和平均总成本。对所雇用的前两个工人来说，劳动的边际产量在上升，这使得生产的边际成本在下降。对所雇用的后四个工人来说，劳动的边际产量在下降，这使得生产的边际成本在上升。因此，边际成本曲线先下降后上升也就是具有U形形状的原因在于劳动的边际产量先上升后下降。只要边际成本低于平均总成本，平均总成本就会下降。当边际成本高于平均总成本时，平均总成本就会上升。边际成本和平均总成本之间的关系解释了为什么平均总成本曲线也具有U形形状。

例题 8.4　计算边际成本和平均成本

Santiago Delgado 拥有一家复印店。他租了两台复印机，每天的租金为每台 12.5 美元。他若要增加租赁的复印机数量，就必须提前 6 周通知办公设备公司。他可以雇用任意多数量的工人，每个工人每天的工资为 50 美元。这两种投入是他提供复印服务所用到的所有投入。

a. 利用成本的定义，填充下页表空白的各列。

b. 画出 Santiago 复印店的平均成本和边际成本曲线。这些曲线的形状符合你的预期吗？请简要解释。

工人数量	每天的副本数量	固定成本（美元）	可变成本（美元）	总成本（美元）	平均总成本（美元）	边际成本（美元）
0	0					
1	625					
2	1 325					
3	2 200					
4	2 600					
5	2 900					
6	3 100					

解：

第 1 步：复习本章内容。这一问题要求你理解成本的定义，所以你可能需要复习一下 8.2.1 节“固定成本和可变成本之间的区别”和 8.4.2 节“为什么边际成本曲线和平均成本曲线是 U 形形状的？”。

第 2 步：利用成本的定义，回答（a）部分。Santiago 的固定成本是他为了租赁复印机所支付的成本。他使用两台复印机，每台的租金是 12.5 美元，因此，他的固定成本为 25 美元。Santiago 的可变成本是他为了雇用工人所支付的成本。他每天付给每个工人 50 美元。他的总成本是固定成本和可变成本之和。他的平均总成本等于总成本除以当天生产的副本数量。他的边际成本等于总成本的变化量除以产出的变化量。因此，举例来说，它每天生产 1 325 本副本而非 625 本的边际成本为

$$MC=\frac{125-75}{1\ 325-625}=0.07\text{（美元）}$$

填充后的表格如下：

工人数量	每天的副本数量	固定成本（美元）	可变成本（美元）	总成本（美元）	平均总成本（美元）	边际成本（美元）
0	0	25	0	25	—	—
1	625	25	50	72	0.12	0.08
2	1 325	25	100	125	0.09	0.07
3	2 200	25	150	175	0.08	0.06
4	2 600	25	200	225	0.09	0.13
5	2 900	25	250	275	0.09	0.17
6	3 100	25	300	325	0.10	0.25

第 3 步：画出 Santiago 复印店的平均成本和边际成本曲线，解释它们是否具有通常的形状，回答（b）部分。利用表中的数据，你可以画出下图：

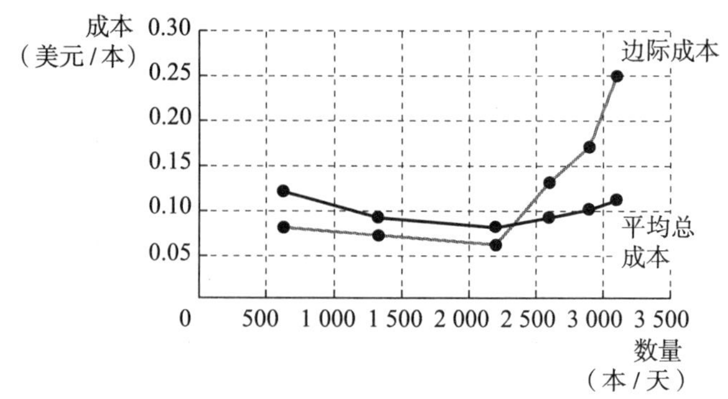

我们预期，平均总成本和边际成本曲线具有U形形状。Santiago复印店的平均成本和边际成本曲线的确具有这种形状。与图8.4中的成本曲线一样，这两条曲线都先下降后上升。

轮到你了：要想做更多的练习，请做本章末的问题与应用4.6。

8.5 图示成本曲线

我们看到我们是通过将总成本除以产出数量来得到平均总成本的。类似地，我们可以将固定成本除以产出数量来得到**平均固定成本**（average fixed cost），将可变成本除以产出数量来得到**平均可变成本**（average variable cost）。令Q代表产出水平，我们有下面的数学表达式：

$$平均总成本=ATC=\frac{TC}{Q}$$

$$平均固定成本=AFC=\frac{FC}{Q}$$

$$平均可变成本=AVC=\frac{VC}{Q}$$

最后，注意到平均总成本是平均固定成本和平均可变成本之和：

$$ATC=AFC+AVC$$

吉尔经营餐馆所发生的唯一的固定成本是每周为购买比萨烤箱从银行所贷款项支付的800美元。她的可变成本是她支付给工人的工资。图8.5中的表格和图形显示了吉尔的成本。

我们在接下来的几章里将用类似图8.5那样的图形来分析企业如何决定生产的产出水平和收取的价格。在进一步学习之前，确保你理解了以下关于图8.5的三个重要事实：

1. 边际成本（MC）、平均总成本（ATC）和平均可变成本（AVC）曲线都是U形形状的，边际成本曲线经过平均可变成本曲线和平均总成本曲线的最低点。当边际成本低于平均可变成本或平均总成本时，它使得它们下降。当边际成本高于平均可变成本或平均总成本时，它使得它们上升。因此，当边际成本等于平均可变成本或平均总成本时，它们必然处于最低点。

工人数量	烤箱数量	比萨数量	烤箱的成本（固定成本，美元）	工人的成本（可变成本，美元）	比萨的总成本（美元）	*ATC*（美元）	*AFC*（美元）	*AVC*（美元）	*MC*（美元）
0	2	0	800	0	800	—	—	—	—
1	2	200	800	650	1 450	7.25	4.00	3.25	3.25
2	2	450	800	1 300	2 100	4.67	1.78	2.89	2.60
3	2	550	800	1 950	2 750	5.00	1.45	3.54	6.50
4	2	600	800	2 600	3 400	5.67	1.33	4.33	13.00
5	2	625	800	3 250	4 050	6.48	1.28	5.20	26.00
6	2	640	800	3 900	4 700	7.34	1.25	6.09	43.33

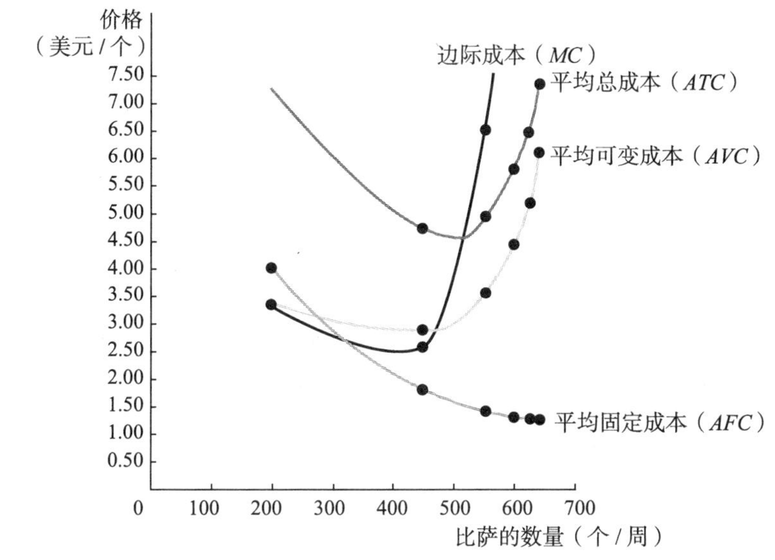

图 8.5　吉尔·约翰逊比萨餐馆的成本

表格和图形显示了吉尔生产比萨的成本。注意关于图形的三个重要事实：（1）边际成本（*MC*）、平均总成本（*ATC*）和平均可变成本（*AVC*）曲线都是U形形状的，边际成本曲线经过平均可变成本曲线和平均总成本曲线的最低点。（2）随着产出增加，平均固定成本（*AFC*）变得越来越小。（3）随着产出增加，平均总成本与平均可变成本之差减少。确保你能解释为什么会有这三个事实。你应该花时间熟悉这幅图，因为它是微观经济学中最重要的图形之一。

2. 随着产出增加，平均固定成本变得越来越小。这是因为，在计算平均固定成本时，我们使用一个保持不变的量——固定成本——去除以一个变得越来越大的量——产出。企业通常把通过销售更多产出来降低平均固定成本的过程称为“摊薄经常费用”（其中“经常费用”是指固定成本）。

3. 随着产出增加，平均总成本与平均可变成本之差减少。这是因为，平均总成本与平均可变成本之差就是平均固定成本，它随着产出增加而变小。

8.6 长期成本

我们刚刚讨论的固定成本与可变成本的区别适用于短期但不适用于长期。例如，在短期，吉尔·约翰逊每周有 800 美元的固定成本，因为她在购买比萨烤箱时与一家银行签署了一份贷款协议。在长期，由于吉尔能够选择是否通过购买更多烤箱来扩展业务，因此，购买更多比萨烤箱的成本变成了可变成本。对于与吉尔比萨餐馆类似的公司可能有的任意其他固定成本，情况也同样如此。一旦公司购买了火灾保险，保险费就是固定的。但是，当保单期满时，公司必须决定是否继续购买，这一成本就变成了可变成本。这里的要点是：在长期，所有成本都是可变的，没有固定成本。换句话说，在长期，总成本等于可变成本，平均总成本等于平均可变成本。

成功企业的经理们同时考虑他们如何才能从现有商店、工厂或营业处的经营中获得最多的利润以及在长期是否可以通过增加或缩小规模而获得更多的利润。吉尔必须考虑如何经营现在的只有两台比萨烤箱的餐馆，还必须计划当现在的银行贷款还清和店面租约到期时要做些什么。她该购买更多的比萨烤箱吗？她应该租一间更大的店面吗？

□ 8.6.1 规模经济

短期平均成本曲线代表了企业在某些投入（如它使用的机器）的数量固定时所面临的成本。**长期平均成本曲线**（long-run average cost curve）显示了企业在长期（此时没有投入是固定的）生产某一给定数量的产出的最低成本。企业可能会经历**规模经济**（economies of scale），即企业的长期平均成本随产量增加而下降。我们可以在图 8.6 中看到规模经济的影响，该图显示了短期平均成本曲线与长期平均成本曲线之间的关系。经理们可以用长期平均成本曲线来做规划，因为长期平均成本曲线表示了产出扩张（例如，建造一家更大规模的工厂或商店）对成本的影响。

□ 8.6.2 书店的长期平均成本曲线

图 8.6 表示了零售书店行业的长期平均成本。如果一家小书店预期每个月只卖 1 000 本书，那么，若它的规模可以用图中左边的平均总成本曲线代表，则它卖出 1 000 本书的最低平均成本为 22 美元。一家规模大得多的书店，如 Barnes & Noble 这样的全国连锁书店经营的一家书店，能够以更低的平均成本（18 美元）卖出 20 000 本书。平均成本从 22 美元到 18 美元的这种下降代表了图书销售中存在的规模经济。为什么规模更大的书店会有更低的平均成本？一个重要的原因是，一家 Barnes & Noble 书店所卖的图书是小书店的 20 倍，但需要的工人或许只有 6 倍那么多。劳动成本的节约将降低 Barnes & Noble 销售图书的平均成本。

企业之所以经历规模经济，可能有几个原因。首先，正如 Barnes & Noble 的例子所示，企业的技术可能使得在产量增加的同时，至少有一种投入不需要增加同样多的比例。第二，工人和经理都更加专业化，这使得他们的生产率随着产出增加而上升。第三，与规模更小的竞争者相比，Barnes & Noble、沃尔玛和通用汽车这样的大企业能够以更低的成本购买投入。

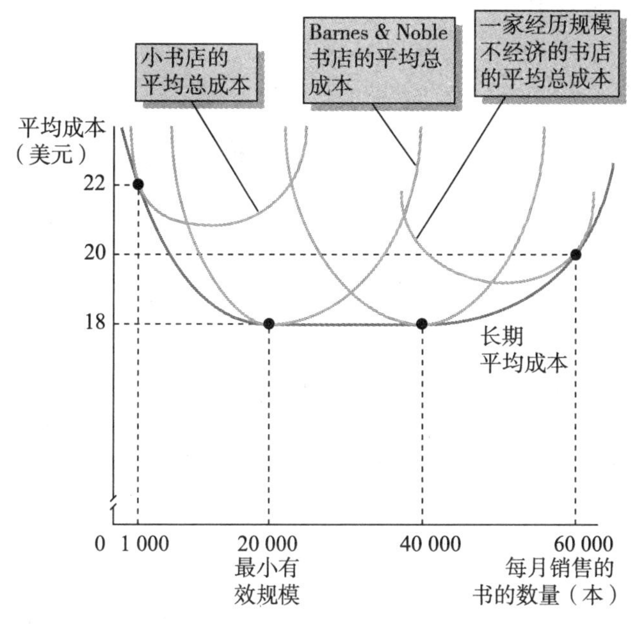

图 8.6　短期平均成本曲线与长期平均成本曲线之间的关系

如果一家小书店预期每个月只卖 1 000 本书，那么，若它的规模可以用图中左边的平均总成本曲线代表，则它卖出 1 000 本书的最低平均成本为 22 美元。一家规模更大的书店能够以更低的平均成本（18 美元）卖出 20 000 本书。每月的销售量为 20 000 本的书店和每月的销售量为 40 000 本的书店经历着不变规模报酬，有着相同的平均成本。每月的销售量为 20 000 本的书店达到了其最小有效规模。很大的书店将经历规模不经济，随着每月的销售量超过 40 000 本，它们的平均成本将上升。

事实上，随着沃尔玛的扩张，它与供货商讨价还价的能力增加了，从而平均成本下降了。第四，随着一家企业的扩张，它也许能够以更低的利率借到钱，从而降低了成本。

规模经济不会永远持续。大多数行业中的长期平均成本曲线有一段是平坦的，这一段所包含的产出范围常常很大。如图 8.6 所示，每月的销售量为 20 000 本的书店和每月的销售量为 40 000 本的书店有着相同的平均成本。在这一产出范围，该行业中的企业经历着**不变规模报酬**（constant returns to scale)。当这些企业增加产出时，它们不得不同比例地增加各种投入，如商店的规模和工人的数量。所有的规模经济都已经实现时的产出水平被称为**最小有效规模**（minimum efficient scale)。每月的销售量为 20 000 本的书店达到了其最小有效规模。

当经理开始面临协调书店经营的困难时，很大的书店将经历不断增加的平均成本。图 8.6 显示，对于超过每月 40 000 本的销售量，该行业中的企业经历着**规模不经济**（diseconomies of scale)。汽车行业中的企业也可能经历规模不经济。例如，丰田公司发现，当它在位于肯塔基州乔治城和中国的工厂扩张产量时，它的经理难以阻止平均成本的上升。丰田位于乔治城的工厂负责人曾经说道："产品的高需求消耗着你的精力。过了一段时间以后，它使我们的工作重心发生偏移，并削弱了我们多年来精心积累的专长和知识。"对丰田扩张产量的过程中面临的问题所进行的一个分析得出了这样的结论："这正是许多高度成功的公司面临的悖论：规模扩大并不总是意味着变得更好。"

随着时间的推移，一个行业中的大部分企业所建造的工厂或商店至少会达到有效生产规模，但不会大到出现规模不经济的情况。在书店行业，书店每月的销售量在 20 000～40 000本之间。然而，企业常常并不知道它们的长期平均成本曲线的确切形状。结果，它们也许会错误地建造了规模过大或过小的工厂或商店。

例题 8.6 利用长期平均成本曲线理解商业战略

2011 年，荷兰鹿特丹港口正处于吞吐量从每年 970 万集装箱扩张到 1 820 万的过程中。《华尔街日报》的一篇文章对此的描述是：鹿特丹港口尝试“向承运商提供规模经济”。使用该港口的承运商预期港口在扩张后收取的集装箱处理费用会下降。

a. 港口规模的扩张将“向承运商提供规模经济”是什么意思？

b. 用长期平均总成本曲线解释为什么港口的扩张可能导致向承运商收取的费用下降。

解：

第 1 步：复习本章内容。这一问题是关于长期平均成本曲线的，所以你可能需要复习一下 8.6 节“长期成本”。

第 2 步：解释港口“向承运商提供规模经济”是什么意思，回答（a）部分。如果鹿特丹港口通过扩张能够降低处理集装箱的平均成本，那么，这就说明港口过去是在低于最小有效规模的水平运营。在那种情况下，港口的扩张将会通过降低处理集装箱的平均成本来向承运商提供规模经济。

第 3 步：画出该港口的长期平均成本曲线。本题提供的信息足以让我们画出下图：

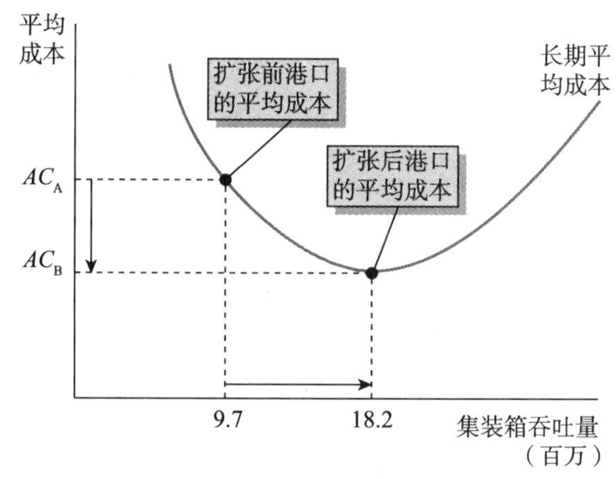

第 4 步：用图形来解释为什么港口的扩张可能导致向承运商收取的费用下降。在扩张前，该港口在低于最小有效规模的水平运营，每年集装箱吞吐量为 970 万，平均成本为 AC_A。通过扩张，该港口能够移动到最小有效规模，即每年集装箱吞吐量为1 820万，平均成本下降到 AC_B。（我们不能确定扩张是否实际上真的使该港口移动到最小有效规模，但是，看起来工程师和为该港口的经理出谋划策的经济学家有可能建议正好扩张到最小有效规模的水平。）由于成本更低了，该港口可以降低向承运商收取的费用，这正是承运商所预期的。

资料来源：John W. Miller，“For Port Expansion，It's Full Speed Ahead”，*Wall Street Journal*，October 26，2010。

轮到你了：要想做更多的练习，请做本章末的问题与应用 6.7、6.8、6.9 和 6.10。

建立联系

庞大的胭脂河工厂：福特汽车公司的规模不经济

当亨利·福特于1903年创建福特汽车公司时，当时的汽车公司雇用的工人都有很高的技能，但生产汽车的车间却很小。福特提出了两个新想法，这使他能够利用规模经济的好处。首先，福特使用相同的（即可以互换使用的）零部件，从而技能不高的工人也能装配汽车。其次，他不是让成群的工人从一辆固定的汽车移动到下一辆，而是让工人待在固定的位置而汽车沿着装配线移动。福特在底特律外的高地公园建了一个大型的工厂，在那里，他把他的这些想法付诸实践，生产著名的T型车。结果，他的平均成本比在更小的工厂里利用更古老的生产方法生产汽车的竞争对手要低得多。

福特相信，如果沿着密歇根州迪尔伯恩的胭脂河（River Rouge）建一个更大的工厂，那么他生产汽车的平均成本还会更低。不幸的是，福特的胭脂河工厂太大了，出现了规模不经济的情况。福特的经理很难协调如此大的一家工厂的汽车生产。以下是Allan Nevins和Frank Ernest Hill撰写的福特传记中对胭脂河工厂的描述：

> 胭脂河工厂共有93栋分开的建筑物……铁路轨道总长93英里，传送带总长27英里。大约有75 000名工人在这个庞大的工厂工作。其中有5 000人只负责打算卫生，每个月要用掉5 000个拖把和3 000把扫帚，擦洗地板、墙壁和（面积达330英亩的）窗户每月需要用掉86吨肥皂。胭脂河工厂是一座庞大的、机器和劳动集中的、布满动力单元的工业城……但是，由于它的庞大规模和复杂性，高层无法接触和理解底层工人，这使底层工人在无情的庞大规模和动力单元中有一种迷失的感觉。

从1927年开始，福特在胭脂河工厂生产A型车——这是该公司当时唯一的车型。福特未能实现规模经济，事实上，它生产的4种A型车全都发生了亏损。

福特不能为了盈利而提高A型车的价格。这是因为，倘若提高价格，那么，A型车就无法与通用汽车和克莱斯勒等竞争对手生产的类似汽车相互竞争。最终，通过在美国各地建造规模等效的工厂，福特降低了生产A型车的成本。这些规模更小的工厂生产A型车的平均成本比在胭脂河工厂生产要低。

资料来源：Allan Nevins and Frank Ernest Hill，*Ford：Expansion and Challenge，1915－1933* (New York：Scribner，1957)，pp.293，295。

轮到你了：做本章末与本专栏相关的问题与应用6.11和6.12，看看你理解得如何。

不要犯这样的错误！

不要混淆报酬递减和规模不经济

报酬递减和规模不经济的定义可能看起来相似，但是，实际上，它们是不相关的。报酬递减只适用于短期，此时，企业至少有一种投入（如所使用的机器数量）

是固定的。边际报酬递减定律告诉我们，在短期，当雇用的工人数量达到一定程度后，工人的边际产量将下降。报酬递减解释了为什么边际成本曲线最终向上倾斜。规模不经济只适用于长期，此时，企业可自由改变所有的投入，可以采用新技术，也可以改变它使用的机器的数量和设施的规模。规模不经济解释了为什么长期平均成本曲线最终向上倾斜。

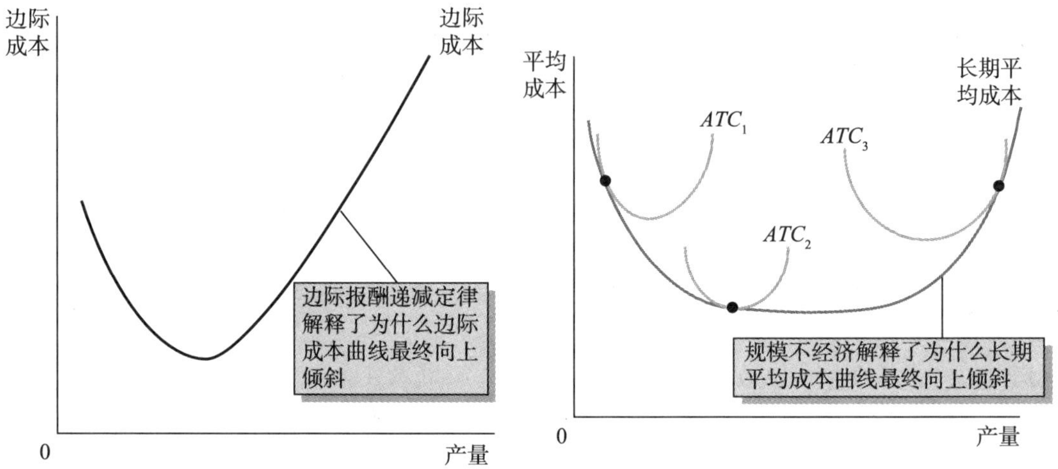

轮到你了： 做本章末的问题与应用6.14，看看你理解得如何。

接第256页

生活中的经济学

在你自己的企业中使用成本概念

在本章一开头，我们要求你假定你将要开一家销售躺椅的商店。你的商店和你的竞争对手——鲍勃的 Big Chairs——都可以从制造商那里以300美元的单价购买躺椅。但是，由于鲍勃的店每月销售的躺椅数量比你预期自己能销售的要多，他销售躺椅的平均成本比你的低。我们要求你思考为什么会这样。在本章，我们已经看到，随着企业的销售量增加，企业的平均成本常常会下降。鲍勃的店的平均成本可能比你的低的一个重要原因一定与固定成本有关。由于你的店与鲍勃的店规模相同，你租赁店面的成本与他的大致相等。你支付的水电费、保险费和广告费可能也与鲍勃支付的相等。所有这些成本都不会随着你销售的躺椅数量的变化而变化，所以这些都是固定成本。由于鲍勃的固定成本与你的相等，但他卖的躺椅数量更多，因此，他的平均固定成本更低，从而平均总成本也更低。在平均总成本更低的情况下，他可以以更低的价格销售躺椅，同时还能获得利润。

8.7 结论

在本章，我们讨论了企业的技术、生产和成本之间的关系。在讨论中，我们碰到了许多成本的定义。由于我们在后面几章中将用到这些定义，我们把它们汇总在表 8.4 中，以便你进行回顾。

我们看到了企业的产量与成本之间的重要关系。就像这一信息对盛田昭夫给晶体管收音机定价至关重要一样，它现在对所有的企业决定最优产量以及产品的最优价格仍然至关重要。我们将在第 9 章进一步探究这一点。在学习下一章之前，阅读接下来的“业内观察”，看看联邦政府的补贴如何帮助了一家技术企业降低太阳能电池板的生产成本。

表 8.4　　成本定义汇总表

术语	定义	符号和方程
总成本	企业使用的所有投入的成本，即固定成本加上可变成本	TC
固定成本	当企业的产出水平变动时保持不变的成本	FC
可变成本	随着企业的产出水平变化而变化的成本	VC
边际成本	企业多生产一单位产出引起的总成本的增加	$MC=\Delta TC/\Delta Q$
平均总成本	总成本除以产量	$ATC=TC/Q$
平均固定成本	固定成本除以产量	$AFC=FC/Q$
平均可变成本	可变成本除以产量	$AVC=VC/Q$
隐性成本	非货币的机会成本	—
显性成本	涉及花钱的成本	—

业内观察　新技术能降低太阳能电池板的成本

《基督教科学箴言报》

《美国推动作为“游戏改变者”的太阳能技术以谋求扩大全球太阳能市场份额》

太阳能电力与煤炭一样廉价，这是太阳能电力行业追求的目标。

这是一个难以实现的目标。不管支持者如何大力推动，许多对这个目标的实现持怀疑态度的人认为，太阳能将永远是未来的而非现在的能源。

“不管现在是哪一年，它们总是 5 年后就可以实现这一目标，目的是想获得持续的补贴”，去年 7 月《华尔街日报》的一篇社论在提到光伏和其他可再生能源时如是说。太阳能是“一种投机的和不成熟的技术，其成本远远超过普通能源”。

但美国能源部并不这么认为。恰恰相反，在过去的两年中，能源部为 16 个太阳能项目提供了超过 120 亿美元的贷款担保，这 16 个由能源部提供贷款担保的项目中大约三分之二的受惠者为发电厂，其余的为太阳能电池制造商。这些贷款担保的资金来源于《2009年美国复苏和再投资法案》的经济刺激资金。

a 周五，美国能源部为1366科技公司提供了1.5亿美元的贷款担保，通过此举再次强调了它的观点：太阳能的前途是真实的。1366科技公司是一家总部在马萨诸塞州列克星敦的太阳能晶片制造公司，它有一项伟大的新技术，但没有制造工厂。现在，它将会有了。

"这个项目是一个游戏改变者，可以大大降低太阳能光伏电池的成本"，能源部长史蒂芬·楚（Steven Chu）说，"随着全球对太阳能电池的需求增加，这种技术将帮助美国增加其市场份额。"

对1366科技公司来说（该公司以进入地球大气的太阳辐射在每平方米的能量瓦特数命名），美国能源部的信任票具有非比寻常的意义。这家公司是基于麻省理工学院伊曼纽尔·萨克斯（Emanuel Sachs）教授的理论于2007年成立的，公司官员声称掌握了一项能够让美国跃升为太阳能电池制造的技术领导者的技术，现在公司终于能够在实际生产中证明这项技术了。

运用一个创新工序，该公司计划从工业熔炉的熔化物直接铸造太阳能电池板所需的硅晶片，而不是用特殊的锯来切割纯硅锭。仅这一变化就能够节约足足一半该工序通常浪费的高成本硅。此外，该公司已经弄明白了如何封装晶片以提高光伏电池的效率。

b "有了这笔贷款，1366科技公司将实现其使太阳能与煤炭一样廉价的目标，同时帮助美国夺回硅供应链的关键位置和恢复美国在光伏行业上的优势地位"，1366科技公司的总裁弗兰克·范·米埃罗（Frank van Mierlo）在一项声明中如是说。

这个计划的作用不仅是为了更有效地制造光伏电池，而且是为了使太阳能电池的产出增加至少3个百分点。它们的目标是将制造一块光伏电池的成本减少到每瓦特1美元以下。

有了联邦政府的贷款担保后，该公司正在为它的第一个生产工厂选址，公司希望这个工厂的生产规模到2013年能达到每年200兆瓦的晶片。在这个工厂建成之后，公司计划再建一个能够每年生产1 000兆瓦的晶片的工厂。

c 太阳能电力的倡导者说，有迹象显示，尽管成本仍需进一步削减，但该行业正变得具有竞争能力。

"太阳能发电行业正在取得巨大的进步，光伏发电的成本出现了大幅下降"，国家可再生能源实验室资深能源分析师罗伯特·马戈利斯（Robert Margolis）如是说，"今年太阳能电池组件［电池板］的价格迅速下降，已经下降了10%～20%，而且预计仍将继续快速下降。"

能源部官员表示，太阳能电力若要在没有补贴的条件下与煤炭进行竞争，太阳能组件的安装成本需要再下降75%。

能源部官员和其他人士估计，按照现在的成本下降速度，太阳能在2020年就可以与煤炭竞争。

美国能源部网站说，到那时，"美国将迅速地、大规模地采用太阳能电力。"

资料来源："US boosts 'game-changer' solar technology in bid for global market share" by Mark Clayton. Reprinted with permission from the June 17, 2011 issue of The Christian Science Monitor.

文章要点

一家名为1366科技公司的公司开发了制造太阳能电池的新技术。美国能源部提供的贷款担保使得该公司能够建造一个工厂以生产光伏太阳能电池和增加它在全球太阳能市场中的份额。随着成本的下降，太阳能电力行业正在变得更具竞争力，但是，该行业若要在没有政府补贴的条件下与更加传统的能源竞争，成本必须进一步下降。

新闻分析

a 许多国家提倡使用替代能源，但是，诸如太阳能电池板等所需投入的相对高成本一直是一个障碍。当用一种新技术生产的产品被推出时，公司常常一开始收取高的售价，希望回收很可能很高的开发成本。高售价常常限制了销售量，只能卖给少数顾客，而低产量可能使得公司难以实现规模报酬。这正是当太阳能电池板刚被推向市场时所发生的情况。在右图中，我们看到，由于制造商刚开始生产的产量相对低，生产太阳能电池板的平均总成本很高。制造商可以通过增加产量（Q_A到Q_B）来降低其平均总成本（ATC_A到ATC_B），但是，可能它也不得不降低售价才能卖掉这一更高的产量。太阳能电池板制造商通过增加产量试图实现规模经济是在冒险，因为它们无法确保能收取一个同时满足如下两个条件的价格：它足够低从而能卖出这一更高的产量，同时它还足够高从而企业能保持盈利。

b 总部位于马萨诸塞州的1366科技公司开发了新技术，能够大幅降低太阳能电池板生产中用到的光伏电池的生产成本，还能够提高光伏电池的效率。公司相信这些进展将使得太阳能电池板比市场上现有的太阳能电池板有更高的效能，生产成本也更低。通过增加产量来降低平均总成本并收取充分低的价格以卖出这一更高的产量，这家公司将实现规模经济。

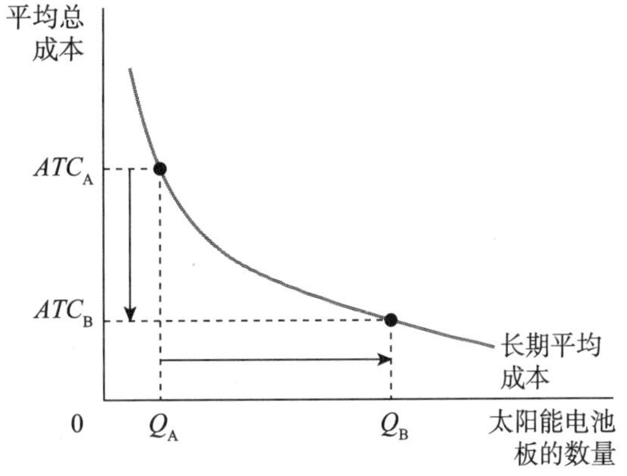

太阳能电池板的制造商可以通过增加产量来降低其平均总成本。

c 联邦政府的补贴已经帮助美国的太阳能电力行业降低了生产成本，并使得国内制造商在全球市场更有竞争力，但是，太阳能的提倡者承认，成本需要继续下降。随着成本下降，太阳能产品的市场应该会进一步被激发起来，因为更多的消费者和企业会变得愿意使用太阳能电力来满足其所有或部分能源需求。根据能源部的看法，太阳能电池板的安装成本需要再下降75%，太阳能电力才能在没有补贴的条件下与煤炭发电进行竞争。

深入思考

1. 假定1366科技公司若建一个1万英尺的工厂就能以最低的平均总成本每年生产20万太阳能晶片。同时假定该公司若建一个1.5万英尺的工厂就能以最低的平均总成本每年生产40万太阳能晶片。画图表示代表这两个工厂的平均总成本曲线。在画图时，假设1366科技公司在这个产出范围有规模经济。
2. 1366科技公司是首家从工业熔炉的熔化物直接铸造太阳能电池板所需的硅晶片的制造商。作为市场上第一家使用这一技术的制造商，这对1366技术公司有何优势？有何风险？

本章总结和习题

□关键术语

平均固定成本	规模经济	长期平均成本	生产函数
劳动的平均产量	显性成本	短期	平均总成本
固定成本	边际成本	技术变革	平均可变成本
隐性成本	劳动的边际产量	技术	不变规模报酬
边际报酬递减定律	总成本	最小有效规模	可变成本
规模不经济	长期	机会成本	

□ 8.1　技术：经济学上的定义

总结

企业的基本经济活动是运用工人、机器和自然资源等投入生产商品和服务。企业的技术是将投入转化成商品和服务所使用的工序。技术变革是指企业用给定数量的投入生产一定的产出水平的能力的正向或负向变动。

复习题

1.1　技术和技术变革之间的区别是什么？

1.2　技术变革有可能是负向的吗？如果有可能，举一个例子。

问题与应用

1.3　简要解释你是否同意如下评论："技术变革仅指新产品的推出，因此它与大部分企业的运营无关。"

1.4　以下哪些是企业经历正向技术变革的例子？

a. 石油价格的下降导致联合航空公司降低票价。

b. 某一培训项目使得某企业的工人劳动生产率提高。

c. 某一健身项目使得某企业的工人更加健康、劳动生产率更高。

d. 某企业裁员后仍能维持原来的产出水平。

e. 某企业重新安排工厂布局，发现它使用原来的投入组合能够生产的产量与重新安排前正好一样多。

1.5　［与8.1节中的"建立联系"专栏有关］日本的7-11连锁便利店重新组织了向它的商店供应食品的系统。这导致公司必须使用的卡车数量大量减少，与此同时，商店货架上新鲜食品的数量却增加了。有人在讨论7-11的新系统时说道："这不是一个技术变革的例子，原因是它不要求使用新机器或新设备。"简要解释你是否同意这一说法。

□ 8.2　经济学上的短期和长期

总结

在短期，企业的技术和工厂、商店或办公室的大小都是固定的。在长期，企业能采用新技术和增大或减小实物厂房规模。总成本是企业生产中使用的所有投入的成本。可变成本是随产出变化而变化的成本。固定成本是当产出变动时保持不变的成本。一项活动的机会成本是从事该项活动必须放弃的价值最高的其他用途。显性成本是涉及花钱的成本。隐性成本是非货币的机会成本。一家企业使用的投入和它用这些投入能生产的最高产出之间的关系被称为该企业的生产函数。

复习题

2.1　短期和长期之间的区别是什么？将短期和长期区分开来的时间长度对每家企业都是相同的吗？

2.2　区分企业的固定成本和可变成本，并各举一个例子。

2.3　什么是隐性成本？它们与显性成本如何区分？

2.4　什么是成本函数？短期成本函数把什么看作是固定的？

问题与应用

2.5　《商业周刊》中的一篇文章讨论了苹果公司生产 iPod shuffle 的成本："shuffle 组件、耳机以及包装的成本总计为 21.77 美元……那相当于 iPod shuffle 零售价（79 美元）的大约 28%。"根据这一信息，我们可以下结论说苹果公司每销售一部

shuffle 赚取的利润大约为 57 美元吗？请简要解释。

资料来源：Arik Hesseldahl，"Deconstructing Apple's Tiny iPod Shuffle"，*Business Week*，April 13，2009。

2.6 ［与 8.2 节中的"建立联系"专栏有关］许多企业把工资成本看作可变成本。为什么出版商通常把工资成本看作是固定成本？水电费等公用事业费总是固定的吗，还是可变的，或者两者都有可能？请简要解释。

2.7 ［与 8.2 节中的"建立联系"专栏有关］解释以下每项成本是吉尔·约翰逊比萨餐馆的固定成本还是可变成本：

a. 她为火灾保险保单支付的保险费；

b. 她购买比萨面团的费用；

c. 她付给工人的工资；

d. 她付给店面房东的租金；

e. 她付给本地报纸的每月 200 美元的广告费用（广告每周一次）。

2.8 ［与 8.2 节中的"建立联系"专栏有关］美国统计局每年出版《美国统计摘要》。它提供了一个关于商业、经济、社会和政治的统计量的总结。它可以从网上免费得到，印刷副本可以从美国政府出版办公室以 39 美元的价格买到。由于政府文件是没有版权的，任何人都可以印刷《美国统计摘要》的副本然后出售。每年，通常有一两家公司会印刷和销售副本，售价远远低于政府出版办公室的售价。这些公司销售的《美国统计摘要》副本与政府销售的通常是相同的，除了封面不同以外。这些公司怎么做到以更低的价格销售同样的书同时还能收回成本呢？

2.9 假定比尔拥有一家汽车维修店。下表显示，比尔每月能修理的汽车数量取决于他雇用的工人的数量。假设他每月给每个工人的工资为 4 000 美元，固定成本为每月 6 000 美元。利用这些信息，完成下表。

工人数	每月维修汽车数	固定成本（美元）	可变成本（美元）	总成本（美元）	平均总成本（美元）
0	0	6 000			
1	20				
2	30				
3	40				
4	50				
5	55				

2.10 2008 年，当时的 NBA 球队西雅图超音速队（现在的俄克拉何马雷霆队）老板克莱·本内特（Clay Bennett）估计，如果球队留在西雅图，他在接下来两个赛季将遭受大约 6 300 万美元的损失。如果球队搬迁到俄克拉何马市，他估计会盈利 1 900万美元。本内特的球队在西雅图而不是在俄克拉何马市打球的机会成本是多少？请简要解释。

资料来源：Jim Brunner，"New Details Emerge from Sonics Owner's Combative Deposition"，*Seattle Times*，June 7，2008。

2.11 假定吉尔·约翰逊在市中心的一个商铺经营她的比萨餐馆。附近类似商铺的租金为每月 4 000美元。吉尔在考虑卖掉她的商铺，去郊区每月花 3 000 美元租一个店面。最终，吉尔决定不这么做。她的推理是："我想在郊区开一家餐馆，但是我现在不必为我的餐馆付租金，我不想看到我的成本每月增加 3 000 美元。"请对吉尔的推理进行评价。

2.12 当杜邦（Dupont）化学公司开始尝试进入涂料业务时，它没有取得成功。根据公司的一篇报道，在一年的时间里，它"损失了将近 50 万美元的现金，此外还损失了将近 50 万美元的投资预期回报，加起来公司的损失总共接近 100 万美元。"为什么这一报道把它为了制造涂料所进行的投资的预期回报的数量（但实际上它并没有获得这一回报）作为公司损失的一部分？

资料来源：Alfred D. Chandler，Jr.，Thomas K. McCraw，and Richard Tedlow，*Management Past and Present*，© 2000，Cengage Learning，Inc.。

□ 8.3 劳动的边际产量和平均产量

总结

劳动的边际产量是指企业多雇用一个工人所生产的额外产出。由于专业化和劳动分工，企业所雇用的前几个工人的（劳动的）边际产量上升。最终，边际报酬递减定律引起劳动的边际产量下降。劳动的平均产量等于一家企业生产的总产出除以所雇用的工人的数量。当劳动的边际产量大于劳动的平均产量时，劳动的平均产量增加。当劳动的边际产量小于劳动的平均产量时，劳动的平均产量减少。

复习题

3.1 画图表示劳动的边际产量和劳动的平均产量之间通常情况下的关系。为什么劳动的边际产量和劳动的平均产量具有你所绘制的形状?

3.2 专业化和劳动分工通常如何影响劳动的边际产量?

3.3 什么是边际报酬递减定律?它在长期适用吗?

问题与应用

3.4 填充下表:

工人数	总产出	劳动的边际产量	劳动的平均产量
0	0		
1	400		
2	900		
3	1 500		
4	1 900		
5	2 200		
6	2 400		
7	2 300		

3.5 利用上题中的数据画图表示总产出如何随雇用的工人数量增加而增加,再画一幅图表示劳动的边际产量和劳动的平均产量。

3.6 一个学生看了一下表 8.3 中的数据后得出了如下结论:

> 所雇用的前两个工人的劳动的边际产量递增,然后接下来四个工人的劳动的边际产量下降。我猜测前两个工人一定工作很努力。然后,吉尔不得不勉强接受表现越来越差的工人。

你同意这个学生的分析吗?请简要解释。

3.7 [与 8.3 节中的"建立联系"专栏有关]简要解释你是否同意下面的说法:

> 当所制造的商品是汽车或电脑这样复杂的商品时,亚当·斯密认为企业从劳动分工中获益的想法很有道理。但是,这样的想法不适用于不那么复杂的商品的制造,也不适用于经济的其他部门(如零售)。

3.8 萨利看了一下她大学的成绩单,然后对你说:"这怎么可能?我这学期课程的平均绩点高于上个学期,但是,我的综合(累积)平均绩点相比上学期更低了。"向萨利解释为什么这是可能的。

3.9 企业有可能经历这样的技术变革吗:劳动的边际产量增加了,但劳动的平均产量不变?请解释。

□ 8.4 短期产量和短期成本之间的关系

总结

生产的边际成本是企业生产额外一单位产出导致的总成本的增加。边际成本曲线具有 U 形形状,其原因是:当劳动的边际产量在上升时,产出的边际成本在下降;当劳动的边际产量在下降时,产出的边际成本在上升。当边际成本低于平均总成本时,平均总成本下降。当边际成本高于平均总成本时,平均总成本上升。因此,平均总成本曲线也具有 U 形形状。

复习题

4.1 生产的平均成本与边际成本之间有什么区别?

4.2 如果劳动的边际产量在上升,生产的边际成本是在上升还是在下降?请简要解释。

4.3 解释为什么边际成本曲线与平均总成本曲线相交于平均总成本曲线的最低点。

问题与应用

4.4 在边际成本上升的产出区间,平均总成本有可能下降吗?请简要解释。

4.5 假定某家企业没有固定成本,因此它的所有成本就算在短期也都是可变的。

a. 如果该企业的边际成本一直在递增(也就是说,从第一个产出单位开始边际成本就在递增),那么,该企业的平均总成本曲线会有 U 形形状吗?

b. 如果该企业在每个产出水平的边际成本均为 5 美元,那么,该企业的平均总成本曲线具有什么形状?

4.6 [与例题 8.4 有关] Santiago Delgado 拥有一家复印店。他租了两台复印机,每天的租金为每台 20 美元。他若要租赁更多的复印机,需要提前 6 周通知办公设备公司。他可以雇用任意多数量的工人,每个工人每天的工资为 40 美元。这两种投入是他提供复印服务所用到的所有投入。

a. 填充下页表空白的各列。

b. 画出 Santiago 复印店的平均总成本和边际成本曲线。这些曲线的形状符合你的预期吗?请简要解释。

工人数量	每天的副本数量	固定成本（美元）	可变成本（美元）	总成本（美元）	平均总成本（美元）	边际成本（美元）
0	0					
1	600					
2	1 100					
3	1 500					
4	1 800					
5	2 000					
6	2 100					

4.7 吉尔·约翰逊的如下说法是否正确？“我现在每月生产 10 000 个比萨，总成本为 50 000 美元。如果我生产 10 001 个比萨，总成本将上升到 50 011 美元。因此，我生产比萨的边际成本必定在增加。”画图说明你的答案。

4.8 吉尔·约翰逊的如下说法是否正确？“我现在每月生产 20 000 个比萨，总成本为 75 000 美元。如果我生产 20 001 个比萨，总成本将上升到 75 002 美元。因此，我生产比萨的边际成本必定在增加。”画图说明你的答案。

4.9 （这个题目有些难度。）运用符号，我们可以把劳动的边际产量写成 $\Delta Q/\Delta L$。边际成本等于 $\Delta TC/\Delta Q$。由于固定成本是不变的，因此，边际成本也等于 $\Delta VC/\Delta Q$。如果吉尔·约翰逊比萨店仅有的可变成本（VC）是劳动成本，那么，她的可变成本就只是工资乘以所雇用的工人数，即 wL。

a. 如果吉尔付的工资是固定的，那么，ΔVC 用 w 和 L 如何表示？

b. 利用你得到的问题 a 的答案以及上面给出的劳动的边际产量和产出的边际成本的表达式，用工资 w 和劳动的边际产量 $\Delta Q/\Delta L$ 表示边际成本 $\Delta TC/\Delta Q$。

c. 利用你得到的问题 b 的答案确定在工资为每周 750 美元和劳动的边际产量为 50 个比萨时吉尔生产比萨的边际成本。如果工资下降到每周 600 美元而劳动的边际产量不变，吉尔的边际成本会怎么变化？如果工资保持为每周 750 美元不变而劳动的边际产量上升到 250 个比萨，吉尔的边际成本会怎么变化？

□ 8.5 图示成本曲线

总结

平均固定成本等于固定成本除以产出水平。平均可变成本等于可变成本除以产出水平。图 8.5 显示了边际成本、平均总成本和平均可变成本之间的关系。它是微观经济学中最重要的图形之一。

复习题

5.1 随着产出水平增加，平均固定成本怎么变化？

5.2 随着产出水平增加，平均总成本和平均可变成本之差怎么变化？

问题与应用

5.3 假定生产 10 000 个网球的总成本为 30 000 美元，固定成本为 10 000 美元。

a. 可变成本为多少？

b. 当产出为 10 000 个网球时，平均可变成本和平均固定成本为多少？

c. 假设成本曲线具有通常的形状，平均总成本和平均可变成本之差在产出为 10 000 个还是 30 000 个网球时更大？请解释。

5.4 某一个对铁路运营成本的描述评论道：“铁路运营的固定成本的性质与对公路业务征收的税收相同：业务量越小，税收就越高。”简要解释为什么固定成本与税收类似。在什么意义上业务量越大时税收越低？

资料来源：Alfred D. Chandler，Jr.，Thomas K. McCraw，and Richard Tedlow，*Management Past and Present*，2000。

5.5 在古代，书可以是卷轴装，也可以是手抄本。后者是由纸张黏在一起制成，与现代的书籍有点像。一个学者估计了这两种方法的可变成本（货币单位为古希腊货币希腊德拉克马），结果如下：

单位：德拉克马

	卷轴装	手抄本
抄写成本（抄写员工资）	11.33	11.33
纸张成本	16.50	9.25

另一个学者指出，生产手抄本涉及一笔重大的固定成本：

> 为了生产一本手抄本……文字数量和每页的布局都得提前仔细计算以确定所需纸张的确切数量。无疑，与生产卷轴装的书相比，这更耗时间，需要进行更多的实验。但是，生产下一本手抄本时，这些计算可以再次使用。

a. 假定准备手抄本的固定成本是 58 德拉克马，而卷轴装的书没有类似的固定成本。如果一位古代书商打算卖 5 本书，那么，他更可能生产卷轴装还是手抄本？如果他想卖10本呢？请简要解释。

b. 尽管在公元1世纪时大部分图书都以卷轴装的形式出版，但是，到了3世纪，大部分图书都是以手抄本的形式出版。若只考虑本题中提到的因素，解释为什么发生了这个变化。

资料来源：T. C. Skeat, "The Length of the Standard Papyrus Roll and the Cost-Advantage of the Codex", *Zeitschrift fur Pspyrologies and Epigraphik* (Germany: Rudolph Habelt, 1982), p. 175; and David Trobisch, *The First Edition of the New Testament* (New York: Oxford University Press, 2000), p. 73。

5.6 利用下图中的信息找出在产出水平为1 000时如下各种类型成本的值：

a. 边际成本；

b. 总成本；

c. 可变成本；

d. 固定成本。

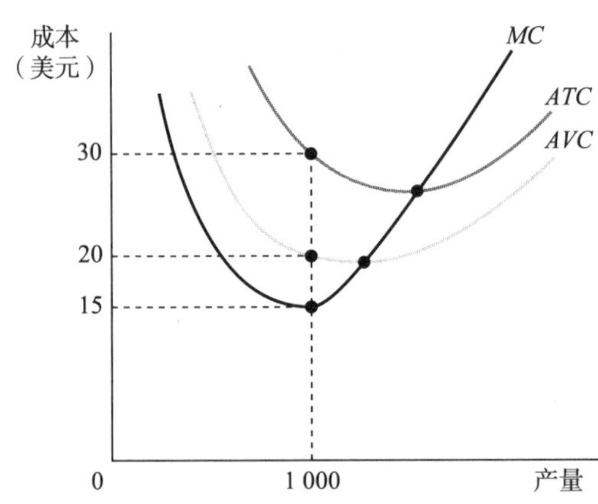

5.7 列举下图中的错误。仔细解释为什么这样画的曲线是错误的。换句话说，为什么这些曲线不能如下图所示？

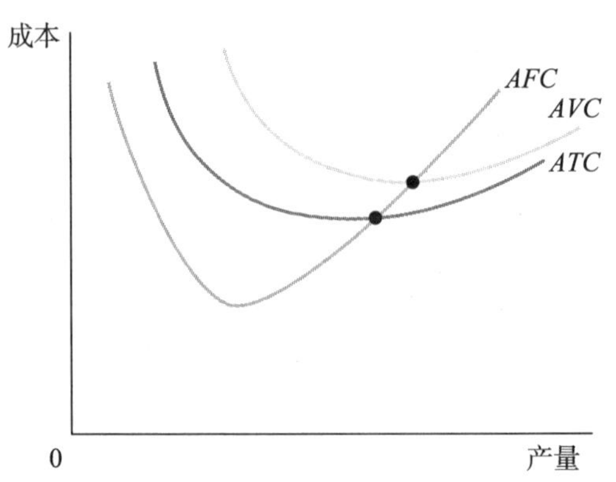

5.8 解释下面a～d所列的时间会如何影响西南航空公司的以下每项成本：边际成本，平均可变成本，平均固定成本，平均总成本。

a. 西南航空公司与运输工人工会签订了一份新合同，该合同要求西南航空公司提高空乘人员的工资。

b. 联邦政府开始对所有商用航空旅行征收每个乘客20美元的碳排放税。

c. 西南航空公司决定将整个董事会的高管薪酬削减10%。

d. 西南航空公司决定将电视广告预算翻倍。

□ 8.6 长期成本

总结

长期平均成本曲线显示了企业在长期能够生产某一给定数量的产出的最低成本。对许多企业来说，由于规模经济的存在，长期平均成本曲线随产量增加而下降。最小有效规模是所有的规模经济都已经实现的产出水平。在规模经济全部实现后，企业经历着不变规模报酬，此时它们的长期平均成本曲线是水平的。在高产出水平，由于企业经历着规模不经济，长期平均成本曲线转而上升。

复习题

6.1 在长期，总成本和可变成本之间有何差别？

6.2 什么是最小有效规模？在长期，没有达到最小有效规模的企业可能会发生什么？

6.3 什么是规模经济？企业可能经历规模经济有哪四个原因？

6.4 什么是规模不经济？随着企业不断增加其商店或工厂的规模，企业最终会遭遇规模不经济，主要原因是什么？

6.5 对于任意给定的产出水平，短期平均成本永远不会低于长期平均成本，为什么？

问题与应用

6.6 生产计算机芯片的工厂被称为“晶圆厂”。随着计算机芯片所使用的半导体变得越来越小，生产它们所需的机器变得越来越贵。根据《经济学家》杂志上的一篇文章：

> 为了达到使这样的投资值得所需的规模经济，芯片生产企业必须建造更大的晶圆厂……在1966年，一个新的晶圆厂成本为1 400万美元。到1995年，成本上升到了15亿美元。今

天，英特尔表示，一个顶级的晶圆厂的成本超过60亿美元。

为什么芯片生产机器不断上升的成本会导致英特尔等芯片生产公司建造更大的工厂？

资料来源："The Semiconductor Industry: Under New Management", *Economist*, April 2, 2009。

6.7 ［与例题8.6有关］假定吉尔·约翰逊不得不在建造一家较小的餐馆和较大的餐馆之间进行选择。在下图中，较小餐馆的成本和产出之间的关系用曲线ATC_1代表，较大餐馆的成本和产出之间的关系用曲线ATC_2代表。

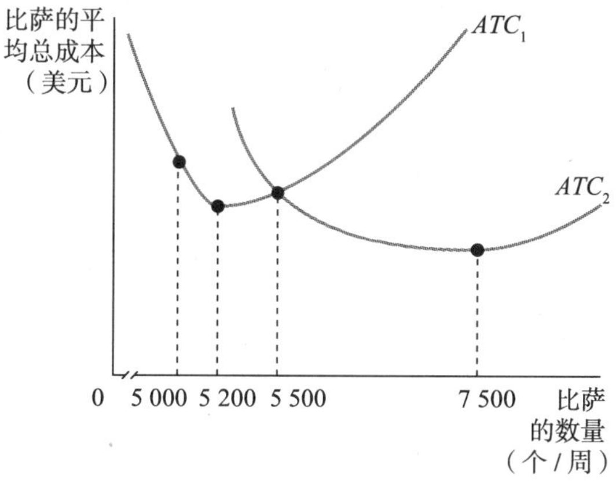

a. 如果吉尔预计每周生产5 100个比萨，她应该建造一家较小的还是较大的餐馆？请简要解释。

b. 如果吉尔预计每周生产6 000个比萨，她应该建造一家较小的还是较大的餐馆？请简要解释。

c. 一个学生问："如果当吉尔每周生产7 500个比萨时在较大餐馆生产比萨的平均成本更低，那么，为什么当吉尔每周生产5 200个比萨时在较大餐馆生产比萨的平均成本不会也更低？"简要回答学生提出的这个问题。

6.8 ［与例题8.6有关］考虑对19世纪末美国制造业的如下描述：

> 当标准石油公司……在1883年重组其炼油能力和将全国近2/5的炼油生产集中到3个巨型炼油厂时，单位成本从每加仑1.5美分下降到了0.5美分。但是，将全国2/5的纺织品或鞋的产出集中于3家工厂是不可能的，在任何情况下，这么做都将产生巨大的规模不经济，从而导致更高的价格。

a. 利用这一信息画出炼油企业的长期平均成本曲线和制鞋企业的长期平均成本曲线。

b. 在19世纪末的美国，炼油厂和制鞋厂的数量哪个可能更多？请简要解释。

c. 为什么将2/5的鞋的产出集中于3家工厂会导致鞋的价格更高？

资料来源：Alfred D. Chandler, Jr., Thomas K. McCraw, and Richard Tedlow, *Management Past and Present*, © 2000 Cengage Learning, Inc.。

6.9 ［与例题8.6有关］一篇关于日本手机生产企业面临的困难的报道认为，这些企业错误地集中在高收入国家销售产品而对在低收入国家销售产品没有付出多少努力：

> 整个无线行业的增长主要在新兴市场，新兴市场需要廉价手机。世界三大手机巨头——诺基亚、三星和摩托罗拉——都侧重于新兴市场。……日本企业陷入了一个恶性循环：由于它们没有向穷国销售手机，它们的产量就保持在低位，这使价格保持在高位，这又使向穷国销售手机变得不可行。

由于日本手机生产企业生产的手机数量少，日本手机的价格就高，为什么？用一幅与图8.6类似的图形来说明你的答案。

资料来源："Dropped Call: Why Japan lost the mobile-phone wars", *Economist*, March 7, 2008。

6.10 ［与例题8.6有关］时代华纳和沃尔特·迪士尼公司曾经讨论过将它们的新闻业务合并。时代华纳拥有美国新闻网（CNN），迪士尼公司拥有美国广播公司（ABC）新闻。在分析合并新闻业务的事宜时，两家公司得出结论：倘若合并，那么，合并后的新闻业务的平均成本比CNN或ABC新闻各自单独运营还要高。利用一幅长期平均成本曲线图形说明为什么两家公司没有合并它们的新闻业务。

资料来源：Martin Peers and Joe Flint, "AOL Calls Off CNN-ABC Deal, Seeing Operating Difficulties", *Wall Street Journal*, February 14, 2003。

6.11 ［与8.6节中的"建立联系"专栏有关］假定无论亨利·福特建造的汽车工厂有多大，他都继续经历着规模报酬。讨论这对汽车行业有什么启示。

6.12 ［与8.6节中的"建立联系"专栏有关］根据关于杜邦公司进入涂料业务中碰到的问题的一篇报道，"杜邦原来假定高产量将通过降低单位成本而带来利润。"事实上，根据公司的一份报告，"我们销售的涂料和油漆越多，损失的钱就越多。”画一幅平均成本曲线的图形说明杜邦公司预计的涂料产出和平均成本之间的关系。再画一幅图解释公司卖的涂料越多亏损就越多这一结果。

资料来源：Alfred D. Chandler，Jr.，Thomas K. McCraw，and Richard Tedlow，*Management Past and Present*，© 2000 Cengage Learning，Inc.。

6.13 在过去几年里，网上书店获得了很大的图书零售市场份额。拥有大型网上书店的公司，如亚马逊和 Barnes & Noble，现在在图书零售市场占据主导地位。在过去 15 年里，独立的实体书店数量从大约 4 500 家减少到了大约 1 500 家。简要说明成本在解释独立书店的大幅减少中可能起到什么作用。

资料来源：Alex Beam，“Where Have All the Bookstores Gone?”*New York Times*，February 20，2009。

6.14 [与 8.6 节中的“不要犯这样的错误!”专栏有关] 解释你是否同意如下说法：“亨利·福特预计，他在胭脂河工厂可以以更低的平均成本生产汽车。不幸的是，由于报酬递减定律，他的成本实际上更高了。”

6.15 [与开篇案例有关] 回顾本章开头对盛田昭夫在美国销售晶体管收音机的讨论。假定盛田昭夫确信索尼每年能在美国销售 75 000 台以上的晶体管收音机，那他会采取什么措施?

6.16 TIAA-CREF 是为在学院和大学工作的人设立的退休体系。TIAA-CREF 曾经还向它的客户提供长期护理保险，这一业务维持了好些年，直到它决定把该业务卖给大都会这家大型保险公司。TIAA-CREF 的主席兼首席执行官这么解释卖掉这一业务的决策：

> 近年来，长期护理保险市场已经经历了重大的整合。现在，这一业务的大部分都掌握在几家大型保险公司手里。例如，大都会有 428 000份保单（这几乎是我们拥有的保单数的 10 倍），能够达到我们达不到的规模报酬。随着时间的推移，我们将难以降低我们的保险费率。

简要解释规模报酬与保险公司所收取的保单保险费（即保单购买者必须支付的价格）有什么关系。

资料来源：“Long-Term Care Sale in Best Interest of Policyholders”，*Advance*，Spring 2004，p. 6。

第4篇

市场结构和企业战略

第 9 章

完全竞争市场中的企业

本章概览和学习目标

9.1　完全竞争市场

解释什么是完全竞争市场以及为什么完全竞争企业面临着水平的需求曲线。

9.2　完全竞争市场中的企业如何最大化利润

解释完全竞争市场中的企业如何最大化利润。

9.3　在成本曲线图形上表示利润或亏损

用图形表示企业的利润或亏损。

9.4　短期生产或停产的决策

解释为什么企业可能会暂时停产。

9.5　“如果人人都可以做，那么你无法从中获利”：企业在长期的进入和退出

解释进入和退出如何保证完全竞争企业在长期赚取零利润。

9.6　完全竞争和效率

解释完全竞争如何导致了经济效率。

开篇案例

农贸市场中的完全竞争

近些年来，对更健康食品的需求增加了。有机食品的销售量每年以20%的速度增长。许多人也开始在农贸市场购买水果和蔬菜。在农贸市场，本地农民汇聚到一个集市、城市广场或其他露天场所，把他们的农产品直接卖给消费者。这么做对农民的好处是，他们收到的价格比把农产品卖给超市的情况下要更高。许多消费者偏好于从农贸市场买农产品，原因是他们相信这里的产品更新鲜、质量更高、更健康，或者是因为他们想支持本地的农民。

由于在农贸市场出售的利润更高，越来越多的农民开始参与到农贸市场。2005 年，美国有 4 093 个农贸市场。到 2011 年，这一数字增加到了 7 175 个。但是，农产品的供给增加压低了价格，减少了农民的利润。一位农民说道："需求的数量固定，你供给得越多，赚得就越少。"许多农民发现，他们在农贸市场卖农产品所赚到的利润不再比卖给超市的情况下高。

新企业进入一个有利可图的市场并压低价格和利润这个过程并不是农业特有的。在整个经济中，企业家不断推出新产品或销售产品的新方式，如果获得成功，这会使他们在短期赚取经济利润。但是，在长期，企业之间的竞争迫使价格下降到正好收回生产成本的水平。这个竞争过程是市场体系的中心，也是本章关注的焦点。

本章末的"业内观察"讨论了 2008 年后英国有机食品生产和销售的稳步下降。

资料来源：Katie Zezima, "As Farmers' Markets Go Mainstream, Some Fear a Glut", *New York Times*, August 20, 2011; and Steve Martinez, et al., *Local Food Systems: Concepts, Impacts, and Issues*, U. S. Department of Agriculture Economic Research Report Number 97, May 2010。

生活中的经济学☞

你是一个企业家吗?

你读高中时是一个企业家吗？或许你并不拥有自己的商店，但是你可能做过保姆，或者为邻居家修剪过草坪。尽管你可能不认为这些工作算得上小企业，但它们确实是。你在提供这些服务时是如何决定收什么价格的？你也许想过要收取每小时 25 美元的价格，但是很可能你实际上收取的要比 25 美元少得多。在阅读本章的过程中，思考一下你作为青年企业家所面临的竞争情景，试着解释为什么大多数保姆和修剪草坪的人收到的价格如此低。对照我们在本章末尾提供的答案，你可以检验你的答案。

农贸市场是完全竞争行业的一个例子。完全竞争行业中的企业不能控制它们出售的产品价格，在长期不能赚取经济利润，这有两个主要原因：第一，这些行业中的企业销售的是相同的产品；第二，新企业很容易进入这些行业。研究完全竞争行业如何运行的最佳方法是理解市场如何回答第 1 章中讨论的三个基本经济问题：

- 生产什么商品和服务？
- 如何生产这些商品和服务？
- 谁将获得这些商品和服务？

但是，实际上，大部分行业都不是完全竞争的。在大部分行业中，企业生产的产品并不是相同的；在某些行业中，新企业可能很难进入。在美国有数以千计的行业。尽管每个行业在某些方面都是独一无二的，但是，各行业具有足够的相似性，经济学家据此将所有的行业分成四种市场结构。特别地，任何行业都有如下三个关键特征：

1. 行业中的企业数量。
2. 行业中企业生产的商品或服务的相似性。
3. 新企业进入该行业的难易程度。

经济学家用这些特征把所有行业分成表 9.1 所列出的四种市场结构。

包括餐馆、服装店和其他零售商在内的许多行业都有大量销售差异化产品而非相同产品的企业，这些行业属于垄断竞争的类型。计算机和汽车等一些行业只有少数企业，它们属于寡头。最后，美国邮政经营的特快专递等少数行业只有一家企业，它们属于垄断。在本章讨论了完全竞争之后，我们将在下一章讨论垄断，在第 11 章讨论垄断竞争和寡头。

表 9.1　　四种市场结构

特征	市场结构			
	完全竞争	垄断竞争	寡头	垄断
企业数量	许多	许多	几家	一家
产品类型	相同	差异化	相同或差异化	唯一
进入难易程度	易进入	易进入	不易进入	无法进入
行业例子	种植小麦，种植苹果	服装店，餐馆	生产计算机，生产汽车	特快专递，自来水

9.1 完全竞争市场

为什么**完全竞争市场**（perfectly competitive market）中的企业不能控制它们出售的商品的价格？为什么这些企业的所有者在长期不能赚取经济利润呢？我们的分析从列举完全竞争市场需要满足的三个条件开始：

1. 有许多买者和许多企业，它们相对于市场来说都很小。
2. 市场中所有企业出售的产品必须相同。
3. 新企业进入市场必须没有壁垒。

农产品市场满足这三个条件。例如，任意一个苹果消费者或生产者所购买或销售的苹果都只占苹果总收成的一个很小的比例。每个苹果种植者所出售的苹果都相同，新企业只要购买土地和栽种苹果树就可以进入苹果市场，没有任何壁垒。正如我们将要看到的，正是因为存在许多出售相同产品的企业，才使得任何单个苹果农场主都不能影响苹果的价格。

尽管苹果市场满足完全竞争的条件，但大部分商品和服务的市场则不满足。特别地，第二个和第三个条件非常具有约束性。在大多数有着许多买者和卖者的市场，企业销售的产品并不是相同的。例如，并非所有的餐馆食物都相同，也不是所有的女装都相同。在第 11 章，我们将探究更常见的垄断竞争情形，在这种市场结构下，许多企业销售的产品相似而非相同。在第 11 章，我们还将分析寡头。对垄断的分析在第 10 章中进行。新企业难以进入寡头或垄断行业。在本章，我们集中分析完全竞争市场，从而可以把完全竞争市场作为一个分析企业在面临最大程度竞争时如何行动的基准。

□ 9.1.1 完全竞争企业不能影响市场价格

完全竞争市场中的价格是由商品或服务的需求和供给相互作用决定的。任何单个消费者或企业的行动对市场价格没有任何影响。如果消费者和企业想在完全竞争市场购买和销售，他们就必须接受市场价格。

由于完全竞争市场中的一个企业相对于整个市场来说很小并且它所销售的产品与其他企业所销售的完全相同，因此，它不必降价就能卖出任意多数量。但是，如果一个完全竞争企业试图提高价格，那它就什么也卖不掉，原因是消费者可以转而去该企业的竞争对手那里购买该产品。因此，完全竞争企业是**价格接受者**（price taker），不得不收取与市场中其他企业同样的价格。尽管我们通常不会认为企业小到无法影响市场价格的程度，但是，消费者常常处于价格接受者的位置。例如，假定本地超市在以每块 1.5 美元的价格销售面包。你可以往购物车里装 10 块面包，超市会很乐意以每块 1.5 美元的价格卖给你这 10 块面包。但是，如果你去收银台说想以每块 1.49 美元的价格购买这些面包，那么，收银员不会卖给你。你的购买量相对于整个面包市场而言太小了，因而对均衡价格没有任何影响。无论你是不买面包而离开超市还是购买 10 块面包，你都不能改变面包的市场价格，哪怕是 1 美分。

你作为一个面包买者所面临的情况与小麦农场主作为一个小麦卖者所面临的情况是相同的。在 2011 年，美国有大约 15 万农场主种植小麦。小麦的市场价格不是由任何单个小麦农场主决定的，而是由小麦市场上所有的买者和卖者的相互作用决定的。如果任何单个小麦农场主的收成为历年最好，或者如果任何单个农场主不再种植小麦了，那么，由于小麦的市场供给曲线移动的程度没有大到使均衡价格改变哪怕 1 美分，因此，小麦的市场价格不会受到影响。

□ 9.1.2 完全竞争企业产出的需求曲线

假定比尔·帕克在华盛顿州一个面积为 250 英亩的农场种植小麦。帕克在一个完全竞争市场销售小麦，因此他是一个价格接受者。由于他可以在市场价格水平销售任意数量的小麦，但在更高价格水平下根本卖不出去任何小麦，因此，他的小麦的需求曲线有着异乎寻常的形状：它是水平的，如图 9.1 所示。由于需求曲线是水平的，帕克必须接受市场价格，在这个例子中是每蒲式耳 4 美元。帕克每年卖掉的小麦数量是 6 000 蒲式耳还是 15 000蒲式耳对市场价格没有影响。

帕克生产的小麦的需求曲线与小麦的市场需求曲线有很大的差别。图 9.2（a）显示了小麦市场，图中的需求曲线是小麦的市场需求曲线，它的形状是正常的，与我们在第 3 章所熟悉的市场需求曲线一样向下倾斜。图 9.2（b）显示了帕克生产的小麦的需求曲线，它是一条水平的直线。把这两幅图对照起来看，你可以看出图 9.2（b）中帕克收到的小麦价格是由图 9.2（a）小麦市场中所有小麦买者和卖者的相互作用决定的。不过，谨记两幅图中横轴的比例尺有很大差别。图 9.2（a）中小麦均衡数量为 22.5 亿蒲式耳，图 9.2（b）中帕克只生产了 15 000 蒲式耳，不到市场产出的 0.001%。我们需要在两幅图中使用不同的比例尺才能在一页纸中绘制出这两幅图形。记住如下的关键要点：帕克生产的小麦数量相对于整个市场的总产量是非常小的。

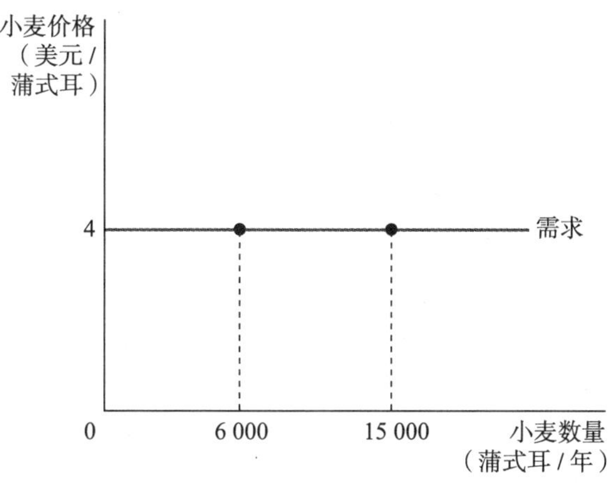

图 9.1　完全竞争企业面临着水平的需求曲线

完全竞争市场中的企业销售的产品与许多其他企业销售的完全相同。因此，它可以在现行市场价格下销售任意多数量，但是，如果它提高价格，哪怕是 1 美分，就卖不掉任何东西。结果，完全竞争企业产出的需求曲线是一条水平直线。在图中，这个小麦农场主每年卖掉的小麦数量是 6 000 蒲式耳还是 15 000 蒲式耳对市场价格每蒲式耳 4 美元没有影响。

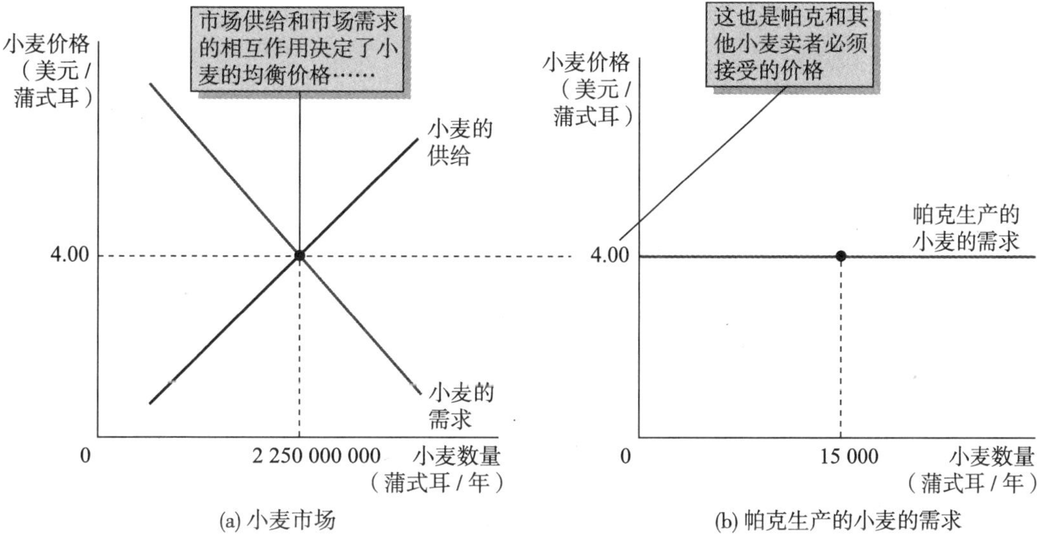

图 9.2　小麦的市场需求和单个农场主生产的小麦的需求

在一个完全竞争市场，价格是由市场需求和市场供给的相互作用决定的。在图（a）中，小麦的需求和供给曲线交点处的价格为每蒲式耳 4 美元。帕克这样的单个小麦农场主不能影响小麦的市场价格。因此，如图（b）所示，帕克生产的小麦的需求曲线是一条水平直线。为了理解该图，重要的是注意到两幅图的横轴所使用的比例尺有很大差别。图（a）中小麦均衡数量为 22.5 亿蒲式耳，图（b）中帕克只生产了 15 000 蒲式耳小麦。

不要犯这样的错误！

不要混淆农场主帕克生产的小麦的需求曲线和小麦的市场需求曲线

小麦的需求曲线有着正常的向下倾斜的形状。如果小麦价格上升，小麦需求量就下降；如果小麦价格下降，小麦需求量就上升。但是，单个小麦农场主的产出的需求曲线不是向下倾斜的：它是一条水平直线。如果单个小麦农场主试图提高他收取的小麦价格，那么，对他的小麦的需求量将下降到零，原因是买者将从其他15万小麦农场主的任何一个那里购买。但是，任何一个农场主不必降低价格就可以卖出任意数量的小麦。以上这两点成立的原因是每个小麦农场主相对于整个小麦市场来说都是非常小的。

当我们绘制小麦市场的图形时，我们通常用百万或十亿蒲式耳为单位来表示市场均衡数量。当我们绘制对一个农场主生产的小麦的需求图形时，我们通常用更小的单位（如千蒲式耳）来表示产量。在解释这些图形时记住这个差别是很重要的。

最后，并非只有小麦农场主的产品才有水平的需求曲线，完全竞争市场中的任何企业都面临着水平的需求曲线。

轮到你了：做本章末的问题与应用1.6，看看你理解得如何。

9.2 完全竞争市场中的企业如何最大化利润

我们已经看到，农场主帕克不能控制他的小麦价格。在这种情况下，他如何决定生产多少小麦？我们假设帕克的目标是利润最大化。对于大部分企业来说，这在大部分时间里都是一个合理的假设。记住，**利润**（profit）等于**总收益**（TR）和**总成本**（TC）之差：

$$利润=TR-TC$$

为了最大化利润，帕克生产的小麦产量应该使他收到的总收益和总成本之差尽可能大。

9.2.1 完全竞争市场中企业的收益

为了理解农场主帕克如何最大化利润，让我们先考虑他的收益。为了简单起见，我们将假设他拥有的农场很小，每年最多生产10蒲式耳小麦。表9.2显示了帕克在小麦市场价格为4美元时销售不同数量的小麦的收益。

表9.2的第3列显示，帕克每多卖出1蒲式耳小麦，他的总收益就增加4美元，原因是他可以在每蒲式耳4美元的市场价格下卖出任意数量的小麦。表格的第4列和第5列显示了帕克销售小麦的平均收益和边际收益。他的**平均收益**（average revenue，AR）等于总收益除以卖掉的小麦数量。例如，如果他卖掉5蒲式耳小麦得到20美元，那么，他的平均收益为20/5=4。注意，他的平均收益总是等于市场价格，即4美元。实际上，无论产出水平为多少，企业的平均收益总是等于市场价格。这一等式成立的原因是，总收益等

于价格乘以数量（$TR=P\times Q$），而平均收益等于总收益除以数量（$AR=TR/Q$），因此，$AR=TR/Q=(P\times Q)/Q=P$。

帕克的**边际收益**（marginal revenue，MR）等于他多销售一蒲式耳小麦所引起的总收益的变动：

$$边际收益=\frac{总收益的变动}{数量的变动}，即 MR=\frac{\Delta TR}{\Delta Q}$$

由于帕克每多卖出 1 蒲式耳小麦，他的总收益总是增加 4 美元，因此，他的边际收益就是 4 美元。帕克的边际收益总是每蒲式耳小麦 4 美元，原因是他是在一个完全竞争市场卖小麦，在市场价格下他能够想卖多少就卖多少。实际上，帕克的边际收益和平均收益都等于市场价格。这是一个重要的结论：对于完全竞争市场中的企业，平均收益和边际收益都等于价格。

表 9.2 帕克种植小麦得到的收益

小麦数量（蒲式耳，Q）	市场价格（美元/蒲式耳，P）	总收益（美元，TR）	平均收益（美元，AR）	边际收益（美元，MR）
0	4	0	—	—
1	4	4	4	4
2	4	8	4	4
3	4	12	4	4
4	4	16	4	4
5	4	20	4	4
6	4	24	4	4
7	4	28	4	4
8	4	32	4	4
9	4	36	4	4
10	4	40	4	4

□ 9.2.2 确定利润最大化产出水平

为了确定帕克如何才能最大化利润，我们必须既考虑他的收益又考虑他的成本。小麦农场主有许多成本，包括种子成本和化肥成本以及支付给农场工人的工资。我们把表 9.2 中的收益数据和帕克的农场成本数据都放在表 9.3 中。回忆第 8 章讲到的，企业的边际成本就是多生产 1 单位产出引起的总成本的增加。

表 9.3 帕克种植小麦得到的利润

小麦数量（蒲式耳，Q）	总收益（美元，TR）	总成本（美元，TC）	利润（$TR-TC$）	边际收益（美元，MR）	边际成本（美元，MC）
0	0.00	2.00	−2.00	—	—
1	4.00	5.00	−1.00	4.00	3.00

续前表

小麦数量（蒲式耳，Q）	总收益（美元，TR）	总成本（美元，TC）	利润（$TR-TC$）	边际收益（美元，MR）	边际成本（美元，MC）
2	8.00	7.00	1.00	4.00	2.00
3	12.00	8.50	3.50	4.00	1.50
4	16.00	10.50	5.50	4.00	2.00
5	20.00	13.00	7.00	4.00	2.50
6	24.00	16.50	7.50	4.00	3.50
7	28.00	21.50	6.50	4.00	5.00
8	32.00	28.50	3.50	4.00	7.00
9	36.00	38.00	−2.00	4.00	9.50
10	40.00	50.50	−10.50	4.00	12.50

我们在第 4 列中列出利润，计算方法是从第 2 列的总收益中减去第 3 列的总成本。第 3 列表明，只要帕克生产的小麦数量介于 2～8 蒲式耳之间，他就赚得利润。他的最大利润是生产 6 蒲式耳小麦时能得到的 7.5 美元。由于帕克想最大化利润，我们预期他将生产 6 蒲式耳小麦。生产更多的小麦会降低他的利润。例如，如果他生产 7 蒲式耳小麦，那么，利润将从 7.5 美元下降到 6.5 美元。表格最后一列给出的边际成本的值有助于我们理解为什么帕克生产的小麦超过 6 蒲式耳时利润会减少：超过 6 蒲式耳小麦后，边际成本上升到了边际收益之上，这导致利润下降。

事实上，比较每一产出水平下的边际成本和边际收益是计算帕克的利润的另一种方法。我们将在图 9.3 中表示出这两种计算利润的方法。在图 9.3（a）中，我们表示出了总收益和总成本方法；在图 9.3（b）中，我们表示出了边际收益和边际成本方法。图 9.3（a)中的总收益是一条直线，原因是每多卖出 1 蒲式耳小麦总收益就增加 4 美元。当代表总收益的直线和总成本曲线之间的垂直距离达到最大时，帕克的利润就达到了最大。正如我们在表 9.3 中看到的，他的最大利润出现在产出为 6 蒲式耳的时候。

表 9.3 的最后两列显示了帕克多销售 1 蒲式耳小麦得到的边际收益（MR）和多生产 1 蒲式耳小麦的边际成本（MC）。图 9.3（b）是一幅表示帕克的边际收益和边际成本的图形。由于边际收益总是等于 4 美元，它是一条在市场价格处的水平直线。我们已经看到，完全竞争企业所面临的需求曲线也是在市场价格处的水平直线。因此，完全竞争企业的边际收益曲线与它的需求曲线相同。帕克生产小麦的边际成本先下降后上升，与我们在第 8 章讨论的通常形状相同。

我们从图 9.3（a）得知，利润在产量为 6 蒲式耳小麦时达到最大。在图 9.3（b）中，利润同样是在产量为 6 蒲式耳小麦时达到最大。为了理解为什么在边际收益等于边际成本的产出水平处利润达到最大，回忆我们在第 1 章讨论的一个重要经济学原理：最优决策基于边际分析。企业利用这一原理来决定生产的产品数量。例如，在决定生产多少小麦时，帕克需要比较他多销售 1 蒲式耳小麦的边际收益和他生产这一蒲式耳小麦的边际成本。边际收益和边际成本之差就是多生产 1 蒲式耳小麦得到的额外利润（或损失）。只要边际收益大于边际成本，帕克的利润就在增加，他就要扩大生产。例如，他不会停止在 5 蒲式耳小麦处，原因是生产和销售第 6 蒲式耳小麦令他的收益增加了 4 美元但成本只增加了 3.5 美元，因此他的利润增加了 0.5 美元。他想继续生产，直到多卖出 1 蒲式耳小麦得到的边际收益等于生产这一蒲式耳小麦的边际成本为止。在这一产出水平，他多卖 1 蒲式耳小麦不能得到额外的利润，因此，他的利润达到了最大。

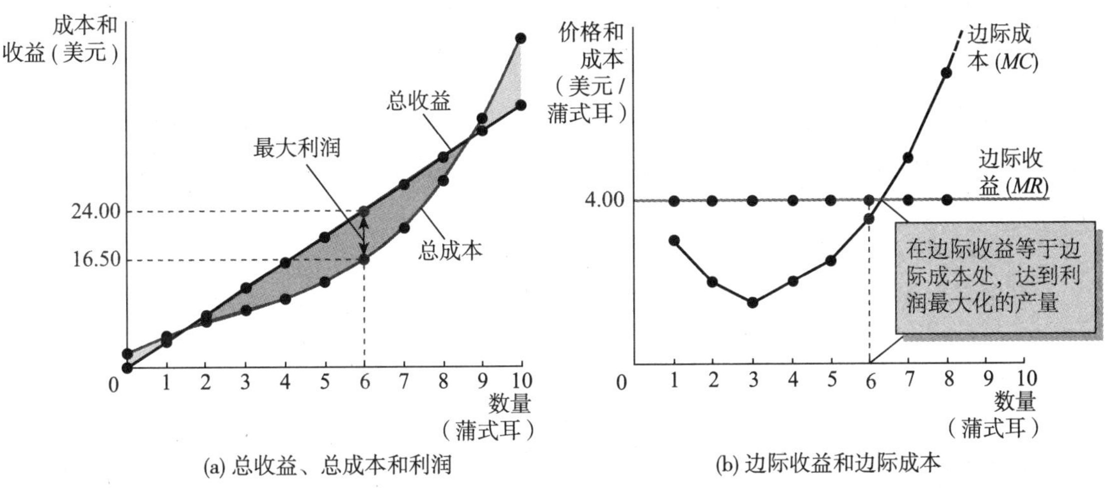

图 9.3　利润最大化产出水平

在图（a）中，帕克的利润在总收益和总成本之间的垂直距离最大处达到最大。此时产出为 6 蒲式耳小麦。图（b）显示，帕克的边际收益（*MR*）总是等于每蒲式耳 4 美元。帕克通过生产使最后一蒲式耳小麦的边际收益等于其边际成本（*MR*＝*MC*）的产量，实现了利润最大化。在这个例子中，没有哪个产出水平使边际收益正好等于边际成本。帕克能生产的最接近的产量为 6 蒲式耳小麦。一旦边际成本超过边际收益，他就不愿意继续生产，原因是那样做会降低他的利润。图（a）和图（b）表示了思考帕克如何决定利润最大化产量的两种方法。

通过仔细观察表 9.3，我们可以看到，没有哪个产出水平使边际收益正好等于边际成本。帕克能生产的最接近的产量为 6 蒲式耳小麦。一旦边际成本超过边际收益，他就不愿意继续生产，原因是那样做会降低他的利润。例如，第 7 蒲式耳小麦使他的成本增加了 5 美元但收益只增加了 4 美元，因此，生产这一单位使他的利润减少了 1 美元。

从表 9.3 和图 9.3 的信息我们可以得出如下结论：

1. 在利润最大化的产出水平，总收益和总成本之差达到最大。
2. 在利润最大化的产出水平，边际收益等于边际成本，即 *MR*＝*MC*。

无论企业是否处于完全竞争行业，这两个结论对任何企业都成立。我们可以得出只对完全竞争行业中的企业才成立的关于利润最大化的另一个结论：对于完全竞争行业中的企业，价格等于边际收益，即 *P*＝*MR*。因此，我们可以把 *MR*＝*MC* 的条件改写成 *P*＝*MC*。

9.3　在成本曲线图形上表示利润或亏损

我们已经看到，利润是总收益和总成本之差。我们可以用平均总成本来表示利润。这允许我们在第 8 章讨论的成本曲线图形上表示利润。

首先，我们需要推导确定利润和平均总成本之间的关系。由于利润等于总收益减去总成本（TC），而总收益等于价格乘以数量，所以，利润可以表示成：

$$利润=(P\times Q)-TC$$

如果我们把方程两边都除以 Q，我们得到

$$利润/Q=(P\times Q)/Q-TC/Q$$

即

$$利润/Q=P-ATC$$

这是因为 $TC/Q=ATC$。这个方程告诉我们，每单位商品的利润（即平均利润）等于价格减去平均总成本。最后，我们再在方程两边同时乘以 Q，得到总利润和平均总成本之间的关系方程：

$$利润=(P-ATC)\times Q$$

这个方程告诉我们，企业的总利润等于价格与平均总成本之差乘以产量。

□ 9.3.1 新企业的进入如何影响现有企业的利润?

图 9.4 表示了我们在第 8 章讨论的企业的平均总成本与边际成本之间的关系。在该图中，我们还画出了企业的边际收益曲线（与需求曲线相同），标出了代表总利润的区域。利用我们刚刚得到的利润与平均总成本之间的关系，我们可以说，代表总利润的这个区域的高为（$P-ATC$），底为 Q。这个区域用深灰色阴影矩形表示。

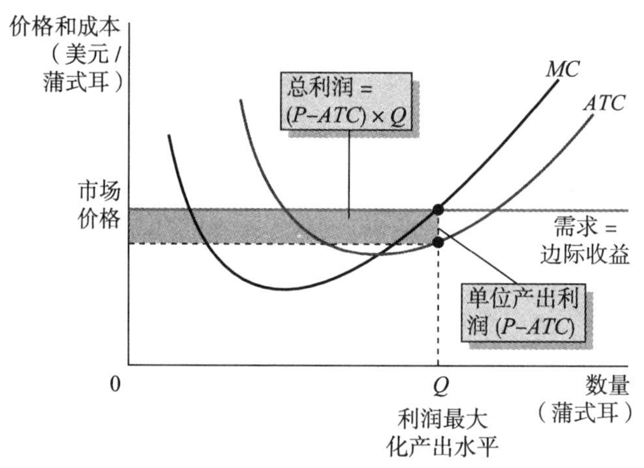

图 9.4 垄断竞争市场中企业的利润最大化

企业在边际收益等于边际成本的产出水平实现了利润最大化。价格和平均总成本之差等于单位产出利润。总利润等于单位利润乘以产量。总利润用深灰色阴影矩形区域表示，它的高为（$P-ATC$），底为 Q。

例题 9.3　确定利润最大化价格和产量

假定 Andy 在一个完全竞争的篮球市场销售篮球。他每天的产出和成本如下：

每天的产出	总成本（美元）
0	10.00
1	20.50
2	24.50
3	28.50
4	34.00
5	43.00
6	55.50
7	72.00
8	93.00
9	119.00

a. 假定篮球市场当前市场均衡价格为 12.5 美元。为了最大化利润，Andy 将生产多少个篮球？收取什么价格？赚取多少利润（或亏损）？画图说明你的答案。在图形中清楚地标明 Andy 的需求，*ATC*、*AVC*、*MC* 和 *MR* 曲线，他收取的价格、他生产的产量，以及代表他的利润（或亏损）的区域。

b. 假定篮球的均衡价格下降到 6 美元。现在，Andy 将生产多少个篮球？收取什么价格？赚取多少利润（或亏损）？画图说明你的答案，和（a）部分一样，标明各项。

解：

第 1 步：复习本章内容。这一问题是关于利用成本曲线图形分析完全竞争企业的，所以你可能需要复习一下 9.3 节“在成本曲线图形上表示利润或亏损”。

第 2 步：计算 Andy 的边际成本、平均总成本和平均可变成本。为了最大化利润，Andy 将生产使得边际收益等于边际成本的产出水平。我们可以从表中的信息计算出边际成本。为了画出所要求的图形，我们也可以计算平均总成本和平均可变成本。平均总成本（*ATC*）等于总成本（*TC*）除以产出水平（*Q*）。平均可变成本（*AVC*）等于可变成本（*VC*）除以产出（*Q*）。为了计算可变成本，回忆总成本等于可变成本加上固定成本。当产出为零时，总成本等于固定成本。在这个例子中，固定成本等于 10 美元。

每天的产出（*Q*）	总成本（*TC*，美元）	固定成本（*FC*，美元）	可变成本（*VC*，美元）	平均总成本（*ATC*，美元）	平均可变成本（*AVC*，美元）	边际成本（*MC*，美元）
0	10.00	10.00	0.00	—	—	—
1	20.50	10.00	10.50	20.50	10.50	10.50
2	24.50	10.00	14.50	12.25	7.25	4.00
3	28.00	10.00	18.00	9.33	6.00	3.50
4	34.00	10.00	24.00	8.50	6.00	6.00
5	43.00	10.00	33.00	8.60	6.60	9.00
6	55.50	10.00	45.50	9.25	7.58	12.50
7	72.00	10.00	62.00	10.29	8.86	16.50
8	93.00	10.00	83.00	11.63	10.38	21.00
9	119.00	10.00	109.00	13.22	12.11	26.00

第 3 步：利用第 2 步得到的表格中的信息计算在篮球的市场价格为 12.5 美元时 Andy 会生产多少个篮球，收取什么价格，获得多少利润。Andy 的边际收益等于市场价格，即 12.5 美元。

当 Andy 每天生产 6 个篮球时，边际收益等于边际成本。因此，Andy 每天将生产 6 个篮球，收取每个篮球 12.5 美元的价格。Andy 的利润等于他的总收益减去总成本。他的总收益等于他的篮球销售量乘以价格，即 6×12.5=75 美元。因此，他的利润等于 75－55.5=19.5 美元。

第 4 步：利用第 2 步得到的表格中的信息，用一幅图说明你对 (a) 部分的答案。

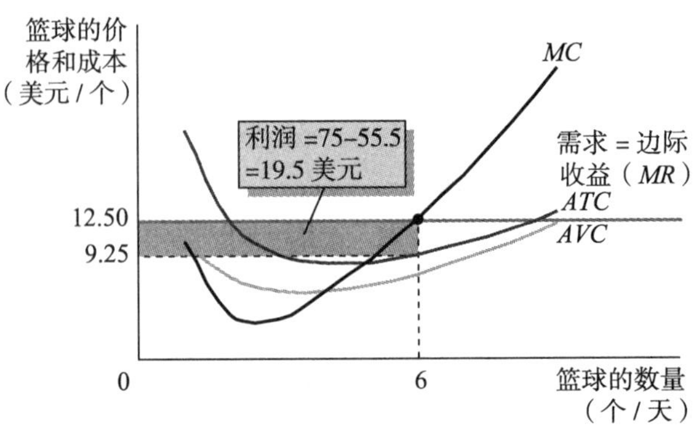

第 5 步：计算如果篮球的市场价格为 6 美元时 Andy 会生产多少个篮球，收取什么价格，获得多少利润。参考第 2 步中的表格，我们可以看到当 Andy 每天生产 4 个篮球时，边际收益等于边际成本。他收取的市场价格是每个篮球 6 美元。因此，他的总收益只有 24 美元，而他的总成本为 34 美元，从而有 10 美元的亏损。(我们可以肯定 Andy 在经营出现亏损时仍将继续生产吗？在下一节中我们将回答这个问题。)

第 6 步：用一幅图说明你对 (b) 部分的答案。

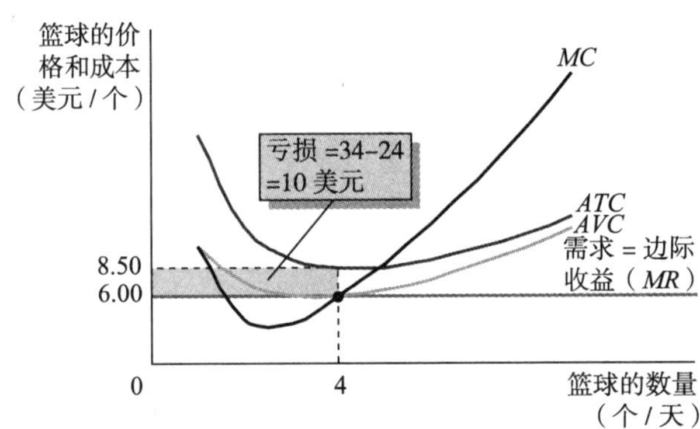

轮到你了：要想做更多的练习，请做本章末的问题与应用 3.3 和 3.4。

不要犯这样的错误！ ☞

记住，企业最大化的是它们的总利润而非单位利润

一个学生仔细看了下页右侧图后说："我认为这家企业会想生产 Q_1 而不是 Q_2 这么多产量。产量为 Q_1 时，价格和平均总成本之间的垂直距离达到最大。因此，此时该企业的单位利润达到最大。"简要说明你是否同意该学生的说法。

这个学生的说法是错误的，原因在于企业感兴趣的是最大化总利润而非最大化

单位利润。我们知道，在产量为 Q_1 时利润没有达到最大，原因是此时边际收益大于边际成本。如果多生产的产出单位使企业的收益增加量超过成本增加量，那么，企业就能通过增加产量而增加利润。只有在产量增加到 Q_2 时，该企业才已经生产出了每一个边际收益大于边际成本的产出单位。在该点，该企业实现了利润最大化。

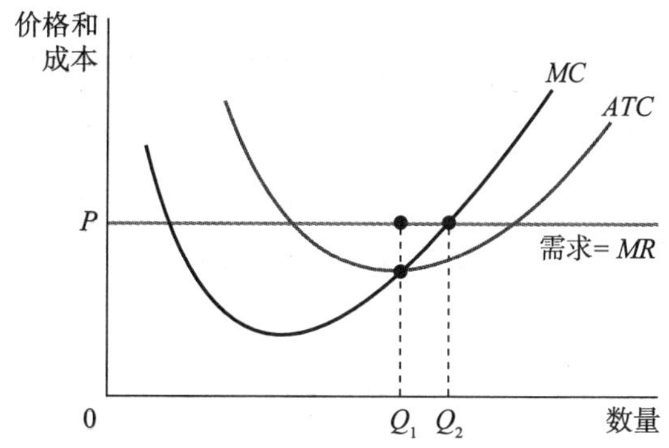

轮到你了：做本章末的问题与应用 3.5，看看你理解得如何。

□ 9.3.2 图示企业收支相抵或经营亏损的情形

我们已经看到，为了最大化利润，企业生产的产出水平满足边际收益等于边际成本。但是，在这一产出水平，企业实际上赚取了利润吗？这取决于价格和平均总成本之间的关系。有如下三种可能性：

1. $P>ATC$，这意味着企业赚取了利润。
2. $P=ATC$，这意味着企业收支相抵（总成本等于总收益）。
3. $P<ATC$，这意味着企业出现了亏损。

图 9.4 显示了第一种可能性，即企业赚取利润的情形。图 9.5（a）和图 9.5（b）分别显示了企业收支相抵或出现亏损的情形。在图 9.5（a）中，在 $MR=MC$ 的产出水平，价格等于平均总成本，因此，总收益等于总成本，企业收支相抵，赚取的经济利润为零。在图 9.5（b）中，在 $MR=MC$ 的产出水平，价格小于平均总成本，因此，总收益小于总成本，企业发生亏损。在这种情况下，最大化利润等价于亏损最小化。

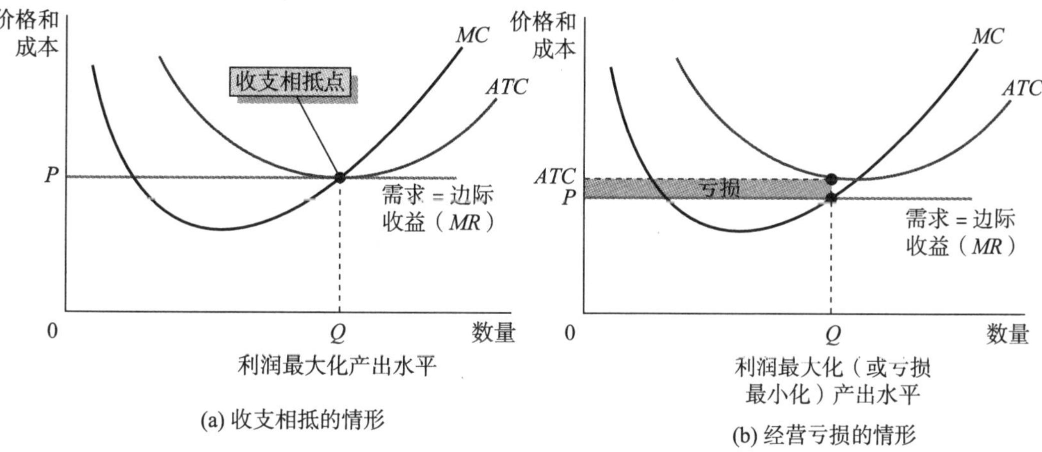

(a) 收支相抵的情形

(b) 经营亏损的情形

图 9.5 企业收支相抵和经营亏损的两种情形

在图（a）中，价格等于平均总成本，由于总收益等于总成本，企业收支相抵。在这种情况下，企业赚取的经济利润为零。在图（b）中，价格小于平均总成本，企业发生亏损。亏损由图中的阴影区域代表，它的高为（$ATC-P$），底为 Q。

医疗扫描行业的亏损

在一个市场体系，一种商品或服务只有在企业家向市场推出这种产品时才能被消费者得到。在美国，每周都有数以千计的新企业开张。每家新企业代表着一个拿自己的资金进行冒险、试图通过向消费者提供一种商品或服务来赚取利润的企业家。当然，没有百分之百的成功，许多新企业出现了亏损，而没有像它们的所有者所希望的那样赚到利润。

21 世纪头十年初期，技术进展降低了计算机断层（CT）扫描设备的价格。多年来，医生和医院给那些有心脏病、癌症和其他不适的病人开处方要求他们做 CT 扫描以诊断他们的疾病。CT 扫描设备价格的下降让很多企业家相信，向那些看起来健康的人提供预防性身体扫描是有利可图的。他们的想法是，CT 扫描将在顾客开始显示相关症状之前提早发现相关疾病。不幸的是，提供这一服务的新企业遇到了几个困难：首先，由于 CT 扫描是自愿检查项目，因此，它不在大部分医疗保险计划保险范围之内。其次，使用这一服务的消费者很少有人使用一次以上，因此几乎没有回头生意。最后，与其他任何医学检查一样，出现了一些错误的阳性结果，也就是说，CT 扫描看起来检测出了实际上并不存在的问题。由于错误的阳性 CT 扫描结果而做了昂贵的额外且无必要的医学治疗的人对 CT 扫描的负面宣传也令这些新企业很受伤。

由于有这些问题，对 CT 扫描的需求没有达到大部分提供这一服务的企业家的预期，这些新企业的经营出现了亏损。例如，加州心脏扫描诊所（California HeartScan）的所有者要在市场价格为 495 美元时才能收支相抵，但是，由于实际市场价格只有 250 美元，所以它遭受了亏损。下图显示了该所有者的状况：

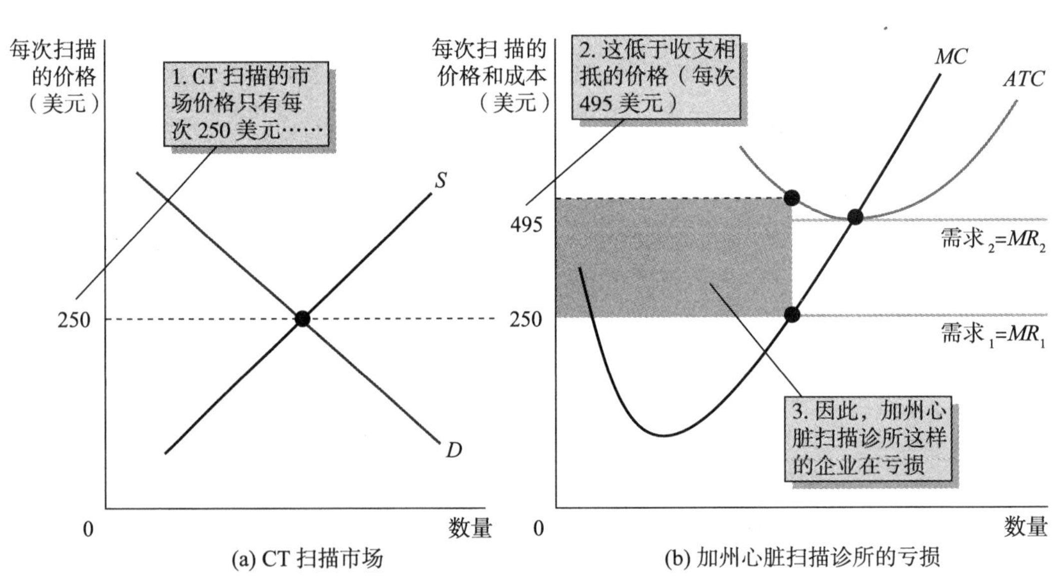

(a) CT 扫描市场

(b) 加州心脏扫描诊所的亏损

为什么加州心脏扫描诊所和其他医疗诊所不把价格提高到收支相抵所需的水平呢？我们已经看到，试图把价格提高到市场价格水平以上的企业都会使客户流失到竞争对手那里。到 2003 年秋季，许多提供医学扫描服务的企业开始关闭。创办这些企业的大部分企业家都损失掉了他们的投资。

资料来源：Patricia Callahan, "Scanning for Trouble", *Wall Street Journal*, September 11, 2003。

轮到你了：做本章末与本专栏相关的问题与应用 3.7，看看你理解得如何。

9.4 短期生产或停产的决策

在图 9.5（b）中，我们假设企业在经营亏损时仍继续生产。实际上，出现亏损的企业有两个选择：

1. 继续生产；
2. 暂时停产。

在许多情况下，出现亏损的企业会考虑暂时停产。但是，在暂时停产的期间，企业也必须支付其固定成本。例如，如果企业签了一份租约租用办公场所，那么，就算它不生产任何东西，它每月也得给房东付租金。因此，如果一家企业不生产，它发生的亏损就等于其固定成本。这一亏损是企业会接受的最大亏损额。如果生产会使亏损超过固定成本，那么，企业就会停产。

如果企业继续生产得到的总收益超过其可变成本，那么，企业可以通过继续生产来将其亏损降低到总固定成本以下。企业可以用超过可变成本的收益来收回部分固定成本。在这种情况下，企业继续生产时的亏损比停产时要小。

在分析企业是否停产的决策时，我们假设企业的固定成本是沉没成本。回忆第 7 章讲过，**沉没成本**（sunk cost）是已经支付且不能收回的成本。我们假设企业不能通过停产来收回固定成本，这也是通常的现实情况。例如，如果一个农场主贷款买地，那么，无论他是否种植小麦，他每月都得还贷。由于这些钱是必须要花的而且收不回来，因此，该农场主应该把沉没成本看作与决策无关的成本。对任何企业来说，总收益大于还是小于可变成本都是决定是否停产的关键。只要企业的总收益大于其可变成本，它就应该继续生产而不论其固定成本有多大或多小。

完全竞争市场中出现亏损的企业不能提高价格。如果企业真的提高了价格，那么，它就会失去所有的客户，销售额就会下降到零。例如，在最近的某一年，美国的小麦价格是每蒲式耳 3.16 美元。在这个价格，平均每个美国小麦农场主损失 9 500 美元。在大约每蒲式耳 4.25 美元的价格，小麦农场主平均起来就会收支相抵。但是，倘若有农场主试图将价格提高到每蒲式耳 4.25 美元，那么他就会看到他的销售量迅速消失了，原因是买者可以以每蒲式耳 3.16 美元的价格从数以千计的其他小麦农场主那里买到他们想要的所有小麦。

例题 9.4　何时停拍电影？

当沃尔特·迪士尼于 2011 年 3 月发行罗伯特·泽米吉斯（Robert Zmeckis）执导的电影

《火星需要妈妈》(*Mars Needs Moms*) 时，它的票房很差。它在全球的总票房收入不到 4 000 万美元，但制作成本达到 1.75 亿美元。在电影发行的前一年，迪士尼的高层观看了已经拍摄完毕的部分电影。他们看了后很失望，立即停拍了罗伯特·泽米吉斯的下一部电影。但是，他们却没有停拍公司在拍摄上已经花费了 1 亿美元的《火星需要妈妈》。在 2010 年 3 月公司高层担心这部电影质量的时候，迪士尼应该如何就是否拍摄完《火星需要妈妈》并发行这部电影做决策？迪士尼已经在这部电影上花费的 1 亿美元在决策中应该起到什么作用？

解：

第 1 步：复习本章内容。这一问题是关于沉没成本在企业决策中的作用的，所以你可能需要复习一下 9.4 节“短期生产或停产的决策”。

第 2 步：利用你知道的沉没成本在关于是否停产的决策中的作用的知识回答这个问题。在这个例子中，迪士尼考虑的不是公司是否停产而是这部电影是否停拍。到 2010 年 3 月，迪士尼已经在《火星需要妈妈》这部电影上花了 1 亿美元。人们很有可能会认为，除非迪士尼完成这部电影的拍摄，否则这 1 亿美元将会亏损掉。但是，重要的是明白这 1 亿美元是沉没成本：无论迪士尼是停拍这部电影还是完成拍摄并发行给影院，公司都无法收回那 1 亿美元。因此，那 1 亿美元与迪士尼的决策无关。迪士尼的决策应该基于对完成拍摄并发行这部电影的额外成本与公司预计赚取的收益进行比较。换句话说，如果边际收益预计大于边际成本，那么迪士尼应该完成电影的拍摄，反之则应该停拍这部电影。

尽管迪士尼知道完成并发行这部电影的边际成本，但是它不得不根据它对票房以及以后的 DVD 和在线播放的销售额的预测来估计边际收益。迪士尼决定完成这部电影的拍摄。完成拍摄的边际成本为 7 500 万美元，但其票房仅有 3 900 万美元。事后来看，迪士尼的决策是错误的，但是也有可能公司高估了票房或者预计 DVD 和在线播放的销售额会抵消糟糕的票房。

资料来源：Brooks Barnes, “Many Culprits in Fall of a Family Film”, *New York Times*, March 14, 2001；收益和成本数据来自 boxofficemojo. com。

轮到你了：要想做更多的练习，请做本章末的问题与应用 4.8 和 4.9。

□ 9.4.1 企业的短期供给曲线

记住企业的供给曲线告诉了我们企业在任何给定价格愿意销售多少单位的产品。注意到完全竞争市场中企业的边际成本曲线告诉了我们同样的东西。企业将生产满足 $MR=MC$ 的产出水平。由于对完全竞争市场中的企业而言价格等于边际收益，因此，企业将在 $P=MC$ 的产出水平生产。对于任何给定的价格，我们可以从边际成本曲线确定企业将供给的产出数量。因此，完全竞争企业的边际成本曲线也是它的供给曲线。但是，这个事实有一个重要的限制条件。我们已经看到，如果一家企业出现亏损，那么，在总收益小于可变成本时它就会停产。这一条件用符号表示就是

$$(P \times Q) < VC$$

如果我们把方程两边都除以 Q，我们得到企业停产的条件

$$P < AVC$$

如果价格下降到平均可变成本以下，那么，企业停产从而不生产任何产出时的亏损更小。因此，企业的边际成本曲线就是其供给曲线这一结论只对等于或大于平均可变成本的

价格才成立。图 9.6 中的 *MC* 表示了企业的短期供给曲线。

回忆第 8 章曾经讲过，边际成本曲线与平均可变成本曲线相交于平均可变成本曲线的最低点。因此，企业的供给曲线是边际成本曲线位于平均可变成本曲线最低点以上的部分。对于低于最小平均可变成本（$P_{最小}$）的价格，企业将停产，产出将下降到零。平均可变成本曲线的最低点被称为**停产点**（shutdown point），此时的产出水平为图 9.6 中的 Q_{SD}。

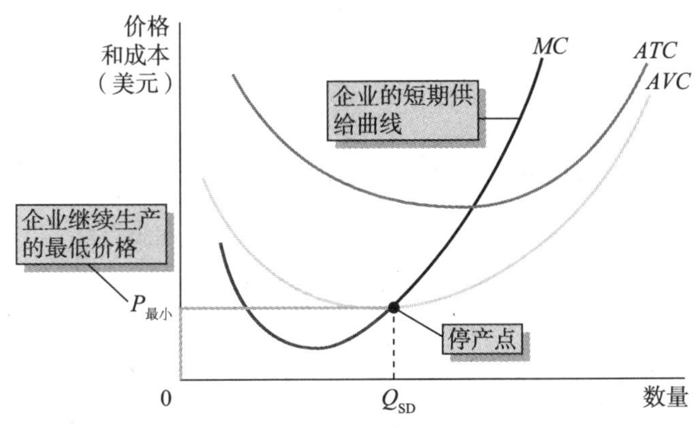

图 9.6　企业的短期供给曲线

企业将生产满足 $MR=MC$ 的产出水平。由于对完全竞争市场中的企业而言价格等于边际收益，因此，企业将在 $P=MC$ 的产出水平生产。对于任何给定的价格，我们可以从边际成本曲线确定企业将供给的产出数量。换句话说，企业的边际成本曲线也是它的供给曲线。但是，记住如果价格下降到平均可变成本以下，则企业将停产。边际成本曲线与平均可变成本曲线相交于平均可变成本曲线的最低点，此时产出为图中的 Q_{SD}。对于低于 $P_{最小}$ 的价格，供给曲线与价格轴（纵轴）重合，它表明企业在这些价格水平下供给的产量为零。图中的 *MC* 是企业的短期供给曲线。

□ 9.4.2　完全竞争行业的市场供给曲线

我们在第 7 章看到，市场需求曲线是通过加总市场中每个消费者在每一价格下的需求量得到的。类似地，市场供给曲线也是通过加总市场中每个供给者在每一价格下的供给量得到的。每家企业的边际成本曲线告诉了我们该企业在每一价格下将供给多少。因此，市场供给曲线可以从市场中所有企业的边际成本曲线直接得到。图 9.7（a）显示了一个小麦农场主的边际成本曲线。在价格为 4 美元时，这个小麦农场主供给 15 000 蒲式耳小麦。如果每个小麦农场主在这个价格的供给数量相同而小麦农场主的数量为 150 000 个，那么，在价格为 4 美元时小麦的总供给量为

$$15\,000\times150\,000=22.5\text{（亿蒲式耳小麦）}$$

图 9.7（b）把价格 4 美元和数量 22.5 亿蒲式耳这一组合表示为小麦市场供给曲线上的一个点。当然，在现实中，并非所有小麦农场都相同。有些小麦农场在市场价格水平时供给的数量比平均数量更多，有些供给得更少。关键的要点是，我们可以通过加总市场中的每家企业在每一价格水平愿意且能够供给的数量来得到市场供给曲线。

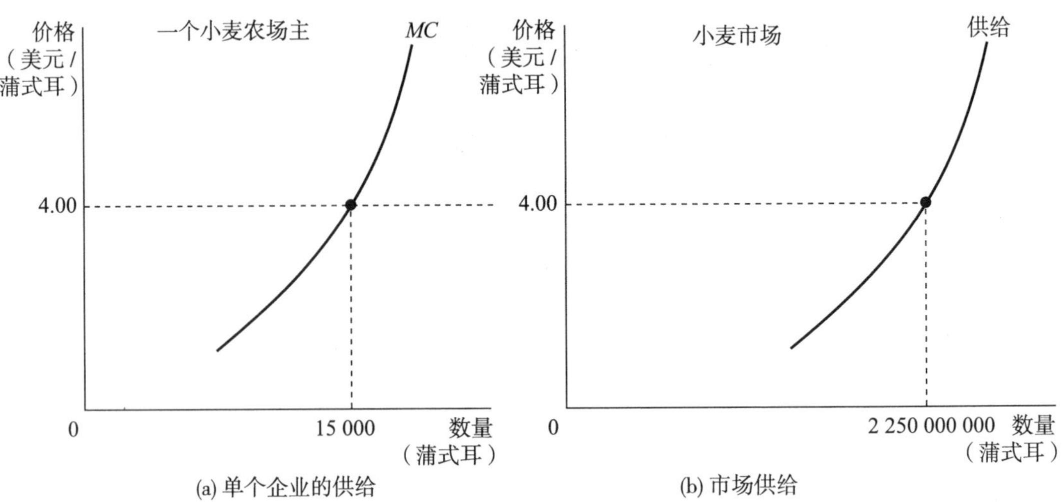

图 9.7　企业供给和市场供给

我们可以通过加总市场中每家企业在每一价格下愿意供给的数量得到市场供给曲线。在图（a）中，一个小麦农场主在价格为每蒲式耳 4 美元时愿意供给 15 000 蒲式耳小麦。如果每个小麦农场主在这个价格的供给数量相同而小麦农场主的数量为 150 000 个，那么，在价格为 4 美元时小麦的总供给量为 15 000×150 000＝22.5 亿蒲式耳小麦。这是图（b）中表示的小麦市场供给曲线上的一个点。我们可以通过确定每个农场主在每一价格水平愿意供给的数量来找到市场供给曲线上的其他点。

9.5　“如果人人都可以做，那么你无法从中获利”：企业在长期的进入和退出

在长期，除非企业能够收回所有成本，否则它将停产并退出所在行业。在市场体系中，企业持续地进入和退出行业。我们将在本节看看利润和亏损如何向企业提供了导致进入和退出的信号。

9.5.1　经济利润和进入或退出决策

首先，让我们更仔细地考察经济学家如何刻画企业所有者赚取的利润。假定 Sacha Gillette 决定开始创办自己的企业。在考虑了她的兴趣和制定了商业计划后，她决定建一个蔬菜农场而不是开餐馆或礼品店。经过此前 10 年的努力后，Gillette 有了 10 万美元的储蓄。她还从银行获得了 90 万美元的贷款。她用这些资金买了建农场所需的土地和耕种设备。她打算在本地农贸市场卖她种植的胡萝卜。正如我们在第 8 章看到的，当一个人将自有资金投资于自己的企业时，其机会成本是这些资金在其他最有价值的用途上本来可以获得的回报。如果 Gillette 的这 10 万美元储蓄在其他最有价值的用途（例如，有可能是买一个小餐馆）上的回报率为 10%，那么，她用于胡萝卜生意的这 10 万美元的机会成本为 1 万美元。我们也可以认为这 1 万美元是要使 Gillette 长期留在胡萝卜种植行业她投资于农场的这 10 万美元需要赚取的最低回报。

表 9.4 列出了 Gillette 的成本。除了她的显性成本外，我们假设她有两项隐性成本：

代表她投资于农场的自有资金的机会成本1万美元，她管理别人而非自己的农场本来可以赚到的3万美元工资。她的总成本是12.5万美元。如果胡萝卜的市场价格为每箱15美元而Gillette卖掉1万箱，那么她的总收益将为15万美元，她的经济利润将为2.5万美元（总收益15万美元减去总成本12.5万美元）。回忆第6章讲到**经济利润**（economic profit）等于企业的收益减去其所有的成本（包括隐性和显性成本）。因此，Gillette收回了她投资于自己企业的自有资金的机会成本，另外还获得了2.5万美元的经济利润。

表9.4 **农场主Gillette每年的成本** 单位：美元

显性成本	
水费	10 000
工资	15 000
农药	10 000
电费	5 000
银行还贷	45 000
隐性成本	
损失的工资	30 000
投资于自己农场的1万美元的机会成本	10 000
总成本	125 000

经济利润导致新企业的进入。

不幸的是，农场主Gillette赚取经济利润的时间不太可能维持很长。假定其他农场主把胡萝卜卖给超市且正好收支相抵。在那种情况下，他们就有激励转而在农贸市场销售从而可以开始获得经济利润。正如我们在本章开篇案例中看到的那样，许多希望赚取更高利润的小农场主开始在农贸市场卖他们的农产品。记得前面讲过，一个行业中的企业越多，市场供给曲线就越靠右。图9.8（a）显示，随着更多的农场主开始在农贸市场销售，市场供给曲线向右移动。农场主将继续进入该市场，直至市场供给曲线从S_1移动到S_2。

供给曲线为S_2时，市场价格将下降到每箱10美元。图9.8（b）显示了这对Gillette的影响。我们假设Gillette与其他胡萝卜农场主的成本相同。随着市场价格从每箱15美元下降到10美元，Gillette的需求曲线从D_1向下移动到D_2。在新的均衡处，Gillette卖出8 000箱胡萝卜，每箱的价格为10美元。她和其他胡萝卜农场主不再获得任何经济利润。他们正好收支相抵，投资回报正好收回这些资金的机会成本。新的农场主将停止进入在农贸市场销售胡萝卜的市场，原因是回报率并不比在其他地方卖胡萝卜高。

农场主Gillette刚好收支相抵，那她会继续在农贸市场卖胡萝卜吗？她会，原因是在农贸市场卖胡萝卜使她赚取的投资回报与在其他地方一样高。新企业将进入某个市场直至经济利润消除，而已有企业尽管没有赚到任何经济利润但仍然留在市场中，这看起来可能很奇怪。但是，看起来奇怪仅仅是因为我们习惯于用会计利润而非经济利润来思考问题。

回忆前面讲过，会计利润通常只要求在企业的财务报表中包括显性成本。Gillette 投资于农场的自有资金的机会成本（1 万美元）和她损失的工资（3 万美元）都属于经济成本，但是这两项都没有算作会计成本。因此，尽管会计师会认为 Gillette 赚取了 4 万美元的经济利润，但是，经济学家会认为她刚好收支相抵。Gillette 在编制财务报表和支付收入税时必须关注会计利润。但是，由于经济利润考虑了她的所有成本，它更精确地表明了她的农场的财务健康状况。

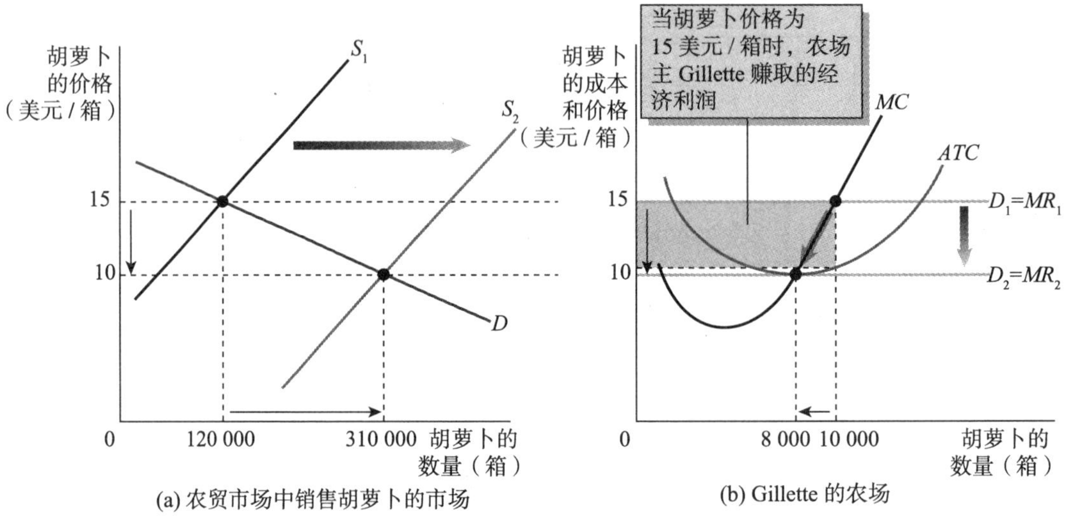

图 9.8 进入对经济利润的影响

我们假设 Gillette 与其他胡萝卜农场主的成本相同。起初，她和在农贸市场卖胡萝卜的其他农场主能够收取每箱 15 美元的价格，此时赚取经济利润。Gillette 的经济利润用阴影矩形区域表示。图（a）显示，随着其他农场主开始在农贸市场卖胡萝卜，市场供给曲线从 S_1 向右移动到 S_2，市场价格下降到每箱 10 美元。图（b）显示，价格下降引起 Gillette 的需求曲线从 D_1 向下移动到 D_2，她的产出从 10 000 箱胡萝卜减少到 8 000 箱。在新的均衡价格每箱 10 美元处，胡萝卜农场主正好收支相抵：他们的总收益等于总成本，经济利润为零。注意这两幅图中比例尺的区别。

经济亏损导致企业的退出。

假定某些消费者发现在农贸市场出售的本地农产品没有什么重要的好处，他们将转而回到超市购买农产品。图 9.9（a）显示，对在农贸市场出售的胡萝卜的需求曲线将向左移动，从 D_1 移动到 D_2，市场价格将从每箱 10 美元下降到 7 美元。图 9.9（b）显示，随着价格下降，Sacha Gillette 这样的单个农场主将沿着边际成本曲线向下移动到一个更低的产出水平。在更低的产出水平和更低的价格，她不能收回全部成本，因此将遭受**经济亏损**（economic loss）。只要价格高于平均可变成本，那么，在短期她将继续生产，哪怕遭受亏损。但是，在长期，企业如果不能收回所有成本就将退出所在行业。在这个例子中，有些农场主将转而把胡萝卜卖给超市而不再在农贸市场出售。

图 9.9（c）显示，随着有些企业不再在农贸市场出售胡萝卜，市场供给曲线向左移动。一些企业将继续退出，供给曲线将继续向左移动，直到价格回升到 10 美元和市场供给曲线移动到 S_2。图 9.9（d）显示，当价格回升到 10 美元时，留在行业中的企业将正好收支相抵。

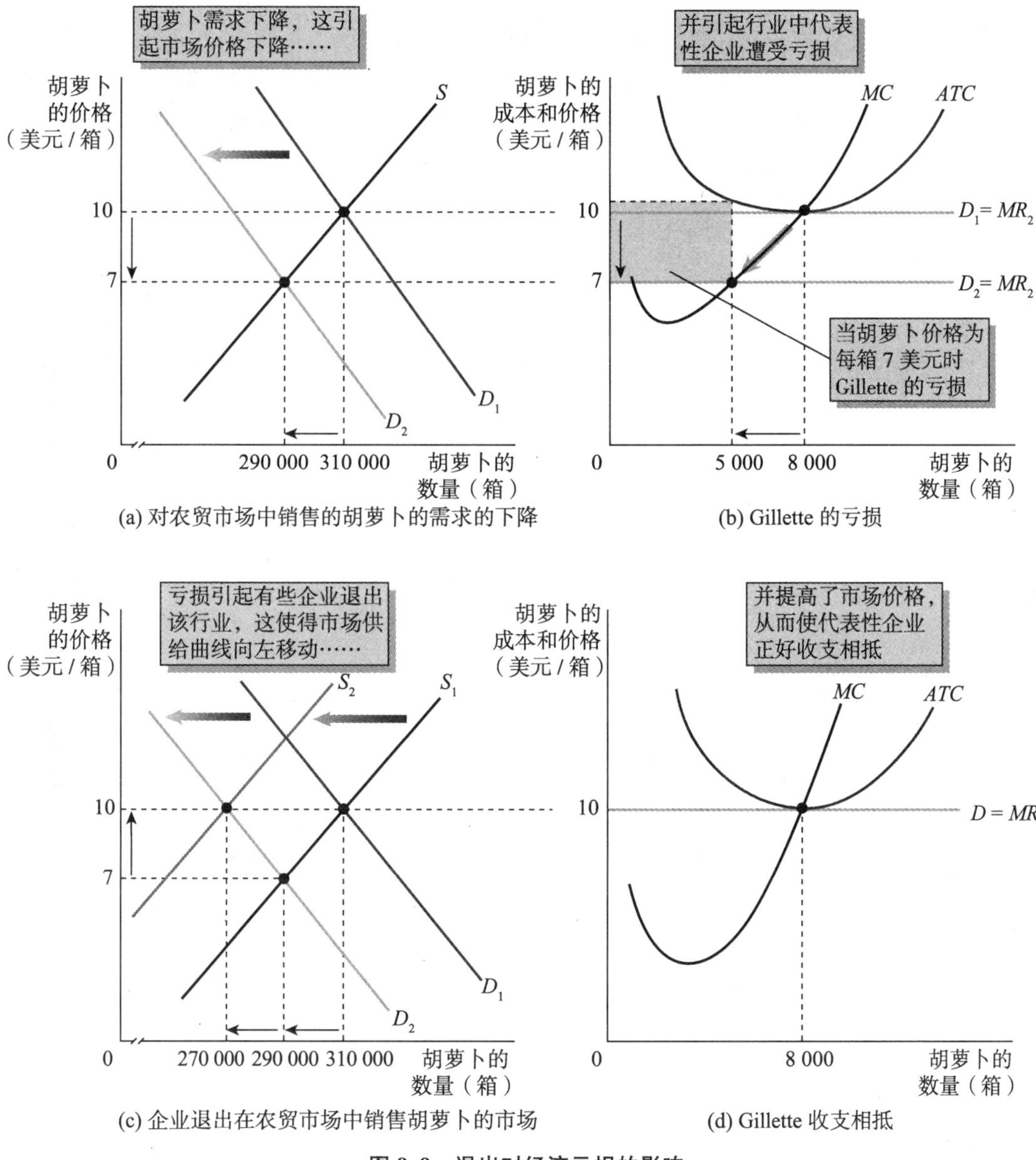

(a) 对农贸市场中销售的胡萝卜的需求的下降

(b) Gillette 的亏损

(c) 企业退出在农贸市场中销售胡萝卜的市场

(d) Gillette 收支相抵

图 9.9　退出对经济亏损的影响

当胡萝卜的价格为每箱 10 美元时，Gillette 和其他农场主正好收支相抵。市场上胡萝卜的总销售量为 310 000 箱。Gillette 卖出 8 000 箱。图（a）显示了对在农贸市场出售的胡萝卜的需求曲线从 D_1 下降到 D_2，市场价格下降到 7 美元。图（b）显示，价格下降使 Gillette 的需求曲线从 D_1 向下移动到 D_2，她的产出从 8 000 箱胡萝卜减少到 5 000 箱。在市场价格为每箱 7 美元时，农场主有经济亏损，由图中的阴影矩形区域代表。结果，有些农场主将退出这个市场，这使市场供给曲线向左移动。图（c）显示，这样的退出将持续到供给曲线从 S_1 移动到 S_2 和价格回升到 10 美元。图（d）显示，当价格回升到 10 美元时，Gilltte 将正好收支相抵。在图（c）中显示的新的市场均衡处，农贸市场中胡萝卜的总销售量从 310 000 箱下降到 270 000 箱。

□ 9.5.2　完全竞争市场的长期均衡

我们已经看到，经济利润吸引企业进入一个行业。企业的进入迫使市场价格下降直到典型企业正好收支相抵。经济亏损导致企业退出所在行业。企业的退出迫使均衡市场价格上升直到典型企业正好收支相抵。这一进入和退出的过程导致了长期竞争均衡。在**长期竞争均衡**（long-run competitive equilibrium），进入和退出导致典型企业正好收支相抵。我们在第 8 章看到，在长期，企业可以通过扩张或收缩改变其规模。长期平均成本曲线显示了企业在长期生产给定数量产出的最低成本。因此，我们会预期，在长期，竞争驱使市场价格达到典型企业长期平均成本曲线的最低点。

对于在农贸市场出售农产品来说，长期看起来是几年时间，这是新农贸市场形成和农场主为直接向消费者出售农产品而进行必要投资所花的时间。正如我们在本章开篇案例中讨论的那样，在美国，农贸市场的数量从 2005 年的 4 093 个增加到了 2011 年的 7 175 个。到 2011 年，有些农场主开始退出这一市场，原因是他们在农贸市场收到的价格低于在其他地方出售农产品的价格。在俄勒冈，近年来开业的 62 个农贸市场中有 32 个已经关闭。

完全竞争市场中的企业时刻力争领先于它们的竞争对手一步。它们总是在寻求提供产品的新方法，如在农贸市场卖胡萝卜。企业找到赚取短期经济利润的办法是有可能的，但是，只需短短几年，竞争通常就会使利润消失。这一评论不限于农业。在任何完全竞争市场，赚取经济利润的机会从来都不会持续很长的时间。正如耶鲁大学的经济学家沙龙·奥斯特（Sharon Oster）所说的那样："如果人人都可以做，那么你无法从中获利。"

□ 9.5.3 完全竞争市场的长期供给曲线

如果在农贸市场卖胡萝卜的典型农场主在价格为每箱 10 美元时正好收支相抵，那么，在长期，市场价格将总是回到这一水平。如果需求增加导致市场价格上升到 10 美元以上，那么，农场主就会赚取经济利润。这些利润将吸引额外的农场主进入这个市场，市场供给曲线将向右移动，直到价格回到 10 美元。图 9.10（a）说明了需求增加的长期影响。需求从 D_1增加到 D_2导致市场价格暂时从每箱 10 美元上升到 15 美元。在这个价格水平，在农贸市场卖胡萝卜的农场主正在赚取经济利润，但是这些利润吸引了新农场主的进入。结果是供给从 S_1增加到 S_2，这使价格下降到每箱 10 美元，并消除了经济利润。

类似地，如果需求的减少引起市场价格下降到低于 10 美元，那么，农场主将会遭受经济亏损。这些亏损将促使一些农场主退出这个市场，市场供给曲线将向左移动，价格将回到 10 美元。图 9.10（b）说明了需求减少的长期影响。需求从 D_1减少到 D_2导致市场价格暂时从每箱 10 美元下降到 7 美元。在这个价格水平，在农贸市场卖胡萝卜的农场主正在遭受经济亏损，但是这些亏损导致一些农场主退出胡萝卜市场。结果是供给从 S_1减少到 S_2，这使价格上升到每箱 10 美元，并消除了经济亏损。

长期供给曲线（long-run supply curve）表示了长期内市场价格和供给量之间的关系。在长期，无论有多少箱胡萝卜被生产出来，价格都将为每箱 10 美元。因此，正如图 9.10 所示，长期供给曲线（S_{LR}）是在价格 10 美元处的一条水平直线。记住，价格在长期回到 10 美元的原因是，在这个价格该行业中典型行业正好收支相抵。在这个价格典型企业正好收支相抵，原因在于它是典型企业平均总成本曲线的最低点。我们可以得出重要结论：在长期，在典型企业的长期平均总成本曲线的最低点所决定的价格，完全竞争市场将供给消费者需求的任意数量。

由于长期供给曲线的位置是由典型企业的平均总成本曲线的最低点决定的，提高或降低典型企业长期成本的任何东西都将引起长期供给曲线移动。例如，如果胡萝卜染上了某种新病而处理这种病的成本使每个农场主生产胡萝卜的平均成本每箱提高 2 美元，那么，长期供给曲线将向上移动 2 美元。

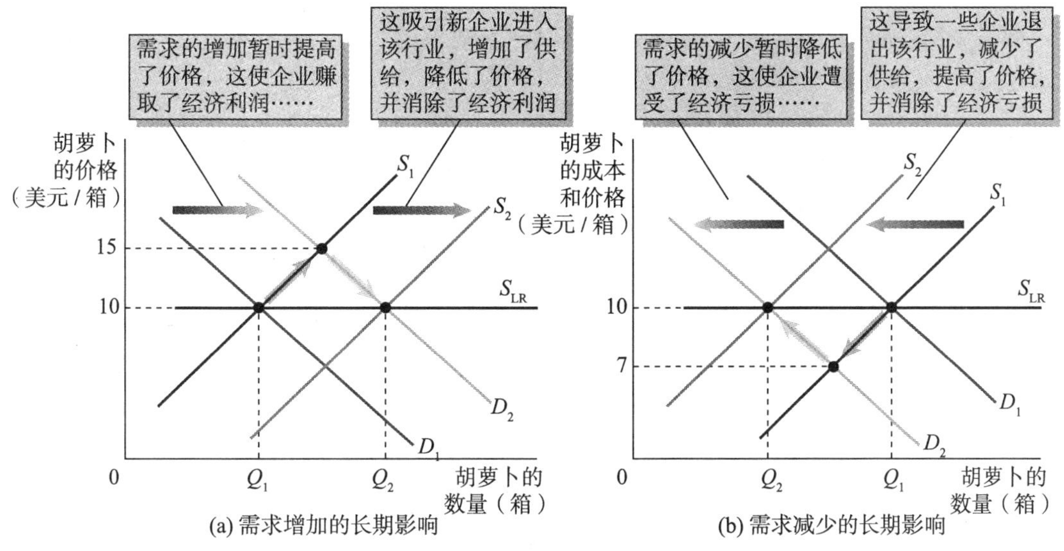

图 9.10　完全竞争行业中的长期供给曲线

图（a）显示，对在农贸市场销售的胡萝卜的需求增加将使市场需求曲线从 D_1 向右移动到 D_2，导致价格暂时从每箱 10 美元上升到 15 美元。新农场主的进入使市场供给曲线从 S_1 向右移动到 S_2，这使价格下降到其长期水平——每箱 10 美元。图（b）显示，需求的减少使市场需求曲线从 D_1 向左移动到 D_2，导致价格暂时从每箱 10 美元下降到 7 美元。农场主的退出使市场供给曲线从 S_1 向左移动到 S_2，这使价格上升到其长期水平——每箱 10 美元。长期供给曲线（S_{LR}）表示了长期内市场价格和供给量之间的关系。在这个例子中，长期供给曲线是一条水平直线。

建立联系

在苹果 iPhone 应用程序商店，轻易进入使得长期的时间长度相当短暂

苹果于 2007 年 6 月推出了第一版 iPhone。尽管很受欢迎，但最初的 iPhone 有一些缺陷，包括上网连接慢以及不能运行苹果编写的其他应用程序。2008 年 7 月推出的 iPhone 3G 连接网络要快得多也容易得多，处理器的速度也更快，容量也更大。但也许最重要的是，随着 iPhone 3G 的推出，苹果宣布，其极受欢迎的 iTunes 音乐和视频商店将开设 iPhone 应用程序专区。苹果将批准这些应用程序并允许这些应用在 iTunes 应用程序商店上线，但要提取购买价格的 30%作为回报。主要的软件公司以及编写软件程序的新手在 iTunes 商店发布了游戏、日历、词典以及许多其他类型的应用程序。

苹果推出 iPhonc 3G 的一个月内卖掉的 iPhone 超过了 300 万部。伴随着 iPhone 的销售，对 iTunes 商店中应用程序的需求大增。伊桑·尼古拉斯（Ethan Nicholas），2008 年 8 月曾经在太阳微系统公司做程序员但之前从未编写过游戏，决定自学 iPhone 应用程序中使用的编码语言。他编写的游戏 iShoot 获得了极大的成功，刚发布时定价 4.99 美元。他在

iTunes 商店发布 iShoot 的一周之内，许多人下载了这个游戏，这使他赚到了 20 万美元。仅仅过了 5 个月，他就赚到了 80 万美元。

但是，尼古拉斯的成功能够持续吗？正如我们已经看到的那样，当一个市场中的企业赚取经济利润时，其他企业有很强的经济激励进入这个市场。这正是 iPhone 应用程序市场发生的情况，到 2009 年 4 月，在 iTunes 商店出售的应用程序超过了 25 万个。进入这个市场的成本非常低。任何有编程技巧和有时间的人都可以编写应用程序并在 iTunes 商店发布。竞争加剧的结果是，靠一个招人喜欢的应用程序迅速致富的能力迅速减弱了。正如《纽约时报》上一篇文章所写的那样："iPhone 应用获得巨大成功的可能性越来越小：苹果商店已经充斥了类似的游戏……每天都会有新鲜的应用程序发布。许多简单而又聪明且招人喜欢的概念已经被别人用过了。"

为了维持销售量，尼古拉斯被迫降低 iShoot 的价格，从 2008 年 10 月的 4.99 美元降到 2009 年 4 月的 2.99 美元，接着降到 2009 年 5 月的 1.99 美元，最后降到 2010 年 9 月的 0.99 美元。但是，他从这个游戏中得到的利润持续下降。在一个竞争市场，在长期赚取经济利润极其困难。进入 iPhone 应用程序市场的轻易性使得长期相当短暂。

资料来源：Jenna Wortham, "The iPhone Gold Rush", *New York Times*, April 5, 2009; and Bruce X. Chen, "Coder's Half-Million-Dollar Baby Proves iPhone Gold Rush Is Still On", wired. com, February 12, 2009。

轮到你了：做本章末与本专栏相关的问题与应用 5.9，看看你理解得如何。

9.5.4 成本递增和成本递减的行业

典型企业的平均成本不随着行业产量增加而变化的任何行业都有着如图 9.10 所示的水平长期供给曲线。具有这一特征的行业，如胡萝卜行业，被称为成本不变行业。但是，典型行业的平均成本有可能随着行业扩张而变化。

例如，如果用于生产一种商品的某种投入可使用量有限，那么，这种投入的成本就会随着该行业扩张而上升。如果种植生产某种酒所用的葡萄的土地数量有限，那么，对这种酒的需求的增加将导致对土地的竞争，从而推高土地的价格。结果，在长期，只有酒的价格上升到能够收回典型企业的更高的平均成本，才会有更多的酒被生产出来。在这种情况下，长期供给曲线将向上倾斜。具有向上倾斜的长期供给曲线的行业被称为成本递增行业。

最后，在有些情况下，典型企业的成本可能随着行业扩张而下降。假定某人发明了一种新微波炉，这种微波炉使用了一种特别的存储芯片作为投入，而该存储芯片现在的产量很小。如果对这种微波炉的需求增加，那么，生产微波炉的企业将会增加对这种存储芯片的订单。我们在第 8 章看到，如果某种商品的生产存在规模经济，那么，其平均成本将随着产出增加而下降。如果这种存储芯片的生产存在规模经济，那么，平均生产成本就会下降，竞争将导致其价格也下降。价格下降反过来将降低生产这种新微波炉的平均成本。在长期，竞争将迫使微波炉的价格下降到典型企业生产新微波炉的平均成本。在这种情况下，长期供给曲线将向下倾斜。具有向下倾斜的长期供给曲线的行业被称为成本递减行业。

9.6 完全竞争和效率

注意消费者在市场体系中有多强大。如果消费者想要更多本地种植的胡萝卜，那么，市场就会供给更多的胡萝卜。这之所以会发生，不是因为华盛顿的政府机构或者胡萝卜种植者协会的官员下了命令。更多的胡萝卜被生产出来，是因为需求增加导致了价格的上升从而在农贸市场卖胡萝卜的回报率提高。试图获得尽可能最高的投资回报的胡萝卜种植者开始从卖给超市转到在农贸市场销售。如果消费者不再喜欢本地种植的胡萝卜从而需求下降，那么，上述过程就会反过来。

□ 9.6.1 生产效率

在市场体系中，消费者得到了他们想要的胡萝卜数量，这些胡萝卜的平均生产成本达到了尽可能的最低。竞争的力量会驱使市场价格达到典型企业的最低平均成本。**生产效率**（productive efficiency）是指商品或服务以尽可能最低的成本生产这样一种状况。正如我们已经看到的，完全竞争导致了生产效率。

每家企业的经理都努力通过降低成本来获得经济利润。但是，在完全竞争市场，其他企业迅速地复制了降低成本的方法。因此，在长期，从成本下降中获益的只有消费者。

例题 9.6　生产效率如何造福于消费者?

迈克尔·刘易斯在《纽约日报》上一篇关于 20 世纪 90 年代末技术潮的文章中写道："令投资者感到悲哀的真相是，新技术的大部分效益被免费转移给了消费者。"

a. 你认为刘易斯所说的新技术的效益"被免费转移给了消费者"是什么意思？用一幅类似于图 9.8 的图形说明你的答案。

b. 解释为什么这一结果是令投资者"感到悲哀的真相"。

解：

第 1 步：复习本章内容。这一问题是关于完全竞争和效率的，所以你可能需要复习一下 9.6 节"完全竞争和效率"。

第 2 步：利用本章的概念解释刘易斯所说的意思。刘易斯所说的"新技术"是指新产品（如智能手机或 LED 电视机）或现有产品的成本更低的生产方法。在任意一种情况下，新技术都将使企业能够暂时赚取经济利润，但是，在长期，这些利润将导致新企业进入该市场。

第 3 步：用一幅类似于图 9.8 的图形说明为什么新技术的效益"被免费转移给了消费者"。图 9.8 显示了企业在短期赚取经济利润但这些利润在长期被新企业的进入消除了这样一种状况。我们可以画一幅类似的图形分析 LED 电视机市场在长期会发生什么。

当 LED 电视机最初被引入时，价格很高，市场中只有少数几家企业。图 (a) 显示，LED 电视机市场的初始均衡价格为 P_1。图 (b) 显示，在这一价格水平，该行业中的典型企业正在

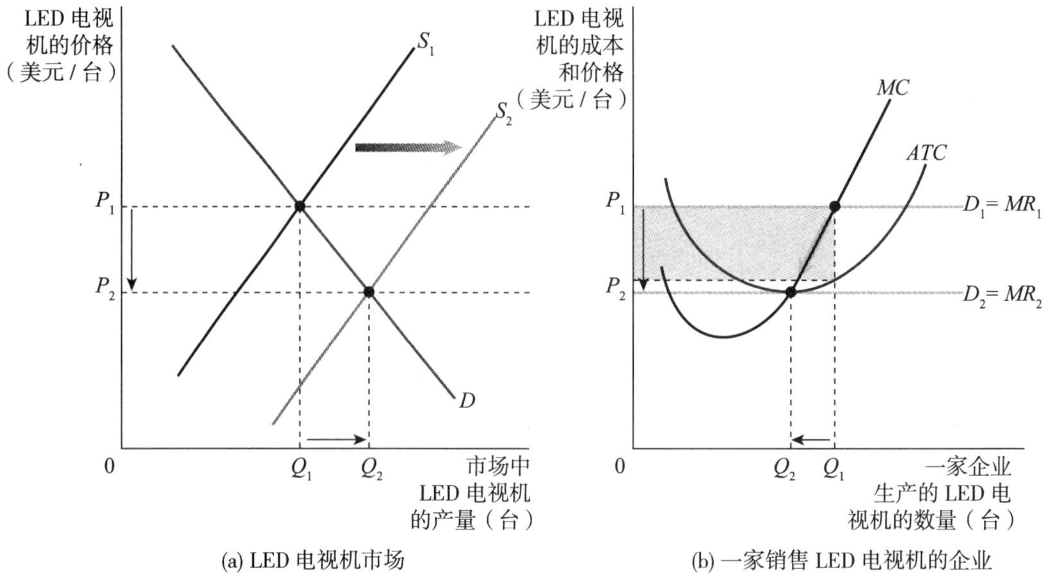

(a) LED 电视机市场　　(b) 一家销售 LED 电视机的企业

赚取经济利润，经济利润如图中的阴影矩形区域所示。经济利润吸引了新企业进入该行业。这一进入使市场供给曲线从图（a）的 S_1 向右移动到 S_2，市场价格从 P_1 下降到 P_2。图（b）显示，在新的市场价格 P_2，典型企业正好收支相抵。因此，LED 电视机的生产成本达到了尽可能的最低，实现了生产效率。消费者只需支付等于尽可能最低的生产成本的价格，从这个意义上说，消费者"免费"得到了新技术。

第 4 步：通过解释为什么（a）部分中的结果是令投资者"感到悲哀的真相"，回答问题的（b）部分。我们在回答（a）部分的过程中已经看到，在长期，企业在生产高科技商品的投资只是刚好收支相抵。这一结果意味着这些企业的投资者在长期也不可能赚取经济利润。

附注：刘易斯使用了本章的一个重要结果：在长期，新企业的进入消除了经济利润。我们应该注意到，严格来说，刘易斯所讨论的高科技行业不是完全竞争市场。例如，智能手机或 LED 电视机并非相同的产品，每家智能手机公司生产的数量很大，足以影响市场价格。但是，正如我们将在第 11 章看到的，对完全竞争的这些偏离不会改变如下的重要结论：新企业的进入通过迫使价格下降到平均成本而造福了消费者。事实上，在 LED 电视机变成大众化产品的三年内，LED 电视机的价格下降了 35%以上。

资料来源：Michael Lewis，"In Defense of the Boom"，*New York Times*，October 27，2002。

轮到你了：要想做更多的练习，请做本章末的问题与应用 6.5、6.6 和 6.7。

□ 9.6.2 配置效率

完全竞争企业不只是以尽可能最低的成本生产商品和服务，它们还生产了消费者评价最高的商品和服务。企业生产的商品数量满足这样一个性质：生产最后一单位的边际成本等于消费者从消费该单位中获得的边际效益。换句话说，只要消费者获得的边际收益不低于生产的边际成本，企业就将供给所有那些商品。原因是：

1. 商品的价格代表了消费者从消费最后一单位所出售的商品中得到的边际效益。

2. 完全竞争企业的产量满足：商品的价格等于生产最后一单位的边际成本。

3. 因此，企业的产量满足：最后一单位给消费者带来的边际效益等于其生产的边际成本。

上面这些表述是“市场体系中的企业家将劳动、机器和其他投入有效地配置到最满足消费者需要的商品和服务的生产中”的另一种说法。在这种意义上，完全竞争达到了**配置效率**（allocative efficiency）。正如我们接下来两章将要探讨的那样，美国经济生产的许多商品和服务都不是在完全竞争市场生产的。但是，生产效率和配置效率是比较经济的实际表现时的有用基准。

接第 290 页

生活中的经济学

你是一个企业家吗？

在本章一开头，我们要求你思考为什么你提供保姆或修剪草坪等服务时只能收取相对低的价格。在本章我们看到，在竞争市场销售产品的企业不能比竞争对手收取更高的价格。保姆和修剪草坪的市场具有很高的竞争性。在大多数邻里社区，有许多愿意提供这些服务的十几岁的年轻人。你提供保姆服务所收取的价格在 20 岁时可能不划算，但这一价格足以抵得上渴望进入这一市场的 14 岁青年人的机会成本。（或者，正如我们在表 9.1 所表述的那样，进入保姆和修剪草坪等市场非常容易。）因此，在你还是一个十几岁的企业家的时候，你可能已经熟悉了本章的一个启示：竞争市场中的企业不能控制价格。

9.7 结论

市场的竞争性力量给企业施加了无情的压力，迫使企业以尽可能最低的成本生产新的和更好的商品和服务。未能准确预期到消费者偏好的变化或者未能采用最新的和最有效的技术的企业在长期将无法生存。在 19 世纪，生物学家查尔斯·达尔文（Charles Darwin）建立了基于“适者生存”的进化论。只有那些最能适应环境需求的植物和动物才能生存。达尔文在阅读了 19 世纪早期的经济学家对物竞生存在经济世界中所起的作用的描述后才首先意识到物竞生存在自然界中的重要作用。正如“适者生存”是自然法则一样，它也是经济世界中的法则。

在本章的开头，我们看到有四种市场结构：完全竞争，垄断竞争，寡头和垄断。现在我们已经学习了完全竞争，在接下来的两章我们将转到另外三种市场结构。在转入这两章之前，阅读接下来的“业内观察”，该专栏讨论了英国有机农业减少的原因。

业内观察　英国的有机农业在减少

GUARDIAN. CO. UK

《随着销售额下降，农场主逐步抛弃有机农业》

面对大超市对有机食品的兴趣逐渐消退，农场主开始抛弃有机食品的生产。

根据英国环境、食品和农村事务部发布的统计数据，在英国，2007 年以来转变成有机种植的土地数量减少了 2/3，原因是有机产品的销售量下降意味着更少的农场主认为有必要转变成有机种植。

a　根据英国土地协会的统计，在英国，去年有机产品的销售额下降了 5.9%，从 2009 年的 18 亿英镑下降到 17 亿英镑。这是继 2009 年销售额的连续下降（2008 年有机产品的销售额创下了 21 亿英镑的记录），而食品价格却在上升。有机禽肉的产量也在稳步减少。

但是，在这些最新的数据公布之后，许多已经转变成有机种植的农场主显得满不在乎。他们认为，转换到更绿色的方法已经大幅削减了他们的成本，消费者的兴趣仍很强劲，这在农场主还可以使用大型连锁超市之外的销售途径时表现得特别明显。

"可能有许多农场主认为有机食品市场很有限，从而认为他们转变成有机种植不划算，但是，如果他们仔细研究，就会发现转变成有机种植是划算的"，德文郡南部 12 个种植有机蔬菜的农场主组成的农场合作社代表 Ian Noble 如是说。化肥和农药成本很少甚至为零，（至少在较小的农场）大多数动物吃草而不吃成本高的谷物，有机种植的农场主在这个商品价格高企的年代能够节省开支。巴林顿公园地区的 Adrian Dolby 说，减少投入成本是他在 2005 年把 7 000 英亩土地转变成有机种植的重要原因之一。

"如果我们没有转变成有机种植，我们应该已经破产了"，Tom Rigby 补充说道。他拥有一个位于沃灵顿附近的 160 英亩土地的农场，其中大部分面积作为牧场使用。"我们是一家小型奶牛场，每天都有一些小型奶牛场的农场主破产。我决定，如果我不转变成有机种植会破产，那我宁愿按我想的方式去做。"

Rigby 认识一些没有使用有机方法的规模更大的生产者，如一些规模更大的奶牛场。这些奶牛场发现，由于他们需要进口越来越贵的饲料，他们的利润边际——哪怕是优质有机奶上的利润边际——被压缩了。Rigby 饲养的奶牛少，而且以草喂食，所以他避免了这个问题，他种植的有机蔬菜还将卖给曼彻斯特大学。

b　Oliver Dowding 是萨默塞特郡温坎顿地区附近的一个已经进行了 20 多年有机种植的农场主。他把农场主对有机种植兴趣的减弱归咎于那些几年前受政府提供的土地有机种植化补助和补贴的吸引开始有机种植，但从金融支持结束时起就回归传统种植的农场主。这是有机农场主普遍持有的观点，而且这个观点看起来得到了来自苏格兰的数据的证实。苏格兰的证据显示，从 21 世纪头十年初期开始有机生产的土地英亩数出现了大规模下降。

去年，在整个英国，只有 51 000 公顷在进行有机转换——农场主为了让他们的土地和种植方法被认定为有机种植需要经历的一个程序。这一数量还不到 2009 年有机转换的土地数量的一半，而 2009 年的数量相比 2007 年 158 000 公顷的峰值本来就已经大幅减少了。

c 对于饲养牲畜的农场主来说，其销售量的数量是混合的。有机饲养的牛的数量在稳步上升，去年达到35万头以上。但是，尽管食品运动人士广泛宣传散养或有机鸡蛋和鸡肉有其声称的诸多好处，但是，在英国，去年生产的有机鸡、火鸡和其他家禽减少了50万只以上。

尽管整体销售额在下降，但一些专门企业却正在蓬勃发展。有机食品配送企业Abel&Cole预计今年的销售额将增加40%。Keith Abel认为，个中原因正是有机销售额整体下降的原因，即大超市为了给更便宜的非有机产品腾出空间而把有机产品取下货架。“这是一个自我实现的预言：它们把有机食品取下货架，于是它们就卖得更少了”，他说，“但这对我来说是好消息。”

资料来源：“Farmers turn away from organic as sales drop: The economic downturn means organic farmers are less likely to reap rewards of premium prices for their produce” by Fiona Harvey from *The Guardian*, August 11, 2011.

文章要点

从2008年达到峰值以来，由于农场主转换成有机种植的土地数量在减少，英国的有机食品生产和销售额在稳步下降。衰退被认为是销售额下降的原因，在衰退期间，大型超市减少了有机食品的上架数量。随着销售额的下降，许多农场主发现，将土地转换成有机种植的额外成本更加难以收回。一些在英国政府对有机转换和有机食品生产进行补贴时转换成有机种植的农场主在补贴减少后又转回到传统种植方法。尽管英国的有机产品销售额出现了下降，但是，有机牲畜销售量的变化则是混合的，牛的产量在上升但家禽产量在下降。

新闻分析

a 有机产品通常比对应的非有机产品价格更高，在英国，直到2008年有机食品的需求一直在增加。随着需求的增加，获得更高利润的潜力吸引了许多农场主进入有机市场。可是，有机食品价格的上升以及衰退对有机食品市场产生了消极影响，2008年以来销售额逐年下降。销售额的下降是由于对有机产品的总体需求出现了下降。图1显示了有机玉米市场。需求的下降在图中表示为需求曲线从D_1移动到D_2，从而均衡数量和均衡市场价格下降。

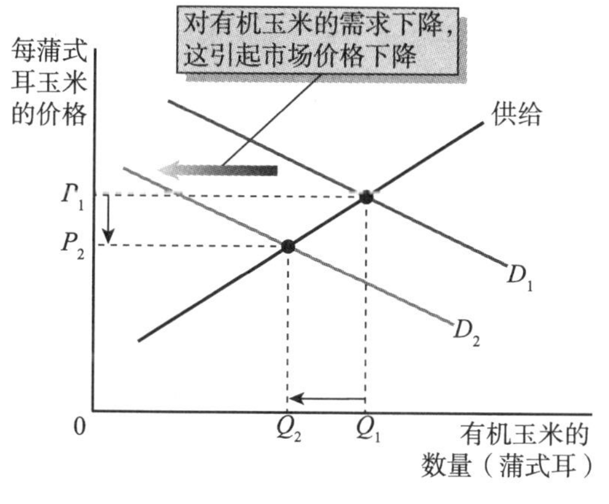

图1

有机玉米市场。

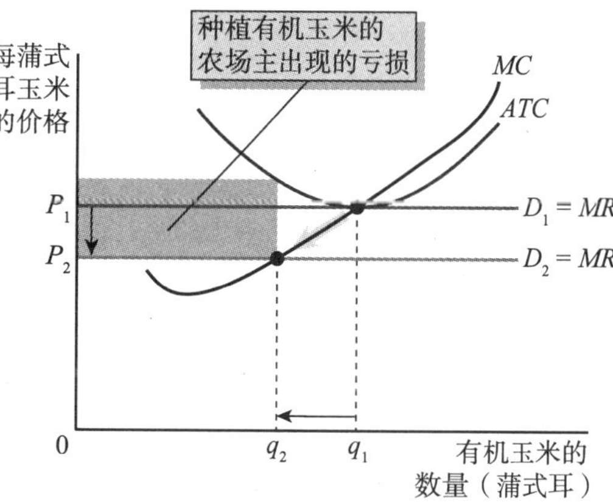

图2

有机玉米市场中一个遭受经济亏损的农场主。

第9章 完全竞争市场中的企业

b 随着销售额的下降，越来越少的农场主转换到有机生产，有些曾经转换到有机生产的农场主现在又转回到传统的种植方法。本章指出，有些企业在出现经济亏损时会退出所在市场。图1中需求的下降引起价格从 P_1 下降到 P_2。价格的下降导致单个农场主的需求曲线从图2中的 D_1 移动到 D_2。每蒲式耳有机玉米的价格下降，单个农场主的产量从 q_1 下降到 q_2。在更低的价格 P_2，单个农场主遭受着由图中阴影矩形区域代表的经济亏损。有些遭受亏损的农场主将选择退出这个市场。

c 尽管在英国生产有机农产品和饲养有机家禽的农场主经历了销售额的下降，但是，有机牛的饲养量一直在增加，以满足销售量的增长。只要需求继续增长和有机牛的饲养者能够赚取经济利润，就会有更多的农场主有激励进入这一市场。但是，如果需求像其他有机产品市场那样开始下降，我们预计最终会看到有机牛的饲养者也会开始退出这一市场。

深入思考

1. 本文说道，由于有机产品的需求下降，有些农场主从有机生产转回到了传统的种植方法。在图1中表示随着一些农场主退出有机市场会发生什么，说明这样的变化会如何影响图2代表的农场主。
2. 本文表明，除了需求的下降外，政府补助和补贴的终结是一些农场主退出有机市场的原因。政府补助和补贴会如何影响这个市场？

本章总结和习题

□关键术语

配置效率	长期竞争均衡	完全竞争市场	利润
平均收益（*AR*）	停产点	经济亏损	长期供给曲线
价格接受者	沉没成本	经济利润	边际收益（*MR*）
生产效率			

□ 9.1 完全竞争市场

总结

完全竞争市场必须有许多买者和卖者，企业必须出售相同的产品，新企业进入市场必须没有壁垒。完全竞争市场生产的商品或服务的需求曲线是向下倾斜的，但是完全竞争市场中的企业面临的需求曲线是市场价格处的一条水平直线。完全竞争市场中的企业是价格接受者，如果它们尝试收取市场价格以上的价格，那么，它们的销售量将下降到零。

复习题

1.1 完全竞争市场需要满足的三个条件是什么？

1.2 什么是价格接受者？什么时候企业可能会是价格接受者？

1.3 画一幅图表示玉米的市场需求和供给以及单个玉米农场主面临的玉米需求。标明市场价格和单个玉米农场主收到的价格。

问题与应用

1.4 解释下面每个市场是否为完全竞争市场。如果不是，解释原因。

a. 玉米种植；

b. 图书零售；

c. 汽车制造；

d. 新房建造。

1.5 为什么消费者在购买大多数商品和服务时是价格接受者，而相对只有很少的企业是价格接受者？

1.6 ［与9.1节中的“不要犯这样的错误!”

专栏有关］解释你是否同意如下评论：

> 根据完全竞争市场模型，小麦需求应该是一条水平直线。但是这不可能是正确的：当小麦价格上升时，小麦需求量下降；当小麦价格下降时，小麦需求量上升。因此，小麦需求不是一条水平直线。

1.7　金融读物作家 Andrew Tobias 这样描述他在哈佛商学院读书时发生的一件事：班上的每个学生被发给了关于某一特定企业的许多信息，然后被要求确定该企业的定价战略。大部分学生花了很多时间准备答案，带着做了计算的很多纸张来到教室。Tobias 只花了几分钟而且也没做任何计算就得到了正确答案。当教授在课堂上叫他陈述答案时，Tobias 说："这个案例说 XYZ 公司位于一个极具竞争性的行业……这个案例说该公司拥有它能做的所有生意。"给定这些信息，Tobias 认为该公司应该收取什么价格？请简要解释。（Tobias 说，对于他的答案，班上响起了"雷鸣般的掌声"。）

资料来源：Andrew Tobias，*The Only Investment Guide You'll Ever Need*，Houghton Mifflin Harcourt，2005，pp. 6-8。

□ 9.2　完全竞争市场中的企业如何最大化利润

总结

利润等于总收益（TR）和总成本（TC）之差。平均收益（AR）等于总收益除以卖掉的产品数量。企业通过生产使收益与成本之差达到最大的产出水平来最大化利润。这个产出水平与边际收益等于边际成本的产出水平相同。边际收益（MR）等于多销售一单位产出所引起的总收益的变动。

复习题

2.1　简要解释为什么对于完全竞争市场中的企业而言有 $P=MR=AR$。

2.2　解释为什么如果 TR 和 TC 之差达到最大的正值就会有 $MR=MC$。

2.3　解释为什么对完全竞争市场中的企业而言，利润最大化条件 $MR=MC$ 等价于条件 $P=MC$。

问题与应用

2.4　一个学生说："为了最大化利润，企业应该生产使边际收益与边际成本之差最大的产量。如果一家企业生产了更多的产量，那么，每一额外单位所赚得的利润都将下降。"简要解释你是否同意这一推理。

2.5　为什么企业不最大化收益而是最大化利润？如果一家企业决定最大化收益，它生产的产量比利润最大化产量更多还是更少？请简要解释。

2.6　参见表 9.2 和表 9.3。假定小麦价格上升到每蒲式耳 7 美元。农场主帕克将生产多少蒲式耳小麦？赚取多少利润？请简要解释。

2.7　参见表 9.2 和表 9.3。假定所生产的每蒲式耳小麦的边际成本上升了 0.5 美元。例如，生产第 8 蒲式耳小麦的边际成本现在为 7.5 美元。假设小麦价格仍为每蒲式耳 4 美元。边际成本的这一增加会改变农场主帕克的利润最大化产量吗？请简要解释。帕克现在将赚取多少利润？

2.8　在表 9.3 中，农场主帕克的固定成本是多少？假定他的固定成本增加了 1 美元。固定成本的这一增加会改变农场主帕克的利润最大化产量吗？请简要解释。帕克现在将赚取多少利润？

□ 9.3　在成本曲线图形上表示利润或亏损

总结

根据利润和平均总成本的定义，我们可以把总利润和平均总成本之间的关系表示成：利润 $=(P-ATC)\times Q$。利用这个表达式，我们可以确定在成本曲线图形上表示利润或亏损的区域：表示利润或亏损的区域是一个高等于价格减去平均总成本（对利润而言）或平均总成本减去价格（对亏损而言）、底等于产量的矩形。

复习题

3.1　画一幅图形表示完全竞争市场中的一家企业正在赚取利润。图形要包括该企业的需求曲线、边际收益曲线、边际成本曲线、平均总成本曲线、平均可变成本曲线，并标明代表企业利润的区域。

3.2　画一幅图形表示完全竞争市场中的一家企业正在遭受亏损。图形要包括该企业的需求曲线、边际收益曲线、边际成本曲线、平均总成本曲线、平均可变成本曲线，并标明代表企业亏损的区域。

问题与应用

3.3　［与例题 9.3 有关］Frances 在一个完全竞争的耳环市场卖耳环。她每天的产出和成本如下：

每天的产出	总成本（美元）
0	1.00
1	2.50
2	3.50
3	4.20
4	4.50
5	5.20
6	6.80
7	8.70
8	10.70
9	13.00

a. 如果耳环市场当前的均衡价格为 1.8 美元，Frances 将生产多少副耳环？收取什么价格？赚取多少利润（或亏损）？画图说明你的答案。在图形中清楚地标明 Frances 的需求，*ATC*、*AVC*、*MC* 和 *MR* 曲线，她收取的价格，她生产的产量，以及代表她的利润（或亏损）的区域。

b. 假定耳环的均衡价格下降到 1 美元。现在，Frances 将生产多少副耳环？收取什么价格？赚取多少利润（或亏损）？画图说明你的答案，和 a 部分一样，标明各项。

c. 假定耳环的均衡价格下降到 0.25 美元。现在，Frances 将生产多少副耳环？收取什么价格？赚取多少利润（或亏损）？

3.4 ［与例题 9.3 有关］回顾例题 9.3，然后回答如下问题：假定篮球的均衡价格下降到 2.5 美元。现在 Andy 将生产多少个篮球？收取什么价格？赚取多少利润（或亏损）？

3.5 ［与 9.3 节中的“不要犯这样的错误！”专栏有关］一个学生仔细看右图后说道：“我相信企业想生产的产量是 Q_1 而不是 Q_2。在产量为 Q_1 时，价格和边际成本之间的距离最大。因此，此时企业实现了利润最大化。”请简要解释你是否同意这个学生的说法。

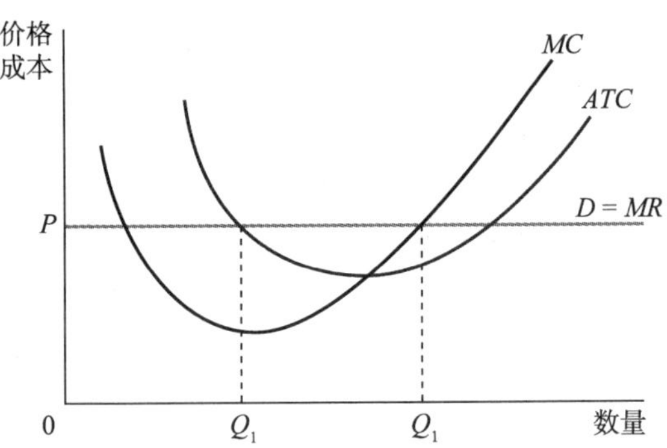

3.6 一个学生说道：“全国性的二手车零售商 CarMax 宣布，与 2007 年第四季度相比，2008 年第四季度的总利润下降了 10%，即 2 680 万美元。与此同时，每辆二手车的利润增加了 325 美元。”如果每辆二手车的利润增加，总利润怎么会下降？用一幅图形说明你的答案。在图形上标明每辆二手车的利润和总利润。

资料来源：Suzanne Ashe，“CarMax Sales Down，Net Profits Up”，*CNET*，April 2，2009。

3.7 ［与 9.3 节中的“建立联系”专栏有关］假定医疗扫描企业做了有效的广告宣传，令许多人相信每年做 CT 扫描对保持身体健康很关键。这会如何改变这些企业的命运？用一幅图形表示该行业中代表性企业的状况，以此来说明你的答案。在图形中标出企业的需求曲线、边际收益曲线、边际成本曲线和平均总成本曲线。

□ 9.4 短期生产或停产的决策

总结

在决定某一给定时期企业是停产还是生产时，企业应该忽略沉没成本。沉没成本是已经支付且不能收回的成本。在短期，只要价格至少等于平均可变成本，企业就会继续生产。完全竞争企业的停产点是企业平均可变成本曲线的最低点。如果价格下降到平均可变成本以下，那么，企业在短期停产。对于停产点以上的价格，完全竞争企业的边际成本曲线也是它的供给曲线。

复习题

4.1 企业短期和长期的停产点有何区别？为什么企业在短期愿意接受亏损而在长期不愿意？

4.2 完全竞争企业的边际成本曲线与供给曲线之间有什么关系？

4.3 从各家企业的供给曲线如何推导市场供给曲线？

问题与应用

4.4 Edward Scahill 在完全竞争的台灯市场生产台灯。

a. 填充下页表空白的各列。

每周的产出	总成本（美元）	*AFC*（美元）	*AVC*（美元）	*ATC*（美元）	*MC*（美元）
0	100				
1	150				
2	175				
3	190				
4	210				
5	240				
6	280				
7	330				
8	390				
9	460				
10	540				

b. 假定台灯市场的均衡价格为 50 美元。Scahill 应该生产多少台灯？将赚取多少利润？

c. 如果下周台灯均衡价格下降到 30 美元，Scahill 应该停产吗？请解释。

4.5 Matthew Rafferty 在完全竞争的旅行靴市场生产旅行靴。

a. 填充下表空白的各列。

每周的产出	总成本（美元）	*AFC*（美元）	*AVC*（美元）	*ATC*（美元）	*MC*（美元）
0	100.00				
1	155.70				
2	205.60				
3	253.90				
4	304.80				
5	362.50				
6	431.20				
7	515.10				
8	618.40				
9	745.30				
10	900.00				

b. 假定旅行靴的市场均衡价格为 100 美元。Rafferty 应该生产多少双旅行靴？收取什么价格？将赚取多少利润？

c. 如果下周旅行靴均衡价格下降到 65 美元，Rafferty 应该生产多少双旅行靴？收取什么价格？将赚取多少利润（或亏损）？

d. 如果旅行靴均衡价格下降到 50 美元，Rafferty 应该生产多少双旅行靴？收取什么价格？将赚取多少利润（或亏损）？

4.6 下图代表了一家完全竞争企业的状况：

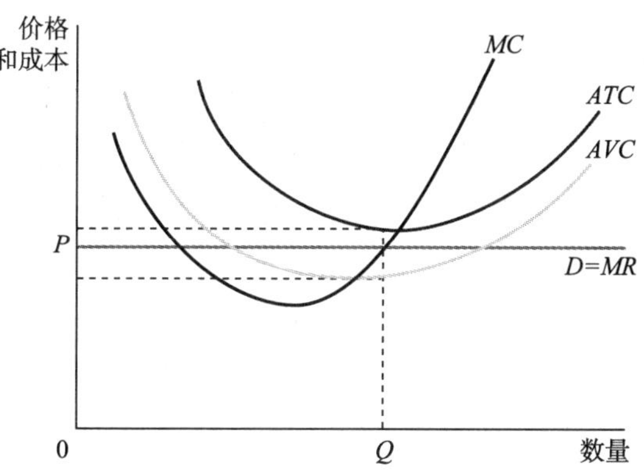

在图中标出代表以下各项的区域。

a. 总成本；

b. 总收益；

c. 可变成本；

d. 利润或亏损。

简要解释该企业在短期是否将继续生产。

4.7 伊利诺伊大学发布的一份报告预测大豆种植者 2009 年投入（包括肥料、种子、保险和水电费）的成本都会大幅增加。根据该报告，“2009 年的成本将会大幅增加，这会导致大豆的收支相抵价格上升。”画一幅图形表示一家生产土豆的企业在投入成本上升之前正在赚取利润。再画一幅图形说明在投入成本增加后这个农场将停产。

资料来源：Gary Schnitkey，“Dramatic Increases in Corn and Soybean Costs in 2009”，Farmdoc FEFO 08-13，University of Illinois at Urbana-Champaign，July 11，2008。

4.8 ［与例题 9.4 有关］假定你决定开一个复印店。你租了一个店铺（签了一份为期一年的租约），在本地银行贷款后用这笔钱购买了 10 台复印机。6 个月后，某大型连锁店在离你的复印店两个街区远的地方开了一家分店。结果，你的复印店的收益虽然足以收回你的员工的工资和纸张、水电费等成本，但不能收回所有的租金以及为购买复印机所贷款项的利息和还款。你应该继续经营吗？

4.9 ［与例题 9.4 有关］《华尔街日报》上的一篇文章讨论了一些购物中心在留住购物中心里的商店时所碰到的问题。根据这篇文章，一些现在遭受亏损的商店在考虑“一旦租约到期就不再继续经营”。如果在购物中心租店铺的商店所有者正在遭受亏损，那么，它们为什么不立即关闭商店而要等到租约到期呢？

资料来源：Kris Hudson and Vanessa O'Connell，“Recession Turns Malls into Ghost Towns”，*Wall Street Journal*，May 22，2009。

□ 9.5 “如果人人都可以做，那么你无法从中获利”：企业在长期的进入和退出

总结

经济利润等于企业的收益减去其所有的成本（包括隐性和显性成本）。经济亏损是企业的总收益低于其包括所有隐性成本在内的总成本这样一种状况。如果企业在短期赚取经济利润，新企业就会进入该行业，直到市场价格下降到足以消除所有经济利润。如果企业遭受经济亏损，有些企业就会退出该行业，直到市场价格上升到足以消除所有经济亏损。长期竞争均衡是指企业的进入和退出导致典型企业收支相抵这样一种状况。长期供给曲线表示了市场价格和供给量之间的关系。

复习题

5.1 企业在什么时候可能进入一个行业？什么时候可能退出一个行业？

5.2 赚取零经济利润的企业会继续生产吗，哪怕是在长期？

5.3 讨论完全竞争市场中长期供给曲线的形状。假定完全竞争市场起初处于长期均衡，然后产品需求出现了永久的减少。画一幅图形说明市场在长期如何调整。

问题与应用

5.4 假定一个经济学助理教授现在的年薪为7.5万美元。有一天她辞职了，卖掉了价值10万美元、本来每年可以获得5%的回报的债券，然后用这些钱开了一家书店。她年末的损益表上显示有9万美元的会计利润。她的经济利润是多少？

5.5 为什么企业进入一个行业会减少现有企业的经济利润？为什么企业退出一个行业会增加现有企业的经济利润？

5.6 考虑如下的陈述：“需求最大的产品也将是最有利可图的产品。”简要解释你是否同意这一陈述。

5.7 在图9.9（b）中，当价格下降到每箱7美元时，Sacha Gillette将胡萝卜的产量从8 000箱减少到了5 000箱。在这一价格和产出水平，她正在遭受亏损。为什么她不继续收取原来的10美元的价格和生产8 000箱胡萝卜呢？

5.8 对于给定的需求下降，在成本不变行业中会退出的企业更多还是在成本递增的行业中会退出的企业更多？请简要解释。

5.9 ［与9.5节中的“建立联系”专栏有关］伊桑·尼古拉斯还在太阳微系统公司做编程员时开发了他的第一个游戏。第一个游戏取得成功后，他从太阳微系统公司辞职了，创建了他自己的公司，而他本人是唯一的雇员。尼古拉斯辞职而专门开发游戏会如何影响开发游戏的成本？

资料来源：Jenna Wortham，“The iPhone Gold Rush”，*New York Times*，April 5，2009。

5.10 一个在学习经济学原理课程的学生做出了如下评论：

> 完全竞争市场的经济模型在理论上很完美，但却很不现实。它预测，在长期，完全竞争市场中的企业将赚取零利润。现实世界中没有企业会在零利润的情况下继续经营。

你同意这一评论吗？

5.11 2011年7月，国家公共广播电台报道了一个关于新的黄金抢购热潮的故事。报道称：

> 国际市场上黄金的价格在稳步上涨：仅过去十年就达到了原来价格的5倍以上。现在每盎司售价约1 500美元，这引发了新的黄金抢购热潮。在过去十年里，美国西部一些遥远的山区和沙漠地区有十个老矿又重新开采了。

这个故事还报道了21世纪的采矿技术。它说道：

> 这不是19世纪的黄金开采——不用鹤嘴锄，也不是通过用水筛选砂金来淘金。（用炸药炸开后的）尘土含金量低，用氰化液洒在这些尘土上以便黄金颗粒和碳分离开来，这个过程被称为堆浸。

a. 新的黄金抢购热潮并不只出现在美国。在澳大利亚、非洲、亚洲和其他地方也都出现了。为什么全球这么多企业开采黄金？

b. 对于给定的黄金需求，随着时间的推移，进入黄金开采的所有这些企业对黄金价格和开采黄金得到的经济利润有什么影响？

资料来源：Ruxandra Guidi，“Mining Companies on Quest To Cash In On Gold”，National Public Radio，July 7，2011；Jeanne Baron，“Gold Fever Draws African Farmers From Fields”，National Public Radio，July 2，2011；“China Mining Company，Zijin Mining Group to Expand Gold Mines Exploration in Australia”，*Mining Exploration News*，August 2，2011；“Sixteen New Firms to Prospect for Gold in Turkey's Kaz Mountains”，*Hurriyet Daily News*，August 22，2011。

5.12 假定笔记本电脑行业是完全竞争的且装配笔记本电脑的企业不生产显示屏。假定笔记本电脑显示屏行业也是完全竞争的。最后，假定由于对笔记本电脑显示屏的需求现在相对较小，笔记本电脑显示屏行业中的企业在生产中还未能利用所有的规模经济。用一幅笔记本电脑市场的图形说明笔记本电脑需求的大幅且持续的增加对笔记本电脑市场均衡价格和数量的影响。用另一幅图形说明对笔记本电脑行业中典型企业的成本曲线的影响。简要解释你的图形。你的图形表明笔记本电脑行业是一个成本不变行业、成本递增行业还是成本递减行业？

5.13 ［与开篇案例有关］如果在农贸市场卖蔬菜的蔬菜种植者在长期得到的投资回报率不比卖给超市的蔬菜种植者得到的回报率高，那么，为什么一开始会有许多蔬菜种植者从卖给超市转到在农贸市场销售？

□ 9.6 完全竞争和效率

总结

完全竞争实现了生产效率，这意味着商品和服务是以尽可能最低的价格生产的。完全竞争也实现了配置效率，这意味着企业生产的商品和服务数量满足这样一个性质：最后一单位给消费者提供的边际效益等于其边际生产成本。

复习题

6.1 为什么消费者在市场体系中这么强大？

6.2 配置效率是什么意思？生产效率是什么意思？简要讨论这两个概念之间的区别。

6.3 完全竞争如何实现了配置效率和生产效率？

问题与应用

6.4 本章称：“只要消费者获得的边际收益不低于生产的边际成本，企业就将供给所有那些商品。”一个学生反对这一陈述，他说：“我怀疑企业真的会这么做。毕竟，企业做生意是为了赚取利润；它们不关心什么东西对消费者是最好的。”请评论这个学生的说法。

6.5 ［与例题 9.6 有关］讨论如下陈述：“在完全竞争市场，在长期，消费者从成本下降中获益，但企业没有从中获益。”难道成本下降不会使企业能够获得更多利润从而获益吗？

6.6 ［与例题 9.6 有关］假定你在一篇标题为《铅笔市场被控存在价格欺骗》的报纸文章中读到下面这段话：

> 消费者保护团体在昨天的一个记者招待会上指控铅笔销售中存在广泛的价格欺骗。他们发布了一项研究，这项研究表明，铅笔的平均零售价格为 1 美元，但生产铅笔的平均成本仅为 0.5 美元。“铅笔的生产无须复杂的机器或高技能的工人，因此这些公司没有理由收取两倍于生产成本的价格。铅笔在每个美国人的生活中是如此重要，以致我们不能再容忍这种价格欺骗了。”消费者团体的首席发言人 George Grommet 如是说。消费者团体提议通过一部法律要求销售铅笔的公司收取的价格不能比平均生产成本高出 20%。

你认为在这种局面下这样一部法律是可取的吗？请解释。

6.7 ［与例题 9.6 有关］2011 年，索尼宣布它的电视机销售已经连续七年出现亏损。给定对等离子、LCD 和 LED 电视机的强劲需求，索尼不是本来可以提价以赚取利润吗？请简要解释。

资料来源：Daisuke Wakababyashi，“Sony Predicts $1 Billion Loss”，*Wall Street Journal*，November 3，2011。

6.8 尽管纽约州的苹果产量仅次于华盛顿州，但是，它的产量在过去 20 年里一直在下降。苹果产量的下降幅度在靠近纽约市的县里尤其大。在 1985 年，位于纽约市以北 75 英里的 Ulster 县的苹果园面积超过 11 000 英亩，而现在只剩下大约6 000英亩。随着该县的苹果种植者变得更加难以与其他地方成本更低的种植者竞争，这些苹果种植者用来生产苹果的资源——特别是土地——在其他用途上的价值变得更大。许多农场主把他们的土地卖给了房地产开发商。假定一位营养学家开发了一种具有革命性的食谱，要求每天吃 10

个苹果。新食谱很受大众欢迎。新食谱对纽约市周围100英里的苹果园数量可能有什么影响？新食谱对纽约市的房价可能有什么影响？

资料来源：Lisa W. Foderaro，“Plenty of Apples，but a Possible Shortage of Immigrant Pickers”，*New York Times*，August 21，2007。

第 10 章

垄断和反托拉斯政策

本章概览和学习目标

10.1 真的有垄断企业吗？

定义垄断。

10.2 垄断来自何处？

解释垄断产生的四个主要原因。

10.3 垄断企业如何选择价格和产出？

解释垄断企业如何选择价格和产出。

10.4 垄断降低了经济效率吗？

用图形说明垄断如何影响了经济效率。

10.5 针对垄断的政府政策

讨论针对垄断的政府政策。

开篇案例

有线电视是垄断行业吗？

今天，大多数人很难想象没有有线电视的生活。最早的有线电视系统建于20世纪40年代一些太小而不能支持广播电台的城市。在早期那些年里，有线电视行业增长缓慢，原因是对远处电台信号进行转播的技术还不存在，因此有线电视系统只提供几个频道。到1970年，只有大约7%的家庭有有线电视。此外，联邦通信委员会（Federal Communications Commission，FCC）——美国管制电视行业的政府机构——对远处电台信号的转播以及有线电视系统提供的播放电影或体育赛事的"付费频道"的收费施加了限制。20世纪70年代末出现了两个关键的进展：首先，卫星中继技术使得本地有线电视系统能够接受通过卫星中继的来自远处的广播电台的信号。第二，国会放松了对远处电台信号的转播和付费频道收费的管制，这使得HBO和Showtime等有线网络得以产生和发展。

企业需要从市政府得到许可才能进入本地有线电视市场。直到2008年，时代华纳有线电视公司是纽约市曼哈顿地区唯一的有线电视提供商；也就是说，时代华纳是一个垄断者。在市场体系中，通常来说，只要某一市场中的企业赚取经济利润就会有其他企业进入这个市场，因此，在美国垄断企业很少。企业要想保持作为一种商品或服务的唯一提供商的地位很困难。在本章，我们将建立一个垄断的经济模型，该模型有助于分析一些城市的有线电视系统和在各自市场中缺乏竞争的其他企业会如何影响经济。

本章末的"业内观察"讨论了Verizon进入纽约州北部的有线电视市场与时代华纳有线电视公司竞争。

生活中的经济学☞

为什么我不能观看NFL有线电视频道？

你是美国橄榄球大联盟（National Football League，NFL）比赛的粉丝吗？你想在电视上观看更多的与NFL相关的节目吗？如果是，那你并不孤单，不只是你想这样。NFL得出结论：对更多橄榄球节目的需求是如此大，以致它开始提供自己的橄榄球有线电视频道，即NFL有线电视频道。

遗憾的是，对许多橄榄球粉丝而言，到2011年8月，NFL有线电视频道并没有包括在许多家庭所订的有线电视中，即使是为纽约大多数有线电视客户提供服务的时代华纳有线电视公司也没有提供NFL有线电视频道（纽约是美国最大的电视市场）。为什么一些最大的有线电视系统不愿意把NFL有线电视频道包括在它们的可选频道列表中？为什么一些有线电视系统要求想要NFL有线电视频道的客户升级到更加昂贵的频道套餐中？在阅读本章的过程中，看看你是否能够回答这些问题。对照我们在本章末尾提供的答案，你可以检验你的答案。

尽管很少有企业是垄断者，但是，垄断的经济模型可能很有用。正如我们在第 9 章中看到的那样，即使完全竞争市场很罕见，但是，这个市场模型为企业在竞争程度尽可能高的环境——它处于一个有很多企业且它们全都供给相同的产品的行业——中如何行动提供了一个基准。垄断为另一个极端——即所分析的企业是所在市场中唯一的企业，从而没有面临来自其他企业的竞争——提供了一个基准。垄断模型对分析企业同意合谋（即不竞争）和像一个垄断者一样共同行动这样的状况也很有用。正如我们将在本章讨论的那样，合谋在美国是非法的，但是它偶尔也会出现。

垄断令政府处于一个两难境地。政府应该允许垄断存在吗？有没有什么情况下政府应该促进垄断的存在呢？政府应该管制垄断者收取的价格吗？如果应该，这样的价格管制是否会增进经济效率？在本章，我们将探究这些公共政策议题。

10.1 真的有垄断企业吗？

垄断（monopoly）是作为没有很接近的替代品的某种商品或服务的唯一卖者的企业。几乎每种产品都有某种形式的替代品，那真的会有垄断企业吗？答案是“是的”，只要替代品并不是很接近的替代品。但是我们如何判断一种替代品是不是很接近的替代品呢？有些经济学家使用的垄断的狭义定义是，如果一家企业能够忽略所有其他企业的行动，那么这家企业就是垄断者。换句话说，如果垄断者能够忽略其他企业的价格，那么，其他企业生产的一定不是很接近的替代品。例如，蜡烛是电灯的替代品，但是，你本地的电力公司可以忽略蜡烛的价格，原因是无论蜡烛的价格有多低，几乎没有顾客会放弃使用电灯而改用蜡烛。因此，你本地的电力公司明显是一个垄断企业。

可是，许多经济学家使用了一个更广义的垄断定义。例如，假定 Donn Johnson 拥有一个小镇上唯一的一家比萨店。（我们稍后将会考虑为什么一个市场可能只有一家企业。）Donn 是一个垄断者吗？比萨的替代品当然存在。如果比萨的价格太高了，人们就会转而消费汉堡或炸鸡或者某种其他食品。人们并不是不在 Donn 的餐馆消费就得挨饿。Donn 和本地的麦当劳、肯德基以及其他企业进行竞争。因此，Donn 的比萨餐馆并不满足狭义的垄断定义。但是，许多经济学家仍然会认为把 Donn 的餐馆看作一个垄断企业是有用的。

尽管汉堡和炸鸡是比萨的替代品，但是，来自销售这些替代品的企业的竞争并不足以阻止 Donn 赚取经济利润。我们在第 9 章看到，当企业赚取经济利润时，我们可以预期新的企业会进入这一行业，而且，在长期，经济利润会消除。只要 Donn 是比萨的唯一卖者，Donn 的利润就不会消除。运用更广义的定义，我们可以认为 Donn 是一个垄断者，原因在于不存在出售足够接近的替代品的其他企业，从而他的经济利润在长期也不会消除。

建立联系

谷歌是一个垄断企业吗？

正如我们本章后面将要讨论的那样，如果联邦政府认为某家企业是一个垄断者，那么，它就可以根据反托拉斯法对这家企业采取法律行动。2011 年年中，美国联邦贸易委员会（Federal Trade Commission，FTC）表示，它正在调查谷歌是否违反了反托拉斯法。欧盟（一个由 27 个欧洲国家组成的组织）也有类似的针对垄断企业的法律。2011 年初，微软向欧盟指控谷歌在利用其在互联网搜索引擎领域的优势地位排斥竞争者。

但是，谷歌是一个垄断企业吗？显然，谷歌并不是唯一的可用搜索引擎。例如，Yahoo! 的搜索引擎已经运行多年了，微软也经营着搜索引擎 Bing，此外还有许多更小的搜索引擎。但是，批评家指出，谷歌在搜索引擎市场中占据主导地位，在美国占据了 70%的市场份额，在欧洲更是达到了 90%。其他搜索引擎能够有效地与谷歌竞争吗？微软认为，谷歌已经采取了旨在形成有效垄断地位的措施：

> ［谷歌］与任何人都清楚，搜索引擎功能的正常发挥有赖于网络的开放性……遗憾的是，谷歌采取了一种阻止竞争对手获取它们为了给消费者提供搜索结果和吸引广告客户所需的内容和数据的模式，而且这种模式正在不断得到加强。

微软特别担忧的是谷歌在限制其他搜索引擎获取谷歌自己拥有的 Youtube 网站上的内容："如果不能适当获取 Youtube 网站上的内容，Bing 和其他搜索引擎就无法公平地和谷歌在返回含有 Youtube 视频链接的搜索结果方面进行竞争，而这当然会使更多的用户从竞争对手流向谷歌。"微软还抱怨谷歌在限制其他搜索引擎获取谷歌扫描的、可在网上获得的许多图书。

对于自己所处的地位，谷歌当然会有不同的看法。该公司称，它之所以占据了大部分市场份额，是因为它的搜索引擎质量更高，而不是因为公司采取了旨在减少其他搜索引擎获取网上内容的措施。谷歌指出："我们希望［搜索引擎用户］是因为我们的产品创新和改进而不是因为被锁定了而继续使用谷歌。"

正如我们已经看到的，许多经济学家认为如果其他企业在长期不能通过竞争使某家企业的利润消除，那么这家企业就是一个垄断者。关于其他搜索引擎是否能与谷歌竞争或谷歌是否实际上是一家垄断企业的争论很可能仍会继续。

资料来源：Thomas Catan, "FTC to Serve Google with Subpoenas in Broad Antitrust Probe", *Wall Street Journal*, June 23, 2011; Miguel Helft, "Google Confirms F. T. C. Antitrust Inquiry", *New York Times*, June 24, 2011; Amit Singhal, "Supporting Choice, Ensuring Economic Opportunity", googleblog. blogspot. com, June 24, 2011; David Goldman, "Microsoft Accuses Google of Antitrust Violations", money. cnn. com, March 31, 2011; and Brad Smith, "Adding Our Voice to Concerns about Search in Europe", blogs. technet. com, March 31, 2011。

轮到你了：做本章末与本专栏相关的问题与应用 1.7 和 1.8，看看你理解得如何。

10.2 垄断来自何处？

由于垄断者并不面临竞争，因此每家企业都想处于垄断地位。但是，要想处于垄断地位，进入该市场的壁垒必须高到其他企业不能进入的程度。由于以下四个主要原因，进入壁垒可能高到足以阻止竞争企业进入的程度：

1. 政府阻止一家以上的企业进入某市场。
2. 某企业控制了生产某种商品所需的关键资源。
3. 商品或服务的供给存在重要的网络外部性。

4. 规模经济足够大，以致一家企业成为自然垄断者。

□ 10.2.1 政府设置的进入壁垒

正如我们在本章将要讨论的那样，政府通常尽量促进市场中的竞争，但是有时候政府也会采取行动设置进入壁垒。在美国，政府有两种主要的阻止进入的方式：

1. 通过给个人或企业授予专利或版权，赋予其独家生产某种产品的权利；
2. 通过授予一家企业公共特许经营权，使其成为某种商品或服务的唯一合法提供商。

专利和版权。

美国政府给开发新产品或现有产品的新生产方法的企业授予专利。**专利**（patent）赋予企业从专利在政府归档日起 20 年内对一种新产品的排他性权利。由于微软拥有 Windows 操作系统的专利，因此，其他企业不能销售它们自己的 Windows 版本。政府授予专利是为了鼓励企业投资于创造新产品所需的研发。如果其他企业可以随意复制 Windows，微软就不太可能花钱来开发它。有时候，企业在没有专利保护的条件下也能够维持其在某种产品生产上的垄断地位，只要它能够将该产品的生产方法保密。

专利保护对开发新处方药的制药企业特别重要。平均来说，从制药企业开始研发新处方药到开始销售该产品需要 12 年。企业在开始销售新处方药的大约 10 年前就申请专利。从政府授予专利到企业正式销售药物之间平均 10 年的时滞是由于联邦食品和药物管理局（FDA）要求企业必须证明它的新药安全且有效。因此，在新药销售得到批准之前的时期，企业的开发和测试成本很大。如果新药在市场上没有取得成功，那么，制药企业的损失就非常大。

一旦药物可以销售了，那么，随着该药物被更多的医生和病人知晓，制药企业从该药物赚得的利润就会在整个专利保护期内（通常为 10 年左右）递增。专利期满后，其他企业可以自由地合法生产从化学上来讲完全相同的药物，这样的药物被称为通用药物。随着时间的推移，来自通用药物的竞争将消除研发企业之前一直能获得的利润。例如，在格华止（Glucophage，百时美施贵宝公司（Bristol-Myers Squibb）生产的糖尿病治疗药品）的专利保护期满后，由于来自其他企业生产的 12 种仿制药的竞争，该药品的销售额在第一年下降了 15 亿美元以上。在百忧解（Prozac，礼来公司（Eli Lilly）生产的一种抗抑郁药）的专利到期后，其销售额下降了 80%以上。销售处方药能赚到的大多数经济利润在药物问世 20 年后就会被消除。

建立联系☞

圣诞植物垄断的终结

12 月，一品红几乎随处可见，装饰着商店、餐馆和住房。尽管说有人可以垄断某种植物的生产听起来可能很奇怪，但是，加州恩西尼塔斯镇的 Paul Ecke 农场却在很多年里都是一品红的垄断者。

一品红是原产于墨西哥的一种野花。在一个名叫 Ablert Ecke 的德国移民于 20 世纪初开始在加州好莱坞摆花摊卖一品红之前，美国人几乎不知道这种花。与几乎所有其他花卉植物不同，一品红在冬天开花。这样的开花时间以及一品红引人注目的红绿颜色使一品红成为了圣诞装饰的理想选择。

Ablert Ecke的儿子Paul发现，通过把两种不同品种的一品红嫁接在一起，一根花茎可能长出许多枝。这样得到的一品红比传统的一品红有着更多的花瓣，也更加色彩缤纷。但是，Paul Ecke并没有打算为一品红的新技术申请专利。但是，由于Ecke一家几十年来一直对这一技术保密，因此能够维持在这种植物的商业生产上的垄断地位。对Ecke一家不幸的是（但对消费者来说则是幸运的），一个大学研究人员发现了这个技术并发表在了一份学术期刊上。

新企业迅速进入了这个行业，一品红的价格急速下跌。不久后消费者就能用3株10美元的价格买到一品红。在这样的价格水平，Ecke家的企业不再能赚取经济利润。最终，这家企业的所有者Paul Ecke Ⅲ决定放弃在自家农场从事一品红的商业生产。他卖掉了一半以上的土地，所得资金用于建造最新的、技术最先进的温室和研究新的植物品种，他希望新的植物品种能再次为他的企业赚取经济利润。

资料来源：Adam Kaye，"Ecke Farming Out His Poinsettia Crop"，*North County Times*，November 18，2007；Cynthia Crossen，"Holiday's Ubiquitous Houseplant"，*Wall Street Journal*，December 19，2000；and Mike Freeman and David E. Graham，"Ecke Ranch Plans to Sell Most of Its Remaining Land"，*San Diego Union-Tribune*，December 11，2003。

轮到你了：做本章末与本专栏相关的问题与应用2.10，看看你理解得如何。

就像政府对新产品进行专利保护一样，它也对图书、电影和音乐进行**版权**（copyright）保护。美国法律赋予图书、电影或音乐的创作人在其一生使用其作品的排他性权利。创作人的继承人在创作人死后70年内享有这一排他性权利。事实上，版权创造了对受版权保护的东西的垄断。如果没有版权，个人和企业就不大可能投资于新图书、电影和软件的创作和开发。

公共特许经营权。

在有些情况下，政府赋予一家企业以**公共特许经营权**（public franchise）使其成为某种商品或服务的唯一合法提供商。例如，州和地方政府常常指定一家公司作为电力、天然气或自来水的唯一提供商。

政府偶尔也可能决定通过公共企业直接向消费者提供某些服务。这种情况在欧洲比在美国要常见得多。例如，大多数欧洲国家的政府拥有铁路系统。在美国，许多城市政府直接提供自来水和污水处理服务而不依赖私有企业。

□ 10.2.2 对关键资源的控制

企业成为垄断者的另一种方式是通过控制关键资源。这种情况不经常出现，原因是包括石油或铁矿石等原材料在内的大多数资源可以从很多供给商那里购买。但是，仍然有一些基于控制关键资源而形成垄断的著名例子，如美国铝业公司（Alcoa）和加拿大国际镍业公司。

20世纪40年代前的许多年里，美国铝业公司对几乎所有可获得的铝土矿——制铝所需的矿物——要么具有所有权要么签订了长期购买合同。竞争对手在无法获得铝土矿的情况下不得不使用回收铝，这限制了它们能生产的铝的数量。类似地，加拿大国际镍业公司控制了90%以上的可用镍的供给。当二战后俄罗斯北部的佩萨莫镍矿得到开发后，镍市场的竞争增加了。

在美国，职业运动队的一个关键资源是大型体育馆。参加主要职业运动联盟——美国职业棒球大联盟（MLB）、美国橄榄球大联盟（NFL）和美国职业篮球联盟（NBA）——的球队通常要么在大城市拥有体育馆要么与大城市的体育馆签订长期租约。对这些体育馆的控制是阻碍新的职业棒球、橄榄球或篮球联盟形成的主要壁垒。

建立联系

钻石利润是永恒的吗？戴比尔斯钻石公司的垄断

最著名的基于对原材料的控制的垄断者是南非戴比尔斯钻石开采和营销公司。在19世纪60年代前，钻石非常稀少。每年的钻石产量只有几磅，主要产地是巴西和印度。然后，在1870年，南非奥兰治河（Orange River）沿岸发现了丰富的钻石矿藏。每年可以生产数以千磅计的钻石了，这些新矿的所有者担心钻石的价格会大跌。为了避免财务灾难，这些矿的所有者于1888年决定合并，组成了戴比尔斯联合矿业有限公司。

戴比尔斯公司成为了历史上盈利能力最高和存活时间最长的垄断企业之一。公司小心地控制着钻石的供给以维持高价格。当俄罗斯和扎伊尔发现了新的钻石矿藏时，戴比尔斯通过购买大部分新的钻石供给得以维持高价格。

由于钻石极少损坏，戴比尔斯公司总是担心钻石转售带来的竞争。公司解决这个问题的方法是使用广告用语“钻石恒久远，一颗永流传”来大力宣传订婚钻戒和结婚钻戒的情感价值。由于订婚钻戒和结婚钻戒具有很高的情感价值，它们很少被转售，即使是钻戒领受人的继承人也很少转售。甚至在一些没有赠送订婚钻戒习俗的国家（如日本），戴比尔斯的广告也取得了成功。随着戴比尔斯的重要市场中人口年龄的增长，它近些年的广告把注意力集中于中年男性和职业女性，前者将钻戒送给妻子作为事业成功的象征，而后者则为自己购买“右手戒指”。

数年来，钻石行业的竞争一直在逐渐增加。到了2000年，戴比尔斯公司直接控制的钻石产量只占到全世界的大约40%。公司开始忧虑它购买其他来源的钻石以阻止它们进入市场所花费的钱的数量。公司决定放弃尝试控制全球钻石供给的战略，转而将精力集中于通过依赖其知名度来差异化它的钻石。现在，每颗戴比尔斯钻石都标有一个微小的“永恒印记”（Forevermark）品牌以让消费者对其高质量感到安心。其他企业，如拥有加拿大北部的钻石矿的必和必拓（BHP Billiton），也通过钻石品牌化来仿效戴比尔斯的做法。虽然品牌化战略帮助戴比尔斯公司在2011年保持了钻石市场的35%～40%的市场份额，但是，消费者是否会对钻石的品牌保持关注仍有待观察。

资料来源：William J. Holstein，“De Beers Reworks Its Image as Rivals Multiply”，*New York Times*，December 12，2008；Edward Jay Epstein，“Have You Ever Tried to Sell a Diamond”，*Atlantic Monthly*，February 1982；and Donna J. Bergenstock，Mary E. Deily，and Larry W. Teylor，“A Cartel's Response to Cheating：An Empirical Investigation of the De Beers Diamond Empire”，*Southern Economic Journal*，Vol. 73 No. 1，July 2006，pp. 173-189。

轮到你了：做本章末与本专栏相关的问题与应用2.11，看看你理解得如何。

□ 10.2.3 网络外部性

如果一种产品的有用性随着使用该产品的消费者数量增加而增加，那么，这种产品的消费就具有**网络外部性**（network externalities）。例如，如果全世界只有你有高清电视机，那么它就不是很有价值，原因是企业没有激励提供高清节目。人们使用的高清电视机越多，它们对消费者的价值就越大。

有些经济学家认为，网络外部性可能会起到进入壁垒的作用。例如，在 20 世纪 80 年代初，微软开发了 MS-DOS（最早的 IBM 个人电脑使用的操作系统），从而获得了相对于其他软件公司的优势。由于 IBM 卖掉的电脑比任何其他公司都多，软件开发人员为 MS-DOS 写了许多应用程序。使用基于 MS-DOS 的程序的人越多，使用基于 MS-DOS 的程序对消费者的价值就越大。到了 20 世纪 90 年代，微软用 Windows 取代了 MS-DOS。今天，Windows 在个人电脑操作系统市场占到了 85%的市场份额，苹果的操作系统占了 10%的份额，包括开放源码的 Linux 系统在内的其他操作系统只占约 1%甚至还不到 1%的份额。如果另一家企业推出一种新的操作系统，那么，一些经济学家会认为最初它的用户会相对很少，在这样的操作系统上运行的应用程序也会很少，这会限制该操作系统对其他消费者的价值。

eBay 是第一家吸引众多人参与其在线拍卖的互联网站。一旦许多人开始使用 eBay 买卖收藏品、古玩和许多其他产品，它就变成了一个有价值的买卖场所。Yahoo. com、Amazon. com 和其他互联网站最后都开始了在线拍卖，但是它们难以吸引买家和卖家。与在 Amazon 或其他拍卖网站相比，在 eBay，买家预计能找到更多的卖家，卖家也预计能找到更多潜在的买家。

正如这些例子所表明的，从企业的角度来看，网络外部性可以引起一个良性循环：如果一家企业一开始就能吸引足够的顾客，那么，由于它的产品的价值随着越来越多人的使用而增加，它就能吸引到额外的顾客，而这又能进一步吸引到更多的顾客，等等。对于计算机操作系统和在线拍卖这样的市场，新企业或许很难进入，从而这种市场的第一家企业所赚取的利润很难通过竞争而消除。

但是，经济学家对商业世界中网络外部性作为进入壁垒的重要程度存在很大的争论。有些经济学家认为，微软和 eBay 处于主导地位的主要原因是它们能够有效地提供满足消费者偏好的产品而不是因为网络外部性的影响。根据这种观点，现有企业从网络外部性获得的优势不足以阻止竞争对手提供更好的产品。换句话说，虽然网络外部性有其影响，但是，推出一种比 Windows 更好的程序从而进入操作系统市场的企业或者提供一个比 eBay 更好的拍卖网站的企业会取得成功。（我们在第 7 章更加详细地讨论了这一点。）事实上，Windows 和 eBay 的市场份额近些年来一直在缓慢下降。

□ 10.2.4 自然垄断

我们在第 8 章看到，当企业的长期平均成本随着产量增加而下降时就存在规模经济。当规模经济大到由一家企业来供给整个市场比由两家或更多家企业来供给整个市场的平均总成本更低的程度时，**自然垄断**（natural monopoly）就出现了。在那种情况下，市场确实只有容纳一家企业的“空间”。

图 10.1 表示了一家电力生产企业的平均总成本曲线以及电力市场的总需求。注意，

平均总成本曲线在与需求曲线相交于 A 点时还在下降。如果该企业是一个垄断者并且每年生产 300 亿度（即千瓦时）电，它的平均总成本将为每度电 0.04 美元。假定市场中有两家企业，每家企业生产一半的市场产出即每年 150 亿度电。假设每家企业的平均总成本曲线相同。该图显示，每年生产 150 亿度电将使每家企业沿着平均总成本曲线向上移动，生产电的平均成本将上升到每度电 0.06 美元（B 点）。在这种情况下，如果其中一家企业扩大产量，它将沿着平均总成本曲线向下移动，平均成本会更低，它也就能以低于另一家企业的价格供应电。最终，另一家企业将被驱逐出市场，剩下的企业成为垄断企业。由于在这个市场中垄断自动地（或自然地）形成，因此它是自然垄断。

自然垄断最有可能在固定成本相对于可变成本很高的市场中产生。例如，生产电的企业必须在发电所需的机器和设备以及送电所需的电线电缆上投入很多资金。但是，一旦初始的投资已经完成，多生产 1 度电的边际成本就相对很小。

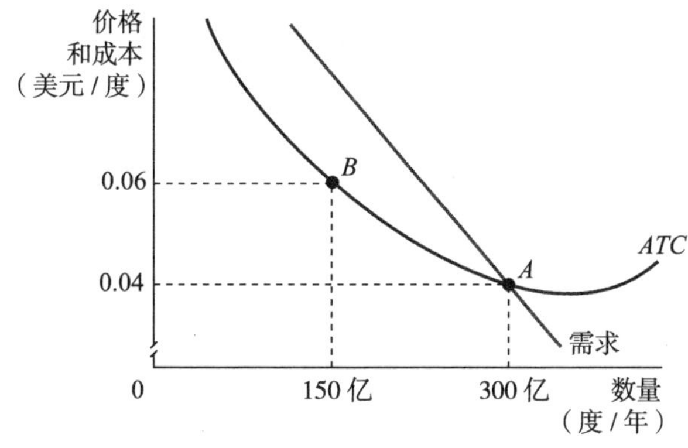

图 10.1　自然垄断者的平均总成本曲线

在自然垄断的情况下，平均总成本曲线在与需求曲线相交于 A 点时还在下降。如果市场中只有一家企业生产电且它在平均成本曲线与需求曲线的交点处生产，那么，平均总成本将为每度电 0.04 美元。如果市场在两家企业之间平分，每家企业生产 150 亿度电，那么，生产电的平均成本将上升到每度电 0.06 美元（B 点）。在这种情况下，如果其中一家企业扩大产量，它将沿着平均总成本曲线向下移动，设定一个更低的价格，将另一家企业驱逐出市场。

例题 10.2　OpenTable 网站是一个自然垄断者吗？

OpenTable 是一个允许人们在线订餐的网站和智能手机应用程序。OpenTable 向加入订餐系统的餐馆对每次订餐收费。正如商业专栏作家詹姆斯·斯图尔特（James Stewart）在《华尔街日报》上所写的那样："你只要去访问该网站，选择你所居住的区域，输入你要求的日期、时间和就餐人数，OpenTable 就会显示出所有符合条件的饭店及可就餐时间。"斯图尔特认为，这个网站是一个自然垄断者，原因是"用户被吸引到这个加入订餐系统的餐馆最多的网站，餐馆则被吸引到这个有着最多用户的网站。"

a. 假定斯图尔特的说法是正确的，画图表示在线订餐网站市场。图形中要包括在线订餐需求和 OpenTable 的平均总成本曲线。解释为什么 OpenTable 的平均成本会比进入该市场与其竞争的新网站低。

b. OpenTable 已经运营的年数会如何影响你对斯图尔特关于该企业是一个自然垄断者的说法的评价？请简要解释。

解：

第 1 步：复习本章内容。这一问题是关于自然垄断的，所以你可能需要复习一下 10.2.4 节“自然垄断”。

第 2 步：画一幅自然垄断的图形，解释为什么 OpenTable 的平均成本会比进入市场的新企业低，以此来回答（a）部分。如果斯图尔特关于 OpenTable 实际上是一个自然垄断者的说法是正确的，那么，市场需求和该企业的平均总成本之间的关系应该与图 10.1 相似，如下图所示。

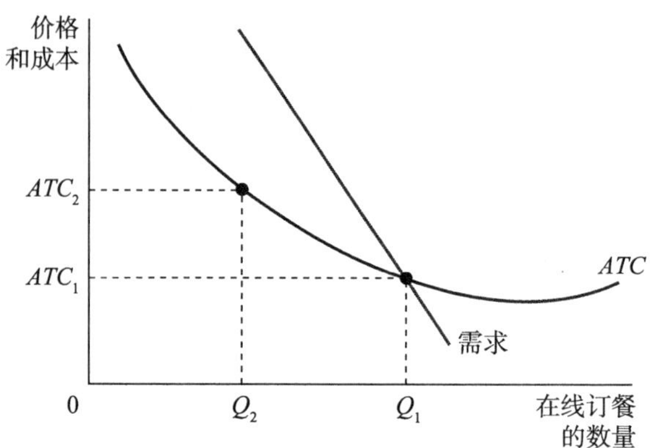

画图时确保平均总成本曲线在与需求曲线相交时仍在下降。正如上图所示，在线订餐市场是自然垄断市场，原因在于：如果一家企业以平均总成本 ATC_1 供给 Q_1 这么多在线订餐，那么，把这些业务在两个企业之间平分即每家企业供给 Q_2 这么多在线订餐将使平均总成本上升到 ATC_2。

OpenTable 用于服务器、软件编程和营销的固定成本相对于它的可变成本很大。OpenTable 为额外一个网站访客提供服务的边际成本非常小。因此，这个市场中的规模经济很可能足够大，以致进入该市场且访客数量较少的新企业将会有着比 OpenTable 高得多的平均成本。

第 3 步：讨论 OpenTable 已经运营的时间长度与评估其是否为自然垄断者的相关性，以此来回答（b）部分。如果一家企业是自然垄断者，那么，其他企业不大可能成功进入该企业所在的市场。但是，最先进入一个新市场的企业在开始时也许不会吸引竞争对手的进入。潜在竞争对手需要时间来决定进入一个行业（尤其是可能要求大量初始投资的行业）是否有利可图。OpenTable 在没有明显竞争的条件下运营的时间越久，该企业实际上是一个自然垄断者的可能性越大。

OpenTable 于 1999 年在旧金山开始运营，到 2003 年已经扩展到全美。一家餐馆的老板说道：“所有的餐馆都不得不参与到 OpenTable 的在线订餐系统，无论你喜不喜欢，你都没有办法绕过它。对于网上订餐，现在没有其他的技术或容易的解决方案。”这一陈述表明，餐馆老板认为 OpenTable 实际上是一个垄断者。

附注：记住，竞争本身并没有什么好。它之所以好，是因为它能导致更低的成本、更低的价格和更好的产品。但是，在某些市场，成本状况可能会使竞争导致更高的成本和更高的价格。这些市场是自然垄断，由一家企业经营是最好的。时间会告诉我们技术进展或创新型营销是否会使其他企业成功地与 OpenTable 竞争成为可能。

资料来源：James B. Stewart，“What's New on the Menu：Hot IPO with Rare Quality”，*Wall Street Journal*，May 27，2009；and Katie Hafner，“Restaurant Reservations Go Online”，*New York Times*，July 18，2007。

轮到你了：要想做更多的练习，请做本章末的问题与应用 2.12。

10.3 垄断企业如何选择价格和产出？

与每一家其他企业一样，垄断企业通过生产使边际收益等于边际成本的产量来最大化利润。垄断企业区别于其他企业的地方在于：垄断企业的需求曲线与产品需求曲线相同。我们在第 9 章强调过，小麦市场需曲线与任何单个农场主生产的小麦的需求曲线迥异。但是，如果一个农场主垄断了小麦的生产，那么，这两条需求曲线就是完全相同的。

□ 10.3.1 再访边际收益

回忆第 9 章讲过，完全竞争市场中的企业（如小麦市场中的农场主）面临着水平的需求曲线。它们是价格接受者。所有其他企业，包括垄断企业在内，都是价格设定者。如果价格设定者提高价格，它们就会损失掉部分（但不是全部）顾客。因此，它们面临着向下倾斜的需求曲线，边际收益曲线也向下倾斜。让我们回顾一下为什么企业的需求曲线向下倾斜的情况下其边际收益曲线也向下倾斜。

当一家企业降低产品价格时，一件好事和一件坏事同时发生：

- 好事情。它卖了更多的产品。
- 坏事情。它从每个单位获得的收益都低于在更高价格时本来可以获得的收益。

例如，考虑图 10.2 中的表格，该表显示了时代华纳的基本有线电视套餐的需求曲线。为了简单起见，我们假设这个市场只有 10 个潜在的订阅者而不是像实际情况那样有数以百万计的订阅者。如果时代华纳收取的价格为每月 60 美元，那么就没有人订阅。如果价格为 57 美元，那么只有 1 个人订阅。价格为 54 美元时有 2 个人订阅，如此等等。时代华纳的总收益等于每月销售的订阅量乘以价格。它的平均收益——即从每个订阅者那里得到的平均收益——等于它的总收益除以所销售的订阅量。时代华纳特别感兴趣的是边际收益，这是因为边际收益告诉了企业当它降价从而增加 1 个订阅者时收益会增加多少。

注意，对于第 1 个订阅者之后的每个订阅者，时代华纳得到的边际收益总是小于价格。为了明白其中的原因，考虑一下下面这种情形下会发生什么：时代华纳将基本有线电视套餐的价格从 42 美元降到 39 美元，从而使所销售的订阅量从 6 增加到 7。时代华纳从第 7 个订阅者那里得到的收益是 39 美元，但是，它从前 6 个订阅者中的每个订阅者那里得到的收益少了 3 美元，因为它原本可以收取 42 美元。因此，它销售给第 7 个订阅者得到的边际收益为 39－18＝21 美元，这正是表格中所显示的数字。图 10.2 中的图形基于表格中的信息绘制了时代华纳的需求曲线和边际收益曲线。

□ 10.3.2 垄断企业的利润最大化

图 10.3 显示了时代华纳如何将需求和边际收益的信息与平均成本和边际成本的信息结合在一起以决定销售多少订阅量和收取什么价格。我们假设它的边际成本和平均总成本曲线有着我们在第 8 章和第 9 章看到的通常的 U 形形状。在图 10.3（a）中，我们看到时代华纳如何计算其利润最大化数量和价格。只要多销售一个订阅量的边际成本小于边际收益，它就应该继续销售，因为这样做会增加利润。随着时代华纳销售的有线电视订阅量越来越多，不断上升的边际成本最终将等于边际收益，时代华纳此时销售的订阅量就是利润

每月订阅量（Q）	价格（P，美元）	总收益（$TR=P\times Q$，美元）	平均收益（$AR=TR/Q$，美元）	边际收益（$MR=\Delta TR/\Delta Q$，美元）
0	60	0	—	—
1	57	57	57	57
2	54	108	54	51
3	51	153	51	45
4	48	192	48	39
5	45	225	45	33
6	42	252	42	27
7	39	273	39	21
8	36	288	36	15
9	33	297	33	9
10	30	300	30	3

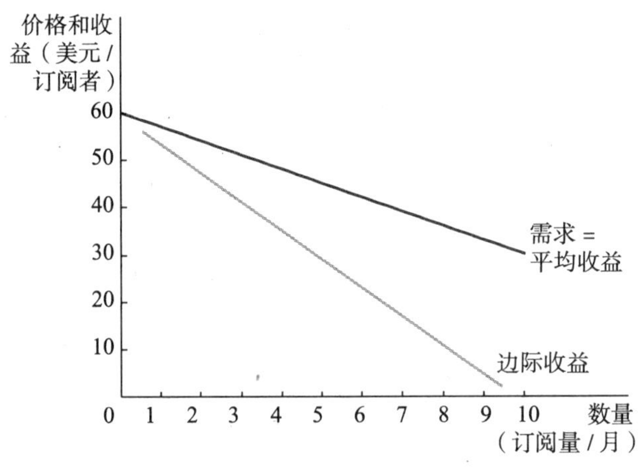

图 10.2　计算垄断企业的收益

时代华纳面临的基本有线电视套餐订阅需求曲线是向下倾斜的。为了销售更多的订阅量，它必须降价。当它降价时，它从销售更多订阅量得到了收益，但是，由于价格下降了，它从原本可以以更高价格销售的订阅量损失了收益。它的边际收益是多销售给 1 个订阅者所导致的收益的变化。我们可以这么来计算边际收益：用所获得的收益减去价格下降导致的收益损失。该图中的表格显示，对于第 1 个订阅者之后的每个订阅者，时代华纳得到的边际收益总是小于价格。因此，时代华纳的边际收益曲线位于需求曲线下方。

最大化数量。此时的订阅量为 6，即图 10.3（a）中的 A 点，第 6 个订阅者使企业的成本和收益都增加了 27 美元。需求曲线告诉我们，当销售的订阅量为 6 时，时代华纳可以收取每月 42 美元的价格。我们可以得出结论：时代华纳的利润最大化订阅量为 6，利润最大化价格为 42 美元。图 10.3（b）显示，订阅量为 6 时的平均总成本为 30 美元，时代华纳收取的价格为 42 美元（需求曲线上的 B 点）。时代华纳在每个订阅者那里获得的利润为 12 美元，即价格 42 美元减去平均成本 30 美元。它的总利润为 72 美元（$=6\times12$），在图中用阴影矩形表示。我们也可以通过计算时代华纳的总收益和总成本之差来得到其总利润。它销售给 6 个订阅者得到的总收益为 252 美元。总成本等于平均总成本乘以销售的订阅量，即 $30\times6=180$ 美元。因此，它的利润为 $252-180=72$ 美元。

注意到下面这一点很重要：尽管时代华纳正在赚取经济利润，但是新的企业并不会进入这个市场。由于时代华纳是一个垄断者，它不会面临来自其他有线电视运营商的竞争。因此，如果其他因素保持不变，时代华纳将能够继续赚取经济利润，哪怕在长期也是如此。

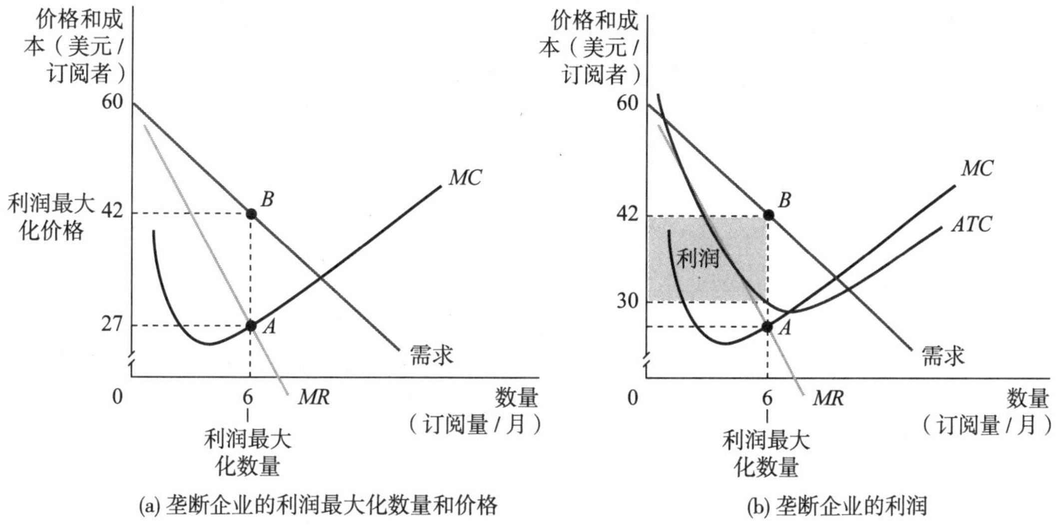

(a) 垄断企业的利润最大化数量和价格　　(b) 垄断企业的利润

图 10.3　垄断者的总产出和利润最大化价格

图（a）显示，为了最大化利润，时代华纳销售的订阅量应该使得最后一单位的边际收益等于其边际成本（A 点）。在这个例子中，第 6 个单位的边际收益和边际成本均为 27 美元。在每月销售的订阅量为 6 和价格为 42 美元时（B 点），时代华纳实现了利润最大化。在图（b）中，阴影矩形代表了时代华纳的利润。这个矩形的高为 12 美元，即价格 42 美元减去平均总成本 30 美元，底为 6，即有线电视订阅量。因此，时代华纳的利润等于 12×6=72 美元。

例题 10.3　确定垄断者的利润最大化价格和产量

假定 Comcast 是费城的一家有线电视垄断企业。下表给出了 Comcast 每月的基本有线电视订阅的需求和成本（再一次地，为了简单起见，我们假设订阅者的人数很少）。

价格（美元）	数量	总收益（美元）	边际收益（$MR=\Delta TR/\Delta Q$，美元）	总成本（美元）	边际成本（$MC=\Delta TC/\Delta Q$，美元）
27	3	56			
26	4	73			
25	5	91			
24	6	110			
23	7	130			
22	8	151			

a. 填充表中空白的各列。

b. 如果 Comcast 要最大化利润，它应该收取什么价格？每月销售的有线电视订阅量应该是多少？将赚取多少利润？请简要解释。

c. 假定当地政府对有线电视公司每月征税 25 美元。现在，Comcast 应该收取什么价格？每月销售的有线电视订阅量应该是多少？将赚取多少利润？

解：

第 1 步：复习本章内容。这一问题是关于确定垄断企业的利润最大化产量和价格的，所以你可能需要复习一下10.3.2节“垄断企业的利润最大化”。

第2步：填充表中空白列，回答（a）部分。记住，为了计算边际收益和边际成本，你必须用总收益或总成本的变化去除以产量的变化。

表格中没有充分的信息让我们能够填充第一行的边际收益和边际成本值。

价格（美元）	数量	总收益（美元）	边际收益（$MR=\Delta TR/\Delta Q$，美元）	总成本（美元）	边际成本（$MC=\Delta TC/\Delta Q$，美元）
27	3	81	—	56	—
26	4	104	23	73	17
25	5	125	21	91	18
24	6	144	19	110	19
23	7	161	17	130	20
22	8	176	15	151	21

第3步：确定利润最大化产量和价格，回答（b）部分。我们知道，当Comcast销售的订阅量满足边际成本等于边际收益时，它就实现了利润最大化。在这个例子中，这意味着每月销售的订阅量为6。从表格前两列我们知道，利润最大化价格为24美元。Comcast的利润等于其总收益和总成本之差，即每月34美元（=144−110）。

第4步：分析税收的影响，回答（c）部分。这一税收固定在每月25美元，与Comcast销售的订阅量无关，因此它对Comcast来说是一项固定成本。由于这一税收不影响Comcast的边际收益和边际成本，因此利润最大化产出水平不变。Comcast仍将以每月24美元的价格把基本有线电视套餐卖给6个订阅者，但是它的利润将减少税收量这么多，从每月34美元减少到9美元。

轮到你了：要想做更多的练习，请做本章末的问题与应用3.4和3.5。

不要犯这样的错误！

不要认为收取更高的价格总是会使垄断者赚取更多的利润

在回答例题10.3的（c）部分时，你很可能会认为Comcast应该提高价格以弥补税收损失。毕竟，Comcast是一个垄断者，因此为什么它不能把税收转嫁给客户呢？Comcast不能这么做的理由是，它与任何其他垄断者一样必须关注需求。Comast对为了收取高价而收取高价不感兴趣，它感兴趣的是最大化利润。对基本有线电视套餐的订阅收取1 000美元的价格听起来很妙，但是，如果在这个价格水平没人愿意买，Comcast就几乎不可能实现利润最大化。

换一种方式来看，在政府征税之前，Comcast已经确定了利润最大化价格为24美元。在政府征税后，它必须确定24美元是否仍然是利润最大化价格。由于这一税收既不影响Comcast的边际收益也不影响它的边际成本，因此，24美元仍然利润最大化价格，Comcast应该继续收取这一价格。这一税收降低了Comcast的利润，但是却不会导致Comcast提高有线电视订阅的价格。

轮到你了：做本章末的问题与应用3.8，看看你理解得如何。

10.4 垄断降低了经济效率吗？

我们在第 9 章看到，完全竞争市场在经济上是有效率的。如果市场是垄断而非完全竞争的，经济效率会受到什么样的影响呢？在第 4 章，我们介绍了经济剩余的思想。经济剩余提供了一种刻画完全竞争市场的经济效率的方式：完全竞争市场中的均衡使社会从一种商品或服务的生产中得到的经济剩余或称总效益达到最大。垄断市场中的经济剩余会发生什么变化呢？我们的分析从一个假想的例子开始：平板电脑市场一开始是完全竞争的，然后变成了垄断市场，我们来看看经济剩余将发生什么变化。

□ 10.4.1 比较垄断和完全竞争

图 10.4（a）说明了平板电脑市场为完全竞争的情况。价格和数量由需求曲线和供给曲线的交点决定。记住，完全竞争行业中任何单家企业都不能控制价格。每家企业必须接受市场决定的价格。图 10.4（b）显示了平板电脑行业变成垄断行业将会发生的变化。我们知道，垄断企业将生产使边际收益等于边际成本的产量来最大化利润。为此，垄断者降低了产量，提高了价格。图 10.4（b）说明了一个重要的结论：与生产同一产品的完全竞争行业相比，垄断行业生产的产量更少、价格更高。

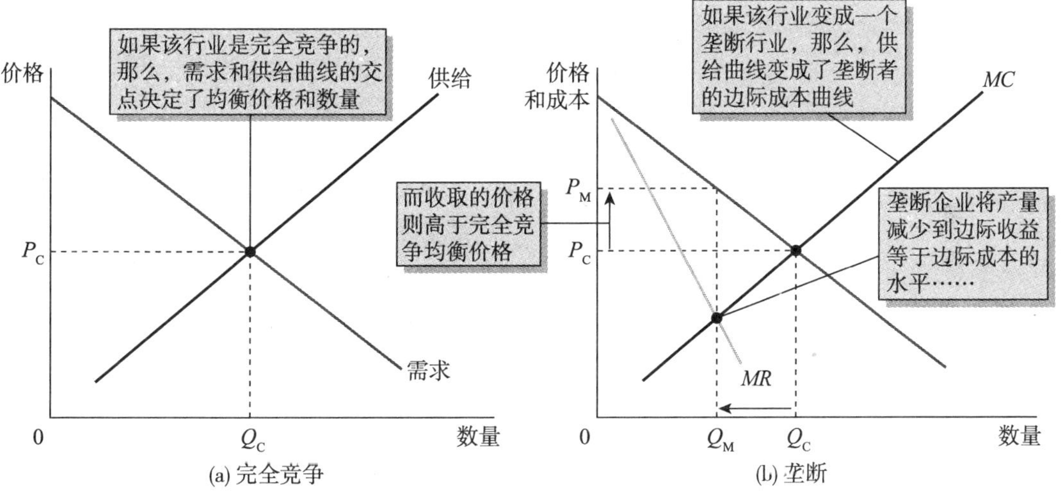

图 10.4 如果完全竞争行业变成垄断行业会发生什么变化？

图（a）中，平板电脑市场是完全竞争的，价格和数量由需求曲线和供给曲线的交点决定。图（b）中，完全竞争的平板电脑行业变成了垄断行业。结果：

1. 行业供给曲线变成了垄断者的边际成本曲线。
2. 垄断者将产出减少到边际收益等于边际成本的水平，即 *MR*。
3. 垄断者将价格从 P_C 提高到 P_M。

□ 10.4.2 衡量垄断造成的效率损失

图 10.5 利用图 10.4（b）说明了垄断如何影响消费者、生产者以及经济效率。记得第 4 章讲过，消费者剩余衡量了消费者从购买一种商品或服务中收到的净效益。我们用需求曲线以下和市场价格以上的区域衡量消费者剩余。价格越高，消费者剩余就越小。由于垄断者提高了市场价格，所以它减少了消费者剩余。在图 10.5 中，消费者剩余的损失等于矩形 A 加上三角形 B。记得第 4 章还讲过，生产者剩余衡量了生产者从销售一种商品或服务中收到的净效益。我们用供给曲线以上和市场价格以下的区域衡量生产者剩余。垄断引起的价格上升使生产者剩余增加了等于矩形 A 的数量，减少了等于三角形 C 的数量。由于矩形 A 大于三角形 C，所以我们知道，与完全竞争相比，垄断增加了生产者剩余。

经济剩余等于消费者剩余与生产者剩余之和。通过提高价格和降低产量，垄断者使经济剩余减少了等于三角形 B 和 C 之和的数量。经济剩余的这一减少被称为无谓损失，它代表了垄断造成的经济效率损失。

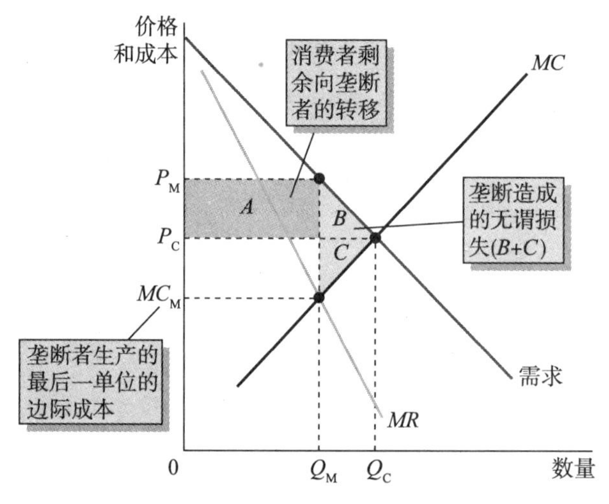

图 10.5　垄断的无效率

行业为完全竞争时价格为 P_C，产量为 Q_C。与之相比，垄断者收取了更高的价格 P_M，产量 Q_M 却更低。更高的价格使消费者剩余减少了等于矩形 A 加上三角形 B 的数量。减少的消费者剩余的一部分（A）变成了垄断者的生产者剩余，另一部分（B）变成了无谓损失。总的无谓损失等于三角形 B 和 C 之和。

理解垄断为何会导致经济效率损失的最佳方法是回忆在完全竞争市场中价格等于边际成本。结果，只要完全竞争市场中的消费者愿意支付等于商品的边际生产成本的价格，他就总是能够买到商品。正如图 10.5 所示，在垄断者生产的产量处，价格高于边际成本。尽管消费者为某些单位的商品愿意支付的价格超过边际生产成本，但消费者却买不到这些单位的商品。为什么垄断者不生产额外的这些产出呢？那是因为垄断者限制产出从而推高价格时的利润更高。垄断者生产了利润最大化的产出水平但却未能生产出从社会角度看有效的产出水平。

我们可以把垄断的影响总结如下：

1. 垄断造成了消费者剩余的减少。

2. 垄断造成了生产者剩余的增加。

3. 垄断造成了无谓损失，它代表着经济效率的降低。

□ 10.4.3 垄断造成的效率损失有多大？

我们知道，垄断企业的数量相对很少，因此，垄断造成的经济效率损失一定也小。但是，许多企业有**市场势力**（market power），即企业收取高于边际成本的价格的能力。我们刚刚完成的分析显示，只要企业有市场势力，能够收取高于边际成本的价格，那么，哪怕企业不是垄断者，经济效率损失也会出现。唯一一种没有市场势力的企业类型是完全竞争市场中的企业，这种企业必须收取等于边际成本的价格。由于完全竞争的市场很少，因此，几乎每种商品或服务都有一些经济效率损失。

由于市场势力造成的总经济效率损失是大还是小？通过估计每个行业的无谓损失三角形（如图 10.5 所示）的大小来用货币度量经济效率损失是可能的。第一个这么做的经济学家是芝加哥大学的阿诺德·哈伯格（Arnold Harberger）。他的估计——在很大程度上被后来的研究人员证实了——表明，美国经济中由市场势力造成的总经济效率损失很小。根据他的估计，如果经济中每个行业都是完全竞争的，从而每个市场中的价格等于边际成本，那么，经济效率的增加量还不到美国生产总值的 1%，大约为人均 480 美元。

经济效率损失这么小的主要原因是真正的垄断企业很罕见。在大多数行业中，与垄断的情况相比，竞争使价格保持在很接近边际成本的水平。价格越接近边际成本，无谓损失的规模就越小。

□ 10.4.4 市场势力和技术变革

有些经济学家提出了经济可能实际上受惠于拥有市场势力的企业。这种观点与奥地利经济学家、曾在哈佛任教多年的经济学教授约瑟夫·熊彼特（Joseph Schumpeter）最有关联。熊彼特认为，经济过程取决于以新产品形式出现的技术变革。例如，汽车代替马车、冰箱代替冰盒、电子计算机代替机械计算器等都代表着大幅提高生活水平的技术变革。按照熊彼特的观点，新产品引发了“创造性破坏”的风潮，这股风潮促使旧产品——常常还有生产旧产品的企业——退出市场。熊彼特并不担心拥有市场势力的企业会比完全竞争企业收取更高的价格：

> 重要的不是那种［价格］竞争，而是来自新商品、新技术、新供给来源、新组织类型……的竞争，拥有决定性的成本或质量优势的竞争，这种竞争打击的不是现有企业的利润和产出边际，而是它们的根基和生命。

支持熊彼特的观点的经济学家认为，新产品的引入要求企业投资于研发。企业通过从投资者或银行借款来筹集所需资金当然是有可能的。但是，投资者和银行通常对尚未通过市场中消费者认可测试的新产品的想法持怀疑态度。结果，企业常常只能依赖自己的利润来为引入新产品所需的研发筹集资金。由于拥有市场势力的企业比完全竞争企业更有可能赚取经济利润，所以，它们也更有可能进行研发从而引入新产品。根据这种观点，拥有市场势力的企业收取的更高的价格相对于社会从这些企业引入市场的新产品得到的效益而言是无关紧要的。

有些经济学家不同意熊彼特的观点。这些经济学家提到了由更小规模的企业开发的新产品的数量，包括史蒂夫·乔布斯和斯蒂文·沃兹尼亚克在乔布斯的车库里发明了第一代苹果电脑，拉里·佩奇（Larry Page）和谢尔盖·布林（Sergey Brin）在斯坦福大学读研究生的时候发明了谷歌搜索引擎。正如我们在下一节将要看到的，政府的政策制定者仍在继续纠缠于具有市场势力的大企业总体来说对经济是好还是坏这一问题。

10.5 针对垄断的政府政策

由于垄断减少了消费者剩余和降低了经济效率，大多数政府都制定了管制垄断企业行为的政策。不是垄断者的企业有激励通过合谋来避免竞争。**合谋**（collusion）是指企业间达成的收取相同价格或者以其他方式不相互竞争的协议。在美国，反托拉斯法就是为了防止垄断和合谋而制定的。政府还对自然垄断的企业进行管制，其方式是对这些企业收取的价格进行控制。

□ 10.5.1 反托拉斯法及其实施

在美国，第一部重要的管制垄断的法律是《谢尔曼法案》（Sherman Act），国会于1890年通过了这部法律，目的是为了促进竞争和防止垄断的形成。《谢尔曼法案》的第一节禁止"托拉斯或其他形式的任何合同、联合或者限制贸易的密谋"。第二节规定，"任何垄断、或试图垄断、或与其他人或团体联合或密谋垄断任何贸易或商业的人都将被认为犯有重罪"。

《谢尔曼法案》的矛头指向了20世纪70年代和80年代几个行业中联合在一起形成"托拉斯"的企业。托拉斯中的企业是独立经营的，但是，选举的控制权交给了一个理事会。理事会执行这些企业关于收取同一价格和不抢夺彼此的客户的合谋协议。最臭名昭著的托拉斯是由约翰·D·洛克菲勒创建的标准石油托拉斯。在《谢尔曼法案》通过后，托拉斯消失了，但是，**反托拉斯法**（antitrust laws）这个术语流传了下来，用来指代旨在消除企业间的合谋和促进竞争的法律。

《谢尔曼法案》禁止托拉斯和合谋协议，但是它也有漏洞。例如，两家或更多家企业合并成一家新的、更大规模的、有很大的市场势力的企业是否合法，《谢尔曼法案》对此没有做出清晰的规定。最高法院的一系列判决对《谢尔曼法案》做了狭义的解释，结果在20世纪之交出现了兼并潮。其中的一例是美国钢铁公司，这家公司是由几十家较小规模的公司形成的，美国钢铁公司是由J.P.摩根创建的，它是美国第一家产值达到10亿美元的公司，控制了美国2/3的钢铁生产。对于没有公然合谋的商业惯例是否非法，《谢尔曼法案》也没有做出清晰的说明。

为了解决《谢尔曼法案》的漏洞，国会于1914年通过了《克莱顿法案》（Clayton Act）和《联邦贸易委员会法案》(Federal Trade Commission Act)。《克莱顿法案》规定，如果某一兼并的效果是"大幅削弱了竞争或者倾向于形成垄断"，那么，这样的兼并是非法的。《联邦贸易委员会法案》设立了联邦贸易委员会（FTC），该委员会被赋予了监督不公平的商业惯例的权力。FTC对采用包括欺骗性广告在内的许多种商业惯例的企业提起了诉讼。在设立 FTC 时，国会还赋予了该委员会监督兼并的权力。现在，美国司法部反托拉斯局和 FTC 都对兼并政策负责。表 10.1 列出了最重要的美国反托拉斯法律以及各部法律的目的。

表 10.1　　重要的美国反托拉斯法律

法律	颁布年份	目的
《谢尔曼法案》	1890	禁止“对贸易的限制”，包括限定价格和合谋，还禁止垄断。
《克莱顿法案》	1914	禁止企业购买竞争对手的股票和派人到竞争对手的董事会担任董事。
《联邦贸易委员会法案》	1914	设立联邦贸易委员会来帮助执行反托拉斯法律。
《罗宾逊-帕特曼法案》	1936	禁止企业向不同的买者收取不同的价格，如果这样做会减少竞争的话。
《塞勒-卡弗维尔法案》	1950	通过禁止会减少竞争的兼并，加强对兼并的限制。

□ 10.5.2　兼并：市场势力和效率之间的权衡

联邦政府知道，如果企业通过兼并获得了市场势力，那么，它们可能利用这些市场势力去提高价格和降低产量，因此，联邦政府对企业兼并进行管制。结果，政府最关注的是**横向兼并**（horizontal merger），即同一行业内企业之间的兼并。横向兼并比**纵向兼并**（vertical merger）——某一商品不同生产阶段的企业之间的兼并（如生产个人电脑的公司和生产电脑硬盘的公司之间的兼并）——更有可能增加市场势力。

有两个因素可能使横向兼并的管制复杂化。第一，企业所处的“市场”并非总是清楚的。例如，如果好时食品公司（Hershey Foods）想和玛氏食品公司（Mars，Inc.，公司生产 M&M 巧克力、士力架和其他糖果）合并，那么，相关的市场是什么？如果政府只看糖果市场，合并形成的新公司的市场份额将超过 70%，这一市场份额很高，政府很可能会反对这一兼并。但是，如果政府看一下范围更宽的零食市场呢？在这个市场中，好时和玛氏两家公司与薯片、饼干和花生等产品的生产者，可能甚至还有新鲜水果的生产者进行竞争。当然，如果政府看一下范围非常宽的食品市场，那么，好时和玛氏两家公司的市场份额都很小，就没有反对这两家公司兼并的理由。在实践中，政府对相关市场的定义基于拟合并企业所生产的产品是否有相近的替代品。在这个例子中，薯片和提到的其他饼干食品不是糖果的相近替代品。因此，政府把糖果市场看作是相关的市场，并且以新企业将会有太多的市场势力为由反对这一兼并。

使兼并政策复杂化的第二个因素是兼并后的新企业可能比兼并前的企业单独经营更有效率。例如，一家企业可能拥有很优秀的产品但把产品送达消费者手中的分销体系却很糟糕。一家竞争对手可能建立了很好的分销体系但产品却较差。允许这两家企业合并或许对这两家企业和消费者都有好处。或者，两家相互竞争的企业可能都有庞大的仓储体系但只使用了一半的仓储能力，如果这两家企业合并，那么，它们就能整合仓库，大幅降低平均成本。

受到司法部和 FTC 审查的大多数兼并都是大企业之间的兼并。但是，为了简单起见，让我们考虑这样一个例子：某一完全竞争行业中的所有企业想合并成一家垄断企业。正如我们在图 10.5 看到的，作为这一兼并的结果，价格将上升，产量将下降，导致消费者剩余和经济效率下降。但是，如果合并后规模更大的企业实际上比原来规模更小的企业更有效又会如何呢？图 10.6 显示了一种可能的结果。

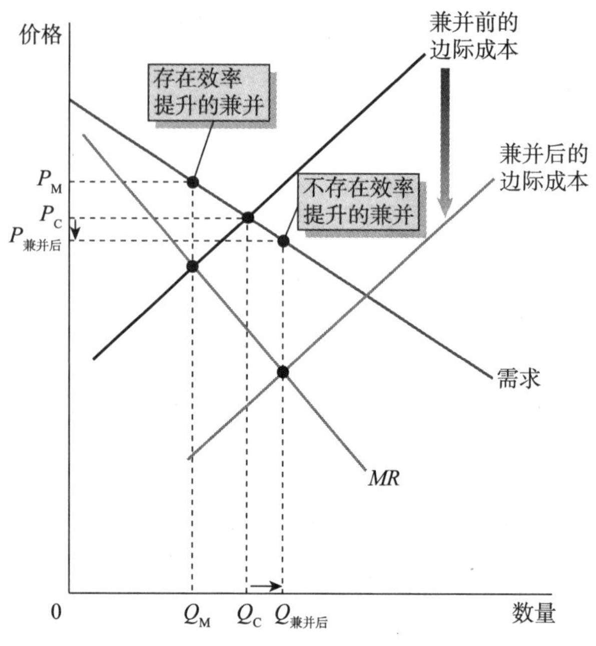

图 10.6　使消费者境况改善的兼并

该图显示了某一完全竞争行业合并成一家垄断企业的结果。如果兼并不影响成本，那么，结果与图 10.5 所示相同：价格从 P_C上升到 P_M，产量从 Q_C下降到 Q_M，消费者剩余减少，出现了经济效率损失。但是，如果兼并后的垄断企业的成本低于兼并前的完全竞争企业的成本，边际成本曲线发生图中所示的移动，那么，如下的情况就有可能出现：兼并后，价格从 P_C下降到 $P_{兼并后}$，产量从 Q_C上升到 $Q_{兼并后}$。

如果兼并不影响成本，那么，我们得到与图 10.5 所示相同的结果：价格从 P_C上升到 P_M，产量从 Q_C下降到 Q_M，消费者剩余减少，出现了经济效率损失。但是，如果兼并后的垄断企业的成本低于完全竞争企业，那么，就有可能出现价格下降和产量增加的情况。在图 10.6 中，注意兼并后边际收益曲线和边际成本曲线在哪里相交——这是新的利润最大化产量 $Q_{兼并后}$。需求曲线表明，垄断者可以以 $P_{兼并后}$ 的价格卖出这一数量。因此，兼并后，价格从 P_C下降到 $P_{兼并后}$，产量从 Q_C上升到 $Q_{兼并后}$。我们得到了如下看起来相悖的结果：尽管兼并后的新企业有很大的市场势力，但是，由于它更有效率，消费者的境况改善了，经济效率提高了。当然，有时候兼并后的企业更有效率和有着更低的成本，但别的时候并非如此。即使兼并后的企业更有效率和有着更低的成本，这也有可能不够抵消企业市场势力的增强，从而不会增加消费者剩余和经济效率。

正如你也许预期到的那样，无论大企业什么时候提出兼并的计划，它们都声称兼并后的新企业会更有效率和有着更低的成本。它们意识到，如果不这么说，司法部和 FTC 以及法院系统就不大可能批准它们所提议的兼并。

□ 10.5.3　司法部和 FTC 的兼并准则

《谢尔曼法案》于 1890 年通过后的许多年里，司法部的律师贯彻执行了反托拉斯法。

律师们极少考虑经济方面的理由，例如，如果兼并后经济效率显著提高，那么消费者的境况在兼并后变得更好。这一情况在 1965 年得到了改变，这一年唐纳德·特纳（Donald Turner）成为了司法部反托拉斯局局长，他是首位担任这一职务的经济学家和经济学博士。在特纳和他的继任者的领导下，经济分析对反托拉斯政策产生了影响。1973 年，反托拉斯局经济科成立，这个科的职员均为经济学家，他们负责评估企业之间拟进行的兼并的经济后果。

1982 年，司法部和 FTC 制定了兼并准则，经济学家在这一过程中起到了很重要的作用。兼并准则使那些正在考虑兼并的企业更容易判断政府可能允许还是反对拟进行的兼并。兼并准则于 2010 年进行了修改，它包括三个主要部分：

1. 市场定义。
2. 集中度的衡量。
3. 兼并标准。

市场定义。

一个市场由所有生产被消费者认为是接近替代品的产品的企业组成。我们可以通过考察价格上升的影响来确定接近替代品。如果我们对某个市场的定义过于狭窄，那么，由于消费者转而购买相近的替代品，价格上升将导致企业遭受销售量和利润的明显下降。

确定拟进行的兼并所涉及的相关市场首先从行业的狭义定义开始。对于本章前面讨论过的好时和玛氏公司的（假想的）兼并，我们或许会从糖果行业开始。如果糖果行业中所有企业的价格上升 5%，那么，它们的利润会增加还是减少？如果利润会增加，那么，相关市场就定义成只由这些企业组成。如果利润会下降，那么，我们会尝试一个更广义的定义，例如，把薯片和其他零食包括进去。如果更广义定义的市场中所有企业的价格上升 5%，它们的利润会增加吗？如果利润增加，那么，相关市场就确定出来了。如果利润下降，我们就考虑一个更广义的定义。这一过程一直持续到相关市场被确定出来为止。

集中度的衡量。

如果一个市场中相对少的企业占有了总销售量的一个很大的份额，那么，我们说这个市场是集中的。已经高度集中的市场中企业之间的合并很可能增加市场势力。而一个集中度很低的行业中企业之间的合并不大可能增加市场势力，因而可以被忽略。兼并准则利用**赫芬达尔-赫希曼指数**（Herfindahl-Hirschman index，HHI）来衡量集中度，HHI 的计算方法是将行业中每家企业的市场份额平方后相加。下面是一些例子：

- 1 家企业，占有 100%的市场份额：$HHI=100^2=10\ 000$。
- 2 家企业，各占有 50%的市场份额：$HHI=50^2+50^2=5\ 000$。
- 4 家企业，各自的市场份额分别为 30%、30%、20%和 20%：$HHI=30^2+30^2+20^2+20^2=2\ 600$。
- 10 家企业，各占有 10%的市场份额：$HHI=10\times10^2=1\ 000$。

兼并标准。

司法部和 FTC 利用计算得到的市场 HHI 指数，根据如下标准来评估拟进行的横向兼并：

- 兼并后的 HHI 低于 1 500 点。这些市场集中度低，因此兼并不会受到挑战。
- 兼并后的 HHI 介于 1 500 点～2 500 点之间。这些市场集中度为中等。使 HHI

值提高不到 100 点的兼并不会受到挑战，使 HHI 值提高超过 100 点的兼可能会受到挑战。

● 兼并后的 HHI 高于 2 500 点。这些市场高度集中。使 HHI 值提高不到 100 点的兼并不会受到挑战，使 HHI 值提高介于 100 点～200 点之间的兼并可能会受到挑战，使 HHI 值提高超过 200 点的兼并极可能会受到挑战。

经济效率的改进会被考虑进来，这样一来，在不考虑经济效率改进的情况下原本会被反对的兼并现在就有可能得到批准，但是，证明效率改进的责任落在了拟兼并企业的头上：

> 拟兼并企业必须证明它们所声称的效率改进，以便［司法部和 FTC］能够用合理的方式证实所宣称的每一项效率改进的可能性及其规模……如果所声称的效率改进是模糊不清的、猜测性的或者无法通过合理的方式证实，那么，这样的效率改进不会被考虑。

建立联系

AT&T 和 T-Mobile 之间的兼并本来应该被允许吗?

2011 年初，AT&T（美国电话电报公司）同意以 390 亿美元的价格从 T-Mobile 的母公司德国电信（Deutsche Telekom）买下 T-Mobile。AT&T 是美国第二大移动运营商。（2011 年，Verizon Wireless 是最大的移动运营商，第三大的移动运营商是 Sprint Nextel。）正如我们已经看到的，两家大企业之间的兼并可以通过如下两种主要方式增加合并后企业的利润：(1) 增加市场势力从而可以提高价格，(2) 通过提高效率从而降低成本。联邦政府可能认为第一种动机违反了反托拉斯法，因此通常企业都会强调第二种动机。AT&T 认为，合并后的公司（将成为美国最大的移动运营商）能够以比两家公司单独运营情况下更低的成本运营。例如，这两家公司有 9 200 家零售店，但是，41%的 AT&T 的商店附近 1 英里以内就有 1 家或多家 T-Mobile 的商店。关闭数以百计的这些商店会降低合并后公司的成本。合并后的公司还能节约其他的成本，例如，可以减少技术和客户支持人员。AT&T 估计，兼并带来的成本节约达每年 30 亿美元。原则上，这些成本节约可能导致如图 10.6 所示情况的出现，即消费者受益于这一兼并。

AT&T 所提议的合并是一项会显著增加移动运营行业集中度的横向兼并，因此，公司需要强调成本节约和效率改进。事实上，在花了几个月研究这一拟进行的兼并后，司法部反托拉斯局向法院提出了停止这项兼并的诉讼。政府认为，评判这项兼并的相关市场是移动服务市场，原因是它们认为传统的座机电话“不被移动通信的消费者认为是合理的替代品”。结果，政府估计，所有移动运营商同时提高价格将会增加这些公司的利润。在全国市场，这一兼并将使 HHI 值增加将近 700 点，从约 2 400 点增加到约3 100点。如果只看企业和政府购买的移动服务的市场，那么，HHI 值将从约 3 100 点增加到约 3 400点。在所有 40 个最大的城市，这项兼并将使 HHI 值增加 200 点以上。按照前面讨论的兼并准则，HHI 的这些增加使得这项兼并受到挑战。

尽管 HHI 的这些增加存在，但是，

如果政府接受 AT&T 的观点:“这项兼并将会提高效率,进而导致成本下降”,那么,政府或许本不会反对这项兼并。政府的兼并准则规定,政府将考虑“通过防止相关市场中的价格上升,效率的提高是否足以逆转兼并损害相关市场中消费者的潜力”。然而,反托拉斯局的经济学家拒绝了 AT&T 的观点:“成本节约将抵消兼并后企业市场势力的增加”。政府的结论是:“如果这一收购不被禁止,那么,由于兼并后企业投资的激励减少,移动通信服务的客户很可能将面临更高的价格、更少的产品多样性和产品创新以及更糟糕的质量服务。”

AT&T 兼并 T-Mobile 的尝试成为了一个经典的反托拉斯案例,在这个经典案例中,兼并所涉及的企业认为兼并将提高经济效率,但政府则认为效率的提高不足以抵消兼并导致的价格竞争的减少。

资料来源:Thomas Catan and Spencer E. Ante,“U. S. Sues to Stop AT&T Deal”, *Wall Street Journal*, September 1, 2011; Anton Troianovski,“T-Mobile Dealers Start to Hang Up”, *Wall Street Journal*, June 23, 2011; Andrew Ross Sorkin, Michael J. De La Merced, and Jenna Wortham,“AT&T to Buy T-Mobile USA for $39 Billion”, *New York Times*, March 20, 2011; and *United States v. AT&T Inc., T-Mobile USA, Inc., and Deutsche Telekom AG*。

轮到你了:做本章末与本专栏相关的问题与应用 5.15,看看你理解得如何。

□ 10.5.4 管制自然垄断

如果一家企业属于自然垄断,那么,来自其他企业的竞争就不能起到通常那种促使价格为使该企业的经济利润为零的作用。结果,地方或州政府的管制委员会通常为自然垄断企业(如销售天然气或电的企业)设定产品价格。这些委员会应该把价格设定在什么水平?回忆第 9 章*讲到,经济效率要求最后一单位商品或服务给消费者带来的额外效益等于其生产的额外成本。我们可以用价格来衡量消费者从最后一单位收到的额外效益,用边际成本来衡量垄断者生产最后一单位的额外成本。因此,为了实现经济效率,管制者应该要求垄断者收取的价格等于其边际成本。但是,这么做有一个重要的缺陷,正如图 10.7 所说明的那样,该图显示了一家典型的受管制自然垄断企业的情况。

记住,对于自然垄断的情形,平均总成本曲线在与需求曲线相交时仍在下降。如果不受管制,自然垄断企业将收取的价格为 P_M,生产的产量为 Q_M。为了实现经济效率,管制者就会要求垄断者将价格定为 P_E。于是垄断者生产的产量将为 Q_E。但是,这里有一个缺陷:P_E低于平均总成本,因此垄断者将遭受如图中阴影矩形区域所示的亏损。在长期,垄断企业的所有者在遭受亏损的条件下不会继续经营。意识到了这一点,大多数政府管制者会将受管制的价格设定为 P_R,即需求曲线与平均总成本(ATC)曲线的交点处的平均总成本。在这样的价格水平,垄断企业的所有者生产的产量为 Q_R,正好能够实现收支相抵。但是,Q_R低于有效率的产量 Q_E。

---

* 原书为第 8 章,但应为第 9 章。——译者注

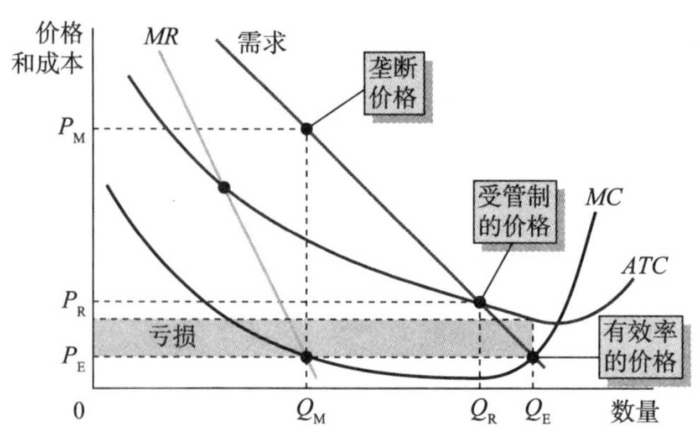

图 10.7　对自然垄断企业的管制

没有受到政府管制的自然垄断企业将收取的价格为 P_M，生产的产量为 Q_M。如果政府管制者要想实现经济效率，它们就会将受管制的价格设定为等于 P_E，垄断者生产的产量为 Q_E。不幸的是，P_E低于平均成本，垄断者将遭受如图中阴影矩形区域所示的亏损。由于垄断者在遭受亏损的条件下在长期不会继续生产，因此，政府管制者将价格设定为等于平均成本，即图中的 P_R。结果，垄断者的产量为 Q_R，低于有效率的水平。

接第 326 页

生活中的经济学☞

为什么我不能观看 NFL 有线电视频道?

在本章一开头，我们要求你思考为什么有些有线电视系统不包括 NFL 有线电视频道。你或许认为有线电视系统想在电视上播放这一全美最受欢迎的体育活动。在大多数城市，有线电视系统的客户不能转到竞争对手的有线电视系统，因此，在许多地区，有线电视系统可能是许多电视节目的唯一来源。（尽管有些消费者可以转而使用卫星电视。）结果，有线电视系统可以通过很多方法增加它的利润，例如，不在正常的频道套餐中提供 NFL 有线电视频道这样受欢迎的节目而要求消费者升级到更加昂贵的数字电视。

10.6　结论

企业之间的竞争越激烈，市场运行得就越好。在本章中我们看到，与完全竞争相比，垄断市场中商品或服务的价格更高、产出更低、消费者剩余和经济效率都下降。幸运的是，真正的垄断企业是很少的。即使大部分企业在能够收取高于边际成本的价格这一点上有着垄断企业的特征，但大多数市场的竞争都足以使市场势力导致的效率损失保持在较低的水平。

我们已经看到，进入壁垒是市场势力的重要来源。阅读接下来的“业内观察”，该专栏讨论了 Verizon 进入纽约州北部的有线电视市场与时代华纳有线电视公司竞争。

业内观察　有线电视垄断的终结？

TIMESUNION.COM

《有线电视竞争加剧》

Verizon 公司正在斯卡奈塔第（Schenectady）县紧锣密鼓地推出其 FiOS 电视服务，以与时代华纳有线电视公司竞争。

Scotia 村是第一个与 Verizon 公司这家纽约市电信巨头达成有线电视特许经营协议的地方政府。

现在，斯卡奈塔第县有望成为在所有将要推出 FiOS 电视服务的地区中的第一个大城市。

斯卡奈塔第市议会将于周一就这一计划举行公开听证会，并可能在当晚的会议上批准 Verizon 有线电视特许经营。这一特许经营经纽约州公共服务委员会批准后，Verizon 将能够在斯卡奈塔第县开始销售有线电视及其 FiOS 互联网和电话服务，这些服务目前只在首都地区的某些地方销售。

a　“竞争是好事”，斯卡奈塔第县议会主席 Chuck Steiner 如是说。“Verizon 公司选择了斯卡奈塔第县这一事实对我们社区是一件好事。它提供了另一种选择。”

时代华纳事实上垄断了有线电视服务，在大多数情况下，它是唯一一家在地方政府拥有有线电视特许经营权的公司。

b　但几年前，Verizon 公司为了与东北地区的本地有线电视公司竞争，开始建设其 FiOS 网络。它一直在缓慢地在全州各地就特许经营权进行谈判，这个过程是艰苦且成本高昂的，因为这样的协议通常要求 Verizon 在几年之内建成能够覆盖某个镇或城市的大部分居民的有线电视系统。

Verizon 还瞄准了 Albany 县——尽管不是 Albany 市，并且从 Bethlehem 镇和 Colonie 村获得了特许经营协议。

Guilderland 镇和 Colonie 镇也列入了计划。Guilderland 镇理事会将于周二就 Verizon 的计划举行公开听证会。

Guilderland 镇镇长 Ken Runion 说，这场听证会原计划本月早些时候举行，但最近的暴风雪阻碍了必要的法律告示的及时发布。

Verizon 公司的发言人 John Bonomo 说，与 Colonie 镇的讨论取得了很大的进展，镇理事会预计将在下月讨论 FiOS。

Bonomo 说，Bethlehem 和 Scotia 这些已经获得州公共服务委员会批准的地方应该在 3 月底之前就能看到 FiOS 电视。但是，Guilderland 和斯卡奈塔第这样的地方有可能要等到春季末州公共服务委员会批准特许经营后才能获得电视服务。

c　Verizon 公司还没有公布 FiOS 电视的价格，也没有公布它的电视、互联网和家庭电话等三种产品捆绑销售的价格。但是，Verizon 公司在其网站上所做的广告说它的这三种产品捆绑销售的价格不到每月 85 美元，低于时代华纳目前向新客户收取的价格（每月 99 美元）。

资料来源：“Cable fight heats up：Verizon pushed FiOS service in Schenectady to compete with Time Warner Cable”，*Times Union*，February 24，2011.

文章要点

直到 2011 年，时代华纳有线电视公司实际上垄断了纽约州北部的有线电视服务，独家拥有该地区大部分地方政府的有线电视特许经营权。Verizon 公司在过去几年里一直在东北部建设其 FiOS 光纤网络，同时在全纽约州与各地方政府谈判特许经营协议。尽管该公司还没有公开规定其提供的服务的价格，但是，Verizon 的网站列出了电视、互联网和家庭电话捆绑销售的价格，这一价格低于时代华纳收取的价格。

新闻分析

a 按照进度，纽约州北部第一个开通 Verizon 电视服务的大城市是斯卡奈塔第。斯卡奈塔第县议会的主席 Chuck Steiner 对此表示欢迎。Steiner 认为拥有时代华纳有线电视服务以外的选择对社区有好处。有了州公共服务委员会对特许经营权的批准，Verizon 预计在整个 2011 年继续在该地区扩张业务。

b 进入有线电视市场的过程既费时又耗钱。除了需要各个社区和公共服务委员会批准特许经营权，特许经营协议通常还要求 Verizon 公司安装光纤连接，使其能够覆盖它要提供服务的每个社区的大部分居民。一家公司为提供这些服务需要花的时间和费用是重要的进入壁垒，这有助于解释为什么在有线电视服务市场中运营的公司这么少。

c Verizon 的网站列出了电视、互联网和家庭电话等三种产品捆绑销售的价格——每月 85 美元。这比时代华纳目前向新客户收取的价格（每月 99 美元）低了 14 美元。正如我们在本章所学到的，进入壁垒使得垄断企业能够保留它赚取的利润，但是，当竞争对手能够进入市场时，我们预计原来的垄断企业的利润会下降。下图说明了如果进入导致市场变成完全竞争会发生什么变化。为了简单起见，我们假设提供有线电视服务的边际成本为常数，因此边际成本曲线是一条水平的直线。注意，新的企业进入后，产出从 Q_M 上升到 Q_C，价格从 P_M 下降到 P_C。你还可以看到，消费者剩余从区域 $A+E$ 增加到 $A+E+B+C+D$，市场中原来的无谓损失（区域 D）变成了消费者剩余。原来的垄断利润（区域 $B+C$）被重新分配给消费者，也变成了消费者剩余。经济利润下降到零，消费者因支付的价格下降而获益。与图中所示的例子不同，纽约州北部实际的有线电视服务市场并没有随着 Verizon 的进入而变成完全竞争市场。但是，消费者仍然从中获益了，这是因为 Verizon 提供了新的、价格更低的选择而且时代华纳有可能会对这一低价进行匹配，消费者因而收到了更多的消费者剩余。

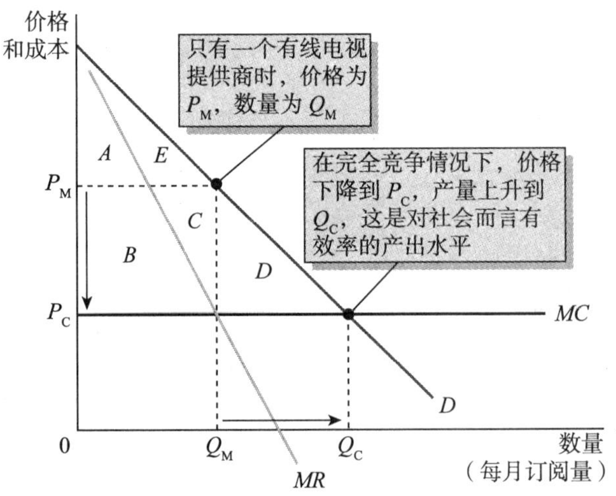

深入思考

1. 有些城市要求有线电视企业支付特许经营费才能提供有线电视服务。企业为了成为某一有线电视市场的唯一提供商愿意支付的特许经营费最高为多少？

2. 纽约州北部的有线电视市场中新企业的进入多到足以使该市场变成一个完全竞争市场（就像图中假设的那样）从而使价格下降到 P_C 吗？

本章总结和习题

关键术语

反托拉斯法	横向兼并	自然垄断	公共特许经营权
合谋	市场势力	网络外部性	纵向兼并
版权	垄断	专利	

10.1 真的有垄断企业吗？

总结

垄断是作为没有很接近的替代品的某种商品或服务的唯一卖者的企业，它只在很罕见的情况下存在。有些经济学家使用了一个狭义的垄断定义：如果一家企业能够忽略所有其他企业的行动，那么这家企业就是垄断者。许多经济学家偏爱使用一个更广义的垄断定义：如果不存在出售足够接近的替代品的其他企业，从而企业的经济利润在长期也不会消除，那么，这样的企业就是垄断企业。

复习题

1.1 什么是垄断？如果某企业的产品存在接近的替代品，它可能是一家垄断企业吗？

1.2 如果你拥有小镇上唯一一家五金店，你是垄断者吗？

1.3 对游戏垄断者来说，这个名字好吗？这个游戏的哪些方面涉及垄断？请利用垄断的定义简要解释。

问题与应用

1.4 众所周知，伟大的棒球运动员柯布（Ty Cobb）很节俭。他死前不久，一个访问他的记者吃惊地发现柯布家照明用的是蜡烛而非电。柯布会认为本地电力公司是一个垄断者吗？

1.5 ［与开篇案例有关］有些评论家说，尽管没有其他有线电视公司进入地方有线电视市场，但是，过去几年发生的变化已经削弱了地方有线电视公司的垄断势力。这些变化是指哪些变化？这些“垄断”企业还有垄断势力吗？

1.6 存在没有替代品的产品吗？只有生产这样的产品的企业才可能是垄断企业吗？请简要解释。

1.7 ［与10.1节中的“建立联系”专栏有关］一篇标题为《谷歌说自己的规模实际上很小》的新闻文章说道：

> 谷歌在搜索广告业务这一行业中占有70%以上的收益份额。但谷歌拒绝关于它处于这一行业的说法。相反，该公司说，它与所有的广告进行竞争，包括报纸、电台和高速公路广告牌在内。

为什么谷歌关心人们认为它的规模大还是小？高速公路广告牌实际上与谷歌形成竞争了吗？请简要解释。

资料来源：Jeff Horwitz, “Google Says It's Actually Quite Small”, *Washington Post*, June 7, 2009。

1.8 ［与10.1节中的“建立联系”专栏有关］为什么Yahoo! Bing等搜索引擎能否获得Youtube网站上的内容对谷歌在互联网搜索引擎市场是否具有垄断地位这个问题很重要？

10.2 垄断来自何处？

总结

要想处于垄断地位，进入该市场的壁垒必须高到其他企业不能进入的程度。由于以下四个主要原因，进入壁垒可能高到足以阻止竞争企业进入的程度：(1) 政府通过授予专利（从专利在政府归档日起20年内生产一种产品的排他性权利）或版权（生产和销售一项创作的排他性权利）或授予一家企业公共特许经营权（成为某种商品或服务的唯一合法提供商的权利），阻止一家以上的企业进入某市场；(2) 某企业控制了生产某种商品所需的关键资源；(3) 商品或服务的供给存在重要的网络外部性；(4) 规模经济足够大，以致一家企业成为自然垄断者。网络外部性是指一种产品的有用性随使用该产品的消费者数量增加而增加这样一种状况。自然垄断是指规模经济如此之大以致由一家企业来供给整个市场比由两家或更多家企业来供给整个市场的平均总成本更低这样一种状况。

复习题

2.1　企业成为垄断者的四种最重要的方式有哪些？

2.2　如果专利减少了竞争，那么，联邦政府为什么要颁发专利？

2.3　什么是公共特许经营权？所有的公共特许经营权都是自然垄断吗？

2.4　自然垄断为什么是"自然"形成的？

问题与应用

2.5　由于美国联邦政府阻止其他企业进入特快专递市场，所以美国邮政是一个垄断者。美国邮政也是一个自然垄断者吗？对此作出判断的依据是什么？如果禁止该市场中的竞争的法律被废除，那会发生什么？

2.6　专利的期限是20年，但是制药企业研发的新药获得联邦食品和药物管理局的批准需要花几年时间，因此，对它们来说，专利保护的垄断势力远没有20年那么长。药品专利的期限应该延长为获得联邦食品和药物管理局的批准后的20年吗？这么延长专利期限的成本和效益分别是什么？

2.7　就像新产品或生产产品的新方法受到政府的专利保护一样，图书、文章和论文受到版权保护。根据美国法律，除非作者卖掉版权（大多数作者都把版权卖给了出版商），否则，作者在有生之年拥有自己的作品的版权，他们的继承人在作者死后70年内保留版权。历史学家 Thomas Macaulay 曾经将版权法描述成"为了给作者奖金而强加给读者的税收"。在何种意义上，版权法的存在相当于向读者征税？版权法给了作者什么"奖金"？讨论倘若政府废除版权法是否对读者有利。

资料来源：Thomas Mallon, *Stolen Words: The Classic Book on Plagiarism*, [Boston: Houghton Mifflin Harcourt, 2001 (original ed. 1989),] p.59。

2.8　如果企业开发新技术和新产品不需要成本，那么还需要专利吗？请简要解释。

2.9　德国公司 Koenig & Bauer 在全世界的印钞机市场占有90%的份额。讨论使新公司难以进入这个市场的因素。

2.10　[与10.2节中第1个"建立联系"专栏有关] 如果 Ecke 一家曾经为种植一品红的方法申请了专利，他们家的境况是否会好一些？请简要解释。

2.11　[与10.2节中第2个"建立联系"专栏有关] 为什么戴比尔斯公司担心人们可能会转售旧钻石？该公司用什么办法尝试说服消费者相信用过的钻石不是新钻石的好替代品？该公司的战略对新钻石的需求曲线产生了什么影响？戴比尔斯的战略对它的利润产生了什么影响？

2.12　[与例题10.2有关] 假定某产品价格为35美元时每天的需求量为90。下表显示了该市场一家垄断企业的成本：

数量（每天）	总成本（美元）
30	1 200
40	1 400
50	2 250
60	3 000

简要解释这家企业在该市场上是否为自然垄断。

□ 10.3　垄断企业如何选择价格和产出？

总结

垄断企业面临着向下倾斜的需求曲线和边际收益曲线。与其他企业一样，垄断企业通过在边际收益等于边际成本处生产来最大化利润。与完全竞争企业不同，赚取经济利润的垄断企业不会面临新企业进入该市场。因此，垄断企业甚至在长期也能赚取经济利润。

复习题

3.1　垄断企业的需求曲线和市场需求曲线之间的关系是什么？垄断企业的需求曲线和它的边际

收益曲线之间的关系是什么？

3.2 在何种意义上垄断者是价格设定者？

3.3 画图表示一家垄断企业正在赚取利润。图中要包括垄断企业的需求、边际收益、平均总成本和边际成本曲线，并标明利润最大化的产出水平和价格。

问题与应用

3.4 ［与例题 10.3 有关］Ed Scahill 获得了棒球生产的垄断地位（不要问怎么获得的），他面临着下表所示的需求和成本状况：

价格（美元）	数量（每周）	总收益（美元）	边际收益（美元）	总成本（美元）	边际成本（美元）
20	15 000		330 000		
19	20 000		365 000		
18	25 000		405 000		
17	30 000		450 000		
16	35 000		500 000		
15	40 000		555 000		

a. 填充表中空白的各列。

b. 如果 Scahill 要最大化利润，他应该收取什么价格？应该销售多少个棒球？将赚取多少利润（或亏损）？画图说明你的答案。图形中应该包括并清楚地标出 Scahill 的需求、*ATC*、*AVC*、*AFC*、*MC* 和 *MR* 曲线，他收取的价格和生产的产量，以及代表其利润（或亏损）的区域。

c. 假定政府对棒球生产每月征税 50 000 美元。现在，Scahill 应该收取什么价格？销售多少个棒球？将赚取多少利润（或亏损）？

d. 假定政府将对棒球生产的每月征税额提高到 70 000 美元。现在，Scahill 应该收取什么价格？销售多少个棒球？将赚取多少利润（或亏损）？他关于收取什么价格和生产多少产量的决策在长期和在短期有区别吗？请简要解释。

3.5 ［与例题 10.3 有关］利用例题 10.3 中的信息回答如下问题：

a. 如果税收为每月 40 美元而不是 25 美元，Comcast 会怎么做？（提示：它的决策在长期和在短期有区别吗？）*

b. 假定每月的税收数额不再固定，而是按每个有线电视订阅者 2 美元向 Comcast 征税。现在，如果 Comcast 要最大化利润，它应该收取什么价格？每月销售的有线电视订阅量应该是多少？将赚取多少利润？（假设 Comcast 销售的有线电视订阅量仅限于表格中所列的数量。）

3.6 在廉价的袖珍计算器出现之前，许多理科生和工科生使用计算尺来做数值计算。计算尺现在已经不再生产了，这意味着没有什么可以阻止你成为计算尺市场的垄断者。画一幅图形说明你的计算尺企业所处的情形。图形中要包括你的需求、边际收益、平均总成本和边际成本曲线，并标明你将收取的价格和生产的产量。你可能赚取利润还是遭受亏损？在图形中标出代表你的利润或亏损的区域。

3.7 垄断企业有供给曲线吗？请简要解释。（提示：复习一下第 3 章给出的供给曲线的定义，思考它对垄断企业是否适用。）

3.8 ［与 10.3 节中的“不要犯这样的错误！”专栏有关］一个学生说：“如果垄断企业发现了以更低的成本生产某种商品的方法，那么它不会降低价格。由于它是一个垄断者，它会保持价格和产量不变，从而仅仅增加了利润。”你同意他的说法吗？用一幅图形说明你的答案。

3.9 当住宅建筑商建造新小区时，它们通常把铺设电缆的权利卖给唯一一家有线电视公司。结果，业主不能选择其他有线电视公司提供的服务。有些城市开始禁止这样的排他性协议。宾夕法尼亚的 Williams 镇决定允许任何有线电视公司在新小区的公用设施坑道铺设电缆。该镇的政务委员会主席说：“我想看到和想做的是把选择权留给消费者。如果没有选择，那么，有线电视的价格就会任由有线电视提供商决定。”在一个小区的消费者只有 1 家有线电视公司可以选择时，价格真的是任由该公司决定吗？比如说，公司会对基本有线电视服务每月收取 500 美元吗？请简要解释。

资料来源：Sam Kennedy，“Williams Township May Ban Exclusive Cable Provider Pacts”，（*Allentown*，*Pennsylvania*）*Morning Call*，November 5，2004。

3.10 实现了利润最大化的垄断企业也最大化

* 原书第 338 页的这个题目有问题。例题 10.3 中税收为每月 25 美元，但此题原书 a 中提到的是 2.5 美元。我在翻译时已将三处数字进行了更改。作者很可能是在这一版本更改了例题 10.3 中的数字，但课后题没有作相应修改。——译者注

了收益吗？也最大化了产量吗？请简要解释。

□ 10.4 垄断降低了经济效率吗？

总结

与完全竞争行业相比，垄断者收取的价格更高、生产的产量更少，这减少了消费者剩余、降低了经济效率。只要企业有市场势力，能够收取高于边际成本的价格，那么，经济效率损失就会出现。但是，美国经济中由市场势力造成的总经济效率损失很小，这是因为真正的垄断企业很罕见。在大多数行业中，与垄断的情况相比，竞争使价格保持在很接近边际成本的水平。

复习题

4.1 假定一个完全竞争行业变成了一个垄断行业。描述这一变化对消费者剩余、生产者剩余和无谓损失的影响。

4.2 解释为什么市场势力导致了无谓损失。市场势力引起的总无谓损失对经济来说是大还是小？

问题与应用

4.3 回顾关于垄断的无效率的图 10.5。垄断造成的无谓损失在需求有弹性时更大还是缺乏弹性时更大？请简要解释。

4.4 经济学家哈维·莱宾斯坦（Harvey Leibenstein）认为，非完全竞争行业中的经济效率损失被低估了。他认为，当竞争较弱时，企业采用新技术或控制成本的压力较小。他把这种效应称为"X 非效率"。如果 X 非效率引起企业的边际成本上升，说明图 10.5 所示的无谓损失低估了垄断引起的真实无谓损失。

4.5 大多数城市拥有为家庭和企业提供自来水的自来水系统。有些城市每月收取固定的费用，而另一些城市则按用水量收费。哪种定价方法更有可能实现自来水市场中的经济效率？在答案中参考第 4 章给出的经济效率的定义。你认为为什么并非所有城市都用同一种定价方法？

4.6 回顾第 4 章给出的外部性的定义。如果一个市场是垄断市场，那么，生产中的负外部性会总是导致产量高于具有经济效率的水平吗？用图形说明你的答案。

□ 10.5 针对垄断的政府政策

总结

由于垄断减少了消费者剩余和降低了经济效率，大多数政府都对垄断企业进行管制。不是垄断者的企业有激励通过合谋（即同意收取相同价格或者以其他方式不相互竞争）来避免竞争。在美国，反托拉斯法的目的就是阻止合谋、消除垄断和促进企业间的竞争。美国司法部反托拉斯局和联邦贸易委员会共同对反托拉斯法律的实施负责，其中包括管制企业间的兼并。横向兼并是指同一行业内企业之间的兼并。纵向兼并是指某一商品不同生产阶段的企业之间的兼并。地方政府还对自然垄断企业收取的价格进行管制。

复习题

5.1 反托拉斯法的目标是什么？谁负责这些法律的实施？

5.2 横向兼并与纵向兼并有什么区别？哪种类型的兼并更有可能增加合并后企业的市场势力？

5.3 为什么要求自然垄断企业收取的价格等于边际成本是经济上有效率的？为什么大多数管制机构要求自然垄断企业收取的价格等于平均成本而不是边际成本？

问题与应用

5.4 利用下面关于垄断企业的图形回答如下问题：

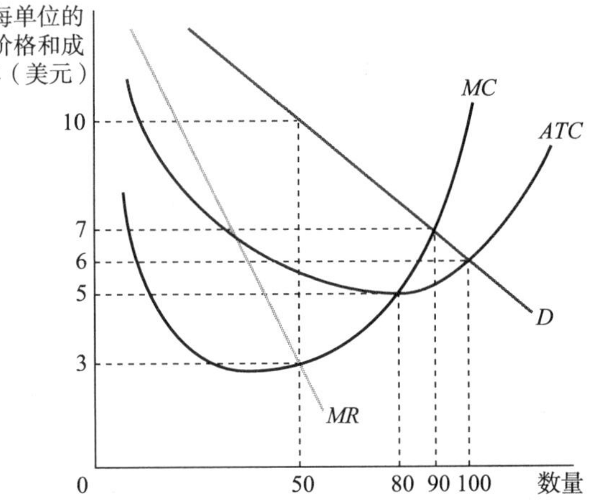

a. 该垄断企业将生产多少产量？收取什么价格？

b. 假定该垄断企业受到了管制。如果管制机构要想实现经济效率，它应该要求该垄断企业收取什么价格？该垄断企业在这一价格下将生产多少产出？如果它收取这一价格，该垄断企业会赚取利润吗？请简要解释。

5.5 利用下面关于垄断企业的图形回答如下问题：

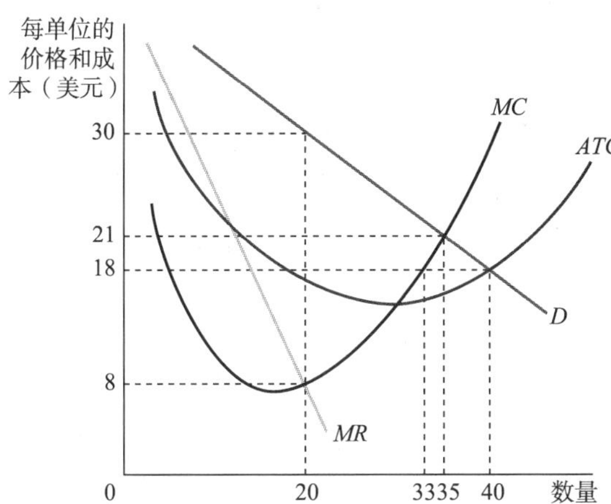

a. 该垄断企业将生产多少产量？收取什么价格？

b. 假定政府决定管制该垄断企业，设定了价格上限18美元（换句话说，该垄断企业收取的价格可以低于18美元，但不能高于18美元）。现在，该垄断企业将生产多少产量？收取什么价格？愿意支付这一价格的每个消费者都能买到该产品吗？请简要解释。

5.6 考虑如图10.7所示的自然垄断。假设政府的管制机构设定的受管制价格为P_R，即需求曲线与ATC曲线的交点处的平均总成本。如果该企业知道它总是能收取等于平均总成本的价格，它会有激励降低平均成本吗？请简要解释。

5.7 画一幅表示兼并后成本下降的类似图10.6的图形。在图形中表示出兼并前与兼并后的生产者剩余和消费者剩余。

5.8 下面的电话记录是1982年美国航空公司首席执行官Robert Crandall和布兰尼夫（Braniff）航空公司首席执行官Howard Putnam之间的通话。尽管Crandall不知道，但Putnam录下了这次通话：

> Crandall：我们拼个你死我活但谁都赚不到钱，我觉得对此无动于衷是很愚蠢的。
>
> Putnam：你有什么建议吗？
>
> Crandall：嗯，我有一个建议。你把票价涨20%。明天早上我也提价。
>
> Putnam：Robert，我们……
>
> Crandall：你会赚更多钱，我也是。
>
> Putnam：我们不能谈论定价。
>
> Crandall：哦，Howard。我们可以谈论我们想谈的任何东西。
>
> Crandall和Putnam两人中谁对反托拉斯法的理解更透彻？请简要解释。

资料来源：Mark Potts，“American Airlines Charged with Seeking a Monopoly”，*Washington Post*，February 24，1983；“Blunt Talk on the Phone”，*New York Times*，February 24，1983；and Thomas Petzinger，Jr.，*Hard Landing：The Epic Contest for Power and Profits that Plunged the Airline Industry into Chaos*（New York：Random House，1995），pp. 149-150。

5.9 在Sirius卫星广播公司与XM卫星广播公司于2008年合并前，它们是仅有的两家卫星广播公司。在宣布不会反对这项兼并时，司法部说：“调查获得的证据不支持定义一个仅有这两家卫星广播企业组成的市场。”它认为，这两家企业还和“包括传统的AM/FM广播、HD广播、MP3播放器（如iPod）以及通过无线电话传送的音频产品等其他音频娱乐来源”竞争。为什么定义这两家企业所在市场的规模对司法部判断是否反对这项兼并很重要？

资料来源：Department of Justice，“Statement of the Department of Justice's Antitrust Division on Its Decision to Close Its Investigation of XM Satellite Radio Holdings Inc.'s Merger with Sirius Satellite Radio Inc.”，March 24，2008。

5.10 参见10.5.3节“司法部和FTC的兼并准则”。评估如下状况：

a. 某市场起初有20家企业，每家的市场份额为5%。现在其中4家准备合并，这样该行业中的企业数变成17家。司法部和FTC很可能反对这项兼并吗？请简要解释。

b. 某市场起初有5家企业，每家的市场份额为20%。现在其中2家准备合并，这样该行业中的企业数变成4家。司法部和FTC很可能反对这项兼并吗？请简要解释。

5.11 达美航空公司于2008年10月完成了对西北航空公司的收购。合并后的新公司是全世界最大的航空公司。下面有关该项兼并的陈述来自司法部的新闻稿：

> 在经过历时6个月的彻底调查后，根据调查期间反托拉斯局从广泛的市场参与者——包括这两家公司、其他航空公司、公司客户和旅行社——那里获得的大量信息，反托拉斯局得到的结论是：达美和西北航空公司之间拟进行的合并有可能产生大量的和可靠的效率改进（这将使美国消费者获益），而且这项兼并不大可能大幅削弱竞争。

司法部所说的“大量的和可靠的效率改进”是指

什么？美国消费者会如何从中获益？为什么两家大型航空公司之间的合并“不大可能大幅削弱竞争”？

资料来源：Andrew Ross Sorkin，“Regulators Approve Delta-Northwest Merger”，*New York Times*，October 30，2008；and Department of Justice，“Statement of the Department of Justice's Antitrust Division on Its Decision to Close Its Investigation of the Merger of Delta Air Lines Inc. and Northwest Airlines Corporation ”，October 29，2008。

5.12 下表显示了 2010 年最后 3 个月美国个人电脑市场中的公司的市场份额。美国个人电脑（PC）市场包括台式机、便携式 PC（如迷你笔记本），但不包括媒体平板电脑（如 iPad）。

公司	市场份额（%）
惠普	29
戴尔	22
宏碁	11
东芝	10
苹果	10
其他	18

利用 10.5.3 节“司法部和 FTC 的兼并准则”中的信息预测司法部和 FTC 有没有可能反对表中所列 5 家公司中任何两家之间的兼并？假设表格中的“其他”由 6 家公司组成，每家公司的市场份额约为 3%。

资料来源：市场份额数据来自 Gartner，Inc.，www.gartner.com。

5.13 下表显示了 2008 年美国碳酸软饮料行业中的公司的市场份额。

公司	市场份额（%）
可口可乐	42
百事可乐	30
Dr. Pepper Snapple	16
其他	12

利用 10.5.3 节“司法部和 FTC 的兼并准则”中的信息预测司法部和 FTC 有没有可能反对表中所列三家公司中任何两家之间的兼并？你的答案取决于表格中的“其他”所包括的公司数量吗？

资料来源：Andrew Ross Sorkin，“Dr. Pepper Snapple Bows to Lukewarm Reception”，*New York Times*，May 8，2008。

5.14 根据芝加哥大学的奥斯坦·古尔斯比（Austan Goolsbee）在《纽约时报》上的一篇专栏文章，法国国民议会批准了一项法案：

> 这项法案要求苹果电脑公司公开它的 iTunes 音乐店的软件代码，让音乐文件能够在 iPod 以外的播放器播放。……如果法国公布这些代码，那么，苹果公司就没有多少理由改进 iTunes 了。

a. 为什么如果苹果的软件代码不再是秘密后它不再想改进 iTunes 了？

b. 为什么法国政府认为要求苹果公司公开代码是个好主意？

资料来源：Austan Goolsbee，“In iTunes War，France Has Met the Enemy. Perhaps It Is France”，*New York Times*，April 27，2006。

5.15 ［与 10.5 节中的“建立联系”专栏有关］美国司法部说，它很严肃地研究了 AT&T 和 T-Mobile 在兼并计划中描述的好处。但是，司法部得出的结论是：AT&T 没有证明这笔交易“有望产生的效率改进足以抵消这笔交易对竞争和消费者的重大的不利影响”。拟进行的兼并可能产生哪种类型的效率改进？这一兼并对竞争和消费者可能有什么不利影响？

资料来源：Grant Gross，“Justice Department Wants AT&T，T-Mobile Merger Blocked”，*PCWorld.com*，August 31，2011。

第 11 章

垄断竞争和寡头

本章概览和学习目标

11.1 垄断竞争市场中企业的需求和边际收益

解释为什么垄断竞争企业有着向下倾斜的需求和边际收益曲线。

11.2 垄断竞争企业在短期如何最大化利润？

解释垄断竞争企业在短期如何最大化利润。

11.3 在长期，利润会发生什么变化？

分析垄断竞争企业在长期的情况。

11.4 比较垄断竞争和完全竞争

比较垄断竞争和完全竞争的效率。

11.5 寡头和进入壁垒

说明进入壁垒如何解释了寡头的存在性。

11.6 利用博弈论分析寡头

利用博弈论分析寡头企业的战略。

开篇案例

星巴克：通过产品差异化实现增长的局限

1971年，企业家戈登·波克（Gordon Bowker）、杰拉德·鲍德温（Gerald Baldwin）和杰夫·西格（Zev Siegl）在华盛顿的西雅图市开了第一家星巴克店。10年后，现任CEO霍华德·舒尔茨（Howard Schultz）加入了星巴克公司。舒尔茨意识到，许多消费者想要一个咖啡馆让他们能够坐着、放松、阅读、聊天和喝到比小饭店或油炸面圈店通常提供的咖啡质量更高的咖啡。设计能够提供这种体验的星巴克咖啡馆是他成功的关键。但是，其他咖啡馆效仿星巴克的做法并不困难。

到2009年，激烈的竞争和疲弱的经济导致星巴克关闭了数以百计的咖啡馆并降低价格以消除其给消费者留下的"4美元咖啡之家"的印象。2010年星巴克再次开始盈利，部分原因是其海外市场的扩张。舒尔茨意识到，他的公司面临着保持相对竞争对手的领先和满足客户这一持续不断的挑战："我觉得这对提醒我们成功可能是转瞬即逝的非常重要。"

在第9章，我们讨论了完全竞争市场中企业的情况。在这些市场中，存在许多销售相同产品的企业，不存在新企业进入的壁垒。

星巴克所处的市场有许多咖啡馆，进入市场的壁垒很低。但是，星巴克和它的竞争者销售的产品是有差异的而非相同的。因此，咖啡馆市场是垄断竞争的而非完全竞争的。

有些市场只有几个企业相互竞争，因此这样的企业更加偏离完全竞争。例如，在折扣百货商店市场占主导地位的就只有几家企业，包括沃尔玛和塔吉特（Target）。只有几家企业的行业是一个寡头。在寡头中，企业的盈利能力关键取决于它和其他企业的相互作用。

本章末的"业内观察"描述了星巴克如何收购了一家果汁生产商以进军咖啡生意以外的领域。

资料来源：Claire Cain Miller, "A Changed Starbucks. A Changed C. E. O. ", *New York Times*, March 12, 2011。

生活中的经济学

开一家自己的餐馆

毕业后，你计划实现开一家自己的意大利餐馆的梦想。你在经营餐馆的过程中要做出许多选择。餐馆是"家庭风格"的——家具结实而不昂贵，有小孩（且爱喧哗）的家庭会感觉舒服，还是更加优雅一些——有着漂亮的家具、桌布和蜡烛？你会提供全套菜单还是只集中供应使用你祖母的秘密调味汁做的通心粉？这些选择和你做的其他选择将把你的餐馆和竞争者的区分开来。在你开业之后，你家乡的餐馆市场可能发生什么变化？你可能取得多大的成功？在阅读本章的过程中，看看你是否能够回答这些问题。对照我们在本章末尾提供的答案，你可以检验你的答案。

美国经济中的许多市场与咖啡馆市场类似：有许多的买者和卖者，进入壁垒低，但是，供销售的商品和服务是有差异的而非相同的。这些市场的例子包括消费类电子产品商店、餐馆、影院、超市、男装女装等。事实上，你光顾的大部分企业都是在**垄断竞争**（monopolistically competitive）市场竞争。

在第9章，我们看到完全竞争如何造福了消费者和产生经济效率。这些合意的结果在垄断竞争市场也同样成立吗？由于垄断竞争市场很常见，因此这个问题非常重要。

在本章，我们还将学习**寡头**（oligopoly）——少数相互依存的企业相互竞争这样的市场结构。我们用来分析寡头企业之间竞争的方法被称为博弈论。博弈论可以被用于分析群体或个人相互作用的任何情况。对经济分析来说，博弈论是对每家企业的利润取决于它与其他企业的相互作用这样的行业中企业决策的研究。博弈论已经被用于分析核战争、国际贸易谈判、政治竞选以及许多其他例子中的战略。在本章中，我们把注意力放在博弈论如何用于分析大企业的商业战略上。

11.1 垄断竞争市场中企业的需求和边际收益

如果离你家一英里远的星巴克咖啡馆把拿铁咖啡的价格从3美元提高到3.25美元，那么，它会失去部分但不是全部顾客。有些顾客会转而在另一家咖啡馆购买咖啡，但其他顾客出于各种不同的原因愿意支付提高后的价格：这家咖啡馆可能离他们更近，或者相对于其他咖啡馆的类似咖啡，他们更喜欢星巴克的拿铁咖啡。由于价格的变化影响拿铁咖啡的销售量，星巴克店将面临向下倾斜的需求曲线而不是像生产小麦的农民那样面临水平的需求曲线。

□ 11.1.1 垄断竞争企业的需求曲线曲线

图11.1显示了价格的变化如何影响星巴克销售的拿铁咖啡的数量。价格从3美元提高到3.25美元使拿铁咖啡的销售量从每周3 000杯减少到2 400杯。

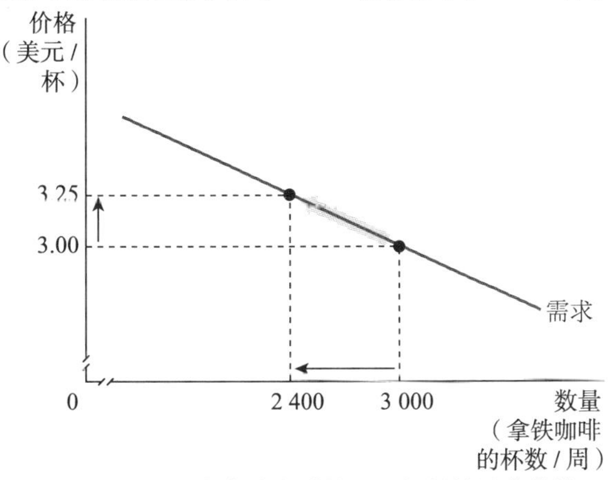

图11.1 星巴克拿铁咖啡的向下倾斜的需求曲线

如果星巴克咖啡馆提高拿铁咖啡的价格，那么，它会失去部分但不是全部顾客。在这个例子中，把价格从3美元提高到3.25美元使拿铁咖啡的销售量从3 000杯减少到2 400杯。因此，与完全竞争企业不同，星巴克咖啡馆面临向下倾斜的需求曲线。

□ 11.1.2 具有向下倾斜的需求曲线的企业的边际收益

回忆第 9 章讲过，对完全竞争市场中的企业来说，需求曲线和边际收益曲线相同。完全竞争企业面临水平的需求曲线，不必为了销售更多数量而削价。相反，垄断竞争企业必须削价才能卖出更多，因此，它的边际收益曲线向下倾斜，位于其需求曲线下方。

表 11.1 中的数据说明了这一点。为了简单起见，假设你本地的星巴克咖啡馆很小，每周最多卖 10 杯拿铁咖啡。如果星巴克定价 6 美元或更高，所有潜在顾客都会去别的地方买咖啡。如果定价 5.5 美元，它每周将卖出 1 杯咖啡。星巴克每降价 0.5 美元，它每周将多销售 1 杯拿铁咖啡。表格的第 3 列说明了该企业的总收益如何随着它销售的拿铁咖啡的增加而变化。第 4 列说明了该企业的单位收益，即平均收益。平均收益等于总收益除以数量。由于总收益等于价格乘以数量，所以除以数量之后就等于价格。因此，平均收益总是等于价格。这一结果对我们在第 9 章中讨论的四种市场结构中的任何一种市场结构中的企业都成立。

最后一列显示了该企业的边际收益，即企业多销售 1 杯拿铁咖啡时总收益的变化量。对于完全竞争企业来说，从多销售 1 个单位得到的额外收益就等于价格。对于星巴克却不是这样，原因是它为了多卖 1 杯拿铁咖啡就必须降价。当该企业削价 0.5 美元时，一件好事和一件坏事同时发生：

- 好事情。它多卖了 1 杯拿铁咖啡；我们称之为产出效应。
- 坏事情。对于本可以以更高价格卖出的每杯咖啡，它少卖了 0.5 美元；我们称之为价格效应。

表 11.1　　星巴克的需求和边际收益

每周销售的拿铁咖啡（Q）	价格（P，美元）	总收益（$TR=P\times Q$，美元）	平均收益（$AR=TR/Q$，美元）	边际收益（$MR=\Delta TR/\Delta Q$，美元）
0	6.00	0.00	—	—
1	5.50	5.50	5.50	5.50
2	5.00	10.00	5.00	4.50
3	4.50	13.50	4.50	3.50
4	4.00	16.00	4.00	2.50
5	3.50	17.50	3.50	4.50
6	3.00	18.00	3.00	0.50
7	2.50	17.50	2.50	−0.50
8	2.00	16.00	2.00	−1.50
9	1.50	13.50	1.50	−2.50
10	1.00	10.00	1.00	−3.50

图 11.2 说明了当星巴克把价格从 3.5 美元降到 3 美元时会发生什么。卖出第 6 杯拿铁咖啡一方面使企业的收益增加了 3 美元，这是产出效应。但是，现在星巴克销售的前 5 杯咖啡的售价是 3 美元而非 3.5 美元，这是价格效应。价格效应的结果是，星巴克从这 5 杯拿铁咖啡上获得的收益比不降价时少了 2.5 美元。因此，星巴克在第 6 杯拿铁咖啡上增加了 3 美元的收益但在前 5 杯上损失了 2.5 美元的收益，收益的净变化是 0.5 美元。边际收益是企业多销售 1 单位引起的总收益的变化。因此，第 6 杯拿铁咖啡的边际收益是 0.5 美元。注意，第

6 杯咖啡的边际收益远远低于其价格（3 美元）。事实上，对星巴克多卖出的每杯拿铁咖啡来说，边际收益都将小于价格。有一个重要的一般性结论：有能力影响所销售的商品或服务的价格的每家企业的边际收益曲线都在其需求曲线下方。只有在完全竞争市场中的企业，由于它们可以在市场价格水平销售任意多单位，它们的边际收益曲线与需求曲线相同。

图 11.3 表示了本地星巴克店的需求曲线和边际收益曲线之间的关系。注意，在第 6 杯咖啡之后，边际收益变成负数。边际收益之所以为负，原因是多销售 1 杯拿铁咖啡得到的额外收益小于由于本可以以更高价格卖出的拿铁咖啡现在以更低的价格出售所导致的收益损失。

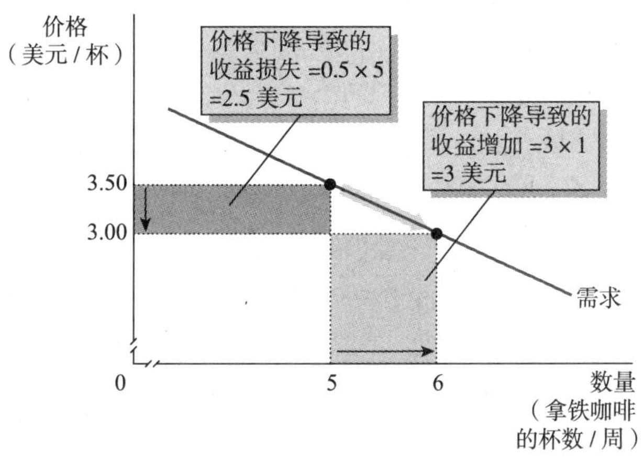

图 11.2　降价如何影响企业的收益

如果本地的星巴克咖啡馆把价格从 3.5 美元降到 3 美元，那么，它每周卖出的拿铁咖啡的数量将从 5 杯增加到 6 杯。它从卖出第 6 杯拿铁咖啡得到的边际收益将为 0.5 美元，即多卖出 1 杯拿铁咖啡得到的额外 3 美元（浅灰色阴影区域的面积）减去前 5 杯每杯价格下降 0.5 美元引起的 2.5 美元的损失（深灰色阴影区域的面积）。

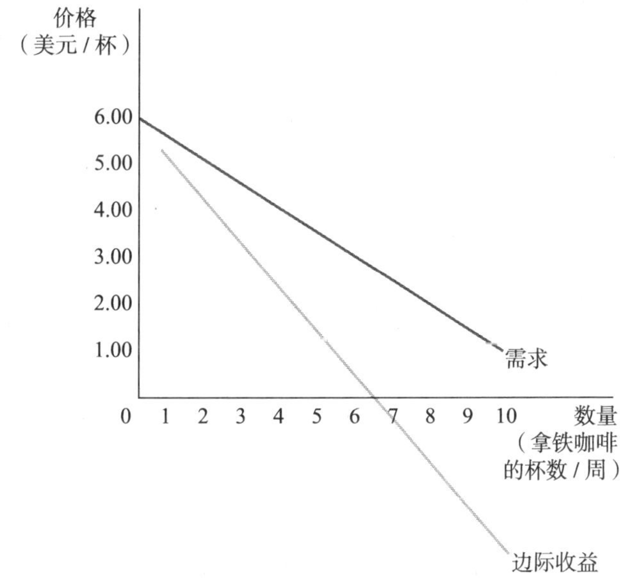

图 11.3　垄断竞争企业的需求曲线和边际收益曲线

任何有能力影响所销售产品的价格的企业的边际收益曲线都在其需求曲线下方。我们根据表 11.1 中的数据画出了需求曲线和边际收益曲线。在第 6 杯咖啡之后，边际收益变成负数，原因是多销售 1 杯拿铁咖啡得到的额外收益小于由于本可以以更高价格卖出的拿铁咖啡现在以更低的价格出售所导致的收益损失。

11.2 垄断竞争企业在短期如何最大化利润？

所有企业都用相同的方法去最大化利润：它们生产的产量使得边际收益等于边际成本。对于本地的星巴克店来说，这意味着销售的拿铁咖啡的数量满足如下条件：所销售的最后一杯给企业增加的收益和成本一样多。为了开始讨论垄断竞争企业如何最大化利润，让我们考虑本地星巴克店在短期面临的情况。回忆第 8 章讲过，在短期，至少一种生产要素是固定的，新企业没有足够的时间进入这个市场。星巴克店有许多成本，包括购买拿铁咖啡和其他咖啡所需原料的成本、它所用的电费以及雇员的工资。回忆企业的边际成本是多生产 1 单位产出引起的总成本的增加量。我们已经看到，许多企业的边际成本曲线具有 U 形形状。我们将假设这家星巴克店的边际成本曲线也有通常的形状。

我们把表 11.1 中的收益数据和星巴克的成本数据汇总在图 11.4 的表格中。图 11.4 中的

每周销售的拿铁咖啡（Q）	价格（P，美元）	总收益（TR，美元）	边际收益（MR，美元）	总成本（TC，美元）	边际成本（MC，美元）	平均总成本（ATC，美元）	利润（美元）
0	6.00	0.00	—	5.00	—	—	−5.00
1	5.50	5.50	5.50	8.00	3.00	8.00	−2.50
2	5.00	10.00	4.50	9.50	1.50	4.75	0.50
3	4.50	13.50	3.50	10.00	0.50	3.33	3.50
4	4.00	16.00	2.50	11.00	1.00	2.75	5.00
5	3.50	17.50	1.50	12.50	1.50	2.50	5.00
6	3.00	18.00	0.50	14.50	2.00	2.42	3.50
7	2.50	17.50	−0.50	17.00	2.50	2.43	0.50
8	2.00	16.00	−1.50	20.00	3.00	2.50	−4.00
9	1.50	13.50	−2.50	23.50	3.50	2.61	−10.00
10	1.00	10.00	−3.50	27.50	4.00	2.75	−17.50

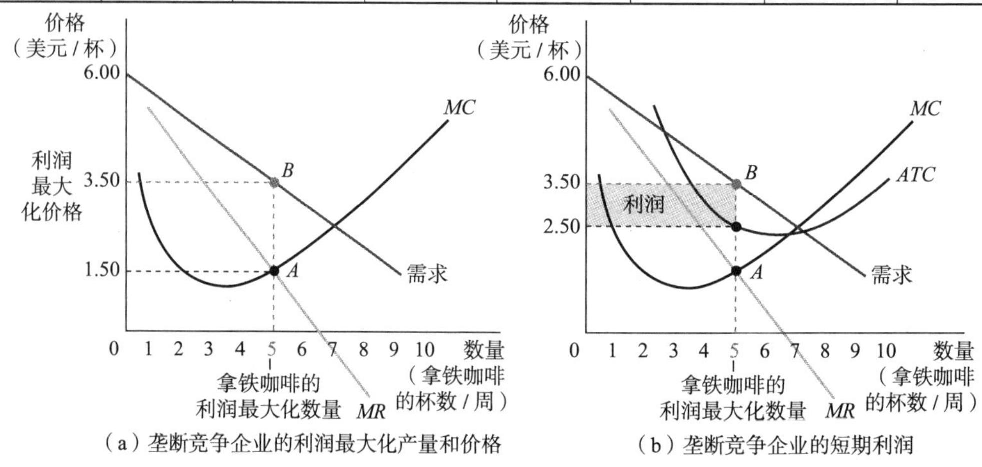

（a）垄断竞争企业的利润最大化产量和价格　　（b）垄断竞争企业的短期利润

图 11.4　垄断竞争市场中企业的利润最大化

为了最大化利润，星巴克咖啡馆销售的咖啡数量要使得最后一杯的边际收益正好等于边际成本。正如表格所示，这发生在图（a）中的 A 点，即第 5 杯咖啡处，这杯咖啡使星巴克的成本和收益都增加了 1.5 美元。然后，星巴克利用需求曲线找到导致消费者购买这一数量的拿铁咖啡的价格（B 点）。在图（b）中，阴影矩形代表了企业的利润。这个矩形的高为 1 美元，即 3.5 美元的价格与 2.5 美元的平均总成本之差，矩形的底为 5 杯拿铁咖啡。因此，该星巴克店的利润等于 1×5=5 美元。

图形是根据表中的数据绘制的。在图 11.1（a）中，我们看到星巴克如何能够确定其利润最大化的产量和价格。只要多卖 1 杯拿铁咖啡的边际成本小于边际收益，它就应该继续卖。例如，把拿铁咖啡的销售量从每周 3 杯增加到 4 杯使总成本增加了 1 美元，但总收益增加了 2.5 美元。因此，卖出第 4 杯拿铁咖啡使该企业的利润增加了 1.5 美元。

随着星巴克销售的拿铁咖啡越来越多，不断上升的边际成本最终等于边际收益，该企业销售了利润最大化的拿铁咖啡数量。在第 5 杯咖啡处——图 11.4（a）中的 *A* 点，边际成本等于边际收益，这杯咖啡使星巴克的成本和收益都增加了 1.5 美元。需求曲线告诉我们在什么价格该企业每周能够卖出 5 杯拿铁咖啡。在图 11.4 中，如果我们在数量为 5 杯拿铁咖啡的这一点画一条垂直线与需求曲线相交，我们可以发现，企业每周刚好能卖出 5 杯拿铁咖啡的价格为 3.5 美元（*B* 点）。我们可以得出结论：星巴克的利润最大化产量为 5 杯拿铁咖啡，利润最大化价格为 3.5 美元。如果该企业每周卖出 5 杯以上的拿铁咖啡，它的利润将下降。例如，卖出第 6 杯拿铁咖啡使成本增加了 2.5 美元但收益只增加了 0.5 美元。因此，利润将从 5 美元下降到 3.5 美元。

图 11.4（b）增加了星巴克的平均总成本曲线。该图显示，卖 5 杯咖啡的平均总成本为 2.5 美元。回忆第 9 章讲到，利润 $=(P-ATC)\times Q$。

在这个例子中，利润 $=(3.5-2.5)\times 5=5$ 美元。图 11.4（b）中的阴影矩形表示了利润的数量。这个矩形的底为 Q，高为 $(P-ATC)$，因此它的面积等于利润。

注意，与在 $P=MC$ 处生产的完全竞争企业不同，垄断竞争企业在 $P>MC$ 处生产。在这个例子中，尽管星巴克的边际成本为 1.5 美元，但它收取的价格为 3.5 美元。对于一个完全竞争企业来说，价格等于边际收益，$P=MR$。因此，为了满足利润最大化条件 $MR=MC$，完全竞争企业在 $P=MC$ 处生产。由于对垄断竞争企业来说有 $P>MR$（这是由于边际收益曲线在需求曲线下方），因此，在垄断竞争企业的利润最大化产量，有 $P>MC$。

例题 11.2 成本最小化就最大化了利润吗？

假定苹果公司发现了如下图所示的生产 iPhone 的平均总成本与 iPhone 产量之间的关系。如果苹果公司每月生产 800 000 部 iPhone，公司的利润最大化了吗？请简要解释。

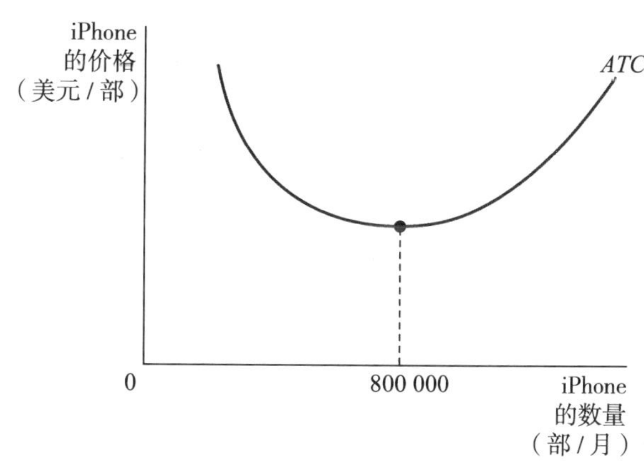

解：

第 1 步：复习本章内容。这一问题是关于垄断竞争企业如何最大化利润的，所以你可能需要复习一下 11.2 节“垄断竞争企业在短期如何最大化利润?”。

第 2 步：讨论成本最小化和利润最大化之间的关系。企业常常谈及它们为降低成本所采取的措施。该图显示，通过每月生产 800 000 部 iPhone，苹果公司将最小化其平均生产成本。但是，记住成本最小化并非企业的终极目标；企业的终极目标是最大化利润。视需求情况而定，企业最大化利润时所生产的产量可能高于也可能低于平均总成本最小时的产量。

第 3 步：画一幅图说明，在苹果公司利润最大化时的产量，平均成本没有最小化。注意，在图中，平均成本在产量为 800 000 部时达到最小，但利润在产量为 600 000 部时达到最大。

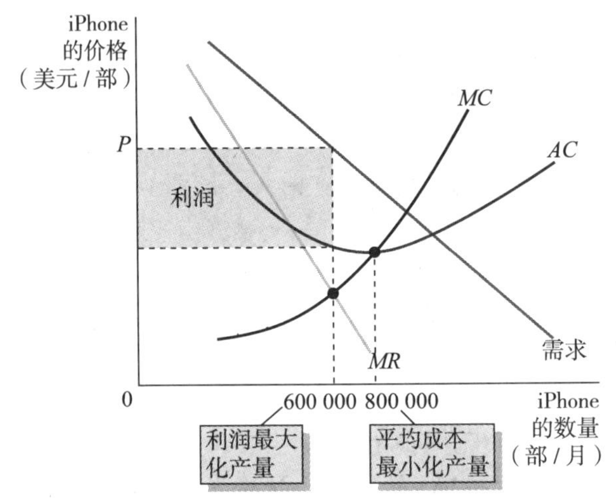

轮到你了：要想做更多的练习，请做本章末的问题与应用 2.6。

11.3 在长期，利润会发生什么变化?

记住，当企业的总收益大于所有的成本（包括企业所有者投资于企业的资金的机会成本）时，企业获得经济利润。由于成本曲线包括所有者的机会成本在内，图 11.4 所代表的星巴克咖啡馆正在赚取经济利润。这一经济利润给了企业家进入这个市场和建立新企业的激励。如果星巴克通过销售拿铁咖啡正在赚取经济利润，那么新的咖啡馆就可能在同一区域开业。

□ 11.3.1 新企业的进入如何影响现有企业的利润?

随着新的咖啡馆在本地星巴克店附近开业，星巴克店的需求曲线将向左移动。需求曲线移动的原因是，当该区域有额外的咖啡馆卖类似的咖啡时，这家星巴克店在每一价格水平能卖出的拿铁咖啡数量会减少。由于消费者可以从其他咖啡馆买咖啡，从而星巴克店在提价时会损失更多的销售量，因此，需求曲线也将变得更加富有弹性。图 11.5 显示了本地星巴克店的需求曲线随着新企业进入其市场如何移动。

在图 11.5（a）中，短期需求曲线表示了在新企业进入前拿铁咖啡的价格和星巴克每周销售的拿铁咖啡的数量之间的关系。面临这样的需求曲线，星巴克能够收取高于平均总成本的价格——由图 11.5（a）中的 *A* 点表示，并赚取利润。但是，这一利润吸引了额外的咖啡馆进入本区域，从而星巴克的拿铁咖啡的需求曲线向左移动。只要星巴克正在赚取经济利润，额外的咖啡馆就有在本区域开业的激励，星巴克面临的需求曲线就会继续向左移动。正如图 11.5（b）所示，最终，需求曲线将移动到与平均总成本曲线相切的位置。

在长期，在需求曲线与平均成本曲线相切的点，价格等于平均总成本（*B* 点），企业收支相抵，它不再赚取经济利润。在长期，需求曲线也更加富有弹性，原因是，本区域的咖啡馆越多，星巴克店在提价时损失的销售量也越多。

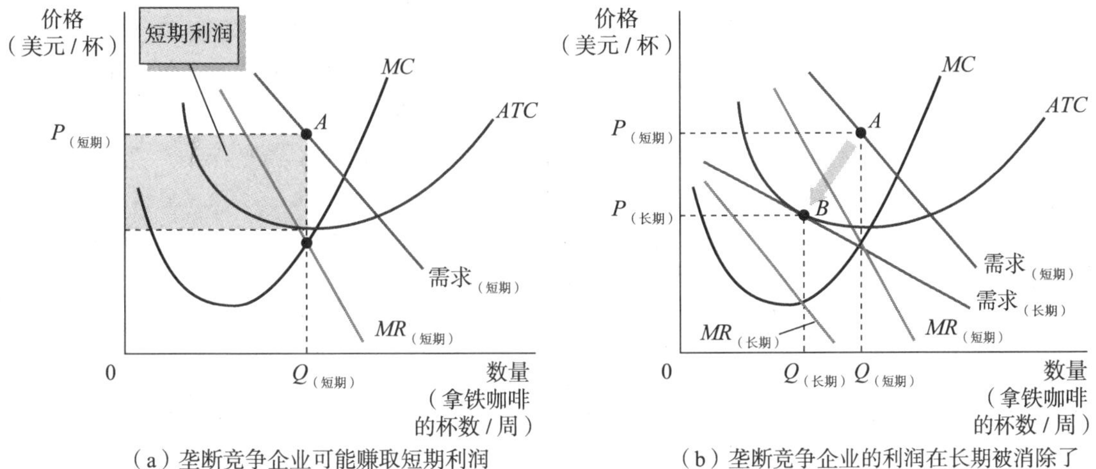

（a）垄断竞争企业可能赚取短期利润

（b）垄断竞争企业的利润在长期被消除了

图 11.5　新企业的进入如何消除利润

图（a）显示，在短期，本地星巴克店面临着标注了“短期”的需求曲线和边际收益曲线。面临这样的需求曲线，星巴克能够收取高于平均总成本的价格（*A* 点），并赚取利润（由图中阴影矩形表示）。但是，这一利润吸引了新企业进入市场，最终，星巴克店的需求曲线和边际收益曲线移动到图（b）中标注着“长期”的位置。由于现在的价格等于平均总成本（*B* 点），星巴克店收支相抵，不再赚取经济利润。

当然，垄断竞争企业在短期也可能遭受经济亏损。结果，企业的所有者将无法收回投资的机会成本。我们预期，在长期，如果企业遭受经济亏损，那么，这些企业将退出其所处的行业。如果企业退出，那么，对那些留在行业中的企业的产出的需求曲线将向右移动。这一过程将一直持续，直到行业中的代表性企业能够收取等于平均成本的价格和收支相抵为止。因此，在长期，垄断竞争企业既不会有经济利润，也不会有经济亏损。

不要犯这样的错误！

不要混淆零经济利润和零会计利润

记住，经济学家把企业所有者在企业的投资的机会成本看作成本的一部分。例如，假定你投资20万美元开一家比萨店，这些资金如果投资于其他机会——如开一家三明治店——可以获得的回报为10%。因此，将这些资金投资在你自己的生意上每年的机会成本为20万美元的10%，即2万美元。这2万美元是会计意义上的利润的一部分，你得为之缴税。但是，在经济学意义上，这2万美元是成本的一部分。在长期均衡，我们预期新企业的进入将阻止你获得超过10%的投资回报。因此，你最终会收支相抵，赚取的经济利润为零，尽管会计利润为2万美元。

轮到你了：做本章末的问题与应用3.6，看看你理解得如何。

建立联系

星巴克的沉浮

2009年春，彭博社新闻的一篇文章总结了星巴克所处的境况："在经历了红红火火的十多年后，由于销售量增长缓慢和竞争日益激烈，全国范围内的星巴克都在勉强支撑。"对垄断竞争市场中的企业来说，星巴克起初的成功和后来的勉强支撑是一个熟悉的模式。

当星巴克开始快速扩张时，CEO霍华德·舒尔茨知道许多餐馆、小饭店和油炸面圈店都卖现煮咖啡。但是，他相信，他有一个将星巴克和竞争者区分开来的战略：星巴克将提供欧式咖啡吧气氛，有着大而舒适的椅子，播放着音乐，朋友们可以在咖啡馆聊天约谈。从20世纪90年代中期到21世纪头十年的中期，这一战略成绩斐然，星巴克在世界各地开了接近17 000家店。但是，星巴克的盈利吸引了竞争者进入这个市场。其他全国性的连锁店（如卡里布咖啡（Caribou Coffee）和戴奇咖啡（Diedrich Coffee））和地区性连锁店（如邓恩兄弟咖啡（Dunn Brothers Coffee））的咖啡店也提供了类似的气氛，许多个人拥有者的咖啡馆也纷纷仿效。

此外，麦当劳和唐恩都乐（Dunkin' Donuts）开始与星巴克更直接地竞争。唐恩都乐开始建立更多有着圆形的花岗岩式咖啡酒吧的高档餐馆，在这些酒吧，"服务员当面给顾客调制饮料，并且播放着精心挑选的流行音乐。"麦当劳开始卖欧式咖啡饮料，而价格比星巴克低得多。

舒尔茨还担心，在世界各地开设成千上万的咖啡馆的过程中，星巴克给顾客提供的体验的独特性已经减弱，更容易被竞争者复制。在发送给员工的内部通知中，他写道：

> 过去十年里，为了实现从不到1 000家店到13 000家店所需的增长、发展和规模……我们不得不做出一系列导致星巴克体验被削弱的决策。

到2011年，舒尔茨成功地实现了星巴克经营上的好转，销售量和利润都在增加。部分的成功要归因于海外市场的扩张，在海外市场的竞争不像在美国那么激烈。在2011年初，星巴克在中国已经有450家店，公司预期中国最终将成为它最大的市场。但是，公司在美国的店也实现了销售量的强劲增长。此前星巴克平均每家店的销售量最高纪录出现在2006年，但是，公司预期在2011年将产生一个新纪录。星巴克的复苏有几个因素：公司给了顾客更多定制饮料的自由度，开始实施了一个包括为老顾客免费续杯和提供其他额外好处在内的顾客忠诚度计划，启用了一个允许顾客用智能手机付账的手机支付系统，给各家店提供了能够煮出更高质量咖啡的咖啡机。

在一个垄断竞争行业，在长期维持利润是很困难的。只有通过持续地创新，星巴克才得以在度过了与其他企业激烈竞争的几年勉力支撑的时期后重新回到盈利状态。

资料来源：John Kell and Julie Jargon, "Starbucks Posts 34% Profit Jump", *Wall Street Journal*, July 29, 2011; Lauren Pollock, "Starbucks Adds Division Focused on Asia", *Wall Street Journal*, July 11, 2011; John Jannarone, "Starbucks Savors Taste of Success", *Wall Street Journal*, July 5, 2011; Andrew Harrer, "Starbucks Corporation", Bloomberg News, April 13, 2009; and Janet Adamy, "Brewing Battle", *Wall Street Journal*, April 8, 2006。

轮到你了：做本章末与本专栏相关的问题与应用 3.8，看看你理解得如何。

□ 11.3.2 在长期，零利润是不可避免的吗？

对长期进行的经济分析显示了市场势力随着时间推移的影响。当然，垄断竞争企业的所有者并非必须消极地接受这一长期结果。赚取经济利润的关键是要么销售一种差异化产品，要么找到一种以更低的成本生产现有产品的方式。如果一家销售差异化产品的垄断竞争企业正在赚取利润，那么，这些利润就会吸引额外企业的进入，那些企业的进入最终会消除该企业的利润。如果一家企业开发了能够以更低成本销售某种产品或服务的新技术，那么，竞争对手最终将能够复制该技术从而消除该企业的利润。但是，这一结果成立的必要条件是：企业维持现状，未能找到差异化产品的新方法或者未能找到降低生产成本的新方式。星巴克最初取得了巨大的成功，后来面对新企业的进入难以维持其盈利能力，再后来通过推出新产品和通过顾客忠诚度计划与其他创新来改善客户体验等又恢复了其盈利能力。当企业力图保持相对于那些试图复制其成功的其他企业的领先地位时，它们为了找到差异化其产品的新方法而持续地付出努力。

竞争企业的所有者所处的地位就像是查尔斯·狄更斯（Charles Dickens）的小说《圣诞颂歌》中的人物艾柏纳泽·斯克鲁奇（Ebenezer Scrooge）的位置。当圣诞精灵中的未来之灵向斯克鲁奇展示他自己死亡的幻影时，他问未来之灵："这些幻影是将要发生的事情的影子，还是只是可能会发生的事情的影子？"企业利润终结的影子困扰着每家企业的所有者。通过降低成本、改进产品或者说服消费者相信它们的产品与竞争企业提供的产品确实存在差异等方式，企业尽力避免失去利润。为了保持领先于竞争对手一步，企业给消费者提供的商品或服务必须得让消费者觉得比竞争对手提供的商品或服务有更高的价值。价值的形式可以是使商品或服务与消费者偏好更匹配的产品差异，也可以是更低的价格。

例题 11.3 高价格的卖者可能盈利吗？

在 2010 年 4 月—2011 年 3 月的那一年，在东部许多州都开设了商店的电器和电子产品零售商 hhgregg 的财务报表报告说其利润增长了 23%。同一时期，百思买的利润下降了 3%。百思买的规模比 hhgregg 大得多，因此，它能够以低价从制造商那里买到电器、电视机和其他商品。由于 hhgregg 必须给制造商支付更高的价格，因此，它必须向消费者收取更高的价格。虽然收取的价格更高，但 hhgregg 却在与百思买、沃尔玛、亚马逊等的竞争中取得了成功。hhgregg 是如何做到的呢？

根据《华尔街日报》的一篇文章，hhgregg 的销售人员是它相对于全国性连锁店的一个优势。那些大型的全国性连锁店的销售人员是拿着很低的小时工资的年轻人，他们往往待的时间比较短。该文援引 hhgregg 的 CEO 的话说："我们的销售人员在我们这里工作了 10～20 年，来购物的顾客在寻求帮助时都可以叫出销售人员的名字。"

利用这一信息解释：尽管 hhgregg 的商店收取的价格比类似的百思买的商店更高，为何 hhgregg 的商店仍有可能具有更高的盈利能力？对 hhgregg 和百思买的商店的情况各绘制一幅图形来说明你的答案。

解：

第 1 步：复习本章内容。这一问题是关于垄断竞争企业如何最大化利润以及企业如何竭力在长期赚取经济利润的，所以你可能需要复习一下 11.2 节"垄断竞争企业在短期如何最大化利润？"和 11.3.2 节"在长期，零利润是不可避免的吗？"。

第 2 步：解释 hhgregg 的商店为何在成本高的情况下仍然盈利。如果 hhgregg 的商店的成本比类似的百思买的商店更高，那么，它的利润更高的必要条件是：对它的商品的需求更大。根据《华尔街日报》的这篇文章，通过提供更好的客户服务，hhgregg 的商店成功地将它与竞争对手——包括百思买这样的大型连锁店——区分开来。通过让销售人员比竞争对手雇用的销售人员对商品更加了解和更有经验，hhgregg 吸引了那些在购买电视机和电器的过程中需要帮助的消费者。来自这些消费者的更高的需求必然足以抵消 hhgregg 更高的成本。

第 3 步：画图说明你的论述。为了简单起见，这里所画的图形假设正在销售的产品是电视机。图 (a) 表示了 hhgregg 的情况，图 (b) 表示了百思买的情况。这些图形说明，与百思买的商店比较而言，hhgregg 的商店的需求更高、成本也更高。由于更高的需求足以抵消更高的成本，hhgregg 的商店赚取的利润更高。

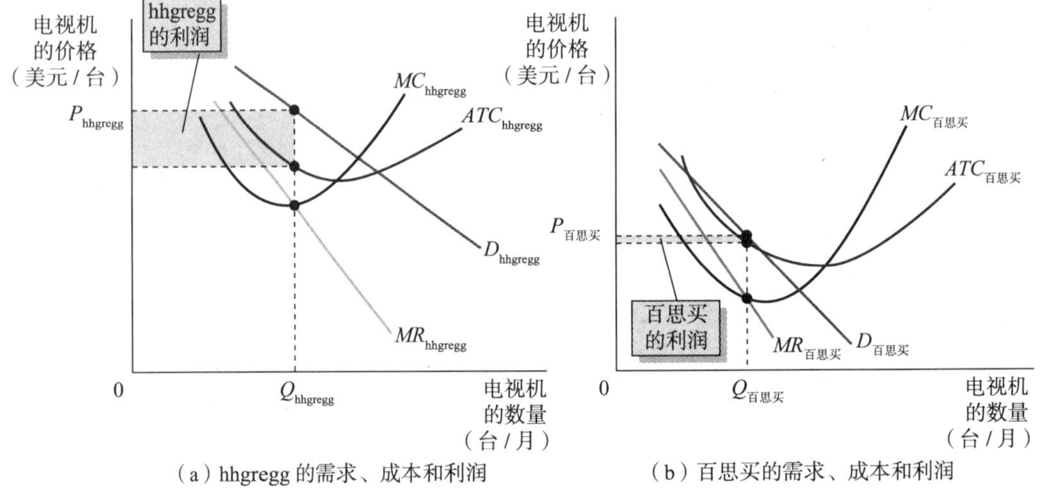

(a) hhgregg 的需求、成本和利润　　(b) 百思买的需求、成本和利润

附注：正如我们已经看到的，企业持续地寻找将它们自己与竞争对手区分开来的方式。差异化常常可以在一段时间内起作用，但是随着竞争对手复制同样的战略，原有的差异化就不起作用了。复制提供卓越的客户服务就会更加困难，原因是配备有经验的销售人员和获得卓越客户服务的声誉可能需要多年的时间。事实上，百思买、沃尔玛和其他一些大型连锁店可能并不想为了吸引那些愿意为得到销售人员更多帮助而支付更高价格的顾客而展开竞争。《华尔街日报》的这篇文章援引了沃尔玛的一位发言人的话说："在网上可以轻松获得电子产品数据的今天，许多客户来到沃尔玛就是为了寻找特定的品牌或商品，.他们自己已经掌握了关于产品的知识，可能并不希望在购物时有销售人员陪同，甚至觉得这样反而会不舒服。"如果那些更大的

企业不在服务上进行竞争，那么，hhgregg 这样的更小的企业就会很容易捍卫它们的细分市场。对于那样的细分市场上的消费者来说，hhgregg 可能收取了更高的价格，但是，它仍然给他们提供了更高的价值。

资料来源：利润数据来自 *Wall Street Journal*；Scott Tilghman，"Hhgregg Could Get a Leg Up"，Barron's，June 2，2011；and Miguel Bustillo，"Small Electronics Chains Thrive in Downturn"，*Wall Street Journal*，May 27，2009。

轮到你了：要想做更多的练习，请做本章末的问题与应用 3.9。

11.4 比较垄断竞争和完全竞争

我们已经看到，垄断竞争和完全竞争具有一个共同的特征：在长期，企业的经济利润为零。然而，正如图 11.6 所示，这两种市场的长期均衡存在两个重要的区别：

- 垄断竞争企业收取的价格超过边际成本。
- 垄断竞争企业没有在平均总成本最小处生产。

□ 11.4.1 垄断竞争下的过剩生产能力

第 9 章曾经讲过，完全竞争市场中的企业面临着一条完全有弹性的需求曲线，该曲线同时也是企业的边际收益曲线。因此，这样的企业通过生产满足价格等于边际成本这一条件的产量来最大化利润。正如图 11.6（a）所示，在长期均衡，完全竞争企业在平均总成本曲线的最低点生产。

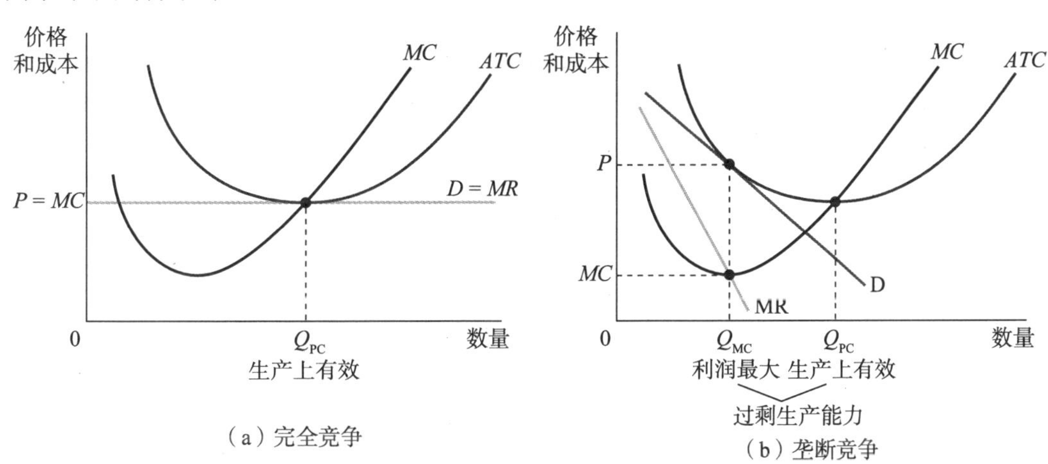

图 11.6 比较完全竞争和垄断竞争下的长期均衡

在图（a）中，处于长期均衡的完全竞争企业生产的产量为 Q_{PC}，此时，价格等于边际成本，平均总成本达到最小。完全竞争企业在配置上和生产上都有效。在图（b）中，垄断竞争企业生产的产量为 Q_{MC}，此时，价格超过边际成本，平均总成本没有达到最小。结果，垄断竞争企业在配置上和生产上都无效。垄断竞争企业有着过剩的生产能力，其值为利润最大化产出水平与生产上有效的产出水平之差。

图 11.6（b）显示，在垄断竞争企业的利润最大化产出水平，价格超过边际成本，企业没有在平均总成本曲线的最低点生产。垄断竞争企业具有过剩的生产能力：如果它增加产出，那么，平均成本会更低。

□ 11.4.2 垄断竞争是有效率的吗?

在第 9 章，我们讨论了生产效率和配置效率。生产效率是指商品或服务以可能的最低成本生产这样一种状况。配置效率是指每种商品或服务的生产数量都具有如下性质的这样一种状况：最后一个单位对消费者的边际效益等于其生产的边际成本。若要具有生产效率，企业必须在平均总成本的最低点生产。若要具有配置效率，企业收取的价格必须等于边际成本。在完全竞争市场，生产效率和配置效率都实现了，但是，在垄断竞争市场，两者都没有实现。这重要吗？对垄断竞争市场既未能实现生产效率也未能实现配置效率是否导致了相对于完全竞争市场而言的重大福利损失，经济学家之间存在争论。

□ 11.4.3 消费者如何从垄断竞争中获益?

再次考察图 11.6，你可以看出垄断竞争企业和完全竞争企业之间的唯一区别在于垄断竞争企业的需求曲线是向下倾斜的，而完全竞争企业的需求曲线是一条水平直线。垄断竞争企业的需求曲线向下倾斜的原因是，企业所销售的商品或服务与竞争对手所销售的有区别。而完全竞争企业销售的商品或服务与竞争对手所销售的相同。需要记住的要点是：企业差异化它们的产品是为了吸引消费者。当星巴克咖啡馆开始提供煮得更慢且质量更高的咖啡时，当沃尔玛开始提供更多的蓝光光盘和更少的普通 DVD 时，当通用磨坊推出苹果肉桂 Cheerio 牌燕麦片时，当百事可乐推出营养野樱桃百事可乐时，它们都在通过产品差异化竭力吸引和留住消费者。这些产品差异化战略的成功表明，有些消费者发现这些产品比其他替代品更加符合他们的偏好。因此，与这些公司不差异化它们的产品的情况相比，消费者的境况改善了。

我们可以得出结论：消费者在购买垄断竞争企业的产品时面临着权衡：他们所付的价格高于边际成本，产品没有在最小平均成本处生产，但是，他们因能够购买差异化的并且与他们的偏好更为接近的产品而获益了。

建立联系☞

Netflix：差异化程度足以使其存活吗?

20 世纪 90 年代末，在 DVD 租赁业务市场占主导地位的是 Blockbuster 和 Hollywood Video 等专业的连锁店。但是，由于以下两个原因，有些顾客对这些商店不满意：(1) 开车去了商店后，顾客可能发现想租的电影租不到；(2) 除非及时归还电影，顾客将不得不支付一笔滞纳金，滞纳金也许比电影价格还高。

1997 年，里德·黑斯廷斯（Reed Hastings）刚刚以 7.5 亿美元的价格卖掉了他创立的软件公司……他因为没有及时归还电影《阿波罗 13 号》（*Apollo 13*）的 DVD 而被罚了 40 美元的滞纳金。他决定开创一家邮订 DVD 租赁公司，命名为 Netflix。只要每月交一笔费用，订购者就可以租一定数量的 DVD，而且没有滞纳金。Netflix迅速取得了成功；到2003年，它就拥有了100万订购者。但是，Netflix面临一个挑战：许多原来租或买DVD的消费者转而从互联网下载或在线播放电影。2007年，Netflix开始在其订购套餐中提供无限制的在线播放视频。由于公司已经与几家电影工作室和有线频道达成了协议，因此，可供选择的电影数量众多使在线播放服务大热。到2011年，Netflix拥有的订购者超过了2 500万，利润超过1.5亿美元。

但是，Netflix能够击退它面对的在线播放业务中的众多竞争对手吗？在DVD租赁生意中，Netflix有着难以复制的优势，包括一个使得它常常能在客户订购后次日就配送DVD的覆盖全国的仓库系统及一个有效处理归还的DVD和寄送客户订购的下一张DVD的系统。由于有了这些优势，沃尔玛、Blockbuster和其他企业都未能成功进入通过邮寄来租赁DVD的业务。但是，有些分析人士并不认为Netflix在在线播放电影上也有类似的优势。许多其他企业正在进入或者已经进入了在线播放电影的业务，包括苹果、谷歌、亚马逊、Hulu（迪士尼和新闻集团合资成立）以及Comcast等有线电视公司。这些企业为消费者所熟悉，是在线播放视频技术方面的专家，有获得大量电影和电视节目的渠道。2011年，Netflix把同时订购通过邮寄接收DVD和在线播放视频两项服务的价格提高了60%，这令有些消费者很生气。2011年底，Netflix宣布，公司预期在2012年的某一段时期会发生亏损，之后才能扭亏为盈。面对激烈的竞争，Netflix能否恢复其盈利能力仍有待观察。

资料来源：Nick Wingfield，"Netflix Warns Price Rise Will Clip Growth"，*Wall Street Journal*，July 26，2011；Matt Phillips，"Netflix：Why One Investor Bets It Gets Crushed"，*Wall Street Journal*，December 16，2010；Reed Hastings and Amy Zipkin，"Out of Africa，Onto the Web"，*New York Times*，December 17，2006；and Reed Hastings and Patrick J. Sauer，"How I Did It：Reed Hatings，Netflix"，*Inc.*，December 1，2005。

轮到你了：做本章末与本专栏相关的问题与应用4.8，看看你理解得如何。

11.5 寡头和进入壁垒

在垄断竞争行业有许多企业，但在寡头行业却只有几个企业。衡量一个行业竞争程度的指标之一是集中度。美国调查统计局每五年发布四企业集中度，这一指标表示了每个行业四家最大的企业的销售量占整个行业的份额。大部分经济学家相信，若四企业集中度超过40%，那就表明该行业是一个寡头。

作为一个衡量行业竞争程度的指标，集中度有一些缺陷。例如，集中度没有包括外国企业出口到美国的商品和服务。此外，集中度是针对全国市场计算的，哪怕有些行业（如餐馆或大学书店）的竞争主要是本地的。最后，不同行业的企业之间有时候也会存在竞争。例如，沃尔玛被归入折扣百货商店行业，但也与超市行业和玩具零售商店行业的企业竞争。正如我们在第10章看到的，有些经济学家更喜欢用另一个被称为**赫芬达尔-赫希曼指数**（Herfindahl-Hirschman index）的指标来衡量竞争程度。尽管集中度有这些缺陷，但是，它们仍然可以用于为我们提供对某一行业竞争程度的基本认识。

表 11.2 列出了制造业和零售业的寡头例子。注意，计算机行业是高度集中的。四家最大的企业——惠普、戴尔、宏碁和苹果——销售的台式电脑和笔记本电脑占到了全美国销售量的 87%。

表 11.2 零售业和制造业的寡头例子

零售业		制造业	
行业	四企业集中度（%）	行业	四企业集中度（%）
折扣百货商店	97	香烟	98
仓储式会员店和超级购物中心	94	啤酒	90
大学书店	75	计算机	87
娱乐、玩具和游戏商店	72	飞机	81
收音机、电视机和其他电子产品商店	70	早餐谷物类食品	80
运动鞋店	68	狗粮和猫粮	71
药店和药房	63	汽车	68

资料来源：U.S. Census Bureau，Concentration Ratios，2007。

□ 11.5.1 进入壁垒

为什么会存在寡头？为什么计算机行业、折扣百货商店行业和啤酒行业没有多得多的企业？回忆前面讲过，如果现有企业正在赚取经济利润，那么，新企业就会进入这样的行业。但是，新企业常常难以进入一个寡头行业。阻止新企业进入现有企业正在赚取经济利润的行业的任何事物被称为**进入壁垒**（barrier to entry）。进入壁垒主要有三种：规模经济、关键投入的所有权以及政府设置的壁垒。

规模经济。

最重要的进入壁垒是规模经济。在第 8 章，我们看到，当企业的长期平均成本随产量增加而下降时，就存在**规模经济**（economies of scale）。规模经济越大，行业内的企业数量越少。图 11.7 说明了这一点。

如果规模经济在行业中相对不重要，那么，典型企业的长期平均成本曲线（*LRAC*）达到最小值时的产出水平（图 11.7 中的 Q_1）只是总行业销售量的一个小的比例。该行业就会有空间容纳许多企业，就会是竞争行业。如果规模经济很显著，那么，典型企业的长期平均成本曲线达到最小值时的产出水平（图 11.7 中的 Q_2）就会是总行业销售量的一个大的比例。该行业就只有容纳少数企业的空间，就会成为一个寡头。

规模经济能够解释为什么餐馆行业比计算机行业的竞争大得多。由于很大的餐馆的平均成本也不会比小一些的餐馆低很多，因此，餐馆行业有容纳许多企业的空间。相反，苹果这样的大型计算机企业的平均成本比小型计算机企业低得多，这其中的部分原因是大企业可以在多得多的计算机上分摊生产计算机的高昂的固定成本——包括大量的研发成本。

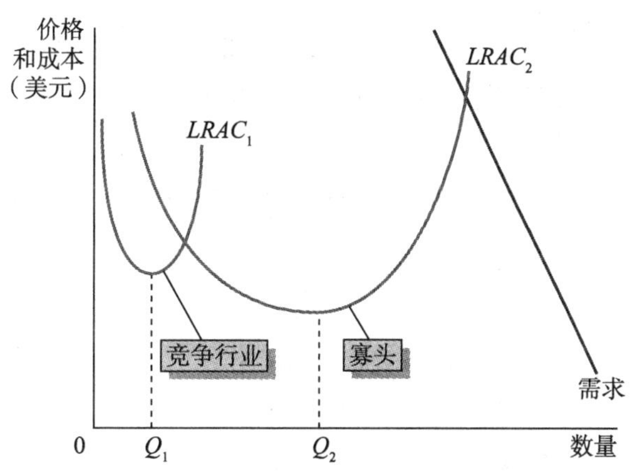

图 11.7　规模经济有助于决定一个行业的竞争程度

如果典型企业的长期平均成本曲线的最低点处的产出水平（如 Q_1）只是总行业销售量的一个小的比例，那么，该行业就会是竞争行业。如果最低点处的产出水平（如 Q_2）是总行业销售量的一个大的比例，那么，该行业就会成为一个寡头。

关键投入的所有权。

如果一种商品的生产要求某种特定投入，那么，对该种投入的控制就成了进入壁垒。美国铝业公司曾经在很多年里控制了世界上大部分高质量铝土矿的供给，而铝土矿是制铝所需的矿物。其他公司进入制铝业和与美国铝业公司竞争的唯一方式是回收铝。南非戴比尔斯公司（De Beers Company of South Africa）因控制了世界上大部分钻石矿的产出而能够阻止钻石市场上的竞争。直到 20 世纪 90 年代，Ocean Spray 公司在新鲜和冷冻蔓越橘市场上几乎没有面临任何竞争，原因是它控制了几乎所有蔓越橘的供给。即使是现在，公司也还控制了大约 80%的蔓越橘作物。

政府设置的壁垒。

有时候企业力图说服政府设置进入壁垒。许多大型企业雇用说客来说服州政府立法者和国会议员通过对这些企业的经济利益有利的法律。仅在华盛顿就有数以万计的说客。顶级说客要求的年薪达到了 30 万美元甚至更高，这表明了他们的活动对企业多么有价值。政府设置的进入壁垒的例子包括专利、许可要求以及国际贸易壁垒。

专利（patent）赋予企业从专利在政府归档日起 20 年内对一种新产品的排他性权利。政府用专利来鼓励企业从事研发，以开发出新的且更好的产品或改进现有产品的生产方法。当企业投入资源用于研发时，产出和生活水平增加得更快，但是，如果别的企业可以复制新产品，那么，斥资开发新产品的企业可能赚不到多少利润。例如，制药公司默克（Merck）每年在新处方药的研发上的支出在 30 亿美元以上。如果竞争对手在默克公司开发出新药后很快就能随意地生产这些新药，那么，默克公司的大部分投资就会白费。由于默克公司能够获得新药的专利，所以，公司在专利有效期内能够收取更高的价格，从而因其成功的创新而赚取经济利润。

政府还通过职业许可来限制竞争。美国现在有大约 500 部职业许可法律。例如，每个州的医生和牙医都需要行医许可。制定这些法律的理由是保护公众免受不称职的从业人员所害，但是，通过限制这些需要得到许可的职业的从业人员数量，这些法律也提高了这些服务的价格。研究表明，在那些更难获得牙医许可证的州，牙医服务的价格比其他州高出大约 15%。类似地，在那些要求销售隐形眼镜的外州企业必须获得许可的州，隐形眼镜的价格更高。当有些职业需要获得本州的许可证时，例如几年前加州对编辫子头就有这样的要求，限制竞争就成了主要的结果。

政府还通过对外国竞争设置关税和配额来设置进入某些行业的壁垒。关税是对进口品征收的税收，配额限制了某种商品可以进口的数量。对外国食糖的进口配额严重限制了美国食糖市场的竞争。结果，美国食糖公司所收取的价格超过了国外的公司收取的价格的两倍。

总之，为了赚取经济利润，所有的企业都想收取高于平均成本的价格，但是，赚取经济利润会吸引新企业进入该行业。最终，更加激烈的竞争迫使价格下降到等于平均成本，企业刚好收支相抵。在寡头市场中，进入壁垒阻止或者至少延缓了进入，这使得企业能够在更长的时期内赚取经济利润。

11.6 利用博弈论分析寡头

正如我们在本章开头所指出的，经济学家用博弈论来分析寡头。博弈论是 20 世纪 40 年代由数学家约翰·冯·诺依曼（John Von Neumann）和经济学家奥斯卡·摩根斯特恩（Oskar Morgenstern）开创的。**博弈论**（game theory）是对人们在满足如下特征的状况中如何决策的研究：人们实现其目标取决于他们与其他人的相互作用。在寡头中，由于企业所占市场份额很大，所以，企业之间的相互作用是决定盈利能力的关键。

在所有的博弈中，无论是扑克、棋牌还是大富翁游戏，参与人之间的相互作用对决定结果都很关键。此外，博弈有如下三个关键特征：

1. 决定可允许的行动有哪些规则。
2. 参与人在博弈中为了实现其目标所采用的战略。
3. 参与人的战略相互作用的结果，即支付。

在商业情景中，博弈的规则不但包括企业必须遵守的法律，还包括企业至少在短期无法控制的其他因素（如企业的生产函数）。**商业战略**（business strategy）是一家企业为实现一个目标（如利润最大化）所采取的行动的集合。支付是企业的战略与其他企业的战略相互作用后赚取的利润。理解博弈论方法的最佳方式是考察一个例子。

□ 11.6.1 双头博弈：两家企业之间的价格竞争

在这个简单的例子中，我们用博弈论来分析双头——只有两家企业的寡头——中的价格竞争。假定我们忽略行业中的其他企业，假设苹果和戴尔是唯一两家生产台式电脑的企业。让我们把注意力放在它们的基本台式电脑（如苹果的 iMac 和戴尔的 Inspiron All-in-One）的销售上。两家企业的经理都必须决定是将电脑的价格定在 1 200 美元还是 1 000 美元。哪个价格能赚取更多利润取决于另一家企业收取的价格。定价决策就是商业战略的一个例子。在图 11.8 中，我们把两家企业的行动能导致的所有可能的结果表示为一个**支付矩阵**（payoff matrix），它是表示每家企业从各企业战略的每个组合中得到的支付的表格。

苹果公司的利润用深灰色显示，戴尔的利润用浅灰色显示。如果苹果和戴尔都将电脑价格定为 1 200 美元，那么，每家企业每月能够赚取的利润为 1 000 万美元。如果苹果收取的价格为 1 000 美元，而戴尔的价格为 1 200 美元，那么，苹果将赢得戴尔的许多顾客。苹果的利润将为 1 500 万美元，而戴尔的利润只有 500 万美元。类似地，如果戴尔收取的价格为 1 000 美元，而苹果的价格为 1 200 美元，那么，苹果的利润只有 500 万美元，而戴尔的利润将为 1 500 万美元。如果两家企业的价格都为 1 000 美元，那么，每家企业每月赚取的利润为 750 万美元。

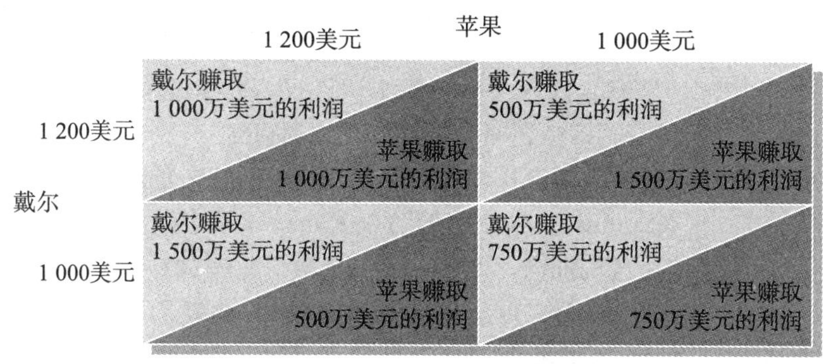

图 11.8　双头博弈

戴尔的利润用浅灰色显示，苹果公司的利润用深灰色显示。如果它们都将电脑价格定为1 200美元，那么，每家企业每月销售台式机能够赚取的利润为 1 000 万美元。可是，每家企业都有激励通过收取更低的价格来削弱对手。如果两家企业的价格都为 1 000 美元，那么，每家企业每月赚取的利润只有 750 万美元。

显然，如果两家企业的电脑都定价为 1 200 美元，那么，两家企业都会获益。但是，它们会都收取这一价格吗？一种可能性是，苹果和戴尔的经理聚在一起，同意收取更高的价格以实现合谋。**合谋**（collusion）是指企业间达成的收取相同价格或者以其他方式不相互竞争的协议。对苹果和戴尔来说不幸的是（但对顾客来说是幸运的），合谋是违反美国法律的。政府可以对合谋的公司罚款，并将涉案的经理送进监狱。

苹果的经理不能与戴尔的经理合法地讨论它们的价格决策，因此他们不得不预测其他经理会怎么做。假定苹果的经理确信戴尔的经理将定价为 1 200 美元。在这种情况下，苹果的经理无疑会定价为 1 000 美元，原因是这样做会使公司的利润从定价为 1 200 美元时的 1 000 万美元增加到 1 500 万美元。但是，倘若苹果的经理确信戴尔的经理会定价为 1 000美元，那么，苹果的经理还是无疑会定价为 1 000 美元，原因是这样做会使公司的利润从定价为 1 200 美元时的 500 万美元增加到 750 万美元。事实上，无论戴尔的经理定价为 1 200 美元还是 1 000 美元，苹果的经理定价为 1 000 美元都会比定价为 1 200 美元更好。因此，我们知道苹果的经理会选择 1 000 美元的价格。

现在考虑戴尔的经理所处的形势。他们与苹果的经理处在相同的位置，因此，我们预期他们也会做出相同的决策，将电脑定价为 1 000 美元。在这种情况下，两家企业都有一个占优战略。**占优战略**（dominant strategy）是指这样的战略：无论其他企业采用何种战略，这样的战略对某企业都是最好的。结果就出现了一个两家企业都定价为 1 000 美元的均衡。这种状态是一个均衡，因为每家企业都在另一家企业价格给定的条件下最大化了利润。换句话说，给定另一家企业选择的价格，哪家企业都不能通过改变价格来提高利润。给定其他企业选择的战略，每家企业都选择了最好的战略，这样的均衡被称为**纳什均衡**（Nash equilibrium）。纳什均衡是以博弈论发展的先驱之一、普林斯顿大学的诺贝尔经济学奖得主约翰·纳什（John Nash）的名字命名的。

□ 11.6.2 企业行为和囚徒困境

注意，图 11.8 中的均衡对每家企业来说都是不令人满意的。每家企业通过定价为 1 000美元每月赚取了 750 万美元的利润，但是，如果它们都定价为 1 200 美元，那么它们本可以赚取 1 000 万美元的利润。通过“合作”和收取更高的价格，它们本来可以实现一个合作均衡。在**合作均衡**（cooperative equilibrium）中，参与人相互合作以增加它们相互的回报。但是，我们已经看到，这个博弈的结果可能是一个**非合作均衡**（noncooperative equilibrium），在这个均衡中，每家企业追求它自己的利益。

类似这种采取占优战略导致不合作而这种不合作会使每个人的境况都变差的局势被称为**囚徒困境**（prisoner's dilemma）。这个博弈的得名是源于警察逮捕的两个犯罪嫌疑人所面临的问题。如果警察缺乏其他证据，他们可能会将两个犯罪嫌疑人分开审讯，承诺给认罪并指证另一犯罪嫌疑人的犯罪嫌疑人减刑。由于每个嫌疑人都有认罪这一占优战略，他们都将认罪和入狱，尽管他们如果都保持沉默就会无罪释放。

例题 11.6　做广告对可口可乐和百事可乐来说是一种囚徒困境吗?

可口可乐和百事可乐都大量地做广告。但是，如果它们不这么做，境况是否会更好呢？它们的广告通常不是用于向消费者传达关于产品的新信息，而是为了抢夺对方的顾客。利用以下虚构信息构建一个支付矩阵：

- 如果两家企业都不做广告，那么，可口可乐和百事可乐每年都赚取 7.5 亿美元的利润。
- 如果两家企业都做广告，那么，可口可乐和百事可乐每年都赚取 5 亿美元的利润。
- 如果可口可乐做广告而百事可乐不做广告，那么，可口可乐和百事可乐每年的利润分别为 9 亿美元和 4 亿美元。
- 如果百事可乐做广告而可口可乐不做广告，那么，百事可乐和可口可乐每年的利润分别为 9 亿美元和 4 亿美元。

a. 如果可口可乐要最大化利润，它会做广告吗？请简要解释。

b. 如果百事可乐要最大化利润，它会做广告吗？请简要解释。

c. 这一广告博弈存在纳什均衡吗？如果存在，纳什均衡是什么？

解：

第 1 步：复习本章内容。这一问题利用支付矩阵来分析商业场景，所以你可能需要复习一下 11.6.1 节“双头博弈：两家企业之间的价格竞争”。

第 2 步：构建支付矩阵。

第 3 步：通过证明可口可乐的占优战略是做广告，回答问题的（a）部分。如果百事可乐不做广告，那么，可口可乐做广告的情况下利润为 9 亿美元而不做广告的情况下利润只有 7.5 亿美元。如果百事可乐做广告，那么，可口可乐做广告的情况下利润为 5 亿美元而不做广告的情况下利润只有 4 亿美元。因此，做广告是可口可乐的占优战略。

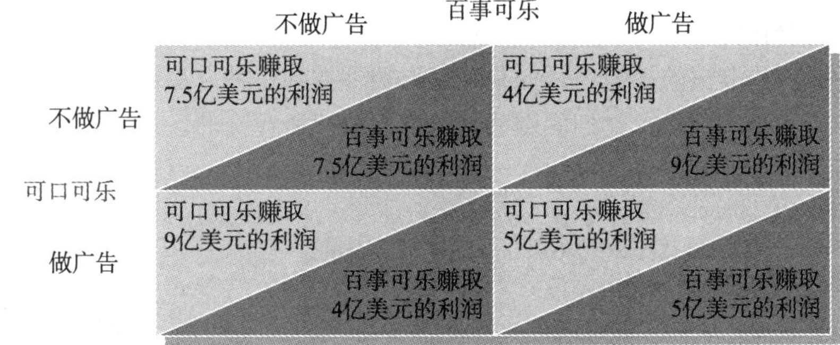

第 4 步：通过证明百事可乐的占优战略是做广告，回答问题的（b）部分。百事可乐面临的情况与可口可乐相同，因此，它的占优战略也是做广告。

第 5 步：通过说明这个博弈存在一个纳什均衡，回答问题的（c）部分。两家企业都做广告是一个纳什均衡。给定百事可乐做广告，可口可乐的最优战略是做广告。给定可口可乐做广告，百事可乐的最优战略是做广告。因此，给定对手的决策，做广告是两家企业的最优决策。

附注：这是囚徒困境博弈的又一个例子。如果可口可乐和百事可乐都不做广告，从而节约用于在电视电台和报刊杂志上做广告的巨额费用，两家企业都会赚取更多利润。但是，每家企业的占优战略都是做广告，因此，最终它们达到的均衡是都做广告，利润也就更低了。

轮到你了：要想做更多的练习，请做本章末的问题与应用 6.11、6.12 和 6.13。

□ 11.6.3 企业可以摆脱囚徒困境吗?

尽管囚徒困境博弈看似表明合作均衡总是会瓦解，但是，我们知道情况并不是这样。人们常常合作以实现他们的目标，企业常常找到办法避免在价格上竞争以实现合作。基本的囚徒困境故事并不总是适用的原因是，它假设博弈只进行一次。然而，大部分商业情景会反复出现。例如，考虑如下情形：假定在一个小镇上，能够买到 PlayStation 3 游戏机的地方只有两个：本地的塔吉特店和本地的沃尔玛店。（为了简化，我们忽略消费者从网上购买 PlayStation 3 的可能性。）我们将假设经理收取的价格要么为 400 美元要么为 300 美元。图 11.9（a）显示了支付矩阵。考察这个矩阵，我们可以看到，就像苹果和戴尔对电脑定价一样，每个经理都有激励收取较低的价格。再一次地，这些企业看起来好像陷入了囚徒困境。但是，这些经理并不会只进行一次这样的博弈，因此他们每个月都要决定为 PlayStation 3 设定什么样的价格。用博弈论的语言来说，经理们在进行一个重复博弈。在一个重复博弈中，不合作所产生的损失比只进行一次博弈时的损失要大，参与者还可以对不合作的参与者使用报复战略。结果，我们更可能看到合作行为。

图 11.9（a）显示，沃尔玛和塔吉特对 PlayStation 3 收取的价格为 300 美元比为 400 美元时每月赚取的利润要少 2 500 美元。只要价格定为 300 美元，每个月都会增加损失的

总量：两年的时间就会导致每家店损失 60 000 美元的利润。利润的损失增加了经理们通过隐性合谋进行合作的激励。回忆前面提到过，诸如经理们碰面就定价为 400 美元达成一致这样的显性合谋是非法的。但是，如果经理们能够找到一种方法向彼此发送信号表明他们会定价为 400 美元，那么，他们的做法就可能是法律所允许的。

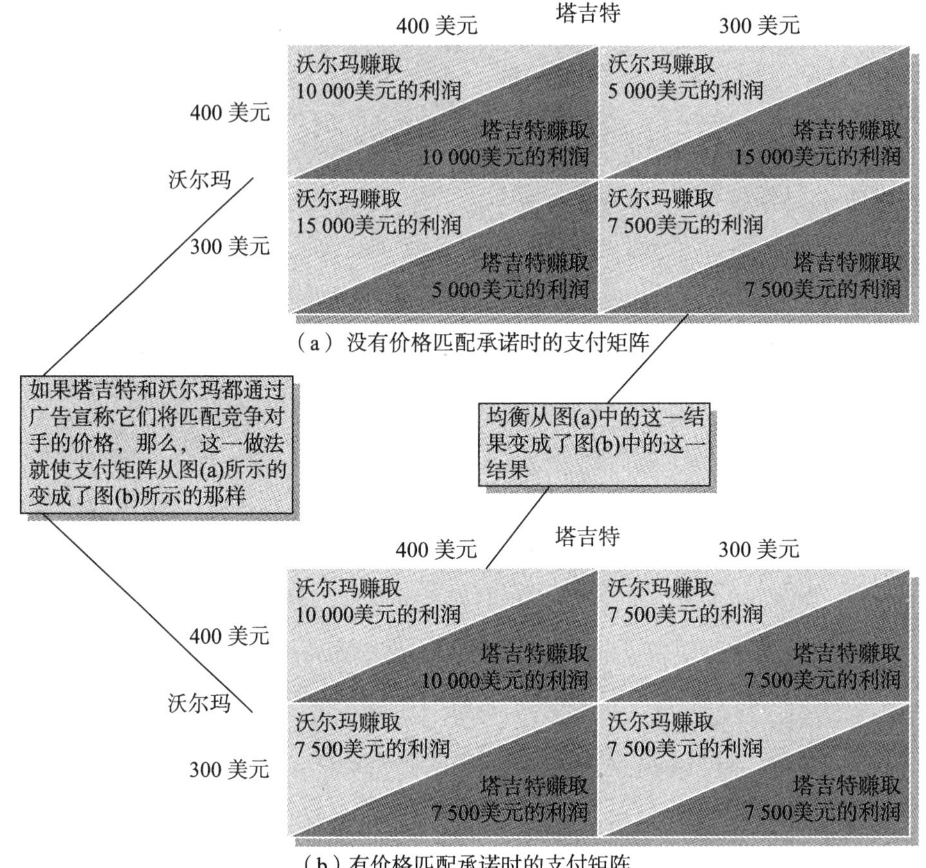

图 11.9　重复博弈中支付矩阵的变化

沃尔玛和塔吉特可以通过广告宣传它们将匹配竞争对手的价格来改变销售 PlayStation 3 游戏机的支付矩阵。这一报复战略提供了这样一个信号：收取较低价格的商店将会被另一家商店通过同样收取低价来自动匹配。在图（a）所示的支付矩阵中，不存在价格匹配的承诺，每家商店在对手定价为 400 美元时可以通过定价为 300 美元而赚取更多利润。在图（b）所示的支付矩阵中，存在价格匹配承诺，公司只有两个选择：定价为 400 美元从而（在对手也定价为 400 美元时）每月赚取 10 000 美元的利润，或者它们可以定价为 300 美元从而每月赚取 7 500 美元的利润。均衡从囚徒困境结果——即每家商店都收取低价和赚取低利润——变成了每家商店都收取高价和赚取高利润这样的结果。

例如，假定沃尔玛和塔吉特都通过广告来宣称它们将匹配任何竞争对手提供的最低价——在我们的简单例子中，它们就是彼此的竞争对手。这些广告就是它们彼此发送的打算定价为 400 美元的信号。这个信号是清楚的，因为每家商店都知道，如果它定价为 300 美元，那么，另一家商店就会自动通过也把价格降到 300 美元来实施报复。匹配价格的承诺是一个很好的执行机制，因为它保证了在任意一家商店没有合作而收取较低价格时竞争对手会自动通过也收取较低价格来惩罚不合作的商店。正如图 11.9 所示，这些商店改变了它们面对的支付矩阵。

在图 11.9（a）所表示的支付矩阵中，没有价格匹配承诺，每家商店在对手定价为 400 美元而自己定价为 300 美元时赚取了更多的利润。价格匹配承诺使支付矩阵变成了图 11.9（b）所示的那样。现在，这些商店可以定价为 400 美元从而（在对手也定价为 400 美元时）每月赚取 10 000 美元的利润，或者它们可以定价为 300 美元从而每月赚取 7 500 美元的利润。均衡从囚徒困境结果——即每家商店都收取低价和赚取低利润——变成了每家商店都收取高价和赚取高利润这样的结果。匹配竞争对手的价格这一承诺看起来也许对消费者有利，但是，博弈论告诉我们，实际上，这一承诺可能通过帮助企业维持高价而损害消费者的利益。

一种形式的隐性合谋是作为价格领导的结果而发生的。在**价格领导**（price leadership）中，一家企业首先宣布一个价格变动，该行业的其他企业随后都匹配这一变动。例如，在整个 20 世纪 70 年代，通用汽车在每个型年初宣布一个价格变动，福特和克莱斯勒都会匹配通用汽车的价格变动。在有些情况下，如航空业，有些企业试图作为价格领导者采取行动，但是，当行业中的其他企业拒绝合作时，它们的行动就会失败。

建立联系

对于价格合谋来说，并非企业越多越好

协调价格在一些行业比在另一些行业要更容易。航空业中的固定成本非常高，边际成本则很低。从芝加哥飞到纽约多载一名乘客的边际成本不过几美元：多一份餐点和少量额外的喷气燃料而已。结果，航空公司常常在最后几分钟降价以填满航班上剩余的空座位。就算是廉价机票给航空公司增加的边际收益也会超过边际成本。和其他寡头一样，如果所有的航空公司都降价，行业利润就会减少。因此，航空公司持续地调整自己的价格，同时监测竞争对手的价格，对降价或者不同步提价竞争的对手实施报复。

但是，近些年里，航空业的兼并减少了在两个城市之间飞行的航空公司的数量，从而增加了隐性合谋的可能性。某一特定航线常常只有一两家航空公司有航班。可是，西南航空公司和捷蓝航空公司积极地进入许多机场，从而增加了竞争。例如，在西南航空公司于 2006 年 10 月进入华盛顿的杜勒斯国际机场之前，联合航空公司和大陆航空公司是该机场仅有的两家大型航空公司。但是，某一航线的航空公司从两家增加到三家对航空公司实行价格合谋的能力会有很大的影响吗？芝加哥大学的奥斯坦·古尔斯比（Austan Goolsbee）和查德·西弗森（Chad Syverson）研究了西南航空公司进入航空市场 11 年时间里的影响。他们发现，当西南航空公司开始在某一特定航线飞行时，机票价格平均下降了 29%。这些价格的下降表明，在西南航空公司进入航空市场之前航空公司之间可能一直在实行隐性价格合谋。或许有些令人吃惊的是，古尔斯比和西弗森发现，超过一半的价格下降实际上是在西南航空公司有可能会进入该市场之后且在西南航空公司实际上在该航线飞行之前。一种可能性是已经在该市场的航空公司降低票价以免那些常旅客流失到西南航空公司。

捷蓝航空公司对机票价格也有类似的影响。例如，当捷蓝航空公司在 2006 年进入到从芝加哥到纽约的航线市场时，之前在该航线占据主导地位的联合航空公司和美国航空公司将价格大幅下降了 65%，往返票价降到了 108 美元。在接下来的几年里，这些航空公司很难重新建立在捷蓝航空公司进入该航线市场之前它们实行的隐性价格合谋：2011 年 9 月，联合航空公司和美国航空公司从芝加哥到纽约的往返机票票价为 106 美元，而捷蓝航空公司的票价为 101 美元。

资料来源：Austan Goolsbee and Chad Syverson, "How Do Incumbents Respond to the Threat of Entry? Evidence from the Major Airlines", *Quarterly Journal of Economics*, Vol. 123, No. 4, November 2008, pp. 1611-1633; Julie Johnson, "Rude Welcome Awaits JetBlue", *Chicago Tribune*, November 6, 2006; 航线票价来自 orbitz. com。

轮到你了：做本章末与本专栏相关的问题与应用 6.15、6.16 和 6.17，看看你理解得如何。

□ 11.6.4 卡特尔：欧佩克（OPEC）的例子

在美国，企业不能合法地会面协商收取什么价格和生产多少产量。但是，假定它们可以这么做。这就足以保证它们的合谋会成功吗？欧佩克（OPEC，石油输出国组织）表明，这一问题的答案是"不"。欧佩克有 12 个成员国，包括沙特阿拉伯、科威特和其他阿拉伯国家，还有伊朗、委内瑞拉、尼日利亚和印度尼西亚。这些国家拥有的石油储量加在一起占到世界已探明石油储量的 75%，尽管它们每年开采的石油占全世界石油销售量的比例要小一些。欧佩克的运作像是一个卡特尔。所谓**卡特尔**（cartel），是指通过同意限制产量来形成合谋以提高价格和增加利润的企业团体。欧佩克的成员国定期会谈，就每个成员国生产的产量即配额达成一致。配额的意图是将石油产量降低到远低于竞争水平，以便推高石油价格和增加成员国的利润。

图 11.10 表示了从 1972 年到 2011 年年中的石油价格。浅灰色线表示了每年每桶油的

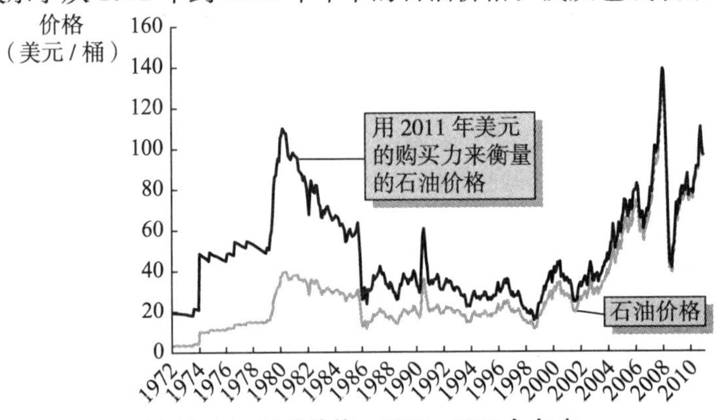

图 11.10 石油价格，1972—2011 年年中

浅灰色线表示了每年每桶油的价格。黑线是用 2011 年美元的购买力来衡量的石油价格。通过减少石油产量，欧佩克在 20 世纪 70 年代中期和 80 年代早期曾经很成功地提高了石油价格。但是，由于欧佩克成员国生产的产量常常超过产出配额，因此，在长期维持高价一直很困难。

资料来源：Federal Reserve Bank of St. Louis。

价格。从1972年以来，价格总体在上升，这减少了消费者用同样数量的钱买到的商品和服务的数量。通过用2011年美元的购买力来衡量石油价格，黑线消除了总体价格上升的影响。该图显示，欧佩克在20世纪70年代中期和80年代早期曾经很成功地提高了石油价格，尽管这段时期里中东的政治动荡和其他因素对价格也有影响。石油价格从1972年每桶不到3美元上升到了1980年的39美元以上，按照2011年美元的购买力来衡量，1980年的石油价格达到了100美元以上。该图还显示，在后来的年份里欧佩克难以维持1980年的高价，尽管石油价格在2004—2008年年中这段时期急剧上升，但其中的部分原因是中国和印度对石油的需求不断增加。

博弈论有助于我们理解为什么石油价格会波动。如果欧佩克的每个成员国合作，生产由配额决定的低产出水平，那么，价格就会提高，卡特尔会获得大量利润。可是，一旦价格被推高了，每个成员国就有激励停止合作，就有激励通过将产出增加到超过配额以获得更高的利润。但是，如果没有国家坚持按照配额生产，那么，总的石油产出就会增加、利润就会下降。换句话说，欧佩克陷入了囚徒困境。

如果欧佩克的成员国生产的产量总是超过配额，那么，卡特尔对世界石油价格就没有影响。事实上，欧佩克的成员国定期会晤和指定新的配额，而新的配额至少在短期内能够使它们充分地限制产量以提高价格。两个因素解释了欧佩克为何能够偶尔成功地作为一个卡特尔来采取行动。首先，欧佩克的成员国在进行一个重复博弈。正如我们看到的，这增加了合作结果出现的可能性。第二，沙特阿拉伯的石油储量比欧佩克的任何其他成员国都大得多。因此，它从高石油价格中获得的好处最大，合作的激励也更高。为了理解这一点，考虑如图11.11所示的支付矩阵。为了简化，我们假设欧佩克只有两个成员国：沙特阿拉伯和尼日利亚。在图11.11中，“低产出”对应于合作，即生产欧佩克指定的产出配额，“高产出”对应于以最大生产能力生产。该支付矩阵表示了每个国家每天获得的利润。

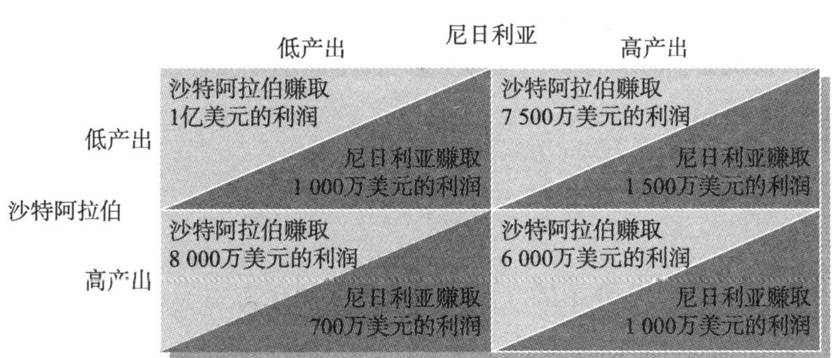

图11.11　成员国规模不等情形下的欧佩克卡特尔

由于沙特阿拉伯能生产的石油比尼日利亚多得多，所以它的产出决策对石油价格的影响要大得多。在图中，“低产出”对应于合作，即生产欧佩克指定的产出配额，“高产出”对应于以最大生产能力生产。沙特阿拉伯的占优战略是合作，即生产低的产出。然而，尼日利亚的占优战略是不合作，即生产高的产出。因此，这个博弈的均衡是沙特阿拉伯生产低产出而尼日利亚生产高产出。

我们可以看到，沙特阿拉伯有很强的激励合作和维持它的低产出配额。通过维持低的产出，沙特阿拉伯凭一己之力就能大幅提高世界石油价格，增加自身的利润以及欧佩克其他成员国的利润。因此，沙特阿拉伯的占优战略是合作，即生产低的产出。然而，尼日利亚凭一己之力对石油价格并没有多大的影响。因此，尼日利亚的占优战略是不合作，即生产高的产出。因此，这个博弈的均衡是沙特阿拉伯生产低产出而尼日利亚生产高产出。事实上，欧佩克常常就是以这种方式运转。沙特阿拉伯会按照配额生产，而其他 11 个成员国以最大产能生产。然而，由于这是一个重复博弈，所以，沙特阿拉伯偶尔会生产超过配额的产量，从而故意降低石油价格，对其他成员国不合作的行为实施报复。

接第 358 页

生活中的经济学☞

开一家自己的餐馆

在本章一开头，我们要求你思考你在家乡开一家意大利餐馆可能取得多大的成功。由于你学过了本章，你知道，如果你的餐馆取得了成功，其他人可能开设餐馆与你竞争，你的经济利润最终会消失。之所以会这样，原因在于经济利润吸引了新企业进入这个市场。新餐馆会卖意大利食物，但并不会与你卖的完全相同——毕竟，他们没有你祖母的秘密调味汁食谱！每家餐馆对如何最佳地吸引喜欢意大利食物的顾客都有独有的想法。除非你的食物与竞争对手的食物有很大的差别或者你的服务好得多，否则，你无法在长期收取足以让你赚取经济利润的高价。

在一个垄断竞争市场，自由进入会降低价格，导致长期的经济利润为零。除了降低价格外，竞争还通过引导企业提供多少有些不同的产品造福消费者；例如，两家意大利餐馆完全相同的可能性微乎其微。

11.7 结论

在本章，我们把在第 9 章介绍的许多关于竞争的思想应用于更常见的垄断竞争市场结构。我们看到，这些思想适用于垄断竞争市场，就像它们适用于完全竞争市场那样。在第 9 章末，我们得出结论："市场的竞争性力量给企业施加了无情的压力，迫使企业以尽可能最低的成本生产新的和更好的商品和服务。未能准确预期到消费者偏好的变化或者未能采用最新的和最有效的技术的企业在长期将无法生存。"这些结论对小麦农场主和胡萝卜种植者是正确的，对咖啡馆和其他垄断竞争市场中的企业也同样正确。

甚至在本章讨论的寡头中，企业在长期也难以赚取经济利润。我们已经看到，企业竭力以各种办法避免竞争的影响。例如，它们可能明确界定一个安全的细分市场，可能与竞争对手进行隐性合谋，或者可能竭力让政府设置进入壁垒。

本章结束了我们对微观经济学的研究。在转入余下各章探究的宏观经济议题之前，阅读接下来的“业内观察”，该专栏讨论了星巴克在2011年如何开始进军果汁市场。

业内观察 星巴克进军果汁市场

《美联社》

a 星巴克公司希望在果汁市场复制它在咖啡馆市场的成功。

这家总部设在西雅图的、改变了美国人喝咖啡方式的公司周四说，它以3 000万美元的价格收购了果汁生产商Evolution Fresh公司，这是公司进军咖啡馆以外市场的努力的一部分。

星巴克说，在购买了总部位于加州圣贝纳迪诺的Evolution公司后，它计划“重塑”价值16亿美元的超一流的果汁部门。公司计划在来年开设新的健康与保健连锁店，在这些店里卖Evolution生产的产品（例如，果汁）和简单的食物。关于新连锁店的细节还不具体，但是，根据星巴克的描述，它将是一个全新的零售模式。

“我们不是简单地收购一家果汁公司，”星巴克的CEO霍华德·舒尔茨说，“我们正在利用这次收购更加广泛地拓展我们的业务，随着时间的推移，我们将建成一项价值数十亿美元的健康和保健业务。”

b 由于消费者需要更健康的产品且公司面临着来自麦当劳公司和唐恩品牌集团公司的唐恩都乐连锁店的竞争，星巴克在积极地准备拓展业务，而这一行动是星巴克拓展业务的最新行动。星巴克已经推出卡路里和脂肪更低的食物以及无糖糖浆，并且将饮料中的默认牛奶从全脂牛奶换成了2%低脂牛奶。它还通过杂货店和其他零售商销售更多的产品，如西雅图最佳咖啡和Via速溶咖啡。

星巴克估计，在未来某个时候，它的消费者产品业务将达到与咖啡馆业务相当的规模。一年多前公司就表示，它将寻找收购对象。它上一次收购是在2008年收购了咖啡设备有限公司，这家公司生产高端的三叶草咖啡冲泡系统。

对新的健康与保健连锁店而言，Naked Juice的创始人创立的Evolution公司是星巴克收购的一个合乎逻辑的选择。Evolution生产新鲜水果和蔬菜汁，其产品在Whole Foods、西夫韦（Safeway）、好市多联锁店（Costco）和西海岸其他零售商销售。

Evolution是仍然通过开裂、剥皮、挤压、压榨水果和蔬菜而不是将水果和蔬菜做成果泥或粉末来生产果汁和蔬菜汁的几家大型果汁公司之一。它还使用了一个被称为高压巴氏杀菌的过程来在不加热的情况下生产果汁。星巴克认为这些方法相对于Odwalla或Naked Juice等果汁企业（星巴克的咖啡店里现在卖的就是这些企业的产品）是一个竞争优势，因为这些方法使得Evolution的果汁能够保持更高的营养质量，同时还能保持水果或蔬菜的味道。

c 星巴克没有透露销售Evolution公司产品的新连锁店将有多少家，也没有透露这些店的位置。但是，公司表示，连锁店将在西海岸率先推出，每家商店的大小与传统的星巴克咖啡馆差不多。星巴克还计划升级一些现有的商店以便腾出空间来销售Evolution的产品，并且让其他零售商来经销Evolution的产品。

舒尔茨表示，为了在接下来的一年里建立 Evolution 品牌，该公司将“全面出击”，包括更多关于新店的细节。舒尔茨还驳斥了分析师对星巴克可能步 Jamba Juich 连锁店的后尘的担忧。由于消费者削减了混合果汁饮料等额外消费支出，Jamba Juich 连锁店的销售量一直很疲软，处于苦苦挣扎的状态。舒尔茨说，星巴克将创建一种类型完全不同的商店。

“我们对饮料业务的理解比任何人都好”，舒尔茨在周四这样告诉投资者，“我们正在复制我们对饮料性能的理解，并加入我们的咖啡店里的戏剧性和浪漫。”

星巴克并没有因为这一收购改变其盈利预测。该公司预计 Evolution 公司在 2012 年财年的经营将会有温和的亏损，2013 年则会达到收支相抵……

资料来源：“Starbucks acquires juice business for ＄30M” by Sarah Skidmore from *The Associated Press*, November 10，2011.

文章要点

随着对 Evolution Fresh 公司的收购，星巴克正在计划在 2012 年开设新的健康与保健连锁店，以此对消费者对更健康产品日益增加的需求做出反应。尽管没有披露新店的数量和确切位置，但是，该公司明确表示，第一批店将设在西海岸，大小和传统的星巴克咖啡馆差不多。果汁产品在一些现有的星巴克咖啡馆和其他零售商处也能买到。星巴克预测，它的 Evolution 品牌在 2012 年将会有温和的亏损，但在 2013 年将会达到收支相抵。

新闻分析

a 由于在咖啡馆市场面临着日益增加的竞争，星巴克已经将重心移到国际扩张、消费者产品以及最近的优质果汁业务。随着对 Evolution 公司的收购，星巴克计划开设新的健康与保健连锁店，公司认为这一细分市场具有很强的增长潜力。如果星巴克能够利用其新的连锁店获得相当大的优质果汁市场份额，那么，在短期，公司有在这个细分市场获得经济利润的潜力。图 1 代表了一家获得短期经济利润的星巴克健康与保健商店。只要星巴克在优质果汁市场面临的竞争有限，它的商店就有潜力赚取短期经济利润。经济利润将吸引竞争者进入该市场，我们预计，优质果汁市场最终的结果与优质咖啡市场相同，经济利润在长期下降到零。

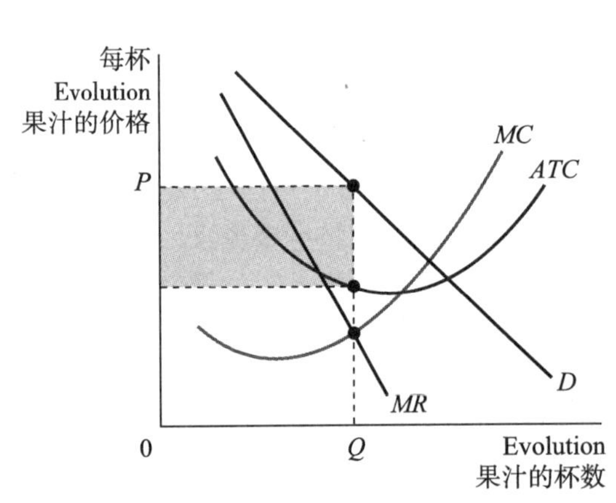

图 1

赚取短期经济利润的新连锁店。

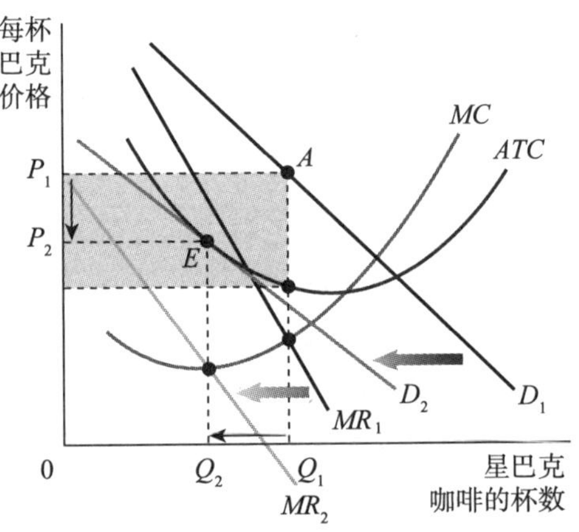

图 2

进入对价格、数量和利润的影响。

b 部分地由于来自麦当劳和唐恩都乐这样的公司日益增加的竞争，星巴克于2008年开始关闭部分咖啡馆。咖啡业务日益增加的竞争是星巴克决定向其他业务进军的原因之一。图2假设在2008年之前，某个现有的星巴克咖啡馆正在赚取经济利润，它销售Q_1杯咖啡，收取的价格为每杯P_1美元。利润最大化产量为边际收益曲线MR_1与边际成本曲线MC_1的交点所对应的产量。价格由需求曲线D_1上的A点决定。企业赚取的经济利润等于阴影区域的面积。其他进入优质咖啡市场的企业降低了星巴克咖啡的需求。星巴克的需求和边际收益曲线向左移动，分别从D_1移动到D_2和从MR_1移动到MR_2。现在的利润最大化产出水平为Q_2，此时，MR_2与MC相交，新的利润最大化价格为P_2。在E点，企业赚取的经济利润为零。

c 尽管对新连锁店的扩张计划没有透露多少细节，但星巴克的CEO霍华德·舒尔茨明确宣布公司的扩张将从西海岸开始，且Evolution公司的产品将不仅限于新店。舒尔茨还强调，新业务将是一种全新类型的商店，不会重蹈竞争对手Jamba Juice的覆辙，后者一直在勉力挣扎以求获得经济利润。

深入思考

1. 假定联邦政府要求新开咖啡馆需要获得许可（现有咖啡馆没有许可证的要求）且许可证的数量有限。这一要求会如何改变咖啡馆市场的均衡价格和均衡数量？谁将从这一要求中获益、谁将受损？
2. 假定星巴克的健康与保健连锁店取得了成功且吸引了来自其他咖啡和果汁零售商的众多客户。这些其他的零售商可能会如何应对消费者口味的这一变化？

本章总结和习题

□ 关键术语

进入壁垒	规模经济	专利	商业战略
博弈论	支付矩阵	卡特尔	垄断竞争
价格领导	合谋	纳什均衡	囚徒困境
合作均衡	非合作均衡	占优战略	寡头

□ 11.1 垄断竞争市场中企业的需求和边际收益

总结

在垄断竞争市场中竞争的企业销售差异化产品。因此，与完全竞争市场中的企业不同，它面临着向下倾斜的需求曲线。当一家垄断竞争企业削减其产品的价格时，它卖掉的数量更多了，但是，对于本可以在更高价格卖掉的所有单位的产品，它必须接受更低的价格。结果，它的边际收益曲线向下倾斜。每家有能力影响它所出售的商品或服务的价格的企业都有着位于需求曲线下方的边际收益曲线。

复习题

1.1 完全竞争企业与垄断竞争企业之间最重要的区别是什么？对在这两种市场中销售的产品各举两个例子。

1.2 为什么本地麦当劳的牛肉汉堡面临着向下倾斜的需求曲线？如果麦当劳把牛肉汉堡的价格提高到其他快餐餐馆收取的价格之上，它会失去所有的顾客吗？

1.3 对于向下倾斜的需求曲线，为什么平均收益等于价格？为什么边际收益小于价格？

问题与应用

1.4 在2010年，达美乐（Domino's）进行了一次新的广告宣传，承认它的比萨味道不是非常好，但宣称它们开发了一个能够极大地改善口味的新配方。如果达美乐成功地说服顾客相信它的比萨比竞争对手的比萨好得多，它的需求曲线会变得更平坦还是更陡峭？请简要解释。

1.5 下表显示了每天对滑雪课的需求，请完成下表：

每天滑雪课的数量（Q）	价格（P）	总收益（$TR=P\times Q$）	平均收益（$AR=TR/Q$）	边际收益（$MR=\Delta TR/\Delta Q$）
0	80.00			
1	75.00			
2	70.00			
3	65.00			
4	60.00			
5	55.00			
6	50.00			
7	45.00			
8	40.00			

1.6 一个学生做了如下论述：

> 当一家企业再多销售一个单位时，企业收到的额外收益等于价格：如果价格为10美元，额外收益也就是10美元。因此，本章所说的"对垄断竞争企业来说边际收益小于价格"是错误的。

请简要解释你是否同意上述论述。

1.7 世界上有许多小麦农场，也有许多星巴克咖啡馆。那么，为什么一家星巴克咖啡馆面临的需求曲线是向下倾斜的，而一个小麦农场主面临的需求曲线是水平的？

1.8 对于在完全竞争市场中销售的企业来说，边际收益有可能为负吗？对在垄断竞争市场中销售的企业来说呢？请简要解释。

1.9 在右侧图中，考虑所销售的第11单位商品的边际收益。当该企业为了销售第11单位商品而将价格从5美元降到4.75美元时，图中哪个区域表示产出效应？该效应的值为多少美元？图中哪个区域表示价格效应？该效应的值为多少美元？第11单位的边际收益为多少？

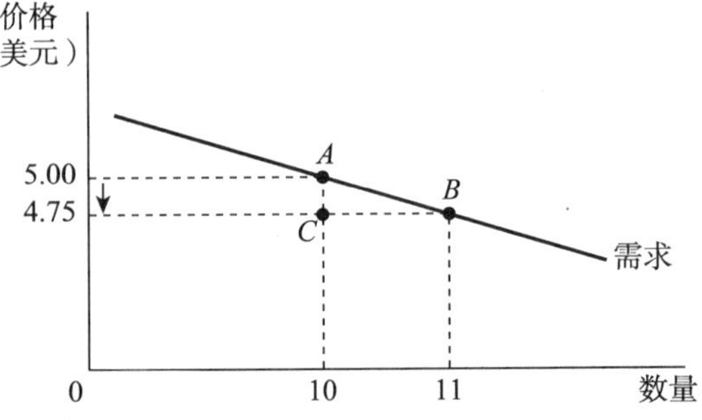

1.10 萨利经营一个蔬菜摊位。她现在每周卖出100磅复古番茄，价格为每磅3.75美元。如果她把价格降到3.70美元，她将卖出101磅复古番茄。第101磅复古番茄的边际收益是多少？

11.2 垄断竞争企业在短期如何最大化利润？

总结

在垄断竞争企业的利润最大化产出水平，边际收益等于边际成本。对于完全竞争企业来说，价格等于边际收益。但是对于垄断竞争企业来说，价格大于边际收益。因此，与在$P=MC$处生产的完全竞争企业不同，垄断竞争企业在$P>MC$处生产。

复习题

2.1 为什么垄断竞争企业和完全竞争企业一样在$P=MC$处生产？

2.2 斯蒂芬经营一家宠物沙龙。他现在每周为125只狗梳毛。如果他为126只狗梳毛的话，他的成本将增加68.5美元，收益增加60美元。为126只狗而非125只狗梳毛对他的利润有多大的影响？

2.3 如果丹尼尔以3.25美元的单价卖350个巨无霸汉堡包，他生产350个巨无霸汉堡包的平均成本是3美元，那么，他的利润是多少？

2.4 垄断竞争企业在决定生产多少产量时应该考虑其固定成本吗？请简要解释。

问题与应用

2.5 玛丽亚管理着一个烤面包店，专门制作脆皮面包。需求和成本信息如下：

每小时脆皮面包销售量（Q）	价格（P，美元）	总成本（TC，美元）
0	6.00	3.00
1	5.50	7.00
2	5.00	10.00
3	4.50	12.5
4	4.00	14.5
5	3.5	16.00
6	3.00	17.00
7	2.50	18.80
8	2.00	21.00

a. 为了最大化利润，玛利亚每小时应该卖多少块脆皮面包？应该收取什么价格？将获得多少利润？

b. 销售利润最大化数量的脆皮面包时，玛利亚收到的边际收益是多少？生产这一数量的脆皮面包时的边际成本是多少？

2.6 ［与例题 11.2 有关］假定生产台灯的某企业的成本信息如下：

数量	平均总成本（美元）
1 000	15.00
2 000	9.75
3 000	8.25
4 000	7.50
5 000	7.75
6 000	8.50
7 000	9.75
8 000	10.50
9 000	12.00

本和杰瑞是公司的经理，他们进行了下面的讨论：

本：我们每月应该生产 4 000 盏台灯，因为该数量将使平均成本达到最小。

杰瑞：但是我们难道不是应该最大化利润而非最小化成本吗？为了最大化利润，我们不需要考虑需求吗？

本：别担心。通过最小化平均成本，我们就最大化了利润。需求将决定我们能收取的价格有多高，但它不会影响我们的利润最大化产量。

请评价这两位经理之间的讨论。

2.7 根据《今日美国》上的一篇文章，美国航空公司在 2011 年第一季度亏损了 4.36 亿美元，而上个季度亏损了 6 900 万美元。该文称："由于去年 12 月以来乘客量温和增加且票价上升，收益上升了 9.2%，达到 55.3 亿美元。"

a. 简要解释企业的收益增加但同时利润下降这种情况为什么可能发生。

b. 用一幅图形说明你对问题 a 的答案。

2.8 在 2008 年最后三个月里，服装零售商 J. Crew 降低了许多产品的价格。在此期间，平均每件衣服的利润下降，它遭受了 1 350 万美元的亏损。这一信息是否表明 J. Crew 降价的决策不是一个利润最大化战略？请简要解释。

资料来源：John Kell，"Markdowns Weigh on J. Crew"，*Wall Street Journal*，March 11，2009。

2.9 William Germano 曾经担任 Routledge 出版公司的副总裁和出版总监。他曾经对出版商可能如何应对图书出版成本意料之外的增加做了如下的描述：

> 常常有人问为什么出版商（在成本上升时）不简单地提高价格……可能编辑收取的价格（已经）高到了市场能够承受的最高价……换句话说，你或许愿意为一本关于布鲁克林大桥（Brooklyn Bridge）的书花 50 美元，但是，如果……生产成本上升了 25%，你或许认为 62.5 美元的价格太高了，尽管那是出版商需要收取的价格。确实，出版商可能会确定这本书能够收取的最高价就是 50 美元，即你在决定转而去租一张关于这座桥的影碟前愿意支付的最高价格。

a. 根据你在本章学到的知识，当成本增加时企业如何调整一种商品的价格？利用一幅图形说明你的答案。

b. 垄断竞争模型看起来是否符合 Germano 的描述？如果一家出版商在生产成本增加后不提高图书的价格，结果会是什么？

c. 所出版图书的需求弹性会如何影响出版商在成本上升时提高图书价格的能力？

资料来源：William Germano，*Getting It Published*：

A Guide to Scholars and Anyone Else Serious about Serious Books，2nd edition，Chicago：University of Chicago Press，2008，p. 107。

2.10 在1916年，福特汽车公司生产50万辆T型车，每辆售价440美元。公司该年的利润为6 000万美元。亨利·福特告诉一个报纸记者，他准备把T型车的价格降到360美元，预计在这个价格下能卖出80万辆车。福特说："虽然每辆车的利润少了，但是卖掉了更多的车，也增加了就业，最终我们得到了应该赚取的总利润。"

a. 福特预计价格下降后销售T型车给他带来的总收益增加还是减少？

b. 利用上面给出的信息用中点公式计算T型车的价格弹性。（中点公式参见第7章。）

c. 要使福特公司销售80万辆T型车时获得的利润等于销售50万辆车时的利润，生产80万辆T型车的平均总成本将会是多少？它比生产50万辆T型车时的平均总成本高还是低？

d. 假设福特公司销售80万辆T型车时获得的利润等于销售50万辆车时的利润。亨利·福特所说的销售80万辆车时每辆车的利润比销售50万辆车时低是否正确？

□ 11.3 在长期，利润会发生什么变化？

总结

如果一家垄断竞争企业在短期正在赚取经济利润，那么，在长期，新企业的进入最终会消除那些利润。如果一家垄断竞争企业在短期正在遭受经济亏损，那么，在长期，现有企业的退出最终会消除那些亏损。当垄断竞争企业力图保持相对于那些试图复制其成功的其他企业的领先地位时，它们为了找到差异化其产品的新方法而持续地付出努力。

复习题

3.1 新企业的进入对现有企业的经济利润有什么影响？

3.2 新企业的进入为什么会引起垄断竞争市场中现有企业的需求向左移动并变得更有弹性？

3.3 零会计利润与零经济利润之间有何区别？

3.4 随着新企业进入市场，垄断竞争企业有可能继续赚取经济利润吗？

问题与应用

3.5 假定Angelica在大学校园附近开了一家小店卖牛腩三明治。下图显示了Angelica的牛腩三明治的需求和成本，利用该图回答下面的问题：

a. 如果Angelica想最大化利润，她每天应该卖多少个牛腩三明治？应该收取什么价格？请简要解释你的答案。

b. Angelica赚取了多少经济利润（或亏损）？请简要解释。

c. 在长期，Angelica可能继续卖这一数量的牛腩三明治吗？请简要解释。

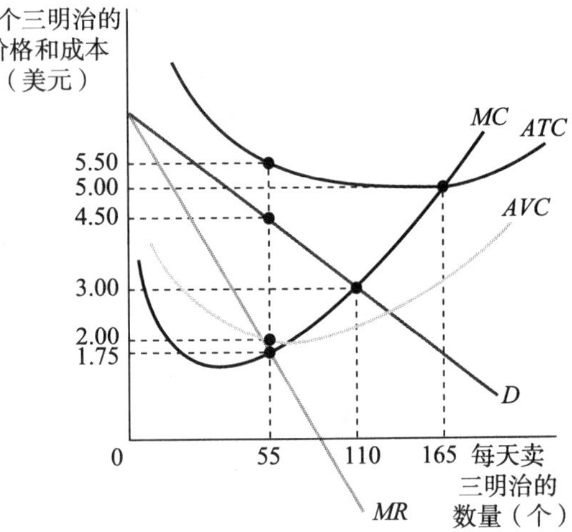

3.6 ［与11.3节中的"不要犯这样的错误！"专栏有关］一个学生说道：

> 如果垄断竞争行业中的企业正在赚取经济利润，新企业就会进入这一行业。最终，代表性企业会发现，它的需求曲线向左移动，直到需求曲线与平均成本曲线相切，此时利润为零。由于企业在该点赚取的利润为零，有些企业将离开这一行业，代表性企业会发现它的需求曲线将向右移动。在长期均衡，价格将高于平均总成本，高出的水平使每家企业正好收支相抵。

简要解释你是否同意这一分析。

3.7 《华尔街日报》的一个专栏作家作出了如下的评论："炼油业务的竞争程度太高了，这对消费者是好事，但对股东则不然。"简要解释为什么炼油行业的高度竞争对消费者是好事而对拥有这些企业的股东是坏事。

资料来源：James B. Stewart，"Coping with the Inevitable：The Losers in Your Portfolio"，*Wall Street Journal*，December 3，2008。

3.8 ［与11.3节中的"建立联系"专栏有关］

当麦当劳开始增加与星巴克的竞争时，星巴克发动了一次新的广告宣传进行还击。根据《华尔街日报》的一篇文章，一个广告宣称："如果你的咖啡不够完美，我们将竭尽全力使其完美。如果还是不够完美，那只能说明你不是在星巴克。"星巴克的CEO霍华德·舒尔茨对这次广告宣传的目的进行了解释："我们不想让公众被误导而认为所有的咖啡都是相同的，因为事实并非如此。"为什么如果消费者认为"所有的咖啡都是相同的"对星巴克来说是一个问题？星巴克可能会采取什么措施说服消费者相信并非所有的咖啡都是相同的？

资料来源：Julie Jargo，"New Ads Will Stir Up Coffee Wars"，*Wall Street Journal*，May 4，2009。

3.9 ［与例题 11.3 有关］hhgregg 在家电和电子产品的零售上一直很成功，其方法是将高价与优质客户服务结合起来。2008 年底，Saks Fifth Avenue 推出了一种奢侈品服装的新零售战略。Saks 决定在节日销售季开始之前将标有服装师标记的品牌服装的价格下降 70%。根据《华尔街日报》上的一篇文章，"实施这一具有风险的削价战略的 Sakes 是大幅打折的首批商家之一，但绝非最后一批商家之一。"根据该文章：

> Saks 的做法公开抛弃了零售商和设计师之间长久以来存在的默契约定……那些古老的规则可以归结为：全价卖至少 2 个月，在节日销售季末之前不降价。

Saks 低价卖奢侈品服装的零售战略可能成功吗？就 Saks 的战略与 hhgregg 的战略在长期成功的可能性进行比较。

资料来源：Vanessa O'Connell and Rachel Dodes，"Saks Upends Luxury Market with Strategy to Slash Prices"，*Wall Street Journal*，February 9，2009。

3.10 Michael Korda 曾经担任 Simon & Schuster 图书出版公司的主编很多年。他写了很多书评，对许多因承诺给读者提供让读者变富裕的财务建议（如通过买卖房产）而畅销的图书进行评论。Korda 对这些书中的建议的有用性持怀疑态度，原因是"我从未见过因为买了一本书而变富裕的人，倒是有很多人通过写书致富了。"根据本章的分析，讨论为什么按照一本书中的建议行事非常难致富？

3.11 ［与开篇案例有关］约翰·奎尔奇（John Quelch）是哈佛商学院的一名营销学教授，他对星巴克面临的局面评论道："星巴克从根本上说是在卖一种体验，但咖啡绝不是它所卖的体验的唯一组成部分。"为什么如果卖咖啡是星巴克"体验"的唯一组成部分的话，星巴克的经营可能就有问题？

资料来源：Sarah Skidmore，"Starbucks Gives Logo a New Look"，Associated Press，January 5，2011。

3.12 在 2011 年，纽约市的一些星巴克店用金属板把电源插座遮了起来以限制那些在座位上使用笔记本电脑的人坐的时间。星巴克的一个发言人表示，每家星巴克店可以决定是否遮住电源插座。为什么有些星巴克店遮住电源插座而另一些则不这么做？

资料来源：Emily Maltby，"Should Coffee Shop Owners Limit Laptop Usage?" *Wall Street Journal*，August 4，2011。

3.13 《华尔街日报》报道，西欧啤酒企业喜力（Heineken）、嘉士伯（Carlsberg）和百威英博（Anheuser-Busch InBev）在增加非酒精啤酒的生产和营销。该文援引嘉士伯的新产品开发总监的话说：

> 非酒精啤酒对大啤酒企业来说在很大程度上是一个尚未开发的机会。当你看到西欧整体的啤酒市场下滑时，非酒精啤酒是很自然的一个行动。因此，毫无疑问，我们在争夺市场份额。

该文进一步写道："啤酒企业希望利用健康意识"，"酿酒技术近来的进展正在帮助改善非酒精啤酒的味道。"

a. 在什么意义上，非酒精啤酒对大啤酒企业是一个"尚未开发的机会"？

b. 啤酒企业是在对消费者的欲望做出反应还是在剥削消费者？请简要解释。

c. 提高了非酒精啤酒的味道的"酿酒技术近来的进展"将如何影响非酒精啤酒市场？

资料来源：Ilan Brat，"Taking the Buzz Out of Beer"，*Wall Street Journal*，August 30，2011。

□ 11.4 比较垄断竞争和完全竞争

总结

完全竞争企业在价格等于边际成本处生产，且平均总成本达到了最低。完全竞争企业既实现了配置效率，又实现了生产效率。垄断竞争企业在价格大于边际成本处生产，且平均总成本高于其最小值。垄断竞争企业既没有实现配置效率，也没有实现生产效率。消费者在购买垄断竞争企业的产品时面临着权衡：他们所付出的价格高于边际成本，产品没有在最小平均成本处生产，但是，他们因能够购买差异化的并且与他们的偏好更为接近的产品而获益。

复习题

4.1 完全竞争企业的长期均衡与垄断竞争企业的长期均衡有何区别？

4.2 为什么垄断竞争企业缺乏生产效率？在什么意义上垄断竞争企业具有过剩生产能力？

4.3 为什么垄断竞争企业缺乏配置效率？

4.4 垄断竞争市场既没有实现配置效率也没有实现生产效率，这一事实意味着这些市场对社会存在重大福利损失吗？在你的答案中，明确定义你所指的"经济福利"是什么意思。

问题与应用

4.5 一个学生做出了如下评论：

> 我能理解为什么完全竞争企业在长期没有赚取利润，原因是完全竞争企业收取的价格等于边际成本。但是，垄断竞争企业可以收取超过边际成本的价格，那么，为什么它在长期不能赚取利润呢？

你会如何回答这个问题？

4.6 考虑下图：

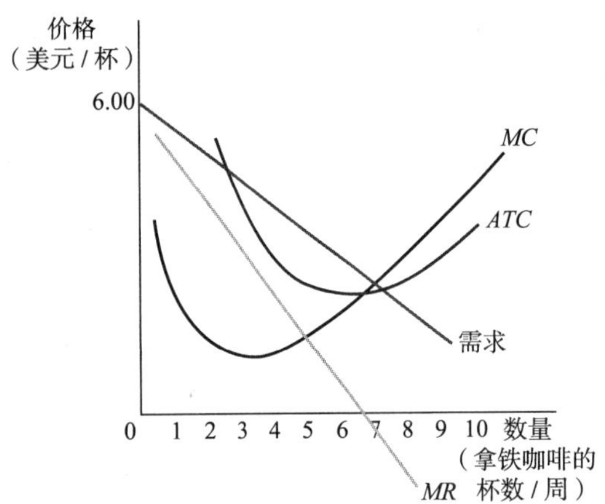

a. 可能判断这家企业是一家完全竞争企业还是垄断竞争企业吗？如果能，解释你是如何判断的。

b. 该图表示的是短期均衡还是长期均衡？请简要解释。

c. 如果该企业是完全竞争企业，图上的哪个数量代表了长期均衡？

4.7 在共产主义遭遇重大挫折前，东欧和苏联的大部分基本消费者产品都是标准化的。例如，政府经营的商店只出售一种类型的肥皂或牙膏。苏联的经济学家常常认为，这种消费者产品标准化的体系避免了与西欧和美国生产的差异化商品和服务相联系的浪费。你同意这种说法吗？

4.8 ［与11.4节中的"建立联系"专栏有关］苹果、谷歌、亚马逊、Hulu、Comcast等企业进入在线播放电影业务会如何影响Netflix？为什么一些分析师对Netflix面对这些竞争对手是否能够存活下去心存疑问？为了存活下去，Netflix必须怎么做？

□ 11.5 寡头和进入壁垒

总结

寡头是少数相互依存的企业相互竞争这样的市场结构。进入壁垒阻止新企业进入一个行业。三种最重要的进入壁垒有规模经济、关键投入的所有权以及政府设置的壁垒。规模经济是最重要的进入壁垒。当企业的长期平均成本随产量增加而下降时，就存在规模经济。政府设置的进入壁垒包括专利、许可要求以及国际贸易壁垒。专利赋予了企业从专利在政府归档日起20年内对一种新产品的排他性权利。

复习题

5.1 什么是寡头？举三个美国寡头行业的例子。

5.2 进入壁垒与一个行业的竞争程度有什么关系？最重要的进入壁垒有哪些？

5.3 举一个政府设置的进入壁垒的例子。为什么政府愿意设置行业进入壁垒？

5.4 什么是专利？如果专利是进入壁垒，为什么政府颁发专利？

问题与应用

5.5 迈克尔·波特（Michael Porter）认为："一个行业中竞争的激烈强度既非偶然也非坏运气。相反，行业中的竞争植根于它的基础经济结构。"波特所说的"经济结构"是指什么？除了经济结构以外，预计还有哪些因素决定一个行业的竞争强度？

资料来源：Michael Porter，*Competitive Strategy: Techniques for Analyzing Industries and Competitors* (New York: The Free Press)，1980，p. 3。

5.6 在2009年，智能手机行业的一些分析师认为，苹果公司可能会提供具有不同特征的多种

iPhone。但是，有一个评论员反对这种看法，他认为："销售以硬件相区分的不同款 iPhone 看起来不可能。物理规格迥异的不同款 iPhone 对苹果的生产方法、产量和成本可能有深远的后果。"提供"物理规格迥异"的不同款 iPhone 可能会如何影响苹果公司的成本？成本的这一变化可能会如何影响苹果收取的 iPhone 价格？成本的这一变化可能会如何影响其他公司与 iPhone 竞争的能力？

资料来源：James Sherwood，"Apple to Look to Software to Differentiate Multiple iPhone Models"，www. reghardware. co. uk，May 18，2009。

5.7 哈佛商学院的托马斯·麦格劳（Thomas McCraw）教授写道："在美国历史上，企业家一直在努力有时甚至竭尽全力想在小规模经营中做出大生意。但一直没有成功。"企业家希望从做出"大生意"中获得什么优势？为什么企业家未能用"小规模经营"做出大生意？用一幅表示长期平均成本的图形说明你的答案。

5.8 下图画出了两家汽车制造企业的平均成本曲线，这两家汽车制造企业分别被称为小汽车企业和大汽车企业。在以下哪种条件下你预计会看到市场由小汽车企业这样的企业组成？在哪种条件下你预计会看到大汽车企业这样的企业在市场中占主导地位？

a. 市场需求曲线与横轴的交点的产量低于 1 000单位时。

b. 市场需求曲线与横轴的交点的产量高于 1 000单位但低于 10 000 单位时。

c. 市场需求曲线与横轴的交点的产量高于 10 000单位时。

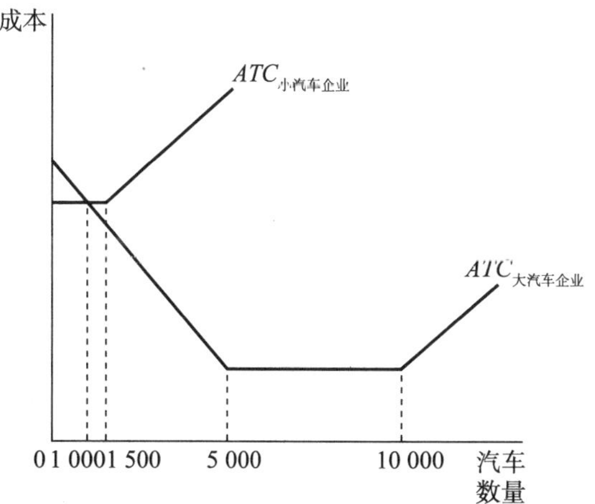

5.9 下图包含两条长期平均成本曲线。请简要解释哪条成本曲线最有可能与寡头行业相联系，哪条最有可能与完全竞争行业相联系。

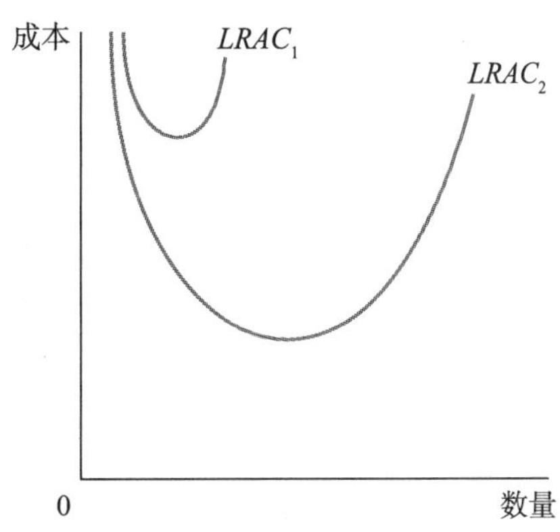

5.10 曾经在哈佛商学院任教的阿尔弗雷德·钱德勒（Alfred Chandler）教授评论道："想象一下如果由三个工厂生产全世界约 1/4 的鞋子、纺织品或木材会产生多大的规模不经济，即单位成本的大幅增加！"鞋、纺织品和木材行业是很有竞争性的，每种产品都有许多企业生产。简要解释钱德勒的评论如何有助于解释这些行业是竞争性的。

资料来源：Alfred D. Chandler，Jr.，"The Emergence of Managerial Capitalism"，in Alfred D. Chandler，Jr.，and Richard S. Tedlow，*The Coming of Managerial Capitalism* (New York：Irwin)，1985，p. 406。

5.11 一个对英国棉纺织品业的发展历史的报告说道：

> 棉纺织品业充斥着无情的竞争。需求的迅速增长、低进入壁垒、频繁的技术创新以及企业的高破产率共同作用，形成了一个寡头竞争的市场结构几乎不可能出现的环境。

解释这里描述的每个因素对棉纺织品业难以出现寡头竞争所起到的作用。

资料来源：Thomas K. McCraw，ed.，*Creating Modern Capitalism*（Cambridge，MA：Harvard University Press），1997，pp. 61-62。

□ 11.6 利用博弈论分析寡头

总结

由于寡头市场结构中只有几家企业，那些企业之间的互动特别重要。博弈论是对人们在满足如下特征的状况下如何决策的研究：人们实现其目标取决于他们与其他人的相互作用。在经济学中，博弈论是指对企业利润取决于该企业与其他企业的相互作用这种行业中企业决策的研究。商业战略是指一家企业为实现一个目标（如利润最大化）所采取的行动。寡头博弈可以用支付矩阵来表示，支付矩阵是表示每家企业从各企业战略的每个组合中得到的支付的表格。寡头中的一个可能的结果是合谋，即企业间达成收取相同价格或者以其他方式不相互竞争的协议。卡特尔是指企业间达成的收取相同价格或者以其他方式不相互竞争的协议。在合作均衡中，企业相互合作以增加它们相互的回报。在非合作均衡中，企业不合作而是追求它们自己的利益。占优战略是指这样的战略：无论其他企业采用何种战略，这样的战略对某企业都是最好的。纳什均衡是指给定其他企业选择的战略，每家企业都选择了最好的战略这样一种状况。每个人都采取占优战略但却导致不合作而这种不合作会使每个人的境况都变差的局势被称为囚徒困境。由于许多商业情景都是重复博弈，企业最终可能进行隐性合谋以维持高的价格。在价格领导中，一家企业首先宣布一个价格变动，该行业的其他企业随后都匹配这一变动。

复习题

6.1 简单定义以下概念：博弈论，合作均衡，非合作均衡，占优战略，纳什均衡。

6.2 为什么经济学家把分析寡头的方法论称为博弈论？

6.3 为什么经济学家把寡头企业的定价战略称为一个囚徒困境博弈？

6.4 显性合谋与隐性合谋之间有什么区别？各举一个例子。

6.5 囚徒困境的结果在重复博弈中会怎么变化？

问题与应用

6.6 鲍勃和汤姆是两名因入室盗窃被拘捕的罪犯。警察将他们两人在不同的审讯室里分别审问。他们跟鲍勃说，如果他认罪并指证汤姆就可以将他释放，如果他保持沉默而汤姆认罪了那就要判刑15年，如果两人都认罪了则每人被判刑10年。警察也跟汤姆说了同样的话。假设鲍勃和汤姆知道，如果两个人都保持沉默，那么，警察掌握的证据只够给他们定更轻的罪，他们都将被判刑3年。

a. 利用所提供的信息写出两人的支付矩阵。

b. 鲍勃有占优战略吗？如果有，是什么？

c. 汤姆有占优战略吗？如果有，是什么？

d. 鲍勃和汤姆会被判刑多少年？他们可能如何避免这一结果？

6.7 解释合谋如何使企业的境况变好。给定合谋的激励，简要解释为什么不是每个行业都会形成卡特尔。

6.8 根据“提前录取”的大学招生计划的规定，学生在秋季申请一所大学，如果被录取了，则必须去该大学就读。根据《商业周刊》上的一篇文章，耶鲁大学校长理查德·列文（Richard Levin）认为，提前录取计划给学生的压力太大，迫使他们在高二就要决定去哪所大学就读。列文校长提议废除提前录取计划。但是，该文的作者怀疑列文校长的提议能否成功，原因在于“只要一些名校提供提前录取，其他学校就会觉得它们也必须这么做，否则就会失去最好的学生。”你同意这一结论吗？博弈论对你分析这一问题有何帮助？

资料来源：William C. Symonds，“Commentary: Second Thoughts on Early Decision”，*Business Week*，March 11，2002。

6.9 相对于其他队员，打出最多本垒打的棒球队员得到的报酬最高。从20世纪90年代中期开始，棒球队员普遍变得强壮得多而且肌肉也更结实。正如一个棒球解说员所说的：“20年前的棒球运动员与现在的比起来就像火柴人一样。”结果，每年击中的本垒打的平均数量大幅增加。棒球运动员力量的增加部分地源于更多的负重训练与更好的调理和饮食。但是，正如有些球员承认的那样，力量的增加还部分地源于服用类固醇激素和其他违禁药物。服用类固醇激素可以显著增加患癌症和其他医学疾病的风险。

a. 在这些情况下，棒球运动员是否处于囚徒困境？请仔细解释。

b. 美国职业棒球大联盟已经开始检测球员是否服用类固醇激素并对服用类固醇激素（或其他用于增强肌肉的违禁药物）者罚款和禁赛。这样的检测使棒球运动员整体的境况变好了还是变差了？请简要解释。

6.10 战场上的战士可能面临囚徒困境。如果所有的战士都挺身而战，那么，整个战斗单位的战士存活的机会就会达到最大。如果战斗有很大的可能性会失败，那么，单个战士可能在其他战士与敌人战斗从而牵制敌人时逃跑，从而最大化自己存活的机会。可是，如果所有战士都逃跑，那么，由于没有人留下来牵制敌人，许多战士可能会被杀或被俘。在古代，罗马军队采取了“大批杀死”的做法。如果一个战斗单位被认为在战斗时逃跑或者有其他懦弱行为，那么，这个战斗单位的战士就会要求排成队，然后每个整十位置的战士会被用剑杀死，在此之前不会对英勇杀敌的战士和表现出懦弱行为的战士进行识别。简要解释在什么情况下，罗马的“大批杀死”体系可能解决了战士在战斗中逃跑的囚徒困境。

6.11 ［与例题 11.6 有关］禁止在电视上做啤酒广告可能会增加还是减少啤酒公司的利润？请简要解释。

6.12 ［与例题 11.6 有关］从 2003 年开始，美国政府花费了数十亿美元重建伊拉克被战争损坏的基础设施。很多工作都是由招标入围的建筑和工程企业来完成的。假定只有两家公司——Bechtel 和 Halliburton——竞标，每家企业决定投标 40 亿美元还是 50 亿美元。（记住，在这种类型的招标中，获胜的投标是较低的那一个，原因是投标代表了政府为了让胜出企业完成重建工作必须支付的金额。）每家企业完成重建工作的成本为 25 亿美元。如果它们的投标相同，那么，它们都会被雇用，两者平分重建工作和利润。如果其中一家企业的投标更低，那么，该企业将被雇用并得到全部的利润。结果如下面的支付矩阵所示。

		Bechtel 50亿美元	Bechtel 40亿美元
Halliburton	50亿美元	Halliburton赚取12.5亿美元的利润 Bechtel赚取12.5亿美元的利润	Halliburton赚取0美元的利润 Bechtel赚取15亿美元的利润
	40亿美元	Halliburton赚取15亿美元的利润 Bechtel赚取0美元的利润	Halliburton赚取7.5亿美元的利润 Bechtel赚取7.5亿美元的利润

a. 这个博弈存在纳什均衡吗？请简要解释。

b. 如果两家公司预计未来将在许多类似的项目上竞标，那么，情况可能会怎么变化？

6.13 ［与例题 11.6 有关］无线射频识别（RFID）追踪标签可能最终会取代条形码。如果采用无线射频识别系统，无线电信号将自动记录产品到达仓库、运送到商店以及被消费者买走。假定沃尔玛和塔吉特独立决定是继续使用条形码还是转而采用 RFID 标签来监控产品的流动。由于许多供货商同时向这两家超市连锁企业供货，所以，对供货商来说，使用其中一种系统比使用两种的成本要低得多。下面的支付矩阵表示了两家企业战略互动所导致的每家企业每年的利润。

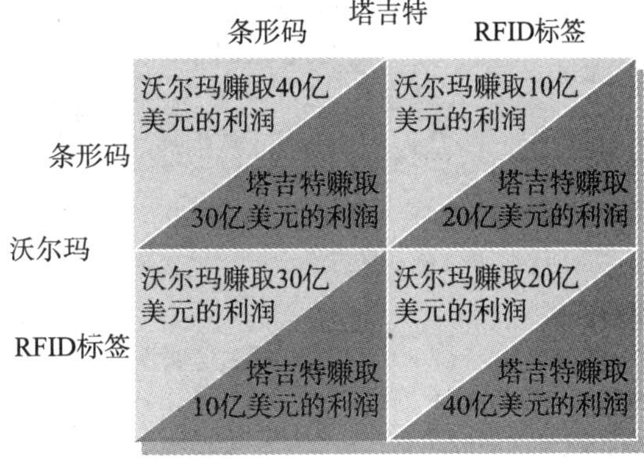

a. 简要解释沃尔玛是否有占优战略。

b. 简要解释塔吉特是否有占优战略。

c. 简要解释这个博弈是否存在纳什均衡。

6.14 一个学生说道：“囚徒困境博弈是不现实的。每个参与人的战略都基于另一个参与人不会合作这一假设。但是，如果每个参与人假设另一个参与人会合作，那么，‘困境’就消失了。”简要解释你是否同意这一说法。

6.15 ［与 11.6 节中的“建立联系”专栏有关］下面一段话摘自《华尔街日报》上的一篇文章：“上周，从 1971 年成立起就实行廉价航空模式的美国西南航空公司推出了国内航班夏季促销，单程机票票价低至 49 美元。与过去一样，主要竞争对手被迫跟进。”为什么其他航空公司“被迫”跟进西南航空公司降低机票票价？如果你得知这次机票降价发生在经济衰退期间，此时人们的收入和乘坐飞机旅行的需求都在下降，你的答案会改变吗？请简要解释。

资料来源：Mike Esterl，“Southwest Airlines CEO Flies Uncharted Skies”，*Wall Street Journal*，March 25，2009。

6.16 ［与 11.6 节中的“建立联系”专栏有关］航空公司常常发现它们置身于价格战中。考虑如下的博弈：达美航空公司和美国联合航空公司是仅有的在休斯敦——奥马哈航线飞行的两家航空公司。每家企业有两个战略：收取高价和收取低价。

a. 每家企业的占优战略是什么（如果有的话）？

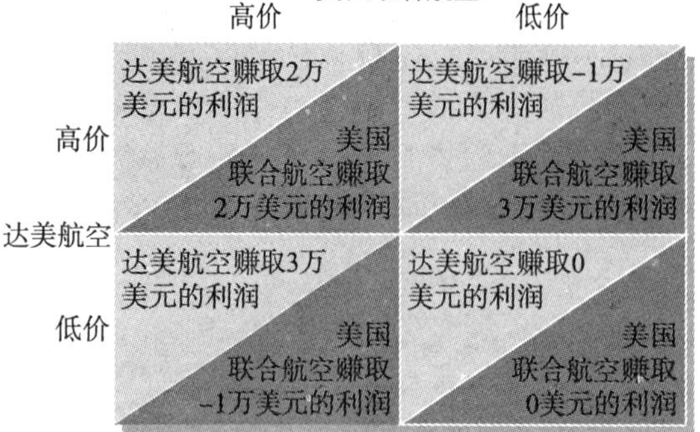

b. 这个博弈是一个囚徒困境吗？

c. 这个博弈重复进行会如何改变每家企业使用的战略？

6.17 [与11.6节中的“建立联系”专栏有关] 直到20世纪90年代末，航空公司在新票价生效的几天前会在电脑订票系统发布拟实施的票价变动。后来，联邦政府采取行动终结了这种做法。现在，航空公司只能在订票系统发布那些立即可供购买的机票价格。为什么联邦政府反对在票价生效之前发布价格的老做法？

资料来源：Scott McCartney, “Airfare Wars Show Why Deals Arrive and Depart”, *Wall Street Journal*, March 19, 2002。

6.18 找到占优战略常常是一种分析博弈的很有效的方法。考虑如下博弈：微软公司和苹果公司是操作系统市场中的两家企业。每家企业有两种战略：收取高价和收取低价。

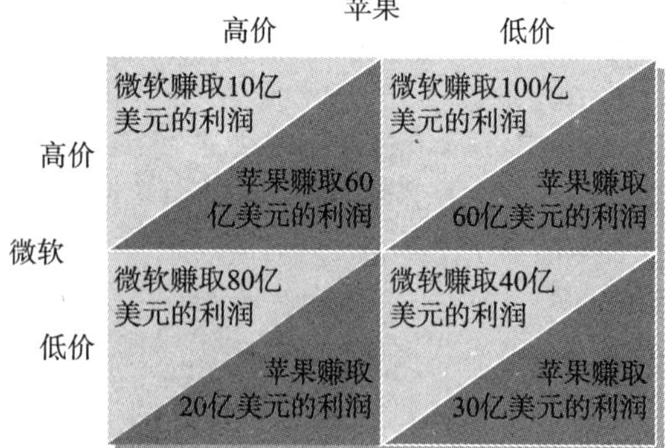

a. 每家企业的占优战略是什么（如果有的话）？

b. 这个博弈有纳什均衡吗？请简要解释。

6.19 DemandTec是一家向百货商店等零售商提供软件的企业，它提供的软件使零售商在需求、成本和其他因素的变化给定的条件下能够就何时提价或削价做出更好的决策。DemandTec和销售类似软件的企业使得较小的零售商能够采用长期以来沃尔玛等较大零售商采用的定价战略。根据《华尔街日报》上的一篇文章，这一软件的使用降低了零售企业在需求下降后削价的次数。削价的减少对消费者来说是好消息吗？对所涉及的企业呢？还是对两者都是好消息？请简要解释。

资料来源：John Jannarone, “Fashioning a Retail Stock Rally”, *Wall Street Journal*, July 8, 2011。

6.20 有一篇报纸文章把沙特阿拉伯称为“该卡特尔的执行者和促成者”。该篇文章所指的是哪个卡特尔？沙特阿拉伯以何种方式成为了促成者和执行者？

资料来源：Andrew E. Kramer, “Russia Cashes In on Anxiety Over Supply of Middle East Oil”, *New York Times*, March 7, 2011。

6.21 参见图11.11。考虑支付矩阵中与沙特阿拉伯选择“低产出”对应的那一行。假定数字变化为：当尼日利亚选择“低产出”时它的利润为1 500万美元，当它选择“高产出”时它的利润为1 000万美元。

a. 假设沙特阿拉伯和尼日利亚同时选择各自的产出水平，写出这种情形下的支付矩阵。该博弈存在纳什均衡吗？如果存在，是什么？

b. 假设沙特阿拉伯和尼日利亚先后做决策：首先，沙特阿拉伯选择其产出水平，然后尼日利亚做出应对，选择其产出水平。利用你在问题（a）得到的支付矩阵中的数值，画出这种情形下的决策树。这个博弈存在纳什均衡吗？如果存在，是什么？

c. 比较你得到的问题（a）和问题（b）的答案。简要解释这两个博弈的结果不同的原因。

第5篇

宏观经济学基础

第 12 章

GDP：衡量总产出与总收入

本章概览和学习目标

12.1 国内生产总值衡量了总产出

解释总产出如何衡量。

12.2 GDP 衡量了我们想用它衡量的东西吗?

讨论 GDP 是不是一个衡量福利的好指标。

12.3 实际 GDP 与名义 GDP

讨论实际 GDP 与名义 GDP 之间的不同。

12.4 总产出与总收入的其他衡量指标

理解总产出与总收入的其他衡量指标。

开篇案例

福特汽车公司感受到经济衰退的影响

在福特汽车公司创立以来的100多年中，它的经历常常反映了美国经济的经历。所以，毫不奇怪，在2009年春，当美国经济遭受着20世纪30年代以来最严重的下滑时，福特公司的轿车和卡车的销售也迅速减少。2009年5月，福特公司的销售量比上年同期下降了20%。即使这样，福特公司的业绩依然强于其在美国的两大竞争对手——通用汽车公司和克莱斯勒公司，后两家公司双双宣布破产。这两家公司继续得以生存的主要原因是联邦政府在这两家公司投资了超过620亿美元。虽然福特公司遭受了惨重的损失，但是它并没有要求政府直接救助。

到了2011年，随着经济从下滑中缓慢复苏，福特公司的销售量也在回升。福特公司和整个汽车行业都经受着经济周期（指经济扩张和经济衰退的时期相互交错出现）的影响。生产与就业在扩张时期上升，在衰退时期下降。

经济活动的总体水平是否增长，无论对于福特这样的公司，还是对于想知道自己能否保住工作的工人，以及对于想知道毕业时能否找到工作的大学生而言，都非常重要。一项研究表明：在从2007—2009年衰退中缓慢复苏的时期，在2010年春季毕业的学生中，一年后只有56%找到了工作。找到工作的毕业生的平均工资是2.7万美元，低于2006—2008年毕业生的平均工资（3万美元）。而且，在衰退期间毕业的学生的较低工资将持续15年之久。显而易见，经济的总体状况非常重要！

本章末的“业内观察”讨论了2011年和2012年不确定的经济状况是如何使汽车的需求低于最初的销售估计量的。

资料来源：Sharon Terlep and Mike Ramsey，“August Auto Sales Perk Up”，*The Wall Street Journal*，September 2，2011；Catherine Rampell，“Many With New College Degrees Find The Job Market Humbling”，*The New York Times*，May 18，2011；Lisa B. Kahn，“The Long-term Labor Market Consequences of Graduating from College in a Bad Economy”，*Labor Economics*，Vol. 17，No. 2，April 2010，pp. 303-316。

生活中的经济学

在哪个国家工作对你最有利？

假定一家航空公司在你2012年毕业后为你提供一份工作。这家公司在加拿大和中国都设有办事处。因为你可以流利地讲英语和汉语普通话，你可以选择在其中一个国家工作和生活。由于国内生产总值（GDP）衡量了一个经济体生产的商品和服务的总产出，所以这两个国家GDP的增长率是你做决策时需要考虑的因素之一。根据国际货币基金组织对2012年的预测，加拿大的GDP将增长2.6%，而中国的GDP将增长9.5%。这两个截然不同的增长率对你选择到哪个国家去工作和生活会有什么影响？如果中国高得多的增长率并不必然导致你选择在中国工作与生活，那是什么原因？在阅读本章的过程中，看看你是否能够回答这些问题。对照我们在本章末尾提供的答案，你可以检验你的答案。

正如我们在第 1 章看到的，我们可以将经济学分成微观经济学和宏观经济学两个领域。**微观经济学**（Microeconomics）研究家庭和企业如何做出选择、它们在市场中如何相互作用以及政府如何试图影响它们的选择。

宏观经济学（Macroeconomics）是把经济视为一个整体而进行的研究，包括通货膨胀、失业和经济增长等主题。在微观经济分析中，经济学家一般研究单个的市场，例如个人电脑市场。在宏观经济分析中，经济学家研究同时影响多个市场的因素。正如我们在本章开篇案例中看到的，经济周期是一个非常重要的宏观经济学议题。**经济周期**（business cycle）是指经济扩张和经济衰退的时期相互交错出现，正如美国经济 19 世纪初以来所经历的那样。**扩张**（expansion）是指经济周期中总生产和总就业都增加的时期。**衰退**（recession）是指经济周期中总生产和总就业都减少的时期。在接下来的几章中，我们将讨论影响经济周期的因素以及政府为了减少经济周期的影响可以采用的政策。

另一个重要的宏观经济学主题是经济增长。**经济增长**（economic growth）指的是经济增加商品和服务的生产的能力。经济增长非常重要，其原因是增长得太慢的经济不能提高人们的生活水平。在非洲的一些国家，过去 50 年中的经济增长很慢，很多人依然高度贫困。宏观经济学既分析一个国家经济增长率的决定因素，也分析增长率在不同国家间迥异的原因。

宏观经济学也分析决定一个经济中就业总水平的因素。正如我们将看到的，在短期，就业水平受到经济周期的显著影响；但是，在长期，经济周期的影响消失了，其他因素决定了就业水平。一个与此相关的问题是：随着时间的推移，为什么一些经济在保持高的就业水平上比另一些国家更为成功？另一个重要的宏观经济学问题是，什么决定了**通货膨胀率**（inflation rate)？即平均价格水平从一年到下一年的百分比增加。和就业一样，通货膨胀既受经济周期的影响，也受其他长期因素的影响。最后，宏观经济学还关注不同经济之间的联系：国际金融和国际贸易。

宏观经济分析提供了消费者和企业为理解当前经济状况和预测未来经济状况所需要的信息。一个家庭在经济中的就业减少时也许不愿意买房子，原因是有些家庭成员可能面临着失业的风险。类似地，当企业预计未来销售可能疲软时，它们可能不愿意投资建造新的工厂或者在信息技术上花费大笔资金。例如，在 2011 年，亨氏食品公司宣布将关闭三个在美国的工厂。亨氏公司做出这样的决定的原因是，宏观经济预测表明消费者对其番茄酱和其他食品类产品的需求只会有缓慢的增长。宏观经济分析也可以帮助联邦政府制定有助于使美国经济更加有效运行的政策。

在本章和第 13 章中，我们将通过思考怎样最优地衡量重要的宏观经济变量来开始我们对宏观经济学的学习。正如我们将看到的，宏观经济变量的衡量中涉及很多重要的问题。我们先来思考经济中总产出和总收入的衡量指标。

12.1 国内生产总值衡量了总产出

《低迷的 GDP 数据令股票市场不安》；

《英国 GDP 疲软，但本有可能更差》；

《日本 GDP 数据高于预期，但忧虑仍挥之不去》；

《马来西亚 GDP 增长 4%》；

《印度尼西亚 GDP 增长超出预期》。

这些大字标题来自 2011 年《华尔街日报》的文章。为什么 GDP 如此频繁地成为新闻的焦点？本节我们将探究什么是 GDP 及其衡量方法。我们还将探究为什么关于 GDP 的知识对于消费者、企业、政府政策制定者而言很重要。

□ 12.1.1 总产出的衡量：国内生产总值

经济学家用**国内生产总值**（gross domestic product，GDP）来衡量总产出。GDP 是一国在一段时期内（通常为 1 年）生产的所有最终商品和服务的市场价值。在美国，商务部下属的经济分析局（BEA）收集计算 GDP 所需的数据。BEA 每三个月发布一次 GDP 报告。GDP 是宏观经济学的中心概念之一，所以我们要仔细思考它的定义。

GDP 用市场价值而不是数量来衡量。

价值这个词在 GDP 的定义中非常重要。在微观经济学中，我们用数量来衡量产出：福特公司生产的汽车的数量，美国农民种植的小麦的吨数，美国航空公司运送旅客的人数。当衡量经济的总产出时，我们不能仅仅将每种商品和服务的数量直接加总（也就是说将小麦的吨数、牛奶的加仑数、飞机乘客数等等直接相加），因为这样的结果杂乱而无意义。相反，我们用所有生产出来的商品和服务用货币表示的价值来衡量产出。

GDP 只包含最终商品的市场价值。

在衡量 GDP 时，我们只包括最终商品和服务的价值。**最终商品或服务**（final good or service）是指由最终使用者购买的、不包括在任何其他商品或服务的生产中的商品或服务。消费者购买的汉堡包、企业购买的电脑等就是最终商品。但是，有些商品或服务成为了其他商品或服务的一部分。例如，福特公司不为自己的轿车和卡车生产轮胎，而是从其他轮胎生产商如固特异公司（Goodyear）和米其林公司（Michelin）购买。这些轮胎就是**中间商品**（intermediate good），而福特卡车就是最终商品。在计算 GDP 的过程中，我们把福特卡车的价值包括在内，但不包括轮胎的价值。如果我们计入了轮胎的价值，就出现了重复计算：轮胎的价值在其被轮胎生产商卖给福特公司时被计入，在装有轮胎的卡车被卖给消费者时又二次计入。

GDP 只包含当前的生产。

GDP 只包含在标明时期内生产的商品和服务。例如，2012 年的 GDP 只包括当年生产的商品和服务。特别地，GDP 不计入二手商品的价值。如果你从 Amazon.com 购买了一张《黑暗骑士崛起》(*The Dark Knight Rises*) DVD，这笔购买会计入 GDP。如果半年后你在 eBay 上将其转售，这笔交易就不会计入 GDP。

例题 12.1　计算 GDP

假定一个非常简单的经济体只生产如下四种商品和服务：眼科检查、比萨、教材和纸张。假设该经济体中所有的纸张都被用于教材的生产。运用下面表格中的信息来计算 2013 年的 GDP。

2013 年生产和价格数据		
(1) 产品	(2) 数量	(3) 单价 (美元)
眼科检查	100	50.00
比萨	80	10.00
教材	20	100.00
纸张	2 000	0.10

解:

第 1 步:复习本章内容。这一问题是关于国内生产总值的,所以你可能需要复习一下 12.1.1 节"总产出的衡量:国内生产总值"。

第 2 步:确定表格中列出的哪些商品和服务应该在计算 GDP 时被计入。GDP 是所有最终商品和服务的价值之和。所以,我们需要计算表格中列出的所有最终商品和服务的价值。眼科检查、比萨和教材是最终商品和服务。如果纸张被消费者购买供打印使用,那它就是最终商品。但是,在本题中我们假设出版商购买了所有纸张来生产教材,所以纸张就是中间商品,其价值不计入 GDP。

第 3 步:计算表格中列出的 3 种最终商品和服务的价值。价值等于产量乘以单价,所以我们用第 (1) 列的数字乘以第 (2) 列的数字,得到下表:

产品	(1) 数量	(2) 单价 (美元)	(3) 价值 (美元)
眼科检查	100	50	5 000
比萨	80	10	800
教材	20	100	2 000

第 4 步:将 3 种最终商品和服务的价值加总得到 GDP。GDP=眼科检查产出价值+比萨产出价值+教材产出价值=5 000+800+2 000=7 800 美元。

轮到你了: 要想做更多的练习,请做本章末的问题与应用 1.10。

□ 12.1.2 产出、收入和循环流动图

当我们通过计算 GDP 来衡量经济中总产出的价值时,我们同时也衡量出了总收入的价值。要明白为什么总产出的价值等于总收入的价值,考虑你在某个产品上所花的钱会发生些什么。假定你花费 499 美元在百思买商店购买了一台苹果 iPad。所有这 499 美元最终将成为某些人的收入。苹果和百思买商店将得到 499 美元中的一部分作为利润,苹果的员工将得到一部分作为工资,将这台 iPad 卖给你的销售人员将得到一部分作为工资,为苹果提供部件的企业将得到一部分作为利润,这些企业的工人将得到一部分作为工资,等等。每一分钱最终都会成为某人的收入。(但是,注意这台 iPad 的销售税将由商店收取然后交给政府,而不会成为任何人的收入。)所以,如果我们将经济中所销售的所有商品和服务的价值加总,我们一定会得到一个总量,它恰好等于经济中总收入的价值。

图 12.1 所示的循环流动图是在第 2 章引入的，用来阐述市场中企业和家庭的相互作用。在这里我们用它来阐述经济中的支出和货币的流动。企业向三类人出售商品和服务：本国家庭，外国企业和家庭，政府。外国企业和家庭（在图中表示为“世界其他地方”）在本国生产的商品和服务上的支出叫做出口。例如，美国联合航空公司将机票卖给欧洲和亚洲的乘客。正如图 12.1 底部所指出的，我们可以通过加总这三类人在商品和服务上的总支出来计算 GDP。

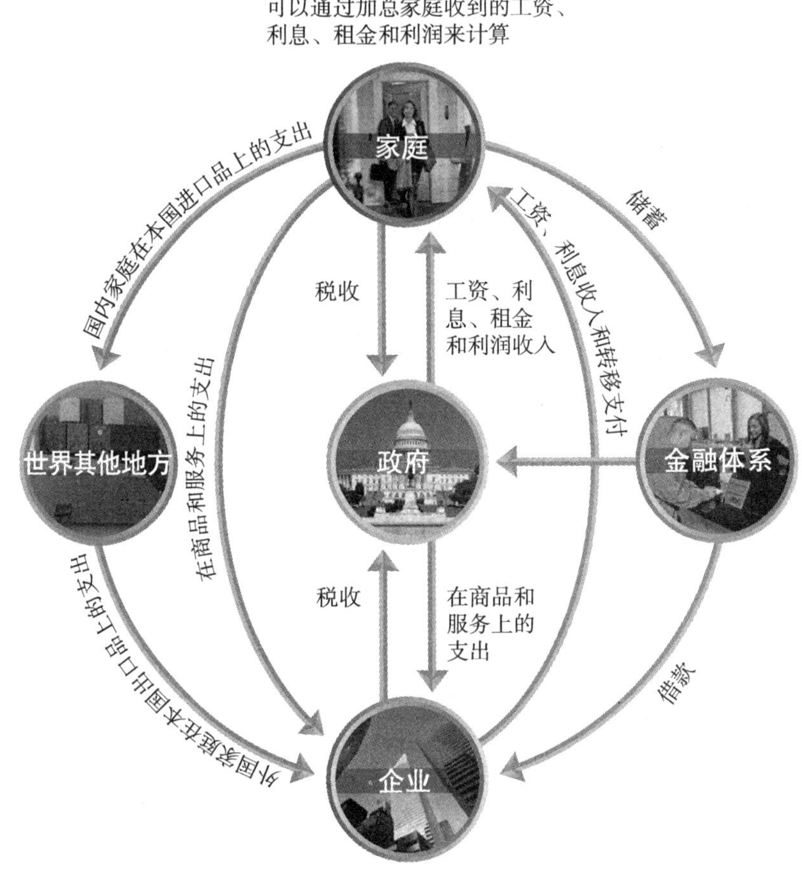

图 12.1　循环流动图和 GDP 的衡量

循环流动图说明了经济中的支出和货币的流动。企业向三类人出售商品和服务：本国家庭，外国企业和家庭，政府。为了生产商品和服务，企业使用以下生产要素：劳动，资本，自然资源和企业家才能。家庭为企业提供生产要素，换取工资、利息、利润和租金等形式的收入。企业付给家庭工资、利息和租金以换取劳动服务和其他生产要素。工资、利息、利润和租金的总和就是经济中的总收入。我们可以计算家庭的总收入来得到 GDP。这个图也表明家庭用其收入购买商品和服务、交税和储蓄。企业和政府借入从家庭流向金融体系的资金。我们既可以用计算在最终商品和服务上的总支出的方法也可以用计算总收入的方法得到 GDP。

企业用劳动、资本、自然资源和企业家才能等生产要素来生产商品和服务。家庭向企业提供生产要素以换取收入。我们将收入分成四类：工资、利息、租金和利润。企业向家庭支付工资以换取劳动服务、支付利息以换取对资本的使用权、支付租金以换取对土地等自然资源的使用权。利润是一个企业的收入在支付工资、利息和租金后剩下的部分，它是组织其他生产要素与承担生产和销售商品和服务的风险的企业家才能的回报。正如图 12.1 所示，联邦、州和地方政府都向家庭支付工资和利息，以换取劳动服务和其他生产要素。政府还向家庭提供转移支付。**转移支付**（transfer payments）包含对退休人员和残疾人的社会保障以及对失业工人的失业保险金。这些支付并没有包含在 GDP 中，因为它们不会收到新商品或服务作为交换。工资、利息、租金和利润的总和是经济中的总收入。正如图 12.1 顶部所指出的，我们可以用家庭的总收入来计算 GDP。

这幅图也使我们能够追踪家庭使用其收入的方式。家庭将其部分收入花在商品和服务上。这些花费一部分花在国内生产的商品和服务上，一部分花在国外生产的商品和服务上。后者叫做进口。家庭也用其部分收入向政府交税。（注意企业也向政府交税。）家庭的一部分收入并没有花在商品和服务上，也没有用于交税，而是变成存在银行的支票或储蓄账户或用来购买股票或债券。银行及债券和股票市场构成了金融体系。从家庭流入金融体系的资金流动使得政府和企业的借款成为可能。正如我们将看到的，金融体系的健康对于一个经济体而言至关重要。如果企业丧失了从金融体系借款的能力，它就难以扩张和采用新技术。事实上，正如我们将在第 14 章中讨论的，如果一个国家没有一个发展良好的金融体系，它就不能保持高水平的经济增长。

循环流动图表明，我们既可以用计算在最终商品和服务上的总支出的方法也可以用计算总收入的方法得到 GDP。这两种方法算得的 GDP 数值相等。

□ 12.1.3 GDP 的组成部分

美国经济分析局将 GDP 的数据分成四种主要的支出类型：消费、投资、政府购买和净出口。经济学家运用这些类别来了解 GDP 波动的原因和预测未来 GDP。

个人消费支出，或简称“消费”。

消费（consumption）支出是家庭花的钱，被分为在服务（如医疗保健、教育、理发）上的支出；在非耐用品（如食物和服装）上的支出；在耐用品（如汽车和家具）上的支出。家庭购买新房产的支出没有包含在消费中。相反，购买新房产的支出被包含在投资这一类别中，我们将在下面讨论。

总私人国内投资，或简称“投资”。

在总私人国内投资或简称**投资**（investment）上的花费被分为三类。企业固定投资是企业在新工厂、办公大楼和用来生产其他商品的机器上的花费。住房投资是由家庭和企业在新的独栋住房或多单元住宅上的支出。企业存货的变动也被包含在投资中。存货指已经生产但尚未出售的商品。如果福特公司在年初有价值 2 亿美元的未出售的汽车，而在年末有价值 3.5 亿美元的未出售汽车，那么这一年福特公司在存货投资上花费了 1.5 亿美元。

政府消费和总投资，或简称“政府购买”。

政府购买（government consumption）是联邦政府、州政府和地方政府在商品和服务上的花费，如教师的工资、高速公路和航空母舰的建造费用。再一次地，政府在转移支付上的花费没有包含在政府购买中，因为其没有导致新商品和服务的生产。

商品和服务的净出口，或简称“净出口”。

净出口（net exports）等于出口减进口。出口是指美国生产的但由外国的公司、家庭和政府购买的商品和服务。在计算 GDP 时我们将出口加到支出的其他类别中，原因在于否则我们就无法涵盖所有在美国生产的新商品和服务。例如，如果南达科他州的农民将小麦卖给中国，小麦的价值被包含在 GDP 中，因为它代表在美国的产出。进口是指美国的公司、家庭和政府购买的但由国外生产的商品和服务。我们将进口从总支出中减去，因为不然的话就包含了不在美国生产的新商品和服务。例如，美国消费者购买了中国生产的价值 10 亿元的家具，这笔花费计入了消费支出。但是计算 GDP 时要将其减去，因为进口这些进口品不代表在美国的产出。

不要犯这样的错误！

记住经济学家所说的投资是什么意思

注意本章中所用投资的定义比日常生活中用的要窄。例如，人们经常提到他们投资于股票市场和稀有钱币。正如我们已经看到的，经济学家用投资这个词指代机器、厂房和房产的购买。经济学家没有把购买股票或稀有钱币和储蓄账户的存款包括在投资的定义中，因为这些活动没有导致新商品的生产。例如，一股微软公司的股票代表对该公司的部分所有权。当你购买了一股微软公司股票，此时没有新商品被生产出来，只是这一小部分微软公司所有权发生了转移。类似地，购买一枚稀有钱币或将 1 000 美元存入储蓄账户，并没有导致产出的增加。GDP 不受任何这类活动的影响，所以这些活动没有被包含在投资的经济学定义中。

轮到你了：做本章末的问题与应用 1.11，看看你理解得如何。

□ 12.1.4 GDP 等式和一些现实数字

一个简单的等式加总了 GDP 的各个组成部分：

$$Y=C+I+G+NX$$

这个等式告诉我们 GDP（用 Y 表示）等于消费（C）、投资（I）、政府购买（G）和净出口（NX）之和。图 12.2 列出了 2010 年美国 GDP 各个组成部分的数值。图形鲜明地表明消费是 GDP 最大的组成部分，而且占到了大部分。表格对 GDP 各组成部分做了更加详细的分解，显示出如下有趣的几点：

● 在服务上的消费者支出大于在耐用品和非耐用品上的消费者支出之和。在服务上的支出更多这一事实反映了美国和其他高收入国家从商品生产转向服务生产这一趋势在持续。随着这些国家的人口平均变得年龄更大而且更富有，他们对于医疗保健和理财建议等服务的需求比对商品的需求增长得更快。

● 企业固定投资是投资中最大的组成部分。正如我们在后面几章将要看到的，企业在新厂房、电脑和生产设备上的支出可能发生波动。例如，企业固定投资的减少在 2007—2009 年的衰退中起到了非常重要的作用。

● 州政府和地方政府的购买大于联邦政府的购买。原因在于，基本的政府活动，如教育和执法，大部分发生在州政府和地方政府层面。

● 进口大于出口，所以净出口为负。我们将在第 19 章中讨论为什么美国经济的进口一直以来通常大于出口。

GDP 的组成部分（10 亿美元）		
消费		10 246
耐用品	1 086	
非耐用品	2 302	
服务	6 859	
投资		1 795
企业固定投资	1 390	
住房投资	338	
企业存货的变动	67	
政府购买		3 003
联邦政府	1 223	
州和地方政府	1 780	
净出口		–517
出口	1 840	
进口	2 357	
GDP 总和		14 527

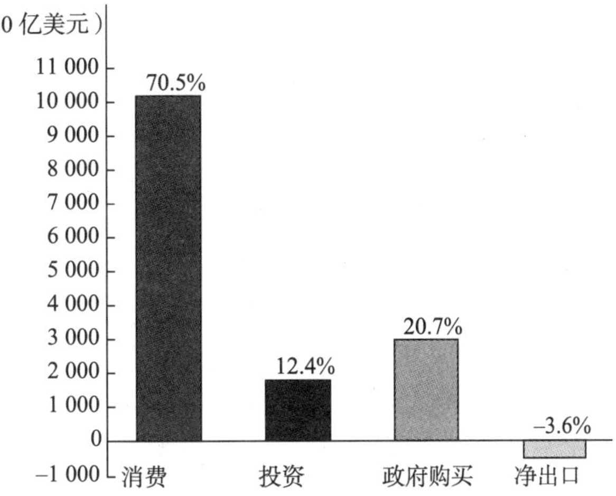

图 12.2 2010 年 GDP 的组成部分

消费占 GDP 的 70.5%，远超 GDP 的其他组成部分。近几年，净出口一般为负，这降低了 GDP。注意由于四舍五入，每一类的各子类的和可能不等于总和。

资料来源：Bureau of Economic Analysis。

建立联系

美国的消费者会减少支出吗?

在图 12.2 中我们看到，2010 年美国消费占 GDP 的 70.5%。如下图所示，美国消费占 GDP 的比重既大于其他大部分高收入国家，也大于像中国和印度这样迅速增长的国家。

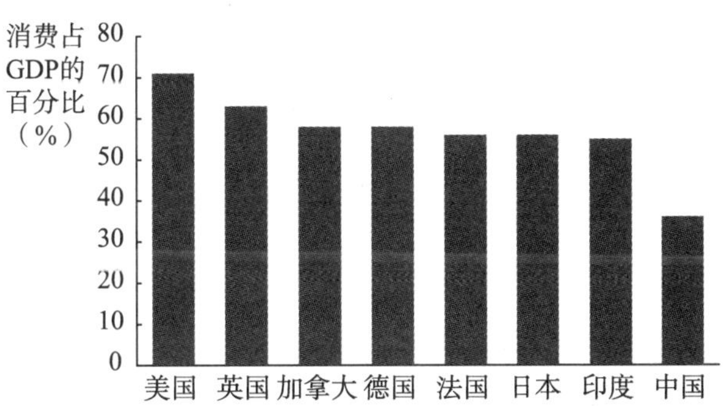

如下页图所示，美国消费占 GDP 的比例随时间增加。在 20 世纪 80 年代中期之前，消费低于 GDP 的 65%。到 21 世纪初，消费已经增加到 GDP 的 70%。

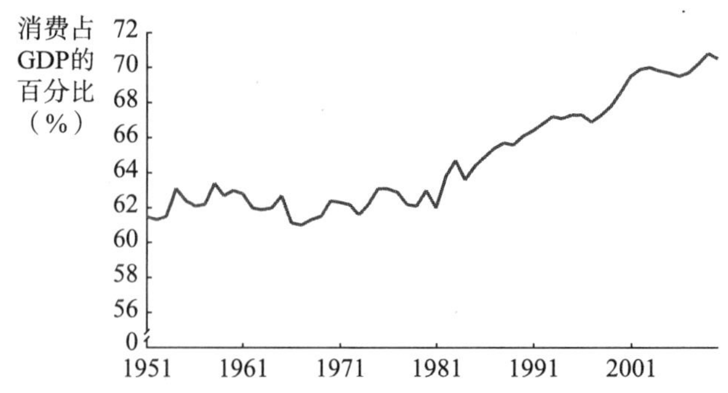

消费得以增加的部分原因是美国家庭减少了储蓄，另一部分原因是他们增加了借债。在20世纪80年代中期，美国家庭的储蓄占收入的大约10%，但是到2005年，这一比重降至了大约1%。低储蓄率的部分原因是房价和股价上涨造成的家庭财富的增加。从2001年至2006年，美国许多地区的房价迅速上升。由道琼斯工业平均指数和标准普尔500指数所衡量的股票价格也在2007年10月达到了历史最高点。一些家庭认为，因为他们的房产和股票市场上的投资都在增值，所以将当期的部分收入储蓄起来的必要性下降了。

在21世纪初，许多家庭用不断增值的房产作为抵押来向银行申请贷款，银行也越来越愿意发放这种贷款。与此同时，银行和其他金融企业也放宽了发放信用卡的条件要求，所以，一些有不良信用记录的家庭也能用信用卡借款来支持其消费。贷款和其他负债占家庭收入的比例从20世纪80年代中期的大约65%上升到2007年创纪录的133%，之后在2011年年中下降到102%。

2006年，房屋价格开始下降，并因2007年12月开始的经济衰退而加速。股价也大幅下滑。下降的房价和股价使家庭财富减少了数万亿美元。银行和其他金融机构也收紧了放贷标准，这加大了许多家庭贷款的难度。面对着财富的缩水和获取贷款难度的增加，家庭储蓄率开始上升，到2009年上升到了6%以上。

正如我们在后面几章将要看到的，家庭储蓄的增加在长期对经济是有利的，因为它为那些需要借款来为投资融资的企业提供了更多的资金，从而使经济更快地增长。但是，在短期，2011年有许多企业——尤其是像福特这样的销售耐用品的企业——担心，从2007—2009年衰退中复苏的速度之所以缓慢，部分地是由于美国家庭减少花费和增加储蓄的决心。

资料来源：Bureau of Economic Analysis; Organization for Economic Cooperation and Development; and United Nations。

轮到你了：做本章末与本专栏相关的问题与应用1.12，看看你理解得如何。

□ 12.1.5 用增加值法计算GDP

我们已经看到，通过加总所有最终商品和服务上的支出能够计算GDP。另一种计算GDP的方法是增加值法。**增加值**（value added）指的是企业为一种产品所增加的市场价值，等于这个企业出售一种商品的价格减去它向其他企业购买中间商品所支付的价格。表

12.1 给出了一个利用增加值计算 GDP 的假想例子。在这个例子中所涉及的每家企业参与了一件在 L. L. Bean 网站上销售的衬衫的生产。

假定一个棉农向纺织厂出售 1 美元的生棉花。为了简化问题，我们不考虑棉农从其他企业购买的任何投入（如棉种和肥料），所以这个棉农的增加值是 1 美元。纺织厂将生棉花制成棉布，并以 3 美元的价格卖给衬衣公司。纺织厂的增加值（2 美元）是其购买生棉花所支付的价格（1 美元）和出售所织棉布价格（3 美元）之差。类似地，衬衣企业的增加值（12 美元）是其购买棉布所支付的价格（3 美元）和出售衬衣给 L. L. Bean 公司的价格（15 美元）之差。L. L. Bean 公司的增加值（20 美元）是购买衬衣所支付的价格（15 美元）和在网站上出售衬衣的价格（35 美元）之差。注意：L. L. Bean 公司在网站上出售衬衣的价格正好等于生产这件衬衣过程中每家企业创造的增加值的总和。我们可以通过加总某一特定时期内生产的最终商品和服务的市场价值来计算 GDP。或者，我们也可以通过加总生产这些商品和服务的过程中所涉及的每家企业的增加值来得到相同的 GDP 值。

表 12.1　　计算增加值　　单位：美元

企业	产品价值	增加值
棉农	生棉花的价值=1	棉农创造的增加值=1
纺织厂	由生棉花织成的棉布的价值=3	纺织厂创造的增加值=3−1=2
衬衣公司	由棉布做成的衬衫的价值=15	衬衣制造商创造的增加值=15−3=12
L. L. Bean 公司	在 L. L. Bean 网站上销售的衬衫的价值=35	L. L. Bean 公司创造的增加值=35−15=20
	总增加值	**=35**

12.2 GDP 衡量了我们想用它衡量的东西吗？

经济学家用 GDP 来衡量经济中的总产出。出于这个目的，我们希望 GDP 尽可能全面，而不遗漏经济中任何重要的生产。大部分经济学家认为 GDP 很好地衡量了产出（但不是毫无瑕疵的）。GDP 有时也被用来衡量福利。虽然通常来说人们拥有的商品和服务越多，福利就越高，但是，我们将会看到，GDP 只是一个粗略的衡量福利的指标。

□ 12.2.1 GDP 作为总产出指标的缺陷

当美国经济分析局计算 GDP 时，它不计入两类产出：家庭产出和地下经济产出。

家庭产出。

除了极少数例外，美国经济分析局没有试图估计未在市场买卖的商品和服务的价值。如果一个木匠制作和销售书架，这些书架的价值将被计入 GDP。如果这个木匠制作一个书架供自己使用，这就不被计入 GDP。家庭产出指的是人们生产出来供自己使用的商品和服务。家庭产出最重要的类型是家庭主妇或主夫为自己家庭提供的服务。如果一个人在家照顾孩子、打扫房屋、为家人做饭，这些服务的价值没有被计入 GDP。如果一个人决定出去工作，将孩子们送到日托中心、雇用保洁服务和去餐馆吃饭，那么支付给日托中心、保洁服务和餐馆饭菜的费用就会增加 GDP，即使这些服务的生产实际上并没有增加。

地下经济产出。

个人和企业有时会隐瞒商品和服务的买卖，在这种情况下，他们的产出就没有被计入 GDP。个人和企业隐瞒他们购买和销售的东西有以下三个基本原因：他们交易非法的商品和服务，如毒品和卖淫；他们希望规避收入所得税；或是他们希望绕开政府管制。这些被隐瞒的买卖被称作**地下经济**（underground economy）。对美国地下经济规模的估计差别很大，但很可能最多只有测得的 GDP 的 10%，约合 1.5 万亿美元。在一些低收入国家，如津巴布韦和秘鲁，地下经济可能超过测得的 GDP 的一半。

不包含家庭产出和地下经济产出是 GDP 的严重缺陷吗？大多数经济学家都认为不是，原因是 GDP 的最重要的用途是衡量经济表现在短时期内的变动，如逐年变动。对于这个目的，遗漏家庭产出和地下经济产出并不重要，因为这两者的规模在相邻年份之间一般不太可能有大的变动。

我们也用 GDP 来衡量相当长时期内商品和服务产出如何变动，例如 10 年或更长。对于这个目的，遗漏家庭产出和地下经济产出可能更加重要。例如，从 20 世纪 70 年代开始，离开家庭外出工作的女性人数显著增长。在接下来的年份里一些商品和服务（例如照顾儿童和餐馆饭菜）并不是总产出的真实增加，只是之前家庭产出的替代。

建立联系

为什么很多发展中国家有如此大规模的地下经济？

近来的估计认为，美国地下经济的规模是测得的 GDP 的 8%，西欧国家的则为 13%。许多发展中国家地下经济的规模要大得多，可能达到测得的 GDP 的 50%甚至更多。在发展中国家，地下经济常常被称为非正规经济部门，与正规经济部门相对，正规经济部门中的商品和服务产出是被衡量了的。虽然商品和服务是被衡量了并计入 GDP 中还是未被衡量或许看上去无关紧要，但是大规模非正规经济部门的存在可能是政府政策阻碍经济增长的标志。

因为非正规经济部门中的企业在非法经营，所以与合法经营的企业相比，它们的规模往往更小，拥有的资本也往往更少。在非正规经济部门创办企业的企业家们可能担心政府有朝一日会关闭他们的企业或将其充公。所以，这些企业家们会限制他们对这些企业的投资。结果，在这些企业工作的工人有较少的机器和设备可以使用，所以能够生产出来的商品和服务也更少。非正规经济部门的企业家们还需要支付规避政府当局的花费。例如，巴西的非正规经济部门的建筑公司需要雇用监视哨，以便当政府检查人员来到附近时提醒工人们躲起来。在很多国家，非正规经济部门的企业需要大量贿赂政府官员以便能够继续营业。一些发展中国家的非正规经济部门规模很大的原因在于高税收和广泛的政府管制。例如，巴西的企业所支付的税收占到了总税收的85%，而在美国，这一比例只有41%。毫不令人奇怪，大约一半巴西工人受雇于非正规经济部门。在津巴布韦和秘鲁，在非正规经济部门就业的工人比例高达60%或70%。一项估计认为印度非正规经济部门的规模接近测得GDP的50%。

很多经济学家认为，发展中国家税收如此高的原因是这些国家在试图为相对于它们的经济来说与工业化国家相同的大规模政府部门支付费用。例如，巴西的政府支出（包含转移支付）占测得的GDP的41%，而在美国，该比例是36%。在20世纪初，美国远比如今更贫穷时，政府支出只占GDP的8%左右，所以当时美国企业的税收负担低得多。在巴西这样的国家，将企业从非正规经济部门引导到正规经济部门可能要求政府削减支出和税收。但是，在大多数发展中国家，选民并不愿意看到政府服务的减少。

资料来源："Dynamic but Dirty", *Econometrics*, December 2, 2010; "Notes from the Underground", *Econometrics*, April 2, 2009; Mary Anastasia O'Grady, "Why Brazil's Underground Economy Grows and Grows", *Wall Street Journal*, September 10, 2004; and the International Monetary Fund。

轮到你了：做本章末与本专栏相关的问题与应用2.8，看看你理解得如何。

□ 12.2.2 GDP作为福利衡量指标的缺陷

GDP的主要目的是衡量一个国家的总产出。但是GDP也常被用来衡量福利。例如，新闻和杂志文章常常包含那些显示不同国家人均GDP水平的表格。人均GDP的计算方法是用一个国家的GDP值除以该国的人口数量。这些文章暗示，在人均GDP水平更高的国家，人民生活得更好。虽然GDP的增长常常引起人们福利水平的提升，但是，由于以下几个原因，GDP并不是一个完美的衡量福利的指标。认识到这一点非常重要。

闲暇的价值没有包含在GDP中。

如果一个经济咨询师打算退休，虽然这个咨询师认为增加的闲暇价值比在咨询公司挣得的收入更高，但是GDP却会减少。这个咨询师的福利增加了，但是GDP减少了。在1890年，一个典型的美国人每周工作60小时。如今，一般美国人每周工作时间少于40小时。如果现在美国人仍每天工作60小时，GDP将会比现今数值高得多，但是，一个典型美国人的福利将会降低，因为可用于休闲活动的时间会更少。

GDP没有对污染和生产的其他负效应进行调整。

当一个干洗工清洗并熨平衣物时，这项服务的价值被包含在GDP中。如果这个干洗工使用的化学用品污染了空气或水，GDP并没有为补偿污染产生的成本而进行调整。类似地，生产出来的香烟的价值被计入GDP，但是GDP也没有对一些吸烟者患上肺癌的成本做出调整。

但是，我们需要注意，GDP的增加经常导致国家投入更多资源来减少污染。例如，1970—2011年间，随着美国的GDP平稳增长，六种主要空气污染物的排放量减少了50%以上。与高收入国家相比，发展中国家的污染水平常常更高，这是因为这些国家的GDP水平更低，使其更加不愿意将资源用于减少污染。中国的污染水平比美国、日本和西欧国家要高得多。根据世界卫生组织的数据，世界上污染最严重的10个城市中有7个在中国。但是，随着中国GDP的持续上升，该国可能会投入更多的资源来减少污染。

GDP 没有根据犯罪和其他社会问题的变化进行调整。

犯罪的上升会降低福利，但是，如果这导致在警察、安保和警报体系上的支出增加，那么 GDP 可能实际上会上升。GDP 同样没有对离婚率、毒瘾和其他影响人们福利的因素的变化进行调整。

GDP 衡量了蛋糕的大小，但是并没有衡量蛋糕是怎么分配的。

当一个国家的 GDP 增加时，这个国家拥有了更多的商品和服务，但是这些商品和服务的分配可能非常不公平。所以，对于普通人消费的商品和服务，GDP 可能没有提供有用的信息。

总而言之，我们可以说一个人的福利取决于许多 GDP 的计算中未考量的因素。因为 GDP 是为衡量总产出而设计的，所以它在衡量福利方面并不完美就不足为奇了。

建立联系

第二次世界大战带来繁荣了吗?

发生在 20 世纪 30 年代的大萧条是美国历史上最严重的经济衰退。1929—1933 年间，GDP 减少的幅度超过 25%，直到 1938 年才重回 1929 年的 GDP 水平。直至 1940 年，失业率仍保持在 10%甚至更高的水平。后来，在 1941 年，美国加入了第二次世界大战。下图显示，在战争期间（1941—1945 年），美国的 GDP 显著增长。（图中所示为实际 GDP，正如我们将在下一节看到的，实际 GDP 就价格水平的变动对 GDP 的衡量进行了校正。）失业率同样降到非常低的水平——低于 2%。

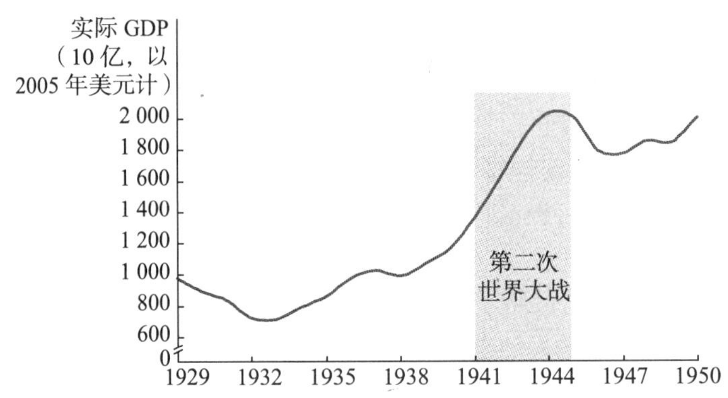

传统上，历史学家认为第二次世界大战让美国经济重回繁荣。但是真是这样吗？经济学家罗伯特·希格斯（Robert Higgs）认为，如果我们关注普通人的福利，那么第二次世界大战带来的绝不是繁荣。希格斯指出，坦克、轮船和军需品产出的增加是这几年 GDP 增长的主要部分。1943—1945 年间，超过 40%的劳动力或在从军，或在生产战争用品。结果，在 1939—1944 年间，服装、收音机、书籍和其他消费品的人均产量只增加了约 2%，这使得普通人在 1944 年可获得的消费品数量仍低于 1929 年的水平。随着战争结束，美国经济才归于真正的繁荣，到 1946 年，人均消费品的产量比 1929 年高出 25%以上。

第二次世界大战是“伟大的一代”做出巨大牺牲和取得卓越成就的历史时期。但是，对于这是不是一个繁荣的时期，GDP数据可能造成了误导。

资料来源：Robert Higgs, “Wartime Prosperity? A Reassessment of the U. S. Economy in the 1940s”, *Journal of Economics History*, Vol. 52, No. 1, March 1992; Robert Higgs, “From Central Planning to the Market: The American Transition, 1945 - 1947”, *Journal of Economics History*, Vol. 59, No. 3, September 1999; and data from the U. S. Bureau of Economic Analysis。

轮到你了：做本章末与本专栏相关的问题与应用2.10，看看你理解得如何。

12.3 实际GDP与名义GDP

因为GDP衡量的是价值，所以当解释其随时间的变动时，我们要非常小心。为了明白其中的原因，想一想该如何解释载货卡车的总产值从2012年的400亿美元到2013年的440亿美元的增长。我们能说因为440亿美元比400亿美元多10%，所以2013年生产的卡车数量比2012年多10%吗？只有当2012—2013年间卡车的平均价格没有变动时，我们才能得到这一结论。事实上，GDP的逐年增长部分是由于商品和服务产量的增加，部分是由于价格的上升。因为我们主要关注GDP对产出的衡量，所以我们需要有一种方法把价格变动与数量变动分离开来。

12.3.1 计算实际GDP

美国经济分析局通过计算一个被称为实际GDP的产出衡量指标把价格变动与数量变动分离开来。**名义GDP**（nominal GDP）是通过把最终商品和服务的现值加总得到的。**实际GDP**（real GDP）的计算则是先指定一个特定年份作为基年，然后用商品和服务在基年的价格来计算所有其他年份商品和服务的价值。例如，如果2005年是基年，2013年的实际GDP是用2005年的商品和服务的价格计算的。在保持价格固定不变的情况下，我们就知道实际GDP的变动代表的是经济中商品和服务产量的变动。

例题12.3　计算实际GDP

假定一个非常简单的经济体只生产以下三种最终商品和服务：眼科检查、比萨和教材。用下表给出的信息计算2013年的实际GDP。假设2005年是基年。

产品	2005		2013	
	产量	价格（美元）	产量	价格（美元）
眼科检查	80	40	100	50
比萨	90	11	80	10
教材	15	90	20	100

解：

第1步：复习本章内容。这一问题是关于计算实际GDP的，所以你可能需要复习一下 12.3.1 节“计算实际 GDP”。

第 2 步：运用 2005 年的价格和 2013 年的产量，计算表中所列三种商品和服务的价值。定义告诉我们，实际 GDP 是所有最终商品和服务以基年价格计算的价值。在本例中，基年是 2005 年，本题的表格中给出了这一年每种产品的价格信息。因此，我们得到下表：

产品	2013 年数量	2005 年价格（美元）	价值（美元）
眼科检查	100	40	4 000
比萨	80	11	880
教材	20	90	1 800

第 3 步：将这三种产品的价值加总，得到实际 GDP。2013 年的实际 GDP 等于以下数字之和：

2013 年眼科检查的数量×2005 年眼科检查的价格＝4 000 美元

2013 年比萨的产量×2005 年比萨的价格＝880 美元

2013 年教材的产量×2005 年教材的价格＝1 800 美元

即 6 680 美元。

附注：注意 2005 年每种产品的产量与计算 2013 年的实际 GDP 是无关的。同样注意，2013 年实际 GDP 是 6 680 美元，小于我们在例题 12.1 中计算出的 2013 年名义 GDP 的值 7 800 美元。

轮到你了：要想做更多的练习，请做本章末的问题与应用 3.4。

使用基年价格计算实际 GDP 的一个缺点是，随着时间变化，相对价格可能也会变化。例如手机相对于牛奶的价格可能会下降。因为这种变化并不能在基年的固定价格中反映出来，所以实际 GDP 的估计部分失真。离基年越远，这个问题就越严重。为了使实际 GDP 的计算更加精确，在 1996 年，美国经济分析局改为采用链式加权价格，现在发布的实际 GDP 数据都是用“连锁（2005 年）美元”。

虽然运用链式加权价格计算实际 GDP 的细节比我们这里需要讨论的更加复杂，但是它的基本原理非常简单：从基年开始，美国经济分析局把当年的价格和下一年的价格取平均值。然后用这个平均价格计算基年（现在是 2005 年）下一年的实际 GDP。对于再下一年（即基年之后的第二年），美国经济分析局运用当年和前一年的平均价格计算实际 GDP。运用这种方式，每一年的价格和其上一年的价格被一条“链”连接起来，相对价格变动引起的偏差也被最小化了。

保持价格不变意味着美元在相邻年份的购买力不变。通常，美元的购买力逐年递减，原因是价格的上涨减少了单位美元可购买的商品和服务的数量。

□ 12.3.2 比较实际 GDP 与名义 GDP

实际 GDP 保持价格不变，所以相对于名义 GDP 而言，实际 GDP 能更好地衡量商品和服务的产量的逐年变化。事实上，经济的增长几乎总是用实际 GDP 的增长来衡量。如果《华尔街日报》的一条新闻标题是《去年美国经济增长 2.3%》，这篇文章报道的是去年的实际 GDP 增长了 2.3%。

我们用“基年美元”来衡量实际 GDP。例如，把 2005 年作为基年，2010 年的名义 GDP 是 14.527 万亿美元，而 2010 年的实际 GDP 是 13.088 万亿“2005 年美元”。因为平均而言，价格逐年上升，所以基年之前的年份实际 GDP 大于名义 GDP，而基年之后的年份实际 GDP 小于名义 GDP。基年当年的实际 GDP 与名义 GDP 相等，因为两者是用相同的价格和产量计算出来的。图 12.3 显示了 1990—2010 年间名义 GDP 和实际 GDP 的运动。2005 年之前的平均价格低于 2005 年，所以名义 GDP 比实际 GDP 低。2005 年当年，名义 GDP 与实际 GDP 相等。从 2005 年开始，平均价格高于 2005 年，所以名义 GDP 比实际 GDP 高。

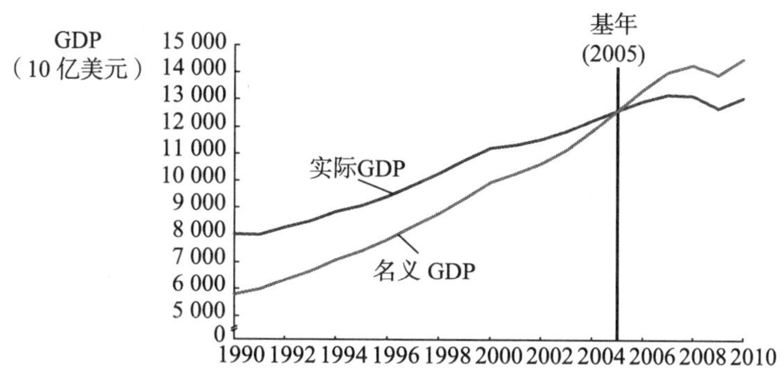

图 12.3　1990—2010 年的名义 GDP 与实际 GDP

当前计算 GDP 的基年是 2005 年。2005 年之前的平均价格低于 2005 年，所以名义 GDP 比实际 GDP 低。2005 年当年，名义 GDP 与实际 GDP 相等。从 2005 年开始，平均价格高于 2005 年，所以名义 GDP 比实际 GDP 高。

资料来源：Bureau of Economic Analysis。

□ 12.3.3　GDP 平减指数

经济学家和政策制定者们不仅对用实际 GDP 衡量的总产出水平感兴趣，同样也对价格水平感兴趣。**价格水平**（price level）衡量了经济中商品和服务的平均价格。稳定价格水平是经济政策的目标之一。我们可以用名义 GDP 和实际 GDP 的值来计算一个被称为 **GDP 平减指数**（GDP deflator）的价格水平衡量指标。我们可以用这个公式计算 GDP 平减指数：

$$\text{GDP 平减指数}=\frac{\text{名义 GDP}}{\text{实际 GDP}}\times 100$$

要弄清楚为什么 GDP 平减指数衡量了价格水平，考虑当产出不变但商品和服务的价格上升时会发生什么。在这种情况下，名义 GDP 将上升，但是实际 GDP 不变，所以 GDP 平减指数将上升。在现实中，价格和产量通常逐年上升，但是价格相对于产量增加得越多，名义 GDP 相对于实际 GDP 就增加得越多，GDP 平减指数的值也越大。GDP 平减指数的增加使得经济学家和政策制定者们能够追踪价格水平随时间的增长。

记住基年（2005 年）的名义 GDP 等于实际 GDP，所以基年 GDP 平减指数的值总是 100。下表列出了 2009 年和 2010 年名义 GDP 与实际 GDP 的值：

	2009 年	2010 年
名义 GDP	13.939 万亿美元	14.527 万亿美元
实际 GDP	12.703 万亿美元	13.088 万亿美元

我们可以用这张表中的信息计算 2009 年和 2010 年 GDP 平减指数的值：

公式	2009 年	2010 年
GDP 平减指数$=\frac{\text{名义 GDP}}{\text{实际 GDP}}\times 100$	$\frac{13.939}{12.703}\times 100=110$	$\frac{14.527}{13.088}\times 100=111$

根据这些平减指数的值，我们可以计算出 2009—2010 年间价格水平上升了 0.9%：

$$\frac{111-110}{110}\times 100\%=0.9\%$$

在第 13 章中，我们将会看到经济学家和政策制定者们也依赖另一个衡量价格水平的指标——即我们熟知的消费者价格指数。另外，我们将会讨论价格水平的不同衡量指标各自的优劣。

12.4 总产出与总收入的其他衡量指标

国民收入账户指的是美国经济分析局用来追踪经济中总产出和总收入的方法。包含这些信息的统计表格被称为**国民收入和产出账户**（NIPA）。每个季度，经济分析局都发布包含总产出和总收入的几个衡量指标的 NIPA 表格。我们已经讨论了总产出和总收入最重要的衡量指标：国内生产总值（GDP）。除了计算 GDP 外，经济分析局还计算了以下四个衡量产出和收入的指标：国民生产总值、国民收入、个人收入和个人可支配收入。

12.4.1 国民生产总值（GNP）

我们已经看到，GDP 是美国国内生产的最终商品和服务的价值。**国民生产总值**（GNP）是美国国民生产的最终商品和服务的价值，包含在美国国外的产出。美国企业有在国外的机构，外国企业也有在美国的机构。例如福特公司在英国有装配工厂，丰田公司在美国也有装配工厂。GNP 包含了美国企业在国外的产出，但不包含外国企业在美国的产出。对于美国而言，GNP 几乎和 GDP 相等。例如 2010 年的 GDP 是 14.527 万亿美元，而 GNP 是 14.716 万亿美元，只比 GDP 多 1%左右。

曾经有很多年里，GNP 是联邦政府编制的及美国的经济学家和政策制定者们使用的总产出的主要指标。但是，在美国以外的很多国家，外资企业的产出在国内产出中占有相当大的比重。对这些国家而言，GDP 比 GNP 大得多，同时也能更准确地衡量这个国家国境内的产出水平。所以，比起 GNP，很多国家和国际机构更偏好于使用 GDP。在 1991 年，美国也加入了这些国家的行列，把 GDP 作为衡量总产出的主要指标。

□ 12.4.2 国民收入

在生产商品和服务的过程中，一些机器、设备和建筑物被磨损了，因此必须重置。这些磨损的机器、设备和建筑物的价值被称为折旧。在 NIPA 表中，折旧被称为固定资本的消费。如果我们把这部分价值从 GDP 中减去，就得到国民收入。

在本章前面我们强调总产出的价值等于总收入的价值。但如果我们把 GDP 当做“总产出的价值”并把国民收入当做“总收入的价值”，就会发现这一点并不严格正确，因为国民收入总是比 GDP 少相当于折旧数量的值。但是在实践中，对于大部分宏观经济问题，GDP 和国民收入数值上的差异并不重要。

□ 12.4.3 个人收入

个人收入指的是家庭获得的收入。为了计算个人收入，我们要减去没有被公司以红利形式支付给股东而是被公司留存下来的收入。我们也要加上家庭从政府那里收到的转移支付或是政府债券利息形式的收入。

□ 12.4.4 可支配个人收入

可支配个人收入等于个人收入减去个人缴纳的税收（如联邦个人所得税）。它是对家庭实际可花费的收入的最佳衡量指标。

图 12.4 用一张表格和一幅图形显示了 2010 年总产出和总收入的这些衡量指标的数值。

衡量指标	10亿美元
GDP	14 527
GNP	14 716
国民收入	12 840
个人收入	12 374
个人可支配收入	11 180

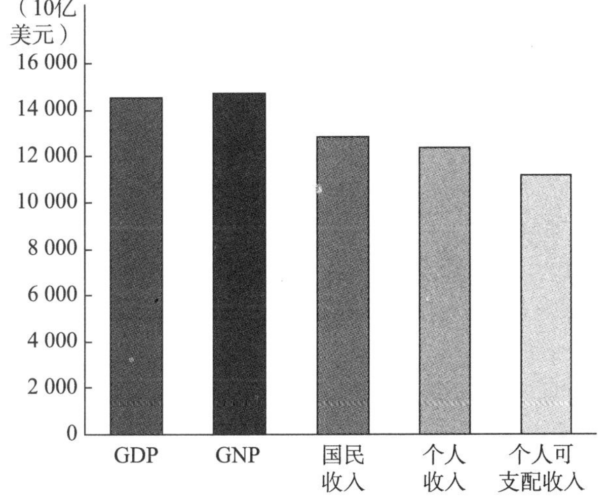

图 12.4　2010 年总产出与总收入的衡量

总收入和总产出最重要的衡量指标是国内生产总值（GDP）。正如我们在后面的章节中将会看到的，对于某些目的，该图中显示的总产出和总收入的其他衡量指标比 GDP 更加有用。

资料来源：Bureau of Economic Analysis。

□ 12.4.5 收入的划分

图 12.1 说明了一个重要事实：我们可以用总支出或是家庭得到的总收入来衡量 GDP。把 GDP 计算为家庭收入的总和有时被称为国内收入总值。图 12.5 显示了总收入在工资、利息、租金、利润以及一些非收入项目之间的划分。非收入项目被包含在国内收入总值中的原因是，销售税、折旧和其他一些小的项目被包含在商品和服务的价值里，但是没有被家庭当作收入得到。工资包括雇员收到的所有报酬，其中包含如医疗保险之类的附加福利。利息是家庭收到的净利息，即储蓄账户、政府债券和其他投资收到的利息与汽车贷款、房屋抵押贷款和其他负债所付出的利息之差。利润包括独资企业（通常为小企业）的利润和公司的利润。图 12.5 显示，工资是国内收入总值最大的组成部分，约为利润的三倍。

		10 亿美元
工资		7 981
利息		748
租金		350
利润		2 455
独资企业的利润	1 036	
公司的利润	1 418	
税收、折旧和统计误差		2 993

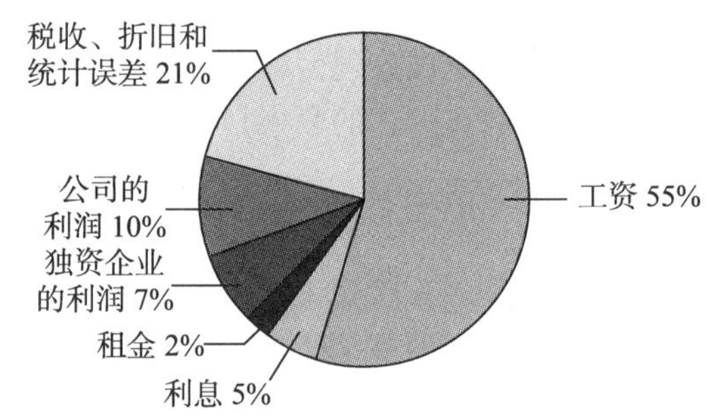

图 12.5 2010 年收入的划分

我们可以用总支出或是家庭得到的总收入来衡量 GDP。工资是家庭收入最大的组成部分，约为独资企业和公司得到的利润之和的三倍。

资料来源：Bureau of Economic Analysis。

接第 398 页

生活中的经济学

在哪个国家工作对你最有利？

在本章开始，我们提出了两个问题：加拿大和中国截然不同的 GDP 增长率对你选择去其中哪个国家工作和生活有什么影响？如果中国高得多的增长率并不必然导致你选择在中国工作与生活，那是什么原因？本章已经表明，虽然人们拥有的商品和服务数量越多，那么他们的生活状况通常就越好。但是 GDP 只是粗略地衡量了福利。GDP 并没有包含闲暇的价值，也没有对污染和生产的其他负效应、犯罪和其他社会问题做出调整。所以，在决定到哪里去工作和生活时，你需要在中国高得多的增长率和这些其他考量之间进行平衡。你也应该考虑到，虽然中国的经济增长率比加拿大更高，但是加拿大目前的实际 GDP 水平要高于中国。

12.5 结论

本章中，我们通过考察一个重要的概念——一国的总产出和总收入如何衡量——来开始对宏观经济学的学习。理解 GDP 的概念对于理解经济周期和长期经济增长的过程至关重要。在下一章中，我们将讨论衡量其他两个重要的经济变量——失业率和通货膨胀率——所涉及的问题。

阅读接下来的"业内观察"，该专栏讨论了消费者信心的下降是如何使分析师降低其对 2011 年和 2012 年新车销售量的估计的。

业内观察　分析师降低对 2011 年和 2012 年新车销售量的估计

彭博社

《由于消费者信心恢复减缓，美国汽车销售量估计降低了》

分析师们降低了对美国汽车 2011 年和 2012 年销售量的估计，原因是 5 月以来消费者信心的不足减缓了经济复苏的步伐。

总部位于加利福尼亚州 Westlake 的研究机构 J. D. Power & Associates 在今日发表的一项声明中说，它对 2011 年美国汽车销售量的估计调低至 1 260 万辆，原因是轻型车的销售量估计减少了 30 万辆。J. D. Power 将其对 2012 年的销售量估计减少至 1 410 万，原因是轿车和轻型卡车的销售量估计减少了 60 万辆。

在 J. D. Power 降低汽车销售量估计之前，IHS Automotive 的分析师也将新车销售量估计降低到通用汽车公司和福特汽车公司（美国最大的两家汽车制造商）做出的销售量预测之下。摩根大通公司、高盛集团和加拿大皇家银行资本市场公司（RBC Capital Markets LLC）也在本月削减了估计。

a J. D. Power 的全球预测执行主管杰夫·斯凯斯特（Jeff Schuster）在今天的电话采访中表示："经济继续复苏的想法不是那么确定。消费者的信心受到了打击，现在已经失去了信心。如今没有进行这种大额消费的理由。"

消费者对美国经济前景的信心在 8 月达到了衰退后的最低水平，提高了支出将进一步缩水的可能性。彭博消费者舒适度指数的月度估计数已经从 7 月的 −22 降到了 −34，达到 2009 年 3 月后的最低点。

劳工部今日在华盛顿发布的数据显示，上周申请失业补助的人数已达本月的最高值。

高盛集团削减了对汽车销售量的估计

今天，高盛集团将其对 2012 年度美国汽车销售的估计数降至了 1 350 万辆，原因是轻型汽车销售量的估计减少了 100 万辆。这家总部位于纽约的投资公司预测今年的数值将是 1 280 万辆。加拿大皇家银行资本市场公司本周早些时候将 2011 年的估计数调低了 20 万辆，降至 1 250 万辆，而 2012 年的估计数调低了 70 万，降至 1 330 万辆。

加拿大皇家银行资本市场公司的分析师塞斯·韦伯（Seth Weber）在 8 月 16 日的研究报告中表示，"脆弱的消费者情绪和近期温和的经济预期"造成了对汽车销售量估计的调低。

通用汽车和福特的预测

b 通用公司和总部位于密歇根州迪尔伯恩的福特公司预测，2011年新汽车（包括中型和大型重卡车）的销售量至少为1 300万辆。根据总部位于新泽西州伍德克里夫湖的研究机构Autodata公司的数据，2000—2007年，美国平均每年轻型汽车的销售量是1 680万辆。

总部位于底特律的通用汽车首席执行官丹·阿克森（Dan Akerson）在8月9日对分析师们表示："现在汽车市场一片混乱，而混乱就意味着不确定性，所以对于这些数字我们有些不确定。"

迅速回升不会出现

c J.D.Power预计8月的汽车销售量将达到经过季度调整后1 210万辆/年的水平。分析师和汽车制造商此前一直预测，一旦汽车存货从由3月的日本地震和海啸所导致的生产中断和零部件及成品车短缺中恢复，汽车的需求就会迅速回升。

但是，斯凯斯特今天表示："我们没有看到之前估计的迅速回升，并且综合各种因素来看，今年晚些时候出现迅速回升的可能性更低。"

Edmunds.com在一封邮件声明中称，8月前两周的汽车销售量达到了经过季度调整后1 220万辆/年的水平。这个总部位于加利福尼亚州圣塔莫尼卡的研究机构预测本年度的销售量为1 290万辆，2012年为1 390万辆。

斯凯斯特说，J.D.Power对全年销售量的估计假设汽车行业在今年最后四个月的销售量将达到经过季度调整后1 280万辆/年的水平。他说，更低的汽油价格和更高的销售奖励可能有助于汽车销售量的增长加速，从而在今年后四个月达到这一水平。

但是，根据J.D.Power的估计，如果成交速度继续保持不变，本年度销售量将为1 240万辆。

斯凯斯特说："如果8月份的实际销售数据和我们预期的相同，这将清楚地表明2011年的销售将不会好转。"

资料来源："U.S.Auto Sales Estimates Cut as Confidence Slows Rebound", by Craig Trudell from *Bloomberg Businessweek*, August 18, 2011.

文章要点

因为经济中消费者信心在下降，所以J.D.Power& Associates公司将美国2011年轿车和轻型卡车销售量的估计值降低了30万辆，2012年的估计值降低了60万辆。包括高盛集团、加拿大皇家银行资本市场公司、HIS Automotive公司和摩根大通等其他公司同样宣布降低销售量的估计。汽车制造商和分析师们最初预测，一旦2011年3月日本的地震和海啸的影响消失后新汽车和新部件的存货稳定下来，新汽车的需求将增加。但是不确定的经济状况使需求低于最初的销售估计。

新闻分析

a J.D.Power & Associates公司的杰夫·斯凯斯特认为，消费者信心的缺失是2011年前半年汽车销售量减少及对本年度后半年汽车销售量估计下降的主要原因。在8月，彭博发布的消费者舒适度指数处于2009年3月以来的最低点，消费者对美国经济前景的信心也降至衰退后的最低水平。正如你阅读本章时得知的，汽车是耐用品，当消费者对他们的工作或者未来收入没有信心时，他们常常减少耐用品的购买。汽车的价格高，正如文章中斯凯斯特所说的那样，"没有进行这种大额消费的理由"。下降的汽车销售量降低了总消费。回忆本章指出，消费贡献了约70%的GDP。下页图显示，到2009年6月，GDP已经连续四个季度下降。消费的下降导致了这一时期GDP的下降。到2009年9月，

GDP开始再次上升，但是GDP的上升速度在2010年开始减缓，到2011年6月降到了只有1%。图中所示的2011年实际GDP增长速度的显著降低反映了上文提到的消费者信心的缺失，也有助于解释对2011年新汽车预期销售量估计的下降。

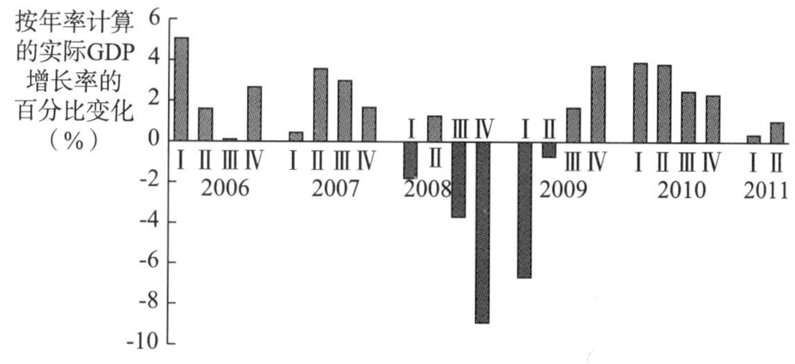

到2009年6月，实际GDP已连续四个季度下降。

b 2010年汽车销售量增加之后，通用汽车公司和福特汽车公司最初都估计美国新轿车和卡车的销售量将于2011年增加至1 300万辆以上。虽然文中并没有提到这些公司后来的具体修正数字，但是，文中援引了通用汽车公司的首席执行官丹·阿克森的话说："现在汽车市场一片混乱，而混乱就意味着不确定性，所以对于这些数字我们有些不确定。"他的表述看起来总结了文章中所讨论的经济不确定性。

c 2011年3月日本的地震和海啸重创了日本并造成了全球范围内汽车部件和新车的短缺。在此之后，原来对新汽车销售量的估计被调低了。分析师和汽车制造商一度预测，一旦这些短缺被消除，市场将迅速回升，下半年新车的需求就会上升。但是，J. D. Power公司的斯凯斯特说："我们没有看到之前估计的迅速回升，并且综合各种因素来看，今年晚些时候出现迅速回升的可能性更低。"这再次反映出经济的不确定性和消费者对美国经济的信心缺失。

深入思考

1. 汽车行业是周期性的：汽车销售量在经济扩张期上升，在经济衰退期下降。你预计二手车市场和汽车修理市场会出现相同的情况吗？
2. 福特汽车公司和通用汽车公司都估计2011年美国新车销售量将超过1 300万辆。这个销售量数字包括中型和重型卡车，企业购买的中型和重型卡车常常超过家庭的购买量。企业对新车的购买影响了GDP的哪个组成部分？家庭对新车的购买影响了GDP的哪个组成部分？

本章总结和习题

□ 关键术语

经济周期　　政府购买　　投资　　实际GDP

消费	国内生产总值（GDP）	宏观经济学	衰退
经济增长	微观经济学	转移支付	扩张
通货膨胀率	净出口	地下经济	最终商品或服务
中间商品或服务	名义 GDP	GDP 平减指数	价格水平
增加值			

□ 12.1 国内生产总值衡量了总产出

总结

经济学被分成微观经济学和宏观经济学两个子领域。微观经济学研究家庭和企业如何做选择；而宏观经济学把经济作为一个整体进行研究。经济周期是一个重要的宏观经济学问题，它是指经济扩张和经济衰退的时期相互交错出现。扩张是指经济周期中总生产和总就业都增加的时期。衰退是指经济周期中总生产和总就业都减少的时期。另一个重要的宏观经济学主题是经济增长。经济增长指的是经济增加商品和服务的生产的能力。宏观经济学还研究通货膨胀率，即价格水平从一年到下一年的百分比增加。经济学家用国内生产总值（GDP）衡量总产出。GDP 是一个经济体在一段时期内生产的所有最终商品和服务的市场价值。最终商品或服务是由最终使用者购买的。中间商品或服务是作为另一种商品或服务的投入的商品或服务，不计入 GDP。当我们通过计算 GDP 来衡量经济中总产出的价值时，我们同时也衡量了总收入的价值。GDP 被分成了四种主要的支出类型：消费、投资、政府购买和净出口。政府的转移支付没有包含在 GDP 中，因为它是政府给个人的、不会收到新商品或服务作为交换的支付。我们也可以通过加总最终商品或服务的生产所涉及的每家企业的增加值来计算 GDP。

复习题

1.1 为什么在微观经济学中我们用数量来衡量产出，而在宏观经济学中我们用市场价值衡量产出？

1.2 如果美国经济分析局将一年中出售的每件商品和服务的价值加总，总和会大于还是小于 GDP?

1.3 在收入循环流动图中，为什么经济体中总产出和总收入的价值必然相等?

1.4 描述 GDP（衡量总产出）的四个主要组成部分，并写出 GDP 与这四类支出的关系式。

1.5 企业最终产品的价值和企业对最终产品创造的增加值之间有什么不同?

问题与应用

1.6 一个学生评论说："中间产品不被计入 GDP 非常不合理。计算机芯片是中间产品，但是如果没有它，个人电脑就不能工作。所以为什么不把计算机芯片计入 GDP 呢?"请为这个学生的问题提供解答。

1.7 简要解释以下交易是否代表对最终商品的购买。

a. 面包店从小麦农场主那里购买小麦；

b. 联邦政府购买航空母舰；

c. 美国消费者购买法国酒；

d. 美国航空公司购买新客机。

1.8 ［与开篇案例有关］以下每一笔涉及福特公司的交易各影响了 GDP 的哪个组成部分? 如果你认为对 GDP 的任何一个组成部分都没有影响，请简要解释。

a. 你从福特公司的一个经销商处购买了一辆新的福特 Escape 混合动力车。

b. 你从一个朋友处购买了一辆 2010 年款福特 Escape 混合动力车。

c. 福特公司从印第安纳州的一个汽车配件生产商那里购买了车门把手用于装配 Escape 车。

d. 福特公司在密苏里州的工厂生产了 1 000 辆 Escape 车，然后运到位于中国上海的经销商处。

e. 福特公司购买了新的机器设备，以供其位于密苏里州的工厂生产 Escape 使用。

f. 密苏里州修建了一条新的高速公路，帮助改善了到福特生产 Escape 的工厂的交通。

1.9 一栋建于 2000 年、在 2013 年转售的房屋的价值会被计入 2013 年的 GDP 吗? 请简要解释。在 2013 年帮助出售（或购买）这栋房屋的房产经纪人服务的价值会被计入 2013 年的 GDP 吗? 请简要解释。

1.10 ［与例题 12.1 有关］假定一个简单的经济体只生产四种商品：教材、汉堡、衬衫和棉花。假设所有的棉花都被用来生产衬衫。使用下表中的信息，计算2013年的名义GDP。

2013年产出和价格数据		
产品	数量	价格（美元）
教材	100	60.00
汉堡	100	2.00
衬衫	50	25.00
棉花	80	0.60

1.11 ［与12.1节中的“不要犯这样的错误!”专栏有关］请简要解释你是否同意以下说法：“在人们购买许多股股票的年份中，投资会高，所以GDP也会高。”

1.12 ［与12.1节中的“建立联系”专栏有关］“今日美国”网站（USAToday.com）的一篇文章评论说：“经济学家表示，曾经作为美国经济驱动力的消费者支出，今后数年很可能停滞不前。这是因为家庭正尽力削减债务和增加储蓄。”为什么削减债务和增加储蓄会影响消费者支出呢？如果消费者支出停滞不前，可能对经济造成什么影响？

资料来源：Karina Frayter，“Economists: Consumers won't Save the Economy”，*USAToday.com*，October 2，2011。

1.13 为了使在最终商品和服务上的总支出价值等于从生产那些最终商品和服务所获得的总收入价值，一家企业销售产品获得的钱必须全部以收入的形式支付给生产要素的所有者。如果企业把它收到的所有的钱都支付出去了，企业如何获得利润？

1.14 一个艺术家从当地钢铁厂购买废金属作为金属雕刻作品的原材料。去年，她购买了价值5 000美元的废金属。在这一年中，她完成了10件金属雕刻作品，并以每件800美元的价格卖给了当地的艺术品商店。当地的艺术品商店以每件1 000美元的均价全部卖给了当地的艺术收藏家。对于这10件金属雕刻作品，艺术家创造的总增加值是多少？当地艺术品商店实现的总增加值是多少？

□ 12.2 GDP衡量了我们想用它衡量的东西吗？

总结

GDP并没有包含家庭产出，即人们为自己生产的商品和服务。它也没有包含地下经济的产出，即隐藏起来的买卖。一些发展中国家的地下经济可能超过测得GDP的一半。GDP并不是一个完美的衡量福利的指标，因为它并没有包括休闲的价值，没有对污染和生产的其他负面影响以及犯罪和其他社会问题的变化进行调整。

复习题

2.1 为什么一个国家的GDP规模很重要？它是如何影响该国人民生活质量的？

2.2 什么是地下经济？为什么一些国家的地下经济规模比其他国家大？

2.3 为什么GDP不是一个完美的衡量经济福利的指标？GDP没有衡量哪些类型的产出？即使GDP包含了这些类型的产出，为什么它还不是一个完美的衡量经济福利的指标？

问题与应用

2.4 下面各项哪些可能会增加GDP，哪些可能会减少GDP？

a. 离开家庭外出工作的妇女比例增加；

b. 犯罪率锐增；

c. 更高的税收使得某些人隐瞒更大部分的收入。

2.5 德国洪堡大学的Michael Burda教授和得克萨斯州立大学的Daniel Hamermesh教授研究了2003—2006年美国失业工人是如何度过时间的。他们发现，在工人失业的时期，有偿工作时间的减少量约等于这些人在家庭的劳动时间的增加量。根据Burda教授和Hamermesh教授的研究成果，我们可以就经济中的总产出（不管是不是包含在GDP中）在这些工人失业时是否下降了得出结论吗？你的答案取决于他们在失业时所做的家庭劳动是否为他们在失业前出钱请别人来做的活动（如照看小孩）吗？请简要解释。

资料来源：Michael Burda and Daniel S. Hamermesh，“Unemployment，Market Work，and Household Production”，*Economic Letters*，Vol. 107，May 2010，pp. 131-133。

2.6 如今一般美国人每周工作时间少于40个小时，而1890年一般美国人每周工作时间是60个小时。在比较现今与1890年美国人的经济福利水平时，工作时间长度的差异重要吗？或者说，我们能够忽略工作时间的差别而用现今的人均实际GDP与1890年之差来衡量经济福利水平的差距吗？请简要解释。

2.7 加利福尼亚大学河滨分校的经济历史学家Roger Ransom教授和Richard Sutch教授估计，

美国南部的非裔美国农民在内战后的每年工作时间比其内战前作为奴隶时少了 30%。如果内战后非裔美国农民继续工作相同的时间，他们的产出和收入就会更高，同样美国 GDP 也会更高。如果内战后这些农民仍旧工作与内战前相同的时间，他们的福利水平会更高吗？你的答案会影响我们应该如何对内战前后美国 GDP 变动进行解读吗？请简要解释。

资料来源：Roger L. Ranson and Richard Sutch，*One Kind of Freedom*：*The Economic Consequences of Emancipation*，Second Edition（New York：Cambridge University Press），2011。

2.8 ［与 12.2 节中第 1 个"建立联系"专栏有关］世界银行是一个致力于推动发展中国家经济增长的国际组织，该机构的一份报告说道："非正规的经济活动给 GDP 的计算提出了一个特别的测度问题，特别是对于有很多经济活动不被记录的发展中国家而言。"世界银行所说的"非正规的经济活动"指的是什么？为什么这些活动使得 GDP 更加难以衡量？为什么这些活动可能使评估发展中国家相对于美国的生活水平更加困难？

资料来源：The World Bank，*World Development Indicator*（Washington. DC：The World Bank，2003），p. 189。

2.9 每年联合国都发布人类发展报告，该报告提供了关于几乎世界上每个国家的生活水平的信息。它包括了人均实际 GDP 数据和人类发展指数（HDI）。后者是一个衡量生活水平的更广义的指标。它将人均国民总收入（GNI）与预期寿命、平均受教育年限、预期受教育年限结合起来。（国民总收入（GNI）是一个衡量一国总收入的指标。）下表列出了一些国家的人均 GNI 值和 HDI 值。将人均 GNI 从高至低排列，另外将 HDI 从高至低排列。简要讨论引起这两个排序之间差别的可能原因。（表中所有数据都是 2010 年数据。）

国家	实际人均 GNI（美元）	HDI
澳大利亚	38 692	0.937
中国	7 258	0.663
希腊	27 580	0.855
伊朗	11 764	0.702
挪威	58 810	0.938
新加坡	48 893	0.846
韩国	29 518	0.877
阿拉伯联合酋长国	58 006	0.815
美国	47 094	0.902

资料来源：United Nations Development Programme，"The Human Development Index"（http：//hdr.undp.org/en/statistics/hdi）。

2.10 ［与 12.2 节中第 2 个"建立联系"专栏有关］2001 年后美国国土安全部的支出和在阿富汗、伊朗的战争支出都增加了。这些支出增加代表了使 GDP 提高的政府支出。请简要解释你是否认为 GDP 的这些增加改善了普通民众的福利水平。

□ 12.3 实际 GDP 与名义 GDP

总结

名义 GDP 是用当前价格计算的所有最终商品和服务的价值。实际 GDP 是用基年价格计算的所有最终商品和服务的价值。通过保持价格不变，我们知道实际 GDP 的变动代表了经济中商品和服务的产量的变化。当价格水平（即经济中商品和服务的平均价格）上升时，基年之前的年份的实际 GDP 高于名义 GDP。基年之后的年份的实际 GDP 低于名义 GDP。GDP 平减指数是一个衡量价格水平的指标，其计算方法是用名义 GDP 除以实际 GDP 再乘以 100。

复习题

3.1 为什么通货膨胀使得名义 GDP 不能很好地衡量总产出的逐年增长？美国经济分析局是怎么处理通货膨胀给名义 GDP 造成的问题的？

3.2 什么是 GDP 平减指数？它是如何计算的？

3.3 假设随着时间的推移发生了通货膨胀，以下每种情况下名义 GDP 和实际 GDP 之间的关系是什么？

a. 基年之后的年份；

b. 基年；

c. 基年之前的年份。

问题与应用

3.4 ［与例题 12.3 有关］假定一个简单经济体只生产四种商品和服务：教材、汉堡、衬衫和棉花。假设所有棉花都被用来生产衬衫。根据下页表中的信息计算：

a. 2012 年、2013 年的实际 GDP 是多少？假设基年是 2005 年。

产品	2005年		2012年		2013年	
	数量	价格（美元）	数量	价格（美元）	数量	价格（美元）
教材	90	50.00	100	60.00	100	65.00
汉堡	75	2.00	100	2.00	120	2.25
衬衫	50	30.00	50	25.00	65	25.00
棉花	100	0.80	800	0.60	120	0.70

b. 2013年实际GDP的增长率是多少？

3.5　简要解释你是否同意以下说法：

a. “如果名义GDP低于实际GDP，当年的价格水平一定下降了。”

b. “当实际GDP下降时，名义GDP一定也下降。”

c. “如果衰退严重到使价格水平下降了，那么我们知道实际GDP和名义GDP一定都会下降。”

d. “从2008年到2009年名义GDP下降了，所以GDP平减指数一定也下降了。”

3.6　电影《阿凡达》超越了《泰坦尼克号》成为史上票房最高的电影。福布斯网站（Forbes.com）上的一篇文章指出：“2008年（《阿凡达》于2009年上映）的平均电影票价是7.18美元，比1997年《泰坦尼克号》上映时高了56%。”这篇文章还说：“观察消除通货膨胀影响后的国内总（电影票房）收入，我们才能对《阿凡达》的表现有一个更加切合实际的了解。”

a. 为什么消除通货膨胀后的票房收入才能更切合实际地说明《阿凡达》的表现？

b. 以下哪种方式才能更确切地衡量一部影片的票房表现：售出的总票房还是售出的总票数？报纸为什么不报道售出票数，而要报道售出票房呢？将1939年所有电影售出的总票数与2011年所有电影售出的总票数进行比较能很好地衡量电影在经济中的相对重要性随着时间的变化吗？请简要解释。

3.7　运用下表数据计算每年的GDP平减指数。

年份	名义GDP（美元）	实际GDP（美元）
2006	13 377	12 959
2007	14 029	13 206
2008	14 292	13 162
2009	13 939	12 703
2010	14 527	13 088

用GDP平减指数的变化衡量价格水平的百分比增加，2007—2010年中哪一年的百分比最高？请简要解释。

□ 12.4　总产出与总收入的其他衡量指标

总结

总产出和总收入的最重要的衡量指标是国内生产总值（GDP）。正如我们将在后面章节中看到的，对于某些目的，图12.4中所显示的总产出和总收入的其他衡量指标实际上比GDP更有用。这些衡量指标是：国民生产总值（GNP）、国民收入、个人收入和个人可支配收入。

复习题

4.1　GDP和GNP有什么不同？请简要解释两者的区别对美国而言是否重要。

4.2　国民收入、个人收入和个人可支配收入有什么区别？

4.3　什么是国内收入总值？国内收入总值最大的组成部分是哪一个？

问题与应用

4.4　假定某个国家有许多公民暂时在其他国家工作，也有许多企业在外国设有机构。而且，在该国工作的外国公民相对很少，设有机构的外国企业也相对很少。在这种情况下，你预计该国的GDP和GNP哪个更大？请简要解释。

4.5　假定联邦政府征收的个人所得税上升，而GDP水平保持不变。国民收入、个人收入和个人可支配收入的值将会怎么变化？

4.6　如果你尝试预测家庭的消费支出水平，总产出和总收入的多个衡量指标中的哪一个对你的预测最有帮助？请简要解释。

4.7　简要讨论如下表述的准确性：“公司利润太高了：大部分公司的利润等于商品售价的50%。”

第13章

失业与通货膨胀

本章概览和学习目标

13.1　失业率、劳动力参与率和就业人口比的衡量

定义失业率、劳动力参与率和就业人口比，理解其计算方法。

13.2　失业的类型

区分失业的三种类型。

13.3　解释失业

解释哪些因素决定了失业率。

13.4　通货膨胀的衡量

定义价格水平和通货膨胀率，理解其计算方法。

13.5　运用价格指数调整通货膨胀的效应

运用价格指数调整通货膨胀的效应。

13.6　实际利率与名义利率

区分实际利率与名义利率。

13.7　通货膨胀给经济带来了成本吗?

讨论通货膨胀引发的问题。

开篇案例

美国银行宣布计划裁员3万

当我们学习宏观经济学时，我们关注的是大图景：总产出、总就业和价格水平。当然，大图景是由数以百万计的消费者、工人和企业共同构成的。近些年里，很少有行业像金融服务业（包括银行和经纪公司等企业）一样存在那么多问题。在2011年9月，美国第二大银行——美国银行宣布计划裁减其28.8万雇员中的3万人。在一定程度上，此次裁员反映了银行业从始于2008年的经济危机以来遇到的问题以及美国银行经历的特定问题。

但是，此次裁员也表明了美国经济从2007—2009年的经济衰退中复苏缓慢。虽然这次衰退已在2009年6月结束，但是两年多后失业率仍居高不下。白宫和联储的经济学家预测，至少未来两年里，失业率不会回到更为正常的水平。一些更悲观的经济学家甚至开始提及“新常态”，即失业率未来多年都将维持在高位。

本章中，我们将关注如何衡量失业和价格水平的变化。价格水平的变化就是通货膨胀。因为失业和通货膨胀都是主要的宏观经济问题，所以了解如何衡量它们非常重要。在后面几章，我们将分析在2007—2009年衰退过后失业率仍居高不下的原因。阅读本章末的“业内观察”，它讨论了美国邮政为了应对收入减少和债务堆积的问题是如何做出裁员、关闭网点和结束周六信件投递业务的决策的。

资料来源：Dan Fitzpatrick, “BofA Readies the Knife”, *Wall Street Journal*, September 13, 2011; and Frank Bruni, “ The Fall This Summer”, *New York Times*, August 27, 2011。

生活中的经济学

如果你在经济衰退时毕业，你应该调整自己的职业规划吗?

假定你现在是一名经济或金融专业的大二学生，计划毕业后在银行业求职。现在经济处于严重衰退期，失业率是你出生以来最高的，逾9%。银行业正在大幅裁员。你应该换一个专业吗？你应该仍然考虑在银行业求职吗？在阅读本章的过程中，看看你是否能够回答这些问题。对照我们在本章末尾提供的答案，你可以检验你的答案。

失业和通货膨胀是媒体和政治竞选中被讨论得最多的宏观经济问题。对很多人而言，整个经济的状况只需两个指标就可以总结出来：失业率和通货膨胀率。在20世纪60年代，时任林登·约翰逊（Lyndon Johnson）总统政府经济顾问委员会主席的阿瑟·奥肯（Arthur Okun）创造了“痛苦指数”这个术语，该指数把通货膨胀率和失业率相加来粗略衡量整个经济的状况。正如我们将在后面几章中看到的，虽然在短期中失业和通货膨胀是重要的问题，但是经济在长期成功与否的最佳判断标准是经济产生高水平的人均实际GDP的能力。在本章中，我们将讨论政府是如何衡量失业率和通货膨胀率的。我们将密切关注联邦政府每月发布的失业和通货膨胀的统计指标。

13.1 失业率、劳动力参与率和就业人口比的衡量

在每月某个周五（通常为第一个周五）早上 8：30，美国劳工部公布它对上月失业率的估计。如果失业率高于或低于预期，投资者可能会改变其对经济健康程度的看法。结果在一小时后纽约证券交易所开盘时显现出来。有关失业的好消息通常引起股票价格上升，而坏消息则引起股票价格下降。失业率也可能有重要的政治后果。在大多数总统选举中，如果在选举年年初失业率下降，那么现任总统会获得连任。而如果失业率上升，现任总统就会败选。在 2004 年的选举中，这一关系应验了。2004 年上半年的失业率比 2003 年下半年低，时任总统乔治·W·布什成功连任。

失业率是一个关键的宏观经济统计数据。但是劳工部如何估计失业率？这些失业率有多准确？我们将在本节探究这些问题的答案。

□ 13.1.1 家庭调查

美国调查统计局每个月都会进行《现期人口调查》（*Current Population Survey*，常被称作《家庭调查》）来收集计算失业率所需的数据。统计局选取了一个 6 万家庭的样本来代表美国人口，采访这些家庭中年龄在 16 岁或以上成员的就业状况。劳工部的劳工统计局（BLS）运用这些数据计算每月的失业率。如果调查前一周受调查者在工作或由于生病、度假、罢工或其他原因暂时离开工作岗位，他们就被认为是就业者。如果在前一周受调查者没有工作，但是可以工作并且此前四周某些时间里在积极寻找工作，他们就被认为是失业者。**劳动力**（labor force）是经济中就业者和失业者之和。**失业率**（unemployment rate）是失业者占劳动力的百分比。

劳工统计局将无工作并且没有在积极寻找工作的人归类为不属于劳动力者。不属于劳动力者包括退休者、家庭主妇/主夫、全日制学生、军队服役者、监狱服刑者以及精神病医院的病人。可以工作且在受调查前 12 个月里某段时间积极寻找工作但在受调查前 4 周没有积极寻找工作的人也不包括在劳动力中。一些人在受调查前四周没有积极寻找工作的原因是交通困难或需要照看儿童。而其他不积极寻找工作的人被称为丧失信心的工人。**丧失信心的工人**（discouraged workers）是指那些可以工作但由于认为自己找不到工作而在过去四周没有寻找工作的人。

图 13.1 显示了美国 2011 年 9 月处于工作年龄的平民的就业状态。我们可以运用图中的信息来计算三个重要的宏观经济指标。

- **失业率**。失业率衡量了劳动力中失业者人数的百分比：

$$\frac{\text{失业者人数}}{\text{劳动力}}\times 100\%=\text{失业率}$$

运用图 13.1 的数字，我们能计算出 2011 年 9 月的失业率：

$$\frac{14.0}{154.0}\times 100\%=9.1\%$$

- **劳动力参与率。劳动力参与率**（labor force participation rate）衡量了劳动力占工作年龄人口的百分比：

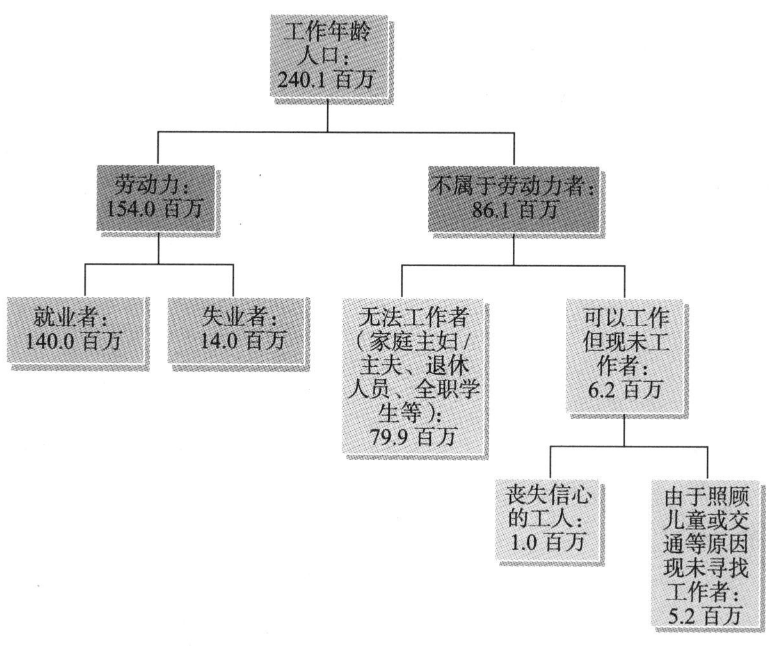

图 13.1　美国 2011 年 9 月处于工作年龄的平民的就业状况

2011 年 9 月，美国的工作年龄人口是 2.401 亿。工作年龄人口被分为劳动力（1.54 亿）和不属于劳动力者（0.861 亿）。劳动力被分为就业者（1.40 亿）和失业者（140 万）。不属于劳动力者被分为无法工作者（7 990 万）和可以工作但现未工作者（620 万）。后者又被分为丧失信心的工人（100 万）和因其他原因现未工作者（520 万）。

资料来源：U. S. Department of Labor，Bureau of Labor Statistics，*The Employment Situation—September 2011*，October 7，2011。

$$\frac{\text{劳动力}}{\text{工作年龄人口}} \times 100\% = \text{劳动力参与率}$$

在 2011 年 9 月，劳动力参与率是

$$\frac{154.0}{240.1} \times 100\% = 64.1\%$$

- **就业人口比**。就业人口比衡量了就业者人数占工作年龄人口的百分比：

$$\frac{\text{就业者人数}}{\text{工作年龄人口}} \times 100\% = \text{就业人口比}$$

在 2011 年 9 月，就业人口比是

$$\frac{140.0}{240.1} \times 100\% = 58.3\%$$

例题 13.1　如果你把军队包括在内，会发生什么？

在 BLS 的家庭调查中，现服兵役的人们并没有包括在就业者、劳动力、工作年龄人口中。假定服兵役的人被包括在以上各类中，失业率、劳动力参与率和就业人口比会如何变化？

解：

第 1 步：复习本章内容。这一问题是关于计算失业率和劳动力参与率的，所以你可能需要复习一下 13.1 节“失业率、劳动力参与率和就业人口比的衡量”。

第 2 步：证明包含了服兵役的人后，失业率降低。失业率的计算方法是

$$\frac{失业者人数}{劳动力}\times100\%$$

包含服兵役者后，算作劳动力的人数会增加，但失业者人数不变。所以，失业率会减少。

第 3 步：证明包含服兵役的人后，劳动力参与率和就业人口比都会增加。劳动力参与率的计算方法是

$$\frac{劳动力}{工作年龄人口}\times100\%$$

就业人口比的计算方法是

$$\frac{就业者人数}{工作年龄人口}\times100\%$$

包含服兵役的人数后，劳动力人数、就业者人数和工作年龄人口数都会增加相同的数量。这一变化将导致劳动力参与率和就业人口比均增加。因为小于 1 的分数的分子分母同时增加相同的数量时，该分数值增加。

为了理解为什么是这样，考虑如下简单的例子。假定有 1 亿人是工作年龄人口，其中劳动力人数是 0.5 亿，此时没有包括服兵役者。假定服兵役者人数是 100 万（0.01 亿）。那么，不包含服兵役者时，劳动力参与率是：

$$\frac{0.5\text{ 亿}}{1\text{ 亿}}\times100\%=50\%$$

包含服兵役者时，劳动力参与率是：

$$\frac{0.51\text{ 亿}}{1.01\text{ 亿}}\times100\%=50.5\%$$

类似的计算可以说明当服兵役者被包括在内时，就业人口比将增加。

轮到你了：要想做更多的练习，请做本章末的问题与应用 1.9。

□ 13.1.2 失业率衡量中的问题

虽然 BLS 报告的失业率精确到了 0.1 个百分点，但是，它仍不是一个完美的衡量经济中失业状况的指标。BLS 面对的问题之一是区分失业者和不属于劳动力者。例如，在经济衰退期，由于找工作遇到困难的人停止积极寻找工作，所以丧失信心的工人的数量增加。因为这些人并不被计入失业人口中，BLS 衡量的失业率将低估经济中失业的真实程度。BLS 同时将从事兼职工作的人计入就业人数中，即使这些人更愿意得到一份全职工作。在衰退期，把想从事全职工作的兼职工作者算做就业者会导致经济中失业程度被低估，从而使就业状况显得比实际情况更好。

不把丧失信心的工人计入失业人数和把更愿意从事全职工作的兼职工人计入就业人数，对衡量到的失业率有着显著影响。在图 13.2 中，灰线代表官方的失业率，黑线代表倘若 BLS 将所有可以工作但是没有积极寻找工作和更想要全职工作的兼职工作者都计入失业人口将会得到的失业率。这两种衡量失业率的方法的差异是很大的，在 2007—2009 年的衰退和其后的缓慢复苏期尤其大。例如，在 2011 年 9 月，运用更宽泛的失业定义计算将会使失业率从 9.1%上升至 16.5%。

也有其他的衡量问题导致失业率衡量值高估了真实失业情况。这些问题的出现是由于

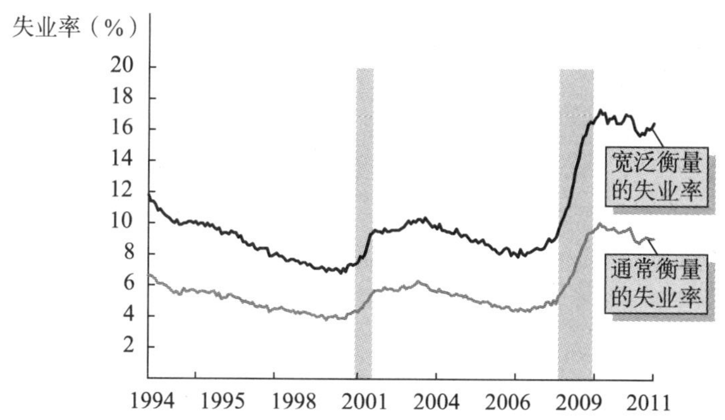

图 13.2　1994—2011 年官方失业率和更宽泛概念下的失业率

灰线代表通常衡量的失业率，而黑线代表倘若 BLS 将所有可以工作但是没有积极寻找工作和更想要全职工作的兼职工作者都计入失业人口将会得到的失业率。两种衡量方法的差异在 2007—2009 年的衰退和其后的缓慢复苏期尤其大。阴影部分表示处于衰退期的月份。

注：通常的衡量是 BLS U-3 序列，宽泛的衡量是 BLS U-6 序列。

资料来源：U. S. Bureau of Labor Statistics。

家庭调查并没有证实受调查者的回答。一些声称失业且积极寻找工作的人可能并未积极寻找。有些声称积极寻找工作的人可能只是为了有资格领取政府发放的失业救济金。在这种情况下，实际上并不属于劳动力的人会被算作失业者。另一些人可能有工作但从事的是非法活动（如贩毒）或者为了避税而想隐瞒自己的合法工作。在这种情况下，实际上有工作的人就被算作了失业者。调查中的这些不准确的回答使 BLS 衡量的失业率高估了实际的失业状况。所以，我们能得到如下结论：虽然失业率提供了一些关于一国就业状况的有用信息，但是它绝不是经济中失业状况的精确度量。

□ 13.1.3　劳动力参与率的趋势

劳动力参与率很重要，因为它决定了一定人口规模下经济体可用的劳动力数量。劳动力参与率越高，可用的劳动力就越多，该国的 GDP 水平和人均 GDP 水平就越高。图 13.3 突出了美国自 1948 年以来 16 周岁或以上成年人的劳动力参与率变化的两个重要趋势：成年女性劳动力参与率上升，成年男性劳动力参与率下降。

成年男性劳动力参与率从 1948 年的 87%降低到 2010 年的 71%。这一下降主要是由于年长男性更早退休和年轻男性受教育时间更长。此外，那些不在学校接受教育但又没到退休年龄的成年男性的劳动力参与率也出现了下降。长期看来，成年男性劳动力参与率的下降部分地是因为国会使人们更容易根据社会保障中的残疾保障项目获得现金支付。短期看来，是因为 2007—2009 年衰退的严重性和衰退后复苏的疲软。

成年女性劳动力参与率从 1948 年的 33%大幅增加到 2010 年的 59%，这不止抵消了成年男性劳动力参与率的降低，还使综合的劳动力参与率上升了：从 1948 年的 59%上升到 2010 年的 65%。女性劳动力参与率的上升有几个原因，包括（部分地）因妇女运动造成的社会观念的改变、联邦法律禁止性别歧视、女性工资上升以及典型家庭生的孩子更少了。

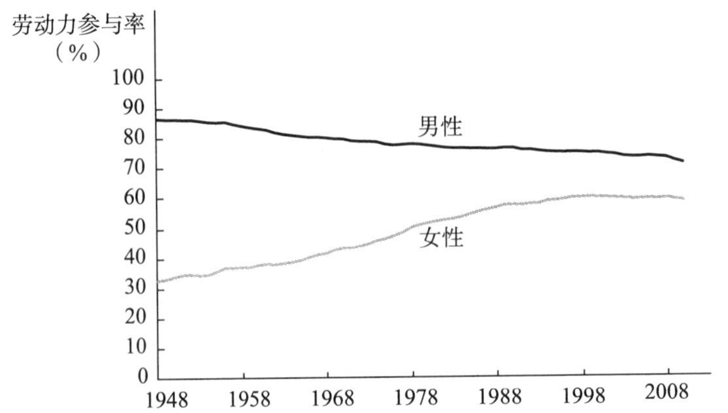

图 13.3　劳动力参与率的趋势：1948 年来成年男性和女性的劳动力参与率

成年男性劳动力参与率自 1948 年来逐步下降，但是成年女性劳动力参与率显著上升，这使现今综合的劳动力参与率高于 1948 年的水平。

资料来源：U. S. Bureau of Labor Statistics。

□ 13.1.4　不同群体的失业率

人口中不同群体的失业率迥异。图 13.4 显示了 2011 年 9 月不同种族群体和不同受教育水平群体的失业率。总失业率为 9.1%，但亚裔美国人的失业率只有 7.8%，非裔美国人的失业率高达 16%。高中辍学生的失业率为 14.0%，而大学毕业生的失业率仅为 4.2%。

在图中四类种族群体中，非裔美国人的失业率最高，而亚裔美国人的失业率最低。高中辍学生的失业率是大学毕业生的三倍。

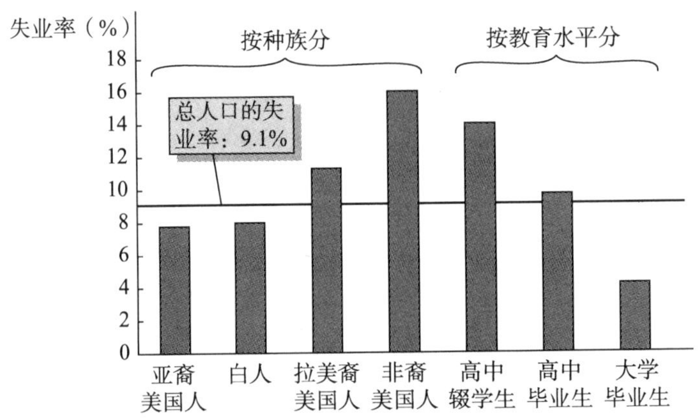

图 13.4　2011 年 9 月美国的失业率

按种族分类的失业率是对 16 周岁及以上年龄的人而言的，按教育水平分类的失业率是对 25 周岁及以上年龄的人而言的。拉美裔美国人可能是任何人种。

资料来源：U. S. Department of Labor，Bureau of Labor Statistics，*The Employment Situation—September 2011*，October 7，2011。

□ 13.1.5 人们一般失业多久？

一个人失业越久，所受的苦难就越大。在20世纪30年代大萧条期间，某些人一次失业长达数年。在当今的美国经济中，一般失业者失业的时间相对较短，尽管在严重的经济衰退中会大幅延长。例如，在2007年4月，经济正处于扩张阶段，82%的失业者失业时间短于6个月。在2011年9月，虽然已经是在2007—2009年衰退之后，但是经济复苏缓慢，只有55%的失业者的失业期短于6个月。在2007年4月，平均失业期只有17周，而在2011年9月则达41周。在2007—2009年衰退期间及之后的时期失业的严重程度打破了美国正常的失业经验。正常情况下，典型的失业者在几个月内就找到另一份工作，或者回到原来的工作岗位。

建立联系☞

2007—2009年衰退后的失业情况有何不寻常？

发生于20世纪30年代的大萧条给每个经历过的人都留下了难以磨灭的回忆。这场萧条始于1929年8月，在1929年10月股票市场崩盘后恶化了，在1933年银行体系瓦解后达到了最低点。实际GDP在1929—1933年间减少了25%以上，是有记录以来最大幅度的下降。失业率在1933年达到20%以上，这也是有记录以来最高的失业率。直到1942年，即美国加入第二次世界大战之后一年，失业率才恢复到1929年的水平。失业率长期如此之高，以致许多人多年都未曾工作。正如一位历史学家所言："实际上，大萧条的独特之处是大部分失业者都经历了异常长的失业期。"

到了21世纪头十年，许多美国人，包括大多数经济学家和政策制定者，都相信类似于20世纪30年代美国经济所经历的长时间失业不大可能再发生了。虽然1981—1982年的衰退也很严重，失业率在20世纪30年代后首次超过10%，但是经济复苏强劲，许多失业工人相对很快地找到了新职位。所以，在2007—2009年的衰退后，大多数经济学家和政策制定者对失业率下降有多缓慢和平均失业时间上升多少都没有心理准备。1981—1982年的衰退中，失业率在1982年12月达到10.8%的高峰，但是23个月之后的1984年11月，该数字已经下降到7.2%。与此形成对比的是，在2007—2009年的衰退后，失业率在2009年10月达到了10.1%的高峰，但是23个月之后，该数字只减少了一个百分点，为9.1%。下图显示了2007—2009年衰退后的平均失业时间是二战后任何衰退后失业时间的至少两倍。

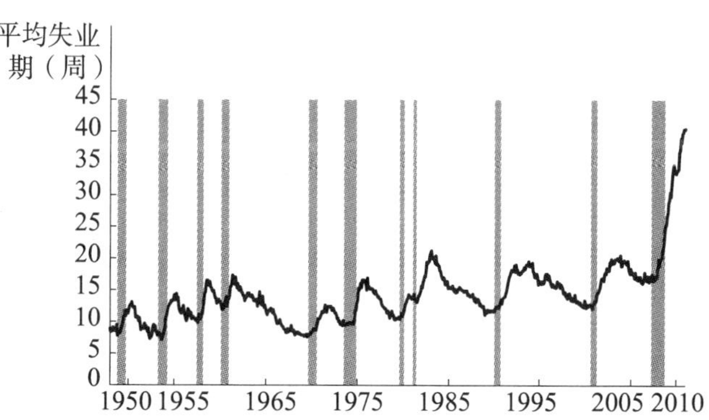

失业的持续时间如此之长、广泛程度如此之高，以致皮尤研究中心（Pew Research Center）在2011年春季进行的一项调查发现：超过一半的家庭在上一年都有至少一位家庭成员失业。皮尤研究中心在2011年6月进行的另一项调查发现：超过一半的有工作的人都预期下一年会减薪或失业。

正如我们已经看到的，失业数据的一个缺陷是离开劳动力市场的工人不再算作失业者。所以，一些经济学家关注就业人口比，因为它衡量了有工作的人口所占的比例。下图显示了1948—2011年的就业人口比。这一比率的整体上升趋势反映了女性劳动力参与率的增加。在每次衰退后，由于一些工人失去了工作，就业人口比下降。在2007—2009年的衰退后就业人口比的下降尤其大，直到这次衰退结束两年后，这一比率仍在继续下降。与失业率相比较而言，就业人口比的下降可能更好地表明了2007—2009年的衰退和此后的时期里美国劳动力市场有多疲软。

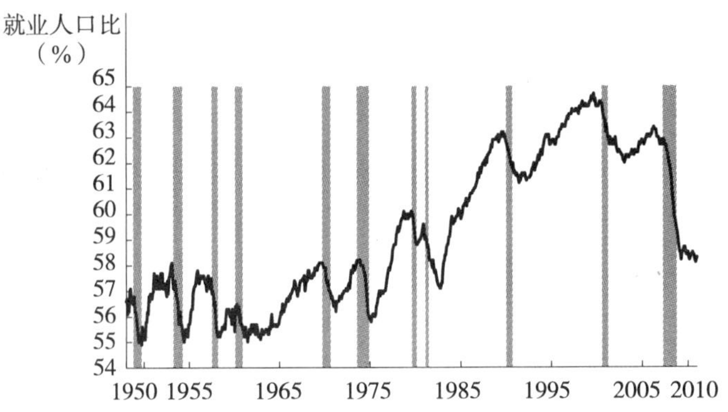

正如我们将在后面几章看到的，解释2007—2009年衰退和此后的时期里美国劳动力市场的疲软成为了经济学家和政策制定者们的首要任务。

资料来源：Alexander Keyssar, *Out of Work*: *The First Century of Unemployment in Massachusetts* (New York: Cambridge University Press, 1986), p. 290; Federal Reserve Bank of St. Louis; U. S. Bureau of Labor Statistics; Pew Research Center, "The Recession, Economic Stress, and Optimism", May 4, 2011; and Pew Research Center, "Views of Personal Finances", June 23, 2011。

轮到你了： 做本章末与本专栏相关的问题与应用1.11，看看你理解得如何。

□ 13.1.6 机构调查：就业的另一个衡量指标

除了家庭调查，BLS运用了机构调查，也被称为工资名单调查，来衡量经济中的总就业。这项月度调查的样本是约30万家商业机构（例如工厂、商店和办事处）。一家小公司通常只有一个运营机构，而一家大公司可能有多个运营机构。机构调查提供了在工资名单上的就业者的信息。机构调查有四个缺点。第一，这种调查没有提供自我雇用的人员数量，因为他们不在任何一家公司的工资名单上。第二，这种调查没有计入那些没有包括在调查中的新成立公司雇用的人员。第三，这种调查没有提供关于失业的信息。第四，一旦来自额外机构的信息可以获得，从机构调查得到的初始雇用数可能需要进行重大修改。除了这些缺点，机构调查的优点是它是由实际的工资名单决定的，而家庭调查中的回答则是未经核实的。近些年中，一些经济学家在分析现今劳动市场情况时更加依赖机构调查的数据而非家庭调查的数据。一些金融分析师在预测未来经济状况以帮助预测股票价格时，也更多地依赖机构调查的数据，而非家庭调查的数据。

表 13.1 显示了 2011 年 8 月和 9 月的家庭调查和机构调查数据。注意因为家庭调查包括了自我雇用者，所以其总就业人数高于机构调查的数据。家庭调查提供了有关失业人数和劳动力人数的信息。这些信息在机构调查中是不可得的。在 2011 年 8—9 月间，家庭调查得到的就业量上升了 39.8 万，而机构调查得到的就业量只上升了 10.3 万。这种明显的不一致部分地是由于两种调查涵盖的群体有些差别，部分地是由于调查的不精确性。

表 13.1　　2011 年 8 月和 9 月家庭和机构调查数据

	家庭调查			机构调查		
	8 月	9 月	变动	8 月	9 月	变动
就业者人数	139 627 000	140 025 000	398 000	131 231 000	131 334 000	103 000
失业者人数	13 967 000	13 992 000	25 000			
劳动力人数	153 594 000	154 017 000	423 000			
失业率	9.1%	9.1%	0%			

注：由于四舍五入，就业者人数和失业者人数的加总可能不等于劳动力人数。

资料来源：U. S. Department of Labor，Bureau of Labor Statistics，*The Employment Situation—September 2011*，October 7，2011。

□ 13.1.7　机构调查就业数据的修正：2007—2009 年衰退有多严重？

经济学家和政策制定者依赖政府发布的经济数据（如从机构调查得到的就业数据）来了解当前经济形势。但是，给定美国经济这么大的规模，经济分析局、劳工统计局和调查统计局等政府机构需要相当长的时间来收集关于 GDP、就业和其他宏观经济变量的完整而精确的数据。为了避免政策制定者和普通民众长时间等待数据，政府机构通常先发布初步估计数据，在得到进一步信息后再进行修正。正如我们之前指出的，BLS 从机构调查得到的就业数据在一段时期后可能要进行特别大的修正。

图 13.5 显示了 2007 年 12 月—2010 年 12 月这段时期里每个月机构调查原先报告的就业变化量与 2011 年 9 月获得的修正值之间的差额。在灰色长条代表的月份，BLS 修正后的数据显示，减少的工作岗位比原先报告的要少（或者创造出来的工作岗位比原先报告的要多）。在黑色长条代表的月份，BLS 修正后的数据显示，减少的工作岗位比原先报告的要多（或者创造出来的工作岗位比原先报告的要少）。例如，BLS 原先报告 2008 年 9 月的工作岗位减少了 15.9 万。实际上，在得到更多信息后，BLS 修正后的数据显示，该月就业量下降了 43.4 万，较之前的估计多下降了 27.5 万。随着衰退在 2008 年 4 月—2009 年 4 月期间进一步加深，BLS 原先报告的数据低估了 230 万个减少的工作岗位。也就是说，2007—2009 年的衰退比经济学家和政策制定者们当时意识到的严重得多。

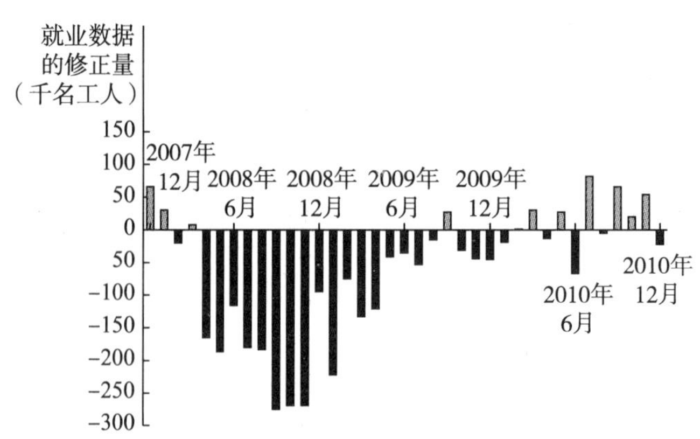

图 13.5　对机构调查报告的就业变动量的修正

随着时间的推移，BLS 修正其对就业变动量的初步估计。在 2007—2009 年衰退中，实际失去的工作数量比初步估计数要多得多。在灰色长条代表的月份，BLS 修正后的数据显示，减少的工作岗位比原先报告的要少（或者创造出来的工作岗位比原先报告的要多）。在黑色长条代表的月份，BLS 修正后的数据显示，减少的工作岗位比原先报告的要多（或者创造出来的工作岗位比原先报告的要少）。

资料来源：U. S. Bureau of Labor Statistics。

□ 13.1.8　随着时间推移的职位创造和消亡

有一个关于就业的重要事实并非众所周知：每一年美国经济创造和消亡的职位数以百万计。例如，2010 年新创造的职位达 2 660 万个，消亡的职位则达 2 540 万个。在一个活跃的市场体系中，这种程度的职位创造和削减并不令人惊讶，因为总会有新企业成立，有些现有的企业不断发展壮大，有些现有的企业则不断收缩，还有一些退出了市场。职位的创造和消亡是消费者喜好的变化、技术进步及企业家应对消费者喜好变化和技术进步所出现的机会和挑战的成败所导致的。大量的职位创造和消亡有助于解释为什么在大多数年份里典型失业者的失业时间相对较短。

当 BLS 宣布每月就业者和失业者人数的增减时，这些都是净值数字。也就是说，就业者人数的变动等于创造的职位数减去消亡的职位数。以 2010 年 9—12 月为例。在此期间，695.4 万个职位被创造出来，639.1 万个职位消亡了，净增加 56.3 万个职位。因为与创造量和消亡量相比，净变动量太小了，所以净变动量并不能完全反映现实中美国就业市场的动态变化。

表 13.2 中的数据加强了我们对短短三个月时间里职位创造和消亡的数量有多大的认识。该表显示了 2010 年 9—12 月参与创造和消亡职位的机构（包括办事处、工厂、商店）数。

表 13.2　　2010 年 9—12 月参与创造和消亡职位的机构数

	机构数量	职位数量
创造职位的机构		
现有机构	1 447 000	5 609 000
新成立机构	382 000	1 345 000
消亡职位的机构		
现有机构	1 418 000	5 162 000
关闭的机构	352 000	1 229 000

资料来源：U. S. Bureau of Labor Statistics，*Business Employment Dynamics*：*Fourth Quarter* 2010，August 2，2011。

在此期间，大约 38.2 万家新机构成立，创造了 135 万个新职位；35.2 万家机构关闭，消亡了 123 万个职位。

13.2 失业的类型

图 13.6 表明，失业率遵循经济周期，在衰退期上升，在扩张期下降。但是，注意失业率从未下降至零。为了理解为什么会这样，我们需要讨论失业的三种类型：

1. 摩擦性失业；
2. 结构性失业；
3. 周期性失业。

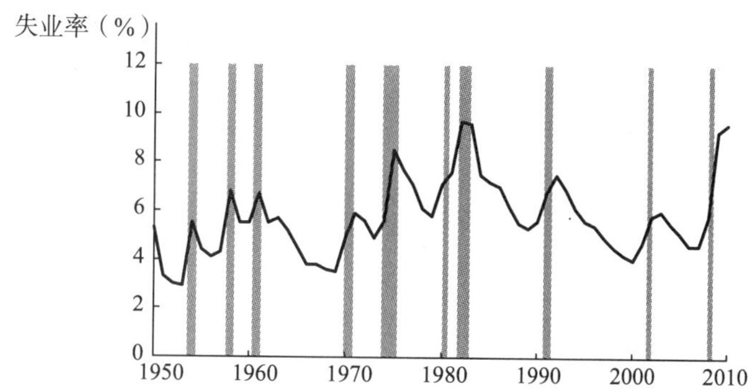

图 13.6 1950—2010 年美国的年失业率

失业率在衰退期上升，在扩张期下降。阴影部分代表衰退。

资料来源：U. S. Bureau of Labor Statistics。

13.2.1 摩擦性失业和工作搜寻

工人们有不同的技能、兴趣和能力，工作岗位也有不同的技术需求、工作条件和薪资水平。所以，一个刚进入劳动力市场的新工人或一个失业的工人都不大可能立即找到可以接受的工作岗位。大多数工人都要花费时间进行工作搜寻，大部分企业也需要花费时间寻找新员工来填补职位空缺。**摩擦性失业**（frictional unemployment）是指因工人和工作之间的匹配过程而引起的失业。一定程度的摩擦性失业是不可避免的。正如我们看到的，美国经济每年创造和消亡的职位数以百万计。工作搜寻的过程需要时间，所以总会有一些摩擦性失业的工人，他们失去了原有的工作，正在寻找新的工作。

有些失业是由于季节因素，如天气状况或一年中不同时间对某些商品和服务的需求的波动。例如，在海滨度假地的商店冬季会裁减员工，滑雪度假村在夏季会裁减员工。百货商店在 11 月和 12 月会增加人手而新年后会减少雇员。在农业地区，雇用量在收获季节会增加，之后则会减少。在美国许多地区，建筑工人在冬季的失业量高于夏季。季节性失业是指由于天气、游客量的变化和其他与日历相关的事件造成的失业。因为季节性失业会使某些月份的失业率虚高、另一些月份的失业率虚低，所以 BLS 每月发布两个失业率——

一个是经过季节调整的，一个是未经季节调整的。季节调整后的数据消除了季节性失业的影响。经济学家和政策制定者们将经季节调整后的数据看作是对当前劳动力市场状况的更精确的描述。

消除所有摩擦性失业对经济有利吗？答案是否定的。因为一定程度的摩擦性失业实际增加了经济效率。摩擦性失业的出现，是因为工人和企业花费必要的时间来确保工人特性和岗位特征之间的良好匹配。通过花费时间于工作搜寻，工人最终得到自己满意并且能施展自身才干的工作。当然，拥有更有生产力和满意度更高的工人也符合企业的利益。

□ 13.2.2 结构性失业

到2011年，与传统的手绘2D动画相比，由计算机生成的3D动画更受欢迎，这项技术也被《功夫熊猫2》和《汽车总动员2》等电影采用。很多很擅长手绘动画的人失去了他们在迪士尼（Walt Disney Picture）、梦工厂（DreamWorks）和其他电影工作室的职位。为了重新找到工作，他们中许多人学习了用计算机生成动画的技术，或者转投到其他行业。在重新就业之前，他们处于失业状态。经济学家认为这些动画师的失业属于结构性失业。**结构性失业**（structural unemployment）是指源于工人的技能和特征与工作要求的持续不匹配的失业。摩擦性失业的时间短，但结构性失业延续更长时间，因为失业者学习新技术需要时间。例如，由于来自国外生产商的竞争和用机器代替工人的技术变革，在20世纪80年代初至21世纪初美国钢铁行业的雇用量减少了一半以上。很多钢铁工人经过漫长的职业培训后，才在其他行业重新找到工作。

一些工人缺乏基本的从业技能，例如识字，或是有酗酒或吸毒的恶习。这使他们几乎不能胜任任何工作。这些工人长期处于结构性失业状态。

□ 13.2.3 周期性失业

当经济进入衰退时，很多企业发现销售量下降，从而减少生产。当生产减少时，企业开始裁员。这些因为经济衰退而失业的工人，就会经历**周期性失业**（cyclical unemployment）。例如，福特汽车公司在2007—2009年的衰退期间裁员了。当经济从衰退中缓慢复苏时，福特公司开始重新雇用那些员工。这些在衰退期间被裁掉而在其后的扩张期间重新被雇用的福特员工就经历了周期性失业。

□ 13.2.4 充分就业

当经济步入扩张期，周期性失业最终下降至零。但是，由于摩擦性失业和结构性失业的存在，失业率不会是零。正如图13.6显示的，美国的失业率很少低于4%。当仅有结构性失业和摩擦性失业存在时，经济就是充分就业的。

经济学家将摩擦性失业和结构性失业看作经济中正常的潜在性失业水平。我们在图13.6中看到的围绕这个正常失业水平的波动主要是因为周期性失业水平的变动。摩擦性失业和结构性失业相加而得到的这个正常的失业水平，叫做**自然失业率**（natural rate of unemployment）。经济学家对自然失业率的确切数值有不同的意见，有充分的理由认为它随时间变化。现在，大部分经济学家估计自然失业率在5%～6%之间。自然失业率有时也被称为充分就业的失业率。

建立联系

美国银行的失业属于什么类型?

我们在本章开篇案例中看到，2011年秋季，美国的第二大银行美国银行宣布计划裁减其28.8万雇员中的3万人。美国银行裁员所造成的失业是摩擦性失业、结构性失业，还是周期性失业?在回答这个问题时，我们应该承认，把失业分成摩擦性失业、结构性失业和周期性失业能够帮助我们理解失业的原因，但是，在特定例子中运用这些分类可能是困难的。例如，BLS提供了对总失业人数的估计，但是并没有归类为摩擦性失业、结构性失业还是周期性失业。

虽然有这些困难，我们仍可将美国银行的声明引起的失业大致进行分类。先考虑此次裁员的三个基本原因：商业银行部门的长期萎缩，2007—2009年衰退期造成抵押贷款和其他贷款的需求暂时减少以及美国银行在2011年碰到的特殊问题。每个原因都对应着一种类型的失业。在21世纪头十年中期房地产繁荣时，经济中包括银行在内的金融业都迅速扩张。在2007—2009年衰退期间，由于抵押贷款和其他贷款的需求开始减少，金融业开始收缩。在2011年秋季，金融业的就业量仍在下降。虽然这种下降部分地与此次衰退的严重程度和复苏缓慢相关，但是许多经济学家相信，金融业的就业量不大可能恢复到2005年和2006年房地产繁荣时的高位。所以，一些被美国银行裁掉的员工必须离开金融业才可能找到工作，这些人就成了结构性失业者。贷款及其他银行和金融服务需求的减少部分地是因为2007—2009年衰退的影响，而非金融业长期的问题。所以，美国银行裁掉的部分员工属于周期性失业，预计在经济复苏强劲时能够在其他金融企业找到工作。

最后，美国银行面临的部分问题并不是银行业的共性问题。在2008年，在衰退发生之后，美国银行花费超过40亿美元购买了Countrywide Financial公司。这家公司曾经是美国最大的抵押贷款放贷者。不幸的是，它的许多贷款都被发放给了信用差的借款人，这些人在房价开始下跌时就拖欠还款。美国银行的经理人低估了Countrywide Financial公司的问题，该公司直至2011年仍然遭受着损失。此外，Countrywide Financial公司的某些贷款行为身陷诉讼，可能需要美国银行耗资数十亿美元来解决。如果没有这些问题，美国银行的裁员数可能要少一些。所以，某些被裁的雇员经过较短时间的搜寻后可能在其他银行找到职位。这些工人属于摩擦性失业。

资料来源：Dan Fitzpatrick，“BofA Readies the Knife”，*Wall Street Journal*，September 13，2011：“Bank withdrawals”，*Economist*，August 9，2011；and Nelson D. Schwartz，“Bank of America Confirms Plan to Cut 30，000 Positions”，*New York Times*，September 12，2011。

轮到你了：做本章末与本专栏相关的问题与应用2.6，看看你理解得如何。

13.3 解释失业

我们已经看到，某些失业是由经济周期导致的。在后面几章中，我们将探究经济周期的原因，这将帮助我们了解周期性失业的原因。在本节，我们将讨论摩擦性失业和结构性失业水平的决定因素。

13.3.1 政府政策和失业率

寻找工作的工人们通过投送简历、在 Monster. com 这样的求职网站注册、通过朋友和亲戚推荐来找工作。企业通过在报纸上刊登广告、在网上发布招聘职位、举办招聘会和校园宣讲会来招聘人才。政府政策能够助这些私人努力一臂之力。通过采取有助于加速失业工人与空缺职位之间的匹配过程的政策，政府能够帮助减少摩擦性失业水平。通过执行帮助失业工人再培训的政策，政府也可以帮助减少结构性失业。例如，联邦政府的贸易调整援助项目为那些因为来自外国公司的竞争而被企业裁减的员工提供培训。

但是，一些政府政策能够增加摩擦性和结构性失业。这些政府政策增加了失业率，其原因要么是增加了工人找工作需要花的时间，要么是抑制了企业雇用员工的激励，要么是使工资保持在市场水平之上。

失业保险和其他失业补助。

假定你已经进入劳动力市场多年，但是刚刚失去了工作。如果你愿意，你很可能马上能在沃尔玛或者麦当劳找到一个低薪职位。但是，你或许决定通过投寄简历、应聘报纸和网上招聘广告中的职位来寻找一个更好的、工资更高的职位。注意任何活动的机会成本是指你从事该项活动必须放弃的价值最高的其他用途。在这个例子中，继续寻找工作的机会成本就是现在你本来可以获得的工作的工资。你找工作的时间越长，你找到一个更好的、工资更高的职位的机会就越大，但同时你放弃的薪水就越多，机会成本就越大。

在美国和大多数其他工业国家，失业者有资格获得政府提供的失业保险金。在美国，失业保险金的数量在各州都不同，但一般约为平均工资的一半。由于失业者获得了这些保险金，所以他们花费更多的时间来寻找工作。找工作花的时间更多了，这提高了失业率。这意味着失业保险项目是一个糟糕的主意吗？大多数经济学家认为并不是。在 20 世纪 30 年代末国会创立失业保险项目之前，失业工人的收入大大减少，这导致他们大幅缩减开支。支出的减少又加剧了衰退的严重程度。失业保险有助于失业工人维持他们的收入水平和支出水平，这减轻了失业带来的困苦，也有助于降低衰退的严重性。

在美国，一般而言，失业的工人通常有资格在失业后的 6 个月里获得等于失业前一半工资的失业保险金。不过，在衰退期间领取失业保险金的时间通常会延长，例如在 2007—2009 年衰退期间就延长了。在有资格领取失业保险金的时期过后，继续寻找工作的机会成本增加。在许多其他高收入国家，如加拿大和大多数西欧国家，工人有资格领取失业保险金的时间为一年甚至更长的时间，保险金的数量可能达到失业前工资的 70％～80％。此外，许多这些国家都有非常慷慨的社会保险项目，这些社会保险项目允许失业的成年人在有资格领取失业保险金的时期结束后，仍能获得一些政府补助。在美国，除了允许单亲家庭获得最多五年补助的贫困家庭临时援助项目（the Temporary Assistance for Needy Families Program）外，政府很少给予健康的成年人补助。虽然由于多种原因，各国的失业率可能不同，但是大多数经济学家相信，因为在加拿大和西欧国家寻找工作的机会成本更低，所以这些国家的失业工人会用更长的时间寻找工作，从而这些国家的失业率往往高于美国。但是，在 2007—2009 年的衰退中，加拿大和德国的失业率比美国的低。

最低工资法。

在 1938 年，联邦政府颁布了全国性的最低工资法。起初，企业可以支付给工人的法定最低工资是每小时 0.25 美元。随着时间的推移，国会逐渐提高了最低工资；在 2011 年，最低工资为每小时 7.25 美元。一些州和城市也有自己的最低工资法。例如，2011 年加利福尼亚的最低工资是每小时 8 美元，旧金山的最低工资是每小时 9.92 美元。如果最低工资被设定在高于由劳动供给和需求决定的市场工资水平，那么，劳动的供给量就会高于劳动的需求量。有些在没有最低工资的条件下被雇用的人会失业。所以，有最低工资时的失业率就会比没有时高。经济学家一致认为，对某些工人来说，当前的最低工资比市场工资水平高，但是他们对最低工资导致的失业量的看法不一致。因为一般而言，青少年拥有相对少的相关工作技能，他们也就成为最可能获得最低工资的群体。研究估计，最低工资上升 10%会使青少年就业量减少约 2%。因为青少年和其他获得最低工资的工人只占劳动力中一个相对小的部分，所以，大部分经济学家相信，在现有的最低工资水平，最低工资对美国失业率的影响极其有限。

□ 13.3.2 工会

工会是代表会员同雇主谈判以争取更高的工资和更好的工作条件的工人组织。在工会化的行业里，工资通常高于没有工会条件下的市场水平。高于市场的工资就导致了工会化的行业里雇主雇用了更少的工人，但是这显著地提高了经济中的总失业率吗？大多数经济学家并不这么认为，原因是除政府部门外只有约 9%的工人加入了工会。虽然在诸如航空、汽车、钢铁和电信等几个行业中工会的力量仍旧强大，但是，在美国，大部分的行业并没有工会化。结果是，大部分因为工资水平高于市场工资水平而不能在工会化的行业找到工作的工人能够在其他行业顺利就业。

□ 13.3.3 效率工资

许多公司支付高于市场的工资，其原因并不是政府的要求或是受到工会的影响，而是它们相信这样做会提高自身利润。这看起来像是一个悖论：对很多雇主而言，工资是其最大的成本，所以支付高工资看起来会降低企业的利润而不是提高利润。理解这个悖论的关键是工资水平能够影响工人的生产率水平。很多研究显示，高工资能激励工人更努力地工作。**效率工资**（efficiency wage）是指企业为提高工人生产率而支付的高于市场水平的工资。企业不能通过监督来保证工人努力工作吗？在有些情况下可以。例如电话营销公司可以通过电子监控来确保工人们每小时拨打规定数量的电话。但是，在很多商业情形中，监督工人困难得多。许多企业必须依赖于工人有足够的激励努力工作。通过支付超过市场工资的高薪，企业提高了工人失去工作的成本，因为许多其他工作只付市场工资。支付高工资导致的生产率提高不止抵消了工资成本的增加，从而降低了企业的生产成本。

因为效率工资高于市场工资，所以与最低工资法和工会一样，它导致劳动力供给量大于需求量。所以，效率工资是经济在周期性失业为 0 时仍存在失业的另一原因。

13.4 通货膨胀的衡量

经济生活中一个事实是大多数商品和服务的价格都随时间上升。所以，生活成本不断提高。在 1914 年，亨利·福特开始支付给工人 5 美元的日工资，在当时是其他汽车生产商支付工资的两倍以上。当时价格水平很低，所以 5 美元的日工资已经使福特公司的工人跻身中产阶级行列。在 1914 年，福特公司在全国畅销的 T 型车售价不到 600 美元，一件男式西服的价格是 15 美元，电影票价是 0.15 美元，一盒家乐氏玉米片售价是 0.08 美元。在 2011 年，生活成本比 1914 年高得多，法律规定企业可以支付的最低法定工资是每小时 7.25 美元，比福特当年给员工支付的高日薪都多。

了解政府如何编制就业和失业数据对解释这些统计量很重要。政府发布的生活成本统计量也是如此。如同我们在第 12 章所见，**价格水平**（price level）衡量了经济中商品和服务的平均价格。**通货膨胀率**（inflation rate）是平均价格水平从一年到下一年的百分比增加。在第 12 章，我们介绍了 GDP 平减指数，它是一个衡量价格水平的指标。GDP 平减指数是价格水平最广泛的测度，因为它包含了所有最终商品和服务的价格。但是，对于某些目的而言，它太宽泛了。例如，如果我们想了解通货膨胀率如何影响一个典型家庭，GDP 平减指数可能具有误导性，因为它包含了大型发电机和机床这样的商品价格，这些商品属于 GDP 中的投资这一组成部分，但是并不在典型家庭的购买范围内。在本章，我们将集中于用消费者价格指数的变化来衡量通货膨胀率，因为这个指数的变动与衡量典型家庭经历的生活成本的变化最为接近。我们也会简单讨论衡量通货膨胀的第三个衡量指标：生产者价格指数。

□ 13.4.1 消费者价格指数

为了得到一组代表性商品和服务的价格，BLS 调查了全国范围内的 3 万家庭的支出习惯。然后运用调查的结果构造了一个包含 211 种由典型的城市四口之家购买的商品和服务的“市场篮子”。图 13.7 显示了这一篮子商品和服务的八种大类。约 3/4 的商品和服务属于住房、交通和食物这三大类。每个月，数以百计的 BLS 的雇员都会造访位于 87 个城市的 2.3 万家商店，记录市场篮子中商品和服务的价格。在消费者价格指数中的每个价格被赋予的权重等于该商品或服务上的支出占典型家庭预算的比重。**消费者价格指数**（consumer price index）是一个典型的城市四口之家购买的商品和服务价格的平均值。选定某一年作为基年，这一年的 CPI 值被设定为 100。在除了基年外的任何年份，CPI 就等于当年购买商品和服务的市场篮子所需货币量与基年购买该市场篮子所需货币量的比值乘以 100。因为 CPI 衡量的是一个典型的城市四口之家购买代表性商品和服务的篮子的费用，所以，有时也称它为生活成本指数。

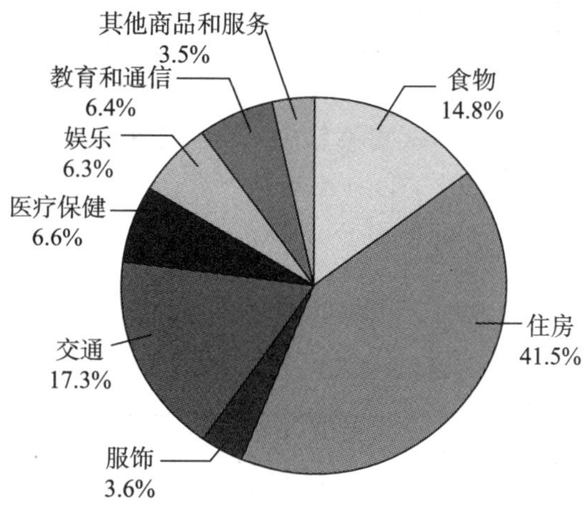

图 13.7　2010 年 12 月 CPI 的市场篮子

劳工统计局调查了 3 万家庭的支出习惯。运用调查的结果构造了一个由典型的城市四口之家购买的商品和服务的“市场篮子”。该图显示了这一篮子商品和服务的八种大类。百分数代表市场篮子中各种类型的消费份额。住房、交通和食物这三大类占市场篮子的约四分之三。

资料来源：U. S. Bureau of Labor Statistics。

一个简单的例子就能阐明 CPI 是如何计算的。在这个例子中，我们假设市场篮子里只有三种产品：眼科检查、比萨和教材。

产品	数量	基年（1999 年）		2012 年		2013 年	
		价格（美元）	支出（美元）	价格	支出（按基年数量计算，美元）	价格	支出（按基年数量计算，美元）
眼科检查	1	50.00	50.00	100.00	100.00	85.00	85.00
比萨	20	10.00	200.00	15.00	300.00	14.00	280.00
教材	20	25.00	500.00	25.00	500.00	27.50	550.00
总和			750.00		900.00		915.00

假定在基年 1999 年，一项调查估计典型家庭每月购买 1 次眼科检查、20 张比萨和 20 本书。按照 1999 年的价格计算，这个典型家庭购买这一篮子商品和服务花费了 750.00 美元。在基年后的每年的 CPI 就等于当年购买市场篮子所需货币量与基年购买市场篮子所需货币量之比乘以 100。注意在计算 CPI 时，2012 年和 2013 年所购买的产品数量是不相关的，因为我们假设家庭每月购买同一产品市场篮子。运用表中的数据，我们能够计算 2012 年和 2013 年的 CPI：

公式	2012 年	2013 年
$\text{CPI}=\frac{\text{当年的支出}}{\text{基年的支出}}\times 100$	$\frac{900}{750}\times 100=120$	$\frac{915}{750}\times 100=122$

我们怎么解释 120 和 122 这样的数值呢？首先，注意这些数字是指数，这意味着它们不是用美元或是其他单位来衡量的。CPI 的目的是衡量价格水平随时间的变化。我们不能使用 CPI 来从绝对意义上说明价格水平有多高，只能说明价格水平随时间变动了多少。我们用 CPI 逐年的百分比增加来衡量通货膨胀率。在我们的简单例子中，2013 年的通货膨胀率就是从 2012 年到 2013 年 CPI 的百分比变化。

$$\frac{122-120}{122}\times100\%=1.7\%$$

因为 CPI 是对生活成本的衡量，我们也可以说 2013 年的生活成本增加了 1.7%。

不要犯这样的错误！

不要错误计算通货膨胀率

假定你有了下表的数据并需要计算 2010 年的通货膨胀率：

年	CPI
2009	216
2010	219

你可能会不做任何计算而简单地回答说 2010 年的通货膨胀率是 119%，因为从 100 增加到 219 是 119% 的增加。但是这个答案是错误的。2010 年的 CPI 值为 219，它告诉我们的是 2010 年的价格水平比基年高 119%，但是通货膨胀率指的是价格水平相比于上一年的百分比增加，而不是相比于基年的百分比增加。计算 2010 年通货膨胀率的正确方法是：

$$\frac{219-216}{216}\times100\%=1.4\%$$

轮到你了：做本章末的问题与应用 4.5，看看你理解得如何。

□ 13.4.2 CPI 精确吗？

CPI 是使用最广泛的通货膨胀衡量指标。政策制定者们利用 CPI 来追踪经济的状况。企业利用它来帮助设定产品的价格和雇员的工资。每年，联邦政府给退休职工的社会保障金增加的幅度等于前一年 CPI 增加的百分比。在离婚案中，法官们也常常要求赡养费和儿童抚养金每年都要增加等于 CPI 所衡量的通货膨胀率的幅度。

CPI 尽量精确非常重要，但是有四类偏差使 CPI 的变化高估了真实的通货膨胀率：

- 替代性偏差。构建 CPI 时，BLS 假设消费者每月购买的市场篮子中的每种商品数量相同。事实上，对于涨价最多的产品，消费者的购买量会减少，而对于涨价最少（或是降价最多）的产品，消费者的购买量会增加。例如，如果某个月苹果价格迅速上涨，而橘子价格下降，消费者会减少对苹果的消费，增加对橘子的消费。所以，消费者实际上购买的市场篮子的价格上升的数量将会低于 BLS 计算 CPI 时使用的市场篮子的价格上升的数量。
- 质量提高偏差。CPI 中包含的大部分产品的质量都会随时间提高：汽车变得更加耐用，安全气囊变成了标准配置；计算机运行速度更快、内存更高；洗碗机用水更少、洗得更洁净等等。这些商品价格的提高，部分是由于质量的改进，部分是纯粹的通货膨胀。BLS 尝试进行调整以便只有纯粹的通货膨胀所导致的价格提高才被包含在 CPI 中。但是，要做出这样的调整非常困难，所以，某些产品的价格上升高估了纯粹的通货膨胀。

- 新产品偏差。过去很多年里，BLS 每十年才更新计算 CPI 所用的市场篮子里的商品和服务。所以，更新后市场上才出现的新产品没有被包括在市场篮子中。例如，手机是在 1987 年市场篮子更新后才被引入市场的。虽然到 20 世纪 90 年代中期时已经有数以百万计的美国家庭在使用手机，但是直到 1997 年市场篮子更新时手机才被包括在计算 CPI 所用的市场篮子中。像手机、蓝光播放器、LED 电视机等多种产品在它们被引入市场后很快就迅速降价。如果市场篮子更新得不够快，这些降价就不会被包含在 CPI 中。
- 折扣偏差。在 20 世纪 90 年代中期，越来越多的消费者开始在诸如山姆会员店（Sam's Club）和好市多连锁店等折扣店购物。到了 20 世纪 90 年代末，互联网开始占据了某些产品销售的很大比例。因为 BLS 一直都从传统的全价零售店收集价格信息，所以 CPI 没有反映出消费者实际支付的价格。

大多数经济学家认为这些偏差使得 CPI 的变动高估了真实的通货膨胀率 0.5%～1%。也就是说，如果 CPI 表明通货膨胀率是 3%，实际值很可能介于 2%～2.5%之间。BLS 不断采取措施减少偏差的大小。例如，BLS 通过用每两年代替每十年更新一次市场篮子，减少了替代偏差和新产品偏差。BLS 还通过进行购买地点调查来追踪消费者实际购买商品的地点，以此来降低折扣偏差。另外，BLS 还采用统计方法来减少质量偏差。在采取这些方法之前，CPI 中的总偏差很可能超过了 1%。

□ 13.4.3 生产者价格指数

除了 GDP 平减指数和 CPI，政府也计算**生产者价格指数**（producer price index，PPI）。像 CPI 一样，PPI 也追踪了一个商品和服务的市场篮子的价格。但是，CPI 追踪的是典型家庭购买的商品和服务的价格，而 PPI 追踪的是商品或服务所有生产阶段的生产者收到的价格。PPI 包括了面粉、棉线、纱线、钢铁和木材等中间产品的价格，也包括了棉花、煤炭和原油等原材料的价格。如果这些商品的价格上升，生产最终商品和服务的企业的成本就会升高，这可能导致消费者购买相应商品和服务的价格随之上涨。所以，PPI 的变化能够提前警示未来的 CPI 走势。

13.5 运用价格指数调整通货膨胀的效应

你毕业后拿到的工资很可能远远高于 25 年前你父母刚毕业时的薪水。但是，25 年前的平均价格远远低于现在的水平。换言之，25 年前 1 美元的购买力要高得多，因为当时大部分商品和服务的价格都低得多。诸如 CPI 之类的价格指数给了我们一种调整通货膨胀效应的方法，这样我们就能比较不同年份的货币价值。例如，假定在 1984 年你母亲的工资是 2 万美元。利用 CPI，我们就能计算 1984 年的 20 000 美元相当于 2010 年的多少钱。1984 年的消费者价格指数是 104，2010 年的是 219。因为 219/104＝2.1，所以，我们知道，平均而言，2010 年的价格是 1984 年的 2.1 倍。我们能够运用这个结果来计算 1984 年的 2 万美元相当于 2010 年的购买力：

$$2010\text{年的美元值}=1984\text{年的美元值}\times\frac{2010\text{年的 CPI}}{1984\text{年的 CPI}}$$

$$=20\ 000\times\frac{219}{104}=42\ 115\text{（美元）}$$

我们的计算表明，如果你在 2010 年的工资是 42 115 美元，你能购买的商品和服务的数量与你母亲在 1984 年收入为 20 000 美元能够购买的数量大体相同。经济学家把用当年价格水平计算的经济变量称为名义变量。我们刚刚所做的计算利用价格指数对一个名义变量——你母亲的工资——进行了调整，消除了通货膨胀效应。

对于某些目的而言，我们感兴趣的是追踪一个经济变量随时间的变化，而不是看它的值用现在的货币来表示是多少。在那种情况下，为了消除通货膨胀的效应，我们可以用名义变量除以一个价格指数再乘以 100 来得到实际变量。这样，实际变量就是用价格指数基年的美元值来衡量的。目前，CPI 的基年价格是 1982—1984 年的平均价格。

例题 13.5 计算实际平均时薪

除了就业数据以外，BLS 的机构调查还收集了生产工人平均时薪的数据。生产工人包括除经理和专业人员外的所有工人。平均时薪是这些工人每小时的工资。经济学家对平均时薪进行追踪，因为这个变量是典型工人收入的一个宽泛的衡量指标。运用下表的信息，计算每年的实际平均时薪。从 2009 年到 2010 年，实际平均时薪的百分比变动是多少？

年份	名义平均时薪（美元）	CPI（1982—1984 年的值为 100）
2008	21.62	216.2
2009	22.21	215.9
2010	22.59	218.6

解：

第 1 步：复习本章内容。这一问题是关于运用价格指数来对通货膨胀的效应进行调整的，所以，你可能需要复习一下 13.5 节“运用价格指数调整通货膨胀的效应”。

第 2 步：计算每年的实际平均时薪。要计算每年的实际平均时薪，用名义平均时薪除以 CPI，再乘以 100。例如，2008 年的实际平均时薪是

$$\frac{21.62}{216.2}\times100=10.00\text{（美元）}$$

以下是这三年的计算结果：

年份	名义平均时薪（美元）	CPI（1982—1984 年的值为 100）	实际平均时薪（1982—1984 年美元）
2008	21.62	216.2	10.00
2009	22.21	215.9	10.29
2010	22.59	218.6	10.33

第 3 步：计算 2009—2010 年实际平均时薪的百分比变化。百分比变化等于

$$\frac{10.33-10.29}{10.29}\times100\%=0.4\%$$

我们能够得到结论：实际平均时薪在2009—2010年间只有少量的增加。

附注： 我们计算出的实际平均时薪的值的单位是1982—1984年美元。因为这个时间距离现在超过25年了，所以这个值解释起来有些困难。我们可以运用之前计算你母亲工资的方法，将收入单位变为2010年美元。但是，请注意，对于计算实际平均时薪随时间的变化这一目的，价格指数的基年并不重要。无论价格指数的基年是何年，从2009年到2010年的变化仍将是0.4%。如果你对这一结果心存怀疑，运用计算你母亲工资时的方法来计算以2010年美元为单位的2009年和2010年的实际平均时薪，然后计算百分比变化。除非你犯了计算错误，否则你将发现答案仍是0.4%。

轮到你了： 要想做更多的练习，请做本章末的问题与应用5.3、5.4、5.5和5.6。

13.6 实际利率与名义利率

当货币被借入和贷出时，名义值和实际值的差别非常重要。正如我们在第6章所见，利率是借款的成本，用借款额的百分比来表示。如果你借给某人1 000美元，为期一年，收取的利率是6%，到期借款者将偿还你1 060美元，即比借款多6%。但是一年之后收到的1 060美元，真的比如今的1 000美元多6%吗？如果这一年中价格上涨，一年后的1 060美元所购买的东西将没有今天相同数量的金钱购买的多。你借出的1 000美元真实的回报等于考虑通货膨胀效应后购买力变化的百分比。

一笔贷款所规定的利率是**名义利率**（nominal interest rate）。**实际利率**（real interest rate）对名义利率进行了修正，考虑了通货膨胀对购买力的影响。举一个简单的例子，假定你购买的唯一商品是DVD，在某年年初，DVD的价格是10.00美元。你可以用1 000美元购买100张DVD。如果你以一年6%的利率将这笔钱借出一年，在年末你将收到1 060美元。假定这一年的通货膨胀率是2%，从而年末DVD的价格升至10.20美元。你的购买力因为这笔贷款而提高了吗？年初，你的1 000美元能购买100张DVD。年末，你的1 060美元能购买1 060/10.20＝103.92张DVD。也就是说，你能多购买将近4%的DVD。因此，在这个例子中，你贷款所得的实际利率接近4%（实际上是3.92%）。当通货膨胀率低时，实际利率的简便算法是：

实际利率＝名义利率－通货膨胀率

在我们的例子中，我们可以运用这个公式计算实际利率：6%－2%＝4%，它接近实际值3.92%。如果当年的通货膨胀率是4%，实际利率就仅为2%。在名义利率保持不变的条件下，通货膨胀率越高，实际利率就越低。注意，如果通货膨胀率最终比预期的高，借款人偿还和出借人收到的实际利率就都比预期的低。例如，如果你和向你借1 000美元的人都预期通货膨胀率为2%，那么你们对这笔贷款的实际利率的预期都是4%。如果实际上的通货膨胀率是4%，这笔贷款的实际利率就是2%。对你而言，这是个坏消息，但对借款人而言，这是个好消息。

对于整个经济来说，我们可以用3月期的美国国债的利率来衡量名义利率。美国国债是投资者贷给联邦政府的短期贷款。我们可以用由 CPI 的变化来衡量的通货膨胀率计算美国国债的实际利率。图 13.8 显示了 1970—2010 年间的名义利率和实际利率。注意，当通货膨胀率低时，就像 20 世纪 90 年代初期以来大部分年份里那样，名义利率和实际利率之差很小。当通货膨胀率高时，就像 20 世纪 70 年代中后期那样，名义利率和实际利率之差变得很大。事实上，一个特定的名义利率在不同年份中可能与差别很大的实际利率相对应。例如在 1975 年末，名义利率大约是 5.5%，但是因为通货膨胀率是 7%，所以实际利率是−1.5%。在 1987 年初，名义利率也是 5.5%，但因为通货膨胀率只有 2%，所以实际利率是 3.5%。

这个例子说明：我们不可能知道一个特定的名义利率是“高”还是“低”。这完全取决于通货膨胀率。相较名义利率而言，实际利率更好地衡量了真实的借款成本和真实的贷款收益。当企业考虑是否要借款来购买投资品（例如建一个新工厂）时，它们将关注实际利率，因为实际利率衡量了企业借款的真实成本。

名义利率比实际利率低的情况会出现吗？会，但仅当通货膨胀率是负值的时候出现。负的通货膨胀率被称为**通货紧缩**（deflation），在价格水平下降时就会发生，但这种情况很罕见。在图 13.8 所示的年份中，由 CPI 的变化所衡量的通货膨胀率只在 2009 年初的头 9 个月里为负值。

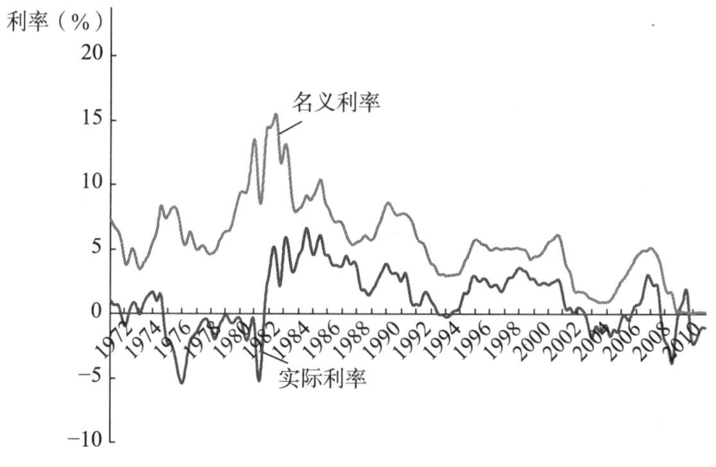

图 13.8　1970—2010 年的名义利率和实际利率

实际利率等于名义利率减去通货膨胀率。相较名义利率而言，实际利率更好地衡量了真实的借款成本和真实的贷款收益。图中的名义利率是 3 月期的美国国债利率。通货膨胀率是用与上一年同季度相比 CPI 的百分比变化来衡量的。

资料来源：Federal Reserve Bank of St. Louis。

13.7　通货膨胀给经济带来了成本吗？

想象一下你明天早晨醒来，发现经济中所有商品的价格都翻倍了。食品、汽油、DVD、计算机、住房、理发的价格都翻倍了。但是假定所有的工资也已经翻倍。这种工资和价格的翻倍重要吗？想象一下你走进百思买，想找一台售价 499 美元的 iPad，但是你发现它的售价变成了 998 美元。你会转身离去吗？很可能不会。因为你的年薪一夜之间也从 4.5 万美元涨到 9 万美元。所以你的工资的购买力保持不变，你今天购买 iPad 的可能性和昨天一样大。

这个假想的情景说明一个很重要的事实：名义收入通常随通货膨胀而增加。回忆在第 12 章中我们学过，iPad 的 499 美元售价代表了产品的价值，也代表了生产这个产品所产生的所有收入。无论 iPad 的售价是 499 美元或是 998 美元，产品的价值和生产这个产品所产生的所有收入这两个数量总是相等。当 iPad 的价格从 499 美元上升至 998 美元时，增加的 499 美元最终成为了苹果的员工、百思买的销售人员、苹果公司的持股者等人的收入，正如前面的 499 美元那样。

我们很容易这么想：通货膨胀的问题在于，当价格上升时，消费者购买不起同样多的商品和服务了。但是，我们的例子说明这么想是错误的。10%的预期通货膨胀率将使商品和服务的平均价格上升 10%，但是它也将使平均工资上升 10%。平均消费者对商品和服务的承受能力与没有通货膨胀时是相同的。

□ 13.7.1 通货膨胀影响收入分配

如果通货膨胀并没有降低平均消费者对商品和服务的承受能力，那么人们为什么厌恶通货膨胀呢？原因之一是上一节的论述只适用于平均消费者而不是对每个人都适用。某些人将发现他们收入上升的速度比通货膨胀率快，因此他们的购买力就会上升。另一些人将发现他们的收入上升的速度比通货膨胀率慢，或根本没有增加，因此他们的购买力就会下降。收入固定的人们尤其有可能被通货膨胀伤害。假如一个退休工人每月领取 3 000 美元的退休金，随着时间的推移，通货膨胀就会减少这笔钱的购买力。以这种方式，通货膨胀会改变收入分配，而这种方式会令许多人感到不公平。

通货膨胀重新分配收入的程度部分地取决于通货膨胀是否被预料到。预料到的通货膨胀是指消费者、工人和企业能够预见它的到来，并且为之做好准备。未预料到的通货膨胀是指人们没有预见它的到来，没有为之做好准备。

□ 13.7.2 预料到的通货膨胀的问题

像生活中的许多问题一样，如果你能预见通货膨胀的到来，处理起来就容易得多。假定每个人都知道未来 10 年的通货膨胀率是每年 10%。工人们知道如果他们的工资不以至少每年 10%的速率增长，他们的工资的购买力就会下降。因为企业知道它们出售的商品价格将上升，所以企业也愿意增加工人的工资来补偿通货膨胀的影响。出借人知道他们借出的钱款在还回来时的价值每年会损失 10%，为了弥补这种损失，他们会要求更高的利率。借款人也知道他们的还款价值缩水，所以他们也愿意支付更高的利率。到目前为止，预料到的通货膨胀似乎不存在成本。

但是，即使通货膨胀完全被预料到，一些人仍将出现损失。不可避免地，由于一些人的收入增长率低于预料到的通货膨胀率，所以仍会有收入的重新分配。此外，为了方便购买和销售，企业和消费者都不得不持有部分纸币。纸币持有者将会发现，纸币的购买力每年以与通货膨胀率相同的速率下降。为了避免这些成本，工人和企业会尽可能少地持有纸币，但是总会不得已持有一些。此外，企业的产品价格目录会更频繁地重印。超市和其他商店将不得不投入更多时间和人力来改变货物包装和货架上的标价。企业改变价格的成本叫做**菜单成本**（menu costs）。当预料到的通货膨胀处于适度水平时，菜单成本相对很小，但是当通货膨胀水平很高时，如一些发展中国家所经历的那样，菜单成本和纸币贬值的成本就变得相当大了。最后，即使是预料到的通货膨胀也会提高投资者的税收，提高企业投资所需资本的成本。这些效应的产生是因为投资者缴纳的税收是基于他们收到的名义支付，而不是实际支付。

□ 13.7.3 未预料到的通货膨胀的问题

在任何高收入经济体（如美国）中，通常情况下，家庭、工人和企业都会涉入一些合同，这些合同承诺未来的年份付出或收到确定的款项。例如，当企业签订工资合同时，它们承诺在合同期内支付具体数额的工资。当人们购买房产时，他们通常从银行借得所需款项的大部分。这样的贷款被称为抵押贷款，规定借款人在贷款期限内每月偿还固定金额的月供。大多数抵押贷款的期限很长，常常长达 30 年。

为了做出这样的长期承诺，家庭、工人和企业必须预测通货膨胀率。如果一家企业相信未来三年的通货膨胀率是每年 6%，那么它和工会签订一份每年工资增长 8%的三年合约看起来可能是合理的，因为这家企业的产品价格可能能够以每年不低于通货膨胀率的速度增长。如果这家企业相信未来三年的通货膨胀率只有每年 2%，那么每年工资增长 8%就会显著地减少它的利润，甚至迫使它破产。

当人们借入资金或银行贷出资金时，他们必须预测通货膨胀率以便能够计算贷款的实际利率。在 1980 年，银行向抵押贷款收取 18%甚至更高的利率。与 2011 年抵押贷款不到 5%的利率相比，1980 年的贷款利率看起来非常高。但是 1980 年的通货膨胀率超过了 13%，而且预计还会保持在高位。事实上，在 20 世纪 80 年代初期，通货膨胀率出人意料地下降了。到 1983 年，通货膨胀率只有约 3%。以 1980 年的高利率借款 30 年的人们很快发现，他们的贷款的实际利率远远高于预期。

当实际通货膨胀率与预期通货膨胀率相距甚远时，既有赢家也有输家。这样的结果看起来对大部分人并不公平，因为他们的输赢仅仅是因为有些出乎意料的事发生了。这种明显不公平的重新分配是人们不喜欢未预料到的通货膨胀的重要原因。

建立联系☞

价格下降有什么不好?

我们刚讨论了高于预期的通货膨胀会如何给消费者、工人和企业带来问题。但是如果一个经济体开始经历价格下降（即通货紧缩）而非通货膨胀呢？价格水平下降看似对经济是好消息。毕竟，下降的价格应该会鼓励消费者增加支出，因为商品和服务变得更便宜了。但是，事实上，通货紧缩对消费者造成的影响往往相反。通货紧缩的情形相对很罕见，但是我们可以从两次重要的通货紧缩得到一些启示，这两次通货紧缩分别发生在 20 世纪 30 年代的美国和 20 世纪 90 年代的日本。在这两次通货紧缩中，面对价格的下降，许多消费者减少了支出，这显然是因为他们在等待价格进一步降低。等待价格下降到更低也是美国房地产市场在 21 世纪头十年后期所出现的问题。在 2002—2006 年，房屋价格飙升。当房屋价格开始下降时，许多潜在的购买者预期房屋价格会进一步下降从而推迟了购买。

下图显示了 1925—1940 年美国每年消费者价格指数的变化。1929 年大萧条的发生导致整个国家出现了严重的通货紧缩。

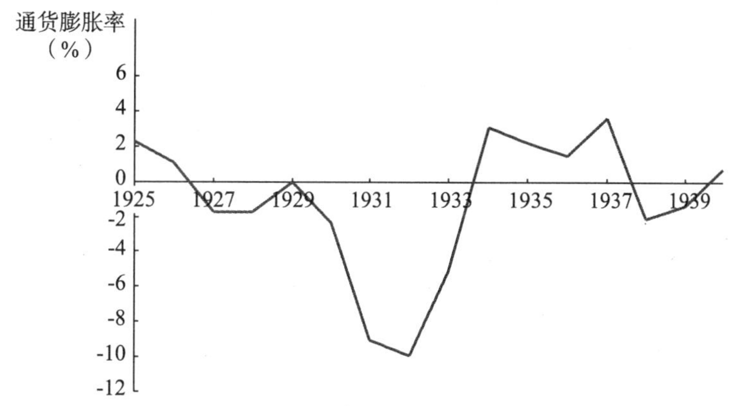

20 世纪 30 年代的通货紧缩伤害了美国经济，不仅因为它导致一些消费者推迟了购买，而且因为它加重了借款人的负担。例如，假定你在 1929 年以 5%的名义利率借款 5 年。那些年里你支付的实际利率是多少呢？我们知道，要计算实际利率，需要用名义利率减去通货膨胀率。通货紧缩时，价格水平的变化是负值，所以为了计算实际利率，我们事实上要在名义利率上加上价格水平的变化。下表运用了每年的现实通货紧缩率来计算你的贷款的实际利率：

名义利率	5%	5%	5%	5%	5%
消费者价格指数的变动	0	−2.3%	−9%	−9.9%	−5.1%
实际利率	5%	7.3%	14%	14.9%	10.1%

表中最后一行表明：虽然你贷款的名义利率是 5%，但在这 5 年中有 3 年你支付的实际利率都高于 10%。事实上，20 世纪 30 年代早期的高实际利率给借款的家庭和企业带来了沉重的损失，也加重了大萧条的严重程度。

在 2001 年和 2007—2009 年的衰退期间，一些政策制定者和经济学家担心美国经济又会经历通货紧缩。幸运的是，严重的通货紧缩并没有出现。如果出现了通货紧缩，衰退将可能比实际情况更为严重。

轮到你了：做本章末与本专栏相关的问题与应用 7.9，看看你理解得如何。

接第 425 页

生活中的经济学

如果你在经济衰退时毕业，你应该调整自己的职业规划吗？

在本章开头，我们问到银行业的裁员

是否应该导致你改变专业和放弃你在银行

业找工作的计划。在本章中我们学到，与经济扩张期相比，衰退期的失业率更高、裁员更普遍。因为你还是一名大二学生，几年后才会毕业，那时衰退很可能结束了，失业率也可能下降了。你也许还想探究一下银行业的裁员代表了该行业规模的永久性缩减还是代表了经济衰退导致的暂时性减少。如果银行业工作岗位的减少更有可能是永久性的，那么，你或许需要考虑在其他行业求职。如果裁员看起来与当前的衰退相关，那么你很可能就不需要改变你的职业计划。

13.8 结论

通货膨胀和失业是重要的宏观经济问题。总统选举的结果常依赖于哪位候选人能使公众相信他/她能更好地处理这些问题。但是很多经济学家认为，长期而言，保持高水平的人均实际 GDP 增长率才是最重要的宏观经济问题。只有当人均实际 GDP 增长时，一国的生活水平才会提升。下一章我们将讨论经济增长这一重要问题。

阅读接下来的“业内观察”，它讨论了美国邮政官员为了应对 2010 年 80 亿美元的亏损提出的削减成本的方案。

业内观察　邮政工人会收到解雇通知书吗？

美联社

《邮政服务公司考虑削减 12 万工作岗位》

深陷财政困境的美国邮政服务公司正在考虑削减 12 万职位。

面对连续两年总计高达 80 亿美元以上的亏损，美国邮政服务公司想让其雇员退出联邦雇员享有的退休和医保计划，转而建立自己的福利体系。

上述两个措施都需要国会的批准，可以预见，它们都会面临手中握有禁止裁员合同的邮政工人工会的强烈反对。

a　在过去四年中，美国邮政服务公司已经裁员 11 万人，目前正在裁减 7 500 名管理人员。

由于互联网造成邮件流失和衰退引起广告减少，美国邮政服务公司的经营困难重重。

美国邮政官员表示，它们无法支付截止日期为 9 月 30 日的覆盖员工未来的卫生保健成本所需的 55 亿美元医保费用。该公司是唯一被要求支付这笔款项的联邦机构，但是由于政府财政计算的复杂性，减免这笔款项将使联邦预算赤字提高 55 亿美元。

美国邮政服务公司此前表示，如果国会不采取行动并且当前的亏损持续下去，到 9 月底，该公司将达到借款上限，从而没有现金可以支付这 55 亿美元。

面对此情况，美国邮政署署长 Patrick Donahoe 表示：“我们将继续提供邮件投递服务，付钱给我们的雇员和供货商。”

b　在此前几年中，美国邮政官员一直在寻求国会帮助，包括要求允许停止周六信件投递业务，并提交了几项议案，但是没有一项被通过。

此外，美国邮政服务公司最近表示将考虑关闭 3 653 家邮政网点和其他机构，这约占全国网点总数的十分之一，目的是为了节约成本。被考虑关闭的网点大部分属于信件量很少的乡村地区。

在 6 月，美国邮政服务公司表示将停止缴纳雇员的养老基金，公司认为过去缴纳的数量已经过多了。

c 在其 2010 年的年度报告中，美国邮政服务公司称当年收入 670 亿美元，支出 750 亿美元，亏损超过 80 亿美元。

即使邮件总量从 2008 年的 2 020 亿件下降到 2010 年的 1 700 亿件，但是，由于新房屋、办事处和企业的建造和成立，美国邮政服务公司投递邮件的地点却增加了 170 万个。

最近的裁员计划首先由《华盛顿邮报》披露。文章援引美国邮政服务公司就此次裁员给雇员的通告说："金融危机要求我们采取重要举措；因为邮件总量的显著减少及国会要求缴纳的退休和医保费用，下个月我们就将破产。"

资料来源："Postal Service considers cutting 120，000 jobs" by Randolph E. Schmid from the *Associated Press*, August 11，2011.

文章要点

在 2011 年，面对连续两年的严重亏损，美国邮政服务公司考虑将裁员作为一条解决之道。备受现金缺乏困扰的邮政官员表示，如果不减少亏损，公司将无法支付高达 55 亿美元的员工医保费用。除裁员外，美国邮政服务公司还提议通过以下方式来削减成本：调整员工的退休和医保计划、结束周六信件投递业务和关闭约十分之一的网点。但是，邮政官员要想实施任何一个方案都需要先经过国会的批准，可以预见的是，来自邮政工会和部分国会议员的阻力会相当大。

新闻分析

a 衰退和经济形势的变化有助于解释美国邮政服务公司不断增加的亏损。作为衰退的结果，许多公司减少了向潜在消费者邮寄的广告和产品目录的数量。邮件广告的减少直接造成了邮政收益的减少。除广告减少外，由于使用网络来寄送账单和交流沟通的客户越来越多，美国邮政服务公司的特快邮件的数量也在持续减少。邮政系统只是经济中面临收益下降和债务增加的行业之一。自 2007 年开始的经济衰退及其挥之不去的影响导致失业率上升。下图显示了 2011 年 8 月经济中不同部门的失业率。综合失业率是 9.1%，比 2007 年 8 月的 4.6%高得多。建筑业和休闲交际业受经济下滑的冲击最大，两个部门的失业率都超过了 10%。教育和医疗业，采矿、采石、石油天然气萃取业，金融业，政府公务员业受影响最小，失业率都在 6.5%以下。

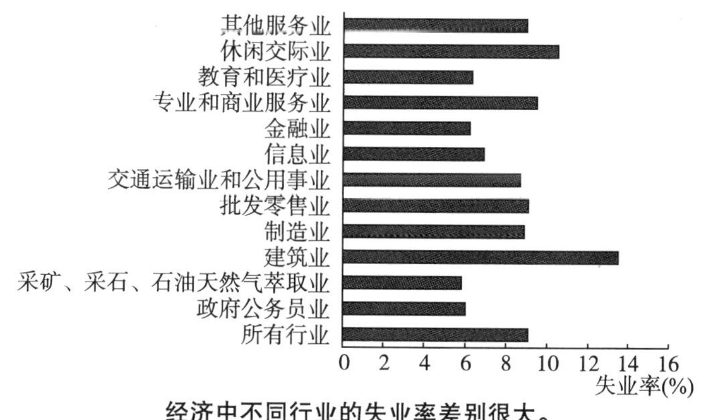

经济中不同行业的失业率差别很大。

b　裁减员工并不是美国邮政服务公司削减成本的唯一途径。在过去几年中，邮政官员已经提议结束周六邮件投递业务，最近还建议关闭3 600多家网点和其他机构。美国邮政服务公司是半独立的联邦机构，它的运营费用主要由使用服务的人支付。但是，如果美国邮政服务公司要采取裁员、改变投递计划、关闭网点等行动，那就必须得到国会的同意。由于需要国会批准，美国邮政服务公司采取削减成本的措施要比它作为一家私人企业的情况下困难和费时得多。

c　美国邮政服务公司报告称2010年亏损80亿美元，预期2011年将亏损同样多，甚至更多。近期的亏损主要是因为邮件数量的减少，2010年比2008年减少了320亿件。除了邮件数量减少之外，美国邮政服务公司在这段时期里增加了170万个新投递地址，在收益减少的同时又增加了成本。

深入思考

1. 这篇文章表明了美国邮政服务公司财务困境的主要原因是广告减少和互联网造成邮件流失。假设美国邮政服务公司真的裁减了12万个岗位，这些失业者属于摩擦性失业、结构性失业还是周期性失业？请简要解释。
2. 新闻分析中给出的图形显示，2011年8月，建筑业的失业率是13.5%，比综合失业率高了近50%。从2006年开始，房屋建造就进入了一段衰退期，一些经济学家相信，这个时期或许要持续几年时间。如果房屋建造进入了一段长时间的衰退期，我们应该怎么为建筑业的失业归类：摩擦性失业、结构性失业、周期性失业还是这些类型的某种混合？

本章总结和习题

关键术语

消费者价格指数（CPI）　摩擦性失业　菜单成本　生产者价格指数（PPI）
自然失业率　周期性失业　通货膨胀率　实际利率
通货紧缩　劳动力　名义利率　结构性失业
丧失信心的工人　劳动力参与率　价格水平　效率工资
失业率

13.1　失业率、劳动力参与率和就业人口比的衡量

总结

美国劳工统计局运用月度家庭调查的结果来计算失业率、劳动力参与率和就业人口比。劳动力是有工作的人数和没有工作但在积极寻找工作的人数之和。失业率是失业者占劳动力的百分数。丧失信心的工人是可以工作但由于认为自己找不到工作而没有积极寻找工作的人。丧失信心的工人并没有被算作失业者。劳动力参与率是工作年龄人口中劳动力的百分比。从1950年开始，女性的劳动力参与率不断上升，而男性的不断下降。就业人口比衡量的是工作年龄人口中就业者所占的百分比。亚裔美国人、白人和大学毕业生的失业率低于平均水平。非裔美国人、拉美裔美国人和高中辍学者的失业率高于平均水平。除非处于严重的衰退期，一般失业者数月之后就会重新就业或者回到他原来的职位。美国每年创造和消亡的岗位都数以百万计。

复习题

1.1　失业率是怎么衡量的？某人被算作失业者需要满足哪三个条件？

1.2 失业率衡量中有哪些问题？以什么样的方式，BLS的官方失业率衡量值低估了真实的失业程度？以什么样的方式，BLS的官方失业率衡量值高估了真实的失业程度？

1.3 哪些群体的失业率水平往往高于平均值？哪些群体的失业率水平往往低于平均值？

1.4 劳动力参与率衡量了什么？从1950年开始，男性和女性的劳动力参与率各自发生了什么变化？

1.5 就业人口比衡量了什么？如果一个失业者退出了劳动力大军，失业率将发生什么变化？就业人口比将发生什么变化？

1.6 家庭调查和机构调查有什么差别？在衡量就业量的变化时，许多经济学家更喜欢使用哪个调查的结果？为什么？

问题与应用

1.7 下表是2011年9月家庭调查中收集的数据，补全空白的各项：

工作年龄人口数	
就业数	140 025 000
失业数	
失业率	9.1%
劳动力	
劳动力参与率	64.2%
就业人口比	

1.8 ［与开篇案例有关］福特汽车公司在2011年雇用的人数比1980年少得多。就业量的这一下降属于摩擦性失业、结构性失业、周期性失业还是这些类型的某种混合？要想得到确定的答案，你还需要哪些信息？

1.9 ［与例题13.1有关］在美国劳工统计局的家庭调查中，家庭主妇/主夫没有被算作就业者，也没有被计入劳动力。但是他们被计入了工作年龄人口。假定家庭主妇/主夫被算作就业者和计入劳动力。那么失业率、劳动力参与率和就业人口比将发生什么变化？

1.10 回顾表13.1。在2011年8—9月之间，家庭调查显示，总就业人数增加了39.8万。但是失业率保持不变。当就业人口增加时，失业率不是应该下降吗？请简要解释。

1.11 ［与13.1节中的“建立联系”专栏有关］2011年7月《纽约时报》发表的一篇文章称：“连续第二年，劳动力市场的复苏脚步根本停滞了。显示成年人的就业比例的这张图表是对这一事实的最佳总结。”“成年人的就业比例”更正式和更为人熟知的说法是就业人口比。为什么较失业率而言，就业人口比才是劳动力市场状况的“最佳总结”？

资料来源：David Leonhardt，“Overly Optimistic，Once Again”，*New York Times*，July 8，2011。

1.12 失业总人口数上升而失业率下降可能吗？请简要解释。

1.13 在2011年夏季的某次演讲中，奥巴马总统评论道：“虽然经济正在增长，虽然过去15个月经济新创造了200万个以上的就业岗位，我们面临的经济形势仍很艰难。”在此期间，美国经济有可能仅仅创造了大约200万就业岗位吗？如果不可能，那么奥巴马总统指的是什么？

资料来源：Catherine Rampell，“Hiring in U.S. Slowed in May With 54 000 Jobs Added”，*New York Times*，June 3，2011。

□ 13.2 失业的类型

总结

失业有三种类型：摩擦性失业、结构性失业、周期性失业。摩擦性失业是指因工人和工作之间的匹配过程而引起的失业。摩擦性失业的一个例子是季节性失业，即由于天气、游客量的变化和其他与日历相关的事件造成的失业。结构性失业是指源于工人的技能和特征与工作要求的持续不匹配造成的失业。周期性失业是由经济周期中衰退引起的失业。自然失业率是正常的失业率，由摩擦性失业和结构性失业构成。自然失业率有时被称为充分就业的失业率。

复习题

2.1 失业有哪三种类型？

2.2 摩擦性失业和工作搜寻之间有什么关系？

2.3 什么是自然失业率？自然失业率和充分就业有什么关系？如果经济学家将充分就业定义成失业率为零会更好吗？

问题与应用

2.4 宏观经济状况影响着企业和家庭的决策。例如，一个大学毕业生在经济扩张期进入劳动市场，但在经济衰退期申请读研究生，为什么？

2.5 一个政客提出了以下观点：“如果消除了摩擦性失业，经济的运行效率将提高。因此，将摩擦性失业率降低到尽可能低的水平应该成为政府政策的一个目标。”请简要解释你是否同意这个观点。

2.6 [与 13.2 节中的“建立联系”专栏有关] 对于一个摩擦性失业者，你将给他提供什么求职建议？对于一个结构性失业者，你将给他提供什么求职建议？对于一个周期性失业者呢？

2.7 回顾第 3 章中讲到的正常品和劣等品的定义。在经济扩张时期，你更愿意在生产正常品的行业工作，还是在生产劣等品的行业工作？为什么？在经济衰退时期呢？为什么？

□ 13.3 解释失业

总结

通过帮助寻找工作和再培训工人，政府政策能够降低摩擦性失业和结构性失业的水平。但是，一些政府政策增加了摩擦性失业和结构性失业的水平。失业保险金延长了失业工人寻找工作的时间，因此提高了失业率。慷慨的失业保险金和其他失业补助等政府政策导致了大多数发达国家的失业率通常高于美国。高于市场水平的工资也会增加失业。由于最低工资、工会和效率工资，工资可能高于市场水平。效率工资是指企业为提高工人生产率而支付的高于市场水平的工资。

复习题

3.1 政府的失业保险金对于失业率有什么影响？对于衰退的严重程度有什么影响？

3.2 讨论以下各因素如何影响失业率。

a. 联邦最低工资法；

b. 劳动工会；

c. 效率工资。

3.3 为什么美国的失业率一般低于加拿大和西欧国家？

问题与应用

3.4 在 2007 年，竞选失败的法国总统候选人塞格莱娜·罗雅尔（Segolene Royal）提议，失业工人在失业的第一年将得到等于其失业前工资 90%的失业保险金。如果这个提议真正得到实施，它对法国的失业率可能会有什么影响？请简要解释。

资料来源：Alessandra Galloni and David Gauthier-Villars，“France's Royal Introduces Platform Ahead of Election”，*Wall Street Journal*，February 12，2007。

3.5 如果国会废除了失业保险体系，这对摩擦性失业水平会有什么影响？对实际 GDP 水平会有什么影响？对经济的福利会有什么影响？请简要解释。

3.6 讨论以下各种情形将对失业率可能的影响。

a. 工人有资格获得失业保险金的时间延长一倍。

b. 最低工资法被废止。

c. 大多数美国工人参加了工会。

d. 更多公司在网上的招聘网站发布招聘信息，使招聘信息更易获得。

3.7 你认为为什么 1938 年时最低工资只有每小时 0.25 美元？难道这个工资不是远远低于均衡工资吗？

3.8 一个经济顾问研究了一家企业的劳动政策。由于这家企业难以监督工人，该经济顾问在她的报告中建议企业提高雇员的工资。在该企业的经理们讨论这一报告的会议上，一个经理说：“我认为当前所支付的工资很合适。只要有足够多的工人在我们现行的工资水平愿意来公司工作，为什么我们还要提高工资呢？”该经济顾问应该怎样回答才能为自己提出的公司应该提高工资的建议找到依据？

3.9 美国好市多连锁店给它的雇员支付的工资高于沃尔玛。一个分析师认为，好市多支付更高工资的原因是“把成本更高的商品卖给更富裕的顾客需要技能更高的员工”。如果这个分析师的观点是正确的，我们能说好市多支付的是效率工资而沃尔玛不是吗？请简要解释。

资料来源：Loti Montgomery，“Maverick Costco CEO Joins Push to Raise Minimum Wage”，*Washington Post*，January 30，2007。

□ 13.4 通货膨胀的衡量

总结

价格水平衡量了经济中商品和服务的平均价格。通货膨胀率是平均价格水平从一年到下一年的百分比变动。联邦政府采用了三个不同的统计量来衡量价格水平：消费者价格指数（CPI）、GDP 平减指数和生产者价格指数（PPI）。消费者价格指数是一个典型的城市四口之家购买的商品和服务价格的平均值。CPI 的变动是典型家庭生活成本变动的最佳衡量指标。CPI 的构建中存在的偏差使得 CPI 变动所衡量的通货膨胀率高估了真实值 0.5～1 个百分点。生产者价格指数是商品或服务所有生产阶段的生产者收到的平均价格。

复习题

4.1 简要描述价格水平的三个主要衡量指标。

4.2 政府运用哪个价格指数来衡量生活成本的变动?

4.3 消费者价格指数的计算有哪些潜在偏差?劳工统计局采取了哪些措施来减少这些偏差?

4.4 消费者价格指数和生产者价格指数之间有什么区别?

问题与应用

4.5 [与13.4节中的"不要犯这样的错误!"专栏有关]请简要解释你是否同意以下说法:"我不相信政府的价格统计数据。2010年的CPI是218,但是,据我所知2010年的通货膨胀率不可能有118%那么高。"

4.6 计算某一年的消费者价格指数时,为什么BLS使用市场篮子中的数量而不是当年购买的数量?

4.7 在2011年10月,苹果公司推出了拥有新特性的iPhone 4S手机,改进了摄像头和语音控制功能,但是和之前的iPhone手机售价相同。iPhone 4S的推出对消费者价格指数有什么影响?

资料来源:Ian Sherr and Greg Bensinger,"New Apple iPhone Snared Big Sales on First Weekend",*Wall Street Journal*,October 18,2011。

4.8 考虑一个只生产以下三种产品的简单经济:理发、汉堡包和DVD。运用下表的信息,计算2012年用CPI的变化来衡量的通货膨胀率:

产品	数量	基年	2011年	2012年
		价格(美元)	价格(美元)	价格(美元)
理发	2	10.00	11.00	16.20
汉堡包	10	2.00	2.45	2.40
DVD	6	2.00	2.45	2.40

4.9 标准普尔/凯斯-席勒(S&P/Case-Shiller)房屋价格指数是美国住房价格趋势的领先指标之一。该指数的基年是2000年1月。下表列出了2010年7月和2011年7月五个城市的房屋价格指数。

城市	2010年7月	2011年7月
纽约	173.8	167.2
迈阿密	147.5	140.7
凤凰城	109.51	99.8
达拉斯	117.8	114.0
圣迭戈	162.6	152.9

a. 计算从2010年7月到2011年7月这五个城市的房屋价格百分比变动。哪个城市的房屋价格变动最大?哪个城市的变动最小?

b. 基于这些指数数字,你能判断2011年7月哪个城市的房屋价格最高吗?请简要解释。

资料来源:"S&P/Case-Shiller Home Price Indices",*Standard & Poor's Financial Services*,LLC,September 2011。

□ 13.5 运用价格指数调整通货膨胀的效应

总结

价格指数是为了衡量价格水平随时间的变化而不是为了衡量绝对价格水平而设计的。为了修正通货膨胀的效应,我们可以将名义变量除以价格指数再乘以100得到实际变量。实际变量是用价格指数基年的美元来衡量的。

复习题

5.1 名义变量和实际变量有什么区别?

5.2 请简要解释如何运用2004—2011年的名义工资和这些年的消费者价格指数数据来计算这几年的实际工资。

问题与应用

5.3 [与例题13.5有关]在1924年,著名小说家F. 斯科特(F. Scott)在《星期六晚邮报》(*Satuary Evening Post*)上发表了一篇标题为《一年3.6万美元如何花》的文章,他想知道他和他的夫人怎么花掉了这么高的收入而没有留下任何储蓄。1924年的CPI是17,2010年的CPI是218。要想与F. 斯科特1924年的3.6万美元具有相同的购买力,2010年的收入得是多少?写出你的计算步骤。

资料来源:F. Scott Fitzgerald,"How to Live on $36 000 a Year",*Saturday Evening Post*,April 5,1924。

5.4 [与例题13.5有关]运用下表中的信息,计算从1957年到2010年美国和法国实际最低工资的百分比变动。你并没有被告知美国和法国CPI的基年,这跟你的答案有关系吗?在这些年中,哪国的价格水平百分比变化更大?

年份	美国		法国	
	最低工资(每小时美元数)	CPI	最低工资(每小时欧元数)	CPI
1957	1.00	27	0.19	10
2010	7.25	215	8.86	128

资料来源:John M. Abowd,Francis Kramarz,Thomas

Lemieux, and David N. Margolis, "Minimum Wages and Youth Employment in France and the United States", in D. Blanchflower and R. Freeman, eds., *Youth Employment and Joblessness in Advanced Countries*, (Chicago: University of Chicago Press, 1999), pp. 427-472（最低工资数值是用法郎为单位给出的；按照1欧元=6.559 57法郎转换成了欧元）；Insee online data bank, www.insee.fr; U.S, Department of Labor; and U.S. Bureau of Labor Statistics。

5.5 ［与例题13.5有关］根据实际GDP的下降幅度和失业率的上升幅度来看，大萧条是美国历史上最严重的经济灾难。运用下表中的数据，计算从1929年到1933年实际GDP下降的百分比。

年份	名义GDP（10亿美元）	GDP平减指数（2005年=100）
1929	103.6	10.6
1933	56.4	7.9

5.6 ［与例题13.5有关］下表列出了到2011年10月为止美国票房最高的十部电影和另外几部票房低很多的著名电影。

排名	电影	票房总收入（美元）	发行年份	CPI
1	《阿凡达》	760 505 847	2009	215
2	《泰坦尼克号》	600 779 824	1997	161
3	《黑暗骑士》	533 316 061	2008	215
4	《星球大战》	460 935 655	1977	61
5	《怪物史瑞克2》	436 471 036	2004	189
6	《ET外星人》	434 949 459	1982	97
7	《星战前传1：魅影危机》	431 065 444	1999	167
8	《加勒比海盗2：聚魂棺》	423 032 628	2006	202
9	《玩具总动员3》	414 984 497	2010	218
10	《蜘蛛侠》	403 706 375	2002	180
56	《大白鲨》	260 000 000	1975	54
115	《乱世佳人》	198 655 278	1939	14
130	《白雪公主和七个小矮人》	184 925 485	1937	14
187	《音乐之声》	163 214 286	1965	32
212	《101只斑点狗》	153 000 000	1961	30

资料来源：The Internet Movie database, www.imdb.com。

2010年的CPI是218。运用这一信息和表中的数据来计算每部电影以2010年美元为单位的票房数。假设每部电影的票房收入都在发行当年获得。运用你的结果，根据以2010年美元为单位的票房收入，排列出新的最卖座的十部电影。（某些影片，例如《星球大战1》、《乱世佳人》、《白雪公主和七个小矮人》发行过几次，所以它们的票房收入实际上是不同年份收入的总和，但是我们忽略这些细节。）

□ 13.6 实际利率与名义利率

总结

一笔贷款所规定的利率是名义利率。实际利率是名义利率减去通货膨胀率。因为修正了通货膨胀效应，所以较名义利率而言，实际利率更好地衡量了真实的借款成本和真实的贷款收益。除非经济中出现通货紧缩，否则名义利率总是高于实际利率。通货紧缩指的是价格水平的下降。

复习题

6.1 名义利率和实际利率之间有何区别？

6.2 如果通货膨胀预计要上升，名义利率将会发生什么变化？请简要解释。

6.3 本章解释了不可能知道一个特定的名义利率是"高"还是"低"。请简要解释其原因。

6.4 如果经济正在经历通货紧缩，名义利率将高于还是低于实际利率？

问题与应用

6.5 某报纸文章写道："利哈伊谷（Lehigh Valley）在今年第一季度的通货膨胀率不及全国通货膨胀率的一半……所以，与许多其他地方不同，这里所担忧的问题是通货紧缩，即价格下降到如此低的水平以致CPI降至零以下。"你同意该记者对通货紧缩的定义吗？请简要解释。

资料来源：Dan Shope, "Valley's Inflation Rate Slides", *Morning Call* (Allentown, PA), July 9, 1996。

6.6 假定你借款购买一辆汽车。以下情况你更喜欢哪一种：汽车贷款的利率是20%，通货膨胀率是19%，或者汽车贷款的利率是5%，通货膨胀率是2%？请简要解释。

6.7 历史学家Robert Skidelsky对1920年英国的情形做了如下描述："当价格以每月4%的速度上升时，有谁不会以每年4%的利率借款呢？"在这种情况下，借款人支付的实际利率是多少？（提示：如果月通货膨胀率是4%，那么年通货膨胀率是多少？）

资料来源：Robert Skidelsky，John Maynard Keynes：Volume 2，The Economist as Saviour 1920-1937（New York：The Penguin Press），1992，p. 39。

6.8　假定你购买的唯一商品是汉堡包。在年初，汉堡包的价格是 2 美元。假定你以 5%的利率借出 1 000美元，期限为一年。在年末，汉堡包的价格是 2.08 美元。你从借出这笔钱获得的实际利率是多少？

6.9　在 20 世纪 90 年代，日本经历了通货紧缩，名义利率低到接近零。为什么资金出借者能接受几乎为零的名义利率？（提示：当时日本的实际利率也很低吗？）

□ 13.7　通货膨胀给经济带来了成本吗？

总结

通货膨胀没有降低平均消费者对商品和服务的承受能力，但是它的确给经济带来了成本。当通货膨胀被预料到时，它的主要成本是纸币贬值和企业增加了菜单成本。菜单成本包括更改产品价格和印刷新产品目录的成本。当通货膨胀未被预料到时，实际通货膨胀率和预期通货膨胀率可能有差别。所以，收入被重新分配，某些人获益、某些人受损。

复习题

7.1　为什么名义收入通常随通货膨胀上升？如果名义收入随通货膨胀上升，那么通货膨胀降低了平均消费者的购买力吗？请简要解释。

7.2　通货膨胀如何能够影响收入分配？

7.3　预料到的通货膨胀和未预料到的通货膨胀相比，哪个是更大的问题？请简要解释。

7.4　通货紧缩造成了什么问题？

问题与应用

7.5　什么是菜单成本？互联网对菜单成本的大小有什么影响？

7.6　假定实际通货膨胀率比大部分人预期的要高得多。在那种情况下，你愿意做借款人还是出借人？请简要解释。

7.7　假定 James 和 Frank 都今年退休。对于退休后的收入，James 依赖公司每月给他的 2 500 美元养老金，直至去世，他没有任何存款。Frank 没有退休金，但他之前存了相当大一笔钱，并用它购买了银行的定期存单。现在，Frank 的定期存单每月利息收入为 2 300 美元。

a. 10 年以后，James 和 Frank 谁的实际收入可能更高？回答问题时，请定义实际收入。

b. 现在假定 James 的养老金不是固定数额，而是每年增加，增加的百分比等于 CPI 增加的百分比。例如，如果在 James 退休后的第一年，CPI 增加了 5%，那么他第二年的养老金就是 2 500＋(2 500×0.05)＝2 625 美元。在这种情况下，10 年后，James 和 Frank 谁的实际收入可能更高？

7.8　假定《华尔街日报》的所有者新闻公司(News Corporation）和购买了该企业债券的投资者都预测本年的通货膨胀率是 2%。给定这样的预期，假定债券的名义利率是 6%，从而实际利率为 4%。假定投资人购买债券一年之后，实际通货膨胀率是 6%，而不是之前预期的 2%。谁因意料之外的高通货膨胀率获益？谁受损？

7.9　［与 13.7 节中的“建立联系”专栏有关］在 19 世纪末的美国，许多农民为了购买土地大量借钱。在 1870 年到 19 世纪 90 年代中期的大部分时间里，美国经历了温和的通货紧缩：价格水平每年都降低。在那些年里，许多农民都参与了政治抗议，通货紧缩是他们抗议的问题之一。解释为什么通货紧缩加重了农民的负担。

第6篇

长期和短期波动

第 14 章

经济增长、金融体系和经济周期

本章概览和学习目标

14.1　长期经济增长

讨论长期经济增长的重要性。

14.2　储蓄、投资和金融体系

讨论金融体系在促进经济长期增长方面的作用。

14.3　经济周期

解释经济周期期间会发生什么。

开篇案例

波音公司的发展和经历的商业周期

在1903年12月，在北卡罗来纳州的基蒂霍克，莱特飞行器（Wright Flyer）成为首架试飞成功的由人类驾驶、机器驱动、比空气重的飞行器，它飞行了12秒、120英尺的距离。大约一个世纪后，在2005年11月10日，波音777-200LR成为了首架连续飞行距离相当于绕地球半周以上的商用飞机，它飞行了22小时42分钟、行程13 422英里。在航空技术出现巨大进步的同时，经济中其他领域也出现了很大的技术进步。在本章，我们将开始探讨技术变革如何影响美国和世界其他地区的生活水平。

在1916年，威廉·波音（William Boeing）创立了波音公司。今天，波音公司已是世界上最大的商用喷气机、军用飞机、卫星、导弹和防御系统的制造商之一。该公司雇用的员工超过16.5万，遍布于70多个国家。波音公司的发展经历常常反映了两个重要的宏观经济事实：在长期，美国经济不断增长；在短期，美国经济经历着一系列经济周期。波音公司在长期也在增长，而在短期也受经济周期的影响。

在2007年，由于美国和世界上许多其他地方的经济强劲增长，波音公司接到了创纪录的1 413架新型商业客机的订单。当美国和世界经济在2008年进入衰退后，波音公司的订单数降至662架，在2009年跌至192架。当2010年经济改善时，波音公司的订单量回升至530架。在2011年，波音商用飞机营销副总裁兰迪·廷塞斯（Randy Tinseth）预测，尽管最近订单数出现了短期的摇摆，但是，长期看来，航空业的前景非常乐观。“不仅当前对航空旅行和新飞机的需求强劲，并且经济增长、世界贸易和自由化等航空旅行的基本驱动力都预示着有大量的长期需求。”

在本章，我们将对长期增长和经济周期进行概述，并且探讨其对于企业、消费者和经济整体的意义。

阅读本章末的“业内观察”，它讨论了国际航空运输协会是如何运用预测的全球GDP数据来预测2012年航空业利润会降低的。

资料来源：David Pearson，“Boeing Sees Rising Aircraft Demand”，*Wall Street Journal*，June 16，2011；Julie Johnson，“Boeing Aircraft Orders Rebound in 2010”，*Chicago Tribune*，January 6，2011；and James Wallace，“Boeing 777 Stretches Its Wings，Record”，*Seattle Post Intelligencer*，November 11，2005。

生活中的经济学

消费和储蓄哪个对经济帮助更大？

假定你收到了美国政府寄来的退税支票。你不确定将拿这笔钱做什么，所以你去寻求两位室友的建议。一位说如果你想帮助经济发展，你应该将这笔钱储蓄起来，因为一国经济增长依赖于家庭储蓄的数量。另一位表示不同意，建议你花掉这笔钱，因为消费支出是国内生产总值（GDP）的主要组成部分之一，你的消费有助于增加产出和创造更多工作岗位。哪位室友说得对？在阅读本章的过程中，看看你是否能够回答这个问题。对照我们在本章末尾提供的答案，你可以检验你的答案。

一个成功的经济体能够以比人口增长更快的速度增加商品和服务的产量。达到这样的增长水平是提高一国普通民众生活水平的唯一途径。但不幸的是，世界上许多经济体根本没有增长，或者增速缓慢。这些国家的大部分民众与几十年甚至几百年前的先辈的收入水平大体相同。但是，在美国和其他发达国家，今天的收入和生活水平已经远远高于50年前。一个重要的宏观经济问题就是：为什么某些国家的增长速度比其他国家快得多？

正如我们将要看到的，经济增长的决定因素之一就是企业扩展业务、购买更多设备、培训员工和采用新技术的能力。为了进行这些活动，企业必须直接通过金融市场（如股票和债券市场）或者间接通过金融机构（如银行）从家庭那里获得资金。金融市场和金融中介共同组成金融体系。在本章，我们将对金融体系进行概述，理解资金是如何通过可贷资金市场从家庭流向企业的。

至少从19世纪初以来，美国经济每一个生产和就业扩张的时期之后就会有一个生产和就业下降的衰退时期。正如我们在第12章中指出的，经济扩张和经济衰退的时期相互交错出现被称为**经济周期**（business cycle）。经济周期并不是千篇一律的：各次扩张和各次衰退的时间长度都不相同。但是，在美国历史上，每一次经济扩张之后就会出现经济衰退，而每一次经济衰退过后又会出现经济扩张。

在本章，我们开始探索宏观经济学两个重要的方面：稳定地提高着美国生活水平的长期增长和经济周期的短期波动。

14.1 长期经济增长

美国、西欧、日本和其他高收入国家的大部分民众都预期他们的生活水平随着时间的推移会提高。他们预期企业每年都会推出新的和改进的产品，新处方药和更好的外科技术会攻克更多疾病，他们购买这些产品和服务的能力也会增强。对于大部分人来说，这些都是合理的预期。

在1900年，美国已经享受着世界上最高的生活水平。但是当时，只有3%的美国家庭通电了，只有15%的家庭有室内抽水马桶，只有25%的家庭使用自来水。自来水的缺乏意味着人们必须先从井中抽水，再用水桶挑回家，之后才能做饭或洗澡。当时平均每个家庭每年的用水量约为10 000加仑。毫不奇怪，每人每天的用水量只有5加仑，而今天高达约150加仑。结果是，当时人们并不经常洗澡和洗衣服。生活在城市中的大部分家庭不得不与其他家庭共用室外公共厕所。那时天花、斑疹伤寒、痢疾和霍乱病还很常见。在1900年，在芝加哥出生的每4.5万名新生儿中，有5 000名在1岁之前夭折。人们出生时的预期寿命大约为47岁，而2011年达到了78岁。当时很少有家庭拥有电灯，而是依靠蜡烛和煤油灯来照明。在冬季，许多家庭依靠烧煤取暖，给大多数大城市造成了严重的空气污染。当时没有现代家电，大多数美国妇女每周在家劳动的时间达到至少 80 小时。在 1900 年，一个普通的美国家庭主妇每年要烤半吨面包。

长期经济增长（long-run economic growth）的过程将美国人的生活水平从 1900 年的水平提高到现今的水平。衡量生活水平的最好的指标是人均实际 GDP。所以，我们用长时期（通常为数十年甚至更长）内人均实际 GDP 的增长来衡量长期经济增长。为了对价格水平随时间的变化做出调整，我们采用实际 GDP 而不是名义 GDP。图 14.1 显示了从 1900 年到 2010 年美国人均实际 GDP 的增长。该图表明：虽然人均实际 GDP 由于经济周期的短期影响上下波动，但是，在长期，上升的趋势非常明显。我们讨论长期经济增长时，关注的就是人均实际 GDP 的上升趋势。

图 14.1 中的数值是用 2005 年的价格来衡量的，所以每一单位（即每一 2005 年美元）代表着相同的购买力水平。在 1900 年，人均实际 GDP 约为 5 600 美元，一个多世纪后的 2010 年，达到了约 4.22 万美元，这就意味着 2010 年的普通美国人能够购买的商品和服务的数量是 1900 年的普通美国人的将近 8 倍。虽然增长得足够多，但是，人均实际 GDP 的增长仍然低估了 2010 年美国人的生活水平相较于 1900 年实际上提高的程度。今天的许多商品和服务在 1900 年根本不存在。例如，如果你生活在 1900 年，不幸得了严重的传染病，那么，不管你的收入有多高，你都不可能买到抗生素来治病。你也许会因为一种在当今社会就算是一个非常穷的人也能得到有效治疗的疾病而离世。当然，一个人生活的愉快和满足程度并不能完全用他所能购买的商品和服务的数量来衡量。教育水平、预期寿命、犯罪、心理健康、污染和在 GDP 的计算中被忽略的许多其他因素也影响着一个人的幸福。但是，经济学家非常依赖人均实际 GDP，因为它是比较同一经济体不同时间的表现和不同经济体在任意特定时间的表现的最佳工具。

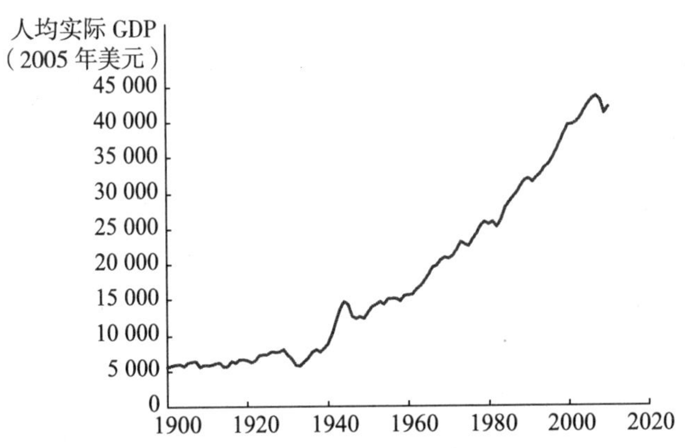

图 14.1　1990—2010 年间美国人均实际 GDP 的增长

以 2005 年美元作为单位，美国的人均实际 GDP 从 1900 年的约 5 600 美元增长到 2010 年的约 4.22 万美元。普通美国人在 2010 年能够购买的商品和服务的数量是 1900 年的将近 8 倍。

资料来源：Louis D. Johnston and Samuel H. Willamson，“What Was the U. S. GDP Then?” Measuring Worth，2011；and U. S. Bureau of Economic Analysis。

经济繁荣和健康之间的联系

通过观察高收入国家在过去100多年里居民健康状况的改善，我们能清楚地看到经济增长对生活水平的直接影响。诺贝尔经济学奖获得者罗伯特·福格尔（Robert Fogel）强调了经济增长、技术进步和人类生理机能提高之间的紧密联系。出生时的预期寿命是一个重要的健康指标。如下图所示，在1900年，美国、英国和法国的预期寿命都不到50岁。现在预期寿命约为80岁。虽然最低收入国家的预期寿命还很短，但是，在一些已经开始出现经济增长的国家，预期寿命显著增加。例如，印度的预期寿命从1900年的27岁增加到现在的67岁，翻了一倍以上。

许多经济学家相信，健康和经济增长之间有着联系。在19世纪的美国和其他西欧国家，农业技术的进步和收入水平的提高导致普通人的营养得到极大改善。在19世纪末，疾病的细菌学理论的发展和水的纯化技术的提高使得水传播的疾病大幅减少。随着人们变得更加高大、强壮、更不易感染疾病，他们也变得更有生产力。现在，研究经济发展的经济学家更加强调，如果低收入国家想实现经济增长，它们就需要致力于减少疾病和增加人民营养。

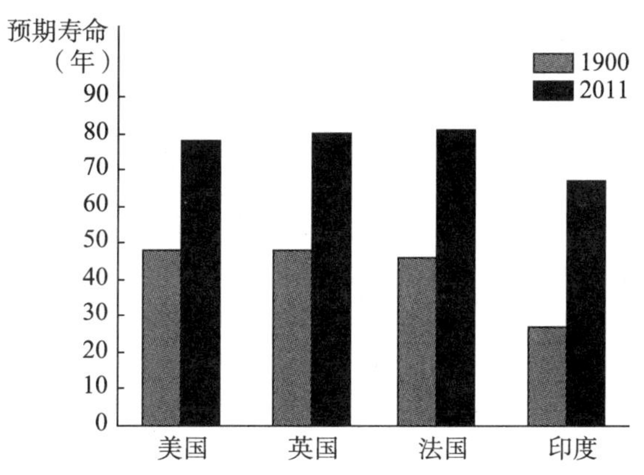

许多研究人员发现，随着技术进步，人类生理机能的状况也在持续提高。在高收入国家，到21世纪中叶，出生时的预期寿命预计会从当前的约80岁提高到约90岁。技术进步会继续减少普通人每天的工作时间和有酬劳动的工作年限。人们每天大约花费10小时睡觉、吃饭和洗澡，剩下的自由支配时间花在有酬工作和休闲上。下页图是根据罗伯特·福格尔的估计绘制的，它将人们在2040年分配时间的方式与1880年和1995年进行了对比。技术进步和经济增长不仅使人们在不远的将来寿命更长，而且使人们只需将少得多的时间花在工作上。

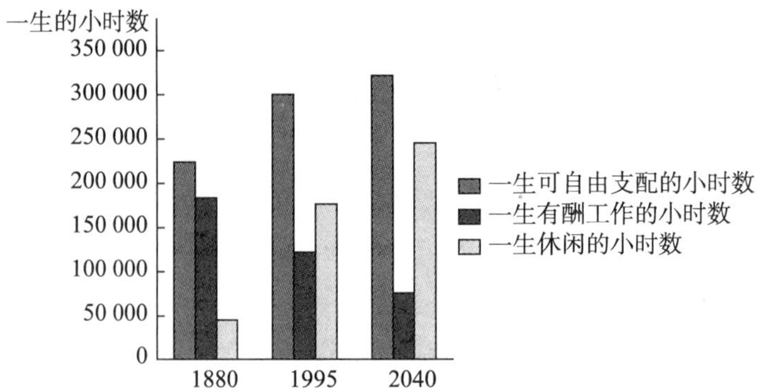

资料来源：Robert William Fogel，*The Escape from Hunger and Premature Death*，*1700－2100*，(New York：Cambridge University Press，2004)；and U. S. Central Intelligence Agency，*The 2011 World Factbook*，online version。

轮到你了：做本章末与本专栏相关的问题与应用 1.8，看看你理解得如何。

□ 14.1.1 计算增长率和 70 法则

特定年份的实际 GDP 增长率或人均实际 GDP 增长率等于与前一年相比的百分比变化。例如，以 2005 年美元为单位，2009 年实际 GDP 等于 12.703 万亿美元，2010 年上升至 13.088 万亿美元。2010 年实际 GDP 增长率的计算公式是：

$$\frac{13.088-12.703}{12.703}\times 100\%=3.0\%$$

对于更长的时间段，我们可以使用年平均增长率。例如，美国 1950 年的实际 GDP 为 2.004 万亿美元，2010 年为 13.088 万亿美元。为了计算这 60 年间的年平均增长率，我们计算使 2.004 万亿美元在 60 年后增长为 13.088 万亿美元的增长率。在这种情况下，增长率是 3.2%。也就是说，如果 2.004 万亿美元以平均每年 3.2%的速度增长，那么，60 年之后将会增长到 13.088 万亿美元。

对于更短的时间段，通过将每年的增长率取平均值，我们可以得到近似相同的结果。例如，美国 2008 年实际 GDP 下降了 0.3%，2009 年下降了 3.5%，2010 年上升了 3.0%。所以，2008—2010 年的年平均实际 GDP 增长率是－0.3%，计算公式是：

$$\frac{-0.3\%+(-3.5\%)+3.0\%}{3}=-0.3\%$$

注意在此期间增长率实际是负值，因为在 2008 年和 2009 年这两个处于衰退的年份，实际 GDP 是下降的。最后，当讨论长期经济增长时，我们把“年平均增长率”简称为“增长率”。

通过计算经济变量需多长时间翻倍，我们能够判断它增长得多快。例如，如果一个国家的人均实际 GDP 每 20 年翻倍，那么，在这个国家生活的大部分人在一生中都会经历明显的生活水平的提高。如果人均实际 GDP 每 100 年才翻倍，那么，生活水平的提高就相当缓慢，几乎不会被察觉。计算人均实际 GDP 大约需多少年翻倍有一个简单的方法：运用 70 法则。70 法则的公式如下：

$$翻倍所需年数=\frac{70}{增长率}$$

例如，如果人均实际 GDP 以每年 5%的速度增长，它翻倍需要的时间是 70/5=14 年。如果人均实际 GDP 以每年 2%的速度增长，它翻倍需要的时间是 70/2=35 年。这些例子阐述了一个重要的事实：增长率的细微差别对一个国家生活水平提高的速度有很大的影响。最后，注意 70 法则并不仅适用于人均实际 GDP 的增长，而且适用于任何变量的增长。例如，如果你在股票市场投资 1 000 美元，投资的年收益率是 7%，那么，你的投资将在 10 年后翻倍，变成 2 000 美元。

□ 14.1.2 什么决定了长期增长率？

关于经济增长的一个需要理解的要点是，人均实际 GDP 的增长依赖于劳动生产率的增长。**劳动生产率**（labor productivity）指一个工人或一小时工作时间能够生产的商品和服务的数量。在分析长期增长时，经济学家通常用每小时工作时间的产出来衡量劳动生产率，以避免因工作时间的波动和就业人口比的变化产生的影响。如果普通人消费的商品和服务的数量增加，那么每小时工作时间生产的商品和服务的数量也必须增加。为什么 2010 年普通美国人能够购买的商品和服务的数量是 1900 年的将近 8 倍呢？原因是 2010 年普通美国工人的生产率是 1900 年的 8 倍。

如果劳动生产率的增长是长期经济增长的关键，那么什么导致了劳动生产率的增长呢？经济学家相信，两个重要因素决定了劳动生产率：每小时工作时间的资本量和技术水平。所以，如果每小时工作时间资本量的增加或技术变革发生，就会出现经济增长。

每小时工作时间资本量的增加。

现在在美国等高收入国家工作的工人，与低收入国家的工人或 100 年前那些高收入国家的工人相比，拥有更多可用的实物资本。回忆前面讲过，**资本**（capital）指的是用于生产其他商品和服务的制成品。例如计算机、厂房、机床、仓库和卡车都是资本。一个国家可用的实物资本总量称为该国的资本存量。

随着每小时工作时间的资本存量增加，工人的生产率就会提高。使用个人电脑的秘书比只使用打字机的秘书每天能写出更多的文件。使用挖掘机的工人比只使用铁铲的工人铲的土更多。

人力资本指的是工人通过教育和培训或生活经验而积累的知识和技能。例如，拥有大学学历的工人通常比只有高中学历的工人拥有更多技能和更高的生产力。人力资本的增加对经济增长的刺激作用尤为重要。

技术变革。

经济增长对技术变革的依赖超过它对每小时工作时间的资本量的依赖。技术指的是企业将投入转化成商品和服务产出所使用的工序。技术变革指的是企业用给定数量的投入能生产出更多数量的产出。技术变革的来源多种多样。例如，公司经理可以重新安排工厂布局或零售商店的布局来增加产量和销售。但是，大多数技术变革是由新机器、设备和软件体现的。

非常重要的一点是：如果没有发生技术变革，仅仅积累更多的投入（如劳动、资本和自然资源）并不能保证一个经济体出现经济增长。例如，虽然苏联持续增加每小时工作时间的资本量，但是它没能保持高经济增长率，因为它经历的技术变革相对很少。

在实施技术变革时，企业家的作用至关重要。回忆第 2 章讲到，企业家是指经营企业的人，他们把生产要素——劳动、资本和自然资源——集合在一起以生产商品和服务。在市场经济中，是否引入新技术来生产更好或成本更低的商品这样的关键决策是由企业家做出的。企业家还决定是否将企业的资源配置于能产生新技术的研发部门。中央计划经济在保持经济增长中面临的困难之一是，与市场体系中的企业家相比，计划经济中政府雇用的经理人在开发和采用新技术方面通常要慢得多。

最后，经济增长的另一个要求是政府必须保障私有财产权。正如我们在第 2 章中看到的，除非私有财产权得到保障，否则市场经济就不能运行。此外，通过建立独立的司法体系保障私人之间的合约得以履行，政府能帮助市场运行和促进经济增长。许多经济学家还认为，政府在促进建立有效的金融体系、教育体系、交通和通信体系上也可以起作用。纽约大学的经济学家理查德·西拉（Richard Sylla）认为，每一个国家在经历经济增长之前都要先经历一场“金融革命”。例如，美国经济在 19 世纪初期迅速增长之前，该国的银行和货币体系在第一任财政部长亚历山大·汉密尔顿（1789 年上任）的领导下进行了改革。如果没有政府政策的支持，长期经济增长不大可能发生。

例题 14.1 技术变革在增长中的作用

在 1960—1995 年之间，新加坡的人均实际 GDP 的年平均增长率是 6.2%。这一超高增长率使得该国的人均实际 GDP 只需要大约 11.3 年就可以翻一番。在 1995 年，伦敦政治经济学院的阿尔文·杨（Alwyn Young）在他发表的一篇文章中称，新加坡的增长更多的是依赖于每小时工作时间的资本量的提高、劳动力参与率的上升和工人由农业部门向非农业部门的转移，而对技术变革的依赖更少。如果杨的分析是正确的，预测 1995 年后新加坡的增长率可能发生什么变化。

解：

第 1 步：复习本章内容。这一问题是关于长期增长率的决定因素的，所以你可能需要复习一下 14.1.2 节“什么决定了长期增长率?”。

第 2 步：预测 1995 年后新加坡的增长率将发生什么变化。各国开始发展时，常常都会出现劳动力参与率上升，因为工资提高后，之前不属于劳动力的部分人进入了劳动力市场。许多工人也从单位工作小时产出水平常常很低的农业部门转移到非农业部门。这些变化都会使人均实际 GDP 提高，但是随着劳动力参与率和非农业部门劳动力所占比例达到发达国家水平，这些变化就结束了。类似地，正如我们所指出的，如果技术变革没有同时发生，每小时工作时间的资本量的增加并不能保持高经济增长率。

我们能得到结论：1995 年后，新加坡不大可能保持高增长率。事实上，在 1996—2010 年之间，该国人均实际 GDP 的平均增速放缓到 3.2%。虽然这一增速与美国等高收入国家的增速相当，但是，它导致人均实际 GDP 翻倍的时间从 11.3 年增加至 21.9 年。

资料来源：Alwyn Young，“The Tyranny of Numbers：Confronting the Statistical Realities of the East Asian Growth Experience”，*Quarterly Journal of Economics*，Vol. 110，No. 3，August 1995，pp. 641-680；and International Monetary Fund，*World Economic Outlook Database*，September 2011。

轮到你了：要想做更多的练习，请做本章末的问题与应用 1.12。

什么解释了博茨瓦纳的高经济增长?

非洲撒哈拉沙漠以南的许多地区经济增速非常缓慢。这些地区中大部分国家在1960年极度贫困，某些国家现在甚至更加贫穷。但是这个地区有一个国家鹤立鸡群，增长率非常高。这就是博茨瓦纳。下图显示了1960—2009年间博茨瓦纳和撒哈拉以南六个人口密度最高的国家的人均实际GDP年平均增长率。在这49年间，博茨瓦纳的年平均增长率是坦桑尼亚和南非的三倍以上，后两者是该地区经济增长第二快和第三快的国家。博茨瓦纳看似不可能经历如此快的经济增长，因为它深受艾滋病的冲击。尽管受到艾滋病的破坏性影响，但是该国人均实际GDP仍持续高增长，据国际货币基金组织预测，2010年该国的人均实际GDP增长率将为5.9%，2011年将为5.0%。

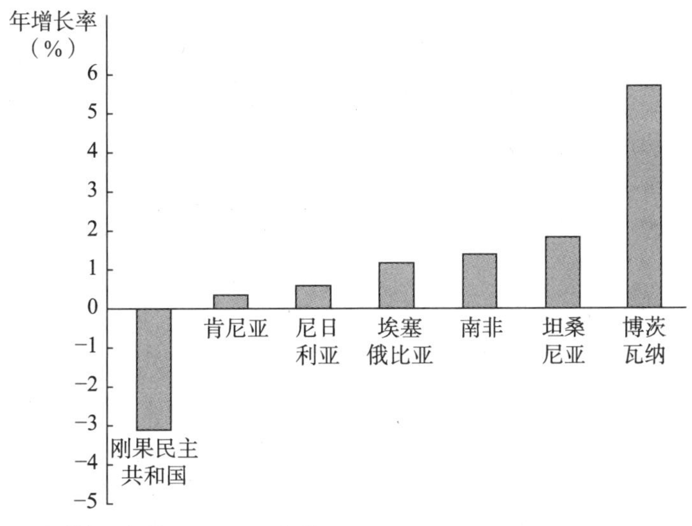

注：刚果民主共和国的数据时间是1970—2004年的。

资料来源：作者根据以下资料中的数据进行计算：Alan Heston, Robert Summers, and Bettina Aten, *Penn World Table*, Version 7.0, Center for International Comparisons of Production, Income and Prices at the University of Pennsylvania, June 3, 2011。

什么解释了博茨瓦纳的高增长率呢?有几个因素非常重要。这些年中许多其他非洲国家深受内战之苦，而博茨瓦纳没有出现内战，并且从钻石出口获得的收入中获益良多。但是许多经济学家相信，博茨瓦纳政府采取的刺激经济增长的政策是该国成功的重要原因。世界银行的经济学家尚塔亚纳恩·德瓦拉贾(Shantayanan Devarajan)、纽约大学的威廉·伊斯特利(William Easterly)和宾夕法尼亚大学的霍华德·帕克(Howard Pack)将这些政策总结如下:

> 博茨瓦纳政府明确表态将保护私人财产权。它是切合商业利益的“牧场主的政府”……相对的政治稳定和相对轻微的腐败也使博茨瓦纳成为投资者青睐的地区。博茨瓦纳相对高的出版自由和民主(保持了殖民地时期由酋长对部落负责的传统)使得政府必须对任何经济政策的错误负责。

保护私有财产、避免政治动荡和腐

败、允许出版自由和民主等政策看起来是为经济增长提供环境的良方。但是，在实践中，许多国家都很难成功地实行这些政策。

资料来源：International Monetary Fund，*World Economic Outlook Database*，September 2011；and Shantayanan Devarajan，William Easterly，and Howard Pack，"Low Investment Is Not the Constraint on African Development"，*Economic Development and Cultural Change*，Vol. 51，No. 3，April 2003，pp. 547-571。

轮到你了：做本章末与本专栏相关的问题与应用 1.14，看看你理解得如何。

□ 14.1.3 潜在 GDP

因为经济学家用长期视角讨论经济增长，所以潜在 GDP 的概念非常有用。**潜在 GDP**（potential GDP）是当所有企业都满负荷生产时达到的实际 GDP 水平。企业满负荷的产量并不是该企业能生产的最大产出。倘若一个波音装配工厂每年 52 周、每天 24 小时全面开工，那么，它的产出水平将达到最大。但是，该工厂的满负荷产量是用正常数量的劳动力在正常工作时间生产的产出来衡量的。如果经济中所有的企业都满负荷生产，那么，最终商品和服务的总产出水平就是潜在 GDP。随着劳动力增加、新厂房和办公楼的修建、新机器和设备的安装使用以及新技术变革的发生，潜在 GDP 随着时间的推移不断增长。

据估计，美国潜在 GDP 每年的增幅约为 3.3%。也就是说，每年经济生产最终商品和服务的满负荷产量增加 3.3%。由于经济受经济周期的影响，实际 GDP 的真实增速可能高于也可能低于 3.3%。图 14.2 显示了从 1989 年开始实际和潜在 GDP 的变化。平滑的黑线代表潜在 GDP，深灰色线代表实际 GDP 的真实值。注意在 1989 年后发生的三次衰退中，每一次的实际 GDP 真实值都低于潜在 GDP。在 2007—2009 年的衰退中，实际 GDP 真实值和潜在 GDP 之间的差距特别大，表明了这次衰退有多严重。

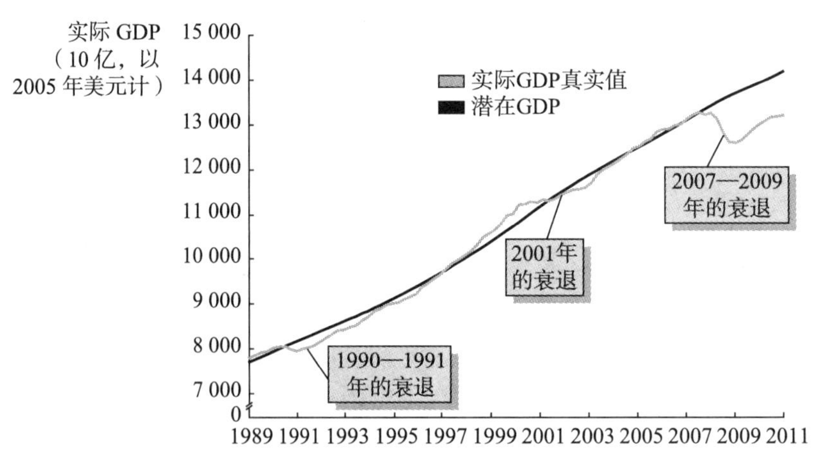

图 14.2 实际 GDP 和潜在 GDP

每年，随着劳动力和资本存量增长以及技术变革发生，潜在 GDP 水平都会上升。平滑的黑线代表潜在 GDP，深灰色线代表实际 GDP。在 1989 年后发生的三次衰退中，每一次的实际 GDP 都低于潜在 GDP。

资料来源：Federal Reserve Bank of St. Louis。

14.2 储蓄、投资和金融体系

经济增长的过程依赖企业扩大生产、购买新设备、培训员工和采用新技术的能力。企业的留存收益（即再投资于企业而不是支付给企业所有者的利润）可以为部分这些活动提供资金。在经济高速增长的经济体中，许多企业的留存收益并不足以支持自身的迅速扩张，这些企业还需要直接通过金融市场（如股票和债券市场）或者间接通过金融机构（如银行）从家庭那里获得资金。金融市场和金融中介共同组成了**金融体系**（financial system）。没有金融体系的良好运行，经济增长就不可能发生，因为企业不能扩张或采用新技术。正如我们之前指出的，如果一个国家没有一个发展良好的金融体系，它就不能保持高水平的经济增长。

□ 14.2.1 金融体系全貌

金融体系使得资金能够从储蓄者流向借款者，并使储蓄者能够得到这些资金的部分回报。回忆第6章讲过，在股票和债券市场等**金融市场**（financial markets）中，企业通过直接向储蓄者售卖金融证券来融资。金融证券是一个规定资金在什么样的条款下从证券的购买者（资金借出方）转移给借款人的文件，这样的文件有时候是电子形式的。股票是代表企业的部分所有权的金融证券。如果你购买一股通用电气公司的股票，你就成为通用电气公司数以百万计所有者中的一员。债券是代表偿付固定数量的资金这样一个承诺的金融证券。当通用电气公司出售债券时，它承诺在债券存续期每年向债券买者支付利息，并且到期会偿还本金。

金融中介（financial intermediaries），如银行、共同基金、养老基金和保险公司，是借款人和贷款人（出借人）之间的中间人。事实上，金融中介从储蓄者处借款，再贷给借款人。当你向支票账户中存钱时，你就将钱借给了银行。银行可能把你的钱（与其他储蓄者的钱一起）贷给一个想开始创业的企业家。假定丽娜想开一家洗衣店。你并不是直接把钱借给丽娜开洗衣店，而是由银行作为你和丽娜之间的中间人。金融中介将许多小储蓄者的资金汇总，出借给许多个体借款人。作为对使用储蓄者资金的补偿，中介向储蓄者支付利息，并且通过把钱借给借款人并向借款人收取更高的利率来赚取利润。例如，银行给存款人的利率可能是3%，但它借给丽娜的洗衣店的贷款利率是6%。

银行、共同基金、养老基金和保险公司也代表储蓄者进行股票和债券投资。例如，共同基金向储蓄者出售基金份额，并用这些资金购买股票、债券、抵押贷款和其他金融证券的组合。富达（Fidelity）、先锋（Vanguard）、德莱弗斯（Dreyfus）等大型共同基金公司提供了许多股票和债券基金供投资者购买。有些基金持有多种多样的股票或债券；有些则集中于特定行业或部门（如科技）发行的证券；还有些基金是指数基金，投资于固定的证券篮子，例如标准普尔500指数基金。在过去的30年中，共同基金在金融体系中的作用急剧增加。今天，数以百计的共同基金公司的竞争提供了数以千计的基金供投资者选择。

除了将有多余资金的家庭和想借款的企业匹配起来之外，金融体系还为储蓄者和借款人提供了三种重要的服务：风险分担、流动性和信息。风险指的是金融证券的价值相对于你预期的价值变动的可能性。例如，你可能以 450 美元的价格购买了一股谷歌公司的股票，不料价格下跌至 100 美元。大多数储蓄者并不是赌徒，他们寻求的是储蓄的稳定回报，而不是在高低回报间飘忽不定。通过允许储蓄者在多种金融投资间分散资金，金融体系提供了风险分担。例如，你可以将你的储蓄分散于银行定期存单、债券和共同基金。

流动性是指金融证券换成货币的难易程度。通过为储蓄者提供出售他们所持有的金融证券的市场，金融体系提供了流动性服务。例如，储蓄者能轻易地在主要的股票和债券市场上出售其持有的大型公司的股票和债券。

金融体系提供给储蓄者的第三种服务是信息的收集和交流，这里的信息是指关于借款人的事实和关于金融证券回报的预期。例如，丽娜的洗衣店可能想向你借 1 万美元。弄清楚丽娜借钱的用途和她还钱的可能性需要成本和时间。通过将 1 万美元存入银行，实际上，你在允许银行帮你收集信息。因为银行在收集关于借款人的信息方面有专长，它们比单个投资者能更快地收集到这些信息，成本也更低。金融体系在信息交流方面扮演了重要角色。如果你读到一则新闻，该新闻说某汽车企业发明了一种用水作为驱动能源的汽车，你会怎么判断这项发明对于该企业利润的影响呢？通过将这些信息反映在股票、债券和其他金融证券的价格中，金融市场就帮你做了这项工作。在这个例子里，对未来更高利润的预期将使该汽车公司股票和债券的价格迅速上扬。

□ 14.2.2　储蓄和投资的宏观经济学

正如我们已经看到的，企业通过金融体系能获得的资金来自储蓄。当企业用这些资金购买机器、厂房和办公楼时，它们就是在进行投资。在本节中，我们将探讨储蓄和投资的宏观经济学。我们将阐述的一个重要结论是：经济中的总储蓄必然等于总投资。我们在第 12 章中看到，国民收入账户指的是经济分析局用来记录经济中总产出和总收入的方法。我们可以运用国民收入账户中的一些关系来理解为什么总储蓄必然等于总投资。

我们先从 GDP（Y）与它的组成部分——消费（C）、投资（I）、政府购买（G）和净出口（NX）——之间的关系开始：

$$Y=C+I+G+NX$$

记住，GDP 既衡量了经济中的总产出，也衡量了总收入。

一个开放经济通过商品和服务的贸易及借贷与其他经济体发生相互作用。今天，所有的经济体都是开放经济体，虽然各自的开放程度差异甚大。一个封闭经济体与其他经济体之间没有贸易和借贷。为了简便，我们将研究一个封闭经济体中储蓄和投资的关系。这就使得我们能在一个更简单的框架中着重关注最重要的内容。

在封闭经济体中，净出口为零。所以我们将 GDP 和其组成部分的关系式重写为

$$Y=C+I+G$$

我们可以改写上式，把投资用其他变量表示成

$$I=Y-C-G$$

这个式子告诉我们，在封闭经济体中，投资支出等于总收入减去消费支出再减去政府购买。

我们还可以推导总储蓄的表达式。私人储蓄等于家庭在购买商品和服务（C）并缴纳税收（T）后留存的收入。家庭从为企业提供生产要素中获得收入。这部分的家庭收入等

于Y。家庭还从政府收到以转移支付（TR）为形式的收入。回忆前面讲过，转移支付包括社会保障津贴和失业保险金。我们可以写出私人储蓄（$S_{私人}$）的表达式：

$$S_{私人}=Y+TR-C-T$$

政府也参与储蓄。公共储蓄（$S_{公共}$）等于政府在为政府购买付费和给家庭提供转移支付后留存的税收：

$$S_{公共}=T-G-TR$$

所以，经济中总储蓄（S）等于私人储蓄和公共储蓄之和：

$$S=S_{私人}+S_{公共}$$

即

$$S=(Y+TR-C-T)+(T-G-TR)$$

也就是，

$$S=Y-C-G$$

等式的右边与我们之前得到的投资支出的表达式相同。所以，我们能得到结论：总储蓄必然等于总投资：

$$S=I$$

当政府支出等于其税收收入时，政府的预算是平衡的。当政府支出大于其税收收入时，就存在预算赤字。当存在预算赤字时，T 小于 $G+TR$，这意味着公共储蓄为负。储蓄值为负被称为负储蓄或动用储蓄。公共储蓄怎么可能为负呢？当联邦政府有预算赤字时，美国财政部出售国债来借款以为税收和支出之间的差额融资。在这种情况下，政府并没有增加可供投资支出借用的总储蓄量，而是使其减少。（注意，如果家庭借款比储蓄多，总储蓄也会下降。）储蓄少了，投资就必须减少。我们能够得到结论：在保持其他条件不变的情况下，与预算平衡相比，存在预算赤字时经济中的投资支出水平更低。

当政府支出小于其税收收入时，就存在预算盈余。预算盈余增加了公共储蓄和经济中的总储蓄水平。储蓄更多，投资支出就会更高。所以，在保持其他条件不变的情况下，与预算平衡相比，存在预算盈余时经济中的投资支出水平更高。

在过去的20年间，美国联邦政府的预算状况经历了巨大的波动。在1992年，联邦预算赤字达到2 974亿美元，而在2000年则有1 895亿美元的联邦预算盈余。但是，2007—2009年的衰退导致税收大幅减少和政府支出增加，这使得2009年和2010年的预算赤字达到了创纪录的1.4万亿美元和1.5万亿美元。

□ 14.2.3 可贷资金市场

我们已经看到，总储蓄一定等于总投资，但是我们还没有讨论在金融体系中这一等式是如何实现的。我们可以将金融体系看作由银行的定期存单市场、股票市场、债券市场和共同基金市场等许多小市场组成的。在这些市场中，资金从储蓄者流向借款人。为了简化，我们将这些市场统称为可贷资金市场。在**可贷资金市场**（market for loanable funds）模型中，借款人和贷款人之间的相互作用决定了市场利率和交换的可贷资金的数量。

可贷资金市场中的供给和需求。

可贷资金的需求是由要开发新投资项目（如建造新厂房、研发新产品）的企业的借款意愿决定的。在决定是否借款之前，企业会比较投资的预期收益率和借款利率。例如，假定家得宝公司（Home Depot）在考虑开几家新分店，预期收益率是15%。如果家得宝公司能以10%的利率借款，投资就有利可图，而如果利率是20%，投资就不能获利。在图14.3中，可贷资金的需求曲线向下倾斜，原因在于：利率越低，企业可以获利的投资项目就更多，可贷资金的需求量就越大。

可贷资金的供给是由家庭储蓄的意愿和政府储蓄或负储蓄的规模决定的。当家庭储蓄时，他们减少了当前能购买和享受的商品和服务的数量。家庭现在储蓄而不是消费的意愿部分地由出借资金能获得的利率决定。利率越高，储蓄的回报就越大，家庭储蓄的资金量就越多。所以，在图14.3中，可贷资金的供给曲线是向上倾斜的，因为利率越高，储蓄的供给量就越大。

在第13章，我们讨论了名义利率和实际利率之间的区别。名义利率是贷款的标明利率。实际利率对名义利率进行了修正，考虑了通货膨胀对购买力的影响，它等于名义利率减去通货膨胀率。因为借款人和贷款人关心的是他们将要收到或支付的实际利率，所以可贷资金市场的均衡决定的是实际利率而不是名义利率。

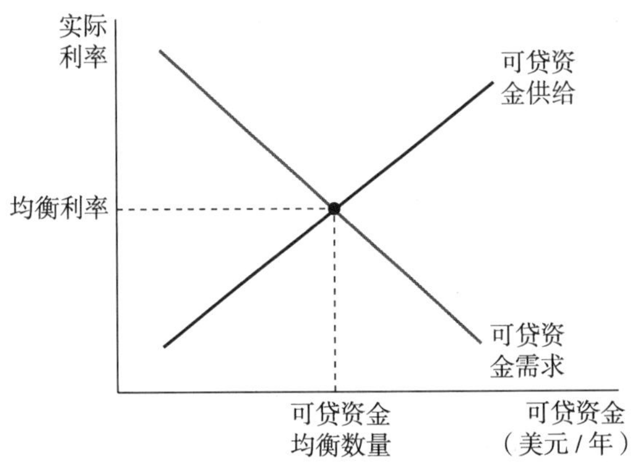

图14.3 可贷资金市场

可贷资金的需求是由要开发新投资项目的企业的借款意愿决定的。可贷资金的供给是由家庭储蓄的意愿和政府储蓄或负储蓄的规模决定的。可贷资金市场的均衡决定了实际利率和交换的可贷资金数量。

建立联系☞

艾柏纳泽·斯克鲁奇：经济增长的意外促进者？

艾柏纳泽·斯克鲁奇的名字已经变成了吝啬鬼的同义词。在查尔斯·狄更斯的小说《圣诞颂歌》中，主人公斯克鲁奇在小说的末尾转变之前特别不愿意花钱。虽然他收入丰厚，但是他拒绝适当的取暖和照明，生活在一栋阴冷、黑暗的房屋里。他每天只喝稀粥，因为他不买更贵的食物。在全书的大部分篇幅里，狄更斯对斯克鲁奇的行为所进行的描述都体现了作者对主人公的不喜欢。

在小说的末尾，斯克鲁奇开始转变，对自己和别人都更加慷慨了，狄更斯这才赞扬了他的行为。

但是，罗切斯特大学的经济学家斯蒂芬·兰茨伯格（Steven Landsburg）指出，从经济学角度来讲，可能斯克鲁奇转变之前的行为才更值得赞扬：

> 在整个世界上，没有人比吝啬鬼更加慷慨了：因为他能够消耗这个世界的资源，但是他却选择不这样做。吝啬鬼和慈善家之间的唯一区别是慈善家只帮助了那些受惠的小部分人，而吝啬鬼却惠及大众。

我们可以进一步扩展兰茨伯格的讨论，来考虑到底是变化前还是变化后的斯克鲁奇的行为更有利于经济增长。变化前的斯克鲁奇很少花钱，他把大部分收入投资于金融市场。企业可以借这些资金来建造新厂房和从事研发。变化后的斯克鲁奇花的钱要多得多，储蓄则少得多。他之前的储蓄被花在为 Bob Cratchit 一家购买食物和在圣诞节"制造快乐"上了。也就是说，变化后的斯克鲁奇的行为导致更多消费类商品被生产出来，而被生产出来的投资类商品更少了。我们能够得出结论：斯克鲁奇的转变降低了经济增长速度，即使只降低了一点点。当然，更深层次的要点是：储蓄者提供了对经济增长所要求的投资支出必不可少的资金，提高储蓄的唯一途径是减少消费。

资料来源："What I Like About Scrooge"，*Slate*，December 9，2004。

轮到你了：做本章末与本专栏相关的问题与应用 2.16，看看你理解得如何。

解释储蓄、投资和利率的变动。

可贷资金市场的均衡决定了每个时期从出借者流向借款人的可贷资金的数量。它也决定了出借人收到的和借款人支付的实际利率。通过假定利率以外的其他影响借款人借款意愿的因素不变，我们可以画出可贷资金的需求曲线。通过假定利率以外的其他影响出借人供给资金意愿的因素不变，我们可以画出可贷资金的供给曲线。需求曲线或是供给曲线的移动都会改变均衡利率和可贷资金的均衡数量。

例如，如果由于技术变革，新投资项目的盈利能力增加，企业对可贷资金的需求就会增加。图 14.4 显示了可贷资金市场需求增加的影响。同我们在第 3 章中研究的商品和服务市场一样，可贷资金市场需求的增加使得需求曲线向右移动。在新的均衡中，利率从 i_1 提高到 i_2，可贷资金的均衡数量从 L_1 增加到 L_2。注意可贷资金数量的增加意味着家庭储蓄的数量和企业投资的数量都增加了。投资的增加使资本存货和每小时工作时间的资本量都增加，这有利于加快经济增长。

我们也可以运用可贷资金市场考察政府预算赤字的影响。不考虑国外储蓄的影响，回忆前面讲过，如果政府存在预算赤字，它就减少了经济中的总储蓄量。假定政府增加了支出，造成了财政赤字。我们在图 14.5 中通过向左移动可贷资金供给曲线来分析财政赤字的影响。在新的均衡，利率变高，可贷资金的均衡数量变低。赤字减少了经济中的总储蓄水平，并且通过提高利率还减少了企业的投资支出。通过借款为财政赤字融资，政府挤出了某些本来能够借款投资的企业。**挤出**（crowding out）指的是政府购买的增加导致投资支出的减少。在图 14.5 中，挤出效应造成的投资支出的减少用可贷资金的需求曲线从 L_1 移动到 L_2 表示。降低的投资支出意味着资本存量和每小时工作时间的资本量的增加量会减少。

政府预算盈余与预算赤字的效果相反：预算盈余使经济中总储蓄量增加，可贷资金供

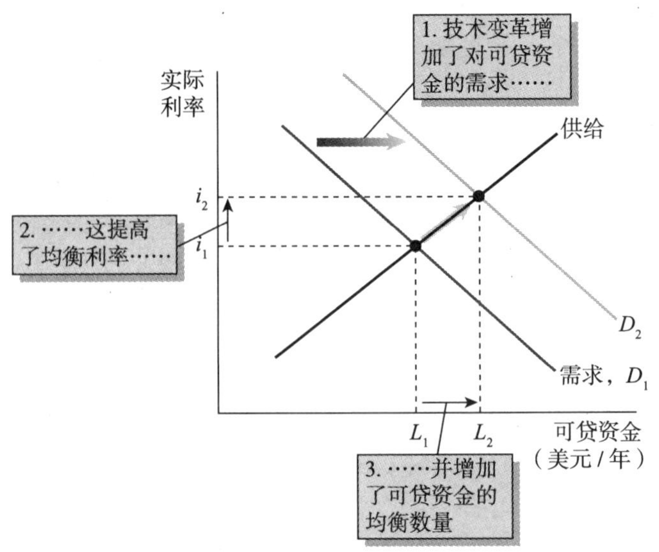

图 14.4　可贷资金需求的增加

可贷资金需求的增加使均衡利率从 i_1 提高到 i_2，可贷资金的均衡数量从 L_1 增加到 L_2。结果，储蓄和投资都增加。

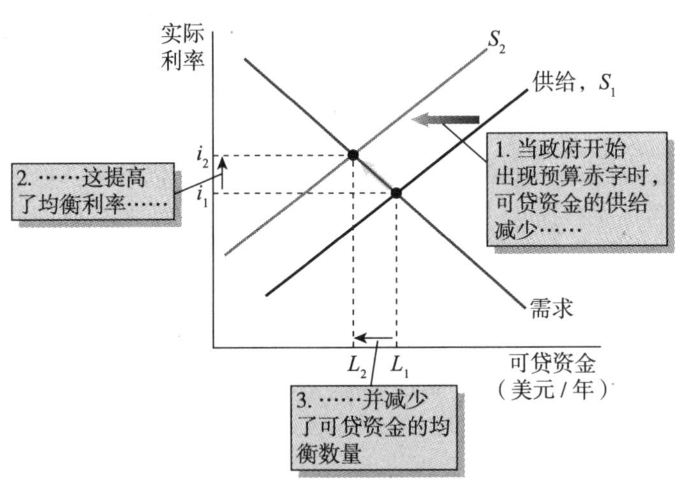

图 14.5　预算赤字对可贷资金市场的影响

当政府开始出现预算赤字时，可贷资金的供给曲线向左移动。均衡利率从 i_1 提高到 i_2，可贷资金的均衡数量从 L_1 减少到 L_2。结果，储蓄和投资都会降低。

给曲线向右移动。在新的均衡，利率水平更低，可贷资金数量更高。我们能够得到结论：预算盈余提高了储蓄和投资水平。

但是，在实践中，政府预算赤字和预算盈余对均衡利率的影响非常有限。（这一发现部分地反映出全球储蓄在利率决定中的重要性。）例如，一项最近的研究表明：增加相当于 1%的 GDP 的政府借款只会使均衡实际利率增加约 0.003%。但是，对利率的微小影响并不意味着我们可以忽略预算赤字对经济增长的影响。在未来偿还政府借债可能要求提高税收，这将压制经济增长。在 2011 年，许多经济学家和政策制定者都担心未来的巨额预算赤字将会成为增长的阻碍。

例题 14.2　消费税将如何影响储蓄、投资、利率和经济增长?

一些经济学家和政策制定者建议联邦政府把所得税改为消费税。在所得税下，家庭的所有收入都必须缴税。在消费税下，只有收入被花费的部分才需要缴税。只有当被储蓄的收入以后被花费时，家庭才需要对这部分钱缴税。运用可贷资金市场模型分析所得税转为消费税对储蓄、投资、利率和经济增长的影响。

解：

第 1 步：复习本章内容。这一问题是关于应用可贷资金市场模型的，所以你可能需要复习一下 14.2.3 节“解释储蓄、投资和利率的变动”。

第 2 步：解释所得税转为消费税的影响。家庭对储蓄的税后回报感兴趣。例如，考虑一个将其储蓄购买定期存单的人，利率为 4%，利息税为 25%。在所得税下，这个人储蓄的税后回报是 3%（即 4—(4×0.25)）。在消费税下，储蓄的收入并不缴税，所以回报率上升到 4%。我们能够得到结论：所得税转为消费税后，储蓄的回报率增加，可贷资金的供给量上升。

第 3 步：画出可贷资金市场的图形，来阐释你的答案。消费税下储蓄的税后回报上升，因此，可贷资金的供给曲线向右移动。均衡利率将下降，储蓄和投资水平都上升。因为投资增加，所以资本存量和每小时工作时间的资本量都上升，经济增长率应该增加。注意，图中表示的利率下降幅度和可贷资金增加幅度高于大多数经济学家对所得税转为消费税实际上会产生的影响的预期。

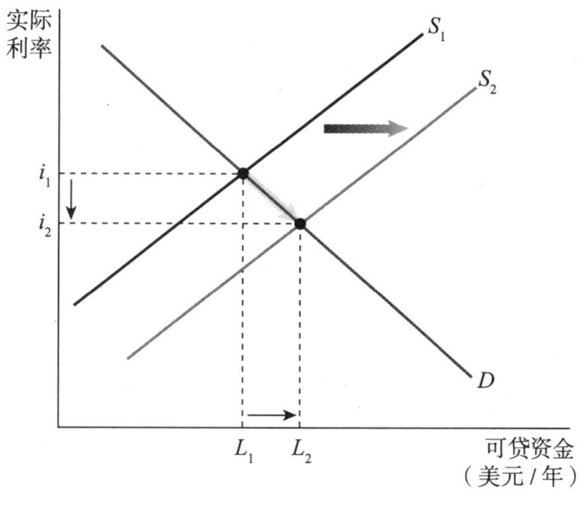

轮到你了：做本章末与本专栏相关的问题与应用 2.15，看看你理解得如何。

14.3 经济周期

图 14.1 展示了过去 110 年间普通美国人经历的生活水平的显著增长。但是，仔

细观察该图会发现，这一期间人均实际 GDP 并没有每年都增加。例如，在 20 世纪 30 年代的头五年，人均实际 GDP 连续几年都下降。长期增长趋势中的这些波动的原因是什么？

□ 14.3.1 一些基本的经济周期相关定义

图 14.1 中显示的人均实际 GDP 的波动反映了背后实际 GDP 的波动。从至少 19 世纪初期开始，美国经济就经历了经济周期，即经济扩张期和衰退期交替出现。因为实际 GDP 是衡量经济活动最好的指标，所以经济周期通常用实际 GDP 的变化来表示。

在经济周期的扩张阶段，生产、就业和收入都会增长。到达经济周期顶峰时，扩张结束。接下来，生产、就业和收入都减少，经济进入周期的衰退阶段。随着经济周期谷底的到来，衰退结束，下一个扩张时期开始。图 14.6 阐释了经济周期的各个阶段。图 14.6（a）显示了一个理想化的经济周期，实际 GDP 在扩张阶段平稳上升直到到达顶峰，然后在衰退阶段平稳下降直到到达谷底，之后下一扩张阶段开始。图 14.6（b）画出了 2005—2011 年这段时期实际 GDP 的波动，显示了一个现实的、更为杂乱的经济周期。该图显示，（始于 2011 年的）经济扩张持续至 2007 年 12 月达到经济周期顶峰。接下来的衰退是自 20 世纪 30 年代大萧条以来时间最长、程度最严重的经济衰退。这次衰退的严重程度导致一些经济学家将其称为“大衰退”。2009 年 6 月达到了经济周期谷底，下一轮的经济扩张开始。虽然在经济周期谷底后实际 GDP 开始增长，但是增速比一般的经济周期扩张阶段开始时的速度慢。

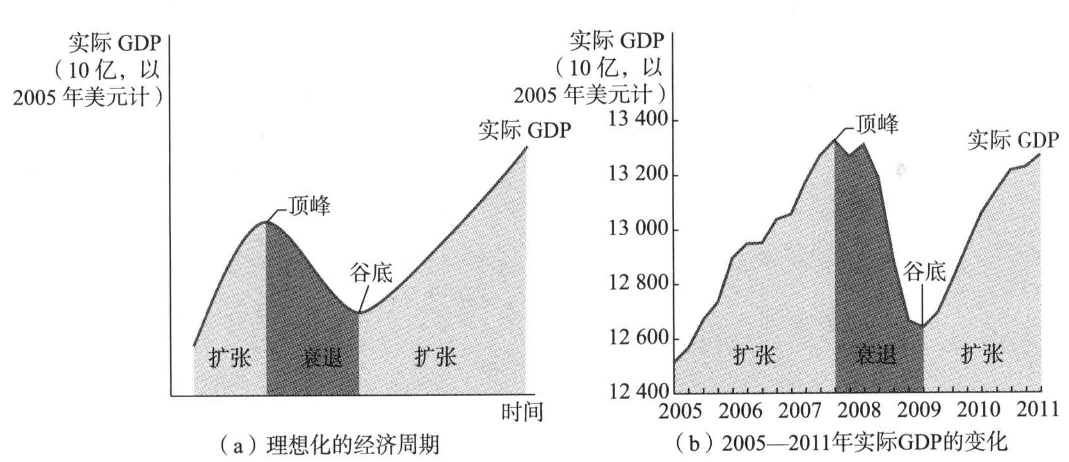

图 14.6 经济周期

图（a）显示了一个理想化的经济周期，实际 GDP 在扩张阶段平稳上升直至到达顶峰，在衰退阶段平稳下降直至到达谷底，之后下一扩张阶段开始。图中扩张阶段用浅灰色阴影表示，衰退阶段用深灰色阴影表示。图（b）绘制了 2005—2011 年现实中实际 GDP 的波动。2007 年 12 月经济周期到达顶峰后出现的衰退是自 20 世纪 30 年代大萧条以来时间最长、程度最严重的经济衰退。

□ 14.3.2 我们如何知道经济何时步入衰退？

联邦政府计算了许多统计量，这使得监控经济运行情况成为可能。但是，联邦政府并不会官方判定衰退何时开始、何时结束。大多数经济学家接受国家经济研究局（NBER）经济周期界定委员会的判断。国家经济研究局是一个位于马萨诸塞州剑桥镇的私人研究机构。虽然报纸和杂志的作家常常将衰退定义为实际 GDP 连续两个季度下降。但是 NBER 对衰退的定义更加宽泛："衰退是指大多数经济领域的经济活动都出现明显下滑，持续时间至少几个月，在工业生产、就业、实际收入和批发零售贸易中都明显可见。"

NBER 在宣布经济周期这件事上相当慢，因为收集和分析经济数据需要时间。通常在衰退开始一段时间后，NBER 才宣布经济进入衰退。例如，经济从 2007 年 12 月进入衰退后的第 11 个月，即 2008 年 11 月底，NBER 才宣布经济进入衰退。表 14.1 列出了 NBER 确定的 1950 年以来的经济周期顶峰和谷底。衰退期长度指的是顶峰到下一个谷底之间的月份数。

表 14.1　美国经济周期

顶峰	谷底	衰退期长度
1953 年 7 月	1954 年 5 月	10 个月
1957 年 8 月	1958 年 4 月	8 个月
1960 年 4 月	1961 年 2 月	10 个月
1969 年 12 月	1970 年 11 月	11 个月
1973 年 11 月	1975 年 3 月	16 个月
1980 年 1 月	1980 年 7 月	6 个月
1981 年 7 月	1982 年 11 月	16 个月
1990 年 7 月	1991 年 3 月	8 个月
2001 年 3 月	2001 年 11 月	8 个月
2007 年 12 月	2009 年 6 月	18 个月

资料来源：National Bureau of Economic Research。

建立联系

经济衰退期是企业扩张的大好时期吗？

在衰退期，企业经理们必须迅速做出许多决策，例如是否减少产量、降低价格、关闭商店和其他机构、裁减员工等。他们不仅要做出旨在应对衰退产生的即期影响的决策，还必须考虑如何为衰退后的扩张做准备。经理们知道，每一次衰退，即使是 2007—2009 年那样严重的衰退，都会紧接着出现扩张，而在扩张阶段，企业的产品需求可能会增加。但是当前景不明、衰退结束时间难以预测时，很难将资源投入到为未来扩张做准备的用途上。

但是，为未来的增长做好准备的回报可能会很可观。例如，在 1945 年第二次世界大战结束时，许多经济学家和企业经理都预计美国经济将会步入严重的衰退。西尔斯（Sears）和蒙哥马利-沃德（Montgomery Ward）公司是美国当时最大的两家连锁百货商店。西尔斯时任 CEO 罗伯特·伍德认为经济繁荣将会持续，于是在全国开设新分店。而蒙哥马利-沃德的CEO萨维尔·艾福瑞认为收入会下降且失业会增加，所以拒绝开设新分店，并且关闭了一些现有的商店。结果，当20世纪40年代末期经济强劲增长时，西尔斯就迅速抢占了蒙哥马利-沃德公司的市场份额。

2001年9月11日的恐怖袭击后，许多酒店的经理认为旅游会减少，且会持续很长时间。因此，他们裁减了员工、推迟或取消了新建设项目。但是，四季酒店(Four Seasons Hotels) 的主席兼CEO艾萨多尔·夏普认为，虽然衰退可能重创酒店业，但是这种影响的时间会很短。他决定迅速推进18家新酒店的建设，并且再增加建设10家酒店。按他自己的话说："与许多行业专家的预测相反，我们保持或提高了在大部分地区的市场份额。"在2002年3月一封致股东的信中，他写道："我们为预计今年晚些时候会出现的经济复苏做好了充分准备。"

在2007—2009年的严重衰退期间，经理们也要做类似的决策。总部位于北卡罗来纳州格林斯博罗的VF公司是世界上最大的服装制造商。当J. Crew、Anne Klein和Liz Claiborne等许多企业都关闭商店或推迟开新店时，VF公司的CEO艾瑞克·怀斯曼决定大力推进，在2008年新开了89家分店，在2009年又新开了70家。一位零售业分析师评论道："不幸的是，许多公司在衰退期间收缩发展，但这些时期往往是最好的成长机会。"类似地，计算机芯片制造商英特尔公司在2009年初决定斥资70亿美元升级其在美国的工厂，而同期许多竞争对手由于计算机销量下降而减少了在新工厂上的支出。英特尔公司CEO保罗·欧德宁说："我认为英特尔这样的公司站出来表明自己的信心是很重要的。"重型机械制造商卡特彼勒公司(Caterpillar) 宣布，将建造几个新工厂并扩张现有工厂的规模来"满足消费者需求的预期增加"。

在整个2011年，经济从2007—2009年衰退中的复苏步伐比典型的复苏要慢得多，这导致一些经济学家和分析师怀疑持续的低增长是否会使某些企业所做的商业扩张的盈利性低于预期。所以，VF、英特尔和卡特彼勒公司的决策效果如何仍有待检验。但是，长期看来，许多企业在美国经济的未来上下赌注都获得了丰厚的回报。

资料来源：Robert Sobel, *When Giants Stumble*,（Paramus, NJ: Prentice Hall, 1999）; Isadore Sharp, *Four Seasons: The Story of a Business Philosophy*,（New York: Portfolio, 2009）; Bob Tina, "Caterpillar to Expand Kansas Plant", *Wall Street Journal*, August 18, 2011; Rachel Dodes, "VF Dresses Up Its Operations, Bucking Recession", *Wall Street Journal*, March 31, 2009; and Don Clark, "Intel to Invest $7 Billion in U.S. Plants", *Wall Street Journal*, February 10, 2009。

轮到你了：做本章末与本专栏相关的问题与应用3.7，看看你理解得如何。

□ 14.3.3 经济周期期间都发生了什么？

每个经济周期都不相同。任何两个经济周期中的扩张阶段和衰退阶段的时间长度、经济中受影响最大的部门都很少相同。但是大部分经济周期都有些相同的特征，这正是我们本节要讨论的内容。当经济处于扩张阶段末期时，利率通常上升，工人工资的上涨速度比价格快。作为利率和工资上升的结果，企业的利润将下降。一般而言，当经济处于扩张阶段末期时，家庭和企业的负债都迅速增多。这些债务是企业和家庭在扩张期借款为其支出融资的结果。

企业在机器设备、新厂房、新办公楼等资本品上的支出减少或家庭在新住宅和家具、汽车等耐用消费品上的支出减少常常预示着衰退的开始。当支出减少时，出售资本品和耐用消费品的厂商发现其销售量下降。当销售量下降时，企业减少生产规模，并开始裁减工人。升高的失业率和降低的利润减少了收入，导致支出进一步下降。

当衰退持续时，经济状况逐渐开始改善。支出的下降最终结束；家庭和企业开始减少债务，因此增加了支出能力；利率下降，增加了家庭和企业借款为新的支出融资的可能性。由于企业预计在下一个扩张阶段需要增加生产，因此它们开始增加在资本品上的支出。家庭在耐用消费品上的支出增加以及企业在投资品上的支出增加最终使衰退结束，经济进入下一个扩张阶段。

经济周期对波音公司的影响。

耐用品指的是使用时间预计至少三年的商品。耐用消费品包括家具、电器和汽车，耐用生产品包括机床、发电机和商用飞机。非耐用品是使用时间预计不到三年的商品。非耐用消费品包括食物和衣服等。耐用品比非耐用品更易受经济周期的影响。在衰退期，如果工人失业、害怕失业或工资降低，他们都会减少支出。因为人们常常可以继续使用现有的家具、电器和汽车，所以，他们更可能推迟购买耐用品而不是非耐用品。类似地，当企业在衰退期出现销量和利润下降时，它们也常常减少对耐用生产品的购买。

在本章开篇案例关于波音公司的讨论中我们提到，经济周期对该公司的销售量有重大影响。图 14.7（a）显示了从 1990 年初到 2010 年末每个季度实际 GDP 的变动。我们既能看出实际 GDP 随时间的上升趋势，也能看出 1990—1991 年、2001 年和 2007—2009 年衰退的影响。图 14.7（b）显示了同时期波音公司每年交付的客机总数的变化。经济衰退对波音公司的影响通常比对整体经济的影响更加显著和持久，虽然在 2007—2009 年衰退期间波音公司交付的客机数只出现了相对温和的下降，但这是因为来自外国的航空公司的需求增加帮助抵消了美国的航空公司的需求下降。在上述每次衰退中，美国的航空公司的机票销售量都出现了下降，因而减少了飞机购买数量。结果，波音公司的销售量在每次衰退中都下降了。

经济周期对通货膨胀率的影响。

在第 13 章中，我们看到价格水平衡量了经济中商品和服务的平均价格，通货膨胀率是价格水平逐年的百分比增长。有关经济周期的一个重要事实是：在经济扩张阶段，特别是末期，通货膨胀率通常上升；在衰退阶段，通货膨胀率通常下降。图 14.8 显示，在 20 世纪 80 年代末以来发生的三次经济衰退中都是如此。

在 1950 年以来的每次经济衰退中，衰退结束后 12 个月的通货膨胀率都比衰退开始之前的 12 个月低，平均大约低 2.5%。这一结果毫不令人惊讶。在经济周期的扩张阶段，企业和家庭的支出很强劲，商品和服务的生产者能很容易地提高价格。当衰退期支出下降时，企业销售商品和服务很困难，提高价格的可能性就会更低。

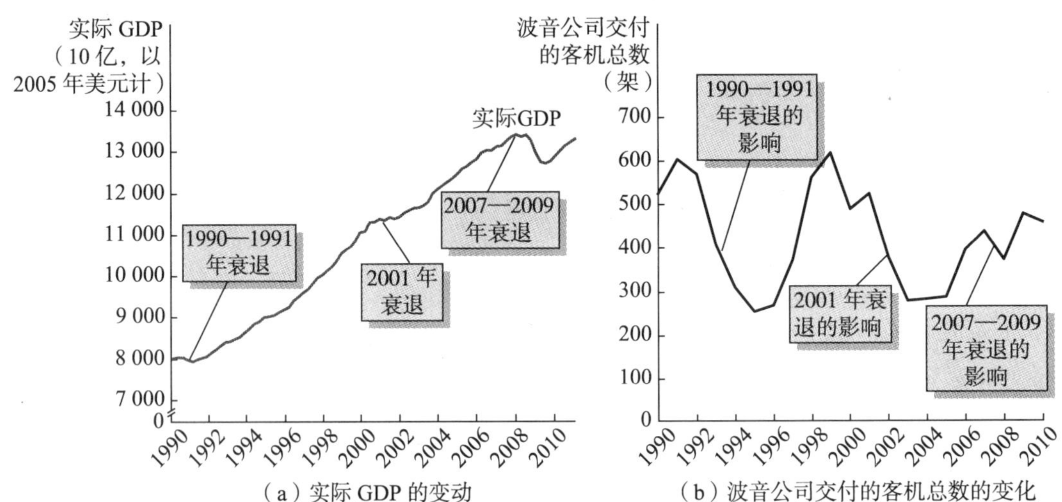

图 14.7　经济周期对波音公司的影响

图（a）显示了从 1990 年初到 2010 年末每个季度实际 GDP 的变动。图（b）显示了同时期波音公司每年交付的客机总数的变化。在图（b）中，经济衰退对波音公司的影响通常比对整体经济的影响更加显著和持久，虽然在 2007—2009 年衰退期间波音公司交付的客机数只有相对温和的下降。

资料来源：U. S. Bureau of Economic Analysis；and Boeing。

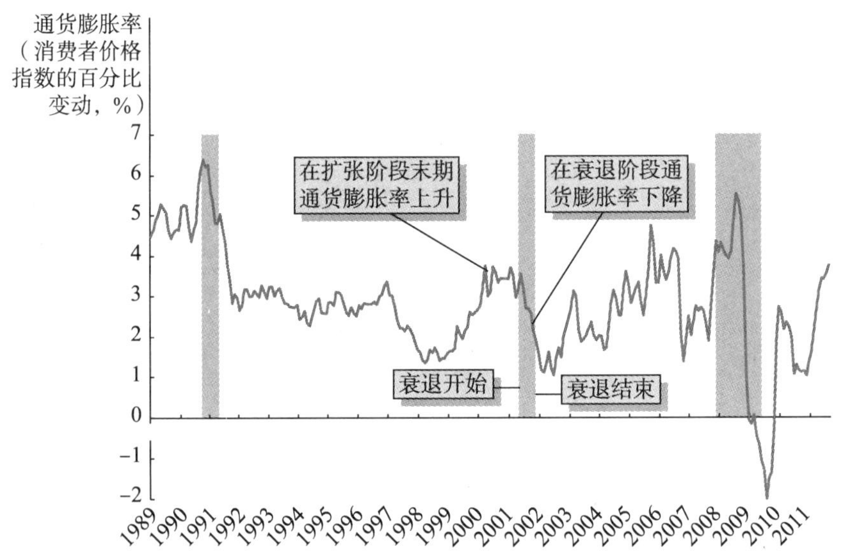

图 14.8　经济周期对通货膨胀率的影响

在典型的经济扩张阶段末期，通货膨胀率开始上升；在衰退阶段，通货膨胀率开始下降。图中用阴影部分表示衰退期。到衰退结束时，通货膨胀率大大低于衰退刚开始的时候。

注：图中每年的通货膨胀率是用与上年相同月份相比消费者价格指数变化的百分比来衡量的。

资料来源：U. S. Bureau of Labor Statistics。

不要犯这样的错误！

不要混淆价格水平和通货膨胀率

你是否同意这样的表述："消费者价格指数是被广泛应用的衡量通货膨胀率的指标"？这一表述可能听起来合理，其实并不正确。正如我们在第 13 章中所见，消费者价格指数是用来衡量价格水平的，而不是衡量通货膨胀率的。我们可以用消费者价格指数逐年的百分比变动来衡量通货膨胀率。在宏观经济学中，区分变量水平和变量的变化是很重要的。再举一个例子，实际 GDP 并不能衡量经济增长。经济增长是用实际 GDP 逐年之间的百分比变动衡量的。

轮到你了：做本章末的问题与应用 3.6，看看你理解得如何。

经济周期对失业率的影响。

衰退造成了通货膨胀率下降，但却造成失业率上升。当企业看到销售量下滑时，它们开始减少生产和裁减员工。图 14.9 显示，在 20 世纪 80 年代末以来发生的三次衰退中都是如此。注意在图中，甚至在 1990—1991 年、2001 年和 2007—2009 年衰退结束后，失业率仍然上升。这一现象非常普遍，原因归结为两个因素。第一，虽然随着衰退的结束，就业量开始上升，但是其上升速度可能低于人口增长造成的劳动力增加的速度。如果就业量相对于劳动力增长得足够慢，失业率就会提高。第二，即便衰退结束后的生产开始增加，一些企业继续在其满负荷生产能力以下生产。结果，企业一开始可能不会完全召回它们之前解雇的员工，甚至可能在一段时间里继续裁员。

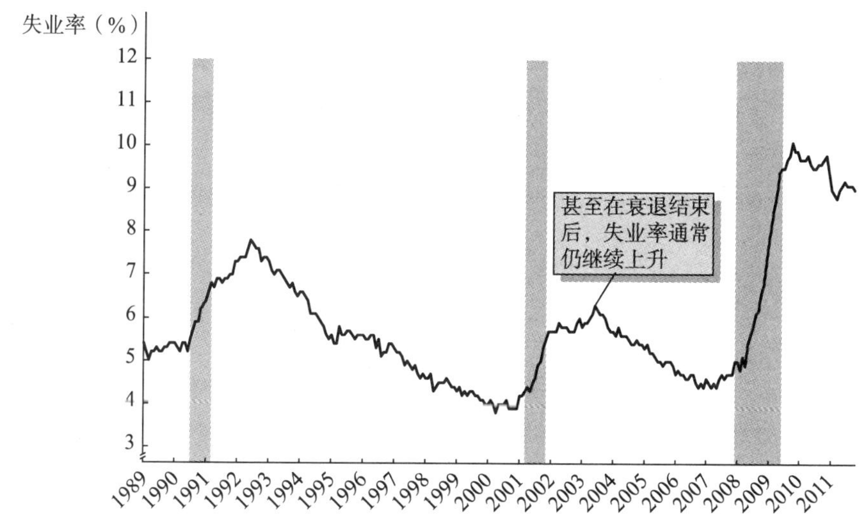

图 14.9 经济周期对通货膨胀率的影响

在衰退阶段失业率上升，在扩张阶段失业率下降。在经济开始复苏时，企业不愿意雇用新员工，这意味着甚至在衰退结束后失业率通常仍继续上升。

资料来源：U. S. Bureau of Labor Statistics。

在 1950 年后的经济衰退中，在衰退发生后的 12 个月里，失业率平均增长 1.2%。所以，衰退发生后的12个月与发生前的12个月相比，失业的工人数平均多了100万以上。

“大稳健时代”结束了吗?

图14.10显示了从1900年以来实际GDP逐年的百分比变动，它清楚地表明，从1950年左右开始，实际GDP的波动发生了一个明显的变化。在1950年以前，实际GDP的逐年波动比1950年后大得多。尤其是20世纪80年代中期之后，波动非常温和。到了21世纪初，一些经济学家开始把这种没有严重衰退的情形称为“大稳健”，认为美国进入了“大稳健时代”。但是，由于始于2007年12月的衰退，经济学家开始质疑这一观点。这次衰退是自20世纪30年代的大萧条以来时间最长、程度最严重的衰退，被称为大收缩。2009年实际GDP下降的百分比是1932年*后最大的。经济学家和政策制定者们并不确定，大收缩结束后会不会回到大稳健时代。

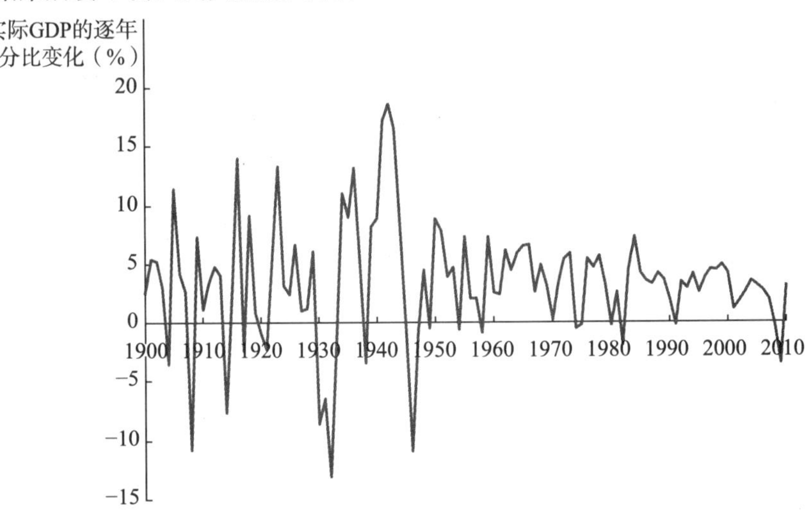

图14.10　1900—2010年实际GDP的波动

在1950年以前，实际GDP的波动比1950年后大得多。

资料来源：Louis D. Johnston and Samuel H. Williamson，“What Was the U. S. GDP Then?” Measuring Worth，2011；and U. S. Bureau of Economic Analysis。

通过将2007—2009年衰退的时间长度和其他近来的衰退作比较，我们能看出它超乎寻常的严重性。表14.2显示，在19世纪末，衰退阶段的平均时间长度与扩张阶段相同。在20世纪上半叶，扩张阶段的平均时间长度略微缩短，而衰退阶段的平均时间长度显著缩短。所以，在这些年份里，扩张阶段比衰退阶段大约长6个月。最明显的变化发生在1950年后，扩张阶段的时间长度大幅延长，而衰退阶段的时间长度缩短。在1950年后，扩张阶段的时间长度是衰退阶段的5倍多。也就是说，在19世纪末，美国经济经历的扩张和衰退时间相当。而1950年后，美国经历着长时间的扩张，只是中间被相对短暂的衰退所打断。

2007—2009年的衰退是这种相对短暂和温和的衰退经历的一个特例。这次衰退历时18个月，是1950年后最长的。它的时间长度和严重程度是否表明美国正在重新回到实际GDP剧烈波动的时代？这个问题至少几年之内都不会有完整的答案。但是，在下一节，我们将思考为什么1950—2007年是一个宏观经济相对稳定的时期，以此为这个问题提供

* 原书如此。从图14.10来看应为1946年。——译者注

一些视角。

表 14.2　　2007 年之前经济周期变得更温和了

时期	扩张阶段的平均时间长度	衰退阶段的平均时间长度
1870—1900 年	26 个月	26 个月
1900—1950 年	25 个月	19 个月
1950—2009 年	61 个月	11 个月

注：在计算时，第一次世界大战和第二次世界大战这两个时期被略去。2009 年 6 月开始的扩张阶段没有包含在内。

资料来源：National Bureau of Economic Research。

□ 14.3.4　美国经济会重回稳定吗？

衰退阶段变短、扩张阶段变长、实际 GDP 波动幅度降低，这使得美国经济健康程度有了显著的改善。经济学家对为什么美国经济在 1950—2007 年这一时期相对稳定提供了几种解释：

● 服务的重要性增加、商品的重要性减少。由于医疗保健和投资咨询等服务业在 GDP 中占据了比以前大得多的比重，商品生产所占的比重出现了相应的相对下降。例如，制造业生产一度占到 GDP 的 40%左右，但是，在 2010 年只占不到 12%。制造业生产，尤其是汽车等耐用品的生产，比服务的生产波动更大。因为耐用品通常比服务昂贵，所以，在衰退期间，家庭在耐用品的购买上削减的支出比在服务的购买上削减的支出更多。

● 失业保险和其他政府转移支付项目的建立，为失业者提供了资金。在 20 世纪 30 年代之前，类似于政府向失业工人提供补助的失业保险项目和政府为退休、残疾工人提供补助的社会保障项目都不存在。上述两个以及其他政府项目使得衰退期间失业的工人有了更高的收入，所以支出也就更多了。这些增加的支出可能有助于缩短衰退的时间长度。

● 积极的联邦政府政策稳定了经济。在 20 世纪 30 年代大萧条之前，联邦政府没有试图缩短经济的衰退阶段和延长扩张阶段。因为大萧条的程度太严重了，失业率攀升至超过 20%，实际 GDP 下降接近 30%，所以公众舆论开始支持政府进行稳定经济的尝试。在第二次世界大战后，联邦政府积极地运用宏观经济政策来缩短衰退期和延长扩张期。许多经济学家认为政府政策在稳定经济中起到了至关重要的作用。但是，另一些经济学家认为，政府政策收效甚微。关于宏观经济政策的争论在 2007—2009 年衰退期间及其之后的时间里变得尤为激烈。在第 17 章和第 18 章讨论联邦政府的货币和财政政策时，我们将考虑关于宏观经济政策的争论。

● 金融体系稳定性的增强。20 世纪 30 年代大萧条的严重程度部分地归结于金融体系的不稳定。1929—1933 年间，超过 5 000 家银行破产，这减少了许多家庭的存款，也使得家庭和企业难以获得维持其支出所需的贷款。此外，股票价格缩水 80%以上，大大减少了许多家庭的财富，企业也难以通过出售股票来融资。在第 16 章和第 17 章中，我们将讨论大萧条发生后这些年中出现的、增强了金融体系稳定性的制度变化。大部分经济学家相信，在 2007—2009 年衰退期间，金融体系不稳定性的重新出现是这次衰退如此严重的关键原因之一。如果美国想重新恢复宏观经济稳定，就必须先恢复金融体系的稳定。

接第 462 页

生活中的经济学☞

消费和储蓄哪个对经济帮助更大？

在本章开始，我们提出了一个问题：你哪位室友说得对？是那位认为你应该把退税支票储蓄起来对经济帮助更大的室友，还是那位认为你应该花掉这笔钱的室友？在本章中，我们看到消费支出使得有更多消费类商品和服务（例如牛仔裤和理发）被生产出来，但是减少了投资类商品和服务（如实物资本和工人培训）的生产。储蓄——从而不是消费——对为投资支出融资是必需的。所以，长期看来，将你的退税支票储蓄起来将帮助经济发展。但是，如果经济正处于衰退，花费这笔钱能刺激更多消费类商品的生产。所以，在某种意义上，你的两个室友都是正确的：在衰退期，消费这笔钱有助于刺激经济；在长期，储蓄这笔钱有助于经济发展。

14.4 结论

美国经济在提高美国人民生活水平上保持着令人瞩目的成绩。今天美国人的生活水平远远高于 100 年以前。但是家庭和企业仍然受到经济周期起伏的影响。在接下来的几章中，我们将继续分析宏观经济学的这一基本事实：不断增加的长期繁荣是在短期波动的背景下实现的。

阅读接下来的“业内观察”，它讨论了航空业是如何基于全球 GDP 预测来修正其利润估计值的。

业内观察

航空业面临经济周期

RTTNEWS

《IATA 提高了 2011 年航空业利润预期，预计 2012 年利润下降》

国际航空运输协会（IATA）在周二提高了它对 2011 年航空业利润的预期。它说，虽然货运市场仍不景气，但是大部分地区旅客需求高于预期。同时，它预计 2012 年的利润将下降，行业形势非常严峻。

a IATA 现在预计 2011 年的行业利润为 69 亿美元，而之前估计仅为 40 亿美元。同时，该机构强调，尽管盈利能力有所增长，但是，考虑到行业的总收益达 5 940亿美元，1.2%的净利润边际仍然异乎寻常地低。

IATA 代表着超过 115 个国家的大约 230 家航空公司。它在 6 月初的一项声明中称，因为高昂的石油价格、日本的自然灾害、中东和北部非洲的政治骚乱，本年度的利润前景从之前估计的 86 亿美元大幅调低到 40 亿美元。这一最新的预测比 2010 年创纪录的 180 亿美元净利润低得多。

b 2011 年的载客量预计增长 5.9%，较之前预测的 4.4%有所增长，这反映了实际需求在经济前景黯淡的大环境下仍然高于预期。载客总数现在的估计值为 28.33 亿人次，比之前预计的 27.93 亿人次有所提高。

民航市场上半年紧张的供给和需求状况预计将抵消下半年的不景气的影响。

同时 IATA 大幅调低了全年航空货运量的预期增长率，从 5.5%下降到 1.4%。航空公司 2010 年的预计货运量从之前估计的 4 820万吨减少到 4 640 万吨。该机构表示，2012 年之前，并不看好航空货运的复苏。

本年度的客运收益预计为 4 640 亿美元，比 6 月份的预测高了 70 亿美元，但是由于航空货运市场的疲软，货运收益预计值下降了 50 亿美元，变为 670 亿美元。

IATA 表示，它的预测数据是建立在全球 GDP 预计增长率基础上的，该数字 2011 年为 2.5%，2012 年下降至 2.4%。

IATA 还提高了对所有地区的利润预测，尽管日本地震和亚洲海啸的影响还未消散，中东政治不稳定也可能带来需求冲击。

同时，IATA 预计，非洲的航空公司将会收支相抵，而不是之前估计的亏损。

c IATA 的总干事兼 CEO 托尼·泰勒（Tony Tyler）表示，航空公司的竞争环境非常严峻，2012 年将更加艰难。

IATA 预测，2012 年总收益将达到 6 320亿美元，但总利润将下降到 49 亿美元，净利润边际仅为 0.8%。客运市场预计增长 4.6%，货运市场预计增长 4.2%。

IATA 表示，由于深受债务危机困扰的西方经济体经济活动疲软的时期延长，航空运输业在 2011 年第四季度和 2012 年前半年将进入最不景气的时期。

泰勒表示："相对较强劲的经济增长和货运市场的部分复苏将帮助亚太地区的航空公司在 2012 年的利润保持与 2011 年的 23 亿美元相当的水平。其他地区的航空公司的盈利能力将下降。预计受影响最严重的地区是欧洲，那里的经济危机意味着该地行业总利润仅为 3 亿美元。前面的复苏之路很漫长。"

资料来源："IATA Lift 2011 Airline Profit Forecast; Expects Fall in 2012", *RTT News*, September 20, 2011.

文章要点

国际航空运输协会（IATA）是一个航空业贸易协会，它在 9 月将其对 2011 年航空业利润的预测从 6 月预测的 40 亿美元提高到 69 亿美元。全球所有地区的利润预测都调高了，但航空业在 2011 年的利润预测值仍低于 2010 年创纪录的 180 亿美元的利润。预期利润的增加大部分归功于航空旅行需求的增长，旅客量今年预计增长 5.9%。但是，本年度货运总量预计仅增长 1.4%，低于之前预测的 5.5%。虽然 2012 年的客运和货运估计将会分别增长 4.6%和 4.2%，但是，IATA 估计行业利润将下降到 49 亿美元。IATA 修正后的利润预测数据是建立在 2011 年 2.5%和 2012 年 2.4%的全球 GDP 预计增速的基础上的。

新闻分析

a 在 2010 年，航空业从全球经济衰退的影响中反弹，净利润达到创纪录的 180 亿美元。但是，这一反弹并没有持续下去。IATA 已经两次修改了对 2011 年利润的预测，首先是 6 月从最初的 86 亿美元下调至 40 亿美元，后来又在 9 月上调至 69 亿美元。2011 年利润的这些预测值比该行业 2010 年的 180 亿美元利润低得多。正如 IATA 所指出的，对于一个总收益 5 940 亿美元的行业而言，1.2%的利润边际相当低。

b 虽然预计利润比 2010 年减少，经济前景仍不明朗，但是 2011 年旅客量预计将比 2010 年增长 5.8%，达到 28.33 亿人次。在 2007—2009 年衰退中，为了应对下降的需求，航空公司下调了机票价格，减少了航班次数。虽然航班数仍少于衰退前，但是，由于旅客需求增加，2010 年的机票价格开始上升。正如我们在第 3 章中看到的，市场需求的增加提高了市场均衡价格和数量，而市场供给的下降则提高了市场均衡价格并降低了均衡数量。右侧图说明了这一点：由于航空旅行需求上升，需求曲线从 D_1 右移至 D_2；由于航空公司减少航班数造成了航空旅行供给下降，供给曲线从 S_1 左移至 S_2。需求的增加和供给的减少都使得均衡价格上升。需求的增加使均衡数量提高，供给的减少则使均衡数量下降。图中所示的情况是供给和需求移动的大小相同，因而均衡数量保持不变，仍为 Q_1。

c IATA 对 2012 年行业前景的展望并不令人乐观。航空业利润预计下降至 49 亿美元，利润边际仅为 0.8%。同时，由于客运和货运预计增速分别为 4.6%和 4.2%，所以，总收益预计将增加到 6 320 亿美元。虽然客运和货运量都增加且总收益上升，但是，航空业的利润预计将会下降。

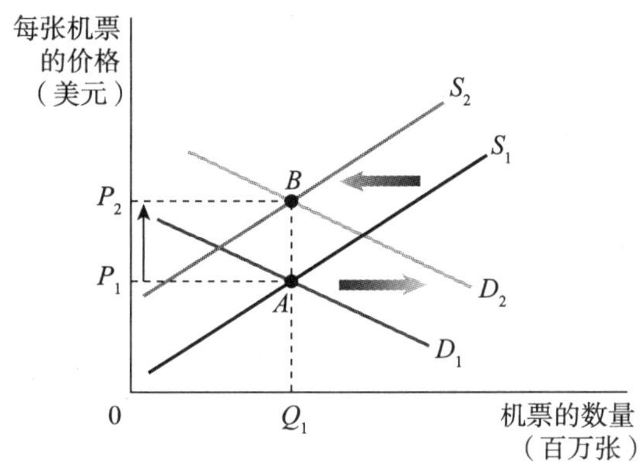

对于航空旅行来说，需求增加和供给减少都导致机票价格上升。

深入思考

1. 假定美国政府对美国的机票价格进行管制。这一政策在经济疲软期间可能会怎样影响美国航空公司的利润？
2. 假定美国政府决定为美国的航空公司提供低息贷款，而不论其信用水平如何，以此尝试帮助航空公司增加利润。这样的政策可能成功吗？请简要解释。

本章总结和习题

□ 关键术语

经济周期	金融中介	劳动生产率	可贷资金市场
资本	金融市场	长期经济增长	挤出
金融体系	潜在 GDP		

□ 14.1 长期经济增长

总结

美国经济既经历了长期增长，又经历了经济周期。经济周期是指经济扩张和经济衰退的时期相互交错出现。长期经济增长是指不断上升的生产率提高普通人生活水平的过程。经济增长使现在的普通美国人能够购买的商品和服务达到了 1900 年的将近 8 倍。长期增长是用人均实际 GDP 的增长来衡量的。人均实际 GDP 的增加依赖于劳动生产率的提高。劳动生产率是指一个工人或一小时工作时间能够生产的商品和服务的数量。经济学家相信劳动生产率由两个关键因素决定：每小时工作时间的资本量和技术水平。资本指的是用于生产其他商品和服务的制成品。人力资本指的是工人通过教育和培训或生活经验而积累的知识和技能。如果每小时工作时间的资本量增加或技术变革发生，就会出现经济增长。经济学家常常用潜在 GDP 的增长来讨论经济增长，潜在 GDP 指的是所有企业满负荷生产时达到的 GDP 水平。

复习题

1.1 从 1900 年到 2010 年间，美国人均实际 GDP 增加了多少？讨论人均实际 GDP 的增加可能比实际生活水平的真实增加更大还是更小。

1.2 70 法则是什么？如果人均实际 GDP 每年增长 7%，它翻一番需要多少年？

1.3 解释人均实际 GDP 在长期随时间增长的最重要的因素是什么？

1.4 使劳动生产率随时间上升的两个关键因素是什么？

1.5 什么是潜在的实际 GDP？随着时间的推移，它会保持不变吗？

问题与应用

1.6 请简要解释你是愿意以 100 万美元的年收入生活在 1900 年的美国还是以 5 万美元的年收入生活在 2012 年的美国。假设这两个收入数值都是用 2012 年的美元衡量的。

1.7 第 12 章的一个习题问到一国实际 GDP 和生活水平之间的关系。根据你在本章读到的有关经济增长的内容，详细阐释 GDP 增长——特别是人均实际 GDP 增长——对一国公民生活质量的重要性。

1.8 ［与 14.1 节中的“建立联系”专栏有关］思考经济繁荣和预期寿命之间的关系。这种关系对一个经济体的卫生保健部门的规模有什么启示？特别地，这个行业在接下来的年份里可能扩张还是收缩？

1.9 运用下表回答以下问题：

年份	实际 GDP（10 亿，以 2005 年美元计）
1990	8 034
1991	8 015
1992	8 287
1993	8 523
1994	8 871

a. 计算从 1991 年到 1994 年每年的实际 GDP 增长率。

b. 计算从 1991 年到 1994 年这段时期里实际 GDP 的平均年增长率。

1.10 本章提到美国的人均实际 GDP 从 1900 年的大约 5 600 美元增加到了 2010 年的 42 200 美元，平均年增长率为 1.8%。如果美国经济继续以此速度增长，人均实际 GDP 翻一番需要多少年？如果政府制定的旨在刺激经济增长的经济政策使得年增长率提高至 2.0%，人均实际 GDP 翻一番需要多少年？

1.11 总部位于莫斯科的一家管理咨询公司 Strategy Partners 所做的一项研究发现，俄罗斯的平均劳动生产率仅为美国的 17%。哪些因素使得美国的劳动生产率是俄罗斯的将近六倍？

资料来源：Jason Bush，“Why Is Russia's Productivity So Low?” *Business Week*，May 8，2009。

1.12 ［与例题 14.1 有关］《经济学家》杂志的一篇文章将巴拿马与新加坡进行了比较。它引用巴拿马总统的话说：“我们从新加坡学到了许多，还有更多需要学习的地方。”这篇文章评论道：“就人均富裕程度而言，巴拿马不及它的亚洲榜样的五分之一。但是，新加坡会嫉妒巴拿马的增长速度：从 2005 年至 2010 年，它的增长率高达 8%以上，是美洲各国增长最快的。”从新加坡的经验来看，如果巴拿马要保持这种高速增长，巴拿马的增长源泉必须满足什么条件？

资料来源：“A Singapore for Central America?” *Economist*，July 14，2011。

1.13 一篇关于美国劳动生产率的新闻文章评

论道：“生产率的最佳衡量指标很可能是每小时的产出，而不是人均产出。”你是否同意这一观点？请简要解释。

资料来源：David Leonhardt，“Even More Productivity than Americans”，*New York Times*，January 26，2010。

1.14 ［与14.1节中的“建立联系”专栏有关］既然博茨瓦纳经济迅速增长的关键显而易见，为什么其他国家很难效仿该地区？

□ 14.2 储蓄、投资和金融体系

总结

金融市场和金融中介共同组成了金融体系。一个良好运行的金融体系是经济增长的重要决定因素。企业直接通过金融市场（如股票和债券市场）或者间接通过金融机构（如银行）从家庭那里获得资金。企业能够获取的资金来自储蓄。经济中有两种类型的储蓄：家庭的私人储蓄和政府的公共储蓄。经济中的总储蓄量总是等于总投资支出。在可贷资金市场模型中，借款人和贷款人的相互作用决定了市场利率和交换的可贷资金的数量。

复习题

2.1 为什么一国的金融体系对长期经济增长非常重要？为什么企业有获得足够资金来源的渠道对经济增长是必要的？

2.2 为什么金融体系——无论是金融市场还是金融中介——为储蓄者和借款人提供了风险分担、流动性和信息？

2.3 请简要解释为什么经济中总储蓄必须等于总投资。

2.4 什么是可贷资金？为什么企业需要可贷资金？为什么家庭提供可贷资金？

问题与应用

2.5 假定你在银行购买定期存单能得到3%的利率，而银行给借款人发放的新汽车贷款的利率是7%。为什么即使那个买汽车的借款人愿意支付你高于3%的利率，你或许也不愿意把钱直接借给他？

2.6 《国际货币基金组织资料便览》（*International Monetary Fund Factsheet*）对稳定的金融体系做出了如下评论：“一个健全的金融体系对支持经济增长是必要的。”你同意这一评论吗？请简要解释。

资料来源：“Financial System Soundness”，*International Monetary Fund Factsheet*，April 2009。

2.7 给定一个封闭经济的如下数据：

Y=11万亿美元

C=8万亿美元

I=2万亿美元

TR=1万亿美元

T=3万亿美元

运用这些数据计算以下各项：

a. 私人储蓄；

b. 公共储蓄；

c. 政府购买；

d. 政府预算赤字或预算盈余。

2.8 给定一个封闭经济的如下数据：

Y=12万亿美元

C=8万亿美元

G=2万亿美元

$S_{公共}$=−0.5万亿美元

T=2万亿美元

运用这些数据计算以下各项：

a. 私人储蓄；

b. 公共储蓄；

c. 政府购买；

d. 政府预算赤字或预算盈余。

2.9 在问题与应用2.8中，假定政府购买从2万亿美元增加到2.5万亿美元。如果Y和C的值保持不变，S和I的值必须如何变化？请简要解释。

2.10 运用如下图形，回答以下问题：

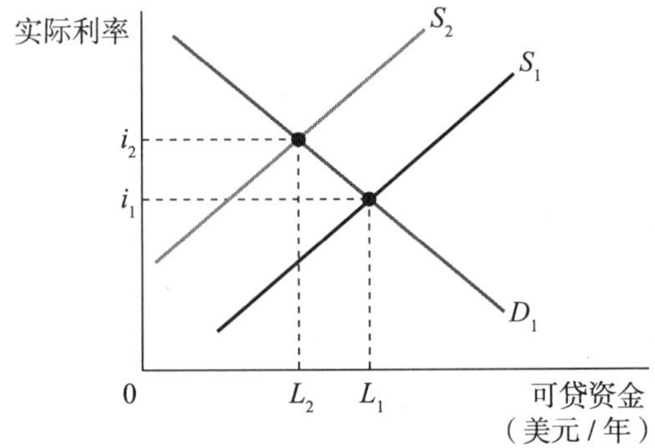

a. 可贷资金供给曲线从S_1移动到S_2，代表着可贷资金供给的增加还是减少？

b. 供给曲线这样移动会使可贷资金的均衡数量发生什么变化？

c. 可贷资金数量发生这样的变化时，储蓄量如何变化？投资量呢？

2.11 运用如下图形，回答以下问题：

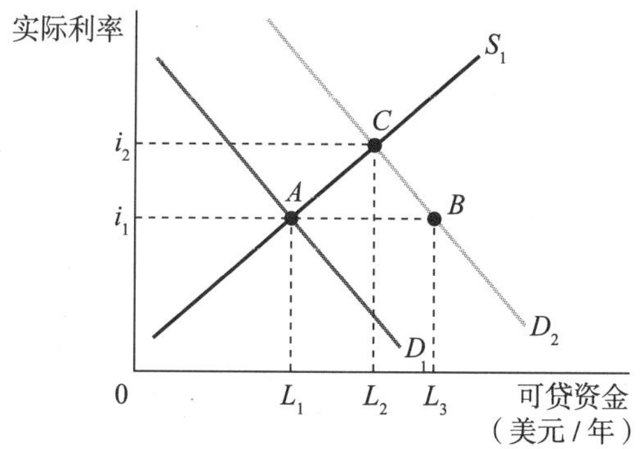

a. 可贷资金需求曲线从 D_1 移动到 D_2，均衡实际利率和可贷资金均衡数量如何变化？

b. 实际利率上升时，可贷资金均衡数量为何会上升？不是应该下降吗？

c. 如果利率保持在 i_1 的水平，可贷资金需求量将增加多少？

d. 当实际利率从 i_1 提高到 i_2 时，可贷资金供给量将增加多少？

2.12 假定经济当前处于衰退，经济预测表明经济将很快进入扩张阶段。经济扩张对在厂房和设备上的新投资的预期盈利能力可能有什么影响？在可贷资金市场，假设借款人和出借者相信经济预测是准确的，画图表示并解释很快就会进入经济扩张这一预测的影响。均衡实际利率和可贷资金均衡数量将发生什么变化？储蓄和投资数量将发生什么变化？

2.13 企业关心投资项目的税后回报率。在可贷资金市场，画图表示并解释企业利润税增加的影响。（为简化问题，假设政府预算赤字或盈余保持不变。）均衡实际利率和可贷资金均衡数量将发生什么变化？对企业的投资数量和经济未来的资本存量将产生什么影响？

2.14 美国联邦政府有着巨额财政赤字。

a. 运用可贷资金市场图形来说明联邦政府财政赤字的影响。均衡实际利率和可贷资金均衡数量将发生什么变化？储蓄和投资数量将发生什么变化？

b. 现在假定家庭相信在不久的将来得依靠更高的税收来为预算赤字筹集资金，家庭预期将来要缴纳更多的税收，从而增加了储蓄。请简要解释这将会如何影响你在 a 部分中的分析。

2.15 ［与例题 14.2 有关］储蓄者缴纳的税收是基于他们收到的名义利息而不是基于实际利息。假定政府从对名义利息征税转为对实际利息征税。（也就是说，储蓄者可以从他们收到的名义利率中减去通货膨胀率，只需基于实际利率缴税。）运用可贷资金市场图形来分析这项税收政策变化的影响。均衡实际利率和可贷资金均衡数量将发生什么变化？储蓄和投资数量将发生什么变化？

2.16 ［与 14.2 节中的“建立联系”专栏有关］这一“建立联系”专栏宣称，当艾柏纳泽·斯克鲁奇是一个吝啬鬼并将他的大部分收入储蓄起来时，他对经济增长的促进作用比他转变成一个肆意挥霍的人时更大。但是，现在假定他转变后的大部分支出用于为 Bob Cratchit 和其他贫困家庭购买食物。许多经济学家认为，赤贫人口吃多少与他们工作多少时间以及工作效率有多高之间有着密切的联系。那么，这一事实对斯克鲁奇改变前还是改变后更有利于经济增长的结论有影响吗？请简要解释。

□ 14.3 经济周期

总结

在经济周期的扩张阶段，生产、就业和收入都会增长。到达经济周期顶峰时，扩张结束。接下来，生产、就业和收入都减少，经济进入周期的衰退阶段。随着经济周期谷底的到来，衰退结束，下一个扩张时期开始。通货膨胀率通常在靠近经济周期的扩张末期上升，然后在衰退期间下降。失业率在扩张阶段的后半部分下降，在衰退阶段上升。甚至在扩张阶段开始后，失业率也常常继续上升。经济学家还没有发现能预测经济衰退将何时开始、何时结束的方法。因为引发原因多样，所以衰退很难预测。从 1950 年以来，衰退变得更温和，经济也更稳定，直到 2007—2009 年的严重衰退发生。

复习题

3.1 经济周期中发生的以下每一事件的名称是什么？

a. 经济活动的高点；

b. 经济活动的低点；

c. 经济活动高点和其后低点之间的时期；

d. 经济活动低点和其后高点之间的时期。

3.2 请简要解释经济周期对通货膨胀率和失业率的影响。为什么失业率在经济复苏初期仍有可能继续上升？

3.3 简要比较 1950 年前与 1950 年后衰退的严重程度。对于从 1950 年到 2007 年宏观经济相对稳定的时期，经济学家提供了哪些解释？

问题与应用

3.4 ［与开篇案例有关］简要解释在经济周期中，以下每种商品的生产波动大于还是小于实际GDP的波动：

a. 福特F-150卡车；

b. 麦当劳的巨无霸汉堡；

c. Kenmore牌冰箱；

d. 好奇牌纸尿片；

e. 波音客机。

3.5 国家经济研究局是一家私人机构，负责宣布衰退何时开始、何时结束。你能想到作为联邦政府的一部分的美国经济分析局不愿意承担这项责任可能的原因吗？

3.6 ［与14.3节中的“不要犯这样的错误！”专栏有关］“2010年实际GDP是13.1万亿美元。这是一个很大的数值。所以2010年的经济增长一定很高。”请简要解释你是否同意这一说法。

3.7 ［与14.3节中的“建立联系”专栏有关］正如我们所见，有些企业通过在衰退期扩张业务而不断发展。当这些企业采取这样的战略时，它们承担了什么样的风险？就某些特定行业而言，有没有什么环境下特定行业采取更谨慎的方法更加可取？请简要解释。

3.8 假设你拥有一家企业，在衰退期间你裁掉了10%的员工。当经济活动好转并且你的企业的销售量开始增加时，为什么你可能不会马上开始重新雇用工人呢？

3.9 《经济学家》杂志的一篇文章提道“大稳健的幻想”。什么是大稳健？到了2011年，为什么某些人会认为大稳健是一种幻想？

资料来源：“Lending a Hand”，*Economist*，September 10，2011。

第 15 章

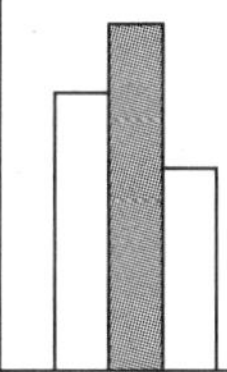

总需求和总供给分析

本章概览和学习目标

15.1　总需求

确定总需求的决定因素，区分沿着总需求曲线的运动和总需求曲线的移动。

15.2　总供给

确定总供给的决定因素，区分沿着短期总供给曲线的运动和短期总供给曲线的移动。

15.3　宏观经济的长期均衡和短期均衡

运用总需求—总供给模型来阐述宏观经济的长期均衡和短期均衡之间的区别。

15.4　动态总需求—总供给模型

运用动态总需求—总供给模型来分析宏观经济状况。

附录：不同宏观经济学派

了解不同的宏观经济学派。

开篇案例

联邦快递随经济周期的沉浮

在美国和全球的快递业务之中，联邦快递扮演着重要角色。联邦快递递送的包裹总价值约为美国 GDP 的 4%和全球 GDP 的 1.5%。一些华尔街分析师使用“联邦快递指数”来评估经济状况，因为联邦快递业务的波动与 GDP 的波动之间通常有一种密切的关系。

1965 年，弗瑞德·史密斯（Fred Smith）在一篇本科学期论文中提出了创立隔夜快递公司的想法。他提出了一种全新的递送包裹的体系：一家企业控制从收件到投递的货物运输。这家企业按照一个中心辐射型体系运营自己的飞机：包裹被收取后空运到一个中心，在那里经过分类后再空运到目的地，在到达目的地后用卡车进行最后的投递。

尽管联邦快递公司在过去 40 年间取得了巨大的成功，但是，公司业务总是受到经济周期的影响。例如，随着美国经济 2007 年 12 月进入衰退，企业和个人都减少了包裹快递。在 2008 年第一季度，联邦快递在连续盈利 11 年后，首次出现亏损。随着 2007—2009 年衰退的持续，在 2009 年 3 月，联邦快递宣布将裁减 1 000 名员工，并且留下来的员工也要降薪 5%～20%。到 2009 年 9 月，经济状况开始改善，联邦快递公司宣布其 6—8 月这 3 个月的利润比公司高管原来的预期高 35%。但是，随着美国 2011 年的 GDP 增速放缓，联邦快递公司的业务也同样如此。疲软的消费者需求和半空的货运飞机使联邦快递公司在 9 月宣布降低对年末利润的预测。弗瑞德·史密斯解释道：“我们预期疲软的经济增长将会持续……消费者不想增加支出。”

为了理解经济周期如何影响联邦快递和其他企业，我们需要探究衰退和扩张对生产、就业和价格的影响。

本章末的“业内观察”讨论了为什么货物运输量表明了更大范围的经济存在问题。

资料来源：Lynn Adler，“FedEx Pares 2012 Outlook，Shares Hit 2-year Low”，*Reuters*，September 22，2011；Hal Weitzman，“FedEx to Cut Costs by \$1 Bn”，*Financial Times*，March 19，2009；“FedEx Confirms 1 000 Layoffs，500 in Memphis”，*Memphis Business Journal*，April 3，2009；Bob Sechler，“FedEx Boosts Outlook”，*Wall Street Journal*，September 11，2009；and David Gaffen，“The FedEx Indicator”，*Wall Street Journal*，February 20，2007。

生活中的经济学

衰退期间雇主会减少你的薪水吗？

假定你在当地的咖啡厅做咖啡师已经两年了。经过在职培训和经验积累，你已经掌握了制作咖啡的技术，能做出最好喝的拿铁。然后，经济进入了衰退，咖啡店的销售量下降了。咖啡店老板可能降低拿铁和其他饮料的价格吗？假定店主与你约谈，讨论明年给你多少工资。老板可能减少你的薪水吗？在阅读本章的过程中，看看你是否能够回答这个问题。对照我们在本章末尾提供的答案，你可以检验你的答案。

我们在第 14 章中看到，美国经济的实际 GDP 有一种长期上升的趋势。这种向上的趋势造成了美国现今的生活水平远高于 50 年前。但是，在短期，由于经济周期的影响，实际 GDP 围绕这一长期上升趋势而波动。GDP 的波动造成了就业的波动。实际 GDP 和就业的波动是经济周期中最显而易见的和最引人注目的部分。在经济衰退期，我们更有可能看到工厂关闭、小企业破产和工人失业。而在扩张期，我们更可能看到新公司成立和新就业机会被创造出来。除了产出和就业的这些变化，经济周期还造成了工资和价格的变动。面对销售量的下降，有些企业减少了生产规模，同时它们可能还会降低价格和工资。在衰退中，有些企业虽然依旧提高价格和工资，但减少了提高的幅度。

在本章，我们通过建立总需求—总供给模型来进一步分析经济周期。这个模型将帮助我们分析经济衰退和扩张对生产、就业和价格的影响。

15.1 总需求

要理解经济周期中发生了什么，我们需要解释为什么实际 GDP、失业率和通货膨胀率会发生波动。我们已经看到，失业率的波动主要是由实际 GDP 的波动造成的。在本章，我们运用**总需求—总供给模型**（aggregate demand and aggregate supply model）来解释价格水平和实际 GDP 的短期波动。正如图 15.1 所示，在这个模型中，短期实际 GDP 和价格水平是由总需求曲线和总供给曲线的交点决定的。实际 GDP 和价格水平的波动是由总需求曲线或总供给曲线的移动引起的。

总需求曲线（aggregate demand（*AD*）curve）表示了价格水平与家庭、企业和政府需求的实际 GDP 数量之间的关系。**短期总供给曲线**（short run aggregate supply（*SRAS*）curve）表示了短期内价格水平和企业供给的实际 GDP 数量之间的关系。图 15.1 中的总需求和短期总供给曲线看起来与我们在第 3 章中学到的单个市场的需求和供给曲线相仿。但是，因为这些曲线适用于整个经济而不是单独某个市场，所以总需求—总供给模型与单个市场的需求—供给模型截然不同。因为我们考虑的是经济整体，所以必须为总需求曲线向下倾斜、短期总供给曲线向上倾斜和两条曲线发生移动的原因提供宏观经济学解释。我们从解释为什么总需求曲线向下倾斜开始。

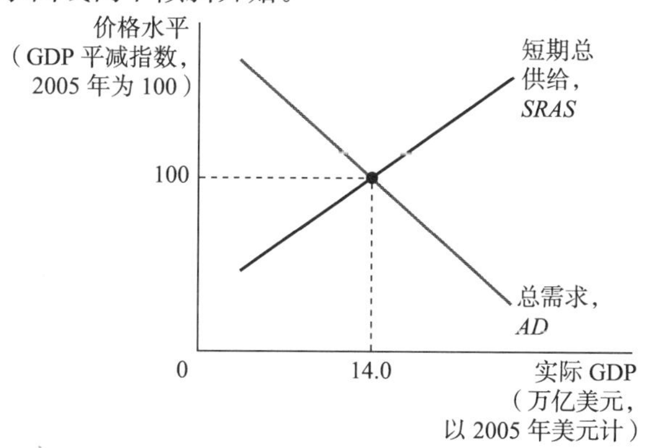

图 15.1　总需求和总供给

在短期，实际 GDP 和价格水平是由总需求曲线和总供给曲线的交点决定的。在图中，横轴衡量实际 GDP，纵轴衡量价格水平（GDP 平减指数）。在这个例子中，均衡实际 GDP 为 14 万亿美元，均衡价格水平为 100。

□ 15.1.1 为什么总需求曲线向下倾斜?

我们在第12章中看到，GDP有四个组成部分：消费（C）、投资（I）、政府购买（G）和净出口（NX）。如果我们用Y表示GDP，将有如下关系：

$$Y=C+I+G+NX$$

因为价格水平的下降会导致实际GDP需求量增加，所以总需求曲线向下倾斜。要理解为什么会这样，我们需要分析价格水平的变动如何影响GDP的各个组成部分。我们先假设政府购买由立法机构的政策决定，不受价格水平的影响。然后，我们讨论价格水平变动对其他三个组成部分——消费、投资和净出口——的影响：

财富效应：价格水平变化如何影响消费。

当前收入是决定家庭消费的最重要的变量。当收入上升时，消费也将上升；当收入下降时，消费也将下降。但是消费也取决于家庭财富。一个家庭的财富指的是它的资产价值和负债价值之差。考虑两个年收入都为8万美元的家庭。第一个家庭的财富是500万美元，而第二个家庭的财富是5万美元。第一个家庭可能比第二个家庭把更多的收入用于消费。所以，当家庭总财富上升时，消费也将上升。一些家庭财富以现金或其他名义资产的形式持有，现金和其他名义资产的价值随价格水平上升而减少，随价格水平下降而增加。例如，如果你有1万美元现金，价格水平上升10%就会使这笔钱的购买力减少10%。当价格水平上升时，家庭财富的实际值减少，消费也会减少，所以对商品和服务的需求就会下降。当价格水平降低时，家庭财富的实际值增加，消费也会增加，所以对商品和服务的需求就会增加。价格水平对于消费的影响被称为财富效应，它是总需求曲线向下倾斜的原因之一。

利率效应：价格水平变化如何影响投资。

当价格上升时，家庭和企业需要更多的钱用于买卖。所以，当价格水平上升时，家庭和企业会通过从银行取款或贷款、出售债券等金融资产来增加持有的货币数量。这些行为将推高银行贷款利率和债券利率。（在第17章中，我们将更详细地分析货币和利率间的关系。）更高的利率提高了企业和家庭的借款成本。所以，企业将减少用于建造新工厂、安装新机器设备的借款，家庭也会减少购买新住宅的借款。在某种更低的程度上，当家庭减少借款来购买新汽车、家具和其他耐用品时，消费也会下降。因此，由于更高的价格水平提高了利率和减少了投资支出，它也减少了商品和服务的需求量。更低的价格水平导致利率下降和投资支出增加，从而增加了商品和服务的需求量。价格水平对投资的这种影响被称为利率效应，它是总需求曲线向下倾斜的第二个原因。

国际贸易效应：价格水平变化如何影响净出口。

净出口等于外国家庭和企业用在美国生产的商品和服务上的支出减去美国家庭和企业用在外国生产的商品和服务上的支出。如果美国的价格水平相对于其他国家上升，美国出口品将变得相对更昂贵，国外进口品将变得相对更便宜。部分外国消费者将用本国产品代替美国产品，而部分美国消费者也将用国外产品代替美国产品。美国的出口下降、进口上升，这导致净出口下降，从而降低了商品和服务的需求量。而美国价格水平相对于其他国家下降则会有相反的效果，导致净出口增加，商品和服务的需求量上升。价格水平对净出口的影响被称为国际贸易效应，它是总需求曲线向下倾斜的第三个原因。

□ 15.1.2 总需求曲线的移动和沿着总需求曲线的运动

需要记住的一个要点是：总需求曲线告诉我们的是当其他条件不变时价格水平和实际 GDP 需求量之间的关系。如果价格水平变化了，而影响家庭、企业和政府支出意愿的其他变量保持不变，那么，经济就将沿着一条稳定的总需求曲线上下运动。如果价格水平之外的其他变量变化了，那么总需求曲线会发生移动。例如，如果政府购买增加而价格水平保持不变，那么，在每个价格水平下总需求都将增加，总需求曲线向右移动。或者，如果企业对投资未来的盈利能力利润持悲观态度，从而削减在厂房和机器上的支出，那么，总需求曲线将向左移动。

□ 15.1.3 使总需求曲线发生移动的变量

引起总需求曲线移动的变量分为三类：

- 政府政策的变化。
- 家庭和企业预期的变化。
- 外国变量的变化。

政府政策的变化。

正如我们将在第 17 章和第 18 章中讨论的，联邦政府运用货币政策和财政政策来移动总需求曲线。**货币政策**（monetary policy）指的是美国中央银行——美联储——采取的管理货币供给和利率以及保障资金从出借人向借款人流动等行动。美联储采取这些行动是为了实现高就业、价格稳定、高经济增长等宏观经济目标。例如，通过降低利率，美联储能降低企业和家庭的借款成本。借款成本的降低增加了消费和投资支出，这使总需求曲线向右移动。利率升高则会使总需求曲线向左移动。**财政政策**（fiscal policy）指的是为实现宏观经济政策目标而对联邦税收和政府购买所做的变动。因为政府购买是总需求的一个组成部分，所以，政府购买的增加使总需求曲线向右移动，而政府购买的减少使总需求曲线向左移动。个人所得税的提高使家庭可支配收入减少，从而消费支出下降，使总需求曲线向左移动。个人所得税的降低则使总需求曲线向右移动。企业税收的增加使企业投资支出的盈利能力下降，从而总需求曲线向左移动。企业税收的减少则使总需求曲线向右移动。

家庭和企业预期的变化。

如果家庭对未来的收入预期更加乐观，他们很可能提高当前消费。消费的提高使总需求曲线向右移动。如果家庭对未来的收入预期更加悲观，总需求曲线会向左移动。类似地，如果企业对于投资支出未来的盈利能力更加乐观，总需求曲线向右移动。如果企业对于投资支出未来的盈利能力更加悲观，总需求曲线向左移动。

外国变量的变化。

如果其他国家的企业和家庭减少对美国商品的购买或者美国的企业和家庭增加对国外

商品的购买，那么，净出口将下降，总需求曲线向左移动。正如我们在第 12 章中所见，当实际 GDP 上升时，消费者的可支配收入上升。如果美国的实际 GDP 增长率高于其他国家，那么，美国的进口增长将快于出口增长，净出口下降。如果美元与其他国家货币之间的汇率上升，那么，净出口也会下降，原因是在外国销售的、以外国货币度量的美国商品价格将上升，而在美国销售的、以美元度量的外国商品价格将下降。例如，如果美元对欧元现在的汇率是 1 美元＝1 欧元，那么一台从美国出口到法国的 500 美元的 iPad 在法国售价是 500 欧元，而一瓶 50 欧元的法国红酒在美国售价是 50 美元。但是，当汇率上升至 1 美元＝1.5 欧元时，iPad 在法国的价格将上升到 750 欧元，这会使销售量下降，而法国红酒在美国的售价降低至 33.33 美元，销量将上升。美国出口将下降，进口将上升，总需求曲线向左移动。

在每个价格水平下净出口的上升使总需求曲线向右移动。如果美国的实际 GDP 增长速度低于其他国家，或美元相对于其他货币贬值，净出口将上升。但需要注意，由于美国价格水平的变化造成的净出口的变化将导致沿着总需求曲线的运动，而不是总需求曲线的移动。

不要犯这样的错误！

理解为什么总需求曲线向下倾斜

总需求曲线和单一产品的需求曲线都向下倾斜，但是原因不同。当我们画单一产品（以苹果为例）的需求曲线时，我们知道它是向下倾斜的，原因在于：苹果价格上升时，它相对于其他产品（如橘子）的价格上升，消费者会减少苹果的消费、增加其他产品的消费。也就是说，消费者用其他产品代替苹果。当总体价格水平上升时，所有国内生产的商品和服务的价格都上升，所以消费者没有其他可以替代的国内产品。总需求曲线向下倾斜的原因是 15.1.1 节讨论的那三个：价格水平下降提高了家庭财富的实际值（这会增加消费），降低了利率（这会增加投资和消费），使美国出口品更便宜而外国进口品更昂贵（这会增加净出口）。

轮到你了：做本章末的问题与应用 1.6，看看你理解得如何。

例题 15.1 沿着总需求曲线的运动和总需求曲线的移动

假定当前价格水平是 110，当前实际 GDP 水平是 14.2 万亿美元。在图中表示以下情形：

a. 所有其他变量不变，价格水平上升至 115。

b. 企业变得悲观，减少了投资。假设价格水平不变。

解：

第 1 步：复习本章内容。这一问题是关于理解沿着总需求曲线的运动和总需求曲线的移动之间的区别的，所以你可能需要复习一下 15.1.2 节“总需求曲线的移动和沿着总需求曲线的运动”。

第 2 步：画一幅表示沿着总需求曲线的运动的图形来回答问题（a）。因为是沿着总需求曲线的运动而不是总需求曲线的移动，你的图形应该像这样：

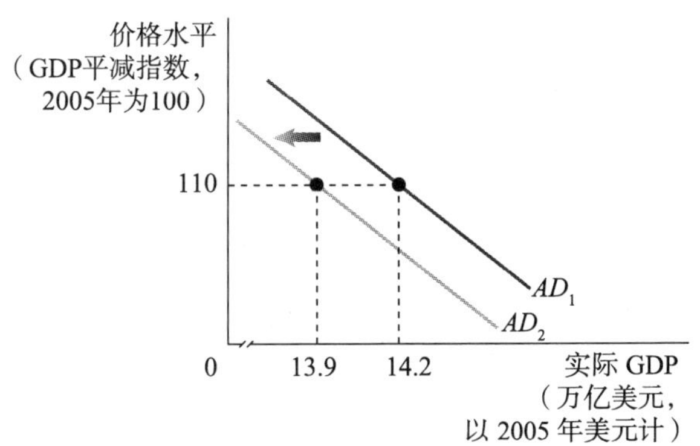

我们没有足够的信息来确定新的实际 GDP 需求量。我们只知道它将小于初始水平 14.2 万亿美元。图中所示值为 14.0 万亿美元。

第 3 步：画一幅表示总需求曲线移动的图形来回答问题（b）。我们知道总需求曲线将向左移动，但是我们没有足够的信息判断它将向左移动多少。我们假设移动了 3 000 亿美元（即 0.3 万亿美元）。那么，你的图形应该像这样：

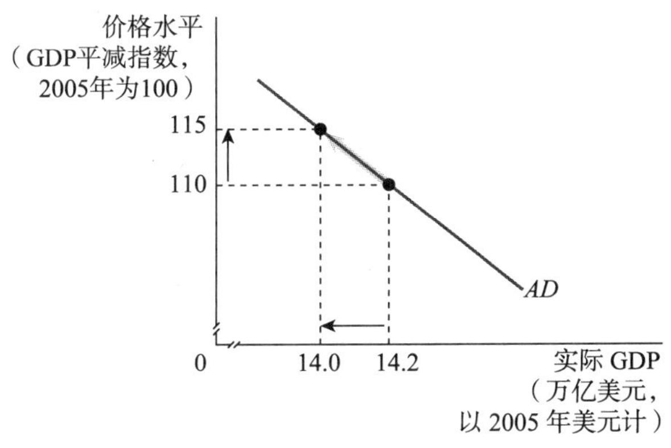

这幅图形显示了总需求曲线的平行移动，从而在每个价格水平下实际 GDP 的需求量都减少了 3 000 亿美元。例如，在 110 的价格水平下，实际 GDP 的需求量从 14.2 万亿美元减少到 13.9 万亿美元。

轮到你了：要想做更多的练习，请做本章末的问题与应用 1.7。

表 15.1 总结了造成总需求曲线移动的最重要的变量。该表显示了各个变量增加引起的总需求曲线的移动。这些变量的减少会造成总需求曲线向相反的方向移动。

表 15.1　　　　使总需求曲线发生移动的变量

变量的增加	使总需求曲线移动	原因是
利率	价格水平 AD_2　AD_1 0　实际GDP	更高的利率增加了企业和家庭的借款成本，这会使消费和投资支出减少

续前表

变量的增加	使总需求曲线移动	原因是
政府购买	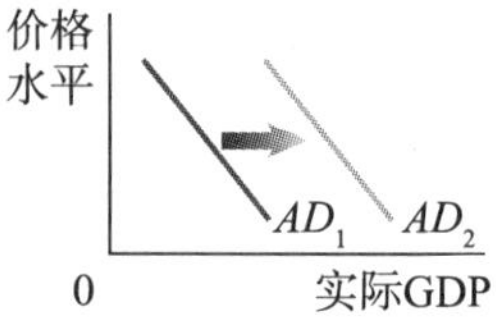 价格水平 AD_1 → AD_2 0 实际GDP	政府购买是总需求的组成部分之一
个人所得税或企业税收	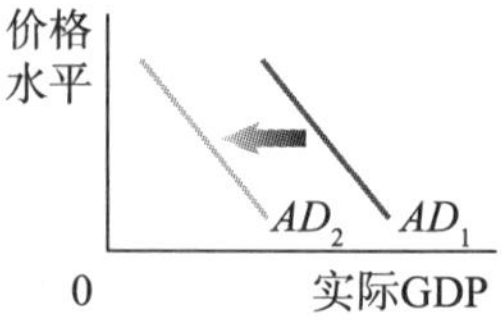 价格水平 AD_2 ← AD_1 0 实际GDP	当个人所得税上升时，消费支出减少；当企业税收上升时，投资减少
家庭对未来收入的预期	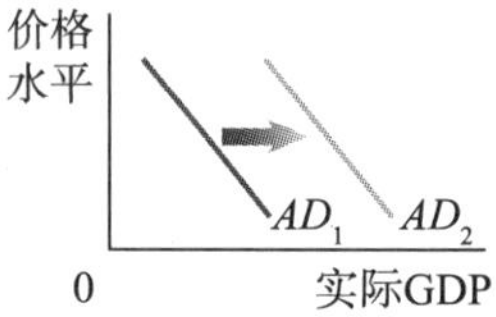 价格水平 AD_1 → AD_2 0 实际GDP	消费支出增加
企业对投资支出未来盈利能力的预期	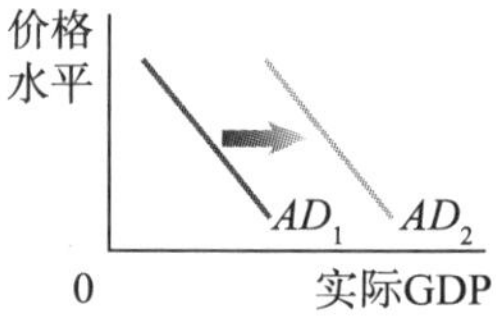 价格水平 AD_1 → AD_2 0 实际GDP	投资支出增加
国内 GDP 相对于国外 GDP 的增长率	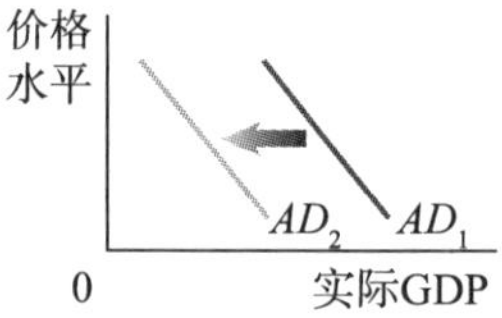 价格水平 AD_2 ← AD_1 0 实际GDP	进口增加大于出口增加，从而净出口减少
相对于国外货币的汇率（美元的价值）	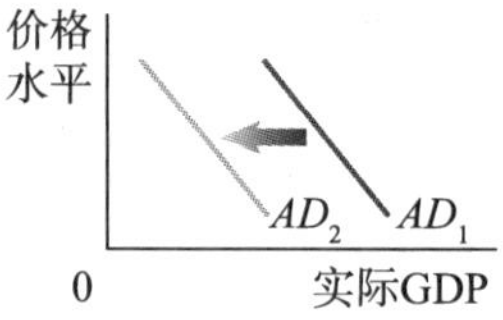 价格水平 AD_2 ← AD_1 0 实际GDP	进口增加，出口减少，从而净出口减少

建立联系

2007—2009 年衰退期间总需求的哪些组成部分变化最大？

2007—2009 年的衰退是 20 世纪 30 年代大萧条后发生的历时最长、程度最严重的衰退。我们可以通过考察总需求各个组成部分随时间的变化来获得一些关于这次衰退为什么持续这么长时间和为什么这么严重的见解。在下页几幅图中，我们显示了从 2005 年第一季度到 2011 年第二季度总需求的三个组成部分——消费、住宅建设支出和净出口——的变化，这三个组成部分是总需求各个组成部分中在此期间变化最大的。阴影区域代表 2007—2009 年的衰退。我们知道，潜在GDP，即企业满负荷生产的GDP水平，随着时间的推移增长。所以，经济学家常常对衡量总需求各组成部分相对于潜在GDP的变化感兴趣，在这些图形中我们就显示了消费、住宅建设支出和净出口相对于潜在GDP的变化。

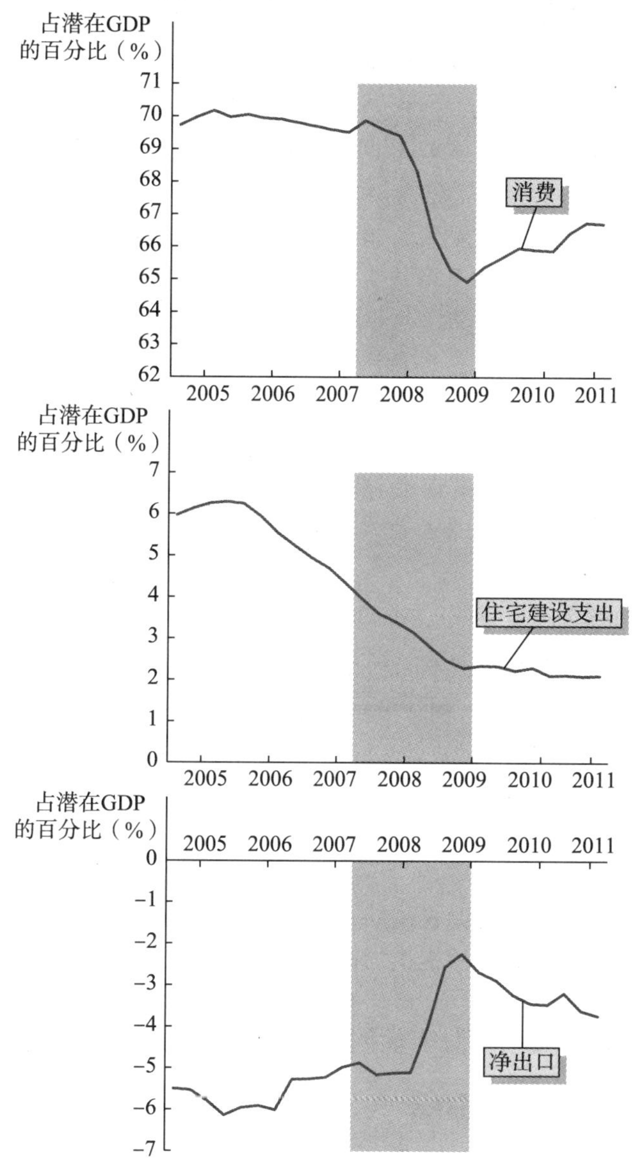

这几幅图形使得我们能够注意到2007—2009年衰退的几个事实：

● 在此次衰退开始前的两年，住宅建设支出相对于潜在GDP而言已经明显下降。

● 在此次衰退结束后的两年多，住宅建设支出相对于潜在GDP而言并没有增加。

● 在衰退期间通常相对稳定的消费在此次衰退期间相对于潜在GDP显著下降，在此次衰退结束后的两年多仍保持在低位。

● 在此次衰退前夕、衰退期间以及衰退结束后，净出口都增加。（因为在图形所示期间净出口都为负值，所以它的增加指的是变成一个更小的负值。）

虽然并没有在图中显示，但企业固定投资和企业存货的变化——即投资支出中非住宅建设部分——在此次衰退期相对于潜在 GDP 实际上是上升的。在此次衰退期间，政府购买相对于潜在 GDP 保持稳定，直到 2010 年末和 2011 年上半年出现下降。联邦政府购买在此次衰退期大幅增加，但是，州政府和地方政府减少了消费，原因是家庭收入和企业利润下降造成了州政府和地方政府税收收入减少。

我们可以简要解释这些事实。房地产业在 2002—2005 年欣欣向荣，房屋价格和新住房支出迅速增加。但是房地产市场在 2006 年开始由盛转衰，这解释了住宅建设支出的大幅下滑。持续低水平的住宅建设支出有助于解释为什么此次衰退是大萧条以来历时最长的以及为什么 2009 年 6 月开始的经济扩张相对疲软。正如 2011 年末一篇新闻文章指出的："因为美国人的房屋价值在下降，就业前景黯淡，所以他们不消费。而因为美国人不消费，所以房地产市场和就业都不景气。"

高失业率降低了家庭收入，导致消费支出减少。此外，许多家庭增加了储蓄并偿还了债务，这进一步减少了消费支出。持续低水平的消费支出也是此次衰退严重以及随后的扩张疲软的原因之一。最后，美联储降低利率的举措使得美元的价值降低，从而降低了美国出口品的价格和提高了国外进口品的价格。这就使得净出口增加。（我们将在第 17 章进一步讨论联储政策对净出口的影响。）

资料来源：U. S. Bureau of Economic Analysis；Congressional Budget Office；and S. Mitra Kalita, "Housing's Job Engine Falters", *Wall Street Journal*, October 5, 2011。

轮到你了：做本章末与本专栏相关的问题与应用 1.8，看看你理解得如何。

15.2 总供给

总需求曲线是总需求—总供给模型的一个组成部分。现在我们转向总供给，它表示了价格水平变化对企业愿意并且能够提供的商品和服务数量的影响。因为价格水平变化对总供给的影响在短期和长期截然不同，所以我们使用两条总供给曲线：一条是短期总供给曲线，一条是长期总供给曲线。我们从考虑长期总供给曲线开始。

□ 15.2.1 长期总供给曲线

在第 14 章中我们看到，在长期，实际 GDP 水平由工人数量、资本存量——包括厂房、办公楼、机器设备——以及可用技术水平决定。因为价格水平的变动并不影响工人数量、资本存量或技术，所以，在长期，价格水平的变动并不影响实际 GDP 水平。记住，长期实际 GDP 水平被称为潜在 GDP，或充分就业 GDP。在 GDP 处于其潜在水平时，企业在正常水平的生产能力运营，除了结构性失业者和摩擦性失业者，任何想工作的人都有工作。价格水平的变化并不会造成企业正常生产能力的变化。**长期总供给曲线**（long-run aggregate supply（*LRAS*）curve）表示了长期内价格水平和实际 GDP 供给量的关系。正如图 15.2 所示，在 2011 年，价格水平是 113，潜在 GDP 是 14.3 万亿美元。如果价格水平是 123 或 103，长期总供给还会是 14.3 万亿美元。所以，*LRAS* 曲线是一条垂直线。

图 15.2 也显示了长期总供给曲线每年都向右移动。这种移动之所以会发生，原因在于：随着经济中的工人数量增加，经济积累了更多的机器设备以及技术变革的发生，潜在 GDP 每年都要增长。该图显示，2011 年实际 GDP 是 14.3 万亿美元，2012 年达到 14.6 万亿美元，2013 年达到了 14.9 万亿美元。

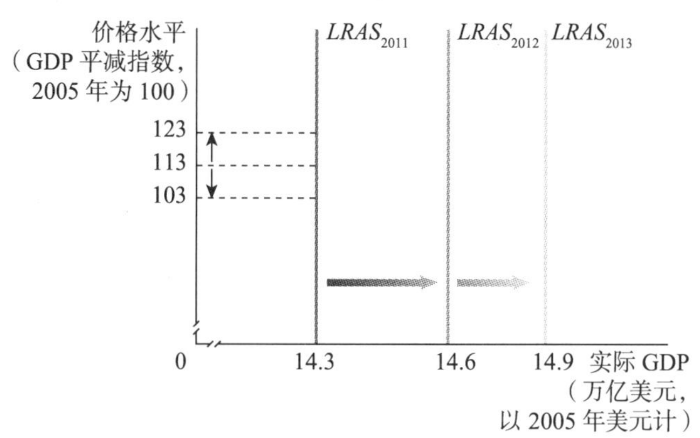

图 15.2 长期总供给曲线

价格水平的变化不影响长期总供给水平。所以，长期总供给（*LRAS*）曲线是一条位于潜在 GDP 水平的垂直线。例如，当 2011 年价格水平为 113 时，潜在 GDP 是 14.3 万亿美元。如果价格水平是 123 或 103，长期总供给仍将是 14.3 万亿美元。随着经济中的工人数量增加，更多的机器设备被积累以及技术变革的发生，长期总供给曲线每年都向右移动。

□ 15.2.2 短期总供给曲线

LRAS 曲线是垂直线，但 *SRAS* 曲线则是向上倾斜的。*SRAS* 曲线向上倾斜的原因是：在短期，当价格水平上升时，企业愿意供给的商品和服务的数量将增加。企业这样做的主要原因是：当最终商品和服务的价格提高时，投入品的价格，如工人的工资或自然资源的价格，提高得更慢。当企业出售的商品和服务的价格上涨快于投入品的价格上涨时，企业利润增加。所以，更高的价格水平导致更高的利润，提高了企业供给更多商品和服务的意愿。*SRAS* 曲线向上倾斜的另一个原因是：当价格变动时，一些企业调整价格的速度慢。当价格水平上升时，提价速度慢的企业会发现它的销量增加，因此就会提高产量。当价格水平降低时，降价速度慢的企业会发现它的销量减少，因此就会降低产量。

为什么一些企业调整价格的速度比其他企业慢？为什么工人的工资和其他投入品价格的变动速度比最终商品和服务的价格慢？大部分经济学家相信，这是由于一些企业和工人没有正确预测价格水平的变化。如果企业和工人能确切地预测未来的价格水平，短期总供给曲线就会和长期总供给曲线完全相同。

但是为什么企业和工人对价格水平的错误预测会使 *SRAS* 曲线向上倾斜呢？经济学家对这个问题看法不一，但是我们可以简单讨论三种最常见的解释：

1. 合同使一些工资和价格具有“黏性”。
2. 企业调整工资的速度往往较慢。

3. 菜单成本使一些价格具有“黏性”。

合同使一些工资和价格具有“黏性”。

当工资和价格不能迅速对需求和供给的变化做出反应时，我们说它们具有“黏性”。合同可以使工资和价格变得具有黏性。例如，假定联合包裹服务公司（UPS）与该公司货运飞机飞行员的工会——独立飞行员协会——洽谈一份三年合约，此时正逢经济处于衰退期，运送的包裹总量正在下降。假定合约签订后，经济开始迅速扩张，运送的包裹总量上升，所以 UPS 提高了运费。因为运费提高，而 UPS 支付给飞行员的工资被合同固定了，所以 UPS 发现运送的包裹越多，利润就越高。或者，一个钢铁厂可能在钢铁需求不景气的年份签署了生产钢铁用煤的数年采购合约。如果钢铁需求和钢铁价格开始迅速上升，那么，由于生产用煤的价格被合同固定了，多生产钢铁就会提高利润。在这两种情况下，价格提高都使得产量增加。如果这些例子代表了经济中足够多的企业，那么，价格水平上升应该会提高商品和服务的供给量。也就是说，短期总供给曲线会是向上倾斜的。

但是，需要注意的是，如果 UPS 的飞行员或煤炭公司的经理准确预测了价格会如何变动，那么，这种预测就会在合同中反映出来，UPS 公司和钢铁厂就不会在价格上升的时候获得更高的利润。在这种情况下，价格的提高就不会导致产量增加。

企业调整工资的速度往往较慢。

我们刚刚指出合约固定了许多工会会员工人数年的工资。许多非工会会员工人的工资也一年才调整一次。例如，假定你 6 月份到一家管理咨询公司就职，年薪是 4.5 万美元。这家企业在下一年 6 月之前很可能都不会调整你的工资，即使它提供服务所收取的价格高于或低于企业在雇用你时的预期。如果企业调整工资的价格较慢，那么，价格水平上升后，企业雇用更多工人并生产更多产出就会获得更高的利润。价格水平下降后，企业雇用更多工人并生产更多产出的利润就会减少。再一次地，我们对短期供给曲线向上倾斜提供了解释。

值得指出的是，企业降薪的速度比涨薪的速度更慢。降薪对工人的士气和生产率都有负面影响，也会造成企业的一些优秀员工辞职，另谋高就。

菜单成本使一些价格具有“黏性”。

企业部分地根据它们对未来价格的预期来决定今天的价格。例如，在印制菜单之前，餐厅必须决定每道菜肴的价格。许多企业印制了产品价目表。如果产品需求高于或低于企业预期，企业可能想收取与菜单或价目表上不同的价格。但是改变价格要耗费成本，因为需要印制新的菜单或价目表。企业改变价格的成本叫做**菜单成本**（menu cost）。为了了解菜单成本为何会导致一条向上倾斜的短期总供给曲线，思考价格水平出乎意料地增加所产生的影响。在这种情况下，企业想提高它们收取的价格。但是，由于菜单成本的存在，某些企业可能不愿意提高价格。因为它们的价格相对较低，所以这些企业的销售量增加，这会导致它们增加产量。再一次地，我们对更高的价格水平导致商品和服务供给量增加提供了解释。

□ 15.2.3 短期总供给曲线的移动和沿着短期总供给曲线的运动

记住一条曲线的移动和沿着一条曲线的运动之间的区别很重要。短期总供给曲线告诉我们的是，当影响企业供给商品和服务数量的其他变量保持不变时价格水平和企业愿意供给的商品和服务数量之间的关系。如果价格水平变动了而其他变量保持不变，经济将沿着一条稳定的总供给曲线上下运动。如果价格水平之外的变量变动了，总供给曲线将发生移动。

□ 15.2.4 使短期总供给曲线发生移动的变量

我们现在简单讨论引起短期总供给曲线移动的五个最重要的变量。

劳动力和资本存量的增加。

如果一家企业有更多的员工和更多的实物资产，它在每一个价格下都将供给更多的产出。对整个经济体来说也是如此。所以，当劳动力和资本存量增加时，企业在每一个价格下都供给更多产出，短期总供给曲线将向右移动。在日本，人口走向老龄化，劳动力在减少。当其他变量保持不变时，劳动力的这种减少造成日本的短期总供给曲线向左移动。

技术变革。

当技术变革发生时，工人和机器设备的生产率会增加，这意味着企业用相同数量的劳动和机器能够生产更多的商品和服务。生产率的这种增长减少了企业的生产成本，所以，在每个价格水平下企业都将生产更多的产出。结果，短期总供给曲线向右移动。

未来价格水平的预期变动。

如果工人和企业相信下一年的价格水平将上升 3%，他们将努力相应地调整价格和工资。例如，如果一个工会相信明年的通货膨胀率是 3%，那么，它知道为了保持工资购买力不变，工资必须上涨 3%。其他工人和企业做出的类似调整将导致整个经济的成本上升 3%。结果，短期总供给曲线将向左移动，使得任何实际 GDP 水平现在所对应的价格水平都提高了 3%，如图 15.3 所示。一般来说，在影响 *SRAS* 曲线的其他因素不变时，如果工人和企业都预期价格水平将上升某一特定百分比，*SRAS* 曲线就会向左移动相应的幅度。

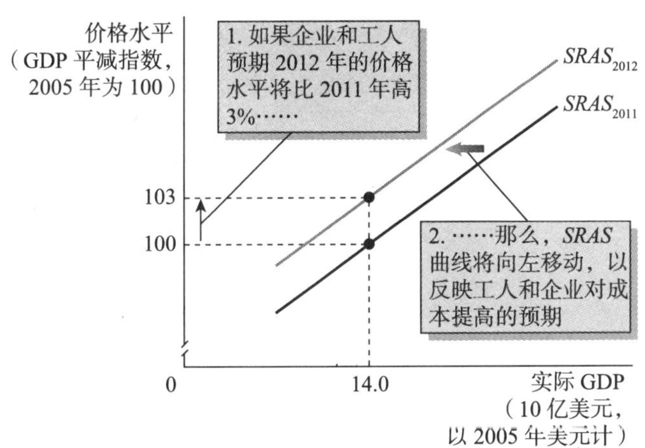

图 15.3 对未来价格水平的预期如何影响短期总供给曲线

SRAS 曲线的移动反映了工人和企业对未来价格的预期。

1. 如果工人和企业预期未来价格水平将上升 3%，从 100 变为 103，那么，他们将把工资和价格提高相同的幅度。

2. 当影响总供给的其他变量不变时，短期总供给曲线将向左移动。

如果工人和企业预期未来价格水平将下降，那么，短期总供给曲线将向右移动。

工人和企业对过去关于价格水平预期错误的调整。

有时，工人和企业对于价格水平的预测并不正确。随着时间的推移，他们会试图弥补这些错误。例如，假定独立飞行员协会与UPS都预期未来价格水平只有小幅上升，因而签订了一份工资仅有小幅增加的合约。如果价格水平的上升出乎意料地大，那么，工会在协商下一份合约时，就会将它考虑进去。UPS飞行员在新合约下收到的工资提高了，UPS的成本就会提高，UPS只有在价格更高的条件下才会生产与原来相同数量的产出。如果经济中所有工人和企业都对高于预期的价格水平做出调整，那么，*SRAS* 曲线就会向左移动。如果他们都对低于预期的价格水平做出调整，*SRAS* 曲线就会向右移动。

重要自然资源价格的未预期到的变动。

使短期总供给曲线移动的未预期到的事件被称为**供给冲击**（supply shock）。供给冲击常常是某种重要自然资源价格的未预期到的变动所导致的。这种价格变化造成了企业的成本与预期的差异。石油价格特别容易波动。一些企业在生产过程中用到了石油。其他企业会用到塑料等用石油做的产品。如果石油价格出现未预期到的上涨，这些企业的生产成本就会上升。某些电力公司燃烧石油来发电，所以电价也会上升。石油价格升高还会导致汽油价格升高，这提高了许多企业的运输成本。面对增加的成本，企业只有在收到更高的价格的条件下才会提供相同数量的产出，所以短期总供给曲线向左移动。

因为20世纪30年代以来每年美国经济都经历着不同程度的通货膨胀，工人和企业总是预期明年的价格水平比今年高。在其他因素不变的条件下，对更高价格水平的预期将使 *SRAS* 曲线向左移动。但是其他条件并不是不变的，因为每年美国劳动力和资本存量都会增加，技术变革也会发生，这都使得 *SRAS* 曲线向右移动。在某一特定年份中 *SRAS* 曲线向左移动还是向右移动取决于当年这些变量的影响有多大。

表15.2总结了引起 *SRAS* 曲线移动的最重要的变量。表中显示了每个变量增加时 *SRAS* 曲线发生的移动。当这些变量减少时，*SRAS* 曲线的移动方向相反。

表15.2　　使短期总供给曲线发生移动的变量

变量的增加	使短期总供给曲线移动	原因是
劳动力或资本存量	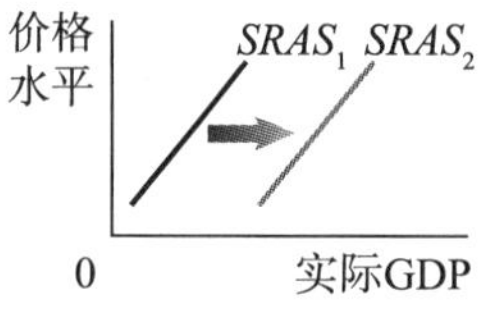 价格水平；$SRAS_1$ $SRAS_2$；0；实际GDP	每个价格水平下产出都增加了
生产率	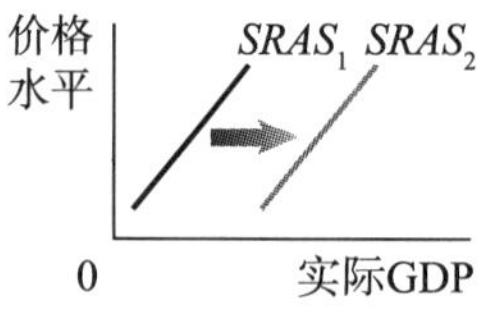 价格水平；$SRAS_1$ $SRAS_2$；0；实际GDP	生产成本下降
预期的未来价格水平	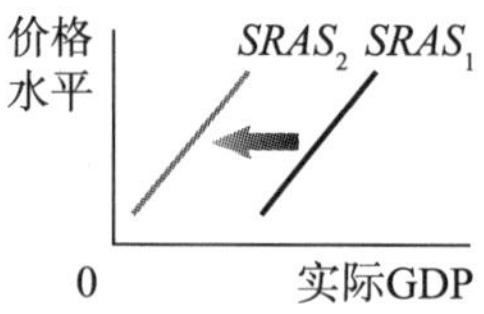 价格水平；$SRAS_2$ $SRAS_1$；0；实际GDP	工人和企业提高了工资和价格

续前表

变量的增加	使短期总供给曲线移动	原因是
工人和企业对之前低估的了价格水平做出调整	价格水平 $SRAS_2$ $SRAS_1$ 0 实际GDP	工人和企业提高了工资和价格
一种重要自然资源的价格未预期到的变动	价格水平 $SRAS_2$ $SRAS_1$ 0 实际GDP	生产成本上升

15.3 宏观经济的长期均衡和短期均衡

我们已经讨论了总需求—总供给模型的各个组成部分，现在我们可以用这个模型来分析实际 GDP 和价格水平的变动了。在图 15.4 中，我们把总需求曲线、短期总供给曲线和长期总供给曲线画在一幅图中，来显示长期宏观经济均衡。在图中，均衡实际 GDP 是 14 万亿美元，价格水平是 100。注意在长期均衡中，短期总供给曲线和总需求曲线相交于长期总供给曲线上的一个点。因为均衡点位于长期总供给曲线上，所以我们知道此时经济处于潜在 GDP 水平：企业满负荷生产，除了摩擦性失业者和结构性失业者外，每个想工作的人都有工作。但是，我们知道经济并不经常处于长期宏观经济均衡。下面我们讨论推动经济偏离长期均衡的经济力量。

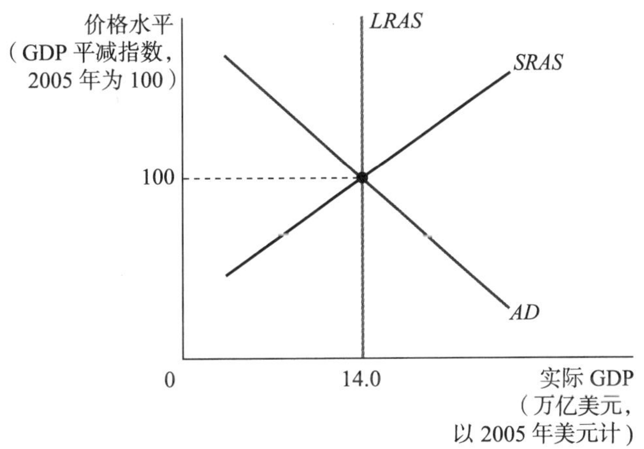

图 15.4　长期宏观经济均衡

在长期宏观经济均衡中，*AD* 和 *SRAS* 曲线相交于 *LRAS* 线上。图中，均衡时的实际 GDP 为 14 万亿美元，价格水平为 100。

□ 15.3.1 衰退、扩张和供给冲击

因为总需求—总供给模型的全面分析比较复杂，所以我们从简化的情况开始。我们使用以下两个假设来进行简化：

1. 经济中一直没有过任何通货膨胀。当前价格水平是100，工人和企业预期未来仍会是100。

2. 经济没有经历任何长期增长。潜在GDP是14万亿美元，未来仍保持在这个水平。

因为现实中美国经济从20世纪30年代以来每年都经历着不同程度的通货膨胀，潜在GDP都会增长，所以这些假设是对现实的简化。但是，这些假设使我们能够更容易地理解总需求—总供给模型的核心思想。在本节，我们研究衰退、扩张和供给冲击的短期和长期影响。

衰退

总需求下降的短期影响。

假定利率提高引起企业削减在厂房和设备上的支出，进而引起家庭减少在新住房上的支出。投资的下降将使总需求曲线从AD_1向左移动至AD_2，如图15.5所示。经济从A点移动到新的短期宏观经济均衡，即AD_2与$SRAS_1$的交点B。在新的短期均衡，实际GDP从14万亿美元下降至13.8万亿美元，处于潜在水平之下。GDP水平的降低使得许多企业的盈利能力下降，许多工人被解雇：经济将进入衰退期。

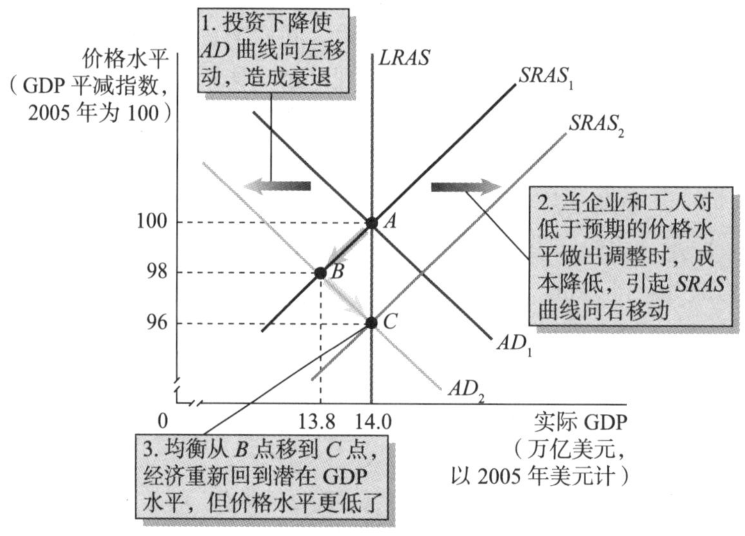

图15.5 总需求下降的短期和长期影响

总需求的下降在短期内造成衰退，在长期内只造成价格水平的下降。

在长期向潜在GDP水平的回调。

我们知道，衰退最终会结束，因为有一些力量起作用，在长期推动着经济重回潜在GDP水平。图15.5展示了经济是如何从衰退回到潜在GDP水平的。总需求曲线从AD_1到AD_2的移动最初导致了一个短期均衡（B点），价格水平从100下降至98。工人和企业开始对低于预期的价格水平做出调整。工人愿意接受更低的工资，因为每一美元的工资能够购买更多的商品和服务。企业也愿意接受更低的价格。此外，衰退造成的失业率上升也使得工人愿意接受更低的工资，需求的减少也使企业更愿意接受更低的价格。结

果，*SRAS* 曲线从 $SRAS_1$ 向右移动至 $SRAS_2$。经济回到长期均衡（*C* 点）。从 $SRAS_1$ 到 $SRAS_2$ 的移动不会马上发生。经济回到潜在 GDP 可能需要几年时间。一个重要的结论是：总需求的下降在短期内造成衰退，但在长期内只造成价格水平的下降。

经济学家把刚才描述的向潜在 GDP 水平回调的过程称为自动调整机制，因为它的发生不需要政府采取任何行动。除了等待自动调整机制来结束衰退外，另外一种选择是政府实施货币政策或财政政策，使 *AD* 曲线向右移动，从而使经济更快地回到潜在 GDP 水平。我们将在第 17 章和第 18 章讨论货币政策和财政政策。等待自动调整机制来结束衰退与采用货币和财政政策来结束衰退这两种方法中哪一种更好，经济学家对此存在争论。

建立联系

造成总需求下降的原因重要吗？

我们已经看到，GDP 有四个组成部分，其中任意一个部分的下降都可能使总需求曲线向左移动，引发衰退。但是，在实践中，第二次世界大战后美国发生的大部分衰退都是由住宅建设支出的下降引发的。加州大学洛杉矶分校的爱德华·莱默(Edward Leamer) 教授甚至说："住房就是经济周期"，意思是说住宅建设支出的下降是使总需求下降从而引发衰退的最重要的原因。下图中阴影部分代表衰退。该图显示，1955 年以来的每次衰退发生之前，住宅建设支出都先下降。

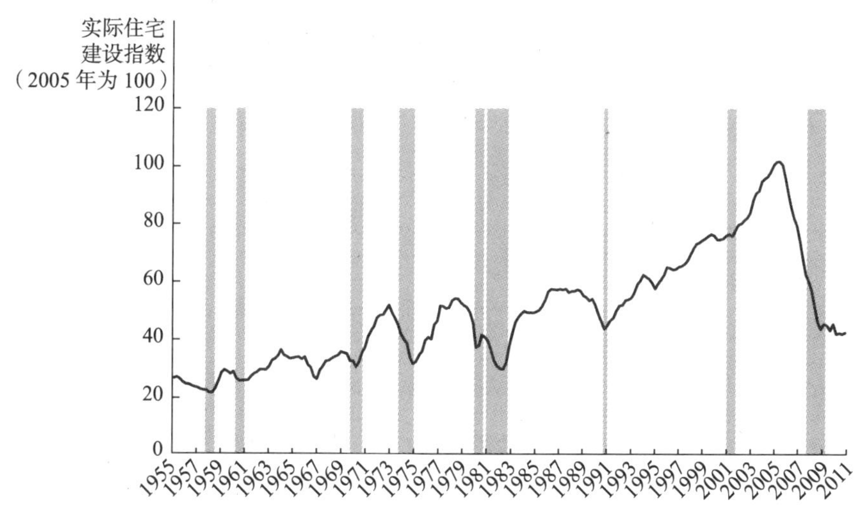

资料来源：U. S. Bureau of Economic Analysis。

该图再次显示了我们在本章早些时候指出的一个事实：在 2007—2009 年衰退期间住宅建设支出的减少尤其严重。从 2005 年第四季度到 2010 年第二季度，住宅建设支出减少了近 60%。主要是由于房地产市场的这些问题，在 2007—2009 年衰退期间实际 GDP 的下降超过了 20 世纪 30 年代大萧条后其他任何一次衰退。

什么造成了住宅建设支出的下降？为什么 2007—2009 年衰退之前住宅建设支出的下降如此严重？正如我们在第 14 章中讨论的，在经济周期扩张阶段后期，通货膨胀率和利率都开始上升。正如我们将在第 17 章中看到的，利率的提高常常是联储试图给经济降温和降低通货膨胀率时采取的货币政策行动的结果。利率的提高通过增加贷款成本而降低了消费者对于新住房的需求。

但是，在2007—2009年衰退前和衰退期间住宅建设的大幅减少，更多地是由于2002—2005年房地产泡沫后来的破灭和2007年开始的金融危机，而不是利率的提高。我们在本章后面会讨论房地产泡沫和金融危机。在这里，我们想指出的是，马里兰大学的卡门·M·莱因哈德（Carmen M. Reinhart）和哈佛大学的肯尼思·S·罗格夫（Kenneth S. Rogoff）两位教授的研究表明，由金融危机引发的总需求减少往往比由其他因素引发的金融危机更为严重，持续的时间也更长。所以，2007—2009年衰退的经验表明，事实上，总需求下降的来源对决定衰退的严重程度可能很重要。

资料来源：Edward E. Leamer，"Housing Is the Business Cycle"，in *Housing*，*Housing Finance*，*and Monetary Policy*，Federal Reserve Bank of Kansas City，August 2007；and Carmen M. Reinhart and Kenneth S. Rogoff，"The Aftermath of Financial Crises"，*American Economic Review*，Vol. 99，No. 2，May 2009，pp. 466-472。

轮到你了：做本章末与本专栏相关的问题与应用3.6，看看你理解得如何。

扩张

总需求增加的短期影响。

假定像20世纪90年代末信息技术和通信技术繁荣时期一样，许多企业对新投资未来的盈利能力持乐观态度，而不是悲观态度。结果引起投资的上升，这会使*AD*曲线向右移动，如图15.6所示。均衡从*A*点移至*B*点。实际GDP从14万亿美元升至14.3万亿美元，价格水平从100升至103。经济的实际GDP大于潜在GDP水平：企业超负荷生产，一些正常情况下本该属于结构性失业者或摩擦性失业者的工人或是本来不属于劳动力的工人也被雇用。

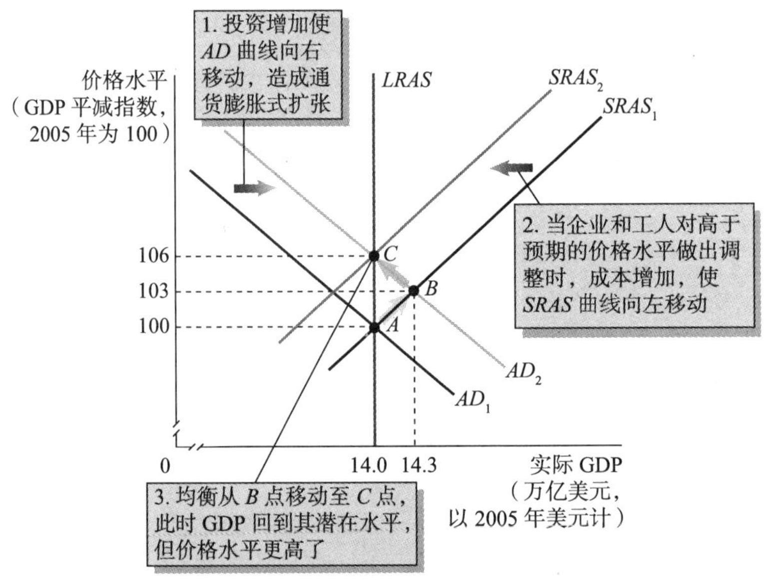

图15.6　总需求增加的短期和长期影响

总需求的增加在短期造成了实际GDP的上升，在长期仅造成价格水平的上升。

在长期向潜在GDP水平的回调。

正如存在一种自动调整机制把经济从衰退带回到潜在GDP水平一样，也存在一种自动调整机制把经济从超过潜在 GDP 水平的短期均衡带回到潜在 GDP 水平。图 15.6 阐释了这种机制。从 AD_1到 AD_2的移动最初使经济达到一个短期均衡，价格水平从 100 上升至 103（*B* 点）。工人和企业开始对高于预期的价格水平做出调整。工人努力要求获得更高的工资，因为每一美元的工资能够购买的商品和服务变少了。企业也会收取更高的价格。此外，扩张造成的失业率下降也使得工人更容易争取到更高的工资，需求的增加也使企业更容易收取更高的价格。结果，*SRAS* 曲线从 $SRAS_1$向左移动到 $SRAS_2$。经济回到长期均衡（*C* 点）。再一次地，从 $SRAS_1$到 $SRAS_2$的移动不会马上发生。经济回到潜在 GDP 的过程可能需要一年以上的时间。

供给冲击

供给冲击的短期影响。

假定石油价格大幅上涨。这一供给冲击将提高许多企业的成本，使 *SRAS* 曲线向左移动，如图 15.7（a）所示。注意，在新的短期均衡，价格水平更高了（从 100 上升至 102），但实际 GDP 更低了（从 14 万亿美元下降至 13.7 万亿美元）。这种通货膨胀和衰退的结合称为**滞胀**（stagflation）。

在长期向潜在 GDP 水平的回调。

由供给冲击造成的衰退增加了失业并减少了产出。这最终导致工人愿意接受更低的工资，企业愿意接受更低的价格。在图 15.7（b）中，短期总供给曲线从 $SRAS_2$移动至 $SRAS_1$，经济从 *B* 点回到 *A* 点。经济重新回到潜在 GDP 水平，价格水平也回到原来的水平。这一过程可能耗时数年。另外一种选择是政府实施货币政策或财政政策来使 *AD* 曲线向右移动。这样的政策能使经济更快地回到潜在 GDP 水平，但是价格会永久性地高于原来的价格。

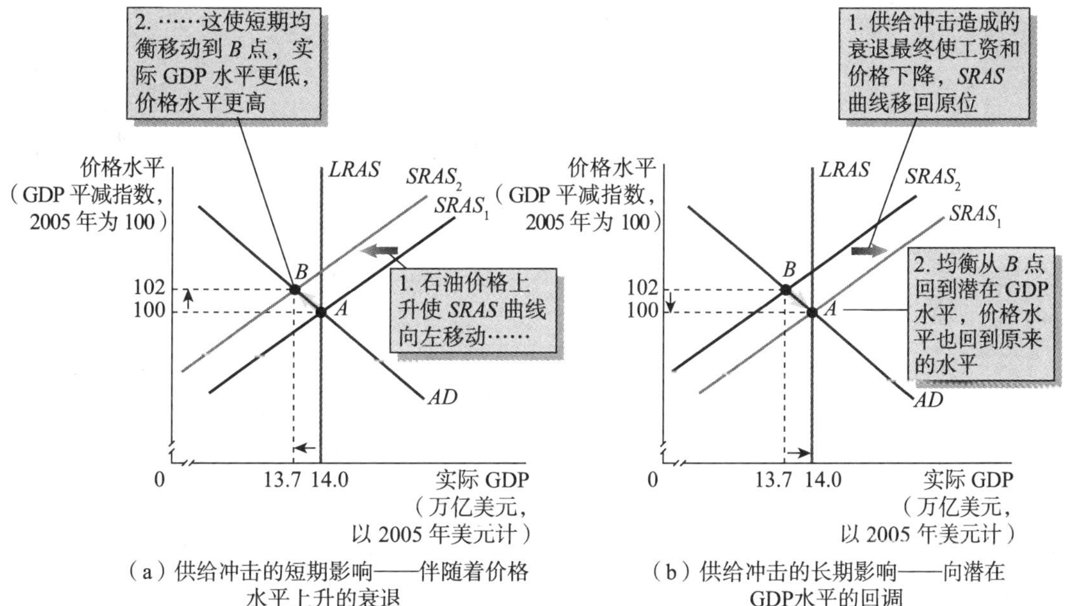

（a）供给冲击的短期影响——伴随着价格水平上升的衰退

（b）供给冲击的长期影响——向潜在 GDP水平的回调

图 15.7　供给冲击的短期和长期影响

图（a）显示，一次供给冲击（如石油价格大幅上涨）在短期造成了衰退和价格水平上涨。供给冲击造成的衰退导致失业增加和产出减少。在图（b）中，增加的失业和减少的产出使工人更愿意接受更低的工资，企业也更愿意接受更低的价格。短期总供给曲线从 $SRAS_2$移动至 $SRAS_1$，均衡从 *B* 点回到 *A* 点，GDP 回到其潜在水平，价格也回到原来的水平。

回到潜在GDP水平需要多长时间？2007—2009年衰退后的经济预测

做出准确的宏观经济预测非常困难。正如我们已经看到的，许多因素能使总需求曲线和总供给曲线移动。因为预测总需求曲线和总供给曲线的移动程度很有挑战性，所以经济学家常常难以预测衰退的开始和结束。美联储、外国中央银行、其他政府机构、大型银行、预测公司以及大学和研究机构的经济学家们运用各种预测模型来预测GDP的变化。大部分预测模型由许多方程构成，这些方程代表了作为总需求—总供给模型的基础的各种宏观经济关系，如可支配收入和消费支出之间的关系。在经济学家运用经济数据对这些方程进行统计学上的估计后，他们可以运用这些模型来预测GDP和价格水平的数值。

大部分经济学家同意，在长期，自动调整机制把经济带回潜在GDP水平。但是长期是多长？当2007—2009年的衰退在2009年6月结束时，经济离潜在GDP水平相距甚远。甚至在两年之后的2011年年中，实际GDP仍比潜在GDP低7%以上。经济最终回到潜在GDP水平需要多久？下图显示了美国国会预算办公室（CBO）2011年对潜在GDP的预测以及白宫总统办公室的经济学家和美联储官员2011年对实际GDP的预测。

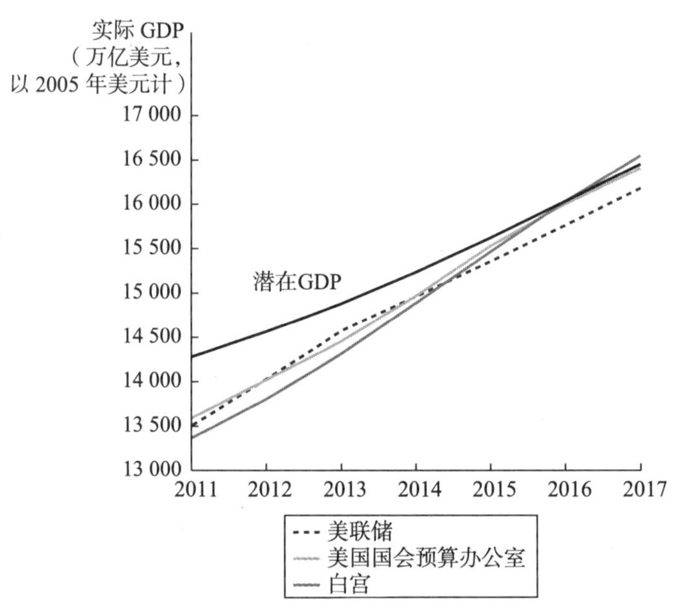

白宫和CBO都预测，实际GDP在2016年前不能回到潜在水平。而联储的预测甚至更加悲观：到2017年实际GDP仍将低于潜在水平。这些预测表明了2007—2009年衰退的严重程度：即使衰退结束7年之后，实际GDP预计仍然不能回到潜在水平。在2007—2009年衰退之前，1981—1982年的衰退是大萧条后最严重的衰退。但这次衰退结束不到3年后实际GDP就回到了潜在水平。

这些宏观经济预测在2011年和2012年的政策争论中起到了重要作用。正如我们将在第17章和第18章中讨论的，经济学家和政策制定者们对美国经济为什么要这么长时间才能回到潜在GDP水平以及联邦政府可以采取什么措施来缩短这个时间意见不一。

注：联储的预测采用的是联邦公开市场委员会各委员所做预测的平均值。

资料来源：Board of Governors of the Federal Reserve System，"Economic Projections of Federal Reserve Board Members and Federal Reserve Bank Presidents，April 2011"，April 27，2011；Congressional Budget Office，"Data Underlying Selected Economic Figures，Real Gross Domestic Product，1980－2021"，January 27，2011；and Office of Management and Budget，"Budget of the U. S. Government，Fiscal Year 2012，Mid-Session Review"，September 1，2011。

轮到你了：做本章末与本专栏相关的问题与应用3.9，看看你理解得如何。

15.4 动态总需求—总供给模型

本章到目前为止所使用的基本总需求—总供给模型为理解短期宏观经济均衡的决定提供了重要的洞见。不幸的是，这个基本模型也提供了一些误导性的结果。例如，它错误地预测由总需求曲线向左移动导致的衰退将使价格水平下降，而20世纪30年代以来没有哪一年发生过这样的事情。这个基本模型的问题是由我们做出的两个假设引发的：（1）经济没有经历连续的通货膨胀，（2）经济没有经历长期增长。通过放弃这些假设，我们能建立一个更加有用的总需求—总供给模型。这样我们就有了一个新模型：它考虑到经济不是静态的而是动态的，也就是说，经济的潜在GDP不是不变的而是随着时间的推移而增长的，经济并非没有连续的通货膨胀而是每年都有通货膨胀。考虑如下几个重要的宏观经济事实，对基本模型进行改动后我们可以得到一个动态总需求—总供给模型：

- 潜在GDP不断增加，使长期总供给曲线向右移动。
- 大部分年份里，总需求曲线向右移动。
- 除了工人和企业预期高通货膨胀率的时期外，短期总供给曲线都向右移动。

图15.8显示了考虑到这些宏观经济事实后，基本的总需求—总供给模型发生了什么样的变化。我们从$SRAS_1$和AD_1相交的A点开始，此时，价格水平是100，实际GDP水平是14万亿美元。因为这个交点在$LRAS_1$上，我们知道经济处于长期均衡。长期总供给曲线从$LRAS_1$向右移动至$LRAS_2$。长期总供给曲线之所以会向右移动，是因为每一年中美国劳动力和资本存量都增加，技术进步也在发生，从而潜在的实际GDP提高。短期总供给曲线从$SRAS_1$移动至$SRAS_2$。它的移动是因为造成长期供给曲线右移的变量也将增加企业在短期愿意提供的商品和服务的数量。最后，总需求曲线从AD_1向右移动至AD_2。总需求曲线的移动是由于以下几个原因：随着人口增长和收入提高，消费会随时间增加。随着经济增长，企业将扩大生产能力，新企业也将建立，这就增加了投资。人口增长和经济扩张要求政府提供更多的服务，如增加警察和教师，所以政府购买也会增加。

图15.8中的新均衡在B点，即AD_2与$SRAS_2$的交点，它位于$LRAS_2$上。在新均衡，价格水平保持在100，实际GDP增长至14.3万亿美元。注意，因为价格水平保持在100不变，所以没有通货膨胀。这是因为总需求和总供给向右移动的距离正好等于长期总供给

移动的距离。但是这种情况并不典型，原因有二。首先，*SRAS* 曲线同样受工人和企业对未来价格水平变动的预期以及供给冲击的影响。这些变量可能部分或完全抵消 *SRAS* 曲线在一年间向右移动的正常趋势。其次，我们知道，消费者、企业和政府可能削减支出。支出的减少将造成总需求曲线向右移动的距离小于正常情况，甚至可能向左移动。事实上，我们马上将看到，价格水平和实际 GDP 的短期变动是由 *SRAS* 曲线和 *AD* 曲线的移动决定的。

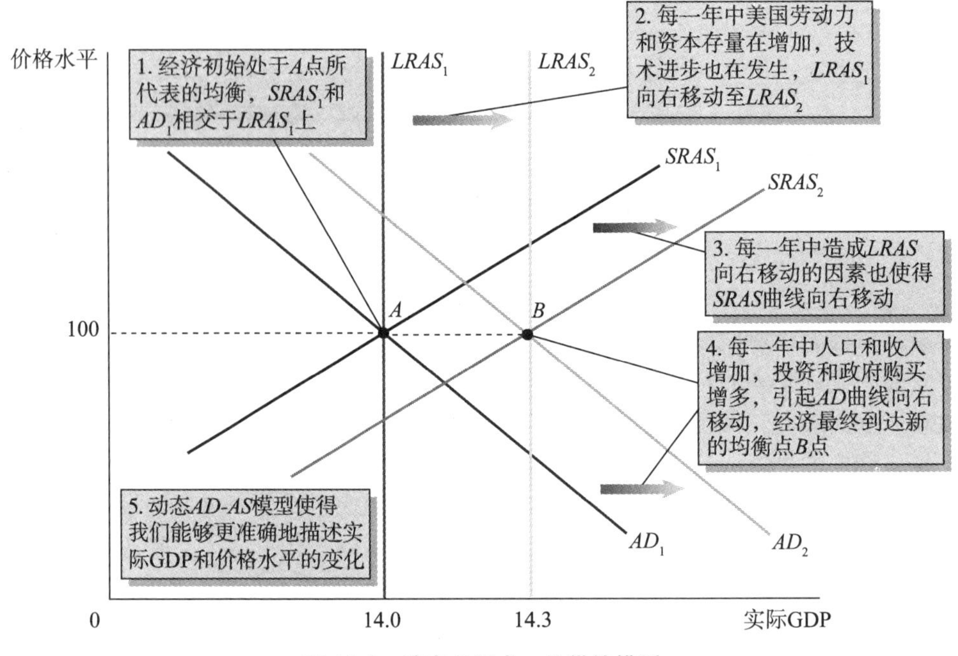

图 15.8　动态总需求—总供给模型

我们从基本的总需求—总供给模型开始。在动态总需求—总供给模型中，劳动力和资本存量的增加以及技术变革的发生使得长期总供给每年都向右移动，从 $LRAS_1$ 移动到 $LRAS_2$。通常情况下，这些同样的因素也引起短期总供给从 $SRAS_1$ 移动到 $SRAS_2$。如果消费者、企业和政府的支出在同年也增加，就像通常的情况那样，总需求将从 AD_1 移动到 AD_2。

□ 15.4.1　通货膨胀通常的起因是什么?

与基本模型相比，动态总需求—总供给模型对大部分通货膨胀的诱因给出了更精确的解释。如果经济中总支出的增加快于总产出，价格就会上升。图 15.9 说明了这一点。在图中，*AD* 曲线比 *LRAS* 曲线向右移动得更多，在新的均衡点 *B* 点，价格更高了，这就产生了通货膨胀。在新的均衡，*SRAS* 曲线也已经向右移动了，但移动的距离比 *LRAS* 曲线少，原因是预期到的价格上升部分地抵消了该年技术变革和劳动力、资本存量增加的影响。虽然通货膨胀通常是总支出的增加快于总产出的结果，但是短期总供给曲线向左移动也能造成价格水平的上升，正如我们之前在讨论供给冲击时看到的那样。

正如我们在图 15.8 中看到的，如果总需求的增加量与短期和长期总供给的增加量相等，价格水平就不会发生变动。这样，经济就经历着无通货膨胀的经济增长。

□ 15.4.2　2007—2009 年的衰退

我们可以用动态总需求—总供给模型来分析 2007—2009 年的衰退。这次衰退开始于 2007

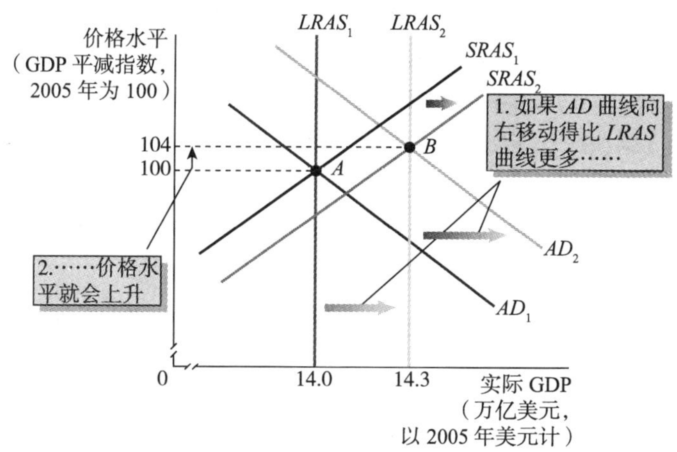

图 15.9　运用动态总需求—总供给模型理解通货膨胀

通货膨胀最常见的起因是总支出的增加快于总产出。

1. 经济初始处于 A 点，实际 GDP 为 14 万亿美元，价格水平为 100。充分就业的实际 GDP 从 14 万亿美元上升至 14.3 万亿美元，使得长期总供给曲线从 $LRAS_1$ 移动至 $LRAS_2$。总需求曲线从 AD_1 移动至 AD_2。

2. 因为 AD 曲线向右移动得比 LRAS 曲线多，所以，在新的均衡，价格水平从 100 上升至 104。

年 12 月，它结束了 2001 年 11 月开始的经济扩张。几个因素的共同作用造成了此次衰退：

● 房地产泡沫的破灭。15.3.1 节中的“建立联系”专栏中的图形显示了住宅建设支出从 2002 年至 2005 年迅速增长，而后在 2005 年末至 2010 年初下降了超过 60%。住房支出的增加部分地是美联储在 2001 年衰退期间和之后为降低利率而采取的措施的结果。由于抵押贷款的利率下降，更多的消费者开始购买新住房。但是，到 2005 年，已经很清楚地可以看到，新建住房和原有房产的价格迅速攀升的原因部分地是由于投机性泡沫。当人们不再那么关心资产——无论是住房等实物资产还是股票等金融资产——本身的价格而是关注资产价格上升的预期时，泡沫就出现了。在美国某些地区，如加利福尼亚州、亚利桑那州和佛罗里达州，许多住宅的购买者是投资者，他们的目的是以更高的价格转售，而不是自住。一些深受大众喜爱的电视节目也在探究人们炒房——购买房屋后迅速转售——的方法。投机性泡沫最终走到了尽头，房地产泡沫在 2006 年开始破灭。新房销售量和房屋价格都开始下降。随着住宅建设支出——投资支出的一个组成部分——的下降，总需求增长速度放缓。我们将在第 17 章中进一步讨论房地产泡沫。

● 金融危机。房地产市场出现的问题对住宅建设业的工人和企业来说都是坏消息。此外，房屋价格下降使得越来越多的借款人拖欠他们的抵押贷款。这些违约现象使银行和一些其他金融机构遭受了严重的损失。从 2008 年春季开始，美国财政部和联储都进行了干预，目的是救助一些大型金融机构使它们免于破产。我们将在第 16 章和第 17 章中进一步介绍金融危机的细节。现在我们只需要指出，金融危机导致了信贷紧缩，这使许多家庭和企业难以获得贷款来为其支出融资。这种信贷紧缩也造成了消费支出和投资支出的下降。

● 2008 年石油价格的大幅飙升。石油价格从 2004 年的每桶 34 美元迅速飙升至 2008 年年中的每桶 140 美元。石油价格的上涨是由迅速发展的经济体（尤其是印度和中国）对石油的需求增加和短期内难以提高开采量导致的。随着衰退的不断加深，世界范围内对石油的需求下降，石油价格在 2009 年年初下降至大约每桶 40 美元。正如我们在本章中看到的，石油价格上升引发了导致短期总供给曲线向左移动的供给冲击。虽然石油价格上升加深了衰退的程度，但是其影响比某些经济学家预测的要小。美国经济看起来对油价的上升不再那么脆弱了。20 世纪 70 年代和 80 年代初石油价格的上升导致许多企业在生产过程中减少了对石油的依赖。例如，联邦快递和其他企业使用了燃油效率更高的喷气式飞机和卡车。结果，现在美国经济每一美元 GDP 的石油消耗量比 20 世纪 70 年代中期低了近 60%。2008 年石油价格上升使短期供给曲线向左移动的量远远小于 30 年前同样程度的石油价格上升使短期供给曲线向左移动的量。

图 15.10 通过表示出经济在 2007 年和 2008 年的短期宏观经济均衡说明了衰退的开始。在图中，2007 年的短期均衡发生在 AD_{2007} 与 $SRAS_{2007}$ 的交点，实际 GDP 为 13.21 万亿美元，价格水平为 106.2。2007 年的实际 GDP 略高于 $LRAS_{2007}$ 表示的潜在 GDP（13.20 万亿美元）。2008 年的总需求曲线从 AD_{2007} 向右移动到 AD_{2008}。总需求增加量少于潜在 GDP 的增加，这是因为房地产泡沫的破灭和金融危机对消费支出和投资支出产生了负面影响。油价上升引发的供给冲击使得短期总供给曲线从 $SRAS_{2007}$ 向左移动到 $SRAS_{2008}$。在 2008 年的短期均衡，实际 GDP 为 13.16 万亿美元，价格水平为 108.6。在短期均衡，实际 GDP 和潜在 GDP 差距很大。毫不奇怪，失业率从 2007 年的 4.6%提高至 2008 年的 5.8%。价格水平仅从 106.2 提高至 108.6，所以通货膨胀率低，仅为 2.3%。

到 2009 年，衰退仍在持续，潜在 GDP 增加至 13.78 万亿美元，而实际 GDP 降低至 12.70 万亿美元。实际 GDP 和潜在 GDP 的差距进一步扩大，这使得失业率猛增至 9.3%。这是 1981—1982 年衰退以来的最高失业率，也是 20 世纪 30 年代大萧条后的第二高失业率。虽然此次衰退在 2009 年 6 月结束，但是，在 2010 年和 2011 年，实际 GDP 增长缓慢，失业率仍然高于 9%。

2007—2009 年衰退的严重性导致了政府经济政策发生了大萧条以来最显著的变化。我们将在第 17 章讨论这些新政策。

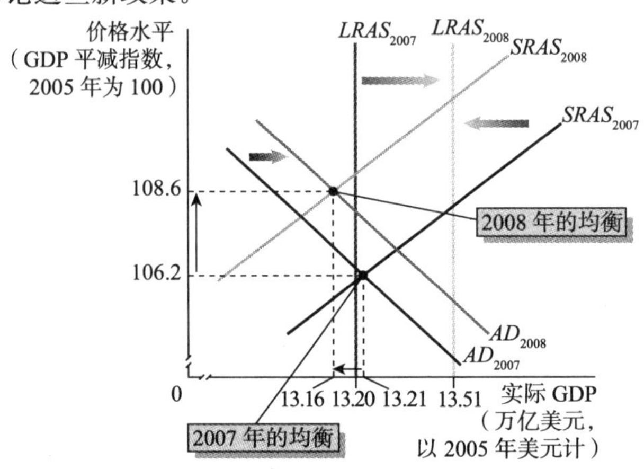

图 15.10　2007—2009 年衰退的开始

在 2007—2008 年间，AD 曲线向右移动，但是不足以抵消 LRAS 曲线右移造成的影响。LRAS 曲线的向右移动代表了潜在 GDP 从 13.20 万亿美元上升至 13.51 万亿美元。因为油价迅速上升，短期总供给曲线从 $SRAS_{2007}$ 向左移动至 $SRAS_{2008}$。实际 GDP 从 2007 年的 13.21 万亿美元下降至 2008 年的 13.16 万亿美元，远低于 $LRAS_{2008}$ 所示的潜在 GDP 水平。结果，失业率从 2007 年的 4.6%上升至 2008 年的 5.8%。因为总需求的增加很小，价格水平仅仅从 2007 年的 106.2 上升至 2008 年的 108.6，所以 2008 年的通货膨胀率仅为 2.3%。

例题 15.4 运用动态总需求—总供给模型显示 1974—1975 年石油冲击的影响

1974—1975 年的衰退清晰地说明了供给冲击是如何影响经济的。1973 年阿以战争后，石油输出国组织（OPEC）将每桶石油的价格从不到 3 美元提高至 10 美元以上。运用这一信息和下表的数据画一幅动态总需求—总供给图形，来说明 1974 年和 1975 年的宏观经济均衡。假设 1974—1975 年间总供给曲线没有移动。并对你的图形做简要解释。

	现实的实际 GDP（万亿美元）	潜在的实际 GDP（万亿美元）	价格水平
1974	4.89	4.92	30.7
1975	4.88	5.09	33.6

资料来源：U. S. Bureau of Economic Analysis; and Congressional Budget Office。

解：

第 1 步：复习本章内容。这一问题是关于运用动态总需求—总供给模型的，所以你可能需要复习一下 15.4 节“动态总需求—总供给模型”。

第 2 步：运用表中的信息画出图形。你需要画出 5 条曲线：1974 年和 1975 年的 *SRAS* 曲线、*LRAS* 曲线，以及 *AD* 曲线（这两年 *AD* 曲线相同）。我们知道两条 *LRAS* 曲线是位于表中给出的潜在 GDP 值的垂直线。因为巨大的供给冲击，所以 *SRAS* 曲线向左移动。题目中假设 *AD* 曲线不移动。你的图形应该像这样：

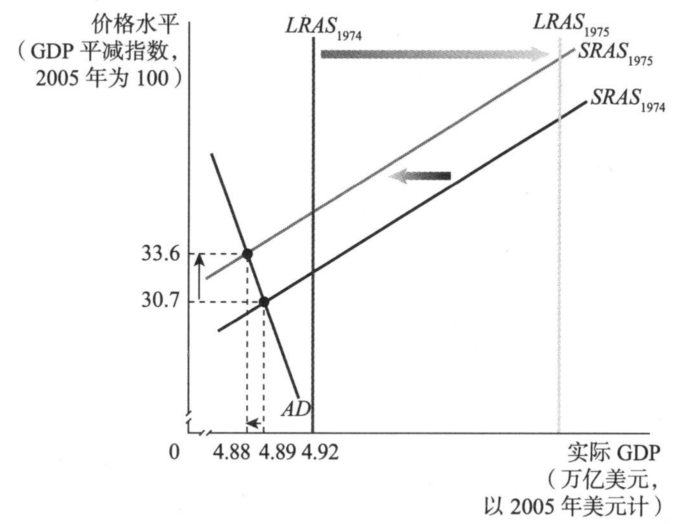

第 3 步：解释图形。$LRAS_{1974}$和 $LRAS_{1975}$都处于各年的潜在 GDP 水平。1974 年的宏观经济均衡发生在 *AD* 曲线和 $SRAS_{1974}$曲线的交点，实际 GDP 为 4.89 万亿美元，价格水平为 30.7。1975 年的宏观经济均衡发生在 *AD* 曲线和 $SRAS_{1975}$曲线的交点，实际 GDP 为 4.88 万亿美元，价格水平为 33.6。

附注：供给冲击使得经济从 1974 年稍低于潜在 GDP 的均衡产出（衰退实际上从 1973 年末开始）变动到 1975 年远低于潜在 GDP 的水平。1975 年的实际 GDP 比潜在水平约低 4.1%，失业率从 1974 年的 5.6%迅速上升到 1975 年的 8.5%。

轮到你了：要想做更多的练习，请做本章末的问题与应用 4.5 和 4.6。

接第 494 页

生活中的经济学

衰退期间雇主会减少你的薪水吗？

在本章开始，我们要求你思考在衰退期间你的雇主有没有可能减少你的薪水，有没有可能降低他所销售的产品的价格。在本章，我们看到，即使处于衰退期间，价格水平也很少下降。事实上，在美国，20 世纪 30 年代以来没有哪一整年出现过 GDP 平减指数降低的情况。虽然许多企业在 2007—2009 年衰退中降低了价格，但是大部分企业并没有这样做。所以，你工作的咖啡店老板很可能不会降低拿铁的价格，除非销量大幅减少。我们也知道，比起加薪，大部分企业更不愿意降薪，因为降薪对于工人的士气和生产率都有负面影响。因为 2007—2009 年衰退特别严重，确实有些企业降薪了。但是，由于你是一个技术高超的咖啡师，你的雇主可能不会给你降薪，因为他害怕你辞职去竞争对手那里工作。

15.5 结论

第 3 章展现了微观经济的需求—供给模型在解释单个产品的价格和产量如何决定时的强大力量。本章表明，我们需要一个不同的模型来解释整体经济的行为。我们看到宏观经济的总需求—总供给模型解释了实际 GDP 和价格水平的波动。

实际 GDP、就业和价格水平的波动促使联邦政府实施宏观经济政策。我们将在第 17 章和第 18 章中分析这些政策，但在此之前，我们将在第 16 章中考虑货币在经济中的作用。

阅读接下来的“业内观察”专栏，它讨论了货物空运量的下降为什么会使航空业担心经济的健康状况。

业内观察

货运量减少预示着持续的经济困境

彭博社

《货运市场：由于联信公司担忧衰退风险，货物空运量下降》

a 美联航和达美等航空公司货物空运量下降，这增加了对美国经济面临二次衰退风险的担忧。

美联航 8 月的货运量下降了 17%，这是该公司货运量连续第四个月降幅超过 10%。达美的货运量已连续 3 个月几乎没有变化，美国航空公司的货运量从 5 月开始也连续下降。

达美航空公司货运部主管 Neel Shah 在一次电话采访中表示：“消费者对经济的紧张情绪蔓延。可能今天他们感觉良好，但明天就感觉很糟，这种波动性就是问题所在。”

b “货运量是航空运输业主营业务——运送旅客——的晴雨表。”Wolfe Trahan 公司的分析师 Hunter Keay 如是说。虽然货运在美国最大的几家航空公司的销售额中所占份额不足 4%，但是，它们的月度报告比联邦快递公司和联合包裹服务公司的季度报告提供了关于总额达 600 亿美元的全球货运市场的更及时的信息。

频繁的航班和广泛的网络帮助航空公司赢得了从信件到电子产品的所有业务，其中还包括寿司级海鲜、养殖场的雏鸡和骨灰盒等的运输。

联信公司（Comercia Inc.）首席经济学家 Robert Dye 表示：“货物空运量下降只是众多表明经济将持续疲软，甚至有可能滑向衰退的指标之一。”

Dye 在达拉斯的一次采访中表示，8 月份货物空运量的下降与“消费者信心指数的迅速下跌”有关。彭博消费者舒适度指数在 2011 年 9 月 4 日结束的那一周降至－49.3，是 2011 年第二差的数据，上周仍保持在这一水平。

Dye 认为再度陷入衰退的可能性为 45%。位于北卡罗来纳州夏洛特的富国证券公司的高级经济学家 Mark Vitner 认为可能性是三分之一。他说，货运的下降有力地说明日本地震所导致的货运混乱问题已得到解决这一观点是不正确的。

“我认为，关注货运数据并且对它对旅客数量趋势意味着什么持一定的怀疑态度并不是不合理的。”Keay 在纽约接受的一次采访中如是说。

分析师和投资者们一直密切关注着衰退回归的信号，因为两年间失业率一直维持在 9%附近甚至更高的水平，抑制了消费者信心和消费。

在日本 3 月 11 日地震和海啸发生后，货物空运量从 5 月开始出现下降。航空公司还说，与一年前经济复苏且许多企业补充存货时相比，如今的货运量非常惨淡。

在总部位于亚特兰大的达美航空公司，货运量在 3 月和 4 月上升了 15%，5 月的增速放缓至 2.1%。之后，货运量基本没有变化。Shah 说，中国和日本的出口在下降，美国的货运量也在萎缩。

c “历史上，货物空运量是商务舱和头等舱客运量的一个很好的领先指标，领先时间大约为 3～6 月。”在纽约的德意志银行分析师 Michael Linenberg 上个月在一份研究报告中说，“而商务舱和头等舱客运量往往也是休闲旅行的领先指标，领先的时间也差不多。”

尽管达美公司的总裁 Ed Bastian 等业内高管在本周 Linenberg 主办的一个会议上表示旅行需求非常坚挺，但是，一些公司还是通过削减运输能力表示出了它们的担忧。

达美表示，它将把 2012 年的运载能力减少 2%～3%，而美国航空公司表示下一季度将座位数减少 0.5%，明年的计划仍在制订中。美联航和达美此前已经减少了年末的载客数。

达美公司的 Shah 说：“货物空运通常像是矿井中的金丝雀，我不知道我们这次会不会面对那种情况。旅客需求保持稳定，但是每家公司都对成本和运载能力十分谨慎。”

资料来源：“Air Cargo Down as Comerica Mulls Recession Risk: Freight Markets”, by Mary Jane Credeur from *Bloomberg*, September 15, 2011.

文章要点

虽然货物空运只占大型航空公司总业务的一小部分，但是，历史已经证明，它们是未来旅客出行数量的好的指示器。货运的下降使得一些分析师担忧，在未来的6～12个月，乘坐飞机出行的旅客数量也会下降。对此，航空公司已经做出反应，计划削减部分载客能力。货物空运量减少是从2011年5月开始的，与消费者信心下降同时发生。消费者信心的下降是由连续长时间超过9%的失业率造成的。一些分析师将货运量的减少和航空公司缩小载客能力的行动看作本来就复苏缓慢的经济可能进一步下滑的信号。

新闻分析

a 2011年8月，美国三大航空公司表示，它们的货物空运量从5月份以来依然低迷或是出现下降。虽然达美航空公司的货运量几乎没有变化，但是美国航空公司和美国联合航空公司的货运量已经连续四个月下降，其中美联航货运量每月降低的百分点达两位数。

b 货物空运量被看作是反映未来旅客出行数量和经济整体状况的指示器。货物空运只占美国几家最大航空公司总销售额的不到4%，但是货运部门的变化趋势常常预示着客运部门也会出现类似的趋势。因为航空公司拥有广泛的网络，而且每天有大量的航班，它们吸引了大量的货运客户，所以货物空运量的减少反映了美国许多行业的货运量的下降。联信公司首席经济学家Robert Dye表示，这“只是众多表明经济将持续疲软，甚至有可能滑向衰退的指标之一”。我们可以运用总需求—总供给模型来分析在2007—2009年衰退中美国经济发生了什么变动。下图显示，在2007年第四季度，经济处在长期均衡。实际GDP为13.4万亿美元（以2005年美元计），价格水平为107.4。消费和投资支出的下降引起总需求曲线向左移动，从$AD_{Q4,2007}$移至$AD_{Q1,2009}$。同时，总供给也减少，部分地是由于2008年资本投资的减少和石油与大宗商品价格的上涨。短期总供给曲线从$SRAS_{Q4,2007}$向左移动到$SRAS_{Q1,2009}$，但是总供给的下降超过总需求的下降。所以，在2009年第一季度，短期实际GDP下降至12.7万亿美元，价格水平上升至108.6。衰退结束以来，经济略有回升，但是，到2011年第二季度，实际GDP只增长至13.3万亿美元，仍低于衰退开始时的水平，而价格水平上升到了116.0。

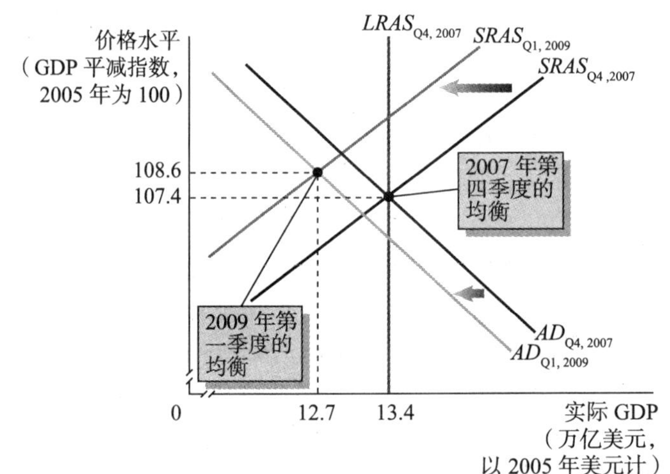

c　因为货物空运量的趋势常常预示着未来航空旅客人数的变动趋势，所以航空公司开始计划减少 2011 年末和 2012 年的载客规模。这再次体现了人们对经济复苏可能放缓甚至再次陷入衰退的担忧。

深入思考

1. 在 2007 年第四季度到 2009 年第一季度期间，美国失业率从 4.8% 上升至 8.5%。在"新闻分析"所画的总需求—总供给图形中，2009 年的长期总供给曲线应该位于哪里？请简要解释。
2. 在 2011 年第二季度，实际 GDP 是 13.3 万亿美元（以 2005 年美元计），价格水平是 116。运用总需求—总供给图形说明从 2009 年第一季度到 2011 年第二季度的变动，解释总需求和总供给发生了哪些变化才产生了这些影响。

本章总结和习题

关键术语

总需求—总供给模型　财政政策　货币政策　滞胀
长期总供给（*LRAS*）曲线　短期总供给（*SRAS*）曲线　供给冲击　总需求（*AD*）曲线
菜单成本

15.1　总需求

总结

总需求—总供给模型使得我们能够解释实际 GDP 和价格水平的短期波动。总需求曲线表示价格水平与家庭、企业和政府计划总支出水平之间的关系。短期总供给曲线表示短期内价格水平和企业供给的实际 GDP 数量之间的关系。长期总供给曲线表示长期内价格水平和实际 GDP 供给量的关系。消费（*C*）、投资（*I*）、政府购买（*G*）和净出口（*NX*）是总需求的四个组成部分。总需求曲线向下倾斜，这是因为价格水平的下降造成了消费、投资和净出口的增加。如果价格水平变动而其他变量保持不变，经济将沿着一条固定的总需求曲线上下运动。如果价格水平之外的变量发生变动，那么，总需求曲线将发生移动。使总需求曲线发生移动的变量分为三类：政府政策的变化、家庭和企业预期的变化、外国变量的变化。例如，货币政策是联储为了实现宏观经济政策目标而采取的管理货币供给和利率的行动。当联储采取行动改变利率时，消费和投资支出将变动，这将使总需求曲线发生移动。财政政策是为了实现宏观经济政策目标而对联邦税收和政府购买所做的变动。联邦税收和政府购买的变动使总需求曲线发生移动。

复习题

1.1　总需求曲线表示了何种关系？总供给曲线表示了何种关系？

1.2　解释总需求曲线向下倾斜的三个原因。

1.3　*AD* 曲线和单个产品（例如苹果）的需求曲线有什么不同？

1.4　哪些变量使得 *AD* 曲线移动？对于每一个变量，说明其增加将使 *AD* 曲线左移还是右移。

问题与应用

1.5　请解释如下每个事件如何影响总需求曲线？

a. 价格水平上升；
b. 政府购买增加；
c. 州所得税提高；
d. 利率上升；
e. 其他国家收入增长更快。

1.6 ［与15.1节中的"不要犯这样的错误!"专栏有关］一个学生被要求画一幅总需求—总供给图形来说明总供给增加的影响。他画的图如下：

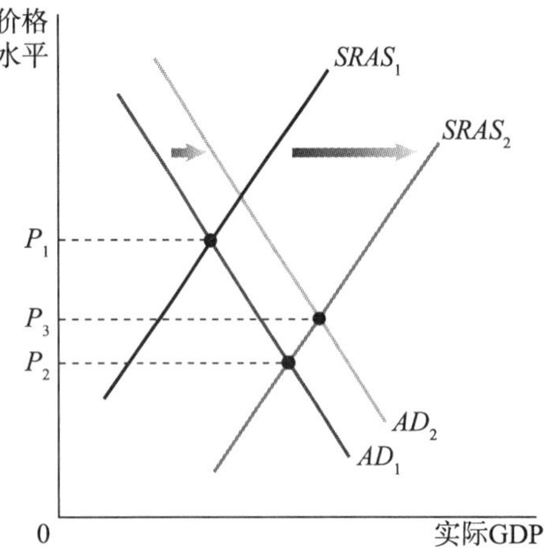

该同学这样解释图形：

总供给的增加使总供给曲线从 $SRAS_1$ 移动至 $SRAS_2$。因为总供给曲线的这种移动导致价格水平下降，所以消费、投资和净出口增加。这些变化使总需求曲线从 AD_1 右移至 AD_2。我们知道，实际 GDP 将增加，但不确定价格水平会上升还是下降，因为这取决于总供给曲线和总需求曲线何者向右移动得更多。我假设总供给曲线的移动量大于总需求曲线，所以我在图中所画出的最终价格水平 P_3 低于初始价格水平 P_1。

解释你是否同意这个同学的分析。仔细解释你认为这一分析到底错在哪里（如果有的话）。

1.7 ［与例题15.1有关］解释如下每个事件将引起 AD 曲线的移动还是沿着 AD 曲线的运动：

a. 企业更加乐观，增加了在机器设备上的支出。

b. 联邦政府为了降低预算赤字而增加税收。

c. 美国经济出现了4%的通货膨胀率。

1.8 ［与15.1节中的"建立联系"专栏有关］如果在2007—2009年的衰退中，美国的实际GDP的减少量大于加拿大、中国和其他贸易伙伴，那么，美国的净出口将上升还是下降？请简要解释。

□ 15.2 总供给

总结

长期总供给曲线是一条垂直线，原因在于长期的实际GDP总处于潜在水平，不受价格水平的影响。短期总供给曲线向上倾斜，原因在于工人和企业不能准确预测未来的价格水平。对于为什么工人和企业不能准确预测未来的价格水平会造成短期总供给曲线向上倾斜，有三种主要的解释：（1）合同使一些工资和价格具有"黏性"；（2）企业调整工资的速度往往较慢；（3）菜单成本使一些价格具有"黏性"。菜单成本指是企业变更菜单或商品目录上的价格的成本。如果价格水平变化而其他变量保持不变，经济将沿着一条固定的总供给曲线上下运动。如果价格水平外的其他变量变动，总供给曲线将发生移动。总供给曲线移动是因为劳动力和资本存量的增加、技术变革的发生、未来价格水平预期的变动、工人和企业对过去关于价格水平预期错误的调整和某种重要原材料未预期到的价格变动。供给冲击是使短期总供给曲线移动的未预期到的事件。

复习题

2.1 解释长期总供给曲线垂直的原因。

2.2 哪些变量使得长期总供给曲线移动？对于每一个变量，说明其增加使长期总供给曲线左移还是右移。

2.3 短期总供给曲线向上倾斜的原因是什么？

2.4 哪些变量使得短期总供给曲线移动？对于每一个变量，说明其增加使短期总供给曲线左移还是右移。

问题与应用

2.5 说明以下每个事件将如何影响长期总供给曲线：

a. 价格水平上升；

b. 劳动力增加；

c. 资本品数量增加；

d. 技术变革。

2.6 《经济学家》杂志的一篇文章指出，"经济提供商品和服务的潜力是由劳动力、资本存量和通货膨胀预期这些因素决定的。"你是否同意这篇文章所列出的潜在GDP的决定因素？请简要解释。

资料来源："Money's Muddled Message", *Economist*, May 19, 2009。

2.7 说明以下每个事件将如何影响短期总供给曲线：

a. 价格水平上升；

b. 对未来价格水平的预期提高；

c. 当前价格水平高于预期；

d. 一种重要原材料的价格出现未预期到的增加；

e. 劳动力参与率提高。

2.8 假定工人和企业总能完全准确地预测明年的价格水平。请简要解释在这种情况下 *SRAS* 曲线是否仍向上倾斜。

2.9 工人和企业签订的合约常常将价格或工资固定下来，有时一固定就是数年。如果实际价格水平与合约签订时的预期有偏差，合约的其中一方就会遭受损失。虽然知道会这样，但工人和企业仍旧签订长期合约。请简要解释其中的原因。

2.10 什么是菜单成本？计算机和互联网的广泛使用如何影响了菜单成本？如果菜单成本被消除了，那么短期总供给曲线将是一条垂直线吗？请简要解释。

□ 15.3 宏观经济的长期均衡和短期均衡

总结

在长期宏观经济均衡，总需求曲线和短期总供给曲线的交点落在长期总供给曲线上。在短期宏观经济均衡，总需求曲线和短期总供给曲线的交点常常并不落在长期总供给曲线上。自动调整机制推动经济回到长期均衡。如果短期均衡的 GDP 低于其潜在水平，工资和价格将下降，短期总供给曲线将向右移动，直至恢复潜在 GDP 水平。如果短期均衡的 GDP 高于其潜在水平，工资和价格将上升，短期总供给曲线将向左移动，直至恢复潜在 GDP 水平。实际 GDP 可能暂时高于或低于其潜在水平，这要么是因为总需求曲线的移动，要么是因为供给冲击导致总供给曲线发生移动。滞胀是通货膨胀和衰退的结合，通常由供给冲击导致。

复习题

3.1 当经济处于长期宏观均衡时，*AD*、*SRAS*、*LRAS* 曲线之间有什么关系？

3.2 为什么供给冲击可能会导致滞胀？

3.3 为什么总需求的增加对价格和产出的长期影响与短期影响不同？

问题与应用

3.4 画出表示经济处于长期均衡的基本总需求—总供给图形（*LRAS* 保持不变）。

a. 假定对美国出口品的需求大幅增加。在图中画出由此产生的短期均衡。在这个短期均衡，失业率比出口增加前可能更高还是更低？请简要解释。解释经济如何回调到长期均衡。当经济调整到长期均衡后，下面各项的数值与出口增加前相比发生了怎样的变动：

1. 实际 GDP；
2. 价格水平；
3. 失业率。

b. 假设石油价格出乎意料地上升。在图中画出由此产生的短期均衡。在这个短期均衡，失业率比石油价格上升前*可能更高还是更低？请简要解释。解释经济如何回调到长期均衡。当经济调整到长期均衡后，下面各项的数值与石油价格增加前相比发生了怎样的变动：

1. 实际 GDP；
2. 价格水平；
3. 失业率。

3.5 列出会造成实际 GDP 下降（如果下降幅度足够大，将引起衰退）的四个变量。说明每个变量的变动会增加还是减少总需求或短期总供给。接下来，列出会造成价格水平上升（短期通货膨胀）的四个变量。说明每个变量的变动会增加还是减少总需求或短期总供给。

3.6 ［与 15.3 节中的“建立联系”专栏有关］加州大学洛杉矶分校的爱德华·莱默教授说：“住房就是经济周期”。为什么住宅建设支出比家庭在汽车或家具等耐用消费品上的支出或企业在厂房和设备上的支出波动更大？

资料来源：Edward E. Leamer，“Housing Is the Business Cycle”，in *Housing*，*Housing Finance*，*and Monetary Policy*，Federal Reserve Bank of Kansas City，August 2007。

3.7 考虑下表给出的 1969 年和 1970 年的数据（单位：万亿美元，现实的实际 GDP 和潜在的实际 GDP 以 2005 年美元计）：

年份	现实的实际 GDP	潜在的实际 GDP	失业率
1969	4.26	4.19	3.5
1970	4.27	4.34	4.9

资料来源：U. S. Bureau of Labor Statistics; and U. S. Bureau of Economic Analysis。

a. 在 1969 年，现实的实际 GDP 高于潜在的实

* 原书为比出口增加前，疑误。——译者注

际 GDP。解释可能的原因。

b. 虽然 1970 年的实际 GDP 略高于 1969 年，但是失业率却较 1969 年大幅上升。为什么失业率会增加？

c. 1970 年的通货膨胀率可能比 1969 年高还是低？你的答案与 1969 年 12 月开始的衰退是由总需求某一组成部分的变动引起的还是由供给冲击引起的有关吗？

3.8　运用下图来回答以下问题：

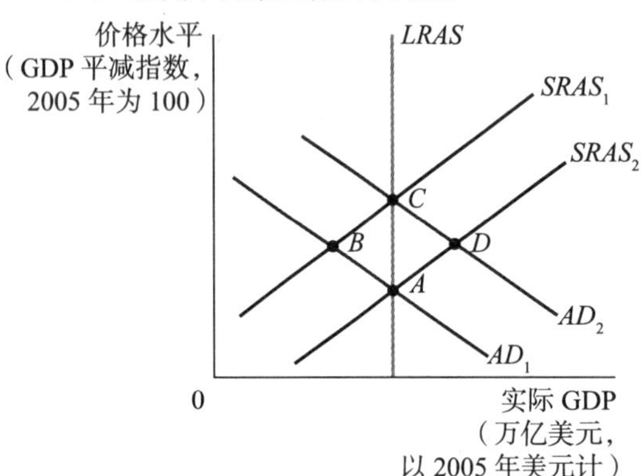

a. A、B、C、D 哪个点代表长期均衡？

b. 假定初始时经济处于 A 点。如果总需求从 AD_1 提高至 AD_2，哪个点代表经济的短期均衡？哪个点代表经济最终的长期均衡？请简要解释经济是如何从短期均衡调整至长期均衡的。

3.9　［与 15.3 节中的“建立联系”专栏有关］2009 年初，时任经济顾问委员会主席克里斯蒂娜·罗默（Christina Romer）和时任副总统约瑟夫·拜登（Joseph Biden）的经济顾问贾里德·伯恩斯坦（Jared Bernstein）在假设国会通过奥巴马总统提出的财政政策提案的情况下，预测了实际 GDP 回到潜在水平需要多长时间：

> 必须明白，这份备忘录中所呈现的所有估计值都可能有重大的误差幅度。对一个假想的方案而非国会通过的最终方案建模，显然存在不确定性。但是，对一个计划带来的影响进行估计有着更根本的不确定性。我们对经济关系的估计是基于历史经验获得的，因此不可能完全适用于任何给定的时期。并且，当前的不确定性显然会比正常水平更高，因为目前的经济衰退不论是从根本原因还是严重性上都不同寻常。

为什么衰退的原因和严重程度会影响对经济何时回到潜在 GDP 水平的预测的准确性？

资料来源：Christina Romer and Jared Bernstein，*The Job Impact of the American Recovery and Reinvestment Plan*，January 9，2009，p. 2。

□ 15.4　动态总需求—总供给模型

总结

为了使总需求—总供给模型更加符合现实，我们需要考虑基本模型忽略了的三个事实，来使其动态化：（1）潜在的实际 GDP 不断增加，使长期总供给曲线向右移动；（2）在大部分年份里，总需求曲线向右移动；（3）除了工人和企业预期高通货膨胀率的时期外，短期总供给曲线都向右移动。动态总需求—总供给模型使得我们能够分析宏观经济状况，包括 2007—2009 年衰退的开始。

复习题

4.1　基本总需求—总供给模型和动态总需求—总供给模型有什么关键区别？

4.2　在动态总需求—总供给模型中，总需求增加速度快于潜在实际 GDP 会导致什么结果？总需求增加速度慢于潜在实际 GDP 又会导致什么结果？

4.3　简要讨论引发 2007—2009 年衰退的因素。

问题与应用

4.4　画一幅动态总需求—总供给图形，表示经济从 2013 年的潜在 GDP 移动至 2014 年的潜在 GDP，并且没有引起通货膨胀。你的图形应该包含 2013 年和 2014 年的 AD、$SRAS$、$LRAS$ 曲线，并且应该标明各年的短期宏观经济均衡和曲线的移动方向。指出要满足什么样的条件才能使 2014 年的增长没有通货膨胀？

4.5　［与例题 15.4 有关］考虑下表给出的大萧条头两年的数据（单位：万亿美元，现实的实际 GDP 和潜在的实际 GDP 以 2005 年美元计）：

年份	现实的实际 GDP	潜在的实际 GDP	价格水平
1929	977.0	977.7	10.6
1930	892.8	1 011.4	10.2

资料来源：U. S. Bureau of Labor Statistics；and U. S. Bureau of Economic Analysis。

a. 该表显示，在 1929—1930 年发生的某些情况在过去 50 年的衰退中都没有发生过。是什么情况？

b. 画一幅动态总需求—总供给图形来说明这两年发生了什么。你的图形应该包含 1929 年和 1930 年的 *AD*、*SRAS*、*LRAS* 曲线，并且应该标明各年的短期宏观经济均衡和曲线的移动方向。

4.6 ［与例题 15.4 有关］参看例题 15.4 的表。1974 年的价格水平是 30.7，1975 年的是 33.6。这些价格水平的值都远远低于 100。这意味着这些年份中通货膨胀一定很低吗？请简要解释。

4.7 在下图中，假定经济从第 1 年的 *A* 点移动至第 2 年的 *B* 点。运用图形，简要解释你对以下问题的答案：

a. 从第 1 年到第 2 年，潜在的实际 GDP 的增长率是多少？

b. 第 2 年的失业率比第 1 年高还是低？

c. 第 2 年的通货膨胀率是多少？

d. 第 2 年的实际 GDP 增长率是多少？

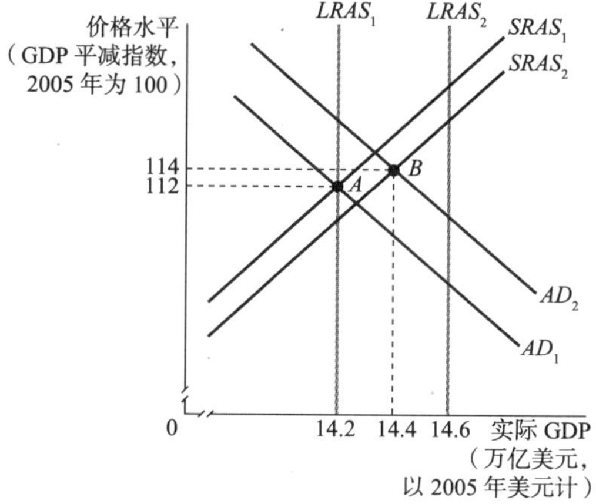

4.8 解释你是否同意以下说法：

> 动态总需求—总供给模型预测，*AD* 下降所导致的衰退会造成通货膨胀率下降。我知道 2007—2009 年的衰退是由 *AD* 下降引起的，但是这次衰退并没有使通货膨胀率下降。大多数商品在 2008 年的价格无疑高于 2007 年，所以通货膨胀率不可能下降了。

4.9 在 2011 年末发表的一次演讲中，奥巴马总统提道："很有可能导致这次金融危机和严重衰退的最重要的原因是四年前破灭的房地产泡沫。"奥巴马总统所说的"房地产泡沫"指的是什么？房地产泡沫是如何引发衰退的？

资料来源：Laura Meckler，"Obama Says Plan Will Cut Mortgage Payments for Millions"，*Wall Street Journal*，October 24，2011。

4.10 ［与开篇案例有关］2011 年末《华尔街日报》的一篇文章指出："联邦快递公司对本年度记载的假日货运量的预测表明，美国消费者越来越多地在网上买东西。但是零售商们仍在期待一个温馨的'假期季'，货运量的增长预计主要来自购物者对网上低价商品的购买热潮。"这一信息对于在本章开篇案例中讨论的"联邦快递指数"的有用性有什么启示？

资料来源：Bob Sechler and Jennifer Levitz，"More Boxes for FedEx"，*Wall Street Journal*，October 25，2011。

附录：不同宏观经济学派

1936 年，随着约翰·梅纳德·凯恩斯的著作《就业、利息和货币通论》(*The General Theory of Employment, Interest, and Money*) 的出版，宏观经济学成为了一个独立的经济领域。凯恩斯是英国剑桥大学的经济学家，他试图解释 20 世纪 30 年代毁灭性的大萧条。美国的实际 GDP 在 1929—1933 年下降了超过 25%，直至 1941 年美国加入第二次世界大战才回到潜在水平。失业率在 1933 年狂飙至 25%，直到 1942 年才回到 1929 年的水平。凯恩斯建立了一个总需求—总供给模型来解释这些事实。在 20 世纪 30 年代和 40 年代，凯恩斯的模型得到了广泛接受，这被称为**凯恩斯革命** (Keynesian revolution)。

事实上，在分析宏观经济问题时，使用总需求—总供给模型仍是被最广泛接受的方法。因为这个模型从凯恩斯时代起一直在做重大修改，如今运用这个模型的经济学家把自己称为新凯恩斯主义者。新凯恩斯主义者强调工资和价格的黏性在解释实际 GDP 波动中的重要性。但是，大量的经济学家对使用总需求—总供给模型（就像本章中讨论的那样）是不是分析宏观经济问题的最佳方法持怀疑态度。这些其他的学派使用的模型与标准的总需求—总供给模型有很大区别。我们可以简单讨论以下三个主要的其他模型：

1. 货币主义模型
2. 新古典模型
3. 实际经济周期模型

□ 15A.1 货币主义模型

货币主义模型也被称为新货币数量论模型，是由 1976 年诺贝尔经济学奖获得者、芝加哥大学的经济学家米尔顿·弗里德曼在 20 世纪 40 年代初建立的。弗里德曼认为凯恩斯主义者的方法过度强调了经济体中宏观经济不稳定性的数量。他特别指出，经济常常处于潜在 GDP 水平。在他与安娜·施瓦茨合著的《美国货币史：1867—1960》(*A Monetary History of the United States: 1867-1960*) 一书中，弗里德曼认为，实际产出的大部分波动是由货币供给的波动造成的，而不是由消费支出或投资支出的波动造成的。弗里德曼和施瓦茨认为，由于联储放任经济中的货币数量在 1929—1933 年下降了超过 25%，才导致大萧条如此严重。

在美国，联储负责控制货币数量。正如我们将在第 17 章进一步讨论的，联储通常更关注控制利率而不是控制货币供给。弗里德曼认为联储应该改变它的政策，采用一个**货币增长规则** (monetary growth rule)，即以固定速度增加货币供给的计划。弗里德曼相信，采用货币增长规则有助于减少实际 GDP 、就业和通货膨胀的波动。

弗里德曼的思想被称作**货币主义** (monetarism)，在 20 世纪 70 年代和 80 年代初的高失业率和通货膨胀率时期，吸引了大量支持者。在 20 世纪 80 年代末和 90 年代，失业率和通货膨胀率相对较低，货币主义的支持率下降。在第 16 章，我们将探讨货币数量论，它是货币主义模型的基石。

□ 15A.2 新古典模型

新古典模型是在 20 世纪 70 年代中期由一批经济学家建立的，其中包括诺贝尔经济学奖获得者、芝加哥大学的罗伯特·卢卡斯，诺贝尔经济学奖获得者、纽约大学的托马斯·萨金特和哈佛大学的罗伯特·巴罗。新古典经济学家的某些观点与大萧条前经济学家的一致。凯恩斯称大萧条前的经济学家为“古典经济学家”。与古典经济学家一样，新古典宏观经济学家相信，经济通常处于潜在 GDP 水平。他们也相信，工资和价格对供给和需求的变动迅速作出调整。也就是说，他们认为新凯恩斯主义者强调的工资和价格的黏性并不重要。

卢卡斯认为，工人和企业都拥有理性预期，也就是说，他们运用所有可得信息，包括可能影响总需求量的变量的信息（如货币量的变动），来形成对经济变量（如通货膨胀率）未来数值的预期。如果现实的通货膨胀率低于预期，现实的实际工资就会高于预期实际工资，这就将导致衰退，原因是更高的实际工资将使企业裁减员工、减少生产。随着工人和企业根据低通货膨胀率调整他们的预期，实际工资将下降，就业和产出将提高，经济随之走出衰退。卢卡斯和他的追随者的思想被称为**新古典宏观经济学**（new classical macroeconomics）。新古典模型的支持者们与货币主义模型的支持者观点一致，认为联储应该采用一个货币增长规则。他们认为货币增长规则会使工人和企业更容易准确预测价格水平，从而减少实际 GDP 的波动。

□ 15A.3 实际经济周期模型

从 20 世纪 80 年代初开始，包括卡内基-梅隆大学的芬恩·基德兰德（Finn Kydland）和亚利桑那州立大学的爱德华·普雷斯科特（Edward Prescott）这两位诺贝尔经济学奖获得者在内的一些经济学家开始认为卢卡斯所做的关于工人和企业理性地形成预期以及工资和价格对供给和需求迅速做出调整的假设是正确的，但是对实际 GDP 的波动原因的看法是错误的。他们认为，实际 GDP 的波动是由对生产率的暂时冲击造成的。这些冲击可能是负向的，如石油或其他原材料可获取量的下降，也可能是正向的，如使得同样数量的投入能生产更多产出的技术变革。

根据这一学派的观点，总需求曲线的移动对实际 GDP 没有任何影响，因为短期总供给曲线是垂直的。其他学派认为短期总供给曲线向上倾斜，只有长期总供给曲线是垂直的。当对生产率的负向冲击使短期总供给曲线向左移动（减少实际 GDP）或对生产率的正向冲击使短期总供给曲线向右移动（增加实际 GDP）时，实际 GDP 就发生波动。因为这个模型关注的是用于解释实际 GDP 波动的“实际”因素（生产率冲击）而不是货币量的变动，所以它被称为**实际经济周期模型**（real business cycle model）。

建立联系☞

卡尔·马克思：资本主义最严厉的批判者

我们在这个附录中讨论的这些宏观经济学派被认为是主流经济理论的一部分，因为这些理论认可市场体系是在长期提高生活水平的最佳工具。卡尔·马克思是一位影响深远的主流经济理论批判者。马克思于 1818 年出生于德国特里尔市。在 1841 年从柏林大学毕业后，他成为了一名政治记者和革命鼓动者。他的政治活动使他先后被德国、法国和比利时驱逐。在 1849 年，马克思搬到伦敦，并在那里度过了余生。

在1867年，马克思出版了他最重要的著作《资本论》的第一卷。马克思详细研究了包括亚当·斯密、大卫·李嘉图、约翰·穆勒在内的最杰出的主流经济学家的著作。但马克思相信，他对市场体系在长期将如何演变的理解比他之前的这些作者深刻得多。他认为，市场体系最终会被由工人控制生产的共产主义经济所代替。他信奉劳动价值论，这种理论认为，商品和服务的所有价值都是由其中蕴涵的劳动创造的。根据马克思的理论，企业的所有者（即资本家）赚取利润，并不是通过对商品和服务的生产贡献有价值的东西，而是通过“占有生产资料”（对厂房和机器的所有权），由于他们占有生产资料，所以他们支付给工人的工资低于工人对产出的贡献价值从而剥削工人。

马克思认为工人的工资最终会降至仅供生存的水平。他还认为，小型企业最终将被大型企业赶出市场，迫使小企业主变为工人阶级。生产最终将被小部分企业所掌握，这小部分企业难以把它们生产的产品卖给贫困的大众。最终爆发的经济危机将使工人阶级起义，获得对生产的控制权，建立共产主义。马克思卒于1883年，没有来得及详细解释共产主义经济的运行方式。

马克思对美国主流思想的影响相对很小，但是他的思想指导了欧洲某些政党的行动。1917年，布尔什维克党控制了俄国，建立了苏联——第一个社会主义国家。虽然苏联在列宁和他的继任者斯大林的统治下不够民主，但是，当它避免了20世纪30年代席卷市场经济国家的宏观经济危机时，苏联的声名鹊起。到了20世纪40年代末，共产党在中国和东欧各国成为了执政党。由于经济表现糟糕，苏联最终解体，代之以市场体系，尽管政府干预仍广泛存在。在中国，共产党仍在执政，但该国经济正在向市场体系转变。

□ 关键术语

凯恩斯革命	货币增长规则	实际经济周期模型
货币主义	新古典经济学	

第7篇

货币政策和财政政策

第 16 章

货币、银行和联邦储备体系

本章概览和学习目标

16.1 什么是货币？我们为什么需要货币？

定义货币，讨论货币的四种职能。

16.2 美国当前如何衡量货币？

讨论美国当今使用的货币供给的定义。

16.3 银行如何创造货币？

解释银行如何创造货币。

16.4 联邦储备体系

讨论联储用来管理货币供给的三种政策工具。

16.5 货币数量论

解释货币数量论，并用其解释高通货膨胀率的出现。

开篇案例

津巴布韦货币泛滥，可口可乐却脱销了

非洲人民每年购买 360 亿瓶可口可乐。在 2008 年，非洲南部的津巴布韦本地产可口可乐脱销，这在至少 40 年的时间里尚属首次。因为当地可口可乐灌装厂无法获得美元，所以它们无法从美国进口制作这种软饮料所需的浓缩原浆。津巴布韦从南非进口了少量的可口可乐，但是每瓶售价达 150 亿津巴布韦元左右！津巴布韦遭受着极高的通货膨胀率带来的影响，这种极高的通货膨胀被称为恶性通货膨胀。津巴布韦的恶性通货膨胀足以载入史册，可能是世界历史上最严重的。当津巴布韦元在 1980 年首次引入时，1 津巴布韦元可兑换 1.47 美元。到 2008 年末，汇率变为 1 美元兑换 20 亿津巴布韦元。在津巴布韦，一些大宗交易使用千万亿（15 个零）和百亿亿（18 个零）作为计价单位。

除了可口可乐短缺外，津巴布韦人民还遭受着燃油、食品和其他基本商品的短缺。随着津巴布韦元相对于其他货币贬值，可口可乐灌装厂这样的本地企业难以找到愿意用美元兑换津巴布韦元的贸易伙伴。为什么津巴布韦元几乎一文不值？是因为津巴布韦政府此前一直决定通过印刷越来越多的货币来支付所有的费用。政府印制钞票的速度越快，价格水平上升得也越快。最终，外国人和本地居民都拒绝接受津巴布韦元来交换商品和服务，该国经济骤然陷入毁灭性的衰退，在 2008 年实际 GDP 下降量超过 12%。在 2009 年初，政府发行了面值为 100 万亿的钞票，但是这样面值的钞票还不够支付津巴布韦首都哈拉雷的一张公共汽车票。最终，在 2009 年，新一届津巴布韦政府决定采取极端措施，放弃了本国货币，转而使用美元作为官方货币。

本章末的“业内观察”专栏讨论了 2011 年银行如何增加了对消费者和企业的贷款以及这如何影响了 2007—2009 年衰退后的复苏。

资料来源：Angus Shaw，“Coca Cola Dries Up in Zimbabwe”，newzimbabwe. com，December 1，2008；Patrick McGroarty and Farai Mutsaka，“How to Turn 100 Trillion Dollars into Five and Feel Good About It”，*Wall Street Journal*，May 11，2011；Marcus Walker and Andrew Higgins，“Zimbabwe Can't Paper Over Its Million-Percent Inflation Anymore”，*Wall Street Journal*，July 2，2008；and “Wait and See”，*Economist*，February 5，2009。

生活中的经济学☞

如果货币变得越来越有价值，将会发生什么？

大多数人对货币购买力随着价格逐年上升而下降这一事实习以为常。你用 1 000美元在明年能购买的商品和服务数量比今年少，而后年甚至会更少。事实上，如果通货膨胀率只有 3%，25 年以后的1 000美元只能购买今天 475 美元的商品。但是，假定你生活在一个货币购买力逐年增加的国家中。在这样一个经济中生活的优点和缺点各有哪些？在阅读本章的过程中，看看你是否能够回答这个问题。对照我们在本章末尾提供的答案，你可以检验你的答案。

本章中，我们将研究货币在经济中的作用。我们将会看到，银行体系如何创造货币以及联储使用何种政策工具来管理货币数量。我们也将看到过去几年银行体系的危机。在本章末，我们将探讨货币数量变动和价格水平变动之间的联系。你在本章学到的内容将为你理解在接下来的三章要学习的货币政策和财政政策打下坚实的基础。

16.1 什么是货币？我们为什么需要货币？

一个没有货币的经济体能正常运行吗？我们知道，答案是肯定的，因为历史上存在许多这样的例子，人们不使用货币而是以物易物。例如，在殖民地时期生活在美国边远地区的农民可能会用牛换取犁。但是大部分经济体使用货币。什么是货币？**货币**（money）的经济学定义是在商品和服务的交换以及债务偿还中人们普遍愿意接受的资产。回忆第 6 章中讲过，**资产**（asset）指的是个人或企业拥有的任何有价值的东西。货币可能有多种形式：在西部非洲，贝壳曾被用作货币。在二战期间，战俘们把香烟用作货币。

□ 16.1.1 物物交换和货币的诞生

为了理解货币的重要性，让我们进一步考虑没有货币的经济中的情况。商品和服务直接与其他商品和服务进行交换的经济被称为物物交换经济。物物交换经济有一个重大的缺陷。为了说明这个缺陷，考虑殖民地时期一个生活在美国边远地区的农民。假定这个农民需要一头耕牛，他想用自己多余的犁交换邻居的一头牛。如果这个邻居不需要犁，交换就不会发生。要在两个人之间达成物物交换，前提是每一方所需必须是另一方所有。经济学家将这个条件称为需求的双向一致性。需要牛的农民也许最终能够得到牛，但需要先与其他邻居交换到拥有牛的那个邻居所需的东西。但是，在这个农民最终交换到拥有牛的那个邻居所需的东西之前，他可能要经历多次交易。多次寻找交易对象和进行中间交易可能耗费大量的时间和精力。

物物交换存在的问题使得经济有激励确定一种大部分人在交换中都愿意接受的物品。例如，在殖民地时期，动物毛皮在制衣时很有用。事实上，第一任田纳西州州长的年薪是 1 000 张鹿皮，财政部长的年薪是 450 张水獭皮。被作为货币使用且具有独立于货币用途的价值的商品被称为**商品货币**（commodity money）。历史上，一旦某种物品作为货币被广泛接受，暂时不需要使用它的人们仍然愿意接受它。殖民地时期的农民或者田纳西州州长可能并不需要鹿皮，但是只要他们知道鹿皮可以用来购买其他商品和服务，他们就愿意在出售自己的商品时接受鹿皮。

货币出现后，商品和服务的交易便捷得多了。人们只需要出售自己的商品换取货币，然后再使用货币来购买他们所需的物品。如果殖民地时期的家庭能够找到愿意购买他们的犁的买家，他们就能用这笔钱购买所需要的牛。拥有牛的家庭会接受这笔钱，因为他们知道自己能够用它来购买所需的任何商品。货币出现后，家庭就无须自己生产全部或几乎全部的所需物品，而更有可能专门从事某些产品的生产。

现代经济中大部分人都高度专业化。他们只从事一件事——作为护士、会计或工程师，然后用工资来购买所需的一切。正如我们在第 2 章中讨论的，专业化提高了人们的生产力，因为他们能追求自己的比较优势。现代经济的高收入水平建立在货币带来的专业化基础上。我们现在可以回答这个问题了："为什么我们需要货币?"通过简化交易，货币促使人们专业化，提高了生产力。

□ 16.1.2 货币的职能

任何被用作货币的物品，不论是鹿皮、贝壳、香烟还是美钞，都应该实现如下四种职能：

- 交易媒介
- 价值尺度
- 价值储藏手段
- 延期支付手段

交易媒介。

当商品和服务的卖方愿意接受货币时，货币就充当了交易媒介。当你在当地超市用5美元购买面包和牛奶时，这5美元就发挥了交易媒介的作用。有了交易媒介，人们能够出售商品和服务来获得货币，然后用这些货币购买所需商品和服务。当单一的某种商品充当交易媒介时，经济的运行就更加有效率。

价值尺度。

在物物交换体系中，每种商品都有多种价格。一头牛可能值两张犁、20蒲式耳小麦或6把斧头。一旦单一的某种商品成为货币，每种商品就只有唯一的价格。货币的这种职能给买卖双方提供了价值尺度，也就是用货币衡量在经济中的价值的方式。因为美国经济采用美元作为货币，所以每种商品都有用美元标价的价格。

价值储藏手段。

货币使得价值很容易储藏：如果你今天不需要使用所有的货币来购买商品和服务，那么你就能持有余下的货币以备将来使用。但是，货币并不是唯一的价值储藏手段。任何资产，比如可口可乐公司的股票、国债、不动产和雷诺阿的画作等都是价值储藏手段。相较于持有货币而言，股票和债券等金融资产提供了一项重要的收益，因为它们支付了更高的利率或者未来可能升值。其他资产相较于货币也有优势，因为它们提供服务。例如房子能给你提供居住的地方。

那么，为什么人们持有货币呢?这个答案与流动性有关，即资产转换到交易媒介的容易程度。因为货币是交易媒介，它是最具流动性的资产。如果你为了购买某样东西需要出售资产时，你很可能会支付一些成本。例如，如果你想出售债券或股票来购买一辆汽车，你需要向经纪人支付佣金。为了避免这种成本，人们愿意以货币形式持有部分财富，即使其他可作为价值储藏手段的资产能提供更大的回报。

延期支付手段。

货币的用途还表现在借贷中的延期支付手段。通过货币的交易媒介和价值尺度职能，它促进了某一给定时点的交换。通过货币的价值储藏手段和延期支付手段职能，它也可以促进一段时间内的交换。例如，一个计算机制造商可以从另一家企业购买硬盘，并承诺60天内付款。

货币作为一种可靠的价值储藏手段和延期支付手段有多重要呢?人们关心自己拥有的货币能购买多少食物、衣服及其他商品和服务。货币的价值取决于它的购买力，即它购买商品和服务的能力。通货膨胀造成了购买力的下降，因为随着价格上升，给定数量的货币能够购买的商品和服务减少了。当通货膨胀达到津巴布韦所出现的那种水平时，货币已经不再是可靠的价值储藏手段和延期支付手段了。

□ 16.1.3 什么可以充当货币？

交易媒介方便了交易，提高了经济的运行效率。接下来的逻辑问题就是：什么可以充当货币？也就是说，哪种资产可以充当交易媒介？我们之前看到，一种资产作为货币的最低标准是它作为支付手段被普遍接受。但是，在实践中，它需要满足更多的条件：

一种适合作为交易媒介的商品需要满足 5 个标准：

1. 这种商品必须被大部分人接受（即使用）。
2. 它应该具有标准化的质量，从而任意两个单位都是同质的。
3. 它应该是耐用品，从而价值不会被损坏。
4. 相对于它的重量来说，它应该很有价值，从而交易中需要使用的足够多的数量可以轻易运输。
5. 交易媒介应当可分，因为不同商品的价值不同。

美钞满足上述所有标准。什么决定了美钞作为交易媒介的可接受性？这基本上是通过预期的自我实现而形成的：只有你相信其他人会接受某种物品作为支付手段时，你才会把它当作货币。社会使用美元纸币作为货币的意愿就使美元成为了可接受的交易媒介。

商品货币。

商品货币拥有独立于其货币职能外的价值。例如，黄金是 19 世纪普遍使用的货币形式，因为它具有交易媒介、价值尺度、价值储藏手段和延期支付手段的职能。但是，商品货币有一个重要的问题：它的价值取决于它的纯度。因此，某些人会在贵金属中掺入不纯的金属来欺骗他人。使用黄金作为货币的另一个问题是货币供给很难控制，因为它部分地依赖于无法预测的新金矿的发现。

法定货币。

如果一个经济仅仅依赖黄金或其他贵金属作为货币供给来源，那可能是缺乏效率的。如果你为了完成交易必须携带大量金条，那会如何呢？这么做不仅困难、耗费成本，而且有被抢劫的风险。为了克服这个问题，私人机构和政府开始储藏黄金，发行可兑换黄金的纸质凭证。在现代经济中，纸币通常由中央银行发行，它是监管货币供给的政府机构。**美联储**（Federal Reserve）是美国的中央银行。当今世界已经没有政府发行的可兑换黄金的纸币了。除非用作货币，否则纸币没有任何价值，因此它不是商品货币。纸币是**法定货币**（fiat money），在货币用途之外没有其他价值。如果纸币在货币用途之外没有价值，为什么消费者和企业会使用它呢？

如果你观察美钞的顶部，你会发现它其实是美联储发行的联邦储备票据。因为美元是法定货币，联储无须为你的美钞兑换黄金或白银。联邦储备货币是美国的法定货币，也就是说，联邦政府规定，在偿还债务时它应该被接受，在交税时应该使用现金或以美元计数的支票。尽管美钞是法定货币，但是如果得不到人们的广泛接受，美钞就不是一个良好的交易媒介，就不能成为货币。人们接受美钞的关键在于家庭和企业相信，如果他们在交换商品和服务时接受美钞，美钞在他们持有期间不会大幅贬值。如果没有这种信心，美钞就不能充当交易媒介。

建立联系☞

苹果公司不收我的现金！

既然联邦储备票据是法定货币，这意味着美国的每家企业和每个人都必须收取纸币吗？答案是"否"。加利福尼亚的一位女士去帕洛阿尔托市的苹果零售店，想用 600 美元现金购买一台 iPad 时，就遇到了该商店拒收纸币的事情。当时，iPad 刚刚发售，苹果公司并不想大量出售给那些在 eBay、Craigslist 或其他地方转售的人。所以，iPad 的购买者必须使用借记卡或者信用卡付账，这使苹果公司能够更容易地追踪那些购买量超过两台限制的顾客。

因为联邦储备票据是法定货币，所以债权人必须接受用它偿还的债务，政府必须接受用它缴纳的税款。但是，这一事件告诉我们，出售商品和服务的企业并不一定要接受现金付款。美国财政部在其网站上这样解释：

> 联邦法律并没有明确规定，出售商品和服务的私人企业、个人或者机构必须接受纸币或硬币付款……例如，公交车可能不接受用 1 美分的硬币或纸币支付车费。此外，电影院、便利店和加油站可能有拒绝大额面值纸币（通常是超过 20 美元的纸币）的规定。

这位尝试用现金购买 iPad 的女士是残疾人且收入有限，所以这一事件给苹果公司带来了负面影响。结果，苹果公司放弃了其禁止用现金购买 iPad 的规定，但要求顾客在购买时建立一个苹果账户。此外，苹果公司给那位用现金购买时被拒绝的消费者免费赠送了一台 iPad。

资料来源：Michael Winter, "Apple Ends No-Cash Policy and California Woman Gets Free iPad", www.ustoday.com, May 20, 2010; and U.S. Treasury, "FAQs: Currency", http://www.treasury.gov/resource-center/faqs/Currency/Pages/edu_faq_currency_index2.aspx。

轮到你了：做本章末与本专栏相关的问题与应用 1.9，看看你理解得如何。

16.2 美国当前如何衡量货币？

狭义定义下的货币只包括明显有交易媒介职能的资产：通货、支票账户存款和旅行者支票。这些资产可以很轻易地用于购买商品和服务，从而充当交易媒介。但是，作为现实世界货币供给的衡量指标而言，这一严格的解释太过狭隘了。许多其他资产也能扮演交易媒介这一角色，虽然它们的流动性比不上现金或支票账户存款。例如，你可以把你在银行的储蓄账户余额转换成现金。

在美国，美联储已经进行了几项对货币的合适定义的研究。在过去 20 年中，定义货币供给的工作变得更困难了，因为金融市场和机构的创新创造出了传统支票账户的新替代品。除了美国，其他国家的央行也使用相似的衡量指标。下面我们将进一步研究联储对于货币供给的定义。

16.2.1 M1：最狭隘的货币供给定义

图 16.1 阐释了货币供给的定义。最狭隘的货币供给定义被称为 M1。它包括：

1. 通货，即所有流通中的纸币和硬币，“流通”指的是不被银行或政府持有。

2. 银行中所有支票账户存款。

3. 旅行者支票。（因为这一种类相较于其他两项规模很小——在 2011 年 8 月只有约 44 亿美元，所以我们在货币供给的讨论中将其忽略。）

支付中支票账户存款的使用比通货要普遍得多。* 商品和服务支出的 80%以上都是用支票而不是通货支付的。事实上，流通中的通货总量——在 2011 年 8 月为 9 770 亿美元——是一个具有误导性的数字。这个数值意味着平均每个美国人（不论老幼）持有超过 2 800美元的通货。平均每个美国人持有这么多数量的通货听起来不大现实，确实如此。经济学家估计，美元通货 60%以上实际上都在美国境外流通。

在美国境外，哪些人持有了这些美元？外国银行和政府持有了一部分，但大部分是被国外那些对本国通货信心不足的家庭和企业持有。当通货膨胀率很高时，许多家庭和企业不想持有本国通货，因为其贬值太快了。美元的价值比他们本国的货币稳定得多。如果有足够多的人愿意持有美元（甚至只持有美元而不持有本国通货），美元就成为这个国家的第二货币。正如我们在开篇案例中所见，津巴布韦的通货膨胀飙升导致了该国政府采用美元作为本国的官方通货。

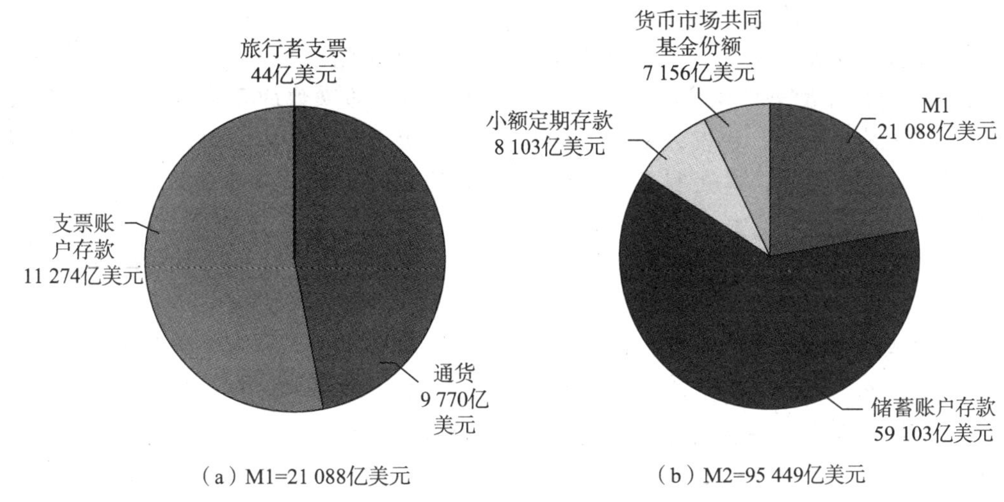

图 16.1 2011 年 8 月的货币供给

美联储使用两个衡量货币供给的指标：M1 和 M2。M2 涵盖了 M1 中的所有资产，同时也包含了图（b）中所示的其他资产。

资料来源：Board of Governors of the Federal Reserve System，“Federal Reserve Statistical Release，H6”，September 29，2011。

建立联系

我们还需要 1 美分硬币吗？

我们已经看到，法定货币除了作为货币外没有任何价值。事实上，政府从发行

* 原书有一句“虽然通货的数值比支票账户存款高”，但这与图 16.1 中的数字矛盾，故删去。——译者注

法定货币中获利，因为法定货币通常由纸或者价值低的金属所制，成本远低于货币面值。例如，美国造币局制造一张 20 美元纸币的成本仅为约 4 美分。联邦政府发行法定货币获得的利润，即货币面值与生产成本之差，被称为货币铸造税。

但是，1 美分和 5 美分这样的小额面值硬币的制造成本可能高于其面值。在 20 世纪 80 年代初铜价上涨时就出现了这种情况，联邦政府制造 1 美分的成本高过了面值。这使得联邦政府把制造美分的原材料由铜改为锌。不幸的是，到 2007 年，锌价上涨，这意味着生产成本再次大于 1 美分。虽然之后锌价有所回落，但是许多经济学家开始思考是否应该取消 1 美分硬币。这不仅因为有时它的制造成本大于价值，也因为通货膨胀已经大大降低了 1 美分硬币的购买力，有些人甚至感觉它令人厌烦。看到人行道上的 1 美分，许多人都不会去捡。事实上，包括英国、澳大利亚和欧元国家在内的一些国家都已经不再发行低面值硬币，加拿大也正在考虑这么做。

但是，一些经济学家认为，消除 1 美分的硬币将导致消费者承担“取整税”。例如，一件标价为 2.99 美元的商品，在取消美分后要 3 美元。一些人估计，消费者被迫承担的取整税将高达 6 亿美元。但是维克森林大学（Wake Forest）的经济学家罗伯特·惠普斯（Robert Whaples）在分析了连锁便利店近 20 万笔交易后，得出结论：取整税的看法是错误的。事实上，消费者的账单中向上取整的次数与向下取整的次数大致相当。

芝加哥联邦储备银行的经济学家弗朗索瓦·维尔德（Francois Velde）提出了一个或许是解决美分问题的最巧妙的方案：联邦政府只需要宣布印有林肯头像的 1 美分硬币现在价值变为 5 美分。这样就会有两种 5 美分硬币在流通：现有的印有杰弗逊头像的 5 美分硬币和印有林肯头像的 1 美分硬币（价值变为 5 美分），而不再有 1 美分硬币。未来也只铸造印有林肯头像的硬币（价值 5 美分）。这将解决消费者和零售商所面临的怎么处理 1 美分硬币的问题，也将使印有林肯头像的 5 美分硬币的面值超过其生产成本，并同时解决印有杰弗逊头像的 5 美分硬币的生产成本常常大于 5 美分的问题。但是，仅仅因为政府宣布 1 美分硬币的价值变为 5 美分，人们就会将 1 美分硬币当作 5 美分接受吗？答案是肯定的，因为只要政府愿意用 1 美元兑换 20 个林肯美分，其他人也会愿意这样做。当然，一旦这个计划实施，拥有大量 1 美分硬币的人会发现他们的钱的价值一夜之间变成了原来的 5 倍！

不论 1 美分是不是会变为 5 美分，看起来很有可能 1 美分最终会以这样或那样的方式从美国货币供给中消失。

资料来源：Robert Whaples，“Why Keeping the Penny No Longer Makes Sense”，*USA Today*，July 12，2006；Austan Goolsbee，“Now that a Penny Isn't Worth Much，It's Time to Make It Worth 5 Cents”，*New York Times*，February 1，2007；Francois Velde，“What's a Penny (or a Nickel) Really Worth?” Federal Reserve Bank of Chicago，*Chicago Fed Letter*，No. 235a，February 2007；and Nicholas Kohler，“A Penny Dropped”，*macleans.ca*，January 14，2011。

轮到你了：做本章末与本专栏相关的问题与应用 2.10 和 2.11，看看你理解得如何。

□ 16.2.2 M2：宽泛的货币供给定义

在 1980 年以前，美国法律不允许银行给支票账户存款支付利息。家庭和企业持有支票账户存款主要是为了购买商品和服务。因此，M1 十分接近货币作为交易媒介的职能。几乎所有的通货、支票账户和旅行者支票都是为了买卖东西而持有，而不是为了储藏价值。在 1980 年，法律做了修改，允许银行向几类特定的支票账户支付利息。这一变化减少了支票账户和储蓄账户之间的差异，尽管人们仍不能对储蓄账户余额开支票。

1980 年后，经济学家开始更密切地关注货币供给的宽泛定义 M2。正如图 16.1（b）所示，M2 涵盖了 M1 中的所有资产，此外还包括储蓄账户存款、定期存单（CD）等小额定期存款、在银行的货币市场存款账户余额和非机构持有的货币市场基金份额。小额定期存款与储蓄账户存款类似，但它有一个固定期限（常常是 6 个月到数年不等），在到期前提前取款必须支付罚金。共同基金公司向投资者出售基金份额，并用所筹资金购买股票、债券等金融资产。某些共同基金，如 Vanguard 国债货币市场基金或 Fidelity 现金储备基金被称为货币市场共同基金，因为这些共同基金投资于美国国库券等非常短期的债券。这些基金的余额包括在 M2 中。美联储每周都会发布 M1 和 M2 数据。在接下来的讨论中，我们将运用货币供给的 M1 定义，因为它最接近于货币作为交易媒介的定义。

关于货币供给，我们需要记住这两个关键点：

1. 货币供给由通货和支票账户存款组成。

2. 因为支票账户存款的余额被包含在货币供给中，所以银行在货币供给的增减中起着重要作用。

我们将在下一节继续讨论第二点。

不要犯这样的错误！

不要混淆货币、收入和财富

根据《福布斯》杂志的排行榜，比尔·盖茨拥有高达 560 亿美元的财富，这使他成为世界上第二富有的人。他的收入同样丰厚，但是他究竟持有多少货币？你的财富等于你的资产的价值减去你的负债的价值。你的收入等于你当年赚的钱。比尔·盖茨作为微软主席的收入以及他的投资收益非常可观。但是他持有的货币仅仅等于他的现金与支票账户存款总额，而这些只占他 560 亿美元财富的一小部分。他财富的大部分投资于股票、债券和其他金融资产，这些都不包含在货币定义中。

在日常对话中，我们常称非常富有或收入很高的人“有很多钱”（money）。但当经济学家运用“money”这个词时，他们通常指通货加支票账户存款。弄清楚财富、收入和货币之间的区别十分重要。

正如货币和收入对个人而言有区别，对整个经济也是一样。美国 2010 年的国民收入是 12.8 万亿美元。2010 年的货币供给是 1.8 万亿美元（用 M1 衡量）。一个国家的国民收入没有理由应该等于该国的货币供给，同样，一个国家货币供给增加并不一定导致该国的国民收入提高。

资料来源：“The World's Billionaires”，*Forbes*，March 19，2011。

轮到你了：要想做更多的练习，请做本章末的问题与应用 2.7 和 2.8。

例题 16.2　M1 和 M2 的定义

假定你决定从你的支票账户中取 2 000 美元，并用这笔钱来购买银行定期存单（CD）。简要解释这一行动将如何影响 M1 及 M2。

解：

第一步：复习本章内容。这一问题是关于货币供给的定义的，所以你可能需要复习一下 16.2 节“美国当前如何衡量货币？”。

第二步：运用 M1 和 M2 的定义来回答这个问题。支票账户中的存款既包括在 M1 中，也包括在 M2 中。但 CD 的资金只包含在 M2 中。你很可能会这样回答：将支票账户中的 2 000 美元转成 CD，M1 会减少 2 000 美元，M2 会增加 2 000 美元，但是支票账户中的 2 000 美元已经被计入了 M2。所以，正确的答案是：你的行为将使 M1 减少 2 000 美元，而 M2 不变。

轮到你了：要想做更多的练习，请做本章末的问题与应用 2.5 和 2.6。

□ 16.2.3　信用卡和借记卡算货币吗？

许多人用信用卡购买商品和服务，但是信用卡并不包含在货币供给的定义中。理由是，当你用信用卡买东西时，你实际上是从发行信用卡的银行申请了一笔贷款。只有当你月末支付信用卡账单时（通常以支票的形式或从支票账户电子转账的形式支付），这笔交易才完成。相反，使用借记卡时，购物的资金直接从你的支票账户扣除。无论哪种方式，卡本身并不代表货币。

16.3　银行如何创造货币？

我们已经看到，货币供给最重要的组成部分是在银行的支票账户存款。为了理解货币在经济中的作用，我们需要更深入地考察银行的运作方式。正如书店和超市一样，银行也是私人的盈利企业。有些银行规模很小，只有几家分行，网点所覆盖的地域也很有限。有的银行规模很大，居于美国最大的公司之列，拥有分布于许多州的数以百计的分行。银行在经济中的关键作用是吸纳存款、发放贷款。通过这种方式，银行创造了支票账户。

□ 16.3.1　银行资产负债表

为了理解银行是如何创造货币的，我们需要简单考察一下银行的资产负债表。回忆第 6 章讲过资产负债表，企业的资产列于资产负债表左侧，负债和股东权益列于右侧。资产是企业拥有的东西的价值，负债是企业所欠的东西的价值。股东权益是总资产和总负债的差额。股东权益代表当企业破产时资产被卖掉且负债被清偿后留给企业所有者的价值。一个公司的股东权益也被称为它的净值。

图 16.2 列出了一家大型银行的资产负债表。银行资产负债表中的主要资产是它的准备金、贷款和它持有的美国国库券等证券。**准备金**（reserves）是银行保留而没有被贷出或投资的存款。银行准备金的形式要么是放在金库的现金，要么是存在联储的存款。法律

规定，对于超过某一临界水平（2011 年是 5 880 万美元）的支票账户存款，银行必须保留 10%作为准备金。这些准备金被称为**法定准备金**（required reserve）。法律要求银行持有的准备金占存款的最低比率被称为**法定准备金率**（required reserve ratio）。我们可以将法定准备金率简写为 *RR*。银行持有的超过法定要求的准备金称为**超额准备金**（excess reserves）。图 16.2 中的资产负债表显示，贷款是此银行规模最大的资产种类，对于大部分银行都是这样。

银行为家庭提供消费贷款、为企业提供商业贷款。贷款属于银行资产，因为它代表了借款人按规定向银行还款的承诺。银行的准备金和所持证券也是其资产，因为它们都是银行拥有的有价值的东西。

与大部分银行一样，这家银行最大的负债是它的存款。存款包括支票账户存款、储蓄账户存款和定期存单。存款属于银行负债，因为它们是银行对存入资金的家庭或企业的欠款。如果你在支票账户中存入 100 美元，银行就欠你 100 美元，你在任何时候都能提取。所以，你的支票账户对你而言是资产，而对银行而言是负债。

资产（百万美元）		负债和股东权益（百万美元）	
准备金	108 427	存款	1 010 430
贷款	898 555	短期借债	394 572
证券	896 097	长期债务	359 180
办公楼和设备	14 306	其他负债	272 479
其他资产	347 524	总负债	2 036 661
		股东权益	228 248
总资产	2 264 909	总负债和股东权益	2 264 909

图 16.2 某大型银行的资产负债表（2010 年 12 月 31 日）

银行资产负债表中最重要的项目是它的准备金、贷款和存款。注意，银行的总资产和总负债的差额是其股东权益。所以，资产负债表左右两边总是相等的。

注：为了简化资产负债表，某些项目被合并了。

□ 16.3.2 运用 T 账户说明银行如何创造货币

运用 T 账户说明银行创造货币比用资产负债表更加容易。T 账户是一个简化的资产负债表，其形式像字母 T，只表示出了交易如何改变了银行的资产负债表。例如，假定你在美国银行开设的一个账户中存入 1 000 美元。这笔交易将美国银行的总存款量提高了 1 000 美元，同时也将其准备金提高了 1 000 美元。我们可以用如下的 T 账户来表示（本章各个 T 账户中的货币单位均为美元）：

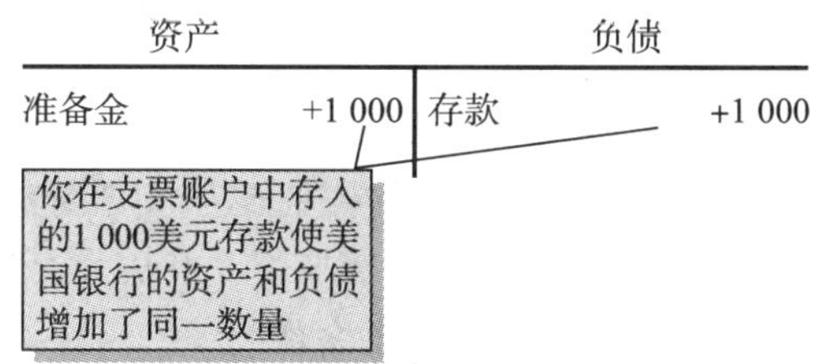

因为资产负债表中右侧各项的总价值必定等于表中左侧各项的总价值，所以，任何增加（或减少）资产负债表一侧的交易必然会增加（或减少）资产负债表的另一侧。在本例中，T 账户显示资产负债表两侧都增加了 1 000 美元。

这个交易最初并不会增加货币供给。货币供给的通货部分减少了 1 000 美元，因为这 1 000 美元存款不再流通，所以不计入货币供给。但是通货的减少被货币供给中支票账户存款增加的 1 000 美元抵消了。

不过，最初的变动并不是故事的结局。银行按要求保留存款的 10%作为准备金。因为联储向银行的准备金支付的利率很低，所以银行有激励将剩余的 90%作为贷款发放或用来购买债券。在本例中，美国银行将 100 美元留做准备金，将剩余的 900 美元超额准备金作为贷款发放。假定美国银行将这笔 900 美元的贷款发放给一个二手车买主，他用这笔钱购买了一辆很便宜的二手车。美国银行可以把这 900 美元以现金（通货）的形式给予借款人，但是，银行常常通过增加借款人支票账户余额的方式发放贷款。我们可以用另一个 T 账户表示：

资产		负债	
准备金	+1 000	存款	+1 000
贷款	+900	存款	+900

1. 通过贷出900美元超额准备金……

2. ……美国银行增加了900美元货币供给

需要知道的一点是，通过发放这 900 美元贷款，美国银行增加了 900 美元货币供给。你最初存入支票账户的 1 000 美元现金变成了 1 900 美元支票账户存款——货币供给净增加了 900 美元。

但是故事到此并没有结束。这 900 美元的贷款人是为了购买一辆二手车。为了简化问题，我们假定他所购车的价格正好为 900 美元，他对他在美国银行的支票账户开具支票来支付这笔钱。二手车的卖主将这张支票存入她的银行。这家银行可能也是美国银行的分行，但是，大多数城市往往有多家银行，因此，我们假设二手车卖主的账户开户行是 PNC 银行的某家分行。一旦她存入这张支票，PNC 银行就会把支票寄给美国银行，进行结算并取走这 900 美元。结果用下面的 T 账户表示：

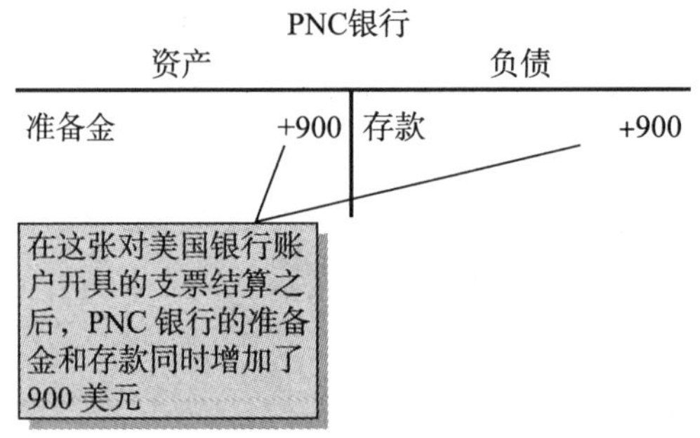

在二手车买主的这张支票结算后，美国银行的存款减少了 900 美元（即二手车买主的贷款量），同时准备金也减少了 900 美元（即 PNC 把这张支票寄给美国银行时，美国银行必须支付给 PNC 的金额）。PNC 支票账户存款增加了 900 美元（即卖主的存款），同时它的准备金增加了 900 美元（即从美国银行收取的金额）。

PNC银行现在对这900美元的新存款持有100%的准备金，而法定准备金只需要10%。该银行将其中的90美元保留作为准备金后，它有激励将超额准备金810美元作为贷款发放。如果PNC这样做，我们用下面的T账户表示它的资产负债表的变动：

PNC银行

资产		负债	
准备金	+900	存款	+900
贷款	+810	存款	+810

通过发放810美元贷款，PNC银行的贷款和存款都增加了810美元

通过将这810美元超额准备金贷出，PNC银行创造了810美元的新支票账户存款。存入美国银行起初的1 000美元现金（通货）现在创造了1 000＋900＋810＝2 710美元的支票账户存款。货币供给增加了2 710－1 000＝1 710美元。

但是，这个过程仍没有结束。借入这810美元的人将以开具支票的形式花费这笔钱。收到这810美元的人将把这笔钱存入她的银行，可能是美国银行的分行，或PNC的分行或是其他银行的分行。这家新银行（如果不是PNC银行的话）将把这张支票寄到PNC银行，收到810美元的新准备金。这家新银行同样有激励将这些新准备金的90%作为贷款发放，将10%作为法定准备金持有，而且这一过程还将继续。在每个阶段，新增贷款和存款都减少10%，因为每家银行都必须把这部分资金作为法定准备金持有。我们可以用一张表列出由你最初的1 000美元存款所创造的所有支票账户存款增加值。表中的点代表货币创造过程中的额外步骤：

银行	支票账户存款增加值（美元）
美国银行	1 000
PNC	＋900（＝0.9×1 000）
第三家银行	＋810（＝0.9×900）
第四家银行	＋729（＝0.9×810）
●	＋●
●	＋●
●	＋●
支票账户存款的总变化	＝10 000

□ 16.3.3 简单存款乘数

你初始的1 000美元存款使银行系统的准备金增加了1 000美元，致使支票账户存款总共增加了10 000美元。银行创造的存款数量与新准备金数量之比叫做**简单存款乘数**(simple deposit multiplier)。在本例中，简单存款乘数等于10 000美元/1 000美元＝10。为什么是10？我们如何知道你初始的1 000美元存款最终会导致存款增加10 000美元？

有两种方法能回答这个问题。第一种方法是，在这个过程中，每家银行都保留了存款

的 10%作为准备金。对于银行系统整体而言，准备金的增加总量是 1 000 美元，即你初始的现金存款。所以，整个系统将创造 10 000 美元的存款，因为 1 000 是 10 000 的 10%。

回答这个问题的第二种方法是推导简单存款乘数的表达式。存款的总增加量等于：

$$1\,000+[0.9\times 1\,000]+[(0.9\times 0.9)\times 1\,000]+[(0.9\times 0.9\times 0.9)\times 1\,000]+\cdots$$

或

$$1\,000+[0.9\times 1\,000]+[0.9^2\times 1\,000]+[0.9^3\times 1\,000]+\cdots$$

或

$$1\,000+(1+0.9+0.9^2+0.9^3+\cdots)$$

代数法则告诉我们，括号中的表达式加起来等于：

$$\frac{1}{1-0.9}$$

进一步简化，我们得到：

$$\frac{1}{0.10}=10$$

所以，

$$\text{存款的总增加量}=1\,000\text{ 美元}\times 10=10\,000\text{ 美元}$$

注意，10 等于 1 除以法定准备金率 *RR*，在本例中是 10%，即 0.10。这就为我们提供了简单存款乘数的另一个表达式：

$$\text{简单存款乘数}=\frac{1}{RR}$$

这个公式表明，法定准备金率越高，简单存款乘数越小。当法定准备金率是 10%时，简单存款乘数是 10。当法定准备金率是 20%时，简单存款乘数降至 1/0.20=5。我们可以运用这个公式来计算（例如，由于存入银行的现金增加所导致的）银行准备金增加引起的支票账户存款的总增加量：

$$\text{支票账户存款变动}=\text{银行准备金变动}\times\frac{1}{RR}$$

例如，如果 100 000 美元现金被存入银行，法定准备金率是 10%，那么

$$\text{支票账户存款变动}=100\,000\times\frac{1}{0.10}=100\,000\times 10=1\,000\,000\text{ 美元}$$

不要犯这样的错误！

不要混淆资产和负债

考虑如下推理：“支票账户存款怎么会是银行的负债呢？它们毕竟是存在银行的有价值的东西。所以，支票账户存款应该被算作银行资产而非银行负债。”

这一表述并不正确。支票账户的余额代表银行欠账户所有者的东西。所以，虽然对于账户所有者而言，它是资产，但是对于银行而言，它是负债。类似地，你的汽车贷款是你的负债，因为它是你欠银行的债务，但是它属于银行的资产。

轮到你了：做本章末的问题与应用 3.12，看看你理解得如何。

例题 16.3 说明银行如何创造货币

假定你在PNC分行的支票账户中存入5 000美元现金。我们假设该银行在你存款时没有超额准备金，法定准备金率是0.10。

a. 用T账户说明这笔交易对PNC的资产负债表的初始影响。

b. 假定PNC利用你存入的资金发放尽可能多的贷款。运用T账户说明发放贷款对PNC的资产负债表的初始影响。在这个T账户中要包括问题（a）的交易。

c. 现在假定问题（b）中贷款的获得者针对这笔钱开具了一张支票，收到这张支票的人将其存入美国银行。表示出支票结算后这些交易对PNC银行和美国银行的资产负债表的影响。在PNC银行的T账户中，要包括问题（a）和（b）的交易。

d. 你5 000美元的存款能创造的支票账户存款增加量最高是多少？你的存款能创造的货币供给增加量最高是多少？请解释。

解：

第1步：复习本章内容。这一问题是关于银行如何创造支票账户存款的，所以你可能需要复习一下16.3.2节“运用T账户说明银行如何创造货币”。

第2步：运用T账户解释你这笔存款的影响，回答问题（a）。记住T账户只列出了由相关交易引起的资产负债表变动，资产在表的左侧，负债在表的右侧。我们得到：

PNC银行

资产		负债	
准备金	5 000	存款	5 000

因为这家银行的金库里现在有你这5 000美元现金，它的准备金（从而它的资产）增加了5 000美元。但是这笔交易也使你的支票账户余额增加了5 000美元。因为银行欠你这笔钱，所以银行的负债同样提高了5 000美元。

第3步：运用T账户解释这笔贷款的影响，回答问题（b）。题目中告诉你假设PNC银行没有超额准备金，法定准备金率是10%。这个条件意味着，如果银行的支票账户存款增加了5 000美元，它必须将500美元作为准备金持有，而余下的4 500美元可以作为贷款发放。前面提到，新贷款往往采用新开一个支票账户或者增加借款人支票账户余额的方式。我们得到：

PNC银行

资产		负债	
准备金	5 000	存款	5 000
贷款	4 500	存款	4 500

T账户的第一行表示问题（a）中的交易。第二行表示PNC通过在借款人支票账户中增加4 500美元，发放了4 500美元的贷款。这笔贷款对于PNC而言是一项资产，因为它代表了借款人按照贷款合同约定还款的承诺。

第 4 步：运用 PNC 和美国银行的 T 账户解释支票结算的影响，回答问题（c）。我们现在说明借款人花费从 PNC 所借的 4 500 美元贷款的影响。这张支票的收款人将其存入美国银行的账户中。我们需要两个 T 账户来说明这项活动：

PNC 银行

资产		负债	
准备金	5 000	存款	5 000
贷款	4 500		

PNC 银行

资产		负债	
准备金	4 500	存款	4 500

先看 PNC 银行的 T 账户。一旦美国银行把借款人的支票寄给 PNC，PNC 的准备金就减少了 4 500 美元，而美国银行的准备金就增加了 4 500 美元。这笔钱也从借款人账户中被扣除。PNC 银行现在对这一结果感到满意。它从你手中获得了 5 000 美元现金储蓄。当现金在金库中存放时，它没有为 PNC 赚取任何利息。现在，这 5 000 美元中的 4 500 美元被当做贷款发放出去，赚取了利息。这些利息使得 PNC 能弥补成本并赚取利润。利润是它继续经营的动力。

支票结算后，美国银行的存款增加了 4 500 美元，准备金也增加了 4 500 美元。美国银行面临的情况与问题（a）中的 PNC 相同：由于这笔交易，它拥有超额准备金，有很强的激励将其作为贷款发放出去。

第 5 步：运用简单存款乘数计算支票账户存款的最大增加量和货币供给的最大增加量，回答问题（d）。简单存款乘数的表达式是（RR 是法定准备金率）：

$$\text{支票账户存款变动}=\text{银行准备金变动}\times\frac{1}{RR}$$

在本例中，你初始的存款使银行准备金提高了 5 000 美元，法定准备金率是 0.10，所以：

$$\text{支票账户存款变动}=5\ 000\times\frac{1}{0.10}=5\ 000\times 10=50\ 000\ (\text{美元})$$

因为支票账户存款是货币供给的一部分，所以你很可能会认为货币供给同样增加了 50 000美元。但是，你原来持有的 5 000 美元现金也是货币供给的一部分，但是当它躺在银行金库里时，并不属于货币供给。所以：

支票账户存款增加量－流通现金减少量＝货币供给增加量

即

50 000 美元－5 000 美元＝45 000 美元

轮到你了：做本章末与本专栏相关的问题与应用 3.10，看看你理解得如何。

□ 16.3.4 简单存款乘数与现实存款乘数

我们之前所讲的故事是关于银行体系中准备金的增加是如何创造新存款从而增加货币供给的，它以两种方式进行了简化。第一，我们假设银行不持有任何超额准备金。也就是说，我们假设当你在美国银行的支票账户中存入 1 000 美元现金时，银行发放 900 美元贷款，只持有 100 美元的法定准备金。事实上，银行常常会持有部分超额准备金以备许多存款人同时取款。在 2007 年开始的金融危机中，银行持有大量的超额准备金。银行持有的超额准备金越多，存款乘数就越小。想象一个极端的情况：美国银行持有全部这 1 000 美元作为准备金。如果美国银行不将你的存款作为贷款发放出去，我们之前描述的过程——贷款创造了新存款，存款又导致额外的贷款等等——就不会发生。增加的这 1 000 美元准备金会使存款总量增加 1 000 美元，存款乘数只是 1，而不是 10。

第二，我们假设每张支票的全部金额都存入了银行，没有人以现金方式持有货币。在现实中，家庭和企业持有的现金金额与其支票账户存款金额的比例大致固定。所以，我们预期，当人们的支票账户存款金额增加时，人们通常会增持现金。再一次考虑极端情况。假定当美国银行为想购买二手车的借款人提供初始的 900 美元贷款时，汽车的卖主将这张支票变现，而不是存入银行。在那种情况下，PNC 没有获得新准备金，不能发放新贷款。再一次地，你在美国银行支票账户中增加的 1 000 美元就是存款的总增加量，存款乘数是 1。

这两个因素降低了现实的存款乘数，一般约为 2.5。这意味着银行系统的准备金每增加 1 美元，存款约增加 2.5 美元。在 2007—2009 年金融危机期间，银行所持超额准备金的猛增使得存款乘数降到大约为 1。

虽然存款乘数的故事可能比较复杂，但是我们应该记住：货币供给的最关键部分是支票账户余额。当银行发放贷款时，它们增加了支票账户余额，货币供给就扩张。只要银行获得准备金，它们就会增加贷款。整个过程反之同样起作用：如果银行损失了准备金，未清偿贷款和存款都会减少，货币供给收缩。

我们可以总结出以下重要结论：

1. 当银行获得准备金时，它们发放新贷款，货币供给扩张。
2. 当银行损失准备金时，它们缩减贷款，货币供给收缩。

16.4 联邦储备体系

当许多人知道银行并没有把所有支票账户存款都锁到金库时，他们感到十分惊讶。像几乎所有其他国家一样，美国实行**部分准备金银行制度**（fractional reserve banking system），这意味着银行只把低于 100%的存款作为准备金。当人们在一家银行中存款时，这家银行会把这笔钱的大部分贷给他人。那么，当存款人需要取款时会发生什么？这看上去是个问题，因为银行将大部分货币作为贷款发放出去了，不能轻易收回。

但是，在实践中，取款对银行通常并不是问题。一般情况下，一天中存款金额大约等于取款金额。如果取款金额稍大于存款金额，银行可以用其超额准备金或从其他银行借款来弥补这部分差额。有时，当存款人怀疑银行资产（特别是其贷款）的价值时，存款人会对银行失去信心。人们常常会因为坏消息对银行失去信心，无论消息真假。当许多存款人同时决定从一家银行取款时，**银行挤兑**（bank run）就发生了。如果许多银行同时经历挤兑，就会带来**银行业恐慌**（bank panic）。一家银行通过向其他银行借款有可能渡过挤兑的危机，但是如果许多银行同时发生挤兑，银行系统可能将陷入困境。

中央银行，如美国的联储，能够充当最后贷款人，以此帮助阻止银行业恐慌。在行使最后贷款人职责时，中央银行为那些无法从别处借款的银行提供贷款。这些银行能够用这些贷款支付给存款人。当恐慌结束且存款人又把存款存回银行账户中时，这些银行就能够偿还中央银行的贷款了。

□ 16.4.1 联邦储备体系的建立

银行业恐慌造成了经济活动的严重破坏，因为家庭和企业难以使用其账户中的余额，也可能借不到款。所以，在美国，19 世纪末和 20 世纪初的每一次银行业恐慌都伴随着衰退出现，就不令人意外了。为了终结银行业恐慌，在 1913 年，国会通过了《联邦储备法案》，建立了联邦储备体系，常常被称为“联储”。这一体系于 1914 年开始运作，拥有向银行发放贷款的权利。联储发放给银行的贷款叫做**贴现贷款**（discount loans）。联储的贴现贷款收取的利率叫做**贴现率**（discount rate）。当银行从联储获得贷款时，其准备金增加，增加量等于贷款金额。

对联储作为最后贷款人的第一次检验出现在 20 世纪 30 年代大萧条初期。当时，由于存款人在支票账户和储蓄账户中大量取款，许多银行都面临着挤兑的冲击。虽然联储成立的目的就是为了行使最后贷款人职责，但是联储官员拒绝了许多银行的贷款要求，因为他们担心受挤兑的银行可能存在坏账或其他不好的投资。联储相信，如果向因投资不当而陷入资金问题的银行提供贷款，就可能会降低银行管理者们谨慎投资的激励。部分地由于联储不愿意充当最后贷款人，在 20 世纪 30 年代初，5 000 多家银行倒闭了。今天，许多经济学家仍在批评联储当年的决定，因为他们相信，这些决定加重了大萧条的严重程度。在 1934 年，国会成立了联邦存款保险公司（FDIC），为大多数银行中不超过某一上限（现在是每个账户 25 万美元）的存款提供保险。存款保险大大降低了银行挤兑风险，因为这保证了银行破产时，除了那些存款金额超过上限的存款人之外所有其他存款人的存款都是安全的。在 2007—2009 年金融危机中，一些银行经历了挤兑，因为那些超过存款保险额度的存款人担心一旦银行倒闭他们就会遭受损失。

为了协助联储行使职责，国会于 1913 年将美国划分成 12 个联邦储备区域，如图 16.3 所示。每个区域都拥有自己的联邦储备银行，为该地区银行提供服务。但是，联邦储备体系的实权掌握在位于华盛顿特区的理事会手里。理事会共有 7 名成员，由美国总统任命，任期 14 年，不能连任。理事会的一名成员被推选为主席，任期 4 年，可以连任。2012 年理事会主席是本·伯南克。除了充当银行的最后贷款人外，联储还是银行的银行，为银行提供支票结算服务，同时它还承担着管理国家货币供给的职责。

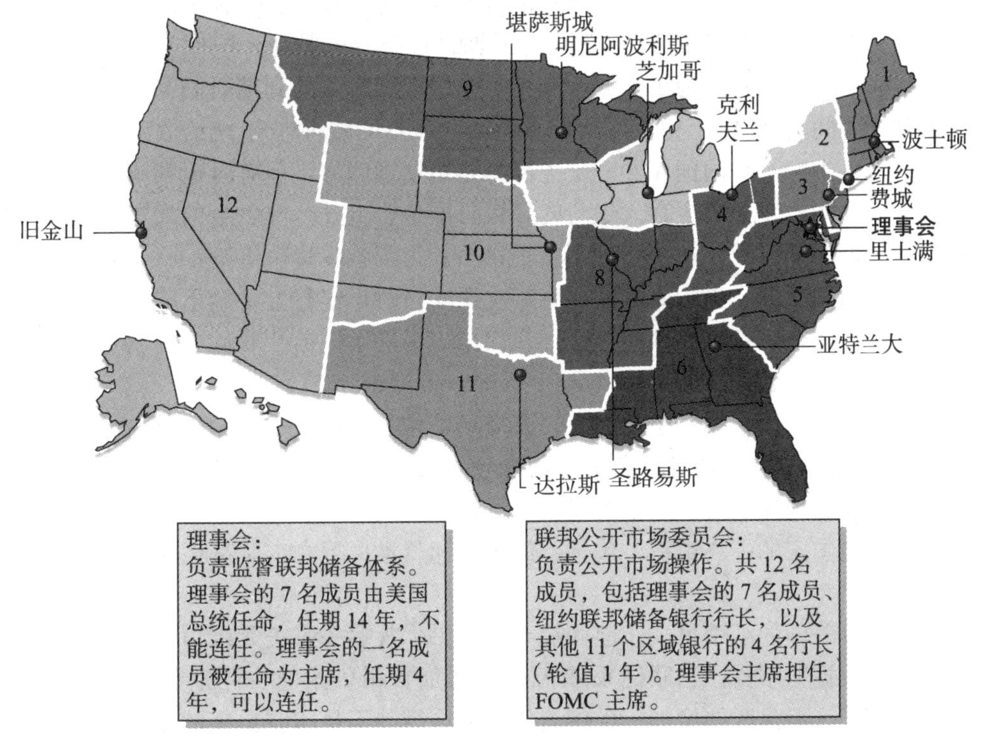

图 16.3　联邦储备体系

美国被分为 12 个联邦储备区域，每个区域都拥有自己的联邦储备银行。但是，联邦储备体系的实权掌握在位于华盛顿特区的理事会手里。理事会共有 7 名成员，由美国总统任命。货币政策是由 14 人构成的联邦公开市场委员会制定的。

资料来源：Board of Governors of the Federal Reserve System。

□ 16.4.2　联储如何管理货币供给

虽然国会建立联储的主要目的是通过行使最后贷款人职责来终结银行业恐慌，但是，现在联储也负责管理货币供给。正如我们将在第 17 章中更详细地讨论的，管理货币供给是**货币政策**（monetary policy）的一部分，联储采取货币政策的目的是为了实现宏观经济目标。为了管理货币供给，联储采用了三种货币政策工具：

1. 公开市场操作
2. 贴现政策
3. 准备金要求

记住货币供给最重要的部分是支票账户存款。所以，联储的这三种政策工具都旨在影响银行准备金从而改变支票账户存款的数量，就不会令人惊讶了。

公开市场操作。

联邦公开市场委员会（Federal Open Market Committee，FOMC）每年在华盛顿特区召开 8 次讨论货币政策的会议。委员会有 12 名拥有投票权的委员：联邦储备理事会的 7 名成员、纽约联邦储备银行行长，以及其他 11 个区域联邦储备银行的 4 名行长。这 4 名行长在 FOMC 任期一年，由 11 名区域联邦储备银行的行长轮流担任。理事会主席同时担任 FOMC 主席。

美国财政部通过发行短期、中期和长期国库券来筹集资金。一种金融资产的到期时间指的是在购买者收到该资产的面值或本金之前的时期。一般地，国库券面值是 1 000 美元，短期国库券的到期时间为 1 年或不到 1 年，中期国库券的到期时间为 2～10 年，长期国库券的到期时间为 30 年。为了增加货币供给，FOMC 指示位于纽约联邦储备银行的交易柜台从公众手中购买美国国库券——大部分是短期国库券，但有时也购买中期或长期国库券。当国库券的卖家把资金存入银行时，银行准备金上升。准备金的增加开启了贷款和支票账户存款增加的过程，从而增加了货币供给。为了减少货币供给，FOMC 会指示该交易柜台出售美国国库券。当国库券的买家用支票支付时，银行准备金下降。准备金的减少开启了贷款和支票账户存款缩减的过程，从而减少了货币供给。联储为控制货币供给而买卖国库券的行为称为**公开市场操作**（open market operations）。

由于以下三个原因，政府主要通过公开市场操作来实施货币政策。首先，公开市场操作是由联储发起的，所以联储能完全控制总量。其次，联储的公开市场操作规模可大可小。第三，联储可迅速进行公开市场操作，不存在行政的延误，也不要求对监管规定进行更改。许多其他国家的中央银行，包括欧洲央行和日本央行在内，都运用公开市场操作来实施货币政策。

联储还负责美国的纸币投放。前面提到，如果你观察一张美元纸币的顶部，你将会看到“联邦储备票据”字样。当联储采取行动来增加货币供给时，评论员有时候称联储在“印更多的钞票”。但是联储增加货币供给的主要途径并不是印制更多的钞票，而是购买国库券。类似地，为了减少货币供给，联储并不会销毁纸币，而是出售国库券。我们将在第 17 章中探讨货币政策时，进一步讨论联储管理货币供给的原因和方式。

贴现政策。

正如我们已经看到的，当银行从联储贷出贴现贷款时，银行支付的利率被称为贴现率。通过降低贴现率，联储可以鼓励银行从它那里贷更多款，从而增加银行准备金。有了更多的准备金，银行就会向家庭和企业发放更多的贷款，这将增加支票账户存款和货币供给。提高贴现率的效果相反。

准备金要求。

当联储降低法定准备金率时，一部分法定准备金变成了超额准备金。例如，假定一家银行拥有 1 亿美元的支票账户存款，法定准备金率是 10%。法律要求该银行持有 1 000 万美元作为准备金。如果联储将法定准备金率降至 8%，这家银行只需要持有 800 万美元作为准备金。从而联储将 200 万美元的准备金从法定准备金变为了超额准备金。银行可以将这 200 万美元贷出。如果联储将法定准备金率从 10%提高至 12%，效果相反。

联储改变法定准备金的情况远远少于公开市场操作或改变贴现率。因为法定准备金的变动会显著地影响银行持有的贷款和证券，频繁的变动将带来严重的后果。同时，因为联储为准备金支付的利率低，所以运用改变法定准备金的方式来管理货币供给，就相当于对银行吸收存款和发放贷款的活动征税，这对经济来说是有代价的。

□ 16.4.3 “影子银行体系”和 2007—2009 年的金融危机

到目前为止，我们在本章讨论的银行都是商业银行，它们最重要的经济作用是从存款人处接受存款并向借款人发放贷款。在第 6 章中，我们注意到大型企业可以在金融市场中出售股票和债券，而投资者们一般不愿意购买中小型企业的股票和债券，因为他们缺乏中小型企业财务状况的信息。所以，中小型企业和家庭在传统上依赖于银行贷款来满足其信贷需求。但是，在过去的 20 年间，金融体系出现了两项重要的进展：（1）银行开始将它们的许多贷款转售而不是持有这些贷款直至还清；（2）除商业银行外，金融企业也成为企业贷款的来源。

银行业务证券化。

传统上，当一家银行给要购买住宅的家庭提供住房抵押贷款时，或者给企业提供商业贷款时，银行将一直持有贷款直至还清。如果一种金融资产——贷款、股票或债券——能在金融市场中买卖，如可口可乐公司发行的股票能在纽约证券交易所交易，那它就被认为是一种**证券**（security）。当一种金融资产首次被出售时，交易在一级市场发生。随后的买卖在二级市场发生。在 1970 年前，大部分贷款都不是证券，因为它们并不能被转售——不存在贷款的二级市场。但是，后来，首先是住房抵押贷款，然后是包括汽车贷款和商业贷款在内的其他贷款，开始证券化了。**证券化**（securitization）的过程要求建立一个二级金融市场，打包在一起的贷款能够在其中进行买卖，就像公司和政府债券一样。图 16.4 概括了证券化过程。我们将在第 17 章学习货币政策时进一步讨论证券化的过程。

（a）贷款的证券化　　（b）证券化贷款的还款之流动

图 16.4　证券化过程

图（a）显示了贷款的证券化过程：银行向家庭发放贷款并将贷款打包成证券，然后出售给投资者。图（b）显示，银行收取初始贷款的还款，在收取手续费后，把这些还款支付给购买了证券的投资者。

影子银行体系。

除了证券化带来的变化，在 20 世纪 90 年代和 21 世纪头十年，非银行类金融企业的重要性日益增加也改变了金融系统。高盛、摩根士丹利等投资银行与商业银行的区别在于，它们不吸纳贷款，也很少直接向家庭发放贷款。传统上，它们集中于为发行股票和债券的企业或考虑兼并其他企业的企业提供建议。在 20 世纪 90 年代末，投资银行大量购买抵押贷款，将其打包作为债券转卖给其他投资者，这样的债券称为抵押贷款担保证券。事实证明，抵押贷款担保证券很受投资者欢迎，因为它们支付的利率常常高于那些违约风险相当的其他证券。

货币市场共同基金在金融体系中的作用也日益增加。这些基金向投资者出售份额，然后用所得资金购买短期国库券和公司发行的商业票据等短期证券。商业票据代表着公司日常运营所使用的短期借款。许多有此类需求的公司以前向银行贷款，现在转为向货币市场共同基金出售商业票据来融资。

对冲基金从富有的投资者处融资，它们所使用的复杂的投资策略往往有着巨大的风险。到2005年，对冲基金已经成为证券化贷款市场的重要需求方，也成为了其他金融企业所需贷款的重要提供者。

2008年，奥巴马政府的财政部长蒂莫西·盖特纳（Timothy Geithner）把投资银行、货币市场共同基金、对冲基金和其他从事类似活动的金融企业称为"影子银行体系"。通过从个人投资者那里直接融资然后直接或间接为企业和家庭提供贷款，这些企业行使了曾经几乎只有商业银行才有的功能。

2007—2009年金融危机。

"影子银行体系"中的企业与商业银行有两个重要的不同点：首先，包括美联储在内的那些监管商业银行体系的政府机构没有监管影子银行体系。第二，与商业银行相比，影子银行体系中的金融企业是更加高度杠杆化的，也就是说，它们的运营更加高度依赖于借款。如果一家企业用小部分自己的钱和大部分借款进行投资，该企业的潜在利润和潜在亏损都增加了。例如，假定一家企业用100美元自有资金投资，如果投资回报是3美元，该企业的资金回报率是3%（=3美元/100美元）。但是，如果该企业的投资由10美元自有资金和90美元借款组成，那么，由于该企业的自有资金只有10美元，3美元的投资回报给企业带来了30%的回报率（=3美元/10美元）。但是，如果投资损失了2美元，企业的回报率是−20%（=（−2美元）/10美元）。杠杆化投资的潜在收益和潜在亏损都变大了。

正如之前提到的，在20世纪30年代国会建立联邦存款保险制度后，商业银行几乎没有遭受过挤兑。但是，从2007年开始，影子银行体系的企业很容易遭受挤兑。正如我们将在第17章进一步讨论的，2007—2009年金融危机发生的根本原因是美国房地产市场出现了问题。当房屋价格下降时，许多借款人开始对抵押贷款违约，使得抵押贷款担保证券贬值。包括商业银行和影子银行体系的许多企业在内，投资于这些证券的金融企业遭受了惨重的损失。企业的杠杆比率越高，损失越大。虽然存款保险制度使商业银行免遭挤兑，但是投资银行和其他用短期贷款进行长期投资的金融企业陷入了困境。当出借人拒绝继续提供短期贷款时，许多企业为了筹集现金不得不出售其持有的证券。但是，随着这些证券价格的继续下跌，这些企业的损失也越来越严重。

在2008年春季，投资银行贝尔斯登在美联储的安排下被摩根大通收购，免于破产。在2008年秋季，美联储和美国财政部决定不救助投资银行雷曼兄弟，之后雷曼兄弟破产。雷曼兄弟的破产在金融体系中引发了强烈动荡，引起了恐慌。除政府担保的住房抵押贷款之外，证券化的进程停顿了。某一货币市场共同基金因为贷款给雷曼兄弟而遭受惨重损失，该基金公司的困境被广泛报道后，投资者纷纷赎回货币市场共同基金份额。相应地，这些基金不再能够购买公司的商业票据。随着银行和其他金融企业出售资产、削减贷款来加强其财务状况，资金从储蓄者向借款者的流动就被打断了。由此导致的信贷紧缩显著加深了2007年12月开始的经济衰退。

美联储的反应。

美联储和美国财政部采取了强有力的措施来应对金融恐慌。我们将在第17章进一步讨论美联储采取的行动，但是，现在我们只提及几项特别重要的政策措施。首先，在2008年秋，根据“问题资产救助计划”（Troubled Asset Relief Program，TARP），美联储和财政部购买银行股权来给银行提供资金，试图稳定商业银行体系。联邦政府拥有私人商业银行部分所有权这样的举措是前所未有的。美联储也通过开设几个新的“贷款工具”修改了贴现政策。这些贷款工具使得联储可以向投资银行等此前无资格获得贴现贷款的金融企业提供贴现贷款。除此之外，为解决商业票据市场的问题，美联储直接购买了商业票据，这是自20世纪30年代以来的第一次。

尽管衰退持续到了2009年，但是，财政部和美联储采取的这些非凡举措看起来已经稳定了金融体系。但是，到2011年末，从储蓄者向借款者的资金流动仍没有恢复至正常水平，经济学家和政策制定者们对联储的某些举措争论不休。在第17章中，我们将继续讨论美联储对2007—2009年衰退做出的反应。

16.5 货币数量论

对于货币供给增加和通货膨胀之间的关联，人们已经知道几百年了。在16世纪，西班牙征服了墨西哥和秘鲁，从这些国家掠夺了大量的黄金白银运回本国。这些黄金和白银被铸成货币，并在全欧洲花费，以巩固西班牙国王的政治野心。这些年中，欧洲的物价平稳上涨，许多观察家讨论了这一通货膨胀与黄金白银由美洲流入欧洲之间的关系。

16.5.1 把货币和价格联系起来：数量方程

在20世纪初，耶鲁大学的经济学家阿尔文·费雪（Irving Fisher）运用数量方程确定了货币和价格之间的联系：

$$M\times V=P\times Y$$

这个数量方程是说，货币供给（M）与货币流通速度（V）相乘等于价格水平（P）与实际产出（Y）的乘积。费雪把**货币流通速度**（velocity of money）定义成货币供给中每一美元用于购买包括在GDP中的商品和服务的平均次数。将方程两边同时除以M，改写之后我们得到了货币流通速度的等式：

$$V=\frac{P\times Y}{M}$$

如果用M1衡量货币供给，用GDP价格平减指数衡量价格水平，用实际GDP衡量实际产出，那么，2010年货币流通速度是：

$$V=\frac{1.11\times 13.088\text{ 万亿美元}}{1.832\text{ 万亿美元}}=7.9$$

这一结果告诉我们，平均而言，2010年M1中的每一美元在购买包括在GDP中的商品和服务时被使用了大约8次。

因为速度被定义为$(P\times Y)/M$，所以数量方程必然总是成立：左右两边一定相等。理论是有关世界的论述可能是错误的。所以，数量方程并不是一个理论。阿尔文·费雪通过声称货币流通速度是常数，将数量方程转化为**货币数量论**（quantity theory of money）。他认为，1美元被支出的平均次数取决于人们多久得到一次报酬、多久去一次超市、企业多久寄一次账单和其他不会经常变动的因素。因为这样的论断可能正确也可能错误，所以，事实上，货币数量论是一个理论。

□ 16.5.2 货币数量论对通货膨胀的解释

数量方程给我们提供了一种表示货币供给变动和价格水平变动（即通货膨胀）之间关系的方式。为了更清晰地看出这种关系，我们可以运用一个简便的数学法则：如果一个等式的左右两边都是变量的积，那么这些变量增长率的和也能构成等式。所以我们可以将数量方程 $M\times V=P\times Y$ 变形为：

$$\begin{matrix}\text{货币供给的}\\\text{增长率}\end{matrix}+\begin{matrix}\text{货币流通速度的}\\\text{增长率}\end{matrix}=\begin{matrix}\text{价格水平的}\\\text{增长率（或通货膨胀率）}\end{matrix}+\begin{matrix}\text{实际产出的}\\\text{增长率}\end{matrix}$$

数量方程的这种形式对探讨货币供给变动对通货膨胀率的影响更有用。注意任何变量的增长率都等于该变量逐年的百分比变动。价格水平的增长率是通货膨胀率，所以我们可以改写数量方程，来帮助我们理解通货膨胀的决定因素：

通货膨胀率＝货币供给的增长率＋货币流通速度的增长率－实际产出的增长率

如果阿尔文·费雪关于货币流通速度恒定的看法是正确的，那么货币流通速度的增长率就是0。也就是说，如果货币流通速度总是不变，比如说是8，那么它的逐年百分比变动就总是0。根据这个假设，我们可以再次改写方程：

通货膨胀率＝货币供给的增长率－实际产出的增长率

这个等式引出了以下预测：

1. 如果货币供给的增速大于实际GDP，就会发生通货膨胀。

2. 如果货币供给的增速小于实际GDP，就会发生通货紧缩。（回忆通货紧缩指的是价格水平的下降。）

3. 如果货币供给的增速与实际GDP相同，价格水平就不变，通货膨胀和通货紧缩都不存在。

但是事实证明阿尔文·费雪关于货币流通速度恒定的看法是错误的。货币流通速度有可能发生大幅的逐年波动。结果，货币数量论的预测不会每年都成立，但是大多数经济学家都同意，在解释货币供给与通货膨胀的长期关系问题上，货币数量论提供了有价值的见解：在长期，通货膨胀源于货币供给增速大于实际GDP。

□ 16.5.3 根据货币数量论估计出来的通货膨胀有多准确?

注意，货币数量论的准确性取决于货币供给速度恒定这一关键假设是否正确。如果货币供给速度不恒定，货币供给增加与价格水平上升之间的密切关联就可能不存在。例如，货币量上升的影响可能被货币流通速度的下降抵消，从而价格水平保持不变。因为在短期，货币流通速度的变动并不规律，所以我们并不期望数量方程能对短期的通货膨胀提供良好预测。但是，在长期，货币供给变动和通货膨胀之间的联系很强。图16.5（a）显示了美国每十年的货币供给（用衡量指标M2）增长与通货膨胀率之间的关系。（这里我们使用M2的原因是，能够得到M2数据的时间长于M1。）因为实际GDP增长率和货币流通速度增长率的变动，M2 增长率和通货膨胀率之间并没有一种精确的关系。但是，有一个现象非常明显：货币供给高增长的时期也是高通货膨胀率时期。也就是说，通货膨胀率在各个十年的波动大部分能由货币供给增长率的波动所解释。

图 16.5（b）通过考察 1999—2008 年这十年间各国的货币供给增长率和通货膨胀率，提供了支持货币数量论的进一步的证据。虽然各国的货币供给增长率和通货膨胀率之间并没有精确的关系，但是图 16.5（b）表明：货币供给增速快的国家，往往有高通货膨胀率；而货币供给增速更慢的国家，往往有低得多的通货膨胀率。我们在本章开篇案例中提到的非洲国家津巴布韦的数据没有包含在图 16.5（b）中。在这十年间，津巴布韦的货币增长率每年超过 7 500%。这使得通货膨胀率不断加速，最终在 2008 年达到 15 000 000 000%。津巴布韦遭受着恶性通货膨胀（恶性通货膨胀指的是超过 100%的年通货膨胀率）。

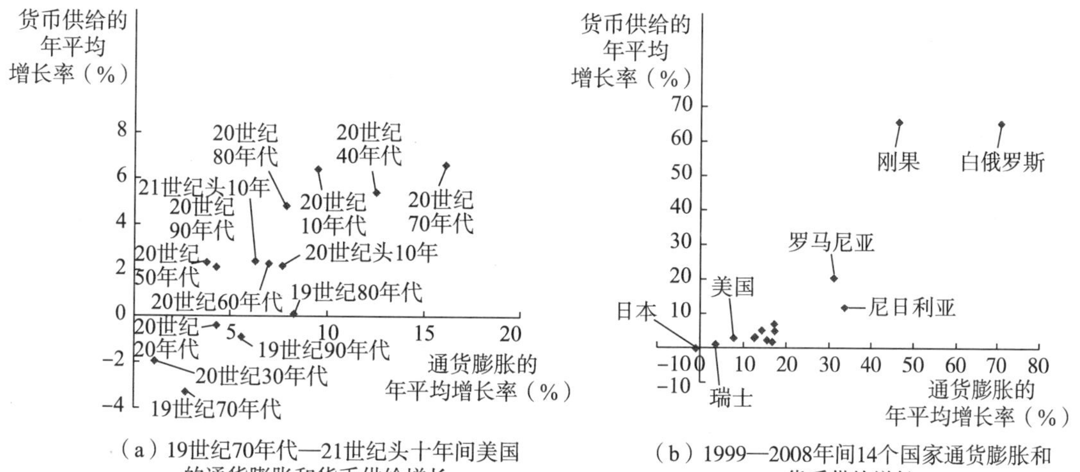

图 16.5 不同时期和世界各国货币增长与通货膨胀之间的关系

图（a）显示，在美国，总体来说，在货币供给增加最迅速的年代，通货膨胀率最高；在货币供给增加最缓慢的年代，通货膨胀率最低。图（b）显示，在 1999—2008 年这十年间，虽然货币供给增加和通货膨胀之间并没有精确的关系，但是在美国、日本和瑞士等国，货币供给增长率和通货膨胀率都低，而在白俄罗斯、刚果和罗马尼亚等国，货币供给增长率和通货膨胀率都高。

资料来源：图（a）：19 世纪 70 年代—20 世纪 60 年代，Milton Friedman and Anna J. Schwartz, *Monetary Trends in the United States and United Kingdom: Their Relation to Income, Prices, and Interest Rates, 1867-1975* (Chicago: University of Chicago Press, 1982), Table 4.8；20 世纪 70 年代—21 世纪头十年，Federal Reserve Board of Governors and U. S. Bureau of Economic Analysis；图（b）：World Bank。

□ 16.5.4 高通货膨胀率

为什么政府允许高通货膨胀率的发生？货币数量论可以帮助我们理解类似津巴布韦所经历的高通货膨胀率产生的原因。极高（即每年超过 100%）的通货膨胀率，被称为恶性通货膨胀。恶性通货膨胀是由中央银行以远超过实际 GDP 增长率的速度增加货币供给而造成的。高通货膨胀率使得货币迅速贬值，以致家庭和企业都避免持有货币。如果通货膨胀过于严重，就像津巴布韦出现的情况那样，人们就会停止使用纸质货币，所以它就不再有本章前文提到的货币的重要职能。遭受着高通货膨胀的经济体通常增长很慢，甚至出现严重的衰退。

既然高通货膨胀的后果如此可怕，为什么政府还会迅速增加货币供给从而引发高通货膨胀呢？主要原因是政府支出常常超过税收收入。美国等发达国家通常能够通过向公众出售债券来借款，从而弥补支出和税收之间的差距。但是，津巴布韦等发展中国家常常很难出售政府债券，因为投资者对于政府的还款能力持怀疑态度。如果它们不能向公众出售债券，发展中国家的政府就会强迫它们的中央银行购买这些债券。正如我们之前讨论的，当中央银行购买债券时，货币供给就会增加。

建立联系

20世纪20年代初德国的恶性通货膨胀

在第一次世界大战中战败后的德国爆发了一场革命，推翻了威廉二世的统治，建立了新政府——魏玛共和国。在1919年签署的和平条约中，美国、英国、法国和意大利组成的同盟国要求德国新政府支付赔款。这些赔款旨在弥补德国在一战中对同盟国造成的损失。对于德国政府而言，用税收收入同时支付正常开支和赔款十分困难。

德国政府决定，通过向其中央银行——德国国家银行——出售债券，来弥补支出和税收收入之间的差额。几年之后，德国政府支付的赔款远远少于条约规定的数量。1923年1月，法国政府向德国鲁尔工业区派出了军队，试图直接收取赔款。鲁尔的德国工人们开始罢工，德国政府决定以向他们支付工资的方式支持工人罢工。所需资金的筹集是通过足以引发通货膨胀的货币政策实现的：政府向德国国家银行出售债券，从而增加了货币供给。

足以引发通货膨胀的货币供给增加十分惊人：马克（德国货币）流通总量从1922年的1.15亿提高到1923年的13亿，再到1923年12月的4.97万亿亿，即497 000 000 000 000 000 000。正如货币数量论的预测，结果导致了令人震惊的高通货膨胀率。若以1914年德国的价格指数为100，1922年1月上升到了1 440，而1923年12月则上升到了令人触目惊心的126 160 000 000 000。德国马克变得一文不值了。德国政府采取了以下措施终结了这次恶性通货膨胀：（1）与同盟国谈判，达成了一个减少赔款的新协议；（2）通过减少政府其他支出、增加税收来平衡预算；（3）发行新币代替旧币。1新马克等于1万亿旧马克。德国中央银行也将新马克的发行量控制在32亿。

这些措施确实足以终结这次恶性通货膨胀，但是之前持有旧马克的人的积蓄荡然无存。大部分中等收入的德国人对这一结果极其不满。许多历史学家相信这次恶性通货膨胀大大削弱了许多德国人对魏玛共和国的拥护，可能为希特勒和纳粹分子10年后掌权铺平了道路。

资料来源：Thomas Sargent，“The End of Four Hyperinflations”，*Rational Expectations and Inflation*，(New York：Harper & Row，1986)。

轮到你了：做本章末与本专栏相关的问题与应用5.10，看看你理解得如何。

接第 532 页

生活中的经济学

如果货币变得越来越有价值，将会发生什么?

在本章开始，我们要求你考虑是否愿意生活在一个货币购买力逐年增加的经济体中。衡量这种情形的优点和缺点时，首先要想到货币购买力增加的唯一途径是价格水平下降；也就是说，通货紧缩必须发生。因为自 20 世纪 30 年代以来，美国的价格水平从未有过哪怕一年的下降，所以现在活着的大部分人只经历过价格水平的上升和货币购买力的下降。价格下降而非上升，一定是好事吗? 你可能会认为“是的”，因为如果你有一份工作，你的工资每年能购买更多的商品和服务。但是，事实上，正如上升的价格水平导致大部分工资逐年上涨一样，下降的价格水平可能意味着工资逐年降低。所以，即使人们持有的货币购买力增加，平均而言，人们可能也看不到他们收入购买力的增加。通货紧缩的缺点也十分明显，尤其是从通货膨胀突然转为通货紧缩时。在第 13 章中，我们定义了实际利率等于名义利率减去通货膨胀率。如果经济经历着通货紧缩，那么实际利率将大于名义利率。实际利率上升对借款人而言是一个坏消息，包括对有着大量抵押贷款的房屋业主。所以，你在一个经历着温和通货膨胀的经济中生活可能比在一个经历着通货紧缩的经济中生活更好。

16.6 结论

货币在经济运行中起着关键作用，它使商品和服务的交易更加便利，也使专业化成为可能。如果没有专业化，现代经济就不可能繁荣。家庭、企业、银行和中央银行（在美国是美联储）参与了货币供给的创造过程。在第 17 章，我们将探讨美联储如何运用货币政策来实现其经济目标。

接下来的“业内观察”专栏讨论了为什么银行增加对消费者和企业的贷款是一个积极的经济信号。

业内观察 贷款增加刺激货币供给增长

《美国财政时报》

《银行放贷预示经济强劲》

2008 年发生的金融危机动摇了美国银行业的根基。这一冲击使得银行资本缺乏，即使这次衰退大大减少了贷款需求，银行也不愿意发放贷款。美联储注入了大量可贷资金，为借款人和银行之间的借贷补充弹药。但是许多人仍想知道银行放贷是否会以及(如果会的话) 何时会恢复正常。

现在银行放贷还没有恢复正常，但是近来的信号令人鼓舞。虽然经济仍在缓慢恢复，但是，关键领域的贷款增长终于开始回升，这反映了贷款意愿和借款意愿的同时增加。随着企业贷款和非抵押消费贷款的增长超过房地产贷款的持续收缩，美国商业银行6月份贷款量增长了1%（按年率计算）。这是商业银行贷款在持续下降两年多后连续第3个月出现增长。

a 商业贷款引领着信贷的回升。在第二季度，工商业（C&I）贷款总量以9.6%的年率上升，这是两年半时间中的最大增幅。在过去的6个季度中，银行逐步降低了对大中型公司的工商业贷款标准。而在过去的4个季度中，小企业的贷款条件也降低了。经济学家期望在联储8月中旬发布的第三季度银行高级贷款经理问卷调查报告中看到贷款标准持续放松的信号。

与此同时，更多的贷款开始流向小企业。这非常重要，因为小企业创造了美国半数的工作岗位，并且与大企业可以通过在资本市场发行债券来融资不同，小企业十分依赖银行贷款。在第二季度，根据联储的最新调查，认为小企业的工商业（C&I）贷款需求增加的银行高级贷款经理人数超过了认为需求减少的银行高级贷款经理人数，这是5年来的首次。另一个积极信号是小型银行发放的C&I贷款量逐渐上升，小型银行的客户往往是当地的小企业。小型银行C&I贷款量自去年年底触底后，2011年一直在逐渐增加。

虽然政策制定者在过去一年增加了对小型企业贷款的缺乏的关注，但问题并不是银行有多么不愿意发放贷款，而是由于销售疲软导致的贷款需求的不足。根据全美独立工商业者联合会的数据，虽然认为获得贷款难度变大的小型企业所占比例仍高于衰退前，但是在此前的两年中，这一比例已经稳步下降，从峰值16%下降到6月的9%。

b 银行同样增加了消费贷款。虽然劳动力市场仍不活跃，但是家庭已经为控制其债务付出了相当的努力，这使得合格的借款人能够承担更多的债务。今年到目前为止，家庭的每月债务占其收入的比重已经下降到只有16.4%，是1994年以来的最低点。在第二季度，在调查中报告汽车贷款需求增加的银行比例创造了2003年以来的新高。

去年这个时候，银行开始降低汽车贷款、信用卡和其他贷款的标准。在2011年第二季度，表示发放消费贷款意愿上升的信贷员的百分比上升至17年来的最高水平。

c 在衰退期和复苏期，银行贷款量的起伏极大地加深了经济周期的影响。除了本次周期中抵押贷款的问题外，银行终于开始表现得像一般复苏期那样了。除了一些新的冲击（尤其是华盛顿和欧洲的债务危机）外，证据显示贷款增长正在对贷款标准的放松和贷款需求的增强做出回应，这是表明经济复苏仍有后劲的关键信号。

资料来源：“Bank Lending Signals a Strengthening Economy” by James C. Cooper，from *Fiscal Times* website，August 1 st，2001.

文章要点

2007—2009年的金融危机造成了可贷资金供给和需求的同时减少。虽然美联储为经济注入了大量资金，但是，银行贷款持续下降了两年多时间。在2011年4月，贷款量终于开始回升。最大幅度的增长出现在企业贷款，2011年第二季度的工商业（C&I）贷款以9.6%的年增长率上升，是两年多来最大幅度的增长。小型企业贷款的增长尤其令人振奋，在第二季度的联储问卷调查中，银行报告小型企业贷款出现了5年来的首次增长。消费贷款市场也在改善。随着消费者负债—

收入比降至1994年以来的新低，银行更加愿意发放消费贷款。贷款的增长对于衰退后的缓慢复苏的经济而言，是一个积极信号。

新闻分析

a 正如我们在第6章中所见，银行通过向个人和企业发放贷款，帮助资金从储蓄者流向借款人。在房地产泡沫破灭后房屋贷款违约增加，导致了2008年许多金融中介的破产，以及贷款量持续两年多的下降。贷款市场的增长在2011年第二季度重新出现，其中企业贷款引领了信贷的回升。随着银行持续放松对小、中、大型企业的贷款条件，工商业贷款量以9.6%的年增长率增加。正如图1所示，工商业贷款的百分比变动在2010年末变成正数，并在2011年第二季度的大部分时间里加速增加。

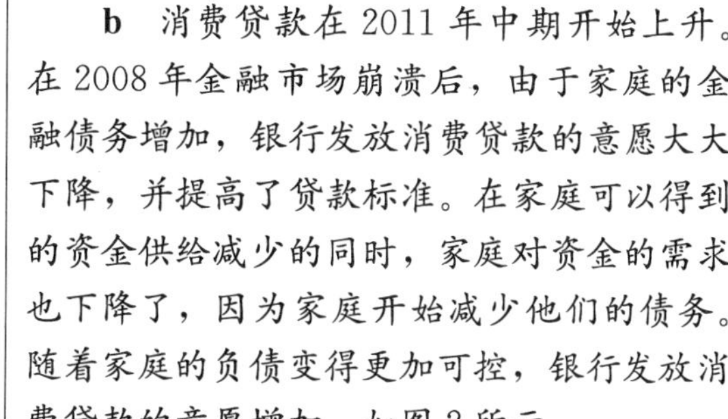

b 消费贷款在2011年中期开始上升。在2008年金融市场崩溃后，由于家庭的金融债务增加，银行发放消费贷款的意愿大大下降，并提高了贷款标准。在家庭可以得到的资金供给减少的同时，家庭对资金的需求也下降了，因为家庭开始减少他们的债务。随着家庭的负债变得更加可控，银行发放消费贷款的意愿增加，如图2所示。

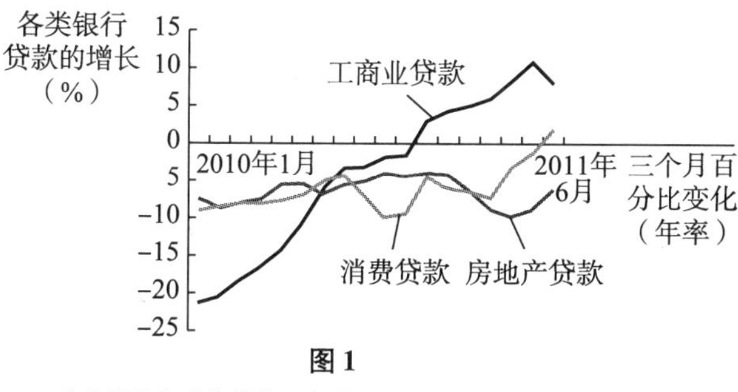

图1

工商业贷款和消费贷款正在增加，但房地产贷款继续下降。

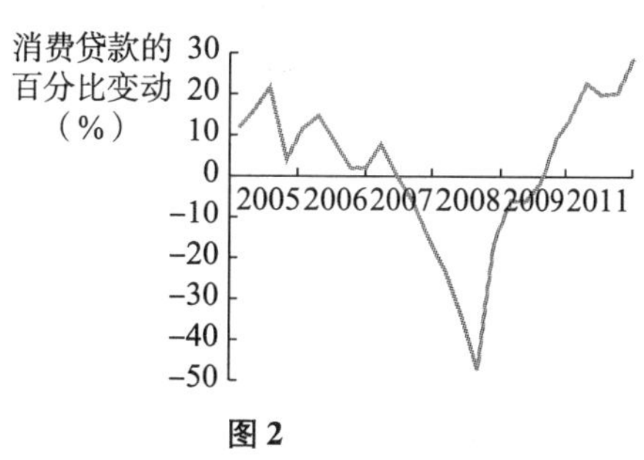

图2

更多银行表示愿意提供消费贷款。

c 正如你在本章所读到的，银行通过贷出超额准备金来创造货币。因为货币乘数效应，一定数量的新准备金会造成银行存款的数倍增加。2008年金融危机后，为了促进出借人和借款人之间的借贷，美联储向金融市场注入了大量新资金。这些额外的资金有影响经济的潜力，因为银行终于对需求的增加做出了反应，2011年贷款量开始回升。超额准备金、银行存款和贷款量的增加表明经济正处于经济周期的扩张阶段，对经济的继续复苏是一个积极信号。

深入思考

1. 在2007—2009年金融危机中，美联储采取行动增加了货币供给，试图刺激经济。如果银行仍不愿意向消费者发放贷款，而家庭也不愿意获得贷款，这些行动的效果会如何？请简要解释。
2. 货币数量论预测货币供给的大量增加将导致通货膨胀。那么，为什么在2007—2009年衰退期间和衰退结束后，虽然货币供给迅速增加，但是通货膨胀却相对较低？

本章总结和习题

□ 关键术语

资产　　联邦公开市场委员会（FOMC）　　M2　　法定准备金

银行业恐慌	货币政策	准备金	银行挤兑
联邦储备	货币	证券化	商品货币
法定货币	公开市场操作	证券	贴现贷款
部分准备金银行制度	货币数量论	简单存款乘数	贴现率
超额准备金	M1	法定准备金率	货币流通速度

□ 16.1 什么是货币？我们为什么需要货币？

总结

在一个物物交换的经济中，人们不使用货币，直接用一些商品和服务交换其他的商品和服务。只有在需求具有双向一致性时，即交换双方拥有对方想要的物品时，物物交换才会发生。因为物物交换无效率，所以使用货币的激励非常强。货币是在商品和服务的交换以及债务偿还中人们普遍愿意接受的资产。资产是个人或企业拥有的任何有价值的东西。商品货币是作为货币使用且具有独立于货币用途的价值的商品。货币履行四种职能：交易媒介、价值尺度、价值储藏手段和延期支付手段。纸币是法定货币，除了作为货币外，本身没有任何价值。

复习题

1.1 一个拥有阿尔伯特·普约尔斯（Albert Pujols）棒球卡片的棒球粉丝想用它交换一张德瑞克·基特（Derek Jeter）棒球卡片，但是这个人认识的所有拥有基特卡片的人都不想要这张普约尔斯卡片。经济学家称这名粉丝遇到了什么问题？

1.2 商品货币和法定货币有什么不同？

1.3 货币的四种职能是什么？如果某种物品没有完全行使这四种职能，它能被当作货币吗？

1.4 企业明明知道，与金币不同，印刷纸币的纸张几乎没有任何价值。那它们为什么还会接受纸币？

问题与应用

1.5 英国经济学家威廉·斯坦利·杰文斯（William Stanley Jevons）描述了法国歌手马德姆·泽丽在19世纪80年代的全球巡演。其中一站位于南太平洋的法属波利尼西亚的社会群岛。她的演出收入与通常无异，为总票房收入的三分之一。但这次她最终得到的是3头猪、23只火鸡、44只鸡、5 000个椰子，以及“大量的香蕉、柠檬和橙子”。她估计这些物品的总价值是4 000法郎。据杰文斯描述，“因为马德姆连其中一小部分都消费不完，所以她也用这些水果来喂养猪和家禽。”马德姆·泽丽作为报酬获得的这些商品行使了本章中提到的货币的四种职能了吗？请简要解释。

资料来源：W. Stanley Jevons, *Money and the Mechanism of Exchange* (New York: D. Appleton and Company, 1889), pp. 1-2。

1.6 ［与开篇案例有关］《纽约时报》的一篇文章对津巴布韦的一家医院做了如下描述：“人们从美国教会医院外的走廊排至几公里外，紧攥着瘦弱的小鸡、想要挣脱的山羊和一桶桶的玉米，来换取就诊服务和药品。”为什么来这家医院就诊和抓药的人不用货币来支付医疗服务的费用呢？

资料来源：Celia W. Dugger, “Zimbabwe Health Care, Paid With Peanuts”, *New York Times*, December 18, 2011。

1.7 在20世纪40年代末，毛泽东领导下的共产党正在与当时的中国政府进行内战。当时中国政府发行的纸币正在大幅贬值，大多数企业拒绝接受纸币。同一时间的日本出现了纸张短缺。那些年里，二战战败后的日本正处于美国的军事占领之下。在日本的部分美国军队意识到，他们可以用美元购买大量的中国纸币，然后运到日本，回收制成纸，从而赚取可观的利润。在这种情况下，中国的纸币是商品货币还是法定货币？请简要解释。

1.8 根据牛津大学历史学家彼得·希瑟（Peter Heather）的研究，在罗马帝国时期，莱茵河东部的日耳曼部落并不铸造自己的货币，而是使用罗马硬币：

> 虽然在日耳曼尼亚并没有铸造货币，但是罗马硬币大量流通，轻易行使了交易媒介的职能（塔西佗告诉我们，早在公元1世纪，莱茵河地区的日耳曼人就大量使用高质量的罗马银币作为交易媒介）。

a. 什么是交易媒介？

b. 作者写道罗马硬币为日耳曼部落提供了交易媒介，作者指的是什么？

c. 日耳曼部落既不是罗马帝国的领土也不受罗马法律管辖，为什么日耳曼部落的成员在商品和服务交换中愿意接受其他部落成员的罗马硬币？

资料来源：Peter Heather，*The Fall of the Roman Empire*：*A New History of Rome and the Barbarians*（New York：Oxford University Press，2006），p. 89。

1.9 ［与 16.1 节中的“建立联系”专栏有关］假定国会更改了法律，要求企业在出售商品时接受纸币。简要讨论这项立法会使谁获益、谁受损。

□ 16.2 美国当前如何衡量货币？

总结

在今天的美国，货币供给的最狭隘定义是 M1，包括通货、支票账户余额和旅行者支票。货币供给更为宽泛的定义是 M2，除了 M1 中的各项之外，还包括储蓄账户、小额定期存款（例如定期存单）、银行中的货币市场存款账户和非机构持有的货币市场基金份额。

复习题

2.1 货币供给 M1 和 M2 定义的主要区别是什么？

2.2 为什么美联储使用两种货币供给的定义而不是一种？

2.3 区分货币、收入和财富。一个国家的中央银行控制的是这三者中的哪一项？

问题与应用

2.4 简要解释以下各项是否被计入 M1 中：

a. 你口袋里的硬币。

b. 你支票账户中的资金；

c. 你储蓄账户中的资金；

d. 你一次旅行剩下的旅行者支票；

e. 你在花旗银行的白金万事达卡。

2.5 ［与例题 16.2 有关］假定你在衣柜的鞋盒中藏着 2 000 美元现金。某一天，你决定将这笔钱存入支票账户。简要解释这将如何影响 M1 和 M2。

2.6 ［与例题 16.2 有关］假定你决定从支票账户中取出 100 美元现金。这将如何影响 M1？忽略由你的取款行为导致银行采取的其他行动。

2.7 ［与 16.2 节中的“不要犯这样的错误！”专栏有关］简要解释你是否同意以下说法：“我最近了解到，政府发行的货币超过半数实际上都由外国人持有。如果这是真的，那么美国的财富不到政府数据显示的一半。”

2.8 ［与 16.2 节中的“不要犯这样的错误！”专栏有关］一篇新闻包含如下陈述：“收入是衡量财富的唯一方式。”你同意收入是衡量财富的一种方式吗？

资料来源：Sam Roberts，“As the Data Show，There's a Reason the Wall Street Protesters Chose New York”，*New York Times*，October 25，2011。

2.9 严格地说，美国的纸币被称为“联邦储备票据”。以下内容摘自《联邦储备法案》：“在民众要求时，联邦储备票据应该由在华盛顿哥伦比亚特区的美国财政部或任意一家联邦储备银行用法定货币赎回。”如果你将一张 20 美元纸币带到财政部或一家联邦储备银行，政府可能用哪种“法定货币”将其赎回？

2.10 ［与 16.2 节中的“建立联系”专栏有关］在 19 世纪，加拿大政府在让银行和公众接受几年前引入市场的 1 分硬币时遇到了困难。所以政府以 20%的折扣出售 1 分硬币。加拿大政府的这种行为被一篇报道描述为“负货币铸造税”。什么是货币铸造税？为什么加拿大政府以 20%的折扣出售 1 分硬币的这种行为被看作是“负货币铸造税”？

资料来源：Nicholas Kohler，“A Penny Dropped”，macleans. ca. January 14，2011。

2.11 ［与 16.2 节中的“建立联系”专栏有关］当前流通的 1 美分数量约为 14 亿。假定经济学家弗朗索瓦·维尔德提出的现在的 1 美分价值变为 5 美分的建议被采纳了。这对 M1 的数值将产生什么影响？这一变化会对经济造成重大影响吗？（提示：根据本章给出的信息，当前 M1 的值是多少？）

资料来源：Austan Goolsbee，“Now That a Penny Isn't Worth Much，It's Time to Make It Worth 5 Cents”，*New York Times*，February 1，2007。

□ 16.3 银行如何创造货币？

总结

在银行的资产负债表中，准备金和贷款是资产，存款则是负债。准备金是银行保留而没有被贷出或投资的存款。法定准备金是法律规定银行必须持有的准备金。银行按规定持有的准备金与存款的比例被称为法定准备金率。银行超过法定要求而持有的准备金叫做超额准备金。当一家银行吸收存款时，它只把其中一小部分资金作为准备金持有，把剩余的作为贷款发放。在发放贷款时，银行增加了借款人的支票账户余额。当借款人使用银行贷款开具支票购物时，卖方将这张支票存入他的银行账户中。卖方的银行也会把部分存款作为准备金持有，将剩余的贷出。这一过程一直继续下去，直至所有银行都没有超额准备金。以这样的方式，银行发放新贷款的过程增加了支票账户余额和货币供给的数量。这种创造货币的过程可以使用T账户说明，它是一个简化的资产负债表，只显示了一笔交易对银行资产负债表的影响。简单存款乘数是银行创造的存款与新准备金的比值。简单存款乘数的表达式是 $1/RR$。

复习题

3.1 一家代表性银行最大的资产和负债各是什么？

3.2 假定你决定从支票账户中取100美元现金。画一个T账户表示这笔交易对你的银行的资产负债表的影响。

3.3 我们说银行创造货币，这指的是什么？

3.4 写出简单存款乘数公式。如果法定准备金率是20%，那么银行准备金增加20 000美元会导致支票账户存款最多增加多少？

3.5 哪些因素使得现实货币乘数小于简单存款乘数？

问题与应用

3.6 Motley Fool网站上的一篇文章写道：

> 存款是银行的命脉。以美国银行为例，在3月底它拥有1万亿美元存款，约占其负债总额的一半。花旗集团和富国银行集团第一季度末大约各拥有8 000亿美元存款。

请简要解释“存款是银行的命脉”这句话的含义。

资料来源：“Should Your Bank Deposits Be at Risk?” by Matt Koppenheffer from www.fool.com, May 21, 2009。

3.7 下面的话摘自一篇关于社区银行的文章：“它们的商业贷款业务的资金来源是稳定的存款，商业贷款业务使它们一直能稳定盈利。”什么是商业贷款？在何种意义上贷款的“资金来源”是存款？

资料来源：Karen Richardson, “Clean Books Bolster Traditional Lenders”, *Wall Street Journal*, April 30, 2007。

3.8 “美国大部分的货币供给是由发放贷款的银行创造的。”请简要解释你是否同意这句话。

3.9 一国的数起银行挤兑事件会减少M1的总量吗？银行挤兑是否仅仅是将支票账户存款变为流通中的现金？资金的这种流动如何减少货币量？

3.10 ［与例题16.3有关］假定你向你在美国银行一家分行的支票账户中存入2 000美元现金，假设当你存款时，该银行并没有超额准备金。同时假设法定准备金率是0.20即20%。

a. 运用T账户说明这笔交易对美国银行资产负债表的初始影响。

b. 假定美国银行利用你的存款发放尽可能多的贷款。运用T账户，说明发放贷款对美国银行资产负债表的初始影响。同时把问题（a）的交易包括在这个T账户中。

c. 现在假定在问题（b）中得到这笔贷款的人开出一张等额支票，拿到支票的人将这笔钱存入花旗银行分行。说明在支票结算后，这些交易对于美国银行和花旗银行资产负债表的影响。（同时把问题（a）和问题（b）的交易包括在美国银行的T账户中。）

d. 你的2 000美元存款最多可以增加多少支票账户存款？货币供给的最大增加量是多少？请解释。

3.11 考虑某银行简化的资产负债表（单位：美元）：

资产		负债	
准备金	10 000	存款	70 000
贷款	66 000	股东权益	6 000

a. 如果法定准备金率是0.10即10%，银行持有了多少超额准备金？

b. 银行最多能增加发放多少贷款？

c. 如果银行增发了问题（b）中的贷款，说明该行为对银行资产负债表的即期影响。

3.12 ［与16.3节中的“不要犯这样的错误！”专栏有关］简要解释你是否同意以下说法：“资产是人们拥有的有价值的东西。负债就是债务。所以，银行总是将支票账户存款视为资产，将汽车贷款视为负债。”

□ 16.4 联邦储备体系

总结

美国实行部分准备金银行制度，即银行把低于

100%的存款作为准备金。在银行挤兑中，许多存款人同时决定从银行取款。在银行业恐慌中，许多银行同时经历着挤兑。联邦储备体系（“联储”）是美国的中央银行。它于 1913 年建立，最初是为了阻止银行业恐慌。2007—2009 年的衰退重新强调了联储对金融市场稳定的作用。货币政策是联储为了实现宏观经济政策目标而采取的管理货币供给和利率的行动。公开市场操作、贴现政策和准备金要求是美联储的三种货币政策工具。公开市场操作是联储买卖国库券的行为。联储向银行发放的贷款叫做贴现贷款，联储收取的贴现贷款的利率叫做贴现率。联邦公开市场委员会（FOMC）每年在华盛顿召开 8 次会议，讨论货币政策。在过去 20 年，“影子银行体系”得到发展。在 2007—2009 年的金融危机中，影子银行体系的存在使联储的政策反应变得更加复杂了。证券是能在金融市场中买卖的股票、债券等金融资产。证券化的过程要求建立一个二级金融市场，打包在一起的贷款能够在其中进行买卖，就像公司和政府债券一样。

复习题

4.1 为什么在 1913 年国会决定建立联邦储备体系？

4.2 联储运用哪些政策工具来控制货币供给？哪个工具是最重要的？

4.3 为什么联储在公开市场购买国库券会增加银行准备金？为什么联储在公开市场出售国库券会减少银行准备金？

4.4 什么是“影子银行体系”？为什么影子银行体系中的金融企业面对银行挤兑时，比商业银行更加脆弱？

问题与应用

4.5 本章正文说明了美国实行的是“部分准备金银行体系”。为什么大多数存款人对于银行将其大部分存款作为贷款发放出去并不担忧？

4.6 假定你是一个银行经理，美联储将法定准备金率从 10%提高至 12%。你需要采取什么行动？你和其他银行经理的行动最终将如何影响货币供给？

4.7 假定美联储通过增加第一国民银行（FNB）在联储的账户余额，向其发放了 1 000 万美元的贴现贷款。

a. 运用 T 账户，说明这笔交易对 FNB 资产负债表的影响。注意，银行存在美联储账户中的资金是它准备金的一部分。

b. 假设在收到这笔贴现贷款前，FNB 没有超额准备金。这 1 000 万美元中，FNB 最多能发放多少贷款？

c. 联储的这笔贴现贷款最终能使货币供给最多增加多少？假设法定准备金率是 10%。

4.8 在 2008 年 6 月的一次演讲中，时任纽约联邦储备银行总裁后来任财政部长的蒂莫西·盖特纳说道：

> 在繁荣时期，金融体系结构发生了根本性的改变……非银行金融体系迅速膨胀……这种与银行体系并行的金融体系中的机构面对传统意义上的挤兑非常脆弱，但是银行体系现行的能够降低挤兑风险的存款保险等保障制度无法对其提供保护。

a. 盖特纳提到的“非银行金融体系”指的是什么？

b. 什么是“传统意义上的挤兑”，为什么非银行金融体系中的机构面对这种挤兑非常脆弱？

c. 为什么存款保险制度能为银行体系提供抵御挤兑的保护？

资料来源：Timothy F. Geithner，“Reducing Systemic Risk in a Dynamic Financial System”，remarks at the Economics Club of New York，June 9，2008。

4.9 当联储为阻止银行业恐慌作为最后贷款人介入时，这构成对“银行的救助”了吗？请简要解释。

□ 16.5 货币数量论

总结

数量方程将货币供给与价格水平联系在一起，方程形式为 $M\times V=P\times Y$，其中 M 是货币供给，V 是货币流通速度，P 是价格水平，Y 是实际产出。货币流通速度指的是货币供给中每一美元当年被使用的平均次数。经济学家阿尔文·费雪建立了货币数量论，该理论假设货币流通速度恒定。如果货币数量论是正确的，那么通货膨胀率将等于货币供给增长率减去实际产出增长率。因为货币流通速度并不是常数，所以货币数量论并不完全正确。但是，货币数量论的观点“在长期，货币供给增长快于实际 GDP 增长就会导致通货膨胀”是正确的。当政府试图通过向中央银行大量出售债券来筹措收入时，货币供给会迅速增长，导致高通货膨胀率。

复习题

5.1 什么是货币数量论？货币数量论怎样解释通货膨胀？

5.2 货币数量论能更好地解释长期通货膨胀率还是短期通货膨胀率？请简要解释。

5.3 什么是恶性通货膨胀？为什么有时政府允许恶性通货膨胀的发生？

问题与应用

5.4 如果货币供给以每年 6%的速度增长，实际 GDP 以每年 3%的速度增长，货币流通速度保持不变，那么通货膨胀率是多少？如果货币流通速度以每年 1%的速度增加而不是保持不变，通货膨胀率是多少？

5.5 假定货币流通速度在某段时期内是常数，在另一时期内大幅波动。在哪段时期使用货币数量论解释通货膨胀率的变动更加适用？请简要解释。

5.6 《美国自由新闻》(*American Free Press*)的一篇标题为《我们应该庆祝通货紧缩》的文章援引英国约克大学的彼得·斯彭斯 (Peter Spencer) 教授的话说："印钞可以拒狼（通货紧缩）于门外。"这篇文章同时引用了伦敦《每日电讯报》(*The Telegraph*) 作家 Ambrose Evans-Pritchard 的说法："通货紧缩拥有一些阴险的特质。它使消费者迟疑。一旦这种心理占据支配地位，就会逐渐形成自反馈的螺旋，难以停止。"

a. 什么是通货紧缩？

b. 斯彭斯教授所说的"印钞可以拒狼（通货紧缩）于门外"是什么含义？

c. 通货紧缩为什么能造成"消费者迟疑"？Evans-Pritchard 所说的"一旦这种心理占据支配地位，就会逐渐形成自反馈的螺旋，难以停止"是什么含义？

资料来源：Doug French, "We Should Celebrate Price Deflation", *American Free Press*, November 17, 2008。

5.7 美国南北战争期间，美国南方联盟印制了大量自己的货币——联盟美元——来筹集战争资金。到战争结束时，联盟政府已发行了近 15 亿纸币。这么大量的联盟美元对其自身的价值有什么影响？随着战争结束，南方人还会像以前那样愿意使用和接受联盟美元吗？他们会使用什么来进行交易？

资料来源：Federal Reserve Bank of Richmond, "Textual Transcript of Confederate Currency"。

5.8 [与开篇案例有关] 在 2009 年 4 月，非洲国家津巴布韦停止使用本国货币——津巴布韦元。根据《美国之声》的一篇报道，"虽然发行的纸币面额越来越大，甚至包括 10 万亿元的面额，但是，2007 年和 2008 年的恶性通货膨胀使津巴布韦元变得一文不值。"文中引用津巴布韦经济计划部长 Elton Mangoma 的话说，津巴布韦元"将消失至少一年"。在 2009 年 1 月，津巴布韦政府决定采用美元作为该国的官方货币。为什么恶性通货膨胀会使货币变得"一文不值"？使用美元作为货币将如何有助于稳定的津巴布韦经济？

资料来源：Vioce of America News, "Zimbabwe Suspends Use of Own Currency", voanews. com, April 12, 2009。

5.9 [与开篇案例有关]《纽约时报》关于津巴布韦的一篇文章这样描述该国 2008 年夏天的情景："津巴布韦的官方通货膨胀率狂飙至 2 200 000%，是世界上迄今为止最高的，失业率达到 80%。"极高的通货膨胀率和极高的失业率之间有联系吗？请简要解释。

资料来源："Inflation Soars to 2 Million Percent in Zimbabwe", *New York Times*, July 17, 2008。

5.10 [与 16.5 节中的"建立联系"专栏有关] 在德国 20 世纪 20 年代的恶性通货膨胀时期，许多德国的家庭和企业在经济上遭受了重创。你认为德国哪部分人从这次恶性通货膨胀获益了？请简要解释。

第 17 章

货币政策

本章概览和学习目标

17.1　什么是货币政策?

定义货币政策，描述美联储的货币政策目标。

17.2　货币市场和美联储货币政策中间目标的选择

描述美联储的货币政策中间目标，解释扩张性和收缩性货币政策如何影响利率。

17.3　货币政策和经济活动

运用总需求和总供给图形来显示货币政策对实际 GDP 和价格水平的影响。

17.4　运用动态总需求—总供给模型分析货币政策

运用动态总需求—总供给模型来分析货币政策。

17.5　美联储货币政策中间目标设定的进一步探究

讨论美联储货币政策中间目标的设定。

17.6　2007—2009 年衰退期间美联储的政策

讨论在 2007—2009 年衰退期间美联储使用的政策。

开篇案例

货币政策、托尔兄弟公司和房地产市场

如果你已经失业或是担心自己可能失业，那么你可能不会购买新住房。所以，住宅建设在衰退期间下降，就不会令人惊讶了。此外，衰退常常发生在联储提高利率之后，联储提高利率是为了降低总需求增加的速度，进而降低通货膨胀率。利率的上升提高了购房成本，进而减少了购房需求。所以，建造住宅的企业在衰退期间往往会陷入困境。例如，在1974—1975年和1981—1982年衰退期间，住宅建设下降了超过30个百分点。

但是2001年的衰退有所不同。在2001年初，联储的联邦公开市场委员会(FOMC)判断衰退即将到来，于是开始采取措施降低利率。联储的行动成功阻止了某些经济学家预测将会出现的长期、严重的衰退。事实上，美联储的这一策略使得住宅建设在2001年衰退期间增长了5%。

托尔兄弟公司(Toll Brothers)是一家总部位于宾夕法尼亚州亨廷顿谷的住宅建造企业。实际上，该公司2001年的利润增加了。但是2007—2009年衰退时的情况截然不同。托尔兄弟公司遭受了公司历史上最惨重的损失——7.5亿美元，而且这并不是个例。几乎所有的住宅建造企业都遭受了严重的销售下滑，许多甚至破产了。关键问题是，到2005年，房地产市场的繁荣变成了一场“泡沫”。在泡沫中，价格飙升到了不可持续的水平。当房地产泡沫在2006年终于破灭时，新房屋的销量和现有房屋的价格开始大幅下降。到2007年，经济陷入了衰退。不幸的是，在这次衰退中，美联储发现仅仅降低利率并不足以挽救房地产市场和整体经济。从2008年开始，美联储不得不转而采取新政策，以求将经济从衰退中摆脱出来。

在本章，我们将研究货币政策是如何影响经济活动的。阅读本章末的“业内观察”，它讨论了美联储在2011年底用来刺激经济的“扭曲操作”。

资料来源：Toll Brothers，*Annual Report*，2010。

生活中的经济学

衰退期间应该购买住房吗？

如果你像大多数大学生一样，那么你会觉得买房是离你最遥远的事情之一。但是假定你考虑得长远一些，几年后你可能结婚甚至有了孩子。租住公寓几年后，你在考虑购买一套住房。但是，假定根据《华尔街日报》的一篇文章，多数经济学家都预测衰退可能即将来临。你应该做什么？这是购房的好时机还是坏时机？在阅读本章的过程中，看看你是否能够回答这些问题。对照我们在本章末尾提供的答案，你可以检验你的答案。

在第 16 章中我们看到，银行在为家庭和企业提供贷款以及创造货币供给方面都扮演着重要的角色。我们也看到，国会建立了联邦储备体系来稳定金融体系，联储肩负管理货币供给的职责。在本章中，我们将讨论联储的四个主要政策目标：(1) 价格稳定；(2) 高就业；(3) 金融市场和金融机构的稳定；(4) 经济增长。我们将探究联储为实现这些目标如何决定选择何种货币政策措施。

17.1 什么是货币政策？

1913 年，国会通过了《联邦储备法案》，建立了联邦储备体系（“联储”）。当时，联储的主要职责是向银行提供贴现贷款以防止第 16 章中所讨论的银行业恐慌的出现。20 世纪 30 年代的大萧条后，国会修正了《联邦储备法案》，给予联邦储备理事会更广泛的职责：积极行动“以有效地促进最高就业、稳定的价格以及适度的长期利率等目标”。

第二次世界大战以来，联储实行了积极的货币政策。**货币政策**（monetary policy）是指联储为了实现宏观经济政策目标而采取的管理货币供给和利率的行动。

17.1.1 货币政策的目标

为了促进经济的良好运行，联储有如下四个主要的货币政策目标：

1. 价格稳定；
2. 高就业；
3. 金融市场和金融机构的稳定；
4. 经济增长。

下面我们简单分析这些目标。

价格稳定。

正如我们在前面几章所见，价格上升削弱了货币作为交换媒介和价值储藏手段的职能。特别是在 20 世纪 70 年代通货膨胀出乎意料地大幅上升后，大多数工业化国家的政策制定者都将价格稳定作为一个政策目标。图 17.1 表明，从 20 世纪 50 年代早期至 1968 年，通货膨胀率每年都保持在 4%以下。而在 20 世纪 70 年代的大部分年份里，通货膨胀率都超过了 4%。1979 年初，通货膨胀率增加至 10%以上，直至 1981 年末仍保持在这一水平。1981 年末，通货膨胀率开始迅速下降至 4%以内。在 1992 年后，通货膨胀率一般低于 4%，直到 2008 年夏季，汽油价格的迅速增加将其推动至 5%以上。2009 年初，衰退的影响造成了为期数月的通货紧缩，即价格水平下降。

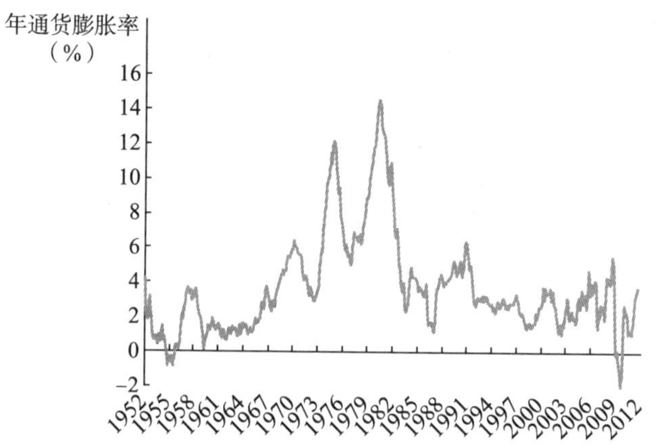

图 17.1　美国 1952 年 1 月—2011 年 8 月的通货膨胀率

在 20 世纪 50 年代和 60 年代的大部分年份中，美国的通货膨胀率都为 4%或低于 4%。在 20 世纪 70 年代，通货膨胀率增加，在 1979—1981 年达到最高，平均超过了 10%。1992 年后，通货膨胀率通常低于 4%，直至 2008 年夏季石油价格上涨，将其推至 5%以上。2009 年初，衰退的影响造成了为期数月的通货紧缩，即价格水平下降。

注：通货膨胀率是按消费者价格指数（CPI）与上年同月份相比的百分比变动计算的。

1979—1981 年的通货膨胀率是美国和平年代经历的最高水平。当 1979 年 8 月保罗・沃尔克（Paul Volcker）成为联邦储备理事会主席后，他将反通货膨胀定为首要政策目标。之后的两任联储主席，1987 年 8 月上任的艾伦・格林斯潘（Alan Greenspan）和 2006 年 1 月上任的本・伯南克（Ben Bernanke）都继续关注通货膨胀。这三位联储主席都认为，如果通货膨胀在长期处于低水平，联储就拥有它所需要的灵活性来减轻衰退的影响。虽然 2007—2009 年衰退的严重程度导致联储采取了非同寻常的政策措施（我们将在本章后面讨论），但是价格稳定仍是联储的一项主要政策目标。

高就业。

除了价格稳定之外，高就业或低失业率也是重要的货币政策目标。工人失业和厂房、办公楼的不充分利用都会使 GDP 低于潜在水平。失业使得没有工作的工人陷入经济窘境，损害了他们的自尊心。高就业不仅是联储的目标，也是联邦政府其他部门的目标。在第二次世界大战末期，国会在 1946 年通过了《就业法案》（Employment Act），该法案规定："联邦政府的职责是：培育和创造条件，为那些能够工作、愿意工作并且积极寻找工作机会的工人提供有用的就业机会，促进最高的就业、生产和购买力。"因为价格稳定和高就业在《就业法案》中被明确提到，所以有时称联储对这两个目标具有双重使命。

金融市场和金融机构的稳定。

当金融市场和金融机构不能有效地将储蓄者和借款人匹配时，资源就会浪费。有能力生产消费者认为有价值的商品和服务的企业就不能获得设计、开发和销售那些产品所需的资金。储蓄者也会浪费资源于寻找满意的投资机会上。美联储促进金融市场和金融机构的稳定，以便资金从储蓄者有效流动到借款人。正如我们在第 16 章中所见，2007—2009 年的金融危机使得金融市场稳定的问题尤为突出。

2007—2009 年金融危机与促使国会于 1913 年建立联邦储备体系的银行危机相似。但是一个关键区别是，以前的银行危机影响的是商业银行，而 2007—2009 年的金融危机也影响了投资银行。投资银行可能会遭受流动性问题，因为它们经常利用短期借款（有时短到隔夜）来进行长期投资。商业银行以支票账户存款和储蓄账户存款的形式从家庭和企业借款，而投资银行主要从其他金融企业处借款，如其他投资银行、共同基金、对冲基金等。对冲基金与共同基金类似，但是投资策略一般更加复杂，风险也更高。就像商业银行在储户开始提取资金时可能经历危机一样，如果其他金融企业停止向投资银行提供短期贷款，投资银行也会经历危机。在 2008 年，为了缓解投资银行面临的流动性问题，联储决定暂时允许投资银行获得贴现贷款，此前该贷款只有商业银行才能得到。本章后面我们将更详细地讨论美联储为了帮助处理金融危机而颁布的新政策。

经济增长。

我们在第 14 章中讨论了经济增长对于提高生活水平的重要性。政策制定者致力于鼓励经济稳定增长，因为这可以使家庭和企业准确地进行规划，并鼓励持续增长所需的长期投资。通过给储蓄提供激励以确保大量投资资金的获得，或对企业投资提供直接的激励，政策都能刺激经济增长。但是国会和总统在增加储蓄和投资上，可能比联储更有能力。例如，国会和总统可以变更税法来增加储蓄和投资的回报。事实上，一些经济学家质疑，在试图达到价格稳定、高就业和金融稳定等目标外，联储是否还能在促进经济增长中发挥作用。

下一节我们将考察联储是如何达到其货币政策目标的。虽然联储有多种货币政策目标，但是，在大多数时期，其最重要的目标是价格稳定和高就业。但是，2007 年开始的金融市场混乱促使联储增加了对金融市场稳定性这一目标的重视。

17.2 货币市场和美联储货币政策中间目标的选择

美联储致力于运用政策工具来达到其货币政策目标。回忆第 16 章讲过，联储的政策工具是公开市场操作、贴现政策和准备金要求。有些时候，美联储的政策目标之间存在冲突。例如，正如我们在本章后面会讨论的，美联储能够提高利率来降低通货膨胀率。但是，正如我们在第 15 章中看到的，高通货膨胀率常常会减少家庭和企业的支出，这可能造成经济增速放缓，失业增加。所以，一项旨在实现某一货币政策目标（如降低通货膨胀率）的政策可能对另一政策目标（如高就业）有负面效果。

□ 17.2.1 货币政策中间目标

美联储试图同时保持低失业率和低通货膨胀率，但是它不能直接影响其中任何一个经济变量。联储不能告诉企业雇用多少员工，或为它们的产品制定什么价格。相反，美联储运用被称为货币政策中间目标的变量。联储能够直接影响货币政策中间目标，反过来这些变量又会影响诸如实际 GDP、就业和价格水平等与联储的政策目标密切相关的变量。货币供给和利率是两个主要的货币政策中间目标。正如我们将会看到的，联储一般使用利率作为政策中间目标。

必须记住如下重要的一点：虽然联储常常运用货币供给和利率作为中间目标，但是，在 2007—2009 年衰退期间，这些目标并不是联储的政策中心。正如我们在本章后面将会讨论的，因为美国金融市场遭受了20世纪30年代大萧条以来从未遇到的混乱，所以美联储被迫采用新的政策工具。但是，理解美联储在正常时期如何执行政策仍很重要。

□ 17.2.2 货币需求

美联储的两大货币政策中间目标以一种重要的方式相关联。为了明白这种关系，我们首先需要考察货币的需求与供给。图17.2显示了货币的需求曲线。纵轴代表利率，横轴代表货币数量。这里我们使用货币的M1定义，等于流通的现金（即通货）加上支票账户存款。注意货币的需求曲线向下倾斜。

要理解为什么货币的需求曲线向下倾斜，考虑到家庭和企业可以在持有货币和其他金融资产（如美国短期国库券）之间进行选择。货币有一个特别合意的特点：你可以使用货币购买商品、服务或金融资产。货币同时有一个不合意的特点：它不能赚取利息或只能赚取极低的利息。你钱包中的现金不能赚取利息，你支票账户中的货币也不能赚取利息或只能赚取极低的利息。货币的替代品（如美国短期国库券）支付利息，但是如果你需要使用资金购物时，必须将其出售。当美国短期国库券等金融资产的利率上升时，家庭和企业因持有货币而损失的利息增加。当利率下降时，家庭和企业因持有货币而损失的利息减少。记住机会成本是你为了从事一项活动必须放弃的东西。利率是持有货币的机会成本。

我们现在可以解释为什么货币的需求曲线向下倾斜：当短期国库券或其他金融资产的利率较低时，持有货币的机会成本较低，所以家庭和企业对货币的需求数量较大；当利率较高时，持有货币的机会成本较高，所以货币需求的数量较小。在图17.2中，当利率从4%下降至3%时，家庭和企业的货币需求数量从9 000亿美元上升至9 500亿美元。

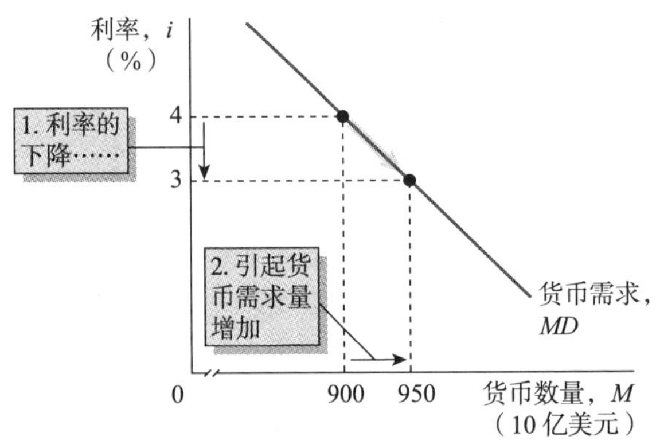

图17.2 货币需求

货币需求曲线向下倾斜是因为利率下降导致家庭和企业从持有美国短期国库券等金融资产转为持有货币。在其他因素保持不变的条件下，当利率从4%下降至3%时，货币需求量从9 000亿美元增加至9 500亿美元。利率上升将使货币需求量下降。

□ 17.2.3 货币需求曲线的移动

我们在第3章中看到，绘制某商品的需求曲线时，我们假设除价格外其他影响消费者购买商品意愿的变量保持不变。除价格外的其他变量变动时，需求曲线将会移动。类似地，绘制货币的需求曲线时，我们假设除利率外其他影响家庭和企业持有货币意愿的变量保持不变。除利率外的其他变量变动时，需求曲线将会移动。两个造成需求曲线移动的最重要的变量是实际 GDP 和价格水平。

实际 GDP 的增加，意味着商品和服务的买卖量将会增加。额外的买卖量增加了对货币作为交易媒介的需求，所以，在每一利率水平下家庭和企业愿意持有的货币量增加，从而货币需求曲线向右移动。实际 GDP 的降低，使得每一利率水平下的货币需求量减少，从而货币需求曲线向左移动。价格水平升高，使得给定数量的买卖所要求的货币量增加。例如，80 年前，当价格水平低得多时，某人可以用 500 美元购买一辆新车，30 美元的周薪就会使你成为中产阶级，即使对当时较低的实际 GDP 和较少的人口规模的影响做出调整后，家庭和企业需要的货币量也比今天少得多。价格水平增加使得每一利率水平下家庭和企业的货币需求量增加，从而货币需求曲线向右移动。价格水平下降使得每一利率水平下的货币需求量减少，从而货币曲线需求向左移动。图 17.3 显示了货币曲线需求的移动。

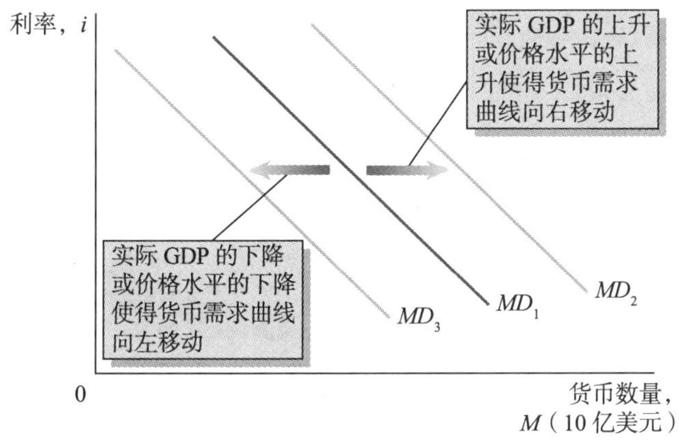

图 17.3　货币需求曲线的移动

实际 GDP 或价格水平的变动使货币曲线需求移动。实际 GDP 的上升或价格水平的上升使得货币需求曲线由 MD_1 向右移动至 MD_2。实际 GDP 的下降或价格水平的下降使得货币需求曲线由 MD_1 向左移动至 MD_3。

□ 17.2.4　美联储如何管理货币供给：快速回顾

讨论了货币需求之后，我们现在转向货币供给。在第 16 章中，我们知道了联储如何管理货币供给。联邦公开市场委员会（FOMC）每年在华盛顿召开 8 次会议。如果 FOMC 决定增加货币供给，它会命令纽约联邦储备银行的交易柜台买入美国国库券。国库券的卖家将其从联储获得的资金存入银行，这增加了银行的准备金。一般地，银行将其大部分准备金作为贷款发放，这创造了新的支票账户存款，增加了货币供给。如果 FOMC 决定减少货币供给，它会命令该交易柜台出售国库券，这减少了银行的准备金，进而减少了货币供给。

□ 17.2.5　货币市场均衡

图 17.4 中同时包括了货币需求曲线和货币供给曲线。我们可以运用这个图形来理解联储是如何影响货币供给和利率的。为了简化问题，我们假设联储有能力完全控制货币供

给。所以，货币供给曲线是一条垂直线，利率的变化对货币供给量没有任何影响。和其他市场一样，货币市场的均衡发生在货币供给曲线与货币需求曲线的交点。如果联储增加货币供给，货币供给曲线将向右移动，均衡利率将下降。在图 17.4 中，当联储把货币供给从 9 000 亿美元增加至 9 500 亿美元时，货币供给曲线从 MS_1 移动至 MS_2，均衡利率从 4%下降至 3%。

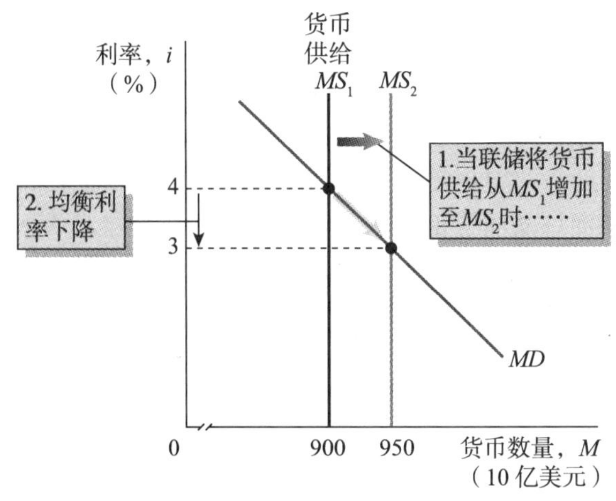

图 17.4　联储增加货币供给对利率的影响

当联储增加货币供给时，家庭和企业最初持有的相较于其他金融资产而言的货币数量超过其需求量。家庭和企业使用他们不想持有的这部分货币购买短期国库券以及存入付息的银行账户。这种需求的增加使得银行与短期国库券和类似证券的出售者提供的利率降低。最终，利率将降至家庭和企业愿意持有联储创造的额外货币的水平。在图中，货币供给从 9 000 亿美元上升至 9 500 亿美元，使得货币供给曲线从 MS_1 右移至 MS_2，均衡利率从 4%下降至 3%。

在货币市场中，从一个均衡调整到另一个均衡的过程与商品市场中的调整略有不同。在图 17.4 中，货币市场起初处于均衡，利率是 4%，货币供给是 9 000 亿美元。当美联储将货币供给增加 500 亿美元后，家庭和企业持有的货币量超过在 4%的利率水平下他们想持有的数量。家庭和企业如何处理这多余的 500 亿美元？他们最有可能用这笔钱购买短期金融资产，比如美国短期国库券，或者将钱存入付息的银行账户中，如定期存单。付息银行账户和短期金融资产需求的增加，使银行能够降低定期存单的利率，而且使短期国库券和类似资产的卖家降低利率。随着定期存单、短期国库券和其他短期资产的利率降低，持有货币的机会成本同样降低。家庭和企业沿着货币需求曲线向下移动。最终利率下降到足以使家庭和企业愿意持有联储创造的这额外的 500 亿美元的水平，货币市场重回均衡。总而言之，当联储增加货币供给时，短期利率必须下降，直至家庭和企业愿意持有额外增加的货币为止。

图 17.5 显示了联储降低货币供给时的情况。货币市场最初处于均衡，利率是 4%，货币供给是 9 000 亿美元。如果美联储将货币供给减少至 8 500 亿美元，在 4%的利率水平下，家庭和企业持有的相较于其他金融资产而言的货币量将少于他们想持有的数量。为了增加持有货币量，他们将出售短期国库券和其他短期金融资产，并从定期存单和其他付息银行账户中取款。银行为了挽留存款人，不得不支付更高的利率，短期国库券和类似证券的卖家为了找到买家，也不得不提供更高的利率。短期利率提高增加了持有货币的机会成本，导致家庭和企业沿着货币需求曲线向上移动。最终在 5%的利率水平下重回均衡。

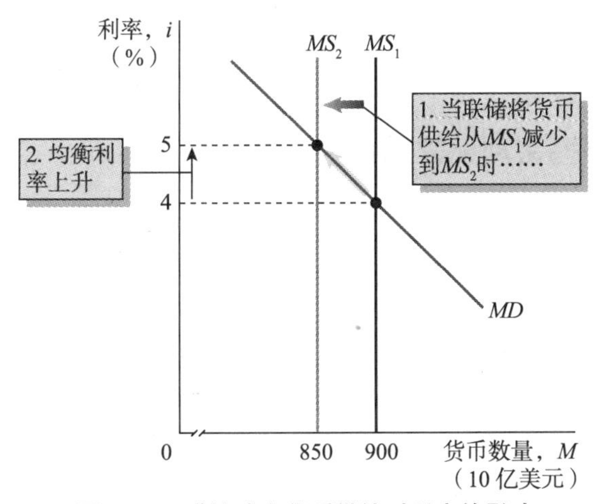

图 17.5　联储减少货币供给对利率的影响

当联储减少货币供给时，家庭和企业最初持有的相较于其他金融资产而言的货币量比其愿意持有的少。家庭和企业将出售短期国库券和其他金融资产，以及从付息账户中取款。这些行动将提高利率。最终，利率将上升至家庭和企业愿意持有由联储的行动导致的较少货币量的水平。在图中，货币供给从 9 000 亿美元降至 8 500 亿美元，使得货币供给曲线从 MS_1向左移动至 MS_2，均衡利率从 4%上升至 5%。

□ 17.2.6　两种利率的故事

在第 14 章中，我们讨论了利率的可贷资金模型。在那个模型中，均衡利率由可贷资金的需求和供给决定。为什么我们需要两个利率模型呢？答案是可贷资金模型关注的是长期实际利率，而货币市场模型关注的是短期名义利率。当储蓄者考虑购买长期金融资产（如公司债券）时，与此最相关的利率是长期实际利率。当企业借款为新厂房或办公楼等长期投资项目融资时，或家庭为购买新房屋申请抵押贷款时，与此最相关的利率也是长期实际利率。

但是，当执行货币政策时，短期名义利率是最相关的利率，因为该利率受货币供给增加和减少的影响最大。短期名义利率的变动和长期实际利率的变动之间常常有但并不总是有密切的联系。所以，当联储采取行动提高短期名义利率时，长期实际利率通常也会上升。也就是说，正如我们在下一节将讨论的，当美国短期国库券的利率上升时，抵押贷款的实际利率通常也将上升，尽管有时会有一定的时滞。

□ 17.2.7　选择货币政策中间目标

正如我们所看到的，联储运用货币政策中间目标来影响与其政策目标密切相关的经济变量，如实际 GDP 和价格水平。联储能够使用货币供给或利率作为货币政策中间目标。正如图 17.5 所示，联储对两者都有能力施加影响。一般而言，联储对于利率的关注超过了货币供给。从 1980 年以来，包括对支票账户存款付息和货币市场共同基金的引入在内的放松管制和金融创新，削弱了 M1 作为交易媒介衡量指标的相关性。这些新情况一度使美联储更加依赖 M2，那是一个更宽泛的货币供给衡量指标，在历史上与经济增长有着更稳定的关系，尽管这一关系在 20 世纪 90 年代初土崩瓦解。在 1993 年 7 月，当时的联储主席艾伦·格林斯潘通知国会，联储将停止使用 M1 或 M2 作为中间目标来指导货币政策的执行。相应地，联储增加了对利率目标的依赖。

经济中存在许多不同的利率。就货币政策目标而言，联储将联邦基金利率作为中间目标。在考察以利率作为中间目标如何能够帮助美联储实现其货币政策目标之前，我们先在下一节讨论联邦基金利率。

□ 17.2.8 联邦基金利率的重要性

回忆第16章讲过，对于超过一定临界水平的支票账户存款，每家银行都必须将其中的10%留作准备金，要么以现金形式保存在银行中，要么存入联储。联储为银行的准备金存款支付的利率低，所以银行一般有激励将超过10%的准备金作为贷款发放。当2007年开始的金融危机在2008年继续加深时，由于银行需要对取款的增加做准备，以及银行不愿意为拥有极好的信用记录之外的借款人提供贷款，所以银行准备金迅速增加。但是，这些情况是非同寻常的。一般情况下，银行持有极少的超额准备金，当它们需要额外准备金时，它们通过联邦基金市场从有多余准备金的银行借款。**联邦基金利率**（federal funds rate）指的是银行对联邦基金市场的贷款相互收取的利率。这个市场的贷款期限一般极短，常常为隔夜贷款。

尽管拥有这样一个名称，但是，联储并不能合法地设定联邦基金利率。相反，它是由准备金的供给和需求确定的。因为联储能通过公开市场操作增加或减少银行准备金的供给，所以联储能设定一个联邦基金目标利率，并且通常能非常接近达到目标。每一次会议后，FOMC都会宣布联邦基金目标利率。在图17.6中，黑色线代表1998年以来的联邦基金目标利率。锯齿状灰色线代表每周的联邦基金利率现实值。该图显示，自2007年9月开始，由于美联储对金融危机的爆发作出反应，联邦基金目标利率迅速下降。在2008年12月，美联储宣布目标利率为0～0.25%。现实的联邦基金利率在0.06%～0.23%之间波动。极低的联邦基金利率反映了这次金融危机的严重程度。

联邦基金利率并不直接与家庭和企业相关。只有银行可以在联邦基金市场借款和贷款。但是，联邦基金利率的变动通常会导致短期国库券等其他短期金融资产的利率变动，以及公司债券和抵押贷款等长期金融资产的利率变动。联邦基金利率的变化对短期利率的影响比对长期利率的影响大，它对长期利率的影响可能在经过一段时滞后才会发生。虽然大部分经济学家支持联储选择将利率作为货币政策中间目标，但是一些经济学家认为联储应该集中关注货币供给。我们将在本章后面的部分对这些经济学家的观点进行讨论。

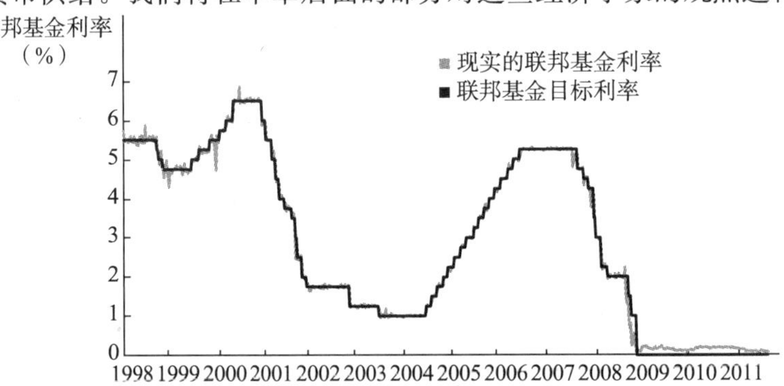

图17.6 1998年1月—2011年9月联邦基金利率目标制的表现

联储不设定联邦基金利率，但是，它通过公开市场操作迅速增加或减少银行准备金的能力保证了现实的联邦基金利率接近于它设定的联邦基金目标利率。黑色线代表联储设定的联邦基金目标利率，锯齿状灰色线代表每周的联邦基金利率现实值。

注：2008年12月后的联邦基金目标利率为0～0.25%。

资料来源：Board of Governors of the Federal Reserve System。

17.3 货币政策和经济活动

记住，联储采用联邦基金利率作为货币政策中间目标，因为它能够通过公开市场操作很好地控制联邦基金利率，并且联储相信联邦基金利率的变动最终将影响与其货币政策目标相关的经济变量。在这里，再次指出名义利率与实际利率之间的区别非常重要。回忆以前讲过，我们用名义利率减去通货膨胀率来计算实际利率。归根结底，联储运用货币政策来影响实际 GDP 等经济变量的能力取决于它影响实际利率（如抵押贷款和公司债券的实际利率）的能力。因为联邦基金利率是一种短期名义利率，所以有时联储难以影响长期实际利率。但是，对于接下来的讨论而言，我们将假设联储能运用公开市场操作来影响长期实际利率。

17.3.1 利率如何影响总需求

利率的变动影响总需求，即经济的总支出水平。回忆第 15 章讲过，总需求有四个组成部分：消费、投资、政府购买和净出口。利率的变动不会影响政府购买，但是将会通过以下方式影响总需求的其他三个组成部分：

- 消费。许多家庭通过借款为汽车和家具等耐用消费品的购买筹集资金。利率下降会导致耐用品上的支出增加，因为更低的利率使得贷款需要支付的利息减少，从而降低了消费者购买这些耐用品的总成本。而利率上升则提高了耐用消费品的成本，家庭就会减少购买。利率的下降也减少了储蓄的回报，促使家庭减少储蓄、增加支出。利率的上升则增加了储蓄的回报，促使家庭增加储蓄、减少支出。
- 投资。企业使用其利润或通过借款为其在机器、设备和厂房上的大部分支出筹集资金。企业通过发行公司债券从金融市场借款，或者从银行借款。公司债券和银行贷款的利率上升增加了企业的贷款成本，所以企业将裁减投资项目。而利率下降则减少了企业的贷款成本，所以企业将增加投资项目。同时，利率的下降也通过对股票价格的影响增加了投资。当利率下降时，与债券相比，股票变成了更具吸引力的投资。股票需求的上升抬高了股票价格。而股票价格的上升给企业发出了一个信号：投资项目未来的盈利能力增加了。通过发行新的股票，企业可以获得购买新厂房和设备所需的资金，从而增加投资。

最后，家庭购买新住宅的支出也是投资的一部分。当抵押贷款利率上升时，购买新住宅的成本上升，新住宅的交易量将下降。当抵押贷款利率下降时，新住宅的交易量将上升。

- 净出口。回忆净出口等于国外家庭和企业在购买在美国生产的商品和服务上的支出减去美国家庭和企业在购买在外国生产的商品和服务上的支出。净出口的数值部分地取决于美元和外国货币间的汇率。当美元升值时，美国生产的商品和服务对于其他国家的家庭和企业来说变得更贵了，而外国生产的商品和服务对于美国家庭和企业来说变得更便宜了。结果，美国的出口将减少，进口将增加，从而净出口下降。当美元贬值时，净出口将上升。如果美国利率相对于外国利率上升，在美国金融资产上的投资将更有吸引力，外国投资者将会增加对美元的需求，导致美元升值。随着美元升值，净出口将下降。如果美国利率相对于外国利率下降，美元会贬值，净出口将上升。

17.3.2 货币政策对实际 GDP 和价格水平的影响

在第 15 章中，我们建立了总需求—总供给模型来解释实际 GDP 和价格水平的波动。

在基本的总需求—总供给模型中，我们假设不存在经济增长，所以长期总供给曲线不会移动。在图 17.7（a）中，我们假设经济处于短期均衡 A 点，即总需求曲线（AD_1）和短期总供给曲线（$SRAS$）的交点。此时，实际 GDP 低于 $LRAS$ 曲线所表示的潜在实际 GDP 水平，所以经济处于衰退阶段，一些企业在低于正常生产能力的水平运营，部分工人被裁减。为了达到高就业的目标，联储需要实行**扩张性货币政策**（expansionary monetary policy），即增加货币供给，降低利率。利率下降使得消费、投资和净出口都增加，总需求曲线从 AD_1 向右移动至 AD_2。实际 GDP 从 13.8 万亿美元提高到 14.0 万亿美元的潜在 GDP 水平，价格水平从 98 上升至 100（B 点）。政策成功推动实际 GDP 恢复至潜在水平。产出增加导致了就业的增加，联储实现了其高就业的目标。

在图 17.7（b）中，经济处于短期均衡 A 点，实际 GDP 是 14.2 万亿美元，高于 14.0 万亿美元的潜在 GDP 水平。某些企业的生产超过了其正常生产能力，失业率非常低，工资和价格在上升。为了达到价格稳定的目标，联储需要实行**紧缩性货币政策**（contractionary monetary policy），即减少货币供给，升高利率。利率的上升使得消费、投资和净出口都减少，总需求曲线从 AD_1 移动至 AD_2。实际 GDP 从 14.2 万亿美元下降到 14.0 万亿美元，价格水平从 102 下降至 100（B 点）。为什么联储有意导致实际 GDP 下降呢？因为在长期，实际 GDP 不能持续保持在超过潜在 GDP 的水平。试图将实际 GDP 保持在潜在 GDP 水平之上将导致通货膨胀上升。随着总需求下降，实际 GDP 恢复至潜在水平，工资和价格上升的压力将减轻，联储实现了其价格稳定的目标。

我们可以得出结论：联储可以运用货币政策来影响价格水平和短期的实际 GDP 水平，从而达到其高就业和价格稳定的政策目标。

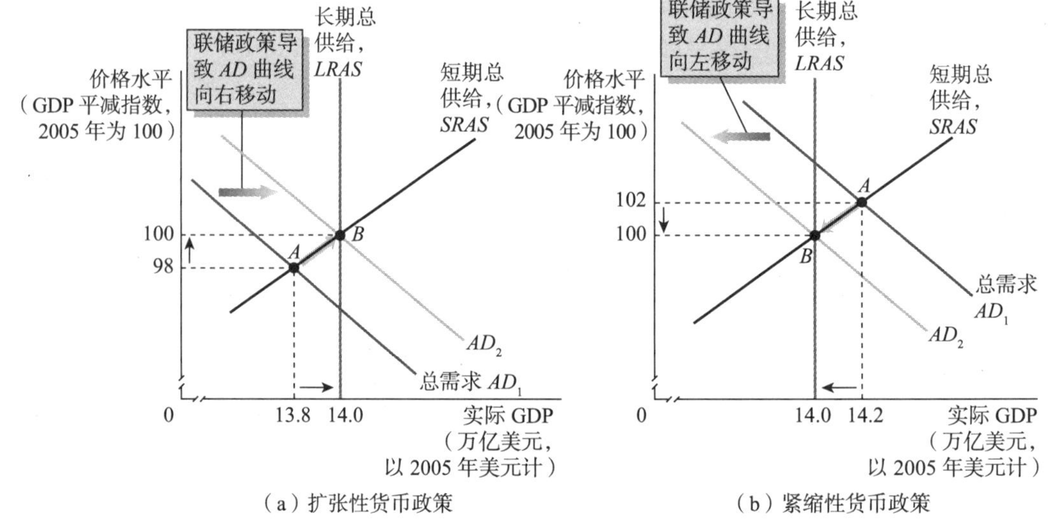

图 17.7 货币政策

在图（a）中，初始时经济在 A 点处于衰退，实际 GDP 是 13.8 万亿美元，价格水平是 98。扩张性货币政策使得总需求曲线从 AD_1 向右移动至 AD_2，实际 GDP 从 13.8 万亿美元上升至 14.0 万亿美元，价格水平从 98 上升至 100（B 点）。随着实际 GDP 恢复至潜在水平，联储达到了高就业的目标。

在图（b）中，初始时经济处于 A 点，实际 GDP 是 14.2 万亿美元，价格水平是 102。因为实际 GDP 超过潜在水平，经济中工资和价格水平都上升。紧缩性货币政策使得总需求曲线从 AD_1 向左移动至 AD_2，实际 GDP 从 14.2 万亿美元下降至 14.0 万亿美元，价格水平从 102 下降至 100（B 点）。随着实际 GDP 恢复至潜在水平，联储达到了价格稳定的目标。

零还不够低：美联储尝试“量化宽松”和“扭曲操作”

图 17.6 表明，在 2008 年 12 月，美联储将联邦基金目标利率下调至接近 0 的水平，并将此水平保持至 2011 年。因为 2007—2009 年的衰退太过严重，如此低的利率也未能对经济起到多大的刺激作用。为了降低联邦基金利率，联储通过公开市场操作买进短期国库券，这增加了银行准备金。之后，银行将这些准备金发放出去。但是，如下图所示，在 2008 年末，许多银行并不将这些资金发放出去，而是作为超额准备金累积起来。银行准备金总额在 2008 年 8 月还不到 500 亿美元，但是，随着金融危机的深化，到 2009 年 5 月，迅速上升到 9 000 亿美元以上。

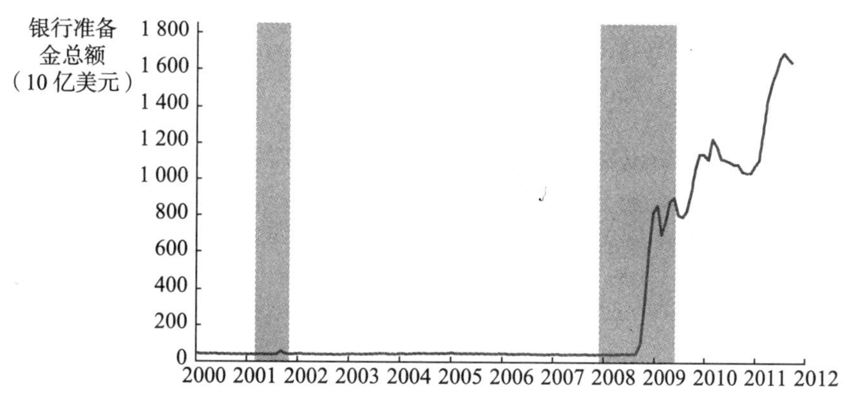

资料来源：The Federal Reserve Bank of St. Louis。

银行准备金的增加，部分原因是 2008 年 10 月美联储决定对存在美联储的银行准备金支付 0.25%的利息。但是，准备金增加的最主要原因是银行不愿意以低利率向家庭和企业发放贷款，因为家庭和企业的财务状况受到了衰退的重创。一些经济学家相信，联储面临流动性陷阱问题，即短期利率已经下降至零，这使联储无法进一步降息了。一些经济学家认为在 20 世纪 30 年代的美国和 20 世纪 90 年代的日本，都出现过流动性陷阱问题。

不能将联邦基金利率降至零以下，这对联储来说是一个问题。旧金山联邦储备银行根据经济学家格林·鲁迪布什（Glenn Rudebusch）的计算，给定当时的高失业率，适当的联邦基金利率是—5%。因为联邦基金利率不可能为负值，所以联储转向其他政策。特别地，联储决定实施量化宽松政策，即除了购买短期国库券之外，还购买其他国库券。而在一般的公开市场操作中，买卖的只是短期国库券。为了阻止 10 年期国库券利率上升，联储开始购买 10 年期国库券。住房抵押贷款的利率通常紧密地跟随 10 年期国库券利率变动。同时，联储也购买了一定量的抵押贷款担保证券。联储的目标是使抵押贷款利率保持低水平，使资金持续流入抵押贷款市场以刺激对住房的需求。

联储第一轮量化宽松政策开始于 2008 年 11 月，在 2010 年 6 月结束。因为经济复苏速度缓慢，所以在 2010 年 11 月，联储宣布了第二轮量化宽松政策（QE2）。根据 QE2，到 2011 年 6 月，联储又购买了价值 6 000 亿美元的长期国库券。在

2011 年 9 月，由于经济复苏仍然很缓慢，联储宣布了一个新项目，按照这个项目，联储将购买 4 000 亿美元的长期国库券，同时出售等额的短期和中期国库券。这一项目在金融市场中被有些人称为“扭曲操作”，它与量化宽松政策的目标相同：降低长期国库券的利率以增加总需求。

在本章后面的内容中，我们将考虑联储为应对 2007—2009 年衰退和其后的缓慢复苏所采取的其他新政策。联储之所以采取这些新政策，是因为降低联邦基金利率以刺激经济的传统方法被证明无效。

资料来源：Glenn Rudebusch，“The Fed's Monetary Policy Response to the Current Crisis”，*FRBSF Economic Letter*，May 22，2009。

轮到你了：做本章末与本专栏相关的问题与应用 3.11 和 3.12，看看你理解得如何。

□ 17.3.3 美联储能够消除衰退吗？

图 17.7 (a) 显示了一项完美的扩张性货币政策，它通过移动 *AD* 曲线，推动经济回到潜在 GDP 水平。但是，事实上，美联储很难达到这一理想状态，2007—2009 年衰退的持续时间和严重程度也说明了这一点。在实践中，联储最多只能缩短衰退的持续时间和减轻衰退的严重程度。

如果美联储想成功地消除经济周期的影响，就需要迅速意识到调整货币政策的必要性。如果联储在意识到衰退已经开始或者通货膨胀在上升上存在滞后，就很难及时采取新政策来改善经济运行。事实上，如果政策推行过晚，可能会造成经济运行不稳定。为了理解这种情况为何会发生，考虑图 17.8。图中的直线代表美国实际 GDP 的长期增长趋势。平均而言，实际 GDP 每年增长约 3.3%。但是，因为经济周期，用灰色曲线表示的实际 GDP 的现实路径不同于这条直线所代表的趋势。正如我们在第 14 章中所见，现实的经济周期要比图中画出的程式化的经济周期不规则得多。

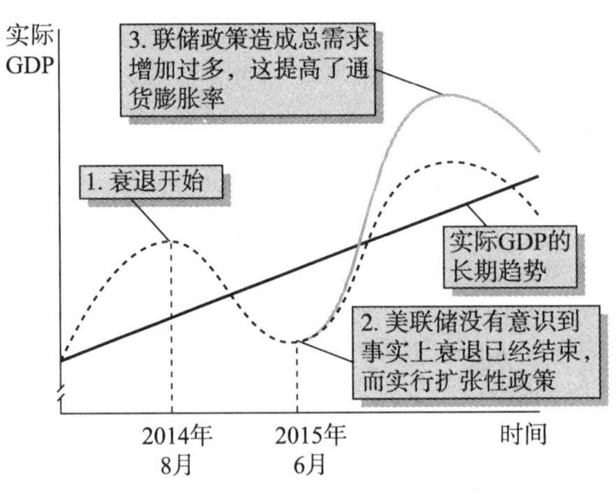

图 17.8　滞后的货币政策对经济的影响

向上倾斜的直线代表实际 GDP 的长期增长趋势。灰色曲线代表由于经济周期的影响，现实的实际 GDP 的路径。如果美联储的货币政策变动滞后，实际 GDP 将沿着灰色曲线运动。联储的扩张性货币政策将导致下一扩张阶段中总需求增加过多，从而造成通货膨胀率增加。

假定一场经济衰退开始于 2014 年 8 月。因为商务部、调查统计局、劳工统计局和联储自身搜集经济数据要花费数月，所以，在联储认识到经济衰退已经开始之前，通常都会存在时滞。然后，联储的经济学家分析数据也要花费时间。最终，在 2015 年 6 月，FOMC 判断经济处于衰退，开始实行扩张性货币政策。但后来的数据表明，2015 年 6 月实际上是衰退的谷底，这意味着衰退阶段的结束和扩张阶段的开始。在这种情况下，就不需要联储的扩张性政策来结束衰退。联储降低利率的举措造成了总需求的增加，这很可能会推动经济的 GDP 超过其潜在水平，引发通货膨胀显著加速。实际 GDP 最终沿着灰色曲线所标明的路径运动。联储本来想实施的是逆周期政策以减轻经济周期的严重性，但无意中推行了顺周期政策，这加剧了经济周期的严重性。正如我们在第 14 章中所见，1950 年以来，典型的经济衰退持续时间短于一年，这就增加了联储无意中推行顺周期政策的可能性。当然，在类似 2007—2009 年衰退这种长时间的严重衰退中，这样的错误就不大可能。

在经济扩张阶段的中期，出现一两个月的就业量或制造业产出下降并不罕见。对这样的小幅波动与衰退的开始进行区分很困难。国家经济研究局（NBER）发布的衰退开始和结束的时间被大多数经济学家所接受。NBER 通常在相当长的一段时期后才发布衰退开始和结束的时间，这就表明判断衰退开始和结束的时间有多么困难。对于 2001 年的衰退，直至 2001 年 11 月，NBER 才宣布衰退从 2001 年 3 月就开始了，而 11 月正是它后来宣布的衰退结束的月份。对于 2007—2009 年的衰退，NBER 在 2008 年 12 月才宣布衰退从 2007 年 12 月开始。经济衰退已经开始（或结束）很长一段时期内，美联储都没能做出反应，这是一个非常严重的问题。但是，对于 2007—2009 年的衰退，作为对金融危机开始的回应，美联储及时于 2007 年 9 月降低了联邦基金利率，虽然经济衰退实际上在两个月之后才开始。

建立联系

努力击中移动目标：根据“实时数据”制定政策

在制定货币政策时，美联储依赖宏观经济数据。经济数据的一个关键部分是 GDP，由美国经济分析局（BEA）每季度计算。对联储的政策制定者来说不幸的是，BEA 提供的 GDP 数据经常被修正，并且修正可能很大以至于经济的实际状况与最初发布的数据所表明的状况有很大的差别。

BEA 计算的每个季度 GDP 的速报值直至该季度结束大约一个月后才会发布。这一时滞对于政策制定者们而言是个问题，因为这就意味着（比如说）他们直到 4 月底才能获得对 1—3 月这段时期 GDP 的估计值。而这一速报值将被数度修正的事实，无疑更增加了政策制定的困难。季度 GDP 的第二次估计值在该季度结束约两个月后发布。季度 GDP 的第三次估计值在该季度结束约三个月后发布。虽然 BEA 常常将第三个估计值称为“最终值”，但事实上，BEA 在以后的时间里仍会继续修正估计值。例如，BEA 在发布第三次估计值的一、二、三年后，分别发布其第一次、第二次、第三次年度修正的估计值。但这仍不是结束，因为在之后的年份里，还会发布基准数字修正后的估计值。

为什么要发布如此多的估计值？因为

GDP是经济中产出的一个如此全面的衡量指标，所以需要花费大量的时间来收集所需数据。为了提供速报值，BEA依赖于商务部对零售业和制造运输业所做的调查、贸易组织提供的数据、政府支出的估计值等等。随着时间的推移，这些机构搜集了额外的数据，BEA也能修正它的估计值。

GDP估计值的这些修正重要吗？以下例子说明有时候确实很重要。在2001年年初，有迹象表明美国经济可能步入衰退。在上一年春季，互联网股票市场的泡沫破灭，持股人数以万亿美元计的财富灰飞烟灭。光纤电缆网络和其他信息技术的过度扩张也对经济造成很大的压力。但是，第一季度GDP的速报值表明实际GDP以2.0%的年率稳健增长。看起来政府的政策制定者们没什么需要担心的。但是，正如下图所示，2.0%的速报值在之后的时间里多次被修正，并且主要是下调。现在，BEA的数据显示，2001年第一季度的实际GDP事实上以1.3%的年率下降。这一超过3个百分点的差别是一个巨大的差别：2001年第一季度的经济状况从温和增长转变为严重下滑。国家经济分析局将2001年衰退的开始时间界定为该年3月，但是，一些经济学家认为衰退实际上从2000年底就开始了。BEA现在对GDP的估计值也为这个观点提供了一定程度的支持。

这个例子说明，除了在成功实施货币政策的过程中遇到的其他问题外，美联储还必须考虑利用有可能被大幅修正的数据作决策。

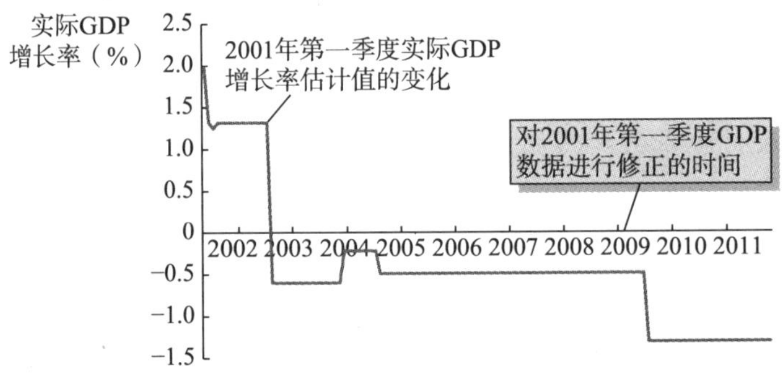

资料来源：Federal Reserve Bank of Philadelphia，“Historical Data Files for the Real-Time Data Set”，August 24，2010；and Bruce T. Grimm and Teresa Weadock，“Gross Domestic Product：Revisions and Source Data”，*Survey of Current Business*，Vol. 86，No. 2，February 2006，pp. 11-15。

轮到你了：做本章末与本专栏相关的问题与应用3.13和3.14，看看你理解得如何。

□ 17.3.4 对货币政策如何起作用的总结

表17.1比较了扩张性货币政策和紧缩性货币政策涉及的各个步骤。我们需要给这个总结加上一个非常重要的限定条件。对每一步，我们都需要加上一句“相对于没有该项政策时将发生的情况而言”。在假设影响所涉及变量的其他因素都保持不变的条件下，表17.1说明了货币政策的影响。也就是说，我们使用了第3章中讨论的“其他变量都相同”条件。这一点非常重要，原因是，(例如)一项紧缩性货币政策并不一定会使价格水平下降，而是会使价格水平的上升少于没有该政策时的情况。最后一个关于术语的

注释是：扩张性货币政策有时被称为宽松（easy）政策，紧缩性货币政策有时被称为从紧（tight）政策。

表 17.1　扩张性货币政策和紧缩性货币政策

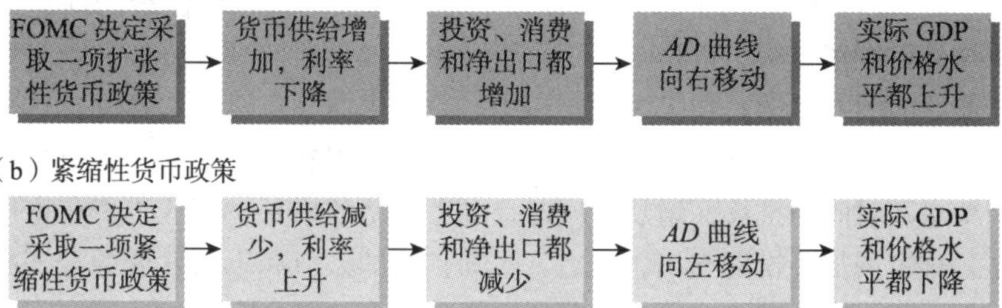

不要犯这样的错误！☞

谨记：在货币政策中，起作用的不是货币而是利率

人们也许认为货币政策是这样起作用的：如果联储希望经济中的支出增加，它就增加货币供给，而因为人们拥有更多货币，所以他们就会增加支出。如果联储希望经济中的支出减少，它就减少货币供给，而因为人们拥有更少的货币，所以他们就会减少支出。事实上，货币政策不是这样起作用的。记住货币和收入的重要差异：联储通过买进国库券来增加货币供给。而国库券的卖家只不过是用国库券这种资产换得了另一种资产——来自美联储的支票，他们的收入并没有增加。虽然货币供给增多了，但是任何人的收入都没有增加，所以任何人的支出都应该不会受影响。

只有当货币供给的增加导致利率下降时，支出才会受影响。当利率下降时，家庭更有可能购买新住宅和新汽车，企业也更有可能修建新厂房、购买计算机。利率降低会导致美元贬值，降低出口品的价格，提高进口品的价格，从而增加净出口。这种额外的支出并不是由货币供给增加导致的，而是由利率降低导致的。为了理解货币政策如何起作用，也为了理解关于联储的行动的新闻报道，记住：最重要的并不是货币供给的变动，而是利率的变动。

轮到你了：做本章末的问题与应用 3.15，看看你理解得如何。

17.4　运用动态总需求—总供给模型分析货币政策

我们刚刚介绍完的货币政策概述中包含着一个核心思想：联储能够运用货币政策来影响总需求，从而改变价格水平和实际 GDP 水平。但是，图 17.7 阐述的关于货币政策的讨论被简化了，因为它忽视了经济中的两个关键事实：(1) 经济中存在持续的通货膨胀，价格水平每年都上升；（2）经济中存在长期增长，*LRAS* 曲线每年都向右移动。在第 15 章中，我们建立了一个动态总需求—总供给模型，该模型考虑到了这两个事实。本节中，我们运用这个动态模型来获得对于货币政策更加完整的理解。让我们先对动态模型进行简单回顾。回忆第 15 章中讲过，随着时间的推移，美国的劳动力和资本存量都会增加，技术变革也会发生。这将导致潜在实际 GDP 增加，表示为长期总供给曲线的向右移动。这些因素同时也会使得在任意给定价格水平下，企业短期提供的商品和服务的数量增加，表示为短期供给曲线的向右移动。在大多数年份中，总需求曲线也会向右移动，这表明在各个价格水平下，总支出都将上升。总支出通常会上升的原因有几个：随着人口的增长和收入的提高，消费也随时间的推移而增加。同时，随着经济的增长，企业扩大生产能力，新企业也会成立，这也增加了投资支出。最后，不断扩张的人口和不断发展的经济要求政府服务也相应增加，如更多的警力和更多的师资，所以政府购买也会增加。

□ 17.4.1 货币政策对实际 GDP 和价格水平的影响：更全面的解释

在某些时期，总需求的增长并不足以使经济保持在潜在 GDP 水平。总需求的这种缓慢增长可能是因为家庭和企业对未来经济状况变得悲观，于是削减在耐用消费品、住宅和厂房上的支出。正如我们所见，在 2007—2009 年衰退期间，房地产泡沫的破灭和由此产生的金融危机对总需求产生了负面影响。也存在其他可能性：联邦政府可能决定通过减少政府购买来平衡预算，或者其他国家的衰退可能造成美国出口的减少。在图 17.9 所示的假想情形下，在第一年，经济处于均衡状态，实际 GDP 是 14 万亿美元，等于其潜在水平，价格水平是 100（*A* 点）。在第二年，*LRAS* 上升至 14.4 万亿美元，但是 *AD* 只增加至 $AD_{2(没有政策)}$，这不足以使经济达到 GDP 等于其潜在水平的宏观经济均衡。如果美联储不实施干预，那么，在短期均衡，GDP 为 14.3 万亿美元（*B* 点）。实际 GDP 水平和 $LRAS_2$ 所代表的潜在 GDP 水平之间有 1 000 亿美元的缺口，这意味着有的企业的生产能力没有被充分运用。收入和利润将下降，企业将开始裁减员工，失业率将上升。

美联储的经济学家密切监控经济，并不断更新对未来实际 GDP 水平和价格水平的预测。当这些经济学家预期总需求的增长速度不足以使经济保持在充分就业状态时，他们会把他们的研究结果向 FOMC 汇报，FOMC 将决定是否需要改变货币政策。例如，假定 FOMC 开会讨论研究人员的如下预测：在下一年，均衡实际 GDP 和潜在 GDP 之间会出现 1 000 亿美元的缺口。也就是说，图 17.9 中 *B* 点所表示的宏观经济均衡将出现。经过开会讨论后，FOMC 可能决定实施扩张性货币政策，降低利率以刺激总需求。图 17.9 显示了一次成功尝试的结果：*AD* 曲线向右移动，均衡在潜在 GDP 水平（*C* 点）出现。联储成功地阻止了本来会出现的收入下降和失业率上升。记住，我们这里表示的是一项完美实施的货币政策，它使经济保持在潜在 GDP 水平。但是，这在实践中难以实现，原因我们已经讨论过了。

注意，在图 17.9 中，扩张性货币政策使得通货膨胀率高于没有政策的情况下将会出现的水平。如果没有扩张性政策，价格水平本来会从 100 上升至 102，所以当年的通货膨胀率本来将为 2%。但是，通过移动总需求曲线，扩张性货币政策使价格水平从 102 上升至 103，通货膨胀率从 2%上升至 3%。

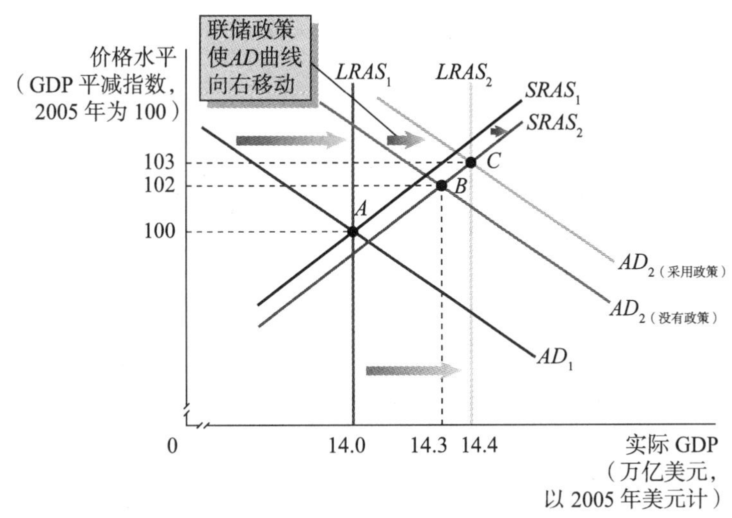

图 17.9　扩张性货币政策

开始时，经济处于 A 点的均衡状态，实际 GDP 是 14.0 万亿美元，价格水平是 100。如果没有货币政策，总需求曲线将从 AD_1 移动至 $AD_{2(没有政策)}$，而因为长期总供给曲线从 $LRAS_1$ 移动至 $LRAS_2$，所以，总需求曲线的移动不足以使经济维持充分就业。经济将处于 B 点所代表的短期均衡，实际 GDP 是 14.3 万亿美元，价格水平是 102。通过降低利率，联储促使投资、消费和净出口充分增加，总需求曲线移动至 $AD_{2(采用政策)}$。经济将处于 C 点所代表的均衡，实际 GDP 是 14.4 万亿美元，处于充分就业水平，价格水平是 103。价格水平比联储没有采取措施增加经济中支出的情况下要高。

□ 17.4.2　运用货币政策反通货膨胀

除了运用扩张性货币政策来减轻衰退的严重程度之外，美联储也可以运用紧缩性货币政策来阻止总需求增长过快从而导致通货膨胀上升。图 17.10 显示了 2005 年和 2006 年的情况，当时美联储就面对着这种可能性。在 2005 年，尽管经济处于潜在 GDP 水平的均衡状态，但是时任联储主席艾伦·格林斯潘和 FOMC 的其他成员担心房地产市场的持续繁荣可能导致总需求迅速增长，以致通货膨胀率将加速上升。从 2004 年年中开始，联储一直在逐渐提高联邦基金目标利率。

当 2006 年年初本·伯南克继任联储主席时，他支持继续提高联邦基金目标利率来减缓总需求的增长。到 2006 年 6 月，联邦基金目标利率已经从 2003 年 6 月至 2004 年 5 月的 1%提高到 5.25%。每一次会议后，FOMC 都会发表一项声明，总结委员会对当前经济形势的看法，并表明在不久的将来货币政策可能如何变化。在 2006 年 6 月 29 日的一次会议后，FOMC 在其声明中做出了以下评论：

> 联邦公开市场委员会今天决定将联邦基金目标利率提高到 5.25%。近期数据表明，与今年早些时候强劲的增长态势相比，经济增速正在放缓，在一定程度上反映了房地产市场的逐渐降温和利率增加的滞后效应。虽然随着时间的推移，总需求增速放缓应该有助于缓解通货膨胀的压力，但是委员会判断仍然存在一定程度的通货膨胀风险。

委员会将 5.25%的联邦基金目标利率保持至 2007 年 9 月。2007 年 9 月，对金融市场

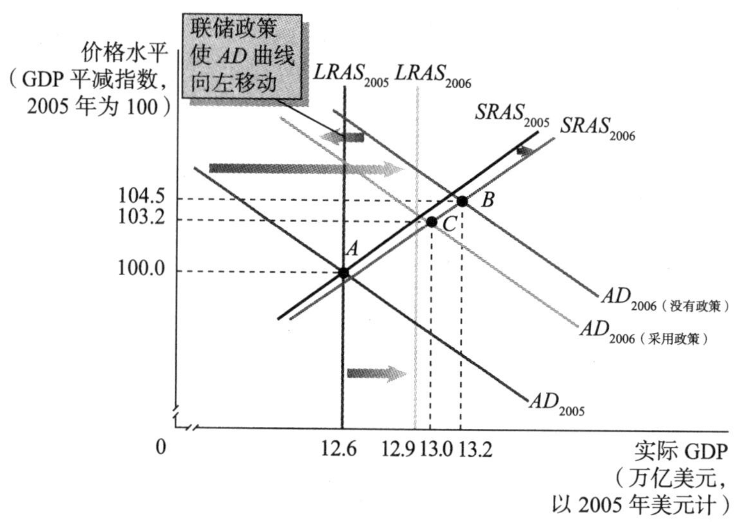

图 17.10　2006 年的紧缩性货币政策

2005 年，经济处于 A 点所代表的均衡状态，实际 GDP 等于潜在 GDP12.6 万亿美元，价格水平是 100.0。从 2005 年至 2006 年，潜在 GDP 从 12.6 万亿美元增加至 12.9 万亿美元，长期总供给曲线从 $LRAS_{2005}$ 移动到 $LRAS_{2006}$。因为联储相信房地产市场的繁荣使得总需求增长过快，所以它提高了利率。如果利率不变，总需求将从 AD_{2005} 移动至 $AD_{2006(没有政策)}$，新的短期均衡将在 B 点出现。实际 GDP 会是 13.2 万亿美元——比潜在 GDP 水平高 3 000 亿美元，价格水平会是 104.5。而利率增加使得总需求仅仅增加至 $AD_{2006(采用政策)}$。均衡在 C 点出现，实际 GDP 是 13.0 万亿美元，只比潜在 GDP 高 1 000 亿美元，价格水平只增加至 103.2。

问题的担忧导致委员会将目标利率降低至 4.75%。虽然我们不可能确切地知道，如果没有美联储的政策调整，2006 年本来会发生什么，但是图 17.10 绘出了一种可能的情况。该图显示，如果没有美联储提高利率的政策，总需求曲线本来会向右移动得更远，均衡实际 GDP 本来会高于其潜在水平。价格水平本来会从 2005 年的 100 增加至 2006 年的 104.5，这意味着通货膨胀率是 4.5%。因为联储使总需求一直保持尽可能高的增速，所以均衡出现在潜在 GDP 水平，2006 年的价格水平仅上升至 103.2，通货膨胀率为 3.2%。

例题 17.4　货币政策的效果

下表中虚构的信息显示了如果美联储不采用货币政策，2015 年实际 GDP 和价格水平的数值：

年份	潜在 GDP	实际 GDP	价格水平
2014	15.2 万亿美元	15.2 万亿美元	114
2015	15.6 万亿美元	15.4 万亿美元	116

a. 如果联储想使 2015 年的实际 GDP 保持在潜在水平，它应该采用扩张性货币政策还是紧缩性货币政策？交易柜台应该买入国库券还是出售国库券？

b. 假定联储的政策成功地使 2015 年的实际 GDP 保持在潜在水平。请指出，与联储不采取任何行动相比，下列各项将会更高还是更低？

1. 实际 GDP；
2. 潜在实际 GDP；
3. 通货膨胀率；
4. 失业率。

c. 画一幅总需求—总供给图形来解释你的答案。你的图形中应该包括：2014 年和 2015 年的 *LRAS* 曲线；2014 年和 2015 年的 *SRAS* 曲线；采用和不采用货币政策时，2014 年和 2015 年的 *AD* 曲线；以及采用和不采用货币政策时，2015 年均衡的实际 GDP 水平和价格水平。

解：

第 1 步：复习本章内容。这一问题是关于货币政策对实际 GDP 和价格水平的影响的，所以你可能需要复习一下 17.4.1 节“货币政策对实际 GDP 和价格水平的影响：更全面的解释”。

第 2 步：通过解释联储如何使实际 GDP 保持在潜在水平来回答问题（a）。表中的信息告诉我们，如果没有货币政策，2015 年经济将低于潜在 GDP 水平。为了使实际 GDP 保持在潜在水平，联储必须采用扩张性货币政策。为了实施扩张性政策，交易柜台需要买入国库券。购买国库券将增加银行体系的准备金。银行将增加发放贷款，这将增加货币供给、降低利率。

第 3 步：通过解释联储政策的效果来回答问题（b）。如果联储的政策取得成功，2015 年的实际 GDP 将从表中所示的 15.4 万亿美元上升至潜在 GDP 水平 15.6 万亿美元。潜在 GDP 并不受货币政策影响，所以它的值不变。因为实际 GDP 将增加，所以失业率将低于没有采取政策时的情况。扩张性货币政策使 *AD* 曲线向右移动，所以短期均衡将沿着短期总供给曲线（*SRAS*）向上移动，价格水平将上升。

第 4 步：画出图形，回答问题（c）。你的图形应该与图 17.9 类似。

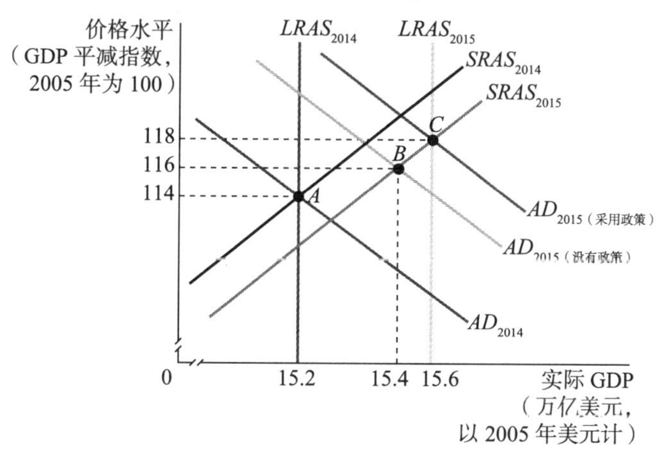

在 2014 年，经济处于 *A* 点所代表的均衡，*AD* 曲线与 *SRAS* 曲线的交点位于 *LRAS* 曲线上。实际 GDP 处在 15.2 万亿美元的潜在水平，价格水平是 114。如果没有货币政策，*AD* 曲线将移动至 $AD_{2015\text{（没有政策）}}$，经济将达到 *B* 点的短期均衡。因为潜在实际 GDP 从 15.2 万亿美元增加至 15.6 万亿美元，所以短期均衡的实际 GDP15.4 万亿美元低于其潜在水平。价格水平从 114 上升至 116。采用货币政策后，AD 曲线移动至 $AD_{2015(\text{采用政策})}$，经济达到 C 点所代表的均衡。实际 GDP 处于 15.6 万亿美元的潜在水平。我们并没有足够的信息来确定新的均衡价格水平。但是，我们知道这一价格比 116 高。图中显示，价格水平上升至 118。所以，如果没有美联储的扩张性政策，2015 年的通货膨胀率本来会是约 1.8%，而采取政策后，它达到约 3.5%。

附注：谨记在现实中，美联储无法像这个例题所暗示的那样，采用货币政策使实际 GDP 正好等于其潜在水平。

轮到你了：要想做更多的练习，请做本章末的问题与应用 4.4 和 4.5。

17.5 美联储货币政策中间目标设定的进一步探究

我们已经看到，在实施货币政策的过程中，联储会根据经济状况改变联邦基金目标利率。在非金融危机时期，采用联邦基金利率作为中间目标是实施货币政策的最佳方法吗？如果联储以联邦基金利率作为中间目标，它应该如何确定目标利率水平？在本节，我们考虑与联储设定中间目标的政策相关的一些重要问题。

17.5.1 联储应该把货币供给作为中间目标吗？

一些经济学家认为，联储应该把货币供给而不是利率作为货币政策中间目标。持这种观点的经济学家有很多都属于货币主义学派。货币主义学派的代表人物是诺贝尔经济学奖获得者米尔顿·弗里德曼，他对美联储能否正确安排调整货币政策的时间持怀疑态度。

弗里德曼和他的追随者提倡用货币增长规则来代替货币政策。通常，我们期望货币政策对经济形势的变化做出反应：当经济处于衰退时，联储降低利率；当通货膨胀增加时，联储提高利率。与此相反，货币增长规则是一个以固定速度增加货币供给的计划，这一增速不会随经济形势而改变。弗里德曼和他的追随者提议这样一个货币增长规则：每年货币供给增速等于实际 GDP 长期增长率，约为 3.3%。如果联储采用这种货币增长规则，那么，无论经济形势怎么变化，它都将坚持这一货币供给增速。

但是，按照货币增长规则，如果经济进入衰退期将发生什么？联储难道不应该放弃此规则，转而调低利率吗？弗里德曼认为，即使在衰退期，联储也应该坚持这一规则，因为他相信积极的货币政策会使经济变得不稳定，增加衰退次数、加深衰退程度。他认为，如果使货币供给保持恒定增速，联储将极大地增加经济稳定性。

虽然在 20 世纪 70 年代，一些经济学家和政客向联储施加压力，要求其采用货币增长规则，但是近些年来，这种压力基本消失了。一个关键原因是，1980 年以前存在的货币供给的变动与实际 GDP 和价格水平的变动之间的密切关系已经大大减弱。1980 年以来，M1 的增长速度变得不稳定。某些年份里，M1 的增长速度超过了 10%，而另一些年份里，它实际上减少了。虽然 M1 的增长速度大幅波动，但实际 GDP 的增长速度却相当稳定，通货膨胀率在大部分年份里保持在低水平。

□ 17.5.2 为什么联储不同时将货币供给和利率作为中间目标?

大部分经济学家相信，利率是最佳的货币政策中间目标，但是，我们也看到，其他经济学家相信联储应该把货币供给作为中间目标。为什么联储不同时将货币供给和利率作为中间目标，使这两类经济学家都满意呢?这个问题的答案很简单：联储无法同时将两者作为中间目标。要想明白原因，请看图 17.11，该图显示了货币市场。

记住，美联储控制货币供给，但是它并不控制货币需求。货币需求由家庭和企业的决策决定，家庭和企业会在货币的便利性和相较于其他金融资产更低的利率之间进行权衡。假定联储将利率作为中间目标，给定当前的经济状况，目标利率应为 5%。或者，假定联储将货币供给作为中间目标，并判断货币供给量应为 9 000 亿美元。图 17.11 表明，联储可以做到使利率水平为 5%或使货币供给为 9 000 亿美元，但是它不能同时实现这两者。代表利率为 5%且货币供给为 9 000 亿美元的点不在货币需求曲线上，所以它无法代表货币市场的均衡。只有代表货币市场均衡状态的利率和货币供给组合才可能同时实现。

美联储不得不在利率和货币供给这两个中间目标之间做出选择。二战后的大部分时期里，美联储都选择了利率作为中间目标。

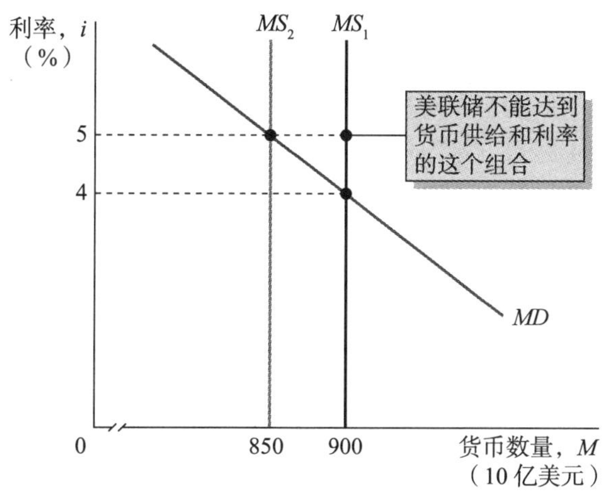

图 17.11 美联储不能同时将货币供给和利率作为中间目标

美联储必须在利率或者货币供给中选择一个，作为其货币政策中间目标。图中，美联储可以将中间目标设定为 9 000亿美元的货币供给或者 5%的利率水平，但是联储不能同时实现这两个目标，因为它只能达到代表货币市场均衡状态的利率与货币供给量组合。

□ 17.5.3 泰勒规则

美联储如何选择联邦基金目标利率?FOMC 会议中关于此问题的讨论非常复杂，他们考虑许多经济变量。斯坦福大学的约翰·泰勒（John Taylor）分析了联储的决策所涉及的因素，建立了**泰勒规则**（Taylor rule）来解释联邦基金目标利率的设定。泰勒规则首先估计了均衡实际联邦基金利率的数值。均衡实际联邦基金利率是长期内与充分就业（即实际 GDP 等于潜在 GDP）相适应的联邦基金利率对通货膨胀进行调整后的数值。根据泰勒规则，美联储应该这样来设定联邦基金目标利率：它应该等于通货膨胀率、均衡实际联邦基金利率和其他两项的总和。其他两项是通货膨胀缺口和产出缺口，前者是当前通货膨胀率与目标通货膨胀率之差，后者是用百分比表示的实际 GDP 和潜在 GDP 之差。通货膨胀缺口和产出缺口都被赋予了权数，来反映它们对联邦基金目标利率的影响。如果两个缺口的权数都是 1/2，我们就会得到这样的泰勒规则：

联邦基金利率＝当前通货膨胀率＋均衡实际联邦基金利率
＋0.5×通货膨胀缺口＋0.5×产出缺口

泰勒规则中包含通货膨胀缺口和产出缺口，是因为联储既关注通货膨胀，又关注实际 GDP 的波动。泰勒证明，如果均衡实际联邦基金利率是 2%，目标通货膨胀率是 2%，那么，上述表达式很好地解释了美联储所设定的联邦基金目标利率在大部分年份中的变化。考虑以下例子：当期通货膨胀率是 1%，实际 GDP 比潜在 GDP 低 1%。在这种情况下，通货膨胀缺口是 1%－2%＝－1%，产出缺口也是－1%。将这些值代入泰勒规则，我们可以计算出联邦基金目标利率的预测值：

联邦基金目标利率＝1%＋2%＋0.5×(－1%)＋0.5×(－1%)＝2%

泰勒规则准确预测了在艾伦·格林斯潘领导美联储时期联邦基金目标利率的变动。对于 20 世纪 70 年代末和 80 年代初保罗·沃尔克担任联储主席的时期，泰勒规则预测的联邦基金目标利率比美联储实际使用的目标利率低。这表明沃尔克主席将联邦基金利率保持在异常高的水平以降低在 20 世纪 70 年代末和 80 年代初困扰经济的非常高的通货膨胀率。相反，利用 1970—1978 年阿瑟·伯恩斯（Arthur Burns）担任联储主席这段时期的数据，泰勒规则预测的联邦基金目标利率比联储实际设定的目标利率高。这表明伯恩斯主席在这些年里将联邦基金利率保持在异常低的水平，这有助于解释通货膨胀率升高的原因。在 21 世纪头十年中期，联邦基金利率的现实值也低于预测的联邦基金利率。包括泰勒在内的一些经济学家认为，这段时期的低联邦基金目标利率造成了住房支出的超额增长，我们将在下一节讨论住房支出的超额增长。

虽然泰勒规则并没有解释联邦基金目标利率或均衡联邦基金利率的变动，但是，许多经济学家将这个规则视为分析联邦基金利率的一个方便的工具。

□ 17.5.4 美联储应该将通货膨胀作为中间目标吗?

在过去十年里，许多经济学家和中央银行行长（包括现任联储主席本·伯南克在内），都提出过运用通货膨胀目标制作为实施货币政策的框架。在**通货膨胀目标制**（inflation targeting）下，中央银行承诺将实现一个公开宣布的目标通货膨胀水平，比如 2%。通货膨胀目标制并没有将中央银行限制于一个没有灵活性的规则。例如，中央银行在严重衰退时仍旧可以采取措施。但是，货币政策目标和操作都注重通货膨胀及其预测值。通货膨胀目标制已经被新西兰（1989 年）、加拿大（1991 年）、英国（1992 年）、芬兰（1993 年）、瑞典（1993 年）、西班牙（1994 年）的央行和欧洲央行采用。同时，通货膨胀目标制也被智利、韩国、墨西哥、南非等一些新兴工业化国家和捷克共和国、匈牙利、波兰等某些经济转型的东欧国家采用。虽然采用通货膨胀目标制的各国有不同的经历，但是，转向通货膨胀目标制常常伴随着通货膨胀的下降（有时是以失业暂时上升为代价的）。

联储应该采取通货膨胀目标制吗？支持这一政策的人有四点理由。第一，正如我们之前讨论的，在长期，实际 GDP 回归潜在水平，而潜在 GDP 不受货币政策影响。所以，在长期，联储能影响通货膨胀但不能影响实际 GDP。有一个明确的通货膨胀目标将使公众关注这一事实。第二，通过宣布通货膨胀目标，联储将使家庭和企业更容易形成对未来的通货膨胀的准确预期，从而改进其规划和提高经济效率。第三，公开宣布的通货膨胀目标有助于美国货币政策制度化。通货膨胀目标制会降低 FOMC 成员更替时货币政策发生突变的可能性。最后，通货膨胀目标为国会和公众提供了衡量联储表现的标尺，这能增加联储的责任意识。

通货膨胀目标制也有反对者，他们通常提出三个理由。首先，一个通货膨胀数字目标降低了货币政策追求其他政策目标的灵活性。第二，通货膨胀目标制假设美联储能准确预测未来的通货膨胀率，但是联储并非总能做到。最后，如果美联储只对通货膨胀目标负责，那么它实现其他重要政策目标的可能性将会降低。

本·伯南克在 2006 年 1 月就任联储主席，这看起来增加了联储采用通货膨胀目标制政策的可能性，但是处理 2007—2009 年衰退的紧迫性使得这一话题被暂时搁置了。

建立联系

美联储如何衡量通货膨胀?

为了达到价格稳定的目标，美联储不得不仔细思考衡量通货膨胀率的最佳方式。我们已经在第 13 章中看到，消费者价格指数（CPI）是使用最广泛的通货膨胀衡量指标。但是我们也看到，CPI 存在偏差，导致了对真实通货膨胀率的高估。除了用消费者价格的变动来衡量通货膨胀率外，另一个衡量指标可以从为计算 GDP 所收集的数据中得到。我们在第 12 章中看到，GDP 平减指数是一个广义的价格水平衡量指标，它包含了 GDP 中每种商品和服务的价格。但是，GDP 平减指数的变动并不是一个衡量普通消费者、工人或企业经历的通货膨胀的好指标，因为平减指数包含了工业设备等未被广泛购买的商品的价格。个人消费支出价格指数（personal consumption expenditures price index，PCE）是一个类似于 GDP 平减指数的价格水平衡量指标，但是它只包括 GDP 中消费这一组成部分的商品的价格。

在 2000 年，联储宣布，在追踪通货膨胀时将主要依赖 PCE 而不是 CPI。联储列出了 PCE 相对于 CPI 的三个优点：

1. PCE 是所谓的链式价格指数，与 CPI 的计算中使用的市场篮子法不相同。我们在第 13 章中看到，因为消费者购买的产品组合每年都会改变，所以，市场篮子法导致 CPI 高估了真实的通货膨胀。链式价格指数允许产品组合每年发生变化。

2. PCE 比 CPI 包含了更多商品和服务的价格，所以它是一个更广义的通货膨胀衡量指标。

3. 随着更好的价格指数计算方法的出现和新数据的获得，过去的 PCE 值可以被重新计算。这使得联储能更好地追踪通货膨胀率的历史趋势。

在 2004 年，联储宣布将开始依赖 PCE 的一个子类：所谓的核心 PCE，它扣除了食品和能源价格。食品和能源价格波动的原因往往与引起一般通货膨胀的原因没有关联且难以被货币政策所控制。特别地，近几年石油价格出现了大幅波动。所以，包含食品和能源价格的价格指数可能不能清晰地反映通货膨胀的真实趋势。下图显示了 1999 年 1 月—2011 年 9 月 CPI、PCE 和核心 PCE 的变动。虽然这三个衡量通货膨胀的指标的变动大体同步，但是，核心 PCE 比其余两个更加稳定。特别地，注意在 2009 年初，CPI 和 PCE 表明经济正在经历通货紧缩，但核心 PCE

仍表明存在着约为 1.5%的温和通货膨胀率。

如果你想知道美联储认为现在的通货膨胀率是多少，最好的方法是观察核心 PCE 数据。这些数据由美国经济分析局每月发布一次。

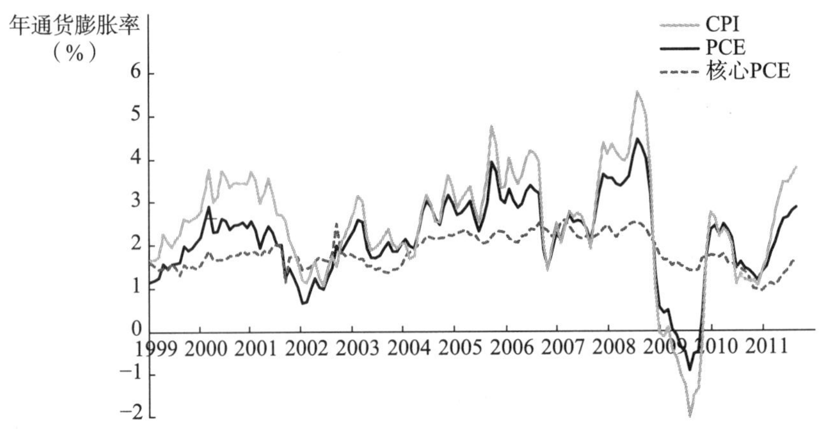

资料来源：U. S. Bureau of Economic Analysis; and U. S. Bureau of Labor Statistics。

轮到你了：做本章末与本专栏相关的问题与应用 5.8，看看你理解得如何。

17.6 2007—2009 年衰退期间美联储的政策

正如我们所看到的，联储对衰退的传统反应是降低联邦基金目标利率。2007—2009 年的严重衰退，尤其是那些年金融市场出现的问题，使联储的任务更加复杂了。到 2008 年 12 月，联储已经有效地将联邦基金目标利率降低至零，但是单靠零利率并不能对经济产生联储所希望的扩张效果。在本节，我们将讨论 2007—2009 年衰退期间联储采取的一些其他政策措施。其中某些措施在联储历史上首次被使用。

□ 17.6.1 房地产市场泡沫的形成和破灭

为了理解 2007—2009 年的衰退和在此期间金融市场的困境，我们首先需要考虑房地产市场。正如我们在本章开篇案例中提到的，联储在 2001 年衰退期间降低了联邦基金目标利率以刺激住房需求。这项政策大获成功，托尔兄弟等大部分建筑商都经历了数年的高需求。但是，到了 2005 年，许多经济学家认为房地产市场已经形成了“泡沫”。正如我们在第 6 章中讨论的，任何资产的价格都反映了该种资产的所有者期望获得的回报。例如，股票的价格反映的是发行该股票的企业的盈利能力，因为股票的所有者对企业的利润和资产拥有索取权。但是，许多经济学家相信，有时候股票价格上升到超过了发行该股票的企业的盈利能力能解释的水平，这时股票市场泡沫就形成了。当有足够多的投资者认为股票被高估了并开始抛售时，股票市场泡沫就破灭了。为什么投资者愿意为股票支付超过其潜在价值所能解释的价格呢？有两个主要的解释：投资者处于狂热之中，在没有获得足够的信息时，可能高估了股票的真实价值；或者，投资者可能预期能在泡沫破灭之前以更高的价格将股票售出，那么，哪怕股票的价格被高估了，投资者仍能从购买股票中获利。

一栋房屋的价格应该反映该栋房屋所提供的居住服务的价值。我们可以用同区域中条件相当的房屋的租金来衡量居住服务的价值。到 2005 年，在某些城市，房屋的价格已经升得很高，以至于月供已经远远超过了条件相当房屋的月租金。此外，在一些城市，不为居住而为投资的房屋买家数量也在增加。像股票市场泡沫期间的股票投资者一样，这些房产投资者期望通过以高于购买价的价格出售来获取利润，他们并不关心房屋价格是否超过房屋提供的居住服务的价值。

在 2006 年和 2007 年，房地产泡沫快速破灭。图 17.12 显示了从 2000 年 1 月至 2011 年 8 月间每月的新住宅销售量。在 2000 年 1 月至 2005 年 7 月间，新住宅销售量上升了 60%，之后在 2005 年 7 月至 2010 年 5 月下降了 80%，并且在接下来的一年中仍然保持在低水平。现有住宅销售量的变化与此类似。从 2006 年开始，大部分市场中的新住宅和现有住宅的价格也都开始下降，尚未售出去的住房存量大幅增加。一些购房者开始出现还款困难。当贷款人取消一些借款人赎回抵押品（即住宅）的权利时，他们出售这些住宅，引起住宅价格的进一步下降。次级贷款是发放给具有不良信用记录的借款人的贷款。一些主要从事次级贷款业务的抵押贷款出借人遭受了严重的损失并破产了。大部分银行和其他贷款机构都提高了对借款人的要求。这种信贷紧缩使得潜在购房者更难获得贷款，这使房地产市场更加萧条。

图 17.12　房地产市场

美国新住宅售量就像坐过山车，在 2005 年 7 月到 2010 年 5 月下降 80%之前，新住宅销售量刚刚在 2000 年 1 月到 2005 年 7 月上升了 60%。

注：数据在年率的基础上经过了季节调整。

资料来源：U. S. Bureau of the Census。

房地产市场的衰退同时也影响了其他市场。例如，随着住宅价格下降，家具、电器和其他家居装饰支出也会减少，因为许多家庭发现抵押住宅来获得贷款的难度更大了。

是那些相信新住宅建筑和房屋价格将继续无限期迅速上升的购房者和建筑商的过度乐观的预期导致了房地产泡沫吗？虽然过度乐观的预期可能对房地产市场泡沫的形成有一定

作用，但是，许多经济学家相信抵押贷款市场的变动发挥了更大的作用。

□ 17.6.2 抵押贷款市场的变动

20 世纪 70 年代之前，发放抵押贷款的商业银行与储蓄和贷款协会一直持有贷款直至借款人还清。正如我们在第 16 章中所见，如果抵押贷款等金融资产在二级市场中被重新出售，那就成为了证券。许多国会议员相信，通过创造抵押贷款的二级市场，住房拥有率将增加。如果商业银行与储蓄和贷款协会能够重新出售抵押贷款，那么，实际上，个人投资者将能够为抵押贷款提供资金。这一过程是这么起作用的：如果一家商业银行或储蓄和贷款协会发放抵押贷款后，将这笔贷款重新出售给一个投资者，那么，这家商业银行或储蓄和贷款协会就能够用从投资者那里获得的资金来发放另一笔抵押贷款。这样，商业银行与储蓄和贷款协会就能发放更多的抵押贷款，因为其发放贷款的资金来源不再仅仅是存款了。创造一个抵押贷款的二级市场的障碍是：大部分投资者不愿意购买抵押贷款，因为他们担心一旦借款人停止还款，或对贷款"违约"，他们将遭受损失。

为了增加投资者的信心，国会建立了两家**政府资助的企业**（government-sponsored enterprise，GSE）：联邦国民抵押贷款协会（"房利美"）和联邦住宅抵押贷款公司（"房地美"）。这两个机构在投资者和发放贷款的银行之间起纽带作用。房利美和房地美向投资者出售债券，用所得资金从银行购买抵押贷款。到了 20 世纪 90 年代，一个大型二级抵押贷款市场形成了，资金经由房利美和房地美从投资者流向银行，最终流向借钱购房的个人和家庭。

□ 17.6.3 投资银行的角色

到了 21 世纪头十年，抵押贷款市场进一步发生了变化。首先，投资银行成为了二级抵押贷款市场的重要参与者。正如我们所见，高盛、摩根士丹利等投资银行与商业银行的区别在于，它们并不吸收贷款，极少直接向家庭发放贷款。它们的业务集中于为发行股票和债券的企业或考虑并购的企业提供建议。在 20 世纪 90 年代末，投资银行开始购买抵押贷款，将大量抵押贷款打包成抵押贷款担保证券，再转售给投资者。事实证明，抵押贷款担保证券很受投资者欢迎，因为它们支付的利率常常高于那些违约风险相当的其他证券。

第二，在房地产泡沫于 2005 年和 2006 年初达到最大时，贷款人大大放松了发放抵押贷款的标准。传统上，只有拥有良好信用记录并且愿意支付房屋价值 20%以上首付的借款人才能获得抵押贷款。但是，到了 2005 年，贷款人向拥有不良信用记录的次级借款人发放了许多抵押贷款。此外，那些声称其收入数额（但没有提供收入证明）的次优级（Alt-A）借款人以及只支付了很少首付的借款人发现更容易获得贷款了。贷款人还创造了新的利率可调整的抵押贷款，这种贷款允许借款人在抵押贷款的最初几年支付非常低的利率，而在后续年份再支付高利率。这些非传统抵押贷款的借款人违约的几率高于传统抵押贷款的借款人。如果借款人怀疑自己的还款能力，为什么他们还要申请抵押贷款呢？为什么贷款人也给他们发放抵押贷款呢？看起来，答案是，借贷双方都预期房屋价格将继续上升，这将降低借款人违约的几率，也使得借款人在未来更容易把非传统的抵押贷款转换成更传统的抵押贷款。

不幸的是，房屋价格的下降使得次级和次优级借款人、可调利率抵押贷款的借款人和只支付了很少首付的借款人违约的比率上升。当借款人对抵押贷款违约时，许多抵押贷款担保证券的价值迅速缩水。投资者担心，如果他们购买了这些证券，他们不会收到承诺的支付，因为这些证券的支付依赖于借款人还款，而越来越多的借款人无法还款。许多商业银行和投资银行持有这些抵押贷款担保证券，因此，这些证券的价格下降使这些银行遭受了巨额损失。到2007年年中，抵押贷款担保证券价值的下降和商业银行、投资银行遭受的严重损失开始在金融系统引发混乱。许多投资者拒绝购买抵押贷款担保证券，一些投资者只购买美国财政部发行的债券。

建立联系☞

神奇的杠杆世界

传统上，大部分申请抵押贷款的人支付等于房屋价格20%的首付，其余的80%从银行贷款。但是，在房地产繁荣期，许多人的购房首付仅为5%或者更少。也就是说，借款人高度杠杆化了，他们的住房投资大部分是借来的钱。

为了明白在房地产市场上杠杆是如何起作用的，思考以下例子：假定你在2014年1月1日购买了一套价值20万美元的住房。在2015年1月1日，这栋房屋的价格（如果你决定出售）上升到了22万美元。你在住房上的投资收益率是多少？答案取决于你购房时的投资额。举例来说，如果你为这栋房屋支付了20万美元的现金，那么，你这笔20万美元投资的收益率就是房屋价格上涨的2万美元除以你20万美元的投资额，即10%。假定你不是全部支付现金，而是只支付了20%的首付，即4万美元，其余的16万美元通过抵押贷款获得。现在你的住房投资的收益率是房屋价格上涨的2万美元除以你4万美元的投资额，即50%。如果首付低于20%，你投资的收益率将更高。右侧表第二列显示了随着首付下降，你的投资收益率是如何增加的：

投资收益率

首付（%）	房屋价格上涨10%（%）	房屋价格下降10%（%）
100	10%	−10%
20	50	−50
10	100	−100
5	200	−200

至少部分地通过借款来融资的投资被称为杠杆化投资。正如本例所示，一项投资中由借款融资的比例越大，投资的杠杆程度越高，潜在收益也越高。但是正如表中第三列所示，反之亦然：杠杆程度越高，潜在损失也越大。为了弄清原因，再次思考你购买价值20万美元住房的例子，只是现在一年之后房屋价格下降至18万美元。如果你为这个房屋支付了20万美元现金，即杠杆是0，房屋价格下降的2万美元代表你的投资10%的损失。但是如果你的首付只有1万美元，余下的19万美元是借款，此时房屋价格下降的2万美元代表你投资的损失是200%。事实上，房屋现在的价值比你的抵押贷款额少1万美元。你对房屋的权益等于房屋的市场价格与你所欠贷款额之差。如果你所欠贷款高于房屋价格，你的权益就是负的。拥有负权益的房屋所有人被称为在抵押贷款上

出现了“倒挂”。

当房地产泡沫破灭和房屋价格开始下降时，许多人发现他们拥有负权益。在这种情况下，一些人对贷款违约，有时甚至搬离住房，弃屋而去。杠杆对房地产繁荣与破灭以及2007—2009年的严重衰退都起到了重要的作用。

轮到你了：做本章末与本专栏相关的问题与应用6.8，看看你理解得如何。

□ 17.6.4 美联储和财政部的反应

因为由房地产泡沫破灭所导致的金融市场中的问题影响深远，所以美联储与财政部不同寻常地合作，制定了适当的政策。联储主席本·伯南克和布什政府的财政部长亨利·保尔森（Henry Paulson）、奥巴马政府的财政部长蒂莫西·盖特纳以前所未有的方式对金融市场进行了干预，以此来应对这次危机。

美联储和财政部初始阶段的行动。

2008年9月15日，投资银行雷曼兄弟的破产大大加深了金融危机的程度。所以，看一看美联储和财政部此前和此后所采取的行动是有意义的。第一，虽然传统上美联储只对商业银行发放贷款，但是，在2008年3月，联储宣布将暂时对一级交易商（即与美联储进行日常公开市场交易的企业）发放贴现贷款。这一变化旨在为这些交易商提供短期资金，其中有些交易商是投资银行。第二，同样是在3月，联储宣布将用不超过2 000亿美元的国库券换取抵押贷款担保证券。这一短期项目使得拥有抵押贷款担保证券并且难以甚至无法出售的一级交易商能够获得国库券，并用作短期贷款的担保物。第三，同样是在3月，联储和财政部促成了摩根大通对处于破产边缘的投资银行贝尔斯登的收购。联储同意，如果摩根大通收购贝尔斯登，那么，联储将为因贝尔斯登所持有的抵押贷款担保证券给摩根大通造成的不超过290亿美元的损失提供担保。联储和财政部深信，如果贝尔斯登破产，那就有可能造成金融恐慌，因为许多投资者和金融企业将会停止为其他投资银行提供短期贷款。最后，在9月初，财政部推动联邦政府接管了房利美和房地美。虽然房利美和房地美由联邦政府资助，但是事实上它们是私人企业，其股票在纽约证券交易所交易。按照财政部的计划，联邦政府给两家企业各提供不超过1 000亿美元的资金，换取其80%的所有权。这两家企业处于联邦住房金融局的监管之下。财政部相信，如果房利美和房地美破产，那就将造成对抵押贷款担保证券信心的丧失，进一步摧毁已经很不景气的房地产市场。

对雷曼兄弟破产做出的反应。

联储和财政部促成贝尔斯登出售给摩根大通的这一决策遭到了一些经济学家和政策制定者的批判。他们主要担心这将引发道德风险问题，即贝尔斯登等金融企业的管理者相信必要时联邦政府将会救助它们以免于破产从而有可能进行风险更大的投资。财政部和美联储采取行动挽救贝尔斯登是因为它们相信大型金融企业的破产将引发更大范围的不良经济反应。正如我们在第16章中讨论的，当金融企业甩卖其持有的债券和其他资产时，将造成这些资产价格下降，这将影响同样持有这些资产的企业的金融状况。在2008年9月，当投资银行雷曼兄弟濒临破产时，联储和财政部不得不在道德风险问题与雷曼兄弟破产将导致的资产价格进一步下降从而使其他企业财务状况恶化的可能性之间进行权衡。

美联储和财政部决定听任雷曼兄弟破产，结果雷曼兄弟在 9 月 15 日破产了。金融市场的负面反应比联储和财政部预期的要大，这促使这两个机构在两天后改弦易辙，联储同意向美国最大的保险公司美国国际集团（AIG）提供一笔 850 亿美元的贷款以换取该公司 80%的股份，联邦政府事实上控制了这家公司。雷曼兄弟破产造成的一个重要后果是，Reserve Primary Fund 这只货币市场共同基金因为给雷曼兄弟提供了许多贷款而遭受了严重亏损。Reserve 基金出现的问题导致许多投资者从该基金和其他货币市场基金中赎回资金。这些资金的赎回降低了货币市场基金购买其他公司商业票据的能力。因为近些年来，很多公司已经变得依赖于出售商业票据来为其运营融资，所以美联储和财政部决定稳定该市场，确保资金继续从投资者向公司流动。财政部宣布了一项为货币市场共同基金的存款提供保险的计划，这与现有的银行存款保险相似。美联储宣布，在短期内，它将通过购买非金融企业发行的 3 月期商业票据直接向它们提供贷款。

最后，在 2008 年 10 月，国会通过了“问题资产救助计划”（TARP），在这一计划下，财政部直接向银行提供资金以换取股权，试图稳定商业银行体系。对联邦政府而言，获得私人商业银行的部分所有权是前所未有的举动。

显然，2007—2009 年衰退和与之相随的金融危机导致美联储和财政部实行了新的政策手段。许多新手段都富有争议性，因为它们涉及政府拥有金融企业的部分所有权、对大型金融企业不会听任其破产的隐性保障以及对金融市场前所未有的干预。虽然这些手段是新的，但是，它们都是为了实现传统的宏观经济政策目标——高就业、价格稳定、金融市场稳定。这些新手段代表了联邦政府对美国金融市场的干预的永久性增加还是在衰退结束后政策将恢复到更为传统的手段，仍有待观察。

接第 566 页

生活中的经济学☞

衰退期间应该购买住房吗?

在本章开始，我们问到衰退期间购房是不是一个好主意。显而易见，当决定购房时，需要考虑的因素有很多，因为这可能是你一生中最大的一笔支出。需要考虑的因素有：与周围其他可比住房比较而言房屋价格的高低，周围房价是在上升还是下降，房屋离商店、工作单位与好学校的距离。你购房所需的抵押贷款利率也很重要。正如我们在本章所见，在衰退期间，联储常常采取行动以降低利率，所以衰退期间的抵押贷款利率一般比其他时期低。你可能想利用衰退期间的低利率来购房。但是衰退期也是高失业的时期，如果你面临着很大的失业风险，你可能不愿意在这个时候借一大笔钱并承诺在未来的 15 年或更多年里偿还。我们可以得出结论：如果你的工作稳定，在衰退期间购房可能是一个不错的主意。

17.7 结论

货币政策是联邦政府实现通货膨胀、就业和金融稳定目标的一种方式。就影响美国经济的能力而言，许多记者和政客都将美联储主席视为仅次于美国总统的第二号人物。但是国会和总统可以运用他们在财政支出和税收方面的权力来试图稳定经济。在第 18 章中，我们将讨论财政政策——即政府支出和税收的变动——如何影响经济。

阅读接下来的“业内观察”专栏，它讨论了美联储为刺激疲软的房地产市场而设计的新政策。

业内观察 联储试图再次刺激房地产市场

《大西洋月刊》

《联储的新政策会振兴房地产市场吗?》

国会陷入了僵局，消费者很悲观，企业甚少招工。加速经济复苏（或者说防止出现双底衰退）可能只有联储才能做到。上周联储宣布了刺激经济的最新政策。其主要对象看起来是仍旧疲软的房地产市场。这些新政策能起作用吗?

联储的计划

a 联储将采取两项不同的措施来启动经济。首先是“扭曲操作”。联储将通过购买价值 4 000 亿美元的 6～30 年期国库券试图压低长期利率。这一计划将历时 9 个月，直至 2012 年 6 月。

但是，真正聪明的是这个部分：联储将出售更短期的国库券来交换银行准备金。这将防止联储为购买更长期的国库券而过度扩张其资产负债表。短期利率相对增加的幅度应该会很小，因为对短期国库券的需求很旺盛。

联储也宣布了另一项政策的变更。之前联储一直把到期本金重新投资于国库券。联储现在将改进这种方法，将到期的机构债券和抵押贷款担保证券的本金重新投资于机构抵押贷款担保证券。以这种方式，联储将保持其持有的抵押贷款担保证券的数量不变。但更重要的是，此举将增加抵押贷款担保证券的需求，从而应该压低抵押贷款利率。

房地产市场需要何种良药?

事实上，美联储所有新举措的主要目标对象似乎都是美国房地产市场。扭曲操作和新 MBS 再投资政策都应该有助于压低抵押贷款利率。它们已经很低了：本周房地美报告称 30 年期抵押贷款利率平均仅为 4.09%。联储的新政策应该轻易地将利率降到 4%以下。

扭曲操作还可以帮助再投资政策起到更大的作用：随着抵押贷款利率开始降低，我们应该看到抵押贷款再融资的情况猛增。这就意味着有更多的到期本金，到期本金的增加将为联储进一步提供资金用于对 MBS 的再投资，从而进一步压低抵押贷款利率……

但是这能推动经济发展吗？

b 如果抵押贷款利率显著降低，我们几乎可以确定，更多抵押贷款将被重新融资。这将产生一定程度的刺激作用。一些美国人的抵押贷款月度还款额（月供）将减少。这对经济的影响取决于还款额降低多少和有多少人利用这个机会。他们多出来的货币将被花掉，从而起到刺激经济的作用。

c 但是，极低的抵押贷款利率是否会导致房屋销售量的增加，答案并不明朗。在过去一年里，虽然利率极低，但是这并不足以促使更多的购房者进入市场。进一步降低后的利率能起到这一作用吗？

如果房屋销售量的确增加了，那么价格可能开始稳定——至少会稳定一段时间。如果市场并没有接近谷底，那么，一旦利率开始再次上升，销售量可能下降，价格可能开始再次下跌。在购房者信贷造成了暂时性的需求上升时，我们就看到这种情况的出现。

我们很可能不会看到住房建造的显著增加。在购房者需要更多的房屋之前，市场上还有大量的房屋存货可以满足购房者的需求。所以，除非房屋需求真正迅速增加，我们不应该期望建筑业的工作岗位大幅增加。

一如往常，联储政策的效果依赖于消费者、银行和企业是否愿意配合。首先，美国人需要真的对抵押贷款重新融资和购买房屋。其次，银行必须愿意为这些新贷款提供信贷支持。如果在消费者有了更多货币后银行的信贷支持鼓励了支出的增加，那么，企业就可以开始更积极地招工。这就是联储的计划——至于它是否起作用，我们将拭目以待。

资料来源：Daniel Indiviglio，“Will the Fed's New Policies Revitalize the Housing Market?” *The Atlantic*, September 24，2011. Reprinted by permission of The Atlantic Monthly Group.

文章要点

在2011年末，美联储宣布了两项刺激经济的新政策。一项被称为“扭曲操作”，即联储购买长期国库券以试图降低长期利率。第二项政策是联储将其抵押贷款担保证券和机构债券的到期本金重新投资于新的抵押贷款担保证券，美联储希望这一举措将降低抵押贷款利率。这两项政策的首要焦点是救助仍旧疲软的美国房地产市场。抵押贷款利率的下降应该会鼓励重新融资，导致抵押贷款月供的降低，从而导致有更多收入花在其他商品和服务上。抵押贷款利率的下降可能也会刺激房屋销售，而需求的增加可能有助于稳定房价。通过刺激房地产市场，联储的新政策能否有效地推动经济发展取决于银行提供新抵押贷款的意愿和消费者利用更低的抵押贷款利率对现有贷款重新融资或购买新住宅的意愿。

新闻分析

a 在2008年12月，联储将联邦基金目标利率压低至几乎为零，这么低的目标利率一直保持至2011年。因为2007—2009年衰退的严重性，这一极低的利率在刺激经济上收效甚微。因为联邦基金利率不能低于零，所以联储采取了量化宽松政策：购买10年期国库券和某些种类的抵押贷款担保证券等更长期的证券，以降低抵押贷款利率、增加房屋需求。由于仍然疲软的经济和死气沉沉的房地产市场，美联储宣布了两项新政策，目的是通过增加房屋需求来推动经济发展。一项政策是“扭曲操作”：美联储出售更短期的国库券并用所得资金购买6～30年期国库券，试图降低长期利率。联储同时将其抵押贷款担保证券的到期本金重新投资于新的抵押贷款担保证券，这将增加这些证券的需求，从而应该降低抵押贷款利率。

b 联储希望抵押贷款利率的显著下降将鼓励现有房屋业主对其抵押贷款重新融资，减少月供。月供的减少将为房屋业主提供额外的资金，这些钱可以用来购买更多的商品和服务，有助于刺激经济。

c 下图显示了从2001年至2011年9月间，联邦基金、30年期抵押贷款、10年和30年期国库券的平均年利率。通过尝试降低这些更长期的国库券的利率，联储希望降低抵押贷款利率，增加房屋销售量。房屋销售量的增加应该有助于稳定房价和推动经济发展。

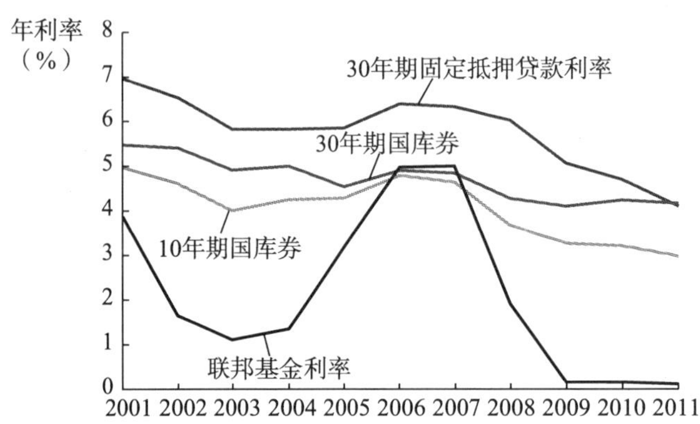

从2001年至2011年9月间，联邦基金、30年期抵押贷款、10年和30年期国库券的平均年利率。

深入思考

1. 在美国，超过80%的抵押贷款都采用固定利率而不是可调利率。如果有更多的可调利率抵押贷款，货币政策对总需求的影响将发生什么变化？
2. 根据本专栏中的图形，联邦基金利率从2004年开始显著增加，在2007年达到接近30年期固定抵押贷款利率的水平，随后在2007—2009年迅速下降。请解释这一利率变化如何与2005年美国房地产市场泡沫的破灭相对应，以及联邦基金利率的变动表明从2004年开始美联储采用了什么样的货币政策。

本章总结和习题

□ 关键术语

紧缩性货币政策	扩张性货币政策	联邦基金利率	货币政策
通货膨胀目标制	泰勒规则		

□ 17.1 什么是货币政策？

总结

货币政策是指联储为了实现宏观经济政策目标而采取的管理货币供给和利率的行动。为了促进经济的良好运行，联储有四个货币政策目标：价格稳定、高就业、金融市场和金融机构的稳定以及经济增长。

复习题

1.1 当国会在1913年建立联邦储备时，联邦储备的主要职责是什么？国会何时扩展了联储的职责？

1.2　联储的四个货币政策目标是什么？

1.3　为什么有时称联储拥有“双重使命”？

1.4　投资银行为何易受流动性问题的影响？

问题与应用

1.5　什么是银行业恐慌？银行业恐慌在国会建立联邦储备的决定中扮演了什么角色？

1.6　为什么价格稳定是联储的货币政策目标之一？高通货膨胀率会引发什么经济问题？

1.7　一个前联储官员认为，联储“价格稳定和低长期利率的目标本质上是相同的”。简要解释他的推理。

资料来源：William Poole，“Understanding the Fed”，Federal Reserve Bank of St. Louis Review，Vol. 89，No. 1，January/February 2007，p. 4。

1.8　在2005年，美国股票价格迅速上升，许多地区的房价也是如此。到2008年，股票价格和房屋价格都迅速下降。一些经济学家认为股票和房屋等资产价格的迅速上升和下降会损害经济。当前，稳定资产价格并不是美联储的政策目标之一。稳定资产价格目标和联储的四大目标在哪些方面有所不同？你认为稳定资产价格应该被加入联储的政策目标中吗？请简要解释。

□ 17.2　货币市场和美联储货币政策中间目标的选择

总结

美联储的货币政策中间目标是这样的经济变量：联储能够直接影响，反过来这些变量又会影响实际GDP、价格水平等与联储的政策目标密切相关的变量。货币供给和利率是两个主要的货币政策中间目标。联储最常选取利率作为其货币政策中间目标。联邦公开市场委员会在每次会议后，宣布联邦基金目标利率。联邦基金利率是银行间隔夜拆借利率。为了降低利率，联储会增加货币供给；为了提高利率，联储会减少货币供给。在货币市场的图形分析中，当货币供给曲线向右移动时，结果出现了沿着货币需求曲线向下的运动，新的均衡利率更低了。当货币供给曲线向左移动时，结果出现了沿着货币需求曲线向上的运动，新的均衡利率更高了。

复习题

2.1　什么是货币政策中间目标？联储为什么使用政策中间目标？

2.2　经济学家所说的货币需求指的是什么？持有货币有什么优势？有什么劣势？

2.3　画一幅需求—供给图形来表示货币市场的均衡。假定联储想降低均衡利率。在图形上表示联储将如何达到这个目标。

2.4　什么是联邦基金利率？它在货币政策中扮演着什么角色？

问题与应用

2.5　在下图所示的货币市场中，什么会引起货币供给曲线从MS_1移动至MS_2？什么会引起货币需求曲线从MD_1移动至MD_2？

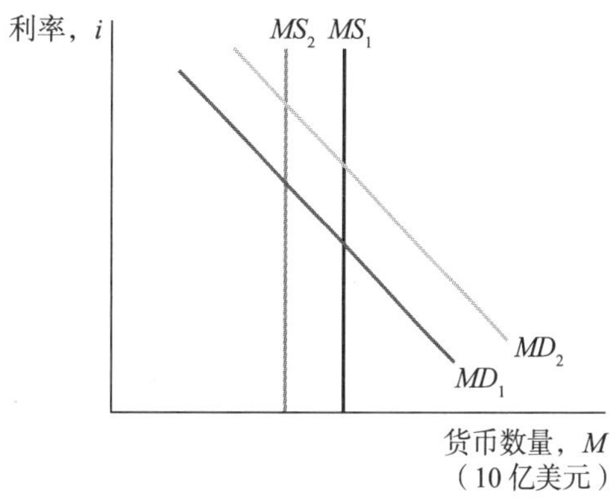

2.6　下文选自《华尔街日报》2008年12月的一篇文章：

> 在周二，联储将其目标利率降至0～0.25%的历史低位……在联储官员为期两天的讨论后，联储宣布它将采取可用的一切手段将美国经济拉出衰退……联储的另一个贷款利率——贴现率将变为0.5%，这一水平只在20世纪40年代出现过。

a. 文章中提到的“目标利率”的名称是什么？

b. 请简要解释在这个“目标利率”下，谁借款？谁出借？

c. 什么是贴现率？它与文章中提到的“目标利率”有什么不同？

资料来源：“Fed Cuts Rates Near Zero to Battle Slump”，*Wall Street Journal*，December 17，2008。

2.7　如果美联储从公众手中购买了价值1亿美元的国库券，预测货币供给将发生什么变化。解释你的推理。

2.8　作为对金融市场中的问题和经济放缓的反应，联邦公开市场委员会（FOMC）在2007年9月将联邦基金目标利率从5.25%下调。在下一年，FOMC又多次下调联邦基金目标利率。在《纽约时报》的一篇文章中，经济学家史蒂文·莱维特(Steven Levitt)评论道："联储通过在2008年12月将联邦基金目标利率降至0～0.25%之间，向银行体系注入了大量货币。"联邦基金利率下降和货币供给增加之间有什么关系？为什么降低联邦基金目标利率为银行体系"注入了大量货币"？

资料来源：Steven D. Levitt，"The Financial Meltdown Now and Then"，*New York Times*，May 12，2009。

2.9 在《华尔街日报》的一个专栏中，外交关系委员会的两位经济学家认为："简而言之，联储必须在管理准备金水平和管理利率之间选择，两者不能同时兼顾。"你是否同意这个观点？请简要解释。

资料来源：Benn Steil and Paul Swartz，"Bye-Bye to the Fed-Funds Rate"，*Wall Street Journal*，August 19，2010。

□ 17.3 货币政策和经济活动

总结

扩张性货币政策降低利率以增加消费、投资和净出口。支出增加使得总需求曲线（*AD*）向外移动得更多，这提高了实际GDP水平和价格水平。扩张性货币政策能帮助联储达到高就业的目标。紧缩性货币政策提高利率以减少消费、投资和净出口。支出减少使得总需求曲线向外移动得更少，这使实际GDP水平和通货膨胀率低于没有政策的情况下会出现的水平。紧缩性货币政策能帮助联储达到价格稳定的目标。

复习题

3.1 利率增加如何影响总需求？简要讨论总需求的各组成部分是如何被影响的。

3.2 如果联储认为经济将步入衰退，它应该采取什么行动？如果联储认为通货膨胀率将上升，它应该采取什么行动？

3.3 什么是"量化宽松"？什么是"扭曲操作"？联储使用它们的目标是什么？

问题与应用

3.4 [与开篇案例有关]《纽约时报》2002年3月的一篇文章报道了房地产市场上一年出人意料的强劲。根据这篇文章，"为了解释在失业率上升、股票投资组合缩水、经济不振的情况下房地产市场的快速复苏，经济学家首先从美联储入手。"解释2001年衰退期间房地产市场的强劲时，为什么首先从美联储入手？

资料来源：Daniel Altman，"Economy's Rock：Homes，Homes，Homes"，*New York Times*，March 30，2002。

3.5 在解释为什么货币政策在21世纪初没有把日本拉出衰退时，日本中央银行的一位官员说道："尽管货币供给出现大幅增加，但货币留在了银行。"请解释这位官员所说的"货币留在了银行"指的是什么？为什么这是个问题？如果扩张性货币政策是成功的，那么货币将去哪里？

资料来源：James Brooke，"Critics Say Koizumi's Economic Medicine Is a Weak Tea"，*New York Times*，February 27，2002。

3.6 根据《华尔街日报》的一篇文章：

> 在2月……日本核心消费者价格的衡量指标比去年同期下降0.1%……日本中央银行去年称，如果价格水平上升幅度在0～2%之间，它就认为价格是稳定的……日本中央银行的短期目标利率仅为0.5%……"当价格变动幅度低于日本中央银行定义的稳定区间时，它就很难提高利率。"大和研究院特别顾问、前日本中央银行政策委员会成员Teizo Taya如是说。

a. "价格水平下降"的术语是什么？

b. 为什么当价格水平下降时，日本中央银行不愿意提高短期目标利率？

c. 为什么一个国家的中央银行会认为价格水平下降是不合意的？

资料来源："Japan's Consumer Prices May Threaten Economy"，by Yuka Hayashi from Wall *Street Journal*，April 25，2007. Copyright © 2011 by Dow Jonesfs Company，Inc. Reproduced with permission of Dow Jones & Company Inc.。

3.7 里士满联邦储备银行的三名经济学家撰文称，到2011年秋季，美国许多失业人口的失业时间超过了6个月。这些经济学家认为："在长期失业后，受影响的工人可能变得不再能就业。"他们得到结论："（如提供额外培训等）提高失业工人寻找工作能力的政策选项在降低失业上可能比额外的货币刺激更有效。"

a. 什么是货币刺激政策？

b. 如果许多失业者的失业期很长，为什么在减少失业上，提高他们寻找工作能力的政策可能比货币刺激政策更有效？

资料来源：Andreas Hornstein，Thomas A. Lubik，and Jessie Romero，“Potential Causes and Implications of the Rise in Long-Term Unemployment”，Federal Reserve Bank of Richmond，Economic Brief，September 2011。

3.8 1951—1970年的联储主席威廉·麦克切斯尼·马丁（William McChesney Martin）曾宣称：“联储的工作就是在宴会正在进行时拿走盛满酒的大酒杯。”他指的是什么？

3.9 ［与开篇案例有关］在2005年初，托尔兄弟公司的CEO罗伯特·托尔（Robert Toll）认为美国并没有经历房地产泡沫。相反，他认为，房价的上涨反映了地方政府对新房建设施加的限制。他认为这些限制来源于“NIMBY”——“不要在我的后院”——政见。许多现有房屋的业主不愿意看到附近的农场和未被开发的土地被开发成新房。所以，托尔认为，“城镇并不想看到任何东西被修建出来。”为什么罗伯特·托尔提到的因素会造成房价上涨？有可能确定是这些因素还是泡沫造成了房价上涨吗？

资料来源：Shawn Tully，“Toll Brothers：The New King of the Real Estate Boom”，*Fortune*，April 5，2005。

3.10 前总统罗纳德·里根（Ronald Reagan）曾说通货膨胀“有且只有一个原因：政府支出大于收入。”请简要解释你是否同意这个说法。

资料来源：Edward Nelson，“Budget Deficits and Interest Rates”，*Monetary Trends*，Federal Reserve Bank of St. Louis，March 2004。

3.11 ［与17.3节中第1个“建立联系”专栏有关］约翰·梅纳德·凯恩斯认为采用扩张性货币政策将经济拉出衰退就像是“推绳子”。请简要解释凯恩斯可能是指什么。

3.12 ［与17.3节中第1个“建立联系”专栏有关］哈佛大学的经济学家马丁·费尔德斯坦（Martin Feldstein）认为QE2导致消费者减少储蓄和增加支出：“储蓄率降低和由此导致的消费支出增加的一个可能原因是股票市场的迅速增长，在2010年8月至该年年底期间增长了15%。当然，这是联储愿意看到的。”

a. 为什么使长期国库券利率下降的QE2可能引起了股票价格的上升？

b. 为什么联储希望消费者在2010年年底增加支出？

资料来源：Martin Feldstein，“Quantitative Easing and American's Economic Rebound”，www.project-syndicate.org，February 24，2011。

3.13 ［与17.3节中第2个“建立联系”专栏有关］下文节选自联储的出版物：

> 在实践中，货币政策的制定者们没有关于经济状况和价格的实时、可靠的信息。因为数据发布的滞后，所以信息有限。同时，政策制定者并不能完全了解经济运行方式，包括政策措施在何时、何种程度上影响总需求。经济运行方式随着时间的推移在改变，经济对政策措施的反应也随之改变。这些限制增加了政策过程中的不确定性，使制定适宜的货币政策变得更加困难。

如果联储承认，在有效的货币政策制定过程中存在许多阻碍，为什么联储还要实行积极的货币政策，而不采用米尔顿·弗里德曼和其追随者所倡导的货币增长规则？

资料来源：Board of Governors of the Federal Reserve System，*The Federal Reserve System：Purposes and Functions*，Washington，DC，1994。

3.14 ［与17.3节中第2个“建立联系”专栏有关］如果联储的政策制定者们意识到GDP数据有时会被大幅修正，这将如何影响他们对实行政策最佳方式的看法？

3.15 ［与17.3节中“不要犯这样的错误！”专栏有关］请简要解释你是否同意以下观点：“联储的职责很容易。例如，如果它想将实际GDP增加2 000亿美元，那它要做的就是将货币供给量增加这么多。”

□ 17.4 运用动态总需求—总供给模型分析货币政策

总结

我们可以使用第15章中介绍的动态总需求—总供给模型来进一步分析扩张性和紧缩性货币政策。动态总需求—总供给模型考虑了两个事实：(1) 随着价格逐年上涨，经济经历着持续的通货膨胀；(2) 随着*LRAS*曲线逐年向右移动，经济经历着长期增长。在动态模型中，扩张性货币政策试图确保总需求曲线的右移幅度足够大，以使宏观经济均衡时的实际GDP等于潜在GDP水平。如果总需求的变动会导致宏观经济均衡时的实际GDP大于潜在GDP水平，那么，中央银行就采取紧缩性货币政策，试图部分抵消这样的总需求变动的影响，以使宏观经济均衡时的实际 GDP 等于其潜在水平。

复习题

4.1 扩张性货币政策在基本总需求—总供给模型与动态总需求—总供给模型中有什么关键区别？

4.2 紧缩性货币政策在基本总需求—总供给模型与动态总需求—总供给模型中有什么关键区别？

问题与应用

4.3 解释你是否同意以下观点：

> 如果美联储实际上实施过紧缩性货币政策的话，价格水平会出现过下降。因为美国在 20 世纪 30 年代来从没有出现过哪怕一整年的价格水平下降，所以我们能得出结论：联储从 20 世纪 30 年代以来从来没有实施过紧缩性货币政策。

4.4 ［与例题 17.4 有关］运用下图回答下面的问题：

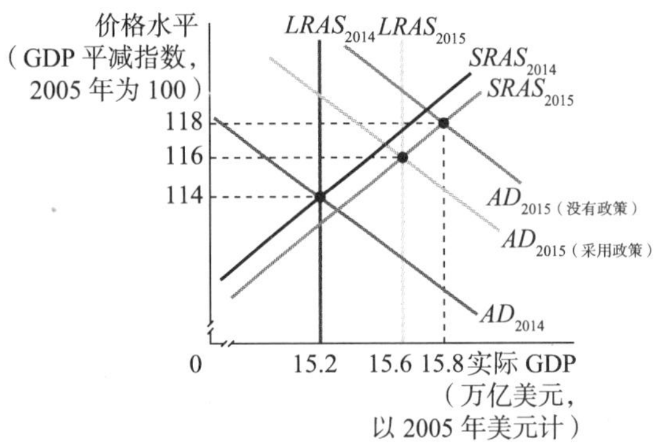

a. 如果美联储没有采取任何政策措施，2015 年的实际 GDP 水平和价格水平将是多少？

b. 如果联储想使 2015 年的实际 GDP 水平保持在其潜在水平，它应该采用扩张性政策还是紧缩性政策？交易柜台应该买入还是出售国库券？

c. 如果联储没有采取任何政策措施，2015 年的通货膨胀率将是多少？如果联储采用货币政策使实际 GDP 水平保持在其充分就业水平，2015 年的通货膨胀率将是多少？

4.5 ［与例题 17.4 有关］下表中虚构的信息显示了如果联储不采用货币政策 2015 年将会出现的情形：

年份	潜在 GDP	实际 GDP	价格水平
2014	15.2 万亿美元	15.2 万亿美元	110.0
2015	15.6 万亿美元	15.8 万亿美元	115.5

a. 如果联储想使 2015 年的实际 GDP 保持在潜在水平，它应该采用扩张性货币政策还是紧缩性货币政策？交易柜台应该买入国库券还是出售国库券？

b. 如果联储的政策成功地使 2015 年的实际 GDP 保持在潜在水平。请指出，与联储不采取任何行动相比，下列各项将会更高还是更低？

1. 实际 GDP；
2. 潜在实际 GDP；
3. 通货膨胀率；
4. 失业率。

c. 画一幅总需求—总供给图形来说明联储政策的影响。你的图形中应该包括：2014 年和 2015 年的 *LRAS* 曲线；2014 年和 2015 年的 *SRAS* 曲线；采用和不采用货币政策时，2014 年和 2015 年的 *AD* 曲线；以及采用和不采用货币政策时，2015 年均衡的实际 GDP 水平和价格水平。

□ 17.5 美联储货币政策中间目标设定的进一步探究

总结

一些经济学家认为联储应该采用货币供给而不是利率作为其货币政策中间目标。米尔顿·弗里德曼和其他货币主义者认为联储应该采用货币增长规则，即每年以固定速率增加货币供给。对这一建议的支持在 1980 年后减弱了，因为货币供给的变动与实际 GDP 和价格水平的变动之间的关系减弱了。约翰·泰勒分析了联储的决策所涉及的因素，建立了泰勒规则来解释联邦基金目标利率的设定。泰勒规则将联邦基金目标利率与经济变量联系起来。在过去的十年中，许多经济学家和中央银行行长对使用通货膨胀目标制表示了极大的兴趣，在通货膨胀目标制下，货币政策可以使央行致力于实现其公开宣布的通货膨胀目标。许多国家的中央银行都采用了通货膨胀目标制，但是联储还没有。即使没有正式采用通货膨胀目标制，但是联储在 20 世纪 80 年代、20 世纪 90 年代和 21 世纪头十年初的表现都得到了经济学家的广泛赞扬。

复习题

5.1 与货币政策相对的货币规则是什么？米尔顿·弗里德曼希望联储采用怎样的货币规则？为什么对弗里德曼提倡的货币规则的支持在 1980 年

后减少了？

5.2 美联储在过去的20多年中，都将联邦基金利率作为货币政策中间目标。为什么联储不同时以货币供给作为中间目标？

5.3 什么是泰勒规则？其目的是什么？

问题与应用

5.4 假定均衡实际联邦基金利率是2%，目标通货膨胀率是2%。使用下面的信息和泰勒规则来计算联邦基金目标利率：

当前通货膨胀率=4%

潜在GDP=14万亿美元

实际GDP=14.14万亿美元

5.5 根据《经济学家》的一篇文章：

> J.P.摩根的戴维·麦凯（David Mackie）的计算显示，在过去差不多6年中，欧元区利率低于泰勒规则所规定的水平，这驳斥了大家公认的欧洲央行不如美联储关注增长的观点。

为什么保持利率"低于泰勒规则所规定的水平"就表明了欧洲央行对经济增长的关注程度超过了大众认为的程度？

资料来源："The European Central Bank: Haughty Indifference, or Masterly Inactivity?" *Economist*, July 14, 2005。

5.6 旧金山联邦储备银行的经济学家格林·鲁迪布什认为，如果联储在2007—2009年衰退期间采用泰勒规则，那么，在2009年底，联邦基金目标利率将为−5%。根据17.5.3节给出的泰勒规则公式，提供一些当前通货膨胀率、通货膨胀缺口、产出缺口等的值使联邦基金目标利率为负。联邦基金利率可能是负值吗？

资料来源：Glenn Rudebusch, "The Fed's Monetary Policy Response to the Current Crisis", *FRBSF Economic Letter*, May 22, 2009。

5.7 威廉·普尔在担任圣路易斯联邦储备银行总裁时称："尽管我自己偏好通过有效管理实现零通胀，但是，我相信中央银行对某个其他数字的合理的低通货膨胀率目标达成共识比确切的数字本身更为重要。"简要解释，为什么即使通货膨胀目标不是零，经济也能从明确的通货膨胀目标中受益？

资料来源：William Poole, "Understanding the Fed", *Federal Reserve Bank of St.Louis Review*, Vol.89, No.1, January/February 2007, p.4。

5.8 ［与17.4节中的"建立联系"专栏有关］如果核心PCE比CPI能更好地衡量通货膨胀率，为什么CPI得到了更加广泛的使用？特别地，你能想出联邦政府在决定给退休工人的社会保障支付增加多少以在防止购买力水平下降时使用CPI的原因吗？

□ 17.6 2007—2009年衰退期间美联储的政策

总结

2006年开始破灭的房地产泡沫引发了2007—2009年的衰退和伴随而来的金融危机。作为对此的反应，联储采取了许多政策措施。经过一系列减息，联储将联邦目标利率从2007年9月的5.25%降至2008年12月的接近于0的水平。随着房屋抵押贷款违约增加以及抵押贷款担保证券的价值下降，房地产市场的下滑引起金融体系中出现了更大范围的问题。联储和财政部采取了一系列新政策来提供流动性和重建信心。联储增加了有资格获得贴现贷款的企业类型，开始通过购买商业票据直接向企业提供贷款。根据"问题资产救助计划"，财政部为银行和其他金融企业提供金融支持，以此换取部分所有权。财政部还采取行动，推动联邦政府接管了房利美和房地美这两家在抵押贷款市场中起着关键作用的政府资助的企业。投资银行雷曼兄弟在2008年9月的破产导致金融危机深化，刺激了一些新政策的出现。最终，新政策稳定了金融体系，但是它们的长期影响仍存在争论。

复习题

6.1 什么是抵押贷款？在1970年后，抵押贷款市场出现了哪些重要的新情况？

6.2 从2008年开始，为了应对金融危机，美联储和美国财政部对金融市场进行了前所未有的干预。简要归纳联储和财政部采取的行动。

问题与应用

6.3 一些经济学家认为，房地产危机导致金融危机的原因之一是发放抵押贷款的贷款人通常不再持有抵押贷款直到贷款被还清为止。相反，贷款人通常在二级市场中转售抵押贷款。打算转售抵押贷款的贷款人与打算持有抵押贷款的贷款人的行为会有什么不同？

6.4 美联储出版物中的一篇文章评论道："20或30年前，本地金融机构是某些借款人的唯一选择。但是，在今天，借款人可以向全国乃至国际的抵押贷款融资来源寻求抵押贷款。”什么造成了抵押贷款融资来源的这种变动？这种变动对于借款人必须支付的抵押贷款利率可能产生什么影响？请简要解释。

资料来源：Daniel J. McDonald and Daniel L. Thornton, “A Primer on the Mortgage Market and Mortgage Finance”, *Federal Reserve Bank of St. Louis Review*, January/February 2008。

6.5 哥伦比亚大学的经济学家查尔斯·卡洛米瑞斯（Charles Calomiris）对美联储和财政部在2007—2009年金融危机期间采取的行动发表了这样的观点：“这一系列前所未有的、大胆的举动令人眩晕……这些举动也是应该的。但是我并不是说这些举动没有成本、没有风险。”美国财政部和美联储前所未有的举动是什么？这些行动包含什么风险？

资料来源：Steven R. Weisman, “With Bold Steps, Fed Chief Quiets Some Criticism”, *New York Times*, May 28, 2008。

6.6 回忆“证券化”是将抵押贷款等贷款转变为能在二级市场进行买卖的债券的过程。《经济学家》的一篇文章指出：

> 证券化无疑造成了更多的次级抵押贷款被发放。通过提供进入一个更深的资本池的途径，证券化帮助降低了抵押贷款的成本，使得信用记录差的借款人也能买得起住房。

什么是“次级抵押贷款”？什么是“更深的资本池”？为什么证券化为抵押贷款的借款人提供了进入一个更深的资本池的途径？次级借款人可能要比信用更好的借款人支付更高的利率还是更低的利率？在什么情况下，贷款人（出借人）可能更愿意为信用记录差的人而不是信用记录好的人提供贷款？请简要解释。

资料来源：“Ruptured Credit”, *Economist*, May 15, 2008。

6.7 在2011年秋季，投资者开始担心某些欧洲国家的政府，特别是希腊和意大利政府，可能会对其发行的债券违约，这造成这些债券的价格迅速下降。许多欧洲银行持有此类债券，一些投资者担心这些银行也可能陷入财务困境。《经济学家》杂志的一篇文章谈到了“另一个雷曼时刻的可能性”。这篇文章指出：“政府又一次不得不介入，为银行提供支持。”这篇文章所说的另一个“雷曼时刻”是指什么？为什么欧洲政府感觉有必要为它们的银行提供支持，以避免另一个雷曼时刻？

资料来源：“Here We Go Again”, *Economist*, October 8, 2011。

6.8 ［与17.6节中的“建立联系”专栏有关］假定你花15万美元购买了一栋房屋。一年后，这栋房屋的市场价格上升至16.5万美元。如果你支付了20%的首付，剩余的80%是用抵押贷款支付的，那么，你在这栋房屋上的投资回报率是多少？如果你支付了5%的首付，剩余的95%是用抵押贷款支付的，那么，你在这栋房屋上的投资回报率是多少？在你的答案中，写出计算过程。

第 18 章

财政政策

本章概览和学习目标

18.1　什么是财政政策?

定义财政政策。

18.2　财政政策对实际 GDP 和价格水平的影响

解释财政政策如何影响总需求和政府如何运用财政政策来稳定经济。

18.3　运用动态总需求—总供给模型分析财政政策

运用动态总需求—总供给模型来分析财政政策。

18.4　政府购买乘数和税收乘数

解释政府购买乘数和税收乘数如何起作用。

18.5　运用财政政策稳定经济的局限性

讨论实施财政政策的过程中可能出现的困难。

18.6　赤字、盈余和联邦政府债务

定义联邦预算赤字和联邦政府债务，解释联邦预算如何行使自动稳定器功能。

18.7　财政政策的长期影响

讨论财政政策的长期影响。

开篇案例

政府支出创造了工作岗位吗？

Tutor-Saliba公司于1949年在南加州成立，如今，该公司已经成为美国最大的重型建筑企业之一。在2011年秋季，该公司的工人们正在北加州的凯迪克隧道（Caldecott Tunnel）辛苦工作。为了缓解奥林达到奥克兰这两个城市之间的拥堵，这个工程将贯穿伯克利山的隧道从6个车道拓宽到8个。该工程的部分资金来自《2009年美国复苏和再投资法案》（ARRA，常被称为《刺激法案》），该法案在2009年初由奥巴马总统和国会颁布实施，目的是增加2007—2009年衰退期间的总需求。如果没有这笔钱，加州政府就不能开展这项工程。ARRA是旨在增加实际GDP和就业的相机抉择的财政政策的一个例子。为了凯迪克隧道工程的施工建设，Tutor-Saliba公司新雇用了106名工人。负责此项工程的州政府机构发言人称，此项工程对就业增加的影响甚至更大：“工程产生了涟漪效应。需要卡车司机和设备制造商，此外奥林达的熟食店从没有这样忙碌过。”

这个扩建凯迪克隧道的工程是政府支出增加导致就业增加的一个例子。事实果真如此吗？大部分经济学家同意，政府支出增加会导致就业增加。但是，一些经济学家认为，政府支出只是将就业从一类人群转移到另一类，并没有增加总就业量。芝加哥大学的经济学家凯西·马利根（Casey Mulligan）对凯迪克隧道这样的工程上政府支出增加的影响与纽约扬基队在纽约市东161街路北（位于东161街路南的旧扬基队体育场对面）建造一个新扬基队体育场的影响进行了比较：“毫不意外的是，在东161街路北，消费者、新闻机构、娱乐产业以及其他个人和机构的支出都比之前多得多……但是，路北的繁荣只是路南产业移位的结果，并没有创造新活动。”

对政府支出效果的争论在2011年尤其重要，因为彼时经济正从2007—2009年的衰退中缓慢复苏，失业率仍保持在超过9%的高位。在本章中，我们将考察相机抉择的财政政策以及对其效果的争论。本章末的“业内观察”专栏讨论了在缓慢增长的美国经济中，政府资助的基础设施支出能否有效地创造工作岗位。

资料来源：Zusha Elinson，“Caldecott Tunnel Edges Forward，Tribute to Stimulus Bill”，*New York Times*，September 10，2011；and Casey B. Mulligan，“Local and National Stimulus”，*New York Times*，August 24，2011。

生活中的经济学

你将用500美元做什么？

假定联邦政府宣布，将立即向你和全国所有居民寄送500美元的退税支票。此外，你预期此后每年你缴纳的税收都将减少500美元。对于可支配收入的这一增加，你将作何反应？退税对短期的均衡实际GDP可能产生什么影响？在阅读本章的过程中，看看你是否能够回答这些问题。对照我们在本章末尾提供的答案，你可以检验你的答案。

在第17章中，我们讨论了联储如何运用货币政策来达到价格稳定、高就业等宏观经济政策目标。在本章中，我们将探讨政府如何运用财政政策来达到相似的政策目标。财政政策涉及税收和政府购买的变动。正如我们所见，在短期，经济中的价格水平、实际GDP水平和总就业水平取决于总需求和短期总供给。政府可以通过财政政策同时影响总需求水平和总供给水平。我们将探究国会和总统如何决定选取何种财政政策措施来达到他们的目标。我们也将讨论经济学家和政策制定者们对财政政策有效性的争论。

18.1 什么是财政政策？

第二次世界大战结束后，按照1946年《就业法案》，联邦政府一直承诺致力于干预经济"以促进最高的就业、生产和购买力"。正如我们在第17章中所见，联储密切监控着经济，联邦公开市场委员会每年召开8次会议，以决定是否变更货币政策。虽然没有那么频繁，但是国会和总统也通过变更税收和政府购买的方式，来达到高就业、价格稳定、高经济增长率等宏观经济政策目标。为了实现宏观经济政策目标而对联邦税收和政府购买所做的变动被称为**财政政策**（fiscal policy）。

18.1.1 什么是财政政策？

在美国，联邦政府、州政府和地方政府对税收和支出都负有责任。经济学家一般使用的财政政策一词，仅仅指联邦政府的行为。为了支持本地经济发展，州政府和地方政府有时候会变更税收和支出政策，但是这些并不是财政政策，因为其目标并不是影响全国经济。联邦政府做出许多有关税收和支出的决定，但并不是所有这些决定都是财政政策措施，因为某些决定并不是为了达到宏观经济政策目标。例如，为购买混合动力汽车的购车者减税的决定就属于环境政策行为，不属于财政政策行为。类似地，为支持反恐战争和伊拉克、阿富汗战争而增加的支出属于国防和国土安全政策范畴，不属于财政政策。

18.1.2 自动稳定器与相机抉择的财政政策

自动稳定器与相机抉择的财政政策之间有重要的区别。某些类型的政府花费和税收会随着经济周期自动增加和减少，这被称为**自动稳定器**（automatic stabilizers）。在这里，自动一词指的是这些类型的支出和税收的变动无须政府采取行动就会发生。例如，当经济扩张和就业增加时，政府在支付给失业工人的失业保险金上的支出将自动减少。在衰退期间，当就业减少时，此类支出将自动增加。类似地，当经济处于扩张期和收入提高时，人们收入增加从而要缴纳更多的税收，所以政府收取的税收总额会增加。当经济处于衰退期时，政府收取的税收总额会减少。

在相机抉择的财政政策下，政府采取行动来改变支出或税收。国会在2008年、2009年和2010年通过的减税就是相机抉择的财政政策措施的例子。

18.1.3 政府支出与税收综述

为了给理解财政政策提供一个背景，理解政府税收和支出的大图景非常重要。20世纪 30 年代大萧条之前，政府支出的大部分发生在州政府和地方政府。正如图 18.1 所示，联邦政府支出的比例在大萧条期间大幅上升。第二次世界大战以来，联邦政府支出占政府总支出的比例介于 2/3～3/4 之间。

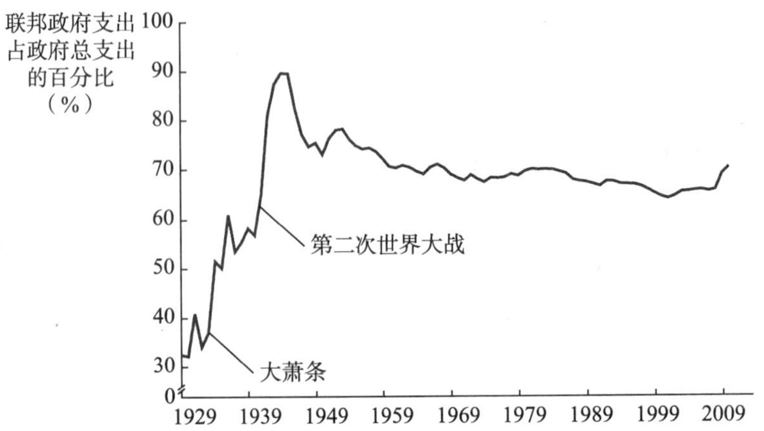

图 18.1　1929—2010 年联邦政府支出占政府总支出的比例

在 20 世纪 30 年代的大萧条之前，美国的大部分政府支出都发生在州政府和地方政府。第二次世界大战以来，联邦政府支出占政府总支出的比例介于 2/3～3/4 之间。

资料来源：U. S. Bureau of Economic Analysis。

经济学家常常通过计算政府支出占 GDP 的百分比来衡量政府支出相对于经济规模的多少。谨记联邦政府购买与联邦政府支出并不相同。当联邦政府购买航空母舰或 FBI 探员的服务时，它得到了商品或服务作为回报。联邦政府支出包括政府购买和联邦政府的其他花费。正如图 18.2 所示，事实上，联邦政府购买占 GDP 的百分比从 20 世纪 50 年代初朝鲜战争以来一直在下降。联邦政府总支出占 GDP 的百分比从 1950 年到 20 世纪 90 年代初

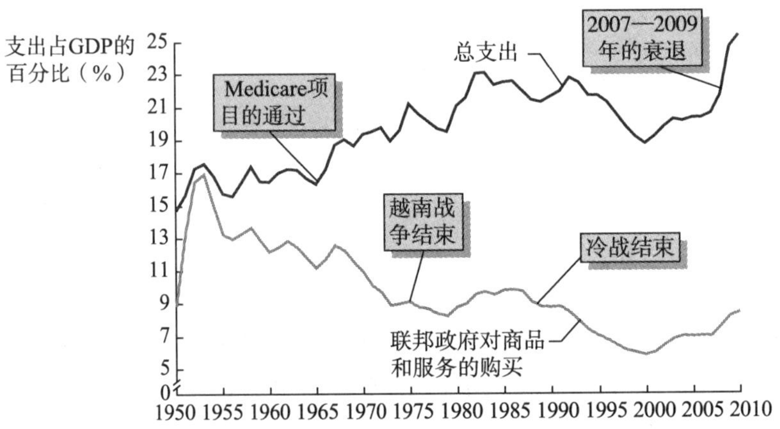

图 18.2　1950—2010 年间联邦政府购买和联邦政府支出占 GDP 的百分比

作为 GDP 的一部分，从 20 世纪 50 年代初朝鲜战争以来，联邦政府对商品和服务的购买一直在下降。包括转移支付在内的联邦政府总支出占 GDP 的百分比从 1950 年到 20 世纪 90 年代初一直在增加，在 1992—2001 年间下降，之后再次上升。2007—2009 年衰退及其后的缓慢复苏导致联邦政府支出大幅增加，这使得联邦政府支出占 GDP 的百分比达到了二战以来的最高值。

资料来源：U. S. Bureau of Economic Analysis。

一直在增加，在 1992—2001 年间下降，之后重新上升。1992—2001 年间支出下降的部分原因是苏联和美国之间的冷战结束，这使得国防支出大幅减少。1990—1998 年，联邦政府在国防上的实际支出下降了约 25%，之后在 1998—2010 年期间因反恐战争、伊拉克和阿富汗战争又上升了 60%以上。2007—2009 年的衰退及其后的缓慢复苏导致联邦政府支出大幅增加，这使得联邦政府支出占 GDP 的百分比达到了二战以来的最高值。

除了政府购买，联邦政府支出还有其他三种类别：国债利息、给州政府和地方政府的拨款以及转移支付。国债利息是联邦政府对它为借款而发行的债券的持有人的支付。给州政府和地方政府拨款是因为联邦政府要支持州政府和地方政府的活动。例如，为了减少犯罪，国会实施了给地方政府拨款的项目以帮助其雇用更多的警察。最大、增长最快的联邦政府支出类型是转移支付。其中一些项目，如社会保障和失业保险金，开始于 20 世纪 30 年代。其他项目，如为老年人提供卫生保健的 Medicare、食品券和旨在帮助贫困人群的贫困家庭临时援助项目，开始于 20 世纪 60 年代或更晚。

图 18.3 显示，在 2010 年，转移支付占联邦政府支出的 46.6%。在 20 世纪 60 年代，转移支付只占联邦政府支出的约 25%。随着美国人口老龄化、医疗费用持续增长，联邦政府在社会保障和 Medicare 项目上的支出还会持续增加，这会导致转移支付占联邦政府支出的份额不断增加。图 18.3 显示，联邦政府大部分日常活动的支出，包括环境保护局、FBI、国家公园服务中心、移民归化局等联邦机构的运营，只占联邦政府支出的 9.4%。

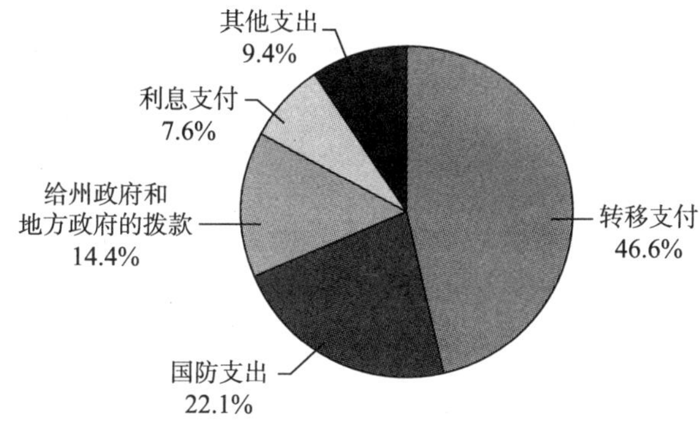

图 18.3　2010 年的联邦政府支出

联邦政府购买被分为国防支出（占联邦预算的 22.1%）和其他支出（占联邦预算的 9.4%）。其他支出包括从支付 FBI 探员的工资、国家公园的运营到支持科学研究等支出。除了政府购买外，联邦政府支出还有其他三种类别：利息支付、给州政府和地方政府的拨款以及转移支付。转移支付从 20 世纪 60 年代占联邦政府支出的约 25%增加到了 2010 年的接近 46.6%。

资料来源：U. S. Bureau of Economic Analysis。

图 18.4 显示，在 2010 年，联邦政府征收的个人所得税税款占其收入的 36.9%。为社会保障和 Medicare 项目融资而征收的工资税税款占联邦政府收入的 40%。公司所得税占联邦政府收入的 13.6%。联邦政府收入另外的 9.6%来源于香烟、汽油等特定商品的特许权税、进口商品关税以及其他来源（如砍伐联邦土地上的树木的公司所支付的款项）。

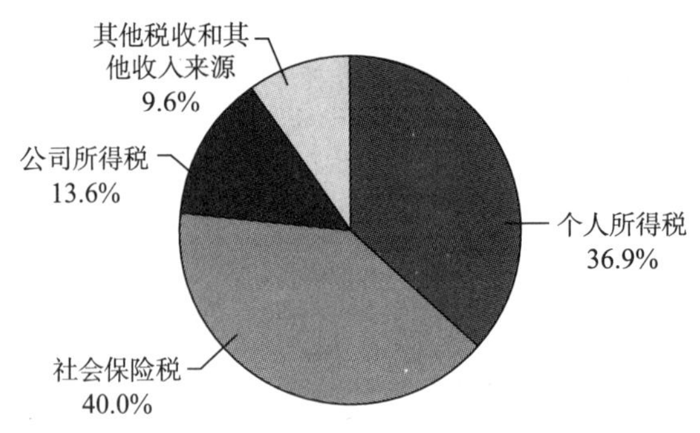

图 18.4　2010 年的联邦政府收入

2010 年，联邦政府征收的个人所得税税款占其收入的 36.9%。公司所得税占收入的 13.6%。社会保障和 Medicare 项目融资而征收的工资税税款占联邦政府收入的比例从 1950 年的不到 10%增加到 2010 年的 40%。另外的 9.6%来源于特许权税、进口商品关税以及其他来源。

资料来源：U. S. Bureau of Economic Analysis。

建立联系

社会保障和 Medicare 项目上的支出是财政定时炸弹吗？

1935 年建立的、为退休工人提供补贴的社会保障在一开始时是一个“现收现付”（pay-as-you-go）的系统，意思是付给现在的退休工人的补贴来自现在的工人所缴纳的税款。在这个项目刚开始实施的年份，许多工人向这个系统缴纳税款，而退休工人的数量相对较少。例如，在 1940 年，超过 3 500 万工人向该系统缴纳税款，只有 22.2 万人享受退休金，工人与受益者的比例超过 150。在那些早期的年份里，大部分退休者收到的退休金远远大于他们曾经缴纳的税款。例如，首个受益者是一个名叫 Ida May Fuller 的法律秘书。这个项目建立后，她只工作了 3 年时间就退休了，总共只缴纳了 24.75 美元税款。而她退休期间总共获得了 22 888.92 美元退休金。

社会保障和 Medicare 项目在减少美国老年人口的贫困方面一直很成功，但是，近些年里，联邦政府为现有承诺筹措资金的能力受到了质疑。二战后，美国出现了“婴儿潮”，出生率上升，直至 20 世纪 60 年代初一直保持在高位。而在 1965 年后出生率下降，这对于社会保障体系而言是一个长期的问题，因为工人与退休者之比持续下降。当前，工人与退休者之比大约为 3，而到 2035 年，这一比例预计将下降到 2。国会尝试通过将获得全额退休金的年龄从 65 岁增加至 67 岁并提高工资税的方法来解决这个问题。在 1940 年，企业和公司所缴纳的总工资税税率是 2%，而在 2011 年变成了 15.3%（尽管一项减税政策暂时将 2011 年的总工资税税率降低到了 13.3%）。

按照 1965 年建立的 Medicare 项目，联邦政府为 65 岁及以上的老年人支付卫生保健费用。Medicare 的长期财务状况比社会保障更加令人担忧。随着美国人寿命延长以及新的（且昂贵的）医疗程序的开发，Medicare 项目的预期支出最终将远远超过预期税收收入。联邦政府还面临着 Medicaid 项目支出增加的问题。Medicaid 项目是由州政府管理的，为低收入人群提供卫生保健。在 2010 年，联邦政府在社会保障、Medicare 和 Medicaid 项目上的支出等于 GDP 的 10.4%。而在 1962 年，在这三个项目上的支出占 GDP 的比例不到 3%。国会预算办公室（CBO）预测，

2030年这三个项目的支出将上升至GDP的15.2%，2050年将为18.9%，2085年将为25.8%。下图显示了这些预测。在过去的40年间，联邦政府在所有项目上的支出（从购买航空母舰到支付FBI探员的工资都囊括在内）占GDP的比例平均为18.5%。所以，如果当前这一趋势持续下去，那么，从占GDP的比例来看，联邦政府最终在这三个项目上的支出将超过当前在所有项目上的支出。在接下来的数十年中，在社会保障和Medicare项目上的预期支出与预期的政府税收收入之间的差距将达到令人震惊的72万亿美元，即为2011年GDP总额的近5倍！如果现在的预测是准确的，那么政策制定者们就面临着艰难的抉择，或是大力控制在这些项目上的支出，或是大幅增加家庭和企业的税款，或是双管齐下。这些政策选项毫无疑问都将带来相当大的痛苦。国会预算办公室的一个报告得出结论："即使税收达到美国前所未有的高水平，当前的支出政策也可能变得在财政上不可持续。"

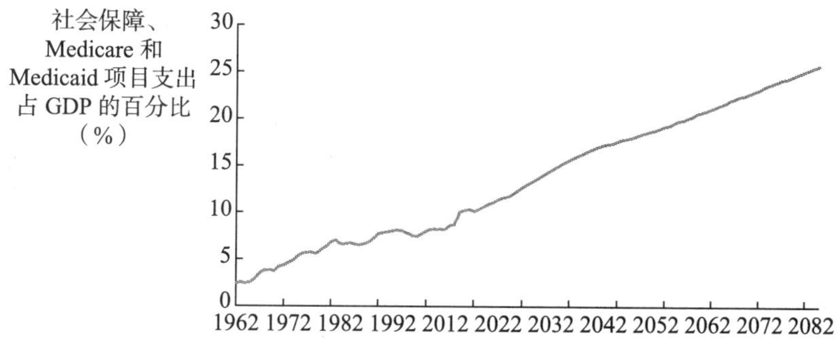

注：该图表示了国会预算办公室预测的未来支出的"另类财政格局"（alternative fiscal scenario）。

关于社会保障和Medicare项目的未来已经成为热门的政治议题。一些政策制定者提议增税来为未来的福利金融资。但是所需的税率增加可能达到当前税率的50%以上，这样大幅度的增税将会抑制工人的努力、企业家精神和投资，从而减缓经济增长。有的政策制定者提议在保证当前受益人的福利金的情况下，减慢未来福利金的增加速度。这一提议虽然能避免大幅增税的必要性，但是它也要求年轻工人为自己退休储蓄更多。一些经济学家和政策制定者主张减慢高收入工人的福利金增速，而保持低收入工人未来的福利金增速。无论最终Medicare和社会保障项目将做出什么改变，这一政策争论都是对年轻人最重要的政策争论之一。

资料来源：Congressional Budget Office，The Long-Term Budget Outlook，June 2011；Congressional Budget Office，*Baseline Projections of Mandatory Outlays*，January 2009；112 th Congress，1 st Session，"The 2011 Annual Report of the Board of Trustees of the Federal Old-Age and Survivors Insurance and Disability Insurance Trust Funds"，House Document 112-23，May 13，2011；and the Social Security Administration Website（www. ssa. gov）。

轮到你了：做本章末与本专栏相关的问题与应用1.6和1.7，看看你理解得如何。

18.2 财政政策对实际GDP和价格水平的影响

联邦政府运用宏观经济政策来抵消经济周期对经济的影响。我们在第17章中看到，美联储通过货币供给和利率的变动来实施货币政策。国会和总统通过政府购买和税收的变动来实施财政政策。因为政府购买和税收变动会导致总需求的变动，所以它们能够影响实际 GDP、就业和价格水平。当经济处于衰退时，增加政府购买或减税都将增加总需求。正如我们在第 15 章中所见，当实际 GDP 超过潜在水平时，通货膨胀率可能上升。减少政府购买或增税能减缓总需求的增长，降低通货膨胀率。

□ 18.2.1 扩张性财政政策和紧缩性财政政策

扩张性财政政策涉及增加政府购买或减税。增加政府购买会直接增加总需求，这是因为政府购买是总需求的一个组成部分。而减税对总需求有间接影响。第 12 章讲过，家庭在缴纳税款之后余下的可供花费的收入被称为可支配收入。减少个人所得税将增加家庭可支配收入和消费支出。减少企业所得税将通过增加企业投资来增加总需求。

图 18.5 运用基本的总需求—总供给模型显示了一项扩张性财政政策的效果。这个模型中不存在经济增长，所以长期总供给曲线（*LRAS*）并不会移动。注意本图与图 17.7 非常类似，图 17.7 显示了一项扩张性货币政策的效果。扩张性货币政策和扩张性财政政策的目标都是为了增加总需求，使其高于没有政策时的水平。

在图 18.5（a）中，我们假设经济处于短期均衡 *A* 点，该点是总需求曲线（AD_1）与短期总供给曲线（*SRAS*）的交点。实际 GDP 低于潜在水平，所以经济处于衰退，一些企业在正常生产能力之下运营，一些工人被解雇了。为了使实际 GDP 回到潜在水平，国会和总统增加政府购买或者减税，使总需求曲线从 AD_1 右移至 AD_2。实际 GDP 从 14.2 万亿美元增加至 14.4 万亿美元的潜在 GDP 水平，价格水平从 98 上升至 100（*B* 点）。该政策成功地将实际 GDP 提高至潜在水平。产出增加将导致就业增加，失业率减少。

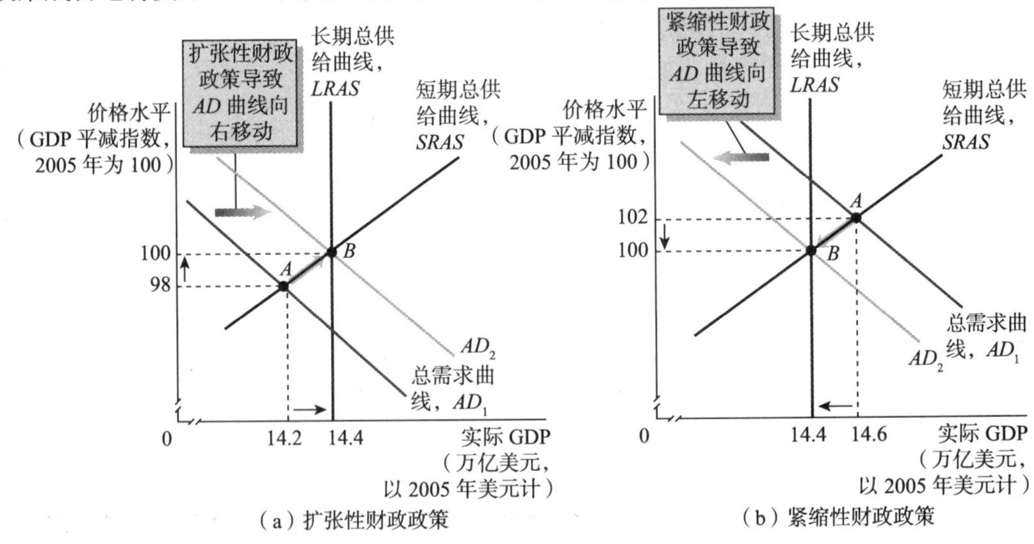

图 18.5 财政政策

在图（a）中，经济初始时在 *A* 点处于衰退，实际 GDP 为 14.2 万亿美元，价格水平是 98。一项扩张性财政政策将使总需求从 AD_1 右移至 AD_2，实际 GDP 从 14.2 万亿美元增加至 14.4 万亿美元，价格水平从 98 增加至 100（*B* 点）。

在图（b）中，经济初始时处于 *A* 点，实际 GDP 为 14.6 万亿美元，价格水平是 102。因为实际 GDP 超过了潜在水平，所以经济中工资和价格上升。一项紧缩性财政政策会导致总需求从 AD_1 左移至 AD_2，实际 GDP 从 14.6 万亿美元减少至 14.4 万亿美元，价格水平从 102 下降至 100（*B* 点）。

不要犯这样的错误！☞

不要混淆财政政策和货币政策

如果你记得货币、收入和支出的定义，那么货币政策和财政政策之间的区别就很清楚。同学们常犯以下两个相关的错误：(1) 他们认为货币政策就是联储通过增加货币供给从而人们有更多的货币可以花费的方式来对抗衰退；(2) 他们认为财政政策就是国会和总统通过增加支出来对抗衰退。从这种观点来看，货币政策和财政政策唯一的区别就是货币来源不同。

为了明白上面对财政政策和货币政策的描述的错误，首先记住衰退期间的问题并不是货币（通货加支票存款）太少，而是支出太少。支出太少的原因可能有很多。例如，因为家庭对未来持悲观态度，所以他们可能减少在汽车和房屋上的支出。因为企业降低了对新机器和工厂未来盈利能力的估计，所以它们也可能减少支出。或者美国的主要贸易伙伴，如日本和加拿大，可能正遭受着经济衰退，这导致这些国家的家庭和企业减少在美国产品上的支出。

扩张性货币政策的目的是降低利率，利率的降低反过来增加了总需求。当利率下降时，家庭和企业愿意增加借款来购买汽车、房屋和工厂。扩张性财政政策的目的是增加总需求，其方式是要么直接增加政府购买要么通过减税增加家庭可支配收入进而增加消费支出。

就像增加或减少货币供给不能直接影响政府支出或税收一样，增加或减少政府支出或税收也不能直接影响货币供给。财政政策和货币政策目标相同，但是它们对经济的影响不同。

轮到你了：做本章末的问题与应用 2.6，看看你理解得如何。

紧缩性财政政策涉及减少政府购买或增税。政策制定者们运用紧缩性财政政策来降低看起来可能引起通货膨胀的总需求增加。在图 18.5（b）中，经济处于短期均衡 A 点，实际 GDP 为 14.6 万亿美元，超过 14.4 万亿美元的潜在 GDP 水平。一些企业在超过其正常生产能力的水平运营，失业率很低，工资和价格将上升。为了使实际 GDP 回到潜在水平，国会和总统减少政府购买或增税，这将使总需求曲线从 AD_1 移动至 AD_2。实际 GDP 从 14.6 万亿美元减少至 14.4 万亿美元，价格水平从 102 下降至 100（B 点）。

我们可以得出结论：通过运用财政政策影响价格水平和实际 GDP 水平，国会和总统可以尝试稳定经济。当然，在实践中，国会和总统通过财政政策来消除经济周期的影响并使实际 GDP 总保持在潜在水平是极为困难的。

□ 18.2.2 对财政政策如何影响总需求的总结

表 18.1 总结了财政政策是如何影响总需求的。正如我们总结货币政策时所做的，我们必须在总结财政政策时加入一个非常重要的约束条件：货币政策和影响所涉及变量的所有其他因素保持不变。在假设这个条件得到满足的情况下，表 18.1 说明了财政政策的影响。也就是说，我们再一次使用了第 3 章中讨论的“其他变量都相同”条件。这一点十分重要，因为一项紧缩性财政政策并不一定会使价格水平下降，而是会使价格水平的上升少

于没有实施政策时的情况。

表 18.1 　　　　　　　　　　**反周期财政政策**

问题	政策类型	国会和总统采取的行动[*]	结果
衰退	扩张性	增加政府购买或减税	实际 GDP 和价格水平上升
通货膨胀上升	紧缩性	减少政府购买或增税	实际 GDP 和价格水平下降

18.3 运用动态总需求—总供给模型分析财政政策

我们刚刚介绍完的财政政策概述中包含了一个核心思想：国会和总统能够运用财政政策来影响总需求，从而改变价格水平和实际 GDP 水平。但是，图 18.5 阐述的关于扩张性和紧缩性财政政策的讨论被简化了，因为它忽视了经济中的两个重要事实：(1) 经济经历着持续的通货膨胀，价格水平逐年上升；(2) 经济经历着长期增长，*LRAS* 曲线逐年向右移动。在第 15 章中，我们建立了一个动态总需求—总供给模型，将这两点纳入考虑。本节中，我们运用这个动态模型来获得对于财政政策更加完整的理解。

让我们先对动态模型进行简单回顾。回忆前面讲过，随着时间的推移，潜在 GDP 增加，表示为长期总供给曲线的向右移动。导致 *LRAS* 曲线移动的因素也会使得在任意给定价格水平下，企业短期提供的商品和服务的数量增加，表示为短期供给曲线的向右移动。最后，在大多数年份中，总需求曲线也会向右移动，这表明在各个价格水平下，总支出都将上升。

图 18.6 使用动态总需求—总供给模型显示了扩张性财政政策的结果。注意该图与图 17.9 类似，图 17.9 显示了一项扩张性货币政策的影响。扩张性货币政策和扩张性财政政策的目标都是为了增加总需求，使其高于没有政策时的水平。

在图 18.6 所示的假想情形下，经济初始时处于均衡，实际 GDP 等于潜在 GDP14.0 万亿美元，价格水平为 100（*A* 点）。在第二年，*LRAS* 增加至 14.4 万亿美元，但是 *AD* 只增加至 $AD_{2(\text{没有政策})}$，这不足以使经济达到 GDP 等于其潜在水平的宏观经济均衡。我们假设联储面对这种情形并不采用扩张性货币政策来做出反应。在那种情况下，如果没有增加支出或减税的扩张性财政政策，短期均衡的实际 GDP 将为 14.3 万亿美元（*B* 点）。这一实际 GDP 与潜在水平之间 1 000 亿美元的缺口意味着有的企业的生产能力没有被充分运用。收入和利润将下降，企业将开始裁减员工，失业率将上升。

增加政府购买或减税能使总需求曲线移动至 $AD_{2(\text{采用政策})}$。经济将处于 *C* 点的均衡，实际 GDP 为 14.4 万亿美元，它等于其潜在水平，价格水平为 103。价格水平高于没有扩张性财政政策时的水平。

紧缩性财政政策涉及减少政府购买或增税。政策制定者们运用紧缩性财政政策来减少看起来会引起通货膨胀的总需求增加。在图 18.7 中，经济初始时处于 *A* 点的均衡，实际 GDP 为 14.0 万亿美元，价格水平为 100。再一次地，*LRAS* 在第二年增加至 14.4 万亿美

* 原书该表第三列所提到的是增加或减少政府支出，但应为增加或减少政府购买。——译者注

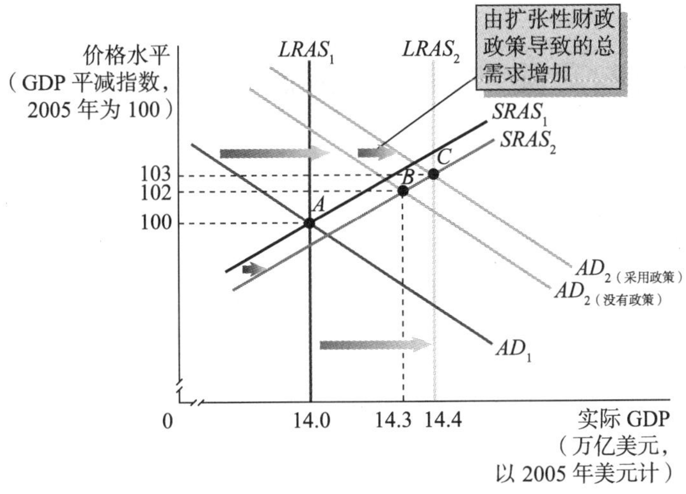

图 18.6　动态模型中的扩张性财政政策

经济初始时处于 A 点的均衡，实际 GDP 等于潜在 GDP 水平 14.0 万亿美元，价格水平为 100。如果没有扩张性政策，总需求曲线将从 AD_1 移动至 $AD_{2(没有政策)}$，这并不足以使经济保持在潜在水平，因为长期总供给曲线已经从 $LRAS_1$ 移动到了 $LRAS_2$。经济将处于 B 点的短期均衡，实际 GDP 为 14.3 万亿美元，价格水平是 102。增加政府购买或减税将使总需求曲线移动至 $AD_{2(采用政策)}$。经济将处于 C 点的均衡，实际 GDP 为 14.4 万亿美元，即为潜在水平，价格水平为 103。价格水平高于没有扩张性财政政策时的水平。

元。在这种情况下，如果总需求曲线移动至 $AD_{2(采用政策)}$，短期宏观经济均衡的实际 GDP 就会超过其潜在水平（B 点）。如果我们假设联储没有运用紧缩性货币政策来应对这种情况，那么经济中通货膨胀率将上升。减少政府购买或增税能防止实际 GDP 超过其潜在水平。这一结果显示在图 18.7 中，新均衡处于 C 点，通货膨胀率是 3%而不是 5%。

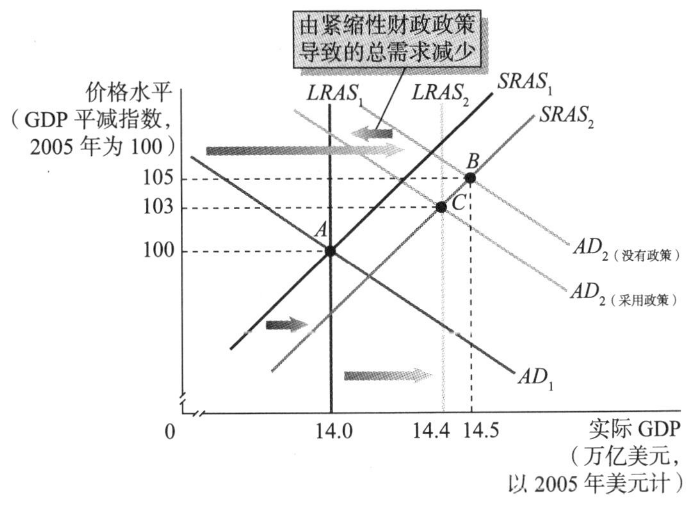

图 18.7　动态模型中的紧缩性财政政策

经济初始时处于 A 点的均衡，实际 GDP 等于潜在 GDP 水平 14.0 万亿美元，价格水平为 100。如果没有紧缩性政策，总需求曲线将从 AD_1 移动至 $AD_{2(没有政策)}$，这将导致 B 点所代表的短期均衡的实际 GDP 超过其潜在水平，实际 GDP 为 14.5 万亿美元，价格水平为 105。减少政府购买或增税将使总需求曲线移动至 $AD_{2(采用政策)}$。经济将处于 C 点的均衡，实际 GDP 为 14.4 万亿美元，即为潜在水平，价格水平为 103。通货膨胀率将为 3%，而不是不采用紧缩性财政政策时的 5%。

18.4 政府购买乘数和税收乘数

我们在开篇案例中看到，在 2009 年，国会和总统批准了用以拓宽北加州凯迪克隧道的支出，目的是增加 2007—2009 年衰退期间的总需求。假定国会和总统决定花费 1 000 亿美元用于扩建凯迪克隧道以及类似项目。(实际上，根据 ARRA 法案，联邦政府支出总共增加了 5 000 亿美元，其中包括用于拓宽凯迪克隧道的 1 800 亿美元。) 政府购买的这一增加将导致均衡实际 GDP 上升多少？我们或许预计答案会超过 1 000 亿美元，因为总需求的初始增加应该导致收入和支出的其他增加。例如，为了扩建凯迪克隧道，加利福尼亚州政府雇用了私人建筑公司 Tutor-Saliba。Tutor-Saliba 和其子承包商雇用工人来完成这一项目。参与 ARRA 法案其他批建项目的企业也会雇用新工人。新雇用的工人可能增加在汽车、家具、电器和其他产品上的支出。这些产品的销售商将增加生产、雇用更多工人等等。在每一步，实际 GDP 和收入都会上升，从而增加消费支出和总需求。这些额外的一波又一波的雇用就是本章开篇案例中负责凯迪克隧道项目的州政府机构发言人所指的项目的“涟漪效应”。

经济学家把政府购买的最初增加称为“自发的”，因为它是政府决策的结果，并不是由实际 GDP 水平变动直接导致的。由政府购买的最初自发增加所引起的消费支出的增加是诱发性的，因为它们是由自发支出的初始增加导致的。经济学家将自发支出的初始增加引起的一系列消费支出的诱发性增加称为**乘数效应**（multiplier effect）。

图 18.8 说明了政府购买的增加如何影响总需求曲线。政府购买的初始增加导致总需求曲线向右移动，因为现在经济中各个价格水平下的总支出都变高了。从 AD_1 右移到虚线 AD 代表 1 000 亿美元政府购买的初始增加的影响。因为政府购买的这一初始增加提高了收入，导致消费支出的进一步增加，所以总需求曲线最终将从 AD_1 一直移动到 AD_2。

为了更好地理解乘数效应，我们先假设价格水平不变，从这一假设下的简化分析开始。也就是说，我们先忽略向上倾斜的 *SRAS* 曲线的影响。图 18.9 显示了支出和实际 GDP 从第一期政府购买初始增加开始，在许多时期里是如何增加的。第一期的初始支出增加使经济中的实际 GDP 和总收入增加了 1 000 亿美元。这一 1 000 亿美元的额外收入能够引起多少额外消费支出？我们知道，除了增加对国内生产的商品的消费支出，家庭也会将增加的收入的一部分储蓄起来，一部分缴纳税收，一部分购买进口品，这些对美国经济的支出和生产没有直接影响。在图 18.9 中，我们假设在第二期，家庭将其第一期所增加收入的一半，即 500 亿美元，用于增加消费支出。第二期支出又将使实际 GDP 和收入额外增加 500 亿美元。在第三期，消费支出将增加 250 亿美元，也就是第二期增加的 500 亿美元收入的一半。

乘数效应将持续许多时期，每个时期增加的消费支出都等于前一时期增加收入的一半。最终，这一过程将结束。虽然我们不能确切地说这一过程需要多少时期，因此我们简单地将最后一期用 n 代表，而不给出确切的数字。在图 18.9 中，每一期新增支出和新增

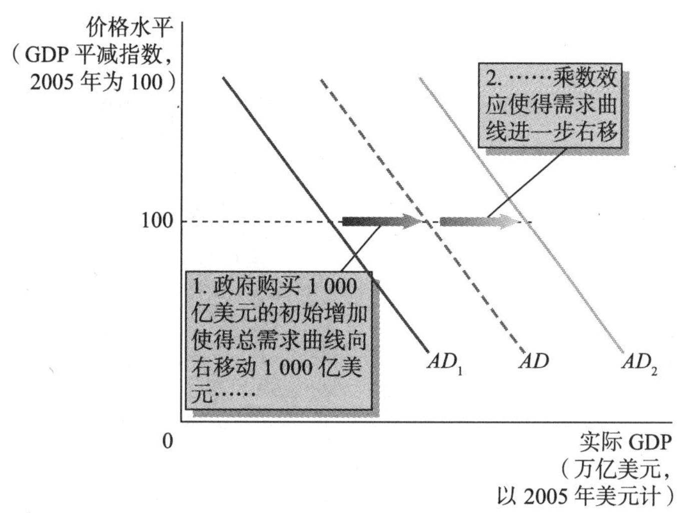

图 18.8 乘数效应和总需求

政府购买 1 000 亿美元的初始增加使得总需求曲线从 AD_1 向右移动至虚线 AD，代表了这一 1 000 亿美元的政府购买初始增加的影响。因为这一初始增加提高了收入，导致消费支出的进一步增加，所以总需求曲线最终将进一步右移至 AD_2。

实际 GDP 用灰色表示，上期的支出水平用黑色表示。灰色和黑色区域之和代表支出和实际 GDP 的累积增加。

政府购买 1 000 亿美元的初始增加将导致均衡实际 GDP 增加多少？均衡实际 GDP 的变动与政府购买的初始变动的比值被称为政府购买乘数：

$$政府购买乘数=\frac{均衡实际\ GDP\ 的变动}{政府购买的变动}$$

例如，如果政府购买乘数值是 2，政府购买增加 1 000 亿美元将导致均衡实际 GDP 增加 2×1 000 亿美元=2 000 亿美元。在图 18.9 中，我们用实际 GDP 累计增加量等于 2 000 亿美元来表示。

时期	该期新增支出	支出和实际 GDP 的累积增加
1	1 000 亿美元的政府购买	1 000 亿美元
2	500 亿美元的消费支出	1 500 亿美元
3	250 亿美元的消费支出	1 750 亿美元
4	125 亿美元的消费支出	1 875 亿美元
5	62.5 亿美元的消费支出	1 937.5 亿美元
6	31.25 亿美元的消费支出	1 968.75 亿美元
⋮	⋮	⋮
n	0	2 000 亿美元

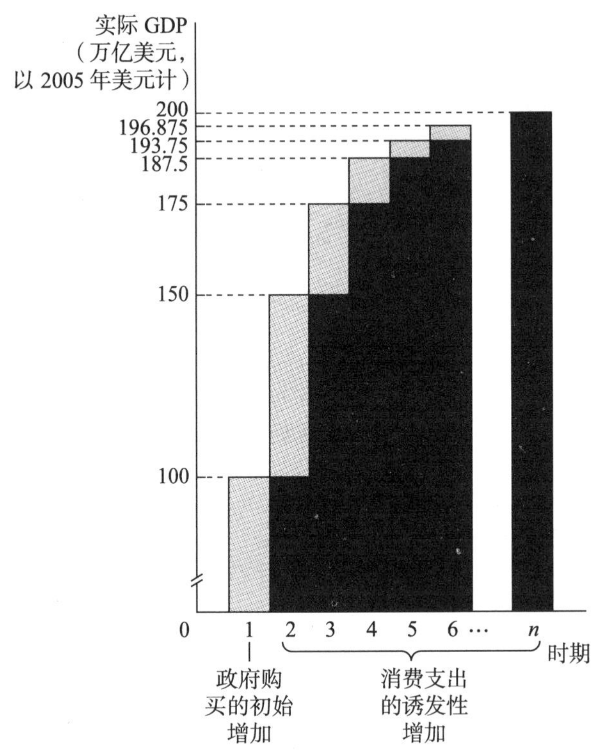

图 18.9　政府购买增加的乘数效应

政府购买初始增加后，由于乘数效应，许多时期里的支出和实际 GDP 都增加。每一期新增支出和新增实际 GDP 用灰色表示，上期的支出水平用黑色表示。灰色和黑色区域之和代表支出和实际 GDP 的累积增加。政府购买增加 1 000 亿美元将导致均衡实际 GDP 一共增加 2 000 亿美元。

同样，减税也有乘数效应。减税增加了家庭的可支配收入。当家庭的可支配收入上升时，消费支出也会上升。与政府购买增加的效果一样，消费支出上升会使实际 GDP 和收入进一步上升。假定税收减少了一个具体的数量，如减税 1 000 亿美元，但税率不变。对于这种类型的减税，税收乘数的表达式是：

$$\text{税收乘数}=\frac{\text{均衡实际 GDP 的变动}}{\text{税收的变动}}$$

税收乘数是一个负值，因为税收变动和实际 GDP 变动的方向相反：税收上升，可支配收入、消费和实际 GDP 减少；税收下降，可支配收入、消费和实际 GDP 增加。例如，如果税收乘数是－1.6，1 000 亿美元的减税将使实际 GDP 提高（－1.6）×（－1 000 亿美元）＝1 600亿美元。我们预计税收乘数的绝对值要小于政府购买乘数的绝对值。为了明白其中的原因，思考政府购买增加 1 000 亿美元和减税 1 000 亿美元之间的区别。政府购买增加的1 000亿美元将全部导致总需求的增加。但是家庭将把减少的 1 000 亿美元税收中的一部分储蓄起来，一部分用来购买进口品。减少的税收中储蓄和花费在进口品上的部分不会增加总需求。所以，在乘数过程中的第一期，总需求的增加量将小于政府购买增加时的增加量，均衡实际 GDP 的总增加量将会小一些。

□ 18.4.1 税率变动的影响

税率变动对均衡实际 GDP 的影响比固定数量的减税更加复杂。首先，税率的数值会影响乘数效应的大小。税率越高，乘数效应越小。为了明白其中的原因，思考由政府购买增加后每一期额外支出的增加量。税率越高，家庭可支配收入的增加量就越小，乘数效应就越小。所以税率的下降通过两种渠道影响着均衡实际 GDP：(1) 税率的下降增加了家庭的可支配收入，进而导致消费者增加消费支出；(2) 税率的下降增加了乘数效应的大小。

□ 18.4.2 考虑总供给的影响

到目前为止，我们在讨论乘数效应时，假设了价格水平不变。但是，我们知道，因为 *SRAS* 曲线向上倾斜，所以当 *AD* 曲线向右移动时，价格水平将上升。由于价格水平上升，均衡实际 GDP 增加的数量低于乘数效应所表明的数值。图 18.10 显示了向上倾斜的 *SRAS* 曲线是如何影响乘数大小的。为了使图形相对简洁，我们假设 *SRAS* 曲线和 *LRAS* 曲线不会移动。经济初始时处于 *A* 点，实际 GDP 低于潜在水平。政府购买增加导致总需求曲线从 AD_1 向右移动至虚线 *AD*。就像图 18.8 那样，乘数效应使总需求曲线进一步右移至 AD_2。如果价格水平保持不变，实际 GDP 将从 *A* 点的 13.0 万亿美元增加至 *B* 点的 14.2 万亿美元。但是，因为 *SRAS* 曲线向上倾斜，所以价格水平从 100 上升至 103，这减少了经济中商品和服务的需求量。新均衡出现在 *C* 点，实际 GDP 上升至 14.0 万亿美元，比价格水平不变的情况下减少了 2 000 亿美元。我们能够得到结论：在现实中，由于政府购买增加或减税所导致的实际 GDP 的增加量小于价格水平不变的情况下简单乘数效应所表明的数量。

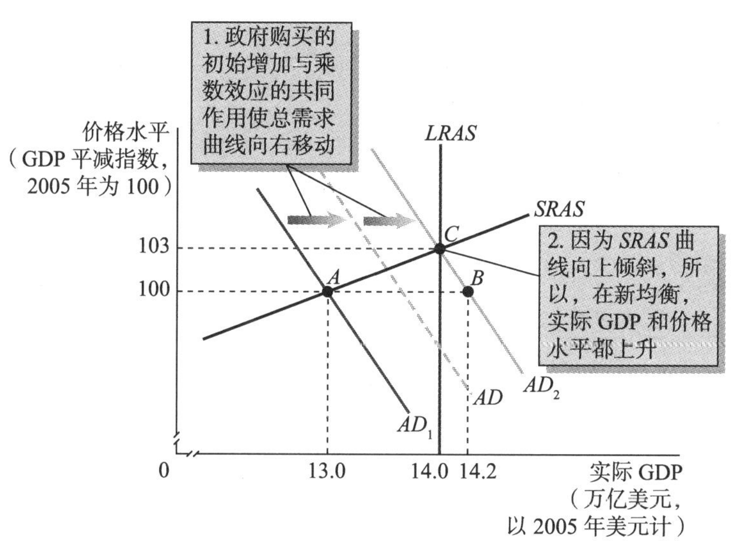

图 18.10 乘数效应和总供给

初始时，经济处于 *A* 点。政府购买增加导致总需求曲线从 AD_1 向右移动至虚线 *AD*。乘数效应使总需求曲线进一步右移至 AD_2（*B* 点）。因为 *SRAS* 曲线向上倾斜，所以总需求曲线的移动导致价格水平上升。在 *C* 点的新均衡中，实际 GDP 和价格水平都增加了。实际 GDP 的增加量小于价格水平不变的情况下乘数效应所表明的数量。

□ 18.4.3 乘数在两个方向都起作用

政府购买的增加和税收的减少对均衡实际 GDP 有正的乘数效应。政府购买的减少和税收的增加对均衡实际 GDP 也有乘数效应，但这种情况下的乘数效应是负的。例如，税收的增加将减少家庭的可支配收入和消费支出。随着家庭减少对汽车、家具、冰箱和其他产品的购买，出售这些产品的企业将减少生产，并开始解雇工人。收入下降将导致消费支出的进一步萎缩。政府在国防支出上的削减也会引发一个类似的实际 GDP 和收入减少的过程。国防支出的削减首先会被直接将产品卖给政府的国防物资合约商感觉到，然后扩展到其他企业。

例题 18.4　财政政策乘数

简要解释你是否同意以下说法："当前，实际 GDP 是 14.2 万亿美元，潜在 GDP 是 14.4 万亿美元。如果国会和总统增加 2 000 亿美元的政府购买或减少 2 000 亿美元的税款，经济将在潜在 GDP 水平处达到均衡。"

解：

第 1 步：复习本章内容。这一问题是关于乘数过程的，所以你可能需要复习一下 18.4 节"政府购买乘数和税收乘数"。

第 2 步：解释为什么由于乘数效应，需要增加的购买量或减少的税收量会少于 2 000 亿美元。这一说法并不正确，因为它没有考虑到乘数效应。由于乘数效应，当政府购买增加量或减税量少于 2 000 亿美元时，均衡实际 GDP 就能增加 2 000 亿美元。例如，假设政府购买乘数是 2，税收乘数是－1.6。我们就能计算所需的政府购买增加量：

$$\text{政府购买乘数}=\frac{\text{均衡实际 GDP 的变动}}{\text{政府购买的变动}}$$

$$2=\frac{2\,000\text{ 亿美元}}{\text{政府购买的变动}}$$

$$\text{政府购买的变动}=\frac{2\,000\text{ 亿美元}}{2}=1\,000\text{ 亿美元}$$

所需的减税量是：

$$\text{税收乘数}=\frac{\text{均衡实际 GDP 的变动}}{\text{税收的变动}}$$

$$-1.6=\frac{2\,000\text{ 亿美元}}{\text{税收的变动}}$$

$$\text{税收的变动}=\frac{2\,000\text{ 亿美元}}{-1.6}=-1\,250\text{ 亿美元}$$

轮到你了：要想做更多的练习，请做本章末的问题与应用 4.6。

18.5 运用财政政策稳定经济的局限性

正如时机不当的货币政策一样，时机不当的财政政策对经济弊大于利。正如我们在第 17 章讨论过的，政策制定者收集数据并识别出经济中发生的变化都需要时间。如果政府决定增加支出或减税来对抗即将结束的衰退，那么，结果可能会导致通货膨胀率上升。类似地，削减支出或增税来减缓实际上已经进入衰退的经济会使衰退时间更长、程度更深。

财政政策相较货币政策而言，选择正确的时机更加困难，这有两个主要原因。货币政策的控制权集中在联邦公开市场委员会手中，该委员会可以在任何一次会议中改变货币政策。相反，财政政策的变更需要总统和 535 名国会议员中的大部分同意。立法过程中造成的延迟可能很长。例如，在 1962 年，总统约翰・F・肯尼迪得出结论：美国经济在潜在 GDP 水平以下运行，提议通过减税来刺激总需求。国会最终同意了减税——但是直到 1964 年才同意。不过，2001 年和 2009 年的事件表明，有时相对较快地批准财政政策的变更也是可能的。当乔治・W・布什在 2001 年 1 月入主白宫时，经济处于衰退边缘，他马上提议减税。国会通过了减税，布什总统在 2001 年 6 月签署后使之成为法律。类似地，奥巴马总统在 2009 年 1 月就职后，立即提议了一个财政刺激方案，国会在 2 月就通过了这一提议。

甚至在财政政策的变更得到批准之后，实施政策同样需要时间。假定国会和总统同意增加 300 亿美元的开支用于在几个城市修建地铁以增加总需求。准备修建的详细计划就很可能需要至少几个月。随后，地方政府还需要向私人建筑公司招标。中标公司被选出后，中标公司通常需要几个月才能开工。只有到此时，大规模的支出才会发生。这种延迟可能导致支出实际发生的时间在支出本来要对抗的衰退结束之后。当然，对于 2007—2009 年衰退等持续时间长且严重的衰退，这种延迟不是什么大问题。

□ 18.5.1 政府支出减少了私人支出吗?

除了时机问题，运用增加政府购买的方法来增加总需求还存在一个潜在问题。我们此前一直假设当联邦政府增加 300 亿美元政府购买后，乘数效应将导致总需求增加量大于 300 亿美元。但是，如果政府支出增加导致总支出中非政府或私人的组成部分——消费、投资或净出口——之中任何一个减少，那么乘数效应的大小可能受到限制。政府购买的增加导致私人支出的减少被称为**挤出**（crowding out）。

□ 18.5.2 短期的挤出

思考政府购买暂时增加的情况。假定联邦政府决定本年度增加 300 亿美元用于地铁修建，以此来对抗衰退。当这 300 亿美元花完时，项目就会结束，政府支出恢复原来的水平。当支出发生时，收入和实际 GDP 都会增加。收入和实际 GDP 的增加将导致家庭和企业提高对通货和支票存款余额的需求，以适应买卖的增加。图 18.11 用第 17 章中介绍的货币市场图形表示了这一结果。

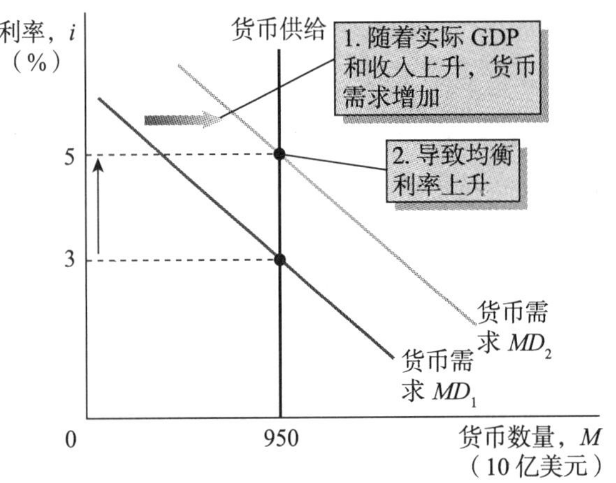

图 18.11　扩张性财政政策提高利率水平

如果联邦政府增加支出，那么，随着实际 GDP 和收入上升，货币需求将从 MD_1 增加至 MD_2。在货币供给保持 9 500亿美元不变的条件下，均衡利率将从 3%增加至 5%，挤出部分消费、投资和净出口。

在更高的实际 GDP 和收入水平，家庭和企业在各个利率下都需要更多的货币。货币需求增加时，均衡利率将上升。利率的升高将导致私人支出的每一部分都下降。消费支出和投资支出的下降是因为家庭会减少用于购买房屋、汽车、家具和电器的贷款，企业会减少用于购买厂房、计算机和机床的贷款。净出口也会下降，因为美国更高的利率会吸引外国投资者。德国、日本和加拿大的投资者们会想把本国货币兑换成美元，用以投资于美国国库券和其他美国金融资产。美元需求的这一增加将导致美元相对于其他货币汇率上升。当美元升值时，美国产品在外国的售价将上升，造成美国出口减少，外国商品在美国的售价将下降，造成美国进口增加。出口下降和进口上升意味着净出口下降。

消费、投资和净出口对于利率变动越敏感，就会有越多的挤出。在衰退严重的时期，许多企业对未来可能十分悲观，过剩的生产能力很多，以至于投资支出将下降至非常低的水平，此时即使利率上升，投资支出也很可能只会有轻微的进一步下降。在这种情况下，挤出就不大可能是个问题。但是，如果经济接近潜在水平，企业对未来十分乐观，利率上升就可能造成投资支出的大幅下降。

图 18.12 显示，挤出效应可能降低扩张性财政政策的效果。开始时，经济在 *A* 点处于短期均衡，实际 GDP 为 14.2 万亿美元。实际 GDP 低于潜在水平，所以经济处于衰退。假定国会和总统决定增加政府购买以促使经济回到潜在水平。没有挤出时，政府购买增加将使总需求移动至 $AD_{2(没有挤出)}$，经济恢复至 14.4 万亿美元的潜在 GDP 水平（*B* 点）。但是，政府购买增加导致的利率上升将会减少消费、投资和净出口，使总需求曲线移回至 $AD_{2(有挤出)}$。结果是在 *C* 点达到新均衡，实际 GDP 为 14.3 万亿美元，比潜在 GDP 低 1 000亿美元。

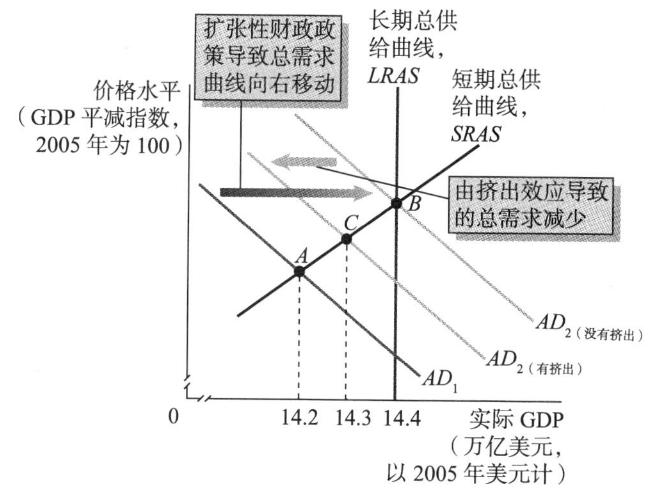

图 18.12 短期的挤出效应

经济初始处于衰退，实际 GDP 为 14.2 万亿美元（A 点）。没有挤出时，政府购买增加将使总需求移动至 $AD_{2(没有挤出)}$，经济恢复至 14.4 万亿美元的潜在 GDP 水平（B 点）。但是，政府购买增加导致的利率上升将会减少消费、投资和净出口，使总需求曲线移动至 $AD_{2(有挤出)}$。结果是在 C 点达到新均衡，实际 GDP 为 14.3 万亿美元，比潜在 GDP 低1 000亿美元。

□ 18.5.3 长期的挤出

大多数经济学家同意，在短期，政府支出增加将造成部分挤出，但不会全部挤出。政府支出永久增加的长期影响是什么？在这种情况下，大部分经济学家认为将发生完全的挤出。在长期，投资、消费和净出口的下降正好抵消政府购买的增加，总需求保持不变。为了理解长期的挤出，回忆第 15 章讲过，在长期，经济恢复至潜在 GDP 水平。假定当前经济处于潜在 GDP 水平，政府购买占 GDP 的 35%。此时，私人支出——消费、投资和净出口的总和——占 GDP 的剩余 65%。如果政府购买永久性增加至 GDP 的 37%，那么，在长期，私人支出一定会降低至 GDP 的 63%。即存在完全的挤出：私人支出的下降量等于政府购买的增加量。如果政府购买占 GDP 的份额增加，私人支出所占份额一定会减小。

在短期，扩张性财政政策并不造成完全的挤出。如果经济低于潜在 GDP 水平，那么政府购买和私人支出都增加是可能的。但是，在长期，政府购买的永久性增加一定会以私人支出的减少作为代价。但是，请记住，长期结果的出现可能需要几年甚至许多年。

□ 18.5.4 财政政策实践：2009 年财政刺激计划起作用了吗？

正如我们所见，为了避免衰退或为了减轻已经发生的衰退的时间长度和严重程度，国会和总统可以通过增加政府购买和减税的方式来增加总需求。2007—2009 年的衰退发生在乔治・W・布什总统任期末和巴拉克・奥巴马总统任期初。这两个总统都采用了财政政策来对抗衰退。

在 2008 年初，布什总统的经济顾问相信，房地产危机、由此引发的信贷危机以及上升的石油价格正在推动经济滑向衰退。（我们现在知道，事实上衰退在 2007 年 12 月已经开始了。）这些经济学家建议通过减税来增加家庭可支配收入，进而增加消费支出和总需求。国会通过了减税，其形式是给纳税人退税。2008 年 4—7 月间，共有 950 亿美元的退税支票被寄给了纳税人。

退税在增加消费支出方面效果如何？虽然经济学家仍在研究这个问题，但是，经济分析已经能给我们提供一些见解。许多经济学家相信，消费者的支出基于永久收入而不是仅仅基于当期收入。消费者的永久收入反映了该消费者对未来收入的预期。通过基于永久收入来规划支出，消费者可以平滑花在许多年里的消费。例如，一个医学院学生当期收入可能很低，但是预期未来收入很高。这个学生现在可以基于他未来的高预期收入借款来消费，而不是只消费很少的钱。但是，有些人难以获得贷款，因为银行和其他贷款人可能不相信该借款人的未来收入显著超过其当期收入。像 2008 年这样的一次性退税增加了消费者的当期收入，但是并没有增加其永久收入。只有永久减税才能增加消费者的永久收入。所以，退税增加消费支出的可能性小于永久减税。

对于 2008 年退税的效果已经有一些估计，包括芝加哥大学的克里斯琴·布罗达（Christian Broda）、西北大学的乔纳森·帕克（Jonathan Parker）以及国会预算办公室的经济学家所做的估计。这些估计表明，纳税人收到的退税中有 33%～40%被花掉了。那些难以依据未来收入借款的纳税人的消费增加得最多。2008 年退税总额为 950 亿美元，所以由退税引发的消费者支出大约为 350 亿美元。

《2009 年美国复苏和再投资法案》。

虽然退税有助于增加总需求，但是我们已经在第 17 章中看到，随着投资银行雷曼兄弟的破产和金融危机的加深，衰退在 2008 年 9 月进一步恶化了。奥巴马总统在 2009 年 1 月就职，誓言将采取扩张性财政政策。国会在 2 月做出回应，通过了《2009 年美国复苏和再投资法案》，这是一个总额达 8 250 亿美元的一揽子增加支出和减税计划，是迄今为止美国历史上最大的财政政策行动。“财政刺激计划”的复杂性逐步显现出来，这使得它的条款很难总结，但是图 18.13 总结了该计划的一些重要方面。

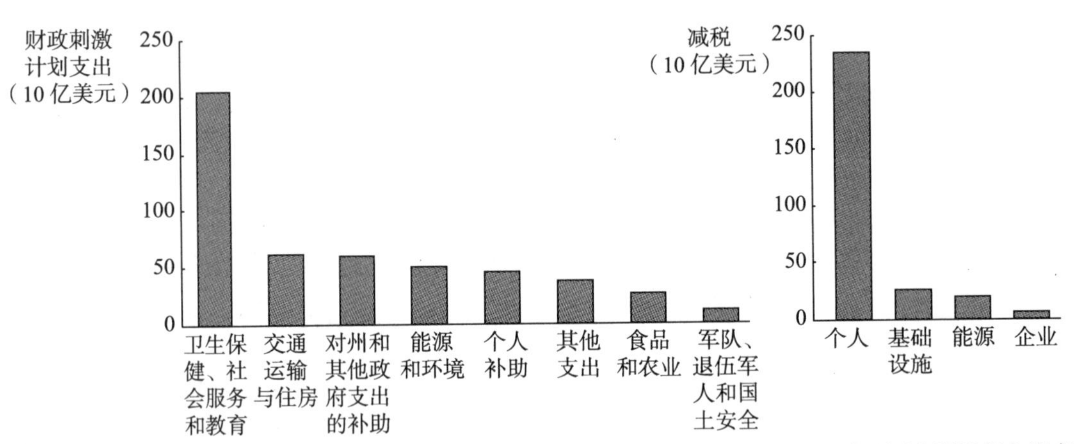

图 18.13　2009 年财政刺激计划

国会和奥巴马总统实施财政刺激计划所规定的增加支出和减税，目的是增加总需求以将经济从 2007—2009 年衰退中拉出来。图（a）显示了增加的支出是如何分配的，图（b）显示了减税是如何分配的。

资料来源：Congressional Budget Office。

财政刺激计划中大约 2/3 采用政府支出增加的形式、1/3 采用减税的形式。图 18.13 (a)显示了支出增加的主要种类。其中最大的类别为卫生保健、社会服务和教育，包括用于生物医学研究的资金和为 Medicare 支出给州政府提供的拨款及许多其他项目的资金。能源和环境包括用于替代能源研究的资金和电网的现代化建设资金。交通运输与住房包括在基础设施项目上的大量支出，如对高速公路、桥梁和机场的维修与建设。个人补助包括在延长的失业保险金上的支出。图 18.13 (b) 显示了减税的主要种类。最大的部分是个人减税，其中包括对于年收入超过 7.5 万美元的工人减少 400 美元的工资税税款，以及对学费和其他大学费用最高 2 500 美元的税收抵免。

我们如何才能衡量财政刺激计划的效果？

奥巴马政府的财政刺激计划效果如何？当这一方案通过时，奥巴马政府的经济学家估计此方案所增加的总需求到 2010 年底可使实际 GDP 增加 3.5%，使就业量增加 350 万。事实上，在 2009 年初至 2010 年末期间，实际 GDP 增加了 4.4%，而就业量减少了 330 万。这些结果是否意味着财政刺激计划成功地增加了 GDP，但是并没有成功地增加就业呢？在做出这一结论时，我们必须十分谨慎。为了评判财政刺激计划的效果，我们必须在影响实际 GDP 和就业量的所有其他因素保持不变的情况下衡量它对实际 GDP 和就业量的影响。也就是说，实际 GDP 和就业量的现实变动是财政刺激计划和其他因素的共同影响导致的，这里所说的其他因素包括联储的货币政策、其他财政政策措施以及经济周期中实际 GDP 和就业量的独立于政府政策的典型变动。将财政刺激计划的效果从这些其他因素的影响中隔离出来极为困难，这就解释了为什么经济学家对财政刺激计划的效果持有不同的观点。

国会预算办公室（CBO）的经济学家对财政刺激计划的效果做出了估计。CBO 是一个无党派组织，许多经济学家相信它的估计是合理的。但是，因为这些估计依赖于关于政府购买乘数和税收乘数大小的特定假设，所以一些经济学家认为 CBO 的估计值过高，而另一些经济学家认为估计值过低。表 18.2 显示了 CBO 对于财政刺激计划效果的估计值。为了反映其计算过程中的不确定性，CBO 提供了估计值范围。例如，如果没有财政刺激计划，CBO 估计 2010 年的就业量将比实际情况低 130 万～330 万，失业率将比实际情况高 0.7%～1.8%。

表 18.2　　CBO 对财政刺激计划效果的估计

年份	实际 GDP 的变动	失业率的变动	就业量的变动（百万）
2009	0.9% ～ 1.9%	−0.3% ～ −0.5%	0.5 ～ 0.9
2010	1.5% ～ 4.2%	−0.7% ～ −1.8%	1.3～ 3.3
2011	0.8% ～ 2.3%	−0.5% ～ −1.4%	0.9 ～ 2.7
2012	0.3% ～ 0.8%	−0.2% ～ −0.6%	0.4 ～ 1.1

资料来源：Congressional Budget Office，“Estimated Impact of the American Recovery and Reinvestment Act on Employment Output from April 2011 Through June 2011”，August 2011。

如果 CBO 对于财政刺激计划的效果所做的估计是准确的，那么，这项财政政策措施显著地减轻了 2007—2009 年衰退的严重程度及其后果。但是，相较于衰退的严重程度而言，这一方案的影响相对很小。例如，2010 年失业率是 9.6%，远远超过了 2007 年的

4.6%。根据 CBO 的估计，如果没有财政刺激计划，失业率将介于 10.3%～11.4%之间。所以，财政刺激计划使得失业率低于没有这一计划原本会出现的失业率，但是它并不能使经济回到充分就业水平。

建立联系☞

为什么 2007—2009 年的衰退这么严重?

CBO 对财政刺激计划效果的估计表明，即使政府支出的增加和减税两者高达 8 250 亿美元，实际 GDP 仍旧远远低于潜在水平，失业率超过 9%。为什么 2007—2009 年衰退如此严重？正如我们在第 16 章和第 17 章中所见，这次衰退同时伴随着金融危机。20 世纪 30 年代大萧条以来，美国经济还没有经历过严重的金融危机。大萧条和 2007—2009 年的衰退都十分严重。它们的严重性是由同时发生的金融危机所导致的吗？更一般地说，是不是伴随着金融危机的衰退往往比没有同时出现银行业危机的衰退要严重呢？

为了回答这个问题，马里兰大学的卡门·莱因哈德和哈佛大学的肯尼恩·罗戈夫收集了许多国家的衰退和金融危机的数据。下表显示了在许多国家金融危机之后的时期里关键经济变量的平均变动，包括大萧条期间的美国、二战后的欧洲和亚洲国家。该表显示，对于这些国家，平均而言，金融危机之后发生的衰退很严重。失业率上升了 7 个百分点（例如，从 5%上升到 12%），并且在危机开始后的 5 年间持续上升。人均实际 GDP 也显著下降，金融危机之后发生的衰退的平均时长接近 2 年。对通货膨胀进行调整后，股票价格下跌了一半多，房屋价格下降超过 1/3。政府债务激增 86%。增加的政府债务部分地是由于政府支出的增加，其中包括为救助破产金融机构的支出。但是，大部分增加的债务是由于政府预算赤字。衰退导致收入和利润下降，所以政府税收收入大幅下降，从而出现了政府预算赤字。（我们将在下一节讨论政府预算赤字和政府债务。）

经济变量	平均变动	变动的平均持续时间（年）	国家数量
失业率	7 个百分点	4.8	14
人均实际 GDP	29.3%	1.9	14
实际股票价格	−55.9%	3.4	22
实际房屋价格	−35.5%	6	21
实际政府债务	86%	3	13

上表并没有包含美国 2007—2009 年衰退期间的数据，因为当莱因哈德和罗戈夫收集数据时，这一衰退还没有结束。下表列出了美国 2007—2009 年衰退与第二次世界大战后的其他衰退的一些关键指标的比较。

	持续时间	实际 GDP 的下降	最高失业率
二战后平均衰退	10.4 月	−1.7%	7.6%
2007—2009 年衰退	18 月	−4.1%	10.1%

与莱因哈德和罗戈夫的发现“金融恐慌后的衰退异常严重”相符，2007—2009年的衰退是美国在20世纪30年代大萧条后经历的最严重的衰退。这次衰退的持续时间是二战后衰退平均持续时间的接近两倍，GDP下降量比平均衰退的两倍还多，最高失业率比平均衰退高约1/3。

因为大部分人并没有预见到金融危机的到来，所以他们也没有预计到2007—2009年衰退的严重性。

注：第二张表中，衰退的持续时间是基于国家经济研究局界定的经济周期时间计算的，实际GDP的下降量是用经济周期顶点所在季度与周期低谷所在季度的百分比变动计算的，最高失业率是周期顶点之后各月份失业率的最大值。

资料来源：Carmen M. Reinhart and Kenneth S. Rogoff，*This Time Is Different*：*Eight Centuries of Financial Folly*（Princeton，NJ：Princeton University Press，2009），Figures 14.1-14.5；and the U. S. Bureau of Economic Analysis and National Bureau of Economic Research。

轮到你了：做本章末与本专栏相关的问题与应用5.6，看看你理解得如何。

乘数的大小：估计财政政策效果的关键。

在准备表18.2所示的数值时，CBO依赖于政府购买乘数和税收乘数的估计值。经济学家关于这些乘数大小的辩论已经持续了许多年。当英国经济学家约翰·梅纳德·凯恩斯和其追随者们在20世纪30年代首先建立支出乘数和税收乘数的概念时，他们认为政府购买乘数的值可能有10那么大。在这种情况下，政府购买增加10亿美元将导致实际GDP增加100亿美元。经济学家后来的研究发现，政府购买乘数要小得多，可能小于2。

估计乘数的具体数值十分困难，因为随着时间的推移，有几个因素可以引起总需求曲线和短期总供给曲线的移动，造成均衡实际GDP的变动。分离出政府购买增加对均衡GDP的影响可能是十分困难的。在准备经济刺激计划对GDP影响的估计值时，奥巴马政府的经济学家们使用的是联储和一个私人宏观经济预测机构估计的乘数的平均值。政府购买乘数的估计值是1.57，这表明政府购买增加10亿美元时，均衡实际GDP将增加15.7亿美元。

因为乘数大小的估计很困难，所以一些经济学家认为奥巴马政府的经济学家使用的乘数值过高，而另一些经济学家认为过低。哈佛大学的罗伯特·巴罗（Robert Barro）认为战争时期政府支出的增加相对于总需求的其他变动来说特别大，从而战争时期的数据最适合用来估算政府购买乘数的大小。利用这样的数据，巴罗估计的政府购买乘数只有0.8。另一方面，西北大学的劳伦斯·克里斯蒂娜、马丁·艾森鲍姆和瑟吉·里贝罗（Lawrence Christiano，Martin Eichenbaum，and Sergio Rebelo）认为在短期利率接近于0的时期（如2009年），乘数可能更大。他们估计，对于这样的时期，政府购买乘数可能高达3.7。

正如表18.3所示，乘数大小的估计值变化范围很大。乘数大小的不确定性表明，经济学家很难就一个确定的财政政策效果的估计值达成一致。

表 18.3 乘数大小的估计值

经济学家	乘数类型	乘数大小
国会预算办公室	政府购买	1.0～2.5
劳伦斯·克里斯蒂娜、马丁·艾森鲍姆和瑟吉·里贝罗	政府购买	1.05（当短期利率不为 0 时）；3.7（当短期利率预计最少 5 个季度为 0 时）
博科尼（Bocconi）大学的 Tommaso Monacelli，Roberto Perotti 和 Antonella Trigari	政府购买	1.2（一年之后）；1.5（两年之后）
伦敦政治经济学院的 Ethan Ilzetzki、马里兰大学的 Enrique G. Mendoza 和 Carlos A. Vegh	政府购买	0.8
加州大学圣地亚哥分校的瓦莱里娅·雷米（Valerie Ramey）	军事支出	0.6～1.1
哈佛大学的罗伯特·巴罗和贝恩资本公司的查尔斯·J·雷德里克（Chales J. Redlick）	军事支出	0.4～0.5（一年之后），0.6～0.7（两年之后）
斯坦福大学的约翰·科根和约翰·泰勒（John Cogan and John Taylor）、歌德（Goethe）大学的托拜厄斯·奎克和沃克尔·威兰（Tobias Cwik and Volker Wieland）	政府支出永久增加	0.4
加州大学伯克利分校的克里斯蒂娜·罗默，副总统约瑟夫·拜登的首席经济学家和经济政策顾问贾里德·伯恩斯坦（Jared Bernstein）	政府支出永久增加	1.6
加州大学伯克利分校的克里斯蒂娜·罗默（担任经济顾问委员会主席之前）和戴维·罗默	税收	2～3
国会预算办公室	税收	0.6～1.5（为中低收入者减税两年）；0.2～0.6（为高收入者减税一年）
哈佛大学的罗伯特·巴罗和贝恩资本公司的查尔斯·J·雷德里克	税收	1.1

资料来源：Tommaso Monacelli，Roberto Perotti，and Antonella TRigari，"Unemployment Fiscal Multipliers"，*Journal of Monetary Economics*，Vol. 57，No. 5，July 2010，pp. 531-553；Ethan llzetzki，Enrique G. Mendoza，and Carlos A. Vegh，"How Big (Small?) Are Fiscal Multipliers?" National Bureau of Economic Research Working Paper No. 16479，December 2010；Robert J. Barro and Charles J. Redlick，"Macroeconomic Effects from Government Purchases and Taxes"，National Bureau of Economic Research Working Paper 15369，September 2009；Lawrence Christiano，Martin Eichenbaum，and Sergio Rebelo，"When Is the Government Spending Multiplier Large?" *Journal of Political Economy*，Vol. 119，No. 1，February 2011，pp. 78-121；Jared Bernstein and Christina Romer，" The Job Impact of the American Reinvestment and Recovery Plan"，January 9，2009；John Cogan，Tobias Cwik，John Taylor，and Volker Wieland，"New Keynesian Versus Old Keynesian Government Spending Multipliers"，*Journal of Economic Dynamics and Control*，Vol. 34，No. 3，March 2010，pp. 281-295；Valerie Ramey，"Identifying Government Spending Shocks：It's All in the Timing"，*Quarterly Journal of Economics*，Vol. 126，No. 1，February 2011，pp. 1-50；Christina Romer and David Romer，"The Macroeconomic Effects of Tax Changes：Estimates Based in a New Measure of Fiscal Shocks"，*American Economic Review*，Vol. 100，No. 3，June 2010，pp. 763-801；and U. S. Congressional Budget Office，"Estimated Impact of the American Recovery and Reinvestment Act on Employment and Economic Output from April 2011 through June 2011"，August 2011。

18.6 赤字、盈余和联邦政府债务

联邦政府预算表明了它的支出和税收收入之间的关系。如果联邦政府的支出超过其税收收入，那么就会出现**预算赤字**（budget deficit）。如果联邦政府的支出低于其税收收入，那么就会出现**预算盈余**（budget surplus）。正如考虑许多宏观经济变量一样，考虑盈余或赤字相对于整个经济规模的大小是有用的。图 18.14 显示，20 世纪占 GDP 百分比份额最大的赤字发生在第一次世界大战期间和第二次世界大战期间。在大型战争期间，增加的税收只能部分抵消政府支出的庞大增长，导致大规模预算赤字。图 18.14 同时显示，在衰退期间，政府支出增加，税收收入下降，预算赤字扩大。在 1970 年，联邦政府进入了一段长的预算赤字时期。从 1970 年到 1997 年，每年联邦政府都出现预算赤字。从 1998 年至 2001 年间，出现了四年预算盈余。在 2001 年和 2007—2009 年的衰退、减税、增加用于国土安全以及伊拉克和阿富汗战争的支出的共同作用下，2001 年后一直存在预算赤字。

图 18.14 也显示了奥巴马政府 8 250 亿美元的财政刺激计划和 2007—2009 年衰退的严重性对联邦政府预算赤字的影响。从 2009 年到 2011 年，联邦预算赤字超过了 GDP 的 8%，这是美国历史上首次非大型战争时期出现如此大规模的赤字。

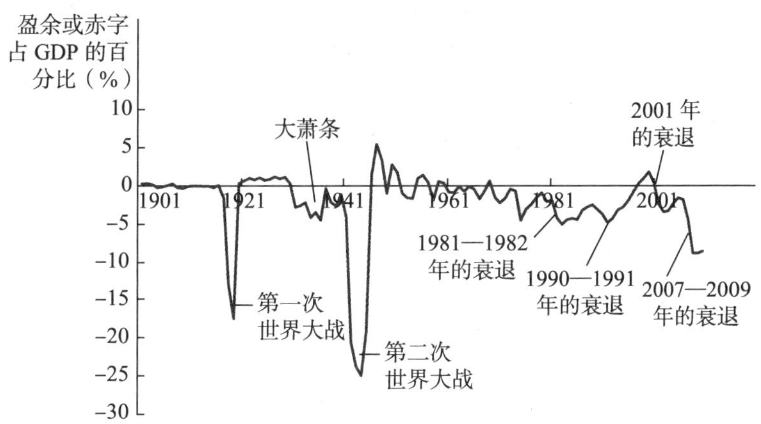

图 18.14 1901—2011 年的联邦预算赤字

在战争期间，政府支出增加得比税收收入多得多，这增加了预算赤字。预算赤字在衰退期间也增加，这是由于政府支出增加和税收收入下降。

注：2011 年的值是国会预算办公室 2011 年 6 月估计的数值。

资料来源：*Budget of the United States Government*，*Fiscal Year* 2003，*Historical Tables*，Washington，DC：US Government Printing Office，2002；U. S. Bureau of Economic Analysis；and Congressional Budget Office。

18.6.1 政府预算如何充当自动稳定器？

在衰退期，通过增加支出或减税来增加总需求，相机抉择的财政政策会导致政府预算赤字增加。例如，正如我们刚刚看到的，奥巴马政府的支出增加和减税使得联邦预算赤字

在 2009 年激增。但是，在许多更加温和的衰退中，政府并没有采取重大的财政政策措施。事实上，一般衰退期间，联邦预算赤字的大部分增加并不是因为国会和总统采取了行动，而是因为我们在本章前面提到的自动稳定器的影响。

在衰退期，赤字自动产生是由于以下两个原因：首先，在衰退期间，工资和利润下降，这导致政府税收收入下降。第二，当经济进入衰退后，政府会自动增加其在转移支付上的支出。政府在失业保险项目上的花费随着失业率上升而增加。在食品券、贫困家庭短期援助计划和 Medicaid 项目等帮助低收入人群的项目上的支出也会增加。这些支出的增加并不是因为国会和总统采取的措施。现有的法律已经规定了哪些人有领取失业保险金和其他补助的资格。随着衰退期间符合资格人数的增加，这些项目上的政府支出也会增加。

因为预算赤字在衰退期间自动增加、在扩张期间自动减少，所以经济学家们常常关注周期调整性预算赤字和预算盈余，因为相对于现实的预算赤字和预算盈余，它能更准确地衡量政府支出和税收政策对经济的影响。**周期调整性预算赤字或盈余**（cyclically adjusted budget deficit or surplus）衡量经济处于潜在 GDP 水平时将会出现的联邦政府的预算赤字或盈余。在 2011 年年末，CBO 预测 2012 年的赤字约为 GDP 的 6.2%。CBO 估计，如果实际 GDP 处于其潜在水平，赤字将约为 GDP 的 4%。差额代表了扩张性财政政策的影响。如果联邦政府实行紧缩性财政政策，将会导致周期调整性预算盈余。

自动的预算盈余和赤字有助于稳定经济。当经济步入衰退时，工资和利润下降，导致家庭和企业向政府缴纳的税款减少。事实上，家庭和政府将获得自动减税，使其支出高于没有减税时的情况。在衰退中，失业工人获得失业保险金，收入低于某一水平的家庭有资格获得食品券和政府的其他转移支付。通过获得这些额外的收入，家庭能够负担的支出会超过没有这些收入时的水平。这些额外的支出有助于缩短衰退的时间，减轻衰退的严重程度。许多经济学家认为，正是由于缺乏失业保险制度和政府的其他转移支付项目，大萧条才如此严重。在大萧条期间，失业工人没有任何工资收入，不得不依靠存款、借款和私人慈善机构的救助来生活。所以，许多失业工人大幅削减支出，使经济下滑不断恶化。

当 GDP 超过潜在水平时，家庭和企业必须向政府缴纳更多的税款，政府也减少了转移支付。更高的税收和更低的转移支付使得总支出上升的数量小于没有这些因素影响的情况，这有助于减少经济出现更高的通货膨胀的可能性。

建立联系

在大萧条期间，财政政策失败了吗？

随着约翰·梅纳德·凯恩斯的著作《就业、利息和货币通论》的出版，20 世纪 30 年代期间，现代宏观经济分析建立了。许多经济学家通过凯恩斯的书得出结论：扩张性的财政政策对于将美国经济拉出大萧条是必需的。当富兰克林·D·罗斯福在 1933 年就任总统后，作为“新政”的一部分，联邦政府增加了支出，在 30 年代后来的年份中，除 1937 年外，联邦政府预算都处于赤字状态。但是，美国经济复苏速度极为缓慢，直到美国于 1941 年参加第二次世界大战，经济才重回潜在 GDP 水平。

当时一些经济学家和政策制定者们认为，由于在增加了政府支出的情况下经济复苏速度仍很缓慢，所以财政政策是失效的。

在对奥巴马总统财政刺激计划的讨论中，“新政”时期财政政策失效的声音再度出现。但是，经济史学家认为，尽管政府支出出现了增加，但是，事实上，20 世纪 30 年代国会和总统并没有实行扩张性财政政策。在各自的研究中，麻省理工学院的经济学家 E·卡里·布朗（E. Cary Brown）与华盛顿和李（Washing and Lee）大学的拉里·佩珀斯（Larry Peppers）认为，整个 20 世纪 30 年代期间，只有一年出现了周期调整性预算赤字，并且该赤字很小。下表提供的数据为这一观点提供了支持。（表中所有的变量都是名义变量，而不是实际变量。）表中第二列显示，联邦政府支出在 1933—1936 年间上升，在 1937 年下降，之后在 1938 年和 1939 年上升。第三列显示了一个相同的模式，在 1933 年后每年联邦预算都出现了赤字，只有 1937 年是例外。但是，第四列显示，在 1933 年后的每一年，联邦政府都出现了周期调整性预算盈余。因为在那些年里的收入水平如此低且失业率又如此高，所以征收的税收收入远远低于经济处于潜在 GDP 水平的情况下本来能够征收到的税收收入。正如第五列所示，在 1933 年以及 1937—1939 年，周期调整性预算盈余占到了 GDP 一个不小的百分比。

年份	联邦政府支出（10 亿美元）	现实的联邦预算赤字或盈余（10 亿美元）	周期调整性预算赤字或盈余（10 亿美元）	周期调整性预算赤字或盈余占 GDP 的比例（%）
1929	2.6	1.0	1.24	1.20
1930	2.7	0.2	0.81	0.89
1931	4.0	−2.1	−0.41	−0.54
1932	3.0	−1.3	0.50	0.85
1933	3.4	−0.9	1.06	1.88
1934	5.5	−2.2	0.09	0.14
1935	5.6	−1.9	0.54	0.74
1936	7.8	−3.2	0.47	0.56
1937	6.4	0.2	2.55	2.77
1938	7.3	−1.3	2.47	2.87
1939	8.4	−2.1	2.00	2.17

虽然罗斯福总统提议了许多新的政府支出项目，但是他在 1932 年总统选举中也承诺要平衡联邦预算。虽然只有 1937 年他实现了平衡预算，但是他不愿意让现实的预算赤字增长过多的态度解释了周期调整性预算盈余持续出现的原因。今天，许多经济学家都同意 E·卡里·布朗的结论：“20 世纪 30 年代的财政政策看起来没有成功地推动经济复苏，但是，这并不是因为财政政策不起作用，而是因为政府根本没有尝试扩张性的财政政策！”

资料来源：E. Cary Brown，“Fiscal Policy in the Thirties：A Reappraisal”，*American Economic Review*，Vol. 46，No. 5，December 1956，pp. 857-879；Larry Peppers，“Full Employment Surplus Analysis and Structural Changes”，*Exploration in Economic History*，Vol. 10，Winter 1973，pp. 197-210；and U. S. Bureau of Economic Analysis。

轮到你了：做本章末与本专栏相关的问题与应用 6.8，看看你理解得如何。

例题 18.6　经济波动对预算赤字的影响

1983 年联邦政府的预算赤字是 2 078 亿美元，1984 年是 1 854 亿美元。一个学生评论道："政府在 1984 年间一定采取了增税或减少支出或双管齐下的行动。"你是否同意这一观点？请简要解释。

解：

第 1 步：复习本章内容。这一问题是关于作为自动稳定器的联邦预算的，所以你可能需要复习一下 18.6.1 节"政府预算如何充当自动稳定器?"。

第 2 步：解释在国会和总统不采取行动的情况下，预算赤字的变动是如何发生的。如果国会和总统采取行动来增税或削减支出，联邦预算赤字将减少。但是，当 GDP 增加时，即使政府不采取任何行动，赤字也会自动减少。当 GDP 增加时，家庭收入和企业利润上升，导致税收收入升高。GDP 增加通常也意味着失业率下降，这将减少政府在失业保险金和其他转移支付上的支出。所以，你应该不同意上述评论。赤字减少并不意味着政府一定采取了增税或减少支出的行动。

附注：虽然你回答这个问题并不需要知道这个事实，但是，GDP 的确从 1983 年的 3.5 万亿美元增加至 1984 年的 3.9 万亿美元。

轮到你了：要想做更多的练习，请做本章末的问题与应用 6.6。

□ 18.6.2　联邦预算应该总是保持平衡吗?

虽然许多经济学家认为，当经济处于潜在 GDP 水平时，联邦政府保持预算平衡是个不错的主意，但是很少有经济学家认为联邦政府每年都应该试图保持预算平衡。为了理解经济学家持有这种观点的原因，思考在衰退期间，当联邦预算自动进入赤字状态时，政府为保持预算平衡必须采取什么行动。为了使预算重新平衡，政府不得不增税或减少支出，但是这些行动将减少总需求，从而使衰退更加恶化。类似地，当 GDP 上升到超过潜在水平时，预算自动进入盈余状态。为了消除这种盈余，政府不得不减税或增加政府支出。但是这些行动将增加总需求，从而推动 GDP 进一步超过潜在水平，增加通货膨胀升高的风险。为了达到每年平衡预算的目标，政府可能不得不采取让经济不稳定的措施。

一些经济学家认为联邦政府应该使预算一般保持在赤字状态，即使潜在 GDP 水平下也应如此。当联邦政府预算处于赤字状态时，美国财政部向投资者出售债券，为支付政府的账单筹集资金。无论对于家庭、企业还是政府而言，借款以支付当期花费的账单都是一个坏主意，但是，借款支付购买耐用资本品的账单就不是一个坏主意。例如，大部分家庭通过 15～30 年期抵押贷款来购房。因为房屋可以存在许多年，所以家庭用长时间的收入支付比用购房当年的收入支付更加合理。企业往往通过发行 30 年期公司债券的方式为购买机器、设备和厂房筹措资金。因为这些资本品在很多年内都会给企业带来利润，所以在一段长时期内付款也是合理的。根据类似的推理，当联邦政府出资修建新高速公路、桥梁或地铁时，它可能想要通过发行国库券的方式来借款。另外一种选择是通过当年征收的税收收入来支付。但是，这意味着当年的纳税人将不得不承担所有的费用，即使未来许多年后的纳税人都能从中获益。

□ 18.6.3 联邦政府债务

每当联邦政府处于预算赤字状态时，财政部都必须通过向消费者出售财政部发行的证券来融资。为了简化，我们将所有财政部发行的证券统称为“债券”。当联邦政府处于预算盈余状态时，财政部就会偿还一部分现有的债券。图 18.14 表明预算赤字的年份要多于预算盈余的年份。所以，未清偿的国库券总量随时间的推移而增加。美国由财政部发行的未清偿的债券总价值被称为联邦政府债务，有时也被称为国债。在联邦预算处于赤字的每一年，联邦政府债务增加；在政府预算处于盈余的每一年，联邦政府债务减少。

图 18.15 显示了 1901 年以来联邦政府债务占 GDP 的百分比。债务—GDP 比值在第一次世界大战、第二次世界大战和大萧条时期都增加了，反映了这些年中大规模的政府预算赤字。第二次世界大战结束后到 20 世纪 80 年代初，GDP 增长快于债务增长，这使得债务—GDP 比值下降。20 世纪 80 年代和 90 年代初出现的大规模政府预算赤字使得债务—GDP 比值攀升。1998—2001 年的政府预算盈余使得债务—GDP 比值下降，但是，随着 2002 年赤字又开始出现，这一比值又重新上升。2008 年开始的大规模预算赤字推动该比值上升至 1947 年以来的最高水平。

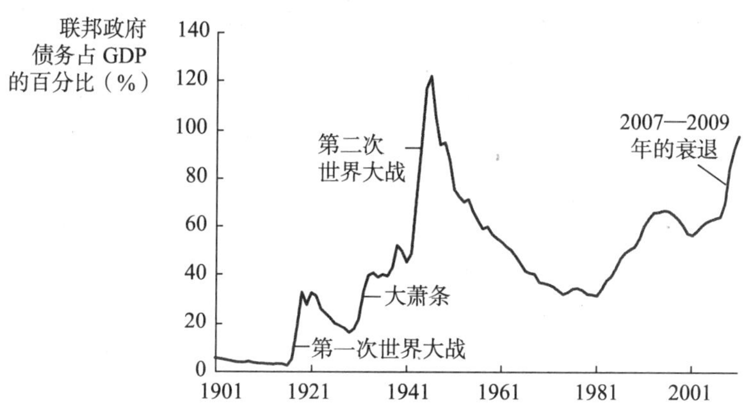

图 18.15 1901—2011 年的联邦政府债务

当联邦政府预算处于赤字状态时，联邦政府债务增加。第一次世界大战、第二次世界大战、大萧条、20 世纪 80 年代和 90 年代初政府预算赤字规模较大，这使债务—GDP 比值上升。2009—2011 年大规模的预算赤字推动该比值上升至 1947 年后的最高水平。

资料来源：U. S. Bureau of the Census，*Historical Statistics of the United States*，*Colonial Times to 1970*，Washington，DC：U. S. Government Printing Office，1975；*Budget of the United States Government*，*Fiscal Year 2003*，Historical Printing Office，2002；*Federal Reserve Bank of St. Louis*，National Economic Trends，October 2011；and Congressional Budget Office。

□ 18.6.4 政府债务是一个问题吗?

债务对于政府是一个问题，其理由正如债务对于家庭和企业而言是一个问题。如果家庭在偿还每月按揭贷款时遇到了困难，它就不得不减少在其他商品和服务上的支出。如果家庭不能还款，它就不得不对贷款违约，很可能会失去自己的房屋。联邦政府的债务没有违约的风险。最终，政府可以通过税收筹集所需资金来支付债务的利息。但是，如果债务相对于经济而言规模很大，那么，为了支付债务的利息，政府可能不得不将税收提高至高水平，或者削减其他类别的支出。当前，利息支付约占联邦政府总支出的10%。在这一水平，并不需要增税或大幅削减其他类别的政府支出。

债务相对于GDP的规模增加，正如2008年以后发生的情况，在长期则可能引发问题。像我们之前讨论的，如果增加的债务推高了利率，投资支出的挤出效应就会出现。投资支出下降意味着在长期资本存量减少，经济生产商品和服务的能力降低。但是，如果政府债务中的一部分是为改善基础设施（如桥梁、高速公路和码头）、教育、研发等融资而产生的，那么，挤出效应就会被部分抵消。基础设施的改善、劳动力受到更好的教育以及更多的研发都能增加经济的生产能力。

18.7 财政政策的长期影响

一些财政政策措施的目的是实现稳定经济的短期目标，而另一些财政政策措施的目的是通过扩大经济的生产能力和提高经济增长率以期具有长期效果。因为这些政策措施影响的主要是总供给而不是总需求，所以有时它们被称为“供给学派经济学”。大部分尝试增加总供给的财政政策措施都是通过改变税收来增加工作、储蓄、投资和创业的激励的方式来增加总供给的。

18.7.1 税收政策的长期影响

经济活动的税前回报和税后回报之差被称为**税收楔子**（tax wedge）。税收楔子应用于边际税率，边际税率是每一美元额外收入中必须缴纳的税款。例如，美国联邦所得税有几个税级，税级是指同一税率适用的收入范围。在2011年，一个纳税人当年收入的第一个8 500美元的税率是10%。更高的税级适用的税率更高，直到35%，它适用的是超过379 150美元的收入部分。假定你的时薪是20美元。如果你收入的边际税率是25%，那么你的税后收入是15美元，税收楔子是5美元。当我们在第3章中讨论需求—供给模型时，我们看到商品和服务的供给量随着价格上升而增加。所以，我们将预计，通过降低收入的边际税率来减小税收楔子，将导致劳动供给量增加，因为税后收入增加了。类似地，我们在第14章中看到，减少所得税会增加储蓄的税后回报，导致可贷资金供给增加、均衡利率下降、投资支出增加。一般地，经济学家认为工作、储蓄、投资或创业等任何经济活动的税收楔子越小，该种经济活动就会越多。当税收变动引起工人、储蓄者、投资者和企业家改变自己的行为时，经济学家就称他们对于税收变动做出了“行为回应”。

我们可以简要分析下列每种税收的减少对总供给的影响：

● 个人所得税。正如我们所见，降低个人所得税的边际税率将减小工人面临的税收楔子，从而增加劳动供给量。许多小企业是独资企业，其利润按个人所得税率纳税。所以，降低个人所得税税率也增加了企业家能力的回报，这鼓励了新企业的建立。大多数家庭的存款收益也是按个人所得税税率纳税的，所以，降低边际所得税税率也增加了储蓄的回报。

● 公司所得税。联邦政府按公司所得税来对公司利润征税。在 2011 年，大部分公司面对的边际公司税率是 35%。降低公司所得税的边际税率将增加公司在新设备、厂房和办公楼上的投资回报，进而鼓励投资支出。因为新的投资品中往往包含着创新，所以，减少公司所得税也会潜在地加快技术变革的步伐。

● 红利税和资本利得税。公司以红利的形式将一部分利润分配给股东。股东也可以通过资本利得从公司利润的提高中获益。资本利得指的是股票等资产价格的上升。利润上升通常会导致股票价格上升，从而股东获得资本利得。个人的分红和资本利得都可能需要缴纳税款（虽然资本利得的税款可能因为股票没有被出售而被推迟）。所以，实际上，公司利润被征收了两次税：一次是企业因为获得利润而缴纳所得税的时候，一次是利润以红利和资本利得的形式分配给个人投资者的时候。经济学家对公司利润被两次征税的成本和收益存在争论。在公司所得税继续存在的条件下，一种减轻“双重征税”问题的方法是降低红利和资本利得税。事实上，这部分税收在 2003 年和 2011 年都减少了，现在的红利和资本利得税远远低于最高的个人所得税边际税率。红利和资本利得税的降低增加了家庭向企业供给的可贷资金，这提高了储蓄和投资，降低了均衡实际利率。

□ 18.7.2 简化税收

除了降低个人所得税能带来潜在收益之外，简化税收也能带来收益。税码的复杂性创造出了一个完整的报税服务行业，H&R Block 报税咨询公司就是一个例子。税码极其复杂，有近 3 000 页那么长。美国国税局估计，纳税人每年填写税收表格的时间超过了 64 亿小时，也就是平均每份纳税申报单约 45 小时。家庭和企业在缴纳联邦税收前要处理超过 480 份税收表格。所以，H&R Block 报税咨询公司在全国的办事处比星巴克咖啡店还要多，就不足为奇了。

如果税码得到大幅简化，那么，报税服务行业现在使用的经济资源就能被用来生产其他商品和服务。除了浪费资源之外，税码的复杂性还可能扭曲家庭和企业的决定。例如，红利税率已经明显影响了企业是否分红的决策。当国会在 2003 年通过降低红利税的提案后，包括微软在内的许多企业都开始首次分红。通过减少家庭和企业纯粹为减少税款而做出的决定数量，简化税码将增加经济效率。

□ 18.7.3 税收改革的经济影响

我们能通过使用总需求—总供给模型来分析减税和税收简化的经济影响。图 18.16 表明，如果没有税收变动，长期总供给曲线将从 $LRAS_1$ 移动至 $LRAS_2$。这一移动代表着即使没有减税和税收简化也会出现的劳动力和资本存量的增加以及技术变革。为了关注税收变动对总供给的影响，我们忽略短期总供给曲线的移动，我们将假设总需求曲线保持在 AD_1。在这种情况下，均衡从 A 点移动至 B 点，实际 GDP 从 Y_1 增加至 Y_2，价格水平从 P_1 减少至 P_2。

如果减税和税收简化是有效的，那么，经济中的劳动力供给、储蓄、投资和新企业都会增加。经济效率也会提高。这些因素共同导致了各个价格水平下实际 GDP 数量的增加。在图 18.16 中，我们用长期总供给曲线移动至 $LRAS_3$ 来代表税收变动的效果。在总需求保持不变的条件下，经济的均衡点从 A 点移动至 C 点（而不是 B 点，B 点是没有税收变动时的均衡），实际 GDP 从 Y_1 上升至 Y_3，价格水平从 P_1 下降至 P_3。注意，与没有税收变动时的均衡（B 点）相比，在有税收变动时的均衡（C 点），价格水平更低，实际 GDP 水平更高。我们能够得到结论：通过增加产出和就业，同时降低价格水平，税收变动给经济带来了好处。

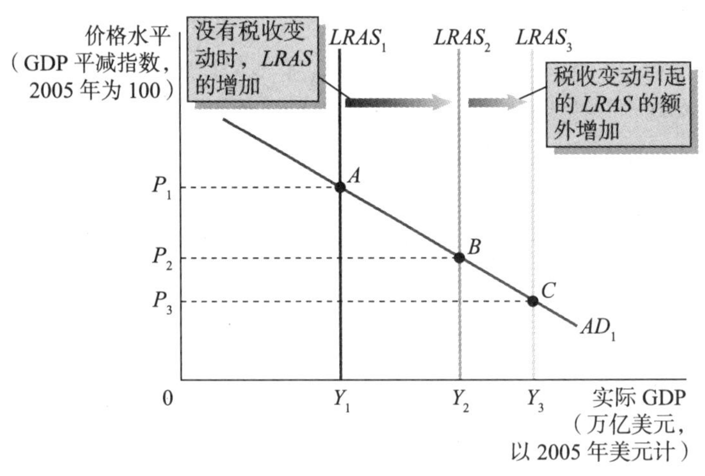

图 18.16　税收变动在供给方面的影响

经济的初始均衡在 A 点。没有税收变动时，长期总供给曲线从 $LRAS_1$ 向右移动至 $LRAS_2$。均衡移动至 B 点，价格水平从 P_1 下降至 P_2，实际 GDP 从 Y_1 增加至 Y_2。存在减税和税收简化时，长期总供给曲线进一步向右移动至 $LRAS_3$，均衡移至 C 点，价格水平下降至 P_3，实际 GDP 增加至 Y_3。

显而易见，我们的分析并不符合现实，因为我们忽略了总需求曲线和短期总供给曲线发生的变动。更接近实际的分析与图 18.16 的简化分析会有什么区别呢？实际 GDP 的变动结果相同，因为在长期实际 GDP 等于用长期总供给曲线代表的潜在水平。但是价格水平的变动结果并不相同，因为我们预期总需求曲线和短期总供给曲线都会向右移动。最可能出现的情形是新均衡的价格水平高于原来的均衡。但是，因为税收变动使得长期总供给曲线的位置进一步向右移动，所以价格水平的上升幅度会更小，也就是说，尽管 C 点的价格水平高于 P_3，但它可能低于 P_2（不过，正如我们将在下一节讨论的，并不是所有的经济学家都同意这一点）。我们能够得到结论：通过增加产出和就业，一项成功的减税和税收简化政策会给经济带来好处，同时可能减少价格水平上升的幅度。

□ 18.7.4　供给方面的影响有多大？

大部分经济学家都会同意，减税对供给方面有影响：降低边际所得税率将增加劳动供给量，减少公司所得税将增加投资支出，等等。但是，对这一影响的大小却存在着很多争论。例如，一些经济学家认为，减税后劳动供给量的增加十分有限，因为许多工人的工作时间由雇主决定，没有额外增加工作时间的机会。类似地，一些经济学家认为税收变动对储蓄和投资的影响很小。在这种观点看来，储蓄和投资受收入变动、由技术变革或宏观经济条件改善而导致的对新投资的未来盈利能力的预期变动的影响远远大于受税收变动的影响。

对供给方面影响的规模持怀疑态度的经济学家相信，减税对总需求的影响最大，而不是对总供给的影响更大。按照这种观点，在关注减税对总需求的影响而忽视对总供给的影响的情况下得到的对未来实际 GDP 和价格水平变动的预测很精确，这就表明对供给方面的影响必定很小。如果税收变动对总供给的影响有限，那么，它们减少价格上升幅度的程度就不大可能有图 18.16 所示的那样大。

最后，只有通过仔细研究税率差别对劳动供给、储蓄和投资决策的影响，有关税收政策对供给方面的影响大小的争论才能得以解决。但是，近来的一些研究得出了相互冲突的结论。例如，亚利桑那州立大学的诺贝尔奖获得者爱德华·普雷斯科特（Edward Prescott）得到的结论是：美国和欧洲每周平均工作小时数、每年平均工作星期数的差异是由于税收不同导致的。美国边际税率比欧洲低，这增加了美国工人工作的回报，使得劳动供给量更大。但是，另一项由哈佛大学的艾尔伯托·艾莱斯纳（Alberto Alesina）和爱德华·格莱泽（Edward Glaeser）以及达特茅斯学院的布鲁斯·塞瑟多特（Bruce Sacerdote）所做的研究认为，欧洲更严格的劳动市场管制解释了欧洲工人每周工作时间更短和假期更长的现象，而税收的差异影响有限。

像经济学的其他领域一样，随着时间的推移以及经济学家所做的研究不断增加，经济学家对税收变动在供给方面的影响所做估计的差别可能会缩小。

接第 606 页

生活中的经济学

你将用 500 美元做什么？

在本章开始，我们问到你将如何处理 500 美元的退税，以及这一退税对短期均衡实际 GDP 可能产生什么影响。本章表明，减税能增加可支配收入；当可支配收入永久性增长时，消费支出增加。所以，当你的可支配收入永久性增加 500 美元时，你的消费支出很可能也会增加。但你的支出增加多少部分地由你的整体财务状况决定。正如我们在本章提到的，能够借到钱的人通常会平滑他们在不同时期的消费，并不会因收入的一次性增加而大幅增加支出。但是，如果你是一个收入极低的学生，也无法基于预计未来将获得的高收入借款，那么，你可能会花掉大部分退税的钱。本章也证明，减税对经济有乘数效应。也就是说，消费支出的增加将导致实际 GDP 和收入的进一步增加。所以，如果经济现在没有处于实际 GDP 水平，那么，此次退税很可能增加短期均衡实际 GDP。

18.8 结论

在本章，我们看到了联邦政府是如何运用政府购买和税收的变动来达到自己的经济政策目标的。我们也看到经济学家们对旨在稳定经济的相机抉择财政政策的效果存在争论。在短期，经济学家和政策制定者们关注财政政策对总需求的影响。在长期，经济学家和政策制定者们将其注意力转移到税率变动对总供给的影响上。

阅读接下来的"业内观察"专栏，它讨论了支持和反对运用基础设施支出来增加就业的理由。

业内观察 奥巴马提议增加支出以刺激经济

《美国新闻与世界报道》

《基础设施项目能解决美国的就业问题吗?》

基础设施支出预计将是奥巴马总统 9 月份即将出台的就业创造计划中的主要部分之一。用修建道路等公共建设工程项目的支出来刺激经济，一直是国会中的民主党人和白宫近年来就业创造计划的主要工具。但是，反对者质疑其创造就业的效率和成本。

a 根据从事经济分析和预测的 Moody's Analytics 公司的看法，就平均每一美元创造就业的效率来说，基础设施支出比许多形式的减税更有效。但是，在通过立法程序后，需要进行拨款的程序、确定项目、规划、雇用工人，联邦政府机构真正把钱花出去所需的时间很长，这可能意味着对经济的影响延迟甚至消失。除此之外，有着党派倾向、行动特别迟缓的国会经常存在意见分歧，而分歧常常会减缓或终止立法过程，当前还弥漫着裁减预算的氛围，一项有希望的政策措施可能被大幅削减，甚至根本不被批准。

许多共和党的议员在过去曾公开反对在基础设施上增加支出。当奥巴马总统在 2010 年 9 月提出国家基建银行的概念后，众议员 Eric Cantor 称其为"政府的又一次刺激经济的努力"，众议院议长 John Boehner 称其为"增加已被证明失败的刺激支出"，暗指总统为对抗大衰退而推出的《2009 年美国复苏和再投资法案》已经失败。该项总额达 7 870 亿美元的财政刺激计划创造的工作岗位数远远少于白宫最初的预测，刺激方案的批评者们经常抨击这一点。但并不是所有的共和党人都反对基础设施支出，例如来自得克萨斯州的参议员 Kay Bailey Hutchison 就与马萨诸塞州民主党参议员 John Kerry 在 3 月共同提出了一项议案，提议成立基建银行。

b 基础设施支出背后的理论是乘数效应：政府支出的每一美元能使 GDP 增加超过 1 美元，其机制是通过经济的连锁反应——政府购买企业的商品和服务，这些企业给员工发工资，而员工又会花掉一部分收入。

Moody's Analytics 公司估计，政府支出增加的乘数效应通常大于减税的乘数效应。永久减税 1 美元使 GDP 增加的量大大小于 1 美元。例如，根据 Moody's Analytics 公司的计算，若布什政府的减税变成永久的，每一美元的减税将使GDP增加0.29美元。每一美元的基础设施支出将使GDP增加1.59美元，而延长失业保险金和暂时性增加食品券上所花的每一美元使GDP增加的量甚至更大。

c 基础设施支出起作用的速度（或者说缺乏速度）是一个不利因素。在过去的衰退中，基础设施建设项目在最终开工前耗时是如此之长，以至于它们的效果只有在经济开始复苏后才被感觉到，保守派的智囊团美国企业研究所（American Enterprise Institute）驻所学者Alan Viard表示："虽然就平均每一美元对经济的刺激作用而言，减税和直接政府支出不如基础设施支出大，但是减税和直接政府支出的时机能有效安排……如果我们预期（经济疲软状况）持续的时间长到新基础设施支出开始起作用，我们就真的遇到很严重的问题了……"

减税和直接政府支出能提供迅速的刺激，这是毋庸置疑的，但是像其他政策一样，它们也有缺点。中立的经济政策研究所（Economic Policy Institute）的副所长Ross Eisenbrey说道："是的，如果你想要即刻的刺激效果，你可以给人们寄支票……但是，其中很大一部分不会起作用。一部分钱将被储蓄起来或用来偿还债务，还有相当的一部分钱将被用于购买非美国制造的东西。"

资料来源："Are Infrastructure Projects the Answer to American's Jobs Problem? Disappointing stimulus package gives ammunition to the policy's opponents", by Danielle Kurtzleban from *U. S. News & World Report*, August 22, 2011.

文章要点

用基础设施支出来刺激经济的支持者认为，就平均每一美元创造就业的效率来说，基础设施支出比减税更加有效。他们还估计，政府支出增加的乘数效应大于减税的乘数效应。反对用基础设施支出增加就业的人们认为《2009年美国复苏和再投资法案》创造的工作岗位远远少于预期。在决定通过基础设施支出创造就业岗位的过程中，需要考虑的一个重要因素是支出发生以及它对经济的影响完全发挥所需要的时间。虽然基础设施支出对经济的刺激作用可能大于减税，但是，国会批准支出项目以及项目真正实施可能还需要很长时间。

新闻分析

a 正如你在本章读到的，扩张性财政政策涉及增加政府购买或减税以增加总需求。奥巴马政府推出了《2009年美国复苏和再投资法案》，这是一个旨在对抗2007年12月开始的衰退的财政刺激计划。这个财政刺激计划中的一部分是基础设施支出，政府相信它对经济的影响将超过布什政府在2008年采用的并不那么成功的退税项目。根据从事经济分析和预测的Moody's Analytics公司的看法，就平均每一美元创造就业的效率来说，基础设施支出比减税更有效。但是，基础设施支出有可能遭受严重的时间延迟，因为国会批准支出需要时间，基础设施工程的确定和规划需要时间，雇用工人需要时间。所以，真正实施这些工程所耗费的时间可能会拖延甚至削弱它们的经济影响。

b 基础设施支出的增加具有乘数效应，所花费的每一美元使GDP增加的量会超过1美元。下页图显示，当基础设施支出首先增加时，总需求从AD_1移动至AD。增加的数量等于政府支出的初始增加。由于乘数效应，总需求继续增加，从AD移动至AD_2。因此，支出的增加导致了实际GDP增加得更多。Moody's Analytics公司估计，基础设施支出的乘数是1.59，所以支出每增加1美元，实际GDP将增加1.59美元。

c 基础设施支出影响经济所花的时间

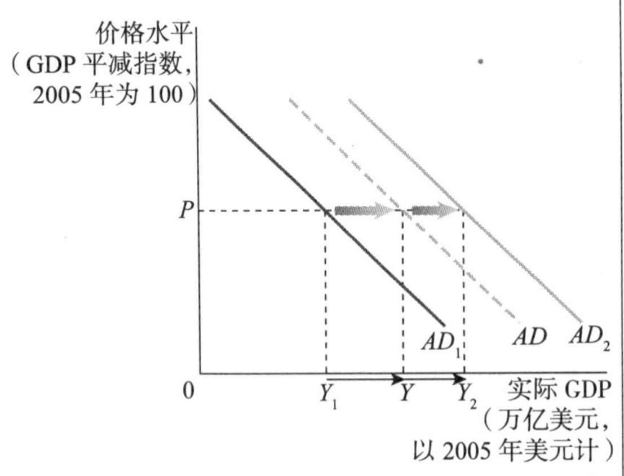

基础设施支出对总需求的影响。

能对基础设施支出的综合效果产生很大的影响。如果支出在相当长的时间后才发生，那么，等到支出开始起作用的时候，经济可能已经开始复苏。在这种情况下，扩张性财政政策有可能过多地增加了总需求，最终造成通货膨胀上升。

深入思考

1. 奥巴马总统的经济团队运用政府支出乘数计算了财政刺激计划的效果。但是，一些经济学家认为，政府的经济学家过高估计了政府购买乘数和税收乘数的大小。而另一些经济学家认为这些乘数的大小被低估了。为什么经济学家在乘数大小上难以达成一致呢？
2. 奥巴马政府的财政刺激计划导致了联邦预算赤字的大幅上升。但是，政府的经济学家并不担心挤出可能降低刺激性支出对实际 GDP 的影响。简要解释挤出是指什么，为什么政府在实施财政刺激计划时并不怎么担心挤出？

本章总结和习题

□ 关键术语

自动稳定器	预算盈余	周期调整性预算赤字或盈余	乘数效应
预算赤字	挤出	财政政策	税收楔子

□ 18.1 什么是财政政策?

总结

财政政策是为了实现宏观经济政策目标而对联邦税收和政府购买所做的变动。自动稳定器是随着经济周期自动增加或减少的政府花费和税收。第二次世界大战以来，联邦政府支出占政府总支出的比例介于 2/3～3/4 之间。联邦政府总支出占 GDP 的百分比从 1950 年到 20 世纪 90 年代初一直在增加，在 1992—2001 年间下降，之后再次上升。联邦政府购买占 GDP 的百分比从 20 世纪 50 年代初朝鲜战争以来一直在下降。联邦政府支出的最大组成部分是转移支付。联邦政府收入的最重要来源是个人所得税，其次是社会保险税，后者用于为社会保障和 Medicare 体系提供资金。

复习题

1.1 什么是财政政策？谁对财政政策负责？

1.2 财政政策和货币政策之间有什么区别？

1.3 政府购买和政府支出之间有什么区别？联邦政府购买占 GDP 的比例在今天比 1960 年高吗？联邦政府支出占 GDP 的比例呢？

问题与应用

1.4 在 2009 年，国会和总统通过了“旧车换现金”法案，对用高油耗（低每加仑汽油行车里程）旧车换新车的人将支付最高达 4 500 美元的现金。这一法案是财政政策的例子吗？这与国会和总统颁布这一法案的政策目标有关吗？

资料来源：Justin Lahart，“Trade-in Program Tunes Up Economic Engine”，*Wall Street Journal*，August 4，2009。

1.5 根据本章的讨论，你认为图 18.4 所示的政府收入来源中哪一项在未来可能增长得最快？请简要解释。

1.6 ［与18.1节中的“建立联系”专栏有关］根据国会预算办公室的报告：

> 到这个十年末，越来越多在“婴儿潮”时期出生的人将达到退休年龄……因此，国会预算办公室估计，除非社会保障体系做出改变，否则这一项目的支出占GDP的比例将从如今的4.8%上升至2035年的6.1%。

“‘婴儿潮’时期出生的人”是指哪些人？为什么他们的退休会造成联邦政府在社会保障上的支出增长率上升？

资料来源：Congressional Budget Office，*CBO's 2011 Long-Term Budget Outlook*，June 2011，p.53。

1.7 ［与18.1节中的“建立联系”专栏有关］根据国会预算办公室的报告：“仅仅在下一个十年期，超过65岁的人口数量预计会增加1/3以上。在更长的时期，65岁或以上人口数占人口的比例预计将从现在的大约13%增加至2035年的20%……”简要解释这些事实对联邦政府支出在2035年占GDP的百分比有什么启示。

资料来源：Congressional Budget Office，*CBO's 2011 Long-Term Budget Outlook*，June 2011，p.7。

□ 18.2 财政政策对实际GDP和价格水平的影响

总结

为了对抗衰退，国会和总统可以增加政府购买或减税。这种扩张性财政政策导致总需求曲线向外移动的幅度超过没有政策时的情况，这会提高实际GDP水平和价格水平。为了对抗通货膨胀的上升，国会和总统可以减少政府购买或增税。这种紧缩性财政政策导致总需求曲线向外移动的幅度少于没有政策时的情况，这会减少实际GDP水平和价格水平增加的程度。

复习题

2.1 什么是扩张性财政政策？什么是紧缩性财政政策？

2.2 如果美国国会和总统判断有必要采用扩张性财政政策，那么他们将怎样变更政府购买或税收？如果他们判断有必要采用通货紧缩性财政政策时又会怎样变更？

问题与应用

2.3 简要解释你是否同意以下论述：“扩张性财政政策涉及增加政府购买或增税。紧缩性财政政策涉及减少政府购买或减税。”

2.4 判断下列各项属于（i）扩张性财政政策的一部分，（ii）紧缩性财政政策的一部分，还是（iii）不属于财政政策。

a. 公司所得税税率上升；

b. 国防支出增加；

c. 联储降低联邦基金目标利率；

d. 允许家庭从联邦收入所得税中扣除用于孩子日托的所有费用；

e. 个人所得税税率下降；

f. 新泽西州修建了一条新的高速公路，目的是提高该州就业量。

2.5 运用总需求—总供给图形画出如下情况：经济初始时处于潜在GDP水平的均衡，然后，房屋需求突然下降。国会和总统可以采取什么样的行动以使经济重回潜在GDP水平？在图形中表示这些政策措施的结果。

2.6 ［与18.2节中的“不要犯这样的错误！”专栏有关］如果货币供给不增加，国会和总统有可能采取扩张性财政政策吗？请简要解释。

2.7 一个政治评论员说：“相较于紧缩性财政政策而言，国会和总统更可能实施扩张性财政政策，因为扩张性财政政策比紧缩性财政政策更受欢迎。”简要解释你是否同意他的说法。

□ 18.3 运用动态总需求—总供给模型分析财政政策

总结

我们可以运用第15章中介绍的动态总需求—总供给模型深入分析扩张性和紧缩性财政政策。动态总需求—总供给模型考虑了两个事实：(1) 经济经历着持续的通货膨胀，价格水平逐年上升；(2) 经济经历着长期增长，*LRAS*曲线逐年右移。在动态模型中，扩张性财政政策试图确保总需求曲线向右移动得足够多，以使宏观经济均衡的实际GDP等于其潜在水平。当总需求的移动会造成宏观经济均衡的实际GDP超过其潜在水平时，国会和总统采用紧缩性财政政策试图部分抵消总需求的这种移动。

复习题

3.1 扩张性财政政策在基本总需求—总供给模型与动态总需求—总供给模型中有什么关键区别？

3.2　紧缩性财政政策在基本总需求—总供给模型和动态总需求—总供给模型中有什么关键区别？

问题与应用

3.3　运用下图回答下列问题：

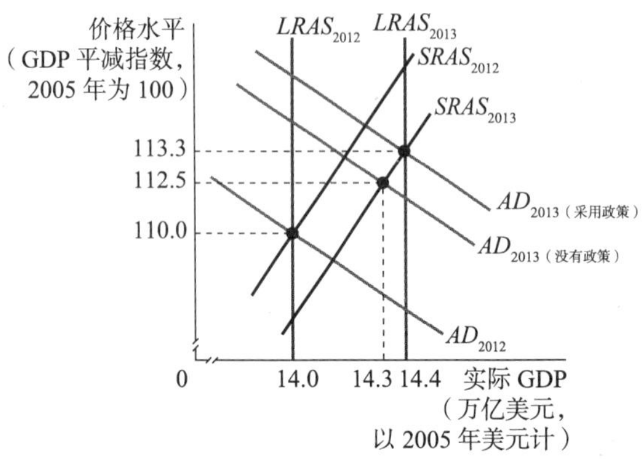

a. 如果政府不采取任何政策措施，2013年的实际GDP水平和价格水平将为多少？

b. 政府可以采取什么政策措施使2013年的实际GDP回到潜在水平？

c. 如果政府不采取任何政策措施，2013年的通货膨胀率将是多少？如果政府运用财政政策使实际GDP等于潜在水平，2013年的通货膨胀率将为多少？

3.4　下表中虚构的信息显示了如果国会和总统*不采取财政政策2015年将会出现的情形：

年份	潜在GDP	实际GDP	价格水平
2014	15.0万亿美元	15.0万亿美元	110.0
2015	15.4万亿美元	15.0万亿美元	115.5

a. 如果国会和总统想使2015年的实际GDP保持在潜在水平，他们应该采用扩张性财政政策还是紧缩性财政政策？在你的答案中，解释国会和总统应该增加还是减少政府购买和税收。

b. 如果国会和总统成功地使2015年的实际GDP保持在潜在水平，请指出，与他们不采取任何行动相比，下列各项将会更高还是更低或相同？

1. 实际GDP；
2. 潜在实际GDP；
3. 通货膨胀率；
4. 失业率。

c. 画一幅总需求—总供给图形来解释你的答案。你的图形中应该包括：2014年和2015年的*LRAS*曲线；2014年和2015年的*SRAS*曲线；采用和不采用财政政策时，2014年和2015年的*AD*曲线；以及采用和不采用财政政策时，2015年均衡的实际GDP水平和价格水平。

3.5　假设经济在2016年经历通货紧缩，运用一幅动态总需求—总供给图形来说明宏观经济均衡从2015年到2016年的变动。要使2016年出现通货紧缩，经济一定得经历衰退吗？

□ 18.4　政府购买乘数和税收乘数

总结

由于乘数效应，政府购买增加或减税对均衡实际GDP有倍数影响。政府购买乘数等于均衡实际GDP变动除以政府购买变动。税收乘数等于均衡实际GDP变动除以税收变动。政府购买增加和减税对均衡实际GDP有正的乘数效应。政府购买减少和增税对均衡实际GDP有负的乘数效应。

复习题

4.1　为什么1美元的政府购买引致的收入和支出增加量超过1美元？

4.2　定义政府购买乘数和税收乘数。

问题与应用

4.3　［与开篇案例有关］为什么北加州的凯迪克隧道和全国其他地区类似的建筑项目被预期在短期将有助于经济发展？管理这一项目的加州政府机构的发言人称凯迪克隧道项目对就业有“涟漪效应”。发言人所说的涟漪效应指什么？

4.4　约翰·梅纳德·凯恩斯在《就业、利息和货币通论》中写道：

> 如果财政部把旧瓶子塞满钞票，把这些瓶子埋在废弃的矿井中合适的深度，然后用城市垃圾将矿井填平，并且任由私人企业把钞票挖出来，那么失业问题就不会存在，而且，借助于连锁反应，社会的实际收入很可能会远远超过现在。

凯恩斯这里所讨论的是哪种重要的宏观经济效

* 原书为联储，疑误。——译者注

应？他所说的“连锁反应”指的是什么？对于政府支出是否浪费，他为什么看似毫不关心？

4.5 假定当前实际 GDP 是 13.1 万亿美元，潜在 GDP 是 13.5 万亿美元，政府购买乘数是 2，税收乘数是−1.6。

a. 假设其他因素不变，政府购买需要增加多少，经济才能在潜在 GDP 水平实现均衡？

b. 假设其他因素不变，税收需要减少多少，经济才能在潜在 GDP 水平实现均衡？

c. 构造一个政府同时增加政府支出和减税的例子使经济在潜在 GDP 水平实现均衡。

4.6 [与例题 18.4 有关] 简要说明你是否同意以下论述：

> 当前实际 GDP 是 14.7 万亿美元，潜在 GDP 是 14.4 万亿美元。如果国会和总统减少 3 000 亿美元的政府购买或增加 3 000 亿美元的税收，那么，经济就会在潜在 GDP 水平达到均衡。

4.7 美联储的一份出版物讨论了对税收乘数的一项估计。该项估计认为，一年后的税收乘数值为 1.2，两年后的税收乘数值为 2.8。简要解释为什么税收乘数两年后的值比一年后大。

资料来源：Sylvain Leduc，“Fighting Downturns with Fiscal Policy”，Federal Reserve Bank of San Francisco Economic Letter，June 19，2009。

4.8 如果短期总供给曲线是一条位于当前价格的水平直线，那么，这对政府购买乘数和税收乘数的大小有什么影响？

□ 18.5 运用财政政策稳定经济的局限性

总结

时机不当的财政政策弊大于利。选择合适的时机实施财政政策非常困难，因为一项新的财政政策要获得国会批准可能是一个长期的过程，而被批准的支出增加实际发挥作用也可能耗时数月。因为政府购买增加会使利率上升，这可能导致消费、投资和净出口减少。政府购买增加导致私人支出减少被称为挤出。挤出可能导致扩张性财政政策无法实现使经济保持在潜在 GDP 水平的目标。

复习题

5.1 货币政策和财政政策哪一个变动更快？请简要解释。

5.2 挤出是指什么？解释挤出在短期和长期的区别。

问题与应用

5.3 一些经济学家认为，因为政府支出增加会挤出私人支出，所以政府支出增加将导致实际 GDP 长期增长率下降。

a. 当被挤出的私人支出是消费支出、投资支出还是净出口时，上述实际 GDP 长期增长率下降的情况最可能发生？请简要解释。

b. 就对实际 GDP 长期增长率的影响而言，如果增加的政府支出用于高速公路和桥梁或者用于国家公园，这重要吗？请简要解释。

5.4 在 2011 年，《经济学家》的一篇文章称：“过重的公共债务负担带来的风险不仅仅是私人投资被挤出。在极端情况下，可能导致无力偿债。”这篇文章所说的“过重的公共债务”是什么含义？过重的公共债务如何可能导致无力偿债？

资料来源：“Running Out of Road”，*Economist*，June 16，2011。

5.5 我们看到，在计算财政刺激计划对实际 GDP 的影响时，奥巴马政府的经济学家估计政府购买乘数值为 1.57。John F. Cogan，Tobias Cwik，John B. Taylor 和 Volker Wieland 认为该值仅为 0.61。

a. 简要解释为什么政府购买乘数的值可能小于 1。

b. 为什么在评估扩张性财政政策的影响时，乘数的估计值很重要？

资料来源：John F. Cogan，Tobias Cwik，John B. Taylor，and Volker Wieland，“New Keynesian Versus Old Keynesian Government Spending Multipliers”，*Journal of Economic Dynamics and Control*，Vol. 34，No. 3，March 2010，pp. 281-295。

5.6 [与 18.5 节中的“建立联系”专栏有关] 为什么伴随着金融危机的衰退要比不存在银行业危机的衰退更加严重？2009 财年 1.4 万亿美元和 2010 财年 1.3 万亿美元的巨额预算赤字主要是因为 2009 年财政刺激计划吗？请简要解释。

5.7 假定国会和总统决定采取一项扩张性财政政策，与此同时，联储决定采取一项扩张性货币政策。扩张性货币政策将如何影响短期挤出效应的规模？

□ 18.6 赤字、盈余和联邦政府债务

总结

当政府的支出超过其税收收入时就会发生预算赤字。当政府的支出低于其税收收入时就会发生预算盈余。在衰退期间预算赤字自动增加，在扩张期间预算赤字自动减少。联邦预算的自动移动有助于稳定经济：在经济衰退期间它缓和了支出的下降，在经济扩张期间它抑制了支出的增加。周期调整性预算赤字或盈余衡量了如果经济处于其潜在 GDP 水平时将会出现的联邦政府的预算赤字或盈余。联邦政府债务是美国财政部发行的未清偿的债券的价值。当债务所需利息需要通过大幅增税或减少联邦政府其他支出来筹集时，国家债务就是个问题。

复习题

6.1 联邦预算是如何起到经济中的自动稳定器的作用的？

6.2 什么是周期调整性的预算盈余或赤字？假定经济当前处于潜在 GDP 水平，联邦预算平衡。如果经济进入衰退，联邦预算将发生什么变化？

6.3 为什么只有很少的经济学家认为每年都平衡联邦预算是个好主意？

6.4 联邦预算赤字和政府债务的区别是什么？

问题与应用

6.5 在《金融时报》的专栏中，荷兰首相和经济部长称，欧盟（由欧洲 27 个国家组成的组织）应该任命一个"预算纪律专员"。他们认为："这个新专员应该被赋予足够大的权力来为那些有过度预算赤字的国家的预算政策设定要求。"什么是"过度"预算赤字？判断预算赤字是否过度的标准是否取决于该国是否处于衰退阶段？如何使用预算政策来减少预算赤字？

资料来源：Mark Rutte and Jan Kees de Jager, "Expulsions from the Eurozone Has to Be the Final Penalty", *Financial Times*, September 7, 2011。

6.6 ［与例题 18.6 有关］2000 年联邦政府预算盈余是 1 894 亿美元，2001 年是 418 亿美元。关于国会和总统在那两年的财政政策措施，这一信息告诉了我们些什么？

6.7 联邦政府预算结算的财政年度开始于每年的 10 月 1 日，结束于次年 9 月 30 日。2005 财年开始时，国会预算办公室（CBO）预测联邦预算赤字将为 3 680 亿美元，2005 财年的预算赤字现实值为 3 190亿美元。联邦政府支出比 CBO 预测的少了 370 亿美元，联邦收入比 CBO 预测的多了 120 亿美元。

a. 2005 财年的经济增长可能高于还是低于 CBO 的预期？解释你的推理。

b. 假定国会和总统承诺每年平衡预算。2005 年发生的情况对他们每年都试图平衡预算可能碰到的困难提供了什么见解吗？

6.8 ［与 18.6 节中的"建立联系"专栏有关］以下是 1932 年 5 月 5 日胡佛总统写给国会的咨文：

> 据估计，下一财年的政府收入比 1929 财年减少了约 17 亿美元，这不可避免要求增加税源和大幅削减开支才能平衡预算，这一点已经不言自明了。现在没有什么比平衡预算更迫切了。

你认为胡佛总统关于在 1932 年没有什么比平衡预算更迫切的说法对吗？请解释。

6.9 《华尔街日报》的一篇文章写道："美联储主席本·伯南克警告国会和白宫，如果不迅速采取行动来控制联邦预算赤字，美国经济终将受到损害。"巨额联邦预算赤字可能会如何损害经济？国会和总统可以如何"控制"预算赤字？

资料来源：Jon Hilsenrath and Brian Blackstone, "Bernanke Urges Deficit Reduction, Sees Growth This Year", *Wall Street Journal*, June 4, 2009。

6.10 《华尔街日报》的一篇社论称："我们不太信任对未来预算状况的预测，因为这样的预测依赖于如此多的变量。"对未来的预算赤字的预测依赖于什么变量？这些变量的什么特征使得未来的预算赤字难以预测？

资料来源："Fiscal Revelation", *Wall Street Journal*, February 6, 2007。

6.11 《经济学家》的一篇文章这样描述日本在 2009 年中期的情况："没有大量信号显示日本的巨额预算赤字挤出了私人投资。虽然公共债务总额已经接近 GDP 的 200%，但是日本的长期债券（利率）仍只有 1.45%。"为什么认为"巨额预算赤字"将导致挤出效应？为什么日本的利率没有上升这一事实表明挤出效应仍不是问题？

资料来源："Damage Assessment", *Economist*, May 14, 2009。

6.12 一个政治专栏作家写道：

> 今天……（政府发行债券的）主要目的是

> 让懦弱的政客们启动那些他们知道公众并不想提供全部资金的项目。这些项目的账单也许要等到他们另谋高就很长时间后才能付清。

你同意这位作家对于为什么某些政府支出通过税收收入提供资金而其他一些政府支出通过发行债券来融资的解释吗？请简要解释。

资料来源："The Bond Issue Won't Be Repaid by Park Tolls", by Paul Carpenters from *the Morning Call*, May 26，2002。

□ 18.7 财政政策的长期影响

总结

一些财政政策措施的实施目的是通过扩大经济的生产能力和提高经济增长率以期具有长期效果。因为这些政策措施影响的主要是总供给而不是总需求，所以有时它们被称为"供给学派经济学"。经济活动的税前回报和税后回报之差被称为税收楔子。经济学家相信，工作、储蓄、投资或创业等任何经济活动的税收楔子越小，该种经济活动就会越多。经济学家对税收变动对供给方面的影响存在争论。

复习题

7.1　什么是"供给学派经济学"？

7.2　什么是"税收楔子"？

问题与应用

7.3　如果联邦所得税更简化、税收表格更容易填写，那么，家庭和企业都将受益。那么为什么税法越来越复杂呢？

7.4　一些经济学家和政策制定者主张"统一税率"。目前的个人所得税体系有许多税级以及免税和减税项目。而统一税率只有一个税率，几乎没有减免税项目。假定一名政治候选人雇用你提出两个论据来支持统一税率。你会提哪两个论据？或者，如果你被雇用提出两个论据来反对统一税率，你会提哪两个论据？

7.5　假定增加个人所得税边际税率会同时影响总需求和总供给。简要描述增税对均衡实际 GDP 和均衡价格水平的影响。均衡实际 GDP 和均衡价格水平的变动比增税只影响总需求的情况更大还是更小？请简要解释。

7.6　哈佛大学的经济学家马丁·费尔德斯坦（Martin Feldstein）在《华尔街日报》撰文称，纳税人对 1986 年实施的边际税率降低所做出的"行为反应"导致了"税款剧增，那些边际税率降低最多的人所缴纳的税款增加得尤其多。"为什么降低边际税率会导致总税款增加？费尔德斯坦所说的人们对减税做出的"行为反应"指的是什么？

资料来源：Martin Feldstein, "The Tax Reform Evidence from 1986", *Wall Street Journal*, October 24，2011。

第19章 比较优势、国际贸易和汇率

本章概览和学习目标

19.1 国际经济中的美国

讨论国际贸易在美国经济中的作用。

19.2 国际贸易中的比较优势

理解国际贸易中比较优势和绝对优势之间的区别。

19.3 各国如何从国际贸易中获益?

解释各国如何从国际贸易中获益。

19.4 限制国际贸易的政府政策

分析限制国际贸易的政府政策产生的经济影响。

19.5 对贸易政策和全球化的争论

评价对贸易政策和全球化的争论。

19.6 外汇市场和汇率

解释汇率是如何决定的，汇率的变动如何影响进口品和出口品的价格。

开篇案例

联邦政府"购买美国货"的政策帮助美国企业了吗？

为了应对2007—2009年衰退，国会和奥巴马总统通过了《2009年美国复苏和再投资法案》，该法案包括减税和增加政府支出等政策，其中大幅增加了桥梁和公路等基础设施建设支出。该法案包含了"购买美国货"的条款，即用这些资金购买的所有制成品必须都是在美国制造的。这一条款本意是阻止外国公司参与这些新支出项目，增加法案创造的工作数量。

但是一些美国企业反对"购买美国货"的条款。这些企业有两个担忧：首先，它们担心外国政府会报复。特别是加拿大和中国，它们在法案通过前就提出了抗议，指出美国政府已经签署了国际贸易协定，承诺不对外国企业在美国销售产品增设新障碍。这一法案通过后，报复确实发生了。中国通过了一个相似的增加基础设施支出的法案，但是规定只有中国企业能参与其中。总部位于伊利诺伊州、生产推土机和其他建筑设备的卡特彼勒（Caterpillar）公司和其他的美国企业都被排除在外。卡特彼勒公司一位高管表示："所谓的购买美国货的修正案实际上是一条不利于出口的条款。"

美国企业担忧的另一个原因是，在现代商业社会，外国企业常常从美国供货商那里采购，美国供货商也常常从外国企业那里采购。正如通用电气公司的一位高管所说："供应链的一体化程度是如此之高，以至于尝试强加一条购买美国货的条款根本就是不理智的行为。某些部件需要进出境四五次。"

购买美国货的条款和保护美国企业免受国外竞争的其他措施是好主意吗？正如我们将在本章看到的，这些政策创造了赢家，但是也创造了输家。赢家是那些免受外国竞争的企业，输家是依赖于向外国出口的美国企业以及不得不为本可以用低价从外国企业购买的商品支付更高价格的美国消费者和纳税人。

本章末的"业内观察"专栏考察了一起针对家得宝公司（Home Depot）的联邦诉讼，指控该公司违反了购买美国货的条款。

资料来源：Keith Bradsher，"Pentagon Must 'Buy American'，Barring Chinese Solar Panels"，*New York Times*，January 9，2011；Peter Fritsch and Corey Boles，"How 'Buy American' Can Hurt U. S. Firms"，*Wall Street Journal*，September 17，2009；and Mark Drajem，"GE，Caterpillar Fight 'Buy American' Rule in Stimulus"，*Bloomberg.com*，January 22，2009。

生活中的经济学

你听说过"购买美国货"条款吗？

政客们经常支持贸易限制，来为自己争取选票。在受这些贸易限制保护的行业中工作的工人可能会投票支持这些政客，因为他们认为贸易限制能保护自己的工作。但是大多数人并不在受贸易限制保护的行业中工作。许多人为诸如卡特彼勒这样的在外国市场销售商品的公司工作。如果外国就美国减少进口商品的措施进行回击，这些工人就有失业的风险。那么，某些美国企业是如何说服国会在《2009年美国复苏和再投资法案》中包含“购买美国货”条款的呢？为什么只有少数人听说过这一条款呢？在阅读本章的过程中，看看你是否能够回答这个问题。对照我们在本章末尾提供的答案，你可以检验你的答案。

贸易就是简单的购买或销售行为。国内贸易和国际贸易有什么区别呢？在美国，国内贸易使得俄亥俄州的消费者能够品尝到阿拉斯加州捕捞的大马哈鱼，蒙大拿州的消费者能够驾驶在密歇根州或肯塔基州组装的汽车。类似地，国际贸易使得美国的消费者能够品尝到法国产的红酒、使用日本产的蓝光播放器。但是国内贸易和国际贸易有一个显著的差别，那就是国际贸易更富有争议。曾经，几乎所有在美国买到的电视、鞋、衣服和玩具都是本国生产的。但如今，这些商品大部分都是由其他国家的企业生产的。这种改变造福了美国消费者，因为与被替代的美国商品相比，外国商品价格更低、质量更好。但是与此同时，许多生产这些商品的美国企业破产了，它们的工人不得不重新找工作。所以，毫不令人惊讶，民意调查显示，许多美国人支持减少国际贸易，因为他们相信这样将有利于维持美国的工作岗位。但这一想法正确吗？

我们可以用第 3 章中介绍的需求和供给工具来分析在国际上进行交换的商品和服务的市场。我们在第 2 章中看到，一般而言，无论是国内贸易还是国际贸易，贸易都建立在比较优势原理上。在本章，我们将更详细地分析比较优势在国际贸易中的作用。我们也将运用第 4 章中的消费者剩余、生产者剩余和无谓损失的概念，来分析政府对贸易的干预政策。有了这些知识，我们再回到美国是否从国际贸易中获利的政治争论上来。

在本章，我们也将分析美元与其他通货之间的汇率的决定因素。我们首先研究国际贸易在美国经济中的作用有多大。

19.1 国际经济中的美国

在过去的 50 年里，国际贸易飞速发展。世界范围内货运成本的降低、稳定廉价的通信技术的广泛使用、政府政策的转变都促进了贸易的增长。企业能够以低廉的成本使用大型集装箱将产品送往大洋彼岸。如今，经理人能通过快捷、廉价和安全可靠的空中运输，飞往欧洲和亚洲。互联网、手机、短信使经理人即刻与世界各地的消费者和供应商联络，并且成本低廉。交通和通信的这些进步创造了一个一体化的全球市场，而这是过去商人们的梦想。

此外，在过去的 50 年里，许多政府转变了政策，为国际贸易提供便利。例如，关税下降了。**关税**（tariff）指的是政府对进口品征收的税收。**进口**（imports）是在国内购买但是在其他国家生产的商品与服务。在 20 世纪 30 年代，美国平均关税税率超过 50%。而如今，税率低于 2%。根据 1994 年生效的《北美自由贸易协定》（NAFTA），加拿大、墨西哥和美国这三个北美国家之间大部分的关税都被取消了。欧盟的 27 个成员国之间取消了所有的关税，极大地增加了进口和出口。**出口**（exports）指的是在国内生产但是在其他国家销售的商品和服务。

□ 19.1.1 贸易对美国经济的重要性

美国消费者购买的其他国家生产的商品和服务数量日益增多。与此同时，美国企业在其他国家出售的商品和服务数量也越来越多。图 19.1 显示，从 1970 年以来，进口和出口占美国国内生产总值（GDP）的比重稳步提高。回忆 GDP 是一年中一个国家生产的所有最终商品和服务的总价值。1970 年，进口和出口占 GDP 的比重都小于 6%。而 2010 年，出口约占 GDP 的 13%、进口约占 16%。

国际贸易对美国经济各部门的影响不尽相同。例如，理发和阑尾切除术等服务的进出口十分困难，但美国农产品的很大比例都出口了。每一年，美国生产的约 50%的小麦和 20%的玉米都出口了。

许多美国制造行业也依赖于贸易。美国制造业工作岗位的约 20%都直接或间接地依赖于出口。在某些行业，如电脑行业，工人制造的产品会直接出口。而在另一些行业，如钢铁行业，生产的产品被用于生产其他产品，如推土机或机床，随后再被出口。总体来看，约 2/3 的美国制造业有至少 10%的就业岗位依赖于出口。

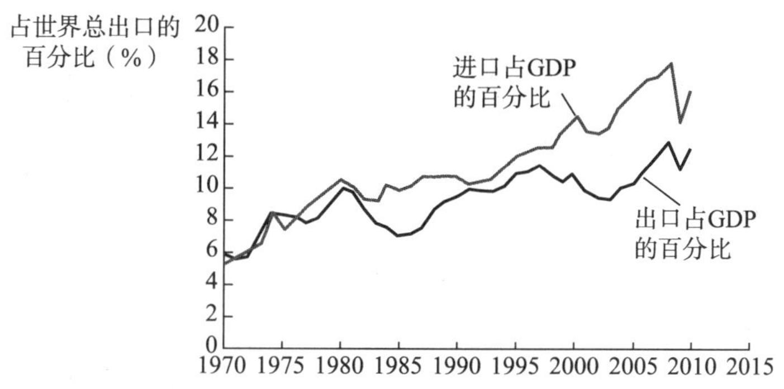

图 19.1 国际贸易对美国日益重要

商品和服务的进出口占总产出（用 GDP 表示）的比值显示了国际贸易对经济的重要性。1970 年以来，进口和出口占美国 GDP 的百分比稳步上升。

资料来源：U. S. Department of Commerce，Bureau of Economic Analysis。

□ 19.1.2 国际背景下的美国国际贸易

如图 19.2 所示，美国是世界上最大的出口国。其他 7 个主要出口国中的 6 个都是高收入国家。虽然中国还是低收入国家，但是它在过去 30 年间的飞速发展使它成为了世界上第三大出口国。

图 19.3 表明，国际贸易对美国的重要程度不及其他国家，出口和进口占 GDP 的百分比都更小。在比利时和荷兰这样的一些小国中，进口和出口占 GDP 的百分比都超过了一半。在更大的欧洲国家中，进口和出口占 GDP 的百分比在 1/4～1/2 之间。

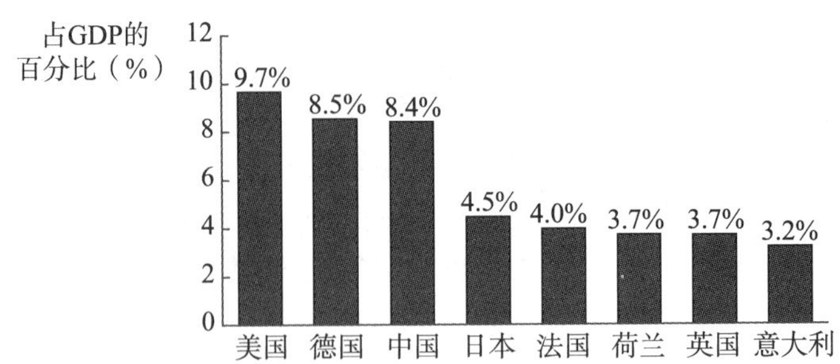

图 19.2　2010 年世界八大出口国

美国是世界上最大的出口国，占世界总出口的 9.7%。图中数值表示占世界商品和服务总出口的比重。

资料来源：World Trade Organization，*International Trade Organization*，2010。

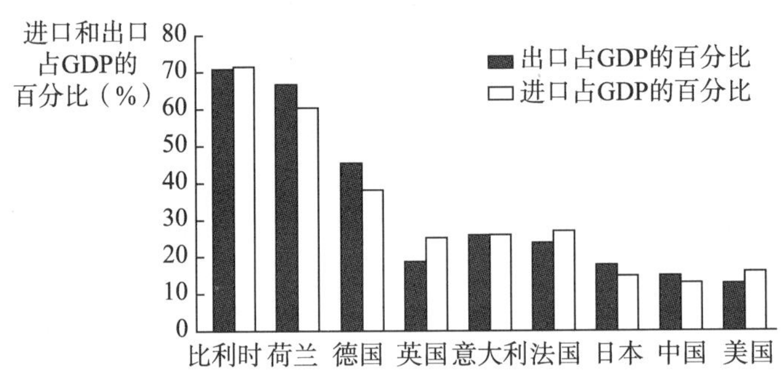

图 19.3　国际贸易占 GDP 的百分比

国际贸易对美国的重要程度不及大部分其他国家。

资料来源：Organization for Economic Operation and Development，*Country Statistical Profile*，2011。

建立联系

国际贸易对卡特彼勒公司的重要性

我们在开篇案例中看到，卡特彼勒公司反对《2009 年美国复苏和再投资法案》中的“购买美国货”条款。公司的首席执行官吉姆·欧文斯（Jim Owens）认为：“我们应该避免‘购买美国货’这样的事情。因为如果我们偏袒本国企业，这就向世界传达了一个糟糕的信号，我担心其他国家会采取更多的贸易保护主义政策。”欧文斯有足够的理由担心，因为在 2010 年该公司有 68%的销售额发生在北美以外，如右图所示。因为卡特彼勒公司高度依赖出口，所以，一旦外国政府对“购买美国货”条款做出反应从而限制来自美国的出口，公司就会受到极大的影响。

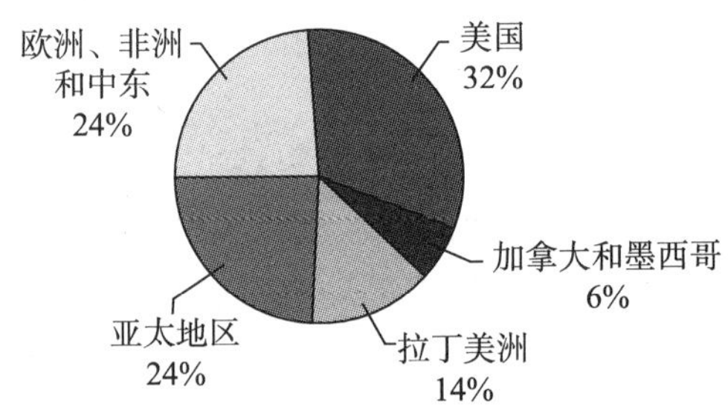

事实上，卡特彼勒公司越来越依赖于

外国市场。公司出口占总销售额的份额已经从 2004 年刚刚过半上升至 2010 年的 2/3以上。因为卡特彼勒公司销售的是掘土机和其他建筑设备，所以它严重地受到了 2006 年开始的美国房地产市场下滑的影响。虽然该公司在美国的销售额在 2006—2008 年间下降了一半多，但是出口增加得足够多，使 2008 年成为卡特彼勒公司历史上销售额最高的年份。但是，到了 2009 年，全球经济的下行开始影响卡特彼勒公司，销售额下降了 37%。2010 年，销售额上升了 31%，但是销售额的上升主要来源于美国以外的市场。

虽然现在卡特彼勒公司在美国国外市场的销售额超过在美国国内，但是，它仍是美国的一个大雇主。在 2010 年年末，卡特彼勒公司在美国有 278 个办事处和工厂，雇用了 41 000 多名雇员。除此之外，卡特彼勒公司的经销商在美国的雇员人数超过 5 万人。还有数以千计的工人受雇于为卡特彼勒公司产品提供零部件的许多美国企业。卡特彼勒公司的困难使得该公司及其供货商所在社区出现了问题。该公司在位于伊利诺伊州 Peoria 的总部周边地区雇用了超过 2 万名员工。当 2009 年初销售额下滑迫使公司开始裁员时，当地的房地产市场、商店和企业、政府收到的税款都受到了影响。与许多依赖于出口的美国企业一样，卡特彼勒公司及其员工对外国政府针对美国出口品所采取的报复或其他政治问题所引发的国际贸易中断十分脆弱。

资料来源：Geoff Colvin，“Caterpillar Is Absolutely Crushing It”，*Fortune*，May 12，2011；Steve Tarter，“Cat Raises the Possibility of Leaving Illinois”，*Journal Star*，March 25，2011；Steven Gray，“Caterpillar Layoffs：How They're Playing in Peoria”，*Time*，January 29，2009；and Caterpillar，2010 *Annual Report*。

轮到你了：做本章末与本专栏相关的问题与应用 1.7，看看你理解得如何。

19.2 国际贸易中的比较优势

为什么全世界的企业越来越关注国外市场？为什么消费者购买国外制造的商品的数量越来越多？人们进行贸易是因为一个原因：贸易能使他们的境况变好。任何时候，买卖发生一定是因为买家和卖家相信他们的境况都变好了；否则，买卖就不会发生。无论买卖双方生活在同一个城市还是不同国家，这个结果都一定成立。正如我们将要看到的，相对于国内贸易，政府干预国际贸易的可能性更大，但是干预的理由往往是政治性的而不是经济性的。

19.2.1 比较优势的简单回顾

在第 2 章中，我们讨论了比较优势这个关键经济概念。**比较优势**（comparative advantage）指的是个人、企业或国家以比竞争对手更低的机会成本生产一种商品或服务的能力。回忆**机会成本**（opportunity cost）是从事一项活动必须放弃的价值最高的其他用途。个人、企业和国家专门从事自己具有比较优势的经济活动。在贸易中，我们从其他人

(或其他企业、国家)的比较优势中获利，而他们也从我们的比较优势中获利。

思考比较优势的一个好方法是回忆第 2 章你和你的邻居采摘水果的例子。你的邻居比你擅长采摘苹果和樱桃。那么为什么你的邻居不同时采摘这两种水果呢？因为你邻居采摘苹果的机会成本很大：她特别擅长摘樱桃，每多摘一小时的苹果就少摘了一小时樱桃。因为你采摘苹果的机会成本比你的邻居低，所以你采摘苹果具有比较优势。而因为你的邻居采摘樱桃的机会成本比你低，所以她采摘樱桃具有比较优势。你的邻居专门摘樱桃，你专门摘苹果，你们的境况都会变好。之后，你可以用你的部分苹果交换邻居的部分樱桃，这样你们都拥有的两种水果都比各自采摘两种水果且不进行交换的情况下多。

□ 19.2.2 国际贸易中的比较优势

比较优势原理能够解释为什么人们选择不同的职业，也能解释为什么各国生产不同的商品和服务。国际贸易中，许多国家进口和出口许多不同的商品和服务。如果国家专门生产自己具有比较优势的商品，那么它们的境况就会更好。然后，它们再用自己生产的商品交换其他国家生产的具有比较优势的商品。

我们可以用一个只有两个国家和两种产品的简单例子说明为什么基于比较优势的专业化生产能使各国的境况改善。假定美国和日本只生产手机和平板电脑（如苹果公司的 iPad 和三星公司的 Galaxy Tab)。两国都只使用劳动生产每种商品，日本和美国生产的手机和平板电脑完全同质。表 19.1 列出了各国每小时劳动生产每种商品的数量。

表 19.1　　日本工人比美国工人高产的例子

	每小时劳动的产出	
	手机	平板电脑
日本	12	6
美国	2	4

注意，在这两种产品的生产上，日本工人比美国工人都更高效。日本工人每一小时劳动能生产的手机数量是美国工人的 6 倍，能生产的平板电脑数量是美国工人的 1.5 倍。在这两种产品的生产上，日本相较于美国而言拥有绝对优势。**绝对优势**(absolute advantage) 是个人、企业或国家利用相同数量的资源比竞争对手生产出更多的商品或服务的能力。在本例中，使用相同的劳动，日本生产的手机和平板电脑数量都多于美国。

起初看来，日本与美国进行交易似乎不可能获利，因为它在两种商品的生产上都具有绝对优势。但是，日本应该专门生产手机，然后通过向美国出口手机来交换自己需要的平板电脑。日本从贸易中获利的原因是，虽然日本在两种商品的生产上都拥有绝对优势，但是它只在生产手机上具有比较优势。美国在生产平板电脑上具有比较优势。

虽然日本每小时劳动能生产更多的平板电脑，但日本应该从美国进口平板电脑。如果这看起来与常理相悖，那么，就考虑一下各个国家生产每种商品的机会成本。如果日本想生产更多的平板电脑，它必须抽调生产手机的劳动。每抽调一小时生产手机的劳动去生产平板电脑，平板电脑的产量将增加 6，手机的产量将减少 12。日本每多生产 6 台平板电脑都要损失 12 部手机。所以日本多生产 1 台平板电脑的机会成本是 12/6=2 部手机。

如果美国抽调 1 小时生产手机的劳动去生产平板电脑，手机的产量将下降 2，平板电脑的产量将上升 4。所以，美国多生产 1 台平板电脑的机会成本是 2/4=0.5 部手机。美国生产平板电脑的机会成本更低，所以在这种产品的生产上拥有比较优势。同理，我们能够看到，日本在生产手机上拥有比较优势。表 19.2 总结了每个国家生产这两种商品的机会成本。

表 19.2　　生产手机和平板电脑的机会成本

	每小时劳动的产出	
	手机	平板电脑
日本	0.5	2
美国	2	0.5

表中列出了两国生产手机和平板电脑的机会成本。例如，第一行第二列的数值表示日本每多生产 1 台平板电脑一定会损失 2 部手机。

19.3　各国如何从国际贸易中获益？

日本真的能从只生产手机并且与美国交换平板电脑中获利吗？答案是肯定的。为了看出这一点，假设最初日本和美国并不相互进行贸易。一国不与其他国家进行贸易这样一种状况被称为**自给自足**（autarky）。假设在自给自足的状况下，每个国家有 1 000 小时劳动用于生产这两种商品，每个国家生产的这两种商品的数量如表 19.3 所示。因为不存在贸易，所以这些数量也代表各个国家消费的这两种商品的数量。

表 19.3　　无贸易时的产量

	机会成本	
	手机	平板电脑
日本	9 000	1 500
美国	1 500	1 000

□ 19.3.1　通过贸易增加消费

假定现在日本和美国开始相互贸易。**贸易条件**（terms of trade）指的是一国用其出口品与来自其他国家的进口品进行交换的比率。为了简化，我们假设美国和日本之间的贸易条件是双方愿意用一部手机交换一台平板电脑。

一旦贸易开始，美国和日本就能相互交换手机和平板电脑。例如，如果日本将 1 000 小时可用劳动专门用于生产手机，它将能够生产 12 000 部。然后，它可以把 1 500 部手机出口到美国，以换取 1 500 台平板电脑。（谨记我们假设贸易条件是一部手机交换一台平板电脑。）日本最终能得到 10 500 部手机和 1 500 台平板电脑。与贸易前的情况相比，日本拥有的平板电脑数量相同，但是拥有的手机数量多了 1 500 部。如果美国专门生产平板电脑，它将可以生产 4 000 台。然后，它可以把 1 500 台平板电脑出口到日本，以换取 1 500部手机。美国最终能得到 1 500 部手机和 2 500 台平板电脑。与贸易前的情况相比，美国拥有的手机数量相同，但是拥有的平板电脑数量多了 1 500 台。贸易使得两个国家消费的商品数量增加。表 19.4 总结了美国和日本从贸易中获得的利益。

表 19.4　　日本和美国如何从贸易中获益

无贸易

	产出和消费	
	手机	平板电脑
日本	9 000	1 500
美国	1 500	1 000

有贸易

	产出		消费		贸易后消费	
	手机	平板电脑	手机	平板电脑	手机	平板电脑
日本	12 000	0	出口 1 500	进口 1 500	10 500	1 500
美国	0	4 000	进口 1 500	出口 1 500	1 500	2 500

有贸易的情况下，日本和美国专门生产具有比较优势的商品……

并将部分商品出口，换取其他国家生产的具有比较优势的部分商品

贸易利益

	增加的消费
日本	1 500部手机
美国	1 500台平板电脑

贸易后消费的增加代表各国从贸易中获得的利益

通过贸易，日本和美国能够消费的商品数量比没有贸易时更多。这是因为贸易使世界上两种商品的总产出增加了。(在本例中，我们所说的世界只包括日本和美国。)

为什么美国专门生产平板电脑而日本专门生产手机后，两种商品的总产出都增加了呢？国内的类比有助于回答这个问题：如果一个企业的生产从旧厂房转移到更高效的现代化厂房，它的产出就会增加。事实上，在我们的例子中相同的事情发生了。在美国生产手机和在日本生产平板电脑都没有效率。将生产转移到一个更有效率的国家——也就是具有比较优势的国家，能够增加总产出。要点是：各国可以从生产具有比较优势的商品并相互交换中获益。

□ 19.3.2　为什么我们没有看到完全的专业化？

在只有两个国家和两种商品的例子中，每个国家专门生产其中一种商品。但是，在现实世界，许多商品和服务都不只在一个国家生产。例如，在美国、日本、德国、加拿大、墨西哥、印度、中国以及许多其他国家都生产汽车。在现实生活中，我们并没有看到完全的专业化，原因主要有三点：

● 并不是所有的商品和服务都能进行国际贸易。例如，虽然日本的医疗服务业拥有比较优势，但是日本难以专门生产医疗服务并将其出口。日本外科医生为美国患者做阑尾切除术并不容易。

● 大部分商品生产的机会成本递增。回忆第 2 章讲道，大部分商品生产的机会成本递增。因此，在我们的例子中，如果美国将更多的工人投入平板电脑的生产，生产更多平板电脑的机会成本将上升。在超过某一产量后，美国生产平板电脑的机会成本可能超过日本。此时，国际贸易就不再能促使美国进一步专业化。对于日本，情况也是如此：机会成本递增也使日本停止手机生产的完全专业化。

● 对产品的喜好不同。大部分产品是异质的。手机、平板电脑、汽车、电视等许多产品具有的特征有很大的多样性。购买汽车时，一些人喜欢安全、节油的汽车，而另一些人希望车内空间大到能载 7 个人，还有一些人看重外观和性能。所以，有些消费者偏好丰田普锐斯混合动力车，有些偏好切诺基都市款，还有些偏好宝马汽车。所以，日本、美国和德国可能各自在生产不同种类的汽车上拥有比较优势。

不要犯这样的错误！ ☞

谨记：贸易既有赢家也有输家

以下叙述来源于联储的一份出版物："贸易对所有参与国都有利。"有时，人们将这句话理解为国际贸易中没有输家。但是请注意，这句话是针对国家而不是个人说的。当国家参与贸易时，它们通过增加消费者可消费的商品数量，使各国消费者的境况改善。但是，正如我们所见，国际贸易使得受雇于比外国公司生产效率更低的企业的工人失去工作。贸易也在对外出口的企业中创造了新职位。但是，由于贸易而失业的工人找到其他工作可能并不容易。这就是美国联邦政府运用贸易调整援助项目为因国际贸易而失业的工人提供资助的原因。符合条件的失业工人能够运用这些资金来支付再培训、寻找新工作和搬迁到新工作所在地的费用。这个项目以及其他国家的类似项目都表明，国际贸易中既有赢家也有输家。

资料来源：Federal Reserve Bank of Dallas, "International Trade and the Economy", www.dallasfed.org/educate/everyday/ev7.html。

轮到你了：做本章末的问题与应用 3.12，看看你理解得如何。

□ 19.3.3 国际贸易中有输家吗？

在手机和平板电脑的例子中，作为贸易的结果，美国和日本的消费数量都增加了。所有人都是赢家，没有输家。真的是这样吗？在我们的例子中，我们不断提到"日本"或"美国"生产手机或平板电脑。但是事实上，从事生产的不是国家，而是企业。在没有贸易的情况下，日本和美国都有手机和平板电脑厂商。但是，在有贸易的情况下，日本只有手机厂商，美国只有平板电脑厂商。日本的平板电脑厂商和美国的手机厂商都倒闭了。总体上，总就业量并不会改变，产出因贸易而增加。但是，日本的平板电脑厂商和美国的手机厂商的所有者以及在这些企业工作的员工的境况都因为贸易而变差了。因此，贸易的输家将竭尽所能说服日本和美国政府采取贸易干预政策，设置障碍阻止外国的竞争产品进口，或向它们征收高额关税。

□ 19.3.4 比较优势从何而来?

比较优势有如下几个主要来源：

● 气候和自然资源。这个来源显而易见。因为地质构造，沙特阿拉伯在石油生产上有比较优势。因为气候和土壤情况，哥斯达黎加在香蕉生产上有比较优势，美国在小麦生产上有比较优势。

● 劳动力和资本相对充足。美国等国家拥有许多高技能的工人和许多机器设备。中国等国家拥有许多低技能工人和相对少的机器设备。所以，美国在生产飞机、半导体、电脑软件等需要高技能工人或先进生产设备的商品生产上具有比较优势。中国在工具、衣服、儿童玩具等需要低技能工人和少量简单设备的产品生产上具有比较优势。

● 技术。广义的技术是指企业将投入转变为商品和服务的过程。在任何给定的时候，不同国家的企业所用的技术存在差异。这种差异部分地是由各国以前为支持高等教育和研发所进行的投资不同造成的。一些国家在产品技术上很强，所谓产品技术是指开发新产品的能力。例如，美国企业在收音机、电视、电脑、飞机、医疗设备和多种处方药上的研发能力都处于领先地位。一些国家在工艺技术上很强，所谓工艺技术是指改进现有产品生产技术的能力。例如，丰田、本田等日本企业极大地改进了汽车设计和制造过程。

● 外部经济。有时很难用气候、自然资源、劳动和资本的相对丰富程度或技术来解释某些行业的地理位置。例如，为什么南加州在电影制作上有比较优势，瑞士在手表生产上有比较优势，而纽约在金融服务的提供上有比较优势？答案是一旦某一行业在某个地区发展成熟，该地区的企业就比其他地区的企业具有优势。这种优势包括雇用到熟练的技术工人、与同行业其他企业互动、更接近供应商等等。这些优势导致该地区的企业成本更低。由于行业规模的增加而引起的企业成本的下降被经济学家称为**外部经济**（external economies）。

建立联系

离开纽约市？对金融企业来说是一种冒险

“华尔街”这一名字是美国银行、经纪人事务所和其他金融企业组成的金融体系的简称。同时，华尔街也是纽约曼哈顿区的一条街道的名称。纽约证券交易所就位于华尔街，并且许多金融企业的总部都位于曼哈顿。当然也有许多金融企业位于曼哈顿以外的地方，但是许多最大的企业都相信毗邻华尔街是有优势的。例如，在1997年，瑞士一家叫做UBS的大型银行将其北美总部搬离曼哈顿，迁至康涅狄格州的斯坦福德市，在那里它建立了世界上最大的金融证券交易机构。但是，到了2011年，UBS开始把该银行的许多高级职员重新安置在曼哈顿，并且准备等世界贸易中心3号楼完工后就租用超过100万平方英尺的办公场所。其他将部分业务搬出曼哈顿的金融企业后来也搬了回去。

金融企业起初集中在曼哈顿是历史的偶然。在殖民地时期和直到19世纪初的时间里，作为商业和金融中心，费城和波士顿都至少是纽约的有力竞争者。事实上，费城比纽约人口更多，也是美国政府前两个中央银行总部所在地。当1825年纽约北部的伊利运河（Erie Canal）完工时，纽约就迅速超越了其他竞争城市。这条运河导致玉米和其他原料被运到纽约市而不是其他港口。这种流入带动了银行业、保险和其他金融企业的发展。纽约证券交易所交易量的逐渐增加和运河完工所带来的企业增加，确立了纽约作为全国最主要金融中心的地位。

但是，伊利运河已经停止使用很多年了，大多数证券交易都是以电子形式发生的，而不是在纽约证券交易所的大厅进行。所以，为什么金融企业仍然高度集中在纽约市，一些短暂离开过的企业也决定回到这个城市呢？答案是金融企业从位于纽约市这一外部经济中获益。即使在互联网时代，许多金融交易仍然是面对面发生的，所以，在纽约市没有设立办事处的企业就有劣势。许多想从事金融业工作的人也希望待在纽约，因为大部分工资最高的金融职位都在纽约市。已经搬离曼哈顿的企业更难吸引并留住生产力最高的那些员工。此外，曼哈顿也集中了大量提供支持服务（如金融企业计算机系统运行所需的软件编程）的企业。

不在曼哈顿的大型金融企业，特别是那些大量交易证券或所做交易涉及企业间并购的企业，其成本可能高于位于曼哈顿的企业。许多金融企业起初集中在曼哈顿是历史的偶然，但是，金融行业在该地成长起来之后，外部经济使这个地区在提供金融服务方面具有了相对优势。

资料来源：Brett Philbin，"UBS Shifts Staff to New York"，*Wall Street Journal*，July 13，2011；and Charles V. Bagli，"Regretting Move，Bank May Return to Manhattan"，*New York Times*，June 8，2011。

轮到你了：做本章末与本专栏相关的问题与应用3.13，看看你理解得如何。

□ 19.3.5 比较优势随时间的变迁：美国消费类电子产品行业的兴衰

一个国家在某种商品的生产上可能建立了比较优势，然后，随着时间的流逝和环境的变化，这个国家在这种商品的生产上的比较优势可能丧失，转而在其他商品的生产上建立起比较优势。曾经有几十年的时间里，美国在电视、收音机、音响等消费类电子产品的生产上具有比较优势。这种优势是建立在已经开发了基础技术、拥有现代化程度最高的厂房和技术熟练、经验丰富的员工的基础上的。但是，渐渐地，其他国家，特别是日本，掌握了这些技术、建造了现代厂房、培养了技术熟练的员工。正如我们之前提到的，日本企业在工艺技术上（即改进现有产品生产技术的能力）很强。到了20世纪70—80年代，日本企业就能制造许多更价廉质优的消费类电子产品。索尼、松下和先锋等日本企业取代了Magnavox、Zenith、RCA等美国企业，成为世界消费类电子产品市场的引领者。

但是，到了2011年，随着消费类电子产品基础技术的发展，比较优势再次发生了移位。几家美国企业超过了它们的日本竞争对手。例如，苹果公司开发了iPod、iPhone和iPad；思科集团的部门Linksys在家庭无线网络技术中处于领先地位；Tivo也成为了数码录像设备（DVR）的领先企业。随着图片和音乐被转换为数字数据，工艺技术的重要性已经低于设计和开发新产品的能力。这些新消费类电子产品要求的技术与电脑设计和软件编程类似，这正是美国长期以来具有比较优势的领域。

一旦一个国家失去了某种商品生产的比较优势，那么，从生产该商品转变为进口该商品会使该国收入增加，经济效率提高。美国从生产电视机转为进口电视机就是这样。但是，正如我们接下来将看到的，往往会有政治压力要求政府保护那些失去比较优势的行业。

19.4 限制国际贸易的政府政策

自由贸易（free trade），即不存在政府限制的国家间贸易，能改善消费者的境况。我们可以使用第 4 章中消费者剩余和生产者剩余的概念展开这一思想。图 19.4 显示了美国的生物燃料酒精市场，生物燃料酒精可以被用作汽油的替代品。该图画出了自给自足的状况，即美国不与别国进行贸易时的情况。酒精的均衡价格是每加仑 2 美元，均衡数量是每年 60 亿加仑。浅灰色部分代表消费者剩余，深灰色部分代表生产者剩余。

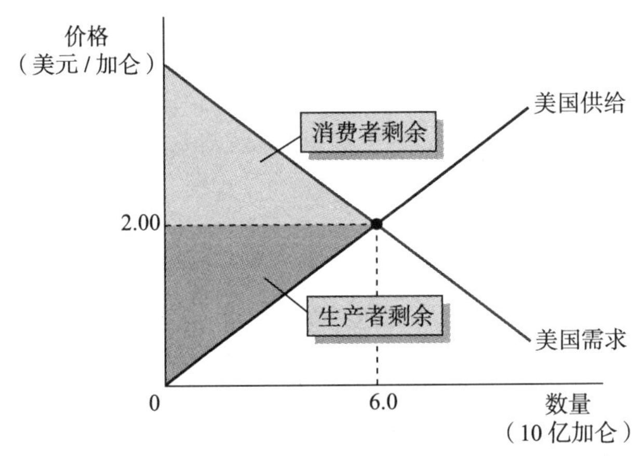

图 19.4　自给自足状态下的美国酒精市场

该图显示了自给自足状态（即美国不与别国进行贸易）下的美国酒精市场。酒精的均衡价格是每加仑 2 美元，均衡数量是每年 60 亿加仑。浅灰色部分代表消费者剩余，深灰色部分代表生产者剩余。

现在假定美国开始以每加仑 1 美元的价格从巴西和其他国家进口酒精。因为世界酒精市场很大，所以我们将假设美国购买酒精的数量不会造成世界价格（每加仑 1 美元）上升。所以，一旦美国允许酒精进口，美国企业出售酒精的价格就不可能高于每加仑 1 美元，美国价格将等于世界价格。

图 19.5 显示了美国允许酒精进口后的结果。价格从 2 美元下降至 1 美元，美国消费者的购买量从 60 亿加仑上升至 90 亿加仑。均衡从 F 点移动至 G 点。在新均衡，美国生产者供给的酒精数量从 60 亿加仑下降至 30 亿加仑。进口量是 60 亿加仑，等于美国消费数量和美国生产数量之差。

在自给自足的状态下，消费者剩余是图 19.5 中的 A 部分。有了进口，价格的下降增加了消费者剩余，所以消费者剩余现在等于 A、B、C、D 部分之和。虽然价格的下降增加了消费者剩余，但是它减少了生产者剩余。在自给自足的状态下，生产者剩余是 B、E

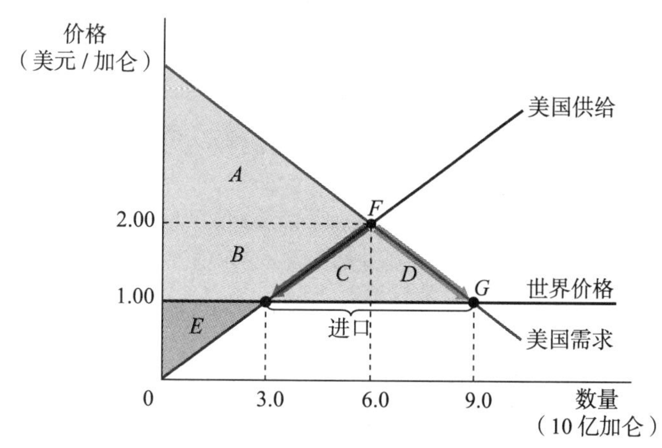

图 19.5　进口对美国酒精市场的影响

美国允许酒精进口后，价格从 2 美元下降至 1 美元，美国消费者购买量从 60 亿加仑上升至 90 亿加仑。均衡从 F 点移动至 G 点。美国生产者供给的酒精数量从 60 亿加仑下降至 30 亿加仑。进口量是 60 亿加仑，等于美国消费数量和美国生产数量之差。消费者剩余等于 A、B、C、D 部分之和。生产者剩余等于 E 部分。

部分之和。有了进口，生产者剩余只等于 E 部分。虽然下降的价格提高了消费者剩余，但是它减少了生产者剩余。回忆经济剩余等于消费者剩余和生产者剩余之和。从自给自足状态变为允许进口状态增加了美国经济剩余，增加的量等于 C 和 D 部分之和。

我们能得到结论：国际贸易有利于消费者，但是不利于比外国竞争者低效的企业。所以，这些企业和它们的员工通常都是限制贸易的政府政策的坚决支持者。这些政策通常采取两种形式：关税或配额和自愿出口限制。

	自给自足状态	允许进口
消费者剩余	A	$A+B+C+D$
生产者剩余	$B+E$	E
经济剩余	$A+B+E$	$A+B+C+D+E$

□ 19.4.1　关税

关税是最常用的贸易干预手段。关税是指政府向进口品征收的税收。与其他税收一样，关税增加了商品销售的成本。图 19.6 表明了向美国进口的酒精征收每加仑 0.5 美元关税的效果。这 0.5 美元关税将美国的酒精价格从每加仑 1 美元提高到每加仑 1.5 美元。在这个更高的价格下，美国的酒精生产者的供给量从 30 亿加仑上升至 45 亿加仑。但是美国的消费者对酒精的购买量从 90 亿加仑减少至 75 亿加仑。进口从 60 亿加仑（=90 亿加仑−30 亿加仑）降低至 30 亿加仑（=75 亿加仑−45 亿加仑）。均衡从 G 点移动至 H 点。

通过将酒精价格从 1 美元提高至 1.5 美元，关税使消费者剩余减少了 A、T、C、D 部分之和。A 部分为价格提高后生产者剩余的增加。政府的关税收入等于每加仑 0.5 美元的关税乘以 30 亿加仑的进口量。T 部分代表政府的关税收入。C 和 D 部分代表了损失的消费者中没有任何人得到的部分，这些区域是无谓损失，代表酒精关税造成的经济效率的降低。C 部分表示美国消费者被迫从效率低于外国竞争者的本国生产者处购买酒精所带来的影响，D 部分表示比在世界价格下少购买酒精所带来的影响。关税造成的经济剩余减少

量是 C、D 部分之和。

我们能得到结论：关税有利于美国酒精生产者，但是不利于美国消费者和美国经济效率。

消费者剩余损失	=	生产者剩余增加	+	政府关税收入	+	无谓损失
$A+C+T+D$		A		T		$C+D$

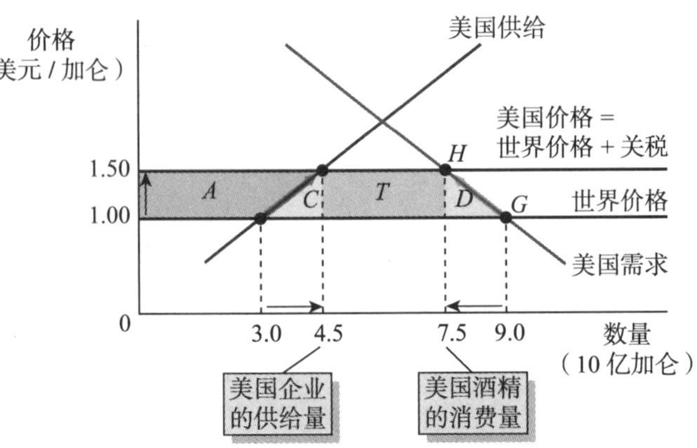

图 19.6　对酒精征收关税的影响

不对酒精征收关税时，美国生产者出售 30 亿加仑酒精，美国消费者购买 90 亿加仑酒精，其中 60 亿加仑来自进口。美国价格等于世界价格——每加仑 1 美元。每加仑 0.5 美元的关税使美国的酒精价格上升至每加仑 1.5 美元，美国生产者供给的酒精数量增加至 45 亿加仑。美国的消费者购买的酒精量减少至 75 亿加仑。均衡从 G 点移动至 H 点。酒精关税使消费者剩余减少了 $A+C+T+D$ 部分。A 部分为价格提高后生产者剩余的增加。T 部分代表政府的关税收入。C、D 部分代表了无谓损失。

□ 19.4.2　配额和自愿出口限制

配额（quota）是政府对某种商品可以进口的数量施加的数值限制，它的影响与关税类似。配额是由进口国政府施加的。**自愿出口限制**（voluntary export restraint，VER）是两国间谈判协商的、对一国能够从另一国进口的商品数量施加一个数值限制的这样一个协议。在 20 世纪 80 年代初，美国和日本达成了一项自愿出口限制协议，限制美国从日本进口的汽车数量。日本政府之所以同意这样的 VER 协议，主要是因为担心如果不同意，美国将对进口的日本汽车收取关税或设置配额。配额和 VER 具有相似的经济影响。

大部分关税和配额的主要目的是减少本国企业面对的外国竞争。多年来，美国国会为了保护本国糖类生产者，对进口糖类设置配额。图 19.7 显示了 2010 年美国糖类市场的真实数据。配额的效果与关税十分类似。通过限制进口，配额使某种商品的国内价格高于世界价格。在本例中，糖类配额将糖类进口限制在 53 亿磅，迫使美国糖类价格上升至每磅 0.53 美元，比每磅 0.28 美元的世界价格高出 0.25 美元。美国糖类价格超过世界价格是因为配额的存在阻止了外国糖类生产者在美国出售更多的糖，本来更多的进口糖类是能使糖类价格下降至世界水平的。在每磅 0.53 美元的价格下，美国生产者将糖类供给量从世界价格水平下的 47 亿磅提高至 159 亿磅，美国消费者购买的糖类数量从世界价格水平下的 275 亿磅减少至 212 亿磅。如果没有进口配额，均衡将在世界价格下出现（E 点），但是存在配额时，均衡将在美国价格下出现（*F* 点）。

消费者剩余损失	=	美国糖类生产者剩余增加	+	外国糖类生产者剩余增加	+	无谓损失
A+*C*+*B*+*D*		*A*		*B*		*C*+*D*
60.8 亿美元	=	25.6 亿美元	+	13.3 亿美元	+	21.9 亿美元

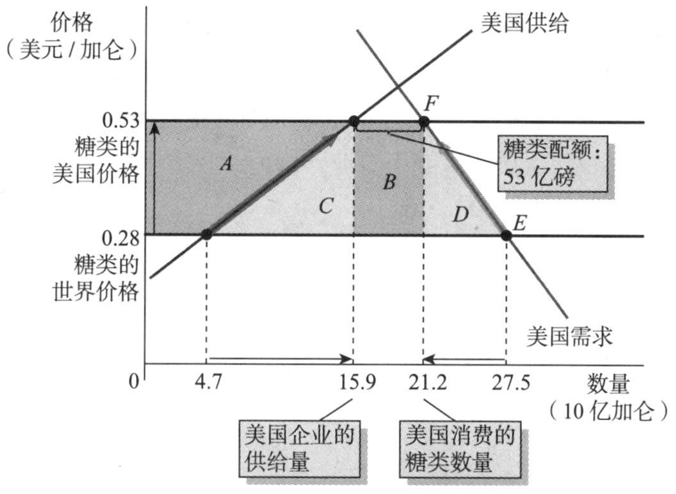

图 19.7　美国糖类配额的经济影响

没有糖类配额时，美国糖类生产者将销售 47 亿磅，美国消费者将购买 275 亿磅，进口数量是 228 亿磅。美国价格将等于世界价格每磅 0.28 美元。糖类配额将糖类进口量限制在 53 亿磅，美国糖类价格上升至每磅 0.53 美元，美国生产者的糖类供给量提高至 159 亿磅，美国消费者购买的糖类数量从 275 亿磅减少至 212 亿磅。如果没有进口配额，均衡将在 *E* 点出现，但是存在配额时，均衡将在 *F* 点出现。糖类配额使消费者剩余减少了 *A*、*B*、*C*、*D* 部分之和。*A* 部分是美国糖类生产者从配额中获得的好处，*B* 部分是外国糖类生产者从配额中获得的好处，*C*、*D* 部分是无谓损失。2010 年糖类配额造成的消费者总损失是 60.8 亿美元。

□ 19.4.3　衡量糖类配额的经济影响

我们可以用生产者剩余、消费者剩余、无谓损失这些概念来衡量糖类配额的经济影响。没有糖类配额时，美国价格等于世界价格每磅 0.28 美元。在图 19.7 中，没有糖类配额时，消费者剩余将等于 0.28 美元的世界价格以上、需求曲线以下的部分。糖类配额使美国糖类价格上升至每磅 0.53 美元，消费者剩余减少了 *A*、*B*、*C*、*D* 部分之和。没有糖类配额时，美国糖类生产者的生产者剩余将等于 0.28 美元的世界价格以上、供给曲线以下的部分。糖类配额导致的更高的美国价格使得美国生产者剩余增加了 *A* 部分。

在配额体系下，外国生产者必须获得美国政府的进口许可证才能向美国出口糖类。因此，能获得进口许可证的外国生产者会因糖类配额获益，因为它们可以以每磅 0.53 美元而不是 0.28 美元的价格在美国市场上销售糖类。外国糖类生产者的获益为 *B* 部分。*A* 和 *B* 部分代表从美国糖类消费者向美国糖类生产者和外国糖类生产者的利益转移。*C* 和 *D* 部分代表了损失的消费者剩余中没有人得到的部分。这些部分是无谓损失，代表了糖类配额引起的经济效率的降低。*C* 部分表示因为美国消费者被迫从比外国竞争者效率低的美国生产者那里购买糖类带来的影响，D 部分表示比世界价格下少购买的糖类带来的影响。

图 19.7 有足够的信息来计算 A、B、C、D 这四个部分中每一个的价值。图中的表格列出了计算结果。2010 年糖类配额造成的消费者总损失是 60.8 亿美元。其中大约 42%即 25.6 亿美元转变为美国生产者剩余的增加，大约 22%即 13.3 亿美元转变为外国糖类生产者的生产者剩余的增加，约 36%即 21.9 亿美元成为美国经济的无谓损失。美国国际贸易委员会估计，取消糖类配额将减少约 3 000 个美国制糖业的工作岗位。为了保护这些岗位，美国消费者付出的成本是 60.8 亿美元，即平均每个岗位 2 026 667 美元。事实上，这一数字仍被低估了，因为取消糖类配额将在糖果业等其他行业创造新岗位。在近些年里，包括 Life Savers 和 Star Brite 薄荷糖的生产商在内的许多美国糖果公司都将工厂迁移到了其他国家，以避免糖类配额的影响。

例题 19.4 衡量配额的经济影响

假定美国当前既生产苹果，也进口苹果。美国政府决定设置配额来限制苹果的国际贸易，只允许每年进口 400 万箱苹果。下图显示了施加配额的结果。

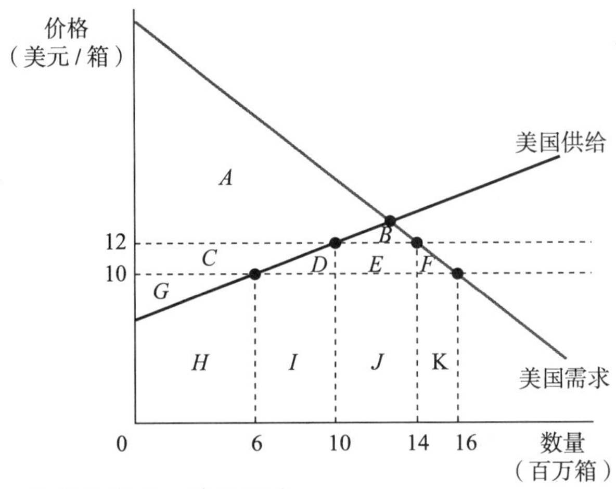

利用图中的价格、数量和字母，填写下表：

	没有配额	有配额
苹果的世界价格	________	________
苹果的美国价格	________	________
美国企业的供给量	________	________
美国消费者的需求量	________	________
进口量	________	________
消费者剩余	________	________
生产者剩余	________	________
无谓损失	________	________

解

第 1 步：复习本章内容。这一问题是关于衡量配额的经济影响的，所以你可能需要复习一下 19.4.2 节“配额和自愿出口限制”以及 19.4.3 节“衡量糖类配额的经济影响”。

第 2 步：填写表格。在研究了图 19.7 后，你应该能够填写表格。记住消费者剩余是需求曲线以下、市场价格以上的部分。

	没有配额	有配额
苹果的世界价格	10 美元/箱	10 美元/箱
苹果的美国价格	10 美元/箱	12 美元/箱
美国企业的供给量	6 百万箱	10 百万箱
美国消费者的需求量	16 百万箱	14 百万箱
进口量	10 百万箱	4 百万箱
消费者剩余	$A+B+C+D+E+F$	$A+B$
生产者剩余	G	$G+C$
无谓损失	没有无谓损失	$D+F$

轮到你了：要想做更多的练习，请做本章末与本专栏相关的问题与应用 4.14。

建立联系

挽救制造衣架的工作岗位……同时就会减少干洗业的岗位

当关税和配额的支持者们宣称这些贸易干预政策能够挽救工作岗位时，他们指的是挽救被关税和配额保护的行业的工作岗位。我们已经看到，关税和配额能增加本国企业与外国低成本企业竞争时的优势。本国企业产出增加，意味着这些企业雇用人数增加，所以能够挽救该行业的岗位。但是，正如我们同样看到的，关税和配额会造成其他行业成本上升，导致这些行业中的企业价格提高。在这些行业中，价格提高将降低商品的需求量，从而减少产出和工作岗位。

美国提高从中国进口铁丝衣架的关税时，就发生了这种情况。与其他国家签订的贸易协定规定，当外国企业在美国销售的商品价格低于制造成本时，美国有权利对这些进口品收取关税。美国国际贸易委员会（ITC）认为中国企业在美国销售的铁丝衣架价格低于制造成本，所以对这些进口的衣架征收了关税。美国的干洗店大量使用这种铁丝衣架，所以关税大幅增加了干洗店的成本。例如，纽约 East Harlem 区的一家干洗店发现，一箱铁丝衣架（500 个）的价格从 17.5 美元上升至 40 美元。干洗店每周要使用 4 000 个衣架，所以它每周的成本增加了 180 美元，每年增加 9 360 美元。干洗行业由数以万计的干洗店组成，大部分是小型干洗店，这一行业的竞争非常激烈。小型干洗店吸收这笔增加的成本非常艰难。East Harlem 干洗店的老板说：“我们不能再干这行了。”

在开始征收关税时，干洗行业的雇用人数是 22.123 万。两年后，这一数字下降至大约 1.7 万，虽然这并不全是因为衣架成本上升而导致的。ITC 估计，关税将挽救大约 300 个生产铁丝衣架的美国工作岗位，但也将导致平均每家干洗店每年增加约 4 000 美元的成本。在开始征收关税时，美国有约 3 万家干洗店，所以关税的总成本是大约 1.2 亿美元。每个挽救的岗位每年的代价是 1.2 亿/300＝40 万美元。而当时一个制造铁丝衣架的普通工人每年的工资只有约 3.1 万美元。

正如干洗店老板、干洗店雇员和购买铁丝衣架的消费者所发现的，用关税来挽救就业岗位既昂贵又无效率。

资料来源：Jennifer Bleyer，"Dry Cleaners Feel an Ill Wind from China"，*New York Times*，April 27，2008；Gigi Douban，"Costs Up，So Dry Cleaners Want Their Hangers Back"，npr. org，May 8，2008；U. S. International Trade Commission，*Steel Wire Garment Hangers from China*：*Investigation No*. 731-TA-1123（Final），Publication 4034，September 2008；and U. S. Bureau of Labor Statistics，*Occupational Employment Statistics*，May 17，2011。

轮到你了：做本章末与本专栏相关的问题与应用 4.15，看看你理解得如何。

19.5 对贸易政策和全球化的争论

关于美国政府是否应该管制国际贸易的争论可以追溯到很久很久以前。20 世纪 30 年代大萧条期间就有一项特别富有争议的限制贸易的措施。当时，美国和其他国家试图通过提高进口品关税来扶持本国企业。美国在 1930 年通过了《斯穆特-霍利关税法》（Smoot-Hawley Tariff），将平均关税税率提高到了 50%以上。作为报复，其他国家也提高了关税。国际贸易出现了崩溃。

到了 1945 年，第二次世界大战末期，美国和欧洲的政府官员开始寻求降低关税和振兴国际贸易的方法。为了达成这一目标，他们在 1984 年制定了《关税及贸易总协定》（GATT）。加入 GATT 的国家承诺不增加新关税或新的进口配额。此外，通过一系列多边谈判（或称贸易回合），参与国同意将关税从 20 世纪 30 年代很高的水平降低。

在 20 世纪 40 年代，大多数国际贸易是商品的贸易，GATT 协定也只覆盖商品贸易。在接下来的几十年里，服务的贸易以及包含软件程序、电影等知识产权的产品的贸易重要性迅速增加。许多 GATT 的成员国敦促制定一个覆盖商品、服务和知识产权贸易的新协定。经过协商，1995 年 1 月，世界贸易组织（World Trade Organization，WTO）取代了 GATT，该组织总部位于瑞士的日内瓦。目前已经有 150 多个国家和地区加入了 WTO。

□ 19.5.1 为什么有些人反对世界贸易组织?

在第二次世界大战刚结束后的那些年里，许多低收入国家（即发展中国家）实行高关税政策，并且限制外国企业在本国投资。但是，这些政策并没有带来经济增长，所以，在 20 世纪 80 年代，许多这样的国家决定对外国贸易和投资更加开放。这一过程被称为**全球化**（globalization）。大多数发展中国家都加入了 WTO，开始依照 WTO 规则行事。

在 20 世纪 90 年代，全球化的反对声浪开始增强。在 1999 年，在华盛顿特区西雅图市举行 WTO 会议，反全球化开始出现暴力。大量的抗议者聚集在西雅图，要求会见 WTO 会议代表。抗议一开始是和平的，但是迅速暴力化。抗议者抢劫商店、焚烧汽车，许多 WTO 会议代表无法离开酒店房间。此后，类似事件在大部分 WTO 会场外都有发生。

为什么以增加世界各地的收入为目标而采取的降低贸易壁垒的举动会引发如此激烈的反应呢？WTO 的反对者主要有三类：第一类，某些反对者反对的是 20 世纪 80 年代开始、90 年代广泛传播开来的全球化进程。第二类，某些反对者与 20 世纪 30 年代关税的支持者有相同的动机——建立贸易壁垒，保护本国企业免受外国企业竞争。第三类，某些反对者原则上支持全球化，但是他们认为 WTO 以损害低收入国家的利益为代价来保护高收入国家的利益。下面我们进一步分析 WTO 的这几类反对者。

反全球化。

在 WTO 会场外抗议的人之中，许多都不相信全球化。一些人认为自由贸易和外国投资破坏了许多国家特有的文化。随着发展中国家开放经济，它们从美国以及其他高收入国家进口商品，这些进口的食品、衣服、电影和其他商品代替了当地产品。所以泰国的年轻人可能坐在麦当劳餐厅，穿着 Levis 牛仔裤和 Ralph Lauren 衬衣，听着 iPod 中播放的 Lady Gaga 的专辑，还会下载《黑暗骑士崛起》电影到他的 iPad 上。全球化增加了发展中国家消费者可消费的商品种类，但是一些人认为这样将破坏当地文化，代价高昂。

全球化也使跨国企业将工厂从高收入国家转移至低收入国家。这些位于印度尼西亚、马来西亚、巴基斯坦和其他国家的新工厂支付远远低于美国、欧洲和日本的工资，常常也不用满足高收入国家制定的环境与安全标准。一些工厂使用童工，这在高收入国家是违法的。一些人认为在发展中国家开设工厂的企业应该支付给工人与在高收入国家相同的工资。同时，他们认为这些企业应该遵守高收入国家制定的健康、安全和环境管制规定。

大部分发展中国家的政府抵制这些建议。它们认为当现在富裕的国家还很贫穷的时候，也没有环境和安全标准，工人的工资也很低。它们认为富裕国家对高工资和环境、安全标准的承受能力超过了穷困国家。它们还指出，对于低收入国家的工人而言，一些在高收入国家看来非常低的工资已经是相当高的了。

建立联系

禁止童工生产的商品带来的意外结果

在印度尼西亚、泰国、秘鲁等发展中国家，7、8 岁儿童每天工作时间超过 10 小时。很小的儿童长时间工作、生产出口品的报道，使许多高收入国家的人们感到不安。在美国，人们联合抵制销售有发展中国家童工制造的商品的商店。许多人认为，如果发展中国家的儿童不在工厂制造衣服、玩具和其他商品，他们就会像高收入国家中的儿童一样，在学校学习。

但事实上，发展中国家的儿童除了工作，通常没有其他好选择。这些儿童一年之中往往只能上几个月的学，即使上学的孩子受教育的年限通常也只有少数几年。穷困的家庭常常支付不起儿童受教育的低廉学费。家庭可能依赖这些很小的孩子挣钱来维持生计，美国、欧洲、日本的穷困家庭以前也是如此。有足够的证据显示，随着穷困国家收入的上升，家庭对童工的依赖会下降。直到 1938 年，美国才立法禁止童工。如今在发展中国家，童工还十分普遍。与其他可选择的工作相比，生产出口品的工作收入往往较高，危险程度也较低。

正当法国积极筹备 1998 年世界杯之时，人们对足球的主要供货商 Baden Sports 从使用童工的巴基斯坦供货商那里购买足球提出了抗议。法国决定禁止使用所有由童工制造的足球。面对这种压力，Baden Sports 将生产从巴基斯坦转移到了中国。因为在巴基斯坦，足球是童工手缝的，而在中国，是由成年人操作机器缝制的。当时，有人对联合抵制手缝足球的做法提出了批评。通过对童工的全面研究，三个经济学家得到结论：

> 对于那些贫穷的孩子来说，缝制足球可能是他们能找到的最好的工作了……（在巴基斯坦）儿童常常在家中或小作坊里，与家人一起劳动。（足球制造过程中，）孩子们并未接触到有毒的化学物质、使用危险的工具或在暴力环境中工作，唯一值得批评的是孩子们每天的工作时间一般较长，以及正规教育受到了影响。

事实上，巴基斯坦的儿童除了缝制足球之外，能找到的工作极其有限。根据科罗拉多大学和世界银行的经济学家基思·马斯库斯（Keith Maskus）的研究，失去缝制足球工作的儿童有很大一部分最终被迫去乞讨或卖淫。

资料来源：Tom Wright，“Pakistan Defends Its Soccer Industry”，*Wall Street Journal*，April 26，2010；Drusilla K. Brown，Alan V. Deardorff，and Robert M. Stern，“U. S. Trade and Other Policy Options to Deter Foreign Exploitations of Child Labor”，in Magnus Blomstrom and Linda S. Goldberg，eds.，*Topics in Empirical International Economics：A Festchrift in Honor of Bob Lispey*（Chicago：University of Chicago Press，2001）；Tomas Larsson，*The Race to the Top：The Real Story of Globalization*，（Washington，DC：Cato Institute，2001），p. 48；and Eric V. Edmonds and Nina Pavcnik，“Child Labor in the Global Economy”，*Journal of Economic Perspectives*，Vol. 19，No. 1，Winter 2005，pp. 199-220。

轮到你了：做本章末与本专栏相关的问题与应用 5.5，看看你理解得如何。

“过时的”贸易保护主义。

反全球化理由中，反对自由贸易和世贸组织是比较新的。另一个被称为贸易保护主义的反对自由贸易的理由已持续几个世纪了。**贸易保护主义**（protectionism）指的是采用贸易壁垒来保护国内企业免受来自国外的竞争。从国际贸易出现的时候开始，政府就试图限制它来保护本国企业。正如我们对糖类配额例子的分析，贸易保护主义使得消费者蒙受损失，并且减少了需要购买受保护产品的本国企业的工作岗位。此外，通过降低国家依据比较优势进行生产的能力，贸易保护主义减少了收入。

那么为什么贸易保护主义还能吸引支持者呢？主要是基于以下几个理由：

● 保护就业。贸易保护主义的支持者认为自由贸易使一些国内企业倒闭，减少了就业。当高效的外国企业将低效的本国企业赶出市场时，就业的确减少了，但是，当高效的本国企业将低效的本国企业赶出市场时，就业也会减少。但是，这种失业往往是暂时性的。在美国经济中，现有工作不断消失，新工作不断出现。从未有经济研究表明总岗位数与本国行业的保护性关税水平之间存在长期联系。此外，贸易限制在保护一些行业的同时，减少了另一些行业的就业。美国糖类配额可能挽救了美国糖类行业的工作，但是它也减少了美国糖果业的就业。

● 保护高工资。一些人担心高收入国家的企业为了和发展中国家企业竞争，将不得不开始支付低得多的工资。但是，这种担心并没有必要，因为自由贸易实际上通过提高经济效率提高了生活水平。当一个国家采取贸易保护主义政策，自己生产本可以从其他国家获得的更廉价的商品和服务时，它的生活水平就降低了。美国可以禁止咖啡进口，转而在国内种植咖啡。但是，这种做法的机会成本非常高，因为在美国咖啡只能在温室中种植，要求投入大量的劳动和设备。这样种植出来的咖啡成本很高，必然导致很高的价格。假定美国真的禁止了咖啡进口：在未来的某个时候取消这一禁令将导致美国咖啡工人的工作岗位丧失，但是，随着咖啡价格降低，原来用于生产咖啡的劳动、设备和其他资源现在转移到美国具有比较优势的商品和服务的生产中，美国的生活水平将会提高。

● 保护新生行业。某国的企业可能在某种商品上拥有比较优势，但是因为这个国家开始生产这种商品的时间晚于其他国家，该国的企业起初可能有更高的生产成本。在某些商品和服务的生产中，存在着大量的“干中学”：随着工人和企业生产的商品和服务数量增加，他们获得了经验，生产效率更高了。随着时间的推移，成本和价格将下降。随着“新生行业”中的企业获得了经验，它们的成本将下降，它们就能够成功地与外国生产者竞争。但是，倘若进行自由贸易，它们可能根本没有机会。成熟的外国企业能够以更低的价格出售商品，在国内生产者积累足够经验从而能够与之竞争之前，将国内企业赶出市场。对于经济学家而言，这是贸易保护主义者提供的最有说服性的理由。但是，它有一个重大的缺点：有了关税作为保护，新生行业中的企业就失去了提高生产力与外国企业竞争的动力。第二次世界大战后，许多发展中国家的政府以保护新生行业为名，为高关税辩护。但是，不幸的是，这些新生行业中的大部分都没有成长，多年来给它们所在的经济体造成了无效率的损耗。

● 保护国家安全。一国的重要国防物资不能依赖于进口*，例如，美国很可能不想从中国进口所有的战斗机引擎。但是，重要国防物资的界定却模糊不清。事实上，即使大多数寻求政策保护的行业的产品主要用于非军事用途，它们也都以国家安全作为理由。

□ 19.5.2 倾销

近些年来，美国利用世界贸易组织允许政府向倾销商品征收关税的条款，扩大了对某些本国行业的保护。**倾销**（dumping）指的是以低于生产成本的价格出售产品。虽然 WTO 协议允许对倾销商品征收关税，但是这样做的效果非常具有争议性。

在实践中，很难确定外国企业是否在倾销商品，因为对于外国政府而言，计算商品真实的生产成本并不容易。所以，当一件商品的出口价格低于在本国的售价时，WTO 允许进口国认定倾销就发生了。但是这种方法也存在问题，因为企业往往有很好的商业理由向不同的消费者收取不同的价格。例如，航空公司向商务旅客收取的票价高于度假的旅客。当企业推出新产品或零售店为了吸引消费者同时购买全价商品时，企业也使用“亏本商品”（即售价低于成本价甚至免费发放的商品）的方法。例如，在节日季，沃尔玛有时以低于进价的价格提供玩具。为什么这些正常的商业做法在国际贸易中不被接受？这令人难

---

* 原书有一句“正如已经讨论过的”，但实际上没有讨论过，故删去。——译者注

以理解。

□ 19.5.3 实证分析与规范分析（再一次）

经济学家强调，关税、配额和其他政府对自由贸易的限制政策会给经济带来负担。那么这些干预政策都是坏主意吗？回忆在第1章中讲过实证分析与规范分析之间的差别。实证分析关注“是什么”，而规范分析关注“应该如何”。“衡量糖类配额对美国经济的影响”就是实证分析的一个例子。断言“糖类配额是一个坏的公共政策，应该被取消”就是规范分析的一个例子。像其他贸易干预政策一样，糖类配额使一些人境况变好，一些人境况变差，它降低了总收入和总消费。糖类配额一方面增加了美国糖类企业的利润和它们雇用的工人人数，另一方面导致消费者成本增加和经济效率降低。那么设置糖类配额是值得的吗？这就是一个规范问题。

大多数经济学家都不支持糖类配额等贸易干预政策。经济学家几乎都相信市场应该尽可能自由。但是反对的观点也值得尊重。有些人可能了解关税和配额带来的成本，但仍相信关税和配额是好主意，因为他们相信不受约束的自由贸易可能给经济带来更大的伤害。

某些行业之所以能成功地说服政府设置贸易壁垒使其免受国外竞争，部分地是因为那些了解贸易壁垒的成本但是却仍支持贸易壁垒的人的影响。但是另两个因素也发生了作用：

1. 关税和配额给消费者带来的总成本很大，但是人均成本相对很小。例如，糖类配额每年给消费者带来总计达60.8亿美元的负担。但是，分摊到3.1亿美国人身上，每人不到20美元：因为数字很小，所以即使人们知道负担存在，大部分也不会担心。

2. 因国外竞争而失去的职位显而易见，但是国际贸易创造的职位却难以确定。

也就是说，受益于关税和配额的行业获利良多，例如糖类配额使美国糖类生产者的利润增加了22.8亿美元，而每个消费者的损失相对很小。由于利益集中而负担分散，国会往往会受到某些行业要求征收关税和设置配额的巨大压力，却很少受到来自大众要求降低关税和减少配额限制的压力。

19.6 外汇市场和汇率

完全在美国境内运营的企业用美元给产品定价、支付供货商货款、支付员工工资、支付债券持有人利息、为股东发放红利。相反，麦当劳等跨国企业在不同国家出售商品，收到的支付包括不同国家的货币。它的供货商和员工可能遍布世界各地，需要用当地货币支付货款和工资。公司也可能使用国际金融体系借入外币。例如，在20世纪90年代末泰国、韩国等东亚国家迅速发展的时期，许多大企业从外国银行获得美元贷款。当企业大量使用外币时，它们必须面对汇率波动问题。

名义汇率（nominal exchange rate）指的是一国通货用另一国通货表示的价值。经济学家也计算实际汇率，即对商品和服务价格变动进行调整后的汇率。* 名义汇率决定了你可以用 1 美元购买的外国通货的数量。例如，美元兑换日元的汇率可以用 100 日元=1 美元表达。（这一汇率也可以写成购买 1 日元需要多少美元：0.01 美元=1 日元。）外汇市场十分活跃。每天，在外汇市场交易的通货价值超过 3 万亿美元。许多经济新闻网站和大部分报纸的商业版面或金融版面都会报道这些交易所产生的汇率。

全球的银行和其他金融机构都雇用通货交易员，这些交易员通过电脑连接在一起。他们买卖的其实是银行存款，而不是交易大量的纸币。一家银行购买和出售美元，实际上是购买和出售银行存款。美元银行存款并不只存在于美国的银行，也存在于全球各地的银行。假定法国的农业信贷银行希望出售美元和购买日元。这家银行可能用其拥有的美元存款交换德国的德意志银行拥有的日元存款。企业和个人通常从本国的银行那里获得外币。

与其他价格一样，市场汇率也由供给和需求的相互作用决定。让我们思考用日元兑换美元的需求。外国对美元的需求有三种来源：

1. 想购买美国生产的商品和服务的外国企业和家庭。

2. 想在美国进行投资的外国企业和家庭。他们可以通过外国直接投资或外国证券投资组合的方式在美国投资。前者是指在美国购买或建造厂房或其他设备，后者是指购买美国发行的股票和债券。

3. 认为未来美元价值将高于今天的通货交易员。

□ 19.6.1 外汇市场均衡

图 19.8 画出了美元与日元之间的兑换的供给和需求。注意当我们沿着图 19.8 的纵轴向上运动时，美元相对于日元价值上升。当汇率为 150 日元=1 美元时美元的价值是汇率为 100 日元=1 美元时美元价值的 1.5 倍。首先思考用日元兑换成美元的需求曲线。需求曲线向下倾斜。当美元价值高时，需求量低。当汇率是 100 日元=1 美元时，日本投资者购买 1 000 美元债券的可能性更大，因为此时投资者只要支付 10 万日元就能购买。但是，当汇率是 150 日元=1 美元时，投资者必须支付 15 万日元。类似地，当汇率是 100 日元=1 美元时，日本企业从英特尔公司购买 1.5 亿美元微晶片的可能性更大，因为此时投资者只要支付 150 亿日元就能购买。但是，当汇率是 150 日元=1 美元时，投资者必须支付 225 亿日元。

现在考虑美元兑换日元的供给曲线。供给曲线向上倾斜。当美元价值高时，兑换成日元的美元供给量大。当汇率是 200 日元=1 美元时，美国投资者购买日本政府发行的 20 万日元债券的可能性更大，因为此时投资者只要支付 1 000 美元就能购买。但是，当汇率是 100 日元=1 美元时，投资者必须支付 2 000 美元。类似地，当汇率是 200 日元=1 美元时，美国电器商店的所有者从索尼公司购买价值 2 000 万日元电视机的可能性更大，因为此时她只要支付 10 万美元就能购买。但是，当汇率是 100 日元=1 美元时，她必须支付 20 万美元。

* 原书有“我们将在本章后面讨论这一概念”这一句话，但实际上没有，故删去。——译者注

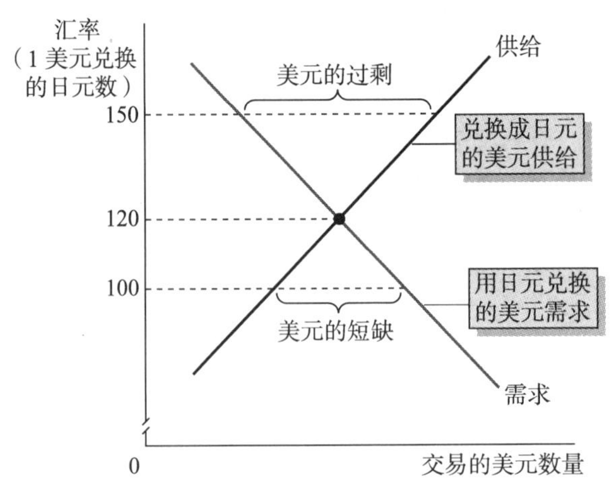

图 19.8　外汇市场的均衡

当汇率是 150 日元兑换 1 美元时，汇率高于均衡水平，就会有美元过剩。当汇率是 100 日元兑换 1 美元时，汇率低于均衡水平，就会有美元短缺。当汇率是 120 日元兑换 1 美元时，外汇市场处于均衡。

正如在任何其他市场中一样，均衡出现在外汇市场中供给量等于需求量处。在图 19.8 中，均衡汇率是 120 日元=1 美元。汇率超过 120 日元=1 美元时，美元就会过剩，汇率有下降的压力。直到汇率回到均衡水平 120 日元=1 美元，美元的过剩和下降的压力才会消失。汇率低于 120 日元=1 美元时，美元就会短缺，汇率有上升的压力。直到汇率回到均衡水平 120 日元=1 美元，美元的短缺和上升的压力才会消失。外汇市场中，通货过剩和短缺很快就消失了，因为美元和日元等主要通货的交易量极大，而通货交易员通过电脑连接在一起。

一种通货相对于另一种通货的市场价值的增加被称为**通货升值**（currency appreciation）。一种通货相对于另一种通货的市场价值的下降被称为**通货贬值**（currency depreciation）。

□ 19.6.2　需求和供给移动将如何影响汇率？

需求曲线和供给曲线的移动导致均衡汇率的变动。造成外汇市场上供给曲线和需求曲线移动的因素主要有三个：

1. 对美国生产的商品和服务需求的变动，对外国生产的商品和服务需求的变动。
2. 对在美国投资意愿的变动，对在外国投资意愿的变动。
3. 通货交易员对美元未来价值预期的变动，对外国通货未来价值预期的变动。

外汇需求的变动。

思考上述三个因素将如何影响用日元兑换成美元的需求。在日本经济扩张期，日本家庭收入上升，日本消费者和企业对美国商品的需求增加。在任何汇率水平下，美元的需求量将增加，需求曲线向右移动。类似地，如果美国的利率上升，投资于美国金融资产的合意性将上升，美元的需求曲线也向右移动。**投机者**（speculators）是指买卖外汇、试图从汇率的变动中获利的通货交易员。如果一个投机者认为美元相对于日元价值将上升，他将会卖出日元买入美元。如果现在汇率是 120 日元=1 美元，这个投机者相信汇率将立即上升为 140 日元=1 美元，他可以出售 6 亿日元，得到 500 万美元（=6 亿日元/120 日元）。

如果这个投机者是正确的，美元相对于日元价值上升至 140 日元＝1 美元，他将能用 500 万美元兑换 7 亿日元（＝500 万美元×140），盈利 1 亿日元。

总结起来，当日本收入上升、美国利率上升、投机者认为美元价值相对于日元将上升时，美元的需求曲线向右移动。

在日本衰退期，日本收入下降，对美国生产的商品和服务的需求减少，需求曲线向左移动。类似地，如果美国的利率下降，投资于美国金融资产的合意性将下降，美元的需求曲线也向左移动。最后，如果投机者认为美元的未来价值低于当前价值，美元的需求将下降，需求曲线向左移动。

外汇供给的变动。

影响美元供给曲线的因素与影响美元需求曲线的因素相似。在美国经济扩张期，美国人收入上升，对商品和服务的需求量上升，其中也包括对日本生产的产品和服务的需求量的上升。随着美国消费者和企业在日本商品上的支出增加，他们必须将美元兑换为日元，造成美元供给曲线向右移动。类似地，日本利率的上升使得日本的金融投资对美国投资者更有吸引力。随着美国投资者将美元兑换为日元，上升的日本利率将导致美元的供给曲线向右移动。最后，如果投机者相信日元相对于美元的价值在未来会比现在高，他们就会把美元兑换为日元，美元供给曲线向右移动。

美国的经济衰退将减少对日本产品的需求，导致美元供给曲线向左移动。类似地，日本利率的下降将使得日本的金融投资对美国的投资者吸引力降低，导致美元供给曲线向左移动。如果投机者相信日元相对于美元的价值在未来会比现在低，美元供给曲线也会向左移动。

调整至新均衡。

影响通货供给和需求的因素不断发生变动。汇率增加还是降低取决于需求曲线和供给曲线移动的方向和幅度。例如，如图 19.9 所示，如果用日元兑换的美元的需求曲线向右移动得比供给曲线多，均衡汇率将上升。

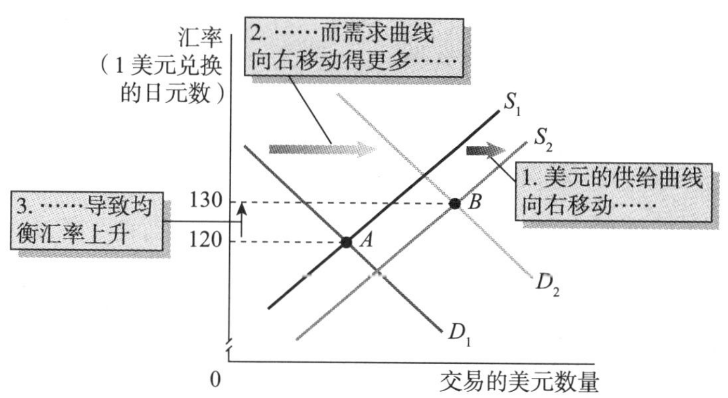

图 19.9　供给和需求曲线的移动导致汇率升高

在其他因素保持不变的条件下，美元供给的增加将降低均衡汇率，美元需求的增加将提高均衡汇率。在图中所示的情形中，需求曲线和供给曲线都向右移动。因为需求曲线向右移动得更多，所以均衡汇率将从 A 点的 120 日元兑换 1 美元提高至 B 点的 130 日元兑换 1 美元。

□ 19.6.3 某些汇率不由市场决定

到目前为止，我们假设汇率由市场决定。这个假设对于美元、欧元、日元、英镑等许多通货都成立。但是某些通货采用固定汇率制度，汇率长时间保持不变。例如，人民币兑换美元的汇率曾经有超过 10 年的时间都固定在 8.28 元兑 1 美元。为了维持汇率固定，一个国家的中央银行必须在外汇市场买卖本国通货，对汇率市场进行干预。

□ 19.6.4 汇率的变动如何影响进出口

当美元的市场价值上升时，美国出口品的外币价格上升，外国进口品的美元价格下降。例如，假定初始时美元和欧元之间的市场汇率是 1 美元＝1 欧元。在那种情况下，一部在美国售价 200 美元的苹果 iPhone 在法国的售价是 200 欧元。一瓶在法国售价 50 欧元的红酒在美国的售价是 50 美元。现在假定美元和欧元之间的市场汇率变成 1.2 美元＝1 欧元。因为现在购买 1 欧元需要更多的美元，所以美元相对于欧元贬值，欧元相对于美元升值。美元的贬值使 iPhone 的欧元价格从 200 欧元下降至 200 美元/(1.2 美元/欧元) ＝167 欧元。法国红酒的美元价格从 50 美元上升至 50 欧元×1.2 美元/欧元＝60 美元。所以，我们预期 iPhone 在法国的销售量将上升，法国红酒在美国的销售量将下降。

更一般地，我们能得到结论：本国通货贬值将增加出口、减少进口，从而增加净出口。正如我们在前面几章所看到的，净出口是总需求的组成部分。如果当前实际 GDP 低于潜在水平，那么，在其他因素保持不变的条件下，本国通货贬值有利于增加净出口、总需求和实际 GDP。本国通货升值应该有相反的效果：出口应该下降，进口应该上升，这将减少净出口、总需求和实际 GDP。

不要犯这样的错误！ ☞

不要混淆通货升值和贬值

汇率最令人迷惑的方面是它们能用两种方式表示。我们可以用 1 美元能购买的日元数量或 1 日元能购买的美元数量表示美元与日元之间的汇率。也就是说，我们能将汇率表示成 100 日元＝1 美元，或 0.01 美元＝1 日元。当一种通货升值时，它相对于其他通货的价值上升。当它贬值时，它相对于其他通货的价值下降。

如果汇率从 100 日元＝1 美元变化至 120 日元＝1 美元，因为现在购买 1 美元需要的日元数量增加，所以美元升值、日元贬值。但是，如果汇率从 0.01 美元＝1 日元变为 0.015 美元＝1 日元，那么，因为现在购买 1 日元需要的美元数量增加，所以美元贬值、日元升值。这种情况在某种程度上具有迷惑性，因为两种情况中汇率似乎都“增加”了。为了确定哪种通货升值、哪种通货贬值，一定要记住国内通货升值意味着现在购买 1 单位本国通货需要的外国通货数量增加。本国通货贬值意味着现在购买 1 单位本国通货需要的外国通货数量减少。这一点在汇率的两种表示方式中都成立。

轮到你了：做本章末的问题与应用 6.5，看看你理解得如何。

例题 19.6　汇率变动对进口品价格和出口品价格的影响

在 2011 年 6 月，美国从加拿大进口的商品平均价格下降了 2.1%。这一期间美元相对于加元可能升值了还是贬值了？从美国出口到加拿大的商品的平均价格在 2011 年 6 月间可能上升还是下降？

解

第 1 步：复习本章内容。这一问题是关于通货价值的变动的，所以你可能需要复习一下 19.6.4 节“汇率的变动如何影响进出口”。

第 2 步：解释美元相对于加元升值还是贬值。我们知道，如果美元相对于加元升值，购买 1 美元所需加元的数量增加；等价地，购买 1 加元所需美元的数量减少。一个加拿大消费者或企业现在购买从美国进口的产品需要支付更多的加元：之前售价是 100 加元的商品或服务现在售价超过 100 加元。一个美国消费者或企业现在购买从加拿大进口的产品需要支付更少的美元：之前售价是 100 美元的商品或服务现在售价不到 100 美元。我们能够得到结论：如果来自加拿大的进口品的美国价格下降，那么美元一定相对于加元升值。

第 3 步：解释从美国出口到加拿大的商品用加元表示的平均价格的变动。如果美元相对于加元升值，那么从美国出口到加拿大的商品用加元表示的平均价格将上升。

轮到你了：要想做更多的练习，请做本章末的问题与应用 6.10。

接第 647 页

生活中的经济学

你听说过“购买美国货”条款吗？

在本章开始，我们问到某些美国企业是如何说服国会在《2009 年美国复苏和再投资法案》中包含“购买美国货”条款的，以及为什么只有少数人听说过这一条款。在本章，我们看到贸易限制政策在挽救了受保护行业中相对少的就业岗位的同时，往往造成其他行业中工作岗位的丧失，另外，由于受保护行业的产品价格更高，每年给消费者带来数以十亿美元计的损失。这看起来可能更让我们疑惑：为什么政府会颁布“购买美国货”条款呢？但是，我们还看到，人均而言，特定贸易限制的负担可能很小。例如，糖类配额每年给消费者增加的负担人均只有约 19 美元。并不是所有人都愿意为了节省这每年 19 美元而向国会议员写信，或公开表达自己的观点。事实上，甚至很少有人愿意花费时间了解现有的贸易限制政策。所以，如果你在阅读本章之前从没有听说过“购买美国货”政策，这也是很正常的。

19.7　结论

自由贸易的经济效益是经济学家观点一致度最高的议题之一。但是，政府的贸易政策却是最富有争议的政治议题之一。许多人不愿意看到政府干预国内贸易，但是却希望政府干涉国际贸易。20 世纪 30 年代的高关税对世界经济的损害表明了世界各国政府放弃自由贸易时的严重后果。未来是否能避免类似情景仍未可知。

阅读接下来的“业内观察”专栏，它讨论了家得宝与美国政府之间的一起与“购买美国货”条款有关的法律诉讼。

业内观察　家得宝是有意挑战“购买美国货”政策吗？

《ABC 新闻》

《家得宝被指控违反“购买美国货”法案》

家得宝是一起法律诉讼的被告，根据法庭记录，它被指控向美国政府出售由中国和其他被禁国家制造的商品，这违反了“购买美国货”条款。

这一诉讼在 2008 年被另一家政府合同商的两名雇员提出，指控“多年来家得宝在中国有许多采购业务”，此外还有印度。同时指控家得宝公司明知某些品牌和产品不被允许向美国政府机构出售，因为它们不符合《贸易协定法案》的规定。

诉讼还声称：“家得宝公司宣称该公司与 GSA 签订的合同‘覆盖了我们商店里的所有东西’，这肯定误导了联邦政府客户。”

GSA 是联邦总务管理局，为美国政府办公室提供产品。

a　“购买美国货”法案和《贸易协定法案》共同作用，来促进对美国商品或其他由符合美国经济利益的国家所制造商品的购买。

这家总部位于亚特兰大市、在四个国家（包括中国）拥有超过 2 200 家商店的家居装饰零售商否认了这一指控。

“我们在任何情况下都永远不会有意出售违禁品，我们一直在与政府合作，提供任何必要的信息。”家得宝公司的发言人 Ron 在一份声明中这样写道。

“我们相信原告对事实的看法并不准确，因此，我们期待着随着案件审理的推进能展示我方的观点。”

原告律师 Paul D. Scott 称：“我们盼望着开庭，让美国公民组成的陪审团来决定他们对这一案件的看法。”

美国司法部没有评论上述指控。

大萧条时代的 1933 年购买美国货法案旨在提供就业岗位，促进经济发展。

b　“认为美国政府在能以更低价购买外国生产的商品时坚持购买美国货这种做法有益于美国，本身就是错误的逻辑。”Welch 咨询公司的高级经济学家 Stephen Bronars 这样说。

“这种自用自产有利于就业的观点忽视了如下事实：如果你能更便宜地买到东西，这就释放了资源，你就能将这些资源用于其他地方。”

c　但是有些人并不同意。以上观点“没有考虑贸易对就业和商业的影响”，经济政策研究所的 Robert E. Scott 如是说。“全球化：除了我们之中大部分人外，每个人都获利。事实就是如此。”

家得宝公司一边处理诉讼，一边向政府买家展示“如何能让政府资金在家得宝用得物有所值”。

根据 Scott 的研究，美国在 2001—2008 年间失去了 240 万就业岗位，因为美国的跨国公司将生产外包给了中国企业。

Scott 说：“这并不符合美国的利益……

这损害了作为商品生产者的我们、损害了工资、损害了 GDP。”

“我认为美国公司止在不断地将生产外包出去，这损害了美国经济。”Scott 这样说，他认为“购买美国货”条款有利于美国经济。

文章要点

一起针对家得宝的法律诉讼指控这家总部位于亚特兰大市的家居装饰公司有意违反《2009 年美国复苏和再投资法案》中的“购买美国货”条款，向美国政府机构出售法律中明确禁止的产品。家得宝的发言人否认了这一指控，宣称公司永远不会有意出售禁止的商品，原告律师错误解读了与本案相关的事实。

新闻分析

a 《2009 年美国复苏和再投资法案》中“购买美国货”条款规定，所有使用根据该法案批准的资金来购买的制成品必须产自美国。在 1979 年，美国通过了《贸易协定法案》，规定政府购买的价值超过一定金额的最终产品必须是美国制造的，或者是规定名单上的国家制造的，除非所需商品不能在上述国家买到。一些人将“购买美国货”条款看作与《贸易协定法案》并行的政策，都是为了促进使用美国制造的商品。家得宝案并不是指控美国大企业违反“购买美国货”政策的首例诉讼。下表列出的几家大型美国公司都曾被指控违反“购买美国货”条款或《贸易协定法案》，后来都向美国政府支付了和解金。

公司	和解金（百万美元）	年份
Fastenal	6.25	2011
Corporate Express Office Products	5.02	2006
史泰博（Staples）	7.4	2005
Office Depot	4.75	2005
Office Max	9.72	2005
Invacare	2.6	1998

b “购买美国货”政策的批评者认为，当可以从其他国家购买低价商品时购买美国生产的高价商品造成资源的错误配置，增加了联邦资金资助项目的成本。因为《2009 年美国复苏和再投资法案》批准的支出总额是一定的，所以，每个项目的花费越多，能资助的项目数量就越少。“购买美国货”条款本意是为了增加美国就业，但是如果资源被错误配置，导致资助的项目减少，那么能创造的新就业岗位就会减少。

c “购买美国货”条款的拥护者相信，这个条款的确创造了就业，造福了美国企业和工人。

下页图显示了“购买美国货”条款对美国钢铁市场的影响。（为了简化，我们假设外国钢铁生产者在美国销售时并没有“购买美国货”条款之外的障碍。我们同时假设该图代表了美国的整体钢铁市场，而不只是《2009 年美国复苏和再投资法案》资助项目所使用的钢铁的市场。）没有“购买美国货”条款时，美国钢铁价格是 P_1，既是国内价格也是世界价格。通过限制美国进口的钢铁数量，“购买美国货”条款将美国钢铁价格提高至 P_2，高于世界价格，均衡点从 A 移动到 B。美国钢铁消费量从 Q_4 下降至 Q_3，美国钢铁生产者供给的钢铁数量从 Q_1 增加至 Q_2，从国外进口的钢铁数量从 Q_4-Q_1 减少至 Q_3-Q_2。美国钢铁企业和其员工从“购买美国货”条款中获利，能进入美国市场的外国企业也获利，因为它们收到的价格高于世界价格。但是，美国的消费者和纳税人遭受了损失，因为他们现在支付的价格超过了世界价格。

深入思考

1. “购买美国货”条款与向国外进口品征收

关税和设置配额的目的相同，都是为了挽救美国的工作岗位。那么事实上，它们挽救了工作岗位吗？你是否支持这些贸易限制政策？请简要解释。

2. 当政府干预贸易时，消费者蒙受损失。“购买美国货”条款的实施也是如此。那么为什么国会还会颁布这些法案呢？

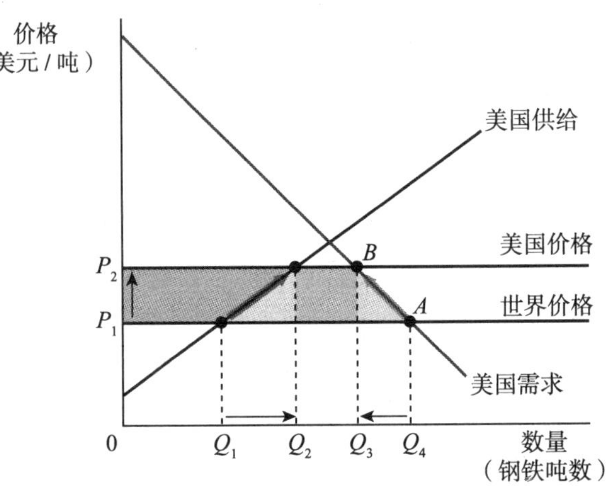

本章总结和习题

关键概念

绝对优势	出口	机会成本	贸易条件
自给自足	外部经济	贸易保护主义	自愿出口限制（VER）
比较优势	自由贸易	配额	世界贸易组织（WTO）
通货升值	全球化	投机者	通货贬值
进口	关税	倾销	名义汇率

19.1 国际经济中的美国

总结

国际贸易近几十年持续增长，部分地是由于关税和其他贸易壁垒的减少。关税是政府对进口品征收的税收。美国进口和出口的商品和服务数量持续增长。进口是在国内购买但是在其他国家生产的商品与服务。出口是在国内生产但是在其他国家销售的商品和服务。如今，美国是世界上最大的出口国家，美国20%的制造业就业依赖于出口。

复习题

1.1 简要解释美国出口总额一般高于还是低于进口总额？

1.2 与40年前相比，进口和出口占GDP的份额是上升了还是下降了？

1.3 简要解释你是否同意以下叙述：“国际贸易对美国经济的重要性超过了对大部分其他经济的重要性。”

问题与应用

1.4 如果美国要停止与其他国家进行商品和服务的贸易，美国哪些行业的销售量可能下降得最多？请简要解释。

1.5 简要解释你是否同意以下叙述：“日本参与国际贸易一直都比大多数其他国家多得多。事实上，现在日本的出口占其GDP的比例已经超过了德国、英国和美国。”

1.6 为什么荷兰等小国进口和出口占 GDP 的比例超过了中国和美国等大国？

1.7 ［与 19.1 节中的“建立联系”专栏有关］达特茅斯学院的经济学教授 Douglas Irwin 在《纽约时报》的专栏中写道：

> 通用电气和卡特彼勒公司反对“购买美国货”条款，因为它们担心这将损害它们赢得外国合约的能力。一旦我们度过了当前混乱的经济状况，中国、印度和其他国家可能会继续投资大型项目。如果这些国家也像我们一样偏爱本国生产者，那么美国在这些合约的投标中将处于竞争劣势。

什么是“偏爱本国生产者”？为什么这样的偏爱将使美国企业处于“竞争劣势”？为什么在中国和印度的销售遇到困难对卡特彼勒公司是一个特别严重的问题？

资料来源：“If We Buy American, No One Else Will”, by Douglas A. Irwin from *New York Times*, January 31, 2009。

□ 19.2 国际贸易中的比较优势

总结

比较优势是个人、企业或国家以比竞争对手更低的机会成本生产一种商品或服务的能力。

绝对优势是个人、企业或国家利用相同数量的资源比竞争对手生产出更多的商品或服务的能力。国际贸易建立在比较优势的基础上，而不是绝对优势。

复习题

2.1 绝对优势和比较优势之间存在什么差别？如果某国在某种商品的生产上拥有绝对优势，它总会成为这种商品的出口国吗？请简要解释。

2.2 WTO 的一份出版物将比较优势称为“可论证的经济学中最强大的见解”。什么是比较优势？什么使它成为最强大的见解？

资料来源：World Trade Organization, “Understanding the WTO”, www.wto.org/english/thewto_e/whatis_e/tif_e/fact3_e.htm。

问题与应用

2.3 为什么国家进口和出口的商品种类随时间变动？运用比较优势的概念回答这个问题。

2.4 在一篇报纸专栏文章中，斯坦福大学的教授 Frank Wolak 提到了“导致大部分儿童玩具在美国被开发出来但却在中国和其他发展中国家大规模制造的经济力量”。他指的是什么经济力量？如果美国企业开发了一种玩具，为什么中国企业会最终生产这种玩具呢？

资料来源：Frank A. Wolak, “Our Comparative Advantage”, *New York Times*, January 19, 2011。

2.5 简要解释你是否同意以下论述：“不幸的是，玻利维亚相对于美国而言在任何商品或服务的生产上都没有比较优势。”（提示：你不需要知道关于玻利维亚和美国经济的任何具体信息来回答这个问题。）

2.6 下表显示了用橄榄油夸脱数和意大利面磅数表示的希腊和意大利每个工人每小时的产出。计算在希腊和意大利生产橄榄油和意大利面的机会成本。

	每小时劳动的产出	
	橄榄油	意大利面
希腊	4	2
意大利	4	8

2.7 在 2008 年 1 月，法国银行发布一份报告称，在 2006 年，美国每小时劳动生产率高于日本。如果美国工人每小时生产的商品和服务数量比日本工人多，那么为什么美国不断从日本进口一些本来能由本国生产的产品呢？

资料来源：Gilbert Cette, Yusuf Kocoglu, and Jacques Mairesse, “A Comparison of Productivity in France, Japan, The United Kingdom and the United States over the Past Century”, *Banque de France*, January 8, 2008。

2.8 前总统候选人帕特里克·J·布坎南（Patrick J. Buchanan）在其关于全球经济的书中认为，大卫·李嘉图的比较优势理论有一个缺点：

> 古典自由贸易理论与我们的常识不符。根据李嘉图的比较优势理论，如果美国生产的电脑和纺织品都比中国好，但我们生产电脑的优势大于纺织品。那么我们应该（1）集中生产电脑；（2）让中国生产纺织品；并且（3）用美国的电脑换取中国的纺织品。
>
> 该理论存在问题，如果美国生产纺织品的效率比中国高，为什么要放弃更为高效的美国纺织行业？为什么转而依赖要多年才能赶上美国现在的水平的中国纺织业？

你是否同意 Buchanan 的观点？请简要解释。

资料来源：Patrick J. Buchanan，*The Great Betrayal: How American Sovereignty and Social Justice Are Being Sacrificed to the Gods of the Global Economy*（Boston：Little，Brown & Company），1998，p. 66。

2.9 在2007年美国民主党内总统候选人的一场辩论中，奥巴马这样说："人们不会想要一件更廉价的T恤，如果他们在此过程中失去工作的话。"奥巴马所说的"在此过程中失去工作"是什么含义？运用比较优势的经济概念，解释在什么情况下，美国自己生产其所需的T恤是合理的？你是否同意奥巴马的说法？请简要解释。

资料来源：James Pthokoukis，"Democratic Debate Spawns Weird Economics"，*U. S. News & World Report*，August 8，2007。

□ 19.3 各国如何从国际贸易中获益？

总结

自给自足是一国不与其他国家进行贸易这样一种状况。贸易条件是一国用其出口品与来自其他国家的进口品进行交换的比率。当一个国家专门生产具有比较优势的商品并通过贸易得到自己所需的其他商品时，这个国家的收入和消费水平都将提高。我们看不到生产的完全专业化，原因有三点：首先，并非所有的商品和服务都能进行国际贸易；大部分商品生产的机会成本递增；各国对产品的喜好不同。尽管国家作为一个整体从贸易中获利，但那些无法与低成本的外国生产者竞争的企业和工人成为了输家。比较优势的主要来源是气候和自然资源、劳动和资本的相对丰富程度、技术和外部经济。外部经济是指由于行业规模的增加而引起的企业成本的下降。一个国家在某种商品的生产上可能建立了比较优势，然后，随着时间的推移和环境的变化，这个国家在这种商品的生产上的比较优势可能丧失，转而在其他商品的生产上建立起比较优势。

复习题

3.1 简要解释国际贸易如何增加一个国家的消费。

3.2 一国专业化生产某种商品是什么意思？国家完全专业化生产是常见的吗？请简要解释。

3.3 比较优势的主要来源是什么？

3.4 每个人都能从国际贸易中获益吗？如果不是，解释哪些群体利益受损。

问题与应用

3.5 下表显示了智利和阿根廷的两个行业中工人的小时产出。

	每小时劳动的产出	
	帽子	啤酒
智利	8	6
阿根廷	1	2

a. 解释哪国在帽子的生产上具有绝对优势，哪国在啤酒的生产上具有绝对优势。

b. 解释哪国在帽子的生产上具有比较优势，哪国在啤酒的生产上具有比较优势。

c. 假定当前智利和阿根廷之间没有贸易，每个国家有1 000小时的劳动可用来生产帽子和啤酒，两国生产的每种商品的数量如下表所示：

	帽子	啤酒
智利	7 200	600
阿根廷	600	800

运用这些信息，用一个数值例子说明智利和阿根廷如何能够通过贸易获利。假设贸易开始后，一顶帽子能换一桶啤酒。

3.6 一个政治评论员写道：

> 国际贸易应该基于各国的比较优势这一思想对美国、日本等富国是好事。富国有受过良好教育的工人和大量的机器设备。这使得这些国家生产任何产品的效率都高于穷国。以比较优势为基础的国际贸易对肯尼亚、玻利维亚等穷国没有任何好处。

你是否同意这样的观点？请简要解释。

3.7 简要解释你是否同意以下论述："在大多数国家达到完全专业化之前，它们已经用尽了自己在该商品或服务的生产上的比较优势。"

3.8 人口多的大国与人口少的小国相比，谁更有可能从自由贸易中获得更多的利益？请简要解释。

3.9 《纽约人》杂志的一篇文章称："与贸易相关的岗位减少、工资下降的负担主要是由中低收入的美国人承担的。但是，这些在自由贸易中受损最严重的人也在自由贸易最大的受惠者之列。这是一个悖论。"解释为什么中低收入的美国人既是自由贸易最大的输家，也是最大的赢家。

资料来源：James Surowiecki，“The Free-Trade Paradox”，*New Yorker*，May 26，2008。

3.10 加州大学伯克利分校的经济学家哈尔·范里安对国际贸易做出了如下两点评论：

a. 贸易使得一个国家能够“用更少的投入生产出更多的东西”。

b. 贸易的长期赢家毫无悬念是消费者。

简要解释你是否同意他这两个评论。

资料来源：Hal R. Varian，“The Mixed Bag of Productivity”，*New York Times*，October 23，2003。

3.11 想象下图显示的是坦桑尼亚生产腰果和芒果的生产可能性前沿。假设每小时劳动的产出为8蒲式耳腰果或2蒲式耳芒果，坦桑尼亚有1 000小时可用劳动。如果没有贸易，坦桑尼亚将其可用劳动在腰果和芒果中平均分配，在A点生产和消费。

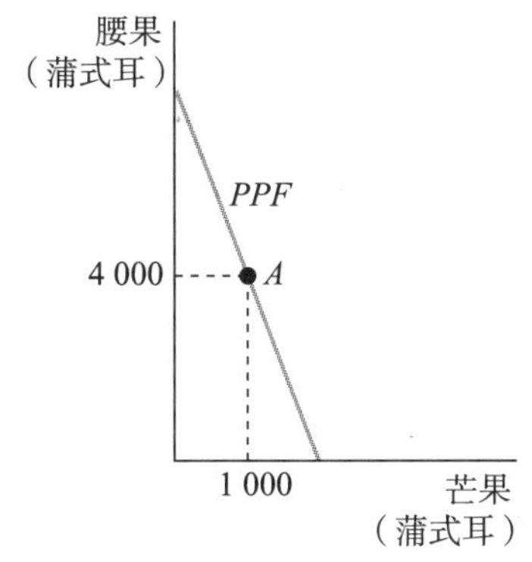

a. 假定坦桑尼亚开始与肯尼亚进行贸易，肯尼亚每小时劳动的产出为1蒲式耳腰果或1蒲式耳芒果。坦桑尼亚在腰果上拥有比较优势，专门生产腰果。坦桑尼亚能生产多少腰果？将这个点在图中标出，标为B点。

b. 假定坦桑尼亚保留5 000蒲式耳腰果，将剩下的3 000蒲式耳用于出口。如果贸易条件是2蒲式耳腰果换1蒲式耳芒果，坦桑尼亚将得到多少芒果？在图中将存在贸易的情况下坦桑尼亚消费的腰果和芒果的组合标为C点。C点与A点相比如何？

c. 存在贸易的情况下，坦桑尼亚的生产在其生产可能性前沿上吗？坦桑尼亚的消费在其生产可能性前沿上吗？

3.12 ［与19.3节中的“不要犯这样的错误!”专栏有关］在2011年，奥巴马总统将与哥伦比亚政府达成的贸易协定描述为“两国的双赢”。这个协议能使两国的每个人都获利吗？请简要解释。

资料来源：Kent Klein，“Obama：Free Trade Agreement a ‘Win-Win’ for US，Colombia”，Voice of American (voanews. com)，accessed April 7，2011。

3.13 ［与19.3节中的“建立联系”专栏有关］解释为什么南加州的电影工作室比佛罗里达州的有优势？

□ 19.4 限制国际贸易的政府政策

总结

自由贸易是不存在政府限制的国家间贸易。干预贸易的政府政策往往采用关税、配额或自愿出口限制形式。关税是政府对进口品征收的税收。配额是政府对某种商品可以进口的数量施加的数值限制。自愿出口限制是两国间谈判协商的、对一国能够从另一国进口的商品数量施加一个数值限制的这样一个协议。联邦政府的糖类配额每年给美国消费者造成了60.8亿美元的损失，即每挽救一个糖类行业的岗位成本为202.666 7万美元。利用关税和配额挽救工作岗位代价特别高。

复习题

4.1 什么是关税？什么是配额？除了配额以外，举一个非关税壁垒的例子。

4.2 一国对进口商品征收关税或设置配额时，谁受益、谁受损？

问题与应用

4.3 在一项公众民意调查中，47%的受调查人认为自由贸易损害了美国经济，而只有23%的受调查人认为它有利于美国经济。（其余受调查人不能确定自由贸易的效果，或认为没有造成多少区别。）什么是“自由贸易”？你认为它对美国经济有利还是有害？（定义清楚什么叫“有利”或“有害”。）你认为为什么相信自由贸易损害了美国经济的人比相信它有利于美国经济的人更多？

资料来源：Gallup Poll，February 2-5，2011，www.pollingreport.com/trade。

4.4 G20由19个国家以及欧盟的中央银行行长和财政部长组成，是旨在促进全球经济稳定的组织。在致《纽约时报》编辑的一封信中，国际商会主席Victor K. Fung这样评论2009年在伦敦召开的G20峰会：“虽然在峰会中，全球的领导者们都承诺打击贸易保护主义，但是他们还必须抵制国内要求采取民粹主义政策的巨大压力，而民粹主义政策很可能会延长衰退。”Fung所说的“打击贸易保护主义”是什么含义?“民粹主义政策”是什么含义?为什么民粹主义贸易政策可能会延长高失业、低产出时期,就像2007—2009年衰退那样?

资料来源:Victor K. Fung, “Resist Protectionism”, Letter to the Editor, *New York Times*, March 30, 2009。

4.5 政治评论家B. Bruce-Biggs在《华尔街日报》中曾这样写道:“并不是说支持自由贸易的论据不正确,它只是不相关。这是‘但愿每个人都……’类的论证。在现实世界里,几乎每一个人都能看到经济民族主义的好处。”你认为他所说的“经济民族主义”指的是什么?你同意一国只有在其他国家也实行自由贸易时才能从自由贸易中获益的观点吗?请简要解释。

资料来源:B. Bruce-Biggs, “The Coming Overthrow of Free Trade”, *Wall Street Journal*, February 24, 1983, p. 28。

4.6 两位美国参议员提出了如下反对自由贸易的论述:“支持政府贸易政策的美国人越来越少了。他们看到了萎缩的中产阶级、就业的减少、贸易逆差的扩大。但是自由贸易的支持者们还在推动更多同样会减少就业甚至对就业损害程度更大的贸易协定。”你是否同意这两位参议员关于降低贸易壁垒减少了美国工人工作岗位的观点?请简要解释。

资料来源:Byron Dorgan and Sherrod Brown, “How Free Trade Hurts”, *Washington Post*, December 23, 2006, p. A21。

4.7 美国生产牛肉,也从其他国家进口牛肉。

a. 画一幅表示美国牛肉供给和需求的图形。假设美国能以世界价格进口任意多牛肉而不会引起世界牛肉价格增加。在图中标出进口牛肉的数量。

b. 现在,在你的图中表示美国征收牛肉关税的影响。在图中标出美国生产者在征收关税前后供给的牛肉数量;征收关税前后进口的牛肉数量;征收关税前后美国牛肉的价格。

c. 讨论当美国征收牛肉关税时,谁受益,谁受损?

4.8 [与开篇案例有关]美国哪些企业最有可能受到“只有美国企业才能参与政府支出资助的项目”政策的负面影响?

4.9 当国会酝酿对纺织品、鞋子和其他产品设置进口配额的法案时,已故诺贝尔经济学奖获得者米尔顿·弗里德曼做出了如下评论:“运用设置进口配额这种方法,每对这些商品的生产者提供1美元的补贴,消费者就将被迫花费好几美元,直接补贴要划算得多。”为什么配额将导致消费者多付的钱大大超过国内生产者获得的部分?其他钱到哪里去了?弗里德曼所说的“直接补贴”指的是什么?为什么这比配额更划算?

资料来源:Milton Friedman, “Free Trade”, *Newsweek Magazine*, August 27, 1970。

4.10 美国有大约9 000名生产大米的农民。在2006年,这些农民收到了美国政府7.8亿美元的补贴(平均每个人近8.7万美元)。这些补贴导致美国农民生产的大米数量大大增加,其中很大一部分出口了。根据《华尔街日报》的一篇文章,非洲国家加纳的农民Kpalagim Mome在加纳再也找不到愿意买他的大米的买主了:

> “我们再也卖不出去大米了。年景越来越差”,Mome先生说……连年的经济困难迫使他的三个兄弟通过步行和搭便车走了2 000英里,穿过了撒哈拉沙漠,到达了地中海和欧洲。他的姐姐准备明年离开。Mome先生的困境在非洲和其他发展中国家中不断上演。

为什么美国政府向美国生产大米的农民提供的补贴减少了非洲大米生产者的收入?

资料来源:Juliane von Reppert-Bismarck, “How Trade Barriers Keep Africans Adrift”, *Wall Street Journal*, December 27, 2006。

4.11 有学生这样认为:

> 对进口到美国的外国商品征收关税,外国企业会把关税加到在美国出售的商品的价格中。我们不应对进口商品征收关税,而应禁止商品的进口。禁止进口比征收关税好,因为美国生产者因为竞争减弱而获益,美国消费者也不用支付由关税导致的更高的价格。

请简要解释你是否同意这个推理。

4.12 假定中国决定给出口商品或服务到美国的企业提供大额补贴,这样一来,这些企业就能以远低于生产成本的价格在美国出售商品。此外,中国决定禁止所有来自美国的进口品。美国为从中国进口商品而支付的美元都存在中国的银行中。这样的策略将提高还是降低中国的生活水平?提高还是降低美国的生活水平?请简要解释。注意在回答中给出“生活水平”的定义。

4.13 根据《华盛顿邮报》的一篇社论,“糖类贸易保护主义对美国消费者是一个负担，也是一个工作岗位杀手。”

a. 在何种意义上美国实行了“糖类贸易保护主义”？

b. 为什么糖类贸易保护主义对美国消费者是一个负担？为什么它是一个工作岗位杀手？

c. 如果糖类贸易保护主义有这篇社论所说的这些负面影响，为什么国会和总统不废止它呢？

资料来源：“Sourball”，*Washington Post*，March 22，2010。

4.14 ［与例题 19.4 有关］假定美国当前既生产又进口金橘。随后美国政府决定实施配额限制金橘的国际贸易，每年只允许进口 600 万磅金橘。下图显示了实施配额的结果。利用表中的字母填写表格。

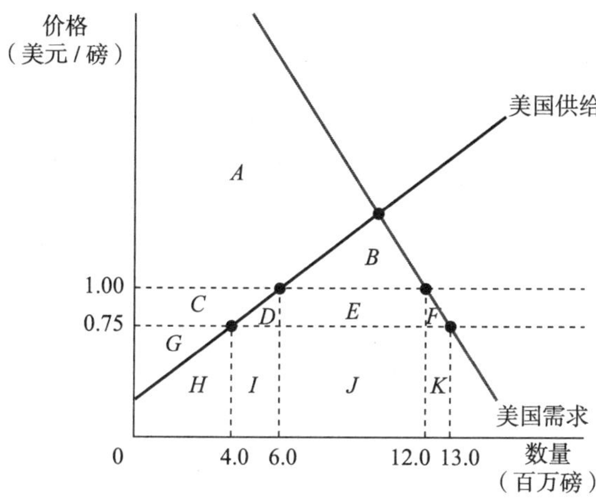

	有配额	无配额
苹果的世界价格	______	______
金橘的世界价格	______	______
金橘的美国价格	______	______
美国企业供给量	______	______
需求量	______	______
进口量	______	______
消费者剩余	______	______
国内生产者剩余	______	______
无谓损失	______	______

4.15 ［与 19.4 节中的“建立联系”专栏有关］一项针对美国对进口钢铁实施配额这一提议的经济分析表明，配额将挽救钢铁业 3 700 个岗位，但美国其他行业将减少约 35 000 个岗位。为什么钢铁进口配额会导致其他行业就业减少？哪些其他行业可能受到最大的影响？

资料来源：Study cited in Douglas A. Irwin，*Free Trade Under Fire*（Princeton，NJ：Princeton University Press，2002），p. 82。

□ 19.5 对贸易政策和全球化的争论

总结

世界贸易组织（World Trade Organization，WTO）是实施国际贸易协议的国际组织。WTO 推进了全球化，即各国对外国贸易和投资变得更加开放的过程。WTO 的一些批评者认为全球化对世界各地的本地文化造成了损害。其他批评者反对 WTO 是因为他们信奉贸易保护主义，即采用贸易壁垒来保护国内企业免受来自国外的竞争。WTO 允许国家在出现倾销的情况下征收关税，倾销是指以低于生产成本的价格出售产品。经济学家可以指出关税、配额和政府对自由贸易的其他干预给经济带来的负担，但是这些政策是否应该被使用则是一个规范性问题。

复习题

5.1 什么事件导致了《关税及贸易总协定》（GATT）的产生？为什么世贸组织最终取代了 GATT？

5.2 什么是全球化？为什么有人反对全球化？

5.3 什么是贸易保护主义？谁从贸易保护主义中受益、谁受损？支持贸易保护主义的理由主要有哪些？

5.4 什么是倾销？谁从倾销中受益、谁受损？执行《反倾销法》时会出现什么问题？

问题与应用

5.5 ［与 19.5 节中的“建立联系”专栏有关］下面这段话节选自一篇关于克林顿总统提议世界贸易组织内部成立一个负责设定劳工标准的委员会的新闻报道。这篇报道恰好在 1999 年世贸组织西雅图会议之前刊登，而西雅图会议最终引发了一场骚乱：

> 克林顿总统提议核心劳工标准……成为“每个贸易协定的一部分。最终我赞成建立这么一个体系，任何违反贸易协定条款的行为都将受到制裁……”但是美国的新立场无疑会受

到发展中国家的强烈反对。在世贸组织的135个成员中，发展中国家占了100多个，它们对采用更严格的美国劳工标准不感兴趣。

克林顿总统所说的“核心劳工标准”指的是什么？发展中国家为什么抵制采用这些标准？

资料来源：Terence Hunt，“Salute to Trade's Benefits Turns into ‘Kind of Circus’”，*Associated Press*，December 2，1999。

5.6 罗切斯特大学的经济学家 Steven Landsburg 在《纽约时报》的一篇文章中写道：

> 自由贸易不仅关乎美国消费者以尽可能最低的价格购买产品的权利，它也关乎外国生产者谋生的权利。西弗吉尼亚的钢铁工人努力工作才能收支相抵。韩国的钢铁工人也是这样。仅仅因为出生在不同的国家，以牺牲另一些人为代价去保护一些人，实在不道德。

美国政府如何以牺牲韩国钢铁工人为代价来保护西弗吉尼亚的钢铁工人？Landsburg 的叙述是实证性的还是规范性的？几天后，Tom Redburn 发表了一篇文章，反驳 Landsburg 的观点：

> 对身边人的福利的关心超过对那些离自己很远的人的福利的关心不是什么邪恶的人格缺陷——这是人性。无论从道德角度还是经济角度都说得通。一个社会如果无视经济混乱给那些倒霉的公民造成的后果，这就不仅仅是无情，还会破坏社会的凝聚力和适应性。

你认为哪个说法更有说服力呢？

资料来源：Steven E. Landsburg，“Who Cares if the Playing Field Is Level?” *The New York Times*，June 13，2001；and Tom Redburn，“Economic View：Of Politics，Free Markets，and Tending to Society”，*The New York Times*，June 17，2001。

5.7 假定你向一个人解释自由贸易的好处，他说：“我不理解所有比较优势和贸易收益的原理。我只知道如果我购买了美国生产的产品，我为美国人创造了就业岗位；如果我购买了巴西生产的产品，我为巴西人创造了就业岗位。”你是否同意他的说法？当美国进口其没有比较优势的商品时，这就意味着美国的就业岗位减少了吗？在正文中美国和日本生产并交换手机和平板电脑的例子中，当美国从日本进口手机时，美国的就业岗位减少了吗？

5.8 ［与开篇案例有关］在《纽约时报》针对《2009年美国复苏和再投资法案》中“购买美国货”条款的一个论坛上，编辑提出了以下问题：“为什么购买美国货的想法令人反感，在什么情况下这种想法应该得到提倡？”《美国人如何购买美国货》一书的作者 Roger Simmermaker 作出回应：

> 经济刺激方案中“购买美国货”的条款与其说是回归贸易保护主义，不如说是回归美国的美德和价值观——自立、自主和独立，这些美德和价值观是美国立国的根本。外国工人并不向美国缴税。只有美国工人才向美国缴税。我们需要雇用美国的钢铁工人、铸铁工人和汽车工人，所以我们需要保护和创造美国的就业岗位。

Hillsdale 学院的教授 Burton Folsom Jr. 的观点相反：

> 贸易保护主义者说：“向中国征收关税，拯救美国的工作岗位。”这种推理路线很吸引人，但却是错误的，原因有二。第一，如果美国人在本国制造的鞋子或T恤等等商品上多花钱，他们用来购买其他所需商品的钱就少了，他们仅仅是在补贴无效率的本地企业。那些受到保护免去了与外国企业竞争的美国制造商们几乎没有动力去创新和降价。第二，如果我们拒绝购买来自中国的进口品，中国将拒绝购买我们的出口品，包括我们一流的电脑和 iPod。我们的出口市场将崩塌。

你认为谁的观点更有说服力呢？

资料来源：“That ‘Buy American’ Provision” series. *New York Times*，February 11，2009。

5.9 布什总统和奥巴马总统在说服国会批准美国与韩国、哥伦比亚和巴拿马经过谈判后签署的自由贸易协定时遇到了困难。根据《纽约时报》的一篇文章，“当民主党人控制国会以后，他们抵制贸易协定，因为他们担心贸易协定会损害美国工人。”降低关税和减少配额限制的贸易协定可能会损害美国工人吗？请简要解释。

资料来源：Mark Drajem，“Obama to Pursue Trade Deals，Avoid Turning ‘Inward’”，*Bloomberg.com*，April 23，2009。

5.10 下面这段话节选自《商业周刊》一篇反对自由贸易的文章：“当前，美国情况并不稳定。除了地缘政治威胁以外，我们还面临着严重的经济冲击。我们已经输给了外国人数以万亿计的美元和数以百万计的工作岗位。”如果一个国家参与了自由贸易，该国总就业数可能会下降吗？请简要解释。

资料来源：Vladimir Masch，“A Radical Plan to Manage Globalization”，*Business Week*，February 14，2007。

□ 19.6 外汇市场和汇率

总结

名义汇率是一国通货用另一国通货表示的价值。汇率在外汇市场上由一国通货的供给和需求决定。供给和需求的移动引起汇率变动。造成外汇市场中供给和需求曲线移动的主要因素有三组：美国生产的商品和服务需求的变动和外国生产的商品和服务需求的变动；投资于美国的合意性的变动和投资于外国的合意性的变动；通货交易员——特别是投机者——关于美元和外国通货未来价值的预期的变动。当一种通货相对于另一种通货的市场价值增加时，就发生了通货升值。当一种通货相对于另一种通货的市场价值下降时，就发生了通货贬值。*

复习题

6.1 如果日元和美元间的汇率用每一美元兑换日元数表达是 75 日元＝1 美元，那么用每一日元兑换美元数将如何表达？

6.2 假定当前美元和欧元之间的汇率是 0.7 欧元＝1 美元。如果汇率变为 0.8 欧元＝1 美元，欧元相对于美元来说是升值还是贬值？

6.3 为什么外国家庭和企业需要兑换美元？为什么美国的家庭和企业需要兑换外国通货（从而供给美元）？

6.4 造成外汇市场中需求曲线和供给曲线移动的三组主要因素是什么？

问题与应用

6.5 ［与 19.6 节中的“不要犯这样的错误!”专栏有关］如果我们知道 A、B 两国货币的汇率和 B、C 两国货币的汇率，那么我们就能计算 A、C 两国货币的汇率。

a. 假定日元和美元之间的汇率是 75 日元＝1 美元，英镑和美元之间的汇率是 0.62 英镑＝1 美元。日元和英镑之间的汇率是多少？

b. 假定日元和美元之间的汇率是 85 日元＝1 美元，英镑和美元之间的汇率是 0.55 英镑＝1 美元。与 (a) 相比，美元相对于日元升值还是贬值？美元相对于英镑升值还是贬值？日元相对于英镑升值还是贬值？

6.6 在 2002 年 1 月 1 日，欧盟拥有 15 个成员国。其中 12 个放弃了本国货币，开始使用一种新的共同货币——欧元。此前 1999 年 1 月 1 日到 2001 年 12 月 31 日三年的时间里，这 12 个国家用本国货币和欧元为商品和服务定价。在那一时期，它们的货币相对于其他国家的货币、相对于欧元的价值都是固定的。因此，在那一时期，美元与这些货币之间、与欧元之间的汇率都存在。下表的信息显示了 2001 年 3 月 2 日四种欧洲货币与欧元之间、与美元之间的汇率。运用这些信息计算 2001 年 3 月 2 日美元与欧元之间的汇率（用每一美元兑换的欧元数）：

通货	每一欧元兑换的数量（固定）	每一美元兑换的数量（2001 年 3 月 2 日）
德国马克	1.955 8	2.093 8
法国法郎	6.559 6	7.022 3
意大利里拉	1 936.270 0	2 072.870 0
葡萄牙埃斯库多	200.482 0	214.630 0

6.7 画出用欧元兑换美元的需求曲线和用美元兑换欧元的供给曲线，标明横轴和纵轴。在图形上表示出并解释欧洲中央银行（ECB）提高欧洲利率对美元供给和需求的影响，以及欧元与美元之间汇率的变动。

6.8 画出用欧元兑换美元的需求曲线和用美元兑换欧元的供给曲线，标明横轴和纵轴。假定联邦预算赤字的增加导致美国利率上升。在你的图形中表示出美国利率上升对美元供给和需求的影响，以及欧元与美元之间汇率的变动。为什么汇率的变动可能会导致经常账户逆差？

6.9 运用下图回答下列问题：

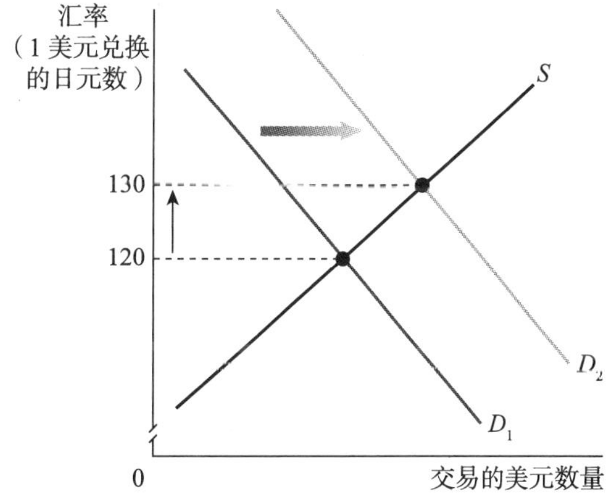

* 最后两句没有翻译，因为正文中没有提到。——译者注

a. 简单解释美元相对于日元升值还是贬值。

b. 以下哪些事件可能造成图中所示的需求曲线的移动?

1. 美国利率下降。

2. 日本收入上升。

3. 投机者相信未来美元价值会更高。

6.10 ［与例题 19.6 有关］当一个国家的通货升值时，通常来说，这对该国消费者来说是好消息还是坏消息? 通常来说，这对生产者来说是好消息还是坏消息? 解释你的推理。

6.11 一篇关于美国小麦出口的文章标题为《美元下降，出口可能增加，小麦获益》。

a. 标题所说的“美元下降”是什么意思?

b. 为什么美元下降将增加对小麦出口的需求?

资料来源：Whitney McFerron，“Wheat Gains as Export Demand May Rise on Dollar Drops，EU Rain”，www.businessweek.com，October 27，2011。

6.12 一篇描述麦当劳全球销售额的文章包含以下信息：“虽然用美元衡量的全球销售额本月下降了 4.6%，但是如果以不变通货衡量的话，增长了 3.2%。”

a. 文中所说的“不变通货”指的是什么?

b. 如果麦当劳用美元衡量的全球销售额下降但是用不变通货衡量却上升，那么，在此期间，美元与其他通货之间的汇率必定发生了什么变化? 请简要解释。

6.13 下文选自路透社的一则新闻：

> 因为对全球经济与日俱增的担忧推动投资者寻求安全性和流动性，周四，美元大幅回升，达到了一个多月以来的最高点，而欧元则下跌，创出 8 个月的新低。

为了寻求安全性和流动性，消费者在购买什么资产? 为什么这种购买造成了美元的回升?

资料来源：Gertrude Chavez-Dreyfuss，“Dollar Gains as Global Gloom Spurs Flight to Safety”，*Reuters.com*，September 23，2011。

6.14 下文选自《华尔街日报》的一篇文章：

> Peter Schiff 领导的位于康涅狄格州达里恩的经纪交易商 Euro Pacific Capital 公司建议客户赌美元将会大幅贬值以及外国股票将跑赢美国股票。但是，事实上，美元相对于大部分通货升值了，这加剧了 Schiff 先生指导他的客户投资于外国股票所造成的损失。

为什么美元相对于大部分通货的升值加剧了美国投资者投资于外国股票所造成的损失? *

资料来源：Scott Patterson，Joanna Slater，and Craig Karmin，“Right Forecast by Schiff，Wrong Plan?” *Wall Street Journal*，January 30，2009。

* 原题第一小问在上段话翻译后已经失去意义，故略去。——译者注

术语表

Absolute advantage（绝对优势）：个人、企业或国家利用相同数量的资源比竞争对手生产出更多的商品或服务的能力。

Accounting profit（会计利润）：企业的净收入，用收益减去营业支出和支付的税收来衡量。

Adverse selection（逆向选择）：交易的一方利用所知道的信息比交易的另一方多的优势这样一种状况。

Aggregate demand（*AD*）curve（总需求曲线）：一条表示价格水平与家庭、企业和政府需求的实际 GDP 数量之间的关系的曲线。

Aggregate demand and aggregate supply model（总需求—总供给模型）：一个解释实际 GDP 和价格水平的短期波动的模型。

Allocative efficiency（配置效率）：经济中生产与消费者偏好相一致的状态；特别地，每种商品或服务的生产数量具有如下性质：最后一个单位对社会的边际效益等于其生产的边际成本。

Antitrust laws（反托拉斯法）：旨在消除企业间的合谋和促进竞争的法律。

Asset（资产）：个人或企业拥有的任何有价值的东西。

Asymmetric information（不对称信息）：经济交易的一方拥有的信息比另一方少这样一种状况。

Autarky（自给自足）：一国不与其他国家进行贸易这样一种状况。

Automatic stabilizers（自动稳定器）：随着经济周期自动增加或减少的政府花费和税收。

Average fixed cost（平均固定成本）：固定成本除以生产的产出数量。

Average product of labor（劳动的平均产量）：一家企业生产的总产出除以工人的数量。

Average revenue（*AR*）（平均收益，*AR*）：总收益除以卖掉的产品数量。

Average total cost（平均总成本）：总成本除以生产的产出数量。
Average variable cost（平均可变成本）：可变成本除以生产的产出数量。

Balance sheet（资产负债表）：汇总一家企业在特定的某一天（通常是季度末或年末）财务状况的财务报表。
Bank panic（银行业恐慌）：许多银行同时经历挤兑这样一种状况。
Bank run（银行挤兑）：许多存款人同时决定从一家银行取款这样一种状况。
Barriers to entry（进入壁垒）：阻止新企业进入现有企业正在赚取经济利润的行业的任何事物。
Behavioral economics（行为经济学）：对人们所做的选择看起来在经济上不理性这样的状况的研究。
Black market（黑市）：以违反政府价格管制的价格进行买卖的市场。
Bond（债券）：代表偿付固定数量的资金这样一个承诺的金融证券。
Budget constraint（预算约束）：消费者可用于花费在商品和服务上的有限数量的收入。
Budget deficit（预算赤字）：政府的支出超过其税收收入这样一种状况。
Budget surplus（预算盈余）：政府的支出低于其税收收入这样一种状况。
Business cycle（经济周期）：经济扩张和经济衰退的时期相互交错出现。
Business strategy（商业战略）：一家企业为实现一个目标（如利润最大化）所采取的行动。

Capital（资本）：用于生产其他商品和服务的制成品。
Cartel（卡特尔）：通过同意限制产量来形成合谋以提高价格和增加利润的企业团体。
Centrally planned economy（中央计划经济）：由政府决定经济资源如何配置的经济。
Ceteris paribus（"all else equal"）condition（其他变量都相同的条件）：在分析两个变量——如价格和需求量——之间的关系时其他变量必须保持不变的这样一个要求。
Circular-flow diagram（循环流动图）：一个说明市场参与人如何相互联结的模型。
Collusion（合谋）：企业间达成的收取相同价格或者以其他方式不相互竞争的协议。
Command-and-control approach（"命令和控制"方法）：政府对企业允许排放的污染数量施加数量限制或者要求企业安装具体的污染控制设备这样一种方法。
Commodity money（商品货币）：作为货币使用且具有独立于货币用途的价值的商品。
Comparative advantage（比较优势）：个人、企业或国家以比竞争对手更低的机会成本生产一种商品或服务的能力。
Competitive market equilibrium（竞争市场均衡）：具有许多买者和许多卖者的市场均衡。
Complements（互补品）：一起使用的商品和服务。
Constant returns to scale（不变规模报酬）：企业的长期平均成本随产量增加保持不变这样一种状况。
Consumer price index，CPI（消费者价格指数）：一个典型的城市四口之家购买的商品和服务的价格的平均值。
Consumer surplus（消费者剩余）：消费者为一种商品或服务愿意支付的最高价格和实际

支付的价格之差。

Consumption（消费）：家庭在商品和服务上的支出，不包括在新住房上的支出。

Contractionary monetary policy（紧缩性货币政策）：联储为降低通货膨胀而提高利率。

Cooperative equilibrium（合作均衡）：博弈的一个均衡，在这个均衡中，参与人相互合作以增加他们相互的回报。

Copyright（版权）：政府授予的生产和出售一项创新的排他性权利。

Corporate governance（公司治理）：公司的组织方式以及组织结构对公司行为的影响。

Corporation（公司）：给企业的所有者提供有限责任保护（即使他们在企业破产时最多只损失掉他们的投资）的一种法律形式的企业。

Coupon payment（息票支付）：对债券的利息支付。

Crowding out（挤出）：政府购买的增加导致私人支出的减少。

Currency appreciation（通货升值）：一种通货相对于另一种通货的市场价值的增加。

Currency depreciation（通货贬值）：一种通货相对于另一种通货的市场价值的下降。

Cyclical unemployment（周期性失业）：由经济周期中衰退引起的失业。

Cyclically adjusted budget deficit or surplus（周期调整性预算赤字或盈余）：如果经济处于其潜在 GDP 水平时将会出现的联邦政府的预算赤字或盈余。

Deadweight loss（无谓损失）：由于市场没有处于竞争均衡所导致的经济剩余的减少。

Deflation（通货紧缩）：价格水平的下降。

Demand curve（需求曲线）：表示一种产品的价格和该产品需求量之间关系的曲线。

Demand schedule（需求表）：表示一种产品的价格和该产品需求量之间关系的表格。

Demographics（人口统计学）：人口在年龄、种族和性别等方面的特征。

Direct finance（直接融资）：资金通过金融市场（如纽约证券交易所）从储蓄者到企业的流动。

Discount loans（贴现贷款）：联储发放给银行的贷款。

Discount rate（贴现率）：联储的贴现贷款收取的利率。

Discouraged workers（丧失信心的工人）：可以工作但由于认为自己找不到工作而在过去四周没有找工作的人。

Diseconomies of scale（规模不经济）：企业的长期平均成本随产量增加而上升这样一种状况。

Dividends（红利）：公司给股东的支付。

Dominant strategy（占优战略）：是指这样的战略：无论其他企业采用何种战略，这样的战略对某企业都是最好的。

Dumping（倾销）：以低于生产成本的价格出售产品。

Economic efficiency（经济效率）：生产的最后一个单位对消费者的边际效益等于其生产的边际成本且消费者剩余和生产者剩余达到最大这样一个市场结果。

Economic growth（经济增长）：经济增加商品和服务的生产的能力。

Economic loss（经济亏损）：企业的总收益低于其包括所有隐性成本在内的总成本这样一

种状况。

Economic model（经济模型）：现实的简化版本，用于分析现实经济状况。

Economic profit（经济利润）：企业的总收益减去它所有的隐性和显性成本。

Economics（经济学）：对人们在稀缺资源给定条件下为达到目标而做出的选择的研究。

Economic surplus（经济剩余）：消费者剩余和生产者剩余之和。

Economic variables（经济变量）：可以取不同值的可测度的东西，如医生的收入。

Economies of scale（规模经济）：企业的长期平均成本随产量增加而下降这样一种状况。

Efficiency wage（效率工资）：企业为提高工人生产率而支付的高于市场水平的工资。

Elastic demand（弹性需求）：当需求量的百分比变动大于价格的百分比变动从而价格弹性的绝对值大于1时，需求是有弹性的。

Elasticity（弹性）：对一个经济变量对另一个经济变量的变动做出多大反应的测度。

Endowment effect（禀赋效应）：对于已经拥有的商品，即使人们收到的价格高于他们在没有拥有该商品时为购买该商品而愿意支付的价格，人们仍不愿意出售的倾向。

Entrepreneur（企业家）：经营企业的人，把生产要素——劳动、资本和自然资源——集合在一起以生产商品和服务。

Equity（公平）：经济利益的公正分配。

Excess reserves（超额准备金）：银行持有的在法定要求之上的准备金。

Expansion（扩张）：经济周期中总生产和总就业都增加的时期。

Expansionary monetary policy（扩张性货币政策）：联储为增加实际 GDP 而降低利率。

Explicit cost（显性成本）：涉及花钱的成本。

Exports（出口）：在国内生产但是在其他国家销售的商品和服务。

External economies（外部经济）：由于行业规模的增加而引起的企业成本的下降。

Externality（外部性）：影响在商品或服务的生产或消费中未直接涉及的某人的效益或成本。

Factor market（要素市场）：劳动、资本、自然资源和企业家才能等生产要素的市场。

Factor of production（生产要素）：用于生产商品和服务的投入。

Federal funds rate（联邦基金利率）：银行相互拆贷的隔夜贷款的利率。

Federal Open Market Committee，FOMC（联邦公开市场委员会）：联储负责公开市场操作和管理美国的货币供给的委员会。

Federal Reserve（联邦储备，联储）：美国的中央银行。

Fee-for-service（按服务计费）：医生和医院因其提供的每项服务收到单独支付的这样一个系统。

Fiat money（法定货币）：由中央银行或政府机关批准、无须由中央银行兑换成黄金或某种其他商品货币的货币，如纸币。

Final good or service（最终商品或服务）：由最终使用者购买的商品或服务。

Financial intermediaries（金融中介）：银行、共同基金、养老金和保险公司等从储蓄者那里借入资金然后把资金贷给借款人的企业。

Financial markets（金融市场）：股票和债券等金融证券买卖的市场。

Financial system（金融体系）：金融市场和金融中介组成的体系，企业通过这个体系从家庭获得资金。

Fiscal policy（财政政策）：为了实现宏观经济政策目标而对联邦税收和政府购买所做的变动。

Fixed costs（固定成本）：当产出变动时保持不变的成本。

Fractional reserve banking system（部分准备金银行制度）：银行把低于 100%的存款作为准备金的银行制度。

Free market（自由市场）：对商品或服务如何生产或销售或生产要素如何雇用等的政府限制很少的市场。

Free trade（自由贸易）：不存在政府限制的国家间贸易。

Frictional unemployment（摩擦性失业）：因工人和工作之间的匹配过程而引起的失业。

Game theory（博弈论）：对人们在满足如下特征的状况中如何决策的研究：人们实现其目标取决于他们与其他人的相互作用。在经济学中，是指对企业利润取决于该企业与其他企业的相互作用这种行业中企业决策的研究。

GDP deflator（GDP 平减指数）：价格水平的一个测度，计算方法是名义 GDP 除以实际 GDP 再乘 100。

Globalization（全球化）：各国对外国贸易和投资变得更加开放的过程。

Government purchases（政府购买）：联邦、州和地方政府在商品和服务上的支出。

Gross domestic product，GDP（国内生产总值）：一国在一段时期内（通常为 1 年）生产的所有最终商品和服务的市场价值。

Health care（卫生保健）：意在维持或改善人的健康的商品和服务，如处方药和看医生。

Health insurance（医疗保险）：一个合同，根据该合同，买者同意支付保险费以获取合同提供方同意支付买者的部分或全部医疗费用。

Horizontal merger（横向兼并）：同一行业内企业之间的兼并。

Implicit cost（隐性成本）：非货币的机会成本。

Imports（进口）：在国内购买但是在其他国家生产的商品与服务。

Income effect（收入效应）：由于一种商品的价格变动对消费者购买力的影响而导致的该商品需求量的变动。

Income statement（损益表）：汇总企业一段时期内的收益、成本和利润的财务报表。

Indirect finance（间接融资）：资金通过金融中介（如银行）从储蓄者到借款人的流动。

Inelastic demand（无弹性需求）：当需求量的百分比变动小于价格的百分比变动从而价格弹性的绝对值小于 1 时，需求是无弹性的。

Inferior good（劣等品）：需求随收入下降而增加和随收入上升而减少的商品。

Inflation rate（通货膨胀率）：价格水平从一年到下一年的百分比增加。

Inflation targeting（通货膨胀目标制）：中央银行承诺实现一个公开宣布的通货膨胀水平这样的货币政策实施方式。

Interest rate（利率）：借款的成本，通常表示为所借数量的百分比。

Intermediate good or service（中间商品或服务）：作为另一种商品或服务的投入的商品或服务，如卡车的轮胎。

Investment（投资）：企业在新工厂、办公楼、机器和新增存货上的支出，加上家庭和企业在新住房上的支出。

Keynesian revolution（凯恩斯革命）：20 世纪 30 年代和 40 年代约翰·梅纳德·凯恩斯的宏观经济模型被广泛接受，被冠以这一名字。

Labor force（劳动力）：经济中就业者和失业者之和。

Labor force participation rate（劳动力参与率）：工作年龄人口中劳动力的百分比。

Labor productivity（劳动生产率）：一个工人或一小时工作时间能够生产的商品和服务的数量。

Law of demand（需求定律）：是指如下规则：在保持其他变量不变的条件下，当一种产品的价格下降时，该产品的需求量将增加；当该产品的价格上升时，其需求量将减少。

Law of diminishing marginal utility（边际效用递减定律）：是指如下原理：随着消费者在某一给定时期消费越来越多的某种商品或服务，他们获得的额外满意度递减。

Law of diminishing marginal returns（边际报酬递减定律）：是指如下原理：在某一点，增加更多的可变投入（如劳动）于相同数量的固定投入（如资本）将引起可变投入的边际产量下降。

Law of supply（供给定律）：是指如下规则：在保持其他变量不变的条件下，价格的上升将引起供给量增加，价格的下降将引起供给量减少。

Liability（负债）：个人或企业所欠的任何东西。

Limited liability（有限责任）：保护公司的所有者使他们最多只损失掉他们的投资额的法律条文。

Long run（长期）：一段时期，在此时期内，企业能改变其所有投入、采用新技术和增大或减小厂房规模。

Long-run aggregate supply (*LRAS*) curve（长期总供给曲线）：表示长期内价格水平和实际 GDP 供给量之间关系的曲线。

Long-run average cost curve（长期平均成本曲线）：表示企业在长期（此时没有投入是固定的）生产某一给定数量的产出的最低成本的曲线。

Long-run competitive equilibrium（长期竞争均衡）：企业的进入和退出导致典型企业收支相抵这样一种状况。

Long-run economic growth（长期经济增长）：不断上升的生产率提高普通人的生活水平的过程。

Long-run supply curve（长期供给曲线）：表示长期内市场价格和供给量之间关系的曲线。

M1：最狭义的货币供给定义：流通中现金、在银行的支票账户存款和旅行者支票持有量之和。

M2：更广义的货币供给定义：它包括 M1 加上储蓄账户余额、小额定期存款、在银行的货币市场存款账户余额和非机构的货币市场基金份额。

Macroeconomics（宏观经济学）：把经济视为一个整体而进行的研究，包括通货膨胀、失业和经济增长等主题。

Marginal analysis（边际分析）：涉及比较边际效益和边际成本的分析。

Marginal benefit（边际效益）：消费者消费额外一单位商品或服务得到的额外效益。

Marginal cost（边际成本）：企业生产额外一单位商品或服务的额外成本。

Marginal product of labor（劳动的边际产量）：企业多雇用一个工人所生产的额外产出。

Marginal revenue（边际收益）：多销售一单位产品所引起的总收益的变动。

Marginal utility，*MU*（边际效用）：一个人从消费额外一单位商品或服务中得到的总效用的变动。

Market（市场）：一种商品或服务的一群买者和卖者以及将他们聚合在一起交易的制度或安排。

Market-based reforms（基于市场的改革）：发生在卫生保健市场中使其与其他商品和服务的市场的变动更类似。

Market demand（市场需求）：所有消费者对一种给定商品或服务的需求。

Market economy（市场经济）：经济资源的配置由在市场中相互作用的家庭和企业的决策来决定这样一种经济。

Market equilibrium（市场均衡）：需求量等于供给量这样一种状况。

Market failure（市场失灵）：市场未能生产出有效的产出水平这样一种状况。

Market for loanable funds（可贷资金市场）：借款人和贷款人的相互作用决定了市场利率和交换的可贷资金的数量。

Market power（市场势力）：企业收取高于边际成本的价格的能力。

Menu costs（菜单成本）：企业改变价格的成本。

Microeconomics（微观经济学）：对家庭和企业如何做出选择、它们在市场中如何相互作用以及政府如何试图影响它们的选择的研究。

Minimum efficient scale（最小有效规模）：所有规模经济都已经实现时的产出水平。

Mixed economy（混合经济）：大部分经济决策都是市场中买者和卖者相互作用的结果但是政府在资源的配置中扮演着重要角色这样一种经济。

Monetarism（货币主义）：米尔顿·弗里德曼和其追随者的宏观经济理论，特别是货币量应该以稳定速率增加这一思想。

Monetary growth rule（货币增长规则）：以不对经济条件变动做出反应的固定速率增加货币量的计划。

Monetary Policy（货币政策）：联储为了实现宏观经济政策目标而采取的管理货币供给和利率的行动。

Money（货币）：在商品和服务的交换以及债务偿还中人们普遍愿意接受的资产。

Monopolistic competition（垄断竞争）：进入壁垒低且许多企业通过销售相似但不相同的产品而相互竞争这样一个市场结构。

Monopoly（垄断）：作为没有很接近的替代品的某种商品或服务的唯一卖者的企业。

Moral hazard（道德风险）：人们在进入交易后采取的、使交易的另一方境况变差的行动。
Multiplier effect（乘数效应）：自发支出的初始增加引起的一系列消费支出的诱发性增加。

Nash equilibrium（纳什均衡）：给定其他企业选择的战略，每家企业都选择了最好的战略这样一种状况。
Natural monopoly（自然垄断）：规模经济如此之大以致由一家企业来供给整个市场比由两家或更多家企业来供给整个市场的平均总成本更低。
Natural rate of unemployment（自然失业率）：正常的失业率，由摩擦性失业和结构性失业组成。
Net exports（净出口）：出口减去进口。
Network externalities（网络外部性）：一种产品的有用性随使用该产品的消费者数量增加而增加这样一种状况。
New classical macroeconomics（新古典宏观经济学）：罗伯特·卢卡斯和其他经济学家的宏观经济理论，特别是工人和企业具有理性预期这一思想。
Nominal exchange rate（名义汇率）：一国通货用另一国通货表示的价值。
Nominal GDP（名义 GDP）：用当年价格计算的最终商品和服务的价值。
Nominal interest rate（名义利率）：一笔贷款规定的利率。
Noncooperative equilibrium（非合作均衡）：博弈的一个均衡，在这个均衡中，参与人不合作而是追求他们自己的利益。
Normal good（正常品）：当收入上升时需求增加和收入下降时需求减少的商品。
Normative analysis（规范分析）：关于“应该是什么”的分析。

Oligopoly（寡头）：少数相互依存的企业相互竞争这样的市场结构。
Open market operations（公开市场操作）：联储为控制货币供给而买卖国库券。
Opportunity cost（机会成本）：从事一项活动必须放弃的价值最高的其他用途。

Partnership（合伙制企业）：由两个或多个人共同拥有但不以公司的形式组织的企业。
Patent（专利）：从专利在政府归档日起 20 年内对一种产品的排他性权利。
Patient Protection and Affordable Care Act，PPACA（《患者保护与平价医疗法案》）：2010 年国会通过和巴拉克·奥巴马总统签署的卫生保健改革法律。
Payoff matrix（支付矩阵）：表示每家企业从各企业战略的每个组合中得到的支付的表格。
Perfectly competitive market（完全竞争市场）：满足如下条件的市场：(1) 许多买者和卖者，(2) 所有企业出售相同的产品，(3) 新企业进入市场没有壁垒。
Perfectly elastic demand（完全弹性需求）：需求量对价格的反应无限大从而价格弹性为无穷的情形。
Perfectly inelastic demand（完全无弹性需求）：需求量对价格完全没有反应从而价格弹性为零的情形。
Pigouvian taxes and subsidies（庇古税和补贴）：意在在存在外部性时实现有效的产出水平的政府税收和补贴。

Positive analysis（实证分析）：关于“是什么”的分析。

Potential GDP（潜在 GDP）：当所有企业都满负荷生产时达到的实际 GDP 水平。

Price ceiling（价格上限）：卖者可以收取的法定最高价。

Pricc clasticity of demand（需求的价格弹性）：需求量对价格变动的反应，其衡量方式是用产品需求量的百分比变动除以该产品价格的百分比变动。

Price floor（价格下限）：卖者可以收取的法定最低价。

Price leadership（价格领导）：隐性合谋的一种形式，寡头中的一家企业首先宣布一个价格变动，该行业的其他企业随后都匹配这一变动。

Price level（价格水平）：经济中商品和服务平均价格的测度。

Price taker（价格接受者）：不能影响市场价格的买者或卖者。

Principal-agent problem（委托—代理问题）：代理人追求他们自己的利益而不是雇用他们的委托人的利益所引起的问题。

Prisoner's dilemma（囚徒困境）：采取占优战略导致不合作而这种不合作会使每个人的境况都变差这样一个博弈。

Private benefit（私人效益）：消费者从商品或服务的消费中得到的效益。

Private cost（私人成本）：商品或服务的生产者承担的成本。

Producer price index，PPP（生产者价格指数）：在生产过程的所有阶段商品或服务的生产者收到的价格的平均值。

Producer surplus（生产者剩余）：企业出售一种商品或服务愿意接受的最低价格和实际收到的价格之差。

Product market（产品市场）：商品（如电脑）或服务（如医疗）的市场。

Production function（生产函数）：一家企业使用的投入和它用这些投入能生产的最高产出之间的关系。

Production possibilities frontier，*PPF*（生产可能性前沿）：表示利用可用资源和现有技术可以生产的两种产品可达到的最高组合的曲线。

Productive efficiency（生产效率）：商品或服务以可能的最低成本生产这样一种状况。

Profit（利润）：总收益减去总成本。

Property rights（产权）：个人或企业对其财产拥有的排他性使用权，包括买卖的权利。

Protectionism（贸易保护主义）：采用贸易壁垒来保护国内企业免受来自国外的竞争。

Public franchise（公共特许经营权）：政府指定某家企业作为某种商品或服务的唯一合法提供商。

Quantity demanded（需求量）：在给定价格下消费者愿意和能够购买的某种商品或服务的数量。

Quantity supplied（供给量）：在给定价格下企业愿意和能够供给的某种商品或服务的数量。

Quantity theory of money（货币数量论）：关于货币和价格之间联系的一种理论，该理论假设货币流通速度为常数。

Quota（配额）：政府对某种商品可以进口的数量施加的数值限制。

Real business cycle model（实际经济周期模型）：一个着眼于经济周期的实际起因而非货币起因的宏观经济模型。

Real GDP（实际 GDP）：用基年价格计算的最终商品和服务的价值。

Real interest rate（实际利率）：名义利率减去通货膨胀率。

Recession（衰退）：经济周期中总生产和总就业都减少的时期。

Required reserve ratio（法定准备金率）：法律要求银行持有的准备金占存款的最低比率。

Required reserves（法定准备金）：基于银行的支票账户存款，法律要求银行持有的准备金。

Reserves（准备金）：银行放在金库的现金或在联储的存款。

Scarcity（稀缺性）：无限的欲望超过了可用于实现这些欲望的有限资源这样一种状况。

Securitization（证券化）：将贷款或其他金融资产转化成证券的过程。

Security（证券）：可以在金融市场买卖的金融资产，如股票或债券。

Separation of ownership from control（所有权和控制权分离）：公司中高级管理人员而非股东控制日常经营这样一种状况。

Shortage（短缺）：需求量超过供给量这样一种状况。

Short run（短期）：一段时期，在此时期内，企业的投入至少有一种是固定的。

Short run aggregate supply（*SRAS*）curve（短期总供给曲线）：表示短期内价格水平和企业供给的实际 GDP 数量之间关系的曲线。

Shutdown point（停产点）：企业平均可变成本曲线的最低点；如果价格低于该点，企业在短期就会停产。

Simple deposit multiplier（简单存款乘数）：银行创造的存款数量与新准备金数量之比。

Single-payer health care system（单一付款人卫生保健体系）：政府向该国所有居民提供医疗保险这样一种体系，例如加拿大的卫生保健体系。

Social benefit（社会效益）：从商品或服务的消费中得到的总效益，包括私人效益和任何外部效益。

Social cost（社会成本）：生产商品或服务的成本，包括私人成本和任何外部成本。

Socialized medicine（公费医疗）：政府拥有大部分医院和雇用大部分医生这样一种卫生保健体系。

Sole proprietorship（独资企业）：由单一个体拥有的、不以公司的形式组织的企业。

speculators（投机者）：买卖外汇、试图从汇率的变动中获利的通货交易员。

Stagflation（滞胀）：通货膨胀和衰退的结合，通常是供给冲击所致。

Stock（股票）：代表对企业的部分所有权的金融证券。

Structural unemployment（结构性失业）：源于工人的技能和特征与工作要求的持续不匹配的失业。

Substitutes（替代品）：可以被用于同一目的的商品和服务。

Substitution effect（替代效应）：一种商品的价格变动使得它相对于作为替代品的其他商品更加昂贵或更加便宜而引起的该商品需求量的变动。

Sunk cost（沉没成本）：已经支付且不能回收的成本。

Supply curve（供给曲线）：表示一种产品的价格和该产品供给量之间关系的曲线。

Supply schedule（供给表）：表示一种产品的价格和该产品供给量之间关系的表格。

Supply shock（供给冲击）：使短期总供给曲线移动的未预期到的事件。

Surplus（过剩）：供给量超过需求量这样一种状况。

Tariff（关税）：政府对进口品征收的税收。

Tax wedge（税收楔子）：经济活动的税前回报和税后回报之差。

Taylor rule（泰勒规则）：约翰·泰勒提出的一个规则，该规则将联储的联邦基金目标利率和经济活动联结在一起。

Technological change（技术变革）：企业用给定数量的投入生产一定的产出水平的能力的正向或负向变动。

Technology（技术）：企业将投入转化成商品和服务产出所使用的工序。

Terms of trade（贸易条件）：一国用其出口品与来自其他国家的进口品进行交换的比率。

Total cost（总成本）：企业生产中使用的所有投入的成本。

Total revenue（总收益）：商品或服务的卖者收到的资金总量，其计算方法是单价乘以销售数量。

Trade（贸易）：买卖行为。

Trade-off（权衡）：由于稀缺性，生产更多的一种商品或服务意味着生产更少的另一种商品或服务这一思想。

Transfer payments（转移支付）：政府给家庭的、不会收到新商品或服务作为交换的支付。

Underground economy（地下经济）：隐蔽起来不让政府发现的商品和服务的买卖，这要么是为了逃避税收，要么是因为这些商品和服务是非法的。

Unemployment rate（失业率）：劳动力中失业者所占的百分比。

Unit-elastic demand（单位弹性需求）：当需求量的百分比变动等于价格的百分比变动从而价格弹性的绝对值等于 1 时，需求是单位弹性的。

Utility（效用）：人们从消费商品和服务中所获得的享受或满足。

Value added（增加值）：企业增加到一种产品上的市场价值。

Variable cost（可变成本）：随产出变化而变化的成本。

Velocity of money（货币流通速度）：货币供给中每一美元用于购买包括在 GDP 中的商品和服务的平均次数。

Vertical merger（纵向兼并）：某一商品不同生产阶段的企业之间的兼并。

Voluntary exchange（自愿交换）：当产品的买方和卖方的境况都因交易而变好时，这种状况就会在市场上发生。

Voluntary export restraint，VER（自愿出口限制）：两国间谈判协商的、对一国能够从另一国进口的商品数量施加一个数值限制的这样一个协议。

Wall Street Reform and Consumer Protection Act，Dodd-Frank Act（《华尔街改革和消费者保护法案》，《多德-弗兰克法案》）：2010 年通过的意在改革对金融系统监管的法律。

World Trade Organization，WTO（世界贸易组织）：监督国际贸易协议的国际组织。

译后记

本书由R·格伦·哈伯德教授与安东尼·P·奥布赖恩教授合著。R·格伦·哈伯德是哥伦比亚大学工商管理研究生院院长及 Russell L. Carson 金融和经济学讲座教授，同时还是哥伦比亚文理学院的经济学教授，曾担任白宫经济顾问委员会主席。安东尼·P·奥布赖恩是利哈伊大学经济学教授。

本书语言简洁明快，内容深入浅出。作者紧紧把握时代脉搏，立足于现实的商业世界和经济政策，将经济学原理与当前的经济事件结合起来，有助于引导学生的兴趣，加深对理论的理解。本书是一本难度适宜、材料丰富、结合实际的经济学原理教科书。本书共分成7篇，共19章，涵盖了经济学原理层次的内容，适合一个学期的经济学原理课程使用。

本书最大的特点是大量使用经济案例。每章都以一个公司案例开篇，激发学生对经济学的兴趣，每章的最后都以一个“业内观察”专栏结束，向读者展示了如何应用本章内容来分析新闻报道。各章都穿插着多个“建立联系”专栏，文章一般来源于网站和报纸，与企业和政策密切相关。此外还有“生活中的经济学”专栏。这种“情景式学习”的方法，既培养了学生对周围世界的经济学直觉，又加深了读者对核心概念的理解，完美地实现了理论与实践的结合。而“不要犯这样的错误!”专栏又有助于学生避免一些常见错误，加深对概念和相关知识的理解。

在第三版中，作者对本书之前的版本做出了许多修改，特别值得一提的是，新增了第5章“卫生保健经济学”、2007—2009年衰退和金融危机及其后果、联储应对危机的新举措等内容。

本书第1、3、4篇由卢远瞩翻译，第5、6、7篇由闫硕翻译，第2篇由张安平翻译。在翻译中我们还发现，英文版原书存在一些错误，对于发现的错误，我们在翻译中都做了修正。全书由卢远瞩审校，为保证术语翻译的一致性和翻译风格的统一做了大量的工作。张安平阅读了本书的大部分章节，提出了不少有价值的修改意见和建议，为保证译本语言的准确性做了大量的工作。胡钢、张成林、王楠、陈九平、史黎娜、王璐、李梦媛、张红、龚雅娴、孙妍、潘珊、赵安琪、付亮、周岩、董博、陈鑫、付飞鹏等人阅读了本书的部分章节，为保证译本语言的准确性做了大量的工作，在此表示感谢。对于译文可能存在的错误，都由译者承担。由于水平有限，敬请读者批评指正。

最后，感谢中国人民大学出版社将翻译本书的任务交给我们，感谢中国人民大学出版社的信任和帮助。

卢远瞩　闫硕　张安平

经济科学译丛						
序号	书名	作者	Author	单价	出版年份	ISBN
1	经济学精要(第三版)	R·格伦·哈伯德等	R. Glenn Hubbard	85.00	2014	978-7-300-19362-5
2	公共部门经济学	理查德·W·特里西	Richard W. Tresch	49.00	2014	978-7-300-18442-5
3	计量经济学原理(第六版)	彼得·肯尼迪	Peter Kennedy	69.80	2014	978-7-300-19342-7
4	统计学:在经济中的应用	玛格丽特·刘易斯	Margaret Lewis	45.00	2014	978-7-300-19082-2
5	产业组织:现代理论与实践(第四版)	林恩·佩波尔等	Lynne Pepall	88.00	2014	978-7-300-19166-9
6	计量经济学导论(第三版)	詹姆斯·H·斯托克等	James H. Stock	69.00	2014	978-7-300-18467-8
7	发展经济学导论(第四版)	秋山裕	秋山裕	39.80	2014	978-7-300-19127-0
8	中级微观经济学(第六版)	杰弗里·M·佩罗夫	Jeffrey M. Perloff	89.00	2014	978-7-300-18441-8
9	平狄克《微观经济学》(第八版)学习指导	乔纳森·汉密尔顿等	Jonathan Hamilton	32.00	2014	978-7-300-18970-3
10	微观银行经济学(第二版)	哈维尔·弗雷克斯等	Xavier Freixas	48.00	2014	978-7-300-18940-6
11	施米托夫论出口贸易——国际贸易法律与实务(第11版)	克利夫·M·施米托夫等	Clive M. Schmitthoff	168.00	2014	978-7-300-18425-8
12	曼昆版《宏观经济学》习题集	南希·A·加纳科波罗斯等	Nancy A. Jianakoplos	32.00	2013	978-7-300-18245-2
13	微观经济学思维	玛莎·L·奥尔尼	Martha L. Olney	29.80	2013	978-7-300-17280-4
14	宏观经济学思维	玛莎·L·奥尔尼	Martha L. Olney	39.80	2013	978-7-300-17279-8
15	计量经济学原理与实践	达摩达尔·N·古扎拉蒂	Damodar N. Gujarati	49.80	2013	978-7-300-18169-1
16	现代战略分析案例集	罗伯特·M·格兰特	Robert M. Grant	48.00	2013	978-7-300-16038-2
17	高级国际贸易:理论与实证	罗伯特·C·芬斯特拉	Robert C. Feenstra	59.00	2013	978-7-300-17157-9
18	经济学简史——处理沉闷科学的巧妙方法(第二版)	E·雷·坎特伯里	E. Ray Canterbery	58.00	2013	978-7-300-17571-3
19	微观经济学(第八版)	罗伯特·S·平狄克等	Robert S. Pindyck	79.00	2013	978-7-300-17133-3
20	克鲁格曼《微观经济学(第二版)》学习手册	伊丽莎白·索耶·凯利	Elizabeth Sawyer Kelly	58.00	2013	978-7-300-17002-2
21	克鲁格曼《宏观经济学(第二版)》学习手册	伊丽莎白·索耶·凯利	Elizabeth Sawyer Kelly	36.00	2013	978-7-300-17024-4
22	管理经济学(第四版)	方博亮等	Ivan Png	80.00	2013	978-7-300-17000-8
23	微观经济学原理(第五版)	巴德、帕金	Bade, Parkin	65.00	2013	978-7-300-16930-9
24	宏观经济学原理(第五版)	巴德、帕金	Bade, Parkin	63.00	2013	978-7-300-16929-3
25	环境经济学	彼得·伯克等	Peter Berck	55.00	2013	978-7-300-16538-7
26	高级微观经济理论	杰弗里·杰里	Geoffrey A. Jehle	69.00	2012	978-7-300-16613-1
27	多恩布什《宏观经济学(第十版)》学习指导	鲁迪格·多恩布什等	Rudiger Dornbusch	29.00	2012	978-7-300-16030-6
28	高级宏观经济学导论:增长与经济周期(第二版)	彼得·伯奇·索伦森等	Peter Birch Sørensen	95.00	2012	978-7-300-15871-6
29	宏观经济学:政策与实践	弗雷德里克·S·米什金	Frederic S. Mishkin	69.00	2012	978-7-300-16443-4
30	宏观经济学(第二版)	保罗·克鲁格曼	Paul Krugman	45.00	2012	978-7-300-15029-1
31	微观经济学(第二版)	保罗·克鲁格曼	Paul Krugman	69.80	2012	978-7-300-14835-9
32	微观经济学(第十一版)	埃德温·曼斯费尔德	Edwin Mansfield	88.00	2012	978-7-300-15050-5
33	《计量经济学基础》(第五版)学生习题解答手册	达摩达尔·N·古扎拉蒂等	Damodar N. Gujarati	23.00	2012	978-7-300-15091-8
34	国际宏观经济学	罗伯特·C·芬斯特拉等	Feenstra, Taylor	64.00	2011	978-7-300-14795-6
35	卫生经济学(第六版)	舍曼·富兰德等	Sherman Folland	79.00	2011	978-7-300-14645-4
36	宏观经济学(第七版)	安德鲁·B·亚伯等	Andrew B. Abel	78.00	2011	978-7-300-14223-4
37	现代劳动经济学:理论与公共政策(第十版)	罗纳德·G·伊兰伯格等	Ronald G. Ehrenberg	69.00	2011	978-7-300-14482-5
38	宏观经济学(第七版)	N·格里高利·曼昆	N. Gregory Mankiw	65.00	2011	978-7-300-14018-6
39	环境与自然资源经济学(第八版)	汤姆·蒂坦伯格等	Tom Tietenberg	69.00	2011	978-7-300-14810-0
40	宏观经济学:理论与政策(第九版)	理查德·T·弗罗恩	Richard T. Froyen	55.00	2011	978-7-300-14108-4
41	经济学原理(第四版)	威廉·博伊斯等	William Boyes	59.00	2011	978-7-300-13518-2
42	计量经济学基础(第五版)(上下册)	达摩达尔·N·古扎拉蒂	Damodar N. Gujarati	99.00	2011	978-7-300-13693-6
43	计量经济分析(第六版)(上下册)	威廉·H·格林	William H. Greene	128.00	2011	978-7-300-12779-8
44	国际经济学:理论与政策(第八版)(上册国际贸易部分)	保罗·R·克鲁格曼等	Paul R. Krugman	36.00	2011	978-7-300-13102-3

经济科学译丛						
序号	书名	作者	Author	单价	出版年份	ISBN
45	国际经济学:理论与政策(第八版)(下册国际金融部分)	保罗·R·克鲁格曼等	Paul R. Krugman	49.00	2011	978-7-300-13101-6
46	国际贸易	罗伯特·C·芬斯特拉等	Robert C. Feenstra	49.00	2011	978-7-300-13704-9
47	经济增长(第二版)	戴维·N·韦尔	David N. Weil	63.00	2011	978-7-300-12778-1
48	投资科学	戴维·G·卢恩伯格	David G. Luenberger	58.00	2011	978-7-300-14747-5
49	宏观经济学(第十版)	鲁迪格·多恩布什等	Rudiger Dornbusch	60.00	2010	978-7-300-11528-3
50	宏观经济学(第三版)	斯蒂芬·D·威廉森	Stephen D. Williamson	65.00	2010	978-7-300-11133-9
51	计量经济学导论(第四版)	杰弗里·M·伍德里奇	Jeffrey M. Wooldridge	95.00	2010	978-7-300-12319-6
52	货币金融学(第九版)	弗雷德里克·S·米什金等	Frederic S. Mishkin	79.00	2010	978-7-300-12926-6
53	金融学(第二版)	兹维·博迪等	Zvi Bodie	59.00	2010	978-7-300-11134-6
54	国际经济学(第三版)	W·查尔斯·索耶等	W. Charles Sawyer	58.00	2010	978-7-300-12150-5
55	博弈论	朱·弗登博格等	Drew Fudenberg	68.00	2010	978-7-300-11785-0
56	投资学精要(第七版)(上下册)	兹维·博迪等	Zvi Bodie	99.00	2010	978-7-300-12417-9
57	财政学(第八版)	哈维·S·罗森等	Harvey S. Rosen	63.00	2009	978-7-300-11092-9
58	社会问题经济学(第十八版)	安塞尔·M·夏普等	Ansel M. Sharp	45.00	2009	978-7-300-10995-4

经济科学译库						
序号	书名	作者	Author	单价	出版年份	ISBN
1	克鲁格曼经济学原理(第二版)	保罗·克鲁格曼等	Paul Krugman	65.00	2013	978-7-300-17409-9
2	国际经济学(第13版)	罗比特·J·凯伯等	Robert J. Carbaugh	68.00	2013	978-7-300-16931-6
3	货币政策:目标、机构、策略和工具	彼得·博芬格	Peter Bofinger	55.00	2013	978-7-300-17166-1
4	MBA 微观经济学(第二版)	理查德·B·麦肯齐等	Richard B. McKenzie	55.00	2013	978-7-300-17003-9
5	激励理论:动机与信息经济学	唐纳德·E·坎贝尔	Donald E. Campbell	69.80	2013	978-7-300-17025-1
6	微观经济学:价格理论观点(第八版)	斯蒂文·E·兰德斯博格	Steven E. Landsburg	78.00	2013	978-7-300-15885-3
7	经济数学与金融数学	迈克尔·哈里森等	Michael Harrison	65.00	2012	978-7-300-16689-6
8	策略博弈(第三版)	阿维纳什·迪克西特等	Avinash Dixit	72.00	2012	978-7-300-16033-7
9	高级宏观经济学基础	本·J·海德拉等	Ben J. Heijdra	78.00	2012	978-7-300-14836-6
10	行为经济学	尼克·威尔金森	Nick Wilkinson	58.00	2012	978-7-300-16150-1
11	金融风险管理师考试手册(第六版)	菲利普·乔瑞	Philippe Jorion	168.00	2012	978-7-300-14837-3
12	服务经济学	简·欧文·詹森	Jan Owen Jansson	42.00	2012	978-7-300-15886-0
13	统计学:在经济和管理中的应用(第八版)	杰拉德·凯勒	Gerald Keller	98.00	2012	978-7-300-16609-4
14	面板数据分析(第二版)	萧政	Cheng Hsiao	45.00	2012	978-7-300-16708-4
15	中级微观经济学:理论与应用(第10版)	沃尔特·尼科尔森等	Walter Nicholson	85.00	2012	978-7-300-16400-7
16	经济学中的数学	卡尔·P·西蒙等	Carl P. Simon	65.00	2012	978-7-300-16449-6
17	社会网络分析:方法与应用	斯坦利·沃瑟曼等	Stanley Wasserman	78.00	2012	978-7-300-15030-7
18	用 Stata 学计量经济学	克里斯托弗·F·鲍姆	Christopher F. Baum	65.00	2012	978-7-300-16293-5
19	美国经济史(第10版)	加里·沃尔顿等	Gary M. Walton	78.00	2011	978-7-300-14529-7
20	增长经济学	菲利普·阿格因	Philippe Aghion	58.00	2011	978-7-300-14208-1
21	经济地理学:区域和国家一体化	皮埃尔-菲利普·库姆斯等	Pierre-Philippe Combes	42.00	2011	978-7-300-13702-5
22	社会与经济网络	马修·O·杰克逊	Matthew O. Jackson	58.00	2011	978-7-300-13707-0
23	环境经济学	查尔斯·D·科尔斯塔德	Charles D. Kolstad	53.00	2011	978-7-300-13173-3
24	空间经济学——城市、区域与国际贸易	保罗·克鲁格曼等	Paul Krugman	42.00	2011	978-7-300-13037-8

经济科学译库

序号	书名	作者	Author	单价	出版年份	ISBN
25	国际贸易理论:对偶和一般均衡方法	阿维纳什·迪克西特等	Avinash Dixit	45.00	2011	978-7-300-13098-9
26	契约经济学:理论和应用	埃里克·布鲁索等	Eric Brousseau	68.00	2011	978-7-300-13223-5
27	反垄断与管制经济学(第四版)	W·基普·维斯库斯等	W. Kip Viscusi	89.00	2010	978-7-300-12615-9
28	拍卖理论	维佳·克里斯纳等	Vijay Krishna	42.00	2010	978-7-300-12664-7
29	计量经济学指南(第五版)	皮特·肯尼迪	Peter Kennedy	65.00	2010	978-7-300-12333-2
30	管理者宏观经济学	迈克尔·K·伊万斯等	Michael K. Evans	68.00	2010	978-7-300-12262-5
31	利息与价格——货币政策理论基础	迈克尔·伍德福德	Michael Woodford	68.00	2010	978-7-300-11661-7
32	理解资本主义:竞争、统制与变革(第三版)	塞缪尔·鲍尔斯等	Samuel Bowles	66.00	2010	978-7-300-11596-2
33	递归宏观经济理论(第二版)	萨金特等	Thomas J. Sargent	79.00	2010	978-7-300-11595-5
34	剑桥美国经济史(第一卷):殖民地时期	斯坦利·L·恩格尔曼等	Stanley L. Engerman	48.00	2008	978-7-300-08254-7
35	剑桥美国经济史(第二卷):漫长的19世纪	斯坦利·L·恩格尔曼等	Stanley L. Engerman	88.00	2008	978-7-300-09394-9
36	剑桥美国经济史(第三卷):20世纪	斯坦利·L·恩格尔曼等	Stanley L. Engerman	98.00	2008	978-7-300-09395-6
37	横截面与面板数据的经济计量分析	J.M.伍德里奇	Jeffrey M. Wooldridge	68.00	2007	978-7-300-08090-1

金融学译丛

序号	书名	作者	Author	单价	出版年份	ISBN
1	基于Excel的金融学原理(第二版)	西蒙·本尼卡	Simon Benninga	79.00	2014	978-7-300-18899-7
2	金融工程学原理(第二版)	萨利赫·N·内夫特奇	Salih N. Neftci	88.00	2014	978-7-300-19348-9
3	投资学导论(第十版)	赫伯特·B·梅奥	Herbert B. Mayo	69.00	2014	978-7-300-18971-0
4	国际金融市场导论(第六版)	斯蒂芬·瓦尔德斯等	Stephen Valdez	59.80	2014	978-7-300-18896-6
5	金融数学:金融工程引论(第二版)	马雷克·凯宾斯基等	Marek Capinski	42.00	2014	978-7-300-17650-5
6	财务管理(第二版)	雷蒙德·布鲁克斯	Raymond Brooks	69.00	2014	978-7-300-19085-3
7	期货与期权市场导论(第七版)	约翰·C·赫尔	John C. Hull	69.00	2014	978-7-300-18994-2
8	固定收益证券手册(第七版)	弗兰克·J·法博齐	Frank J. Fabozzi	188.00	2014	978-7-300-17001-5
9	国际金融:理论与实务	皮特·塞尔居	Piet Sercu	88.00	2014	978-7-300-18413-5
10	金融市场与金融机构(第7版)	弗雷德里克·S·米什金 斯坦利·G·埃金斯	Frederic S. Mishkin Stanley G. Eakins	79.00	2013	978-7-300-18129-5
11	货币、银行和金融体系	R·格伦·哈伯德等	R. Glenn Hubbard	75.00	2013	978-7-300-17856-1
12	并购创造价值(第二版)	萨德·苏达斯纳	Sudi Sudarsanam	89.00	2013	978-7-300-17473-0
13	个人理财——理财技能培养方法(第三版)	杰克·R·卡普尔等	Jack R. Kapoor	66.00	2013	978-7-300-16687-2
14	国际财务管理	吉尔特·贝克特	Geert Bekaert	95.00	2012	978-7-300-16031-3
15	金融理论与公司政策(第四版)	托马斯·科普兰等	Thomas Copeland	69.00	2012	978-7-300-15822-8
16	应用公司财务(第三版)	阿斯沃思·达摩达兰	Aswath Damodaran	88.00	2012	978-7-300-16034-4
17	资本市场:机构与工具(第四版)	弗兰克·J·法博齐	Frank J. Fabozzi	85.00	2011	978-7-300-13828-2
18	衍生品市场(第二版)	罗伯特·L·麦克唐纳	Robert L. McDonald	98.00	2011	978-7-300-13130-6
19	债券市场:分析与策略(第七版)	弗兰克·J·法博齐	Frank J. Fabozzi	89.00	2011	978-7-300-13081-1
20	跨国金融原理(第三版)	迈克尔·H·莫菲特等	Michael H. Moffett	78.00	2011	978-7-300-12781-1
21	风险管理与保险原理(第十版)	乔治·E·瑞达	George E. Rejda	95.00	2010	978-7-300-12739-2
22	兼并、收购和公司重组(第四版)	帕特里克·A·高根	Patrick A. Gaughan	69.00	2010	978-7-300-12465-0
23	个人理财(第四版)	阿瑟·J·基翁	Athur J. Keown	79.00	2010	978-7-300-11787-4
24	统计与金融	戴维·鲁珀特	David Ruppert	48.00	2010	978-7-300-11547-4
25	国际投资(第六版)	布鲁诺·索尔尼克等	Bruno Solnik	62.00	2010	978-7-300-11289-3
26	财务报表分析(第三版)	马丁·弗里德森	Martin Fridson	35.00	2010	978-7-300-11290-9

图书在版编目（CIP）数据

经济学精要：第3版/（美）哈伯德，（美）奥布赖恩著；卢远瞩，闫硕，张安平译．—北京：中国人民大学出版社，2014.5
（经济科学译丛）
书名原文：Essentials of economics：third edition
ISBN 978-7-300-19362-5

Ⅰ.①经… Ⅱ.①哈…②奥…③卢…④闫…⑤张… Ⅲ.①经济学 Ⅳ.①F0

中国版本图书馆CIP数据核字（2014）第130810号

"十一五"国家重点图书出版规划项目
经济科学译丛
经济学精要（第三版）
［美］R·格伦·哈伯德 安东尼·帕特里克·奥布赖恩 著
卢远瞩 闫 硕 张安平 译
Jingjixue Jingyao

出版发行	中国人民大学出版社		
社　　址	北京中关村大街31号	**邮政编码**	100080
电　　话	010－62511242（总编室）		010－62511770（质管部）
	010－82501766（邮购部）		010－62514148（门市部）
	010－62515195（发行公司）		010－62515275（盗版举报）
网　　址	http://www.crup.com.cn		
	http://www.ttrnet.com（人大教研网）		
经　　销	新华书店		
印　　刷	涿州市星河印刷有限公司		
规　　格	185mm×260mm　16开本	**版　　次**	2014年9月第1版
印　　张	45　插页2	**印　　次**	2014年9月第1次印刷
字　　数	1 088 000	**定　　价**	85.00元

为了确保您及时有效地申请培生整体教学资源，请您务必完整填写如下表格，加盖学院的公章后传真给我们，我们将会在2~3个工作日内为您处理。

需要申请的资源（请在您需要的项目后划"✓"）：

□ 教师手册、PPT、题库、试卷生成器等常规教辅资源

□ MyLab 学科在线教学作业系统

□ CourseConnect 整体教学方案解决平台

请填写所需教辅的开课信息：

采用教材			□中文版 □英文版 □双语版
作　者		出版社	
版　次		ISBN	
课程时间	始于　年　月　日	学生人数	
	止于　年　月　日	学生年级	□专科　□本科 1/2 年级 □研究生　□本科 3/4 年级

请填写您的个人信息：

学　校			
院系/专业			
姓　名		职　称	□助教 □讲师 □副教授 □教授
通信地址/邮编			
手　机		电　话	
传　真			
official email(必填) (eg:XXX@ruc.edu.cn)		email (eg:XXX@163.com)	
是否愿意接受我们定期的新书讯息通知：　□是　□否			

系 / 院主任：__________（签字）

（系 / 院办公室章）

___年___月___日

100013　北京市东城区北三环东路 36 号环球贸易中心 D 座 1208 室
电话：(8610)57355169
传真：(8610)58257961
Please send this form to：**Service.CN@pearson.com**
Website: www.pearsonhighered.com/educator